FANG DI CHAN ANJIAN SHENPAN YAODIAN

房地产

案件审判要点

主　编／王海萍

副主编／熊　焱　唐清利　蒋　敏

法律出版社 | LAW PRESS

熊　焱

四川省高级人民法院党组成员、副院长、审判委员会委员，四川省法学会刑法学研究会会长，中华司法研究会理事。1989年毕业于四川大学法律系刑法专业，获法学硕士学位，曾在四川省人大常委会、四川省人民检察院、四川省纪委工作，曾任四川省纪委常委，主编《刑事庭审实质化改革 理论、实践、创新》等著作。先后主持国家社科基金项目、四川省软科学研究重点项目等多项课题。

唐清利

四川省有突出贡献优秀专家，西南财经大学教授、博士生导师、法学博士，芝加哥大学访问学者，民间金融及法律规范研究所所长，中国金融法学研究中心常务副主任、金融安全协同创新中心专职研究员，中组部与团中央博士服务团四川省秘书长，中央政法委与教育部双千计划人才，兼任四川省人民政府行政复议委员会非常任委员、四川省法学会金融法研究会秘书长、多所国内外知名大学客座教授、挂四川省司法厅政治部副主任，司改办主任，曾挂任四川省高级人民法院研究室副主任。独立主持国家社会科学基金项目等2项，主持国家及教育部重大项目子项目各1项，其他各类项目40余项。在法律出版社、人民出版社等出版著作10余部，在《中国法学》、《管理世界》等权威期刊及法律出版社、人民出版社等发表与出版各类成果和主持各类课题近100项。其中三十余项获国家领导人批示或中央部委、省部级及法学会奖励。指导的法律硕士学位论文被评为国内首届全国优秀论文一等奖。是国内最早系统研究公私权模糊领域合作治理理论、“专车”共享经济治理理论的学者，也是较早从事民间金融和互联网金融研究的学者之一。

蒋　敏

法律硕士，四川省成都市中级人民法院党组成员、副院长、审判委员会委员。曾任四川省高级人民法院审管办主任、研究室主任、审判委员会委员。先后在四川省高级人民法院刑一庭、行政庭、审管办、研究室工作。在《中国法学》《人民司法》《法律适用》等发表论文30余篇，其中18篇获国家级、省部级奖项。参与国家级重大课题10余项，主持或主笔完成的“人民法院实施诉非衔接工作的调研”“关于量刑程序的调研”等9项课题报告在全国获奖。担任副主编并统稿完成的《民间借贷案件审判要点》一书由法律出版社出版，主笔完成的《中国特色案例指导制度研究》一书由北京大学出版社出版。在四川省高级人民法院工作期间，牵头建立案例指导制度，推荐或编写的10余件案例被作为最高法院指导性案例或公报案例。

序　言

通过近40年的改革开放和现代化建设，我国创造了人类历史上罕见的快速工业化和城镇化奇迹。在这一历史性发展变革的过程中，房地产行业无疑扮演着十分重要的角色，对我国经济增长的贡献率一直处于较高水平。多年以来，我国房地产开发、建设、买卖、租赁等市场交易活动十分活跃，对改善人民生活、完善基础设施、提升社会劳动生产效率，乃至支撑个人和企业融资融通，都起到了非常重要的作用。由于我国发展房地产市场的时间还不长，有关的法律政策和制度机制正处于不断探索完善之中，加之房地产行业事关人民安身立命，事关产业配套发展，事关经济政策调控，事关金融安全稳定，因此，与房地产有关的法律争议纠纷数量一直处于多发高发状态，并且备受社会关注。据统计，近年来，全国各级人民法院受理的房地产相关纠纷一直处于高位水平，直接关系人民群众的切身利益和有关企业经营者的产权利益。

党的十九大明确提出："坚持房子是用来住的、不是用来炒的定位，加快建立多主体供给、多渠道保障、租购并举的住房制度，让全体人民住有所居。"依法审理房地产纠纷案件，保障房地产行业健康有序发展，保障全体人民住有所居，是人民法院服务保障经济社会发展的重要职责。如何通过提炼和总结房地产有关案件的审判规律，总结和防范法律风险，为社会公众、法律工作者、司法机关和决策部门提供具有实用性、建设性的法律应对方法，是经济社会的迫切需求。由此，对于人民法院而言，审理房地产有关的司法纠纷案件，不应仅仅停留于结案了事，更为重要的是，通过具体案件司法裁判的总结提炼，进一步宣示法律规范与政策规定，让个案纠纷解决的微观司法产品涌现为对房地产行业的宏观法律治理，增强个人和企业对有关法律问题的司法预期，从而实现全民知法与守法，促进房地产行业的健康发展。这是人民法院立足自身职能，保障经济社会发展，推动社会公平正义的应有之义。

与房地产争议纠纷有关的法律法规、司法解释是一个较为庞大复杂的法律体系。在法律层面，包括《民法通则》《民法总则》《物权法》《合同法》《担保法》《土地管理法》《城市房地产管理法》《建筑法》等一系列法律；在行政法规层面，包括《城镇国有土地出让和转让暂行条例》《土地管理法实施条例》《城市房地产开发经营条例》《物业管理条例》等；在司法解释层面，有最高人民法院就商品房买卖合同、城镇房屋租赁合同、建设工程合同以及对物权法适用等出台的一系列司法解释。还有的领域如相邻关系等，还缺少系统化的法律、法规和司法解释。另外，由于历史原因，我国还存在政策性极强的诸如行政划拨房地产、政策性保障性住房等特殊房地产类型，有关的规则适用更加复杂。总体来看，就人民群众和普通企业经营者而言，理解和认识如此庞杂、抽象的政策法律规范体系，是一件十分不易的事情，更遑论自觉遵循和运用法律规范。因此，坚持面向群众、面向基层原则，从普通百姓、经营者最关心、最关注的问题入手，通过运用生动鲜活的司法案例作为素材，进行房地产政策法律宣传，避免干涩、抽象的条文说教，加强法律和司法的"可接近性"，是人民法院开展法治宣传、推动法治建设的重要路径和方法。

基于以上的目的，本书在写作上既兼顾了社会各界对房地产纠纷案件审理各环节要点掌握的需要，也兼顾了学术研究和理论严谨性。一是在内容安排上，本书涵盖了房地产纠纷立案、审理等环节的内容，也涵盖了房地产开发、建设工程、房地产买卖、租赁、物业管理、相邻关系等内容，以帮助社会各界人士了解房地产行业各个环节有关的法律问题和法律风险；二是在写作方式上，以人民群众或经营者在实践中可能遇到的常见、多发法律问题作为标题，既贴近社会需求，也便于检索查阅；三是在写作体例上，理论与案例紧密结合，相得益彰，既从理论上分析有关的法律问题，又从实务上对问题提供解决办法和风险防范策略。同时，对有关问题的法律规定出处，本书也予以列出，以便检索和拓展阅读。

本书由四川省高级人民法院党组书记、院长王海萍担任主编，四川省高级人民法院副院长熊焱、成都市中级人民法院副院长蒋敏、西南财经大学教授唐清利、四川省高级人民法院刑一庭庭长赖波军共同负责总体框架设计和写作指导工作，四川省高级人民法院研究室、审管办、民一庭、民二庭、民三庭、审监一庭、赔偿办、成都铁路运输中级法院的法官或法官助理参与。本书相关的研究与写作具体分工如下：第一章、第五章第一、二节鄢子涵；第二章王玥；第三章第一、二节杨鲁静，第三、四节李海昕，第五节魏庆锋，第六节谈迅；第四章第一、二节蒋军，第三、四节张碧芳；第五章第三节，第六章第一节王晓娟；第六章第二、三节林薇；第七章鲁虎；第八章罗梅；第九章李康。魏庆锋、蒋军、余静同志承担了全书的统稿工作。尽管参与写作人员付出了十分努力，多次修改，但错漏仍在所难免，在此敬请广大读者批评指正。

《房地产案件审判要点》编写组

2017 年 12 月

目 录

CONTENTS

第一章 房地产纠纷案件立案

第二章 房地产开发

第三章 建设工程合同

第四章 商品房买卖

第五章 二手房买卖

第九章 房屋相邻权

第一章

房地产纠纷案件立案

房地产案件管辖的问题主要涉及不动产纠纷专属管辖规则,即法律规定不动产纠纷案件由特定法院专属管辖,不能协议变更。绝大多数房地产案件都适用不动产纠纷专属管辖规则,但在一些特殊情形下仍可以适用协议管辖。关于立案基本条件,本章主要讨论了起诉立案的一般条件与房地产案件常见案由。

第一节
管　辖

管辖是司法实务中操作性非常强的一个程序性问题。对于当事人来说，它是控制法律风险、实施诉讼策略的首要环节；对于法院来说，它是合法行使审判权的必要前提。因此，管辖对于诉讼各方主体均有非常重要的意义。

一、房地产纠纷能否约定管辖

基本理论

1. 协议管辖及其限制

协议管辖，又称约定管辖，即当事人在法律规定允许的范围内以协议的方式选择解决纠纷的管辖法院。协议管辖是对法定管辖的一种补充，是意思自治原则在民事诉讼管辖制度上的具体体现。根据《中华人民共和国民事诉讼法》（以下简称《民事诉讼法》）第 34 条的规定，合同或者其他财产权益纠纷的当事人可以书面协议选择被告住所地、合同履行地、合同签订地、原告住所地、标的物所在地等与争议有实际联系的地点的人民法院管辖，但不得违反《民事诉讼法》对级别管辖和专属管辖的规定。适用协议管辖，应当注意以下几个方面：一是适用的案件类型，限于合同和其他财产权益纠纷，不适用于婚姻自主权纠纷等涉及人身关系的案件。二是适用的审级，限于第一审案件，不适用于上诉案件等非初始案件。三是管辖协议的形式，限于书面形式，即口头约定无效。四是管辖法院的选择范围，限于法律规定允许的被告住所地、合同履行地、合同签订地、原告住所地、标的物所在地等与争议有实际联系的地点的法院，但可以选择多个符合法律规定的法院。如果当事人约定两个以上与争议有实际联系的地点的法院管辖，原告可以向其中任何一个法院起诉。五是协议管辖不得违反《民事诉讼法》关于级别管辖和专属管辖的规定。

2. 不动产纠纷专属管辖

专属管辖，属于地域管辖的范畴，即法律直接规定某类案件由特定法院管辖，当事人不能协议变更管辖法院。与其他法定管辖相比，专属管辖具有显著的优先性、排他性与强制性，尤其体现在反诉属于专属管辖的情形中。通常情形下，若反诉与本诉的诉讼请求基于相同法律关系、诉讼请求之间具有因果关系，或者反诉与本诉的诉讼请求基于相同事实的，受理本诉的法院应当将本诉与反诉合并审理，但如果反诉应由其他人民法院专属管辖，则只能对反诉裁定不予受理，告知另行起诉。确定某类案件由特定法院专属管辖，往往是基于社会公共利益的考虑，或者该类案件与特定法院之间的紧密联系使特定法院对证据审查、案件裁判、执行等具有得天独厚的便利条件。根据《民事诉讼法》第 33 条的规定，专属管辖主要有三类情形：(1)因不动产纠纷提起的诉讼，由不动产所在地人民法院管辖；(2)因港口作业中发生纠纷提起的诉讼，由港口所在地人民法院管辖；(3)因继承遗产纠纷提起的诉讼，由被继承人死亡时住所地或者主要遗产所在地人民法院管辖。

3. 房地产纠纷适用约定管辖的情形

不动产纠纷专属管辖，是《民事诉讼法》规定的三种专属管辖中涉及案件类型最多、适用最广、最受关注的专属管辖，但由于立法规定不够具体，也因此成为最具争议的管辖问题之一。对于不动产纠纷专属管辖，存在两种截然相反的理解。一种是不加区分的理解，[①]即凡是涉及不动产的所有纠纷一律适用专属管辖，理由是基于法律字面规定作文义理解以及由不动产所在地法院管辖该类案件有利于案件的调查、审查、裁判及执行。另一种是加以区分的理解，[②]即对涉及不动产纠纷的性质和类型加以区分，对与不动产具有实质联系的土地确认权纠纷等适用专属管辖，对只具有表面牵连关系的纠纷不适用专属管辖。前一种思路简单适用，便于实务操作，但未免太过武断，不利于当事人按照意思自治原则多元化行使诉权，并且实际上也有扩大解释的嫌疑。相反，后一

---

① 参见张芯瑞：《不动产纠纷专属管辖制度探析》，载《新西部》2014 年第 20 期。

② 同上。

种思路对因不动产纠纷提起的诉讼进行区分对待，对法律规定进行限缩性解释，更值得提倡，并在一定程度上得到了司法解释的印证。最高人民法院《关于适用〈中华人民共和国民事诉讼法〉的解释》（以下简称《民诉解释》）第28条规定："民事诉讼法第三十三条第一项规定的不动产纠纷是指因不动产的权利确认、分割、相邻关系等引起的物权纠纷。农村土地承包经营合同纠纷、房屋租赁合同纠纷、建设工程施工合同纠纷、政策性房屋买卖合同纠纷，按照不动产纠纷确定管辖。不动产已登记的，以不动产登记簿记载的所在地为不动产所在地；不动产未登记的，以不动产实际所在地为不动产所在地。"此外，最高人民法院在《关于印发修改后的〈民事案件案由规定〉的通知》中特别提到，"修改后的《民事案件案由规定》仍然沿用2008年《民事案件案由规定》关于物权纠纷案由与合同纠纷案由的编排体系。具体适用时，按照物权变动原因与结果相区分的原则，对于因物权变动的原因关系，即债权性质的合同关系产生的纠纷，应适用债权纠纷部分的案由，如物权设立原因关系方面的担保合同纠纷，物权转让原因关系方面的买卖合同纠纷。对于因物权设立、权属、效力、使用、收益等物权关系产生的纠纷，则应适用物权纠纷部分的案由，如担保物权纠纷。人民法院应根据当事人诉争的法律关系的性质，查明该法律关系涉及的是物权变动的原因关系还是物权变动的结果关系，以正确确定案由"。可见，涉及不动产的纠纷应该根据法律关系的不同性质进行区分，将不动产专属管辖的适用范围限定于主要是因不动产的所有权、使用权、占有、相邻关系等发生纠纷而引起的物权纠纷诉讼，而不包括物权变动原因行为引起的不动产债权纠纷。

典型案例

不动产所有权确认案件适用不动产专属管辖

——上诉人秦某甲等所有权确认纠纷案[①]

1. 案情简介

上诉人（原审被告）：秦某甲

① 参见上海市第二中级人民法院（2016）沪02民辖终920号民事裁定书。

上诉人(原审被告):周某甲

上诉人(原审被告):洪某甲

上诉人(原审被告):周某乙

上诉人(原审被告):刘某甲

上诉人(原审被告):周某丙

被上诉人(原审原告):郑某甲

被上诉人(原审原告):尹某甲

被上诉人(原审原告):郑某乙

一审法院受理原告郑某乙、尹某甲、郑某甲诉被告秦某甲、周某甲、洪某甲、周某乙、刘某甲、周某丙所有权确认纠纷一案后,被告秦某甲、周某甲、洪某甲、周某乙、刘某甲、周某丙在提交答辩状期间对管辖权提出异议,认为原告主张的系拆迁利益,根据相关规定,当事人要求分割家庭共有的征收补偿款及安置房屋的,案由一般应确定为分家析产纠纷,而不是所有权确认纠纷,本案不属于不动产专属管辖,故申请将本案移送至被拆迁房屋景星路×××弄×××支弄×××号房屋所在地杨浦区人民法院审理。

2. 法院裁判及观点

一审法院认为,原告要求确认宝山区年吉路×××弄×××号×××室房屋的所有权,本案系所有权确认纠纷,应由不动产所在地法院管辖。据此,驳回被告秦某甲、周某甲、洪某甲、周某乙、刘某甲、周某丙对本案管辖权提出的异议。上诉人秦某甲、周某甲、洪某甲、周某乙、刘某甲、周某丙不服上海市宝山区人民法院(2016)沪 0113 民初 11098 号民事裁定,提起上诉。二审法院以相同理由裁定驳回上诉,维持原裁定。

3. 案例评析

本案中,被上诉人诉请要求通过产权调换方式获得上海市宝山区年吉路×××弄×××号×××室房屋的产权,该诉请围绕物权所有权发生争议,属于因不动产纠纷提起的诉讼,属不动产专属管辖。此外,被上诉人并没有主张对拆迁房屋所得的所有利益重新分配,故上诉人提出本案属于分家析产纠纷的理由不能成立。

有关法律规定

《中华人民共和国民事诉讼法》

第二十一条　对公民提起的民事诉讼，由被告住所地人民法院管辖；被告住所地与经常居住地不一致的，由经常居住地人民法院管辖。

对法人或者其他组织提起的民事诉讼，由被告住所地人民法院管辖。

同一诉讼的几个被告住所地、经常居住地在两个以上人民法院辖区的，各该人民法院都有管辖权。

第二十二条　下列民事诉讼，由原告住所地人民法院管辖；原告住所地与经常居住地不一致的，由原告经常居住地人民法院管辖：

（一）对不在中华人民共和国领域内居住的人提起的有关身份关系的诉讼；

（二）对下落不明或者宣告失踪的人提起的有关身份关系的诉讼；

（三）对被采取强制性教育措施的人提起的诉讼；

（四）对被监禁的人提起的诉讼。

第二十三条　因合同纠纷提起的诉讼，由被告住所地或者合同履行地人民法院管辖。

第二十八条　因侵权行为提起的诉讼，由侵权行为地或者被告住所地人民法院管辖。

第三十三条　下列案件，由本条规定的人民法院专属管辖：

（一）因不动产纠纷提起的诉讼，由不动产所在地人民法院管辖；

（二）因港口作业中发生纠纷提起的诉讼，由港口所在地人民法院管辖；

（三）因继承遗产纠纷提起的诉讼，由被继承人死亡时住所地或者主要遗产所在地人民法院管辖。

第三十四条　合同或者其他财产权益纠纷的当事人可以书面协议选择被告住所地、合同履行地、合同签订地、原告住所地、标的物所在地等与争议有实际联系的地点的人民法院管辖，但不得违反本法对级别管辖和专属管辖的规定。

第三十五条　两个以上人民法院都有管辖权的诉讼，原告可以向其中一个人民法院起诉；原告向两个以上有管辖权的人民法院起诉的，由最先立案的人民法院管辖。

第三十六条　人民法院发现受理的案件不属于本院管辖的，应当移送有管辖权的人民法院，受移送的人民法院应当受理。受移送的人民法院认为受移送的案件依照规定不属于本院管辖的，应当报请上级人民法院指定管辖，不得再自行移送。

第三十七条　有管辖权的人民法院由于特殊原因，不能行使管辖权的，由上级人民法院指定管辖。

人民法院之间因管辖权发生争议，由争议双方协商解决；协商解决不了的，报请它们的共同上级人民法院指定管辖。

第三十八条　上级人民法院有权审理下级人民法院管辖的第一审民事案件；确有必要将本院管辖的第一审民事案件交下级人民法院审理的，应当报请其上级人民法院批准。

下级人民法院对它所管辖的第一审民事案件，认为需要由上级人民法院审理的，可以报请上级人民法院审理。

最高人民法院《关于适用〈中华人民共和国民事诉讼法〉的解释》

第三条　公民的住所地是指公民的户籍所在地，法人或者其他组织的住所地是指法人或者其他组织的主要办事机构所在地。

法人或者其他组织的主要办事机构所在地不能确定的，法人或者其他组织的注册地或者登记地为住所地。

第四条　公民的经常居住地是指公民离开住所地至起诉时已连续居住一年以上的地方，但公民住院就医的地方除外。

第十八条　合同约定履行地点的，以约定的履行地点为合同履行地。

合同对履行地点没有约定或者约定不明确，争议标的为给付货币的，接收货币一方所在地为合同履行地；交付不动产的，不动产所在地为合同履行地；其他标的，履行义务一方所在地为合同履行地。即时结清的合同，交易行为地为合同履行地。

合同没有实际履行，当事人双方住所地都不在合同约定的履行地的，由被告住所地人民法院管辖。

第二十八条　民事诉讼法第三十三条第一项规定的不动产纠纷是指因不动产的权利确认、分割、相邻关系等引起的物权纠纷。

农村土地承包经营合同纠纷、房屋租赁合同纠纷、建设工程施工合同纠纷、政策性房屋买卖合同纠纷，按照不动产纠纷确定管辖。

不动产已登记的，以不动产登记簿记载的所在地为不动产所在地；不动产未登记的，以不动产实际所在地为不动产所在地。

第二十九条　民事诉讼法第三十四条规定的书面协议，包括书面合同中的协议管辖条款或者诉讼前以书面形式达成的选择管辖的协议。

第三十条　根据管辖协议,起诉时能够确定管辖法院的,从其约定;不能确定的,依照民事诉讼法的相关规定确定管辖。

管辖协议约定两个以上与争议有实际联系的地点的人民法院管辖,原告可以向其中一个人民法院起诉。

第三十一条　经营者使用格式条款与消费者订立管辖协议,未采取合理方式提请消费者注意,消费者主张管辖协议无效的,人民法院应予支持。

二、房地产纠纷胜诉后申请强制执行如何确定管辖

一方面,不动产是非常重要的一类执行标的,另一方面,不动产执行涉及的利益主体非常复杂,因此,准确确定房地产纠纷案件的执行管辖法院有助于提升执行效率。

基本理论

1. 执行管辖概述

执行管辖,即指可强制执行的生效法律文书由哪一个法院负责执行,是法院系统内部各级法院之间和各同级法院之间的分工。确定执行案件的管辖对于执行的申请和实现都具有十分重要的意义。现行民事诉讼法关于执行的规定相对较少,有关执行工作的依据主要散见于司法解释。从《民事诉讼法》第224条的规定来看,民事执行管辖按照执行根据的差别作了两大基本分类,即发生法律效力的民事判决、裁定,以及刑事判决、裁定中的财产部分,由第一审人民法院或者与第一审人民法院同级的被执行财产所在地人民法院执行。法律规定由人民法院执行的其他法律文书,由被执行人住所地或者被执行的财产所在地人民法院执行。对于法院自身作出的判决、裁定,由于第一审法院比较了解案情,在一定程度上具备开展执行工作的便利性。也有观点认为,[①]在审执分立模式下,执行机构并未参与案件审理,并不了解案情,以第一审法院熟悉案情为由规定第一审法院管辖制作的法律文书的执行案件,从而将法院制作的法律文书与其他法律文书相区别是没有道理的。

---

① 参见潘环环、尚艳玲:《民事执行管辖制度之重构》,载《中共郑州市委党校学报》2015年第4期。

与一审诉讼案件管辖制度类似，执行管辖也有级别管辖、地域管辖之分。其中，级别管辖是上下级法院之间执行案件权限的分工；地域管辖是同级法院之间关于执行案件权限的分工。对于法院的判决、裁定来说，执行的级别管辖直接与一审法院的级别管辖对应，而地域管辖则由第一审法院或同级的被执行财产所在地法院管辖。对于法律规定由人民法院执行的其他法律文书，最高人民法院《关于人民法院执行工作若干问题的规定（试行）》的“二、执行管辖”部分对相关级别管辖和地域管辖都有专门规定。需要注意的是，执行管辖不适用协议管辖，当事人不能约定由哪个法院强制执行。

2. 房地产纠纷诉讼案件胜诉后的执行

《民事诉讼法》第 224 条第 1 款规定，发生法律效力的民事判决、裁定，以及刑事判决、裁定中的财产部分，由第一审人民法院或者与第一审人民法院同级的被执行的财产所在地人民法院执行。《民诉解释》第 462 条第 1 款补充规定，发生法律效力的实现担保物权裁定、确认调解协议裁定、支付令，由作出裁定、支付令的人民法院或者与其同级的被执行财产所在地的人民法院执行。可见，对于经法院审理终结的房地产纠纷诉讼案件来说，执行法院通常是作出判决、裁定的第一审法院或同级的被执行财产所在地法院，因而执行法院管辖问题与一审案件管辖或财产所在地高度相关。具体来看，对于适用不动产纠纷专属管辖的不动产所有权纠纷、抵押权纠纷等，由于第一审法院就是不动产财产所在地，且执行标的一般直接指向涉诉不动产，两者完全重合一致，这一类案件的执行管辖法院通常就是不动产所在地法院。对于与不动产关联但实质上属于合同纠纷的案件，由于排除不动产专属管辖情形，且有可能适用协议管辖，一审法院与不动产财产所在地可能不一致，执行管辖法院不一定是不动产财产所在地法院。

3. 房地产纠纷仲裁案件胜诉后的执行

房地产纠纷除了向人民法院起诉以外，在符合《中华人民共和国仲裁法》（以下简称《仲裁法》）规定的范围内还可以根据当事人的约定进行仲裁。申请仲裁须以达成书面仲裁协议为前提。可以协议仲裁的房地产争议案件类型比较丰富，如房屋买卖合同争议，包括房产买卖合同、价格、优先购买权等；房屋所有权争议，包括所有权归属、份额、变更、析产、交换等；房屋使用权争议，包括租赁、租金、强占、返还、占有、交换、转租、转让等方面的争议；相邻关系争议,包括通行、通风、采光、滴漏水和上下水的正常使用等;房屋修缮争议,包括房屋修缮的工程项目及安全检查的鉴定、各项工程费用的承担等。根据法律规定,仲裁不实行级别管辖和地域管辖,因此当事人在选择仲裁机构时可以突破或规避诉讼方式可能涉及的不动产专属管辖问题。根据最高人民法院《关于适用〈中华人民共和国仲裁法〉若干问题的解释》(以下简称《仲裁法解释》)第29条的规定,当事人申请执行仲裁裁决案件,由被执行人住所地或者被执行的财产所在地的中级人民法院管辖。考虑到房地产纠纷类型有别、性质有异,在执行标的不指向不动产财产的情形下,执行法院可能不是不动产所在地法院。值得注意的是,《仲裁法解释》改变了最高人民法院《关于人民法院执行工作若干问题的规定(试行)》(以下简称《执行规定》)对仲裁裁决执行案件的级别管辖,将申请执行仲裁裁决案提级到中级人民法院管辖,因此,同一房地产纠纷案件是选择诉讼还是选择仲裁对将来执行法院的级别也有一定的影响。

典型案例

执行管辖可以根据指定管辖发生改变

——鲁抗三叶公司申请复议案[①]

1. 案情简介

申请复议人(被执行人、异议人):鲁抗三叶公司

申请执行人:刘某甲

刘某甲诉鲁抗三叶公司商品房预售合同纠纷一案,一审法院于2013年11月6日作出(2013)菏民三初字第64号民事判决,判决解除刘某甲与鲁抗三叶公司于2011年9月1日签订的《御都公寓商品房买卖合同》,鲁抗三叶公司返还刘某甲购房款200万元,并承担刘某甲购房款一倍的赔偿责任200万元,共计400万元。鲁抗三叶公司不服该判决,提起上诉。二审法院于2014年5月21日作出(2014)鲁民一终字第72号民事判决,驳回上诉,维持

① 参见山东省高级人民法院(2015)鲁执复字第42号执行裁定书。

原判。该案进入执行程序后，菏泽市中级人民法院（以下简称菏泽中院）于2014年6月19日作出（2014）菏执字第61号执行裁定，将该案指定由成武县人民法院执行。成武县人民法院于2014年8月16日作出（2014）成执字第824－4号执行裁定，查封了鲁抗三叶公司开发的部分房屋。鲁抗三叶公司不服，向菏泽中院提出异议称，根据《民事诉讼法》第224条规定，该执行案件应为菏泽中院管辖，菏泽中院依据《民事诉讼法》第154条第1款第11项规定作出（2014）菏执字第61号执行裁定，指定成武县人民法院执行，行为错误，适用法律错误；菏泽中院及成武县人民法院均未向鲁抗三叶公司送达（2014）菏执字第61号执行裁定书，程序违法。综上，请求撤销（2014）菏执字第61号执行裁定书。菏泽中院驳回了鲁抗三叶公司的异议。鲁抗三叶公司不服，向山东省高级人民法院申请复议。

2. 法院裁判及观点

山东省高级人民法院认为，本案争议的焦点问题是：（1）菏泽中院（2015）菏执异议字第1号执行裁定适用法律是否得当；（2）菏泽中院将本案指定成武县人民法院执行是否符合法律规定。

关于第一个焦点问题。山东省高级人民法院《关于规范提级执行指定执行工作的规定》是根据最高人民法院《关于高级人民法院统一管理执行工作若干问题的规定》等规定，结合执行工作实际，经审判委员会讨论后制定的关于提级执行、指定执行的规范性文件，具有合法性和有效性。该规定于2005年4月14日印发全省各级人民法院、济南铁路运输两级法院及青岛海事法院，并自公布之日起施行。该规定一经施行，山东省内各级法院均应遵照执行。申请复议人鲁抗三叶公司所提该文件未公开施行、不具有规范性文件效力的复议理由，与事实不符，依法不能成立。菏泽中院在（2015）菏执异议字第1号执行裁定书中并没有直接引用上述规定，而是作为裁判说理的依据加以引用，并不违反最高人民法院《关于裁判文书引用法律、法规等规范性法律文件的规定》的相关规定。因此，申请复议人鲁抗三叶公司认为菏泽中院（2015）菏执异议字第1号执行裁定书适用法律错误，理由不成立，依法不予支持。

关于第二个焦点问题。根据《民事诉讼法》第224条的规定，菏泽中院具有本案的执行管辖权，其对本案予以立案符合法律规定。山东省高级人民法院《关于规范提级执行指定执行工作的规定》第5条规定："对具有下列情形之一的执行案件，上级人民法院可以提级执行、指定执行：……3.上级人民法院认为其他需要提级执行、指定执行的。"因此，菏泽中院立案后又将该案指定其辖区内的成武县人民法院符合法律、司法解释和最高人民法院的有关规定。申请复议人鲁抗三叶公司认为菏泽中院将本案指定成武县人民法院执行属程序违法，没有法律依据，该理由亦不能成立。综上，申请复议人的复议理由依法不能成立，其复议请求不予支持。驳回鲁抗三叶公司的复议申请。

3.案例评析

《民事诉讼法》第224条第1款"发生法律效力的民事判决、裁定，以及刑事判决、裁定中的财产部分，由第一审人民法院或者与第一审人民法院同级的被执行的财产所在地人民法院执行"规定了执行管辖的一般性原则。菏泽中院以(2014)菏执字第61号案件立案，亦与该规定相符。在具体执行工作中，最高人民法院《关于高级人民法院统一管理执行工作若干问题的规定》(2000年1月14日法发〔2000〕3号)第2条规定："高级人民法院应当根据法律、法规、司法解释和最高人民法院的有关规定，结合本辖区的实际情况制定统一管理执行工作的具体规章制度，确定一定时期内执行工作的目标和重点，组织本辖区内的各级人民法院实施。"山东省高级人民法院于2005年4月13日公布山东省高级人民法院《关于规范提级执行指定执行工作的规定》(鲁高法〔2005〕57号)，该规定第2条规定"指定执行是指上级人民法院对本院及下级人民法院执行的符合规定条件的案件，依当事人申请或依职权规定由本辖区其他法院予以执行"；第5条第3项规定，"对具有下列情形之一的执行案件，上级法院可以提级执行、指定执行：……3.上级人民法院认为其他需要提级执行、指定执行的"。根据上述法律和规定，菏泽中院将刘某甲申请执行鲁抗三叶公司商品房预售合同纠纷一案，指定辖区内的成武县人民法院执行并无不当。菏泽中院(2014)菏执字第61号执行裁定书所援引法律条文虽不周详，但所作出的裁定事项并无不当。但成武县人民法院应将指定执行裁定书送达各方当事人，不宜以送达执行通知书、采取查封措施等替代指定执行裁定书的送达。综上，菏泽中院(2014)菏执字第61号执行裁定书并无不当，鲁抗三叶公司请求予以撤销的异议主张不能成立。

有关法律规定

《中华人民共和国民事诉讼法》

第二百二十四条　发生法律效力的民事判决、裁定，以及刑事判决、裁定中的财产部分，由第一审人民法院或者与第一审人民法院同级的被执行的财产所在地人民法院执行。

法律规定由人民法院执行的其他法律文书，由被执行人住所地或者被执行的财产所在地人民法院执行。

第二百二十六条　人民法院自收到申请执行书之日起超过六个月未执行的，申请执行人可以向上一级人民法院申请执行。上一级人民法院经审查，可以责令原人民法院在一定期限内执行，也可以决定由本院执行或者指令其他人民法院执行。

第二百二十九条　被执行人或者被执行的财产在外地的，可以委托当地人民法院代为执行。受委托人民法院收到委托函件后，必须在十五日内开始执行，不得拒绝。执行完毕后，应当将执行结果及时函复委托人民法院；在三十日内如果还未执行完毕，也应当将执行情况函告委托人民法院。

受委托人民法院自收到委托函件之日起十五日内不执行的，委托人民法院可以请求受委托人民法院的上级人民法院指令受委托人民法院执行。

最高人民法院《关于适用〈中华人民共和国民事诉讼法〉的解释》

第四百六十二条　发生法律效力的实现担保物权裁定、确认调解协议裁定、支付令，由作出裁定、支付令的人民法院或者与其同级的被执行财产所在地的人民法院执行。

认定财产无主的判决，由作出判决的人民法院将无主财产收归国家或者集体所有。

最高人民法院《关于适用〈中华人民共和国民事诉讼法〉执行程序若干问题的解释》

第一条　申请执行人向被执行的财产所在地人民法院申请执行的，应当提供该人民法院辖区有可供执行财产的证明材料。

第二条　对两个以上人民法院都有管辖权的执行案件，人民法院在立案前发现其他有管辖权的人民法院已经立案的，不得重复立案。

立案后发现其他有管辖权的人民法院已经立案的，应当撤销案件；已经采取执行措施的，应当将控制的财产交先立案的执行法院处理。

第十一条　依照民事诉讼法第二百零三条的规定,有下列情形之一的,上一级人民法院可以根据申请执行人的申请,责令执行法院限期执行或者变更执行法院:

(一)债权人申请执行时被执行人有可供执行的财产,执行法院自收到申请执行书之日起超过六个月对该财产未执行完结的;

(二)执行过程中发现被执行人可供执行的财产,执行法院自发现财产之日起超过六个月对该财产未执行完结的;

(三)对法律文书确定的行为义务的执行,执行法院自收到申请执行书之日起超过六个月未依法采取相应执行措施的;

(四)其他有条件执行超过六个月未执行的。

第十二条　上一级人民法院依照民事诉讼法第二百零三条规定责令执行法院限期执行的,应当向其发出督促执行令,并将有关情况书面通知申请执行人。

上一级人民法院决定由本院执行或者指令本辖区其他人民法院执行的,应当作出裁定,送达当事人并通知有关人民法院。

第十三条　上一级人民法院责令执行法院限期执行,执行法院在指定期间内无正当理由仍未执行完结的,上一级人民法院应当裁定由本院执行或者指令本辖区其他人民法院执行。

第十四条　民事诉讼法第二百零三条规定的六个月期间,不应当计算执行中的公告期间、鉴定评估期间、管辖争议处理期间、执行争议协调期间、暂缓执行期间以及中止执行期间。

最高人民法院《关于人民法院执行工作若干问题的规定(试行)》

1. 人民法院根据需要,依据有关法律的规定,设立执行机构,专门负责执行工作。

2. 执行机构负责执行下列生效法律文书:

(1)人民法院民事、行政判决、裁定、调解书,民事制裁决定、支付令,以及刑事附带民事判决、裁定、调解书;

(2)依法应由人民法院执行的行政处罚决定、行政处理决定;

(3)我国仲裁机构作出的仲裁裁决和调解书;人民法院依据《中华人民共和国仲裁法》有关规定作出的财产保全和证据保全裁定;

(4)公证机关依法赋予强制执行效力的关于追偿债款、物品的债权文书;

(5)经人民法院裁定承认其效力的外国法院作出的判决、裁定,以及国外仲裁机构作出的仲裁裁决;

(6)法律规定由人民法院执行的其他法律文书。

3. 人民法院在审理民事、行政案件中作出的财产保全和先予执行裁定，由审理案件的审判庭负责执行。

10. 仲裁机构作出的国内仲裁裁决、公证机关依法赋予强制执行效力的公证债权文书，由被执行人住所地或被执行的财产所在地人民法院执行。

前款案件的级别管辖，参照各地法院受理诉讼案件的级别管辖的规定确定。

11. 在国内仲裁过程中，当事人申请财产保全，经仲裁机构提交人民法院的，由被申请人住所地或被申请保全的财产所在地的基层人民法院裁定并执行；申请证据保全的，由证据所在地的基层人民法院裁定并执行。

12. 在涉外仲裁过程中，当事人申请财产保全，经仲裁机构提交人民法院的，由被申请人住所在地或被申请保全的财产所在地的中级人民法院裁定并执行；申请证据保全的，由证据所在地的中级人民法院裁定并执行。

13. 专利管理机关依法作出的处理决定和处罚决定，由被执行人住所地或财产所在地的省、自治区、直辖市有权受理专利纠纷案件的中级人民法院执行。

14. 国务院各部门、各省、自治区、直辖市人民政府和海关依照法律、法规作出的处理决定和处罚决定，由被执行人住所地或财产所在地的中级人民法院执行。

15. 两个以上人民法院都有管辖权的，当事人可以向其中一个人民法院申请执行；当事人向两个以上人民法院申请执行的，由最先立案的人民法院管辖。

111. 凡需要委托执行的案件，委托法院应在立案后一个月内办妥委托执行手续。超过此期限委托的，应当经对方法院同意。

112. 委托法院明知被执行人有下列情形的，应当及时依法裁定中止执行或终结执行，不得委托当地法院执行：

(1) 无确切住所，长期下落不明，又无财产可供执行的；

(2) 有关法院已经受理以被执行人为债务人的破产案件或者已经宣告其破产的。

113. 委托执行一般应在同级人民法院之间进行。经对方法院同意，也可委托上一级的法院执行。

被执行人是军队企业的，可以委托其所在地的军事法院执行。

执行标的物是船舶的，可以委托有关海事法院执行。

114. 委托法院应当向受委托法院出具书面委托函，并附送据以执行的生效法律文书副本原件、立案审批表复印件及有关情况说明，包括财产保全情况、被执行人的财产状况、生效法律文书履行的情况，并注明委托法院地址、联系电话、联系人等。

115. 委托执行案件的实际支出费用，由受托法院向被执行人收取，确有必要的，可以向申请执行人预收。委托法院已经向申请执行人预收费用的，应当将预收的费用转交受托法院。

116. 案件委托执行后，未经受托法院同意，委托法院不得自行执行。

117. 受托法院接到委托后，应当及时将指定的承办人、联系电话、地址等告知委托法院；如发现委托执行的手续、资料不全，应及时要求委托法院补办。但不得据此拒绝接受委托。

118. 受托法院对受托执行的案件应当严格按照民事诉讼法和最高人民法院有关规定执行，有权依法采取强制执行措施和对妨害执行行为的强制措施。

132. 上级法院发现下级法院的执行案件（包括受委托执行的案件）在规定的期限内未能执行结案的，应当作出裁定、决定、通知而不制作的，或应当依法实施具体执行行为而不实施的，应当督促下级法院限期执行，及时作出有关裁定等法律文书，或采取相应措施。

对下级法院长期未能执结的案件，确有必要的，上级法院可以决定由本院执行或与下级法院共同执行，也可以指定本辖区其他法院执行。

最高人民法院《关于委托执行若干问题的规定》

第一条　执行法院经调查发现被执行人在本辖区内已无财产可供执行，且在其他省、自治区、直辖市内有可供执行财产的，应当将案件委托异地的同级人民法院执行。

执行案件中有三个以上被执行人或者三处以上被执行财产在本省、自治区、直辖市辖区以外，且分属不同异地的，执行法院根据案件具体情况，报经高级人民法院批准后可以异地执行。

第二节
立案基本要件

起诉是诉讼的起点，民事诉讼必须有原告起诉，法院才能受理，而当事人的起诉只有符合法定立案条件，法院才能立案，才能对案件进行实体审理。房地产案件除了具备自身法律关系特点外，也应当具备起诉的基本条件，才能立案进入诉讼。

一、立案必须具备的条件

基本理论

1. 民事立案条件

按照立案登记制[①]要求，人民法院对依法应该受理的案件，要做到有案必立、有诉必理，保障当事人诉权。凡与本案有直接利害关系的公民、法人和其他组织提起的民事诉讼，有明确的被告、具体的诉讼请求和事实依据，属于人民法院主管和受诉人民法院管辖的，且无违法起诉等禁止情形的，应当登记立案。但实行立案登记制，并不意味着法院不再进行立案审查，并非只要向法院提交诉状就能当然登记立案，立案仍然要符合起诉条件和管辖的规定。立案登记制变实质审查为形式审查，旨在排除非法律因素导致的立案障碍，确保立案工作与法律规定一致，不受干扰。形式审查区别

① 立案登记制属于案件受理制度，与之对应的概念是立案审查制。采用立案登记制，法院接到当事人提交的民事、行政起诉状或刑事自诉状时，对符合法定条件的起诉或者执行、赔偿案件中符合法定条件的申请，应当登记立案。

于实质审查，主要在于不对诉争法律关系进行实质审查，不审查当事人主张的诉讼请求、事实和理由是否成立，不审查证据是否足够充分。但形式审查不能被误解为不再审查原告与本案是否有直接利害关系，或者不再审查被告是否明确等。一方面，立案审查要严格对照起诉条件进行审查，不对实体问题进行审查，防止先审后立、未审先判。另一方面，立案审查要避免消极审查，防止形式审查异化为审查形式化。尤其要注意，如果对当事人基本信息完全不进行审查，一些当事人不明确、不真实的虚假诉讼会大量涌入法院。如果对不属于人民法院案件受理范围的历史遗留问题、非法政治诉求及其他敏感问题不认真审查，任其流入法院，很可能会引发严重的社会问题甚至政治风险，损害司法权威。

2. 有关民事起诉条件的法律规定

根据《民事诉讼法》第119条的规定，起诉必须符合下列条件：(1)原告是与本案有直接利害关系的公民、法人和其他组织；(2)有明确的被告；(3)有具体的诉讼请求和事实、理由；(4)属于人民法院受理民事诉讼的范围和受诉人民法院管辖。

(1)原告与本案有直接利害关系

原告与本案有直接利害关系，是指诉争的法律关系直接涉及原告所享有的或由其支配、保护的权益。直接利害关系中的“直接”，实践中可以理解为直接由法律规定或认可。如此理解也能在一定程度上回避民事公益诉讼中原告与本案是否存在直接利害关系的争议问题，因为《民事诉讼法》第55条已经对民事公益诉讼的原告资格作了规定，这种法律规定可以视为直接利害关系。实践中需要注意的是，审查原告与本案是否存在直接利害关系容易出现实体审查倾向，因为在一些案件中不审查当事人所主张的诉争法律关系就难以真正确认原告所主张的诉求为法律所认可。在进行形式审查时应当避免对法律关系进行实体审查，应当假定原告所主张的法律事实存在，所主张的法律关系成立，在此基础上根据相关法律规定判断原告与本案是否具有直接利害关系。

(2)有明确的被告

明确的被告，是指被告的姓名或者名称、住所等信息具体明确，并足以与他人相区别。在《民诉解释》第209条和最高人民法院《关于人民法院登记立案若干问题的规定》(以下简称《登记立案规定》)第6条第3项中,均将"足以与他人相区别"作为判断被告是否明确的重要标准。虽然文义比较直白,但在实践操作中要防止出现过严或过松的把握偏差。

司法实践中,当事人通常需要提交书面材料佐证起诉符合法律规定的条件,其中之一就是有明确的被告。若被告为法人,则需要提供其营业执照、组织机构代码证复印件或工商登记部门的证明;若为自然人,则需要提供其身份证复印件或公安机关的证明。对于立案审查来说,这些材料非常重要,因为它们不但明确了具体的被告,还能通过身份证号码、组织机构代码等信息识别被告的唯一性和真实性,还能通过住所等信息确定管辖法院以及后续的送达。然而,在一些案件中,原告并不熟悉、掌握被告的身份信息,如果没有律师或者有关组织的帮助,往往难以获取被告的身份识别信息,尤其是身份证号码和电话号码。如果对被告的身份信息证明要求过严,则会将很多普通当事人挡在门外,造成"立案难"。实际上,《民事诉讼法》及其司法解释和《登记立案规定》均没有明确要求提供被告的身份证号码和电话号码,对于被告为自然人的情况,如果所提供的被告姓名、性别、住所和工作单位信息是准确的,即使没有提供身份证号码和电话号码,也足以将其与他人相区别,就应当认定具有明确的被告。另一方面,如果审查走形式,把握过松则不利于防范虚假诉讼,对于被告身份的真实性应作必要的核对。例如,对于被告为法人的,可通过相关信息查询平台核对真实性。

(3)有具体的诉讼请求和事实、理由

原告向法院提起诉讼,请求法院保护自己的合法权益,需要提出具体的权利主张。一方面,提出具体的诉讼请求,明确起诉要解决的问题,法院也才能据此审理和裁判。另一方面,提出具体的诉讼请求,对法院裁判范围具有拘束力,因为判决、裁定遗漏或超出诉讼请求是再审的法定情形之一。具体的诉讼请求通常根据法律规定提出,主要是实体法规定,但也有程序法规定,如《民事诉讼法》第56条规定的第三人撤销之诉。根据诉讼请求的不同特点,诉可以分为确认之诉、变更之诉和给付之诉。

确认之诉,是指原告请求法院确认实体法上的权利或法律关系是否存在的诉讼,不形成新的法律关系,也不要求对方当事人履行给付义务。确认之诉中关于具体诉讼请求的表述,可以具体到某项权利或权益,如请求法院确认原告对某某房屋享有居住权，也可以不明确表述具体权利而笼统指向某种法律关系，如请求法院确认某份协议有效或无效，等等。

变更之诉，又称形成之诉，是指原告请求法院改变或消灭某种民事法律关系的诉讼，通常当事人之间对原有民事法律关系没有争议。变更之诉中关于具体诉讼请求的表述，可以指向某种法律关系或者法律关系的主体、客体或内容，如请求法院解除原告与被告的收养关系，请求法院判令将对某某的抚养权由被告变更为原告。

给付之诉，是指原告判令被告履行一定民事义务的诉讼，显著的特点是具有执行性。关于履行义务、承担给付责任的形式，《中华人民共和国民法通则》（以下简称《民法通则》）第134条列举了十种主要方式：①停止侵害；②排除妨碍；③消除危险；④返还财产；⑤恢复原状；⑥修理、重作、更换；⑦赔偿损失；⑧支付违约金；⑨消除影响、恢复名誉；⑩赔礼道歉。给付之诉中关于具体诉讼请求的表述，可以在上列责任形式的基础上补充具体对象、金额等，如请求法院判令被告向原告赔偿损失100万元。

起诉要求提出具体的诉讼请求，必然也要求陈述事实来支持其诉讼请求。这里要求的事实只是关于事实的陈述，是待证事实，不必然是客观事实。但这种事实陈述也需要满足“具体”的要求，比如，有关商品房销售合同纠纷案件的起诉，原告不能仅仅陈述抽象的“买房”事实，而不对具体房屋地址等必要信息进行补充。

法律规定的起诉条件中还包括理由。这里的“理由”并不是为什么要起诉的理由，而是指支持诉讼请求的理由，实际上是关于事实与诉讼请求之间的逻辑联系。最“标准”的理由当然是法律规定，也就是法律依据。从形式审查角度讲，无论是否准确只要举出具体的法律规定就具备了“标准”的理由。但从立案登记制方便群众诉讼、保障诉权的角度出发，应当弱化对“理由”的形式审查，要求每个原告在起诉中都要说明具体的法律规定实无必要。实际上中央《关于人民法院推行立案登记制改革的意见》有关规定省去了“理由”这一项条件，毕竟没有明确举出理由并不等于没有理由，在一些常见案件中，这些“理由”都是可推知的。

（4）属于人民法院受诉范围和受诉法院管辖范围

民事诉讼受案范围，即哪些案件可以由法院受理适用民事诉讼程序解决，是法院同国家其他机关和组织在解决民事纠纷问题上的分工，包括由民法、商法、经济法、劳动法调整的民事争议案件以及法律规定的适用民事诉讼法审理的其他纠纷或事项。法院管辖是法院系统内部的分工。根据不同标准，可有多种分类，如有观点[①]将法院管辖分为法定管辖和意定管辖，将意定管辖分为裁定管辖和任意管辖，将任意管辖分为选择管辖和协议管辖。在司法实践中，最重要的管辖制度是级别管辖、地域管辖和专属管辖。

级别管辖是上下级法院之间受理第一审民事案件的分工和权限。根据《民事诉讼法》的规定，最高人民法院管辖的民事一审案件如下：①在全国有重大影响的案件；②认为应当由最高人民法院审理的案件。高级人民法院管辖本辖区内有重大影响的民事一审案件。中级人民法院管辖的民事一审案件如下：①重大涉外案件；②在本辖区有重大影响的案件；③最高人民法院确定由中级人民法院管辖的案件。基层人民法院管辖一般的第一审民事案件。换言之，除了法律规定由中级人民法院、高级人民法院、最高人民法院管辖的第一审民事案件以外的所有民事第一审案件均由基层人民法院管辖。

地域管辖是同级人民法院之间受理第一审民事案件的分工和权限。根据《民事诉讼法》的有关规定，地域管辖分为一般地域管辖、特殊地域管辖、专属管辖、共同管辖和协议管辖。其中，专属管辖是指法律强制规定某类案件只能由特定法院管辖，其他法院无权管辖，也不允许当事人协议变更管辖。与其他法定管辖相比，专属管辖具有优先性、排他性与强制性。根据《民事诉讼法》第33条的规定，因不动产纠纷提起的诉讼，由不动产所在地人民法院管辖；因港口作业中发生纠纷提起的诉讼，由港口所在地人民法院管辖；因继承遗产纠纷提起的诉讼，由被继承人死亡时住所地或者主要遗产所在地人民法院管辖。

3. 不予登记立案的禁止情形

按照法律规定，对于符合起诉条件的必须受理。中央《关于人民法院推行立案登记制改革的意见》改革法院案件受理制度，切实解决人民群众反映的“立案难”问题，除了制定属于受理范围的正面清单外，还给出了不属于受

---

① 参见王亚新：《民事诉讼管辖：原理、结构及程序的动态》，载《当代法学》2016年第2期。

理范围的下列负面清单:(1)违法起诉或者不符合法定起诉条件的;(2)诉讼已经终结的;(3)涉及危害国家主权和领土完整、危害国家安全、破坏国家统一和民族团结、破坏国家宗教政策的;(4)其他不属于人民法院主管的所诉事项。

典型案例一

起诉不得重复

——冕里稀土公司与某江水电公司等财产损害赔偿纠纷案①

1. 案情简介

上诉人(一审原告):冕里稀土公司

被上诉人(一审被告):某江水电公司

被上诉人(一审第三人):某蓉建设总公司

一审原告冕里稀土公司,以某江水电公司违规排渣造成泥石流,导致冕里稀土公司投资建设的选矿厂损毁遭受经济损失为由,起诉请求法院判令某江水电公司赔偿冕里稀土公司经济损失。

2. 法院裁判及观点

一审法院裁定认为,冕里稀土公司和冕里稀土矿选厂是不同的民事主体,两者有各自独立的财产,两者之间没有投资入股、兼并等关系。故冕里稀土公司提交的《土地租用合同书》不能证明其已经取得冕里稀土矿选厂的财产。2008 年 7 月 23 日经冕宁县人民政府与某江水电公司锦屏管理局、冕里稀土选矿厂签字确认形成的《6 · 30 暴雨灾害实物损失调查表》以及凉山州政府关于 6 · 30 暴雨灾害处理的情况报告,均证明在“6 · 30”泥石流灾害遭受损失的主体是冕里稀土矿选厂。冕里稀土公司对冕里稀土矿选厂没有所有权,冕里稀土公司不具有代冕里稀土矿选厂依据《6 · 30 暴雨灾害实物损失调查表》请求某江水电公司赔偿损失的诉讼主体资格。裁定驳回冕里稀土

① 参见最高人民法院(2015)民一终字第 363 号民事裁定书。

公司的起诉。冕里稀土公司不服,提出上诉。

二审法院认为,本案一审被告某江水电公司原名为某水电开发有限责任公司。本案与四川省高级人民法院受理的冕里稀土公司诉某水电开发有限责任公司、第三人某蓉建设总公司财产损害赔偿纠纷一案,案号为(2009)川民初字第9号,两诉当事人及当事人的诉讼地位相同;起诉状中载明的诉讼请求及诉讼请求数额完全一致;两诉中冕里稀土公司均主张因某江水电公司违规排渣引发泥石流,导致冕里稀土公司投资建设的厂房设备被损毁造成损失,要求某江水电公司赔偿财产损失,两诉的诉讼标的均为某江水电公司的排渣行为是否给冕里稀土公司财产造成损失的民事争议。本案与(2009)川民初字第9号案件的当事人、诉讼标的和诉讼请求均相同,故本案与(2009)川民初字第9号案件构成重复诉讼。因此驳回上诉,维持原裁定。

3. 案例评析

本案中上诉人认为,冕里稀土矿选厂是1992年成立的集体企业,在2008年"6·30"泥石流灾害发生时,该集体企业只有羊房沟稀土矿山,在发生泥石流的马颈沟没有任何财产,所以,没有提出赔偿要求。而真正遭受"6·30"泥石流灾害损失的只有冕里稀土公司的稀土洗选厂,冕里稀土公司才是本案中的实际受害人和赔偿请求人。上诉人据此认为具有本案原告的主体资格。虽然原告资格是起诉的重要条件之一,但是,还有另一个问题不容忽视,即不得重复起诉。《民诉解释》第247条第1款规定,当事人就已经提起诉讼的事项在诉讼过程中或者裁判生效后再次起诉,同时符合下列条件的,构成重复起诉:(1)后诉与前诉的当事人相同;(2)后诉与前诉的诉讼标的相同;(3)后诉与前诉的诉讼请求相同,或者后诉的诉讼请求实质上否定前诉裁判结果。对于重复起诉,《民诉解释》第247条第2款规定,"当事人重复起诉的,裁定不予受理;已经受理的,裁定驳回起诉,但法律、司法解释另有规定的除外"。

典型案例二

登记立案只需形式审查

——某钢矿业公司诉某新水第二铁矿等建设用地使用权纠纷案①

1. 案情简介

上诉人(一审原告):某钢矿业公司

被上诉人(一审被告):某新水第二铁矿

被上诉人(一审被告):某新水村委会

上诉人因被上诉人从上诉人水厂铁矿新水尾矿库东部山体顶部持续向西侧新水尾矿库2－3#点区域大量排放废土尾砂,经上诉人多次要求,被上诉人仍拒绝停止侵权排土,故起诉至人民法院。

2. 法院裁判及观点

一审法院裁定认为,二被告是否构成侵权、是否应承担侵权责任的关键,在于其越界排土是否构成自助这一阻却违法事由、是否具有主观过错,而判断这一问题的关键则在于原告的新水尾矿库是否存在可能危及新水村群众生命财产安全的安全隐患。综观双方提供的证据,因原告由北京市安监局管辖、被告由河北省安监系统管辖,两个行政主管部门分别就是否存在安全隐患问题作出了不同的认定结论,法院作为司法机关无法在现有证据的情况下就此问题作出判断,且这一问题不是民事审判的范畴。本案应先由有处理权的行政主管部门就原告的新水尾矿库是否存在可能危及新水村群众生命财产安全的安全隐患问题作出确定结论,裁定驳回原告某钢矿业公司的起诉。某钢矿业公司上诉请求撤销一审裁定,由一审法院审理本案。

二审法院认为,本案属于土地使用权的侵权纠纷,判定被上诉人是否存在侵权行为,应当在实体审判中进行。在民事诉讼中,当事人基于裁判请求权行使诉权通常也是不受限制的,法律对于一些特殊类型的纠纷,存在诉讼

---

① 参见最高人民法院(2012)民一终字第73号民事裁定书,本案适用《中华人民共和国民事诉讼法》(2007年修订)。

前置程序。我国法律规定的诉讼前置程序主要体现在劳动争议诉讼、人事争议诉讼、证券市场虚假陈述引发的侵权赔偿诉讼中。本案涉及新水尾矿库是否存在安全隐患,需要借助专业鉴定机构鉴定,属于实体审理的部分,不属于民事诉讼前置程序。此外,上诉人已经提供了相关行政部门处理的依据,被上诉人也提供了相关的证据,双方提供的材料结论相左,需要通过实体审理才能确定。综上所述,上诉人某钢矿业公司的上诉有理,应予支持,裁定撤销原判并改判本案由一审法院审理。

3. 案例评析

本案中,上诉人因土地使用权侵权纠纷提起诉讼,符合《民事诉讼法》的相关规定,本案属于人民法院依法审理的民事诉讼范畴,一审法院以本案不属于民事审判范畴为由裁定驳回起诉缺乏法律依据。一审法院对被上诉人所主张的实施排土行为系自助行为的抗辩,应当依法进行审查并运用证据规则作出判断,一审法院以对被上诉人所提侵权抗辩理由中所涉及的安全问题无法作出判断为由驳回上诉人起诉,缺乏法律依据。

有关法律规定

《中华人民共和国民事诉讼法》

第一百一十九条　起诉必须符合下列条件:

(一)原告是与本案有直接利害关系的公民、法人和其他组织;

(二)有明确的被告;

(三)有具体的诉讼请求和事实、理由;

(四)属于人民法院受理民事诉讼的范围和受诉人民法院管辖。

第一百二十条　起诉应当向人民法院递交起诉状,并按照被告人数提出副本。

书写起诉状确有困难的,可以口头起诉,由人民法院记入笔录,并告知对方当事人。

第一百二十三条　人民法院应当保障当事人依照法律规定享有的起诉权利。对符合本法第一百一十九条的起诉,必须受理。符合起诉条件的,应当在七日内立案,并通知当事人;不符合起诉条件的,应当在七日内作出裁定书,不予受理;原告对裁定不服的,可以提起上诉。

最高人民法院《关于适用〈中华人民共和国民事诉讼法〉的解释》

第二百零八条　人民法院接到当事人提交的民事起诉状时,对符合民事诉讼法第一百一十九条的规定,且不属于第一百二十四条规定情形的,应当登记立案;对当场不能判定是否符合起诉条件的,应当接收起诉材料,并出具注明收到日期的书面凭证。

需要补充必要相关材料的,人民法院应当及时告知当事人。在补齐相关材料后,应当在七日内决定是否立案。

立案后发现不符合起诉条件或者属于民事诉讼法第一百二十四条规定情形的,裁定驳回起诉。

第二百零九条　原告提供被告的姓名或者名称、住所等信息具体明确,足以使被告与他人相区别的,可以认定为有明确的被告。

起诉状列写被告信息不足以认定明确的被告的,人民法院可以告知原告补正。原告补正后仍不能确定明确的被告的,人民法院裁定不予受理。

最高人民法院《关于人民法院登记立案若干问题的规定》

第一条　人民法院对依法应该受理的一审民事起诉、行政起诉和刑事自诉,实行立案登记制。

第二条　对起诉、自诉,人民法院应当一律接收诉状,出具书面凭证并注明收到日期。

对符合法律规定的起诉、自诉,人民法院应当当场予以登记立案。

对不符合法律规定的起诉、自诉,人民法院应当予以释明。

第七条　当事人提交的诉状和材料不符合要求的,人民法院应当一次性书面告知在指定期限内补正。

当事人在指定期限内补正的,人民法院决定是否立案的期间,自收到补正材料之日起计算。

当事人在指定期限内没有补正的,退回诉状并记录在册;坚持起诉、自诉的,裁定或者决定不予受理、不予立案。

经补正仍不符合要求的,裁定或者决定不予受理、不予立案。

第八条　对当事人提出的起诉、自诉,人民法院当场不能判定是否符合法律规定的,应当作出以下处理:

(一)对民事、行政起诉,应当在收到起诉状之日起七日内决定是否立案;

(二)对刑事自诉,应当在收到自诉状次日起十五日内决定是否立案;

（三）对第三人撤销之诉，应当在收到起诉状之日起三十日内决定是否立案；

（四）对执行异议之诉，应当在收到起诉状之日起十五日内决定是否立案。

人民法院在法定期间内不能判定起诉、自诉是否符合法律规定的，应当先行立案。

第九条　人民法院对起诉、自诉不予受理或者不予立案的，应当出具书面裁定或者决定，并载明理由。

第十条　人民法院对下列起诉、自诉不予登记立案：

（一）违法起诉或者不符合法律规定的；

（二）涉及危害国家主权和领土完整的；

（三）危害国家安全的；

（四）破坏国家统一和民族团结的；

（五）破坏国家宗教政策的；

（六）所诉事项不属于人民法院主管的。

第十一条　登记立案后，当事人未在法定期限内交纳诉讼费的，按撤诉处理，但符合法律规定的缓、减、免交诉讼费条件的除外。

《关于人民法院推行立案登记制改革的意见》

二、登记立案范围

有下列情形之一的，应当登记立案：

（一）与本案有直接利害关系的公民、法人和其他组织提起的民事诉讼，有明确的被告、具体的诉讼请求和事实依据，属于人民法院主管和受诉人民法院管辖的；

……

有下列情形之一的，不予登记立案：

（一）违法起诉或者不符合法定起诉条件的；

（二）诉讼已经终结的；

（三）涉及危害国家主权和领土完整、危害国家安全、破坏国家统一和民族团结、破坏国家宗教政策的；

（四）其他不属于人民法院主管的所诉事项。

五、制裁违法滥诉

（一）依法惩治虚假诉讼。当事人之间恶意串通，或者冒充他人提起诉讼，企图通过诉讼、调解等方式侵害他人合法权益的，人民法院应当驳回其请求，并予以罚款、拘留；构成犯罪的，依法追究刑事责任。

（二）依法制裁违法行为。对哄闹、滞留、冲击法庭等不听从司法工作人员劝阻的，以暴力、威胁或者其他方法阻碍司法工作人员执行职务的，或者编造事实、侮辱诽谤审判人员，严重扰乱登记立案工作的，予以罚款、拘留；构成犯罪的，依法追究刑事责任。

（三）依法维护立案秩序。对违法围攻、静坐、缠访闹访、冲击法院等，干扰人民法院依法立案的，由公安机关依照治安管理处罚法，予以警告、罚款、行政拘留等处罚；构成犯罪的，依法追究刑事责任。

（四）健全相关法律制度。加强诉讼诚信建设，规范行使诉权行为。推动完善相关立法，对虚假诉讼、恶意诉讼、无理缠诉等滥用诉权行为，明确行政处罚、司法处罚、刑事处罚标准，加大惩治力度。

……

二、起诉的材料

起诉的材料包括起诉状、有关主体身份证明以及与诉请相关的证据或证明材料。起诉状能集中反映出诉讼主体、诉讼请求、事实与理由等内容，仅就立案审查而言，是最重要的起诉材料，但有关主体身份证明也是必不可少的。

基本理论

1. 起诉需要提交的材料

根据《民事诉讼法》、《民诉解释》和《登记立案规定》的有关规定，当事人提起民事诉讼，应当提交的材料包括：起诉状、有关主体身份证明以及与诉请相关的证据或证明材料。法院立案期限的起算以收到符合要求的起诉材料为前提。如果当事人起诉提交的材料不符合要求，法院应当以书面形式一次性全面告知需要补正的材料及补正的期限。若当事人在指定期限内补正材料，立案期限自收到补正材料之日起计算；若经补正仍不符合要求，则裁定或者决定不予受理、不予立案。若当事人在指定期限内没有补正，则退回诉状并记录在册；若当事人仍坚持起诉，则裁定或者决定不予受理、不予立案。

2. 起诉状

起诉状，或称诉状，是公民、法人或其他组织向法院起诉而提交的文书。

按照法律规定,起诉状的形式,以书面诉状为原则,口头笔录为例外。当事人起诉应当递交起诉状,书写诉状确有困难的,可以口头提出,由人民法院记入笔录。起诉状的内容,一般包括首部、正文和尾部。首部包括当事人、诉讼代理人等基本情况。正文包括诉讼请求、事实与理由以及证据情况。尾部包括受文法院、副本份数、签名和日期。起诉状的常用表达方式为记叙、说明和议论,但不得有谩骂和人身攻击之辞。起诉状的份数,除起诉状原本外还要提交与被告及其他当事人人数相符的副本,以便向其他当事人送达。

3. 身份证明

主体是民事法律关系的基本要素之一,只有主体明确才有开展诉讼活动的前提。首先,关于当事人和诉讼代理人的基本信息应当体现在起诉状首部中。按照有关规定,当事人信息应当包含如下内容:(1)原告的姓名、性别、年龄、民族、职业、工作单位、住所、联系方式,法人或者其他组织的名称、住所和法定代表人或者主要负责人的姓名、职务、联系方式;(2)被告的姓名、性别、工作单位、住所等信息,法人或者其他组织的名称、住所等信息。其次,关于当事人、诉讼代理人的基本情况应当有证据材料。具体来说,起诉人是自然人的,提交身份证明复印件;起诉人是法人或者其他组织的,提交营业执照或者组织机构代码证复印件、法定代表人或者主要负责人身份证明书;法人或者其他组织不能提供组织机构代码的,应当提供组织机构被注销的情况说明;委托起诉的,应当提交授权委托书、代理人身份证明等相关材料。考虑到普通当事人很难获取被告的身份证复印件,只要提供了具体明确的、足以使被告与他人相区别的姓名或者名称、住所等信息,就不再强制要求提交被告身份证复印件或其他证照复印件。

4. 相关证据或证明材料

民间素有“打官司就是打证据”的说法。在一定程度上讲,证据的强弱决定了诉讼的成败。但从起诉与受理的角度来看,有没有充分的证据不是行使诉权的必要条件,因此,在起诉环节,与诉请相关的证据或者证明材料只要简单说明即可。

起诉应当具备诉的利益

——颐海园业委会与国邦公司所有权确认纠纷案[1]

1. 案情简介

上诉人(一审原告):颐海园业主委员会

被上诉人(一审被告):国邦公司

颐海园业委会认为,国邦公司以颐海园公寓地上首层车库和地下车库向建行龙华支行抵偿其借款,该行为严重侵害了颐海园公寓众业主群体的合法利益。颐海园公寓的土地使用权人,各种建设许可证持有人皆是某世通公司,因此颐海园公寓建筑工程的所有权人是世通公司,而不是国邦公司。因此,颐海园业委会起诉请求依法确认国邦公司对颐海园停车库不享有所有权。

2. 法院裁判及观点

一审法院认为,第一,关于涉案颐海园停车库权属问题。颐海园停车库权属问题已经房产登记行政管理机关登记颁证,并由上述生效裁判予以确定,涉案颐海园停车库权属与颐海园业委会没有直接利害关系,故不再对颐海园停车库权属另行作出判决。第二,关于颐海园业委会对颐海园停车库权属是否享有诉权问题。颐海园业委会诉请法院确认颐海园停车库权属之行为显然与物业管理无关,违反有关行政法规禁止性规定,也与物权法原则不符,故颐海园业委会无权提起本案诉讼。综上所述,颐海园业委会与本案没有直接利害关系,无权提起本案诉讼,因此,裁定驳回某市颐海园住宅区业主委员会的起诉。颐海园业委会不服,提出上诉。

二审法院认为,颐海园业委会系由颐海园公寓全体业主选举产生并经海口市房产局批准设立,可以代表颐海园公寓全体业主行使诉权,一审裁定认为颐海园业委会无权代表业主提起与物业管理无关的诉讼不当,应予纠正。

---

① 参见最高人民法院(2012)民二终字第48号民事裁定书。

但一审法院在查明颐海园业委会与诉争车库不存在直接利害关系的基础上，裁定驳回颐海园业委会起诉与本院的驳回申诉通知并不矛盾。裁定驳回上诉，维持原裁定。

3. 案例评析

本案中颐海园业委会是经颐海园公寓全体业主选举、代表全体业主利益的劳动群众集体组织，并且获得海口市房产局批准的合法组织，可以代表颐海园公寓全体业主行使诉权。但是，公民、法人或者其他组织向人民法院提起诉讼必须具备诉的利益。诉争车库登记的所有权人为唐某莉，而颐海园业委会一审起诉主张确认国邦公司对颐海园停车库不享有所有权，故颐海园业委会与该诉请不存在直接利害关系。二审法院（2009）执监字第106号驳回申诉通知书载明“与国邦公司之间有关购房公摊面积涉及房屋产权问题，应通过诉讼程序解决，不属于执行程序解决的事项”，但颐海园业委会提起本案诉讼并不涉及购房公摊面积问题，颐海园业委会与本案并无直接利害关系。

有关法律规定

《中华人民共和国民事诉讼法》

第一百一十九条　起诉必须符合下列条件：

（一）原告是与本案有直接利害关系的公民、法人和其他组织；

（二）有明确的被告；

（三）有具体的诉讼请求和事实、理由；

（四）属于人民法院受理民事诉讼的范围和受诉人民法院管辖。

第一百二十条　起诉应当向人民法院递交起诉状，并按照被告人数提出副本。

书写起诉状确有困难的，可以口头起诉，由人民法院记入笔录，并告知对方当事人。

第一百二十一条　起诉状应当记明下列事项：

（一）原告的姓名、性别、年龄、民族、职业、工作单位、住所、联系方式，法人或者其他组织的名称、住所和法定代表人或者主要负责人的姓名、职务、联系方式；

（二）被告的姓名、性别、工作单位、住所等信息，法人或者其他组织的名称、住所等信息；

（三）诉讼请求和所根据的事实与理由；

（四）证据和证据来源，证人姓名和住所。

第一百二十二条　当事人起诉到人民法院的民事纠纷，适宜调解的，先行调解，但当事人拒绝调解的除外。

第一百二十三条　人民法院应当保障当事人依照法律规定享有的起诉权利。对符合本法第一百一十九条的起诉，必须受理。符合起诉条件的，应当在七日内立案，并通知当事人；不符合起诉条件的，应当在七日内作出裁定书，不予受理；原告对裁定不服的，可以提起上诉。

第一百二十四条　人民法院对下列起诉，分别情形，予以处理：

（一）依照行政诉讼法的规定，属于行政诉讼受案范围的，告知原告提起行政诉讼；

（二）依照法律规定，双方当事人达成书面仲裁协议申请仲裁、不得向人民法院起诉的，告知原告向仲裁机构申请仲裁；

（三）依照法律规定，应当由其他机关处理的争议，告知原告向有关机关申请解决；

（四）对不属于本院管辖的案件，告知原告向有管辖权的人民法院起诉；

（五）对判决、裁定、调解书已经发生法律效力的案件，当事人又起诉的，告知原告申请再审，但人民法院准许撤诉的裁定除外；

（六）依照法律规定，在一定期限内不得起诉的案件，在不得起诉的期限内起诉的，不予受理；

（七）判决不准离婚和调解和好的离婚案件，判决、调解维持收养关系的案件，没有新情况、新理由，原告在六个月内又起诉的，不予受理。

最高人民法院《关于适用〈中华人民共和国民事诉讼法〉的解释》

第二百零八条　人民法院接到当事人提交的民事起诉状时，对符合民事诉讼法第一百一十九条的规定，且不属于第一百二十四条规定情形的，应当登记立案；对当场不能判定是否符合起诉条件的，应当接收起诉材料，并出具注明收到日期的书面凭证。

需要补充必要相关材料的，人民法院应当及时告知当事人。在补齐相关材料后，应当在七日内决定是否立案。

立案后发现不符合起诉条件或者属于民事诉讼法第一百二十四条规定情形的，裁定驳回起诉。

第二百零九条　原告提供被告的姓名或者名称、住所等信息具体明确，足以使被告与他人相区别的，可以认定为有明确的被告。

起诉状列写被告信息不足以认定明确的被告的，人民法院可以告知原告补正。原告补正后仍不能确定明确的被告的，人民法院裁定不予受理。

第二百一十条　原告在起诉状中有谩骂和人身攻击之辞的，人民法院应当告知其修改后提起诉讼。

最高人民法院《关于人民法院登记立案若干问题的规定》

第三条　人民法院应当提供诉状样本，为当事人书写诉状提供示范和指引。

当事人书写诉状确有困难的，可以口头提出，由人民法院记入笔录。符合法律规定的，予以登记立案。

第四条　民事起诉状应当记明以下事项：

（一）原告的姓名、性别、年龄、民族、职业、工作单位、住所、联系方式，法人或者其他组织的名称、住所和法定代表人或者主要负责人的姓名、职务、联系方式；

（二）被告的姓名、性别、工作单位、住所等信息，法人或者其他组织的名称、住所等信息；

（三）诉讼请求和所根据的事实与理由；

（四）证据和证据来源；

（五）有证人的，载明证人姓名和住所。

行政起诉状参照民事起诉状书写。

第六条　当事人提出起诉、自诉的，应当提交以下材料：

（一）起诉人、自诉人是自然人的，提交身份证明复印件；起诉人、自诉人是法人或者其他组织的，提交营业执照或者组织机构代码证复印件、法定代表人或者主要负责人身份证明书；法人或者其他组织不能提供组织机构代码的，应当提供组织机构被注销的情况说明；

（二）委托起诉或者代为告诉的，应当提交授权委托书、代理人身份证明、代为告诉人身份证明等相关材料；

（三）具体明确的足以使被告或者被告人与他人相区别的姓名或者名称、住所等信息；

（四）起诉状原本和与被告或者被告人及其他当事人人数相符的副本；

（五）与诉请相关的证据或者证明材料。

第七条　当事人提交的诉状和材料不符合要求的，人民法院应当一次性书面告知在指定期限内补正。

当事人在指定期限内补正的,人民法院决定是否立案的期间,自收到补正材料之日起计算。

当事人在指定期限内没有补正的,退回诉状并记录在册;坚持起诉、自诉的,裁定或者决定不予受理、不予立案。

经补正仍不符合要求的,裁定或者决定不予受理、不予立案。

第二章

房地产开发

房地产开发是一项以土地开发和房屋建设为投资对象的经济活动。[1]《中华人民共和国城市房地产管理法》(以下简称《城市房地产管理法》)第28条规定:“依法取得的土地使用权,可以依照本法和有关法律、行政法规的规定,作价入股,合资、合作开发经营房地产。”其所规定的是一种狭义的合作开发,指一方提供土地,另一方提供资金、技术、劳务等,共同开发房地产。从广义上来看,房地产合作开发实际上是一种对土地、资金等房地产要素的整合,是合作开发的各方主体为完成房地产的开发、经营而通过合同的方式将各自拥有的要素结合到一起的民事行为。[2]

---

① 参见符启林著:《房地产法》,法律出版社2000年版,第165页。

② 参见韩利锋:《房地产合作开发与房地产项目转让的区别》,载《重庆市律师协会房地产专业委员会论文集》,2005年3月,第21页。

第一节

房地产开发经营合同的效力

房地产开发经营合同形式多样，内容千差万别，我国法律对此类合同没有明确规定其性质，理论界对此类合同性质主张不一，有合伙合同说、互易合同说、承揽合同说、承揽合同与互易合同的混合合同说、承揽合同与买卖合同的混合合同说、附合说等观点。[①]

一、不具备房地产开发资质的主体所签订的合作开发房地产合同是否有效

基本理论

1. 房地产开发主体应当具备的资质条件

在我国，关于房地产开发企业的资质是由原建设部[②]发布的《房地产开发企业资质管理规定》进行规定。该部门规章对房地产开发企业的资质分为四个等级，并规定未取得房地产开发资质等级证书（以下简称资质证书）的企业，不得从事房地产开发经营业务。需要注意的是，《房地产开发企业资质管理规定》的法律层级为部门规章，其不能作为法院否定合作开发房地产合同的依据。

2. 合作开发房地产合同的历史沿革与内涵

合作开发房地产先后有不同的称谓。1992 年国家土地管理局发布的

---

① 参见曾隆兴著：《现代非典型契约论》，三民书局 1988 年版，第 159～163 页。

② 2008 年 3 月 15 日，根据十一届全国人大一次会议通过的国务院机构改革方案，改为"住房和城乡建设部"。

《划拨土地使用权管理暂行办法》(1992年国家土地管理局)最先使用“联建”这一概念指称合作开发房地产。此后《城市房地产管理法》(1994年)使用了“合作开发经营房地产”的表述。随后《城市房地产转让管理规定》(1995年建设部)采用了“合资、合作开发经营房地产”的表述。1995年最高人民法院《关于审理房地产管理法施行前房地产开发经营案件若干问题的解答》中出现了“合作建房”的概念。直至2004年最高人民法院《关于审理涉及国有土地使用权合同纠纷案件适用法律问题的解释》正式将房地产开发中的合作行为统称为“房地产合作开发”,成为统一、固定的法律术语。

目前,我国房地产市场的合作开发模式主要有两种:联建和参建。习惯上,如果合作各方办理了土地使用权变更手续的属于“联建”。开发商在商品房开发的过程中,与他人签订协议约定,后加入的一方通过投入资金或其他途径参与建设项目,并获得部分房地产或分得利润的,属于“参建”。

3. 房地产开发资质对合作开发房地产合同效力的影响

合作开发房地产合同的本质是共同投资、共享利润、共担风险,由此可见房地产合作开发的法律性质是合伙。也正是基于这种法律性质,对于合作开发房地产合同的几方当事人而言,只要一方具备房地产开发经营资质,甚至只要一方在起诉前取得房地产经营资质的,合同就有效,其合作开发行为就合法。

典型案例

不具备房地产开发资质的主体与具备房地产开发经营资质的主体所签订的合作开发房地产协议有效①

——A实业公司与B合作公司、C物业公司、D投资公司等合作开发房地产合同纠纷一案

1. 案情简介

上诉人(原审原告):A实业公司

被上诉人(原审被告):B合作公司

① 参见最高人民法院(2010)民一终字第45号民事判决书。

被上诉人(原审被告):C 物业公司

被上诉人(原审被告):D 投资公司

原审第三人:E 发展公司

原审第三人:F 房地产公司

1992 年 5 月 14 日,广东省深圳市原宝安县国土局同意将案涉土地使用权划拨给广东省深圳市原宝安县福永镇福永村委会。1992 年 12 月 14 日,B 合作公司前身作为甲方与 A 实业公司前身作为乙方就合作开发案涉划拨用地部分地块,签订《合作投资兴建三星花园合同书》及《补充协议》,约定 B 合作公司提供上述地块作为双方合作发展的商住用地,并负责土地平整,施工用电、用水、办理规划立项、工程报建等手续及产权报批和登记手续等相关事宜。A 实业公司负责提供该用地建筑的全部资金及配合建筑开发区有关费用;合作期为 50 年,自 1993 年 1 月 1 日至 2042 年 12 月 30 日止,所建宾馆、商业、铺位、托儿所等,在经营使用期限内如需转让、抵押,必须取得一致同意,所得的利润分成则以商住楼销售扣除 C 物业公司挂靠费分成,利润的 25% 归 B 合作公司,剩余归 A 实业公司。

1993 年 7 月 28 日,B 合作公司、A 实业公司与 C 物业公司(具备房地产开发经营资质)签订《合作开发“三星别墅”合同书》,约定 B 合作公司、A 实业公司提供开发用地及建设资金,C 物业公司投入管理技术,以 C 物业公司的名义共同开发涉案项目,项目称为“三星别墅”(后更名为“金银城”项目)。C 物业公司协助 B 合作公司、A 实业公司办理项目开发及工程建设的各项手续,房产内、外销售及产权登记手续,编制房产销售计划,确定房产销售价格等,费用全部由 B 合作公司、A 实业公司承担。C 物业公司从房产销售总额中提取 6% 作为经营管理费,其余盈益全部归 B 合作公司、A 实业公司所有,项目三年内完成建设。

1993 年 12 月,B 合作公司与深圳市宝安区国土局签订《土地使用权出让合同》,约定国土局将涉案地块出让给 B 合作公司,土地用途为商住用途。同年,B 合作公司、C 物业公司取得了规划部门核发的涉案项目的《建设项目详细规划审批表》,载明经批准的项目用地性质为商住用地。

1993 年 9 月 22 日,C 物业公司取得相关《建设工程项目施工许可证》。1998 年 5 月 20 日,B 合作公司、C 物业公司取得了相关《建设工程规划许可证》。

1996 年 3 月 1 日,“金银城”项目建至 3 栋 15 层后,因建设开发中出现问题全面停工,成为深圳市“52 个问题楼盘”之一。在深圳市政府协调下,2005 年 8 月 8 日,第三人 D 投资公司作为直接置换土地使用权的受让方与 B 合作公司就“金银城”项目烂尾楼项目的置换及开发事宜签订《“金银城”置换合同书》,约定 B 合作公司将涉案土地置换到 D 投资公司名下,由 D 投资公司对涉案项目独立开发,D 投资公司为此向 B 合作公司支付 1.5 亿元。2006 年 8 月 21 日,双方签订《补充协议》,约定 B 合作公司负责解除其与 A 实业公司签订的该项目合作合同,并承担原合作关系所引起的债务责任及相关费用等内容。据此,涉案地块的用地单位登记为 D 投资公司,D 投资公司领取了涉案土地的《建设用地规划许可证》。

A 实业公司起诉请求:确认 A 实业公司与 B 合作公司签订的《合作投资兴建三星花园合同书》合法有效,判令双方继续履行合同。

B 合作公司答辩称:B 合作公司与 A 实业公司均不具备房地产开发企业资质,双方签订的《合作投资兴建三星花园合同书》依法应当认定为无效合同,不受法律保护。因此,A 实业公司要求继续履行合同缺乏法律基础。

C 物业公司答辩称:合作合同已按法律的程序解除,不可能继续履行。

D 投资公司答辩称:A 实业公司与 B 合作公司订立的合作开发房地产合同应认定为无效。双方订立合同时都没有取得房地产开发资质,虽然与 C 物业公司签订过“挂靠”经营合同,但不受法律保护。根据最高人民法院《关于审理涉及国有土地使用权合同纠纷案件适用法律问题的解释》第 15 条的规定,双方均不具备房地产开发经营资质的,应当认定合同无效。而且,B 合作公司在该合同中提供的是政府划拨用地,与 A 实业公司订立合同未经政府批准,事后也未得到政府追认。根据上述司法解释第 16 条的规定,也应当认定合同无效。

2. 法院裁判及观点

一审法院认为,A 实业公司与 B 合作公司签订的《合作投资兴建三星花园合同书》及《补充协议》的约定明确了 A 实业公司与 B 合作公司权利义务是各自以其提供的土地、资金等作为共同投资条件合作开发房地产,并共享利润、共担风险。因此,《合作投资兴建三星花园合同书》及《补充协议》应定性为合作开发房地产合同。双方当事人在签订合建合同时,涉案土地属划拨用地，但在合同签订后B合作公司与国土局签订了《土地使用权出让合同》，缴纳了土地出让金，且土地的用途已经批准变更为商住用地，故涉案标的物具备合作开发的条件。B合作公司与A实业公司虽都不具备房地产开发资质，但此后双方与有房地产开发资质的C物业公司签订了《合作开发"三星别墅"合同书》，约定由C物业公司办理涉案项目开发及工程建设的各项手续。该三方合同签订后，土地主管部门应B合作公司、C物业公司的申请，同意将涉案土地转让给C物业公司，由B合作公司、C物业公司共同使用兴建涉案地块。随后，B合作公司、C物业公司也与规划部门签订了关于涉案项目市政配套费《协议书》，C物业公司也由此对先行开发的部分土地及在建房屋取得了建设主管部门、房产管理部门核发的《建设工程规划许可证》《房地产预售许可证》等相关批文。行政主管部门上述一系列的批文、证照均是基于A实业公司与B合作公司签订的合作开发合同，以及A实业公司、B合作公司与C物业公司签订的合作开发合同而作出的，故应视为本案双方的合作开发合同，以及三方的合作开发合同已经取得相关行政主管部门的审批和同意，双方的及三方合作开发合同应认定为有效。A实业公司诉请双方签订的《合作投资兴建三星花园合同书》合法有效有理，依法予以支持。

二审法院认为，B合作公司与A实业公司就合作开发涉案土地签订了《合作投资兴建三星花园合同书》，该合同明确约定了双方各自的权利义务，约定了合作方式为B合作公司提供土地，A实业公司提供资金作为投资条件，双方共享利润、共担风险。虽然签订该合同时，双方均无房地产开发资质，且涉案土地亦为国有划拨土地，但随后双方又与具有房地产开发资质的C物业公司签订了三方合作开发合同，并陆续缴纳了土地出让金，还将涉案土地变性为商住用地，同时也取得了政府相关部门审批颁发的《建设工程规划许可证》《房地产预售许可证》等行政批文，因此，B合作公司与A实业公司双方在合作开发房地产方面先期存在的资质缺陷等问题得以弥补，据此应当认定双方之间系合作开发房地产关系，两者之间签订的《合作投资兴建三星花园合同书》应为有效合同，对双方当事人具有约束力。B合作公司与A实业公司应当按照该合同的约定，全面履行各自的权利义务。

3. 案例评析

本案是关于不具备房地产开发资质的主体所签订的合作开发房地产协议是否有效的典型案例。本案中，虽然B合作公司、A实业公司并无房地产开发资质，但是B合作公司、A实业公司与具备房地产开发资质的C物业公司签订《合作开发“三星别墅”合同书》之后，三方构成共同合作开发房地产关系，B合作公司与A实业公司之间签订的《合作投资兴建三星花园合同书》及《补充协议》已经进入B合作公司、A实业公司与具备房地产开发资质的C物业公司签订《合作开发“三星别墅”合同书》的框架内，根据最高人民法院《关于审理涉及国有土地使用权合同纠纷案件适用法律问题的解释》第15条第1款关于“合作开发房地产合同的当事人一方具备房地产开发经营资质的，应当认定合同有效”的规定，B合作公司、A实业公司的资质瑕疵因C物业公司的介入而得以弥补。故在B合作公司、A实业公司、C物业公司签订的《合作开发“三星别墅”合同书》的背景中，B合作公司与A实业公司之间签订的《合作投资兴建三星花园合同书》及《补充协议》是有效的。两级法院的裁判思路一致，并未以B合作公司、A实业公司不具备房地产开发资质为由，简单否定合同效力，而是将B合作公司与A实业公司之间签订的《合作投资兴建三星花园合同书》及《补充协议》的合同效力置于整体案件事实中进行综合认定评价，肯定了合同效力，这一做法符合《中华人民共和国合同法》（以下简称《合同法》）不轻易否定合同效力，维护交易安全的立法精神。

有关法律规定

《中华人民共和国合同法》

第五十二条　有下列情形之一的，合同无效：

（一）一方以欺诈、胁迫的手段订立合同，损害国家利益；

（二）恶意串通，损害国家、集体或者第三人利益；

（三）以合法形式掩盖非法目的；

（四）损害社会公共利益；

（五）违反法律、行政法规的强制性规定。

最高人民法院《关于审理涉及国有土地使用权合同纠纷案件适用法律问题的解释》

第十四条　本解释所称的合作开发房地产合同,是指当事人订立的以提供出让土地使用权、资金等作为共同投资,共享利润、共担风险合作开发房地产为基本内容的协议。

第十五条　合作开发房地产合同的当事人一方具备房地产开发经营资质的,应当认定合同有效。

当事人双方均不具备房地产开发经营资质的,应当认定合同无效。但起诉前当事人一方已经取得房地产开发经营资质或者已依法合作成立具有房地产开发经营资质的房地产开发企业的,应当认定合同有效。

二、以集体建设用地、农用地开发房地产的合作开发合同是否有效

基本理论

1.总体原则

在我国现行法律体制下,集体土地虽然可以作为建设用地使用,但现行法律对其权利主体、使用目的、取得程序及使用方式等均作了严格限制。集体所有的土地原则上不能直接作为建设用地,除非符合土地利用总体规划并依法取得建设用地使用权。除非因破产、兼并等情形致使土地使用权依法发生转移的外,农民集体所有的土地使用权不得出让、转让或者出租用于非农业建设。

根据《中华人民共和国土地管理法》(以下简称《土地管理法》)、《城市房地产管理法》的规定,集体土地作为建设用地有两种情形:一是因建设需要,通过依法征收的方式,将集体所有土地转变为国家所有,通过出让或划拨等有偿或无偿使用的方式,将土地作为建设用地;二是基于乡镇企业、村民建设住宅等需要,以及乡镇公共事业和设施需要,通过集体经济组织批准的方式,直接使用集体所有的土地。

2.以集体建设用地合作开发房地产合同的效力

违反法律规定,擅自将集体所有的土地通过出让、转让或者出租用于非

农业建设的，相关民事行为属于无效。在集体建设用地上直接进行商品房开发建设，显然属于此列，应当为无效。但是，需要注意的是，虽然所涉集体建设用地尚未征收转为国有土地，但其后补办了有关征地手续的，人民法院应当认定双方签订的土地使用权出让合同有效。

典型案例

约定以农村集体建设用地合作开发房地产的合同无效

——甲房地产公司与乙村民小组合同纠纷一案①

1. 案情简介

原告：甲房地产公司

被告：乙村民小组

2011年1月18日，乙村民小组（甲方）与甲房地产公司（乙方）签订《土地联营合作开发协议书》，约定：乙村民小组提供13.89亩集体建设用地与甲房地产公司联营合作开发商住小区，甲房地产公司提供本项目全部建设资金，双方联营合作，共同开发，并依照本协议约定进行房屋分成。乙村民小组同意甲房地产公司按照每亩130万元支付征地赔偿款，合计1805.70万元。在政府批准征地前，该款系收购乙村民小组联营合作全部权益的资金；政府批准征地后，该款即转为征地赔偿款，双方联营合作关系终止，乙村民小组不享受合作分成房产，所有房产均归乙方所有。2011年1月28日，甲房地产公司转账付给乙村民小组1805.70万元。为对涉案土地进行管线探测，2011年1月27日，甲房地产公司支付管线探测费13,993元，测绘费3758元。2011年1月28日，双方又签订《关于地上青苗、建筑物补偿的协议》，约定甲房地产公司除向乙村民小组支付征地赔偿款1805.70万元外，还须将188万元青苗补偿款付给相关村民。2011年1月30日，甲房地产公司分别转账付给乙村民小组村民12人共计167万元青苗补偿款。

2013年1月21日，海口市国土资源局向甲房地产公司、乙村民小组分别

① 参见(2014)海中法民一初字第56号民事判决书。

发出《关于责令改正国土资源违法行为的通知》,内容是:甲房地产公司、乙村民小组协议拟合作开发房地产项目的做法违法必须整改。甲房地产公司、乙村民小组不得利用合作联营的名义非法买卖土地,否则我局将依法查处。2014 年 4 月 15 日,甲房地产公司向乙村民小组发出《关于解除双方合同并要求退还联营款的通知》,正式通知乙村民小组解除双方签订的《土地联营合作开发协议书》和《征地赔偿协议书》,并要求退还联营款 1805.70 万元并赔偿各项损失。

甲房地产公司诉讼请求:(1)确认双方于 2011 年 1 月 18 日签订的《土地联营合作开发协议书》和《征地赔偿协议书》解除;(2)乙村民小组返还赔偿款 1805.70 万元;(3)乙村民小组返还垫付的青苗赔偿费等各类垫款 270 万元;(4)乙村民小组赔偿资金占用期间利息损失 5,878,257.55 元等。

乙村民小组答辩称:双方之间的《土地联营合作开发协议书》因违反法律强制性规定无效。《土地联营合作开发协议书》约定的土地联营合作开发房地产项目违反土地管理法律规定。本案中,合同无效的原因是违反法律禁止性规定,对此,双方均有过错。因此,对于双方各自的损失,应当各自承担。

2. 法院裁判及观点

法院经审理认为,案涉《土地联营合作开发协议书》和《征地赔偿协议书》,约定双方合作开发商住小区,双方按比例分房,双方合作开发房地产的联营目的明显。正因如此,国土管理部门才向双方发出了《责令改正国土资源违法行为通知书》。因此,双方所签订的《土地联营合作开发协议书》和《征地赔偿协议书》违反了法律强制性规定,应属无效合同,不受法律保护。故甲房地产公司应将其占用的土地返还乙村民小组,乙村民小组应将其收取的征地款及其利息返还给甲房地产公司。由于双方在签订联营合作开发协议中均有过错,故双方应对因合同无效所造成的经济损失各自承担相应的责任。

3. 案例评析

本案是以农村集体建设用地合作开放房地产的典型案例。根据我国现行法律规定,任何单位和个人进行建设,需要使用土地的,必须依法申请使用国有土地。但是,兴办乡镇企业和村民建设住宅经依法批准使用本集体经济组织农民集体所有的土地的,或者乡镇村公共设施和公益事业建设经依法批准使用农民集体所有的土地的除外,即农村集体建设用地可以依法由农村集体经济组织兴办企业，或者与他人联合兴办企业，用于非农建设，但不得用于房地产开发。换言之，在现行法律规定下，农村集体建设用地与房地产开发之间是一种不相容的关系，同时具备以上两种要素的合同应当是无效的。但需要注意的是，这种不相容并非绝对的，仍有转换的空间。土地出让方与受让方签订土地使用权出让合同时，虽然所涉集体建设用地未征收转为国有土地，但其后补办了有关征地手续的，法院应当认定双方签订的土地使用权出让合同有效。①

有关法律规定

《中华人民共和国物权法》

第一百五十一条　集体所有的土地作为建设用地的，应当依照土地管理法等法律规定办理。

《中华人民共和国土地管理法》

第十一条第二款　农民集体所有的土地依法用于非农业建设的，由县级人民政府登记造册，核发证书，确认建设用地使用权。

第四十三条　任何单位和个人进行建设，需要使用土地的，必须依法申请使用国有土地；但是，兴办乡镇企业和村民建设住宅经依法批准使用本集体经济组织农民集体所有的土地的，或者乡(镇)村公共设施和公益事业建设经依法批准使用农民集体所有的土地的除外。

前款所称依法申请使用的国有土地包括国家所有的土地和国家征收的原属于农民集体所有的土地。

第四十四条第一款　建设占用土地，涉及农用地转为建设用地的，应当办理农用地转用审批手续。

第六十三条　农民集体所有的土地的使用权不得出让、转让或者出租用于非农业建设；但是，符合土地利用总体规划并依法取得建设用地的企业，因破产、兼并等情形致使土地使用权依法发生转移的除外。

《中华人民共和国城市房地产管理法》

第九条　城市规划区内的集体所有的土地，经依法征收转为国有土地后，该幅国

---

① 参见最高人民法院(2001)民一终字第50号民事判决书。

有土地的使用权方可有偿出让。

《中华人民共和国土地管理法实施条例》

第四条第二款　农民集体所有的土地依法用于非农业建设的，由土地使用者向土地所在地的县级人民政府土地行政主管部门提出土地登记申请，由县级人民政府登记造册，核发集体土地使用权证书，确认建设用地使用权。

三、以划拨土地使用权与他人合作开发房地产的合同是否有效

基本理论

划拨方式取得国有土地使用权是指经县级以上人民政府依法批准后，在土地使用权者依法缴纳了土地补偿费、安置补偿费及其他费用后，国家将土地交付给土地使用者使用，或者国家将土地使用权无偿交付给土地使用者使用的行为。划拨土地使用权具有以下特点：(1)划拨土地使用权没有期限的规定。(2)划拨土地使用权不得转让、出租、抵押，即不得流转。如果需要转让、出租、抵押等，应当办理土地出让手续或经政府批准。土地使用者不需要使用时，由政府无偿收回土地使用权。(3)对划拨土地使用权用途不得改变，要改变用途需经批准，并重新签订合同。不属于划拨范围的，要实行有偿使用。(4)取得划拨土地使用权，只需缴纳国家取得土地的成本和国家规定的税费，不需缴土地有偿使用费。划拨土地使用权具有公益目的性、行政行为性、基本无偿性和无期限性。

房地产开发企业是以营利为目的而成立的企业法人，它以土地为资本来实现价值增值的目标。因此，合作开发房地产应当以有偿出让方式取得的国有土地的使用权为开发对象，以无偿划拨的土地使用权为对象的合作开发房地产合同应为无效。

同时，需要注意的是，为避免大量无效合同的出现和稳定社会秩序，对以划拨土地使用权投资进行房地产合作开发经营的行为应给予补正期限，即划拨土地使用权人以划拨土地使用权作为投资与他人合作开发房地产，在起诉前经有批准权的人民政府批准的，可以认定合作开发合同有效。

典型案例

以尚未办理土地使用权出让手续及土地使用权变更登记手续的划拨土地使用权与他人合作开发房地产的合同无效

——某大房地产公司与交通房地产公司合同纠纷一案①

上诉人(原审被告):某大房地产公司

被上诉人(原审原告):交通房地产公司

1. 案情简介

1994年9月10日某大房地产公司与交通房地产公司签订了《联合开发协议》,约定:双方联合开发建设北市场商业及住宅小区,占地面积为1.4万平方米,建筑面积5万平方米,投资规模为5500万元,启动资金为3000万元;某大房地产公司以项目投入占总投资比例的20%。双方还就盈利分配、亏损负担及违约责任等作了约定。协议签订后,某大房地产公司与交通房地产公司共同成立了联合开发办公室,由各公司派一名经理主持工作。1995年4月,交通房地产公司因某大房地产公司未按约定向该项目投足资金为由,拒绝向该项目再投入资金,同时向某大房地产公司提出将合建项目的土地分块,由交通房地产公司、某大房地产公司分别自建的要求;某大房地产公司以项目、土地使用权是政府批给某大房地产公司的,其无权转给交通房地产公司为由,拒绝了交通房地产公司的要求。

联建项目用地的使用权系某大房地产公司划拨取得,该公司仅向沈阳市土地管理局支付了城市建设补偿费,未办理土地使用权出让及变更登记手续。

交通房地产公司起诉请求:某大房地产公司继续履行协议,并承担违约责任。

2. 法院裁判及观点

一审法院经审理认为,某大房地产公司与交通房地产公司未依法办理土

① 参见最高人民法院(1996)民终字第93号民事判决书。

地使用权变更登记手续，亦未办理合建审批手续，依照最高人民法院《关于审理房地产管理法施行前房地产开发经营案件若干问题的解答》的有关规定，某大房地产公司与交通房地产公司所签订的联合开发协议无效；因某大房地产公司未依约投足资金，交通房地产公司不再投入另外资金。因此双方均有过错，但某大房地产公司应负主要责任，某大房地产公司占用交通房地产公司资金应给予一定经济补偿。

二审法院经审理认为，某大房地产公司与交通房地产公司签订的联合开发协议中约定使用的土地使用权系某大房地产公司划拨取得，尚未办理土地使用权出让手续及土地使用权变更登记手续，违反了有关法律的规定，该协议应认定无效。某大房地产公司对此负有主要过错责任。某大房地产公司提出的协议无效后，某大房地产公司应返还交通房地产公司已经投入的资金及利息符合法律有关规定。

3. 案例评析

本案是以划拨土地使用权进行联合开发房地产的典型案例。根据《中华人民共和国城镇国有土地使用权出让和转让暂行条例》（以下简称《城镇国有土地使用权出让和转让暂行条例》）第 44 条、第 45 条的规定，划拨土地使用权，除法定情形经市、县人民政府土地管理部门和房产管理部门批准外，不得转让、出租、抵押。提供土地一方与出资一方签订的联合开发房地产协议约定使用的土地使用权系以划拨方式取得，尚未办理土地使用权出让手续及土地使用权变更登记手续，违反了上述法律规定，该协议应认定无效。提供土地一方对此负有主要过错责任。协议无效后，提供土地一方应返还出资一方的投资及利息。

有关法律规定

最高人民法院《关于审理涉及国有土地使用权合同纠纷案件适用法律问题的解释》

第十六条　土地使用权人未经有批准权的人民政府批准，以划拨土地使用权作为投资与他人订立合同合作开发房地产的，应当认定合同无效。但起诉前已经办理批准手续的，应当认定合同有效。

国务院《中华人民共和国城镇国有土地使用权出让和转让暂行条例》

第四十四条　划拨土地使用权,除本条例第四十五条规定的情况外,不得转让、出租、抵押。

第四十五条　符合下列条件的,经市、县人民政府土地管理部门和房产管理部门批准,其划拨土地使用权和地上建筑物、其他附着物所有权可以转让、出租、抵押:

(一)土地使用者为公司、企业、其他经济组织和个人;

(二)领有国有土地使用证;

(三)具有地上建筑物、其他附着物合法的产权证明;

(四)依照本条例第二章的规定签订土地使用权出让合同,向当地市、县人民政府补交土地使用权出让金或者以转让、出租、抵押所获收益抵交土地使用权出让金。

转让、出租、抵押前款划拨土地使用权的,分别依照本条例第三章、第四章和第五章的规定办理。

国务院《城市房地产开发经营管理条例》

第十二条第一款　房地产开发用地应当以出让方式取得;但是,法律和国务院规定可以采用划拨方式的除外。

四、划拨土地使用权转让合同是否有效

基本理论

根据《城镇国有土地使用权出让和转让条例》第44条和第45条的规定,未经市、县人民政府土地管理部门和房产管理部门批准的划拨土地使用权不得转让。该规定属于国家法律的强制性规定,违反此规定的,应当认定划拨土地使用权转让合同无效。

同时,根据《城镇国有土地使用权出让和转让条例》第45条第4项的规定,划拨土地使用权经有关政府土地管理部门和房产管理部门批准,并办理土地使用权出让手续,交付土地使用权出让金后,可以转让。基于合同效力补正的原理和已有的司法实践,最高人民法院《关于审理涉及国有土地使用权合同纠纷案件适用法律问题的解释》第11条规定,“起诉前经有批准权的人民政府批准办理土地使用权出让手续的”,应当认定划拨土地使用权转让合同有效。之所以作出如此规定,是考虑到我国房地产市场的实际情况和历

史形成原因，对此类违法行为仍需采取适当的补救措施，即将违法行为的补正期限限定在当事人向人民法院起诉之前，按照宽严相济、区别处理的原则依法制定相应的处理规定。如此，就减少和避免了大量无效合同的出现，不仅有利于房地产市场的快速发展、社会秩序的稳定，也利于我国的法治建设和社会和谐之构建，同时，也是符合合同法立法精神和社会经济发展需要的。

根据《城镇国有土地使用权出让和转让暂行条例》第45条和《划拨土地使用权管理暂行办法》第5条的规定，对划拨土地使用权的转让有批准权的人民政府是指市、县人民政府的土地管理部门。设有区的市，其权力部门仍是市级主管部门而不是区级主管部门。

典型案例

未经有批准权的人民政府审批同意，转让划拨建设用地使用权的合同无效

——济某二建公司与阳光房地产公司建设用地使用权转让合同纠纷一案①

1.案情简介

上诉人（原审被告）：济某二建公司

被上诉人（原审原告）：阳光房地产公司

2003年8月，阳光房地产公司（甲方）与济某二建公司（乙方）订立《土地有偿转让协议书》，约定：济某二建公司同意将案涉划拨工业用地37.58亩转让给阳光房地产公司，转让金额为1879万元。阳光房地产公司分别于2003年8月8日、2007年10月23日向济某二建公司支付价款1729万元、150万元，总计1879万元。济某二建公司向阳光房地产公司出具了收款收据，价款名称分别为“补偿金”和“刘某某17#地拆迁补偿费”。2007年案涉土地被济南市国土资源局自济某二建公司处收回，并由济南市土地储备交易中心储备。2011年，济南市国土资源局作为出让人与阳光房地产公司作为受让人订

① 参见山东省高级人民法院（2015）鲁民一终字第79号民事判决书。

立《国有建设用地使用权出让合同》，将案涉土地使用权出让给阳光房地产公司。阳光房地产公司据此请求确认其与济某二建公司订立的《土地有偿转让协议书》无效，济某二建公司返还土地转让款及利息。

2. 法院裁判及观点

一审法院经审理认为，涉案土地系国有划拨土地，土地使用权人与受让方订立合同转让国有划拨土地使用权应当经过有批准权的人民政府批准。本案现有证据不足以证明有批准权的人民政府同意济某二建公司将涉案土地使用权转让给阳光房地产公司，鉴于涉案划拨土地使用权转让未经过有批准权的人民政府批准，济某二建公司与阳光房地产公司订立《土地有偿转让协议书》转让涉案土地使用权应属无效。济某二建公司应当向阳光房地产公司返还《土地有偿转让协议书》约定的转让款1879万元。对于土地使用权人与受让方订立合同转让国有划拨土地使用权应当经过有批准权的人民政府批准，阳光房地产公司与济某二建公司均明知，对于由此而造成《土地有偿转让协议书》无效，阳光房地产公司与济某二建公司均负有责任。因此对于给阳光房地产公司造成的利息损失，阳光房地产公司与济某二建公司应各承担50%。

二审法院经审理认为，本案济某二建公司转让涉案划拨建设用地使用权，至一审起诉前尚未取得有批准权的人民政府审批同意，故案涉建设用地使用权转让合同无效。

3. 案例评析

本案是关于划拨土地使用权转让的典型案例。案涉建设用地使用权在法律性质上属于行政划拨的工业用地。行政划拨建设用地使用权只能在符合国家规定的用途下使用。土地使用者依法享有占有、使用、收益的权利，但不得随意处分，将划拨建设用地使用权转让给他人，必须经有批准权的人民政府审批同意，并办理建设用地使用权出让手续，缴纳土地出让金。划拨建设用地使用权在我国现行法下属于限制流通物，土地使用者取得的划拨建设用地使用权在未经有批准权的人民政府审批同意的情形下不得自由处分或者入市转让，否则即违反了法律、行政法规的效力性强制性规定，所签订的转让合同效力应作出否定性评价。

有关法律规定

《中华人民共和国城市房地产管理法》

第四十条第一款　以划拨方式取得土地使用权的，转让房地产时，应当按照国务院规定，报有批准权的人民政府审批。有批准权的人民政府准予转让的，应当由受让方办理土地使用权出让手续，并依照国家有关规定缴纳土地使用权出让金。

最高人民法院《关于审理涉及国有土地使用权合同纠纷案件适用法律问题的解释》

第十一条　土地使用权人未经有批准权的人民政府批准，与受让方订立合同转让划拨土地使用权的，应当认定合同无效。但起诉前经有批准权的人民政府批准办理土地使用权出让手续的，应当认定合同有效。

国务院《城镇国有土地使用权出让和转让暂行条例》

第四十五条　符合下列条件的，经市、县人民政府土地管理部门和房产管理部门批准，其划拨土地使用权和地上建筑物，其他附着物所有权可以转让、出租、抵押：

（一）土地使用者为公司、企业、其他经济组织和个人；

（二）领有国有土地使用证；

（三）具有地上建筑物、其他附着物合法的产权证明；

（四）依照本条例第二章的规定签订土地使用权出让合同，向当地市、县人民政府补交土地使用权出让金或者以转让、出租、抵押所获收益抵交土地使用权出让金。

转让、出租、抵押前款划拨土地使用权的，分别依照本条例第三章、第四章和第五章的规定办理。

第二节

房地产开发经营合同的性质

“共同投资、共享利润、共担风险”是合作开发房地产合同的基本内容。如果双方权利义务内容表明合作风险并非当事人共同承担，则其法律关系实质上已非合作开发房地产。对于此种当事人意思表示的外在表现形式和内在真意并不一致的情形，最高人民法院《关于审理涉及国有土地使用权合同纠纷案件适用法律问题的解释》采纳了以真实意思确定当事人法律关系性质的立场，对徒具合作开发房地产合同的形式，但缺乏双方当事人共担风险这一重要合作特征的合同进行“转性”认定。①

一、房地产开发中的借款合同关系与合作投资关系的区别

基本理论

合作开发房地产合同，是指当事人订立的以提供出让土地使用权、资金等作为共同投资、共享利润、共担风险合作开发房地产为基本内容的协议。

投资并非是一个严格意义上的法律概念，它是一个广义而宽泛的概念。但是，投资法律关系有其固有的特征，其中最突出的就是，投资人出资后无论是否参与经营管理，都必须在享有利益的同时承担风险。投资人的风险与责任承担与合伙中合伙人共享利益、共担风险的特征是类同的。这一特征也是投资关系区别于以“保底性”为特征的借贷关系的关键。

① 参见闫景金：《房地产开发法律问题研究》，黑龙江大学2009年硕士学位论文。

合同约定提供资金的当事人不承担经营风险，只收取固定数额货币的，应当认定为借款合同。合作开发双方是否共同经营，不应作为认定房地产开发合作是否是借款合同的主要依据，认定的关键在于是否共担风险。

典型案例

当事人签订房地产开发合作协议，约定一方仅投入资金，不参与经营管理，不承担任何风险，无条件收回固定投资的，应当认定为民间借贷

——夏某文、高某权、倪某松合同纠纷一案①

1. 案情简介

申请再审人（原审被告、二审上诉人）：夏某文

被申请人（原审原告、二审被上诉人）：高某权

被申请人（原审原告、二审被上诉人）：倪某松

2006 年 10 月 11 日，夏某文作为甲方，高某权、倪某松作为乙方，签订合作开发房地产协议书一份，约定：高某权、倪某松出资 2000 万元，夏某文出资 3000 万元，双方合作开发房地产，由夏某文全权负责经营；在 2008 年 10 月 9 日前甲方返还乙方投资 2000 万元，并无论经营盈亏，甲方给付乙方投资收益 2000 万元。如平均房价超过 200 元/平方米，由甲方奖励乙方每人 100 万元的宝马车一辆，剩余的归甲方所有。夏某文于 2006 年 11 月 8 日、11 月 15 日收到倪某松 850 万元，在 2006 年 12 月 28 日前收到高某权 1000 万元。

2007 年 4 月 29 日，夏某文投资设立宿迁某置业有限公司，该公司于同年 5 月 18 日取得沭阳宗地编号为 2006I1 号地块的使用权，并在该地块上建成了金港花苑。

之后，夏某文向倪某松支付 1700 万元，向高某权支付 2000 万元。2010 年 10 月 8 日，扬州天恒联合会计师事务所出具审计报告，确认已售住宅房、门面房的平均价格超过 200 元/平方米。

高某权、倪某松向法院起诉，请求判令夏某文立即给付宝马车，支付逾期

① 参见（2012）扬商再终字第 0004 号民事判决书。

利息、承担违约金。

2. 法院裁判及观点

二审法院经审理认为,所谓借贷关系,其特征系借款方向出借方借款,到期返还借款并支付利息。而本案中高某权、倪某松与夏某文的约定是,双方共同出资,其出资由夏某文负责管理,通过设立公司并向公司提供资金,由公司进行房地产开发,并约定期限由夏某文向高某权、倪某松返还投资给付约定收益,其收益保底,且根据房屋销售的情形,在符合一定条件的情况下另行给予奖励。该法律关系与借贷关系并不能够完全对应,并不能够认定高某权、倪某松是为了规避借贷利率的限制性规定,而以投资的合法形式掩盖高息借贷的非法目的。从合同订立后的履行情况来看,各方出资的真实目的确实是投资经营房地产,故各方当事人之间形成的是共同投资的法律关系。

再审法院经审理认为,本案中,从高某权、倪某松与夏某文签订的协议内容及实际履行情况来看,高某权、倪某松仅投入资金,不参与经营管理,不承担任何风险,无条件双倍收回投资,并在符合条件时还可享受额外收益;夏某文投入3000万元后,全权负责资金及项目运作,自行设立公司开发房地产,并承担案涉房地产项目的风险。可见,高某权、倪某松与夏某文虽名义上是合作开发房地产,但双方之间并不共同经营,亦不共担风险,不符合合作的基本特征。高某权、倪某松仅投入资金无任何风险,并享有固定的无条件的高额回报,符合借贷法律关系的特征。协议约定的额外收益虽与案涉房地产项目经营有一定关联,但不能改变三人之间不共担风险,高某权、倪某松不承担亏损并享有固定回报的本质特征,不影响三人之间借贷法律关系的认定。故,高某权、倪某松与夏某文之间的法律关系,不符合合作投资的法律特征,应当认定为民间借贷关系。

3. 案例评析

本案是一起名为合作开发房地产实为借贷的典型案例。当事人签订联营协议,虽约定共同经营某一项目,但内容却约定其中一方只负责出资和监督资金使用情况,不参与具体经营活动,无论经营项目盈亏,出资方均按期收回本息,或按期收取固定利润。这种出资人不承担亏损的保底条款被最高人民法院的司法解释认定为借贷关系。合作开发房地产也是联营的一种,当事人签订合作开发房地产的协议,协议约定无论经营盈亏,提供资金的某一方都享有固定收益，在这种情况下，协议的性质已不再和它的名称一致，应认定为名为投资实为借贷。

有关法律规定

最高人民法院《关于审理涉及国有土地使用权合同纠纷案件适用法律问题的解释》

第十四条　本解释所称的合作开发房地产合同，是指当事人订立的以提供出让土地使用权、资金等作为共同投资，共享利润、共担风险合作开发房地产为基本内容的协议。

第二十六条　合作开发房地产合同约定提供资金的当事人不承担经营风险，只收取固定数额货币的，应当认定为借款合同。

二、合作开发与土地使用权转让的区别

基本理论

合作开发房地产合同，是指当事人订立的以提供土地使用权、资金等作为共同出资、共享利润、共担风险合作开发房地产为基本内容的协议。共同出资、共享利润和共担风险是合作开发房地产合同应当具备的三大法律特征。其中，共担风险是最为实质的特征，名为合作开发房地产合同实为土地使用权转让合同中"不承担经营风险"的认定，应以当事人双方权利义务内容的实质作为依据。

在对名为合作开发房地产合同实为土地使用权转让合同进行认定的时候，应当注意不可拘泥于合同具有明确的不承担经营风险的约定，而应以当事人双方权利义务内容的实质作为认定的依据。只要其权利义务实际表现为获取固定利益，而不承担合作风险，尽管合同中没有明确的不承担经营风险的约定，亦可作出转性认定。

当事人在房地产开发合作协议中约定提供土地使用权的一方收取固定利润，其余盈利由另一方享有，风险由另一方承担，应当认定为土地使用权转让

——安某投资公司与机场开发公司合作建房合同纠纷上诉一案①

1. 案情简介

上诉人（原审原告）：安某投资公司

上诉人（原审被告）：机场开发公司

1992 年 6 月 28 日，机场开发公司与安某投资公司签订了三份《深圳机场综合开发区集资开发竞投方案》，约定：项目用地功能为“住宅”；安某投资公司应向机场开发公司支付土地开发费，按照安某投资公司的竞投金额确定。同日，双方又签订一份《深圳机场综合开发区集资开发合同书》，约定：机场开发公司负责本项目用地规划、三通一平、区内公建设施建设；负责项目计划立项报批及报建工作，协助申领建设许可证、建筑许可证、施工许可证；负责办理商品房销售报批；负责办理本项目用地范围内建筑物的合法产权证；负责本项目房产销售后的物业管理。安某投资公司负责及时支付给机场开发公司土地开发费；负责承付本项目自立项、报建、设计至销售完毕的一切资金、税金及政府规定的费用；负责按国家规定进行工程招标及地盘管理；负责提供按规定办理报建手续的一切费用及其他条件，按机场开发公司的开发计划投足资金，开发建设完毕。机场开发公司按本项目施工设计建筑面积每平方米享有 80 元之固定利润。安某投资公司享有除机场开发公司分得利润以外的全部利润。合同签订后，安某投资公司向机场开发公司支付了首期土地开发费，并投入资金开发建设商品楼。

① 参见最高人民法院（2001）民一终字第 68 号民事判决书。

2. 法院裁判及观点

一审法院经审理认为，在本案合同中，机场开发公司的主要权利是以收取土地开发费的形式收取地价，该地价通过土地招标竞投的方式确定。但合同另外约定机场开发公司按建筑面积每平方米 80 元的标准收取安某投资公司的固定利润，违反了公平原则和权利义务对等原则，故该条款应确认为无效，不受法律保护。

二审法院经审理认为，合同约定的权利义务是围绕共同建设房屋这一行为而设定的。在建房筹备阶段，机场开发公司负责提供土地并办理相关手续，实现土地三通一平，完成建设项目立项报批，而安某投资公司则交纳约定的土地开发费及其他相应费用。在建房实施阶段，机场开发公司负责区内的公建设施建设，负责建房施工用电用水、商品房销售报批，而安某投资公司则负责支付建设资金、组织施工建设、保证施工质量。在房屋建成阶段，机场开发公司负责办理产权证，售后物业管理，而安某投资公司则负责有关税费。因此，本案合同属于一方出地另一方出资共同建设房屋的合作建房性质的合同。

3. 案例评析

本案是名为合作开发实为土地使用权转让的典型案例。合作建房合同的法律特征是一方出地另一方出资，双方共担风险，共享利润。当事人订立合作建房合同约定，提供土地使用权的一方提供“三通一平”土地，另一方负责提供所有的开发建设费用并负责按照土地规划，在政府批准的合作期限内将讼争土地开发完毕。提供土地使用权的一方享有的权利为收取固定利润，其余盈利由另一方享有，风险由另一方承担。上述约定的实质内容是提供土地使用权的一方转让土地使用权后取得价金，另一方支付土地转让金后取得土地开发权。

有关法律规定

最高人民法院《关于审理涉及国有土地使用权合同纠纷案件适用法律问题的解释》

第二十四条　合作开发房地产合同约定提供土地使用权的当事人不承担经营风险，只收取固定利益的，应当认定为土地使用权转让合同。

第三节
房地产开发经营合同履行与责任承担

房地产合作开发并不是一个简单、单一的概念，而是一个过程的概括，在其责任履行和责任承担认定方面涉及多方面的因素与问题。处理此类纠纷的基础是把握好当事人意思自治的核心，并注意通盘考虑各方利益的平衡。

一、签订合作开发房地产合同后，又签订建设工程施工合同，约定由其中一方负责施工并取得工程款，当事人之间的合作开发关系是否继续存在

基本理论

在司法实践中，合作开发房地产合同通常由合作开发房地产合同双方当事人以外的第三人来负责工程的施工。如果双方约定由合作开发房地产合同中的一方来进行施工，并且施工方已经取得了工程价款，应当如何处理，主要有以下三种观点：

第一种认为合作开发房地产合同与建设施工合同并行存在。在无任何证据表明双方解除合作开发房地产合同的情况下，该合作开发房地产合同依然存在，对于双方当事人仍有拘束力。涉案工程的建筑施工无论是交与双方当事人以外的第三人施工，还是交与其中一方当事人施工，均不改变双方合作合同的性质。第二种认为合作开发房地产合同解除。双方当事人前后签订了两份合同，一份合同为合作开发房地产合同，另一份合同为建设工程施工合同。合作开发房地产合同在前，建设工程施工合同在后，其中一方当事

人实际施工,并且取得涉案全部工程款的行为表明其选择履行了建设工程施工合同,解除了合作开发房地产合同。第三种观点认为合作开发房地产合同已经变更。后签的建设工程施工的行为应当认定为其以实际行为变更了原来双方当事人签订的合作开发房地产合同。

我们认为,虽然双方曾经签订过合作开发房地产合同,但是,由于一方的实施施工行为并且已经取得了涉案工程价款,双方已经对于原有的合作开发房地产合同进行了变更,变更成建设工程施工合同。从当事人签订的合同意思表示以及履行合同的行为,涉案合作开发房地产合同已经被建设工程施工合同变更或者替代了,当事人之间权利义务发生了变化,合同改变了原来的合作关系,这应当属于合同的变更。

典型案例

双方签订合作开发房地产合同,后又签订建设工程施工合同,由一方负责施工并取得工程价款的,应当认定双方之间的合同关系已经变更为建设工程施工合同关系

——甲公司与乙公司合同纠纷一案

1. 案情简介

甲公司与乙公司签订《合作开发房地产合同书》,该合同书约定,双方共同开发某商品房项目,甲公司负责取得涉案项目的施工许可,负责前期办理基建手续和上缴国家规定的各种收费的全部资金;乙公司应负责涉案土建工程的全部资金;双方均等承担合作项目的风险和利益。双方设立共管账户,该账户由双方共同监管使用,筹集的项目资金、项目房屋收入均进入该账户,工程款及项目开发费用也通过该账户支付。合同签订后双方成立了项目组,设立了共管账户。甲公司投入了600万元。后甲公司与乙公司签订一份建设工程施工合同,该合同约定,涉案项目由乙公司作为施工人进行施工,并约定工程价款500万元。涉案工程完工后,甲公司并未支付乙公司工程款,乙公司通过诉讼取得了涉案工程款500万元。涉案项目已经建成,并已经对外

销售。现甲公司诉至法院,其起诉称,双方之间由于乙公司负责施工。[①]

2. 法院裁判及观点

一审法院认为,双方设立了合作开发房地产和建设工程承包两个合同关系。本案双方当事人签订了合作开发房地产合同,合同订立后,双方当事人均按合同履行义务。在双方签订建设工程施工合同后还在履行合作开发房地产合同,因此,双方签订的两份合同互为补充,均得到履行。

二审法院经审理认为,本案双方当事人已经发生实质性的变更,双方当事人签订建设工程施工合同在后合作开发房地产合同在先,后合同已经取代了先合同。乙公司施工并取得全部工程价款的行为,即表明其选择履行建设工程合同,而放弃了履行合作开发房地产合同。

3. 案例评析

本案的核心规则为:双方当事人签订合作开发房地产合同,后又签订建设工程施工合同,由合作开发房地产合同中的一方负责施工并取得工程价款的,应当认定双方之间的合同关系已经变更为建设工程施工合同关系。

有关法律规定

《中华人民共和国合同法》

第七十七条　当事人协商一致,可以变更合同。

法律、行政法规规定变更合同应当办理批准、登记等手续的,依照其规定。

第七十八条　当事人对合同变更的内容约定不明确的,推定为未变更。

最高人民法院《关于审理涉及国有土地使用权合同纠纷案件适用法律问题的解释》

第十四条　本解释所称的合作开发房地产合同,是指当事人订立的以提供出让土地使用权、资金等作为共同投资,共享利润、共担风险合作开发房地产为基本内容的协议。

---

① 参见最高人民法院民事审判第一庭编:《民事审判指导》(2012 年第 2 辑),人民法院出版社 2012 年版。

二、合作开发房地产合同当事人是否应该就建设工程施工合同偿还工程款承担连带责任

基本理论

债权属于相对权，是特定当事人之间的法律关系，相对性是债权的基本特征。债权人只能向特定的债务人请求给付，债务人只能对特定的债权人负有给付义务。即使因第三人的行为致使债权不能实现，债权人也不能依据债权的效力向第三人请求排除妨害。债权在性质上属于对人权。

合作开发房地产合同各方是按照合同约定各自承担权利义务的，“共同投资、共享利润、共担风险”是指合作各方内部关系，而不是指对外关系。联营各方只能按照法律规定或者协议约定，才可能就对外债务承担连带责任。合作一方对外与第三人签订合同所产生的债务，应当由签订人独立承担合同责任。第三人不能以建设工程施工合同关系作为请求权基础，直接要求合作的另一方承担因建设工程施工合同而发生的债务。

典型案例

房地产合作开发协议的一方当事人对另一方当事人与其他施工单位签订建设工程施工合同所产生的工程价款不负有连带责任

——甲建筑公司与乙开发公司、丙集团公司、丙房地产公司建设工程施工合同纠纷一案[1]

1. 案情简介

上诉人（原审原告）：甲建筑公司

上诉人（原审被告）：乙开发公司

被上诉人（原审被告）：丙房地产公司

被上诉人（原审被告）：丙集团公司

---

① 参见最高人民法院（2007）民一终字第39号民事判决书。

2000年10月8日,丙集团公司与乙开发公司签订《联合建房协议书》,约定:乙开发公司与丙集团公司联合开发建设新世纪家园,由乙开发公司办理项目用地的相关手续,并承担全部费用。由丙集团公司和乙开发公司共同办理《施工许可证》及相关手续,丙集团公司承担项目开工至竣工所需的全部费用。丙集团公司向乙开发公司支付3000万元,以解决乙开发公司在办理该项目前期手续中所负债务。2001年3月5日,甲建筑公司与丙集团公司签订《建设工程施工合同》,约定由甲建筑公司承建大连新世纪住宅小区(后更名为新世纪家园)2#、4#高层住宅楼,合同价款4440万元(按实结算)。甲建筑公司要求丙集团公司和乙开发公司对尚欠工程价款承担连带责任。

2. 法院裁判及观点

一审法院经审理认为,《建设工程施工合同》虽是丙集团公司与甲建筑公司签订,但乙开发公司是甲建筑公司施工工程项目的联合开发方,乙开发公司虽未与甲建筑公司签订施工合同,却享有了甲建筑公司已施工工程的权利,并从该合同中获取利益,因此乙开发公司理应承担该合同相应的义务。

二审法院经审理认为,乙开发公司不应当对丙集团公司、丙房地产公司偿还施工人甲建筑公司工程欠款承担连带责任。本案讼争的法律关系是施工合同纠纷,本案施工合同的当事人为丙集团公司与甲建筑公司,丙集团公司为发包人,甲建筑公司为承包人。施工合同只对合同当事人产生约束力,即对丙集团公司和甲建筑公司发生法律效力,对合同当事人以外的人不发生法律效力。乙开发公司与丙集团公司之间存在合作开发房地产关系,不是施工合同当事人,不应对施工合同承担合同义务。

3. 案例评析

企业之间或者企业、事业单位之间联营,共同经营、不具备法人条件的,由联营各方按照出资比例或者协议的约定,以各自所有的或者经营管理的财产承担民事责任。依照法律的规定或者协议的约定负连带责任的,承担连带责任。合作开发房地产是一种特殊的联营合同,虽然在合作开发的过程中,合作双方对工程项目进行共同管理,共享利润和共担风险,但是这并不意味着合同另一方没有与施工单位签订建设工程施工合同的合作方应当对合作另一方与第三人签订的《建设工程施工合同》所产生的工程价款承担连带责任。相反,除非有明确约定,根据合同的相对性原理,建设施工合同的债权人只能根据其与合作一方之间的合同向特定相对人主张权利。

有关法律规定

最高人民法院《关于审理涉及国有土地使用权合同纠纷案件适用法律问题的解释》

第十四条　本解释所称的合作开发房地产合同，是指当事人订立的以提供出让土地使用权、资金等作为共同投资，共享利润、共担风险合作开发房地产为基本内容的协议。

《中华人民共和国民法通则》

第五十二条　企业之间或者企业、事业单位之间联营，共同经营、不具备法人条件的，由联营各方按照出资比例或者协议的约定，以各自所有的或者经营管理的财产承担民事责任。依照法律的规定或者协议的约定负连带责任的，承担连带责任。

第五十三条　企业之间或者企业、事业单位之间联营，按照合同的约定各自独立经营的，它的权利和义务由合同约定，各自承担民事责任。

三、经政府有关部门批准可以用作第三产业用地的集体所有土地，是否适用农村土地征用补偿标准

基本理论

我国征收农村土地补偿制度，在推进城镇化建设发展经济中发挥了重要的作用。农村土地所有权和使用权从其性质上讲，是具有一定的社会保障功能的权利。失去土地使用权，就失去了潜在的收益，获得使用权就有机会获得收益；土地又为农民的后代提供土地继承对象，因而它不仅是这一代农民生存保障的永久性资源而且也是后代农民生存保障的永久性资源。

目前，我国关于征地补偿的法律都比较原则，《宪法》确立的是征收土地的基本条件和原则，《物权法》确立的是应当依法足额支付补偿费用和安排被征地农民的社会保障费用，《土地管理法》可以说是土地征收的基本法律制度。《土地管理法》给出了土地补偿的标准，但是这一标准太低，难以满足被

征地农民的生存需求。

在此种背景下，如果政府有关部门批准农村用地可以用作第三产业用地，开发商与村集体在合作开发房地产的过程中，就村集体土地补偿问题达成一致，且高于农村土地征用补偿标准的，应当尊重双方当事人的意思表示，不再适用农村土地征用补偿标准。

典型案例

开发商与村集体就农村集体用地补偿标准高于农村土地征用补偿标准的，应当以当事人的约定确定农村集体用地的补偿金额

——甲房地产公司与乙村村民委员会等房地产合作开发合同纠纷一案①

1. 案情简介

上诉人（原审被告）：甲房地产公司

被上诉人（原审原告）：乙村村民委员会

原审被告：丙开发公司

乙村村民委员会与甲房地产公司签订《合作开发合同》，约定：乙村村民委员会提供自己所有的第三产业用地与甲房地产公司合作开发房地产，并将部分土地的使用权转让给甲房地产公司，甲房地产公司将其出资3000万元在未转让部分的土地上建造的国泰大厦的东半部分给乙村村民委员会作为补偿。同年，乙村村民委员会与甲房地产公司在南宁市政府办公室的主持下签订《南宁市国家建设征用土地协议书》，该协议书还载明，征地的所有补偿费已包括在双方签订的《合作开发合同》中，不需另行支付。南宁市郊区津头乡人民政府在该协议书上签署："同意征用，但双方于10月10日签订的合作开发合同必须同时履行"，甲房地产公司与南宁市土地管理局签订《南宁市国有土地使用权出让合同》，并交纳土地出让金700余万元，从而取得了案涉土地的使用权。嗣后，因甲房地产公司一直没有给乙村村民委员会建房，也没有支付建设期补偿金，乙村村民委员会遂向法院起诉，请求判令甲房地产公

① 参见最高人民法院（1999）民终字第9号民事判决书。

司继续履行合作合同并支付违约金。案涉土地经广西壮族自治区土地管理局批准作为第三产业用地。

2.法院裁判及观点

一审法院经审理认为,乙村村民委员会用于合作开发的土地经广西壮族自治区及南宁市土地管理局批准,使用性质已转变为第三产业用地,依法可以进行房地产开发。乙村村民委员会与甲房地产公司签订的合作开发合同中约定的案涉土地的转让,经南宁市土地管理局批准补办了有关手续,亦应有效。

二审法院经审理认为,甲房地产公司与乙村村民委员会签订的合作开发合同实际上是甲房地产公司以为乙村村民委员会建设价值3000万元的建筑物作为其征用乙村村民委员会土地补偿的合同。甲房地产公司主张按照征用农业用地的标准补偿没有依据。

3.案例评析

本案的核心问题是,开发商与村集体就农村集体用地补偿问题达成协议,明确补偿金额后,是否应当以农村土地征用补偿标准来衡量补偿金额的适法性。我们认为,农村土地征用补偿标准是最低标准,换言之,如果双方所约定的集体用地补偿金额低于村土地征用补偿标准,该约定侵害了农民最基本的生存权,应当适用村土地征用补偿标准;如果双方所约定的集体用地补偿金额高于村土地征用补偿标准,则应尊重双方当事人的意思自治。

有关法律规定

《中华人民共和国物权法》

第四十二条第一款　为了公共利益的需要,依照法律规定的权限和程序可以征收集体所有的土地和单位、个人的房屋及其他不动产。

《中华人民共和国土地管理法》

第四十七条　征收土地的,按照被征收土地的原用途给予补偿。

征收耕地的补偿费用包括土地补偿费、安置补助费以及地上附着物和青苗的补偿费。征收耕地的土地补偿费,为该耕地被征收前三年平均年产值的六至十倍。征收耕地的安置补助费,按照需要安置的农业人口数计算。需要安置的农业人口数,按照被征收的耕地数量除以征地前被征收单位平均每人占有耕地的数量计算。每一个需要安置的农业人口的安置补助费标准,为该耕地被征收前三年平均年产值的四至六倍。但是,每公顷被征收耕地的安置补助费,最高不得超过被征收前三年平均年产值的十五倍。

征收其他土地的土地补偿费和安置补助费标准,由省、自治区、直辖市参照征收耕地的土地补偿费和安置补助费的标准规定。

被征收土地上的附着物和青苗的补偿标准,由省、自治区、直辖市规定。

征收城市郊区的菜地,用地单位应当按照国家有关规定缴纳新菜地开发建设基金。

依照本条第二款的规定支付土地补偿费和安置补助费,尚不能使需要安置的农民保持原有生活水平的,经省、自治区、直辖市人民政府批准,可以增加安置补助费。但是,土地补偿费和安置补助费的总和不得超过土地被征收前三年平均年产值的三十倍。

国务院根据社会、经济发展水平,在特殊情况下,可以提高征收耕地的土地补偿费和安置补助费的标准。

四、房地产开发经营合同的双方未进行最终结算,一方能否请求对部分争议先行处理

基本理论

我国民事诉讼法明确规定了先行判决。原告向人民法院提起诉讼,可以有一个或者几个诉讼请求。在一般情况下,在一个诉讼中,在查明案件事实的前提下,应当以法律为准绳,对原告提出的全部诉讼请求作出裁判。但是,司法实践中存在这样的情况,案件的审理已经进行了一段时间,由于种种原因的限制,人民法院对于原告各项诉讼请求相关的事实,尚难以全部查清,不能一次对所有的诉讼请求作出判决。为了防止诉讼过分迟延,及时保障当事人的合法权益,如果对一部分请求的相关事实已经查明,而且就这部分诉讼请求又需要尽快判决,人民法院可以先就该部分作出判决,其他诉讼请求待相关事实进一步查明后,通过后续判决解决。

需要注意的是，部分先行判决是为了及时保护当事人的民事权益。人民法院审理案件，可以进行先行判决的部分，是指在诉讼请求中可以独立分出的部分，或者是几个诉的合并审理，其中一个相对独立的诉求，而且要先行判决部分的事实必须已经清楚。如果该部分诉讼请求与整个诉讼请求密不可分，对该部分先行判决将会使其余的诉讼请求难以确定，就不能对该部分先行判决。

房地产开发经营合同是双务合同，在未进行最终结算的情况下，一方当事人提出的部分诉讼请求通常与合同整体履行情况密切相关，此时，不宜将部分争议请求从整体中切割出来单独处理，否则容易导致案件利益整体失衡。

典型案例

房地产开发经营合同的双方未进行最终结算，一方请求对部分争议先行处理的，人民法院不予支持

——新某房地产公司与某甲工程指挥部房地产开发经营合同纠纷一案[①]

1. 案情简介

上诉人（原审原告、反诉被告）：新某房地产公司

被上诉人（原审被告、反诉原告）：某甲工程指挥部

温州市江滨路鹿城段改建工程是温州市人民政府决定由鹿城区政府负责实施的城市建设项目，某甲工程指挥部代表鹿城区政府具体实施江滨路鹿城段建设。

1998 年 11 月，某甲工程指挥部与新某房地产公司签订《安置地块开发建设协议书》记载，(1)某甲工程指挥部同意新某房地产公司在 2 号地块进行开发建设。(2)该地块的拆迁工作由某甲工程指挥部组织实施，某甲工程指挥部在拆迁过程中垫付的拆迁补偿费、管理费、办公费及市有关部门办理拆迁事宜手续费等经费，应由新某房地产公司付给某甲工程指挥部。本地块外

① 参见福建省高级人民法院(2002)闽民终字第 27 号民事判决书。

迁安置企业的拆迁安置工作由某甲工程指挥部实施，其拆迁补偿经费每平方米2000元包干使用，同时新某房地产公司须向某甲工程指挥部支付补偿费总额4%的管理费。(3)新某房地产公司负责被拆迁户和被拆迁单位的安置工作，安置面积以鉴证后的协议书面积为准。

新某房地产公司请求判令：(1)某甲工程指挥部赔偿新某房地产公司因单方改变安置条件给新某房地产公司造成营业房经济损失5000余万元；(2)某甲工程指挥部赔偿新某房地产公司因改造地下车库出入口给新某房地产公司造成的经济损失800余万元；(3)某甲工程指挥部支付新某房地产公司2号地块安置款5000余万元。

某甲工程指挥部提出反诉请求判令：(1)新某房地产公司支付某甲工程指挥部2号地块安置结算余款6657.608万元(暂计至2005年12月9日)；(2)新某房地产公司立即将地下室8700平方米交付某甲工程指挥部；(3)新某房地产公司立即将50平方米的居委会用房交付某甲工程指挥部；(4)由新某房地产公司承担本案反诉诉讼费用。

2.法院裁判及观点

一审法院经审理认为，由于案涉2号地块是边开发边调整，合同至今仍未履行完毕，根据双方当事人在诉讼中提出的证据，尚难以认定哪一方存在违约；同时，当事人之间尚未进行结算，且双方在本案诉讼中未提供完整的资料，致使鉴定机构无法对双方当事人争议的主要事项作出鉴定意见，争议的事项无法确定，应由其自行承担法律后果。故新某房地产公司提出的诉讼请求、某甲工程指挥部提出的反诉请求，均缺乏事实根据和法律依据，不予支持。

二审法院经审理认为，新某房地产公司与某甲工程指挥部签订的《安置地块开发建设协议书》至今尚未履行完毕，诉讼中双方当事人亦未提供完整的结算资料，致使鉴定部门无法对双方结算发表意见、作出鉴定。且双方当事人在诉讼中未提出终止合同履行的诉讼请求。故一审法院认定，本案不具备结算条件及无法结算责任应由双方承担正确。由于本案未进行最终结算，对某甲工程指挥部是否已多付安置费用，以及双方当事人在合同履行中的违约责任，尚无法认定，法院依法不予处理。

3. 案例评析

本案新某房地产公司认为，即使双方尚不具备结算条件，也不影响人民法院对地下车库入口重建及改变安置条件损失部分先行进行处理。但是，本案由于某甲工程指挥部提出反诉，请求新某房地产公司返还其已多付的安置费用等，且经人民法院审理认为，双方尚不具备最终结算条件。在此情形下，如果本案仅处理因改造地下车库出入口及改变安置条件的损失部分，可能导致双方利益不平衡。因此，新某房地产公司该项请求，不应给予支持。

有关法律规定

《中华人民共和国民事诉讼法》

第一百五十三条　人民法院审理案件，其中一部分事实已经清楚，可以就该部分先行判决。

五、双方投资合作建房，房屋建成后应以协议的约定作为分割房屋的时间节点

基本理论

合作开发房地产合同的履行具有长期性、复杂性、易变性等特点。在审理此类纠纷中，应当注意双方当事人意思表示在合同履行过程中的延续性和变迁性。

当事人就某项具体事宜达成合意后，该合议即具有约束力，不因此后双方当事人另起争议而受到影响。

需要注意的是，如果在达成合意后，双方当事人又就同一事项达成新的合意，根据“新约盖旧约”的原理，此时，应当以新的合意确定双方当事人的权利义务。

在合作开发房地产合同的履行中当事人就某事宜达成合意后，该合意效力不受此后双方另起争议的影响

——甲股份公司与乙投资公司、丙房地产公司合作开发房地产合同纠纷一案①

1. 案情简介

上诉人(原审原告):甲股份公司

上诉人(原审被告):乙投资公司

被上诉人(原审被告):丙房地产公司

1994年6月,甲股份公司与乙投资公司签订《合资开发经营厦门凯旋广场商品房合同书》,约定双方共同开发位于厦门市的凯旋广场项目,双方按照各自的股份比例承担经营风险和责任。1997年6月,凯旋广场一期工程通过竣工综合评定。工程竣工后,甲股份公司提出对凯旋广场商品房项目进行清算和分成的要求。1997年11月24日,以乙投资公司为甲方、甲股份公司为乙方签订一份《协议书》,约定对凯旋广场一期工程的结算清理达成如下协议:对双方合作开发经营的凯旋广场一期工程的投资、财产、债权债务、往来账务进行清理、结算、分割,按双方各自拥有的股权承担相应权利和义务。乙方指派财务人员协助清账。账务清理后由双方另行具体协议签字确认。1998年元月丙房地产公司向甲股份公司提交一份1997年资产负债表,载明至1997年12月31日,丙房地产公司的货币资产为89万余元,其他资产2000万余元,实物资产(未售房产)2亿余元。之后,双方因财物分割的截止日期以及账目调整等问题分歧较大而引起纠纷。

2. 法院裁判及观点

一审法院经审理认为,从凯旋广场的建设情况看,凯旋广场一期工程1997年8月竣工,1997年12月正式通过验收。1997年11月24日双方签订

① 参见福建省高级人民法院(2002)闽民终字第27号民事判决书。

协议，对凯旋广场一期工程的分割意向、联成公司分割后的合作关系等作了相应的约定。可见，双方在当时对于终止合作关系并以1997年12月31日作为分割凯旋广场一期工程的时间界限的意见是一致的，只是在以后由于双方在资产负债上的调整意见分歧，导致分割工作不能继续进行。故应以1997年12月31日作为甲股份公司与乙投资公司对凯旋广场一期工程商品房进行分割的时间界限。

二审法院经审理认为，1997年11月24日《协议书》的内容体现了双方对凯旋广场合作项目进行分割已达成一致意见。丙房地产公司制作的1997年12月31日的《资产负债表》和1997年的损益表，客观上反映了双方合作开始至1997年年底的资产、负债及所有者权益情况，可以以1997年12月31日作为分隔界限。

3. 案例评析

本案中，双方在当时对于终止合作关系并以1997年12月31日作为分割凯旋广场一期工程的时间界限的意见是一致的，之后由于双方在资产负债上的调整意见分歧，导致分割工作不能继续进行。随着时间的推移，因多方因素，涉及凯旋广场一期工程利益的种种问题逐渐展露，并逐步加深，影响双方以1997年年底作为双方终止合作、分割利益的时间界限的意愿，但双方并未就分割时间达成新的合议，故仍应当以1997年12月31日作为甲股份公司与乙投资公司对凯旋广场一期工程商品房进行分割的时间界限。

有关法律规定

《中华人民共和国合同法》

第七十七条　当事人协商一致，可以变更合同。

法律、行政法规规定变更合同应当办理批准、登记等手续的，依照其规定。

第七十八条　当事人对合同变更的内容约定不明确的，推定为未变更。

第三章

建设工程合同

第一节
建设工程合同的效力

合同效力的认定,直接关系案件的审理结果,是审理合同类纠纷案件的首要问题。相较普通合同的效力认定,建设工程合同的效力认定较为复杂。究其原因,一方面,我国建筑市场虽然蓬勃发展但市场运行却不规范,借用资质、非法转包、违法分包、黑白合同等违法现象层出不穷;另一方面,建设工程受《合同法》、《中华人民共和国建筑法》(以下简称《建筑法》)、《中华人民共和国招标投标法》(以下简称《招标投标法》)等法律和多部行政法规、规章、规定调整,涉及的法律规范庞杂,准确地理解、适用法律有一定困难。鉴于此,为了更好地认定建设工程合同的效力,我们根据建设工程合同中借用资质、转包、分包、黑白合同等特殊情况对其进行了分类,并总结了相应的效力认定规则。

一、建设工程施工合同无效的情形

基本理论

建设工程施工合同是承包人进行工程建设施工,发包人支付价款的合同,是建设工程合同的主要类型之一。由于当前建筑市场竞争激烈,当事人在签订、履行建设工程施工合同中为追求利益,存在诸多违法操作行为,因此引发了大量关于合同效力争议的案件。在建设工程施工合同纠纷案件中,有相当数量的施工合同由于当事人的违法操作而被认定为无效。建设工程合同一旦被认定无效,将直接影响当事人对合同的预期利益及最终责任、风险责任的承担。司法实务中,区分确认哪些合同有效哪些合同无效是法官对建设工程施工合同纠纷案件进行裁判的首要任务。

《民法通则》第58条规定了民事行为无效的六种情形,《合同法》第52条规定了合同无效的五种情形,上述规定属于合同无效的一般事由规定,适用于各种合同形式。衡量建设工程施工合同是否无效同样适用上述两条的规定。此外,针对建设工程施工合同,最高人民法院《关于审理建设工程施工合同纠纷案件适用法律问题的解释》(以下简称《建设工程施工合同解释》)第1条对建设工程施工合同因违反法律、行政法规强制性规定而无效的三种情形进行了具体规定:(1)承包人未取得建筑施工企业资质或超越资质等级;(2)没有资质的实际施工人借用有资质的建筑施工企业名义;(3)建设工程必须进行招标而未招标或者中标无效。《建设工程施工合同解释》第4条规定承包人非法转包、违法分包建设工程的行为无效。

从上述法律及司法解释的规定来看,建设工程施工合同是否有效,应该从签约主体(是否有资质)、签约的前提条件(是否需要进行招标)、签约的起由(是否存在非法转包、违法分包)等方面进行认定。[①] 综合考虑建设工程施工合同的特点和法律、司法解释的规定,建设工程施工合同无效分为如下几种情形。

(一)合同主体不适格,缺乏相应资质

《建筑法》第13条规定从事建筑活动必须取得资质等级证书且必须在资质等级许可的范围内从事建筑活动。《建筑法》第26条明令禁止建筑施工企业超越资质等级或借用其他建筑施工企业的名义承揽工程。建设施工企业的资质等级是按照其拥有的注册资本、专业技术人员、技术装备和已完成的建筑工程业绩等资质条件划分的,施工人有无相应的资质关乎当事人的履约能力和施工质量等。施工人缺乏相应资质签订的建设工程施工合同因合同主体不适格、违反法律的强制性规定而应该被认定为无效合同。实际上,《建设工程施工合同解释》第1条前两项就是规定因合同主体缺乏相应资质而致使合同无效的情形:包括施工人没有资质、施工人超越资质等级和没有资质的实际施工人借用有资质的建筑施工企业的名义等。

(二)必须进行招标而未招标或中标无效

建设工程项目进行招标的主要目的是为了保护国家利益、社会公共利

---

① 参见奚晓明主编:《建设工程合同纠纷》(第3版),法律出版社2013年版,第50页。

益，提高经济效益，保证项目质量。但招投标程序并不是所有建设工程项目的必经前置程序，只有法律规定必须进行招标的建设工程项目，当事人在签订建设工程施工合同之前才必须经过招投标。《招标投标法》第3条第1款规定三种特殊类型的建设工程必须进行招标：一是大型基础设施、公共事业等关系社会公共利益、公众安全的项目；二是全部或者部分使用国有资金投资或者国家融资的项目；三是使用国际组织或者外国政府贷款、援助资金的项目。《招标投标法》第4条也明确规定禁止规避招标。由此，建设工程必须进行招标而未招标的属于违反《招标投标法》第3条和第4条规定，即属于《建设工程施工合同解释》第1条第3项规定的情形，当事人签订的建设工程施工合同当然无效。另外，《招标投标法》第50条、第52条、第53条、第54条、第55条、第57条规定了中标无效的六种情形，即招标代理机构违规操作影响中标结果的、泄露招投标有关秘密影响中标结果的、串通投标、骗取中标、招标人违规谈判影响中标结果和招标人在中标候选之外确定中标人。必须进行招标的建设工程施工项目具有中标无效情形的，既符合《合同法》第52条规定的欺诈、恶意串通、合法形式掩盖非法目的、违反法律的强制性规定的情形，也符合《建设工程施工合同解释》第1条第3项规定的情形之一，建设工程施工合同应无效。

在司法实务中，招投标程序违法而导致建设工程施工合同无效的具体表现形式纷繁复杂，需要在审理案件时综合考虑建设工程施工合同的特点、招投标程序的实际情况和法律、行政法规的具体规定来认定。

（三）承包人履行合同过程中非法转包、违法分包

《合同法》第272条，《建筑法》第24条、第28条、第29条和《建设工程质量管理条例》第78条都涉及对非法转包、违法分包的规定。转包，是指承包单位承包建设工程后，不履行合同约定的责任和义务，将其承包的全部建设工程转给他人或者将其承包的全部建设工程肢解以后以分包的名义分别转给其他单位承包的行为。转包有两种形式：一是将其承包的全部建设工程转包给他人；二是将其承包的全部建设工程肢解以后以分包的名义分别转给他人，需要明确的是肢解分包属于非法转包而非违法分包。转包的本质特点是转包人不履行建设工程合同的全部义务，不履行施工、管理、技术指导等技术经济责任，而由转承包人完成原合同中约定的全部建设工程任务，其实质是

在转包人不退出原合同关系的前提下，转承包人与原合同的发包人形成了新的事实合同关系。工程转包属于不履行义务纯获利益的工程掮客行为，严重影响了建设工程的质量和合同当事人之间的信任、协作关系，足以构成合同的根本性违约。因此，《建筑法》第 28 条明确禁止转包行为。无论是否经发包人同意或认可转包行为都是非法的。

法律禁止转包，但对于分包，法律并不完全禁止。分包，是指已经与发包人签订建设工程施工合同的总承包人将其承包的工程建设任务的一部分交给第三人（分包人）完成。工程建设中可以分包，但不得违反法律的有关规定，违法分包行为是无效的。根据《建设工程质量管理条例》第 78 条第 2 款的规定，违法分包主要指下列行为：（1）总承包单位将建设工程分包给不具备相应资质条件的单位的；（2）建设工程总承包合同中未有约定，又未经建设单位认可，承包单位将其承包的部分建设工程交由其他单位完成的；（3）施工总承包单位将建设工程主体结构的施工分包给其他单位的；（4）分包单位将其承包的建设工程再分包的。

工程建设过程中，为片面追求更大利益，时常会出现非法转包和违法分包现象。一项工程被层层非法转包、分包后，不仅不能确保工程质量，而且容易引起管理或资金失控，进而引发经济纠纷。鉴于此，《合同法》第 272 条，《建筑法》第 24 条、第 28 条、第 29 条都禁止非法转包和违法分包行为。建设工程非法转包、违法分包行为因违反法律的强制性规定而无效，建设工程非法转包合同和违法分包合同当然无效。

典型案例

挂靠人以被挂靠单位委托代理人的名义与总承包人签订的分包合同无效

——上诉人中核公司与被上诉人陈某某建设工程施工合同纠纷二审案①

1. 案情简介

上诉人（原审被告）：中核公司

① 参见山东省高级人民法院（2016）鲁民终 1760 号民事判决书。

被上诉人(原审原告):陈某某

原审被告:华昶公司

原审被告:方泰公司

一审法院审理认定,2012年10月10日,华昶公司与中核公司签订《建设工程施工合同》,约定:华昶公司将鲁南国际工业品采购中心一期A区工程33栋楼的土建及安装工程发包给中核公司施工。2012年11月1日,陈某某以方泰公司委托代理人的名义(乙方)与中核公司(甲方)签订《分包合同》,约定:中核公司将鲁南国际工业品采购中心一期A区12#、13#、4G、4J共4栋楼施工图纸范围内除甲方或建设方外包项目外所有的土建及安装工程分包给方泰公司。建筑面积约为10,000平方米,合同价款(暂按建筑面积1200元/平方米测算)约为12,000,000元,以建设方或其委托的审计公司审核的最终结算金额为准。甲方承诺督促建设方在收到乙方竣工结算材料90日内完成竣工结算审计,并与建设方竣工结算审计完成后30日内按照竣工结算审计核定定额的95%支付工程结算价款。留审定后的5%结算价款作为质保金,保修期从工程竣工验收合格之日起计二年,验收合格之日起满一年后14日内支付50%,竣工验收合格之日起满二年后14日内支付50%。质量保修金不计利息。质保金必须经建设方及建设方指定的物业管理公司签认后方可支付。陈某某签订上述协议后,进行了施工。期间陈某某代表中核公司与华昶公司就建材价格进行了签字确认。2013年6月9日,陈某某又以方泰公司(乙方)委托代理人名义与中核公司(甲方)签订《补充协议》,约定:另增加一栋3#楼承包给乙方施工,乙方承包的工程范围及内容变更为鲁南国际工业品采购中心一期A区12#、13#、4G、4J和3#楼,共5栋楼施工图纸范围内除甲方或建设方外包项目外所有的土建及安装工程分包给方泰公司。建筑面积约为18,700平方米,合同价款(暂按建筑面积1200元/平方米测算)约为22,440,000元,以建设方或其委托的审计公司审核的最终结算金额为准。其他相关条款执行原《分包合同》。2014年4月25日,就陈某某施工的12#、13#、4G#、4J#和3#楼,经中核公司与华昶公司及监理单位验收为合格。2014年12月20日,经中核公司与华昶公司结算,双方签字确认12#、13#、4G#、4J#和3#楼扣除上浮2%,工程价款为18,287,042.02元,扣除甲供材469,831.25元和水电费41,464元,剩余工程价款为17,775,746.77元。华昶公司已付中核公司

14,115,198.63 元,扣除质保金 907,074.38 元,还应支付 3,119,214.60 元。一审另查明,陈某某已收到中核公司拨款 13,056,755.52 元。

2. 法院裁判及观点

原审法院审理认为,中核公司与华昶公司签订《建设工程施工合同》后,陈某某又以方泰公司委托代理人名义与中核公司签订《分包合同》及《补充协议》,属于借用资质,违反法律的强制性规定,该《分包合同》及《补充协议》应为无效。但陈某某施工的涉案工程经验收合格,根据《建设工程施工合同解释》第 2 条关于"建设工程施工合同无效,但建设工程经竣工验收合格,承包人请求参照合同约定支付工程价款的,应予支持"的规定,有权按合同约定主张涉案工程价款。关于拖欠工程款数额及利息问题。涉案工程 2014 年 12 月 20 日经中核公司与华昶公司结算确认为 17,775,746.77 元,中核公司已支付 13,056,755.52 元,扣除质保金 907,074.38 元,尚剩 3,811,916.87 元。按照陈某某与中核公司所签合同约定,应自中核公司与华昶公司结算后 30 日内支付 95%,但中核公司未按约定履行,构成违约,陈某某要求支付利息,一审法院予以支持,可按年利率 6%,自 2015 年 1 月 21 日起计算至实际履行之日。对于质保金 907,074.38 元,虽然自 2014 年 4 月 25 日工程验收合格时至陈某某起诉时尚不满一年,但至本案开庭审理时已满一年,按照合同约定,应返还 50%,即 453,537.19 元,陈某某要求全部支付不予支持。关于偿付主体问题。方泰公司出借资质,未参与涉案工程合同的履行,陈某某要求其承担偿付责任,与法无据,一审法院不予采纳。中核公司作为转包人,应对拖欠陈某某的工程款承担偿付责任,并支付利息。华昶公司作为发包人尚欠工程款 3,119,214.60 元,另有质保金 907,074.38 元,应在拖欠工程款及应付利息、质保金范围对中核公司的偿付责任承担连带责任。综上,依照《民事诉讼法》第 134 条、第 148 条,《合同法》第 60 条、第 107 条、第 109 条和《建设工程施工合同解释》第 1 条、第 2 条、第 26 条的规定,判决:(1)中核公司于本判决生效之日起 10 日内偿付陈某某工程欠款 3,811,916.87 元,并支付利息(以年利率 6%,自 2015 年 1 月 21 日起计算至实际履行之日)。华昶公司应在 3,119,214.60 元及应付利息范围内对陈某某承担连带清偿责任。(2)中核公司于本判决生效之日起 10 日内返还陈某某质保金 453,537.19 元。华昶公司承担连带责任。(3)驳回陈某某的其他诉讼请求。案件受理费 44,552

元,由陈某某负担446元,由中核公司、华昶公司负担44,106元。

中核公司不服原审法院上述民事判决提起上诉。二审法院审理认为,本案争议的焦点问题:(1)一审判决对涉案分包合同效力及签订主体的认定是否正确;(2)一审判决对欠付工程款数额的认定是否正确;(3)一审判决对承担欠付工程款责任的主体的认定是否正确。

关于一审判决对涉案《分包合同》效力及履约主体的认定是否正确的问题。二审法院认为,根据《建设工程施工合同解释》第1条第2项关于"没有资质的实际施工人借用有资质的建筑施工企业名义的,建设工程施工合同应认定为无效"的规定,陈某某作为涉案工程的实际施工人,以方泰公司委托代理人名义与中核公司签订《分包合同》,属于借用资质的情形,违反了法律的强制性规定,故一审判决认定涉案《分包合同》无效并无不当。中核公司虽主张涉案《分包合同》的实际履约主体是中核公司和方泰公司,并提交方泰公司于2013年6月9日向中核公司出具的《委托书》,以此主张陈某某系受方泰公司委托,代表方泰公司与中核公司进行涉案工程的结算。二审法院认为,因《分包合同》系陈某某以方泰公司委托代理人的名义与中核公司签订,结合方泰公司未参与涉案工程的实际施工以及涉案工程由陈某某实际施工的事实,一审判决陈某某有权按照合同约定主张涉案工程价款并无不当。

关于一审判决对欠付工程款数额的认定是否正确的问题。二审法院认为,关于涉案工程造价的数额问题,根据涉案《分包合同》关于"中核公司承诺……在与华昶公司竣工结算审计完成后30日内按照竣工结算审计核定金额的95%支付工程结算款"的约定,一审法院将华昶公司与中核公司确认的工程造价结算值17,775,746.77元作为认定中核公司与陈建民工程造价结算的依据并无不当。中核公司关于该数额系华昶公司与中核公司结算的依据,以及华昶公司将工程造价上浮2%系仅针对中核公司的主张缺乏事实与法律依据,二审法院不予支持。关于中核公司已付工程款数额的问题,中核公司对陈某某在本案一审中主张收到其支付工程款13,056,755.52元予以认可,在此基础上,其主张按照《分包合同》约定,一审判决遗漏了应当作为其已付款的下列款项:(1)应由中核公司代扣代缴税金。中核公司未提交证据证实其确实缴纳了税金,故一审判决未将该税金作为中核公司向陈某某的已付款予以计取并无不当。依法纳税是法定义务,关于税金问题中核公司可待税务部门确定后另行主张。(2)应由方泰公司(陈某某)分摊的中核公司管理人员工资。根据查明的事实,该部分费用45,239.19元应作为中核公司已付款的组成部分,理由详见二审法院查明事实部分,不再赘述。(3)应由方泰公司(陈某某)承担的治安保卫费、安全文明施工措施费、垃圾清运费。涉案《分包合同》并未就上述费用的承担问题作出约定,特别是在中核公司出具的《支付款审批单》中载明的“主体试验检测费及垃圾处理费51,482.18元”与陈某某在一审中提交的《中核公司拨付款项明细》中载明“代缴试验费51,482.18元”的款项相一致的情况下,可以认定上述费用中的垃圾清运费已包含在一审认定的中核公司已付款13,056,755.52元中。综上,中核公司向陈某某支付工程的数额应为13,101,994.71元(13,056,755.52元+45,239.19元),一审判决认定有误,二审法院依法予以纠正。故中核公司欠付陈某某涉案工程款的数额应为3,766,677.68元(17,775,746.77元-907,074.38元-13,101,994.71元)。

关于一审判决对承担欠付工程款责任的主体的认定是否正确的问题。二审法院经查,在中核公司与华昶公司已就涉案工程造价结算完毕的情况下,中核公司向方泰公司(陈某某)支付的工程进度款13,101,994.71元,并未达到涉案《分包合同》约定的95%,故中核公司关于已向方泰公司(陈某某)足额支付了工程进度款的主张二审法院不予支持。中核公司关于“剩余款项按照合同约定也应由华昶公司拨付后,才由中核公司向方泰公司拨付,在华昶公司不拨付款项的情况下,中核公司不应承担逾期付款的违约责任”的主张亦与《分包合同》的约定不符,二审法院不予支持。根据《建设工程施工合同解释》第26条第2款关于“实际施工人以发包方为被告主张权利的,人民法院可以追加转包人或者违法分包人为本案当事人。发包人只在欠付工程价款范围内对实际施工人承担责任”的规定,一审判决发包人华昶公司在其欠付涉案工程款及利息的范围内对实际施工人陈某某承担连带责任存有不当,依法予以纠正。

综上所述,上诉人中核公司的上诉请求部分成立。二审法院依照《建设工程施工合同解释》第26条、《民事诉讼法》第170条第1款第2项的规定,判决如下:(1)撤销山东省临沂市中级人民法院(2015)临民一初字第21号民事判决;(2)中核公司于本判决生效之日起10日内偿付陈某某工程欠款

3,766,677.68 元,并支付利息(以年利率6%,自2015年1月21日起计算至实际履行之日);(3)中核公司于本判决生效之日起10日内返还陈某某质保金453,537.19元;(4)华昶公司对本判决第2项、第3项所确认的款项在3,119,214.60元的范围内对陈某某承担责任;(5)驳回中核公司的其他上诉请求。

3.案例评析

本案例涉及的是挂靠人以挂靠单位委托代理人的名义与总承包人签订的分包合同的效力问题。根据《合同法》第52条和《建设工程施工合同解释》第1条,没有资质的实际施工人借用有资质的建筑施工企业名义签订的施工合同违反了法律的强制性规定属于无效合同。本案中,陈某某作为没有建设工程施工资质的自然人以方泰公司委托代理人的名义与总承包人中核公司签订的分包合同属于借用方泰公司的建设工程施工资质的情形,该分包合同为无效合同。但因为涉案工程已经竣工验收合格,根据《建设工程施工合同解释》第2条,陈某某请求参照合同约定支付建设工程价款,应予支持。

有关法律规定

《中华人民共和国民法通则》

第五十八条　下列民事行为无效:

(一)无民事行为能力人实施的;

(二)限制民事行为能力人依法不能独立实施的;

(三)一方以欺诈、胁迫手段或者乘人之危,使对方在违背真实意思的情况下所为的;

(四)恶意串通,损害国家、集体或者第三人利益的;

(五)违反法律或者社会公共利益的;

(六)以合法形式掩盖非法目的的。

无效的民事行为,从行为开始起就没有法律约束力。

《中华人民共和国合同法》

第五十二条　有下列情形之一的,合同无效:

(一)一方以欺诈、胁迫的手段订立合同,损害国家利益;

(二)恶意串通,损害国家、集体或者第三人利益;

(三)以合法形式掩盖非法目的;

(四)损害社会公共利益;

(五)违反法律、行政法规的强制性规定。

第二百七十二条　发包人可以与总承包人订立建设工程合同,也可以分别与勘察人、设计人、施工人订立勘察、设计、施工承包合同。发包人不得将应当由一个承包人完成的建设工程肢解成若干部分发包给几个承包人。总承包人或者勘察、设计、施工承包人经发包人同意,可以将自己承包的部分工作交由第三人完成。第三人就其完成的工作成果与总承包人或者勘察、设计、施工承包人向发包人承担连带责任。承包人不得将其承包的全部建设工程转包给第三人或者将其承包的全部建设工程肢解以后以分包的名义分别转包给第三人。禁止承包人将工程分包给不具备相应资质条件的单位。禁止分包单位将其承包的工程再分包。建设工程主体结构的施工必须由承包人自行完成。

最高人民法院《关于审理建设工程施工合同纠纷案件适用法律问题的解释》

第一条　建设工程施工合同具有下列情形之一的,应当根据合同法第五十二条第(五)项的规定,认定无效:

(一)承包人未取得建筑施工企业资质或者超越资质等级的;

(二)没有资质的实际施工人借用有资质的建筑施工企业名义的;

(三)建设工程必须进行招标而未招标或者中标无效的。

第二条　建设工程施工合同无效,但建设工程经竣工验收合格,承包人请求参照合同约定支付工程价款的,应予支持。

第四条　承包人非法转包、违法分包建设工程或者没有资质的实际施工人借用有资质的建筑施工企业名义与他人签订建设工程施工合同的行为无效。人民法院可以根据民法通则第一百三十四条规定,收缴当事人已经取得的非法所得。

二、未取得建设审批手续的建设工程施工合同的效力

基本理论

建设项目行政审批一般可分为如下六个阶段:规划许可审批、土地批准审批、大循环审批(包括消防、卫生、人防、环保等部门的审批)、施工图审查、缴纳建设项目相关费用、施工许可审批(含中标通知书、工程质量监督、安全

监督、施工合同备案、监理合同备案等项目的审批)。[①] 通常情况下,发包人在工程开工建设前应履行相关审批手续,依法取得建设用地规划许可证、建设工程规划许可证和建设工程施工许可证等。未依法办理相关审批手续,会影响合同效力或者承担相关行政责任。

根据《建筑法》第7条、第8条的规定,建筑工程开工前,建设单位应当凭建筑工程用地批准、规划许可证等依法向工程所在地县级以上人民政府建设行政主管部门申请领取施工许可证。《建筑工程施工许可管理办法》第3条第1款规定:"本办法规定应当申请领取施工许可证的建筑工程未取得施工许可证的,一律不得开工。"申领建设工程施工许可证是一项行政性质的程序性规定,属于行政管理性规范,旨在规范当事人从事建筑活动的行为,并非是效力性规范。违反此项强制规定,应由有关行政部门依法进行禁止其开工的处理,但是施工许可证是否经过立项审批并不影响双方当事人所订施工合同的效力。

然而,对于没有取得建设用地规划许可证和建设工程规划许可证的建设工程施工合同,其可能存在因不符合用地规划和工程规划而损害社会公共利益的情况,除非法律规定可以补办相关建设审批手续,否则这类合同因违法《合同法》第52条的规定不宜认定有效。综上,未取得建设用地规划许可证、建设工程规划许可证签订的建设工程施工合同无效。但在审理期间取得建设用地使用权,办理了相应审批手续或者经行政主管部门批准建设且已经竣工验收合格的,应当认定为有效。

典型案例

未取得建设工程施工许可证情形下的建设工程施工合同的效力认定

——绍兴中海公司与绍兴天涯公司建设工程施工合同纠纷二审案[②]

1. 案情简介

上诉人(原审被告、反诉原告):绍兴中海公司

① 参见吴香国:《加快建设项目施工许可行政审批的研究与实践》,载《工程管理学报》2011年第2期。
② 参见浙江省绍兴市中级人民法院(2011)浙绍民终字第448号民事判决书。

被上诉人(原审原告、反诉被告):绍兴天涯公司

法院审理认定,绍兴天涯公司与绍兴中海公司经友好协商在2006年10月25日签订建设工程施工合同一份,合同约定绍兴天涯公司作为发包人将其位于绍兴县兰亭镇的综合楼、4某、5某厂房及宿舍楼的建筑工程发包给绍兴中海公司施工。合同中对工程范围、建设工期、工程质量、工程造价、价款支付、验收结算、双方权利义务等作了约定。开工日期2006年11月,竣工日期2007年9月,合同工期总日历天数330天。工程质量标准合格,合同价款暂定1350万元。2006年11月8日双方签订建筑工程施工补充合同一份,其中二、工程期限约定完工日期4某、5某车间最迟为2007年8月,其余2幢最迟为2007年9月。工程款支付:通过基础部分验收预付合同价款的25%(其中25%的58.5%由绍兴天涯公司出具欠条给绍兴中海公司,利息为年息6%,满二年归还)。通过中间结构验收预付合同价款的25%(其中25%的46.5%由绍兴天涯公司出具欠条给绍兴中海公司,利息为年息6%,满21个月归还)。通过竣工验收预付合同价款的25%(其中25%的70%由绍兴大涯公司出具欠条给绍兴中海公司,利息为年息6%,满二年归还)。其余25%待工程竣工验收合格之日起满两年付清。施工及设计变更:绍兴中海公司按绍兴天涯公司提供的图纸施工,如有变更以联系单为准,联系单必须事先告知绍兴天涯公司,并经三方(原、被告及监理)签字及绍兴天涯公司盖章有效。其他:(1)绍兴天涯公司必须如期支付工程款,如延期绍兴天涯公司在规定之日起每天赔偿绍兴中海公司5000元。(2)绍兴中海公司必须按照补充合同规定按时施工,如延期完工,按每延期一日罚款5000元。后因绍兴天涯公司要求变更宿舍楼的集体宿舍为套房及加设综合楼加空层,但绍兴中海公司认为需要提供合法图纸后才能施工,双方为此发生争执,绍兴中海公司停止了施工。此后双方一直就争议问题协商解决直至绍兴天涯公司起诉前,但双方未能达成一致意见,遂成诉讼。同时查明,绍兴天涯公司至今先后支付给绍兴中海公司工程款410万元。

2. 法院裁判及观点

原审法院认为,依法成立的合同自成立时生效。本案原被告签订的合同系双方当事人的真实意思表示,内容亦未违反国家法律、行政法规的禁止性规定,主体适格,符合合同成立和生效的全部要件,应认定有效。施工许可证

颁发系行政机关的具体行政行为，不属于民事审判审查范畴，故对于被告认为该工程施工许可证是未经立项审批的许可证，合同应当无效的意见不予采纳。在本次诉讼中，原告要求被告继续履行合同，而反诉原告要求解除合同，因此，此内容既是本案争议的焦点，也是法院审理本案的重点。反诉原告认为反诉被告要求变更施工内容及未按约定支付工程款已经构成根本性违约，故要求解除双方的建设工程施工合同。法院审查后认为，原、被告双方在签订建设工程施工合同后，根据实际需要，双方当事人均可请求变更协议内容，在双方取得一致意见并未违反法律禁止性规定的情况下，协议内容可以进行变更，双方未取得一致意见的情况下，除法律特别规定，协议内容不得基于一方请求单方变更，双方仍需按照原协议内容继续履行义务。在本案中，虽然原告要求变更合同内容，但双方当事人未能就此协议变更内容达成一致意见，故本案所涉建设工程施工合同内容未发生变更，双方当事人需按照原协议内容继续履行，现本诉原告要求被告继续按照原协议履行合同，符合法律规定，原审法院应予以支持。反诉原告认为反诉被告单方要求变更协议内容，已经构成根本违约，要求解除合同，不符合法律规定，原审法院不予支持。同时反诉原告认为反诉被告未按合同约定内容及时支付工程进度款，以此为由要求解除合同，法院审查后认为，根据双方签订的补充协议，反诉原告上述主张及理由缺乏事实及法律依据，原审法院难以支持。同时根据《合同法》第96条第1款当事人一方依照《合同法》第93条第2款、第94条的规定主张解除合同的，应当通知对方。合同自通知到达对方时解除。对方有异议的，可以请求人民法院或者仲裁机构确认解除合同的效力。现反诉原告也未能提供书面证据证明已经通知对方解除合同。综上，原告要求被告继续履行原合同及补充协议，符合法律规定，法院应予以支持，反诉原告要求解除建设工程施工合同及补充协议，不符合法律规定，法院难以支持。原告认为被告延期竣工，应按照约定承担违约责任，法院审查后认为，本合同在履行过程中双方就合同内容的变更发生争执，双方也为此一直协商处理，本案所涉工程不能按期竣工具有多方面的原因，不能简单地归责于被告，且工程尚未竣工。同样反诉原告要求反诉被告赔偿因停工给反诉原告造成的经济损失，法院审查后认为，虽然双方就本内容也进行了协商，但也未能达成一致意见，是致本纠纷发生的原因之一。因在本诉讼中，反诉原告未能提供充分证据，同时工程尚未竣工，双方仍需继续合作履行原合同及补充协议中约定的内容，且导致工程停工也存在多方面的原因，不仅仅是反诉被告原因造成，故就本诉原告的上述请求及反诉原告的该部分请求，法院在综合本案案情后认为双方可相互折抵，互不追究，均不予支持。对于反诉原告诉讼请求要求反诉被告支付工程进度款，因双方对工程进度款的支付在合同中有明确的约定，但反诉原告未能提交充分证据证明已经具备工程款支付条件及反诉被告已经拖欠进度款之事实，故本案中难以支持反诉原告要求反诉被告支付工程款的诉讼请求。综上，依照《合同法》第44条、第60条之规定，判决：(1)绍兴天涯公司与绍兴中海公司应于本判决生效之日起继续履行双方于2006年10月25日签订的《建设工程施工合同》及2006年11月8日签订的《建筑工程施工补充合同》；(2)驳回原告绍兴天涯公司的其他诉讼请求；(3)驳回反诉原告绍兴中海公司的反诉诉讼请求。本诉案件受理费41,120元，由原告负担，反诉案件受理费91,880元，由被告负担。

宣判后，绍兴中海公司不服原审判决，上诉至绍兴市中级人民法院，理由之一是绍兴县建筑业管理局已经向被上诉人发出了“关于对绍兴天涯公司工程项目实施停工待查的函”，本案所涉规划许可证和建设工程施工许可证违反了我国法律和行政法规的强制性规定，应确认无效。二审中，绍兴中海公司提交了绍兴县建筑业管理局于2011年2月23日出具的关于对绍兴天涯公司工程项目实施停工待查的函一份，要求证明本案所涉的工程项目在建设项目许可提供的相关资料上存在较大问题，经建管部门责令停工；提交绍兴县建筑业管理局于2011年4月20日出具的关于继续认可绍兴天涯公司施工许可申请的函一份，明确本案所涉及的建设项目被上诉人增补了相应的立项许可，且是在一审判决后增补的，可以证明在原来上诉人与被上诉人签订合同及招投标中心备案时均没有相应的立项批文。二审法院对双方当事人提交的证据认证认为，双方当事人主张的待证事实并不影响本案的实体处理，故不作为本案的有效证据予以收集，理由详见本院认为部分。综上，二审经审理认定的事实与原审法院认定的事实一致。

二审法院认为，关于本案所涉的建设工程施工合同及建筑工程施工补充合同的效力问题。上诉人主张被上诉人提供虚假资料，骗取了规划许可证和施工许可证，本案合同无效。根据《建筑法》第7条、第8条的规定，建筑工程开工前,建设单位应当凭建筑工程用地批准、取得规划许可证等手续依法向工程所在地县级以上人民政府建设行政主管部门申请领取施工许可证。可见,建设工程许可证的领取是行政主管部门对建设单位、建设工程的一种行政审查,申领规划许可证、施工许可证是一项行政性质的程序性规定,系属管理性规范,旨在规范当事人从事建筑活动的行为,并非是效力性规范,因此违反此项强制规定,应由有关行政部门依法进行处理,施工许可证是否经过立项审批并不影响双方当事人所订施工合同的效力。本案中,双方当事人签订的建设工程施工合同及建筑工程施工补充合同,系双方当事人的真实意思表示,且未违反法律、行政法规的效力性强制规定,应依法确认有效。上诉人认为建筑工程施工补充合同的签订时间为 2006 年 11 月 8 日,但未提供相应的证据证明其主张,不予采信。

关于合同是否解除的问题……

综上,上诉人绍兴中海公司之上诉请求缺乏事实和法律依据,不予支持。原审判决认定事实清楚,适用法律正确,应予维持。依照《民事诉讼法》第 152 条第 1 款、第 53 条第 1 款第 1 项之规定,判决如下:驳回上诉,维持原判。二审诉讼费用 133,000 元,由上诉人绍兴中海公司负担。

3. 案例评析

本案涉及未取得建设审批手续的建设工程施工合同的效力问题。建设工程许可证的颁发是行政主管部门对建设单位、建设工程的一种行政行为,申领规划许可证、施工许可证是一项行政性质的程序性规定,系属管理性规范,旨在规范当事人从事建筑活动的行为,并非是效力性规范,因此违反此项强制规定,应由有关行政部门依法进行处理,施工许可证是否经过立项审批并不影响双方当事人所订施工合同的效力。但是,对于没有取得建设用地规划许可证和建设工程规划许可证的建设工程施工合同,其可能存在因不符合用地规划和工程规划而损害社会公共利益的情况,除非法律规定可以补办相关建设审批手续,否则这类合同因违反《合同法》第 52 条的规定不宜认定有效。本案中,涉案工程在审理期间补办了相应的建设审批手续,且并没有因不符合规划而损害社会公共利益的情形,其建设工程施工合同有效。

有关法律规定

《中华人民共和国建筑法》

第七条　建筑工程开工前，建设单位应当按照国家有关规定向工程所在地县级以上人民政府建设行政主管部门申请领取施工许可证；但是，国务院建设行政主管部门确定的限额以下的小型工程除外。

按照国务院规定的权限和程序批准开工报告的建筑工程，不再领取施工许可证。

第八条　申请领取施工许可证，应当具备下列条件：

（一）已经办理该建筑工程用地批准手续；

（二）在城市规划区的建筑工程，已经取得规划许可证；

（三）需要拆迁的，其拆迁进度符合施工要求；

（四）已经确定建筑施工企业；

（五）有满足施工需要的施工图纸及技术资料；

（六）有保证工程质量和安全的具体措施；

（七）建设资金已经落实；

（八）法律、行政法规规定的其他条件。

建设行政主管部门应当自收到申请之日起十五日内，对符合条件的申请颁发施工许可证。

《建筑工程施工许可管理办法》

第三条　本办法规定必须申请领取施工许可证的建筑工程未取得施工许可证的，一律不得开工。

任何单位和个人不得将应该申请领取施工许可证的工程项目分解为若干限额以下的工程项目，规避申请领取施工许可证。

三、如何认定是否属于必须招投标的建设工程

基本理论

招投标程序并不是所有建设工程项目都必经的前置程序，判断是否属于必须招投标的建设工程要以法律规定为依据。《招标投标法》第 3 条规定："在中华人民共和国境内进行下列工程建设项目包括项目的勘察、设计、施

工、监理以及与工程建设有关的重要设备、材料等的采购,必须进行招标:(一)大型基础设施、公共事业等关系社会公共利益、公众安全的项目;(二)全部或者部分使用国有资金投资或者国家融资的项目;(三)使用国际组织或者外国政府贷款、援助资金的项目。前款所列项目的具体范围和规模标准,由国务院发展计划部门会同国务院有关部门制订,报国务院批准。法律或者国务院对必须进行招标的其他项目的范围有规定的,依照其规定。”该条规定了三种特殊类型的工程建设项目必须进行招标,但对项目的具体范围和规模标准并未确定,而其他必须进行招标的项目由法律或国务院规定。之后,为了规范房屋建筑和市政基础设施工程施工招标投标活动,原建设部颁布了《房屋建筑和市政基础设施工程施工招标投标管理办法》。《房屋建筑和市政基础设施工程施工招标投标管理办法》第 3 条对必须进行招标的房屋建筑和市政基础设施工程的规模标准进行了确定,具体如下:“房屋建筑和市政基础设施工程(以下简称工程)的施工单项合同估算价在 200 万元人民币以上,或者项目总投资在 3000 万元人民币以上的,必须进行招标。省、自治区、直辖市人民政府建设行政主管部门报经同级人民政府批准,可以根据实际情况,规定本地区必须进行工程施工招标的具体范围和规模标准,但不得缩小本办法确定的必须进行施工招标的范围。”《房屋建筑和市政基础设施工程施工招标投标管理办法》所称的房屋建筑工程,是指各类房屋建筑及其附属设施和与其配套线路、管道、设备安装工程及室内外装修工程。市政基础设施工程,是指城市道路、公共交通、供水、排水、燃气、热力、园林、环卫、污水处理、垃圾处理、防洪、地下公共设施及附属设施的土建、管道、设备安装工程。2001 年 11 月 8 日,为了确定必须进行招标的工程建设项目的具体范围和规模标准,规范招标投标活动,国家计委依据《招标投标法》第 3 条的规定,制定并颁布了《工程建设项目招标范围和规模标准规定》。至此,在审理案件时,认定是否属于必须进行招标的建设工程有了具体的依据和标准。《工程建设项目招标范围和规模标准规定》(已废止)共 12 条,详细确定了《招标投标法》第 3 条规定的必须进行招标的三种特殊类型工程项目的具体范围和规模标准。

综上,《建设工程施工合同解释》第 1 条第 3 项规定的“必须进行招标”的建设工程的认定应当依据《招标投标法》第 3 条、《招标投标法实施条例》和《工程建设项目招标范围和规模标准规定》的相关规定予以确定。法律、行政法规有新规定的,适用新规定。法律、行政法规规定不是必须进行招投标的建设工程,但当事人自愿进行招投标的,应当受《招标投标法》的约束。工程是否必须进行招标关乎建设工程合同效力的认定,影响当事人之间合同的履行和责任承担。司法实务中,审判人员在认定涉案工程是否属于必须进行招标的建设工程时,必须以上述法律规定为依据,根据涉案工程的性质(基础设施项目、公用事业项目)、资金来源(国有资金投资、国家融资、国际组织或外国政府资金)和工程规模等综合判断。

典型案例

必须招标的建设工程未经招标签订的建设工程施工合同无效

——任某某与现代公司、民政局等建设工程施工合同纠纷二审案[①]

1. 案情简介

上诉人(原审被告):现代公司

被上诉人(原审原告):任某某,现代公司职员

原审被告:民政局

原审被告:季某某

原审被告:德建集团

经一审审理查明,2008 年 10 月 16 日,被告民政局与被告现代公司就德州市社会老年福利中心项目(以下简称老年公寓项目)订立《德州市社会老年福利服务中心建安合作协议》(以下简称《建安合作协议》),协议约定,双方共同出资、共同管理,建筑物的所有权归民政局享有;民政局出资 25%,现代公司出资 75%,民政局按月利率 1.2%(年利率 14.4%)付给现代公司投资利息,现代公司的投资利息和民政局的投资分别按完成基础部分、完成主体部分、工程全部竣工三个阶段进行计算,并由民政局付给现代公司;该建安项目由现代公司负责选择具有二级以上建筑资质的建筑公司参与该工程的投标;民政局投资的 25% 分三次付给现代公司,每次按实物量的 25% 拨付,民

① 参见山东省高级人民法院(2016)鲁民终 665 号民事判决书。

政局与各施工方签订并报建设主管部门备案的建设工程施工合同不作为结算依据，现代公司与施工方的任何债权债务关系与民政局无关，民政局不负连带责任；现代公司负责与承建该工程的各施工方签订建设工程合同并报民政局备案，现代公司根据施工合同的约定和工程进度定期付款给施工方，付款时应征得民政局的同意，现代公司保证收到民政局支付的利息和投资款后及时向施工单位付款，如因现代公司拖延支付工程款导致施工方与民政局发生纠纷或者发生信访事件，民政局有权从应当支付给现代公司的投资款和利息中直接向施工方支付工程款。

2008 年 11 月 10 日，被告现代公司作为发包方与被告德建集团作为承包方订立《德州市民政局老年公寓 1#、4#楼建设工程施工合同》（以下简称《未备案合同》），约定，德建集团承建老年公寓项目 1#、4#楼土建、装饰及安装工程，项目经理：苏某某，安装：任某某，采用可调价格合同，按工程实际施工情况据实结算，执行 2003 年《山东省建筑安装工程消耗量定额》《补充定额》及现行与之配套的有关经济文件，按现行《费用项目组成及计算规则》二类工程取费，人工单价 36 元/工日，承包方按税前工程结算总价款让利 5%，材料价格按市场情况，据实签证。承包方完成主体部分，发包方分五次拨款，每次拨款按合同总造价的 8%，承包方完成的装饰部分，发包方分三次拨款，每次拨款按合同总造价的 10%，余款竣工之日起三年内还清，每年拨付工程结算总价款的 10%。质量保修期：地基基础工程和主体结构工程为设计文件规定的该工程合理使用年限，屋面防水工程、有防水要求的卫生间、房间和外墙面的防渗漏为 5 年；装修工程为 2 年；电器管线、给排水管道、设备安装工程为 2 年；供热系统为两个采暖期，质量保修期自工程竣工验收合格之日起计算。该合同未备案，未约定质量保修金的金额或比例。

2008 年 11 月 19 日，被告民政局作为发包方与被告德建集团作为承包方订立《德州市民政局老年公寓 1#、4#楼建设工程施工合同》（以下简称《备案合同》），约定，民政局将老年公寓项目 1#、4#楼工程发包给德建集团，土建项目经理为苏某某、孙某某，安装项目经理为任某某；采用可调价格合同，结算按 2003 年版《山东省建筑（安装）工程消耗量定额》及相关文件和中标费率，工程量按实结算，人工费单价按 36 元/定额工日结算，定额计价部分的施工措施费按 8% 计算，工程质量保修金为施工合同价款的 5%，土建工程质量保修期为设计合理使用年,屋面防水工程五年,电气管线、上下水管线安装工程为2年,供热及供冷为二个采暖期及供冷期,室外的上下水和小区道路等市政公用工程为1年。该合同进行了备案,为备案合同。

2009年1月13日,被告民政局、现代公司、德建集团订立《关于德州市社会老年人福利服务中心建设项目的协议》,该协议约定:(1)德建集团为现代公司选择的建设合作伙伴单位,承建老年公寓项目,工程款的支付问题由现代公司负责。《备案合同》不作为规范双方权利义务的依据,德建集团不根据该合同向民政局追索工程款。(2)民政局实际履行与现代公司于2008年10月16日签订的《建安合作协议》,并按照该协议享受权利,承担义务。(3)现代公司实际履行与德建集团于2008年12月1日(实为2008年11月10日)签订的《未备案合同》,并按该合同享受权利,承担义务。

上述合同订立后,原告任某某作为安装工程的实际施工人进行了施工,被告季某某作为土建工程的实际施工人进行了施工。

2009年4月18日,被告德建集团与原告任某某订立《老年公寓项目1#、4#楼安装工程分包合同》(以下简称《安装工程分包合同》),约定,德建集团将老年公寓1#、4#楼安装工程分包给任某某施工。上缴综合费为工程造价的6.5%(包括税金),按形象进度从建设单位每次拨款中直接扣除6.5%,工程竣工后的维修由任某某负责至保修期。该合同为先施工,后补签。

上述《建安合作协议》《未备案合同》《备案合同》订立后,被告民政局、德建集团未按照《备案合同》进行施工,实际履行的是《建安合作协议》《未备案合同》《安装工程分包合同》,被告现代公司在涉案工程中为发包方,被告德建集团为承包方,被告民政局按照《建安合作协议》对被告现代公司进行投资款结算并支付约定利息。

施工过程中,被告民政局曾经作为建设方签过工程变更签证单,与材料供应商签订价格签证表,也曾经作为建设方向施工单位现代公司、德建集团指定材料商。

2011年12月底,涉案工程交付使用。

2015年6月17日,经原、被告双方确认,涉案工程造价为4,065,778.8元。双方因工程款的支付问题发生纠纷……

2. 法院裁判及观点

一审法院认为,根据原告的起诉和被告的答辩,本案的争议焦点为:(1)本案所涉建设工程合同的效力问题及审理本案的合同依据问题;(2)原告任某某是否具有主体资格的问题……

关于焦点一,本案所涉建设工程合同的效力问题及审理本案的合同依据问题。

本案涉及三个建设工程合同,一为2008年11月10日被告现代公司为发包人、被告德建集团为承包人的《未备案合同》,二为2008年11月19日被告民政局为发包人、被告德建集团为承包人的《备案合同》,三为被告德建集团与原告任玉山订立的《安装工程分包合同》。《建设工程施工合同解释》第21条规定,当事人就同一建设工程另行订立的建设工程施工合同与经过备案的中标合同实质性内容不一致,应当以备案的中标合同作为结算工程价款的根据。此为"黑白合同"适用的法律规定,但因"黑白合同"的法律规定适用于同一当事人之间,本案的《备案合同》与《未备案合同》变更了发包人与承包人,合同主体发生变化,且各方实际执行了《建安合作协议》与《未备案合同》,可认定为《备案合同》未实际履行。故本案不适用法律中关于"黑白合同"的规定,本案的合同依据为《非备案合同》。但根据《招标投标法》第3条的规定,大型基础设施和公用事业等关系社会公共利益、公众安全的项目,必须进行招投标。涉案项目依法为必须进行招投标、备案的工程,《未备案合同》则依法无效。

关于焦点二,原告任某某是否具有主体资格的问题。

根据《建设工程施工合同解释》第26条第1款的规定,实际施工人以转包人、违法分包人为被告起诉的,人民法院应当受理。本案中,被告德建集团与原告任某某订立了《安装工程分包合同》,将老年公寓1#、4#楼安装工程违法分包给原告任某某,原告任某某作为实际施工人起诉发包人、违法分包人于法有据,是适格原告。因上所述,作为本案履行依据的《未备案合同》依法无效,而无论《未备案合同》是否允许被告德建集团分包,无论原告任某某是否具有分包安装工程的资质,被告德建集团与原告任某某之间订立的《安装工程分包合同》也无效。虽然合同无效,但因涉案工程已于2011年12月底实际交付使用,符合《建设工程施工合同解释》第2条规定的给付工程款的条件，原告任某某作为实际施工人仍可要求相关被告支付工程款……

综上，根据《合同法》第56条，《建设工程施工合同解释》第1条、第2条、第17条、第18条、第26条，《民事诉讼法》第144条，判决如下：(1)被告现代公司于本判决生效之日起10日内向原告任某某支付工程款本金1,972,561.26元及利息（利息自2011年12月31日起按照中国人民银行同期同类贷款利率付至款项付清之日止）；(2)被告民政局对上述第一项工程款本金中的1,870,061.26元及相应利息承担共同清偿责任；(3)驳回原告任某某的其他诉讼请求。

上诉人现代公司不服原审判决，上诉至山东省高级人民法院，请求撤销原判决，依法改判驳回被上诉人对上诉人的诉讼请求。二审法院经审理后判决：驳回上诉，维持原判。

3. 案例评析

本案例涉及必须进行招标的建设工程项目未经招标签订的建设工程合同的效力认定问题。根据《招标投标法》第3条的规定，大型基础设施和公用事业等关系社会公共利益、公众安全的项目，必须进行招投标。《建设工程施工合同解释》第1条第3项规定建设工程必须进行招标而未招标或者中标无效的建设工程施工合同无效。本案例涉及的工程是德州市社会老年福利服务中心的建设，该工程属于关系社会公共利益、公众安全的公用事业项目，必须进行招标确定项目承包方，其未招标直接签订的建设工程合同因违反法律的强制性规定而无效。鉴于建设工程的特殊性，虽然合同无效，但施工人的劳动和建筑材料已经物化在建筑工程中，依据《建设工程施工合同解释》第2条的规定，建设工程合同无效，但建设工程经竣工验收合格，承包人请求参照有效合同处理的，应当参照合同约定来计算涉案工程价款，承包人不应获得比合同有效时更多的利益。

有关法律规定

《中华人民共和国招标投标法》

第三条　在中华人民共和国境内进行下列工程建设项目包括项目的勘察、设计、

施工、监理以及与工程建设有关的重要设备、材料等的采购,必须进行招标:

(一)大型基础设施、公共事业等关系社会公共利益、公众安全的项目;

(二)全部或者部分使用国有资金投资或者国家融资的项目;

(三)使用国际组织或者外国政府贷款、援助资金的项目。

前款所列项目的具体范围和规模标准,由国务院发展计划部门会同国务院有关部门制订,报国务院批准。

法律或者国务院对必须进行招标的其他项目的范围有规定的,依照其规定。

《工程建设项目招标范围和规模标准规定》

第二条　关系社会公共利益、公众安全的基础设施项目的范围包括:

(一)煤炭、石油、天然气、电力、新能源等能源项目;

(二)铁路、公路、管道、水运、航空以及其他交通运输业等交通运输项目;

(三)邮政、电信枢纽、通信、信息网络等邮电通讯项目;

(四)防洪、灌溉、排涝、引(供)水、滩涂治理、水土保持、水利枢纽等水利项目;

(五)道路、桥梁、地铁和轻轨交通、污水排放及处理、垃圾处理、地下管道、公共停车场等城市设施项目;

(六)生态环境保护项目;

(七)其他基础设施项目。

第三条　关系社会公共利益、公众安全的公用事业项目的范围包括:

(一)供水、供电、供气、供热等市政工程项目;

(二)科技、教育、文化等项目;

(三)体育、旅游等项目;

(四)卫生、社会福利等项目;

(五)商品住宅,包括经济适用住房;

(六)其他公用事业项目。

第四条　使用国有资金投资项目的范围包括:

(一)使用各级财政预算资金的项目;

(二)使用纳入财政管理的各种政府性专项建设基金的项目;

(三)使用国有企业事业单位自有资金,并且国有资产投资者实际拥有控制权的项目。

第五条　国家融资项目的范围包括:

(一)使用国家发行债券所筹资金的项目;

（二）使用国家对外借款或者担保所筹资金的项目；

（三）使用国家政策性贷款的项目；

（四）国家授权投资主体融资的项目；

（五）国家特许的融资项目。

第六条　使用国际组织或者外国政府资金的项目的范围包括：

（一）使用世界银行、亚洲开发银行等国际组织贷款资金的项目；

（二）使用外国政府及其机构贷款资金的项目；

（三）使用国际组织或者外国政府援助资金的项目。

第七条　本规定第二条至第六条规定范围内的各类工程建设项目，包括项目的勘察、设计、施工、监理以及与工程有关的重要设备、材料等的采购，达到下列标准之一的，必须进行招标：

（一）施工单项合同估算价在200万元人民币以上的；

（二）重要设备、材料等货物的采购，单项合同估算价在100万元人民币以上的；

（三）勘察、设计、监理等服务的采购，单项合同估算价在50万元人民币以上的；

（四）单项合同估算价低于第（一）、（二）、（三）项规定的标准，但项目总投资额在3000万元人民币以上的。

第八条　建设项目的勘察、设计，采用特定专利或者专有技术的，或者其建筑艺术造型有特殊要求的，经项目主管部门批准，可以不进行招标。

第九条　依法必须进行招标的项目，全部使用国有资金投资或者国有资金投资占控股或者主导地位的，应当公开招标。

招投标活动不受地区、部门的限制，不得对潜在投标人实行歧视待遇。

第十条　省、自治区、直辖市人民政府根据实际情况，可以规定本地区必须进行招标的具体范围的规模标准，但不得缩小本规定确定的必须进行招标的范围。

四、如何认定"黑白合同"实质性内容不一致

基本理论

"黑白合同"，又称"阴阳合同"，是指在招投标中标前后分别签订两份合同，将形式符合招标投标规定的一份合同报建设主管部门备案，而私下签订

的一份合同才是双方当事人真实履行的合同。① 当事人之间签订的经过备案的合同称为“白合同”，私下真实履行的合同称为“黑合同”。在建筑施工市场，按照法律规定实行强制招标的项目领域，发包人与承包人之间签订“黑白合同”的情况时常发生。《招标投标法》第 46 条第 1 款规定：“招标人和中标人应当自中标通知书发出之日起三十日内，按照招标文件和中标人的投标文件订立书面合同。招标人和中标人不得再行订立背离合同实质性内容的其他协议。”《建设工程施工合同解释》第 21 条规定：“当事人就同一建设工程另行订立的建设工程施工合同与经过备案的中标合同实质性内容不一致的，应当以备案的中标合同作为结算工程价款的根据。”在当事人因履行合同发生纠纷诉至法院时，法院应当结合上述规定和当事人的真实意思表示，确定一份合同作为当事人之间结算工程价款的依据。因此，如何认定“实质性内容不一致”直接影响合同的效力和工程价款结算，而判定备案合同与另行签订的合同是否属于“实质性内容不一致”应当分为以下两个层次：

第一层次是建设工程施工合同中哪些内容属于实质性内容。我国法律并没有明确规定合同实质性内容有哪些。按照学界通说理解，所谓合同实质性内容，是指影响或决定当事人基本权利义务的条款。《合同法》第 30 条规定“有关合同标的、数量、质量、价款或者报酬、履行期限、履行地点和方式、违约责任和解决争议方法等的变更，是对要约内容实质性变更”，但通常认为不同种类的合同其实质性内容也是不同的。因此，认定建设工程施工合同的实质性内容要结合建设工程施工合同的实质特点。根据《合同法》第 275 条，施工合同的内容包括工程范围、建设工期、中间交工工程的开工和竣工时间、工程质量、工程造价、技术资料交付时间、材料和设备供应责任、拨款和结算、竣工验收、质量保修范围和质量保证期、双方相互协作等条款。建设工程中决定当事人基本权利义务、影响工程结算的主要涉及三个方面：工程质量、工程价款、工程期限。此外，《最高人民法院第八次全国法院民事商事审判工作会议纪要》第 49 条规定：“招标人和中标人另行签订改变工期、工程价款、工程项目性质等影响中标结果实质性内容的协议，导致合同双方当事人就实质性内容享有的权利义务发生较大变化的，应认定为变更中标合同实质性内容。”

---

① 参见王晔：《论建设工程黑白合同的效力认定及立法完善》，载《中国律师》2006 年第 5 期。

因此,当事人经过协商在上述三方面以外对合同内容进行修改、变更的行为,不会涉及合同利益的重大调整,不构成实质性内容不一致。

第二层次是准确区分“实质性内容不一致”与合同正常变更的界限。《招标投标法》第46条旨在规范招投标活动,保护招投标当事人的合法权益,禁止招投标当事人串通投标、破坏竞争秩序,而并非限制当事人在合同履行过程中,根据实际情况协商一致补充、调整原合同条款的权利。即便是强制招标项目下的中标合同,其正常的合同变更也受法律保护。所以,并非所有就工程价款、工程质量和工程期限等内容进行的变更都属于与中标合同“实质性内容不一致”,而是要根据合同的实际情况予以判定。只有上述内容的变更足以影响当事人的基本合同权利义务,才可认定构成“实质性内容不一致”;如果不一致的程度仅为轻微或者较为轻微,不会导致双方当事人利益严重失衡,则属于受到法律保护的正常的合同变更。

综上,招投标双方在同一工程合同范围和条件下,另行订立的建设工程施工合同变更经过备案的中标合同约定的工程价款、计价方式、工程期限、工程质量标准等内容的,应当认定为《建设工程施工合同解释》第21条规定的与经过备案的中标合同实质性内容不一致。当事人主张按照该变更后的合同结算工程价款的,不予支持。中标合同备案后,承包人作出的明显高于市场价格购买承建房产、无偿建设住房配套设施、向建设方捐款、让利等承诺,应当认定为变更经过备案的中标合同的实质性内容。发包人主张按照该承诺内容结算工程价款的,不予支持。建设工程施工合同履行过程中,因设计变更、建设工程规划调整等非双方当事人原因,且无须重新进行招投标并备案的,当事人通过签订补充协议、会谈纪要等形式对工程价款、计价方式、工程期限、工程质量标准等合同内容进行合理变更或补充的,不应认定为与经过备案的中标合同“实质性内容不一致”,当事人主张以该变更或补充内容结算工程价款的,应予支持。

“黑白合同”非实质性内容不一致的以反映双方真实意思的合同作为结算工程价款的依据

——河东房建与飞林公司建设工程施工合同纠纷案①

1. 案情简介

原告：河东房建

被告：飞林公司

法院经审理查明，2004 年 2 月 9 日，飞林公司与河东房建签订《芳水河畔小区工程施工协议书》，约定工程名称为芳水河畔小区，建筑面积约 8 万平方米（以最后施工图为准），工程结构为砖混结构，整体四层半局部六层，承包方式包工包料，工期 18 个月，工程造价每平方米 730 元以上。此后，经招投标，双方于 2004 年 3 月 31 日签订《天津市建设工程施工合同》，约定，发包方为飞林公司，承包方为河东房建，工程地点为天津市河东区南大桥，工程内容为芳水河畔住宅小区一、二标段 1—24 号楼砖混 4、5 层，总面积 67,047.82 平方米，工程承包范围包括打桩、土建、给排水、消防采暖、电气照明、弱电及各种预埋管线，开工日期为 2004 年 3 月 25 日、竣工日期为 2005 年 8 月 31 日，合同价款为 57,285,494 元、文明施工措施费 291,000 元，共计 57,576,494 元。

合同签订后，河东房建进行了施工，该工程于 2005 年 8 月 30 日如期竣工交付给飞林公司。2005 年 10 月 8 日，河东房建自行编写了《天津市建筑设备安装工程结算书》，载明该工程建筑面积 89,018.21 平方米，工程造价 74,123,655 元。2005 年 12 月 2 日，飞林公司工作人员邵某某出具收条一张，写明：收到芳水河畔工程建安结算件一份。2005 年 12 月 21 日，河东房建的代理人苏某某与飞林公司的工程部长陈某某签订《芳水河畔决算书》，主要内容为：(1)决算依据：双方建房合同、执行协议、施工政策、双方现场施工记录、签证、河东房建出示的芳水河畔工程决算意见。(2)决算方式：双方有关

① 参见天津市第二中级人民法院(2015)二中民四初字 29 号民事判决书。

参建、管理人员进行多次研究、讨论、确认、记录、报双方领导酌定、达到双方同意。(3)决算结果:工程面积88,585.60平方米,按合同每平方米730元计算,造价64,667,400元;施工中图纸变更、增项(减项扣除)为2,241,400元;售楼处、飞林公司办公用房约368平方米,造价343,800元;新增配套建筑传达室78平方米、物业管理用房128平方米,造价288,000元;决算总工程费用为67,540,600元。(4)决算说明:①决算书中不表明河东房建提出结算件项,例如中水就不写进否定意见。②双方核定的工程量和采用计算依据也不写进决算书中,例如卫生间增砼量,双方计量的差量。③决算书中也不写清属综合补偿和平衡算法的项目,例如采暖等。

双方因涉案工程产生争议,河东房建曾作为申请人,飞林公司作为被申请人,在天津市仲裁委员会申请仲裁。天津市仲裁委员会于2009年4月10日作出(2009)津仲裁字第293号裁决书,裁决飞林公司给付河东房建欠付的工程款3,916,378元。飞林公司不服该裁决,以仲裁程序违法为由,向本院提起诉讼,请求撤销该仲裁裁决。本院于2009年6月12日作出(2009)二中民二初字第68号民事裁定书,裁定撤销该仲裁裁决。河东房建向天津市第一中级人民法院提起诉讼,天津市第一中级人民法院经审理于2010年6月18日作出(2009)一中民四初字第16号民事判决书,判决驳回河东房建的诉讼请求。河东房建不服,上诉至天津市高级人民法院。天津市高级人民法院经审理于2010年11月19日作出(2010)津高民一终字第67号民事裁定书,裁定撤销原判,发回重审。天津市第一中级人民法院在重审期间,就涉案工程造价委托津建咨询公司进行鉴定,该鉴定机构出具了鉴定意见书。天津市第一中级人民法院于2013年3月29日作出(2010)一中民四重字第2号民事裁定,准许河东房建撤回起诉。

2. 法院裁判及观点

二审法院认为,双方经招投标于2004年3月31日自愿签订《天津市建设工程施工合同》,并经备案,其内容不违反相关法律、法规的强制性规定,应为合法有效。双方于2004年2月9日签订的《芳水河畔小区工程施工协议书》对涉案工程价款的计价标准虽然与双方经招投标签订的备案合同的约定不一致,但系因双方对工程施工范围约定不尽相同所致,施工协议书与备案的中标合同实质性内容并非不一致,故施工协议书可以作为双方工程款的结算依据。

关于涉案工程造价的确定问题……

综上,依据《合同法》第60条、第62条第6项,《建设工程施工合同解释》第17条、第21条,《民事诉讼法》第64条之规定,判决:(1)被告天津飞林公司于判决生效之日起15日内向原告河东房建支付工程款2,801,450.51元及相应利息(按照年利率5.9%计算,以1,450,638.51元为基数计算2005年8月31日至2007年9月7日的欠款利息;以2,531,288.11元为基数计算2007年9月8日至2010年9月7日的欠款利息;以2,801,450.51元为基数计算2010年9月7日至本判决确定的给付之日止的欠款利息);(2)驳回原告天津市河东区房屋建筑工程公司的其他诉讼请求。

3. 案例评析

《招标投标法》第46条第1款规定:"招标人和中标人应当自中标通知书发出之日起三十日内,按照招标文件和中标人的投标文件订立书面合同。招标人和中标人不得再行订立背离合同实质性内容的其他协议。"《建设工程施工合同解释》第21条规定:"当事人就同一建设工程另行订立的建设工程施工合同与经过备案的中标合同实质性内容不一致的,应当以备案的中标合同作为结算工程价款的根据。"如何认定"实质性内容不一致"直接影响合同的效力和工程价款结算。招标人和中标人另行签订改变工期、工程价款、工程项目性质等影响中标结果实质性内容的协议,导致合同双方当事人就实质性内容享有的权利义务发生较大变化的,应认定为变更中标合同实质性内容。本案中当事人双方先后签订了《天津市建设工程施工合同》《芳水河畔小区工程施工协议书》,前者经备案,后者未经备案。但是,《芳水河畔小区工程施工协议书》对涉案工程价款的计价标准虽然与双方经招投标签订的备案合同的约定不一致,但系因双方对工程施工范围约定不尽相同所致,且并没有造成双方重大利益失衡,属于合同正常变更的范畴,施工协议书与备案的中标合同实质性内容并非不一致。实践中,要准确区分"实质性内容不一致"与合同正常变更的界限。

有关法律规定

《中华人民共和国招标投标法》

第四十六条　招标人和中标人应当自中标通知书发出之日起三十日内,按照招标文件和中标人的投标文件订立书面合同。招标人和中标人不得再行订立背离合同实质性内容的其他协议。

招标文件要求中标人提交履约保证金的,中标人应当提交。

最高人民法院《关于审理建设工程施工合同纠纷案件适用法律问题的解释》

第二十一条　当事人就同一建设工程另行订立的建设工程施工合同与经过备案的中标合同实质性内容不一致的,应当以备案的中标合同作为结算工程价款的根据。

五、如何认定当事人约定的保修期限的效力

基本理论

《建筑法》第62条规定:"建筑工程实行质量保修制度。建筑工程的保修范围应当包括地基基础工程、主体结构工程、屋面防水工程和其他土建工程,以及电气管线、上下水管线的安装工程,供热、供冷系统工程等项目;保修的期限应当按照保证建筑物合理寿命年限内正常使用,维护使用者合法权益的原则确定。具体的保修范围和最低保修期限由国务院规定。"该条款明确了在一定期限内施工企业对建筑物各个部分的质量担保义务。通常当事人双方会在建设工程施工合同中约定一定的保修期,在保修期内,施工人承担对工程质量问题进行修复的义务。《建设工程质量管理条例》第40条和《房屋建筑工程质量保修办法》第7条规定了建设工程的最低保修期限。在正常使用条件下,房屋建筑工程的最低保修期限为:(1)地基基础工程和主体结构工程,为设计文件规定的该工程的合理使用年限;(2)屋面防水工程、有防水要求的卫生间、房间和外墙面的防渗漏,为5年;(3)供热与供冷系统,为2个采暖期、供冷期;(4)电气管线、给排水管道、设备安装为2年;(5)装修工程为2年。其他项目的保修期限由建设单位和施工单位约定。建设工程的保修期,自竣工验收合格之日起计算。上述规定均属于效力强制性规定,当事人在建设工程施工合同中必须遵守。当事人建设工程施工合同中约定的正常使用条件下工程的保修期限低于国家和省相关行政主管部门规定的最低期限的,该约定应认定无效。

当事人建设工程施工合同中约定的正常使用条件下工程的保修期限低于国家和省相关行政主管部门规定的最低期限的无效

——宏建公司与某某汽配厂建设工程施工合同纠纷二审案①

1. 案情简介

上诉人(原审被告):宏建公司

被上诉人(原审原告):某某汽配厂

一审法院认定,2005 年 12 月 29 日,某某汽配厂与宏建公司(原为平湖市宏建某某公司)签订建筑钢结构工程施工合同一份,约定由宏建公司为某某汽配厂施工新厂区二号车间钢结构厂房一座,工程建筑面积 4591.36 平方米,工程总造价 1,750,000 元。其中钢结构屋面彩板 4389.82 平方米,单价每平方米 42 元,合计 184,372.44 元。该工程于 2006 年 12 月交付某某汽配厂使用。2009 年 9 月 23 日,某某汽配厂委托浙江嘉诚某某律师事务所发律师函给宏建公司,称宏建公司承建的钢结构厂房自 2008 年下半年出现严重锈化和渗漏,某某汽配厂与宏建公司联系后,宏建公司派人进行了实地察看,但无果。现某某汽配厂的生产及财产损失已相当严重,故要求宏建公司接函后尽快妥善处理,或更换,或赔偿。宏建公司接函后与某某汽配厂进行了沟通,表示虽已过了保修期,但愿意进行维修。而某某汽配厂则要求更换或赔偿。故双方未达成一致意见。浙江省质量技术监督检测研究院分别于 2010 年 12 月 15 日、2011 年 8 月 4 日作出鉴定报告及补充说明,结论为二车间屋面彩钢板锌层重量、涂层厚度、弯曲试验、反向冲击试验及热镀锌基板的镀锌表面质量不符合标准要求。某某汽配厂因鉴定而支出鉴定费 32,000 元,要求宏建公司支付。

2. 法院裁判及观点

一审法院认为,某某汽配厂与宏建公司之间签订的建筑钢结构工程施工

① 参见浙江省嘉兴市中级人民法院(2012)浙嘉民终字第 19 号民事判决书。

合同,合法有效。双方当事人应当按照约定全面履行自己的义务。因宏建公司为某某汽配厂承建厂房所使用的彩钢板不符合国家规定的标准要求,而导致彩钢板腐蚀,是引起本案的成因。其责任完全在于宏建公司。故某某汽配厂的诉讼请求,予以支持。据此,一审法院依照《合同法》第 60 条、第 111 条,《民事诉讼法》第 128 条之规定,判决:(1)宏建公司于该判决生效之日起 10 日内更换某某汽配厂二车间屋面彩钢板 4389.82 平方米或退还相应款项 184,372.44 元;(2)宏建公司于该判决生效之日起 10 日内支付某某汽配厂鉴定费 32,000 元。如果宏建公司未按该判决指定的期间履行给付金钱义务,应当依照《民事诉讼法》第 229 条之规定,加倍支付迟延履行期间的债务利息。案件受理费 3987 元、财产保全费 1470 元,合计 5457 元,由宏建公司负担。

宣判后,宏建公司不服原审判决提起上诉,请求二审依法改判驳回某某汽配厂在一审中的诉讼请求。二审法院经审理认定的事实与原审认定的事实一致。

二审法院认为,本案争议焦点为宏建公司应否为振达汽配厂更换全部屋面彩钢板或者退还相应款项的问题。

涉案工程由宏建公司包工包料,某某汽配厂可以要求宏建公司按照双方的约定选用材料并对材料进行检查,比如,要求宏建公司提供材料质量合格证等文件。然而,并无证据表明在工程建造过程中某某汽配厂对宏建公司选用的材料提出异议。另一方面,《合同法》第 279 条第 1 款规定:"建设工程竣工后,发包人应当根据施工图纸及说明书、国家颁发的施工验收规范和质量检验标准及时进行验收。验收合格的,发包人应当按照约定支付价款,并接收该建设工程。"《建筑法》第 61 条第 2 款也规定:"建筑工程竣工验收合格后,方可交付使用,未经验收或者验收不合格的,不得交付使用。"竣工验收是建筑工程全部建成后为检查工程质量而进行的一项工作程序,是检查工程是否合乎工程质量的重要环节。有关法律法规对工程竣工验收程序等有严格的规定,某某汽配厂应当按照有关规定的要求组织或者参与涉案工程的验收工作,如果验收不合格,某某汽配厂有权利拒绝接收涉案工程;如果工程已通过验收,则视为某某汽配厂对工程质量的认可。

本案中,虽然当事人双方没有提供相关验收文件,但结合双方当事人的陈述,涉案工程已在 2006 年通过验收并于当年交付某某汽配厂使用,这意味着某某汽配厂对宏建公司选用的钢板材质及涉案工程质量是认可的。尽管鉴定机构认为涉案屋面彩钢板不符合国家质量要求,但其依据的国家标准是推荐性标准,并非强制性标准,况且涉案工程已经通过验收。某某汽配厂在工程建造中既未对宏建公司选用的材料提出异议,工程竣工后又对工程进行了验收,现又以质量问题为由要求宏建公司更换或者退还相应款项并不符合相关规定,对其诉讼请求不予支持。

根据《建筑法》第 62 条的规定,建筑工程实行质量保修制度。建筑工程的保修范围包括屋面防水工程。根据《建设工程质量管理条例》第 40 条的规定,屋面防水工程的最低保修期为 5 年。由于《建设工程质量管理条例》第 2 条规定,凡在中华人民共和国境内从事建设工程的新建、扩建、改建等有关活动及实施对建设工程质量监督管理的,必须遵守《建设工程质量管理条例》。因此,《建设工程质量管理条例》对建设工程最低质量保修期限的规定属强制性规定。宏建公司和某某汽配厂在二审中均认为涉案屋面钢板具有防水要求,双方应当遵守防水工程最低保修期为 5 年的规定。同时,宏建公司在二审中亦表示同意维修,因此,某某汽配厂可以向宏建公司提出维修的主张。

涉案工程屋面彩钢板面积多达 4000 余平方米,截至一审辩论终结时,某某汽配厂也已使用近 5 年之久。在不能完全排除通过修理即可解决问题的可能性的前提下,一审判令宏建公司更换全部屋面彩钢板或者退还相应款项 184,372.44 元不妥,属适用法律错误,予以纠正。某某汽配厂在一审中并没有提出维修的诉讼请求,可另案主张。

综上,对于宏建公司的上诉请求予以支持。依照《民事诉讼法》第 153 条第 1 款第 2 项,《建筑法》第 61 条第 2 款、第 62 条、《合同法》第 111 条之规定,判决:(1)撤销海盐县人民法院(2010)嘉盐民初字第 192 号民事判决;(2)驳回某某汽配厂的诉讼请求。

3. 案例评析

该案例涉及建设工程质量保修制度。《建设工程质量管理条例》第 40 条和《房屋建筑工程质量保修办法》第 7 条都规定了在正常使用条件下,建设工程的最低保修期限。《建设工程质量管理条例》对建设工程最低质量保修期限的规定属强制性规定,当事人双方约定的保修范围、保修期限必须符合国家有关规定。宏建公司和某某汽配厂在二审中均认为涉案屋面钢板具有防水要求,双方应当遵守防水工程最低保修期为 5 年的规定。涉案工程已在 2006 年通过验收并于当年交付某某汽配厂使用,这意味着某某汽配厂对宏建公司选用的钢板材质及涉案工程质量是认可的。尽管鉴定机构认为涉案屋面彩钢板不符合国家质量要求,但其依据的国家标准是推荐性标准,并非强制性标准,况且涉案工程已经通过验收。某某汽配厂在工程建造中既未对宏建公司选用的材料提出异议,工程竣工后又对工程进行了验收,现又以质量问题为由要求宏建公司更换或者退还相应款项并不符合相关规定。鉴于诉讼时该案防水工程还在最低保修期 5 年内,某某汽配厂可以通过主张维修请求解决争议。

有关法律规定

《中华人民共和国建筑法》

第六十二条　建筑工程实行质量保修制度。

建筑工程的保修范围应当包括地基基础工程、主体结构工程、屋面防水工程和其他土建工程,以及电气管线、上下水管线的安装工程,供热、供冷系统工程等项目;保修的期限应当按照保证建筑物合理寿命年限内正常使用,维护使用者合法权益的原则确定。具体的保修范围和最低保修期限由国务院规定。

《建设工程质量管理条例》

第三十九条　建设工程实行质量保修制度。

建设工程承包单位在向建设单位提交工程竣工验收报告时,应当向建设单位出具质量保修书。质量保修书中应当明确建设工程的保修范围、保修期限和保修责任等。

第四十条　在正常使用条件下,建设工程的最低保修期限为:

(一)基础设施工程、房屋建筑的地基基础工程和主体结构工程,为设计文件规定的该工程的合理使用年限;

(二)屋面防水工程、有防水要求的卫生间、房间和外墙面的防渗漏,为 5 年;

(三)供热与供冷系统,为 2 个采暖期、供冷期;

(四)电气管线、给排水管道、设备安装和装修工程,为 2 年。

其他项目的保修期限由发包方与承包方约定。

建设工程的保修期,自竣工验收合格之日起计算。

《房屋建筑工程质量保修办法》

第六条　建设单位和施工单位应当在工程质量保修书中约定保修范围、保修期限和保修责任等，双方约定的保修范围、保修期限必须符合国家有关规定。

第七条　在正常使用条件下，房屋建筑工程的最低保修期限为：

（一）地基基础工程和主体结构工程，为设计文件规定的该工程的合理使用年限；

（二）屋面防水工程、有防水要求的卫生间、房间和外墙面的防渗漏，为5年；

（三）供热与供冷系统，为2个采暖期、供冷期；

（四）电气管线、给排水管道、设备安装为2年；

（五）装修工程为2年。

其他项目的保修期限由建设单位和施工单位约定。

六、如何认定小型建筑工程及农民低层住宅施工合同、家庭住宅室内装饰装修合同的效力

基本理论

《建筑法》第83条第3款规定："抢险救灾及其他临时性房屋建筑和农民自建低层住宅的建筑活动，不适用本法。"《建设部关于加强村镇建设工程质量安全管理的若干意见》第3条第2项规定："对于建制镇、集镇规划区内建设工程投资额30万元以下且建筑面积300平方米以下的市政基础设施、生产性建筑，居民自建两层（含两层）以下住宅和村庄建设规划范围内的农民自建两层（不含两层）以上住宅的建设活动（以下简称限额以下工程）由各省、自治区、直辖市结合本地区的实际，依据本意见'五'明确的对限额以下工程的指导原则制定相应的管理办法。"第5条第3项规定："建设方应选择具有设计、施工承包资质的设计、施工企业进行设计、施工，也可依照有资格的建筑师、结构工程师以个人名义设计的图纸和选择有资格的建造师、监理工程师组织的施工队伍或具有劳务资质的施工队伍，并由设计、施工单位或建筑师、建造师、监理工程师分别对设计、施工质量和安全负责。由建设方自行组织施工的，由建设方对工程质量和施工安全负责。建设方应优先考虑选择具有工程技术职称的技术人员和经县级建设行政主管部门培训合格的建筑施

工人员。”此处规定的表述是“优先考虑”具有工程技术职称的技术人员和经县级建设行政主管部门培训合格的建筑施工人员，并没有强制性要求施工人必须具备相应的建设施工资质。因此，施工人签订合同承建小型建筑工程或两层以下（含两层）农民住宅，或者进行家庭住宅室内装饰装修，当事人仅以施工人缺乏相应资质为由，主张合同无效的，一般不予支持。对于当事人确实违反企业资质管理规定承揽工程的，可以建议有关行政主管部门予以处理。前述合同对质量标准有约定的，依照其约定，没有约定的，依照通常标准或符合合同目的的特定标准予以确定。

典型案例

当事人仅以施工人缺乏相应资质为由主张两层以下农民住宅建房施工合同无效的，一般不予支持

——姚某民与姚某乐农村建房施工合同纠纷二审案①

1. 案情简介

上诉人（原审被告）：姚某民

被上诉人（原审原告）：姚某乐

原审法院审理查明，2010 年 7 月 14 日，姚某民与姚某乐签订《建房协议书》，约定姚某民将其位于海南省白沙黎族自治县国营龙江农场（以下简称国营龙江农场）三十五队的一层房屋交由姚某乐包工包料承建，每平方米造价 680 元，建筑面积及计算总造价以竣工后测量的面积为准。在履行合同过程中，双方当事人协商一致在一层房屋基础上加建第二层。房屋于 2011 年 7 月竣工，经国营龙江农场职工建房验收小组验收合格后，由国营龙江农场支付给姚某民农村危房改造补贴 15,000 元。2011 年 7 月姚某民装修房屋，于 2011 年 10 月入住。2011 年 10 月 31 日，双方当事人对房屋面积进行测量，双方确认房屋面积及造价款后，姚某民支付给姚某乐 80,000 元，并向姚某乐出具一张《欠条》，证明其尚欠姚某乐工程余款 43,300 元。2012 年及 2013 年，

① 参见海南省第二中级人民法院（2015）海南二中民一终字第 82 号民事判决书。

姚某民分别向姚某乐支付工程款1000元及1500元。但事后,姚某民因不认可测量的面积而拒绝支付工程余款40,800元。2014年7月15日,在双方当事人均在场的情况下,国营龙江农场基建科工作人员再次对姚某民房屋面积进行测量,测得面积191.84平方米,双方当事人均签字确认测量面积。姚某乐认为按每平方米680元造价计算,扣除姚某民已经支付的82,500元工程款后,姚某民还应支付其工程余款48,851.20元,但被姚某民拒绝。姚某乐遂提起诉讼,请求,(1)判令姚某民支付姚某乐工程余款48,851.20元;(2)请求判令姚某民支付姚某乐工程款利息,其中,以40,800元为本金计付利息,自2013年4月1日起,算至付清之日止;以8051.20元为本金计付利息,自2014年7月15日起,算至付清之日止;(3)案件受理费由姚某民负担。

2.法院裁判及观点

原审法院认为,本案争议的焦点是双方当事人签订的《建房协议书》是否合法有效。《建房协议书》是公民个人之间签订的,以建筑工匠身份承建本案农村危房改造房屋。根据《建筑法》第83条、《建设部关于加强村镇建设工程质量安全管理的若干意见》第3条第3项的规定,农民自建低层住宅(二层及二层以下房屋及设施)的建筑活动不适用《建筑法》。姚某民无证据证明双方签订的合同违反《合同法》第52条规定的具有可导致合同无效的情形,因此,姚某民以姚某乐没有建筑资质为由,请求认定双方签订的《建房协议书》无效,于法无据,不予支持。本案双方当事人签订的《建房协议书》是合法有效的。姚某乐依据双方签订的合同及双方口头的约定建造本案房屋,房屋竣工后经国营龙江农场基建科验收合格后交付姚某民使用,姚某民应按照合同约定履行支付全部工程款的义务,拒不支付工程款,属违约行为,应承担民事责任……

宣判后,姚某民不服原审判决,提起上诉,请求二审法院撤销原判,驳回姚某乐的诉讼请求。

二审法院认为,本案二审的争议焦点为,(1)双方当事人签订的《建房协议书》是否有效;(2)房屋质量是否合格;(3)姚某民是否应当向姚某乐全额支付拖欠的工程款及相应的利息。

关于《建房协议书》的效力问题。双方当事人签订的《建房协议书》是在平等自愿的基础上签订的,系双方当事人的真实意思表示,主体适格,内容不违反国家法律、行政法规的效力性强制性规定，且工程完工后，经国营龙江农场职工建房验收小组验收合格，国营龙江农场已拨付给姚国民农村危房改造补贴 15,000 元。姚国民装修后于同年 10 月入住，双方当事人签订的《建房协议书》是有效的。原审认定《建房协议书》有效，并无不当。

关于房屋的质量及司法鉴定问题。《建设工程质量保证金管理暂行办法》第 2 条第 2 款、第 3 款规定，建筑工程的缺陷是指不符合工程建设强制性标准、设计文件，以及承包合同的约定。缺陷责任期一般为 6 个月、12 个月或 24 个月。本案双方当事人没有约定保质期限，农村住宅的期限一般为 6 个月或者 12 个月为宜。姚某民装修入住一年后，房屋楼板虽有两处短小裂缝，但已经超过了保质期，况且，姚某民只是提出抗辩意见，没有提起反诉。因此，姚某民二审期间提出对房屋质量进行司法鉴定，二审法院不准许。

关于姚某民是否应当向姚某乐全额支付拖欠的工程款及相应的利息问题。姚某民以房屋质量有问题，拒不支付工程欠款，理由不能成立。房屋质量经国营龙江农场职工建房验收小组验收合格，原审时姚某民也予以认可。房屋的面积经双方当事人及有关部门测量得出的结果，双方当事人均签字确认；房屋的单价双方当事人也事先有书面协议约定，姚某民应当依约履行义务，全额支付工程款。《建设工程施工合同解释》第 17 条规定，当事人对欠付工程价款利息计付标准有约定的，按照约定处理；没有约定的按照中国人民银行发布的同期同类贷款利率计息。第 18 条规定，利息从应付工程价款之日计付。当事人对付款时间没有约定或者约定不明的，建设工程已实际交付的日期为应付款的时间。房屋于 2011 年 7 月竣工，于同年 10 月入住。原审判决分别以 2013 年 4 月 1 日和 2014 年 7 月 15 日起计付利息，晚于房屋交付的时间，是妥当的。姚某民主张减半支付姚某乐工程款并免付利息，没有法律依据，不予支持。二审法院审理后作出判决：驳回上诉，维持原判。

3. 案例评析

本案是典型的两层以下农民住宅建房施工合同效力认定案例。《建筑法》第 83 条第 3 款规定："抢险救灾及其他临时性房屋建筑和农民自建低层住宅的建筑活动，不适用本法。"《建设部关于加强村镇建设工程质量安全管理的若干意见》第 3 条第 2、3 项规定："对于建制镇、集镇规划区内建设工程投资额 30 万元以下且建筑面积 300 平方米以下的市政基础设施、生产性建筑，居民自建两层（含两层）以下住宅和村庄建设规划范围内的农民自建两层（不含两层）以上住宅的建设活动（以下简称限额以下工程）由各省、自治区、直辖市结合本地区的实际，依据本意见‘五’明确的对限额以下工程的指导原则制定相应的管理办法。对于村庄建设规划范围内的农民自建两层（含两层）以下住宅（以下简称农民自建低层住宅）的建设活动，县级建设行政主管部门的管理以为农民提供技术服务和指导作为主要工作方式。”综上，农民自建低层住宅（二层及二层以下房屋及设施）的建筑活动不适用《建筑法》，当事人仅以施工人缺乏相应资质为由，主张合同无效的，一般不予支持。本案中，鉴于姚某民无证据证明双方签订的合同违反《合同法》第52条规定的具有可导致合同无效的情形，因此，姚某民以姚某乐没有建筑资质为由，请求认定双方签订的《建房协议书》无效，于法无据，不予支持。本案双方当事人签订的《建房协议书》是合法有效的。

有关法律规定

《中华人民共和国建筑法》

第八十三条　省、自治区、直辖市人民政府确定的小型房屋建筑工程的建筑活动，参照本法执行。

依法核定作为文物保护的纪念建筑物和古建筑等的修缮，依照文物保护的有关法律规定执行。

抢险救灾及其他临时性房屋建筑和农民自建低层住宅的建筑活动，不适用本法。

《建设部关于加强村镇建设工程质量安全管理的若干意见》

三、突出重点，分类指导，创新监督管理方式

（一）对于建制镇、集镇规划区内的所有公共建筑工程、居民自建两层（不含两层）以上、以及其他建设工程投资额在30万元以上或者建筑面积在300平方米以上的所有村镇建设工程、村庄建设规划范围内的学校、幼儿园、卫生院等公共建筑（以下称限额以上工程），应严格按照国家有关法律、法规和工程建设强制性标准实施监督管理。

建制镇、集镇规划区内所有加层的扩建工程必须委托有资质的设计单位进行设计，并由有资质的施工单位承建。

（二）对于建制镇、集镇规划区内建设工程投资额30万元以下且建筑面积300平方米以下的市政基础设施、生产性建筑，居民自建两层（含两层）以下住宅和村庄建设

规划范围内的农民自建两层(不含两层)以上住宅的建设活动(以下简称限额以下工程)由各省、自治区、直辖市结合本地区的实际,依据本意见“五”明确的对限额以下工程的指导原则制定相应的管理办法。

(三)对于村庄建设规划范围内的农民自建两层(含两层)以下住宅(以下简称农民自建低层住宅)的建设活动,县级建设行政主管部门的管理以为农民提供技术服务和指导作为主要工作方式。

第二节
建设工程合同的具体类型

一、如何认定发包与承包的主体资格

基本理论

建设工程合同是承包人进行工程建设,发包人支付价款的合同。建设工程合同的主体是发包人和承包人。发包人是指建设工程的建设单位,是具有工程发包主体资格和支付工程价款能力的投资单位。发包人作为合同主体,应当具有权利能力和行为能力,享有民事权利,承担民事义务。发包人通常是法人或其他组织,自然人作为发包人的情形主要是在农村住宅的建设中。此外,从事建设工程开发需要相应行政部门的批准,获得项目发包所需的批准手续。实践中,不适格的发包人主体主要包括以下情形:(1)法人的分公司、职能部门等通常不是独立的法人单位,不具有签订合同的权利能力和行为能力,对外须以法人的名义签订施工合同。(2)法人委托的项目管理公司、咨询公司与其是委托代理关系,须在委托权限内以委托人的名义签订施工合同,不是建设工程施工合同的主体。(3)通过组建项目公司的形式开发建设工程的,发包人为项目公司,而不是组建项目公司的法人或自然人。

承包人,即实施建设工程的勘察、设计、施工等业务的单位。承包人除需符合《合同法》关于合同主体资格的规定外,还要满足《建筑法》关于承包人主体资格的要求。根据《建筑法》第26条和第29条的规定,施工合同的承包人除持有工商行政管理机关核发的营业执照外,还必须具有建设行政主管部门颁发的资质证书,并在资质等级许可范围内承揽工程。原建设部颁布的

《建筑业企业资质管理规定》中规定，建筑企业应当按照其拥有的注册资本、净资产、专业技术人员、技术装备和已完成的建筑工程业绩等资质条件申请资质，经审查合格、取得相应等级的资质证书后，方可在其资质等级许可的范围内从事建筑活动。此外，法律允许建筑工程总承包单位将承包工程中的部分工程发包给具有相应资质条件的分包单位。

典型案例

实际施工人提起建设工程施工合同诉讼符合起诉条件的，人民法院应予受理

——王某某与青海省玉树市新寨街道办事处建设工程施工合同纠纷二审案①

1. 案情简介

上诉人（一审原告）：王某某

被上诉人（一审被告）：青海省玉树市新寨街道办事处

一审原告王某某起诉称，原告与原结古镇新寨村建委会达成口头协议，约定由原告承包结古镇新寨宅街道及微市政给排水入户安置工程。2012 年 7 月 28 日原告以新天一公司名义组织施工。2012 年年底，原结古镇新寨村建委会支付原告 400 万元工程款。2013 年 7 月 17 日，被告通知新天一公司中标。中标价被压低至 793 万元，新天一公司未在标书上签字。另外，原告对结古镇新寨村建委会追加的《结古镇新寨村城乡居民住房建设项目微市政》工程进行建设，该项目预算价格为 27,048,604,59 元，原告已完成该项目工程的 60%。以上两项工程被告共计支付工程款 850 万元，尚欠工程款 15,659,163 元。被告新寨办事处已代替原结古镇政府。请求：判令被告支付拖欠工程款 15,659,163 元及迟延付款利息 1,000,000 元。

新寨办事处答辩称，一、玉树地震灾后重建总指挥部和玉树县人民政府授权玉树县通天河公司作为业主进行灾后重建工程总发包人。2013 年 7 月

---

① 参见最高人民法院（2015）民一终字第 298 号民事裁定书。

17 日，通天河公司向新天一公司发出《中标通知书》。2013 年 7 月 18 日，通天河公司与新天一公司签订《玉树地震灾后重建工程施工合同（新寨小市政配套设施项目）》，约定由新天一公司对新寨村 527 户水电入户配套设施进行施工，合同价格为 7，931，635.8 元。原告主张的宅间道工程不涉及微市政，且该宅间道工程未正式立项也未列入灾后工程，而且上述小市政项目及未立项的宅间道项目与新寨办事处无关，合同相对方也不是新寨办事处，新寨办事处作为被告主体不适格，并请求驳回王某某的起诉。

2. 法院裁判及观点

一审法院认为，王某某与结古镇新寨村建委会达成案涉项目的口头协议后，以新天一公司玉树分公司的名义进行施工。而玉树地震灾后重建总指挥部和玉树县人民政府授权通天河公司作为总发包方，与新天一公司玉树分公司签订了《玉树地震灾后重建工程施工合同（新寨小市政配套设施项目）》。作为新设的新寨办事处并不是案涉项目的合同相对方，也不是解决案涉工程结算的授权方，其作为本案被告主体不适格。根据《民事诉讼法》第 119 条、第 154 条第 1 款第 3 项的规定，裁定驳回王某某的起诉。

王某某不服上述民事裁定，提起上诉，认为：（1）被告新寨办事处是玉树市政府的派出机构，具有行政及民事主体资格，能独立承担法律责任，具有诉讼权利能力。依据《民事诉讼法》第 48 条第 1 款的规定“公民、法人和其他组织可以作为民事诉讼的当事人”。（2）该涉案工程是上诉人和灾前结古镇镇政府书记臧某进行洽谈，达成的口头协议，意思表示真实，不违反社会公共利益。由于灾后玉树撤县建市，结古镇镇政府被撤销，以街道办事处的形式存在，被告代表的政府确为合同相对方。（3）上诉人在实际履行口头协议过程中，新寨建设委员会作为政府的临时性机构就工程款拨付、农民工工资发放、施工情况一直行使发包方的权利。新寨建委会是一个代表政府的临时性机构。现该临时机构早已撤销，依据行政法之规定，其设立机构或撤销机构应为其民事行为的承继主体。

二审法院认为，一审法院以被告新寨办事处主体不合格为由驳回原告王某某起诉不当。《民事诉讼法》对被告主体是否合格未作受理条件规定，目前只能从原告是否明确表示被告应否承担民事责任的角度对原告的请求作出实体判断。事实上，原告起诉谁是原告的权利，被告是否适格是法院审查的事。原告所诉对象存在，即可认定有明确的被告，而非正确的被告，其诉讼主体地位当无异议。至于该被告是否是真正的侵权者或义务人，应是原告所提出的诉讼请求是否成立，以其作为实体审理和实体判决所要解决的问题。只要原告明确本案即受害或受损事实与被告有关，在立案时，无须理解为被告必须是民事责任或民事义务的承受者。

综上，青海省高级人民法院一审裁定适用法律错误。上诉人王某某的上诉理由部分成立。二审法院裁定撤销一审裁定。

3. 案例评析

《民事诉讼法》第119条规定，原告起诉时必须有明确的被告。所谓“明确的”被告是指原告起诉时必须明确被告的身份信息，也就是明确具体是谁与其发生了建设工程施工合同纠纷。根据《民诉解释》第209条第1款之规定，原告提供被告的姓名或者名称、住所等信息具体明确，足以使被告与他人相区别的，可以认定为有明确的被告。本案中原告起诉时提供了被告的身份信息，其符合起诉条件。《民事诉讼法》对被告主体是否合格未作受理条件规定，原告起诉谁是原告的权利，被告是否适格是法院审查的事。原告所诉对象存在，即可认定有明确的被告，而非正确的被告，其诉讼主体地位当无异议。至于该被告是否是真正的侵权者或义务人，应是原告所提出的诉讼请求是否成立，以其作为实体审理和实体判决所要解决的问题。只要原告明确本案即受害或受损事实与被告有关，在立案时，无须理解为被告必须是民事责任或民事义务的承受者。

有关法律规定

《中华人民共和国民事诉讼法》

第一百一十九条　起诉时必须符合下列条件：

（一）原告是与本案有直接利害关系的公民、法人和其他组织；

（二）有明确的被告；

（三）有具体的诉讼请求和事实、理由；

（四）属于人民法院受理民事诉讼的范围和受诉人民法院管辖。

最高人民法院《关于适用〈中华人民共和国民事诉讼法〉的解释》

第二百零九条　原告提供被告的姓名或者名称、住所等信息具体明确，足以使被告与他人相区别的，可以认定为有明确的被告。

起诉状列写被告信息不足以认定明确的被告的，人民法院可以告知原告补正。原告补正后仍不能确定明确的被告的，人民法院裁定不予受理。

《建筑业企业资质管理规定》

第三条　企业应当按照其拥有的资产、主要人员、已完成的工程业绩和技术装备等条件申请资质，经审查合格，取得建筑业企业资质证书后，方可在资质许可范围内从事建筑施工活动。

二、如何认定转包

基本理论

转包是指建筑施工企业承包工程后，不履行合同约定的责任和义务，将其承包的全部工程或者将其承包的全部工程肢解后以分包的名义分别转给其他企业或个人施工的行为。转包有两种形式：一是将其承包的全部建设工程转包给他人；二是将其承包全部建设工程肢解以后以分包的名义分别转给他人，需要明确的是肢解分包属于非法转包而非违法分包。《合同法》第272条规定："承包人不得将其承包的全部建设工程转包给第三人或者将其承包的全部建设工程肢解以后以分包的名义分别转包给第三人。"《建筑法》第28条规定："禁止承包单位将其承包的全部建筑工程转包给他人，禁止承包单位将其承包的全部建筑工程肢解以分包的名义分别转给他人。"根据上述法律规定，转包是被法律绝对禁止的行为。实践中，凡承包单位在承接工程后，对该工程不派出项目管理班子，不进行质量、安全、进度等管理，不依照合同约定履行承包义务的，无论是将承包的工程全部转包给他人，还是以分包的名义将工程肢解后分别转包给他人，均属违法的转包行为。

司法实务中，转包现象普遍存在。建设工程转包人和承包人为规避法律，采取各种表现形式的转包行为，如以内部承包的名义转包、以合作或联营的名义转包、以分包的名义转包等。住房和城乡建设部颁布的《建筑工程施工转包违法分包等违法行为认定查处管理办法(试行)》第7条就规定了转包的七种具体表现情形。[①] 审判中认定涉案工程是否构成转包必须具备两个要件:(1)转包人与转承包人是两个没有隶属关系的独立法人或其他组织。转承包人对于转包人来说必须是第三人而不能是转包人的分公司或者内部机构,否则其行为构成内部承包而非转包。(2)承包人转给第三人的必须是其承包的全部建设工程。承包人必须是将其承包的全部建设工程直接或变相转给第三人才构成转包,仅转让一部分建设工程任务属于分包而非转包。如果核实查清进行实际工程建设的单位不是承包人而是承包人以外的第三人,承包人未为工程项目成立项目部,也未在施工现场派驻管理人员和技术人员进行现场管理和技术指导,施工现场的管理人员和技术人员均隶属承包人以外的第三人,则基本可以认定构成转包。

综上,存在下列情形之一的,一般可以认定为转包:

(1)建筑施工企业未在施工现场设立项目管理机构或未派驻项目负责人、技术负责人、质量管理负责人、安全管理负责人等主要管理人员,不履行管理义务,未对该工程的施工活动进行组织管理的;

(2)建筑施工企业不履行管理义务,只向实际施工企业或个人收取费用,主要建筑材料、构配件及工程设备由实际施工企业或个人采购的;

(3)劳务分包企业承包的范围是建筑施工企业承包的全部工程,劳务分包企业计取的是除上缴给建筑施工承包企业管理费之外的全部工程价款的;

(4)建筑施工企业通过采取合作、联营、个人承包等形式或名义,直接或变相将其承包的全部工程转给其他企业或个人施工的;

(5)法律、行政法规规定的其他转包情形。

---

① 《建筑工程施工转包违法分包等违法行为认定查处管理办法(试行)》第7条的相关内容在相关法律规定部分有摘录,审判人员在认定非法转包时可以参考该办法的规定。

承包单位将其承包的全部建筑工程转包给他人的转包合同无效

——李某与悦和公司建设工程施工合同纠纷二审案①

1. 案情简介

上诉人(原审原告):李某

上诉人(原审被告):悦和公司

被上诉人(原审被告):金华城公司

被上诉人(原审被告):江西二建

原审法院经审理查明:李某是没有建筑施工企业资质的个人。涉案工程原地址广州市番禺区大岗镇客家村地段大岗汽车客运站一期工程,后因行政区域划分,工程地址变更为广州市南沙区大岗镇客家村地段大岗汽车客运站一期工程。悦和公司为涉案工程的投资建设单位。江西二建具有房屋建筑工程施工总承包一级资质。2010 年 9 月 28 日,经过招投标程序,江西二建中标成为大岗汽车客运站一期工程的中标施工单位。2010 年 11 月 8 日,悦和公司作为发包方,江西二建作为承包方,共同签订了《大岗汽车客运站一期工程施工合同》,施工合同对工程地址、范围、工期、质量标准、价款,双方权利义务、违约责任等进行了约定。此外,江西二建同时签订了《保证书》,作为该施工合同的附件 2,其中内容有:如发包人发现保证人有将本工程进行转包或出现挂靠承包等,则在发包人与监理方共同向保证人发出解除合同通知书以及要求撤场通知书之日起 15 天内,承诺主动无条件解除合同并撤离工程现场,发包人与承包人解除合同。承包人同意:由监理方牵头确认承包人在撤离前已经完成并经验收合格的工程量以及结算工程款,如发包人与承包人在已经完成的工程量的确认上意见不一,则以发包人和监理方两方确认的工程量作为结算依据,承包人不就此向发包人保留异议。

其后,因江西二建企业名称变更,悦和公司、江西二建签订了《补充协

① 参见广东省广州市中级人民法院(2016)粤 01 民终 8605 号民事判决书。

议》,约定由变更名称后的江西二建承担原施工合同中的权利和义务。

2011 年 3 月 13 日,江西二建因将上述中标工程全部转包给金华城公司承包,双方为此签订了《大岗汽车客运站一期工程项目分包协议》,约定承包方式为:按招标文件、预算清单及招标期间答疑、补充材料、图纸包干;承包范围为:承包本工程包括站房、驻场办公室的房屋建筑、装饰、水电安装工程和室外的站场、道路工程;工程造价为 23,808,632.68 元,金华城公司应向江西二建缴纳工程总造价 2.5% 的管理费及企业所得税 2.5% 等。2011 年 3 月 17 日,金华城公司与李某签订《施工合同协议责任书》,约定金华城公司将上述大岗汽车客运站一期工程交由李某承包施工,工程造价为 23,808,632.08 元,工程由李某直接经营管理,李某自行组织施工人员,经济上独立核算,自负盈亏;金华城公司按工程造价(以结算为准)的 0.6% 纯收取管理费等。

2011 年 3 月 29 日,《开工申请》正式签发,涉案工程开工。

2012 年 4 月 10 日,悦和公司作为甲方,江西二建作为乙方,签订《补充协议》(番悦和合〔2012〕78 号),确认因施工方资金紧张、工程管理不当,以及合同项下的工程施工过程中施工内容调整涉及的金额较大等原因,导致工期滞后,并协议:(1)增加《建设工程施工合同》通用条款第 26.2 条的内容,即"单项工程造价经财政部门审定(或第三方审核后)超过 50 万元的,双方另行协商是否签署补充协议按补充协议约定方式支付"。(2)修订《建设工程施工合同》专用条款第 26.2 条之(3)"中间支付"的内容。修订后的内容为:"(3)在中间计量支付过程中,甲方有权根据工程需要按照实际完工工程量分阶段支付,分阶段支付的总额以不超过已完成工程量的 80% 为限,当支付金额已达到经批复的修正合同价的 80% 时停止支付。若工程未按合同完工,则承包人仍应履行合同,继续完成该完成的全部工程"。(3)本补充协议对建设工程施工合同的调整与修订,均不构成乙方延期施工或其他违约行为的抗辩理由。(4)甲乙双方就工程款支付的任何争议均应按照《建设工程施工合同》约定的争议解决方式处理……

2012 年 7 月 26 日,因在施工过程中需要对工程内容进行调整,悦和公司、江西二建(签约代表为李某)签订《补充协议》(番悦和合〔2012〕68 号),就工程范围"按照施工设计图纸的内容以及恢复原设计的室外市政道路及停车场的搅拌桩软基处理施工"进行约定,工期天数按室外搅拌桩实际记录表工期，工程金额为人民币2,921,911.25元；工程款支付：根据原施工合同"通用条款"与"专用条款"中的相关条款约定：本补充协议签订后，经发包人、监理对承包人上报实际完成合同内工程量审核数的80%进行支付；工程竣工验收合格并交齐竣工资料后付至合同价的90%，工程竣工结算经评审机构审定并交齐资料后15个工作日内付至工程结算总价的95%；余5%作为工程保修金，按原施工合同约定支付。

2012年11月16日，涉案工程全面停工，至今，大部分施工内容已完成，尚余部分收尾工程等未完工。

2013年8月6日，悦和公司向江西二建邮寄送达律师函《关于解除〈大岗汽车客运站一期工程施工合同〉的通知函》，通知江西二建原施工合同自律师函发出之日起正式解除，限江西二建于收到律师函之日起5日内交还施工场地及移交工程资料。悦和公司并就该邮寄送达的过程向广东省广州市南方公证处申请公证。广东省广州市南方公证处于2013年8月8日就该邮寄行为出具了《公证书》[（2013）粤广南方第082203号]。江西二建收到后，双方未能就合同是否解除协商一致。

在该案一审审理过程中，江西二建承认其在中标并与悦和公司签署施工合同后，即将涉案工程全部转包给金华城公司，并最终由金华城公司实际施工，江西二建没有参与合同内的任何施工。现施工场地和施工文件均由金华城公司控制和掌管，并提供其与金华城公司于2011年3月13日签订的《大岗汽车客运站一期工程项目分包协议》以证实。在该分包协议中，约定江西二建将广州市番禺区大岗镇客家村地段大岗汽车客运站一期工程转包给金华城公司，金华城公司委派李某为工程安全、防火责任人，同时为工程总负责人。相关工程概况与涉案工程中标所签订的总包合同基本一致，但工程造价约定为23,808,632.68元。经番禺法院按江西二建提供的联系方法与金华城公司联系后，该公司工作人称其亦为被挂靠人，实际施工人为李某。李某确认其为涉案工程的实际施工人，并表示涉案工程场地及相关建筑施工资料由其控制。另李某称其是在江西二建中标后经人介绍购得涉案工程的承包权益，因江西二建要求其找一家有建设工程承包资质的公司签订转包合同，故其找到金华城公司与江西二建签订上述分包协议，由其挂靠金华城公司施工。李某提供其与金华城公司签订的《施工合同协议责任书》以证实。

2. 法院裁判及观点

原审法院认为:(1)关于涉案合同的效力问题。《建筑法》第 28 条规定:“禁止承包单位将其承包的全部建筑工程转包给他人,禁止承包单位将其承包的全部建筑工程肢解以后以分包的名义分别转包给他人。”《建设工程施工合同解释》第 1 条规定:“建设工程施工合同具有下列情形之一的,应当根据合同法第五十二条第(五)项的规定,认定无效:(一)承包人未取得建筑施工企业资质或者超越资质等级的;(二)没有资质的实际施工人借用有资质的建筑施工企业名义的……”本案中,江西二建在中标后擅自将涉案工程转包给他人,无论是转包给金华城公司还是李某,均违反了法律的相关禁止性规定,该行为违法,而李某作为没有资质的实际施工人借用有资质的金华城公司承包涉案工程同样违反上述规定,故原审法院确认江西二建与金华城公司签订的《专业工程分包合同》及李某和金华城公司签订的《施工合同协议责任书》均属无效合同。(2)关于涉案工程造价的数额认定问题……原审法院依照《建筑法》第 28 条,《合同法》第 52 条第 5 项,《建设工程施工合同解释》第 1 条、第 2 条、第 17 条、第 26 条的规定,判决:(1)江西二建公司与金华城公司于 2011 年 3 月 13 日签订的《大岗汽车客运站一期工程项目分包协议》无效;金华城公司与李某于 2011 年 3 月 17 日签订的《施工合同协议责任书》无效。(2)悦和公司于判决发生法律效力之日起 10 日内,支付工程款 8, 579, 494. 95 元给李某。(3)悦和公司于判决发生法律效力之日起 10 日内,支付材料、设备承顶款 1, 116, 062 元给李某;李某于收款当天将大岗汽车客运站一期工程施工现场存放的材料、设备(详见广东中广信资产评估有限公司出具评估报告书所附大岗汽车客运站一期工程现场存放设备、材料盘点明细表)移交给悦和投资公司接收;上述设备、材料如有遗失、损坏或因李某保管不善已失效,则由李某按照评估报告确定的单价予以赔偿,悦和公司可在其应支付的承顶款中予以扣除。(4)驳回李某的其他诉讼请求。

宣判后,李某、悦和公司不服原审判决提起上诉。二审法院审理后判决:驳回上诉,维持原判。

3. 案例评析

本案是典型的非法转包兼借用资质的情形。悦和公司将工程发包给江西二建公司后,江西二建公司与金华城公司签订了转包合同,后李某以项目负责人的名义借用金华城公司的资质转承包了案涉工程项目。无论是转包还是借用资质都违反了建筑法的禁止性规定,应确认无效。法院在审理多层转包纠纷时,实际上审理的是多个建设工程施工合同,需要对多个合同的效力进行审查。本案中,江西二建与金华城公司签订的《专业工程分包合同》,及李某和金华城公司签订的《施工合同协议责任书》均属无效合同。合同无效后工程款的结算可以参照《建设工程施工合同解释》第 2 条的规定作出处理。

有关法律规定

《中华人民共和国建筑法》

第二十八条　禁止承包单位将其承包的全部建筑工程转包给他人,禁止承包单位将其承包的全部建筑工程肢解以分包的名义分别转给他人。

《建筑工程施工转包违法分包等违法行为认定查处管理办法(试行)》

第七条　存在下列情形之一的,属于转包:

(一)施工单位将其承包的全部工程转给其他单位或个人施工的;

(二)施工总承包单位或专业承包单位将其承包的全部工程肢解以后,以分包的名义分别转给其他单位或个人施工的;

(三)施工总承包单位或专业承包单位未在施工现场设立项目管理机构或未派驻项目负责人、技术负责人、质量管理负责人、安全管理负责人等主要管理人员,不履行管理义务,未对该工程的施工活动进行组织管理的;

(四)施工总承包单位或专业承包单位不履行管理义务,只向实际施工单位收取费用,主要建筑材料、构配件及工程设备的采购由其他单位或个人实施的;

(五)劳务分包单位承包的范围是施工总承包单位或专业承包单位承包的全部工程,劳务分包单位计取的是除上缴给施工总承包单位或专业承包单位"管理费"之外的全部工程价款的;

(六)施工总承包单位或专业承包单位通过采取合作、联营、个人承包等形式或名义,直接或变相地将其承包的全部工程转给其他单位或个人施工的;

(七)法律法规规定的其他转包行为。

三、如何认定违法分包

基本理论

分包，是指从事工程总承包的单位将所承包的建设工程的一部分依法分包给具有相应资质的承包单位的行为，该承包人不退出承包关系，其与第三人就第三人完成的工作成果向发包人承担连带责任。《建筑法》第29条规定："建筑工程总承包单位可以将承包工程中的部分工程发包给具有相应资质条件的分包单位；但是，除总承包合同中约定的分包外，必须经建设单位认可。施工总承包的，建筑工程主体结构的施工必须由总承包单位自行完成……禁止分包单位将其承包的工程再分包。"根据上述规定，合法分包必须具备四个条件：(1)除总承包合同中约定的分包外，必须经建设单位认可；(2)必须分包给具备相应资质条件的单位；(3)建筑工程主体结构的施工不得分包；(4)分包只能是一次分包，即分包单位不得再分包。只有具备上述四个条件的分包才是合法分包，缺少任何一项都会因为违反法律的规定而构成违法分包，从而分包合同无效。因此，违法分包是指建筑施工企业承包工程后违反法律法规规定或者施工合同关于工程分包的约定，把单位工程或分部分项工程分包给其他企业或个人施工的行为。

根据《建设工程质量管理条例》第78条第2款的规定，违法分包主要指下列行为：(1)总承包单位将建设工程分包给不具备相应资质条件的单位的；(2)建设工程总承包合同中未有约定，又未经建设单位认可，承包单位将其承包的部分建设工程交由其他单位完成的；(3)施工总承包单位将建设工程主体结构的施工分包给其他单位的；(4)分包单位将其承包的建设工程再分包的。实践中，审判人员认定违法分包可以从分包的四个要件入手逐一排查：

(1)分包是否有约定或经认可(前提条件认定)。现实中，常常出现施工合同无约定或者约定不清、总承包人不报建设单位同意私下将工程分包、总承包人没有办理批准手续仅口头报建设单位等情形。审判人员在认定时，首先要审查施工合同中是否规定允许分包及分包范围；若无约定或约定不明的，再审查分包是否经建设单位审批同意。

(2)是否是分包给具备相应资质条件的单位(主体资格认定)。实践中，违法分包表现为主体资格欠缺的情形主要为以下几方面:"包工头"以个人名义承包工程业务,承包单位营业执照无效,无建筑资质或资质没有达到相应等级要求,不具有专业资质等。审判人员在认定时,首先审查分包人是否有资质,已经判定分包人无资质,则可直接认定为违法分包;若有资质,则要将分包合同内容、实际承揽的业务与分包人资质对比看是否相符,不符则属于违法分包。

(3)主体结构违法分包认定。对于主体结构,施工总承包人常常以专业分包或者劳务分包的名义将全部或部分的主体结构违法分包出去。例如,劳务分包人除承担主体结构劳务作业外还可能承担辅材、大中型施工机具及技术管理等工作的情形。审判人员在认定时,可以查找分包合同中关于分包范围的规定并结合分包单位的资质加以认定。

(4)再次分包认定。实践中经常出现一些已经被分包的专业工程虽未被再次分包出去,但是,施工现场的项目负责人和技术负责人等主要人员却不是本单位人员的现象。判断工程是否被再分包,可以从分包人合同文件、对外支付凭证、工程量清单等文件资料和施工现场两方面入手。

综上,存在下列情形之一的,一般可以认定为违法分包:

(1)建筑施工企业将工程分包给个人的;

(2)建筑施工企业将工程分包给不具备相应资质的企业的;

(3)施工合同中没有约定,又未经建设单位认可,建筑施工企业将其承包的部分工程交由其他企业施工的;

(4)施工总承包企业将除钢结构工程以外的房屋建筑工程的主体结构的施工分包给其他企业的;

(5)专业分包企业将其承包的专业工程中非劳务作业部分再分包的;

(6)劳务分包企业除计取劳务作业费用外,还计取主要建筑材料款、周转材料款和大中型施工机械设备费用的;

(7)法律、行政法规规定的其他违法分包情形。

典型案例

施工合同中明确禁止分包,建筑施工企业将其承包的部分工程分包的属于违法分包

——艺林公司与齐鲁医院建设工程施工合同纠纷二审案①

1. 案情简介

上诉人(原审原告):艺林公司

被上诉人(原审被告):齐鲁医院

原审法院审理查明,2008 年 5 月,原告艺林公司与被告齐鲁医院签订《施工合同》一份,约定由艺林公司承包齐鲁医院发包的齐鲁医院门诊保健综合楼项目幕墙工程。合同签订后,2008 年 6 月 24 日,艺林公司向监理单位发出《开工报告》载明:准备工作就绪,定于以齐鲁医院通知书开工日期为准正式开工,希望监理(建设)单位进行审核,特此报告。当日,监理单位批复"同意开工"。此后监理单位或齐鲁医院并未向艺林公司下发开工通知书。2008 年 7 月 11 日至 9 月 16 日期间,艺林公司先后向齐鲁医院发出 10 份工作联系单,主要内容为催促齐鲁医院尽快确认施工材料供货商、测核现场主体结构等工作。2008 年 9 月 23 日至 2009 年 1 月 1 日,监理单位先后向艺林公司发出 7 份监理工作联系单,主要内容为告知艺林公司在施工过程中现场管理不规范、缺乏安全意识、工地存在安全隐患、施工质量存在问题等,对其警告并要求进行整改。2008 年 8 月 27 日,济南市解决拖欠工程款及农民工工资问题领导小组及济南市建设委员会下发文件,该文件查实艺林公司存在拖欠农民工工资行为,对艺林公司做出清出济南建筑市场的处理。

2008 年 6 月 24 日,艺林公司请求齐鲁医院支付工程预付款 5,442,889 元。2008 年 8 月 7 日(该日期为艺林公司自认,齐鲁医院认为付款时间为 7 月 3 日,但未提交证据)齐鲁医院支付工程预付款 5,442,889 元。2008 年 11 月 19 日,艺林公司请求齐鲁医院支付该日期前完成的工程进度款,其报送工

---

① 参见山东省高级人民法院(2016)鲁民终 208 号民事判决书。

程款为3,494,919.37元,请求付款2,446,443.56元(报送工程造价的70%),监理单位审定造价为2,883,163.12元,审批应付工程款2,018,214.18元(完成工程量的70%);2008年11月22日,艺林公司请求齐鲁医院支付增报工程进度款,请求付款647,268.28元(报送工程造价的70%),监理单位审定造价为778,254.3元,审批应付工程款544,778.01元(完成工程量的70%)。2008年12月1日,齐鲁医院支付工程进度款1,237,667.35元。2009年1月10日,艺林公司请求支付工程进度款2,570,766.08元(按70%计算),2009年1月12日,监理单位审定截至2009年1月12日共计完成工程造价4,232,562.37元,应付工程款2,962,793.66元,扣除已付工程款,本期应付工程款1,261,140.97元。2009年1月22日,齐鲁医院支付艺林公司254,995.58元,用于发放农民工工资。2009年2月11日,齐鲁医院分别支付江某某、刘某某工程队农民工工资174,857.74元、156,042.11元。

2008年11月10日、11月12日、12月30日,艺林公司3次向齐鲁医院发出工作联系单,催促支付工程进度款。

2008年12月30日,齐鲁医院向艺林公司发出《关于山东大学齐鲁医院门诊保健楼幕墙工程的函》,函件主要内容:艺林公司施工工期已严重滞后,经多次催促现场施工人员,并无实质性改进,要求艺林公司安排全权委托代理人于2008年12月31日下午3点之前到施工现场协商解决事宜。2008年12月31日,齐鲁医院向艺林公司发出《关于山东大学齐鲁医院门诊保健楼幕墙工程的函》,函件主要内容:艺林公司人员到场后,表示对我方提出的问题和要求现场无法答复,特通知艺林公司法定代表人于2009年1月4日下午3点前到施工现场协商相关事宜。2009年1月8日,齐鲁医院向艺林公司发出《关于山东大学齐鲁医院门诊保健楼幕墙工程的函》,函件主要内容:艺林公司法定代表人未到场与齐鲁医院协商解决幕墙工程中遇到的问题。2009年1月12日,齐鲁医院向艺林公司发出《关于山东大学齐鲁医院门诊保健楼幕墙工程的函》,函件主要内容:幕墙工程工期已经严重滞后,已经造成齐鲁医院巨大经济损失,再次要求艺林公司法定代表人于2009年1月14日下午3点之前到施工现场协商解决相关事宜。2009年1月19日,齐鲁医院向艺林公司发出《通知》,通知主要内容:解除双方签订的施工合同,艺林公司于收到通知之日起10日内无条件撤出施工现场，并于2009年2月1日到施工现场参与工程施工情况和撤场情况的认定。2009年1月21日，艺林公司向齐鲁医院发出《关于山东大学齐鲁医院通知的回函》，函件主要内容：艺林公司不存在造成工期严重滞后、没有在合同约定的期限内完工的问题，我方法定代表人多次来齐鲁医院协商解决事宜，但齐鲁医院要求我公司设立工程款共管账户，艺林公司不同意设立共管账户和解除施工合同。2009年2月11日，齐鲁医院向艺林公司发出《通知》，通知主要内容为：齐鲁医院于2009年2月12日上午9点在工程现场组织本工程监理、审计、总包、公证及其他相关单位对施工情况现状进行认定，并将艺林公司遗留现场的物品进行封存，希望艺林公司负责人员到场参加。2009年2月16日，齐鲁医院申请山东省济南市槐荫公证处（以下简称公证处）对艺林公司施工现场进行清点公证，艺林公司以不同意解除合同、要求继续履行合同为由未派人参加。2009年3月10日，公证处出具（2009）济槐荫证民字第1988号公证书，公证内容为：（1）现场材料种类、数量；（2）已施工工程量及施工遗留问题。此后，齐鲁医院将涉案工程另行发包，工程现已全部施工完毕。

庭审中，双方当事人争议焦点问题包括：

（1）艺林公司是否违法分包涉案工程，其安排的项目经理、管理与技术人员是否符合合同约定。

齐鲁医院认为，其一，艺林公司在实际施工过程中明显存在违法分包的问题，双方在合同中明确约定施工方（艺林公司）不得转包和分包其所承包的建筑工程。但艺林公司在施工过程中将工程分包给了江某某和刘某某两个施工队伍，其为了掩盖违法分包的事实，明知这两个施工队伍根本不具备分包施工资质，却仍与两个施工队伍挂靠的一聚建筑公司和勇拓建筑公司签订施工合同，特别是艺林公司同时与江某某施工队挂靠的两家公司：一聚安装公司和兴宝建筑公司签订了两份施工合同，足以证明艺林公司明知江某某是挂靠行为，仍将工程进行分包。其二，艺林公司严重违约，没有按照合同约定配备符合法律要求和约定的项目经理、管理与技术人员，双方在招标文件、中标通知书及合同中均明确约定了项目经理必须具备一级项目经理或注册一级建造师资质，中标通知书中也明确约定蔡某某为项目经理，但是艺林公司派驻的项目经理与约定的不符，而且没有配备投标文件承诺的管理与技术人员，在整个施工中造成了管理混乱、影响工期的后果。

艺林公司认为，其一，我公司不存在违法分包工程的事实，我公司与济南永拓建筑劳务有限公司、兴宝建筑公司、上海鼎宇建筑装潢有限公司所签订的均属于劳务分包，而劳务分包是我国建筑行业提倡的，也是法律认可的分包行为，该三份劳务分包合同所显示的单价表均显示价款为劳务价款，而非建筑工程价款，劳务分包只要公司具备用工主体资格，就不需要具备建筑资质，所以我公司与三家劳务分包公司签订的劳务分包合同是合法有效的，不存在违法分包的事实。其二，我公司所安排的项目经理、现场管理人员是符合合同约定的，因合同明确约定要求有资格证，也要求有现场管理经验，尤其是在追赶工期的情况下，我公司委派公司总经理董某成作为工程总负责人，是加大了管理力度，所以不存在所委派的现场施工人员不符合合同约定的情形。并且，我公司早在开工之初，就向齐鲁医院提交了管理人员名单表及相关人员的资格证书，具有相应的资质，经齐鲁医院认可并进行了备案，其对此从来没有提出过异议。

(2)齐鲁医院已付款数额如何确定，是否存在延期付款，如延期，是否有正当事由……

2. 法院裁判及观点

原审法院认为，本案系建设工程施工合同纠纷。2008 年 5 月原、被告签订的《施工合同》系双方当事人真实意思表示，内容不违反法律规定，为有效合同，双方应据此享有权利、履行义务。对双方当事人争议焦点问题，原审法院逐一认定如下：

关于焦点一，法律规定可知，建设工程的分包是指承包人在合同中明确约定或者征得发包人同意的情况下，将建设工程中的非主体工程或者劳务作业部分交由具有相应资质的第三人完成的行为。本案中，双方签订的合同专用条款 8.1 约定“本工程必须乙方施工，不得转包、分包，一经发现立即中止合同，所有损失由乙方负责”，可见双方明确禁止工程以任何形式进行分包，故艺林公司在合同禁止且未征得发包人同意的情况下将工程分包给其他多家公司施工违反了合同约定，尤其是艺林公司与江某某作为代表的两家公司签订合同，显然系明知江某某系挂靠行为而不顾，艺林公司的分包行为违反合同约定。艺林公司派驻的人员与合同约定的并不一致，亦违反了合同约定。艺林公司上述行为均违反合同约定，并直接导致其履约能力降低，构成根本违约。

关于焦点二……

综上，原审法院判决驳回原告艺林公司的全部诉讼请求。

宣判后，艺林公司不服原审判决提起上诉，请求撤销原审判决，依法改判。

二审查明的事实与一审查明的事实一致。

二审法院认为，本案争议焦点为：(1)原审法院认定艺林公司构成根本违约是否正确。(2)原审法院对艺林公司关于齐鲁医院逾期付款的主张不予支持是否正确。(3)原审法院认定齐鲁医院行使单方解除权符合合同约定是否正确。(4)原审法院对艺林公司应得工程款数额的认定是否正确。(5)艺林公司在原审中的各项诉讼请求应否支持。

签订涉案《施工合同》系双方当事人的真实意思表示，合同内容不违反法律、行政法规的强制性规定，原审法院关于《施工合同》为有效合同的认定是正确的。

关于原审法院认定艺林公司构成根本违约是否正确的问题。合同约定"本工程必须乙方施工，不得转包、分包，一经发现立即中止合同，所有损失由乙方负责"，也就是说，合同明确禁止以任何形式对工程进行分包。艺林公司未经齐鲁医院同意，将工程分包给其他公司进行施工，从根本上违反了合同关于工程不得分包的约定。同时，艺林公司派驻工程的人员与合同约定的亦不符。因此，原审法院认定艺林公司构成根本违约，并无不当。

关于原审法院对艺林公司关于齐鲁医院逾期付款的主张不予支持是否正确的问题……

二审法院审理后判决：驳回上诉，维持原判。

3. 案例评析

《建筑法》第29条规定："建筑工程总承包单位可以将承包工程中的部分工程发包给具有相应资质条件的分包单位；但是，除总承包合同中约定的分包外，必须经建设单位认可。施工总承包的，建筑工程主体结构的施工必须由总承包单位自行完成……禁止分包单位将其承包的工程再分包。"根据上述规定，合法分包必须具备四个条件：(1)除总承包合同中约定的分包外，必须经建设单位认可;(2)必须分包给具备相应资质条件的单位;(3)建筑工程主体结构的施工不得分包;(4)分包只能是一次分包,即分包单位不得再分包。只有具备上述四个条件的分包才是合法分包,缺少任何一项都会因为违反法律的规定而构成违法分包。本案中,双方签订的合同双方明确禁止工程以任何形式进行分包,故艺林公司在合同禁止且未征得发包人同意的情况下将工程分包给其他多家公司施工违反了合同约定,尤其是艺林公司与江某某作为代表的两家公司签订合同,显然系明知江某某系挂靠行为而不顾,艺林公司的分包行为违反合同约定和法律的禁止性规定,构成违法分包。

有关法律规定

《中华人民共和国建筑法》

第二十九条　建筑工程总承包单位可以将承包工程中的部分工程发包给具有相应资质条件的分包单位;但是,除总承包合同中约定的分包外,必须经建设单位认可。施工总承包的,建筑工程主体结构的施工必须由总承包单位自行完成。

建筑工程总承包单位按照总承包合同的约定对建设单位负责;分包单位按照分包合同的约定对总承包单位负责。总承包单位和分包单位就分包工程对建设单位承担连带责任。

禁止总承包单位将工程分包给不具备相应资质条件的单位。禁止分包单位将其承包的工程再分包。

《建设工程质量管理条例》

第七十八条　本条例所称肢解发包,是指建设单位将应当由一个承包单位完成的建设工程分解成若干部分发包给不同的承包单位的行为。

本条例所称违法分包,是指下列行为:

(一)总承包单位将建设工程分包给不具备相应资质条件的单位的;

(二)建设工程总承包合同中未有约定,又未经建设单位认可,承包单位将其承包的部分建设工程交由其他单位完成的;

(三)施工总承包单位将建设工程主体结构的施工分包给其他单位的;

(四)分包单位将其承包的建设工程再分包的。

本条例所称转包,是指承包单位承包建设工程后,不履行合同约定的责任和义务,将其承包的全部建设工程转给他人或者将其承包的全部建设工程肢解以后以分包的名义分别转给其他单位承包的行为。

《建筑工程施工转包违法分包等违法行为认定查处管理办法(试行)》

第八条　本办法所称违法分包,是指施工单位承包工程后违反法律法规规定或者施工合同关于工程分包的约定,把单位工程或分部分项工程分包给其他单位或个人施工的行为。

第九条　存在下列情形之一的,属于违法分包:

(一)施工单位将工程分包给个人的;

(二)施工单位将工程分包给不具备相应资质或安全生产许可的单位的;

(三)施工合同中没有约定,又未经建设单位认可,施工单位将其承包的部分工程交由其他单位施工的;

(四)施工总承包单位将房屋建筑工程的主体结构的施工分包给其他单位的,钢结构工程除外;

(五)专业分包单位将其承包的专业工程中非劳务作业部分再分包的;

(六)劳务分包单位将其承包的劳务再分包的;

(七)劳务分包单位除计取劳务作业费用外,还计取主要建筑材料款、周转材料款和大中型施工机械设备费用的;

(八)法律法规规定的其他违法分包行为。

四、如何认定借用资质(挂靠)

基本理论

在建设工程施工活动中,存在一些有资质的建筑企业从纯经济利益的角度出发,将自己的建筑资质和营业执照有偿提供给其他单位或个人承揽工程的现象,也就是俗称的“挂靠”。“挂靠”在建筑施工市场广泛存在且其含义已约定俗成,与其相对应的法律概念就是“借用资质”。《建筑法》第26条规定:“承包建筑工程的单位应当持有依法取得的资质证书,并在其资质等级许可的业务范围内承揽工程。禁止建筑施工企业超越本企业资质等级许可的业务范围或者以任何形式用其他建筑施工企业的名义承揽工程。禁止建筑施工企业以任何形式允许其他单位或者个人使用本企业的资质证书、营业执照,以本企业的名义承揽工程。”根据上述规定,借用资质(挂靠)是指没有建筑施工资质的企业或个人以其他建筑施工企业的名义,资质等级低的建筑施工企业以资质等级高的建筑施工企业名义,没有施工总承包资质的建筑施工企业以具有施工总承包资质的建筑施工企业名义承揽工程的行为,或者有资质的建筑施工企业通过名义上的联营、合作、内部承包等其他违法方式允许他人以本企业的名义承揽工程的行为。前述所称承揽工程,包括参与投标、订立合同、办理有关施工手续、从事施工等活动。其特征为:(1)挂靠人没有从事建筑活动的主体资格,或者虽有从事建筑活动的主体资格,但没有具备其承揽的建设工程项所要求的相应资质等级;(2)挂靠人一般要向被挂靠企业交纳一定数额的"管理费";(3)被挂靠人对挂靠人和其所承揽的工程不实施任何的管理行为;(4)形式上合法,容易逃避建设行政主管部门和发包人的审查和监督。①

审判实践中,借用资质的情形有各种表现形式,如无资质的施工人以有资质企业内部单位的名义从事施工、无相应资质的施工人与有相应资质的企业以名义上联合经营的形式借用资质或有资质的施工单位相互借用资质承揽工程等。为更清楚地了解实践中挂靠的具体情形,审判人员可以参考《建筑工程施工转包违法分包等违法行为认定查处管理办法(试行)》第11条关于挂靠情形的规定。但是,无论挂靠的形式怎样纷繁复杂,审判实践中认定是否存在挂靠行为时都要结合挂靠的本质特征和案件的具体情况。挂靠的情形比较隐秘,挂靠人通常以被挂靠企业的分支机构、某某施工队或者项目经理部等形式对外开展活动,且挂靠人是自筹资金、自行组织施工、自负盈亏,被挂靠人只收取费用而不参与工程施工、管理。因此,认定挂靠时一般可以从审查财务账簿、调查工程款拨付途径和审查项目现场主要负责人员隶属关系人事任免情况两方面来判断。关键标准是看实际施工人是否有资质且其资质与承揽业务的资质要求是否相符。

综上,审判实践中,可以结合下列情形综合认定是否属于借用资质(挂靠):

(1)借用资质(挂靠)人通常以出借资质(被挂靠)人的名义参与招投标、

---

① 参见奚晓明、韩延斌、王林清著:《房地产纠纷裁判思路与规范指引》,人民法院出版社2014年版,第248页。

与发包人签订建筑施工合同。借用资质(挂靠)人与出借资质(被挂靠)人之间没有产权联系,没有劳动关系,没有财务管理关系的。

(2)借用资质(挂靠)人在施工现场派驻的项目负责人、技术负责人、质量管理负责人、安全管理负责人中一人以上与出借资质(被挂靠)人没有订立劳动合同,或没有建立劳动工资或社会养老保险关系的。

(3)借用资质(挂靠)人承揽工程经营方式表现为自筹资金,自行组织施工,自主经营,自负盈亏。出借资质(被挂靠)人只收取管理费(包括为确保管理费收取为目的的出借账户),不参与工程施工、管理,不承担工程技术、质量和经济责任的。

(4)出借资质(被挂靠)人与发包人之间没有实质上的工程款收付关系,均是以"委托支付""代付"等其他名义进行工程款支付,或者仅是过账转付关系的。

(5)施工合同约定由出借资质(被挂靠)人负责采购主要建筑材料、构配件及工程设备或租赁施工机械设备,实际并非由出借资质(被挂靠)人进行采购、租赁,或者出借资质(被挂靠)人不能提供有关采购、租赁合同及发票等证明,又不能进行合理解释并提供证据证明的。

(6)法律、行政法规规定的其他借用资质(挂靠)情形。

典型案例

自然人挂靠有资质的建筑施工企业承揽工程的建设工程施工合同无效

——鼎钧公司与王某某建设工程施工合同纠纷二审案[1]

1. 案情简介

上诉人(原审被告、反诉原告):鼎钧公司

被上诉人(原审原告、反诉被告):王某某

原审法院审查认定,2011 年 7 月 6 日,鼎钧公司与南岗建筑公司、王某某分别签订《工程承包协议书》《工程承包补充协议书》,南岗建筑公司与王某

[1] 参见黑龙江省高级人民法院(2014)黑民终字第 61 号民事判决书。

某签订《内部承包经营合同》。鼎钧公司与王某某签订的《工程承包补充协议书》除工程造价内容(含应向有关部门缴纳的各项施工税费、规费,乙方只负责工程总造价款的7.6%)外,其余内容与《工程承包协议书》内容一致。该合同由鼎钧公司加盖公章及法定代表人名章,王某某本人签字。南岗建筑公司与王某某签订《内部承包经营合同》约定,根据哈南建字(2011)第6号文件《南岗建筑公司建设工程内部管理办法》中内部承包经营管理办法规定,王某某接受南岗建筑公司与鼎钧公司签订的《工程承包协议书》中的各项条款,南岗建筑公司同意将鼎钧花园小区7号楼、10号楼的工程项目部交由王某某承包经营,由南岗建筑公司任命王某某为此工程项目负责人,并在平等、互利的基础上签订此承包经营合同,双方共同遵守。工程名称为黑龙江省农垦总局九三分局鼎钧花园小区7号楼、10号楼,单位工程面积及总面积为:7号楼建筑面积8711.16平方米,10号楼建筑面积6884.75平方米,合计面积15,595.91平方米。实际面积以工程结算为准;承包经营方式为个人承包经营。合同价款、结算方式、工程款拨付工期均按《工程承包协议书》内容执行,此外双方约定南岗建筑公司应扣缴的费用为营业税、所得税、各种规费、企业管理费合计为工程总造价的9.91%,扣缴时间为建设单位拨付工程款的同等时间;履约保证金金额为工程总价款的1%,履行财务手续。合同签订后,王某某及鼎钧公司按约履行,王某某施工10号楼,并委托薛某某为10号楼施工负责人。

2011年7月27日,鼎钧公司召开由施工单位、监理单位参加的会议决定:10号楼在施工中每平方米钢筋含量为32公斤以内,超过的钢筋及费用款由建设单位补偿给施工单位。按照双方认可一层面积1430.99平方米,二至五层面积5698.7平方米计算钢筋重量应为228.15吨,变更后10号楼钢筋总重为270.89吨,损耗重为5.418吨;在施工中,10号楼楼层高度由图纸设计的2.8米层高,变更为3米层高;10号楼二至五层的墙体、五层挑梁、阳台门、外墙窗均有所变更。基于上述变更层高增加20厘米增加费用为144,184.95元,墙体改动增加费用为119,417.00元,钢筋量增加费用为295,691.00元。

在合同履行中,鼎钧公司以通知单形式对王某某施工进行监督,以会议形式对不同阶段工作进行总结、安排。王某某向鼎钧公司出具保证书、承诺书等形式承诺及时解决施工问题。

2012年6月16日,鼎钧公司与王某某签订一份协议书,约定:按照目前的进度,甲方(鼎钧公司)在(拨款及时到位)不差钱的情况下,乙方(王某某)保证在一个月内(7月16日)达到竣工验收状态(完工拨款按原合同执行)。经双方共同认可,钢筋若超量200,000元以上,甲方在10日内先行拨付100,000.00元钢筋超量款,余款在验收合格后10天内结清。甲方同意支付乙方50,000.00元的场地清理赔偿款(暂设、办公室、库房等),乙方在两日内搬清,将场地交给甲方,否则双倍返还赔偿款。在此期间不得影响7号楼的正常施工,同时甲方保证不得影响10号楼正常施工。该协议后未实际履行。

2012年8月20日,双方在黑龙江省农垦九三管理局住房和城乡建设局进行对账,双方对房屋总造价、开发单位拨款、施工中取消项目、工程变更等内容进行协商,但未形成一致意见。因拖欠工人工资,工人向黑龙江省农垦九三管理局上访。2012年12月9日,在黑龙江省农垦九三管理局住房和城乡建设局、人力资源和社会保障局、信访办、公安局等部门的协调下,双方签订一份确认书,确认至12月9日应付工人工资为457,372.00元。同时双方就10号楼施工建设中拖欠农民工工资问题达成协议。约定:(1)乙方(王某某)先行将鼎钧花园小区10号楼工程内业资料交由黑龙江省九三管理局住房和城乡建设局保管。(2)由黑龙江省九三管理局人力资源和社会保障局启动农民工工资保障金140,000.00元。此款原由甲方向人社局缴纳,已由双方确认折抵应付工程款。(3)剩余部分317,732.00元,从建设局支取替甲方向人社局缴纳的工资准备金,此款支取后折抵甲方向乙方应付工程款。至此乙方施工队的农民工工资全部结清。甲方不再承担10号楼任何人工费。该协议签订后,王某某将10号楼内业资料交给建设局,该局黄桂洲局长出具一份保证书,保证在双方10号楼工程款账目算清之前,不向鼎钧公司交付内业资料。同年12月15日,王某某出具两份收条,认可收到的460,000.00元为鼎钧公司支付的工程款,用于支付工人工资。

另原审法院还查明,鼎钧公司已经将10号楼房屋对外出售。

2. 法院裁判及观点

原审法院判决认定,王某某与鼎钧公司是涉案10号楼工程的履行主体,因王某某不具有建筑施工企业资质,故其与鼎钧公司签订的《工程承包补充协议书》为无效合同。《合同法》第279条第2款规定:“建设工程竣工经验收合格后,方可交付使用;未经验收或者验收不合格的,不得交付使用。"《建设工程施工合同解释》第2条规定:"建设工程施工合同无效,且建设工程经竣工验收合格,承包人请求参照合同约定支付工程价款的,应予支持。"虽然本案工程尚未竣工结算,但鼎钧公司在工程未经竣工验收合格前就使用,应以交付使用的时间作为竣工日期。王某某主张按照合同约定支付工程款,应予支持。

关于工程款数额问题……

鼎钧公司不服原审法院判决,提起上诉,请求:撤销原审判决,依法改判鼎钧公司不支付工程款;由王某某承担一、二审诉讼费。

二审法院认为,因王某某系自然人,不具备建设工程施工资质,故其与鼎钧公司签订的《工程承包补充协议书》为无效合同。王某某虽以南岗建筑公司的名义承揽涉案工程,但实为挂靠行为,其作为实际施工人,有权向发包方即鼎钧公司主张工程款。关于王某某是否实际施工了涉案全部工程的问题。本案中,鼎钧公司与王某某签订的《工程承包补充协议书》约定的施工范围即为涉案工程的施工范围,鼎钧公司主张涉案工程有部分工程王某某未进行施工,系其委托第三方施工,根据《最高人民法院关于民事诉讼证据的若干规定》,依据"谁主张、谁举证"的原则,对合同约定范围内的工程,鼎钧公司应承担相应的举证责任,原审将该举证责任分配给鼎钧公司并无不当,鼎钧公司该上诉理由不能成立。鼎钧公司主张的王某某未完工程共计四项,即散水坡及坡道工程,外墙涂料工程,防盗门,给排水采暖、地沟保温及调试。对于前三项工程,王某某自认确实未完工,并在原审对账中扣除了相应的款项,第四项工程因王某某举示了内页资料足以证明其按照合同约定完成了该项工程。因此,原审对账中就王某某未完工程部分的相应价款予以扣除,据实认定工程价款并无不当。

关于本案是否应追加南岗建筑公司为诉讼主体的问题。鼎钧公司在同一时间分别与南岗建筑公司、王某某签订了《工程承包协议书》《工程承包补充协议书》,同一天南岗建筑公司与王某某签订了《内部承包经营合同》。从各合同签订的内容和履约情况看,南岗建筑公司虽与王某某签订的是内部承包合同,但实际上王某某不是其公司的项目经理,在整个施工过程中,南岗建筑公司也没有对施工过程及质量进行管理。并且,鼎钧公司在原审答辩时自认王某某是通过挂靠南岗建筑公司与其签订的《工程承包补充协议书》。因此，鼎钧公司从签订合同之时即明知该工程的实际施工人为王某某，而王某某作为不具有从事建筑活动主体资格的个人，以南岗建筑公司的名义承揽涉案工程，其实质上是挂靠行为。因此，鼎钧公司与王某某作为涉案工程的实际履行者，应全面履行合同权利义务，由鼎钧公司和王某某就工程款进行结算。鼎钧公司主张其拨付给南岗建筑公司的工程款为4,210,865.00元，与王某某自认收到南岗建筑公司的工程款数额有差异，以此为由追加南岗建筑公司为诉讼主体。原审中，王某某认可通过南岗建筑公司转账的工程款为3,210,865.00元。鼎钧公司二审中提供的《南建公司已出账票据的款项明细》中，有南岗建筑公司盖章，显示收取涉案工程款的单位往来资金结算票据共四张，总计2,990,000.00元。其余票据均是直接拨付给王某某委托施工现场的项目经理薛某某，并有薛某某签字的拨付红砖款、珍珠岩款、人工费等工程款和鼎钧公司支付的电费、环评费等相关费用的票据。因此，王某某认可通过南岗建筑公司转账得到的工程款数多于鼎钧公司举证证明拨给南岗建筑公司的工程款数，亦无追加南岗建筑公司的必要。关于南岗建筑公司应否承担返修义务问题。如前所述，王某某作为实际施工人应对涉案工程承担保修责任，南岗建筑公司对涉案工程不承担返修义务。故鼎钧公司此点上诉请求不予支持。综上，二审法院判决：驳回上诉，维持原判。

3. 案例评析

《建筑法》第26条规定："承包建筑工程的单位应当持有依法取得的资质证书，并在其资质等级许可的业务范围内承揽工程。禁止建筑施工企业超越本企业资质等级许可的业务范围或者以任何形式用其他建筑施工企业的名义承揽工程。禁止建筑施工企业以任何形式允许其他单位或者个人使用本企业的资质证书、营业执照，以本企业的名义承揽工程。"挂靠的情形比较隐秘，挂靠人通常以被挂靠企业的分支机构、某某施工队或者项目经理部、内部承包等形式对外开展活动，且挂靠人是自筹资金、自行组织施工、自负盈亏，被挂靠人只收取费用而不参与工程施工、管理。因此，认定挂靠时一般可以从审查财务账簿、调查工程款拨付途径和审查项目现场主要负责人员隶属关系人事任免情况两方面来判断。本案中，鼎钧公司在同一时间分别与南岗建筑公司、王某某签订了《工程承包协议书》《工程承包补充协议书》，同一天南岗建筑公司与王某某签订了《内部承包经营合同》。从各合同签订的内容和履约情况看,南岗建筑公司虽与王某某签订的是内部承包合同,但实际上王某某不是其公司的项目经理,在整个施工过程中,南岗建筑公司也没有对施工过程及质量进行管理。因此,可以认定王某某虽是内部承包的名义实际上却是挂靠南岗建筑公司。因此,鼎钧公司与王某某签订的《工程承包补充协议书》违反《建筑法》第26条的规定为无效合同。

有关法律规定

《中华人民共和国建筑法》

第二十六条　承包建筑工程的单位应当持有依法取得的资质证书,并在其资质等级许可的业务范围内承揽工程。

禁止建筑施工企业超越本企业资质等级许可的业务范围或者以任何形式用其他建筑施工企业的名义承揽工程。禁止建筑施工企业以任何形式允许其他单位或者个人使用本企业的资质证书、营业执照,以本企业的名义承揽工程。

最高人民法院《关于审理建设工程施工合同纠纷案件适用法律问题的解释》

第一条　建设工程施工合同具有下列情形之一的,应当根据合同法第五十二条第(五)项的规定,认定无效:

(一)承包人未取得建筑施工企业资质或者超越资质等级的;

(二)没有资质的实际施工人借用有资质的建筑施工企业名义的;

(三)建设工程必须进行招标而未招标或者中标无效的。

《建筑工程施工转包违法分包等违法行为认定查处管理办法(试行)》

第十一条　存在下列情形之一的,属于挂靠:

(一)没有资质的单位或个人借用其他施工单位的资质承揽工程的;

(二)有资质的施工单位相互借用资质承揽工程的,包括资质等级低的借用资质等级高的,资质等级高的借用资质等级低的,相同资质等级相互借用的;

(三)专业分包的发包单位不是该工程的施工总承包或专业承包单位的,但建设单位依约作为发包单位的除外;

(四)劳务分包的发包单位不是该工程的施工总承包、专业承包单位或专业分包单位的;

(五)施工单位在施工现场派驻的项目负责人、技术负责人、质量管理负责人、安全管理负责人中一人以上与施工单位没有订立劳动合同,或没有建立劳动工资或社会养老保险关系的；

（六）实际施工总承包单位或专业承包单位与建设单位之间没有工程款收付关系，或者工程款支付凭证上载明的单位与施工合同中载明的承包单位不一致，又不能进行合理解释并提供材料证明的；

（七）合同约定由施工总承包单位或专业承包单位负责采购或租赁的主要建筑材料、构配件及工程设备或租赁的施工机械设备，由其他单位或个人采购、租赁，或者施工单位不能提供有关采购、租赁合同及发票等证明，又不能进行合理解释并提供材料证明的；

（八）法律法规规定的其他挂靠行为。

五、如何认定内部承包

基本理论

建筑施工企业将其承包的全部或部分工程交由其下属分支机构或在册的项目经理等本企业职工个人承包施工，建筑施工企业对工程施工过程及质量进行管理，并在资金、技术、设备、人力等方面给予支持的，属于内部承包。内部承包的对外民事权利义务主体为该合同发包人即建筑施工企业。一般来说，内部承包具有以下几个特征：(1)内部承包主体具有隶属性、内部性。承包主体主要是企业的分支机构、分公司或企业个人职工，其受到企业规章制度或项目管理制度的管理、监督。(2)内部承包的客体是特定项目的经营权。承包主体独立核算、自负盈亏，对于人力、物资、设备等有调配、使用等权利。(3)施工企业是对外法律关系的主体，对外承担民事责任。目前，内部承包作为经营性企业一种内部管理的激励手段被建筑行业普遍采用。内部承包合同通常设定项目经理应当达到的绩效指标，按绩效指标的完成情况，施工企业给予项目经理一定比例的提成，或者规定项目经理上缴利润，给企业造成损失的给予一定的惩罚。内部承包是企业转换经营机制的一种措施，有利于调动员工的积极性，增强企业活力，法律并不禁止。

司法实务中，认定内部承包关键是要审查清楚承包人与施工企业之间是否存在隶属关系。如果能够查清建设工程施工合同的承包人与其下属分支机构或在册职工签订合同,将其承包的全部工程或部分工程承包给其下属分支机构或职工施工,并在资金、技术、设备、人力等方面给予支持的,一般可以认定为企业内部承包合同。另外,要注意区分内部承包和转包、违法分包、挂靠的界限。实践中,常常存在打着内部承包的正义旗号行转包、违法分包、挂靠等违法勾当的情况。如果是以职工的名义内部承包,则可以通过审查职工手册、劳动合同等来确定,否则可能是个人挂靠或违法转包、分包等。如果是以下属分支机构的名义内部承包,则可以首先审查该机构是否是经过工商登记且领取营业执照的不具备法人资格的分支机构。如果该分支机构已经具备了企业法人资格,则其作为独立的法人主体,其所签订的承包合同显然不可能是内部承包,而可能是转包、分包或借用资质等。若该机构未经工商登记也未领取营业执照,就不属于合法的分支机构,就可能存在借用资质的情形;下一步则要审查项目主要负责人的人事关系、企业的组织架构,看是否存在隶属关系、劳动合同关系,若不存在则双方的关系十有八九是挂靠而非内部承包。审判实践中,可以结合下列情形综合认定是否属于内部承包:(1)合同的发包人为建筑施工企业,承包人为建筑施工企业下属分支机构或在册的项目经理等本企业职工,两者之间存在管理与被管理的行政隶属关系的;(2)发包给个人的,发、承包人之间有合法的劳动关系以及社会保险关系的;(3)承包人使用建筑施工企业的建筑资质、商标及企业名称等是履行职责行为,在建筑施工企业的管理和监督下进行项目施工,承包人根据承包合同约定向建筑施工企业交纳承包合同保证金的;(4)施工现场的项目经理或其他现场管理人员接受建筑施工企业的任免、调动和聘用的;(5)承包人组织项目施工所需的人、财、物及资金,由建筑施工企业予以协调支持的;(6)承包人在建筑施工企业统一管理和监督下独立核算、自负盈亏,承包人与建筑施工企业按照承包合同约定对经营利润进行分配的。

此外,关于内部承包产生的纠纷人民法院能否受理的问题,实践中也颇有争议。最早关于此问题的回答在最高人民法院法(研)发〔1985〕28号《关于加强经济审判工作的通知》。[①]《关于加强经济审判工作的通知》第2条第2项规定:“许多企业内部的经济纠纷要求法院受理。这类纠纷原则上应由

① 《关于加强经济审判工作的通知》现已被废止,在实务中仅作参考用。

企业或其上级主管机关处理……企业内部的承包纠纷，大部分应由企业或其上级主管机关调处；极少数违反法律，必须由人民法院受理的，人民法院应予受理。”最高人民法院对企业内部承包合同纠纷的倾向性意见是不予受理。但也有观点认为，法院对企业内部承包合同纠纷受理问题应从承包方独立性的体现上对承包合同的性质作出判断。对于承包方具有高度独立性的内部承包合同应当属于法院受案范围；反之承包方更多体现的是隶属性时，双方不是平等民事主体，这类内部承包合同法院不应当受理。

典型案例

以内部承包的名义借用资质的建设工程施工合同无效

——林某某与康鸿盛公司建设工程施工合同纠纷二审案①

1. 案情简介

上诉人（原审原告）：林某某

上诉人（原审被告）：康鸿盛公司

原审第三人：亨立公司

一审法院查明，2008 年 4 月 23 日，康鸿盛公司与亨立公司签订《建设工程施工合同》，将耒阳市东方明珠商贸城 10 号楼工程发包给亨立公司承建，该合同未经过招投标程序。2008 年 4 月 28 日，亨立公司与林某某签订《工程内部承包协议》，约定工程实行内部承包，由林某某负责组织施工、管理，并自行承担对外发生的债权债务，工程款支付方式按康鸿盛公司拨付工程进度款方法执行，亨立公司按工程总造价收取 1% 的工程管理费，劳动保险费均归林某某所有，李某某为亨立公司项目部经理。

合同签订后，林某某依约垫资组织施工，该工程于 2008 年 6 月 3 日开工。2009 年 12 月 16 日，亨立公司项目部书面申请康鸿盛公司组织有关部门竣工验收。康鸿盛公司于次日收到了该申请报告。2010 年 1 月 29 日，耒阳市建设局、耒阳市建设工程质量监督站、勘察单位、设计单位、施工单位、监理

---

① 湖南省高级人民法院（2015）湘高法民一终字第 117 号民事判决书。

单位、建设单位对工程进行竣工初验，形成了会议纪要，要求施工单位就初验发现的问题整改到位后申报综合验收。同年2月5日，亨立公司项目部就初验发现的问题整改到位，监理单位湖南雁城建设咨询有限公司、建设单位康鸿盛公司、耒阳市建设工程质量监督站予以确认。同年5月24日，康鸿盛公司在工程竣工验收备案表中建设单位意见栏签署验收合格的意见。耒阳市建设局于2010年9月1日同意工程竣工备案。2011年5月27日，工程被衡阳市建筑业协会评为2010年度衡阳市优质工程。2010年3月1日康鸿盛公司向购房户交付房屋。

亨立公司项目部于2010年3月11日向康鸿盛公司呈送了工程竣工结算书，3月15日、25日呈送了工程竣工图。此后，双方就竣工结算问题未能达成一致意见。一审诉讼过程中林某某与康鸿盛公司同意按6000元计算电梯、消防、进户门配套费并计取税金，即电梯、消防、进户门配套工程价款为6200.88元(6000元+6000元×3.348%)。在一审审理过程中，经林某某申请，一审法院委托天诚公司对涉案工程造价进行鉴定。2013年5月13日，天诚公司出具天诚基审字(2013)012号鉴定意见书，鉴定结果为：工程造价(不含劳保基金)为8,905,997.03元，计取劳保基金工程造价为9,208,981.09元。2014年9月30日，天诚公司出具补充鉴定意见书，鉴定结果为：工程造价为9,663,551.37元(不含劳保基金)、计取劳保基金工程造价为10,011,098.86元。同年10月13日，天诚公司出具《说明》，明确如果安全防护文明施工费、规费按合同约定进行下浮，则不计取劳保基金的工程造价应在补充鉴定意见书基础上分别核减34,860.07元、26,776.97元，合计61,637.04元。

自2008年9月27日至2011年9月1日，康鸿盛公司先后42次共计向林某某支付工程款8,126,300元(不含防盗门)。亨立公司项目部经理李某某于2010年6月24日因工程竣工验收需要向康鸿盛公司借款10,000元。

2.法院裁判及观点

一审法院认为，康鸿盛公司与亨立公司签订《建设工程施工合同》，将工程发包给亨立公司承建。之后，亨立公司与林某某签订《工程内部承包协议》，将工程发包给林某某承建，亨立公司向林某某收取工程管理费。由于林某某并非亨立公司职员，在合同履行过程中亨立公司亦没有按照合同约定垫资并参与工程施工管理，因此林某某实质上是以内部承包的形式挂靠亨立公司从康鸿盛公司承包工程，康鸿盛公司是工程发包人，林某某是工程承包人暨实际施工人，康鸿盛公司与林某某之间形成建设工程施工合同关系。由于康鸿盛公司与亨立公司签订的《建设工程施工合同》标的额已超过2,000,000元，双方没有按照《招标投标法》及《工程建设项目招标范围和规模标准规定》的规定进行招投标，且林某某不具备建筑施工资质，却以内部承包的形式挂靠亨立公司承包工程，根据《建设工程施工合同解释》第1条"建设工程施工合同具有下列情形之一的，应当根据合同法第五十二条第(五)项的规定，认定无效……(二)没有资质的实际施工人借用有资质的建筑施工企业名义的；(三)建设工程必须进行招标而未招标或者中标无效的"的规定，康鸿盛公司与亨立公司签订的《建设工程施工合同》、亨立公司与林某某签订的《工程内部承包协议》均违反了法律规定，应认定为无效合同。但是，林某某已经履行了上述两个合同的主要义务，康鸿盛公司亦履行了《建设工程施工合同》约定的主要义务，根据《建设工程施工合同解释》第2条"建设工程施工合同无效，但建设工程经竣工验收合格，承包人请求参照合同约定支付工程价款的，应予支持"的规定，本案应参照《建设工程施工合同》有关工程款计价方法和计价标准的约定确定工程款项。根据天诚公司出具的补充鉴定意见书，工程造价为9,663,551.37元(不含劳保基金)、计取劳保基金工程造价为10,011,098.86元。养老保险费(劳动保险基金)系建筑安装工程费的组成部分，属于社会基本养老保险范围，应由建设方康鸿盛公司向劳动保险基金管理机构缴纳，而不是向施工单位缴纳，劳动保险基金的收取、拨付及监管均是建设行政主管部门下属的劳动保险基金管理机构的职权，不属于民事案件的审理范围，对此不予审理。同时，参照《建设工程施工合同》的约定，规费、安全防护文明施工费按比例下浮，故应按天诚公司出具的《说明》，对补充鉴定意见书的工程造价予以核减，即不计取劳保基金的工程造价应在补充鉴定意见书基础上核减61,637.04元。此外，在诉讼中林某某与康鸿盛公司已同意电梯、消防、进户门配套工程价款按6200.88元结算，因此工程款为9,608,115.21元(9,663,551.37元－61,637.04元＋6200.88元)。现工程已被评为2010年度衡阳市优质工程，参照《建设工程施工合同》有关如被评为省或衡阳市优质工程,康鸿盛公司给予工程总造价0.5%奖励的结算条款,康鸿盛公司还应支付优质工程奖励款48,040.58元。综上,康鸿盛公司应付工程款和工程奖励款合计为9,656,155.79元(9,608,115.21元+48,040.58元)。康鸿盛公司已支付亨立公司项目部林某某工程款8,126,300元(不含防盗门),亨立公司项目部经理李某某因工程竣工验收需要向康鸿盛公司借款10,000元,该笔款项应从工程款中予以抵扣,故康鸿盛公司尚欠工程款和工程奖励款合计1,519,855.79元(9,656,155.79元-8,126,300元-10,000元)。林某某诉请工程款和工程奖励款的合理部分,予以支持。

关于工程款、工程质保金及利息问题……

综上所述,依照《合同法》第52条第5项、第58条、第269条,《建设工程质量管理条例》第40条、第41条,《建设工程施工合同解释》第1条第2项、第3项,第2条,第14条,第18条,《民事诉讼法》第144条之规定,判决:(1)康鸿盛公司支付林某某工程款1,183,571.75元以及该款从2010年4月12日起至付清之日止,按中国人民银行发布的银行同期同类贷款利率计算的利息;(2)康鸿盛房公司支付林某某优质工程奖励款48,040.58元;(3)康鸿盛公司支付林某某质保金240,193.28元以及该款从2012年2月6日起至付清之日止,按中国人民银行发布的银行同期同类贷款利率计算利息;(4)驳回林某某的其他诉讼请求。

宣判后,林某某、康鸿盛公司均不服原审判决提起上诉。

二审法院审理后维持一审判决。

3.案例评析

本案例是典型的以内部承包名义借用资质承揽工程的案件。内部承包合同通常设定项目经理应当达到的绩效指标,按绩效指标的完成情况,施工企业给予项目经理一定比例的提成,或者规定项目经理上缴利润,给企业造成损失的给予一定的惩罚。内部承包有利于调动员工的积极性,增强企业活力,法律并不禁止。但是,实践中常常存在打着内部承包的正义旗号行转包、违法分包、挂靠等违法勾当的情况。司法实务中,认定内部承包关键是要审查清楚承包人与施工企业之间是否存在隶属关系。如果能够查清建设工程施工合同的承包人与其下属分支机构或在册职工签订合同,将其承包的全部工程或部分工程承包给其下属分支机构或职工施工,并在资金、技术、设备、人力等方面给予支持的，一般可以认定为企业内部承包合同。如果是以职工的名义内部承包，则可以通过审查职工手册、劳动合同等来确定，否则可能是个人挂靠或违法转包、分包等。本案中，由于林某某并非亨立公司职员，在合同履行过程中亨立公司亦没有按照合同约定垫资并参与工程施工管理，因此林某某实质上是以内部承包的形式挂靠亨立公司从康鸿盛公司承包工程。因此，亨立公司与林某某签订的《工程内部承包协议》违反了法律规定，应认定为无效合同。

有关法律规定

最高人民法院《关于审理建设工程施工合同纠纷案件适用法律问题的解释》

第一条　建设工程施工合同具有下列情形之一的，应当根据合同法第五十二条第（五）项的规定，认定无效：

（一）承包人未取得建筑施工企业资质或者超越资质等级的；

（二）没有资质的实际施工人借用有资质的建筑施工企业名义的；

（三）建设工程必须进行招标而未招标或者中标无效的。

第二条　建设工程施工合同无效，但建设工程经竣工验收合格，承包人请求参照合同约定支付工程价款的，应予支持。

第四条　承包人非法转包、违法分包建设工程或者没有资质的实际施工人借用有资质的建筑施工企业名义与他人签订建设工程施工合同的行为无效。人民法院可以根据民法通则第一百三十四条规定，收缴当事人已经取得的非法所得。

六、如何认定劳务分包

基本理论

劳务分包是指建设工程的总承包人或者专业承包人将其承包工程中的劳务作业（包括木工、砌筑、抹灰、石制作、油漆、钢筋、混凝土、脚手架、模板、焊接、水暖、钣金、架线等）发包给具有相应劳务资质的劳务作业承包人完成的行为。劳务分包具有以下几个特征：（1）劳务分包合同的性质属于建设工程施工合同。原因在于劳务分包是将简单劳动从复杂劳动剥离出来的单独进行承包施工的承揽活动，劳务作业的性质在本质上也属于建设工程施工。(2)劳务分包的对象劳务作业，即计件或计时的施工劳务。(3)劳务分包人应具有施工劳务资质。《建筑法》第26条和第29条规定承包、分包建筑工程时应具备相应的资质。《建筑业企业资质管理规定》第5条规定："建筑业企业资质分为施工总承包资质、专业承包资质和施工劳务资质三个序列。施工总承包资质、专业承包资质按照工程性质和技术特点分别划分为若干资质类别，各资质类别按照规定的条件划分为若干资质等级。施工劳务资质不分类别与等级。"因此，承包劳务工程必须具备施工劳务资质。值得注意的是，原建设部在《建筑业劳务分包企业资质标准》中将劳务分包的项目分为土木、砌筑、抹灰、石制、油漆、钢筋、混凝土、脚手架、模板、焊接、水暖电安装、钣金、架线等13种，且均有相应资质等级要求，而2015年新修正的《建筑业企业资质管理规定》第5条第2款规定的"施工劳务资质不分类别与等级"是对上述规定的重新修正。

另外，实践中常常涉及在劳务分包合同中约定劳务分包人既提供劳务作业又提供机械设备或材料的情况，对于此类合同的定性要根据劳务分包人提供材料或设备的性质来确定。通常是允许劳务分包人提供便于劳务作业的小型器具或低值易耗材料的。[①] 但对于塔吊、混凝土搅拌机、挖掘机等中大型机械设备和构成工程实体且直接影响工程结构质量的钢材、混凝土、墙体材料等主要材料或模板、脚手架等直接影响安全生产的周转材料应由劳务发包人提供，如合同约定由劳务分包人提供，则应认定为违法分包。

综上，审判实践中，可以结合下列情形综合认定是否属于劳务分包：(1)劳务作业承包人具有劳务分包企业资质；(2)分包内容是劳务作业而不是工程本身；(3)劳务作业承包人一般仅提供劳务作业，施工技术、工程主要材料、大型机械、设备等均由总承包人或者专业承包人负责；(4)劳务费用一般是通过工日的单价和工日的总数量进行费用结算，不发生主要材料、大型

① 《建设工程施工劳务分包合同(示范文本)》(GF－2003－0214)第16.3条和16.4条规定表明工程承包人可以委托劳务分包人采购低值易耗性材料，劳务分包人采购后可凭采购凭证找工程承包人报销。

机械、设备等费用的结算，不收取管理费。

典型案例

劳务分包人将其分包的劳务工程再次分包给无劳务资质的施工人的再次分包合同无效

——沈某某与中铁二十一局一公司等建设工程施工合同纠纷二审案[①]

1.案情简介

上诉人(原审原告)：沈某某

被上诉人(原审被告)：中铁二十一局一公司

被上诉人(原审被告)：宏锦公司

原审法院查明，2011年4月12日，中铁二十一局一公司出具授权委托书一份，内容为："中铁二十一局集团第一工程有限公司s303线奇木高速公路项目经理部：经公司研究决定，就s303线奇台—木垒高速公路qm－1标段的路基、桥涵工程的部分工程授权你部与宏锦劳务公司签订劳务施工协议。"2011年4月19日，中铁二十一局一公司下设中铁二十一局集团有限公司s303线奇木高速公路项目经理部就s303线奇台—木垒高速公路项目qm－1标段路基、桥涵工程与具备建筑业企业资质证书和质量管理体系认证证书的宏锦公司签订了《s303线奇台—木垒高速公路项目qm－1标段路基、桥涵工程劳务施工协议》。本案讼争工程s303线奇台—木垒高速公路项目qm－1标段k163－149＋165＋150四个涵洞、博斯坦胡同匝道五个涵洞路段在该协议范围内。2011年5月30日，宏锦公司向陈某某出具授权委托书，内容为："兹委托陈某某同志代表我公司对外联系业务，承揽劳务事项，代签合同。请有关单位、企业给予大力支持，不胜感激(本授权委托只限2011年度有效)。"同日，宏锦公司向林某某出具授权委托书，内容为："本公司已承接中铁二十一局集团第一工程公司s303线奇台至木垒高速公路项目qm－1标段工程劳务施工任务。为确保各项施工任务届时保质保量的完成，根据公司内部的分

① 新疆维吾尔自治区高级人民法院(2014)新民一终字第117号民事判决书。

工,特委托林某某组建班组,签订内部各项协议,组织施工、监督、质量、建立账目,保证各项工作有序进行。希望本公司各班组负责人大力协助为盼。”2011年6月9日,陈某某与沈某某签订了《工程劳务合同》,合同约定:工程量以单项计价方法结算,即单价结算,结算按实际完成工作内容和甲方给乙方出具的经项目经理审核后的工程量清单结算。合同签订后,沈某某组织人员和设备进入施工现场进行施工,后在合同履行过程中发生纠纷。2011年6月15日,陈某某与沈某某签订了《桥涵工程劳务施工合同》,双方约定:“承包价以后附桥涵工程工序单价表为约定劳务价,如中铁二十一局项目部对桥涵工程工序单价调整,劳务价也相应调整。工程数量以设计图纸为依据,结算时按监理工程师确认的工程量、并经甲方管理人员签认的工程数量执行等。”2011年11月2日,沈某某的全权委托代理人杨某某与陈某某就2011年6月15日签订的《桥涵工程劳务施工合同》中的桥涵施工工程进行了核算,沈某某完成桥涵工程核算金额为605,223.82元,其他费用75,000元,合计为680,223.82元;沈某某涵洞班组借支现金249,835元,扣材料款105,746元,合计355,581元,经甲方核算人陈某某、甲方负责人林某某与乙方核算人和负责人杨某某核算,沈某某应得桥涵工程款324,642.82元。并附说明:“1.经甲乙双方协商同意终止双方于2011年6月15日签订的协议;2.乙方施工的工程费用金额以核算单为准;3.本协议签订后任何一方不得再以原协议条款为依据向对方主张权利;4.双方放弃原合同中所有权利。甲方核算人:陈某某,甲方负责人林某某。乙方核算人、负责人:杨某某。”2013年6月17日,木垒哈萨克自治县劳动监察大队证实:2011年11月4日,在s303线奇木高速公路施工的22名工人投诉,包工头沈某某欠其工资317,815元,至今未付,要求给予解决。经该检查大队与工程承包方中铁二十一局s303线奇木高速公路项目部联系,将欠发工人的工资317,815元发放到工人手中并签名按手印,最终再与沈某某施工队结算。陈某某、林某某经核算尚欠沈某某工程款680,223.82,扣减沈某某借款和材料款355,581元和已发工人的工资317,815元,实际尚欠6827.82元。

另查明,沈某某在庭审中明确提出诉讼请求,要求中铁二十一局一公司承担给付工程款的义务,并要求陈某某、林某某、郑某某承担连带责任,不要求宏锦公司承担给付工程款的义务。

再查明,2011 年 9 月 10 日至 9 月 13 日,路基负责人陈某某、郑某某,计量负责人白某某,工区技术负责人薛某某,工区项目负责人林某某共同给沈某某土方队出具了三份“土方队 2011 年 9 月 1 日完成数量计算书”,该证据证实沈某某完成桥涵工程量、单价和总价,但该表上无中铁二十一局一公司的盖章确认。9 月 18 日,工区负责人薛某某给沈某某出具了证明一份,其内容为:证明沈某某桥涵施工队伍安装波纹管 k165 + 150,35. 5 米;k164 + 285,36. 5 米。c 匝道 24. 5 米,计 96. 5 米。每米 400 元,合计 38,600 元(含清基、平整夯实、支模、混凝土浇灌、养护)。2011 年 9 月 13 日,沈某某与林某某签字确认的承诺书一份,内容为:“沈某某队在中铁二十一局二工区二队所承接的工程款按林某某签字表格为准总结算,不含其他问题,付款时间在 9 月 23 日以前付清,沈某某所欠外来工人、机械费等一切外欠经济账与我二工区二队无关,中铁二十一局二工区二队将工程款付清后与沈某某施工队无关系。”2011 年 9 月 16 日,沈某某出具承诺书一份,内容为:“本人沈某某路基队在奇木高速公路二工区二队施工,现外欠所有机械费、管理人员工资以及所有民工工资,在二工区二队已结算完毕,同意退场。从今日起本人沈某某承诺手下所有机械费、管理人员工资以及所有民工工资无论发生任何经济纠纷均与中铁二十一局奇木高速公路项目部无关,与奇木高速公路二工区二队无关,与奇木高速公路代建指挥部、总监办无关。”当日,沈某某撤离施工现场,并于 2011 年 10 月 11 日沈某某在承诺书上签字予以确认。该证据经昌吉回族自治州中级人民法院(2011)昌中民一初字第 34 号民事判决书中已经确认。

2. 法院裁判及观点

原审法院认为,《房屋建筑和市政基础设施工程分包管理办法》第 5 条规定:“房屋建筑和市政基础设施工程施工分包分为专业工程分包和劳务作业分包。”《建筑业企业资质管理规定》第 5 条规定:“建筑企业资质分为施工总承包、专业承包和劳务分包三个序列。”《建设工程施工合同解释》第 7 条规定:“具有劳务作业法定资质的承包人与总承包人、分包人签订的劳务分包合同,当事人以转包建设工程违反法律规定为由请求确认无效的,不予支持。”根据上述法律规定和部门规章的规定,国家允许工程总承包人和分包人将其承包的劳务作业发包给有劳务作业资质的劳务承包企业完成。劳务作业分包是将简单劳务从复杂劳动中剥离出来单独进行承包施工的劳动，因此，劳务作业分包人与劳务作业承办人之间关系认定为建设工程施工合同关系，各方之间的纠纷由建设工程施工合同有关法律所调整。

中铁二十一局一公司提供的与宏锦公司双方于 2011 年 4 月 19 日签订的《路基、桥涵工程劳务施工协议》，以证实双方之间存在劳务分包合同关系。在本案中宏锦公司虽未到庭，但在（2011）昌中民一初字第 34 号民事判决书中已经确认了双方签订的该协议内容真实，双方均认可协议的真实性，并且在（2012）新民一终字第 196 号民事判决书中也已确认，即沈某某提供的 2011 年 11 月 19 日《协议书》复印件，欲证实上述协议虚假。经新疆维吾尔自治区高级人民法院审查确认，该《协议书》并不能证明中铁二十一局一公司与宏锦公司签订的协议虚假之事实。因此，沈某某主张《路基、桥涵工程劳务施工协议》虚假的理由不能成立。中铁二十一局一公司作为奇木高速公路的承包人，将部分路段的工程劳务分包给具有劳务作业法定资质的宏锦公司并签订《路基、桥涵工程劳务施工协议》系双方真实意思表示，并不违反法律、行政法规的禁止性规定，合法有效，应当受法律保护。沈某某主张陈某某代表中铁二十一局一公司与其签订了《桥涵工程劳务施工合同》，属于职务行为，应当由中铁二十一局一公司向其给付工程款。根据中铁二十一局一公司提供的生效法律文书即（2012）新民一终字第 196 号民事判决中确定的事实，“宏锦公司提供了 2011 年 5 月 30 日向陈某某、林某某出具的授权委托书，该委托书证明了陈某某与林某某有权对外签订与奇木高速公路有关的各项协议，并认定陈某某与沈某某签订的《桥涵工程劳务施工合同》的行为，属于代表宏锦公司履行职务的行为。根据本案查明的事实，宏锦公司将其分包的劳务工程再次分包给无劳务分包资质的沈某某，属于建筑法规定的违法分包行为”。根据《建设工程施工合同解释》第 4 条关于“承包人非法转包、违法分包建设工程或者没有资质的实际施工人借用有资质的建筑施工企业名义与他人签订的建设工程施工合同的行为无效”之效力性规定，应当认定陈某某代表宏锦公司与沈某某签订的《桥涵工程劳务施工合同》无效。

关于中铁二十一局一公司是否应在宏锦公司工程款范围内承担责任，陈某某、林某某、郑某某是否承担连带责任。本案沈某某在庭审中明确诉讼请求，要求中铁二十一局一公司承担给付工程款的义务，并要求陈某某、林某某、郑某某承担连带责任,但不要求宏锦公司承担给付工程款的义务。本案沈某某的授权委托人杨某某与陈某某对涵洞工程进行核算时双方协商同意终止2011年6月15日签订《桥涵工程劳务施工合同》,并约定施工的工程费用金额以核算单为准,任何一方不得再以原协议条款为依据向对方主张权利,双方自愿放弃原合同中所有权利。因陈某某代表宏锦公司与沈某某签订的《桥涵工程劳务施工合同》无效,根据上述合同分析与认定,沈某某与中铁二十一局一公司之间不存在建设工程施工合同关系,沈某某以双方实际存在合同关系为由要求中铁二十一局一公司给付工程款的理由不能成立。《建设工程施工合同解释》第26条规定:"实际施工人以转包人、违法分包人为被告起诉的,人民法院应当依法受理。实际施工人以分包人为被告主张权利的,人民法院可以追加转包人或者违法分包人为本案当事人,分包人只在欠付工程价款范围内对实际施工人承担责任。"因此,适用此款规定应当具备以下条件:一是因实际施工人的相对方下落不明、破产、资信状况恶化等原因导致其缺乏支付能力;二是违法分包合同和转包合同的承包人与分包人全面履行合同并形成事实上的权利义务关系。本案中,沈某某完成的劳务工程只是宏锦公司所承包工程中的部分工程,其并未取代宏锦公司的合同地位履行宏锦公司与中铁二十一局一公司所签合同中的全部义务。2011年11月2日,沈某某的全权委托代理人杨某某与陈某某就2011年6月15日签订的《桥涵工程劳务施工合同》中的桥涵施工工程进行了核算,沈某某完成桥涵工程核算金额为605,223.82元,其他费用75,000元,合计为680,223.82元;扣除借支249,835元,材料款105,746元,合计355,581元,经甲方核算人陈某某、负责人林某某核算,尚欠沈某某支付桥涵工程款为324,642.82元:经双方协商,同意终止陈某某与沈某某于2011年6月15日签订的协议;沈某某施工的工程费用金额以核算单为准,双方约定签订本协议后任何一方不得再以原协议条款为依据向对方主张权利,双方放弃原合同中所有权利。2013年6月17日,木垒哈萨克自治县劳动监察大队证实:2011年11月4日,在s303线奇木高速公路施工的22名工人投诉,沈某某欠工人工资317,815元,要求给付解决。经木垒哈萨克自治县劳动监察大队与工程承包方中铁二十一局s303线奇木高速公路项目部联系,将欠发工人的工资317,815元发放到工人手中,最终再与沈某某施工队结算。因宏锦公司为无效合同的相对方,其负有法定付款义务。本案沈某某在庭审中明确主张由中铁二十一局一公司承担给付工程款变更为1,785,699.19元,利息160,845.02元,并由陈某某、郑某某、林某某承担连带责任的诉讼请求。根据最高人民法院《关于民事诉讼证据的若干规定》第2条规定:“当事人对自己提出的诉讼请求所依据的事实或者反驳对方诉讼请求所依据的事实有责任提供证据加以证明。没有证据或者证据不足以证明当事人的事实主张的,由负有举证责任的当事人承担不利后果。”因沈某某所主张的诉讼请求未提供足够的证据证明其主张的事实、理由和诉讼请求,且无法律依据,故沈某某的诉讼请求不能成立,该院不予支持。遂判决:驳回沈某某的诉讼请求。

宣判后,沈某某不服原审判决提起上诉。

二审法院院认为,综合各方当事人的举证、质证及诉辩意见,归纳本案二审争议焦点是:(1)本案中铁二十一局一公司、宏锦公司、沈某某之间为何种法律关系;(2)中铁二十一局一公司、陈某某、郑某某、林某某在本案中是否承担责任。

1.关于本案中铁二十一局一公司、宏锦公司、沈某某之间为何种法律关系。经查,2011年4月19日,中铁二十一局一公司与宏锦公司签订了《路基、桥涵工程劳务施工协议》,约定中铁二十一局一公司将其承包涉案桥涵工程交由宏锦公司施工。之后,宏锦公司与沈某某签订《桥涵工程劳务施工合同》,将涉案桥涵工程转包给沈某某施工。因此,中铁二十一局一公司与宏锦公司之间是分包关系,宏锦公司与沈某某之间是转包关系,沈某某是实际施工人。

2.中铁二十一局一公司、陈某某、郑某某、林某某在本案中是否承担责任。由于中铁二十一局一公司将涉案工程分包给宏锦公司施工,宏锦公司又将涉案工程转包给沈某某施工,所以中铁二十一局一公司与宏锦公司之间发生分包关系,其与沈某某之间没有直接的法律关系。根据合同相对性原则,沈某某应当向宏锦公司主张工程款,而不应当直接向中铁二十一局一公司主张工程结算款。现沈某某依据《建设工程施工合同解释》第26条第2款关于“实际施工人以发包人为被告主张权利的,人民法院可以追加转包人或者违法分包人为当事人,发包人只在欠付工程价款范围内对实际施工人承担责任”之规定,突破合同相对性直接向中铁二十一局一公司主张权利,但由于该条的适用有严格条件，一审判决已阐述清楚，故原审法院虽追加宏锦公司为被告，但沈某某未向宏锦公司提出给付工程价款的诉讼请求，且在二审期间仍认为宏锦公司与本案无关，依据民事诉讼不告不理的原则，原审判令驳回沈某某的诉讼请求，并无不当。此外，沈某某要求陈某某、郑某某、林某某承担连带责任，无合同和法律依据。因此，沈某某的该项上诉理由亦不能成立，不予支持。

综上，原判认定事实清楚，适用法律正确，应予维持。依照《民事诉讼法》第 170 条第 1 款第 1 项之规定，判决：驳回上诉，维持原判。

3. 案例评析

本案例是典型的劳务分包纠纷。国家允许工程总承包人和分包人将其承包的劳务作业发包给有劳务作业资质的劳务承包企业完成。劳务作业分包是将简单劳务从复杂劳动中剥离出来单独进行承包施工的劳动，因此，劳务作业分包人与劳务作业承办人之间关系认定为建设工程施工合同关系，各方之间的纠纷由建设工程施工合同有关法律所调整。劳务分包也应该具备相应的劳务资质。本案中，中铁二十一局一公司与宏锦公司签订的《路基、桥涵工程劳务施工协议》可证实双方存在劳务分包合同关系。陈某某代表宏锦公司与沈某某签订的《桥涵工程劳务施工合同》可以证实宏锦公司将其分包的劳务工程再次分包给无劳务分包资质的沈某某，违反了建筑法的禁止性规定，属于《建设工程施工合同解释》第 1 条第 1 项规定的情形，该《桥涵工程劳务施工合同》为无效合同。

有关法律规定

《房屋建筑和市政基础设施工程分包管理办法》

第五条　房屋建筑和市政基础设施工程施工分包分为专业工程分包和劳务作业分包。

本办法所称专业工程分包，是指施工总承包企业（以下简称专业分包工程发包人）将其所承包工程中的专业工程发包给具有相应资质的其他建筑业企业（以下简称专业分包工程承包人）完成的活动。

本办法所称劳务作业分包，是指施工总承包企业或者专业承包企业（以下简称劳务作业发包人)将其承包工程中的劳务作业发包给劳务分包企业(以下简称劳务作业承包人)完成的活动。

本办法所称分包工程发包人包括本条第二款、第三款中的专业分包工程发包人和劳务作业发包人;分包工程承包人包括本条第二款、第三款中的专业分包工程承包人和劳务作业承包人。

《建筑业企业资质管理规定》

第五条　建筑业企业资质分为施工总承包资质、专业承包资质、施工劳务资质三个序列。

施工总承包资质、专业承包资质按照工程性质和技术特点分别划分为若干资质类别,各资质类别按照规定的条件划分为若干资质等级。施工劳务资质不分类别与等级。

最高人民法院《关于审理建设工程施工合同纠纷案件适用法律问题的解释》

第七条　具有劳务作业法定资质的承包人与总承包人、分包人签订的劳务分包合同,当事人以转包建设工程违反法律规定为由请求确认无效的,不予支持。

第三节
建设工程合同的履行与责任承担

一、挂靠建筑企业的实际施工人可以以自己名义对发包人提起诉讼吗

基本理论

从建筑市场的实践情况看，承包人与发包人订立建设工程施工合同后，往往又将建设工程转包或者违法分包给第三人，或者事实上发包工程是第三人（通常是个体经营者）主导下进行承揽，借用承包人的资质，以承包人的名义进行工程承包。此时的第三人就是实际施工人。实际施工人是《建设工程施工合同解释》第26条使用的一个概念。四川省高级人民法院《关于审理建设工程施工合同纠纷案件若干疑难问题的解答》第12条关于"实际施工人"的范围如何确定的问题，作了这样的阐述：《建设工程施工合同解释》中的"实际施工人"是指转包、违法分包以及借用资质的无效建设工程施工合同的承包人。建设工程经数次转包或分包的，实际施工人应当是实际投入资金、材料和劳力进行工程施工的企业或个人。

合同的相对性是合同法的基本原理，即合同权利义务只及于合同当事人，没有合同关系的当事人之间，并不产生合同义务关系。具体就实际施工人而言，其主张权利、起诉的对象应当是与之直接成立合同关系（包括违法无效合同关系）的当事人，而该当事人往往并非工程的发包人。但司法解释对实际施工人概念的引入和相应规定，在一定程度上突破了合同法的相对性原理。按照合同的相对性来讲，实际施工人应当向与其有合同关系的承包人（包括非法转包、违法分包行为的当事人）主张权利，而不应当向

发包人主张权利。但是从实际情况看，有的承包人将工程转包收取一定的管理费用后，没有进行工程结算或者对工程结算不主张权利，由于实际施工人与发包人没有合同关系，这样导致实际施工人没有办法取得工程款，而实际施工人不能得到工程款则直接影响到农民工工资的发放。因此，如果不允许实际施工人向发包人主张权利，不利于对农民工利益的保护。另外，承包人将建设工程非法转包、违法分包后，建设工程施工合同的义务都是由实际施工人履行的。实际施工人与发包人已经全面实际履行了发包人与承包人之间的合同并形成了事实上的权利义务关系。在这种情况下，如果不允许实际施工人向发包人主张权利，不利于对实际施工人利益的保护。基于此种考虑，司法解释规定实际施工人可以向发包人主张权利，但发包人仅在欠付工程款的范围内对实际施工人承担责任，如果发包人已经将工程价款全部支付给承包人的，发包人就不应当再承担支付工程价款的责任。因此，发包人只在欠付工程价款范围内对实际施工人承担责任，并不会损害发包人的权益。

实践中，如果承包工程存在非法转包、违法分包或借用资质导致合同无效的情况，接受违法转包、违法分包或借用资质施工的承包人是实际施工人。承包工程经过数次非法转包或违法分包的，实际投入资金、材料和劳力进行工程施工的企业或个人作为实际施工人。因此，对于不属于前述范围的当事人，不能认定为实际施工人，如果以发包人为被告主张工程价款的，人民法院应当不予受理，已经受理的，应当裁定驳回起诉。

应当注意的是，这里作为承担责任的主体“发包人”应当作严格解释，即建设工程施工合同的发包人，也就是实践中通常所说的“业主”“甲方”，不包括将工程进行非法转包、违法分包、被借用资质的承包人。

挂靠人属于实际施工人，其有权以自己的名义对发包人提起诉讼，发包人应在欠付工程价款的范围内对实际施工人承担责任

——刘某某诉甲港务公司、乙建筑公司建设工程合同案①

1. 案情简介

原告：刘某某

被告：甲港务公司

原审被告：乙建筑公司

1998年，乙建筑公司（施工单位）为甲港务公司（建设单位）建筑办公楼、仓库，该工程（预）决算工程造价为2,124,922.30元。该工程由甲港务公司与A港务局签订建筑工程代建协议书，由A港务局委托其房地产公司负责承建。2000年8月26日，A港务局房产经营开发公司与乙建筑公司（施工单位）进行了财务核定，该工程审定预算总值为2,005,236.95元，与（预）决算工程造价相差119,685.35元。甲港务公司（建设单位）的建筑工程是由鹿某某、刘某某挂靠乙建筑公司（施工单位）名义承建的。1998年5月，承包人鹿某某以挂靠乙建筑公司的名义承包了甲港务公司的办公楼、仓库工程，因未完成工程建设任务就离开工地，此后由刘某某将未完工程部分也以挂靠乙建筑公司名义进行施工建设，并由甲港务公司的委托代建方A港务局房产经营开发公司驻工地工程主管李某某出具了未完成项目一览表，但未有具体工程造价。该工程完工后，于1998年8月8日经验收合格交付使用，审定预算总值为2,005,236.95元。甲港务公司于工程完工后分四次付给原告工程款50万元。刘某某在庭审中提交了鹿某某完成的工程量的审计报告，证明鹿某某已完成工程造价为1,065,602.32元，甲港务公司对该工程款没有异议。在一审法院的第二次庭审中，甲港务公司提供了金额分别为15万元、13万元、10万元、10万元的四张发票，欲证实甲港务公司已经履行了付款义务，且已

① 参见山东省青岛市中级人民法院（2007）青民一终字第1133号民事判决书。

经超额支付了，刘某某主张的欠款事实不能成立。对于甲港务公司提供的金额为15万元的发票，刘某某称该笔款项确实收到，但该笔工程款系原告在承建甲港务公司未完成工程中临时增加的零星工程，与本案无关，已在总工程价款2,124,922.30元中扣除。另外又增加传达室工程款30,314.65元，最后双方审定预算总值为2,005,236.95元。对于甲港务公司提供的金额为13万元的发票，刘某某称，该工程款与本案无关。该款项是刘某某在办公楼、仓库竣工后给甲港务公司单独干的仓库工程铺贴水磨地面单项工程的工程款，有甲港务公司与刘某某（挂靠乙建筑公司名义）单独决算表为凭，工程造价为133,654.40元，刘某某将零头删去，即13万元。对于甲港务公司提供的其他两张金额分别为10万元的工程发票，刘某某称该发票既无收款人也无收款单位公章，与刘某某及乙建筑公司无任何关系，不具有任何效力。甲港务公司出具的刘某某领取20万元款项的签字，系领取的甲港务公司已付50万元中的签字。乙建筑公司对刘某某的以上陈述予以认可。

另查明，甲港务公司自1998年7月6日至2001年7月5日，分七次向刘某某支付工程款共计78万元，其中有六笔款项发票上加盖了原审被告乙建筑公司的财务专用章。此前，上诉人甲港务公司还分三次向案外人鹿某某支付工程款共计130万元，该发票上均加盖的是原审被告乙建筑公司第三工程处财务专用章。刘某某曾以案外人鹿某某、王某某为被告追索涉案工程款，经一审、二审及重审程序审理，结果为诉讼主体错误被驳回起诉。再查明，刘某某以乙建筑公司名义施工完成的甲港务公司办公楼、仓库后续工程造价为939,634.63元。此外，刘某某还以乙建筑公司的名义为东港完成价值133,654.40元的仓库铺贴预制水磨地面工程以及价值152,299.51元的办公楼仓库配套及零星工程。

2.法院裁判及观点

一审法院认为，甲港务公司所建设的办公楼、仓库工程，由鹿某某、刘某某以挂靠乙建筑公司的名义实际施工建设，该工程最终审定预算造价总值为2,005,236.95元。实际施工人鹿某某承建该工程后，其完成工程量造价为1,065,602.32元，未完工程由实际施工人刘某某完成，故此，刘某某完成的工程造价应为939,634.63元。因甲港务公司已付给刘某某50万元，尚欠工程款439,634.63元。本案中，实际施工人鹿某某、刘某某所建设的办公楼、仓库工程已经竣工验收，且质量合格，故此，刘某某要求甲港务公司支付尚欠工程款439,634.63元，事实清楚，理由充分，应予支持。甲港务公司在二次庭审提出的反驳证据中，其中15万元的发票，刘某某对15万元工程款进行了举证说明，甲港务公司对刘某某的举证证明未有合理解释及相反证据，因此对刘某某的该主张应予认定；其中13万元的发票，刘某某提供了单项工程造价表，甲港务公司对此未能有合理解释及相反证据，因此对刘某某的该主张亦应认定；其他20万元的发票，未有刘某某及乙建筑公司的签章，故其反驳不能成立，甲港务公司称有刘某某的签字，无法确认该签字系收到的该20万元，还是其他刘某某已收到的50万元中的20万元，因此甲港务公司的该主张不能成立。综上，判决：(1)甲港务公司偿付刘某某工程款439,634.63元，于本判决生效后10日内付清；(2)驳回刘某某的其他诉讼请求。

一审宣判后，甲港务公司不服一审判决，提出上诉。其上诉的主要理由是：(1)一审判决适用法律错误。涉案工程是甲港务公司与A港务局签订的代建协议，甲港务公司与刘某某、乙建筑公司不存在任何法律关系，也不存在依据合同的付款义务。(2)一审判决认定事实不清，刘某某提交的证据不能证明实际工程量、实际工程款。(3)一审法院认定事实的主要证据不足。(4)甲港务公司已付清全部工程款。

二审法院裁判认为，刘某某以乙建筑公司名义承包了上诉人甲港务公司的办公楼、仓库后续工程建设，是该后续工程的实际施工人，具有独立的诉讼主体地位。甲港务公司作为涉案工程的建设使用单位，在有关建筑工程(预)决算表上加盖公章，并直接向实际施工人支付工程款，与刘某某形成了事实上的建设工程发承包关系，是本案适格被告。二审法院审查认定，本案三方当事人对刘某某以乙建筑公司名义施工完成的甲港务公司办公楼、仓库后续工程造价为939,634.63元均无异议。甲港务公司虽然对刘某某主张的价值133,654.40元的仓库铺贴水磨地面工程及价值152,299.51元的办公楼仓库配套及零星工程有异议，但并未提交足以推翻加盖了该公司公章的建筑工程(预)决算表的相反证据，因此对刘某某主张的三部分工程造价予以认定，即办公楼仓库后续工程造价939,634.63元，仓库铺贴预制水磨地面工程价值133,654.40元，办公楼、仓库配套及零星工程价值152,299.51元。根据甲港务公司提交的付款明细及相关凭证，刘某某实际收取甲港务公司工程款共计

78 万元,案外人鹿某某收取上诉人工程款共计 130 万元。甲港务公司并没有将该 130 万元案款支付给乙建筑公司,而是直接支付给了案外人鹿某某,故乙建筑公司也没有权利义务向案外人鹿某某追索超支工程款。鹿某某出具的相关发票上加盖的只是乙建筑公司第三工程处财务专用章,说明甲港务公司在向案外人鹿某某履行给付工程款义务时存在重大瑕疵。若因此而超付工程款,只能由刘某某自行追偿。由此得出,甲港务公司尚欠刘某某 445,588.50 元工程款。刘某某只主张 439,634.63 元,是其对民事权利的处分,一审予以支持并无不当。故判决驳回上诉,维持原判。

3. 案例评析

本案涉及因挂靠发生纠纷后诉讼主体的确立及责任承担问题。如前所述,指转包、违法分包以及借用资质的无效建设工程施工合同的承包人。建设工程经数次转包或分包的,实际施工人应当是实际投入资金、材料和劳力进行工程施工的企业或个人。由此可见,挂靠人(向有资质的建筑工程企业借用资质承揽工程的经营者)应当属于实际施工人。

最高人民法院《关于适用〈中华人民共和国民事诉讼法〉若干问题的意见》(以下简称《民诉意见》)第 43 条曾规定:“个体工商户、个人合伙或私营企业挂靠集体企业并以集体企业的名义从事生产经营活动的,在诉讼中,该个体工商户、个人合伙或私营企业与其挂靠的集体企业为共同诉讼人。”受该条司法解释影响,司法实践中的传统观点认为,因挂靠发生纠纷后,挂靠人以被挂靠人的名义对外订立合同发生纠纷,原则上应以挂靠人和被挂靠人为主体共同起诉或应诉;挂靠人或被挂靠人一方起诉的,人民法院应依职权追加未参加诉讼的一方作为本案的共同诉讼人。只有在被挂靠人恶意不主张权利,或者发包人明知实际施工人系挂靠他人承揽工程,并与挂靠人形成事实上的权利义务关系,作为实际施工人的挂靠人才可以直接向发包人提起诉讼。实际上,“挂靠”不是严格准确的法律用语,而是商事实践中的惯常用语。不同领域内的挂靠,如建筑领域、客运或货运交通运输领域等不同领域的“挂靠”其法律意义不尽相同。建筑工程承包领域内的“挂靠”通常就是指没有相应建筑资质的企业或个人,借用有建筑资质的企业的名义,进行工程承揽施工的行为。鉴于经济实践中此类现象比较普遍,为保证实际施工人能够及时从发包人处获得工程价款,从而保证相应的农民工工资的及时发放,《建设工程施工合同解释》第26条明确规定，实际施工人以转包人、违法分包人为被告起诉的，人民法院应当依法受理。实际施工人以发包人为被告主张权利的，人民法院可以追加转包人或违法分包人为本案当事人。发包人只在欠付工程价款的范围内对实际施工人承担责任。因此，挂靠的建筑经营者可以直接向发包人在欠付工程款范围内主张工程价款。在挂靠的情形中，承包人往往是名义承包人，通常只收取管理费，而通常并不直接收取发包人的工程价款，工程进度价款通过“委托授权”的方式直接支付给挂靠人。因此发包人欠付“承包人”的工程款通常就直接对应于挂靠人被拖欠的工程款。根据以上司法解释规定，实际施工人可以实际施工人身份直接向发包人（业主）主张权利，被挂靠的建筑企业诉讼地位应根据原告的诉讼请求列为共同被告或第三人。（1）如挂靠人只要求发包人给付工程款（通常在发包人未付清工程款，而被挂靠企业不欠挂靠人工程款的情况下发生），被挂靠企业应列为无独立请求权第三人。（2）若挂靠人要求发包人、被挂靠人均承担付款责任（通常在发包人未付清工程款，且被挂靠人亦欠挂靠人工程款的情况下发生），应将发包人、被挂靠人列为共同被告。（3）若挂靠人只向被挂靠人主张权利（通常在发包人已付清工程款，而被挂靠人欠挂靠人工程款的情况下发生），则不必要追加发包人参加诉讼。本案被上诉人刘某某作为挂靠人，其以实际施工人的身份向发包人（业主）甲港务公司主张权利，其诉讼主体地位是没有问题的。值得探讨的是，从被上诉人刘某某的诉讼请求看，其并没有要求被挂靠人乙建筑公司承担责任，因此不应将乙建筑公司列为一审被告，而应列为无独立请求权第三人。

本案中，存在一个以上的实际施工人，即刘某某和案外人鹿某某。这在实践中比较常见。若干个实际施工人之间可能存在同时进行施工的合伙关系，也可能存在先后接手工程的承继关系。在实践中，需要适当区分实际施工人之间的内部关系，与实际施工人和发包人之间的关系。本案当中，两名实际施工人存在一定的承继关系，其各自的施工价款范围是可以进行区分的。发包人向实际施工人付款时，存在重大的瑕疵和过错，因此而超付工程款，只能由发包人向案外人自行追偿，因此人民法院判令发包人直接向实际施工人刘某某付款，而非将该履行风险转嫁给被挂靠人或其他实际施工人。

有关法律规定

最高人民法院《关于审理建设工程施工合同纠纷案件适用法律问题的解释》

第二十六条　实际施工人以转包人、违法分包人为被告起诉的，人民法院应当依法受理。

实际施工人以发包人为被告主张权利的，人民法院可以追加转包人或者违法分包人为本案当事人。发包人只在欠付工程价款范围内对实际施工人承担责任。

二、非法转包、违法分包的实际施工人如何主张工程价款

基本理论

符合法律规定的工程分包，有利于加强分工，提高效率，使主承包商集中优势资源，提高施工效率，因此，法律允许合法分包行为的存在，建筑工程总承包单位可以将承包工程中的部分工程发包给具有相应资质条件的分包单位。但是，分包行为需要依法进行，若建筑工程承包人违反法律的规定或合同的约定，未经建设单位认可，擅自将部分工程违规进行分包给实际施工人则就属于“违法分包”。在建设工程实践中，违法分包的现象比较常见多发。常见的违法分包主要的表现形式如下：(1)总承包企业将建设工程分包给不具备相应资质条件的单位的；(2)建设工程总承包合同中未有约定，又未经发包人认可，承包人将其承包的部分建设工程交由其他企业或个人完成；(3)施工总承包单位将建设工程主体结构的施工分包给其他单位的；(4)分包企业将其承包的建设工程再次分包给其他企业或个人。转包，则是指建筑承包企业承包建设工程后，不自行履行合同约定的责任和义务，将其承包的全部建设工程转给他人或者将其承包的全部建设工程肢解以后，以分包的名义分别转给其他单位或个人承包的行为。通过非法转包、违法分包获得工程，进行实际施工的单位和个人，也属于《建设工程施工合同解释》第26条规定的实际施工人。

对于非法转包、违法分包行为，首先，非法转包、违法分包（包括以内部承包为名，行非法转包之实）的合同无效。《建设工程施工合同解释》第4

条规定："承包人非法转包、违法分包建设工程或者没有资质的实际施工人借用有资质的建筑施工企业名义与他人签订建设工程施工合同的行为无效。人民法院可以根据民法通则第一百三十四条规定，收缴当事人已经取得的非法所得。"当然，承包人非法转包、违法分包的合同无效，但并不当然影响承包人与发包人之间的建设工程施工合同的效力。对于无效合同，《合同法》第58条规定："合同无效或者被撤销后，因该合同取得的财产，应当予以返还；不能返还或者没有必要返还的，应当折价补偿。有过错的一方应当赔偿对方因此所受到的损失，双方都有过错的，应当各自承担相应的责任。"据此，在转包合同或违法分包合同的履行中，理论上本来应当各自返还财产。但已经完成的建设工程客观上无法返还，因此应当折价赔偿。另有损失的，非法转包、违法分包人与实际施工人根据各自的过错责任来承担。具体而言，根据《建设工程施工合同解释》第2条、第3条的规定，建设工程施工合同无效，但建设工程经竣工验收合格，承包人请求参照合同约定支付工程价款的，应予支持。建设工程施工合同无效，且建设工程经竣工验收不合格的，按照以下情形分别处理：修复后的建设工程经竣工验收合格，发包人请求承包人承担修复费用的，应予支持；修复后的建设工程经竣工验收不合格，承包人请求支付工程价款的，不予支持。因建设工程不合格造成的损失，发包人有过错的，也应承担相应的民事责任。综上，如果涉案工程经验收合格的，实际施工人可以参照无效合同向非法转包、违法分包的当事人主张工程价款，发包人在欠付工程款范围内承担连带责任；如果案涉工程没有验收合格的，则应当根据实际施工的工程量，据实进行结算，折价赔偿。

实际施工人以转包人、违法分包人为被告起诉的，人民法院应当依法受理，可追加发包人为共同被告

——丙公司昆明分公司与四川乙公司、云南甲公司建设工程施工合同纠纷一案①

1. 案情简介

原告：丙公司昆明分公司

被告：四川乙公司

被告：云南甲公司

2008 年 9 月 26 日，云南甲公司（甲方）与四川乙公司（乙方）协商签订《矿山开采工程合同》。合同约定将某矿山开采工程发包给四川家公司施工，工程内容为土石方及矿石剥离；工程量约为 6000 万立方米，以双方工程师现场测定断面为准（按双方测定地貌图实际完成方量计算）；甲方将承接的铁矿覆盖层土石方及矿石剥离工程分包给乙方施工。该项目乙方不得分包，如有转包本合同自动失效，甲方没收乙方所有履约保证金，乙方退出。合同还针对工程单价、停工损失、工程量结算和工程款支付等内容进行了约定。合同签订后，云南甲公司收到四川乙公司支付的履约保证金 350，000 元。10 月 10 日，云南甲公司发给四川乙公司《进场通知》，通知要求四川乙公司按合同组织机械设备、制订施工计划并报审批后进场施工。10 月 25 日，云南甲公司与四川乙公司签订《补充协议》，约定，根据现场施工难度，变道等原因，在原有合同基础上乙方单价土方每立方米增加 0.8 元，石方含爆破每立方米增加 1 元。补充协议还针对施工管理和工程计量等内容进行了约定。11 月 11 日，云南甲公司下发《通知》，任命李某某为峨山项目部经理，主持该项目的全面工作。

在履行合同过程中，四川乙公司违背合同的约定，擅自将承包的土石方

① 参见云南省高级人民法院（2010）云高民一终字第 89 号民事判决书。

工程部分分包给丙公司昆明分公司。10月13日,四川乙公司(甲方)与丙公司昆明分公司(乙方)签订了《内部承包协议书》。协议约定工程量1000万立方米,由四川乙公司工程师指定段面范围,完成的方量以双方按图实际测量确认的为准。协议书还约定了进场日期、施工日期、施工单价、违约责任等内容。协议签订的次日,四川乙公司向丙公司昆明分公司发出《进场通知》,要求丙公司昆明分公司于10月20日组织机械到位,25日正式施工,并将丙公司昆明分公司整编为施工二队。丙公司昆明分公司接到通知后,按约定于2008年10月16日至10月27日,三次共付给四川乙公司履约保证金600,000元。同时,丙公司昆明分公司组织机械、人员分两个组进场施工。丙公司昆明分公司进场施工才几天就被通知停工,人员、机械和设备滞留于工地。2008年12月26日云南甲公司通知四川乙公司退场,云南甲公司的代表李某某与四川乙公司的代表尹某某就丙公司昆明分公司施工二队已完工程量和损失进行结算并签订了《工程结算表》和《撤场工程结算表》,确认丙公司昆明分公司完成的工程量为13,015立方米,按9元/立方米计算,工程款为117,135元,损失为1,084,255元。同日,四川乙公司的代表尹某某分别与丙公司昆明分公司的代表张某A、张某B签署《撤场工程结算表》,确认丙公司昆明分公司的损失为1,084,255元。结算后,由于丙公司昆明分公司向四川乙公司索款未果,遂起诉,请求:(1)解除双方之间签订的承包协议;(2)判令支付工程款117,135元、返还履约保证金600,000元、赔偿损失1,084,255元,三项共计1,801,390元;(3)诉讼费由被告承担。

2. 法院裁判及观点

法院审理认为,(1)关于丙公司昆明分公司与云南甲公司的主体问题。张某A、张某B是丙公司昆明分公司聘用的工作人员,其代表丙公司昆明分公司与四川乙公司签署了《撤场工程结算表》,丙公司昆明分公司是本案的适格主体。云南甲公司系本案工程的发包方,四川乙公司承包后,违法将工程分包给丙公司昆明分公司施工,根据《建设工程施工合同解释》的规定,根据丙公司昆明分公司的申请,追加云南甲公司为共同被告符合法律的规定,因而云南甲公司也是本案的适格主体,丙公司昆明分公司作为实际施工人有权向四川乙公司主张欠付的工程款和履约保证金,云南甲公司在上述欠付工程价款范围内承担付款责任。(2)关于丙公司昆明分公司与四川乙公司签订的

《内部承包协议书》有无法律效力,该合同应否解除的问题。云南甲公司与四川乙公司在签订的《矿山开采工程合同》第 2 条中就明确约定项目工程不得分包转包。但是,在履行合同过程中,四川乙公司不顾合同约定,擅自将承包的6000万立方米土石方工程以内部承包的形式,分包了1000万立方米给丙公司昆明分公司进行施工,违反了《合同法》第 272 条第 3 款,可认定丙公司昆明分公司与四川乙公司签订的《内部承包协议书》违反了法律的禁止性规定,故依法无效。由于无效合同自始没有法律约束力,丙公司昆明分公司请求解除与四川乙公司签订的合同于法无据,不予支持。(3)关于丙公司昆明分公司要求四川乙公司、云南甲公司支付工程款 117,135 元、返还保证金600,000 元、赔偿损失 1,084,255 元的主张应否支持的问题。云南甲公司虽未与昆明分公司签订合同,但由于云南甲公司与四川乙公司签订了《矿山开采工程合同》,系发包人,继而四川乙公司违法将承包的工程分包给丙公司昆明分公司进行施工,丙公司昆明分公司是本案的实际施工人,但根据《建设工程施工合同解释》第 26 条的规定,云南甲公司只对其实际欠付的工程款承担责任,而不对返还保证金及赔偿损失承担责任,四川乙公司对丙公司昆明分公司的停工损失应承担赔偿责任。

综上,一审法院判决:(1)四川乙公司与丙公司昆明分公司签订的《内部承包协议书》无效;(2)由四川乙公司于判决发生法律效力之日起 30 日内返还丙公司昆明分公司履约保证金 600,000 元及赔偿损失 1,084,255 元;(3)由四川乙公司于判决生效 30 日内支付丙公司昆明分公司工程款 117,135 元,云南甲公司在上述欠付工程价款范围内承担付款责任;(4)驳回丙公司昆明分公司的其他诉讼请求。二审法院认为,一审判决认定事实清楚,适用法律正确,判决驳回上诉,维持原判。

3. 案例评析

本案是较为典型的工程违法分包导致实际施工人向业主、违法分包人主张权利的案件。在本案中,四川乙公司通过签订《内部承包协议书》的方式,擅自将其承包的工程部分分包给丙公司昆明分公司。依照我国法律的相关规定,该《内部承包协议书》名为内部承包,实为违法分包,属于无效合同。违法分包、转包是工程施工过程中常见的违规行为,而两者存在相通之处,其实质都在于,承包人把本应该亲自实施的工程,违规交由其他企业或个人来完成。若层层分包转包,则势必不利于管理单位对于工程质量、工期的把控,容易造成市场的混乱和工程质量存在巨大的安全隐患。在本案中,四川乙公司违背总承包合同的约定,擅自将承包土石方工程部分分包给丙公司昆明分公司,其行为构成违法分包,四川乙公司与丙公司昆明分公司《内部承包协议》属于无效合同,但是并不因此当然认为云南甲公司与四川乙公司协商签订《矿山开采工程合同》也一并作无效处理。丙公司昆明分公司是相应分包工程中的实际施工人。根据合同的相对性,丙公司昆明分公司可以以四川乙公司为被告主张权利。当事人因履行无效合同所遭受损失的责任,应当根据过错由合同当事人来承担。在本案中,四川乙公司应当对丙公司昆明分公司的工程款、停工损失、返还保证金三个方面承担责任。云南甲公司是业主,没有与丙公司昆明分公司建立合同关系,但是根据以上的司法解释规定,云南甲公司只对其实际欠付的工程款与四川乙公司承担连带责任,但不对返还保证金及无效合同履行中的损失承担责任。

有关法律规定

《中华人民共和国合同法》

第五十八条　合同无效或者被撤销后,因该合同取得的财产,应当予以返还;不能返还或者没有必要返还的,应当折价补偿。有过错的一方应当赔偿对方因此所受到的损失,双方都有过错的,应当各自承担相应的责任。

最高人民法院《关于审理建设工程施工合同纠纷案件适用法律问题的解释》

第二条　建设工程施工合同无效,但建设工程经竣工验收合格,承包人请求参照合同约定支付工程价款的,应予支持。

第二十六条　实际施工人以转包人、违法分包人为被告起诉的,人民法院应当依法受理。

实际施工人以发包人为被告主张权利的,人民法院可以追加转包人或者违法分包人为本案当事人。发包人只在欠付工程价款范围内对实际施工人承担责任。

三、非法转包、违法分包人在无效的建设工程施工合同履行中存在过错，实际施工人能否主张停工窝工损失

基本理论

实践当中，建设工程类案件中较为典型的是无资质承揽工程、违法分包引起的纠纷案件。值得注意的是，在存在无资质承揽工程、违法分包造成合同无效的情况下，实际施工人施工的工程经竣工验收合格（包括依照法律、司法解释规定视同竣工验收合格），除向发包人、非法转包或违法分包人主张工程价款之外，能否向与其订立合同的非法转包、违法分包人主张"违约"引起的停工、窝工等额外损失及费用进行赔偿，值得进行研究。有的观点认为，实际施工人以违反无效合同的约定为由主张因违约造成的损失，法律依据不充分，保护了违反建筑法律法规的合同相对人的利益。也有观点认为，在履行无效的建设工程合同，发包人（包括非法转包人、违法分包人）存在违反诚实信用原则或者存在明显过错的履行行为，给作为合同当事人承包人（实际施工人）造成损失，如果不加以救济，则可能在助长此类在建设工程活动中有违诚信的行为，因此应当赔偿。

典型案例

违法分包人存在延迟支付工程进度款、不及时提供施工所必备的条件等行为造成停工，实际施工人主张相应停工损失的，人民法院应予以支持

——四川丙公司与沈阳乙公司、沈阳乙公司A分公司、广汉甲公司建设工程施工合同纠纷一案[①]

1. 案情简介

本诉原告：四川丙公司

---

① 参见四川省高级人民法院（2013）川民终字第596号民事判决书。为突出主要问题，对案情进行了改编和简化。

被告:沈阳乙公司

被告:沈阳乙公司 A 分公司

被告:广汉甲公司

2009 年 1 月沈阳乙公司及沈阳乙公司 A 分公司和广汉甲公司签订《某水泥熟料水泥生产线总承包合同》,合同约定沈阳乙公司总承包该项工程;合同总价为 22,000 万元整,为总价包干交钥匙工程。后沈阳乙公司通过陈某某找到四川丁公司,以四川丁公司名义与沈阳乙公司签订了《建设工程合同》。合同签订后,陈某某作为实际施工人以四川丁公司名义进场施工。因广汉甲公司对四川丁公司资质不满意,要求更换施工单位。2009 年 5 月,在解除与四川丁公司合同后,沈阳乙公司 A 分公司与四川丙公司签订《建设工程施工合同》,约定四川丙公司在水泥生产线项目建设中承担土建工程任务。在合同签订前,四川丙公司于 2009 年 4 月下旬进场开展工程施工,承接了原实际施工人陈某某以四川丁公司名义施工的全部工程。2009 年 4 月沈阳乙公司 A 分公司向四川丙公司支付进度款,截至 2009 年 10 月 20 日,四川丙公司累计申报工程款 74,837,541.74 元,沈阳乙公司 A 分公司及广汉甲公司累计审定 38,982,848 元。四川丙公司进场施工后,在施工期间沈阳乙公司 A 分公司一直未能连续提供施工图纸,造成四川丙公司机械设备闲置,降水费用及人员窝工并直接导致工期延误。2009 年 11 月 10 日,四川丙公司停止施工。2009 年 12 月广汉甲公司委托 L 公司对当时四川丙公司报审实际完成工程进行审核。经审核,四川丙公司从 2009 年 2 月至 11 月 9 日报送价 76,897,354 元,审定总造价为 62,270,592 元,截至四川丙公司停工前,沈阳乙公司 A 分公司未对四川丙公司报审的进度款依约予以审核,也未及时支付工程进度款,造成工程进度延误。2009 年 12 月 4 日三方当事人会议协商停工问题,其后四川丙公司复工。2009 年 12 月 8 日,沈阳乙公司 A 分公司向广汉甲公司出具委托书,由广汉甲公司对四川丙公司之后所施工工程直接进行审计、付款、监督。此后,四川丙公司继续施工,并在施工后按该委托直接向广汉甲公司报审工程进度款,广汉甲公司对报审进行审核直接将工程进度款拨付四川丙公司。截至 2010 年 2 月 8 日,沈阳乙公司 A 分公司支付工程进度款 6200 万元,但未按照合同约定退还履约保证金。

2010 年 5 月 20 日,该工程实现点火并开始投料试生产。四川丙公司又多次发函要求沈阳乙公司A分公司、广汉甲公司按合同及约定支付工程款，沈阳乙公司A分公司均未回应，广汉甲公司则以超付为由拒绝付款。四川丙公司尚未全部完成约定施工内容，于2010年8月离场。

一审期间，政府有关部门经查处，对沈阳乙公司A分公司无建筑业企业资质承揽该水泥生产线土建工程的行为，对广汉甲公司将该水泥生产线发包给无建筑企业资质的行为，对陈某某以他人名义承揽该水泥生产线土建工程的行为，对四川丙公司允许他人以本企业名义承揽工程的行为，均作出行政处罚决定，并生效。一审期间，法院根据当事人申请并共同选择鉴定机构对本案四川丙公司已经完成的工程进行司法鉴定。最终确定鉴定造价为101,224,782元。

沈阳乙公司A分公司与四川丙公司签订的《建设工程施工合同》通用条款第26.4款约定，发包人不按合同约定支付工程款（进度款），双方又未达成延期付款协议，导致施工无法进行，承包人可停止施工，由发包人承担违约责任；第35.1款（2）约定，本通用条款26.4款提到的发包人不按合同约定支付工程款，导致施工无法进行；第36.1款约定，当一方向另一方提出索赔时，要有正当索赔理由，且有索赔事件发生时的有效证据；第36.2款（4）约定，发包人未能按合同约定履行自己的各项义务或发生错误以及应由发包人承担责任的其他情况，造成工期延误和（或）承包人不能及时得到合同价款及承包人的其他经济损失，承包人可按下列程序以书面形式向发包人索赔：工程师在受到承包人送交的索赔报告和有关资料后28天内未予答复或未对承包人作出进一步要求，视为该索赔已经认可。

四川丙公司提出，沈阳乙公司A分公司未按时按量提供图纸给其造成窝工损失1,371,197.2元及机械设备闲置损失393,460元，降水台班补偿费用388,514.16元，并发出了该工作联系函（索赔单）；后四川丙公司针对停工损失，于2009年11月14日将“停工期间费用”，明确了停工每天的经济损失为62,159.90元的报告，送交了沈阳乙公司A分公司及广汉甲公司、监理公司。沈阳乙公司A分公司签收以上材料后未答复。本案工程《监理例会纪要》均印证，总包方由于经验不足，前期工作出现一些问题；由于图纸原因导致施工单位出现窝工现象；沈阳乙公司A分公司方的工作人员确认窝工的事实。

四川丙公司一审起诉请求：（1）沈阳乙公司及其沈阳乙公司A分公司支

付四川丙公司工程款30,627,636.90元及相应利息,广汉甲公司承担连带支付责任;(2)请求判令沈阳乙公司及其沈阳乙公司A分公司支付劳动力窝工、机械设备闲置费用1,764,657.20元;深基础降水补偿费用388,514.16元;停工损失费1,553,997.50元等损失。

沈阳乙公司A分公司反诉请求:(1)令四川丙公司赔偿因单方停工给沈阳乙公司A分公司造成的损失1000万元;(2)请求判令四川丙公司履行施工合同规定的提供施工图纸、资料等竣工验收义务;(3)请求判令四川丙公司支付赔偿因其拒绝提供施工图纸、资料等造成的贷款利息损失342,840元;(4)判令沈阳乙公司A分公司与四川丙公司于2009年1月16日、1月18日签订的两份《建设工程施工合同》无效;(5)请求四川丙公司承担反诉案件受理费。

2. 法院裁判及观点

关于合同效力,有关政府部门作出的已生效的行政处罚确认了沈阳乙公司A分公司无建筑业企业资质,沈阳乙公司A分公司承揽、广汉甲公司发包本案土建工程的行属于违法行为。沈阳乙公司A分公司与广汉甲公司签订的《某水泥熟料水泥生产线总承包合同》无效。本案工程中的土建工程属于主体工程,沈阳乙公司A分公司将其分包与四川丙公司施工,由此签订的《建设工程施工合同》无效。虽然本案土建工程未经竣工验收,但四川丙公司施工的工程主体部分已由合同相关各方以及施工地的质检行政主管部门验收合格,且广汉甲公司已于2010年5月20日举行了点火仪式并投料试生产,属于广汉甲公司实际擅自使用,视为已竣工验收且竣工验收日期应为2010年5月20日。

本案所涉工程的造价,经鉴定,一审法院认定为101,224,782.0元,经查明已付工程款总计为73,277,457.06元。对未按时支付工程款根据合同约定和《建设工程施工合同解释》第17条的规定,广汉甲公司应支付相应利息。

关于窝工、停工等损失赔偿责任的问题。涉案建设工程实际系"边设计、边整改、边施工"的"三边工程"。沈阳乙公司A分公司并未认真行使总承包人的权利和义务,在该项目的实施过程中没有严格按照总承包合同中约定的总包价平衡预算土建工程、设备、电器等造价,提供工程土建部分的图纸时间与施工正常节奏脱节。根据监理例会纪要证实,在施工图纸方面未在合理期间提供，沈阳乙公司A分公司在实际施工中又多次催促四川丙公司增加施工人员，四川丙公司作为工程乙方只能按要求增加人员施工；四川丙公司曾以工作联系单的形式提出图纸不能合理提供导致相应损失问题。沈阳乙公司A分公司及业主广汉甲公司对土建进度款安排及拨付与实际土建完成量严重不足，给四川丙公司的施工造成了严重影响，且图纸造成四川丙公司窝工损失、机械设备闲置损失以及施工降水费用增加，应当承担相应赔偿责任。

根据双方合同约定发包人不按合同约定支付工程款（进度款），双方又未达成延期付款协议，导致施工无法进行，承包人可停止施工，由发包人承担违约责任；承包人可按合同约定的程序以书面形式向发包人索赔，发包人工程师在收到承包人送交的索赔报告和有关资料后28天内未予答复或未对承包人作出进一步要求，视为该索赔已经认可。四川丙公司将每天62，159.90元停工损失的《停工期间费用》已按合同约定送交了沈阳乙公司A分公司及业主、监理，沈阳乙公司A分公司签收后在28天内未给予答复，可视为该停工索赔被认可。沈阳乙公司A分公司应承担四川丙公司每天经济损失62，159.90元，停工损失费共1，553，997.50元的相应的赔偿责任。

沈阳乙公司及沈阳乙公司A分公司因案涉土建工程的建设施工合同无效但其对缔约无效合同存在主要过错，对于四川丙公司在施工中的窝工损失、机械设备闲置损失、停工损失、额外增加施工降水费用等损失应承担相应赔偿责任。鉴于案涉工程属于“三边”工程，四川丙公司对于案涉土建工程的施工风险应当有相应的预见性，但在实际施工中，四川丙公司并未根据本案涉案工程属于“三边”工程的特性，而采取更为合理有效的施工管理措施，对窝工损失、机械设备闲置损失、停工损失、额外增加施工降水费用等损失造成也具有一定的过错，法院酌情确定为沈阳乙公司A分公司承担70%的窝工损失、机械设备闲置损失、停工损失、额外增加施工降水费用等损失的赔偿责任，其余30%由四川丙公司自行承担。

因此一审法院判决：（1）四川丙公司与沈阳乙公司A分公司签订的《建设工程施工合同》无效；（2）广汉甲公司向四川丙公司支付工程款27，787，570.57元；（3）广汉甲公司向四川丙公司支付欠付工程款利息、延迟返还工程质量保证金利息；（4）沈阳乙公司向四川丙公司支付窝工、停工等损失部分共2，595，018.20元；（5）驳回四川丙公司、沈阳乙公司A分公司的其他诉讼请求。

宣判后,四川丙公司、沈阳乙公司、广汉甲公司均不服,提起上诉。二审法院判决驳回上诉,维持原判。

3. 案例评析

本案为建设工程类案件中较为典型的无资质承揽工程、违法分包引起的纠纷案件。本案中,丙公司是案涉工程土建工程部分的实际施工人,工程总承包人沈阳乙公司A分公司由于没有建设工程资质,从发包人广汉甲公司处承揽本案工程,订立的总包合同属于无效合同。沈阳乙公司A分公司将应当由自己完成的工程主体工程即土建工程以分包名义交由四川丙公司施工,也属于违法行为,订立的建设工程施工合同也无效。在合同履行过程中,由于发包人和总承包人不按约定按时支付进度款、不按约定及时提供施工图纸,导致实际施工人丙公司发生了停工、窝工等损失。在主合同、违法分包合同均无效的情况下。这一损失认定和赔偿的依据就成为重要的争议焦点。在无效合同情形下,发包人(包括非法转包人、违法分包人)存在违约行为,承包人依照合同约定主张约定违约金的,由于合同无效,不会得到支持。但在履行无效的建设工程合同,发包人(包括非法转包人、违法分包人)存在违反诚实信用原则或者存在明显过错的履行行为,给作为合同当事人承包人(实际施工人)造成损失,如果不加以救济,则可能在助长此类在建设工程活动中有违诚信的行为。因此,在本案中,法院参照无效的合同,确定当事人应当遵循的善意履行合同的义务,认定广汉甲公司、沈阳乙公司A分公司未及时审核实际施工人四川丙公司报送的工程进度款,且严重延迟付款,造成四川丙公司资金压力巨大,不得不按照约定停工;同时由于沈阳乙公司A分公司缺乏相应资质,缺乏案涉工程总包经验,提供工程土建部分的图纸时间与施工正常节奏脱节。以上因素造成了四川丙公司的停工、窝工等损失,人民法院判令与四川丙公司存在直接合同关系的沈阳乙公司A分公司进行了赔偿。

有关法律规定

《中华人民共和国合同法》

第六十条　当事人应当按照约定全面履行自己的义务。

当事人应当遵循诚实信用原则,根据合同的性质、目的和交易习惯履行通知、协助、保密等义务。

第一百零七条　当事人一方不履行合同义务或者履行合同义务不符合约定的，应当承担继续履行、采取补救措施或者赔偿损失等违约责任。

最高人民法院《关于审理建设工程施工合同纠纷案件适用法律问题的解释》

第十四条　当事人对建设工程实际竣工日期有争议的，按照以下情形分别处理：

（一）建设工程经竣工验收合格的，以竣工验收合格之日为竣工日期；

（二）承包人已经提交竣工验收报告，发包人拖延验收的，以承包人提交验收报告之日为竣工日期；

（三）建设工程未经竣工验收，发包人擅自使用的，以转移占有建设工程之日为竣工日期。

四、项目经理以项目部名义对外签订合同，法律责任由谁承担

基本理论

1. 项目经理

在建筑施工领域，最常见的施工管理模式是由项目经理部实际组织并管理施工。项目经理部是由项目经理在企业法定代表人授权和职能部门的支持下按照企业的相关规定组建，进行项目管理的现场组织机构。它具有临时性，根据经营项目的需要而组建，并随项目的结束而解散，也没有营业执照，不具备法人资格。项目经理部在建设工程施工活动中具有非常重要的作用，实践中调配并管理工程项目的人力、资金、物资、机械设备等生产要素，指挥工程项目建设的生产经营活动；对外，实践中项目经理部及其项目经理大量存在签订和履行合同的情况。项目经理部的项目经理又是具有特殊地位的人，他是由承包人任命并派驻施工场地行使承包人权利的代表，其实际权力高于普通员工。

2. 项目经理对外进行交易的效力争议

在司法实践中，项目经理部（或项目经理）对外从事买卖、租赁、借贷等行为引发的债务纠纷应当由谁来承担责任，却存在很大争议，同案不同判的情况也时有发生。究其原因，一是目前的建筑市场比较混乱，存在大量的现行

法律不予认可的个体经营者现象。法律的强制性规定与实践中大量存在的违反法律但有相对合理性并大量存在的建筑业个体经营模式之间存在明显冲突。事实上的经济关系与法律的强制性要求的矛盾,这必然使法院的裁判以及法官对法律的理解适用存在困惑和不统一的现象。二是项目经理部的组建具体情况不同,项目经理部与建筑企业之间存在多种关系,具体情形的差别对案件法律关系中主体的认定存在不同程度的影响。三是项目经理部对外运行不规范,尤其是项目经理没有授权或超越授权对外签订合同的现象比较普遍,使行为性质较难判别。

3. 如何判别项目经理对外进行交易的效力

综合来看,项目经理部在建设工程施工上对外进行买卖、租赁、借贷等民事行为引发的诉讼,其民事行为效力和民事责任主体以及应承担民事责任的认定,应当区分项目经理部与建筑企业内部和外部行为及合同性质,是否构成表见代理等综合作出认定。就外部关系而言,通常是建筑材料供应商与项目经理或项目部之间的关系。在当前民间借贷、小额贷款等非正规金融快速发展的情况下,也存在大量的项目经理或项目部对外借款的情况,并且通常是高息借款;就内部关系而言,是建筑企业与项目经理或项目部之间的关系。就内部关系来看,实践中存在多种情形。一是挂靠即借用资质,项目经理与建筑企业没有隶属关系,只是借用建筑企业的资质承揽工程、组织施工;二是转包,建筑企业承揽工程后将工程转包给个人负责,该个人通常被任命为该建筑企业的工程项目经理;三是违法分包,建筑企业承揽工程后违反法律规定将部分工程分包给个人负责,该个人通常被任命为该建筑企业的工程项目经理;四是法律认可的合法内部承包,这种情形下,项目经理是建筑企业的员工,在内部施行承包制度,该员工承担较大的经营风险,享受较大的收益。在前三种情形下,项目经理在名义上虽然是建筑企业设立的临时机构负责人,但通常就是事实上的实际施工人,在第四种情形下,项目经理是企业内部员工。对于第四种情形,项目经理作为建筑企业授权的人员,对外从事与之有关的业务交易行为,视为为建筑企业施工工程而实施的职务行为,后果由建筑企业承担法律义务和责任,通常争议不大。存在争议和认识和处理不统一的主要是前三类情况,即个体经营建筑者以项目经理名义对外实施与建筑工程有关的交易行为的情况。从司法实践来看,大多数法院或法官倾向于认为，建筑企业借用资质、转包、违法分包这三类情况都属于法律禁止的行为，如果实际施工人以建筑企业项目经理身份或项目部名义对外借款，建筑企业在与政府主管部门的备案材料或对外业务中明确任命该实际施工人为项目经理的，或者为项目部刻制了由项目经理适用的印章或者默许该实际施工人制作的项目部印章的，通常认定为交易相对人有理由相信该项目经理有代表建筑企业的授权。如建筑材料供应商或借款出借人向建筑企业主张权利的，有较大的可能性被人民法院支持。但也有一些例外情形，如有证据足以证实交易相对人明确知道或应当知道项目经理没有建筑企业的交易授权的除外。

4. 法律风险提示

司法实践中，项目经理对外交易带来的经济和法律风险往往来自建筑企业借用资质、转包、违法分包这三类违法违规行为。因此，建筑企业应当着力避免这三类违法违规行为，评估其带来的经济和法律风险。对于已经出现的这类行为，为降低法律风险，实践中通常采取的做法有：由建筑企业向项目部派驻现场监督人员；实际施工人掌握的项目部印章标注为“资料专用章”，即明确该章没有对外订立合同的效力；由建筑企业派驻人员持有公司的项目部印章，对项目部对外采购合同进行审核；不将实际施工人任命为项目经理而任命公司人员为项目经理。但应当注意的是，采取以上做法，并不能完全避免此类法律风险，只要存在以上三类违法违规行为，交易相对人有理由相信实际施工人代表建筑企业的行为，建筑企业均有被判令承担责任的风险。

典型案例一

项目经理部在工程施工中以建筑企业项目部名义对外签订原材料采购合同的，建筑企业应当承担合同责任

——丙混凝土公司与乙建安公司、徐某某承揽合同价款纠纷案①

1. 案情简介

原告：丙混凝土公司

① 参见江苏省常州市中级人民法院（2011）常商再终字第0012号民事判决书。

被告:乙建安公司

被告:徐某某

甲房地产公司与乙建安公司签订建筑工程施工合同,合同约定甲房地产公司将其开发的某楼盘 A、B、C 三幢房屋的土建及水电工程发包给乙建安公司,徐某某为项目经理。随后,乙建安公司与徐某某签订转包协议,协议约定乙建安公司将承包的某楼盘 A、B、C 三幢房屋的土建及水电工程转包给徐某某。2005 年 1 月 3 日,徐某某持乙建安公司 L 项目部印章,以该项目部名义与乙建安公司签订建设工程质量管理责任书,责任书约定乙建安公司确定徐某某为某楼盘的项目经理。乙建安公司 L 项目部依法行使国务院《建设工程质量管理条例》规定的施工单位的质量责任和义务,不得转包或者违法分包。上述建设工程施工合同、建设工程质量管理责任书被提交行政主管部门备案登记。转包协议签订后,徐某某自行组织施工人员、施工材料、机械设备进场施工,其财务与甲房地产公司直接进行独立核算,所有费用由徐某某个人承担,甲房地产公司将工程款结算给徐某某。乙建安公司没有向徐某某收取任何费用,也不参与管理。后丙混凝土公司与乙建安公司 L 项目部签订混凝土供应合同,合同约定丙混凝土公司为承揽方、乙建安公司 L 项目部为定作方,集中搅拌砼约 6000 立方米,合同对砼强度、砼试块的标准和价款结账、付款时间等义务与责任内容作出具体约定。徐某某在该承揽合同上加盖乙建安公司 L 项目部印章。合同签订后当事人按约履行。徐某某以乙建安公司 L 项目部名义向丙混凝土公司出具欠条一张,欠条载明乙建安公司 L 项目部承建的城中花园工程,混凝土货款总计 1,447,229.44 元,已付货款 97 万元,尚欠丙混凝土公司计 477,229.44 元。后因欠款未付,丙混凝土公司诉至法院,要求乙建安公司支付剩余货款货款计 477,229.44 元和拖欠期间的利息。乙建安公司辩称:徐某某系该工程转承包人,不是本公司的项目经理,责任应当由徐某某承担,请求驳回丙混凝土公司的诉讼请求。

2. 法院裁判及观点

原一审法院判决:乙建安公司于判决生效之日起 30 日内向丙混凝土公司偿付货款 477,229.44 元。宣判后,判决已发生法律效力。乙建安公司不服该判决,向检察机关申诉。该市检察机关向市中级法院提出抗诉,市中级人民法院指令基层法院再审本案。经再审一审,法院判决:徐某某于判决生效之日起 30 日内向丙混凝土公司偿付货款 477,229.44 元。宣判后,丙混凝土公司不服,提出上诉。再审二审法院认为,丙混凝土公司诉请乙建安公司承担支付混凝土价款的理由,依法成立,予以支持;再审一审判决错误,原一审判决并无不当,予以维持。遂撤销再审一审判决,维持原一审法院判决,即乙建安公司于本判决生效之日起 30 日内向丙混凝土公司偿付货款 477,229.44 元。

再审生效裁判认为,《民法通则》第 63 条第 2 款规定,代理人在代理权限内,以被代理人的名义实施民事法律行为。被代理人对代理人的行为,承担民事责任。代理制度中代理人权利外观的形成,无论是有权代理,还是表见代理,其能够约束被代理人的法律效果,均不受代理人与被代理人内部约定的影响。本案徐某某以乙建安公司 L 项目部的名义、印章与丙混凝土公司签订、履行集中搅拌混凝土浇筑承揽单合同,丙混凝土公司供应的搅拌混凝土全部用于徐某某转包承建的某楼盘工程,已交付的 97 万元混凝土价款是发包人甲房地产公司直接从其账户以现金或现金支票方式支付给丙混凝土公司,最后徐某某以该 L 项目部的名义向丙混凝土公司出具混凝土价款的欠条,因此徐某某并不是以其个人名义与丙混凝土公司发生供应混凝土业务往来。由于乙建安公司 L 项目部是没有领取营业执照的临时机构,不具有民事主体资格和诉讼主体资格,虽然丙混凝土公司没有举证证明乙建安公司授权徐某某刻制乙建安公司 L 项目部的印章,但承包人乙建安公司以该公司 L 项目部的名义与发包人甲房地产公司签订的建筑工程施工合同明确徐某某的身份是项目经理,且徐某某以乙建安公司 L 项目部的名义、印章与乙建安公司签订建设工程质量管理责任书,并将该责任书提建设行政主管部门备案登记,可以证明徐某某持有、使用的乙建安公司 L 项目部印章得到乙建安公司的实际认可。由于乙建安公司 L 项目部是乙建安公司没有领取营业执照的临时机构,在工商登记资料中也没有登记为乙建安公司的分支机构,故其在法律上不具有民事主体资格和诉讼主体资格。本案乙建安公司与徐某某之间虽然签订了内部转包合同,但因徐某某对外签订、履行合同及付款、出具欠条均以乙建安公司 L 项目部的名义进行,乙建安公司对徐某某以乙建安公司 L 项目部的名义开展活动也从未表示异议,所以二者虽是内部承包合同关系,但对外具有明显的代理人与被代理人的关系特征。综上,徐某某以乙建安公司L项目部的名义所欠丙混凝土公司的混凝土价款，应由乙建安公司直接承担民事责任。

3. 案例评析

本案是较为典型的项目经理以建筑企业项目部名义对外签订原材料采购合同的纠纷案件。这里涉及内部和外部两个方面的关系。就外部关系而言，通常是建筑材料供应商与项目经理或项目部之间的关系；就内部关系而言，是建筑企业与项目经理或项目部之间的关系。就内部关系来看，实践中存在多种情形。争议主要出现在个体经营建筑者作为实际施工人，以项目经理名义（实为借用资质、转包、违法分包）对外实施与建筑工程有关的交易行为的情况。本案中，徐某某通过非法转包获得本案工程，本人并非乙建安公司的员工。通过乙建安公司的转包承揽了有关的建筑工程，虽然两者之间约定自行进行财务核算，但这一约定属于徐某某与乙建安公司的内部关系。由于合同相对人举出了乙建安公司与甲房地产公司的建设工程施工合同中关于徐某某为项目经理，以及乙建安公司向政府主管部门备案资料中徐某某的身份作为证据，而这些证据足以使外界相信徐某某作为乙建安公司工作人员的外在表现，并且该笔交易属于建筑工程所需的原材料采购，因此法院认定乙建安公司对合同相对人承担法律责任。

典型案例二

项目经理部在工程施工中以被挂靠的建筑企业项目部名义对外借款的，建筑企业应当承担连带责任

——李某与乙建筑公司、唐某某民间借贷纠纷案[①]

1. 案情简介

原告：李某

被告：乙建筑公司

① 参见四川省高级人民法院（2016）川民终第575号民事判决书。为突出主要问题，对案情进行了改编和简化。

被告:唐某某

唐某某是乙建筑公司承建的某工程S标段项目负责人(经理)。2013年7月4日,唐某某代表乙建筑公司与某政府部门签订了某工程S标段《建设项目工程总承包合同书》。2013年7月11日乙建筑公司与唐某某签订了《项目经理目标管理责任书》。其中约定,唐某某为组织本工程施工对外签订的劳务和采购合同所产生的经济和法律的责任由唐某某自行承担。后唐某某持由上述《建设项目工程总承包合同书》和《项目经理目标管理责任书》等文件找到李某,以某工程S标段需要交纳合同履约金、垫付工程款等为由,要求借款。2013年10月31日唐某某向李某出具借条,载明:"今借到李某现金260万元,此款用于某工程S标段购买材料,借期为三个月。如到期不能还本付息,自愿承担违约金50万元。"李某后向唐某某支付唐某某234万元。2014年5月21日李某再次向唐某某提供借款人民币200万元,唐某某向李某出具借条,载明:"今借到李某现金200万元整,借期至2014年12月21日,此款用于乙建筑公司某工程S标段购买材料款及人工工资,未按约定使用本借款自愿承担违约金50万元,超期还款除承担违约金外,自愿承担双方约定的双倍利息,直至本息两清。"李某通过银行向唐某某账户提供出借款项。上述两份《借条》上均加盖了"乙建筑公司某工程S项目部"(以下简称乙建筑公司项目部)印章。唐某某向一审法院提交了案外人邓某、邓某某向李某转账的凭证原件,共计82万元。经查,乙建筑公司项目部印章是唐某某自行刻制,但乙建筑公司知晓此情况后并未制止,默许唐某某在施工中使用该印章。唐某某辩称,以上两笔借款是替案外人邓某某所借,并未用于本案工程。

2.法院裁判及观点

一审法院认为,从本案证据来看,唐某某出具的两张《借条》均是唐某某以自己和乙建筑公司项目部的名义所借,借款用途也明确为"工程购买材料、支付民工工资",并未提及是代他人所借。且李某是在看到唐某某所提供的《建设项目工程总承包合同书》《项目经理目标管理责任书》文件后,且唐某某和乙建筑公司的确在进行该项目的建设,由此才同意提供借款。因此,根据合同的相对性原则,该两笔借款共计434万元应由唐某某及乙建筑公司负责偿还。乙建筑公司明知唐某某持有乙建筑公司项目部印章,且唐某某不仅代表乙建筑公司与西昌市农业局签订了《建设项目工程总承包合同书》，而且又与乙建筑公司签订有《项目经理目标管理责任书》，故唐某某在所承包的工程范围内能够代表乙建筑公司行使权力、承担义务；况且，唐某某在借条上均明确注明该款项用于乙建筑公司所承建工程，同时又在借条上加盖了乙建筑公司项目部印章。因此，本案两笔借款共计 434 万元的实际借款人应为唐某某及乙建筑公司。唐某某向一审法院提交了案外人邓某、邓某某向李某转款 82 万元的凭证原件，应认定为唐某某的还款。

综上，法院判决，由乙建筑公司、唐某某于本判决生效之日起 15 日内连带偿还李某两笔借款本金供给 434 万元，并计算相应利息和违约金；案外人邓某、邓某某代唐某某归还的 82 万元，予以扣减；驳回李某的其他诉讼请求。

一审宣判后，李某、乙建筑公司、唐某某均不服，提出上诉。二审中，李某提交了邓某某与李某之间的借款合同和还款凭证，唐某某提交了自己向李某转款 40 万元的转账凭证原件。二审法院审理后认为，借条上载明的借款人均为唐某某，贷款人为李某，唐某某为本案两笔借款的借款人，应当承担相应责任。本案乙建筑公司与唐某某为借用资质的挂靠关系，虽然双方在《项目经理目标管理责任书》中约定，唐某某为组织本工程施工对外签订的劳务和采购合同所产生的经济和法律的责任由唐某某自行承担，但该条款并非明确的授权范围条款。相对人难以清楚判定唐某某在何种范围内代理乙建筑公司进行民事法律行为。而本案借条上加盖乙建筑公司项目部印章，虽为唐某某自行刻制使用，但出于工程上方便，乙建筑公司知晓该情况后并未制止，而是允许其使用。乙建筑公司的以上行为，应认定为授权唐某某使用该印章而对外实施相应民事法律行为。根据《合同法》第 49 条关于表见代理的规定，李某有理由相信唐某某有权以乙建筑公司名义进行相应民事法律行为，乙建筑公司应当承担相应法律后果。本案两笔借条在“借款人唐某某”及日期之后，分别署名“乙建筑公司某工程 S 标段项目部”，并加盖有乙建筑公司项目部印章，应认定为表见代理成立。因此，乙建筑公司为该两笔借款的共同借款人。因二审中当事人提交了新的证据，对已偿还借款的数额进行了调整，法院改判：仍由乙建筑公司、唐某某于本判决生效之日起 15 日内连带偿还李某两笔借款本金共计 434 万元，并计算相应利息和违约金；唐某某已经归还的 40 万元，予以扣减；驳回李某的其他诉讼请求。

3. 案例评析

本案属于项目经理以被挂靠的建筑企业项目部名义对外借款的案例。实践中,此类行为可能被人民法院认定为表见代理,而由被挂靠的建筑企业承担民事责任。表见代理是指行为人没有代理权、超越代理权或者代理权终止后以被代理人名义订立合同,相对人有理由相信行为人有代理权的一种代理行为。认定是否构成表见代理,主要从以下几个方面从严认定:一是看是否具有授权表象,主要可以看建设工地的项目公示牌的内容;是否使用建筑企业的财务章、合同章;建筑企业的内部承包合同、任命文件是否形式完整、内容合法,是否表明合同签订人是建筑企业下的项目部经理。二是看合同相对人是否善意且无过失,也即相对人不知道或不应当知道行为人实际上无权代理,并且在合同的缔结与履行过程中尽到了合理注意义务。对此,合同相对人应当负举证责任。三是看合同标的物的用途,即标的物是否用于合同约定之项目。如果合同标的物用于建筑企业的工程上,项目经理或项目经理部具有授权的表象,且合同相对人是善意无过失的,则应认定构成表见代理。本案中,唐某某持有乙建筑公司的内部承包合同,被任命为项目经理。在借款时,借条载明所借款项用于有关的工程。唐某某个人刻制了乙建筑公司项目部的印章,乙建筑公司得知以后没有制止,而是默许唐某某使用该印章。综合以上因素,人民法院认定李某有理由相信唐某某具有乙建筑公司的代理权限,本案构成表见代理,因此判令乙建筑公司承担借款的责任。

有关法律规定

《中华人民共和国合同法》

第四十九条　行为人没有代理权、超越代理权或者代理权终止后以被代理人名义订立合同,相对人有理由相信行为人有代理权的,该代理行为有效。

第五十条　法人或者其他组织的法定代表人、负责人超越权限订立的合同,除相对人知道或者应当知道其超越权限的以外,该代表行为有效。

第四节

建设工程中的鉴定

一、建设工程施工合同案件中，对鉴定机构的鉴定意见有异议，如何提出自己的主张

基本理论

对于人民法院准许的鉴定申请，应当通过合法程序选定鉴定机构。鉴定机构必须具备相应的资质或相应知识的人员。各当事人对选定鉴定机构能够达成一致意见的，人民法院可以直接指定该鉴定机构进行鉴定。如达不成一致意见的，按照法律规定，由人民法院指定。关于人民法院指定鉴定机构的具体制度机制，不同地方法院有不同的做法。为保证这一过程的公正性和廉洁性，不少地方法院采取的是抽签摇号的方法，在符合条件的专业鉴定机构名册中进行抽签摇号，确定相应的鉴定机构。

在鉴定机构完成书面鉴定意见（通常有初稿或征求意见稿）后，当事人往往会以各种理由提出异议。针对当事人提出的异议，应由鉴定机构作出解释并组织双方当事人及鉴定机构进行质证。鉴定机构应当接受当事人的质询并应提出对异议的处理意见。在此基础上，法院依法作出处理。鉴定人员听取当事人质询和异议后，可以对鉴定意见进行修订调整，并出具正式稿或最终意见稿，供人民法院使用。

关于工程造价的鉴定结论，鉴定机构应当接受当事人的质询并提出对异议的处理意见，在此基础上，法院依法作出处理

——甲银行与乙装饰公司、潘某装饰工程纠纷案①

1. 案情简介

原告、反诉被告：甲银行

被告、反诉原告：乙装饰公司

被告：潘某

1995年，甲银行与乙装饰公司签订室内装饰设计委托书，约定甲银行委托乙装饰公司对甲银行大厦进行装饰工程设计。1996年1月，双方签订的《装饰材料销售合同备忘录》约定，由乙装饰公司尽快办理有关施工手续，并按照双方审定的装潢施工图编制工程预算；原则上由乙装饰公司以包工包料的方式进行施工，原甲银行已购买的材料款也同时转为支付给乙装饰公司的工程款，未付的款项按施工合同中的付款方式支付。1996年5月，甲银行与乙装饰公司签订的《建设施工合同》约定，由甲银行将建行大厦装饰工程交由乙装饰公司施工，约定1996年9月20日竣工合同价款400万元。次日，双方又签订备忘录约定，工程价款定为1000万元。由于甲银行没有提供堆放材料的场所，且建行大厦的土建工程尚未竣工，造成施工人员窝工。1997年5月，乙装饰公司向甲银行委托的工程监理公司函告称，由于甲银行在1997年春节后，不能按工程进度支付工程款，工程无法正常施工，故决定暂停施工。1998年2月经双方协商达成新的协议约定，乙装饰公司的预算人员应于1998年2月底前会同甲银行和有关部门对工程造价进行审计，否则甲银行可以单方进行。后乙装饰公司组织人员于1998年春节后进入工地现场。由于消防系统同时施工等原因，工地现场管理混乱，且甲银行仍不能按进度给付工程款，对乙装饰公司的施工项目不予签证，使装饰工程不能正常进行。

---

① 参见最高人民法院(2001)民一终字第33号民事判决书，载曹建明主编：《民事审判指导与参考》(2002年第2卷，总第10卷)，法律出版社2002年版。

1998 年 6 月甲银行发出书面通知,责令工地各施工队伍全部撤离工地。1998 年 6 月,乙装饰公司、甲银行以及工程监理单位和质检部门对乙装饰公司已实际完成的工程项目进行了统计。

一审法院于 1999 年 5 月委托鉴定机构对该工程进行造价鉴定。2000 年 9 月,鉴定机构出具工程造价的最终结论。该结论称,按照集体二级施工资质取费标准计算,该工程总造价为 24,291,568.05 元;按照全民三级施工资质取费标准计算,该工程总造价为 24,963,328.72 元;对乙装饰公司的施工资质由法院确认后,按确认的资质依据,以计算结论认定工程造价。此外,在所计算的造价之外,还有流动施工津贴及冬季施工费的取费问题双方有争议,需经双方当事人举证后由法院确认。其中流动施工津贴经计算为 151,027.37 元,冬季施工费为 139,331.12 元。该工程超高费计算为 1,434,250.79 元。双方认可甲银行已实际支付工程款 21,765,350 元。乙装饰公司所完成的装饰工程项目中,有部分项目是丙公司承建并已结算,且在乙装饰公司施工中甲银行为其垫付了一部分电器材料。

再查明,乙装饰公司交由甲银行工作人员签收的误工单,误工工日合计为 745 个工日,除此以外的误工没有证据证实。夜间施工有甲银行主管基建的副行长和工地代表证实,为了赶工期夜间施工事实存在,乙装饰公司报给甲银行的夜间施工工日,甲银行不予签证,根据乙装饰公司的记载统计为 519 个工日。原合同对柱子的石材厚度没有约定,但明确每一个圆周分 6 件。后由于甲银行要求将 6 件改为 4 件,使每件的长度增大,根据施工要求长度增大厚度也须增加方能保证质量。监理公司的隐蔽工程记录载明,6 改 4 用料和损耗都有增加,情况属实。因设计变更,用料增加的价值经核算为 345,734.40 元。乙装饰公司撤离施工现场遗留于工地的材料已由甲银行使用,根据清单双方认可所遗留的材料价值为 65,547 元。乙装饰公司根据甲银行的要求,为甲银行制作了 68 套家具,双方虽没有书面合同,但口头约定由乙装饰公司为建行大厦客房制作 68 套家具,每套价值 8500 ~ 9000 元。甲银行工地代表证实,乙装饰公司制作的 68 套家具由其清点后搬入了客房部。

甲银行于诉至一审法院,要求解除双方签订的合同,乙装饰公司返还多付的工程款 10,505,216.19 元,并要求潘某承担相应民事责任,乙装饰公司提出反诉称,合同约定的价款和备忘录的修订价款均不是双方的真实意思表示,应根据已完工程量进行造价结算。甲银行已累计欠工程款7,650,000元。由于甲银行的违约行为,导致部分已完工程被损坏,以及遗留于现场的材料损失500,000元;甲银行要求进行夜间施工,导致误工和夜间施工的经济损失625,100元,其他因甲银行违约给乙装饰公司造成的经济损失合计4,259,351.26元。因变更设计,用料增加600,000元,乙装饰公司为甲银行制作的68套家具的款项和尚欠的装饰工程设计费10万元,上述款项及费用应判令甲银行承担。

2. 法院裁判及观点

一审法院审理认为,经双方长期协商订立的装饰工程施工合同,是双方真实意思表示,其内容不违背法律,应属有效合同,双方均应按合同约定全面履行各自的义务。由于诸多原因使合同不能正常履行,双方均有过错。合同已终止履行,双方应根据乙装饰公司实际完成的工程量和甲银行已实际支付工程款的情况,据实结算。甲银行在没有乙装饰公司人员参加和单方委托内部审价部门进行审价,其结论不能认定。一审法院委托鉴定机构作出的鉴定结论,经双方多次质证应予以确认。乙装饰公司经A省审核的装饰资质是二级,在案涉工程所在地施工B省主管部门审核降为三级。因B省主管部门规定,凡进入B省施工的外省区施工单位,无论其原性质如何,一律按集体性质对待,故确定按乙装饰公司原资质等级以集体二级计算工程造价为24,291,568.05元。对有争议的283,713.99元工程量造价,经质证确认其中80,265元应计入工程造价内。根据有关规定,流动施工津贴及冬季施工费应计入工程造价内。除去已支付款项,甲银行尚欠乙装饰公司工程款2,896,841.54元。甲银行起诉请求乙装饰公司返还多支付的工程款10,505,216.19元,没有事实根据,予以驳回。甲银行所欠乙装饰公司的工程款应予给付。对甲银行主张应从工程造价中扣除南通公司施工部分的价款及为乙装饰公司垫付材料价款,双方均同意在执行中根据甲银行提供的证据金额予以冲减,予以支持。乙装饰公司的误工损失和夜间施工损失的产生,是由于甲银行土建工程交付装饰施工不及时,以及要求乙装饰公司夜间施工所致,甲银行应承担赔偿责任。乙装饰公司将误工签单交由甲银行工作人员签收后,甲银行应签署是否认可的意见但未签署,应视为认可。对于夜间施工工日，夜间施工事实存在，但没有夜间施工的签证证实，属于双方管理上的失误。根据乙装饰公司统计数据和夜间施工的事实，双方各自负担一半的经济损失。根据双方约定的每工日35元计算，误工损失和夜间施工损失合计为351,855元，由甲银行予以赔偿。其他误工损失，乙装饰公司没有提供相应的证据支持其主张，予以驳回。对于材料倒运的损失问题，甲银行按约提供了材料的堆放场所，其远近在合同中没有明确，在实际堆放中，乙装饰公司也未提出异议，应视为认可，材料的保管和运输是乙装饰公司自身的职责，乙装饰公司要求甲银行承担材料损失的理由不能成立，予以驳回。乙装饰公司根据甲银行的设计变更，加大了四根柱子的用料，与施工记录相符，其用料的增加值345,734.40元应由甲银行予以补偿。乙装饰公司撤离施工现场所遗留的材料，已由甲银行使用，其材料价值65,547元，应由甲银行补偿。乙装饰公司制作的家具虽没有书面合同，但系当时双方负责人的口头约定，且已交付甲银行使用，故应按双方口头约定的底价每套8500元计算，由甲银行向乙装饰公司支付制作家具的价款578,000元。甲银行要求按目前清点的家具数量给付价款没有根据，予以驳回。双方对装饰工程的设计费已有明确约定，甲银行已支付40万元，尚欠的10万元设计费应当继续支付。潘某受乙装饰公司的委派，作为该装饰工程的负责人，实施工程的管理行为所产生的法律后果，应由乙装饰公司承担，甲银行起诉潘某个人不当，应予驳回。

据此判决：(1)驳回甲银行要求乙装饰公司返还多付的工程款10,505,216.19元的诉讼请求；(2)甲银行给付乙装饰公司装饰工程欠款2,896,841.54元；(3)甲银行赔偿乙装饰公司误工和夜间施工的经济损失351,855元；(4)甲银行补偿乙装饰公司因设计变更增加用料的经济损失345,734.4元；(5)甲银行补偿乙装饰公司剩余材料的价值65,547元；(6)甲银行支付乙装饰公司制作家具的价款578,000元；(7)甲银行支付乙装饰公司装饰工程设计费10万元；(8)驳回甲银行对潘某的起诉。

甲银行及乙装饰公司均不服一审判决，向二审法院提出上诉。二审法院审理认为，甲银行与乙装饰公司签订的装饰设计委托书、建设施工合同及备忘录，是双方当事人真实意思表示，合同内容不违反法律规定，应认定为有效。由于双方在履行合同中均有违约行为，导致合同已终止履行。双方应依据实际完成的工作及工程款支付情况,据实进行结算。一审法院委托鉴定机构对该工程进行造价鉴定,该鉴定机构资质合格,鉴定程序合法,甲银行请求重新对工程造价进行鉴定,理由不足,不予支持。但该鉴定结论中关于冬季施工费、流动施工津贴及超高费的计算,因双方当事人在合同中没有明确约定,且鉴定机构向一审法院提交鉴定报告时指出,流动施工津贴及冬季施工费需举证后,由法院予以确定。上述项目的取费是当事人约定以外的间接费,参照有关主管部门的意见及装饰行业惯例,没有双方明确约定的取费项目,不应计入工程造价之中,故一审法院将流动施工津贴 139,331.12 元、冬季施工费 151,027.37 元及超高费 1,434,250.79 元计入工程总造价之中,依据不足,应予纠正。在二审法院主持下,对鉴定机构作出的鉴定结论进行了补充质证和答疑,该鉴定机构经核对,确认计算错误共计 35.71 万元,上述款项应在总工程款中予以扣除。甲银行已付工程款 21,765,350 元,尚欠的 815,132.26 元应支付给乙装饰公司。一审法院认定误工和夜间施工费损失的产生是由于甲银行土建工程交付装饰施工不及时,以及甲银行要求乙装饰公司夜间施工所致,甲银行应承担相应赔偿责任;乙装饰公司将误工签单交由甲银行工作人员签收后,甲银行应签署是否认可的意见但未签署,应视为认可;夜间施工事实存在但没有双方签证证实,属于双方管理上的失误,根据乙装饰公司统计数据及夜间施工的事实,该项费用由双方各负担一半经济损失,适用法律并无不当。双方当事人对制作家具虽未签订书面合同,但却口头约定了家具的制作数量及价款,乙装饰公司亦实际制作家具并交付甲银行使用。一审法院以双方口头约定的最低价格计算该项费用,亦无不妥,甲银行要求按目前清点的家具数字支付价款,依据不足。不予支持。乙装饰公司根据甲银行的要求进行设计变更,加大了门面四根柱子的用料,与施工记录相符,其用料的增加值应由甲银行补偿。关于工程的设计费用,双方当事人已有明确合同约定,甲银行已支付 40 万元,所欠的 10 万元应由甲银行支付给乙装饰公司。潘某虽是乙装饰公司的法定代表人和装饰工程的负责人,但不是合同主体,一审法院驳回甲银行对潘某个人的起诉,并无不当,应予维持。综上,法院判决:(1)维持一审判决第 1、3、4、5、6、7、8 项;(2)变更一审判决第 2 项为:甲银行支付乙装饰公司装饰工程欠款 815,132.26 元。

3. 案例评析

本案的争议焦点主要是工程造价鉴定的问题。二审审理中,甲银行提出对原审的鉴定结论提出了异议。对于此类异议,二审法院可以根据当事人要求,召集双方会同鉴定机构在二审审理期间,针对甲银行对鉴定结论提出的异议部分再进行补充质证,由鉴定机构对当事人提出的异议问题进行答疑。本案中,当事人应在合同中明确约定合同条件及价款等事项。如当事人在合同中没有约定,对特殊项目计价取费,则不应单独再收取计价。本案中的流动施工津贴、冬季施工费及超高费就属单独计价的项目,是工程取费中直接费以外的间接费。关于装饰企业的资质等级问题,有的地区为保护当地的建筑装饰企业,作出一些诸如外地企业进入本地市场,降低资质等级进行取费的规定,从国家的层面看,没有这方面的规定。在案件审理中,法院可以根据实际情况进行参考。由于装饰工程项目繁多,当事人约定不明,工程的造价鉴定是允许与实际情况存在一些误差的。工程量的计算,一般应以双方认可的数字为依据,但鉴定机构进行鉴定时,可以根据实际发生的工程量进行增减,不一定以当事人认可的部分工程量作为全部依据。鉴定机构认为乙装饰公司在 1998 年 3 月后,又有部分施工工程,故制作工程量汇总表,从而计算工程量。此外,一审鉴定机构在二审期间重复核对数字时,发现计算失误及错误共计 35.71 万元,这是鉴定机构自行认可的数字,在二审中应一并加以解决。综上,二审法院在原鉴定结论基础之上,对工程价款进行了核减。

有关法律规定

最高人民法院《关于民事诉讼证据的若干规定》

第五十九条　鉴定人应当出庭接受当事人质询。

鉴定人确因特殊原因无法出庭的,经人民法院准许,可以书面答复当事人的质询。

第六十条　经法庭许可,当事人可以向证人、鉴定人、勘验人发问。

询问证人、鉴定人、勘验人不得使用威胁、侮辱及不适当引导证人的言语和方式。

二、关于建设工程施工合同工程价款结算案件中，哪些情形是不需要司法鉴定的

基本理论

司法实践中，某些建设工程合同纠纷案件，工程价款已经依法确定，不应进行造价鉴定，但是一方当事人出于自身利益考虑，认为已经确定的结算价格对己不利，试图采用较高的结算标准，于是向法院提出造价鉴定的申请，由于对方律师不了解相关规定或者对造价鉴定的结果缺乏估计，如果错误地同意鉴定，而一旦鉴定结果对己方不利，是无法再推翻的。因此，在此类纠纷案件中，需要根据案件的不同情况慎重甄别。一般来说，以下案件是不需要进行司法鉴定的：

第一，建设工程合同已经约定了固定价款。固定价款的性质属于合同总价在合同约定的风险范围内不可调整的价格，属于市场经济条件下的正常商业风险。因此，对建设工程施工合同，当事人双方完全可以自主选择计价方式，并承担风险。如果在承包人与发包人履行建设工程施工合同过程中，没有发生《合同法》第117条规定的不可抗力因素或没有发生合同修改、变更等导致工程量发生变化，就应当按照合同约定的固定价款或包干总价结算工程款，对于一方当事人提出对工程造价申请鉴定的，无论基于什么样的理由，都不应当予以支持。此外，当事人没有约定固定总价，但约定有固定单价的，工程价款能够按照固定单价乘以建筑面积计算，建筑面积能够通过其他证据确定的，也不应通过造价鉴定计算工程造价。当然，以上的讨论，是建立在承包人正常完成合同约定的工程，并竣工验收的前提下的。如果双方虽然约定了固定总价或固定单价，而承包人实际履行合同中，仅完成了部分工程，未全部完成约定工程的，就难以按照固定总价或固定单价计算，通常需要据实结算。

第二，建设工程施工合同约定以第三方机构(政府审计机构或社会审计事务机构)的工程造价审计造价为最终结算依据，且该机构已经做出审计结果的。这种情况下，双方合同已经明确约定了以相应的审计机构审计结论为准，而且已经有了相应审计结果的情况下，工程价款的结算应当按照当事人

约定,以该审计结果为依据。人民法院不应再另行委托鉴定机构进行鉴定。

第三,发包人和承包人已经通过书面协议约定或发包人在承包人提交的结算书上签字盖章认可等形式对工程价款进行了确认的。这种情况说明双方对工程款结算已经达成一致,承包方可依据经确认的协议书、结算书向发包方主张工程款,不需要进行造价鉴定。

第四,双方建设工程施工合同明确约定,在承包人提交的结算书送达发包人,发包人逾期不予答复,视为认可结算的情形。《建设工程施工合同解释》第20条规定:"当事人约定,发包人收到竣工结算文件后,在约定期限内不予答复,视为认可竣工结算文件的,按约定处理。承包人请求按照竣工结算文件结算工程价款的,应予支持。"如果当事人双方在建设工程施工合同(包括其他形式的协议书等)中明确约定,发包人收到竣工结算文件,在约定期限内(行业惯例通常确定为28天)不答复,视为认可竣工结算文件。一旦发生这样的事实,承包人可以直接根据已经认可的结算数额向发包人主张支付工程款,而无须进行鉴定。这一约定条款通常不利于发包人,这是发包人在订立建设工程施工合同中需要特别注意的。

典型案例一

建设工程施工合同中明确约定工程价款以发包人委托的审计机构审计结果为准,该机构已作出审计结果的,无须另行司法鉴定

——赵某、李某与乙路桥公司、甲水泥公司建设工程施工合同纠纷案①

1. 案情简介

原告:赵某

原告:李某

被告:乙路桥公司

被告:甲水泥公司

① 参见四川省高级人民法院(2017)川民终282号民事判决书。为突出主要问题,对案情进行了改编和简化。

甲水泥公司与乙路桥公司于2009年7月15日签订甲水泥公司矿山道路工程《建设工程施工合同》,其中明确约定"工程结算价以双方签认的审计结果为准"。后乙路桥公司把其中的厂区零星工程和厂区道路挡土墙、桥管涵工程分包给不具有相应施工资质的李某,并与之签订《协议书》。《协议书》约定:"合同价款:按甲水泥公司合同下浮10%,并在挡土墙、桥管涵护坡等价款利润下浮20%并提供所用材料的纳税正式发票。"李某与赵某共同完成前述工程,并已投入使用。后赵某、李某与乙路桥公司、甲水泥公司就工程款产生两件诉讼纠纷。关于厂区内零星工程纠纷,A基层法院进行了审理,审理时甲水泥公司委托的D咨询公司尚得出审计报告,因此A基层法院组织双方调解,调解书载明,赵某与乙路桥公司对施工工程进行结算,零星工程造价为1,169,334元。同时,当事人形成的书面协议载明,该案工程造价最终以"审计结果为准"。后来,D咨询公司出具《咨询报告》,载明由赵某、李某施工的厂区零星工程造价为1,075,649.2元。

关于厂区道路工程部分纠纷,A基层法院审理中,赵某、李某向法院申请对案涉工程进行司法鉴定。A基层法院遂委托C工程造价公司进行工程造价鉴定。C工程造价公司出具《司法鉴定意见书》载明:"赵某、李某完成的厂区道路挡土墙、桥管涵工程造价为4,018,362元。"还载明:"因本工程存在交叉作业而导致本意见书的造价有重复部分,当事认双方可凭双方确认的资料进行抵扣。"A基层法院根据该鉴定结果作出了一审判决。乙路桥公司不服,上诉至B中级法院。中级法院将该案发回A基层法院重审。赵某、李某在一审重审期间,根据鉴定结果增加了诉讼请求。A基层法院遂将该一审重审案移送B中级法院。B中级法院审理期间,C工程造价公司向B中级法院出具《补充鉴定意见》载明,原《司法鉴定意见书》没有按《协议书》约定进行造价下浮,因此,将赵某、李某所完成的工程量价款修改为3,612,540元。

后D咨询公司出具《咨询报告》,载明赵某、李某施工的厂区道路挡土墙、桥管涵工程量为3,134,575.56元,赵某在该《咨询报告》所附工程量清单上签字标注,确认相关工程量总计价款为3,134,575.56元。乙路桥公司为厂区道路挡土墙、桥管涵工程已支付给赵某、李某工程款为1,604,730.75元。

2. 法院裁判及观点

B中级法院一审认为,甲水泥公司与乙路桥公司签订的《建设工程施工合同》符合法律规定，应为合法有效。乙路桥公司把其中厂区道路挡土墙、桥管涵工程分包给不具有相应施工资质的李某，并与之签订《协议书》。该《协议书》无效。李某与赵某共同完成前述工程，并且已投入使用。根据《建设工程施工合同解释》第2条的规定，《协议书》虽无效，但赵某、李某要求乙路桥公司支付工程款的请求，甲水泥公司在欠付工程款范围内承担连带责任的请求，予以支持。根据C工程造价公司的鉴定意见及补充鉴定意见，案涉厂区道路挡土墙、桥管涵造价为3,612,540元，扣除创达公司已支付的1,604,730.75元，还应支付2,007,809.25元。法院因此判决由乙路桥公司在判决生效后30日内支付李某、赵某工程款2,007,809.25元及欠付利息。

乙路桥公司不服该一审判决，提出上诉。F高级法院二审认为，C工程造价公司向A基层法院提交的《司法鉴定意见书》明确载明"因本工程存在交叉作业而导致本意见书的造价有重复部分，当事认双方可凭双方确认的资料进行抵扣"，明显存在范围不清、价款数额不明确的问题。该机构作出的《补充鉴定意见》明确载明系依照乙路桥公司与李某之间违法无效的《协议书》的约定进行下浮计算而作出的结论。以上两份鉴定意见，均存在明显的依据不足的情况，其鉴定结论，法院不予采信。

甲水泥公司与乙路桥公司签订的《建设工程施工合同》符合法律规定，应为合法有效。《建设工程施工合同》明确约定本案工程造价以甲水泥公司委托的审计机构审计结论为准，该约定合法有效。后乙路桥公司把其中厂区道路挡土墙、桥管涵工程分包给不具有相应施工资质的赵某、李某，并与李某签订《协议书》。该《协议书》无效。但案涉工程已竣工投入使用，根据《建设工程施工合同解释》第2条的规定，可以参照该无效协议约定的计价方法进行结算。该无效协议文意是以甲水泥公司与乙路桥公司签订的《建设工程施工合同》价款为基准进行结算。《建设工程施工合同》明确约定本案工程以双方确认的审计结论为准。D审计咨询公司已对本案工程作出审计结论，可参照该审计结论结算本案乙路桥公司与赵某、李某之间的工程价款。

另由于赵某、李某与乙路桥公司因厂区零星工程施工部分，曾明确约定该案以甲水泥公司委托审计结果为准。因此，双方就该工程部分形成的调解书系双方初步协议，A基层法院出具的调解书载明的初步结算价为1,169,334元，与D审计咨询公司出具的《咨询报告》载明的厂区零星工程量

1,075,649.2 元存在的差额为 93,684.8 元,为减轻双方诉累,及时化解纠纷,F 省高级人民法院依法改判:乙路桥公司还应支付赵某、李某的工程款 1,436,160.01 元(3,134,575.56 元 - 1,604,730.75 元 - 93,684.8 元)并支付延迟履行利息;甲水泥公司在欠付工程款范围内承担连带责任。

3. 案例评析

本案系案件审理中,法院委托的司法鉴定意见与当事人委托的审计结论对同一工程造价存在差异的典型案例。如前所述,通过司法鉴定得出的鉴定结果是一种拟制真实,往往与当事人约定的实际造价和"客观"的据实结算价格可能存在一定的差异。因此,建设工程的司法造价鉴定,应当遵循尽量减少鉴定次数,能够通过其他证据查明造价的就尽可能不鉴定的原则。本案还涉及工程违法分包问题,实践中此类无效的违法分包合同通常是以发包人(业主)与承包人(违法分包人)之间的建设工程合同(主合同)约定的造价为基准进行结算。本案的无效约定就是这种情况。由于主合同中明确约定最终造价以业主委托的审计机构审计结果为准,因此本案业主与承包人之间的工程造价结算应当以委托审计结果来结算。由于已竣工验收工程,实际施工人主张的工程款可以参照无效的违法转包合同确定,因此本案法院已审计结论确定了实际施工人与违法转包人之间最终的工程结算价。当然,参照无效合同或者据实结算,是实际施工人选择的权利。本案处理上,在审计结果迟迟无法得出的情况下,实际施工人主张据实结算并要求鉴定,并按据实结算价格计算也有一定依据。但本案中,鉴定机构出具的鉴定意见的结论存在明显的不能排除交叉重复的情况,以及以违法分包合同作为鉴定依据的情况,其结论存在严重不可靠的情况。因此,人民法院对鉴定意见的结论不予采信,而采取了审计报告的意见。

典型案例二

发包人与承包人已就工程价款结算达成有效协议，当事人主张对工程造价进行司法鉴定的，人民法院不予准许

——甲房地产公司与乙建筑公司建设工程施工合同纠纷案①

1. 案情简介

原告：乙建筑公司

被告：甲房地产公司

被告：宁某某

被告：曾某

2013 年 6 月，原告乙建筑公司为承包人与发包人被告甲房地产公司签订《工程施工合同》，约定甲房地产公司将其开发的某住宅工程施工项目交乙建筑公司施工。至 2014 年 4 月 23 日，案涉工程的地基、地基与基础分部工程、主体结构分部工程质量验收合格。后因甲房地产公司资金链断裂，一直未向乙建筑公司支付款项。2016 年 5 月 16 日，甲房地产公司与乙建筑公司签订《现场临时设施及物资移交确认书》，乙建筑公司向甲房地产公司移交施工现场物资总价为 108 万元。2016 年 5 月 29 日甲房地产公司与乙建筑公司签署《关于终止合同的协议》，约定双方《工程施工合同》解除；双方共同确认乙方完成的工程量为 4300 万元，该款项作为双方就上述项目的最终结算总价，2016 年 11 月 15 日前全部支付完毕；若甲房地产公司未按约定付款，从双方原施工合同约定的支付时间节点起算按银行贷款利率的三倍承担延迟履行利息，保证人宁某某、曾某在该《关于终止合同的协议》作为保证人签字。《关于终止合同的协议》签订后，甲房地产公司共支付乙建筑公司工程款共计 883 万元。

另，双方于 2013 年 6 月签订的《工程施工合同》对双方工程价款和付款节点未作明确载明。2016 年 10 月，甲房地产公司、乙建筑公司、为工程供应

---

① 参见四川省高级人民法院(2017)川民终 960 号民事判决书。为突出主要问题，对案情进行了改编和简化。

混凝土的丙公司、保证人丁公司签订《协议书》，约定将《关于终止合同的协议》中约定的4300万元工程总价款中的混凝土材料款428.5886万元扣除，由甲房地产公司直接向丙公司支付，丁公司承担保证责任，乙建筑公司不再对丙公司承担混凝土材料款支付责任。

乙建筑公司向一审法院起诉要求甲建筑公司支付工程款3979.4114万元，并从2014年5月起计算利息。甲建筑公司在一审中辩称4300万元中包括了680万元利息；在二审中，甲建筑公司称对4300万元工程总价款不予认可，认为施工合同是无效合同，要求对工程造价进行司法鉴定。

2.法院裁判及观点

一审法院认为，《关于终止合同的协议》已经成立并生效，对当事人各方均具有法律约束力。甲房地产公司主张该4300万元中包含利息，未提交证据证明，不予认定，本案工程价款应当按照4300万元计算。本案无证据证明《关于终止合同的协议》在2014年5月1日前在协议上加盖印章，乙建筑公司起诉后在2017年5月6日提交了加盖双方印章的协议。一审法院酌定甲房地产公司从2017年5月7日起按协议约定的利率标准向乙建筑公司支付利息。关于宁某某、曾某应当就按照《关于终止合同的协议》约定承担连带保证责任。判决：(1)甲房地产公司于判决生效之日起20日内支付乙建筑公司工程欠款3417万元及利息；(2)宁某某、曾某承担连带责任；(3)乙建筑公司对工程欠款享有优先受偿权；(4)驳回乙建筑公司的其他诉讼请求。

乙建筑公司不服，提出上诉。二审法院审理认为，根据《合同法》第58条规定，即使合同无效，双方也应各自返还因合同取得的财产；因建设工程客观上不能返还，乙建筑公司作为进行了施工活动的承包人，有权获得工程折价补偿。根据《建设工程施工合同解释》第22条的规定，当事人约定按照固定价结算工程价款，一方当事人请求对建设工程造价进行鉴定的，不予支持。本案《关于终止合同的协议》是乙建筑公司与甲房地产公司关于双方工程款结算的真实意思表示。因此本案甲房地产公司、宁某某、曾某关于应当通过造价鉴定确定工程价款的意见，不予支持。根据双方结算约定，工程价款结算为4300万元，一审审理中已认定甲房地产公司已付款为883万元。对该已付款事实，乙建筑公司未提出异议，甲房地产公司未提出上诉，予以确认。一审法院认定欠付工程款漏算了四方《协议书》约定扣除的混凝土价款

428.5886 万元,乙建筑公司起诉和上诉均要求扣除,予以纠正。《关于终止合同的协议》约定 4300 万元工程款最后支付期限为 2016 年 11 月 15 日,因此,延迟履行利息起算点应从 2016 年 11 月 16 日起计算。108 万元临时设施和物资款及其利息,有《现场临时设施及物资移交确认书》为依据,是双方真实意思表示,予以认定;乙建筑公司上诉理由部分成立,法院判决:(1)撤销原判;(2)由甲房地产公司于本判决生效之日起 20 日内支付乙建筑公司工程欠款 2988.4114 万元及利息;(3)由甲房地产公司于本判决生效之日起 20 日内支付乙建筑公司临时设施及物资移交折价款 108 万元及利息;(4)宁某某、曾某承担连带责任;(5)乙建筑公司对工程欠款享有优先受偿权;(6)驳回乙建筑公司的其他诉讼请求。

3. 案例评析

本案系发包方与承包方已经对工程价款达成结算协议的案件。审理中,发包人提出建设工程施工合同无效,因此该结算协议无效,要求对案涉工程价款进行鉴定。在实践中,建设工程施工合同无效的情形较为多发。但即使建设工程施工合同无效,也存在双方就工程价款债权债务据实结算的问题。如果双方已经就工程价款结算达成协议,在法律上应视为双方对债务数额确认问题形成的民事法律行为,其效力的判断与建设工程合同的效力应相对分离。如果没有证据证明结算协议存在欺诈、胁迫、乘人之危或违反法律、行政法规强制性规定等效力瑕疵的情形的,通常应认定为合法有效。也就是说,即便建设工程施工合同无效,但承包人进行相应施工后,双方对工程价款作出的意思表示真实的结算协议,通常也应认定为有效。对于有效的结算协议,双方不得任意反悔。在诉讼中,人民法院通常可以依照该结算价格认定工程价款数额,无须进行司法鉴定。当事人在此情形下申请司法鉴定的,人民法院不予准许。

有关法律规定

最高人民法院《关于审理建设工程施工合同纠纷案件适用法律问题的解释》

第二十条　当事人约定,发包人收到竣工结算文件后,在约定期限内不予答复,视为认可竣工结算文件的,按照约定处理。承包人请求按照竣工结算文件结算工程价款的,应予支持。

第二十二条　当事人约定按照固定价结算工程价款,一方当事人请求对建设工程造价进行鉴定的,不予支持。

第二十三条　当事人对部分案件事实有争议的,仅对有争议的事实进行鉴定,但争议事实范围不能确定,或者双方当事人请求对全部事实鉴定的除外。

第五节
工程款结算

一、政府审计部门审计结果能否作为合同结算依据

基本理论

近年来，国家对公共基础设施及公益民生等大型项目的投资增速，政府资金投入到建设项目后的效益性如何，各类专项资金是否真正用在实处，是否存在项目资金违法结算等，越来越成为各级政府及人民群众关注的焦点，迫切需要审计部门对政府投资建设项目进行及时、准确、客观的评价。

为了更好发挥审计机关对国家财政资金的审计监督职能，北京、上海、山东、江西等多个地区相继出台地方审计条例，规定"政府投资和以政府投资为主的建设项目须以审计结果作为建设工程竣工结算的依据"。该规定在理论与司法实务界、建筑房地产领域引起一定争议。实践中，也有部分学者呼吁将审计结果作为合同结算的依据。

实际上，审计与合同是两种不同关系，不能混为一谈，虽然政府投资项目需要接受审计监督，但其仅为一种行政监督管理行为，政府投资的项目工程，价款结算是否要以财政评审结论为结算依据，法律上并无统一规定。[①] 也就是说，是否以审计结果作为结算依据，其来源是合同约定，而不是法律规定。合同中明确约定以审计结果作为结算依据的，应当以审计结果为工程价款结算依据；合同中未明确约定以审计结果作为结算依据的，审计结果不是结算工程价款的必要条件，双方应当按照合同约定的价款结算原则与方法进行结

① 参见王登山：《工程价款结算的依据》，载《中国建筑金属结构》2013 年第 19 期。

算。理由如下：

一方面，从学理分析看，审计结果与合同结算有着本质区别。

1. 两者依据不同

竣工决算审计依据《审计法》和审计署发《基本建设竣工决算审计工作要求》进行，基建审计内容如下：(1)竣工决算编制依据；(2)项目建设及概(预)算执行情况；(3)建设成本；(4)交付使用资产；(5)尾工工程；(6)结余资金；(7)基建收入；(8)投资包干结余；(9)投资效益评价。

主要根据国家的审计法和相关规定，对建设项目竣工决算进行审计，主要审查概(预)算在执行中是否超支，超支原因，有无隐匿资金；隐瞒或截留基建收入和投资包干结余，以及以投资包干结余名义分基建投资之类的违纪行为等。

工程造价审计主要是根据国家有关法规和政策，依据国家建设行政主管部门颁发的工程定额工料消耗标准、取费标准以及人工、材料、机械台班价格参数、设计图纸和工程实物量，工程造价的确认和控制进行有效的监督检查。在工程项目实施阶段，以承包合同为基础，在竣工验收后结合施工变更、工程签证的情况，作出符合施工实际的竣工造价审查结果。它是承发包双方结算的依据，也是工程决算的基础资料和依据。

2. 两者标的不同

审计以基建项目为标的，包括资金来源、基建计划、前期工程、征用土地、勘察设计、施工实施的一切财务收支；工程造价审核以单位工种为标的，只对单位工程造价的合理性负责。

3. 两者从业人员不同

审计与工程造价审核是两个截然不同的专业学科，审计以会计师、审计师为主，而工程造价审核以工程经济和工程技术人员为主。目前国家正在实行注册造价工程师制度，今后的工程造价审核，将以造价工程师为主。

4. 两者法律效力不同

审计机关和被审计单位是一种审计行政法律关系，审计机关的审计监督只对被审计单位产生法律效力，对其他单位不产生连带法律约束力。凡对建设单位投资项目进行的审计结果，对施工单位的造价结算不具有约束力。

工程造价中的工程结算审核，以施工承包合同为基础，以承发包双方发生的实物交易为依据，按照国家或地方施工工、料、机消耗标准进行核算，对双方有约束力。其工程结算审核结果可作为双方结算的法律依据。

5. 两者的目的不同

审计定义为：由独立的机构和人员检查被审计单位的会计凭证、会计账本、会计报表以及其他与财政收支、财务收支有关资料和资产，监督财政收支、财务收支是否真实、合法和有效的行为。审计的目的是加强对公有制投资者资金进行有效的控制，减少投资者滥用职权截留资金，转移资金于小金库，造成建设资金流失，实施违法违规行为。其职能是一种监督行为。

工程造价审核是运用科学、技术原理和经济法律手段，解决工程建设活动中工程造价的确定与控制，从而达到提高投资效益的经济效益目的的行为，是确定造价的实施过程和行为。

综上所述，根据项目审计与工程造价审核在依据、标的、目的、法律效力、从业人员等方面是有本质区别的。[①]

另一方面，从法律规定看，最高人民法院相关司法解释及答复等，对于该问题已经作出明确规定。

首先，最高人民法院《关于建设工程承包合同案件中双方当事人已确认的工程决算价款与审计部门审计的工程决算价款不一致时如何适用法律问题的电话答复意见》（〔2001〕民一他字第 2 号）规定，审计是国家对建设单位的一种行政监督，不影响建设单位与承建单位的合同效力。建设工程承包合同案件应以当事人的约定作为法院判决的依据。只有在合同明确约定以审计结论作为结算依据或者合同约定不明确、合同约定无效的情况下，才能将审计结论作为判决的依据。因此，合同的明确约定，是审计结论作为工程竣工结算依据的重要前提条件，内部审计不能作为工程价款结算的依据。

其次，根据《建设工程施工合同解释》（法释〔2004〕14 号）的规定，当事人对建设工程的计价标准或者计价方法有约定的，按照约定结算工程价款。

再次，最高人民法院《关于人民法院在审理建设工程施工合同纠纷案件

---

① 参见《项目竣工审计与工程造价审计的区别》，转引自仲秋三少的天涯论坛博客，载 http://blog.tianya.cn/blogger/post_show.asp? blogid = 1822660&postid = 15320834&idwriter = 0&key = 0，2017 年 5 月 6 日访问。

中如何认定财政评审中心出具的审核结论问题的答复》(〔2008〕民一他字第4号)规定,财政部门对财政投资的评定审核是国家对建设单位基本建设资金的监督管理,不影响建设单位与承建单位的合同效力及履行。但是,建设合同中明确约定以财政投资的审核结论作为结算依据的,审核结论应当作为结算的依据。

最后,《建筑工程施工发包与承包计价管理办法》(住房和城乡建设部令第16号)第19条第1款规定,工程竣工结算文件经发承包双方签字确认的,应当作为工程决算的依据,未经对方同意,另一方不得就已生效的竣工结算文件委托工程造价咨询企业重复审核。发包方应当按照竣工结算文件及时支付竣工结算款。

典型案例

除合同明确约定之外,审计结果不能作为结算依据

——四川省泸州某建筑工程有限公司与绵竹市某镇政府建设工程施工合同纠纷一案①

1. 案情简介

原告:四川省泸州某建筑工程有限公司

被告:绵竹市某镇政府

原告四川省泸州某建筑工程有限公司诉称,原告经投标于2010年9月24日中标某镇综合服务中心及政权政法建设项目,原、被告于2010年11月9日签订了某镇综合服务中心及政权政法设施灾后重建项目《建设工程施工合同》,工程于2011年10月11日竣工验收合格。2012年11月12日结算工程价款为3,309,219.00元,扣除被告支付的工程款2,390,000.00元,余款919,219.00元至今未付。由于双方未签订质保协议,依照《建设工程质量管理条例》规定最长质保期限为5年,该工程于2011年10月11日验收合格,根据合同约定,扣除质保金165,460.95元,被告应当支付工程款753,758.05

① 参见四川省绵竹市人民法院(2015)绵竹民初字第2615号民事判决书。

元。为此，请求人民法院依法判令被告支付工程款 753,758.05 元及利息（从 2012 年 11 月 13 日起至付清款日止）。

被告绵竹市某镇政府辩称，该工程是国家全额投资建设的项目，应当以审计部门审计并核定的工程造价为准，同时，从原告对审计提出异议来看，也是同意接受审计，被告已经将该工程移送审计部门审计，因此，应当按审计部门审计工程造价为准，支付工程价款。

四川省绵竹市人民法院经审理查明，2010 年 9 月 24 日，原告经投标中标某镇综合服务中心及政权政法建设项目，根据中标通知，原告于 2010 年 11 月 9 日与被告签订了某镇综合服务中心及政权政法设施灾后恢复重建项目建设工程施工合同。合同约定，工程总造价为 2,542,366.00 元。专用条款约定，本合同价款采用固定价款方式确定，双方约定合同价款的其他调整因素：暂定材料价格结算时按发包人核定的价格进入结算。工程款支付，竣工验收合格后决算审核完成后付至审定价的 95%，余款至质保期结束后付清。2011 年 7 月，双方又签订了补充协议，对部分建设用料进行了更改，2011 年 10 月 11 日，该工程竣工验收合格。2012 年经竣工决算工程造价为 3,309,219 元，被告在该结算总价上签字盖章。被告支付工程价款 2,390,000 元，尚欠工程款 919,219 元未付。

2. 法院裁判及观点

四川省绵竹市人民法院认为，原、被告签订某镇综合服务中心及政权政法设施灾后恢复重建项目建设工程施工合同不违反法律法规的强制性规定，合法、有效。本案的争议焦点是涉案工程造价是以审计部门的审计工程造价为准还是以双方决算的工程造价为准？参照四川省高级人民法院《关于审理建设施工合同纠纷案件若干疑难问题的解答》第 17 条第 1 款“政府投资的建设工程施工合同决算纠纷，发包人主张以政府审计部门审计结果作为工程造价决算依据的原则上不予支持，但当事人在合同中有明确约定的除外”，从本案来看，双方当事人在合同中并没有明确约定应当以审计部门的审计结果作为工程造价决算依据，因此，涉案工程的造价应当以双方决算为依据；另一方面，从原告提供的证据表明双方决算的造价中还包含经被告同意后建筑材料变更导致材料价格的上涨及设计变更导致工程量的增加等因素，其工程造价的增加具有合理性，据此，法院对涉案工程造价为 3,309,219 元，予以确认。

涉案工程已经竣工验收合格并交付使用,且已经双方决算,按照合同约定,被告应当履行支付工程款的义务,故,原告要求扣除质保金后,支付剩余支付工程款753,758.05元的诉讼请求成立,予以支持。双方对决算时间不确定,原告请求按照送审时间即2012年11月12日为审核完毕时间,并从该时间计算逾期付款利息,法院认为,不损害原、被告合法利益,予以确认。依照《建设工程施工合同解释》第17条规定"……没有约定的,按照中国人民银行发布的同期同类贷款利率计息",双方未在合同中约定欠付工程款利息,可以按照该标准计算利息。遂于2016年6月8日作出(2015)绵竹民初字第2615号民事判决:被告绵竹市某镇政府应于本判决发生法律效力起30日内向原告四川省泸州某建筑工程有限公司支付工程款753,758.05元及利息(计算方式为:以本金753,758.05元为基数从2012年11月13日起至本判决确认支付工程款日止按照中国人民银行同期同类贷款利率计算,若未在本判决确认之日支付工程款,利息计算至付清时止)。

3.案例评析

本案的争议焦点是案涉建设工程是否需要以审计部门审计并核定的工程造价为准。虽然案涉工程是国家全额投资建设的项目,且系灾后恢复重建项目,从政府内部工作流程看,为确保国家财政资金使用安全,由审计机关对相关工程进行审计是值得鼓励的,但审计机关不是合同当事人,双方当事人在合同中没有明确约定应当以审计部门的审计结果作为工程造价决算依据的,发包人应当按照合同关于工程价款结算的约定及时履行付款义务,等待审计结果不能作为发包人不履行付款义务的抗辩理由。

有关法律规定

最高人民法院《关于人民法院在审理建设工程施工合同纠纷案件中如何认定财政评审中心出具的审核结论问题的答复》

福建省高级人民法院:

你院(2007)闽民他字第12号请示收悉。关于人民法院在审理建设工程施工合同纠纷案件中如何认定财政评审中心出具的审核结论问题,经研究,答复如下:

财政部门对财政投资的评定审核是国家对建设单位基本建设资金的监督管理,

不影响建设单位与承建单位的合同效力及履行。但是,建设合同中明确约定以财政投资的审核结论作为结算依据的,审核结论应当作为结算的依据。

二〇〇八年五月十六日

二、承包人要求按照竣工结算文件结算工程价款如何处理

基本理论

在实践中经常发生这样的情况,承包人施工完毕后,将竣工结算文件提交给发包人,而发包人却因各种原因迟迟不予答复,亦不支付工程款。为此,承包人便诉至法院,要求发包人按照竣工结算文件中的金额,支付工程价款。[①] 对于承包人的诉讼请求能否得到支持,在《建设工程施工合同解释》颁布实施之前,建设部发布的《建筑工程施工发包与承包计价管理办法》第 16 条规定,发包人应当在收到竣工结算文件后的约定期限内予以答复;逾期未答复的,视为认可竣工结算文件;当事人未约定期限的,答复期限为 28 天。因而在审判实践中产生两种不同的观点:一是认为应当按照建设部的规定判决支持承包人的诉讼请求;二是认为建设部的规定并无强制约束力,承包人所制作的竣工结算文件仅是其单方的意思表示,并未得到发包人的认可,因而不应当支持承包人的诉讼请求,而应当进行审价,按实结算。[②] 有鉴于此,《建设工程施工合同解释》作出了明确规定,即第 20 条规定,当事人约定,发包人收到竣工结算文件后,在约定期限内不予答复,视为认可竣工结算文件的,按照约定处理。承包人请求按照竣工结算文件结算工程价款的,应予支持。对于该规定,最高人民法院民事审判第一庭以(2005)民一他字第 23 号《关于发包人收到承包人竣工结算文件后,在约定期限内不予答复,是否视为认可竣工结算文件的复函》形式,进行了进一步解释。该复函指出,一方面,适用《建设工程施工合同解释》第 20 条的前提条件是当事人之间约定了发包人收到竣工结算文件后,在约定期限内不予答复,则视为认可竣工结算文件。

---

① 参见林文学著:《建设工程合同纠纷司法实务研究》,法律出版社 2014 年版,第 202 页。
② 同上。

承包人提交的竣工结算文件可以作为工程款结算的依据。另一方面,原建设部制定的建设工程施工合同格式文本中的通用条款第 33. 3 条的规定,不能简单地推论出,双方当事人具有发包人收到竣工结算文件一定期限内不予答复,则视为认可承包人提交的竣工结算文件的一致意思表示,承包人提交的竣工结算文件不能作为工程款结算的依据。

从最高人民法院司法解释及复函的规定看,对于承包人行使按照竣工结算文件结算工程价款请求权进行了严格限制,其需要满足四个前提条件:

第一,必须当事人有约定,包括约定不予答复的后果。如果承包人与发包人在合同中没有对竣工结算文件逾期不予答复等作出约定,就不能视为发包方认可竣工结算文件,承包人也就不能要求按照竣工结算文件结算工程价款。承包人仅以原建设部《建筑工程施工发包与承包计价管理办法》第 16 条的规定或者《建设工程施工合同(示范文本)》(GF - 1999 - 0201)通用条款第 33. 3 条的约定为依据,要求按照竣工结算文件结算工程价款的,法院不予支持。①

第二,竣工结算文件应当是具备相关要素的书面文件,不能是口头形式。竣工结算是一项复杂、严肃的事项,书面文件形式是发包方接收竣工结算文件的应有之义,否则就无法有效对相关事项予以核实、确认。②

第三,必须由发包人书面签收竣工结算文件的记录,即法人的法定代表人、其他组织的主要负责人、委托代理或者其组织内部具有收发责任和义务的部门,如办公室、收发室、值班室等负责收件的人签收或盖章。递交竣工结算文件不适用留置递交的方式。承包人向发包人递交竣工结算文件,发包人不接收的,不能视为已接收,③承包人也不能因此要求按照其单方制作的竣工结算文件结算工程价款。这是严格限制承包人此项请求权的程序要求。

第四,必须明确约定答复期限或者给予合理答复期限。当事人在建设工程施工合同专用条款或另行签订的协议中明确约定发包人应在承包人提交竣工结算文件后未答复则视为认可竣工结算文件,但未约定答复期限,经承

---

① 参见林文学著:《建设工程合同纠纷司法实务研究》,法律出版社 2014 年版,第 202 页。

② 参见孙晶:《发包人逾期不结算的法律后果——弱电分包合同争议仲裁案》,载《智能建筑与城市信息》2012 年第 11 期。

③ 参见林文学著:《建设工程合同纠纷司法实务研究》,法律出版社 2014 年版,第 202 页。

包人催告后,发包人仍不予答复的,人民法院可根据实际情况确定合理的答复期限。从司法实践看,法院确定的合理答复期限一般不应超过60日。

综上,在满足上述四个条件时,承包人有权要求按照竣工结算文件结算工程价款,否则,法院将不予支持。

典型案例

承包人根据合同约定要求按照竣工结算文件结算工程价款的,法院应予支持

——中国某科工公司与齐齐哈尔某甲房地产开发有限公司、齐齐哈尔某乙房地产开发有限公司建设工程施工合同纠纷案①

1.案情简介

上诉人(原审被告,反诉原告):齐齐哈尔某甲房地产开发有限公司

上诉人(原审被告,反诉原告):齐齐哈尔某乙房地产开发有限公司

被上诉人(原审原告,反诉被告):中国某科工公司

上诉人齐齐哈尔某甲房地产开发有限公司(以下简称某甲公司)、齐齐哈尔某乙房地产开发有限公司(以下简称某乙公司)因与被上诉人中国某科工公司(以下简称科工公司)建设工程施工合同纠纷一案,不服黑龙江省高级人民法院(2015)黑民初字第6号民事判决,向最高人民法院提起上诉。

最高人民法院二审确认黑龙江省高级人民法院经审理查明的下列事实:2012年,科工公司与华南公司签订五金建材城工程《建设工程施工合同》以及御园一期工程《建设工程施工合同》。2012年9月1日,齐齐哈尔某控股公司出具《关于变更所属分公司名称的公告》:华南公司更名为某甲公司,公司启用新的名称对外开展工作。2012年10月18日,华南公司给科工公司出具《关于合同权利义务概括转移有关事项的说明》,将该合同中的权利义务概括转移给某乙公司。

---

① 参见最高人民法院(2015)民一终字第379号民事判决书。

(1)五金建材城工程合同履行及结算情况的相关事实

五金建材城工程《建设工程施工合同》签订后，科工公司按照合同约定施工，该工程已于2013年8月30日竣工验收，并交付使用。2013年10月10日，科工公司与某乙公司对该工程进行第一次结算，结算总价为134,125,754.2元。该工程双方约定需要进行第二次结算审核。

2013年11月29日，科工公司向某乙公司出具《五金建材城（一期）工程一标段结算汇总表》。2013年12月11日，科工公司出具经监理公司签字的《工程项目结算申请表》，以上报审表体现科工公司向某乙公司报请的结算金额均为134,125,754.2元。

2014年5月30日，某乙公司作为甲方，科工公司作为乙方，签订《五金建材城工程结算及付款协议书》，约定："一、工程结算：2014年7月15日之前完成结算，双方签字确认，如甲方原因不能完成结算，将以乙方报出的结算书总额为最终审定值。二、质保金于2015年8月30日前全部付清。"

2014年11月11日，某乙公司给科工公司发函称，该司审计部及第三方审计公司正在开展审计结算工作，待核算完毕后将尽快办理完成此结算。

2015年4月22日科工公司给某乙公司发函，请其履行《五金建材城工程结算及付款协议书》。

某乙公司举示的无签字时间的竣工结算书（以下简称孙倩等人签字的结算书）体现："报审价为134,125,754.20元，审定价为106,745,069.69元。"

经双方对账，科工公司对某乙公司所列已付款认可金额为87,483,995.24元，质保金为6,706,287.71元。

诉讼过程中，某乙公司主张五金建材城工程存在若干质量问题。

(2)御园一期工程合同履行及结算情况的相关事实

2012年5月，科工公司开始施工建设御园一期工程。2014年5月30日，双方协商解除御园一期工程施工合同并签订了《御园一期工程结算审核结果》及《御园一期工程结算及付款协议书》。《御园一期工程结算审核结果》中双方确认工程总计205,819,741.25元。《御园一期工程结算及付款协议书》约定，双方同意解除合同，对工程结算相关事宜达成双方确认205,260,980.91元为最终结算值等协议。该工程至今尚未竣工验收。经双方对账，科工公司认可已付工程款数额为179,791,431.61元。

2. 法院裁判及观点

黑龙江省高级人民法院一审认为，2012 年，科工公司与华南公司（该公司名称后变更为某甲公司）签订的五金建材城工程《建设工程施工合同》以及御园一期工程《建设工程施工合同》系双方真实意思表示，不违反法律、行政法规的效力性强制性规定，为合法有效。现御园一期工程双方已结算，有异议部分为 312, 392. 57 元，所欠款项应予给付。因该项工程双方约定的质保期已于 2015 年 5 月 31 日届满，故该项工程质保金 10, 255, 305. 69 元亦应给付。五金建材城工程双方对工程总造价有异议，有异议部分为 300 万元。诉讼中，双方争议的焦点问题如下：

关于五金建材城工程结算款总额问题。科工公司主要依据双方 2014 年 5 月 30 日签订的《五金建材城工程结算及付款协议书》主张该工程结算总额应为 134, 125, 754. 20 元。某乙公司主要依据孙倩等人签字的结算书主张该工程结算总额为 106, 745, 069. 69 元。一审法院认为，该工程总造价应为 134, 125, 754. 20 元，理由如下：第一，双方认可该工程两次审价，第一次审价，科工公司于 2013 年 10 月 10 日报出价格，某乙公司于 2013 年 11 月 25 日核对价格为 134, 125, 754. 20 元。该造价双方均已加盖公章确认。此为双方真实意思表示，表明双方已对工程总造价达成一致。故虽存在二次审价问题，但第二次审价存在争议的情况下，应以第一次审价结果为准。第二，2014 年 5 月 30 日，科工公司与某乙公司签订的《五金建材城工程结算及付款协议书》表明，科工公司已于 2013 年 11 月 29 日报出“甲方认为合格的工程结算书”。双方约定某乙公司必须于 2014 年 7 月 15 日之前完成结算审核，否则以科工公司报出的结算数额即 134, 125, 754. 20 元为该工程结算额。某乙公司是否按照约定，在 2014 年 7 月 15 日之前完成结算审核，某乙公司对此负有举证义务并承担举证责任。其举示的证据为孙倩等人签字的结算书及 2015 年 4 月 22 日科工公司的回函。孙倩等人签字的结算书无签字日期及某乙公司签章，无法体现在 2014 年 7 月 15 日该公司已经完成结算。2015 年 4 月 22 日的科工公司回函，能够确认的信息为该公司盖章时间为 2014 年 8 月，不能得出双方签字的时间为 2014 年 7 月 15 日之前的排他性唯一结论。而从某乙公司认可其真实性的 2014 年 11 月 11 日其给科工公司回函内容则明确表明，在该函发出当日，某乙公司仍在对五金建材城工程结算价格进行审核，证明某乙公司未按照双方协议约定，在2014年7月15日之前完成结算审核义务。综合双方举示的正反两方面证据，某乙公司未在约定日期内完成审核义务，故应以科工公司报出的134,125,754.20元结算价格为五金建材城工程结算总价。

该院同时对御园一期工程双方有争议的两笔款项是否应记入已付款问题、五金建材城工程双方有争议的养老保险金是否应记入已付款问题、科工公司是否对诉争工程享有建设工程优先受偿权问题、诉争工程质保金是否应予返还问题、利息计算等进行了评析。

黑龙江省高级人民法院一审判决：(1)某乙公司自本判决生效之日起10日内，给付科工公司五金建材城工程款人民币39,935,471.25元。某甲公司对上述款项承担连带给付责任。(2)某甲公司自本判决生效之日起10日内，给付科工公司御园一期工程款人民币25,815,917.07元。科工公司在工程款人民币25,815,917.07元范围内享有优先受偿权。(3)驳回科工公司其他诉讼请求。(4)驳回某乙公司反诉请求。(5)驳回某甲公司反诉请求。

最高人民法院二审认为，一审判决认定五金建材城工程价款的数额为134,125,754.2元，依法有据，一审认定事实清楚，适用法律正确，审判程序合法，应当予以维持。

最高人民法院于2016年3月30日作出(2015)民一终字第379号民事判决：驳回上诉，维持原判。

3. 案例评析

本案争议的核心问题之一就是五金建材城工程价款的数额计算标准问题。《建设工程施工合同解释》第20条规定："当事人约定，发包人收到竣工结算文件后，在约定期限内不予答复，视为认可竣工结算文件的，按照约定处理。承包人请求按照竣工结算文件结算工程价款的，应予支持。"本案中，五金建材城工程于2013年8月30日竣工验收，并交付使用。2013年10月10日，科工公司向某乙公司申报该工程的竣工结算总价为134,125,754.2元。2013年11月25日，某乙公司在科工公司申报的竣工结算文件上盖章确认，双方完成第一次结算审核，结算总价为134,125,754.2元。根据双方约定，需要对工程价款进行第二次审核结算。2014年5月30日，双方签订《五金建材城工程结算及付款协议书》，约定"2014年7月15日之前完成结算双方签字确认，如甲方(某乙公司)原因不能完成结算，将以乙方(科工公司)报出的结算书总金额为最终审定值”。但是，某乙公司在2014年7月15日之前没有完成结算审核，直至科工公司向法院提起诉讼，某乙公司也未向科工公司就五金建材城工程款数额问题作出确切答复。因此，根据《建设工程施工合同解释》规定及双方合同约定，应当按照科工公司报出的结算书总金额即双方第一次结算审定的工程价款数额结算工程价款。

有关法律规定

最高人民法院《关于审理建设工程施工合同纠纷案件适用法律问题的解释》

第二十条　当事人约定，发包人收到竣工结算文件后，在约定期限内不予答复，视为认可竣工结算文件的，按照约定处理。承包人请求按照竣工结算文件结算工程价款的，应予支持。

最高人民法院民事审判庭《关于发包人收到承包人竣工结算文件后，在约定期限内不予答复，是否视为认可竣工结算文件的复函》

同意你院审委会的第二种意见，即：适用该司法解释第二十条的前提条件是当事人之间约定了发包人收到竣工结算文件后，在约定期限内不予答复，则视为认可竣工结算文件。承包人提交的竣工结算文件可以作为工程款结算的依据。建设部制定的建设工程施工合同格式文本中的通用条款第33条第3款的规定，不能简单地推论出，双方当事人具有发包人收到竣工结算文件一定期限内不予答复，则视为认可承包人提交的竣工结算文件的一致意思表示，承包人提交的竣工结算文件不能作为工程款结算的依据。

三、无效建设工程施工合同的工程价款如何确定

基本理论

在工程建设领域，虽然国家出台了一系列规范制度措施，但由于利益巨大、监管不到位，非法转包、违法分包等不规范现象仍较为突出，大量不具有施工资质或者资质较低的建设主体借用有资质的企业名义承揽工程、分包工程甚至直接承接工程。工程发包方出于节约成本等原因，默认、配合甚至主

动参与其中。但由于不具有相应的资质,一旦工程建设过程中发生纠纷,相关建设主体与建设方签订的施工合同,或者违法与承包方签订的转包合同,一般会被认定为无效合同。合同被认定为无效后,工程款该如何支付就成为司法实践中需要解决的棘手问题。

根据《合同法》的规定,合同被认定无效后,双方因该合同取得的财产,应相互返还,不能返还或者没有必要返还的,应当折价补偿。因建设工程合同有其特殊性,承包人付出的劳力、材料已经物化为建筑工程,无法适用返还的原则,因而只能适用折价补偿的方式。

那么按照何种标准进行补偿?对此,有两种不同的观点。一种观点认为,合同被认定为无效,那么当事人之间关于工程款的约定当然无效,因而对工程价款应当按实地测算的施工情况结算,即通过工程审计等确定。另一种观点认为,当事人对合同中的工程价款的约定系其真实意思表示,即使合同被认定为无效,只要工程质量合格,那么该价款即符合当事人的合同预期,因而可以参照该约定结算工程价款。为解决这一问题,《建设工程施工合同解释》对此类行为进行了规定。根据该司法解释,在建设工程合同无效的情况下,工程款的支付结算可以分为三种情形:

第一,根据《建设工程施工合同解释》第 2 条的规定,建设工程施工合同无效,但建设工程经竣工验收合格,承包人请求参照合同约定支付工程价款的,应予支持。也就是说,工程已经竣工,且验收合格的,就视为施工方已经实际履行全部约定义务,可以直接参照合同关于工程款支付的约定进行结算,且施工方有权要求发包人按中国人民银行同期贷款利率支付欠付工程款利息。发包人无权以合同无效为由要求扣除工程折价补偿款中所含利润。

第二,根据《建设工程施工合同解释》第 3 条第 1 款第 1 项的规定,建设工程施工合同无效,且建设工程经竣工验收不合格的,如修复后经竣工验收合格的,由承包人承担修复费用,工程款也可以参照合同的约定进行结算支付。

第三,根据《建设工程施工合同解释》第 3 条第 1 款第 2 项的规定,建设工程施工合同无效,且建设工程经竣工验收不合格,且经修复后的建设工程经竣工验收仍然不合格,承包人无权要求支付工程款,发包方可以拒绝支付工程款。需要注意的是,根据《建设工程施工合同解释》第 3 条第 2 款的规定，因建设工程不合格造成的损失，发包人有过错的，也应承担相应的民事责任。

需要注意的是，实践中，对于非法转包、违法分包行为，实际施工人为取得更多利益，往往以转包或违法分包合同无效，主张按照转包人或违法分包人与发包人之间的合同作为结算依据。对此，除实际施工人与转包人或违法分包人另有约定外，基于前述尊重约定的原则，人民法院一般不予支持。

典型案例

即使建设工程施工合同无效，人民法院仍然可以参照其关于工程价款计算标准的约定确定工程价款

——费某某与九龙县某某水电公司建设工程施工合同纠纷案[①]

1. 案情简介

原告：费某某

被告：九龙县某某水电公司

原告费某某诉称，2009 年被告九龙县某某水电公司（以下简称某水电公司）修建九龙县某某乡水电站，将该电站隧道工程和浇筑工程承包给原告施工，原告按照约定完成施工，并与被告进行了结算，被告支付了原告部分工程款，还剩余人民币 548, 537 元（以下均为人民币）未支付。经多次催讨，被告于 2014 年 8 月 7 日向原告出具一张欠条，欠条载明被告欠原告工程款 548, 573 元，欠条上有被告法定代表人费某树签名并加盖被告公司公章。现被告的法定代表人虽已经变更为徐某，但费某树书写欠条的行为属于职务行为，其后果应当由被告承担，法定代表人的更换不影响欠条的法律效力，故原告诉至法院，请求依法判令被告支付原告工程款 548, 537 元并承担本案案件受理费。

被告某水电公司未向法院提交书面答辩意见，亦未出庭参加诉讼。

四川省九龙县人民法院经审理查明，原、被告于 2008 年 4 月 30 日签订施工合同，被告将九龙县某乡电站水渠、隧洞工程发包给原告施工，双方还约

① 参见四川省九龙县人民法院（2016）川 3324 民初 13 号民事判决书。

定了工程的工期、质量标准、单价、费用的结算及安全职责等。原告施工完成后，双方进行了工程结算，结算总价为1,140,987元，庭审中，原告自认被告已经支付了部分工程款，剩余548,537元未支付。被告于2014年8月7日向原告出具一份欠条，载明被告欠原告工程款548,537元。

另查明，原告不具备相关施工资质。

2. 法院裁判及观点

四川省九龙县人民法院认为，根据《建设工程施工合同解释》第1条的规定，承包人未取得建筑施工企业资质或者超越资质等级的，应当认定合同无效。本案中的原告系不具备建筑施工企业资质的自然人，依法不能从事建筑工程的承包，其从被告处承包修建九龙县某某乡水电站水渠、隧洞的行为违反法律的禁止性规定，故认定双方签订的《施工合同》无效。根据《建设工程施工合同解释》第2条的规定，建设工程合同无效，但建设工程经竣工验收合格，承包人请求参照合同约定支付工程价款的，应予支持。本案中原告已经施工完毕，并与被告对工程进行了结算，双方均在结算单据上签字确认，且被告已支付部分工程款并出具欠付工程款欠条，应当认定工程已经竣工验收合格。经审理查明被告某水电公司的法定代表人为徐某，与原告出示的欠条上签名不一致，但欠条盖有被告某水电公司公章，应当认定是公司行为，被告某水电公司应对其所欠债务承担责任，故原告费某某要求被告某水电公司支付剩余工程款548,537元的诉讼请求，予以支持。四川省九龙县人民法院于2016年5月6日作出(2016)川3324民初13号民事判决：被告九龙县某某水电公司于本判决生效之日起15日内支付原告费某某工程款548,537元。

3. 案例评析

本案承包人未取得建筑施工企业资质而承包施工工程，其与被告签订的《施工合同》由于违法而无效，但承包人如果已经按照《施工合同》履行其施工义务，且建设工程经竣工验收合格的，就仍然有权要求发包人参照《施工合同》约定支付工程价款。如建设工程经修复才竣工验收合格的，承包人虽然可以要求发包人支付工程价款，但要承担修复费用。发包人只有在建设工程经竣工验收不合格，且经修复后的建设工程经竣工验收仍然不合格的情况下，才有权不支付工程价款。

有关法律规定

最高人民法院《关于审理建设工程施工合同纠纷案件适用法律问题的解释》

第二条　建设工程施工合同无效,但建设工程经竣工验收合格,承包人请求参照合同约定支付工程价款的,应予支持。

第三条　建设工程施工合同无效,且建设工程经竣工验收不合格的,按照以下情形分别处理:

(一)修复后的建设工程经竣工验收合格,发包人请求承包人承担修复费用的,应予支持;

(二)修复后的建设工程经竣工验收不合格,承包人请求支付工程价款的,不予支持。

因建设工程不合格造成的损失,发包人有过错的,也应承担相应的民事责任。

四、当事人就同一建设工程订立的数份施工合同均被认定无效的,如何结算工程价款

基本理论

1. 建设工程施工合同无效的情形

根据《合同法》《招标投标法》及相关司法解释规定,存在承包人未取得建筑施工企业资质或者超越资质等级、没有资质的实际施工人借用有资质的建筑施工企业名义("挂靠")、建设工程必须进行招标而未招标或者中标无效、承包人非法转包建设工程或者违法分包建设工程等五种情形的,当事人签订的建设工程施工合同无效。[①] 因此,实际生活中,对于规模较大的建设工程,由于参与方和工作流程较多,从招投标到签订施工合同及实际施工过程中,可能签订数个施工合同,但其约定内容或者程序可能均存在违法情形,导致合同无效。同时,在此种情形下,数个合同约定内容之间往往存在相互矛盾之处,且当事人对实际履行的具体是哪一个合同存在争议,对工程结算带来较大困难。

---

① 参见谭敬慧:《中国建设工程争议解决年度观察(2013)》,载《北京仲裁》2013 年第 1 期。

2. 数个施工合同无效处理原则

与单个施工合同无效相比，数个施工合同无效情形下的合同结算的基本原则是一致的，但其情形更为复杂。为便于案件处理，化繁为简，司法实践中，各地司法机关普遍分为可以分清实际履行合同和不能确定实际履行合同两种情形分别处理，即当事人就同一建设工程订立的数个施工合同均被认定无效，但工程经竣工验收合格的，当事人请求按照合同约定结算工程款的，应当参照当事人实际履行的合同结算工程价款。不能确定实际履行合同的，可以参照签订建设工程施工合同时当地建设行政主管部门发布的计价方法或者计价标准结算工程价款。

3. 确定实际履行合同的相关因素

数个施工合同无效的情况下，判断当事人实际履行的合同，是确定工程结算标准的重要前提。实践中主要考虑以下几个方面：

一是根据实际施工情况判断。当事人的实际履行行为是当事人真实意思表示的具体体现。虽然建设工程施工过程中，受周期较长、市场行情变动等因素影响，当事人实际履行行为前后可能与各个合同约定均存在一定关联和出入，但通常情况下都是以一定约定为基础的，因此，可以通过分析双方当事人在各个合同中体现的意思表示，结合双方实际履行的事实判断当事人之间的真实合意。

二是依据公平原则平衡各方当事人利益。在确定实际履行的合同较为困难，或者合同约定内容会导致双方当事人利益明显失衡等情况下，应当综合考虑缔约时市场行情、利于当事人接受等因素，全面分析参照哪个合同决算既能体现双方当事人的真实意思，又符合市场行情，能够体现公平原则。[①]

三是行政部门审核备案合同优先。对于必须招投标的工程，应当由国家规定行政主管部门对当事人所签的建设工程施工合同进行审查、备案，从而对合同的工程价款、工程质量、工程期限等内容进行合法性审查。行政主管部门的备案行为不仅是对合同进行保管和存放，也体现了国家对当事人意思自治的监督，从而达到保证工程质量、维护公共利益和公共安全的目的。因此，除有相反证据证明外，此类合同内容无疑更为正式、严肃、权威。以此类

---

① 参见邬砚、祝来新：《建设工程"黑白合同"规则解析》，载《中国不动产法研究》2017 年第 15 期。

合同作为工程价款结算参照标准,也符合《建设工程施工合同解释》第 21 条规定的精神。虽然事前没有经过招投标,事后补办相关手续,即使经过主管部门备案,合同也无效,但基于上述考虑,此类合同经过了行政主管部门的审查备案,也是确定合同能否作为工程款结算参照标准的考虑因素。

上述三个判断标准中,当事人的真实合意和实际履行情况是第一位的标准,同时还要符合公平原则,并充分考虑行政主管部门审查备案的因素。在个案审理中要结合具体案情具体把握三个标准的关系问题。如果双方实际履行的合同和双方达成的真实合意均无法确定时,就要从合同签订时间先后等因素分析哪个更能体现当事人的真实意思,并考虑政府部门审查备案因素,结合当时市场行情,公平、合理地确定工程价款。

典型案例

当事人就同一建设工程订立的数份施工合同均被认定无效的,应当参照当事人实际履行的合同结算工程价款

——内蒙古尚某公司与河南某建设集团有限公司建设工程施工合同纠纷案[1]

1. 案情简介

上诉人(原审被告):内蒙古尚某公司

被上诉人(原审原告):河南某建设集团有限公司

上诉人内蒙古尚某公司(以下简称尚某公司)与被上诉人河南某建设集团有限公司(以下简称红某公司)建设工程施工合同纠纷一案,尚某公司不服内蒙古自治区高级人民法院内民一初字第 4 号民事判决,向最高人民法院提起上诉。

内蒙古自治区高级人民法院一审查明:2009 年 9 月 18 日,红某公司(甲方)与尚某公司(乙方)签订《建设工程施工合同》。其中,第三部分专用条款第六条约定了合同价款与支付:合同价款执行预算结算方式,每平方米不低于 1800 元,其中基础至一层付总价的 20%,二层至封顶付总价的 20%,装修

① 参见最高人民法院(2014)民一终字第 00015 号民事判决书。

工程完成付总价的20%，水电安装完成付总价的20%，竣工验收付总价的15%，留5%保值金，期满付清。同时该部分又约定了本合同价款采用预结算方式确定，按国家二类工程取费，工程造价降8个点，执行鄂尔多斯市定额站的规定为预结算的标准。合同签订后，红某公司开始施工。

2011年9月5日，红某公司与尚某公司签订《补充协议》，对合同工程承包范围进行了相应的调整。2012年5月10日，双方当事人又签订了《协议》，约定：甲乙双方因在施工过程中，存在工程决算有较大争议，双方约定由雷某某起诉尚某公司，决算执行人民法院的结论意见。2012年6月30日，该工程在当地建设部门进行了备案。随后，尚某公司在当地房屋产权管理部门办理了房屋产权证。

一审另查明，尚某公司从2010年至2012年合计支付红某公司工程款32,647,150元。尚某公司主张红某公司已完工程的工程价款为36,847,895元，红某公司认为系尚某公司单方制作不予认可。尚某公司主张红某公司有未施工的工程项目，提供了红某公司未完成工程项目的总造价为36,246,907元。红某公司对尚某公司主张的未施工的工程项目及工程内容等均不认可，并认为其已完成了约定的全部工程内容，对尚某公司主张的未完成工程项目的总造价为36,246,907元亦不认可，认为该造价与其无关，不属于其承包工程的范围。

最高人民法院二审查明的事实与一审法院查明的事实相同。

2. 法院裁判及观点

内蒙古自治区高级人民法院一审认为，关于合同效力及履行的问题。红某公司与尚某公司于2009年9月18日签订的《建设工程施工合同》，是双方当事人的真实意思表示，但没有经过招投标，违反了《招投标法》的相关规定，依据《合同法》第52条第5项之规定，案涉《建设工程施工合同》应认定为无效合同。

双方签订《建设工程施工合同》后，红某公司依据该合同开始进场施工履行合同义务，红某公司主张其已完成了合同约定的全部施工内容，并已将工程交付尚某公司，现提起诉讼要求支付工程款，其要求支付工程款的请求权应得到法律的保护。尚某公司主张红某公司未施工的工程项目及工程内容，除窗体工程和外墙保温工程外，其抗辩主张均不成立。

关于工程款的问题。本案就工程款的问题，双方争议的焦点为工程总造价,均认可执行鄂尔多斯市定额标准,但均不申请人民法院对工程总造价进行鉴定。红某公司主张依据合同约定,要求尚某公司依据合同约定按每平方米1800元计算工程总造价;尚某公司抗辩认为不低于每平方米1800元在合同签订后,双方又协商将该内容删除,不能再以不低于每平方米1800元作为双方结算工程款的依据,要求驳回红某公司的诉讼请求。由于尚某公司的该项主张缺乏事实依据,一审法院不予支持。红某公司提起诉讼要求依据双方合同约定的每平方米不低于1800元进行结算工程款的主张,有事实和法律依据,一审法院予以支持。依据本案所涉工程验收后在当地建设局于2012年6月30日备案的《建设工程竣工验收备案表》上载明的建筑面积和双方所签合同的约定,尚某公司应给付红某公司工程款数额为33,023,690元。给付工程款利息是给付工程款的附随义务,本案依据当地建设局《建设工程竣工验收备案表》载明的竣工时间为2012年6月30日,本案计算工程款利息自该时间开始计算至给付之日止,不以实际完工的时间计算工程款利息。

关于违约的问题。红某公司没有提供当时向尚某公司报送工程形象进度方面的相关材料,也没有向尚某公司主张过形象进度工程款,现依据购买商品砼购货单来证明其主张依据不足,红某公司的该项诉讼请求,一审法院不予支持。

据此,内蒙古自治区高级人民法院于2013年7月16日作出(2013)内民一初字第4号民事判决:(1)尚某公司于判决生效后15日内给付红某公司工程款33,023,690元及利息;(2)驳回红某公司的其他诉讼请求。

最高人民法院认为,一审判决认定事实清楚,适用法律正确,遂于2014年7月25日作出(2014)民一终字第00015号民事判决:驳回上诉,维持原判。尚某公司不服,向最高人民法院申请再审。最高人民法院于2015年6月12日作出(2015)民申字第359号民事裁定:驳回尚某公司的再审申请。

3. 案例评析

本案的争议焦点是案涉施工合同是否有效及工程价款计算问题。首先,关于合同效力问题。由于案涉工程属于应当招投标的工程,而没有经过招投标,违反了《招标投标法》第3条之规定,虽然尚某公司与红某公司签订的《建设工程施工合同》及《补充协议》是双方当事人的真实意思表示,但根据《建设工程施工合同解释》第1条之规定,上述合同均应认定为无效。其次,关于工程款结算的方式和标准。虽然案涉《建设工程施工合同》及《补充协议》无效,但均系当事人的真实意思表示,根据《建设工程施工合同解释》第2条的规定,案涉工程价款的结算和支付仍应参照上述合同的约定进行。本案中,根据案涉《建设工程施工合同》的约定,当事人就结算工程款达成的合意是在执行鄂尔多斯市定额标准(降8点)结算工程款的基础上,每平方米的工程造价不低于1800元。而根据《补充协议》,当事人就工程款结算达成的合意是无论工程量增减,均不调整《建设工程施工合同》中对于结算工程款的约定。因此,在当事人就案涉工程结算未协商一致,又均不申请进行鉴定的情况下,法院采纳了红某公司按照每平方米1800元的单价结算工程款的主张,并依据案涉工程验收后在当地建设局备案的《建设工程竣工验收备案表》上载明的建筑面积38,404平方米,计算出案涉工程价款为69,127,200元。

有关法律规定

最高人民法院《关于审理建设工程施工合同纠纷案件适用法律问题的解释》

第二条　建设工程施工合同无效,但建设工程经竣工验收合格,承包人请求参照合同约定支付工程价款的,应予支持。

第三条　建设工程施工合同无效,且建设工程经竣工验收不合格的,按照以下情形分别处理:

(一)修复后的建设工程经竣工验收合格,发包人请求承包人承担修复费用的,应予支持;

(二)修复后的建设工程经竣工验收不合格,承包人请求支付工程价款的,不予支持。

因建设工程不合格造成的损失,发包人有过错的,也应承担相应的民事责任。

五、"黑白合同"的建设工程,如何结算工程价款

基本理论

1."黑白合同"的定义

"黑白合同"也称为"阴阳合同",是指合同当事人为规避法律规定,就同

一事项订立两份以上的内容不相同的合同，一份对内，另一份对外，其中对外的一份并不是双方真实意思表示，而是以逃避国家税收等为目的；对内的一份则是双方真实意思表示，可以是书面或口头。“黑白合同”是一种违规行为，在给当事人带来“利益”的同时，也预示着风险。[①]

从建设施工合同领域看，“白合同”为建设单位、施工单位按照《招标投标法》的规定，依据招投标文件签订的在建设工程管理部门备案的建设工程施工合同。其主要特点为：经过合法的招投标程序，该合同在建设工程管理部门备案，形式合法，但不能反映双方当事人真实意思表示。与之相反，“黑合同”是双方为规避政府管理，私下签订的建设工程施工合同，未经过合法的招投标程序且该合同未在建设工程行政管理部门备案。“黑合同”与“白合同”相对比，其主要特点为在建设工程管理部门未进行备案或变更登记，但反映了双方当事人真实意思表示。[②]

2.“黑白合同”的法律效力

《建设工程施工合同解释》第21条明确规定，当事人就同一建设工程另行订立的建设工程施工合同与经过备案的中标合同实质性内容不一致的，应当以备案的中标合同作为结算工程价款的根据。因此，法律一般认可“白合同”的效力，但由于建设工程施工过程中情况较为复杂，对于是否允许对备案合同内容进行变更，学术界有不同观点。我们认为，对于法律、行政法规规定必须进行招标的建设工程及已经进行了招标投标程序并备案的建设工程，由于已经进行了招标投标程序，对相关因素进行了全面考量和比较，为体现招标投标的严肃性，应当以备案合同为准，不宜允许进行变更。对于不属于招标投标范围的建设工程，当事人明确表示签订的中标合同仅用于在当地建设行政主管部门备案的，就没有排除《合同法》赋予当事人依法变更合同的权利，不能以是否办理备案手续作为判定合同效力的决定性因素，如果客观情况的变化，应当允许当事人对合同约定的价款、质量和工期等内容进行变更。需要注意的是，如“黑白合同”均因违法而无效，则应当综合考虑当事人实际履行情况、市场行情等进行判断。

① 参见杨慧：《浅谈建设施工中“黑白合同”及应对方法》，载《法制与社会》2012年第5期。
② 同上。

3. “黑白合同”效力的具体判断

根据法律、司法解释的规定，参考北京市高级人民法院《审理建设工程施工合同纠纷案件若干疑难问题的解答》等地方规范性文件，对“黑白合同”效力可作如下区分：

（1）经过招标投标建设工程合同效力。法律、行政法规规定必须进行招标的建设工程，或者未规定必须进行招标的建设工程，但依法经过招标投标程序并进行了备案，当事人实际履行的施工合同与备案的中标合同实质性内容不一致的，应当以备案的中标合同作为结算工程价款的依据。

（2）未经招标投标合同效力。不是法律、行政法规规定必须进行招标的建设工程，且未进行实质意义的招标投标，当事人均明确表示签订的中标合同仅用于在当地建设行政主管部门备案，备案的合同与实际履行的合同实质性内容不一致的，应以反映当事人真实意思表示的实际履行的合同结算工程价款。①

（3）无效合同情形判断标准。备案的中标合同与当事人实际履行的建设工程施工合同均因违反法律、行政法规的强制性规定被认定为无效的，应参照当事人实际履行的合同结算工程价款。

典型案例

经过招标投标的建设工程，当事人实际履行合同与备案合同不一致的，以备案的中标合同作为结算工程价款的依据

——浙江某建设集团有限公司、天津某水产食品物流有限公司、浙江某食品集团有限公司建设工程施工合同纠纷②

1. 案情简介

上诉人（原审原告）：浙江某建设集团有限公司

上诉人（原审被告）：天津某水产食品物流有限公司

① 参见谭敬慧：《中国建设工程争议解决年度观察（2013）》，载《北京仲裁》2013 年第 1 期。

② 参见最高人民法院（2013）民一终字第 67 号民事判决书。

上诉人(原审被告):浙江某食品集团有限公司

浙江某建设集团有限公司(以下简称浙江某业公司)因与天津某水产食品物流有限公司(以下简称天津某食品公司)、浙江某食品集团有限公司(以下简称浙江某食品公司)发生建设工程施工合同纠纷,诉至天津市高级人民法院。天津市高级人民法院一审宣判后,三方当事人均不服,向最高人民法院提起上诉。

最高人民法院二审确认天津市高级人民法院一审审理查明的以下事实:2007年7月23日,浙江某业公司经招投标成为天津某食品公司一期项目的中标单位,双方签订了《天津市建设工程施工合同》,并在天津市建设工程合同管理站备案。

2007年7月,天津某食品公司与浙江某业公司签订了一份《施工补充合同》,对合同价款及支付方式作出变更。2007年6月25日,天津某食品公司与浙江某食品公司向浙江某业公司出具保证函,对该工程进行担保。2008年8月11日,一期工程竣工验收合格。2009年7月3日,天津某食品公司与浙江某业公司签订《建设工程结算审定书》,确认一期工程结算造价为163,283,503元。

2009年11月,浙江某业公司经招投标成为二期工程的中标单位。2009年11月25日,双方签订《天津市建设工程施工合同》,2010年5月5日在天津市北辰区建设工程合同管理站备案。该合同约定:工期为2009年11月26日至2010年7月30日。工程质量标准为合格。合同价款为65,001,904元。

2009年11月,天津某食品公司(甲方)与浙江某业公司(乙方)还就G4冷库工程签订一份《施工合同书》,约定了合同价款暂定为50,000,000元(以决算为准),并对工程款支付方式作出具体约定。G4冷库工程实际于2009年12月25日开工,于2011年7月11日竣工验收合格。

2011年8月10日,天津某食品公司与浙江某业公司签署《工程移交书》。2011年12月23日,双方签订《工程结算报告》,确认G4冷库工程总造价为58,000,000元。

2010年7月15日,天津某食品公司与浙江某业公司签订《工程施工合同》,约定由浙江某业公司承建即大门工程,合同价款为1,304,598元,并约定工程款支付方式。2010年12月18日,双方签订《决算书》,确认大门工程决算造价为1,520,826元。

2011年6月17日,天津某食品公司与浙江某业公司共同签署《工程款支付对账单》,确认截至该日浙江某业公司收到天津某食品公司工程款项171,856,015元。2011年8月31日,天津某食品公司给付浙江某业公司工程款1,000,000元。

2011年9月26日,天津某食品公司与浙江某业公司再次共同签署《工程款支付对账单》,确认浙江某业公司收到G4冷库工程款22,140,385元,合计收到工程款172,856,015元。同日,天津某食品公司与浙江某业公司签订《工程款支付协议书》("9·26协议"),对已支付工程款及后期工程建设、造价、违反协议的违约责任等进行了约定。

2011年11月9日、11月29日,天津某食品公司分别支付浙江某业公司工程款2,500,000元。

2011年12月7日,天津某食品公司(甲方)与浙江某业公司(乙方)签订《协议书》("12·7协议"),确认甲方未能按9·26协议支付款项,乙方所承建的全部工程已竣工验收,全部履行完毕,如甲方在2011年12月30日前仍未履行,则"9·26协议"自行作废,按原签订的相关工程承包合同约定的权利义务执行。

后天津某食品公司未按"12·7协议"履行,浙江某业公司于2012年1月9日向一审法院提起诉讼。2012年1月13日,天津某食品公司又支付浙江某业公司工程款4,000,000元。

2012年1月4日,浙江某业公司起诉请求:(1)判令天津某食品公司立即支付工程款56,511,129元;(2)判令天津某食品公司支付拖欠工程款的违约金44,843,454元(暂计算到起诉之日);(3)判令浙江某食品公司对天津某食品公司上述全部债务承担连带给付责任;(4)确认浙江某业公司在天津某食品公司欠31,061,215元工程款范围内,对坐落于天津市北辰区北仓道5009号的G4冷库工程经拍卖、变卖等方式实现的价款享有优先受偿权;(5)本案诉讼费用由天津某食品公司和浙江某食品公司承担。一审审理期间,浙江某业公司变更诉讼请求为:(1)判令天津某食品公司立即支付工程款50,656,655元;(2)判令天津某食品公司支付违约金40,494,827元;(3)第三、四、五项诉讼请求无变化。

2. 法院裁判及观点

天津市高级人民法院一审认为，天津某食品公司与浙江某业公司就一期工程签订的经备案的《天津市建设工程施工合同》、就 G4 冷库工程签订的经备案的《天津市建设工程施工合同》、就大门工程签订的《工程施工合同》，不违反法律、行政法规的强制性规定，合法有效。双方就一期工程订立的《施工补充合同》，虽然对中标合同进行了部分变更，但在合同的实质性内容，即工程价款、工程质量、工程期限等三个方面并不存在与中标合同相背离的情形，因此，该补充合同不违反法律、行政法规的强制性规定，亦为有效。双方就 G4 冷库工程另行订立的《施工合同书》，对中标合同的工程价款进行了重大变更，属于背离中标合同实质性内容的协议，违反《招标投标法》第 46 条之强制性规定，应认定无效。

一审法院确认双方仍按原相关工程承包合同履行，一期工程尚欠工程款合计 49, 130, 734 元；天津某食品公司存在逾期支付工程款的行为，已构成违约，应当支付相应的违约金 12, 808, 120 元；浙江某食品公司仅在天津某食品公司欠付的一期工程质保金范围内承担一般保证责任；浙江某业公司在天津某食品公司欠付的 G4 冷库工程款范围内享有优先受偿权。

天津市高级人民法院一审于 2012 年 12 月 31 日作出(2012)津高民一初字第 1 号民事判决。(1)判决生效之日起 10 日内，天津某食品公司给付浙江某业公司工程款 49, 130, 734 元；(2)判决生效之日起 10 日内，天津某食品公司给付浙江某业公司逾期支付工程款违约金 12, 808, 120 元；(3)在天津某食品公司不能履行上述债务时，由浙江某食品公司在 6, 531, 340 元范围内向浙江某业公司承担给付责任；(4)浙江某业公司在天津某食品公司欠付的 G4 冷库工程款范围内就该工程折价或者拍卖的价款优先受偿；(5)驳回浙江某业公司的其他诉讼请求。

最高人民法院二审于 2013 年 6 月 15 日作出(2013)民一终字第 67 号民事判决：驳回上诉，维持原判。

3. 案例评析

本案双方当事人就涉案工程签订了若干内容存在相互矛盾备案中标合同和补充合同，因此对涉案工程款与违约金的计算标准产生争议。这就涉及相关合同效力认定问题。根据《建设工程施工合同解释》第 21 条“当事人就同一建设工程另行订立的建设工程施工合同与经过备案的中标合同实质性内容不一致的,应当以备案的中标合同作为结算工程价款的根据”的规定,备案中标合同是当然有效的合同。因此,应当以备案中标合同为基础,审查未备案合同与备案中标合同实质内容是否一致,对补充合同效力分别进行认定。一方面,对于虽然对备案中标合同进行了部分变更,但在合同的实质性内容即工程价款、工程质量、工程期限等三个方面并不存在与备案合同相背离情形的,相关补充合同不违反法律、行政法规的强制性规定,亦为有效。双方就一期工程订立的《施工补充合同》即为此类合同,法院依法认定为有效合同。另一方面,如果另行订立的补充合同,对备案中标合同的工程价款、工程质量、工程期限等进行了重大变更,属于背离中标合同实质性内容的协议,违反《招标投标法》第46条之强制性规定,应认定无效。因此,虽然双方当事人就G4冷库工程签订的《施工合同书》在签订经备案的《天津市建设工程施工合同》之后,但由于《施工合同书》并未经过备案,且在工程价款上进行了重大变更,而工程价款属于合同的实质性内容,该《施工合同书》违反了《招标投标法》第46条的强制性规定,依法应当认定为无效。因此,欠付的G4冷库工程款与违约金的计算应当以经过备案的《天津市建设工程施工合同》为依据。

有关法律规定

最高人民法院《关于审理建设工程施工合同纠纷案件适用法律问题的解释》

第二十一条　当事人就同一建设工程另行订立的建设工程施工合同与经过备案的中标合同实质性内容不一致的,应当以备案的中标合同作为结算工程价款的根据。

六、如何认定当事人诉前达成的结算协议

基本理论

建设工程施工合同纠纷案件中,双方当事人在诉讼前就工程价款达成结

算协议，事后一方当事人反悔，以该结算协议无效或存在显失公平等可撤销等为由，向人民法院起诉要求重新进行结算的情形较多。其中，相当部分案件当事人申请人民法院对涉案工程造价进行司法鉴定。对于当事人的相关请求是否应当得到支持，应当区分不同情况，分别进行处理。

1. 工程结算协议的效力

建设工程合同是平等主体之间的协议，工程结算是平等民事主体之间的当事人处分权利的行为，当事人有权协商作价，没有任何法律法规强制要求双方当事人必须按照鉴定价或评估价进行结算。一般而言，当事人在诉讼前已就工程价款的结算达成协议的，应当视为已经就工程的质量、工期、造价、索赔等问题达成一致。

2. 结算协议与审价的关系

工程结算过程中，发包人可以自行审核，也可以委托审价单位审核，委托第三方进行审价并非强制性程序。只要结算协议是双方当事人的真实意思表示，除非合同特别约定以审价结论为准，即使结算协议与第三方审价的结果有所出入，也应当尊重双方的合同约定，不能以工程审价单位的审价结果为准。审价单位在工程结算中的地位，仅仅是辅助发包人审核，最终结算应以承发包双方确认为准，并非取决于审价单位的结论。即使当事人约定了以第三方审价结论为准，最终形成的审价报告也需要双方当事人确认。

3. 如何认定结算协议显失公平

由于工程建设周期往往较长，耗用资金数大，在建设施工过程中，市场环境、施工条件等可能出现较大变化。因此，可能出现工程的实际造价与双方协商确定的结算造价差距较大的情况。此种情况是否属于显失公平？我们认为，一般不宜认定为显失公平。

首先，应当尊重当事人意思自治。市场经济条件下，绝大部分商品和服务的价格都由市场调节进行，建设工程施工合同的价款结算也不例外。同时，当事人签订协议时，也会考虑互惠互利、长期合作等非市场因素，最终价款往往包含非明示作价因素。因此，在当事人双方已经生效签订结算协议的情况下，应当尊重当事人的意思自治，即使协议价格与工程实际造价有出入，也应当以双方协商确定的价格作为结算依据，不能因客观因素变化而变更。

其次，应当考虑协议中的风险因素。当事人签订结算协议与实际施工之间存在“时间差”，期间存在可能停工、窝工、设计变更、垫资成本、人工和材料价格上涨等一系列风险。当事人签订的结算协议，同时确定了双方估价过程中的风险承担，属于合理的商业风险承担方式。审价或者鉴定是事后对建设工程实际造价的审核结论，排除了可能存在的风险因素，不能反映建设施工过程中的全部要素，以此为依据否定结算协议与客观不符。

最后，应当严格显失公平适用条件。根据最高人民法院《关于贯彻〈中华人民共和国民法通则〉若干问题的意见（试行）》（以下简称《民通意见》）第72条的规定，显失公平有严格限制条件，除要求权利义务严重失衡外，还要求在订立合同时一方当事人利用了自己的优势或对方缺乏经验，导致另一方当事人违背自己的真实意思表示签订协议。一般而言，由于受建筑资质、招标投标等限制，建设工程施工合同双方均有相关从业经验，且结算协议一般发生在工程竣工、验收完毕甚至交付使用后，不符合显失公平的主体条件。同时，由于显失公平必须以当事人提出撤销之诉，且不超过法律规定的除斥期间为前提，假如当事人没有提出撤销之诉，或者撤回了撤销之诉，那么，双方所签订的结算协议就是确定的有效的，法院应当维持该结算协议的效力，而不能主动撤销或摒弃双方当事人的结算协议。①

4. 结算协议与司法鉴定

对于双方已经就工程价款达成结算协议，一方对工程造价申请司法鉴定的，人民法院一般不予支持。但实践中，有的地方法院可能会从查明案件事实或保障诉权角度考虑，先同意鉴定申请，然后再根据质证情况，决定对具体的鉴定意是否采信。② 我们认为，司法鉴定由于会产生诉讼拖延、不符合协议初衷等“副作用”，必然会对一方当事人的合法权益造成影响，造成结算标准从确定到不确定。启动司法鉴定程序应当十分慎重，否则，很可能以所谓保护一方当事人的诉讼权利的名义，损害另一方当事人的实体权利。

5. 结算协议的无效及处理

施工合同无效并不必然影响结算协议效力，只要结算协议没有被人民法

---

① 【建纬杭州】《双方当事人已就工程价款达成结算协议，能否启动司法鉴定程序——从一起建设工程施工合同纠纷案件谈起》，转引自 http://m. weixindou. com/p/557D5UT3IE. html，2017 年 2 月 9 日访问。

② 同上。

院或仲裁机构认定为无效或撤销,发包人就应当按照结算协议履行支付工程款的义务。如果结算协议被人民法院或仲裁机构认定为无效或撤销的,那么一方在诉讼中要求重新结算的,人民法院就应当予以支持。在具体处理上应当注意:一是根据双方当事人的合同约定或者现有证据,足以认定工程量和工程价款的,人民法院不应再就工程价款委托鉴定。二是当事人对工程价款存在争议,不能协议一致,也无法采取其他方式确定的,人民法院可以根据当事人的申请,委托有司法鉴定资质的工程造价鉴定机构对工程造价进行鉴定。三是尽可能地减少鉴定范围,不需要全部鉴定的,则不进行全部鉴定,仅对存在争议部分进行鉴定。

典型案例

在双方当事人已经签订结算协议的情况下,除显失公平外,应当以双方协商确定的价格作为结算依据

——浙江某建设集团有限公司与合肥某某房地产开发有限公司建设工程施工合同纠纷案①

1. 案情简介

上诉人(一审原告、反诉被告):浙江某建设集团有限公司

上诉人(一审被告、反诉原告):合肥某某房地产开发有限公司

浙江某建设集团有限公司(以下简称浙江某建设集团公司)因与合肥某某房地产开发有限公司(以下简称合肥某某房产公司)建设工程施工合同纠纷,起诉至安徽省高级人民法院。

最高人民法院二审确认安徽省高级人民法院一审审理查明的以下事实:2008 年 12 月 28 日,合肥某某房产公司(甲方)与浙江某建设集团公司(乙方)签订《意向协议》,对由乙方承建甲方投资建设的"东方广场南地块项目"相关事项作出约定。上述合同签订后,浙江某建设集团公司于 2009 年分四次向合肥某某房产公司支付 1500 万元履约保证金。

① 参见最高人民法院(2015)民一终字第 104 号民事判决书。

2009 年 3 月 31 日，合肥某某房产公司与浙江某建设集团公司签订一份《建设工程施工合同》，并以该份合同报建设主管部门备案。

2009 年 4 月 2 日，合肥某某房产公司与浙江某建设集团公司签订《补充协议》，约定：双方同意 2008 年 12 月 28 日签订的《意向协议》及《补充条款》自动转为双方合作的正式协议，对条款的内容均予以认可并承担由此而产生的法律责任；2009 年 3 月 31 日签订的《建设工程施工合同》仅作为工程报建和办理施工许可证使用，不作为工程付款、办理签证和工程竣工决算等的依据；2008 年 12 月 28 日签订的《意向协议》及《补充条款》与 2009 年 3 月 31 日签订的《建设工程施工合同》具有同等法律效力，若发生条款相抵触时，以 2008 年 12 月 28 日签订的《意向协议》及《补充条款》为准。

2011 年，合肥某某房产公司作为发包方、浙江某建设集团公司作为总承包方与多家分包单位签订《施工分包协议》。

2011 年 12 月，浙江某建设集团公司与合肥某某房产公司签订一份《协议》，对竣工时间延期及建设方按原合同约定的结算方式和工程款支付方式履约等作出约定。

2013 年 6 月 24 日，合肥某某房产公司（甲方）与浙江某建设集团公司（乙方）为推进东方广场南区项目工程的竣工结算，签订一份《协议书》，对结算事项作出约定。

2013 年 6 月 22 日，浙江某建设集团公司向合肥某某房产公司报送东方广场南区项目工程决算书及决算资料，合肥某某房产公司于 6 月 24 日签收。同年 7 月 15 日，浙江某建设集团公司向合肥某某房产公司报送东方广场南区补充决算书及决算资料，合肥某某房产公司于 7 月 17 日确认收到。浙江某建设集团公司报送的决算书及资料移交记录表载明：东方广场南区 4#、5#、6#、7#、8#及地下室、配电房工程土建和安装决算价合计为 183,484,454 元。

2013 年 6 月 26 日，双方再次签订《补充协议》，一致同意将东方广场南地块项目建设工程质保金调整为 3%。

2013 年 10 月 17 日，浙江某建设集团公司向合肥某某房产公司发出《关于要求支付东方广场南区项目工程结算款的函》，要求按照结算价款支付至 97%，扣除已支付 131,225,000 元，尚应支付 46,754,921.156 元，并承担逾期支付的违约金。同年 10 月 24 日，合肥某某房产公司回复浙江某建设集团公司，由于浙江某建设集团公司未能及时提供部分工程图纸及资料，目前审计工作尚未完成。

合肥某某房产公司提交《付款情况一览表》，证明其已付浙江某建设集团公司工程款 141,024,600 元，代浙江某建设集团公司向建筑主管部门支付质保金 390 万元，合计已付浙江某建设集团公司工程款 144,924,600 元。浙江某建设集团公司认可收到 131,774,600 元。

一审审理期间，双方确认：东方广场南地块项目包括 4#、5#、6#、7#、8#、地下室及配电房工程。合肥某某房产公司对 4#楼已于 2011 年 10 月实际使用的事实予以认可。对浙江某建设集团公司提出的损失，合肥某某房产公司认可 45,200 元。

浙江某建设集团公司与合肥某某房产公司在举证期间，均向一审法院提出相关鉴定申请。浙江某建设集团公司请求对因工期延误造成的该公司损失进行鉴定，合肥某某房产公司请求对案涉工程造价及工期延误造成的该公司损失进行鉴定。

浙江某建设集团公司请求一审法院判令：(1)合肥某某房产公司支付工程款 46,754,921.15 元及逾期付款违约金 2,693,083.46 元；(2)合肥某某房产公司支付分包工程的配合费 1,576,700 元及逾期付款利息 41,976.51 元；(3)合肥某某房产公司返还工程质量进度履约保证金 100 万元及逾期返还利息 26,623.01 元；(4)依法确认浙江某建设集团公司对所建工程折价或者拍卖的价款享有优先受偿权。2014 年 4 月 14 日，浙江某建设集团公司增加诉讼请求，请求判令合肥某某房产公司支付浙江某建设集团公司工期延误及工程修补、垃圾清运等开支损失 28,582,206 元。

合肥某某房产公司提出的反诉请求为：(1)浙江某建设集团公司支付违约金 420 万元、赔偿经济损失 52,532,400 元；(2)撤销双方于 2013 年 6 月 24 日签订的《协议书》第 6 条之约定，并判令浙江某建设集团公司继续配合完成所承建工程的竣工验收之义务。

2. 法院裁判及观点

安徽省高级人民法院一审法院认为，本案的争议焦点为：浙江某建设集团公司向合肥某某房产公司提交的工程决算书能否作为涉案工程价款的结算依据，双方于 2013 年 6 月 24 日签订的《协议书》第 6 条之约定是否显失公平,是否应予撤销等。

该院认为,浙江某建设集团公司因承建合肥某某房产公司开发的位于合肥市包河区徽州大道400号“东方广场南地块项目”,与合肥某某房产公司于2008年12月28日签订《意向协议》及《补充条款》,于2009年3月31日签订《建设工程施工合同》。后双方在2009年4月2日签订的《补充协议》中约定以《意向协议》及《补充条款》作为双方合作的正式协议,《建设工程施工合同》仅作为工程报建和办理施工许可证使用,不作为工程付款、办理签证和工程竣工决算等的依据,该二份合同若发生条款相抵触时,以《意向协议》及《补充条款》为准。一审审理期间,浙江某建设集团公司与合肥某某房产公司均认可《意向协议》及《补充条款》为双方实际履行的合同。据此认定双方所签的《意向协议》及《补充条款》为双方实际履行的合同,是双方当事人的真实意思表示,且未违反法律、法规的强制性规定,合法有效,应以此作为双方当事人权利义务的确定依据。案涉工程经施工,其中的5# - 8#楼、地下室及配电房于2013年6月13日经验收合格,4#楼虽未经验收,但浙江某建设集团公司已于2011年10月将4#楼交付合肥某某房产公司实际使用,且双方在2013年6月24日所签《协议书》第4条中约定“东方广场南区4#办公楼因甲方出售给中信银行并自行安排精装饰,造成其目前无法进行相关部门的统一竣工验收,由此所造成的任何责任与乙方无关”,因此,4#楼虽然未经验收,合肥某某房产公司亦应支付工程款。合肥某某房产公司辩称4#楼、地下室及配电房未验收,案涉工程给付工程款的条件尚不成就的理由,无事实和法律依据,不能成立。2013年6月24日,浙江某建设集团公司将案涉工程的决算书及决算资料提交合肥某某房产公司,7月17日再次补交相关结算资料,合肥某某房产公司均予签收。根据双方于2013年6月24日所签《协议书》第6条的约定,合肥某某房产公司应于2013年9月21日前办理好工程结算并出具审计报告,逾期未审计完毕应视为合肥某某房产公司认可浙江某建设集团公司的送审结算书价格。合肥某某房产公司未能在2013年9月21日前对浙江某建设集团公司提交的决算书进行审计并出具审计报告,经浙江某建设集团公司催告,合肥某某房产公司直至2013年10月24日,方回函告知浙江某建设集团公司需补交结算资料。合肥某某房产公司的行为明显违反双方约定,根据《建设工程施工合同解释》第20条的规定,合肥某某房产公司未能在约定时间内对浙江某建设集团公司提交的决算书进行审计,应视为其认可浙江某建设集团公司提交的决算书上所载的工程结算价款,浙江某建设集团公司主张以此结算价款作为双方之间的结算依据,符合双方约定和法律规定。浙江某建设集团公司提交的决算书上报请审核的结算价款为183,484,454.8元,一审确认该价款为案涉工程的结算价款。合肥某某房产公司提出双方于2014年6月24日所签《协议书》第6条的约定显失公平,应予撤销的反诉请求,因合肥某某房产公司未能提供相应证据予以证明,故合肥某某房产公司的该反诉请求依据不足,不予支持。

该院同时确认,合肥某某房产公司尚欠浙江某建设集团公司工程款46,205,321.18元;对浙江某建设集团公司要求自2013年9月22日起以每日万分之八的标准计算合肥某某房产公司逾期付款违约金的诉请中合理的部分予以支持;浙江某建设集团公司主张合肥某某房产公司自2013年7月2日起按银行同期同类贷款利率支付分包工程配合费1,576,700元利息的诉讼请求予以支持;对浙江某建设集团公司诉请要求合肥某某房产公司返还该100万元履约保证金并按银行同期同类贷款利率自2013年7月2日起计算利息予以支持;浙江某建设集团公司要求合肥某某房产公司赔偿各项损失28,582,206元中除合肥某某房产公司认可45,200元外,其余损失因依据不足,均不予认定;合肥某某房产公司要求浙江某建设集团公司支付违约金420万元并赔偿工期延误损失5253.24万元不予支持;浙江某建设集团公司就该欠款对案涉工程折价或者拍卖的价款享有优先受偿权。

安徽省高级人民法院于2014年8月29日作出(2013)皖民四初字第00024号民事判决:(1)合肥某某房产公司于本判决生效之日起10日内支付浙江某建设集团公司尚欠工程款46,205,321.18元,并自2013年9月22日起按照银行同期同类贷款利率的2倍支付逾期付款违约金至判决确定的给付之日止;(2)合肥某某房产公司于本判决生效之日起10日内支付浙江某建设集团公司分包工程配合费1,576,700元及逾期付款利息;(3)合肥某某房产公司于本判决生效之日起10日内返还浙江某建设集团公司工程质量进度履约保证金100万元并支付利息;(4)合肥某某房产公司于本判决生效之日起十日内赔偿浙江某建设集团公司损失45,200元;(5)浙江某建设集团公司就所建工程折价或者拍卖的价款在合肥某某房产公司尚欠工程款

46,205,321.18元范围内享有优先受偿权;(6)驳回浙江某建设集团公司的其他诉讼请求;(7)驳回合肥某某房产公司的反诉请求。

一审宣判后,浙江某建设集团公司、合肥某某房产公司均对该判决不服,向最高人民法院提起上诉。最高人民法院于2015年9月10日作出(2015)民一终字第104号民事判决,驳回上诉,维持原判。

3.案例评析

本案的主要争议为浙江某建设集团公司提交的工程决算书可否作为本案工程价款的结算依据,双方争议的《协议书》第6条应如何认定。本案中,双方为推进涉案工程的竣工结算,于2013年6月24日签订一份《协议书》,该《协议书》是双方当事人签订的工程结算协议,且意思表示真实,对双方均具有法律拘束力,应当作为工程结算的依据。根据《协议书》第6条关于竣工结算责任的约定,合肥某某房产公司应于2013年9月21日前办理好工程结算并出具审计报告,且其并未向浙江某建设集团公司提出要变更或撤销"9月21日"出具审计报告的期限,也没有提出证据证明结算协议显失公平或者未完成工程结算应当归责于浙江某建设集团公司。因此,合肥某某房产公司应当受到该约定的约束。根据《建设工程施工合同解释》第20条的规定,法院依法支持了浙江某建设集团公司主张以其提交的工程决算书的结算价格作为涉案工程结算依据的主张。

有关法律规定

《中华人民共和国合同法》

第八条 依法成立的合同,对当事人具有法律约束力。当事人应当按照约定履行自己的义务,不得擅自变更或者解除合同。

依法成立的合同,受法律保护。

最高人民法院《关于审理建设工程施工合同纠纷案件适用法律问题的解释》

第十四条 当事人对建设工程实际竣工日期有争议的,按照以下情形分别处理:

(一)建设工程经竣工验收合格的,以竣工验收合格之日为竣工日期;

(二)承包人已经提交竣工验收报告,发包人拖延验收的,以承包人提交验收报告之日为竣工日期;

（三）建设工程未经竣工验收，发包人擅自使用的，以转移占有建设工程之日为竣工日期。

第二十二条　当事人约定按照固定价结算工程价款，一方当事人请求对建设工程造价进行鉴定的，不予支持。

七、固定总价结算施工合同工程价款问题

基本理论

1. 固定总价合同概念

固定总价合同，业界称为"闭口合同"或者"包死合同"，是指除业主增减工程量和设计变更外，承包人针对发包人确定的拟建工程项目实施范围、工程量清单、相关报价要求、风险范围及幅度进行的报价不予调整，在约定总价款内完成合同约定范围内工程量。同时，固定总价合同并不是价格根本不容调整，当工程项目实施范围发生变化、工程量清单发生偏差、超过约定的风险范围及幅度时应予以调整，但调整的方式、方法应在建设工程施工合同中明确约定。[①] 固定总价合同有工程造价易于结算、量价风险主要由承包商承担、总价优先等特点，适用于工程量小、工期短、条件稳定、设计详细、结构和技术简单、时间宽裕、权利义务明确的工程。固定总价合同一般仅因出现设计变更、材料价格发生重大变化、工程量变更、中止合同等情形下，才会对结算价款产生影响。

2. 因设计变更导致工程量或者质量标准发生变化的如何结算

实践过程中，由于固定总价施工项目工程量较小，业主在事先的工程设计往往较为粗糙，实际施工过程中可能存在较大变数，导致工程量出现变化；同时，承包商由于准备时间往往比较短，来不及根据施工图精确计算工程量，更多的是根据业主提供的施工图纸和说明，凭借经验估算，漏算、错算几乎难以避免。为解决这一矛盾，往往事先在合同中约定允许调增的工程量范围，

① 参见刘芳、张岩：《建设项目全过程造价管理与控制》，载《煤炭技术》2011 年第 7 期。

调增工程量时单价的确定方式，以及超出此范围的处理方法。[1] 对于固定总价合同工程承包范围引发的争议，一般把握两个原则：一是当事人约定按照固定总价结算工程价款，应当严格按照合同约定的工程价款执行，因工程量计算错误等原因，一方当事人请求对工程造价进行鉴定并依据鉴定结论结算的，人民法院不予支持。也就是说，工程设计和工程质量要求没有大的变化的前提下，应当严格执行固定总价合同约定价款，双方当事人均无权对工程造价提出异议。二是因设计变更导致工程量或质量标准发生变化，当事人要求对工程价款予以调整的，如果合同对工程价款调整有约定的，依照其约定；没有约定或约定不明的，应当由当事人协商解决，不能协商一致的，可以就变更部分参照签订建设工程施工合同时当地建设行政主管部门发布的计价方法或者计价标准结算工程价款。三是主张工程价款调整的当事人应当对合同约定施工的具体范围、实际工程量增减的原因、数量等事实承担举证责任。

3. 因材料价格发生重大变化的如何结算

物资、材料价格是影响合同价款的重要因素。在固定总价合同中，由于已经对相关价款进行了约定，在一般情况下物资、材料价格涨跌的风险已考虑在合同价款内，相关风险由双方当事人自行承担，不影响合同结算价款。但由于市场供需等因素具有不确定，在特定时期，可能出现因合同主要材料价格发生大的波动，导致承包商因成本大幅增加无法或不愿完成工程，最终影响工程进度和业主利益。因此，固定总价合同并不是价款完全不容调整，法律允许承包商与业主约定分摊正常范围以外的风险，以保障承发包双方利益。在没有约定或者约定不明时，人民法院也可以依法酌情进行调整。对于约定工程价款实行固定总价结算的施工合同履行过程中，主要建筑材料价格发生重大变化，超出了正常市场风险范围的，具体把握两种情形：一是合同对建材价格变动风险负担有约定的，依照其约定处理；二是没有约定或约定不明的，当事人要求调整工程价款，如不调整显失公平的，人民法院可以在市场风险范围和幅度之外酌情予以支持，具体数额可以委托鉴定机构参照工程所在地建设行政主管部门关于处理建材差价问题的意见予以确定。需要特别

---

① 参见蔡新华：《建设工程施工合同范本存在的问题与应对措施》，转引自 http://www.pkulaw.com/specialtopic/335580013.html，2017 年 5 月 6 日访问。

注意的是,因一方当事人原因致使工期或建筑材料供应时间延误导致的建材价格变化风险由该方当事人承担,该方当事人要求调整工程价款的,人民法院不予支持。

典型案例

因设计变更导致工程量发生变化,且当事人不能协商一致的,可以对变更部分参照当地建设行政主管部门发布的计价方法或者计价标准结算工程价款

——江苏福某某建设工程有限公司与镇江某某电子有限公司建设工程施工合同纠纷[①]

1. 案情简介

上诉人(原审原告):江苏福某某建设工程有限公司

上诉人(原审被告)镇江某某电子有限公司

江苏福某某建设工程有限公司(以下简称福某某公司)因与镇江某某电子有限公司(以下简称某某电子公司)发生建设工程施工合同纠纷,向法院提起诉讼。

福某某公司起诉请求称:(1)判令某某电子公司立即支付工程款15,233,239.67元及利息7272.66元,承担汇票贴息损失120,203.29元;(2)判令某某电子公司立即支付停窝工损失2,012,500元及利息。

江苏省高级人民法院二审确认江苏省镇江市中级人民法院一审查明的下列事实:2010年10月15日,双方就某某电子公司综合厂房一、二(消防)标段工程签订建设工程施工合同,约定福某某公司承建该工程的土建、安装、消防工程,合同工期总日历天数为308天,合同价款2730万元。该合同约定采用固定价格合同,工程结算时除签证、变更、设计变更、图纸审查回复外均不做调整。双方于同日签订了补充协议。

2010年10月15日,双方就某某电子公司综合厂房三标段工程签订建设

① 参见江苏省高级人民法院(2016)苏民终149号民事判决书。

工程施工合同,约定福某某公司承建该工程的土建、安装、消防工程,合同工期总日历天数为315天,合同价款1288万元。该合同约定采用固定价格合同,工程结算时除签证、变更、设计变更、图纸审查回复外均不做调整。双方于同日签订了补充协议。

上述合同签订后,福某某公司实际于2010年11月23日开工,2011年2月23日基础分部验收,2011年12月5日主体分部验收,2012年8月30日通过单位(子单位)工程质量竣工验收。同年9月16日福某某公司向某某电子公司提交竣工决算资料。之后福某某公司曾投标某某电子公司2号厂房工程,但未中标。2013年4月18日1号厂房得到镇江市住房和城乡建设局备案,在竣工验收备案表中载明:"镇江某某电子有限公司建设的1号厂房楼工程于2012年12月27日竣工验收合格,并于2013年4月18日将该工程竣工验收备案文件送审。"2013年10月24日福某某公司拆除工程现场临时设施。

至2012年8月30日,某某电子公司合计给付福某某公司工程进度款3270.0468万元。2012年9月21日,某某电子公司给付工程款16万元,11月13日某某电子公司给付福某某公司工程款30万元,2013年1月30日某某电子公司给付福某某公司工程款200万元,2013年2月1日某某电子公司给付福某某公司工程款250万元。以上付款中900万元为承兑汇票。另外,某某电子公司已经垫付水电费335,477.06元。

另查明,2011年1月25日起福某某公司停工,2011年3月28日起福某某公司开始正常施工。

还查明,本案工程竣工后,某某电子公司委托第三方对本案工程进行审计,审定价分别为:40,275,200.01元和4,827,984.87元。

审理中,福某某公司申请对某某电子公司1号厂房进行工程造价鉴定以及停工损失进行评估。一审法院依法委托江苏宏信工程咨询有限公司对该工程进行造价鉴定损失评估。江苏宏信工程咨询有限公司向一审法院出具的鉴定报告形成三种鉴定意见:(1)按照合同约定调整不执行工程造价管理相关文件,鉴定工程总造价为46,230,173.12元;(2)标内、标外项目均按照合同以及执行工程造价管理相关文件调整,鉴定工程总造价为50,057,945.42元;(3)按照合同约定标内不调整、标外按照合同以及执行相关文件调整,鉴定工程总造价为47,669,401.78元。上述三种鉴定意见中均包含停工损失 96,045.48 元。

2. 法院裁判及观点

江苏省镇江市中级人民法院一审认为,关于本案工程款的认定,涉案工程已经竣工验收合格,福某某公司有权主张工程款。福某某公司主张按照其工程决算认定工程款,某某电子公司认为应当按照镇江华航工程咨询有限公司出具的审计意见认定工程款。上述双方各自主张的结算工程款依据均未得到对方的认可,不能视为双方对工程款达成一致意见,均不能作为认定本案工程款的依据。经福某某公司申请,一审法院对涉案工程进行司法鉴定,并形成三种鉴定意见。依照双方签订的两份建设工程施工合同的约定,并综合考量双方的辩论意见,一审法院采信鉴定机构的第三种鉴定意见,即按照合同约定标内不调整、标外按照合同以及执行相关文件调整,本案工程款应为 47,441,568.43 元。

关于应付工程款及利息额认定。某某电子公司应当依照合同约定支付工程款。鉴于工期延误主要因某某电子公司增加工程和设计变更停工所致,故合同约定的付款时间不作顺延。某某电子公司至 2013 年 10 月 1 日起欠付福某某公司工程款 2,512,290.03 元。由于某某电子公司于 2013 年 2 月 1 日后再无付款,故自 2014 年 10 月 1 日起某某电子公司欠付工程款累计至 9,445,623.36 元。

某某电子公司未能按照约定及时支付工程款,双方对欠付工程款利息计付标准没有约定,依照《建设工程施工合同解释》第 17 条的规定,应当按照中国人民银行发布的同期同类贷款利率计息。关于停工损失及利息的认定,鉴定机构作出的停工损失为 96,045.48 元的鉴定意见,予以采信。福某某公司主张停工损失的利息损失,该主张缺乏法律依据,不予支持。关于贴息损失的认定,对福某某公司主张的承兑汇票的贴息损失不予支持。

综上,某某电子公司应当给付福某某公司工程款 9,445,623.36 元及利息,并赔偿福某某公司停工损失 96,045.48 元,对福某某公司的其他请求一审法院均不予支持。

江苏省镇江市中级人民法院作出(2013)镇民初字第 0069 号民事判决:(1)某某电子公司于判决生效之日起 15 日内给付福世公司工程款合计 9,445,623.36 元;(2)某某电子公司于判决生效之日起 15 日内向福某某公司赔偿停工损失96,045.48元;(3)某某电子公司于判决生效之日起15日内向福某某公司赔偿以378,956.7元为基数按照中国人民银行发布的同期同类贷款利率计算自2012年10月21日至2013年9月30日的利息损失;(4)某某电子公司于判决生效之日起15日内向福某某公司赔偿以2,512,290.03元为基数按照中国人民银行发布的同期同类贷款利率计算自2013年10月1日至2014年9月30日的利息损失;(5)某某电子公司于判决生效之日起15日内向福某某公司赔偿在9,445,623.36元范围内按照中国人民银行发布的同期同类贷款利率计算自2014年10月1日起至实际付清为止的利息损失;(6)驳回福斯特的其他诉讼请求。

一审宣判后,双方当事人均不服,向江苏省高级人民法院提起上诉。

江苏省高级人民法院二审认为,一审法院认定事实基本清楚,由于二审中某某电子公司提供新的证据,二审法院对一审判决结果予以相应变更。

江苏省高级人民法院于2016年12月20日作出(2016)苏民终149号判决:(1)维持(2013)镇民初字第0069号民事判决主文第一项、第二项,即某某电子公司于本判决生效之日起15日内给付福某某公司工程款合计9,445,623.36元;某某电子公司于本判决生效之日起15日内向福某某公司赔偿停工损失96,045.48元;(2)撤销(2013)镇民初字第0069号民事判决主文第三项、第四项、第六项;(3)变更(2013)镇民初字第0069号民事判决主文第五项为:某某电子公司于本判决生效之日起15日内向福某某公司赔偿在9,445,623.36元范围内按照中国人民银行发布的同期同类贷款利率计算自2014年10月1日起至实际付清为止的利息损失(上述利息中某某电子公司已经支付825,860.89元);(4)驳回福某某公司的其他诉讼请求。

3.案例评析

本案的争议焦点之一是固定总价合同履行过程中,对于合同外涉及工程设计变更部分如何结算的问题。对此,存在按照合同约定的结算单价进行结算和按照当地建设行政主管部门发布的计价方法或者计价标准结算两种结算方式。在本案中,双方合同虽然约定了结算单价,但是,对于相关单价是否按照相关建设行政主管部门文件进行调整并没有明确约定。同时,本案合同履行中,与双方合同总价相比,设计变更比例达到16.48%,按照双方合同约定结算单价结算将显失公平,依照相关建设行政主管部门文件对单价进行调整并未违反双方合同约定，且对于双方亦更为公允，因此结合《建设工程施工合同解释》第16条第2款之规定，这种情况属于没有约定或约定不明的，应当由当事人协商解决，不能协商一致的，可以就变更部分参照签订建设工程施工合同时当地建设行政主管部门发布的计价方法或者计价标准结算工程价款。

同时，该案表明，固定总价合同签订过程中已经充分考虑了对材料价格变化等风险因素，除非发生超出正常市场风险范围以外的风险，不调整会显失公平的情形，在一般情况下是不能变更的，并且超出正常市场风险范围、显失公平的情形应当由当事人充分举证证明。因此，本案中，由于福某某公司在明知材料价格上涨、工程设计变更的情形下也未就合同内工程价款结算方式进行调整提出主张，也未举证证明存在显失公平的情形，对于其固定总价合同内工程价款按实进行调整的主张，法院未予支持。但对于其在固定总价合同内工程价款外的工程价款按实进行调整的主张，法院根据鉴定机构的意见，予以了支持。

有关法律规定

最高人民法院《关于审理建设工程施工合同纠纷案件适用法律问题的解释》

第二条　建设工程施工合同无效，但建设工程经竣工验收合格，承包人请求参照合同约定支付工程价款的，应予支持。

第十六条　当事人对建设工程的计价标准或者计价方法有约定的，按照约定结算工程价款。

因设计变更导致建设工程的工程量或者质量标准发生变化，当事人对该部分工程价款不能协商一致的，可以参照签订建设工程施工合同时当地建设行政主管部门发布的计价方法或者计价标准结算工程价款。

建设工程施工合同有效，但建设工程经竣工验收不合格的，工程价款结算参照本解释第三条规定处理。

第二十二条　当事人约定按照固定价结算工程价款，一方当事人请求对建设工程造价进行鉴定的，不予支持。

八、未全部完成施工即终止履行的，如何结算工程价款

基本理论

施工方未完成合同约定的工程，即通常所说的“半拉子工程”，此时如何确定结算标准，在实践中有三种不同做法：正向计算法、反向计算法与按比例折算法。正向计算法即按定额计算已完工工程量，参照合同约定总价的标准合理浮动确定工程款；反向计算法即据实计算未完工工程量，用约定总价减去未完工部分，得出已完工工程的工程价款；按比例折算法即对已完工工程的工程造价经鉴定后，按其在合同约定的施工范围的比例计算工程款。上述三种计算方法相比较而言第三种方法更符合实际，但是，实践操作中因需通过鉴定机构对工程造价进行鉴定，案件处理诉讼成本较高，适合工程量较大的案件。

我们认为，中途撤场案件，在已完工部分工程合格的情况下，应当根据原合同约定，综合考虑当事双方对未完工的过错程度，按照正向计算法确定工程款。对于承包方有过错的，可适当下浮；对于发包人有过错的，可适当上浮。具体把握如下两种情形：

一是约定工程价款实行固定总价结算的建设工程施工合同在未全部完成施工即终止履行，承包人已施工的工程质量合格，承包人要求发包人支付工程价款的，由双方协商确定已施工的工程价款，协商不成的，由鉴定机构根据工程设计图纸、施工图纸、施工签证、交接记录等资料以及现场勘验结果，对已完工程量占合同工程量比例计算系数，再用合同约定的固定价乘以该系数确定发包人应付的工程价款。

二是当事人就已施工的工程量存在争议的，应当根据双方在撤场交接时签订的会议纪要、交接记录以及监理材料、后续施工资料等文件予以确定；不能确定的，应当根据承包人撤场时未能办理交接及工程未能完工的原因等因素合理分配举证责任。

中止履行的固定总价结算合同，已施工的工程质量合格的，应当根据原合同约定，按照已完成工程量计算工程价款

——莱阳市某某工程公司与烟台某某物资配件有限公司建设工程施工合同纠纷①

1. 案情简介

上诉人（原审原告）莱阳市某某工程公司

上诉人（原审被告）烟台某某物资配件有限公司

莱阳市某某工程公司因与烟台某某物资配件有限公司发生建设工程施工合同纠纷，向法院提起诉讼。

莱阳市某某工程公司诉称：2009年12月8日，莱阳市某某工程公司与烟台某某物资配件有限公司签订了建设工程施工合同。在履行合同的过程中，烟台某某物资配件有限公司在没有相关部门批准的情况下，要求莱阳市某某工程公司改变原设计施工并且不按规定进度支付工程进度款，致使莱阳市某某工程公司无法进行工程施工，并导致其被迫停工。请求判令：（1）解除双方所签订的建设工程施工合同；（2）烟台某某物资配件有限公司向莱阳市某某工程公司支付拖欠的工程款500万元，莱阳市某某工程公司对此享有优先受偿权；烟台某某物资配件有限公司支付延期付款违约金20万元；（3）烟台某某物资配件有限公司赔偿莱阳市某某工程公司停工损失20万元；（4）烟台某某物资配件有限公司支付因其违约至合同解除所造成的莱阳市某某工程公司可得利益损失10万元。

烟台某某物资配件有限公司答辩称：莱阳市某某工程公司所述与事实不符，其诉讼请求没有合同及事实依据。同意莱阳市某某工程公司第一项诉讼请求，要求驳回莱阳市某某工程公司其他诉讼请求。

山东省烟台市中级人民法院一审审理查明：2009年12月8日，烟台某某

① 参见山东省高级人民法院（2015）鲁民一终字第488号民事判决书。

物资配件有限公司作为发包人，莱阳市某某工程公司作为承包人，双方签订了建设工程施工合同，由莱阳市某某工程公司为烟台某某物资配件有限公司施工建设厂房，合同价款约定为1450万元。在合同专用条款部分，约定本合同采用可调价格，合同价款依照设计变更和现场签证，执行现行预算定额按实结算。

2010年4月9日，莱阳市某某工程公司与烟台某某物资配件有限公司就厂房工程签订补充协议，约定工程为五层框架结构，并对付款方式等作出约定。

烟台某某物资配件有限公司主张双方所签订的施工合同已被补充协议所取代，双方均应按补充协议的约定履行义务。莱阳市某某工程公司则称补充协议是烟台某某物资配件有限公司利用其在工程中的优势地位强迫莱阳市某某工程公司签订的。

工程实际开工时间为2010年4月10日，停工时间为2010年10月29日，当时主体已施工完毕，装饰工程进行了内、外墙的涂抹，至今烟台某某物资配件有限公司未再进行施工。

为确定工程款及各项损失的数额，根据莱阳市某某工程公司当庭提交的鉴定申请，一审法院依法委托烟台嘉信会计师事务所（以下简称“嘉信事务所”）对施工工程的实际造价进行鉴定。鉴定报告确定已施工工程的造价为8,377,870.37元，莱阳市某某工程公司支付鉴定费125,000元。

关于已付工程款，莱阳市某某工程公司称从财务票据看，烟台某某物资配件有限公司实际已付款的数额为5,018,382元。烟台某某物资配件有限公司则主张付款总额为512万元。烟台某某物资配件有限公司另主张在工程施工过程中，曾为莱阳市某某工程公司垫付过材料款，总价值951,605元。莱阳市某某工程公司认为不属于垫付款。

关于退出工地的原因，莱阳市某某工程公司称系因烟台某某物资配件有限公司迟迟不按约定支付工程款。烟台某某物资配件有限公司对莱阳市某某工程公司主张的退出工地原因不予认可，主张已按时支付工程款，不存在违约行为。

山东省高级人民法院二审另查明，莱阳市某某工程公司认可进行了外墙瓷砖施工，使用了价值181,800元的瓷砖，莱阳市某某工程公司所主张的工程价款中包含外墙瓷砖施工的工程价款。

2. 法院裁判及观点

山东省烟台市中级人民法院一审认为，莱阳市某某工程公司在未完全施工完毕的情况下停止施工，现起诉要求解除双方之间的合同关系，烟台某某物资配件有限公司亦表示同意，故双方之间的建设工程施工合同及补充协议应予以解除。

关于工程造价，因双方当事人对于涉案工程的资料缺失不足，嘉信事务所仅能确定莱阳市某某工程公司已施工部分的工程造价为 8,377,870.37 元。莱阳市某某工程公司对该数额无异议，烟台某某物资配件有限公司未在法院限定的期限内提出异议，故应以此数额为准。合同履行过程中，烟台某某物资配件有限公司已支付的款项包括垫付的保险费在内共计 512 万元。烟台某某物资配件有限公司虽垫付了部分材料款并将材料放置于施工现场，但尚未实际使用于工程中，因此，该部分款项不应计入烟台某某物资配件有限公司已支付给莱阳市某某工程公司的工程款中。综上，尚未支付的工程款 3,257,870.37 元，应由烟台某某物资配件有限公司向莱阳市某某工程公司予以支付。关于优先受偿权的问题，双方在补充协议中约定的竣工时间为 2010 年 10 月 30 日，莱阳市某某工程公司退出工地的时间为 2011 年 1 月 2 日，其于 2011 年 10 月 20 日起诉主张优先受偿权，根据最高人民法院《关于建设工程价款优先受偿权问题的批复》第 4 条的规定，已超过 6 个月的法定期限，故对莱阳市某某工程公司的该项诉讼请求不予支持。

按双方在补充协议中的约定，烟台某某物资配件有限公司不存在延期付款的情形，莱阳市某某工程公司要求被告按中国人民银行同期贷款利率的 2 倍计付延期付款违约金 20 万元的理由不成立，不予支持。关于停工损失 20 万元和可得利益损失 10 万元，因莱阳市某某工程公司未能提供证据证实，故依法不予支持。

山东省烟台市中级人民法院一审作出（2011）烟民一初字第 109 号民事判决：（1）解除莱阳市某某工程公司与烟台某某物资配件有限公司于 2009 年 12 月 8 日签订的建设工程施工合同以及于 2010 年 4 月 9 日签订的补充协议。（2）烟台某某物资配件有限公司于本判决生效之日起 10 日内向莱阳市某某工程公司支付工程款 3,257,870.37 元。（3）驳回莱阳市某某工程公司的其他诉讼请求。

一审宣判后，双方当事人均不服，向山东省高级人民法院提出上诉。

山东省高级人民法院二审认为，该案二审焦点问题，一是一审将951,605元材料款计入烟台某某物资配件有限公司向莱阳市某某工程公司所支付的工程进度款而未计入工程款是否妥当；二是莱阳市某某工程公司主张烟台某某物资配件有限公司违约支付工程款应支付其违约金20万元有无事实与法律依据。

关于焦点问题一，二审法院认为，2010年4月9日，工程发包人烟台某某物资配件有限公司与工程承包人莱阳市某某工程公司签订的补充协议约定，对莱阳市某某工程公司所承包的工程施工范围作出明确界定，除此之外的工程施工应属于变更增加的工程项目。烟台某某物资配件有限公司与莱阳市某某工程公司所争议的951,605元材料款显然不属于补充协议所约定的莱阳市某某工程公司所承包的工程施工范围内的工程项目。因此，该部分材料款不应计入烟台某某物资配件有限公司向莱阳市某某工程公司所支付的工程进度款，一审将该部分材料款计入已付工程进度款不正确，烟台某某物资配件有限公司实际支付的工程进度款为512万元。但莱阳市某某工程公司已实际对外墙进行了瓷砖粘贴施工作业，且其亦认可已实际使用烟台某某物资配件有限公司所提供的外墙瓷砖，其也认可在本案所主张的工程款中包含了外墙瓷砖粘贴施工作业的工程款。因此，莱阳市某某工程公司所使用的烟台某某物资配件有限公司提供的外墙瓷砖及运费181,800元应抵作相应的工程款，一审未将该部分材料款抵作工程款不正确，二审予以纠正。烟台某某物资配件有限公司应向莱阳市某某工程公司支付工程款为3,076,070.37元。

关于焦点问题二，二审法院认为，至2010年10月29日工程停工时，主体工程已施工完毕，而烟台某某物资配件有限公司截至2010年8月5日实际向莱阳市某某工程公司支付工程进度款为512万元，显然没有达到合同约定的支付600万元工程进度款的数额标准，经过结算烟台某某物资配件有限公司最终亦还欠莱阳市某某工程公司工程款3,076,070.37元，烟台某某物资配件有限公司存在违约支付工程进度款的情形。鉴于对第一个焦点问题的分析认定，烟台某某物资配件有限公司所主张的951,605元材料款不应计入其已支付的工程进度款,一审认定烟台某某物资配件有限公司已按约支付了600万元工程进度款并未逾期付款无事实依据。依照补充协议约定,烟台某某物资配件有限公司应承担莱阳市某某工程公司每一天10,000元的工地费用。据此,计算出的违约金数额明显高于20万元,现莱阳市某某工程公司主张按中国人民银行同期贷款利率的2倍计付延期付款违约金,其仅要求支付20万元是其对自身权利的处分,应予准许。

山东省高级人民法院于2015年12月9日作出(2015)鲁民一终字第488号民事判决:(1)维持山东省烟台市中级人民法院(2011)烟民一初字第109号民事判决第一、三项,即解除莱阳市某某工程公司与烟台某某物资配件有限公司于2009年12月8日签订的建设工程施工合同以及于2010年4月9日签订的补充协议;驳回莱阳市某某工程公司的其他诉讼请求。(2)变更山东省烟台市中级人民法院(2011)烟民一初字第109号民事判决第二项为,烟台某某物资配件有限公司于本判决生效之日起10日内向莱阳市某某工程公司支付工程款3,076,070.37元。(3)烟台某某物资配件有限公司于本判决生效之日起10日内向莱阳市某某工程公司支付逾期付款违约金200,000元。(4)驳回烟台某某物资配件有限公司其他上诉请求。

3. 案例评析

本案在双方当事人均同意解除建设施工合同的情况下,争议焦点是如何计算工程价款的问题。由于该案双方约定的是固定总价结算的施工合同,且中止建设施工合同的原因不能归责于承包人。因此,应当根据承包人已完工的工程量,结合占合同工程量比例计算系数,及双方合同约定工程价款,经双方协商或者鉴定机构鉴定确定,分别确定固定总价合同内应付工程价款和固定总价合同外应付工程价款,最终确定应付价款。本案中,发包人烟台某某物资配件有限公司与承包人莱阳市某某工程公司对莱阳市某某工程公司所承包的工程施工范围作出明确界定,除此之外的工程施工应属于变更增加的工程项目。同时,根据双方"主体竣工验收后付至600万元"的约定,烟台某某物资配件有限公司应当在主体竣工验收后在固定总价工程价款内支付600万元,虽然已经向莱阳市某某工程公司支付的工程总价款超过了600万元,但由于其中包含951,605元材料款,固定总价工程价款仅为512万元,未达到600万元的约定,因此,烟台某某物资配件有限公司构成逾期付款,应当承担违约造成的损失。

有关法律规定

最高人民法院《关于审理建设工程施工合同纠纷案件适用法律问题的解释》

第十六条　当事人对建设工程的计价标准或者计价方法有约定的,按照约定结算工程价款。

因设计变更导致建设工程的工程量或者质量标准发生变化,当事人对该部分工程价款不能协商一致的,可以参照签订建设工程施工合同时当地建设行政主管部门发布的计价方法或者计价标准结算工程价款。

建设工程施工合同有效,但建设工程经竣工验收不合格的,工程价款结算参照本解释第三条规定处理。

九、如何认定当事人的工作人员签证确认行为的效力

基本理论

建设施工合同履行过程中,由于涉及部门、人员较多、时限较长,承发包双方法定代表人不可能一直在现场。为确保工程有序顺利进行,承发包双方一般会在施工合同中明确约定各自在现场的签证人员及其签证权限,由具有相应授权的人员作出相应工程签证。然而实践中,由于合同约定的疏漏,往往因对签证人员及签证权限约定不明,导致合同双方对相关签证人员是否有权签证、所签字确认的签证文件效力等问题发生争议。根据建设施工实践,工程签证人员主要涉及承发包方的法定代表人、工作人员、项目经理及监理方等。其中,法定代表人作为代表法人行使职权的负责人,无须施工合同明确授权,其所作的签证应当认定有效。即使法定代表人超越其权限作出签证,其代表行为仍应确认有效,除非相对人知道或者应当知道其超越权限。[1]但对于其他人员的签证效力应当分情形予以确认。

---

① 参见《工程签证之人员签字效力问题裁判规则分析》,转引自丁海鹏律师的博客,载 http://blog.sina.com.cn/s/blog_44c6ed600102wjxv.html,2017 年 2 月 12 日访问。

1. 当事人工作人员签证效力

由于承发包方派驻施工现场的工作人员可能较多，对于相关人员的签证行为效力，应当分类予以确认：

首先，经合同约定或当事人授权的工作人员对工程量和价款等的签证确认行为对当事人具有约束力。

其次，虽然没有合同约定或当事人授权，当事人工作人员的签证在以下情形下，对当事人具有约束力：一是确认属于履行职务行为；二是当事人事后追认；三是当事人虽不予追认，相对方有理由相信该签证确认人员有代理权的签证确认行为。需要注意的例外情形是，若一方有证据证明对方明知相关工作人员无相应权限的，则该人员的签证对其所在一方不发生法律效力。

最后，对于发包人或承包人派驻施工现场的其他工作人员，因其并非一方当事人授权代表该方履行合同的现场负责人，其在施工现场通常也不具有确定工程量和工程价款等职责。因此，在施工合同对此类人员的签证权限没有明确约定或约定不明的情况下，其所作出的签证一般不应认定有效。故对于此类人员的签证，对方当事人应当尽到合理的注意义务，核实清楚其是否具有相应的授权。

2. 现场代表及项目经理签证效力

发包人现场代表是发包人任命并派驻施工现场，负责处理合同履行过程中与发包人有关的具体事宜的现场负责人；承包人项目经理是承包人任命并派驻施工现场负责履行施工合同（按照国家有关规定通常应当具有相应的执业资格）的项目负责人，即便施工合同对两者的授权没有明确约定，在合同履行过程中，其以承发包人名义在结算报告和签证文件上签字确认、加盖印章、收发工程款、接收供材等行为及所作出的其他签证通常仍可认定为代表一方当事人实际履行合同的职务行为，或者可认定为虽超越一方当事人内部授权但已构成表见代理的行为，一般应当确认此类签证有效，对承发包人具有约束力。需要注意的是，双方另有约定或承包人有证据证明相对人知道或应当知道项目经理没有代理权的，该人员的签证对其所在一方不发生法律效力。例如，发包人对其现场代表的授权文件已明确现场代表不具有确认工程价款调整的权限，并且该授权文件在工程开工前已送达承包人等。[1]

3. 工程监理人员签证效力

工程监理是指监理单位根据发包人的委托,对承包人在施工质量、建设工期和建设资金使用等方面,代表发包人实施监督工作,而工程监理人员是监理单位派驻施工现场代表发包人对工程施工相关事项进行检查、查验、审核、验收,并签发相关指示的专业技术人员。工程实践中,监理人员通常负责审核已完工程量、审查批准施工组织设计(含进度计划)、检验工程质量等,但涉及工程价款的洽商、变更、调整等经济决策的,通常交由发包人处理。[2] 因此,工程监理人员依据监理合同的约定以及监理规范实施的签字确认行为,对发包人具有约束力。但对于超越监理合同约定以及监理规范实施的签字确认行为,如涉及工程价款洽商变更等经济决策的,除承包人有理由相信工程监理人员的签字确认行为未超越其监理合同的约定以及监理规范的以外,对发包人不具有约束力。

典型案例

除另有约定或承包人有证据证明相对人知道或应当知道现场负责人没有代理权外,现场负责人的签证具有效力

——南京某机械工程公司与南京某百货公司建设工程施工合同纠纷[3]

1. 案情简介

上诉人(原审被告):南京某百货公司

被上诉人(原审原告):南京某机械工程公司

上诉人南京某百货公司因与被上诉人南京某机械工程公司发生建设工程施工合同纠纷,向法院提起诉讼。

南京某机械工程公司起诉请求:(1)南京某百货公司支付工程款

① 参见无讼阅读:《工程签证之人员签字效力五个裁判规则总结》,转引自 http://www.360doc.com/content/16/0916/12/32225525_591224940.shtml。

② 同上。

③ 参见江苏省高级人民法院(2016)苏01民终6174号民事判决书。

761,676 元及利息;(2)退还保证金 200,000 元及利息。

江苏省高级人民法院二审确认江苏省南京市玄武区人民法院一审审理查明的下列事实:南京某机械工程公司无土石方工程专业承包资质。2013 年 7 月 1 日,南京某机械工程公司(乙方)与南京某百货公司(甲方)签订土方工程合同一份,双方就一新建项目的土方工程作出约定。合同落款盖有甲、乙方公章,并在甲方一栏有项目负责人孙某的签字,在乙方一栏有乙方项目经理、现场管理员的签字。

合同签订后,南京某机械工程公司进行了施工。2013 年 11 月 8 日之前,南京某机械工程公司开具发票 11 份,总金额为 1,638,508 元。南京某百货公司认可收到上述发票。

2013 年 11 月 5 日,江苏骏通建设项目管理咨询有限公司(以下简称骏通公司)接受南京某百货公司的委托,对案涉工程出具《工程造价咨询报告书》一份,确定南京某机械工程公司所施工工程审定价为 1,638,501 元。南京某百货公司项目负责人孙某在工程结算审定单上签字并加盖南京某百货公司项目工程专用章。报告书后所附工程量的相关材料中有一份"情况说明",内容为:"因甲方新建部分开挖土方,原我司拆除的部分垃圾堆放在基坑处,因甲方工期需要,垃圾由基础开挖公司进行外运,我方只承担 800 方的垃圾,单价 75 元每立方,经与甲方协商,费用从我方竣工决算工程款里扣除……"南京某百货公司工作人员梁某签字"经与张总协商,该费用由新筑公司承担"。甲方代表签字"孙某"。南京某机械工程公司加盖公章。

2014 年 9 月,南京某百货公司内部出具"工程付款申请审批表"一份,记载:"审计后的价格为 1,638,501 元 + 第 5 项费用(未审计)373,175 元 = 2,011,676 元。7. 前期已支付 125 万元,本次项目部申请支付工程款 711,676 元(已扣除 5 万元垃圾费)。8. 本期申请支付二次保证金,合计为贰拾万元。"

2. 法院裁判及观点

江苏省南京市玄武区人民法院一审认为,南京某机械工程公司无土石方工程施工资质,故其与南京某百货公司签订的土方工程施工合同,违反法律强制性规定,属无效合同。《建设工程施工合同解释》第 2 条规定,建设工程施工合同无效,但建设工程经竣工验收合格的,承包人请求参照合同约定支付工程价款的,应予支持。南京某机械工程公司所施工项目已经竣工,且北极阁相关工程已经投入使用,故可参照南京某机械工程公司、南京某百货公司约定确定本案工程价款。

关于2013年11月5日骏通公司对案涉工程出具《工程造价咨询报告书》所确定的南京某百货公司所施工工程的审定价为1,638,501元能否作为确定南京某百货公司工程价款的依据。一审法院认为,骏通公司的咨询报告系南京某百货公司委托出具。南京某百货公司申请的证人张某证明6米以下工程量及零星土方工程量经过核实,6米以上土方工程量虽未经过监理签字,但相关材料由南京某百货公司工作人员签字确认,故出具了咨询报告,即骏通公司对6米以上工程量的审计系依据南京某百货公司工作人员确认的工程量材料进行。南京某百货公司虽辩称相关人员无权在工程材料上签字,但该份报告的工程审定单由南京某百货公司项目负责人孙某签字确认并加盖南京某百货公司项目工程专用章,即南京某百货公司对此工程审定价款进行了确认,南京某百货公司内部亦以该份报告中的审定金额作为申请付款的依据,故在南京某百货公司并无充分证据推翻骏通公司的报告书的情况下,对骏通公司的审定数额,一审法院予以确认,作为确定南京某百货公司工程价款的依据。关于南京某百货公司所提新筑公司"情况说明",该"说明"由新筑公司出具,其中明确新筑公司承担800立方米的垃圾外运费,该费用从新筑公司与甲方即南京某百货公司竣工决算工程款里扣除,故该"说明"系新筑公司同意将上述费用支付给南京某百货公司的承诺,但南京某机械工程公司所施工工程量仍应计入双方的结算中。故对南京某百货公司主张扣除该费用的主张,一审法院不予支持。

同时,一审法院认为,在南京某百货公司未提供充分证据推翻签证单及联系单记载的工程量及价款的情况下,373,175元可以作为南京某机械工程公司后续施工的工程价款数额;南京某百货公司未举证证明工程存在质量问题,故200,000元保证金应予退还。

江苏省南京市玄武区人民法院一审作出(2015)玄民初字第1145号民事判决:(1)南京某百货公司于判决生效之日起10日内支付南京某机械工程公司工程款761,676元,并按中国人民银行同期同类贷款利率计算给付上述款项自2015年5月23日起至实际给付之日止的利息。(2)南京某百货公司于判决生效之日起10日内支付南京某机械工程公司保证金200,000元,并按中国人民银行同期同类贷款利率标准计算给付上述款项自 2015 年 6 月 11 日起至实际给付之日止的利息。

一审宣判后,南京某百货公司不服,向江苏省高级人民法院提起上诉。

江苏省高级人民法院二审认为,南京某百货公司将新建项目的土方工程发包给被上诉人南京某机械工程公司施工,因南京某机械工程公司无土石方工程施工资质,故其与南京某百货公司签订的《土方工程施工合同》,违反法律、行政法规强制性规定,属无效合同。现涉案工程由南京某机械工程公司施工完毕,并投入使用,故南京某机械工程公司要求南京某百货公司参照合同约定支持工程款,有事实与法律依据,予以支持。现涉案工程已由南京某百货公司委托骏通公司进行审计并出具《工程造价咨询报告书》,并由南京某百货公司项目负责人孙某在工程结算审定单上签字并加盖南京某百货公司北极阁项目工程专用章,南京某机械工程公司亦开具了该审核价款的发票,故一审法院在南京某百货公司无充分证据推翻该咨询报告的情况下,认定骏通公司审定的工程造价作为确定南京某百货公司工程款的依据,并无不当,予以支持。关于四份签证单及工程联系单的工程价款如何认定的问题。从签证单 1(标题为东大)、签证单 2、签证单 4 的内容等看,南京某机械工程公司向南京某百货公司主张该三份签证单的工程款,依据不足。故认定该两部分后续施工工程价款共计 211,000 元应由南京某百货公司支付。综上所述,南京某百货公司应欠付南京某机械工程公司工程款为 599,501 元。

关于保证金 200,000 元,二审法院认为,本案中虽双方合同约定被上诉人应交纳保证金,但南京某机械工程公司并未提供缴纳保证金的相关凭证,现要求返还保证金 200,000 元,依据不足。

江苏省高级人民法院于 2016 年 10 月 18 日作出(2016)苏 01 民终 6174 号民事判决:(1)撤销南京市玄武区人民法院(2015)玄民初字第 1145 号民事判决第二项;(2)变更南京市玄武区人民法院(2015)玄民初字第 1145 号民事判决第一项为:南京某百货公司于本判决生效之日起 10 日内支付南京某机械工程公司工程款 599,501 元,并按中国人民银行同期同类贷款利率计算给付上述款项自 2015 年 5 月 23 日起至实际给付之日止的利息;(3)驳回南京某机械工程公司的其他诉讼请求。

3. 案例评析

本案中，双方当事人争议的焦点是对南京某百货公司相关工作人员签证确认的南京某机械工程公司实际施工工程量是否属实，也就是对南京某百货公司相关工作人员签证效力存在争议。在案涉工程施工过程中，南京某百货公司安排了孙某作为项目负责人在施工现场，并安排了其他若干工作人员在施工现场，并对南京某机械工程公司工程量相关材料予以确认，但南京某百货公司以负责人勾结施工单位损害本单位的利益、其他人员无权签证等理由，意图否认相关工作人员签证效力。但法院认为项目负责人孙某在合同履行过程中作出的签证行为，应当认定为代表南京某百货公司实际履行合同的职务行为，对南京某百货公司具有约束力。虽然南京某百货公司派驻施工现场的其他工作人员的签证行为，不能认定为代表南京某百货公司作出的签证行为，但由于该行为事后得到项目负责人的签证确认，亦应当认定为代表南京某百货公司作出的签证行为，此类签证有效，对南京某百货公司具有约束力。因此，法院对相关签证单及工程联系单的真实性予以确认，并依据相关签证文件，依法确认了南京某机械工程公司施工工程量。

有关法律规定

最高人民法院《关于审理建设工程施工合同纠纷案件适用法律问题的解释》

第十九条　当事人对工程量有争议的，按照施工过程中形成的签证等书面文件确认。承包人能够证明发包人同意其施工，但未能提供签证文件证明工程量发生的，可以按照当事人提供的其他证据确认实际发生的工程量。

十、如何确定欠付工程价款的利息

基本理论

建设工程属于资金密集型项目，对资金的依赖程度较高，如果发包方不按合同或结算报告支付工程款，导致拖欠承包方工程的，就可能引起工程纠纷。同时，由于工程款种类繁多，较为常见的就包括预付款、进度款、结算款、签证款、保修款等,造成欠付工程价款的利息难以准确计算。这里首先应当明确的是利息属于法定孳息,发包人欠付工程款时,除应承担向债权人继续支付工程款的责任外,也需要一并支付拖欠工程款的利息。这是法律规定的作为债务人的发包人应承担的法定义务,除非双方另有特别约定外,均应当支付利息。① 根据当事人签订的合同约定及法律规定,相关款项应当分别确定利息起算时间后,按照约定或者法定利率标准计算利息。

1. 利息起算时间

工程价款利息应当从应付款而未付之日起计付。对于如何确定"应付工程款之日",《建设工程施工合同解释》第 18 条区分不同情况分别作出了规定:

第一,对于当事人对工程款支付时间有约定的,应尊重当事人的意思表示,以双方约定的付款时间作为计付利息的开始时间。

第二,对于当事人对工程款的支付时间没有约定或约定不明的,下列时间视为付款时间:一是建设工程实际交付的,为交付之日;二是建设工程没有交付的,为提交竣工结算文件之日;三是建设工程未交付,工程款也未结算的,为当事人起诉之日。

第三,使用《建设工程施工合同(99 示范文本)》的建设工程,根据示范文本,工程预付款、进度款、结算款、签证款、索赔款等应当按照以下方式计算利息:一是工程预付款的利息起算时间是开工前的第 6 天。二是进度款利息的起算时间为报量后的 15 天。三是结算款利息起算时间为从结算书送交给发包人后的第 29 天。四是签证款利息的起算时间为报量后的 15 天。五是索赔款利息的起算时间分为两个部分。一方面,工程师在收到承包人送交的索赔报告和有关资料后 28 天内未予答复或未对承包人作进一步要求,视为该项索赔已经认可,开始计息。另一方面,当该索赔事件持续进行时,承包人应当阶段性向工程师发出索赔意向,在索赔事件终了后 28 天内,向工程师送交索赔的有关资料和最终索赔报告。工程师在收到后 28 天内未予答复或未对

① 参见张仁藏:《拖欠工程款纠纷利息如何计算》,转引自 http://blog.sina.com.cn/s/blog_718b61330101gd87.html,2017 年 12 月 10 日访问。

承包人做进一步要求,视为该项索赔已经认可,开始计息。①

第四,垫资计息起算时间。根据《建设工程施工合同解释》第 6 条的规定,当事人对垫资和垫资利息有约定,承包人请求按照约定返还垫资及其利息的,应予支持,但是约定的利息计算标准高于中国人民银行发布的同期同类贷款利率的部分除外。当事人对垫资没有约定的,按照工程欠款处理。当事人对垫资利息没有约定,承包人请求支付利息的,不予支持。因此,对于应当支付的垫资利息,应当按照工程款起算标准起算,即如果没有约定计息时间,工程已经交付的,以交付之日开始计息;工程没有交付的以提交竣工报告之日开始计息;工程没有交付,价款也没有结算的,从起诉之日开始计息。②

另外,一般实践中都约定保修款为保修期满,无息返还。但是如果没有约定的,应当按照工程款按同期同类贷款利率计息。

2. 工程价款计息标准

对于利息计算标准,根据《建设工程施工合同解释》第 17 条的规定,可以分为以下情形:

一是当事人对欠付工程价款利息计付标准有约定的,按照约定处理,但不得超过中国人民银行公布的同期同类贷款利率的 4 倍。

二是没有约定的,按照中国人民银行发布的同期同类贷款利率计算。

三是发包人以承包人未开具发票、未移交工程竣工资料为由拒付工程价款的,不予支持,但建设工程施工合同另有约定的除外。

---

① 参见杨磊:《工程欠款的利息问题及案例》,转引自 http://www.bokee.net/bloggermodule/blog_viewblog.do? id = 8284202,2017 年 12 月 10 日访问。

② 同上。

典型案例

除非双方另有特别约定外，发包人欠付的工程款均应当支付利息，但不得超过同期同类贷款利率的4倍

——自贡市某园林公司与范某某建设工程分包合同纠纷一案①

1. 案情简介

上诉人(原审被告)：自贡市某园林公司

被上诉人(原审原告)：范某某

2014年2月21日，自贡市某园林公司与范某某达成《工程承包合同》，约定由范某某承包S305富顺绕城改线有机基材植被护坡。后经验收，喷播方量验收合格9923平方米。自贡市某园林公司向范某某支付了部分工程款。2015年5月18日，自贡市某园林公司向范某某出具《付款承诺书》，载明40万元工程款于2015年6月30日付，如到时未付，利息按每月3%计算，按月支付。到期后，自贡市某园林公司并未向范某某支付工程欠款及利息，致范某某提起诉讼，要求自贡市某园林公司支付工程款40万元，并支付从2015年6月30日起至还清借款之日止按月利率3%计算的利息。诉讼过程中，范某某申请放弃部分利息，要求自贡市某园林公司按银行同期贷款利率标准支付利息至支付完毕为止。

2. 法院裁判及观点

四川省自贡市大安区人民法院认为，双方签订的《工程承包合同》合法有效。该合同对付款方式作出约定。但是，在履行该合同的过程中，双方重新达成一致意见，即自贡市某园林公司向范某某出具的《付款承诺书》。该《付款承诺书》实际上是对付款方式的重新约定，也是对工程内容、工程数量、质量的认可，该承诺为当事人真实意思表示，合法有效。自贡市某园林公司主张该承诺书是在迫不得已的情况下与范某某签订的，不生效。但是，对可撤销的民事行为，自贡市某园林公司应当在法律规定的时效内行使撤销权，因

① 参见(2015)大民二初字第636号、(2016)川03民终252号民事判决书。

自贡市某园林公司未行使撤销权,故该承诺所确认的内容应当继续履行。

根据《工程承包合同》的约定,自贡市某园林公司承包 S305 富顺绕城改线有机基材植被护坡,后经验收,双方确认喷播方量验收合格 9923 平方米。至于自贡市某园林公司主张的范某某应当提供相应工程总价的抵扣成本的发票,以及完成相关资料的问题。范某某开具相应发票及提供相关资料是范某某的附随义务,范某某应当履行自己的义务。但是,该义务并非自贡市某园林公司与范某某达成的支付货款的前提条件,自贡市某园林公司支付工程款后,范某某应当履行开具相应发票及提供相关资料的合同义务。

四川省自贡市大安区人民法院(2015)大民二初字第 636 号民事判决:自贡市某园林公司于判决生效之日起 5 日内支付范某某工程款 40 万元,并支付利息,利息计算方法为:以本金 40 万元为基数,从 2015 年 7 月 1 日始计算至本判决确定的本金给付之日止,以中国人民银行同期贷款月利率为标准计算;若未按本判决确定的给付之日给付本金,上述利息计算至本金付清之日止。

一审宣判后,自贡市某园林公司不服,向四川省自贡市中级人民法院提起上诉。四川省自贡市中级人民法院二审作出(2016)川 03 民终 252 号民事判决:驳回上诉,维持原判。

3. 案例评析

本案中,自贡市某园林公司将 S305 富顺绕城改线有机基材植被护坡工程承包给范某某,该工程完工并验收后,自贡市某园林公司向范某某支付了部分工程款,并对剩余 40 万元工程款支付方式及利息进行了约定。因自贡市某园林公司未按期支付剩余工程款,范某某起诉至法院,要求支付剩余工程款及利息。其中,需要注意的是,由于自贡市某园林公司与范某某关于“利息按每月 3% 计算”的约定,高于中国人民银行发布的同期同类贷款利率,根据《建设工程施工合同解释》第 6 条的规定,高于中国人民银行发布的同期同类贷款利率的部分,法院应当不予支持。因此,在该案审理过程中,范某某主动申请放弃部分利息,要求自贡市某园林公司按银行同期贷款利率标准支付利息。法院依法支持了范某某的该项请求。

有关法律规定

最高人民法院《关于审理建设工程施工合同纠纷案件适用法律问题的解释》

第六条　当事人对垫资和垫资利息有约定，承包人请求按照约定返还垫资及其利息的，应予支持，但是约定的利息计算标准高于中国人民银行发布的同期同类贷款利率的部分除外。

当事人对垫资没有约定的，按照工程欠款处理。

当事人对垫资利息没有约定，承包人请求支付利息的，不予支持。

第十七条　当事人对欠付工程价款利息计付标准有约定的，按照约定处理；没有约定的，按照中国人民银行发布的同期同类贷款利率计息。

第十八条　利息从应付工程价款之日计付。当事人对付款时间没有约定或者约定不明的，下列时间视为应付款时间：

（一）建设工程已实际交付的，为交付之日；

（二）建设工程没有交付的，为提交竣工结算文件之日；

（三）建设工程未交付，工程价款也未结算的，为当事人起诉之日。

最高人民法院《关于人民法院审理借贷案件的若干意见》（已废止）

第六条　民间借贷的利率可以适当高于银行的利率，各地人民法院可根据本地区的实际情况具体掌握，但最高不得超过银行同类贷款利率的四倍（包含利率本数）。超出此限度的，超出部分的利息不予保护。

《最高人民法院关于审理民间借贷案件适用法律若干问题的规定》

第二十八条　借贷双方对前期借款本息结算后将利息计入后期借款本金并重新出具债权凭证，如果前期利率没有超过年利率24%，重新出具的债权凭证载明的金额可认定为后期借款本金；超过部分的利息不能计入后期借款本金。约定的利率超过年利率24%，当事人主张超过部分的利息不能计入后期借款本金的，人民法院应予支持。

按前款计算，借款人在借款期间届满后应当支付的本息之和，不能超过最初借款本金与以最初借款本金为基数，以年利率24%计算的整个借款期间的利息之和。出借人请求借款人支付超过部分的，人民法院不予支持。

第二十九条　借贷双方对逾期利率有约定的，从其约定，但以不超过年利率24%为限。

未约定逾期利率或者约定不明的，人民法院可以区分不同情况处理：

（一）既未约定借期内的利率，也未约定逾期利率，出借人主张借款人自逾期还款之日起按照年利率6%支付资金占用期间利息的，人民法院应予支持；

（二）约定了借期内的利率但未约定逾期利率，出借人主张借款人自逾期还款之日起按照借期内的利率支付资金占用期间利息的，人民法院应予支持。

十一、如何处理转包、违法分包、借用资质的非法所得

基本理论

建设工程质量和施工安全关系人民群众的生命财产安全，也是较为容易出现事故的领域。为确保工程质量，《建筑法》《建设工程质量管理条例》《房屋建筑和市政基础设施工程施工分包管理办法》《建筑工程施工转包违法分包等违法行为认定查处管理办法（试行）》等，对转包、合法分包、违法分包、借用资质等行为进行了详细规定，在约束建设工程承发包行为的同时，也为司法实践中进一步明确界定相关违法行为提供了基础。但实践中，为牟取不当利益，建设工程领域的转包、违法分包、借用资质等现象仍然十分突出，由此引发的诉讼繁多。人民法院在依照相关法律规定明晰当事人民事权利义务的同时，也高度重视当事人因此获得的非法所得的处理问题，以防止违法人员因违法行为受益。为此，《建设工程施工合同解释》第4条在确认承包人非法转包、违法分包建设工程或者没有资质的实际施工人借用有资质的建筑施工企业名义与他人签订建设工程施工合同的行为无效的同时，根据《民法通则》第134条的规定，对收缴当事人已经取得的非法所得作出了原则规定。司法实践中，各地法院运用该规定对部分案件当事人非法所得进行了收缴，但由于该规定较为原则，相关案件数量较少，难以有效抑制当事人实施相关违法行为，需要在细化规定基础上，进一步加大相关工作力度。收缴此类案件当事人非法所得应注意以下四个方面：第一，要以承包人转包、违法分包建设工程或者没有资质的实际施工人借用有资质的建筑施工企业名义与他人签订的建设工程施工合同被认定无效为前提。第二，按照行为主体不同，非法所得的范围分为三类：一是承包人非法所得，即承包人转包、违法分包建设工程已经取得的非法所得；二是出借人非法所得，即出借资质的建筑施工企

业因出借行为已经取得的非法所得；三是实际施工人非法所得，即实际施工人因承建工程已经取得的非法所得。第三，非法所得的数额是当事人非法获得的纯利润，应当扣除当事人在建设工程招标、投标、施工、验收等过程中支出的相关费用。第四，收缴非法所得责任应当分别承担。收缴非法所得不是民事责任承担方式，各当事人互相不成立连带责任关系，在当事人较多的情况下，法院应当依法分别认定各当事人非法所得数额，分别予以收缴。

典型案例

当事人非法转包建设工程的，人民法院可以收缴当事人已经取得的非法所得

——周某甲、周某乙与罗某甲、永州某工程公司、永州某投资公司建设工程施工合同纠纷一案①

1. 案情简介

原告：周某甲、周某乙

被告：罗某甲、永州某工程公司、永州某投资公司

原告周某甲、周某乙诉称：原告周某甲等与被告罗某甲就被告永州某工程公司总承包的永州某投资公司建设的公租房工程施工达成施工承包协议。合同签订后，原告依照合同约定在2012年年底如期完成了全部工程，并通过建设单位永州某投资公司验收。至起诉时止，尚欠原告劳务款、多扣除的费用及拖欠工程款利息共计4,067,726元。原告请求判决：确认双方所签订的《包工包料合同》无效；责令被告按实结算工程款后，支付原告的包工包料的工程款、劳务款、多扣除的费用及拖欠工程款利息共计4,067,726元。

被告罗某甲及永州某工程公司答辩：请求驳回原告的起诉。

永州某投资公司答辩：请求法院驳回原告对永州某投资公司的起诉。

湖南省永州市中级人民法院经审理查明，2011年8月5日，被告永州某工程公司（甲方）与被告罗某甲（乙方）签订《合作承建合同》，对承建某公租

① 参见湖南省永州市中级人民法院（2015）永中法民二初字第27号民事判决书。

房项目作出约定。

2011年8月10日,被告永州某投资公司(甲方)与被告永州某工程公司(乙方)签订了一份《公租房建设施工合同》,被告永州某投资公司将公租房9栋、10栋、19栋、20栋发包给永州某工程公司施工。被告罗某甲作为乙方的代表在该合同上签字。2011年8月17日,在征得被告永州某工程公司同意后,被告罗某甲(甲方)与原告周某甲(乙方)签订了一份《包工包料合同》,被告罗某甲将公租房9栋、10栋、19栋、20栋转包给原告周某甲施工。

2011年11月24日,被告永州某投资公司(甲方)与被告永州某工程公司(乙方)再次签订了一份《公租房建设施工合同》,被告永州某投资公司将公租房C栋、D栋发包给永州某工程公司施工。被告罗某甲作为乙方的代表在该合同上签字。2012年5月12日,在征得被告永州某工程公司同意后,被告罗某甲(甲方)与原告周某甲(乙方)再次签订了一份《包工包料合同》,被告罗某甲将公租房C栋、D栋转包给原告周某甲施工。2012年年底,由原告周某甲组织人员施工的公租房项目完工,经被告永州某投资公司与监理单位验收合格交付。

2014年5月12日,被告永州某投资公司与原告周某甲、周某乙就公租房9栋、10栋、19栋、20栋、C栋、D栋的工程价款进行了结算,双方同意按总价款16,000,000元结算。2014年7月14日,被告永州某工程公司、罗某甲与永州某投资公司工程部就公租房9栋、10栋、19栋、20栋、C栋、D栋的工程价款进行了结算,确认9栋、10栋、19栋、20栋的总面积为7140平方米,C栋楼面积为4390.14平方米,D栋楼面积也为4390.14平方米,基础超深及更改签证款共计为2,171,402元,建设方永州某投资公司另补该项目296,360元,扣除9栋、10栋、19栋、20栋污水管道返修及C、D栋散水款20,000元,扣除施工方电费23,128元,扣除税金917,600元(按总工程款的5.84%计取),扣除C、D栋质保金174,026.64元后,结算工程款总价为14,865,245.36元。同时,永州某投资公司工程部声明永州某投资公司与周某甲于2014年5月12日达成的结算单作废。

2015年9月30日,被告罗某甲、永州某工程公司与被告永州某投资公司就工程款进行了结算,确认被告永州某投资公司尚欠972,472元工程款未支付给被告罗某甲、永州某工程公司。截至2015年10月22日,被告罗某甲、永州某工程公司、永州某投资公司累计支付周某甲工程款 10,800,000 元。

另查明，永州市冷水滩区建筑工程管理办公室就本案建设工程收取安全服务费 20,934 元、资料费 2000 元，共计 22,934 元。被告罗某甲向永州某工程公司交纳管理费 60,000 元。被告罗某甲、永州某工程公司就本案建设工程花费招投标相关费用 33,204 元、保险费 27,307 元。永州某工程公司就本案建设工程向周某丙等七人支付劳动报酬 20,000 元。

2. 法院裁判及观点

湖南省永州市中级人民法院认为，本案属于建设工程施工合同纠纷。被告永州某投资公司与被告永州某工程公司签订的两份《公租房建设施工合同》均系双方当事人的真实意思表示，内容不违反法律、行政法规的强制性规定，属有效合同。永州某投资公司将本案建筑工程发包给被告永州某工程公司后，被告罗某甲又将本案建筑工程转包给作为实际施工人的原告周某甲，该转包行为得到了被告永州某工程公司的认可。周某甲作为无相应建筑施工资质的个人，其与罗某甲签订的两份《包工包料合同》违反了《建筑法》的强制性规定，属于无效合同。因此，法院对原告周某甲主张确认该二份《包工包料合同》无效的诉讼请求予以支持。原告周某乙主张其与周某甲共同组织人员施工，要求被告罗某甲、永州某工程公司、永州某投资公司对其承担支付工程款的责任。虽然原告周某甲对周某乙合伙施工的事实予以认可，但原告周某乙既未与被告罗某甲、永州某工程公司订立合同，也未与被告永州某投资公司订立合同，认定周某乙与罗某甲、永州某工程公司、永州某投资公司之间存在合同权利义务关系的依据不足，故对原告周某乙的诉讼请求，法院予以驳回。关于原告周某甲诉请由各被告支付拖欠劳务费的问题，因周某甲未提供相应证据证明欠付劳务费的事实，故法院对其该项主张不予支持。另原告周某甲还诉请由各被告支付多扣除的费用的问题，因该费用属于工程价款结算的范畴，法院将其纳入工程款范围进行审理。本案当事人争议的焦点为：(1) 被告罗某甲还下欠周某甲多少工程款，被告永州某工程公司应否承担给付责任；(2) 被告永州某投资公司在本案中应否承担责任，如何承担责任；(3) 被告罗某甲、永州某工程公司应否向原告周某甲支付拖欠工程款的利息。

关于焦点一，《建设工程施工合同解释》第 2 条规定，建设工程施工合同无效，但建设工程经竣工验收合格，承包人请求参照合同约定支付工程价款的，应予支持。本案的建设工程虽未经竣工验收，但发包人永州某投资公司已将周某甲组织施工的建设工程全部投入使用，故应视为已通过了发包人的竣工验收，周某甲可以请求参照施工合同约定支付工程价款。因本案建筑工程系由被告罗某甲、永州某工程公司共同转包给原告周某甲，故对被告罗某甲所欠工程款，被告永州某工程公司负有连带支付责任。

关于焦点二，虽然被告永州某投资公司与原告周某甲不存在合同关系，不负有依约向原告周某甲支付工程款的义务，但《建设工程施工合同解释》第26条规定，实际施工人以发包人为被告主张权利的，人民法院可以追加转包人或者违法分包人为本案当事人，发包人只在欠付工程价款范围内对实际施工人承担责任。故被告永州某投资公司应在欠付工程款972,472元的范围内对原告周某甲承担连带给付责任。

关于焦点三，罗某甲未依约支付工程款的行为损害了周某甲的合法权益，给周某甲造成了利息损失，利息损失数额按照中国人民银行发布的同期同类贷款利率计算为宜。因此，罗某甲应当向周某甲支付拖欠工程款的利息。因本案建筑工程系由被告罗某甲、永州某工程公司共同转包给原告周某甲，故对被告罗某甲所欠利息，被告永州某工程公司负有连带支付责任。

同时，《建设工程施工合同解释》第4条规定："承包人非法转包、违法分包建设工程或者没有资质的实际施工人借用有资质的建筑施工企业名义与他人签订建设工程施工合同的行为无效。人民法院可以根据民法通则第一百三十四条规定，收缴当事人已经取得的非法所得。"本案中，被告罗某甲、永州某工程公司非法转包建设工程，从中赚取差价，在不考虑成本的情况下，被告罗某甲、永州某工程公司依照合同约定可获利3,008,450.4元，并已全部实际取得。考虑到被告罗某甲、永州某工程公司付出了相关劳动，且需要承担本案招投标费33,204元、保险费27,307元、劳动报酬20,000元、税费203,256.29元、建设工程管理费、垫资款利息及其他成本的实际情况，并结合被告罗某甲与永州某工程公司签订的《合作承建合同》中关于利润的分配比例进行考虑，法院酌定分别收缴被告罗某甲非法所得850,000元、永州某工程公司非法所得150,000元。

湖南省永州市中级人民法院于2016年1月4日作出(2015)永中法民二初字第27号民事判决：(1)确认原告周某甲与被告罗某甲于2011年8月17

日签订的《包工包料合同》无效；(2)确认原告周某甲与被告罗某甲于2012年5月12日签订的《包工包料合同》无效；(3)由被告罗某甲、永州某工程公司在本判决生效之日起10日内支付原告周某甲工程款1,087,728.5元，被告永州某投资公司在欠付工程款972,472元的范围内对原告周某甲承担连带给付责任；(4)由被告罗某甲、永州某工程公司在本判决生效之日起10日内支付原告周某甲拖欠工程款利息(以849,973.9元为基数，按中国人民银行同期同类贷款利率自2014年7月14日起计算至2015年7月13日止；以1,087,728.5元为基数，按中国人民银行同期同类贷款利率自2015年7月14日起计算至本判决生效之日止)；(5)驳回原告周某甲的其他诉讼请求；(6)驳回原告周某乙的诉讼请求；(7)分别收缴被告罗某甲非法所得850,000元、永州某工程公司非法所得150,000元。

3. 案例评析

本案中，永州某投资公司将本案建筑工程发包给被告永州某工程公司后，罗某甲又将本案建筑工程转包给作为实际施工人的周某甲，且该转包行为得到了被告永州某工程公司的认可。原告周某乙与周某甲共同组织人员完成了本案建筑工程，工程已经全部验收合格并已经交付使用。由于当事各方就工程价款结算问题发生纠纷，周某甲等人诉至法院，要求按实结算工程款后，支付原告的包工包料的工程款、劳务款、多扣除的费用及拖欠工程款利息。法院在查明事实基础上，依法认定周某甲作为无相应建筑施工资质的个人，其与罗某甲签订的转包合同违反了《建筑法》的强制性规定，该案转包合同无效，对工程价款结算作出裁判。同时，法院依法认定对于被告罗某甲、永州某工程公司非法转包建设工程、从中赚取差价的行为，应当依照《建设工程施工合同解释》第4条规定，收缴其经取得的非法所得。

本案在收缴非法所得过程中，法院依法对收缴范围和当事人责任承担等作出认定。一是明确非法所得为纯利润。法院并没有将罗某甲、永州某工程公司依照合同约定获利3,008,450.4元全部纳入收缴范围，而是将罗某甲、永州某工程公司付出了相关劳动，承担本案招投标费、保险费、劳动报酬、税费、建设工程管理费、垫资款利息及其他成本扣除后，收缴其纯利润。二是明确各当事人各自应当承担的责任。在判决收缴非法所得过程中，法院根据当事人关于利润分配比例的约定，分别认定罗某甲、永州某工程公司应当收缴的数额,明确各当事人应当各自承担自己应当承担的责任,不是连带责任。

有关法律规定

《中华人民共和国民法通则》

第一百三十四条　承担民事责任的方式主要有:

(一)停止侵害;

(二)排除妨碍;

(三)消除危险;

(四)返还财产;

(五)恢复原状;

(六)修理、重作、更换;

(七)赔偿损失;

(八)支付违约金;

(九)消除影响、恢复名誉;

(十)赔礼道歉。

以上承担民事责任的方式,可以单独适用,也可以合并适用。

人民法院审理民事案件,除适用上述规定外,还可以予以训诫、责令具结悔过,收缴进行非法活动的财物和非法所得,并可以依照法律规定处以罚款、拘留。

最高人民法院《关于审理建设工程施工合同纠纷案件适用法律问题的解释》

第四条　承包人非法转包、违法分包建设工程或者没有资质的实际施工人借用有资质的建筑施工企业名义与他人签订建设工程施工合同的行为无效。人民法院可以根据民法通则第一百三十四条规定,收缴当事人已经取得的非法所得。

第六节
建设工程价款优先受偿权

关于建设工程价款优先受偿权,《合同法》及相关司法解释有明确规定,对于解决拖欠建设工程价款问题,保障建设工程价款债权的实现具有积极的意义。① 然而建设工程价款优先受偿权系法律上的技术创造,②在理论和实践中饱受争议,其受偿主体、范围、方式等,亟需法律界进一步研究和探讨,以求取得共识,统一司法裁判尺度。

一、如何确定享有优先受偿权的主体

基本理论

1. 优先受偿权

优先受偿权是法律规定的特定债权人优先于其他债权人甚至优先于其他物权人受偿的权利。它是法定受偿权的一种,明确了多个债权之间的优先受偿顺序,某中,特殊债权的效力优先于一般债权的效力,能在一般债权之前得到受偿和满足。我国法律关于优先受偿权的规定集中在《中华人民共和国物权法》《合同法》《中华人民共和国担保法》《中华人民共和国海商法》《中华人民共和国民用航空法》等法律中。

---

① 参见张学文:《建设工程承包人优先受偿权若干问题探讨》,载《法商研究》2000 年第 3 期,第 101 页。

② 参见李后龙、潘军锋:《建设工程价款优先受偿权审判疑难问题研究》,载《法律适用》2016 年第 10 期,第 63 页。

建设工程价款优先受偿权是指承包人对建设工程的价款就该工程折价或者拍卖的价款享有优先受偿的权利。建设工程价款优先受偿权的权利性质，主要有法定抵押权、优先权和留置权三种观点，由此亦导致了实践中的多种做法。[①]《合同法》第286条规定："发包人未按照约定支付价款的，承包人可以催告发包人在合理期限内支付价款。发包人逾期不支付的，除按照建设工程的性质不宜折价、拍卖的以外，承包人可以与发包人协议将该工程折价，也可以申请人民法院将该工程依法拍卖。建设工程的价款就该工程折价或者拍卖的价款优先受偿。"这一法条明确规定了建设工程价款优先受偿权是一种特殊的、独立的优先受偿权利，既不同于抵押权（无须登记），也不同于留置权（无须占有），这一权利是法定的，无须双方合意。

建设工程价款优先受偿权制度的确立，无疑是解决日益严重的建设工程欠款问题的一剂良方，有利于保护承包人的合法权益。这项制度的出台是在特殊背景下，为调整特定的社会关系，即建设工程合同纠纷中发包人与承包人之间的工程欠款关系如何处理，而设立的保护相对弱势一方的利益。虽然《合同法》第286条规定首次明确了建设工程价款优先受偿权，但该规定的表述较为原则，在司法实践中适用时不便于具体操作执行。最高人民法院《关于建设工程价款优先受偿权问题的批复》（法释〔2002〕16号）在此基础之上，对建设工程价款优先受偿权的理解与适用作了进一步的规定，但面对新形势下的建设工程纠纷产生的新热点，有关建设工程价款优先受偿权的问题，仍然需要理论与实务界作出研究与探索。

2. 优先受偿权主体

理论界对建设工程价款优先受偿权的主体这一问题争议颇大，其研讨的主体范围呈扩大之势，认为并不限于法律及司法解释的规定，还应进一步规范设计。[②] 在当前的法律制度框架之下，享有建设工程价款优先受偿权的主体应是特定的民事法律关系的承受者。根据《合同法》第286条的规定，享有建设工程价款优先受偿权的主体是承包人。承包人是指被发包人接受的具

---

① 参见戴佛明、刘佐：《建筑工程价款优先受偿权若干问题探讨——兼评〈关于建设工程款优先受偿权问题的批复〉》，载《法律适用》2003年第6期，第58页。

② 参见孙科峰、杨遂全：《建设工程优先受偿权主体的争议与探究——〈中华人民共和国合同法〉第286条之分析》，载《河北法学》2013年第6期，第134页。

有工程施工承包主体资格的当事人以及取得该当事人资格的合法继承人。承包人有时也被称为承包单位(《建筑法》)、施工企业(《建筑法》)、施工人(《合同法》)。

装修装饰工程属于建设工程,其承包人在满足特定条件的情况下,对装修装饰工程价款亦享有优先受偿权。最高人民法院《关于装修装饰工程款是否享有合同法第二百八十六条规定的优先受偿权的函复》(〔2004〕民一他字第14号)明确指出,“装修装饰工程属于建设工程,可以适用《中华人民共和国合同法》第二百八十六条关于优先受偿权的规定,但装修装饰工程的发包人不是该建筑的所有权人或者承包人与该建筑物的所有权人之间没有合同关系的除外。享有优先权的承包人只能在建筑物因装修装饰而增加价值的范围内优先受偿。”

在当前的司法实践中,对实际施工人是否享有建设工程价款优先受偿权,法院通常持支持的态度。如最高人民法院(2013)民申字第39号案《民事裁定书》载明:“根据《中华人民共和国合同法》第二百八十六条和《建设工程施工合同解释》第二十六条、《最高人民法院关于建设工程价款优先受偿权问题的批复》的规定,实际施工人以发包人为被告主张权利的,发包人在欠付工程价款范围内对实际施工人承担责任。二审法院认定被申请人(即实际施工人)对涉案工程享有工程价款优先受偿权,有事实和法律依据。”

在债权转让的情况下,债权受让人或债权债务概括承受人同样可向发包人主张其受让的建设工程价款优先受偿权。在债权转让之后,承包人通常已从债权受让人处取得了等值于工程价款的资金等,此时若不允许受让人继受取得建设工程价款优先受偿权,则该善意受让人的债权只能沦为普通债权。当建设工程出现贱卖的情形,或是发包人的资金不足以清偿全部债务时,善意受让人的利益将严重受损,减少了救济途径,违背了立法初衷。有效的债权受让,使受让人继受取得原承包人所享有的建设工程价款优先受偿权,发包人以主体资格变更为由进行抗辩的,不应得到法院的支持。司法实践中,有效的债权转让,使债权受让人或债权债务概括承受人享有可向发包人主张其受让的建设工程价款优先受偿权,必须满足这样几个条件:一是债权转让协议合法有效;二是必须通知债务人;三是债权转让不损害发包人的利益。只有在满足上述三个条件的情况下,债权转让在当事人之间发生效力,债务人需对新的受让人履行给付义务，债权受让人或债权债务概括承受人才享有建设工程价款优先受偿权。

建设工程的勘察人、设计人、监理人则不享有建设工程价款优先受偿权。对这一问题的争议很大。虽然建设工程合同包括建设工程施工、勘察、设计、监理合同，但是根据《合同法》的相关表述，建设工程施工合同对应承包人和建设工程价款，而建设工程勘察、设计、监理合同则对应的是勘察人、设计人、监理人和勘察费用、设计费用、监理费用。承包人所主张的建设工程价款，与勘察人、设计人、监理人所主张的勘察费用、设计费用、监理费用并不能等同。另外，比起建设工程价款来讲，勘察费用、设计费用、监理费用的金额较之建设工程价款毕竟太小，随意扩大建设工程价款优先受偿权的适用范围，也不是建设工程价款优先受偿权制度的应有之义。

典型案例

承包人是享有建设工程价款优先受偿权的主体

——唐山某房地产开发有限公司与北京市某建筑工程有限责任公司建设工程施工合同纠纷二审案①

1. 案情简介

上诉人（原审被告）：唐山某房地产开发有限公司（以下简称房地产公司）

被上诉人（原审原告）：北京市某建筑工程有限责任公司（以下简称建筑公司）

2011 年 12 月 8 日，房地产公司和建筑公司签订《施工总承包合同》，由建筑公司承建房地产公司的唐山市丰润区“浭阳新城”娘娘庙项目回迁工程。后来，房地产公司没有按合同约定支付施工进度款，双方发生纠纷，经几次协商不成，建筑公司于 2013 年 8 月 19 日提起诉讼，请求解除《施工总承包合同》，支付欠付工程款、工程索赔款、利息以及房地产公司就案涉工程享有建

① 参见最高人民法院（2015）民一终字第 8 号民事判决书。

设工程价款优先受偿权。房地产公司答辩称,其不存在任何违约行为,不能解除合同,应驳回建筑公司所有诉讼请求。

2. 法院裁判及观点

本案经两审裁判,一审、二审法院均认为,作为承包人的建筑公司,享有建设工程价款优先受偿权。

一审法院认为,《施工总承包合同》系双方的真实意思表示,不违反法律法规强制性规定,且双方均对合同效力无异议,故该合同合法有效。对于本案工程造价,基于双方的申请,已经委托鉴定单位进行了工程造价鉴定,鉴定资料和鉴定结论经过双方充分质证,鉴定程序合法。双方已经无法再继续履行合同,房地产公司应当支付建筑公司工程款及利息、赔偿建筑公司停工损失,对于建筑公司请求的工程价款优先受偿权,符合法律规定,应予支持。遂判决支持了建筑公司的诉讼请求。

房地产公司不服一审判决,提起上诉称,一审判决解除《施工总承包合同》并由其支付建筑公司工程款及利息错误、其不应当承担赔偿责任、建筑公司不享有建设工程价款优先受偿权等。建筑公司答辩称,一审判决认定事实清楚,适用法律正确,应予维持。

二审法院认为,一审判决解除《施工总承包合同》并由房地产公司支付建筑公司工程款及利息正确、停工损失应由房地产公司承担且数额正确、建筑公司就案涉工程享有建设工程价款优先受偿权,故驳回上诉,维持原判。对建筑公司就案涉工程是否享有建设工程价款优先受偿权这一问题,二审法院在判决书中阐明:"本案施工合同有效,工程价款的优先受偿权系承包人享有的法定权利,承包人就未付建设工程价款享有工程价款优先受偿权,与发包人是否违约以及工程是否已经竣工无关。原判决在确认房地产公司欠付建筑公司工程款的基础上,认定建筑公司对案涉工程享有工程价款优先受偿权符合法律规定,应予维持。"

3. 案例评析

本案的争议焦点之一是建筑公司是否享有建设工程价款优先受偿权。在本案中,房地产公司是案涉工程发包人,建筑公司是案涉工程承包人,两审法院均认定房地产公司未按照合同约定向建筑公司支付工程价款。根据《合同法》第 286 条的规定,作为承包人的建筑公司就案涉工程应当享有建设工程价款优先受偿权。因此,两审法院均支持了该项诉讼请求。

有关法律规定

《中华人民共和国合同法》

第二百八十六条　发包人未按照约定支付价款的,承包人可以催告发包人在合理期限内支付价款。发包人逾期不支付的,除按照建设工程的性质不宜折价、拍卖的以外,承包人可以与发包人协议将该工程折价,也可以申请人民法院将该工程依法拍卖。建设工程的价款就该工程折价或者拍卖的价款优先受偿。

最高人民法院《关于建设工程价款优先受偿权问题的批复》

一、人民法院在审理房地产纠纷案件和办理执行案件中,应当依照《中华人民共和国合同法》第二百八十六条的规定,认定建筑工程的承包人的优先受偿权优于抵押权和其他债权。

四、建设工程承包人行使优先权的期限为六个月,自建设工程竣工之日或者建设工程合同约定的竣工之日起计算。

最高人民法院《关于装修装饰工程款是否享有合同法第二百八十六条规定的优先受偿权的函复》

装修装饰工程属于建设工程,可以适用《中华人民共和国合同法》第二百八十六条关于优先受偿权的规定,但装修装饰工程的发包人不是该建筑的所有权人或者承包人与该建筑物的所有权人之间没有合同关系的除外。享有优先权的承包人只能在建筑物因装修装饰而增加价值的范围内优先受偿。

二、如何界定优先受偿权的范围

基本理论

1. 优先受偿范围

《合同法》第286条明确了建设工程优先受偿权的范围为建设工程的“价款”。应当明确建设工程价款优先受偿权并非债权,而只是实现债权的一种保证,因此,行使建设工程价款优先受偿权必须有确定的建设工程价款这一债权作为前提条件。所谓确定的价款有:(1)发包人与承包人共同确认的工程结算价款;(2)发包人和承包人按合同约定委托了中介审核机构,审核机构审核的工程结算价款;(3)通过诉讼或仲裁确认的工程结算价款。

《合同法》第286条规定的建设工程"价款"具体包含哪些,该条并没有明确予以规定。最高人民法院《关于建设工程价款优先受偿权问题的批复》(法释〔2002〕16号)第3条指出:"建筑工程价款包括承包人为建设工程应当支付的工作人员报酬、材料款等实际支出的费用。"换言之,建设工程价款包括承包人为建设工程实际支出的费用,承包人支付的工作人员报酬、材料款等属于建设工程价款范围之内。但这条规定的"等"字,又为判断哪些承包人为建设工程实际支出的费用属于建设工程价款增加了困难,因为建设工程价款不仅仅只包括承包人支付的工作人员报酬、材料款。

根据原建设部《建设工程施工发包与承包价格管理暂行规定》第5条的规定,"价款"分为四个部分:一是直接成本,又称直接费,包括直接工程费和措施费。直接工程费包括人工费、材料费和施工机械使用费。措施费包括环境保护费、文明施工费、安全施工费、临时设施费、夜间施工增加费、二次搬运费、大型机械设备进出场及安拆费、混凝土和钢筋混凝土模板及支架费、脚手架费、已完工程及设备保护费、施工排水降水费等。二是间接成本,又称间接费,包括规费和企业管理费。规费包括工程排污费、工程定额测定费、社会保障费(养老保险、失业保险、医疗保险、工伤保险)、住房公积金、危险作业意外伤害保险。企业管理费包括管理人员工资、办公费、差旅交通费、固定资产使用费、工具用具使用费、劳动保护费、工会经费、职工教育经费、财产保险费、财务费等。三是利润,由发包人按工程造价的差别利率计付给承包人,但不包括预期利润。四是税金,包括营业税、城市维护建设税、教育费附加税三种。这四部分构成工程价款的整体,缺一不可。在实践中,工程价款的表现形式有工程估算价、设计概算价、施工图预算价、施工预算(概算)价和竣工结算价五种。

最高人民法院《关于装修装饰工程款是否享有合同法第二百八十六条规定的优先受偿权的函复》(〔2004〕民一他字第14号)指出,装修装饰工程属于建设工程,享有优先权的承包人只能在建筑物因装修装饰而增加价值的范围内优先受偿。值得注意的是,这一函复肯定了装修装饰工程的承包人享有建设工程优先受偿权,但这一优先受偿权是有限制的,并不是就整个建设工程享有优先受偿权，而是仅就建筑物因装修装饰而增加价值的范围内优先受偿。

我们应当看到，建设工程优先受偿权的主要立法目的在于保护承包人因施工附加在建设工程的实际支出部分，范围落实到承包人为建设工程应当支付的工作人员报酬、材料款等实际支出的费用。长期以来，我国建设工程施工领域存在一种垫资承包施工方式，这是指承包人利用自有资金为发包人垫资进行工程项目建设，直至工程施工至约定条件或者全部工程施工完毕后，再由发包人按照约定支付工程价款的施工承包方式。从目前建筑市场的客观情况来看，垫资施工具有一定的普遍性，是承包人在当前市场条件下不得已的一种选择。[①] 随着建设工程市场竞争日趋加剧，有越来越多的承包人垫资施工工程。承包人能否垫资施工已经成为能否获得工程项目的关键，但垫资施工的承包人在合同履行的过程中也必将面临着巨大的资金风险。承包人的垫资是为建设工程实际支出的费用，应当属于建设工程优先受偿的范围。

工程质量保修金是发包人与承包人在施工合同中约定，在工程竣工验收交付使用后，从应付的建设工程款中预留的用以维修建筑工程在保修期限和保修范围内出现的质量缺陷的资金。工程质量保修金主要担保建设工程竣工验收后保修期限内的质量问题，其本质上为建设工程价款，故应当属于建设工程优先受偿权的保护范围。

2. 优先受偿的例外

《合同法》第 286 条明确将“按照性质不宜折价、拍卖的建设工程”排除在建设工程优先受偿权范围之外。何谓“不宜折价、拍卖的建设工程”？其一，事关国计民生或为社会公众服务的工程，如国防工程、市政工程、城市绿化工程、公共道路、国家机关办公楼、城市及乡村的社会公益设施、军事设施、机场、桥梁、车站、港口，以及公共图书馆、公共博物馆、学校等。其二，自然人生存必需的、用于生活消费的住宅。其三，消费者已支付一定房款的在建商品房。其四，不能单独折价或拍卖的、与主体工程融为一体的设备安装或装修装饰工程。这些工程因其本身的特殊性，不宜折价、拍卖。然而，对不宜折价、拍卖的建设工程范围理解过宽，则承包人的建设工程价款优先权有可能

① 参见刘勇平：《建设工程价款优先受偿权实务中的几个问题》，载《法制与经济》2016 年第 12 期，第 100 页。

被实际架空。因此,应严格限定“不宜折价、拍卖”的建设工程范围。①

最高人民法院《关于装修装饰工程款是否享有合同法第二百八十六条规定的优先受偿权的函复》(〔2004〕民一他字第14号)指出,装修装饰工程属于建设工程,可以适用《合同法》第286条关于优先受偿权的规定,但装修装饰工程的发包人不是该建筑的所有权人或者承包人与该建筑物的所有权人之间没有合同关系的除外。

最高人民法院《关于建设工程价款优先受偿权问题的批复》(法释〔2002〕16号)第2条明确“消费者交付购买商品房的全部或者大部分款项后,承包人就该商品房享有的工程价款优先受偿权不得对抗买受人”,第3条明确“建筑工程价款……不包括承包人因发包人违约所造成的损失”。

此外,在司法实践中,承包人、实际施工人支付的履约保证金、工程质量保证金、发包人应当支付的违约金等不包含于建设工程价款之中,不属于建设工程价款优先受偿的范围。承包人、实际施工人请求确认对建设工程占用范围内的土地使用权享有优先受偿权的,法院不予支持。建设工程价款优先受偿权不及于建筑物所占用的建设用地使用权部分。在将建筑物价值变现时,应区分建筑物的价值和建设用地使用权的价值,建设工程优先受偿权仅对建筑物的价值部分有优先受偿的效力。

典型案例

建设工程优先受偿权的范围不及于承包人因发包人违约所造成的损失

——安徽某工程有限公司与漳州市龙文区某房地产开发有限公司建设工程施工合同纠纷二审案②

1. 案情简介

上诉人(一审原告、反诉被告):安徽某工程有限公司(以下简称工程

① 参见戴曙:《民事执行程序中建设工程款优先受偿权问题》,载《法治论丛》2008年第1期,第62页。

② 参见最高人民法院(2015)民一终字第283号民事判决书。

公司）

被上诉人（一审被告、反诉原告）：漳州市龙文区某房地产开发有限公司（以下简称房地产公司）

2007年12月20日，房地产公司与工程公司签订《建设工程施工合同》，约定将万嘉世贸广场的土建、安装、桩基、总体及配套工程，交由工程公司承包施工。后来双方解除合同，已建工程经验收合格。为解决双方因案涉工程所产生的纠纷，双方达成协议，在该协议中对增加的一个造价款1200万元，双方作了如下约定："基于双方在2007年就签订了合同且乙方工程公司按合同约定支付了工程履约保证金1000万元及为该项目的工程建设进行了资金等各项的投入，甲方房地产公司同意在实际结算总价（实际结算价的优惠率为8%）的基础上增加1200万造价给乙方，暂按取消原合同约定8%优惠率及另行增加6%的造价方式计算，以1200万元为限，超过和不足部分必须调整至1200万元。"然而协议签订后，双方对工程价款、违约金、利息、律师代理费及工程价款优先受偿权的争议仍然很大，故工程公司向法院提起诉讼，房地产公司亦向法院提出反诉。

2. 法院裁判及观点

本案经两审裁判，一审、二审法院均认为，对房地产公司同意增加造价1200万元补偿款，属于房地产公司违约造成的损失范畴，工程公司对此不享有建设工程价款优先受偿权。

本案双方的分歧很大，对建设工程价款优先受偿权的范围这一部分，一审法院认为，虽然工程公司请求工程款本金依法享有优先受偿权利，对此房地产公司没有异议，但因工程价款优先受偿权涉及第三人利益，仍应依法进行审查。工程公司在其尚欠的工程价款26, 554, 599元范围内对讼争桩基工程享有优先受偿权，该项诉讼请求应予支持；对房地产公司同意增加造价1200万元补偿款，属于房地产公司违约造成的损失范畴，工程公司对此不享有优先受偿权利。故判决工程公司对本案讼争桩基工程在上述工程造价余款26, 554, 599元范围内享有优先受偿权。

工程公司不服一审判决，对此提起上诉称，一审法院认定1200万元是增加的工程补偿款，工程公司对此不享有优先受偿权错误。

房地产公司对此答辩称，一审法院对工程款优先受偿范围认定正确，应驳回上诉,维持原判。

二审法院认为,就工程公司享有优先受偿权的工程款数额是否包括 1200 万元这一问题,双方解除合同后,达成协议约定,房地产公司同意在实际结算总价基础上增加 1200 万元造价给工程公司。虽然双方在该条约定中并没有明确 1200 万元是补偿款,但在该条中表明增加 1200 万元的原因,是因为工程公司按照合同约定支付了 1000 万元履约保证金及为该项目的工程建设进行了资金等各项投入。正是基于 1200 万元款项中已包括房地产公司占用工程公司 1000 万元履约保证金给予的补偿,双方同时约定,房地产公司无息返还 1000 万元履约保证金。关于 1200 万元的补偿性质,双方亦在协议中明确,该协议解决的主要问题是对工程公司前期施工的工程款结算与清算、损失补偿、返还履约保证金、工程场地与资料交接的框架协议。据此,一审法院认定 1200 万元是房地产公司因中途解除合同给予工程公司的补偿款并无不当。最高人民法院《关于建设工程价款优先受偿权问题的批复》第 3 条规定,建筑工程价款包括承包人为建设工程应当支付的工作人员报酬、材料等实际支付的费用,不包括承包人因发包人违约所造成的损失。工程公司称其享有优先受偿权的工程款范围包括 1200 万元的上诉理由不能成立。遂判决维持一审法院的该项判决。

3. 案例评析

最高人民法院《关于建设工程价款优先受偿权问题的批复》(法释〔2002〕16 号)第 3 条明确"建筑工程价款包括承包人为建设工程应当支付的工作人员报酬、材料款等实际支出的费用,不包括承包人因发包人违约所造成的损失"。在本案中,对该 1200 万元是何性质的认定,是关系到该案建设工程价款优先受偿权范围的关键。如果该 1200 万元属于建设工程实际支出的费用,则工程公司就该 1200 万元也应享有建设工程价款优先受偿权;如果 1200 万元属于违约损失,则工程公司不应就该 1200 万元享有建设工程价款优先受偿权。通过审判,两审法院均认定该 1200 万元并非承包人工程公司为案涉工程施工实际支出的费用,而是发包人房地产公司给承包人工程公司因其违约而约定的损失补偿款,故两审法院均认定工程公司享有优先受偿权的工程款范围不包括这 1200 万元。

有关法律规定

《中华人民共和国合同法》

第二百八十六条　发包人未按照约定支付价款的,承包人可以催告发包人在合理期限内支付价款。发包人逾期不支付的,除按照建设工程的性质不宜折价、拍卖的以外,承包人可以与发包人协议将该工程折价,也可以申请人民法院将该工程依法拍卖。建设工程的价款就该工程折价或者拍卖的价款优先受偿。

最高人民法院《关于建设工程价款优先受偿权问题的批复》

二、消费者交付购买商品房的全部或者大部分款项后,承包人就该商品房享有的工程价款优先受偿权不得对抗买受人。

三、建筑工程价款包括承包人为建设工程应当支付的工作人员报酬、材料款等实际支出的费用,不包括承包人因发包人违约所造成的损失。

最高人民法院《关于装修装饰工程款是否享有合同法第二百八十六条规定的优先受偿权的函复》

装修装饰工程属于建设工程,可以适用《中华人民共和国合同法》第二百八十六条关于优先受偿权的规定,但装修装饰工程的发包人不是该建筑的所有权人或者承包人与该建筑物的所有权人之间没有合同关系的除外。享有优先权的承包人只能在建筑物因装修装饰而增加价值的范围内优先受偿。

《建设工程施工发包与承包价格管理暂行规定》

第五条　工程价格的构成。

工程价格由成本(直接成本、间接成本)、利润(酬金)和税金构成。

工程价格包括:合同价款、追加合同价款和其他款项。

合同价款系指按合同条款约定的完成全部工程内容的价款。追加合同价款系指在施工过程因设计变更、索赔等增加的合同价款以及按合同条款约定的计算方法计算的材料价差。

其他款项系指在合同价款之外甲方应支付的款项。

三、如何行使优先受偿权

基本理论

《合同法》第286条规定的建设工程价款优先受偿权的行使,有一个前置的催告程序。在发包人未按照约定支付建设工程价款时,承包人可以催告发包人在合理期限内支付价款。这个合理期限是多长时间,法律没有给出明确的解答。通常认为,双方在合同中有约定的,应按照约定予以确定;没有约定的,根据发包人欠付承包人建设工程价款的金额大小以及发包人的实际履行能力强弱来判断,以不超过3个月为宜。

关于建设工程价款优先受偿权的行使期限,最高人民法院《关于建设工程价款优先受偿权问题的批复》(法释〔2002〕16号)规定,承包人行使建设工程价款优先权的期限为6个月,自建设工程竣工之日或者建设工程合同约定的竣工之日起计算。

根据《合同法》第286条的规定,建设工程优先受偿权的行使方式有两种:一是承包人可以与发包人协议将建设工程折价;二是承包人可以申请人民法院将建设工程依法拍卖。

1. 与发包人协议折价

与发包人协议折价的行使方式是指,承包人与发包人在意思表示一致的情况下,对建设工程进行折价,以所得价款来优先实现承包人的建设工程价款债权。实践中,通常先对所建工程进行公平合理的估价后,承包人通过支付工程折价与所欠工程价款的差额而取得该项工程项目的所有权,这也是常见的以房抵款的表现形式之一。当承包人的债权额在折价款的范围内,则该债权因为完全受偿而归于消灭,如果该折价款不足以覆盖全部的工程价款债权,则承包人剩下的尚未清偿的债权部分,沦为普通债权,不再享有优先受偿的地位。

然而,协议折价毕竟是一种私力救济方式,需要发包人与承包人双方合意作为前提,本身并不具备强制执行效力。实践中以在建工程融资是发包人的常见做法,发包人通常已用在建工程进行了不动产抵押登记。在未获得抵押权人同意的情况下,国土、房管等部门不会为承包人直接办理过户手续,可能会要求承包人出示其抵债行为及建设工程价款优先受偿权合法存在的依据。这样,承包人与发包人的协议折价方式难以得到快速实现,最终仍需回归司法途径解决。

2. 申请法院依法拍卖

申请法院依法拍卖的行使方式是指,发包人不支付工程价款时,承包人向人民法院申请将其承建的工程依法拍卖，其应得的建设工程价款就该工程拍卖的价款优先受偿。当然，并非承包人向法院提出拍卖申请，即可当然由法院执行。在发包人或其他债权人提出异议时，承包人需先通过法律途径来确认自身依法享有建设工程优先受偿权，以生效法律文书的效力来排除他人的异议。

目前，我国现行法律法规对于承包人直接申请人民法院依法拍卖建设工程没有规定专门的执行程序，只能参考《民事诉讼法》第196条、第197条以及《民诉解释》第361条至第372条关于“实现担保物权案件”程序。

典型案例

建设工程价款可就该工程拍卖的价款优先受偿
——邯郸市某建筑工程有限公司与聊城某房地产开发有限公司建设工程施工合同纠纷申请复议执行案①

1. 案情简介

申请复议人（异议人、申请执行人）：邯郸市某建筑工程有限公司（以下简称建筑公司）

被执行人：聊城某房地产开发有限公司（以下简称房地产公司）

2003年11月21日，建筑公司与房地产公司签订《建设工程施工合同》，约定建筑公司承建房地产公司“育新小区二期工程（育新街区韩国城）”，承包范围包括地下停车场，3号楼、4号楼的土建，给排水、电器安装工程。后双方发生纠纷，诉至法院。2010年12月17日，聊城市中级人民法院（以下简称“聊城中院”）依据原发生法律效力的（2009）聊民一初字第5号民事判决立案执行。在执行过程中，聊城中院评估拍卖了被执行人房地产公司所有的位于育新街8号韩国城的3、4号楼的部分房产，拍卖价款为2551万元，评估费25万元，拍卖费2000元，由申请执行人建筑公司垫付。经建筑公司申请，聊城中院已将其垫付的评估费、拍卖费、诉讼费、保全费共计416，116元支付给

① 参见山东省高级人民法院（2016）鲁执复69号执行裁定书。

建筑公司。

在该案执行过程中，当事人对建筑公司的工程款是否享有建设工程优先受偿权有争议，聊城中院根据《民事诉讼法》第198条的规定进行再审，并于2014年12月5日作出(2014)聊民再初字第2号民事判决，确认建筑公司对聊城中院(2009)聊民一初字第5号民事判决第一项中的工程款16,272,087.56元享有优先受偿权。2015年4月22日，聊城中院据此立案执行。

聊城中院另查明，2009年4月30日，济南市中级人民法院作出(2009)济民四商初字第8号、9号、10号民事调解书，确认房地产公司分别欠刘某、程某某、王某某借款本息，且刘某、程某某、王某某对房地产公司提供的坐落于育新街8号韩国城的相应办理了抵押登记的抵押房产进行变现并在抵押权范围内优先受偿。

建筑公司、程某某、刘某、王某某均申请就聊城中院执行的被执行人房地产公司坐落于育新街8号韩国城3号楼、4号楼部分房产的拍卖价款优先受偿。聊城中院于2015年12月8日作出(2015)聊执字第81号通知书，该2551万元拍卖款扣除本案执行费83,672元、评估费25万元、拍卖费2000元后，优先支付建筑公司工程款16,272,087.56元，扣除已支付建筑公司的案件受理费159,116元、保全费5000元后，实际应支付建筑公司工程款16,107,971.56元，余款8,902,240.44元整体支付给程某某、刘某、王某某，因其三人均同意作为一个整体主张权利再自行协商分配款项，由其三人自行协商分配及收款事宜，分配金额应以不超出各自优先受偿的范围为宜。申请执行人建筑公司对该通知书提出书面异议称：(1)异议人应享有的优先受偿工程款16,272,087.56元不应扣除案件受理费159,116元及保全费5000元。(2014)聊民再初字第2号民事判决书确定该项费用系异议人诉讼中垫付的费用，已明确由房地产公司承担，理应从其执行拍卖款中首先扣除，而不应从异议人的应得款项中扣除。(2)余款8,902,240.44元不应全部给付程某某、刘某、王某某，异议人所享有的利息(自2007年7月至实际支付日止按中国人民银行公布的同期贷款利率计算)应当参与到该款的分配中。本案所拍卖的位于育新街8号韩国城3、4号楼的房产，并非全部由程某某、刘某、王某某享有抵押权，其中有部分未抵押。因此，程某某、刘某、王某某对未抵押部分房产的拍卖款不能享有优先受偿权，异议人所享有的利息部分应在该部分价款范围内参与分配。

2. 法院裁判及观点

两级法院均认为，建设工程价款可就该工程拍卖的价款优先受偿，诉讼费用、保全费用和相关利息等普通债权不属于建设工程优先受偿权的范围，建筑公司不能对以上债权主张从建设工程拍卖价款中优先受偿。

聊城中院认为，案件受理费和保全费属于普通债权，不属于优先受偿的范围，本案被执行人房地产公司房产的拍卖变现价款尚不足以清偿享有优先权的债权，建筑公司垫付的案件受理费和保全费不能在拍卖价款中优先支付，已向其支付的该款项应当优先冲抵建设工程款，聊城中院并未改变生效判决认定的诉讼费用承担方式，故对建筑公司要求优先支付案件受理费和保全费的请求，依法不予支持。程某某、刘某、王某某对拍卖的房产享有抵押权，最高人民法院《关于建设工程价款优先受偿权问题的批复》第 1 条的规定明确了清偿顺位，即建设工程优先受偿权、抵押权、其他债权，本案拍卖价款优先支付建筑公司建设工程款后，余款再优先支付抵押债权。本案余款 8,902,240.44 元尚不足以清偿全部抵押债权，而建筑公司享有的利息为其他债权，其清偿顺序应在抵押权受偿之后，建筑公司关于参与分配的异议请求，不能成立。依照《民事诉讼法》第 225 条的规定，聊城中院遂作出（2016）鲁 15 执异 2 号执行裁定书，驳回了异议人建筑公司的异议。

建筑公司不服聊城中院异议裁定，向山东省高级人民法院（以下简称“山东高院”）提出复议，请求撤销（2016）鲁 15 执异 2 号执行裁定书，依法支持建筑公司的异议请求。理由为：（1）聊城中院不应将已经付给建筑公司的诉讼费、保全费再予以折抵建筑公司应得款项，该行为属于擅自改变生效判决认定的诉讼费用承担方式，将房地产公司应当承担的费用强硬改变认定为建筑公司承担，违反法律规定。（2）程某某、刘某、王某某仅能对抵押部分的拍卖价款享有优先权，对于超出该部分的拍卖价款不享有优先权，建筑公司所享有的利息债权应当在该部分价款范围内参与分配。

山东高院认为，第一，建筑公司所垫付的诉讼费用和保全费用，系建筑公司对房地产公司所享有的普通债权，该债权不属于建设工程优先受偿权的范围，建筑公司不能对该债权主张从建设工程拍卖价款中优先受偿。从本案实际情况看，本案所涉拍卖价款尚不足以支付全部优先性债权，因此聊城中院将从拍卖价款中已经支付的诉讼费用和保全费用，转为应向建筑公司支付的工程价款并作相应冲抵，符合法律规定。第二，根据本案生效的执行依据，建筑公司仅对16,272,087.56元工程款享有优先受偿权，相关利息债权作为普通债权，不能从涉案拍卖价款中优先受偿。而且，虽然本案抵押财产的范围略小于拍卖的建筑工程，但在建筑公司对16,272,087.56元的拍卖价款优先受偿后，剩余价款并未超出抵押财产所对应的拍卖价款范围，且该剩余价款也不足以清偿全部抵押债权。在此情况下，建筑公司主张用剩余价款清偿不具有优先性的利息债权，没有法律依据，依法不予支持，遂驳回建筑公司的复议申请，维持聊城市中级人民法院(2016)鲁15执异2号执行裁定。

3.案例评析

建筑公司作为案涉工程的承包人，其应得的建设工程价款16,272,087.56元就人民法院依法拍卖该工程的款项优先受偿。值得注意的是，在本案中，有另外三名抵押权人也对拍卖的部分房屋享有抵押权。在实现建设工程优先偿权与抵押权时，有顺位问题。根据最高人民法院《关于建设工程价款优先受偿权问题的批复》(法释〔2002〕16号)第1条的规定，人民法院在审理房地产纠纷案件和办理执行案件中，建筑工程的承包人的优先受偿权优于抵押权和其他债权。因此，建筑公司享有的建设工程优先受偿权优于三名抵押权人的抵押权，故法院最终认定，拍卖款应优先偿付建设工程价款。

有关法律规定

《中华人民共和国合同法》

第二百八十六条　发包人未按照约定支付价款的，承包人可以催告发包人在合理期限内支付价款。发包人逾期不支付的，除按照建设工程的性质不宜折价、拍卖的以外，承包人可以与发包人协议将该工程折价，也可以申请人民法院将该工程依法拍卖。建设工程的价款就该工程折价或者拍卖的价款优先受偿。

最高人民法院《关于建设工程价款优先受偿权问题的批复》

一、人民法院在审理房地产纠纷案件和办理执行案件中，应当依照《中华人民共和国合同法》第二百八十六条的规定，认定建筑工程的承包人的优先受偿权优于抵押权和其他债权。

二、消费者交付购买商品房的全部或者大部分款项后，承包人就该商品房享有的工程价款优先受偿权不得对抗买受人。

三、建筑工程价款包括承包人为建设工程应当支付的工作人员报酬、材料款等实际支出的费用，不包括承包人因发包人违约所造成的损失。

四、建设工程承包人行使优先权的期限为六个月，自建设工程竣工之日或者建设工程合同约定的竣工之日起计算。

《中华人民共和国民事诉讼法》

第一百九十六条　申请实现担保物权，由担保物权人以及其他有权请求实现担保物权的人依照物权法等法律，向担保财产所在地或者担保物权登记地基层人民法院提出。

第一百九十七条　人民法院受理申请后，经审查，符合法律规定的，裁定拍卖、变卖担保财产，当事人依据该裁定可以向人民法院申请执行；不符合法律规定的，裁定驳回申请，当事人可以向人民法院提起诉讼。

最高人民法院《关于适用〈中华人民共和国民事诉讼法〉的解释》

第三百六十一条　民事诉讼法第一百九十六条规定的担保物权人，包括抵押权人、质权人、留置权人；其他有权请求实现担保物权的人，包括抵押人、出质人、财产被留置的债务人或者所有权人等。

第三百六十二条　实现票据、仓单、提单等有权利凭证的权利质权案件，可以由权利凭证持有人住所地人民法院管辖；无权利凭证的权利质权，由出质登记地人民法院管辖。

第三百六十三条　实现担保物权案件属于海事法院等专门人民法院管辖的，由专门人民法院管辖。

第三百六十四条　同一债权的担保物有多个且所在地不同，申请人分别向有管辖权的人民法院申请实现担保物权的，人民法院应当依法受理。

第三百六十五条　依照物权法第一百七十六条的规定，被担保的债权既有物的担保又有人的担保，当事人对实现担保物权的顺序有约定，实现担保物权的申请违反该约定的，人民法院裁定不予受理；没有约定或者约定不明的，人民法院应当受理。

第三百六十六条　同一财产上设立多个担保物权，登记在先的担保物权尚未实现的，不影响后顺位的担保物权人向人民法院申请实现担保物权。

第三百六十七条　申请实现担保物权，应当提交下列材料：

（一）申请书。申请书应当记明申请人、被申请人的姓名或者名称、联系方式等基本信息，具体的请求和事实、理由；

（二）证明担保物权存在的材料，包括主合同、担保合同、抵押登记证明或者他项权利证书，权利质权的权利凭证或者质权出质登记证明等；

（三）证明实现担保物权条件成就的材料；

（四）担保财产现状的说明；

（五）人民法院认为需要提交的其他材料。

第三百六十八条　人民法院受理申请后，应当在五日内向被申请人送达申请书副本、异议权利告知书等文书。

被申请人有异议的，应当在收到人民法院通知后的五日内向人民法院提出，同时说明理由并提供相应的证据材料。

第三百六十九条　实现担保物权案件可以由审判员一人独任审查。担保财产标的额超过基层人民法院管辖范围的，应当组成合议庭进行审查。

第三百七十条　人民法院审查实现担保物权案件，可以询问申请人、被申请人、利害关系人，必要时可以依职权调查相关事实。

第三百七十一条　人民法院应当就主合同的效力、期限、履行情况，担保物权是否有效设立、担保财产的范围、被担保的债权范围、被担保的债权是否已届清偿期等担保物权实现的条件，以及是否损害他人合法权益等内容进行审查。

被申请人或者利害关系人提出异议的，人民法院应当一并审查。

第三百七十二条　人民法院审查后，按下列情形分别处理：

（一）当事人对实现担保物权无实质性争议且实现担保物权条件成就的，裁定准许拍卖、变卖担保财产；

（二）当事人对实现担保物权有部分实质性争议的，可以就无争议部分裁定准许拍卖、变卖担保财产；

（三）当事人对实现担保物权有实质性争议的，裁定驳回申请，并告知申请人向人民法院提起诉讼。

四、合同无效情形下，承包人是否享有优先受偿权

基本理论

无效合同是指当事人之间订立的合同虽然已经成立，但因欠缺一定效力

要件而致使合同当然不发生法律效力。这些效力要件包括三个方面:第一,主体适格。订立合同的双方当事人具有相应的民事行为能力。第二,意思表示真实。订立合同的双方当事人作出了不受欺诈、胁迫等违背自身真实意愿的意思表示,且双方意思表示一致。第三,内容合法。合同的内容不违反法律、行政法规的强制性规定或者社会公共利益。无效合同是自始不能产生法律约束力的合同。合同只要欠缺以上三个效力要件中的任何一个,该合同就是无效合同且自始无效。合同无效的表现形式多种多样,《合同法》通过列举式对无效合同进行了相关规定。《合同法》第52条规定:"有下列情形之一的,合同无效:(一)一方以欺诈、胁迫的手段订立合同,损害国家利益;(二)恶意串通,损害国家、集体或者第三人利益;(三)以合法形式掩盖非法目的;(四)损害社会公共利益;(五)违反法律、行政法规的强制性规定。"

在建设工程领域,建设工程合同无效主要表现为违反法律、行政法规的强制性规定。比如,承包人未取得建筑施工企业资质或者超越资质等级的;没有资质的实际施工人借用有资质的建筑施工企业名义的;建设工程必须进行招标而未招标或者中标无效的;非法转包、违法分包的,[①]都属于无效合同。《建设工程施工合同解释》第2条规定:"建设工程施工合同无效,但建设工程经竣工验收合格,承包人请求参照合同约定支付工程价款的,应予支持。"第3条规定:"建设工程施工合同无效,且建设工程经竣工验收不合格的,按照以下情形分别处理:(一)修复后的建设工程经竣工验收合格,发包人请求承包人承担修复费用的,应予支持……"

《合同法》第286条规定的建设工程优先受偿权,并不以建设工程合同效力为前提条件。换言之,承包人享有的建设工程优先受偿权并不因建设工程合同无效而丧失。虽然有些建设工程合同无效,但在满足一定的条件下,承包人仍然享有建设工程优先受偿权。在司法实践中,即使建设工程施工合同无效,但建设工程经竣工验收合格,或者未经竣工验收但已经实际使用,实际施工人请求其工程价款就承建的建设工程折价或拍卖的价款优先受偿的,法院通常持支持的态度。

---

① 参见潘军锋:《建设工程施工合同案件审判疑难问题研究》,载《法律适用》2014年第7期,第65页。

典型案例

合同无效情形下，承包人亦享有建设工程价款优先受偿权

——游某某与广安某科技发展有限公司建设工程施工合同纠纷二审案①

1. 案情简介

上诉人（原审原告）：游某某

被上诉人（原审被告）：广安某科技发展有限公司（以下简称科技公司）

2014年7月25日，游某某与科技公司签订《土石方工程承包合同》，约定游某某承建科技公司研发中心项目平场土石方工程，包括平场和挖地室。2015年2月10日，科技公司与游某某对工程进行结算后，由科技公司向游某某出具了《长明高新技术产业园研发中心土石方工程结算表》，该结算表载明：工程合计1,342,350元，已付金额200,000元，未付金额1,142,350元。科技公司在结算后又通过银行向游某某转款支付300,000元，现下欠工程款842,350元。因科技公司未支付下欠工程款，游某某向法院起诉，其一审诉讼请求为：（1）判令科技公司向游某某支付工程款842,350元及利息（利息从起诉之日起按照中国人民银行同期贷款基准利率计算至付清之日止）；（2）判令游某某在842,350元范围内对长明高新技术产业园中心项目工程享有建设工程价款优先受偿权。

2. 法院裁判及观点

本案经两审裁判，终审法院认为，游某某与科技公司签订的《土石方工程承包合同》因游某某不具备建筑施工企业资质而无效，但该工程经过结算，作为实际施工人的游某某享有建设工程价款优先受偿权。

一审法院认为，游某某承建科技公司开发建设的长明高新技术产业园研发中心土石方项目工程的事实，有游某某提供的结算表予以证明，双方因此形成建设工程施工合同关系。游某某履行了施工义务，科技公司应当向游某

① 参见四川省广安市中级人民法院（2016）川16民终380号民事判决书。

某支付下欠工程款，承担支付利息的违约责任。因游某某未提供证据证明其承建案涉研发中心项目工程土石方的具体位置，一审法院依据游某某提供的结算单，尚不能确认游某某享有建设工程价款优先受偿权的具体工程，故对游某某要求在842,350元范围内对长明高新技术产业园中心项目工程享有建设工程价款优先受偿权的诉讼请求，不予支持。

游某某不服一审法院判决，提起上诉，其主要上诉理由是：(1)建设工程承包人行使优先权的期限为6个月，案涉工程价款842,350元并未超过时限；(2)案涉工程价款842,350元属建设工程价款的优先受偿范围；(3)一审时，上诉人提供的结算表，系被上诉人制作相关工程量、单价及工程款结算表，由上诉人进行了确认，从而完成了工程结算。可见双方对工程款的数额以及工程项目的名称、具体位置等没有争议。综上，一审法院认定部分事实不清，请求依法判决上诉人在842,350元范围内对长明高新技术产业园中心项目工程享有建设工程价款优先受偿权或将本案发回重审。

被上诉人科技公司辩称，一审判决认定事实清楚，适用法律正确，请求驳回上诉，维持原判。

二审法院认为，科技公司将长明高新科技产业园研发中心项目平场土石方工程发包给不具备建筑施工企业资质的个人游某某，双方签订的《土石方工程承包合同》无效。但因该工程已于2015年2月10日进行结算，科技公司并在此基础上修建了研发中心大楼，发包方科技公司仍应参照合同约定支付工程价款，承担相应利息。游某某承建的科技公司研发中心项目平场土石方工程，施工内容包括对研发中心大楼位置进行平场和挖地下室、回填，该工程系研发中心项目工程的基础工程，案涉土石方工程价款为整个研发中心项目工程价款的组成部分，游某某作为实际施工人，其在法律规定的期限内行使建设工程优先受偿权，有权要求欠付工程款842,350元在长明高新科技产业园研发中心项目工程折价或拍卖价款中优先受偿。故判决游某某在工程欠款842,350元范围内就广安明兴科技发展有限公司开发建设的长明高新技术产业园研发中心项目工程折价或拍卖价款享有优先受偿权。

3. 案例评析

本案中，承包人游某某未取得建筑施工企业资质，而与发包人签订《土石方工程承包合同》，该合同违反了法律、行政法规的强制性规定。根据《合同法》第52条第5项及《建设工程施工合同解释》第1条第1项的规定，该建设工程合同无效。然而，因双方进行了工程结算，且双方对科技公司下欠游某某842,350元工程款并无异议，游某某作为实际施工人，其在法律规定的期限内行使建设工程优先受偿权，向法院请求其工程价款就承建的建设工程折价或拍卖的价款优先受偿，得到了法院的支持。

有关法律规定

《中华人民共和国合同法》

第五十二条　有下列情形之一的，合同无效：

(一)一方以欺诈、胁迫的手段订立合同，损害国家利益；

(二)恶意串通，损害国家、集体或者第三人利益；

(三)以合法形式掩盖非法目的；

(四)损害社会公共利益；

(五)违反法律、行政法规的强制性规定。

第二百八十六条　发包人未按照约定支付价款的，承包人可以催告发包人在合理期限内支付价款。发包人逾期不支付的，除按照建设工程的性质不宜折价、拍卖的以外，承包人可以与发包人协议将该工程折价，也可以申请人民法院将该工程依法拍卖。建设工程的价款就该工程折价或者拍卖的价款优先受偿。

最高人民法院《关于审理建设工程施工合同纠纷案件适用法律问题的解释》

第一条　建设工程施工合同具有下列情形之一的，应当根据合同法第五十二条第(五)项的规定，认定无效：

(一)承包人未取得建筑施工企业资质或者超越资质等级的；

(二)没有资质的实际施工人借用有资质的建筑施工企业名义的；

(三)建设工程必须进行招标而未招标或者中标无效的。

第二条　建设工程施工合同无效，但建设工程经竣工验收合格，承包人请求参照合同约定支付工程价款的，应予支持。

第三条　建设工程施工合同无效，且建设工程经竣工验收不合格的，按照以下情形分别处理：

(一)修复后的建设工程经竣工验收合格，发包人请求承包人承担修复费用的，应予支持；

（二）修复后的建设工程经竣工验收不合格，承包人请求支付工程价款的，不予支持。

因建设工程不合格造成的损失，发包人有过错的，也应承担相应的民事责任。

第四条　承包人非法转包、违法分包建设工程或者没有资质的实际施工人借用有资质的建筑施工企业名义与他人签订建设工程施工合同的行为无效。人民法院可以根据民法通则第一百三十四条规定，收缴当事人已经取得的非法所得。

第五条　承包人超越资质等级许可的业务范围签订建设工程施工合同，在建设工程竣工前取得相应资质等级，当事人请求按照无效合同处理的，不予支持。

第七条　具有劳务作业法定资质的承包人与总承包人、分包人签订的劳务分包合同，当事人以转包建设工程违反法律规定为由请求确认无效的，不予支持。

五、承包人、实际施工人不享有优先受偿权的情形

基本理论

根据《合同法》第286条的规定，发包人未按照约定支付价款，经承包人在合理期限内催告仍逾期不支付的，承包人享有建设工程优先受偿权。其立法目的，是要在发包人与承包人之间平衡利益，补救承包人的不利地位，立法者所考虑的是如何协调承包人与发包人之间的利益冲突。[①] 然而，法律及司法解释也规定了一些承包人、实际施工人不享有优先受偿权的情形，这些情形包括：第一，按照建设工程的性质不宜折价、拍卖的；第二，消费者交付购买商品房的全部或者大部分款项后，承包人就该商品房享有的工程价款优先受偿权不得对抗买受人；第三，承包人因发包人违约所造成的损失部分；第四，装修装饰工程的发包人不是该建筑的所有权人或者承包人与该建筑物的所有权人之间没有合同关系的。

在司法实践中，具有下列情形之一，承包人、实际施工人请求工程价款就其承建的建设工程折价或拍卖的价款优先受偿的，人民法院通常不予支持：第一，经竣工验收不合格的工程；第二，建设工程属于为公益目的建设的教育

① 参见宁子昂：《生存性权利优先于经营性权利——评司法解释〈最高人民法院关于建设工程价款优先受偿权问题的批复〉第2条》，载《行政与法》2007年第5期，第128页。

设施、医疗设施及其他社会公益设施；第三，建设工程属于国家机关已投入使用的办公用房或者军事建筑；第四，建设工程属于设备安装等附属工程；第五，消费者购买承包人承建的商品房，并已经办理商品房产权变更或预告登记，或者消费者已交付购买商品房的全部或者大部分款项的。

典型案例

对不宜折价、拍卖的工程，承包人不享有优先受偿权

——中国某建筑工程有限公司与四川某农民创业就业集中发展区建设有限公司、双流县某镇人民政府、四川某建筑工程集团有限责任公司、浙江某建筑集团股份有限公司、四川某岩土工程有限责任公司建设工程施工合同纠纷二审案①

1. 案情简介

上诉人（原审原告）：中国某建筑工程有限公司（以下简称建筑公司）

上诉人（原审被告）：四川某农民创业就业集中发展区建设有限公司（以下简称农创公司）

被上诉人（原审被告）：双流县某镇人民政府（以下简称某镇政府）

原审第三人：四川某建筑工程集团有限责任公司（以下简称某工程集团公司）

原审第三人：浙江某建筑集团股份有限公司（以下简称某集团股份公司）

原审第三人：四川某岩土工程有限责任公司（以下简称岩土工程公司）

2006年6月5日，双流县某镇大安桥村、秦皇寺村、田家寺村三个村民委员会共同向某镇政府出具《委托书》，委托某镇政府代为招商引资，并以BT建设模式与农创公司签订项目建设协议，项目建成后，立即移交三村委会以便及时安置被拆迁农户。2006年6月15日，某镇政府与农创公司签订《双流

① 参见四川省高级人民法院（2014）川民终字第383号民事判决书。

县某镇农创新村统建房项目协议》,约定农创公司代理行使某镇政府作为项目业主的职责,组织项目的投融资建设,并承担风险,在项目完成工程竣工验收合格后移交给某镇政府,收回投资。2006 年 10 月 18 日,岩土工程公司与建筑公司"农创新居项目部"签订《工程经济责任书》,约定建筑公司与业主的建设工程承包合同对岩土工程公司具有同样约束力。2006 年 11 月 5 日,农创公司作为发包人与承包人建筑公司签订《建设工程施工合同》。2006 年 12 月 19 日,农创公司作为发包人,某集团股份公司、建筑公司作为承包人签订协议书。2007 年 4 月,双流县规划管理局《"新居工程"建设工程规划批准通知书》上载明建设单位为双流县某镇大安桥村、秦皇寺村、田家寺村三个村民委员会,同时专门注明"全部用于安置拆迁户,不得向社会出售"。

2009 年 1 月 15 日,某工程集团公司华虹分公司与某镇政府共同签字确认了《农创新村新居工程移交单》,确认农创新村新居一期工程已于 2008 年 12 月竣工,2009 年 1 月 6 日通过了竣工验收,2009 年 1 月 15 日,某镇政府相关部门及工作人员对竣工房屋进行了验收并办理相关移交手续。2009 年 3 月 6 日,某镇政府与双流县某镇大安桥村、秦皇寺村、田家寺村三个村民委员会办理统建房 1 ~ 9 组团的移交工作、目前被拆迁的村民已经入住。

后因当事人之间发生纠纷,建筑公司诉至法院,其中一项诉讼请求为要求确认对工程享有优先受偿权。

2. 法院裁判及观点

本案经两审裁判,一审、二审法院均认为,该工程已经移交给相关村民委员会,被拆迁的村民已经实际入住,该工程属于《合同法》所述不宜折价、拍卖的情形,承包人建筑公司不享有建设工程价款优先受偿权。

就建筑公司对其所承建的工程是否具有建设工程优先受偿权这一问题,一审法院认为,根据《合同法》第 286 条的规定,确认承包人对工程享有优先受偿权的前提是:发包人逾期不支付工程价款且工程的性质不存在不宜折价、拍卖的情形。本案中,建筑公司所承建的工程属于集中安置农民拆迁户的安置房,根据相关部门的意见,该建设工程所修建的房屋应当全部用于安置拆迁户,不得向社会出售。目前该工程已经移交给相关村民委员会,被拆迁的村民已经实际入住,因此,该工程属于《合同法》所述不宜折价、拍卖的情形。故对建筑公司要求确认对工程享有优先受偿权的请求不予支持。

一审法院对工程优先受偿权的判决，各方当事人都没有异议。二审法院对此没有赘述。

3. 案例评析

本案涉及拆迁农户安置问题，案情复杂，此处只讨论建设工程优先受偿权问题。《合同法》第286条只笼统地规定了不宜折价、拍卖的工程，承包人不享有优先受偿权，但是不宜折价、拍卖的工程具体包含哪些，却是法院在司法实践中判断的难点。本案中，案涉工程系农户拆迁安置工程，工程所建房屋不能对社会出售，拆迁的村民已经实际入住，工程涉及农户较多，甚至可能引发不稳定因素的发生。在这种情况下，法院认定案涉工程属于《合同法》第286条规定的不宜折价、拍卖的工程，承包人并不享有该工程的优先受偿权，这样的判决是公平合法的，理由也是当事人容易接受的。

有关法律规定

《中华人民共和国合同法》

第二百八十六条　发包人未按照约定支付价款的，承包人可以催告发包人在合理期限内支付价款。发包人逾期不支付的，除按照建设工程的性质不宜折价、拍卖的以外，承包人可以与发包人协议将该工程折价，也可以申请人民法院将该工程依法拍卖。建设工程的价款就该工程折价或者拍卖的价款优先受偿。

最高人民法院《关于建设工程价款优先受偿权问题的批复》

二、消费者交付购买商品房的全部或者大部分款项后，承包人就该商品房享有的工程价款优先受偿权不得对抗买受人。

三、建筑工程价款包括承包人为建设工程应当支付的工作人员报酬、材料款等实际支出的费用，不包括承包人因发包人违约所造成的损失。

最高人民法院《关于装修装饰工程款是否享有合同法第二百八十六条规定的优先受偿权的函复》

装修装饰工程属于建设工程，可以适用《中华人民共和国合同法》第二百八十六条关于优先受偿权的规定，但装修装饰工程的发包人不是该建筑的所有权人或者承包人与该建筑物的所有权人之间没有合同关系的除外。享有优先权的承包人只能在建筑物因装修装饰而增加价值的范围内优先受偿。

第四章

商品房买卖

根据《商品房销售管理办法》的规定,我国的商品房销售包括商品房现售和商品房预售。前者是指房地产开发企业将竣工验收合格的商品房出售给买受人,并由买受人支付房价款的行为。后者是指房地产开发企业将正在建设中的商品房预先出售给买受人,并由买受人支付定金或者房价款的行为。最高人民法院《关于审理商品房买卖合同纠纷案件适用法律若干问题的解释》(以下简称《商品房买卖合同解释》)第1条将上述商品房预售或商品房现售而签订的合同统称为商品房买卖合同,而最高人民法院《民事案件案由规定》则将商品房买卖合同纠纷区分为商品房预售合同纠纷与商品房销售合同纠纷。本章梳理了司法实践中商品房买卖合同纠纷存在的一些问题,并结合审理商品房买卖合同纠纷的裁判思路进行了相应探讨。

第一节
商品房预售与认购

商品房预售合同是一种特殊的买卖合同,其特殊性主要体现在以下方面:(1)标的物是正在建造的在未来约定时期竣工验收合格后才交付的商品房;(2)出卖人是从事房地产开发和经营的企业;(3)买受人按照合同约定预先支付了房价款;(4)国家对商品房预售行为实行行政许可制度。因此,商品房预售对于房地产开发商而言有百利而无一害,既可以及时回收、筹集、周转资金,加快商品房的开发建设速度,又可以通过预售避免市场波动的风险。但从法律的角度看,因房屋尚在建造中,其房屋的所有权还没有经过登记设立,其实质仍然是房屋买卖预约,是一种期房买卖,预购人得到的是房屋建成以后取得所有权的一种期待权。对于买受人来说,存在以下风险:一是交付的预购房款,开发商能否真正用于商品房的建设,而不被挪作他用;二是商品房能否如期建成;三是预售商品房的价格是否合理,房屋是否会获得增值保值的愿望;四是实际交付的房屋是否符合合同的约定要求。[①] 在中国社会中,商品房买卖是普通家庭的重大消费支出,往往要为此投入毕生积蓄或背负上沉重的债务,因此,掌握有关商品房预售的法律知识及法院的裁判思路,避免陷入上述法律风险,对于广大社会公众而言具有重要意义。

---

① 参见最高人民法院民事审判第一庭编:《最高人民法院关于审理商品房买卖合同纠纷案件司法解释的理解与适用》,人民法院出版社 2003 年版,第 28 页。

一、商品房预售合同的效力如何认定

基本理论

所谓合同的效力又称合同的法律效力，是指已经成立的合同在当事人之间产生的法律拘束力，即法律以其强制力使合同当事人按其相互之间确立的合同内容履行义务、实现权利的效力。人民法院审理商品房预售合同纠纷案件的首要问题就是要正确认定合同的效力，这是正确作出判决的前提。

审查商品房预售合同的效力注意要把握以下两点：第一，要适用法律对普通民事合同的规定，要依据《民法通则》《合同法》的一般规定。《民法通则》第55条规定："民事法律行为应当具备下列条件：(一)行为人具有相应的民事行为能力；(二)意思表示真实；(三)不违反法律和社会公共利益。"《合同法》第三章专门规定了合同的效力问题，包括合同的生效时间、附条件的合同、附期限的合同、效力待定合同、表见代理合同、无效合同、可撤销合同等。对于无效合同，《合同法》第52条规定："有下列情形之一的，合同无效：(一)一方以欺诈、胁迫的手段订立合同，损害国家利益；(二)恶意串通，损害国家、集体或者第三人利益；(三)以合法形式掩盖非法目的；(四)损害社会公共利益；(五)违反法律、行政法规的强制性规定。"

根据上述两法的规定，实践中对符合下列条件的合同才能被认定为有效合同：(1)主体合格。当事人应当具备法律规定的缔约资格。自然人应当具有民事行为能力，法人则要求以下条件：①在核准的经营范围内实施民事法律行为。《民法通则》第42条规定："企业法人应当在核准的经营范围内从事经营。"建设部发布的《商品房销售管理办法》第7条规定，销售商品房的企业应当是工商行政管理部门核准登记、领取企业法人营业执照的房地产开发经营企业，并在建设行政主管部门取得相应的房地产开发企业资质证书。②已经取得相关的民事权利。光有主体资格还不够，还必须有主体权利。(2)意思表示真实。意思表示不真实的原因在实践中相当复杂，可以概括为以下几点：①合同一方欺诈、胁迫对方，或者乘人之危，使对方的意思表示不真实；②合同形式上是合法的，但掩藏了非法的真实意思，订立的是以合法形式掩盖非法目的的合同,其合法形式为不真实的意思表示;③合同一方对合同有重大误解,因此而作的表示是不真实的;④合同一方因对合同存在无经验等情形而作的对自己显失公平的表示,违背自己订立合同的目的,这个意思表示也是不真实的。当然,上述意思表示不真实的几种情形的法律后果并不都是合同无效,依照《合同法》的规定,有的是合同可撤销或可变更的情形,但是,从条件上讲,意思表示真实是合同有效的条件之一。(3)不违反法律、行政法规或者社会公共利益。《民法通则》第58条第1款第5项规定,违反法律或者社会公共利益的民事行为为无效的民事行为。《合同法》第7条规定:"当事人订立、履行合同,应当遵守法律、行政法规,尊重社会公德,不得扰乱社会经济秩序,损害社会公共利益。"《合同法》第52条第5项规定违反法律、行政法规的强制性规定或者损害社会公共利益的合同无效。因此,就合同的生效条件来说,对于《民法通则》规定的不得违反的"法律",应从宽理解为包括法律和行政法规,但不包括地方法规和行政规章。"强制性规定"包括义务性规定和禁止性规定。(4)合同标的确定、可行。为了使合同产生当事人预期的法律后果,合同的实质性条款也应当是可行的,至少在合同生效以后可以再订补充合同,或者按照《合同法》第62条的规定是可以操作的。比如,预售的商品房必须确定了施工进度、竣工交付日期、物业管理方案、装修标准、平面图或户型图等。[①]

第二,商品房预售合同作为国家有特殊规定和要求的合同,对其效力的审查要适用特别法——《城市房地产管理法》的相关规定。

商品房预售不仅是特殊商品——房地产的买卖行为,而且是一种特殊形式的房地产买卖行为,即房地产开发经营企业将正在建造中的房屋预先出售给买受人,由买受人支付定金或房价款的行为。由于买卖合同的标的物在订立买卖合同时并不存在,出卖人对其并不享有完全意义的所有权,当事人享有的只是一种物权的期待权。商品房预售对于房地产开发商来说,可以及时回收、筹集、周转资金,加快商品房的开发建设速度,同时可以通过预售避免市场波动的风险。但从法律的角度看,商品房买卖并不完全等同于房屋买

① 参见最高人民法院民事审判第一庭编:《最高人民法院关于审理商品房买卖合同纠纷案件司法解释的理解与适用》,人民法院出版社2003年版,第26~27页。

卖,而只是一种准房屋买卖,因为房屋尚在建设之中,其房屋的所有权还没有经过登记设立,买卖合同的标的物的物权还没有形成,其实质仍然是房屋买卖预约,是一种期房买卖,预购人得到的是房屋建成以后取得所有权的一种期待权。对于买受人来说,存在几种担忧:一是交付的预购房款,开发商能否真正用于商品房的建设,而不被挪作他用;二是商品房能否如期建成;三是预售商品房的价格是否合理,房屋是否会获得增值保值的愿望;四是实际交付的房屋是否符合合同的约定要求。由于商品房买卖是老百姓家庭消费中最重大的消费支出,往往要倾注毕生的积蓄或因此而背上沉重的债务,因此,为了防止房地产开发商经营不善或恶意炒作损害买受人的利益,法律对商品房预售限定了严格的条件。《城市房地产管理法》第 44 条第 1 款规定商品房预售需必须具备四个条件:(1)已交付全部土地使用权出让金,取得土地使用权证书;(2)持有建设工程规划许可证;(3)按提供的预售商品房计算,投入开发建设的资金达到工程建设总投资的 25% 以上,并已经确定施工进度和竣工交付日期;(4)向县级以上人民政府房产管理部门办理预售登记,取得商品房预售许可证明。问题是,如何理解《城市房地产管理法》第 44 条规定的预售条件和认定合同效力之间的关系问题,实践中有两种不同意见。一种意见认为,《城市房地产管理法》是一部具有很强行政管理色彩的法律,该法规定商品房预售实行许可证制度,是行政许可制度,只要出卖人持有预售许可证明,即满足了法律规定的前提条件,其与买受人签订的预售合同即为有效。另一种意见认为,《城市房地产管理法》是一部综合性的法律,它规定了房地产开发用地、房地产开发、房地产交易、房地产管理等诸多内容,不能简单视为行政管理法,也属于一部民事基本法,该法第 44 条规定的四个条件是商品房预售行为(民事行为)必须同时具备的法定要件,是并列的条件,缺一不可,否则,开发商未取得土地使用权证书和工程规划许可证,房屋即使能够交付,购房人也不能取得房产证,不能实现买卖合同的目的,对购房人是一个极大的损害,因此,预售合同应认定为无效。①

对此争议,最高人民法院在最高人民检察院提起抗诉的“黑龙江海外旅

① 参见最高人民法院民事审判第一庭编:《最高人民法院关于审理商品房买卖合同纠纷案件司法解释的理解与适用》,人民法院出版社 2003 年版,第 28 页。

游总公司诉哈尔滨某某房地产发展有限公司商品房买卖合同纠纷”一案终审判决的观点表明了《城市房地产管理法》第44条规定的四个条件不是预售合同是否有效的并存条件。主要理由在于：[①]

一方面，《城市房地产管理法》是一部行政管理性的法律，它主要规范的是房地产开发经营企业的经营行为。从该法规定的商品房预售条件看，都是反映开发企业与行政管理部门之间的关系问题。我国商品房预售实行许可证制度，是一种行政许可行为，开发商获得预售许可证是其必须履行的行政法上的强制性规范的义务，国家建设行政主管部门颁发预售许可证应当对其行政行为的合法性负责，应当对开发商提供的申请进行实质性审查，形成实质上的权利瑕疵责任担保，一旦行政行为违法或不当，造成购房人的损失，应当由行政法律关系调整。不能要求购房人承担过多的本来应当由行政机关承担的审查义务，特别是在房地产成为市场经济的重要组成部分，成为国民经济的支柱产业之一，要加快商品房的流通，不能不对当事人之间权利义务范围作一个清晰的划分。

另一方面，商品房预售许可证的申办包含《城市房地产管理法》第44条规定的前三个条件。国务院1998年7月20日发布的《城市房地产开发经营管理条例》第24条也明确列举了办理预售许可证的必备条件，其中就包括了《城市房地产管理法》第44条规定的前三个条件。这就表明只要出卖人按照法定程序向房地产行政管理部门申请办理并取得预售许可证明的，即可认定其具备全部预售条件。《城市房地产开发经营管理条例》第28条规定，房地产开发企业预售商品房时，应当向预购人出示商品房预售许可证明。建设部1994年11月15日发布、2004年7月30日修订的《城市商品房预售管理办法》第6条第1款规定：“商品房预售实行许可证制度。开发企业进行商品房预售应当向城市、县房地产管理部门办理预售登记，取得《商品房预售许可证》。”第7条规定：“开发企业申请预售许可，应当提交下列证件（复印件）及资料：（一）商品房预售许可申请表；（二）开发企业的《营业执照》和资质证书；（三）土地使用权证、建设工程规划许可证、施工许可证；（四）投入开发建

① 参见最高人民法院民事审判第一庭编：《最高人民法院关于审理商品房买卖合同纠纷案件司法解释的理解与适用》，人民法院出版社2003年版，第30页。

设的资金占工程建设总投资的比例符合规定条件的证明；(五)工程施工合同及关于施工进度的说明；(六)商品房预售方案。预售方案应当说明预售商品房的位置、面积、竣工交付日期等内容，并应当附预售商品房分层平面图。”房地产管理部门在接到开发企业申请后，应当详细查验各项证件和资料，并到现场进行查勘。经审查合格的，应在接到申请后 10 日内核发《商品房预售许可证》。因此，从司法权与行政权的关系出发，人民法院在认定商品房预售合同的效力时，对出卖人的法定预售资格应只从形式上进行审查，对出卖人未取得预售许可证明签订的预售合同应认定无效，出卖人取得预售许可证明的，可认定预售合同有效。至于从实质上审查出卖人是否具备全部预售条件则是行政管理部门的权限。当事人对预售许可证持有异议的，可通过行政或行政诉讼的方式解决。这既可划清司法审判机关与行政管理部门之间的权限，有利于各司其职，也可避免司法权与行政权之间的冲突，有利于促进房地产交易和推动房地产市场的发展。

还有的学者在讨论中认为，《城市房地产管理法》第 44 条第 1 款规定的前三个条件是权利有无瑕疵和合同的履行能力的问题，出卖人如果存在权利瑕疵和履行不能的问题，产生的是合同违约的责任，而不是合同无效的责任。违约责任是可以采取补救措施，也是法律允许采取补救措施的，所以，不能把这四个条件并列起来，混为一谈。

因此，经过广泛征求意见，并在总结审判实践经验的基础上，《商品房买卖合同解释》采纳了第一种观点，其第 2 条规定，“出卖人未取得商品房预售许可证明，与买受人订立的商品房预售合同，应当认定无效，但是在起诉前取得商品房预售许可证明的，可以认定有效”。

典型案例一

商品房预售中只要出卖人取得预售许可证，当地政府主管部门同意在房屋建成以后办理土地使用权证书的，预售合同可以认定有效

——黑龙江某某旅游总公司与哈尔滨某某房地产发展有限公司商品房买卖合同纠纷案①

1. 案情简介

抗诉人：中华人民共和国最高人民检察院（以下简称最高人民检察院）

申诉人（一审原告、二审被上诉人）：黑龙江某某旅游总公司（以下简称旅游公司）

法定代表人：梁某某

委托代理人：时某某

委托代理人：李某某

对方当事人（一审被告、二审上诉人）：哈尔滨某某房地产发展有限公司（以下简称“某某公司”）

法定代表人：温某某

委托代理人：阎某

委托代理人：薛某

1994年3月3日，旅游公司与某某公司签订《哈尔滨某某大厦预售楼宇协议书》，约定：旅游公司购买某某公司开发建设的某某大厦1215.66平方米房屋，购房总价款为人民币7,780,224元。3月14日，旅游公司支付定金40万元。4月11日，双方签订《商品房产买卖合同》，约定：旅游公司在签订合同时支付购房款30%计2,340,224元，余款70%计544万元，由某某公司担保抵押贷款支付。如旅游公司未按约付款，自滞付之日起每月按应付款的0.1%支付滞纳金，如逾期60天未付清应付款，某某公司有权单方声明终止

① 参见最高人民法院（1999）民抗字第1号民事判决书。

合同；某某公司应于1996年3月31日前交付房屋，如遇有不可抗拒的自然灾害，施工中遇到异常困难及重大技术问题不能及时解决，以及其他非某某公司所能控制的事件，可凭哈尔滨市政府部门证明文件，据实予以延期。如非上述原因延期交付，按银行贷款利率计算赔偿旅游公司的损失；若逾期交房超过60天，旅游公司可提出终止合同，某某公司应退回购房款本息并双倍返还定金。合同签订后，旅游公司除已支付定金40万元外，又于1994年4月12日支付购房款1,940,224元，于6月7日、9月5日以银行按揭贷款方式支付544万元，支付购房款共计7,780,224元，履行了合同约定的付款义务。

1992年12月4日，某某公司与哈尔滨市电业局签订《供用电协议》，并于当月支付100万元供电投资款。因电业局未及时落实供电工程设施，经市政府协调，双方于1996年4月9日签订《补充协议》。某某公司分别于4月5日、4月24日支付电网联建费160万元。哈尔滨市电业局于1996年7月17日正式给某某大厦供电。某某公司于1992年9月16日领取《建设用地规划许可证》，9月25日取得哈尔滨市规划土地管理局颁发的用地批复，并于当日与哈尔滨市规划土地管理局签订国有土地使用权出让合同，领取《用地许可证》。1993年4月10日，哈尔滨市房地产管理局颁发《关于允许哈尔滨某某房地产发展有限公司预售商品房的批复》。某某公司于1993年6月18日领取《商品房外销许可证》，于1996年11月13日领取《商品房屋预售批准书》。1996年8月22日，哈尔滨市建筑工程质量监督站对某某大厦工程质量进行检验，出具《单位工程竣工检验结论证书》，确认该工程为优良等级，同意交付使用。1997年6月18日，哈尔滨市公安消防支队对某某大厦消防工程进行验收，出具《建筑工程竣工消防验收意见书》，同意投入使用。2000年6月2日，哈尔滨市土地管理局向某某公司颁发《国有土地使用证》。

1996年6月12日，旅游公司以某某公司违约为由向黑龙江省高级人民法院提起诉讼，请求解除合同，判令某某公司返还购房款及利息13,294,719.23元，以及从1996年4月1日起至1997年4月30日的租房租金357,185.99元。某某公司辩称，其未能按期交付房屋，是因在施工中遇到不可抗拒的水灾、变电、防火及“非某某公司所能控制的事件”等原因所致，符合合同约定的延期交房条件，请求判令继续履行购房合同。

黑龙江省高级人民法院经审理认为,双方签订的商品房买卖合同有效;某某公司在供电问题上存在其不能控制的因素,其交房期限按约可自 1996 年 3 月 31 日顺延至 5 月 31 日,某某公司在此期间可不负违约责任,但自 5 月 31 日至房屋正式验收日期,某某公司拖延交付房屋 80 余天,已构成违约,旅游公司解除合同的主张应予支持。某某公司应退还购房款本息,双倍返还定金。据此,该院于 1997 年 4 月 11 日作出判决:(1)某某公司与旅游公司签订的商品房买卖合同有效。因某某公司违约,旅游公司请求解除合同,应准予。(2)某某公司返还旅游公司购房款 7,780,224 元及该款利息(利息按银行同期贷款利率从 1994 年 3 月 14 日至 1997 年 1 月 30 日为 3,339,720.30 元;1997 年 2 月 1 日之后的利息,待还清购房款时止一并付清)。某某公司向旅游公司双倍返还 40 万元定金为 80 万元。上述款项逾期不付,按《民事诉讼法》有关规定执行。(3)旅游公司请求某某公司赔偿租房租金、电话拆迁费计 357,185.99 元,不予支持。案件受理费 76,484 元,由某某公司负担。

某某公司不服一审判决,以一审判决认定事实和适用法律均有错误为由,向最高人民法院提起上诉,请求判令继续履行合同。旅游公司答辩认为一审判决正确,请求予以维持。

最高人民法院经二审审理认为,某某公司与旅游公司签订的商品房买卖合同系双方当事人的真实意思表示,内容合法,一审判决认定合同有效正确。一审判决认定某某公司在供电问题上存在其不能控制的、可据实推迟交付房屋日期的因素的同时,计算某某公司应交付房屋的日期为将合同原定日期顺延 60 日即 1996 年 5 月 31 日,不符合合同关于违约责任期间的约定,应予纠正。某某公司交付房屋的日期应是在合同原定日期的基础上延期至正式供电之日即 1996 年 7 月 17 日。鉴于旅游公司起诉时,合同约定的终止合同的情形尚未出现,某某大厦已通过竣工验收,可以交付使用,且旅游公司已付清购房款,某某公司主张继续履行合同的上诉请求应予支持,合同应继续履行。但某某公司应承担自 1996 年 7 月 18 日起至 8 月 22 日期间逾期交付房屋的违约责任。

最高人民法院于 1997 年 12 月 1 日作出判决:(1)维持一审判决第三项;(2)撤销一审判决第二项;(3)变更一审判决第一项为:某某公司与旅游公司签订的商品房买卖合同有效,继续履行,某某公司于本判决生效之日起 10 日内将某某大厦第18层8个单元交付旅游公司;(4)某某公司于本判决生效之日起10日内向旅游公司支付购房总价款人民币7,780,224元的利息(自1996年7月18日起至8月22日止,按中国人民银行同期同类贷款利率计算)。一审、二审案件受理费152,968元,由某某公司与旅游公司各负担76,484元。

1999年2月13日,最高人民检察院根据旅游公司的申诉,以高检发民行抗字(1999)第1号民事抗诉书向最高人民法院对最高人民法院(1997)民终字第48号民事判决提出抗诉。抗诉书认为,终审判决认定事实与适用法律均有错误。理由为:(1)某某公司未办理国有土地使用权证书,本案的购房合同应认定无效。某某公司到目前为止只有建设用地规划许可证。某某公司依土地出让合同,应交纳土地出让金773.3万元,只交纳321.3万元,尚欠452万元,土地部门未发土地使用权证书。依据最高人民法院《关于审理房地产管理法施行前房地产开发经营案件若干问题的解答》(以下简称《解答》)第7条、第25条的规定,应认定合同无效,某某公司对无效合同应承担全部责任。(2)终审判决认定旅游公司起诉时,购房合同约定的终止情形尚未出现,某某大厦已通过验收,可以交付使用,属认定事实错误。1996年8月22日,某某大厦才经哈尔滨市质检站单项土建验收合格,至今未经过卫生、消防、规划等竣工综合验收,仍被禁止使用。这说明旅游公司起诉时合同约定的终止情形已经出现。某某大厦未经综合验收而交付使用,不符合《城市房地产管理法》第26条、《城市房地产开发管理暂行办法》第16条的规定。旅游公司请求解除合同,应当准许。

旅游公司向最高人民检察院申诉称,最高人民法院二审认定电业局未及时供电,免除某某公司的违约责任,不符合事实和法律;某某大厦的卫生、消防、规划等项目未经综合验收,至今仍被禁止使用,请求撤销终审判决,维持一审判决。某某公司辩称,终审判决认定事实清楚,适用法律正确,请求予以维持。

2. 法院裁判及观点

最高人民法院经再审审理认为,抗诉书认定本案讼争合同无效,没有充分的事实和法律依据。抗诉书称"某某公司到目前为止只有建设用地规划许可证"不符合事实。双方当事人签约时,某某公司虽当时未领取国有土地使用证，但早已取得《建设用地规划许可证》，并与哈尔滨市规划土地管理局签订了国有土地使用权出让合同，领取了哈尔滨市规划土地管理局颁发的用地批复和《用地许可证》，以及哈尔滨市房地产局批准的销售某某大厦批复和《商品房外销许可证》；在履行过程中，又领取了哈尔滨市人民政府城市建设综合开发办公室批准的《房屋预售批准书》。抗诉书对《解答》中的有关规定适用不当。该《解答》第7条、第25条的规定不适用于本案。《解答》第7条不是认定商品房预售合同无效的规定，而是处理转让土地使用权纠纷的规定。《解答》第25条是关于处理预售方没有取得土地使用证和预售许可证明的商品房预售合同纠纷的规定。本案中某某公司不仅取得了房屋预售许可证，而且取得了哈尔滨市土地管理部门颁发的《用地许可证》，该证载明："工程竣工后，由县市土地管理部门进行用地情况检查，重新核定土地使用范围、面积，收回建设用地许可证，换发《土地使用证》。"当地政府主管部门同意某某公司在某某大厦建成后，以用地许可证换发土地使用证，该用地许可证上主管部门"换发"的承诺不但具有土地权属证明的作用，而且是合同生效的条件，事实上主管部门现已实现了其承诺。因此，本案不属于《解答》第25条规定的情形。抗诉书认为预售方在一审诉讼中补办了土地使用证，才能认定商品房预售合同有效，将《解答》第25条扩大解释为房地产开发商已取得《用地许可证》《商品房外销许可证》《房屋预售批准书》，政府主管部门同意以《用地许可证》换发《土地使用证》的情形，不符合《解答》规定。鉴于某某公司已签订国有土地使用权出让合同，取得包括房屋预售许可证在内的其他房地产开发文件，且房屋实际已建成，有的已出售并交付使用，当地政府主管部门同意在工程竣工后换发土地使用证，按《解答》的规定精神，应认定本案商品房买卖合同有效。

抗诉书认为某某公司违反《城市房地产管理法》第26条的规定，某某大厦未经综合验收不能交付使用，理由不充分。某某大厦竣工后，经过工程质量验收和消防验收。综合验收是建设部《城市房地产开发管理暂行办法》第16条的规定，国务院《城市房地产开发管理条例》第18条明确规定住宅小区等群体房地产开发项目竣工须进行综合验收，未规定对其他建筑也进行综合验收。而且，没有证据表明哈尔滨市对其他建筑组织过综合验收。某某大厦经哈尔滨市建筑工程质量监督站验收合格，最高人民法院终审判决据此认定某某大厦可以交付使用,并无不当。

抗诉书称某某大厦消防工程“未经正式验收”,不符合事实。抗诉书对哈尔滨市公安消防支队于 1996 年 6 月 18 日出具的《建筑工程竣工消防意见书》并不否认,该消防意见书上盖有“消防验收专用章”,并载明“同意投入使用”。这表明某某大厦经过了消防部门的验收。如果某某大厦存在抗诉书中所说的消防设施不合格问题,这些问题需要某某公司整改解决,但不能否定某某大厦经过消防验收的事实以及《建筑工程竣工消防意见书》的法律效力,亦不构成对本案终审判决改判的理由。

本案是房屋预售合同纠纷,旅游公司起诉以某某公司违约为由要求解除合同,双方当事人对卫生、供水等问题在一审和二审诉讼中均未请求法院审理,法院依法对此未予审查。因此,卫生、供水等问题不属最高人民法院再审审理范围。抗诉书以上述问题为由抗诉要求再审,超出了当事人的诉讼请求,既不符合民事诉讼法不告不理的原则,也不符合法律规定的抗诉情形。

某某公司与哈尔滨市电业局签订供用电协议的当日,按约交纳 100 万元供电投资款。后因变电所选址用地未能解决,经市政府协调签订补充协议,某某公司又支付电网联建费 160 万元。哈尔滨市电业局于 1996 年 7 月 17 日正式向某某大厦供电。因此,黑龙江省高级人民法院一审和最高人民法院二审均认定某某公司在供电问题上存在可据实延期交房的因素。最高人民法院二审将某某公司交付房屋的日期延期至哈尔滨市电业局正式向某某大厦供电之日,认定旅游公司起诉时,合同约定的终止合同的情形尚未出现,并无不当。

抗诉书以终审判决认定事实和适用法律错误提出的抗诉,没有充分的事实依据和法律依据,抗诉理由不能成立,应予驳回。经最高人民法院审判委员会讨论决定,依据《民事诉讼法》第 184 条、第 186 条之规定,判决:驳回抗诉,维持最高人民法院〔1997〕民终字第 48 号民事判决。

3. 案例评析

本案中,最高人民检察院抗诉理由之一就是某某公司未办理国有土地使用权证书,认为商品房预售合同无效。最高人民法院经审理认为,本案中某某公司不仅取得了房屋预售许可证,而且取得了哈尔滨市土地管理部门颁发的《用地许可证》,该证载明:“工程竣工后,由县市土地管理部门进行用地情况检查,重新核定土地使用范围、面积,收回建设用地许可证,换发《土地使用证》。”当地政府主管部门同意某某公司在某某大厦建成后,以用地许可证换发土地使用证,该用地许可证上主管部门“换发”的承诺不但具有土地权属证明的作用,而且是合同生效的条件,事实上主管部门现已实现了其承诺。因此,鉴于某某公司已签订国有土地使用权出让合同,取得包括房屋预售许可证在内的其他房地产开发文件,且房屋实际已建成,有的已出售并交付使用,当地政府主管部门同意在工程竣工后换发土地使用证,按《解答》规定的精神,应认定本案商品房买卖合同有效。

典型案例二

取得商品房预售许可证但未取得土地使用权证书的,不影响商品房预售合同效力

——中国煤田地质总局某某房地产实业公司与徐州市某某经济技术开发区管委会办公室商品房预售合同纠纷案①

1.案情简介

上诉人(原审原告):中国煤田地质总局某某房地产实业公司(以下简称某某公司)

法定代表人:于某某

委托代理人:邹某某

委托代理人:宋某某

上诉人(原审被告):徐州市某某经济技术开发区管委会办公室(以下简称某某管委会)

法定代表人:田某某

委托代理人:张某某

委托代理人:孙某某

1995年1月7日,某某公司与某某管委会签订一份《房地产买卖合同》,

① 参见(1999)民终字第49号民事调解书。

约定:(1)某某管委会购买某某公司坐落于徐州市某某经济技术开发区1号标准工业厂房,总价款为11,588,000元;(2)某某管委会于合同签字生效后半年内付总价款的60%,1995年12月31日前再付20%,余款在1996年6月30日前付清,在第一次付款后应支付余款利息;(3)1995年3月31日交付房屋,房屋交付时,其建筑物范围内的土地使用权须同时移交;(4)某某公司保证上述房地产权属清楚,若因此给某某管委会造成经济损失,某某公司负责赔偿;(5)若某某管委会不能及时、足额付款或某某公司不能按期交房,违约方应向对方承担每日1‰的滞纳金。1995年9月20日,某某公司与某某管委会又签订补充协议,将购房款调整为11,726,000元。上述协议签订后,某某公司于1995年3月将房屋交付给某某管委会,但土地使用权证未能变更登记到某某管委会的名下。至1996年6月,某某管委会共支付购房款1,259,250万元,尚欠10,466,750元。此间,双方为支付欠款和支付土地出让金及滞纳金等产生分歧,某某公司向江苏省高级人民法院提起诉讼,请求判令某某管委会支付购房欠款10,462,354元、利息2,342,665元、违约金8,559,980元。

另查明,1992年,中煤一局应徐州市有关部门的邀请,参与该市某某经济技术开发区的建设,进行房地产开发。本案争议的1号厂房的用地,原是中煤一局与徐州市国土局签订国有土地出让合同而取得的,土地使用权证登记在中煤一局的名下。某某公司是中煤一局为在某某经济技术开发区进行房地产开发而成立的,具备房地产开发企业的资质。某某公司成立后,领取了1号厂房的建设用地许可证、建设工程规划许可证,于1993年4月开工建设,1994年12月取得商品房预售许可证,1995年2月经竣工验收取得质量合格证书。因中煤一局欠徐州市国土局土地出让金98万余元未交,某某公司和某某管委会在履行购房合同的过程中曾经协商,将上述欠交的土地出让金抵算购房款,但因产生分歧未能履行,某某公司亦未再补交该土地出让金,致使土地使用权证迄今既未变更登记在某某公司的名下,亦未转移到某某管委会的名下。

一审法院认为,某某公司与某某管委会签订的房屋买卖合同系双方当事人的真实意思表示,协议签订后,厂房已交付,某某管委会已付部分房款,且某某公司具有房地产开发资质,领取了建设工程规划许可证、建设用地许可证以及商品房预售许可证，该公司因欠部分土地出让金等原因而未办妥土地使用权变更登记手续，房屋买卖合同应视为有效合同。因双方当事人均违反合同约定，某某管委会未付清购房款，主张原合同无效的理由不能成立，某某公司主张违约金的依据也不足，均不予支持。据此判决：(1)某某公司和某某管委会签订的房地产买卖合同及“补充协议”有效；(2)坐落于徐州市某某开发区1号厂房产权归某某管委会所有；(3)某某管委会支付某某公司购房款10,462,345元及利息2,342,665元，该款于判决生效后一个月内支付总款项的50%，三个月内支付总款项的30%，余款一年内付清；(4)某某公司于判决生效后一个月内办妥国有土地使用权证登记手续，某某管委会应给予协助。一审案件受理费131,122元、保全费90,000元，某某公司承担88,000元，某某管委会承担133,122元。

某某公司和某某管委会均对一审判决不服，向最高人民法院提起上诉。

2. 法院裁判及观点

二审期间，在最高人民法院主持下，某某公司和某某管委会经平等协商、互谅互让，达成如下调解协议：(1)某某公司售给某某管委会的某某开发区1号厂房产权归某某管委会所有，某某管委会承诺在一年内支付购房余款10,466,750元并支付该欠款利息160万元。具体方式为：调解生效之日起一个月内支付5,584,395.87元(其中某某公司应付给某某管委会的欠款110万元和土地出让金984,395.87元在此款中折抵，某某管委会实付350万元)；2000年6月30日前支付3,465,666.63元；2000年12月31日前支付3,016,687.50元。(2)某某管委会于调解生效后一个月内，协助某某公司办好1号厂房的国有土地使用权证，若土地管理部门征收欠交土地出让金的利息或滞纳金，由某某管委会另外补交，不作为对上述款项的折抵。(3)一审案件受理费131,122元，保全费90,000元，二审案件受理费131,122元，某某公司和某某管委会各半负担。(4)本调解协议生效后，任何一方反悔不予执行，按照一审判决执行。

最高人民法院经审查认为，以上调解协议是双方当事人真实意思表示，不违反有关法律规定，最高人民法院予以确认。

本调解书经双方当事人签收后即具有法律效力。

3. 案例评析

通过本案的审理，我们可以看出，双方当事人在诉讼中争议的核心问题就是《房地产买卖合同》的效力。双方当事人签订《房地产买卖合同》的时间是1995年1月7日，此时《城市房地产管理法》已经生效实施，某某公司于1994年12月取得了商品房预售许可证，但是还未交齐土地出让金，只是领取了建设用地许可证和建设工程规划许可证，按照《城市房地产管理法》第44条的规定，商品房预售必须具备的第一个条件就是"已交付全部土地使用权出让金，取得土地使用权证书"，而某某公司恰恰没有达到这一点要求。一审法院根据本案已经履行的实际情况，本着稳定房地产市场秩序，促进房地产市场健康发展的指导思想，判决双方当事人签订的合同为有效合同，符合法律规定的精神。但是，当时社会上对这样的合同能否判决为有效合同争议比较大，所以当事人提出上诉。二审过程中，法院根据法律的精神和当事人履行合同的实际情况，经过调解，双方当事人对合同的效力和一审判决的认定基本予以认同，在此情况下，达成了调解协议。二审法院虽然没有直接作出判决，但是通过制作调解书对当事人的调解协议予以确认，实际上是对《城市房地产管理法》第44条规定的预售条件和房地产买卖合同效力之间的关系作了一个界定和区分，承认上述情况下房地产买卖合同的有效性，表明了最高人民法院对这个问题的基本看法，取得了较好的社会效果。[①]

典型案例三

只有商品房预售许可证是商品房预售合同有效的一个条件

——西安西飞某工贸有限责任公司与某某(西安)房地产开发有限公司、原审第三人西安某某百盛广场有限公司、中国光大银行西安管理部商品房预售合同纠纷一案[②]

1. 案情简介

上诉人(原审原告)：西安西飞某工贸有限责任公司(以下简称某公司)

① 参见最高人民法院民事审判第一庭编：《最高人民法院关于审理商品房买卖合同纠纷案件司法解释的理解与适用》，人民法院出版社2003年版，第32～33页。

② 参见(2000)民终字第32号民事判决书。

法定代表人:姜某某

委托代理人:孟某某

委托代理人:刘某某

上诉人(原审被告):某某(西安)房地产开发有限公司(以下简称某某公司)

法定代表人:颜某

委托代理人:崔某某

原审第三人:西安某某百盛广场有限公司(以下简称百盛公司)

法定代表人:颜明,董事长

原审第三人:中国光大银行西安管理部(以下简称光大银行管理部)

法定代表人:徐伦忠,主任

1996 年 7 月 1 日,某公司与某某公司签订《房屋销售合同书》,约定某公司购买某某公司位于西安市东大街 119 号国贸大厦商场一、二层沿东大街的楼房,面积 876.6 平方米,其中一层 376.6 平方米,二层 500 平方米。总价款 720 万元,一层房款一次性付 90%,所余 5% 房款于房屋交付时付清,另 5% 作为质量保证金于房屋交付 12 个月后付清;二层房款付款方式按双方的补充协议执行。房屋交付时间为 1997 年 1 月 1 日前。某公司与某某公司同时签订的《关于房屋销售合同书的补充协议》约定,某公司购买某某公司国贸大厦二层 500 平方米楼房,某某公司将国贸大厦全部约 7000 平方米的铝合金门窗、幕墙交某公司承制。某公司不支付所购二层楼房的房款,某某公司不支付铝合金门窗、幕墙的货款。双方按补差的原则进行结算,铝合金门窗、幕墙的价格双方另行协商。1996 年 7 月 3 日,某公司分两次向某某公司支付一层购房款 275 万元。

1996 年 9 月 25 日,某公司与某某公司签订《铝合金门窗幕墙产品销售合同书》,约定铝合金产品结算金额为 4,187,942 元。一期工程为五层楼以下,1996 年 9 月 30 日起 70 日内(约 1996 年 12 月 10 日)完工,余下工程 1997 年 11 月 30 日前完工。同日,双方还签订了《关于某某国贸大厦铝门窗合同的补充规定》,约定了玻璃采购、安装、费用结算等事宜。1996 年 10 月 29 日,某公司以《铝合金门窗、幕墙产品开工报告》要求开工,某某公司同意。1996 年 12 月 13 日,某公司、某某公司签订《工矿产品购销合同》,约定某某公司向某公司购买玻璃总金额合计 1,271,576.5 元,某公司负责安装于国贸大厦工地,结算面积以实际发生的面积为准。安装工程一期一至五层于合同签订之日起 40 日内交工。某公司将铝合金门窗、玻璃幕墙工程委托西安飞机工业长安公司(以下简称"长安公司")负责施工。1997 年 8 月 3 日,长安公司与某某公司达成《关于国贸五层以下铝合金工程进度及协作协议》,约定五层以下工程最晚应在 1997 年 8 月 30 日前完工,如某某公司协调不利,工期顺延;"现门头用红色复方板,不能保证采购进度,如此,工期顺延"。1997 年 8 月 5 日,长安公司与某某公司达成《关于国贸五层以上铝合金工程进度及协作协议》,约定五层以上工程最晚应在 1997 年 9 月 30 日前完工,如某某公司协调不利,则工期顺延;"由于圆弧玻璃采购周期短,有可能影响工程工期,则工期顺延"。1997 年 8 月 15 日,某公司、某某公司、长安公司达成《会议纪要》,对国贸大厦安装工程又作了约定。1997 年 9 月 30 日,某某公司致函某公司,要求于 1997 年 10 月 10 日前完成五层以下的作业内容。1997 年 10 月 14 日至 27 日,双方互有函件来往,对合同履行和解除提出了各自的意见。

1997 年 11 月 11 日,某公司向陕西省高级人民法院起诉要求解除房屋销售合同,偿还购房款并支付违约金。次日,某某公司停止长安公司的施工并申请西安市碑林区公证处对某公司已经安装及未安装的铝门窗、材料进行了证据保全。根据某公司 1998 年 6 月 22 日的申请,一审法院委托陕西建华会计师事务所对某公司安装的国贸大厦铝门窗工程量及价款进行了鉴定。结论为:工程工料费总计 3,460,376.03 元。1997 年 5 月 14 日,某某公司与马来西亚狮贸控股有限公司合资成立了百盛公司。同年 12 月 10 日,百盛公司与中国投资银行西安分行签订《租赁合同》,将国贸大厦临东大街第一层 159 平方米,第二层 407 平方米的房屋出租给中国投资银行西安分行作为营业用房,租期 10 年,前五年年租金 70 万元。1998 年 2 月 17 日,某某公司与百盛公司签订《确认书》,将某公司所购房屋转让给百盛公司。1998 年 3 月,某公司向一审法院申请变更诉讼请求为继续履行房屋销售合同,要求某某公司交付房屋并支付违约金。1999 年 3 月 19 日,根据中国人民银行银管(1999)42 号文件,中国投资银行营业网点转为中国光大银行网点。1999 年 4 月 6 日,一审法院追加百盛公司、光大银行管理部为本案第三人。

另查明,1993 年 4 月 2 日,某某公司取得西安市尚俭路以东 22.148 亩土地的《建设用地规划许可证》,建设商住小区。1993 年 4 月 15 日,某某公司取得该地块的《西安市国有土地建设用地许可证》和《西安市商品房预售许可证》。同日,西安市房地产管理局作出《关于对国际贸易中心用地的批复》,同意某某公司在东大街、尚俭路东北角建设国际贸易中心,交纳城市国有土地使用费,建设项目竣工后持此批复及国有土地建设用地许可证办理《国有土地使用证》。1993 年 4 月 25 日,某某公司交纳土地使用费 418.18 万元。根据 1999 年 7 月 30 日西安市人民政府土地出让办公室会议记录:某某公司在东大街以北、尚俭路以西的用地 20.909 亩,申请补办土地出让手续,经办公会研究,同意按每亩 21 万元征收出让金,扣除 1993 年某某公司交纳的土地使用费 418.18 万元,需补交 209,090 元。同日,西安市人民政府土地出让办公室书面证明该项目土地出让手续正在办理之中。1999 年 12 月 6 日,某某公司已补交土地出让金 209,090 元。

一审法院认为,某公司、某某公司签订的《房屋销售合同书》《关于房屋销售合同书的补充协议》《铝合金门窗幕墙产品销售合同书》《工矿产品购销合同》是一个完整的商品房预售合同,意思表示真实,不违反法律规定,应认定有效。某公司已交付大部分房款,某某公司所建楼房亦已具备交付条件,故应按合同约定继续履行。在合同履行过程中,某公司未足额交付一层楼房价款,未按进度完成铝合金门窗安装工程,某某公司未能提供正常的施工条件,未能在合同期限内交付房产,且将某公司人员赶离施工现场,因此双方均有违约行为,对所造成的损失互不追究。某某公司将已预售给某公司的房产作为投资与他人合资成立百盛公司,侵犯了某公司的合法权益。百盛公司明知争议的房产已预售给某公司,在一审法院审理期间仍以《确认书》对某某公司的投资予以认可,不属善意取得,其与光大银行管理部的租赁关系不予保护,对某公司请求交付房产的请求予以支持,判决:(1)某公司与某某公司签订的某公司、某某公司签订的《房屋销售合同书》《关于房屋销售合同书的补充协议》《铝合金门窗幕墙产品销售合同书》《关于某某国贸大厦铝门窗合同的补充规定》《工矿产品购销合同》有效,继续履行;(2)判决生效后 10 日内,某公司支付尚欠的购房款 989,623.97 元给某某公司,由某某公司、百盛公司、光大银行管理部共同向某公司交付位于西安市东大街 119 号国贸大厦一、二层房产 876.6 平方米;(3)判决生效后 10 日内,某公司支付 1997 年 12

月 10 日起至给付之日止的 989,623.97 元的同期同类银行贷款利息给某某公司,某某公司以每年 70 万元支付自 1997 年 12 月 10 日起至给付之日止的购房损失给某公司;(4)驳回某公司、某某公司其余诉讼请求。一审案件受理费 50,160 元、鉴定费 45,000 元,共计 95,160 元,由两上诉人各承担 47,580 元。

某公司不服一审判决向最高人民法院提起上诉称,某公司签订《房屋销售合同》后即给付房款 275 万元,某某公司对此没有异议;某公司未按期完工系某某公司未提供正常施工条件所致;某某公司未按期交房,反而利用房屋获利,应按合同约定支付违约金;某某公司使用某公司房屋经营商场的收益应归某公司所有。某某公司答辩称,某公司没有按约定付清房款,某某公司未按期交房的原因是某公司未完成装修工程,某某公司在百盛公司的出资没有包括某公司购买的房屋。

某某公司不服一审判决向最高人民法院上诉称,解除购房合同是双方当事人明确的意思表示,某公司不能随意反悔;某公司变更诉讼请求的时间是 1998 年 5 月;某公司没有付清售房款,没有建筑、装修的能力和资质完成装修工程,给某某公司造成很大损失;某某公司为某公司垫付了 22 万元工程款,应在购房款计算中予以扣除;请求解除《房屋销售合同》,确认《铝合金门窗幕墙产品销售合同书》无效。某公司答辩称,《房屋销售合同》真实有效,从未解除,某公司已履行付款义务,某某公司转让已售出的房产是违约行为,应负赔偿责任。某某公司未对某公司违约的问题提出过反诉。

2. 法院裁判及观点

最高人民法院认为,某某公司与某公司签订《房屋购销合同书》时,取得了《建设用地规划许可证》《西安市国有土地建设用地许可证》。其中建设用地规划许可证上载明:该证为建设单位用地依据,建设工程竣工验收后,持此证及有关用地资料办理《国有土地使用证》。西安市房地产管理局也作出了《关于对国际贸易中心用地的批复》,同意某某公司先交纳城市国有土地使用费,建设项目竣工后持此批复及国有土地建设用地许可证办理《国有土地使用证》。在房屋建设期间,某某公司交纳了土地使用费 418.18 万元,西安市人民政府土地出让办公室证明该项目土地出让手续正在办理之中,1999 年 12 月 6 日,某某公司又补交了土地出让金 209,090 元,因此,项目手续上某某公司符合当地政府土地主管部门的规定。一审法院认定合同有效并无不当，双方当事人应当继续履行。由于国贸大厦已经竣工并投入使用，故《关于房屋销售合同书的补充协议》继续履行已无必要，某公司应当支付尚未支付的房款，某某公司应当交付房屋。鉴于双方在合同履行过程中互有违约，其损失应当各自承担，因而一审法院判决某某公司向某公司赔偿购房损失实属不当。关于某某公司垫付工程款问题，因某某公司在一审中未提出反诉，可由某某公司另诉解决。根据《民事诉讼法》第153条第1款第2项的规定，判决：(1)维持陕西省高级人民法院(1998)陕民初字第2号民事判决第一项、第二项和第四项；(2)变更陕西省高级人民法院(1998)陕民初字第2号民事判决第三项为：本判决生效后10日内，某公司支付1997年12月10日起至给付之日止的989,623.97元的同期同类银行贷款利息给某某公司。一审诉讼费按原判决执行。二审案件受理费50,160元，由某某公司、某公司各负担25,080元。

3. 案例评析

通过本案的判决，我们可以看出，尽管双方当事人在诉讼中没有对合同的效力提出激烈的争论，但是由于合同的效力问题属于人民法院必须依据职权进行审查的事项，所以二审判决还是对这个问题作出了认定。通过本案的判决，我们还明确了一个界限，即只有商品房预售许可证是商品房预售合同有效的一个条件，至于《城市房地产管理法》第44条规定的"取得土地使用权证书"并不是预售合同有效的条件，取得的形式也可以根据当地政府主管部门的规定灵活掌握，只要不损害国家利益，交纳了出让金，取得了合法的出让土地使用权的证明文件，就是符合行政管理的要求，不能因此认定房屋预售合同无效。①

有关法律规定

《中华人民共和国城市房地产管理法》

第四十五条　商品房预售，应当符合下列条件：

(一)已交付全部土地使用权出让金，取得土地使用权证书；

① 参见最高人民法院民事审判第一庭编：《最高人民法院关于审理商品房买卖合同纠纷案件司法解释的理解与适用》，人民法院出版社2003年版，第34页。

（二）持有建设工程规划许可证；

（三）按提供预售的商品房计算，投入开发建设的资金达到工程建设总投资的百分之二十五以上，并已经确定施工进度和竣工交付日期；

（四）向县级以上人民政府房产管理部门办理预售登记，取得商品房预售许可证明。

商品房预售人应当按照国家有关规定将预售合同报县级以上人民政府房产管理部门和土地管理部门登记备案。

商品房预售所得款项，必须用于有关的工程建设。

最高人民法院《关于审理商品房买卖合同纠纷案件适用法律若干问题的解释》

第二条　出卖人未取得商品房预售许可证明，与买受人订立的商品房预售合同，应当认定无效，但是在起诉前取得商品房预售许可证明的，可以认定有效。

《商品房销售管理办法》

第三条　商品房销售包括商品房现售和商品房预售。

本办法所称商品房现售，是指房地产开发企业将竣工验收合格的商品房出售给买受人，并由买受人支付房价款的行为。

本办法所称商品房预售，是指房地产开发企业将正在建设中的商品房预先出售给买受人，并由买受人支付定金或者房价款的行为。

《城市商品房预售管理办法》

第二条　本办法所称商品房预售是指房地产开发企业（以下简称开发企业）将正在建设中的房屋预先出售给承购人，由承购人支付定金或房价款的行为。

第五条　商品房预售应当符合下列条件：

（一）已交付全部土地使用权出让金，取得土地使用权证书；

（二）持有建设工程规划许可证和施工许可证；

（三）按提供预售的商品房计算，投入开发建设的资金达到工程建设总投资的25%以上，并已经确定施工进度和竣工交付日期。

第七条　开发企业申请预售许可，应当提交下列证件（复印件）及资料：

（一）商品房预售许可申请表；

（二）开发企业的《营业执照》和资质证书；

（三）土地使用权证、建设工程规划许可证、施工许可证；

（四）投入开发建设的资金占工程建设总投资的比例符合规定条件的证明；

（五）工程施工合同及关于施工进度的说明；

（六）商品房预售方案。预售方案应当说明预售商品房的位置、面积、竣工交付日期等内容，并应当附预售商品房分层平面图。

二、签订合同后才补办取得预售许可证的商品房预售合同效力如何认定

基本理论

取得商品房预售许可证是商品房预售合同的生效要件之一，但取得的最迟时间如何界定呢？最高人民法院《关于适用〈中华人民共和国合同法〉若干问题的解释（一）》（以下简称《合同法解释（一）》）第9条第1款规定："依照合同法第四十四条第二款的规定，法律、行政法规规定合同应当办理批准手续，或者办理批准、登记等手续才生效，在一审法庭辩论终结前当事人仍未办理批准手续的，或者仍未办理批准、登记等手续的，人民法院应当认定该合同未生效……"依此解释，作为合同生效要件之一，办理批准、登记等手续的时间点可以"在一审法庭辩论终结前"。《商品房买卖合同解释》第2条规定："出卖人未取得商品房预售许可证明，与买受人订立的商品房预售合同，应当认定无效，但是在起诉前取得商品房预售许可证明的，可以认定有效。"依此解释，在签订合同时，商品房预售行为虽不符合前述预售条件，但只要出卖人在起诉前取得商品房预售许可证明，预售合同的效力就得以补正，人民法院可以认定商品房预售合同有效。按照特别法优于一般法、新法优于旧法的原则，出卖人取得商品房预售许可证明的最迟时间应当是"起诉前"，比一般合同认定是否生效的时间点有所提前。但是，在司法实践中，基于尽量促使合同有效成立和维护商品房交易安全等考虑，将商品房预售许可证最迟取得时间在《商品房买卖合同司法解释》第2条规定的"起诉前"的基础上，进一步放宽至"一审辩论终结前"。在再审申请人鄂州市文松房地产开发有限公司与被申请人鄂州市中医医院房屋买卖合同纠纷（〔2013〕民申字第1012号）一案再审民事裁定书中，最高人民法院指出："文松公司与鄂州中医院签订《商品房买卖合同》时虽未取得涉案商品房的建设用地使用权，但在本案一审时该公司已取得商品房预售许可证、建设工程规划许可证、建设用地规划许可证、建筑工程施工许可证。《最高人民法院关于审理商品房买卖合同纠

纷案件适用法律若干问题的解释》第二条规定:‘出卖人未取得商品房预售许可证明,与买受人订立的商品房预售合同,应当认定无效,但是在起诉前取得商品房预售许可证明的,可以认定有效。’本案一、二审判决依据上述规定,认定《商品房买卖合同》有效,并无不当。”实际上,在《商品房买卖合同司法解释》出台之前,对于这一问题,最高人民法院对同类案件审理的裁判意见就已明确了这一司法态度。在潮阳市光大伟联房产开发有限公司与广东骏业(集团)有限公司承包销售合同纠纷(〔2002〕民一提字第3号)案中,最高人民法院指出:“光大伟联公司拥有该项目的开发及所涉商品房的销售权,虽然双方在签订第九、十栋商品房委托销售协议时尚未取得该两栋楼的预售许可证,但在一审诉讼期间完善了预售手续,因此不影响合同效力。”甚至有观点认为,起诉前未取得预售许可证的商品房预售合同不必然无效,在适用《商品房买卖合同解释》第2条时,应将该法律规范的外延作限缩解释,即出卖人未取得商品房预售许可证明且起诉前尚未完成房屋竣工验收备案的,应认定商品房预售合同无效;如不能同时符合前述条件的,则应认定合同有效。[①] 简言之,出卖人虽然未取得商品房预售许可证但在起诉前完成房屋竣工验收备案的,商品房预售合同有效。

典型案例

出卖人在一审时取得商品房预售许可证明的,商品房预售合同可以认定有效

——再审申请人某市文松房地产开发有限公司与被申请人鄂州市中医医院房屋买卖合同纠纷案[②]

1. 案情简介

再审申请人(一审原告、二审上诉人):某市文松房地产开发有限公司

① 参见江英、肖明明:《起诉前未取得预售许可证的商品房预售合同不必然无效》,载《人民法院报》2015年5月18日,第7版。

② 参见最高人民法院(2013)民申字第1012号民事裁定书。

法定代表人:胡某汉,该公司总经理

委托代理人:杨某,北京市在线律师事务所律师

委托代理人:柴某,北京市立方律师事务所律师

被申请人(一审被告、二审被上诉人):鄂州市中医医院

法定代表人:邵某文,该院院长

委托代理人:柯某,该院员工

委托代理人:朱某群,湖北思普润律师事务所律师

再审申请人某市文松房地产开发有限公司(以下简称文松公司)因与被申请人鄂州市中医医院(以下简称鄂州中医院)房屋买卖合同纠纷一案,不服湖北省高级人民法院(2011)鄂民一终字第84号民事判决,向本院申请再审。本院依法组成合议庭对本案进行了审查,现已审查终结。

文松公司申请再审称:(1)原一、二审法院认定事实严重错误。文松公司在2007年2月16日与鄂州中医院签订《商品房买卖合同》时,未取得文松花园二期商品房建设用地使用权,该宗土地的建设用地使用权由第三人周惠在2011年12月通过公开拍卖竞得。上述事实可由鄂州市国土资源局与周慧签订的拍卖成交确认书(鄂州市P[2011]069号地块)、该国土资源局出具的收款收据、鄂州市公证处(2011)鄂州证字第4684号公证书予以证明。文松公司的商品房预售许可证也因此被鄂州市鄂城区人民法院(2012)鄂鄂城行初字第00001号行政判决依法撤销(已于2012年2月1日起生效)。根据《商品房买卖合同解释》第2条的规定,应依法认定《商品房买卖合同》无效。二审判决认定该合同有效,并判决继续履行合同有误。(2)本案一、二审严重违反法定程序。一审承办法官就《函告》是否应认定为解除合同的通知这一争议焦点,违法向上级法院请示,并采纳个别法官给出的意见,违反了民事诉讼的两审终审原则,变相剥夺了文松公司不服一审判决向二审法院寻求救济的权利,程序严重违法。文松公司依据《民事诉讼法》第200条第1项的规定申请再审。

鄂州中医院提交意见称,文松公司的再审申请缺乏事实与法律依据,请求予以驳回。

2. 法院裁判及观点

关于合同效力问题,最高人民法院认为,关于原一、二审法院认定事实严

重错误问题：

(1)文松公司与鄂州中医院签订《商品房买卖合同》时虽未取得涉案商品房的建设用地使用权，但在本案一审时该公司已取得商品房预售许可证、建设工程规划许可证、建设用地规划许可证、建筑工程施工许可证。《商品房买卖合同解释》第2条规定："出卖人未取得商品房预售许可证明，与买受人订立的商品房预售合同，应当认定无效，但是在起诉前取得商品房预售许可证明的，可以认定有效。"本案一、二审判决依据上述规定，认定《商品房买卖合同》有效，并无不当。

(2)文松公司在申请再审阶段提交的拍卖成交确认书(鄂州市P[2011]069号地块)、鄂州市国土资源局出具的收款收据、鄂州市公证处(2011)鄂州证字第4684号公证书以及鄂州市鄂城区人民法院(2012)鄂鄂城行初字第00001号行政判决等新的证据，系本案二审判决作出后新形成的证据。最高人民法院《关于适用〈中华人民共和国民事诉讼法〉审判监督程序若干问题的解释》(以下简称《审监程序解释》)第10条第1款规定："申请再审人提交下列证据之一的，人民法院可以认定为《民事诉讼法》第一百七十九条第一款第(一)项规定的'新的证据'：(一)原审庭审结束前已客观存在，庭审结束后新发现的证据；(二)原审庭审结束前已经发现，但因客观原因无法取得或在规定的期限内不能提供的证据；(三)原审庭审结束后原作出鉴定结论、勘验笔录者重新鉴定、勘验，推翻原结论的证据。"第2款规定："当事人在原审中提供的主要证据，原审未予质证、认证，但足以推翻原判决、裁定的，应当视为新的证据。"依据上述规定，再审新证据的形式要件是新发现或新取得的证据，或者《审监程序解释》第10条第1款第3项规定的原审庭审结束后新形成的证据。文松公司申请再审提交的上述证据，不符合司法解释关于再审新证据形式要件的规定，不能据此否定合同效力。

(3)文松公司的商品房预售许可证在本案二审判决后被行政判决撤销，是因该公司未取得涉案商品房的建设用地使用权。取得建设用地使用权是开发商应尽的合同义务。文松公司于2007年2月16日即与鄂州中医院签订了《商品房买卖合同》，该公司取得的建设工程规划许可证、建设用地规划许可证、建筑工程施工许可证以及商品房预售许可证，均指向的是文松花园二期土地的开发建设，但时隔4年多该公司仍未取得建设用地使用权。该公司自称未取得土地权证的原因是土地拆迁没有解决,但其已在涉案土地上进行了文松花园二期商品房的开发建设和销售,除涉案鄂州中医院的 42 套商品房尚未交付使用外,已有部分房屋交付其他购房人使用。因此,土地拆迁问题不应成为文松公司未取得建设用地使用权的合理原因,本案也无证据证明因政府调整规划不供应土地等客观原因导致其不能取得建设用地使用权,故应认定该公司未尽到合同义务。在本案一审起诉时,鄂州中医院已申请查封涉案房屋。本案二审判决作出后,在涉案房屋仍处于查封状态的情况下,鄂州市国土局将文松花园二期商品房占用的土地使用权拍卖给第三人周惠,造成房屋与土地权属分离的现状,文松公司以自己违约行为的不利后果来否定《商品房买卖合同》的效力,违反了《民事诉讼法》第 13 条第 1 款关于"民事诉讼应当遵循诚实信用原则"的规定,故本院对其申请再审主张不予支持。

关于本案一、二审是否严重违反法定程序的问题:

文松公司虽提出了程序违法的申请再审理由,但仅依据《民事诉讼法》第 200 条第 1 项新证据事由申请再审。经本院阅卷查明,本案一审判决结果系经合议庭合议和审判委员会讨论决定,不存在一审法院就《函告》是否构成解除通知的问题向二审法院请示并采纳个别法官意见的情形。即便存在一审法院向二审法院进行请示的情况,因请示制度是下级人民法院寻求上级人民法院业务指导的一项工作制度,不违反民事诉讼的法定程序,也不属于《民事诉讼法》第 200 条规定的程序错误,故文松公司关于本案程序违法的申请再审理由不成立。

综上,文松公司的再审申请不符合《民事诉讼法》第 200 条第 1 项规定的情形。依照《民事诉讼法》第 204 条第 1 款之规定,裁定如下:驳回文松公司的再审申请。

3. 案例评析

在本案中,最高人民法院在裁定理由中认为,文松公司与鄂州中医院签订《商品房买卖合同》时虽未取得涉案商品房的建设用地使用权,但在本案"一审时"该公司已取得商品房预售许可证、建设工程规划许可证、建设用地规划许可证、建筑工程施工许可证。进而认为本案一、二审判决认定《商品房买卖合同》有效,并无不当。因此,本案的典型意义在于,最高人民法院基于尽量促使合同有效成立和维护商品房交易安全等考虑,将商品房预售许可证最迟取得时间在《商品房买卖合同解释》第 2 条规定的“起诉前”的基础上，进一步放宽至“一审辩论终结前”。

有关法律规定

最高人民法院《关于适用〈中华人民共和国合同法〉若干问题的解释(一)》

第九条第一款 依照合同法第四十四条第二款的规定，法律、行政法规规定合同应当办理批准手续，或者办理批准、登记等手续才生效，在一审法庭辩论终结前当事人仍未办理批准手续的，或者仍未办理批准、登记等手续的，人民法院应当认定该合同未生效；法律、行政法规规定合同应当办理登记手续，但未规定登记后生效的，当事人未办理登记手续不影响合同的效力，合同标的物所有权及其他物权不能转移。

最高人民法院《关于审理商品房买卖合同纠纷案件适用法律若干问题的解释》

第二条 出卖人未取得商品房预售许可证明，与买受人订立的商品房预售合同，应当认定无效，但是在起诉前取得商品房预售许可证明的，可以认定有效。

三、商品房预售合同签订后，商品房预售许可证明被行政机关撤销，是否影响合同效力

基本理论

对此问题，实践中存在两种观点：

第一种观点认为，商品房预售许可证是进行商品房预售的不可或缺的法定条件，一旦被撤销，说明出卖人预售商品房即为违法，因此商品房预售合同因违反法律、行政法规的强制性规定而无效。

第二种观点认为，《商品房买卖合同解释》第 2 条只是规定在签订合同时或起诉前取得商品房预售许可证明，即可认定合同有效。如果事后商品房预售许可证被撤销，系基于房地产开发企业违反了行政管理法规所致，也是行政机关履行行政管理职责的需要，并不必然导致商品房预售合同无效。

本书认为第二种观点是正确的。主要理由在于：第一，开发商取得预售许可证是其必须履行的行政法上的强制性规范的义务，商品房预售许可证之

所以被撤销,是因为开发商违反行政管理法规,不能以开发商的过错来否定已签订的商品房预售合同的效力。第二,因行政机关颁发预售许可证应当对其行政行为的合法性原则,应当对开发商提供的申请进行实质性审查,所以一旦颁发预售许可证,在被撤销前,买受人作为善意第三人有理由信赖预售许可证的合法有效性,其在此信赖基础上与开发商签订商品房预售合同,不属于《商品房买卖合同解释》第 2 条所规定的"出卖人未取得商品房预售许可证明,与买受人订立的商品房预售合同,应当认定无效"的情形。第三,因为商品房预售许可证解决的是市场资格的准入问题,是一种政府的行政管理行为,合同签订后预售许可证被撤销,只是影响出卖人履约能力,若因此导致预售合同无法继续履行,买受人无法办理房屋权属证书,买受人可以要求出卖人承担违约责任,但不能据此认定合同无效。当然,如果商品房预售合同签订时,预售许可证被撤销,则应当视为出卖人未取得商品房预售许可证明,根据《商品房买卖合同解释》第 2 条规定,认定商品房预售合同无效。[①]

典型案例

商品房预售许可证明被行政机关撤销,已签订的商品房预售合同仍然有效

——四川省巴中市汇丰某工程有限公司与杜某玲等申请执行人执行异议二审案[②]

1. 案情简介

上诉人(原审原告):四川省巴中市汇丰某工程有限公司

法定代表人:胡某章,董事长

委托代理人:陈某元,四川宏坤律师事务所律师

委托代理人:彭某勇,四川九朝律师事务所律师

被上诉人(原审被告):杜某玲,女

① 参见王林清、郭燕枝、杨心忠著:《房屋买卖合同纠纷裁判思路与裁判规则》,法律出版社 2016 年版,第 4 页。

② 参见四川省高级人民法院(2012)川民终字第 423 号民事判决书。

委托代理人:周某明,四川宏坤律师事务所律师

被上诉人(原审被告):某市房地产综合开发总公司

法定代表人:夏某联,总经理

委托代理人:姚某长,男

委托代理人:陈某竹,女

上诉人四川省巴中市汇丰某工程有限公司(以下简称汇丰公司)因与被上诉人杜某玲、某市房地产综合开发总公司(以下简称房产公司)申请执行人执行异议一案,不服四川省巴中市中级人民法院(2011)巴中民一初字第6号民事判决,向四川省高级人民法院提起上诉。四川省高级人民法院于2012年8月13日受理后,依法组成合议庭,于2012年9月11日公开开庭审理了本案。汇丰公司的法定代表人胡某章、委托代理人陈某元、彭某勇,杜某玲的委托代理人周某明,房产公司的委托代理人姚某长、陈某竹到庭参加诉讼。本案现已审理终结。

原审法院查明,2005年4月5日,汇丰公司与房产公司签订《建设工程施工承包合同》及《补充协议》,约定房产公司将其开发建设的巴中市江北中杨干道80~210米"建兴苑"B幢楼工程交由汇丰公司承建。协议签订后,汇丰公司于2005年4月10日进场施工,2007年3月全面竣工。

2006年4月20日,房产公司与杜某玲签订《商品房销售(预售)合同》,将"建兴苑"B幢楼临街轴线为(20)-(21)交A-N轴,建筑面积72.696平方米门市1个,以单价4200元/平方米,总价款305,323.20元出售给杜某玲。合同约定交付使用期限为2007年12月31日,付款方式及期限为签定协议时一次性付清购房款。杜某玲于2006年4月20日交购房款220,000元,2011年4月15日交购房款85,323.20元,房产公司分别出具了收据。

2007年3月7日,汇丰公司向房产公司发出《关于请予提供及配合完善竣工验收资料的函》,提出工程施工完毕,已具备竣工验收条件,但因房产公司原因,差缺部分竣工资料,造成竣工验收不能如期进行,要求房产公司着手落实督办,以免造成不必要的损失。

2007年4月5日,汇丰公司与房产公司现场检查验收,双方一致认定工程质量合格,并签订了《移交协议》,载明:因房产公司未能完善有关基建手续及未按合同约定支付汇丰公司工程款,致使该工程不能组织正式竣工验收,

房产公司迫于早已超出购房合同中交房期限,各购房户不断催其交房的压力,要求提前移交该工程。汇丰公司为平息购房户因无法入住而四处投诉、上访所造成的社会影响,同意房产公司要求。经协商一致就该工程的竣工移交达成以下条款,共同遵守执行。……但因未付清汇丰公司工程款,房产公司承诺只将该工程的一层(指负一层)和第四至十层转交购房户使用。房产公司未付清汇丰公司工程款前或未征得汇丰公司同意,不得将该工程二至三楼(商用部分)投入使用。若发生司法纠纷,汇丰公司对其拥有优先受偿权,协议自双方法定代表人签字之日起生效。房产公司时任法定代表人何某霖与汇丰公司法定代表人胡某章分别于其上签字。

2007 年 10 月,汇丰公司将竣工结算书递交给房产公司,房产公司未作答复,亦未支付剩余工程款。汇丰公司遂向巴中仲裁委员会申请仲裁。巴中仲裁委员会于 2010 年 1 月 20 日作出(2009)巴仲裁字第 116 号裁决:(1)房产公司支付汇丰公司工程款 458,414.02 元;(2)房产公司支付汇丰公司垫支工程款资金利息共计 300,000 元;(3)房产公司拖欠工程款 458,414.02 元的资金利息自 2007 年 4 月 5 日起按商业银行同期同类贷款利率计息至付清为止。仲裁裁决后,房产公司不服,于 2010 年 5 月 12 日向四川省巴中市中级人民法院申请撤销仲裁裁决。四川省巴中市中级人民法院于 2010 年 9 月 19 日作出(2010)巴民特字第 4 号民事裁定:驳回房产公司要求撤销(2009)巴仲裁字第 116 号裁决的申请。

2010 年 3 月,汇丰公司持生效的(2009)巴仲裁字第 116 号裁决书向四川省巴中市中级人民法院申请强制执行。2010 年 4 月 14 日,四川省巴中市中级人民法院作出(2010)巴中法执字第 3 号民事裁定:(1)查封被执行人房产公司位于巴中市江北区中杨干道"建兴苑"B 幢楼临街门市 11 个,共计面积约 832 平方米。在查封期间内,被执行人房产公司不得对被查封财产设定权利负担,不得有妨碍执行的其他行为。(2)查封期限为 2 年。

2010 年 11 月 7 日,杜某玲作为案外人对执行标的提出书面异议。四川省巴中市中级人民法院于 2010 年 11 月 24 日作出(2010)巴执异字第 6 号执行裁定,认为案外人杜某玲所提异议理由成立,据此裁定中止对巴中市江北中杨干道"建兴苑"B 幢楼临街门市中轴线为(20)-(21)交 A-N 轴门市房屋的执行;解除对该门市房屋的查封。

2010年12月20日，汇丰公司向原审法院提起诉讼，请求确认杜某玲与房产公司签订的《商品房销售（预售）合同》无效。

原审法院认为，汇丰公司与房产公司签订《建设工程施工承包合同》及《补充协议》的时间为2005年4月5日，房产公司与杜某玲签订《商品房销售（预售）合同》的时间是2006年4月20日，房屋竣工时间是2007年3月，汇丰公司与房产公司签订《移交协议》的时间2007年4月5日，即房屋修建过程中，杜某玲与房产公司签订协议购房，杜某玲已实际支付了该门市房屋的全部价款，且合同已实际履行；虽然之后房产公司的《商品房预售许可证》被判决撤销，但当时杜某玲有理由相信房产公司的《商品房预售许可证》是真实有效的，杜某玲购房无过错。11个月后，房产公司与汇丰公司签订《移交协议》将杜某玲所购之房屋纳入其协议范围内，一并设置优先受偿权，未与杜某玲协商，使杜某玲所购房屋无法取得物权，侵害了杜某玲的合法权益，故《移交协议》不能对抗杜某玲。据此，依照《合同法》第8条、第32条、第44条、第60条的规定，判决驳回汇丰公司的诉讼请求。案件受理费100元，由汇丰公司承担。

宣判后，汇丰公司不服，向四川省高级人民法院提起上诉。

汇丰公司的主要上诉理由为：（1）虽然房产公司与杜某玲签订的《商品房销售（预售）合同》载明的签订时间早于汇丰公司与房产公司签订《移交协议》的时间，但房产公司并未告知汇丰公司案涉房屋已出售的事实，还约定汇丰公司有优先受偿权，故杜某玲与房产公司签订《商品房销售（预售）合同》的时间应在《移交协议》之后。该购买行为系因房产公司无力偿还杜某玲的借款，遂以门市抵偿，损害了汇丰公司的工程款优先受偿权，并且案涉房屋至今由汇丰公司管理使用，直至2010年10月均未有人（包括房产公司）要求汇丰公司交房，故房产公司与杜某玲签订的《商品房销售（预售）合同》并未实际履行，原判就此事实认定错误。（2）原判适用法律错误：①案涉《商品房预售许可证》已被撤销，依据《商品房买卖合同解释》第2条关于“出卖人未取得商品房预售许可证明，与买受人订立的商品房预售合同，应当认定无效，但是在起诉前取得商品房预售许可证明的，可以认定有效”之规定，房产公司与杜某玲签订的《商品房销售（预售）合同》应为无效，且该《商品房销售（预售）合同》损害了汇丰公司按《移交协议》所享有的优先受偿权，依据《合同法》第

52 条之规定，亦应无效；②本案涉及商品房买卖，应当优先适用《商品房买卖合同解释》。综上请求改判撤销四川省巴中市中级人民法院(2010)巴执异字第 6 号执行裁定。

杜某玲在庭审中口头答辩称：(1)案涉房屋销售办理了《商品房预售许可证》等手续。(2)案涉建兴公寓至今未得到国家相关行政主管部门的竣工验收，汇丰公司不享有优先受偿权。请求维持原判。

房产公司在庭审中口头答辩称：(1)其与汇丰公司之间不存在建兴公寓工程款优先受偿权的问题，建兴公寓工程款已支付完毕，房产公司只欠 15 万余元的利息。(2)其与汇丰公司签订的《建设工程施工承包合同》违反法律规定，汇丰公司据此主张工程款的优先受偿权无法律依据。(3)其与杜某玲所签订的《商品房销售(预售)合同》系双方当事人的真实意思表示，且已履行完毕，该合同并未损害他人利益，当地政府也针对该房屋买卖行为采取了完善手续、办理产权证的措施。请求维持原判。

四川省高级人民法院经审理查明，各方当事人对原判查明的事实均无异议，四川省高级人民法院依法予以确认。

本案二审期间，房产公司向四川省高级人民法院提交巴中市住房和城乡建设局《会议纪要》一份，其中载明："……3. 关于部分项目办理房屋产权证事宜。对……'建兴公寓'等项目，可参照遗留问题处理方法进行处理。一要完善国土、规划等相关手续并交清各种税费；二要保证房屋质量安全，确因各种原因不能提供质量安全报告的，必须由有资质的房屋安全鉴定机构出具《房屋安全鉴定报告》，在确保房屋安全的前提下办理产权登记"，拟证明巴中市人民政府对案涉房屋买卖行为出台了补救办法，案涉房屋买卖合同有效。汇丰公司庭审中经质证认为系复印件，对其真实性不予认可。房产公司庭审后向四川省高级人民法院提交了巴中市住房和城乡建设局加盖印章《会议纪要》一份，证实该复印件属实。对此，汇丰公司提交《补充质证意见》称其有事不能前来质证，请求法庭依法认定。杜某玲对该《会议纪要》经质证无异议。四川省高级人民法院认为上述证据具有真实性、合法性与关联性，应予采信，至于能否达到其证明目的，则需结合本案其他证据和事实予以认定。

另查明，在二审庭审中，各方当事人对以下事实均无异议：(1)案涉《商品房销售(预售)合同》未办理预售登记。(2)案涉房屋未办理产权过户登记。(3)汇丰公司并未将案涉房屋的钥匙交与房产公司,房产公司自行更换门锁,并将相应的钥匙交与购房人杜某玲,之后汇丰公司再次更换门锁,案涉房屋现由汇丰公司占有。(4)四川省巴中市中级人民法院于2011年7月15日作出终审判决,撤销巴中市住房和城乡建设局2006年12月7日颁发的(2006)房屋预售证第33号《商品房预售许可证》。该《商品房预售许可证》原由巴中市住房和城乡建设局颁发给房产公司,房产公司基于该《商品房预售许可证》与杜某玲签订了《商品房销售(预售)合同》。

2. 法院裁判及观点

四川省高级人民法院认为,本案各方当事人争议的主要问题是房产公司与杜某玲之间的《商品房销售(预售)合同》是否有效,并实际履行。

(1)案涉《商品房销售(预售)合同》是否有效。

房产公司的《商品房预售许可证》于2011年7月15日被四川省巴中市中级人民法终审判决所撤销,而案涉《商品房销售(预售)合同》签订于2006年4月20日,该合同的签订时间在房产公司的《商品房预售许可证》被撤销之前。根据行政法原理,行政行为一经作出,在被有权机关撤销之前,具有公定力、确定力,在房产公司的《商品房预售许可证》未被法院判决撤销之前,杜某玲作为善意第三人有理由信赖该《商品房预售许可证》的合法有效性,其在此信赖基础上与房产公司签订《商品房销售(预售)合同》不属于《商品房买卖合同解释》第2条所规定的"出卖人未取得商品房预售许可证明,与买受人订立的商品房预售合同,应当认定无效"的情形,汇丰公司所持原判未适用该条规定认定案涉商品房买卖合同无效属适用法律错误的上诉理由不能成立。汇丰公司虽主张房产公司与杜某玲签订的《商品房销售(预售)合同》并非真实的房屋买卖行为,签订时间在其与房产公司签订《移交协议》之后,但并未提供证据证明,故对汇丰公司所持该主张不予采信。结合本案事实,杜某玲于2006年4月20日交购房款220,000元,2011年4月15日交购房款85,323.20元,房产公司分别出具了收据,而房产公司与汇丰公司通过《移交协议》设定汇丰公司享有优先受偿权的时间为2007年4月5日,案涉《商品房销售(预售)合同》签订时间在先,杜某玲与房产公司签订《商品房销售(预售)合同》时,不可能知晓房产公司与汇丰公司签订的《移交协议》内容,故《商品房销售(预售)合同》不存在恶意串通,损害汇丰公司优先受偿权的情形。综上，案涉《商品房销售（预售）合同》系合同双方当事人的真实意思表示，内容未违反法律、行政法规的强制性规定，且不损害第三人利益，应为有效。

（2）案涉《商品房销售（预售）合同》是否实际履行。

虽然案涉房屋现由汇丰公司占有，但杜某玲先后于2006年4月20日、2011年4月15日分别交购房款220,000元、85,323.20元，已经支付案涉房屋全部价款，履行了《商品房销售（预售）合同》中买受方的主要义务。房产公司自行更换门锁，并将相应的钥匙交与购房人杜某玲的行为可视为其向杜某玲交付案涉房屋的意思表示。杜某玲不能实际占有案涉房屋的根本原因在于房产公司与汇丰公司之间的纠纷，而非杜某玲个人过错，故结合本案案情，案涉房屋由汇丰公司占有的事实不影响对案涉《商品房销售（预售）合同》实际履行情况的认定，原判认定案涉《商品房销售（预售）合同》已经实际履行并无不当。汇丰公司所持案涉《商品房销售（预售）合同》并未实际履行的上诉理由缺乏事实与法律依据，不予采纳。

综上所述，案涉《商品房销售（预售）合同》合法有效，且杜某玲已经支付案涉房屋全部价款，履行了合同主要义务，根据最高人民法院《关于建设工程价款优先受偿权问题的批复》第2条关于"消费者交付购买商品房的全部或者大部分款项后，承包人就该商品房享有的工程价款优先受偿权不得对抗买受人"的规定，汇丰公司所主张的建设工程价款优先受偿权不能对抗买受人杜某玲。根据最高人民法院《关于适用〈中华人民共和国民事诉讼法〉执行程序若干问题的解释》（以下简称《民诉执行解释》）第15条关于"案外人对执行标的主张所有权或者有其他足以阻止执行标的转让、交付的实体权利的，可以依照民事诉讼法第二百零四条的规定，向执行法院提出异议"的规定，杜某玲有权提出执行异议。四川省巴中市中级人民法院（2010）巴执异字第6号执行裁定认为案外人杜某玲所提异议理由成立并无不当。汇丰公司请求确认案涉《商品房销售（预售）合同》无效，撤销四川省巴中市中级人民法院（2010）巴执异字第6号执行裁定的诉讼请求缺乏事实与法律依据。原判认定事实清楚，适用法律正确，审理程序合法。汇丰公司的上诉理由均不能成立。依照《民事诉讼法》第153条第1款第1项之规定，判决如下：驳回上诉，维持原判。

3. 案例评析

根据行政法原理，行政行为一经作出，在被有权机关撤销之前，具有公定力、确定力，在房产公司的《商品房预售许可证》未被法院判决撤销之前，杜某玲作为善意第三人有理由信赖该《商品房预售许可证》的合法有效性，其在此信赖基础上与房产公司签订《商品房销售（预售）合同》不属于《商品房买卖合同解释》第 2 条所规定的“出卖人未取得商品房预售许可证明，与买受人订立的商品房预售合同，应当认定无效”的情形，汇丰公司所持原判未适用该条规定认定案涉商品房买卖合同无效属适用法律错误的上诉理由不能成立。

四、商品房预售合同登记备案是否影响合同效力

基本理论

理解商品房预售合同的效力问题，必须要区别《城市房地产管理法》第 44 条第 1 款规定的商品房预售条件与该条第 2 款规定的预售合同登记备案的不同意义。在《合同法》颁布实施以前，法律、法规所规定的批准、登记，是对合同成立要件的要求，还是对合同生效要件的要求，一直是学术界和司法实务界争论的难题。大致有三种观点：第一种观点认为，批准、登记等都是对生效要件的规定，如果不符合这些规定，合同虽然成立，但是不能发生效力。第二种观点认为，批准、登记等是合同成立的特别形式要件，需要批准、登记的合同一概被视为要式合同，没有批准、登记的合同，根本就未成立，更谈不上合同能否生效的问题。第三种观点认为，法律对合同形式要件的规定是属于合同成立或生效要件问题，应当区分不同性质的合同而作出结论。对此，人民法院基本上是将批准、登记等作为合同的有效条件，没有办理批准、登记等手续的合同，大多被认定为无效。

《合同法》生效实施以后，根据该法第 44 条第 2 款的规定，最高人民法院在《合同法解释（一）》第 9 条规定，“依照合同法第四十四条第二款的规定，法律、行政法规规定合同应当办理批准手续，或者办理批准、登记等手续才生效的，在一审法庭辩论终结前当事人仍未办理批准手续的，或者仍未办理批准、登记等手续的，人民法院应当认定该合同未生效；法律、行政法规规定合

同应当办理登记手续,但未规定登记后生效的,当事人未办理登记手续不影响合同的效力,合同标的物所有权及其他物权不能转移”。这一司法解释是在区分合同的成立与不成立、生效与未生效、有效与无效三对概念的基础上,表明对批准、登记等手续对合同效力影响方面的态度。具体而言,它包括三层意思:第一,批准、登记等不是合同的成立要件。因为合意是构成真正交易的精神事件,合同是当事人合意的结果,是合同自由原则的体现,因此,只要当事人根据《合同法》所规定的要约和承诺的规则就合同的主要条款达成一致,或者符合《合同法》第37条所规定的情形,该合同即告成立。至于非主要条款的欠缺,则可以通过适用法律补缺性规定来弥补。批准、登记等手续都是当事人合意以外的因素,不属于合同成立要件的范畴,而属于效力评价的领域。所以,合同成立与否,不应受批准登记等要件的影响。第二,批准、登记并非一概是合同的有效要件。合同是否有效,取决于国家的价值判断,体现了国家对意思自治的合理干预,其判断的依据只能是法律、行政法规对合同无效的明确规定。法律、行政法规对批准、登记等要件的规定并不都属于强制性规范,因此,不能绝对化地以批准或者登记来判定合同是否有效。要区分作为合同行为生效要件的“批准、登记”和合同标的物发生物权变动时的“公示登记”所具有的不同法律性质和效力。即只有法律和行政法规明确规定“批准、登记”是合同生效的条件,批准、登记才是生效条件,如果“登记”是合同一方当事人应当履行的具有物权变动公示性质的义务,未履行该项义务仅仅不发生物权变动的效力,而不影响合同本身的效力,那么,“登记”这个条件就不是合同生效的条件。因此,《城市房地产管理法》第45条第2款规定的合同登记备案并不是合同是否有效的法律条件,如同买卖房屋应当办理过户登记的规定,也不是买卖合同生效的条件。第三,批准、登记仅仅是合同生效的要件。“生效”是与“不生效”相对应的概念,而不是与“无效”相对应的概念,“不生效”不等于“无效”,人民法院应当认识到合同的生效与不生效,都是以合同成立作为前提的,如果合同根本不成立,则根本谈不上生效的问题,更谈不上有效和无效的问题。关于合同的生效时间,一般而言,依法成立的合同,自成立时生效,只有两个例外或特殊的情况,一是附条件或附期限的合同,自条件成就或期限届至时生效;二是法律、行政法规规定应当经过批准、登记手续生效的,则自批准、登记时生效。在后面一种情况中,虽然因未办理批准或者登记得手续而导致合同未生效,但是,诸如违约责任、解决争议的方式等条款,按照《合同法》的相关规定,应当认为是有效的约定,是生效的。①

基于上述理论认知,《合同法解释(一)》第9条明确规定,法律、行政法规规定合同应当办理登记手续,但未规定登记后生效的,当事人未办理登记手续不影响合同的效力,合同标的物所有权及其他物权不能转移。具体到商品房预售而言,商品房预售合同登记性质属于预告登记,而预告登记的目的在于使已经成立并生效的请求权具有对抗第三人的效力。登记并非商品房预售合同成立、生效的要件。因而,《商品房买卖合同解释》第6条第1款规定"当事人以商品房预售合同未按照法律、行政法规规定办理登记备案手续为由,请求确认合同无效的,不予支持"。但为尊重当事人的意思自治,如果双方当事人约定以办理登记备案手续作为商品房预售合同生效的条件,由于合同的这一特别约定并未违反我国法律、行政法规的强制性规定,故应当从其约定。因而第6条第2款规定"当事人约定以办理登记备案手续为商品房预售合同生效条件的,从其约定,但当事人一方已经履行主要义务,对方接受的除外"。

典型案例

商品房预售合同备案登记,不是物权的设立、变更、转让,不产生物权公示的效力。房地产公司为登记需要,在办理商品房预售合同备案登记时单方更改合同条款中关于违约金标准的内容,并不产生合同变更效力,故违约金标准仍需遵照最初双方当事人协商一致的合同

——谢某某与重庆市某某实业开发有限公司商品房买卖合同纠纷案②

1. 案情简介

原告:谢某某

① 参见最高人民法院民事审判第一庭编:《最高人民法院关于审理商品房买卖合同纠纷案件司法解释的理解与适用》,人民法院出版社2003年版,第23~25页。

② 参见重庆市第一中级人民法院(2013)渝一中法民终字第01205号民事判决书。

被告:重庆市某某实业开发有限公司

谢某某与重庆市某某实业开发有限公司(以下简称"实业公司")签订了《重庆市商品房买卖合同》,约定其购买实业公司开发的预售商品房一套,建筑面积为107.01平方米,总成交金额为31.0361万元。合同第7条第1款第2项约定,实业公司应当在2011年12月31日前,依照有关规定,将已进行建设工程竣工验收备案登记的商品房交付谢某某使用;如遭遇不可抗力,实业公司应在发生之日起30日内书面告知谢某某,实业公司可据实延期交房。合同第9条约定,除本合同第7条约定的遭遇不可抗力情况外,实业公司如未按本合同约定的期限将该商品房交付谢某某使用,逾期超过90日后,谢某某有权解除合同;谢某某要求解除合同的,实业公司应当自解除合同通知到达之日起30日内退还全部已付房价款及利息,并按谢某某已付房价款百分之零点五向谢某某支付违约金;谢某某要求继续履行合同的,合同继续履行,自本合同第7条约定的最后交付期限的第二天起至实际交付之日止,实业公司按日向谢某某支付已付房价款万分之零点五的违约金。为登记备案之需,实业公司在重庆市合川区国土资源和房屋管理局进行备案登记时,单方将合同第九条关于逾期交房超过90日,业主要求继续履行合同,实业公司应按日向谢某某支付已付房价款万分之零点五的违约金标准修改为万分之三,并加盖有实业公司的公章。合同签订后,谢某某实向实业公司交纳购房款30.8853万元,实业公司于2012年9月17日将房屋交付谢某某。

谢某某认为实业公司逾期交房违约,起诉至重庆市合川区人民法院,要求实业公司从2012年1月1日起至该房屋实际交付之日止,按照谢某某已付房款金额日万分之三的标准支付逾期交房违约金。

2. 法院裁判及观点

合川区法院经审理认为,原、被告在签订《重庆市商品房买卖合同》时约定,被告不按期交房支付违约金的标准为已付房价款按日万分之零点五计算,该约定系原、被告在平等、自愿基础上达成的合意,合法有效,对原、被告双方均具有约束力,并且原、被告持有的合同均约定的是按日万分之零点五的标准计算,被告为登记备案的需要,将违约金标准修改为按日万分之三,系被告的单方行为,没有与原告达成合意,因此,该修改对原告不发生法律效力,被告逾期交房违约金标准应该为已付房价款按日万分之零点五计算。合川区法院判决:由被告重庆市某某实业开发有限公司于本判决生效之日起3日内向原告谢某某支付逾期交房违约金2717.91元(308,853元×0.00005×176天=2717.91元)。宣判后,原告谢某某不服一审判决,提起上诉。重庆市一中院判决:驳回上诉,维持原判。

3.案例评析

本案争议的焦点系应当按照哪个合同文本中所记载的标准计算逾期交房违约金。对此有两种观点:一种观点认为,应按存于合同备案登记机关处的合同文本所记载的日万分之三的标准计算逾期交房违约金。另一种观点认为,应按双方所持合同文本中记载的日万分之零点五的标准计算逾期交房违约金。解决上述问题的关键在于判定实业公司的单方修改行为是否发生变更合同之效力以及商品房预售合同登记备案的性质。

首先,合同成立要件有三个:一是当事人意思表示一致,即合意,是合同成立的根本要件;二是合意须有两个或两个以上的当事人;三是当事人的意思表示须以订立合同为目的。本案中,谢某某与实业公司在签订合同时,对逾期交房违约金为日万分之零点五达成合意,双方均应当依约履行义务,若双方欲变更合同有关内容,则需重新达成合意,否则不产生合同变更的法律效果。实业公司在办理商品房预售合同备案登记时,在没有与谢某某协商一致的情况下,将违约金标准变更为日万分之三系单方行为,而谢某某仅在起诉后复制该文本表示追认于法无据,故应认定该变更不是双方的真实意思表示,该变更是无效的。

其次,从商品房预售合同登记备案的实质来看,其是为了规范商品房预售管理、保护购房者合法权益、有效防止开发企业进行一房多卖或者重复抵押贷款等违规行为。商品房预售合同备案登记,不是物权的设立、变更、转让,不产生物权公示的效力。本案中,谢某某与实业公司签订的《重庆市商品房买卖合同》是商品房预售合同,该合同的备案登记仅是预售商品房合同登记,而不属于预售商品房预告登记,更不是商品房的物权登记,商品房预售合同是否具有法律效力不以备案登记为标准,备案登记的商品房预售合同不具有当然的法律效力,合同中有关双方当事人权利义务的约定,只有合法有效的部分才对双方当事人具有约束力。谢某某与实业公司签订的《重庆市商品房买卖合同》由双方当事人分别持有,目的是为了便于履行合同义务、行使合同权利,发生争议时将持有的合同作为证据,以供查清事实、分清是非。备案登记的《重庆市商品房买卖合同》文本,仅存于合同备案登记机关,不产生物权公示的效力。故谢某某与实业公司之间仍应按照各自持有的合同文本主张权利、履行义务。

五、未实际取得的预售商品房是否可以转卖

基本理论

预售商品房的转让,又称为期房转让,是指商品房预售法律关系的预购人将购买的尚未竣工的商品房再行转让给他人的一种法律行为。对于此种转让行为,司法实践中存在两种不同观点:

第一种观点认为,未竣工的预售商品房不能转让。理由在于《城市房地产管理法》第 46 条规定,商品房预售的,商品房预购人将购买的未竣工的预售商品房再行转让的问题,由国务院规定。2005 年 5 月 9 日,国务院办公厅转发了建设部等七部委《关于做好稳定住房价格工作的意见》(国办发〔2005〕26 号)第 7 条规定:"根据《城市房地产管理法》有关规定,国务院决定禁止商品房预购人将购买的未竣工的预售商品房再行转让。……"因此,预售商品房转让违反了法律、行政法规的强制性规定,根据《合同法》第 52 条的相关规定应属无效。[①]

第二种观点认为,未竣工的预售商品房可以转让。理由在于《城市房地产管理法》第 45 条规定本身就说明法律认可预售商品房的转让,但是在目前国务院仍然尚未有这方面的规范性文件或条款出台,按照"法无禁止即自由"的原则,预售商品房可以转让行为应当有效。而且,《合同法》第 88 条规定,"当事人一方经对方同意,可以将自己在合同中的权利和义务一并转让给第三人"。[②]

① 参见河北省沧州市中级人民法院(2014)沧民终字第 637 号民事判决书。

② 参见贵州省高级人民法院(2016)黔民申 350 号民事裁定、河南省鹤壁市中级人民法院(2016)豫 06 民终 723 号民事判决、山东省临沂市中级人民法院(2014)临民一终字第 1336 号民事判决等。

本书赞同第二种观点。预售商品房可以转让已成为主流观点，得到司法部门的认可。1993 年 11 月 24 日下发的《全国民事审判工作座谈会纪要》中就指出："预购房在预售方实际交付房屋之前，将顶售商品房转卖给第三人的，必须符合法规、政策的规定、违反法律、政策规定的，倒买倒卖预售商品房的应当认定无效。"1995 年 12 月 27 日最高人民法院《关于审理房地产管理法施行前房地产开发经营案件若干问题的解答》第 29 条进一步指出："……商品预售合同的双方未实际交付前，预购方将购买的未竣工的预售商品房转让他人，办理了转让手续的，可认定转让合同有效；没有办理转让手续的，在一审诉讼期间补办了转让手续，也可以认定转让合同有效。"最高人民法院下发的〔1996〕第 2 号文件第 29 条中也指出："商品房预售合同的双方当事人，经有关主管部门办理了有关于续后，在预售商品房尚未实际交付前，预购方将购买的未竣工的预售商品房转让他人，办理了转让手续的，认定转让合同有效……"可见，在遵循法律法规、政策的条件下，办理如转让手续、转让预售商品房是受法律保护的。

在预售商品房转让中应该注意以下问题：(1)必须存在有效的商品房预售法律关系。由于商品房预售在法律上有很多条件限制，不能满足其中一条就会使预售法律关系无效，所以，受让人必须首先确定转让人与房地产开发商之间的商品房预售协议合法有效。最高人民法院民〔1996〕第 2 号文件第 28 条规定："商品房的预售合同无效的，预售商品房的转让合同，一般也应当认定无效。"从商品房的预售合同内容看，分以下几种情况：第一，如果商品房预售合同对转让有约定，当双方约定的转让条件已经具备时，可以转让。例如，在分期付款中，商品房预售合同约定必须付清前两次应付款项或者付清应付款项达到 2/3 后方可转让。第二，商品房预售合同未约定转让条件，合同履行中，预购方提出转让，必须征得预售人同意，否则转让无效。这样规定既可预防预购人倒卖合同，牟取非法利益。又可以保证预售商品房转让及预售合同的顺利履行。第三，预购方已经全部履行商品房预售合同规定的全部义务，对预售商品房的再行转让，不必征得预售人的同意，但事后应及时通知预售人知道，使其正确履行合同。通知人是转让人和新预购人，转让人和新预购人持原经过登记备案的预售合同和新签订的预售转让合同通知预售人，并了解原预购人履行合同情况。(2)标的物必须是正在建设的尚未竣工的商品房。最高人民法院〔1996〕第2号文件第30条规定："商品房预售合同的预购方，在实际取得预购房屋并持有房屋所有权证后，将房屋转让给他人的，按一般房屋买卖关系处理。"(3)预购方与受让人之间的转让行为应该合法有效，并办理相关手续。(4)商品房预购人如果已经履行了法定义务，单纯权利转让，可以不经过商品房预售方的同意，只要通知预售方即可，如预购方已经按照合同支付了全部房价款后转让预购合同的行为，否则，必须征得原商品房预售合同预售方的认可和同意。由于商品房预售合同是双务合同，双方当事人互相享有权利和承担义务，因此，预购人将预购合同转让给第三人时，多数情况下，是将预售商品房合同的权利和义务一并转给第三人。第三人即取代原预购人成为全部或部分债权的受让人和全部或部分债务的承担人。商品房预售方不是转让合同的当事人，而承担债务的第三人是否具备偿还债务的能力，商业信誉如何，又与其享有的权利是否能够实现，紧密相关。因此，为了保护商品房预售方的合法利益，上述情况必须征得预售方的同意。以下几种情况，预售商品房的转让行为不应支持：第一，商品房预购方未按照合同的规定交付定金及未付清合同所规定的房价款2/3的；第二，预售商品房合同双方发生纠纷诉至法院后均要求解除合同的；第三，预售商品房转让合同双方对该行为有重大误解的；第四，预售商品房转让合同的出让方倒卖合同，牟取非法利益，干扰了房地产市场的。

典型案例

预售商品房的转让，是一种债权债务的概括转移

——李某光与临沂市凯泰某开发有限公司、
袁某晓商品房销售合同纠纷①

1.案情简介

上诉人(原审被告)：临沂市凯泰某房地产某开发有限公司

法定代表人：方某林，董事长

① 参见山东省临沂市中级人民法院(2014)临民一终字第1336号民事判决书。

委托代理人：闫某良，该公司职工

委托代理人：张某明，该公司职工

被上诉人（原审原告）：李某光

原审被告：袁某晓

上诉人临沂市凯泰某开发有限公司（以下简称凯泰公司）因商品房销售合同纠纷一案，不服临沂市罗庄区人民法院（2013）临罗商初字第988号民事判决，向本院提起上诉。本院依法组成合议庭审理了本案，现已审理终结。

原审法院查明，案外人杨某娜系临沂市罗庄区信用合作联社的职工。2011年，临沂市罗庄区信用合作联社向被告凯泰公司团购其所建的位于临沂市兰山区滨河路中段西侧（东至滨河路，南至5号路，西邻金雀山办事处小区，北邻河东公安局小区）的“颐和上品”住宅小区小高层一栋，杨某娜参加了该团购，并于2011年4月26日与被告凯泰公司签订了《商品房建购协议书》一份，协议书约定：“‘颐和上品’住宅小区小高层均价为3380元每平方米。本协议生效后开始计算工期，工期为：18个月，于2012年10月30日前将楼房交付使用。本协议签订后，任何一方不得擅自解除、变更本协议的内容。本协议的变更须经双方协商一致后，以书面形式另行签订补充协议。开始计算工期后，因出卖人原因拖延工期达60日或出卖人不能交付商品房时，购买人可以解除本协议。协议解除后，由出卖人向购买人返还已经支付的全部款项，按银行同期贷款利率支付利息，并承担违约责任。出卖人违反本协议约定，需向购买人赔偿购房款总额10%的违约金；购房者根据本协议约定的条件未及时交纳购房款，购房者向出卖人赔偿购房款总额10%的违约金。”合同签订后，杨某娜依约定于2011年4月26日向被告凯泰公司交纳了预付房款250,000元，被告为其出具了收据一份。后杨某娜将该商品房转让给原告李某光，原告向杨某娜交付房款250,000元，杨某娜将该预付款收据交付原告持有。2013年5月24日，原告李某光向被告凯泰公司交纳房款115,000元，被告亦为其出具收据一份，收据载明：“客户名称：‘李某光（杨某娜），主楼房：颐和尚品楼603房，收款项目：二期交款，金额：115,000元，收款人：袁某晓’。”2013年5月25日原告通过银行转账的方式又向被告袁某晓交纳房款152,734.1元。综上，原告向被告凯泰公司交纳购房款共计517,734.1元。现被告凯泰公司已将原告所选定的603号房另售他人，导致无法向原告交付房屋。因原告向被告凯泰公司索要购房款未果，为此成诉。

另查明，被告袁某晓系被告凯泰公司的会计人员，房款实际由凯泰公司收取。

原审法院认为，根据原告李某光提供的《商品房建购协议书》以及由被告凯泰公司出具的收据，结合案外人杨某娜的证言，能够证实原告李某光与被告凯泰公司之间存在商品房买卖合同关系。案外人杨某娜将其购买的房屋转让给原告李某光后，被告凯泰公司收取了原告交纳的购房款，并为其出具收据，且在收据中客户名称一栏填写了原告姓名，应当视为被告凯泰公司对该转让行为的认可。原告与被告凯泰公司虽未签订书面的商品房买卖合同，但双方之间已形成事实上的买卖合同关系。双方当事人均应按照约定全面履行合同义务，原告依约履行了交纳房款的义务，被告凯泰公司应当按时交付房屋，现被告凯泰公司已将原告所选房屋另售他人，导致合同目的不能实现，原告有权解除合同，且被告已构成违约，应当承担违约责任。根据《商品房买卖合同解释》第 8 条的规定，商品房买卖合同订立后，出卖人又将该房屋出卖给第三人，导致商品房买卖合同目的不能实现的，无法取得房屋的买受人可以请求解除合同、返还已付购房款及利息、赔偿损失，并可以请求出卖人承担不超过已付购房款一倍的赔偿责任，现原告要求被告凯泰公司返还购房款 517, 734. 1 元及利息，并支付总购房款 10% 的违约金，事实清楚，理由正当，本院依法应予支持。对于原告要求被告承担已付购房款一倍的赔偿责任的请求，本院认为，被告承担的赔偿责任应与其给原告造成的实际损失相当，最高不超过已付购房款一倍，结合本案的实际情况及公平原则，被告应赔偿原告已付购房款的 50% 即 258, 867. 1 元为宜。被告袁某晓系被告凯泰公司的会计人员，其收取购房款的行为系履行职务的行为，由此产生的法律责任应由被告凯泰公司承担，故对于原告要求被告袁某晓承担责任的诉讼请求，本院依法不予支持。被告凯泰公司辩称原、被告之间不存在房屋买卖合同关系，与事实不符，不予采信。判决：(1) 被告凯泰公司返还原告李某光购房款人民币 517, 734. 1 元及利息(利息按中国人民银行同期贷款利率计算，其中 250, 000 元自 2011 年 4 月 26 日起算，115, 000 元自 2013 年 5 月 24 日起算，152, 734. 1 元自 2013 年 5 月 25 日起算，均至本判决确定的履行期满之日止)，于本判决生效后五日内履行；(2) 被告临沂市凯泰房地产开发有限公司向原告李某光支付总购房款10%的违约金;(3)被告临沂市凯泰房地产开发有限公司赔偿原告李某光损失人民币258,867.1元,于本判决生效后5日内履行;(4)驳回原告李某光的其他诉讼请求。如果未按本判决指定的期间履行给付金钱义务,应当依照《民事诉讼法》第253条的规定,加倍支付迟延期间的债务利息。案件受理费14,120元、保全费4020元,均由被告凯泰公司负担。

宣判后,原审被告凯泰公司上诉至本院,请求依法撤销原审判决,依法改判驳回被上诉人的诉讼请求或发回重审,其上诉理由为:(1)本案中,被上诉人李某光的诉讼主体不适格,其无权就涉案商品房销售合同提起诉讼主张权利。一审法院已经查明临沂市罗庄区信用合作联社向上诉人团购位于颐和上品住宅小区楼房,案外人杨某娜参加了该次团购活动,并于2011年4月26日与上诉人签订《商品房建购协议书》,杨某娜于签订合同之日预交房款25万元,有收款收据为证。据此,该商品房买卖合同的双方当事人为上诉人和杨某娜,根据合同的相对性原则,只有合同当事人一方能够向合同的另一方当事人基于合同提出要求或提起诉讼主张,同时该合同对第三人也不产生法律约束力。被上诉人李某光不是合同的当事人,其无权基于上诉人与杨某娜等职工签订的商品房买卖合同项上诉人提出合同上的请求及诉讼。为此,其作为原审原告参加诉讼,明显主体不适格,应依法驳回其诉请。(2)一审法院仅以收据中载有被上诉人李某光(杨某娜)的字样,以此推定李某光与上诉人之间存在商品房买卖合同关系,系认定事实错误。对于杨某娜将其预购买的房屋是否转让给李某光的行为,上诉人完全不知情,对此杨某娜在一审法院的调查笔录中也明确认可并证实她与被上诉人之间的转让行为上诉人不知情;即使如被上诉人所说,杨某娜将房屋再次转让给他,首先,再行转让行为是不合法的,其次未通知上诉人,亦未经上诉人同意,上诉人与李某光之间不存在商品房买卖合同关系,上诉人不应对李某光承担任何责任。一审法院仅以上诉人出具115,000元的收据中载明客户名称为“李某光(杨某娜)”的字样,即推定被上诉人与上诉人之间存在事实上买卖关系是完全错误的,此收据内容只能证明李某光曾代杨某娜交付过房款,并不能证明李某光本人具有购买权,也不能以此推定被上诉人交的是自己的购房款,且上诉人完全不知情,不能以此推定上诉人认可并同意其房屋再次转让的行为。法律规定商品房交易必须有双方当事人明确的真实意思表示,需要签订书面的交易合同,不能以默认或推定的方式确认交易行为。上诉人系与案外人杨某娜签订的协议书,杨某娜在未经上诉人同意情况下私自转让,转让行为无效;至于庭审中原告提供收据中有“李某光(杨某娜)”及银行转账系原告汇转,亦不能证实被告同意转让,在合同的当事人未变更的情况下,任何人代合同当事人交款,对于上诉人来说,都是合同当事人即案外人杨某娜交付的房款。一审法院的推定违背客观事实,认定事实错误,违反法律规定。(3)杨某娜与李某光之间的房屋转让行为,违反了法律的禁止性规定,属于无效合同。国务院出台的《关于做好稳定住房价格工作意见的通知》第7条规定“禁止商品房预购人将购买的未竣工的预售商品房再行转让。在预售商品房竣工交付、预购人取得房屋所有权证之前,房地产主管部门不得为其办理转让等手续;房屋所有权申请人与登记备案的预售合同载明的预购人不一致的,房屋权属登记机关不得为其办理房屋权属登记手续。另外,实行实名制购房,推行商品房预售合同网上即时备案,防范私下交易行为”。该规定是一种强制性规定,明确禁止预售商品房再转让行为,禁止房地产主管部门办理相关手续。《合同法》第52条规定,损害社会公共利益、违反法律、行政法规的强制性规定的合同无效。本案中,杨某娜与李某光之间的房屋转让合同,未到房屋管理部门办理任何手续,规避了国家税收政策,损害了社会公共利益,同时也违反了国务院关于禁止商品房预购人将购买的未竣工的预售商品房再行转让的强制性规定,因此转让合同是无效的,不受法律保护。(4)一审法院判令上诉人退还购房款及利息、支付10%的违约金、赔偿50%的损失,没有事实和法律依据,系适用法律错误。首先,购房款是杨某娜缴纳的,退还被上诉人没有法律依据。李某光一审提供的证据无法证实自己系合同的当事人,上诉人没有退还涉案房款的义务。其次,利息、违约金、赔偿金均属于违约损失赔偿性质,三者不能同时并用,应以实际损失为限。我国立法中对于违约方的违约责任既可以约定违约金也可以约定损失赔偿金,两者是相互排斥不能同时并用的,违约金与损失赔偿金在内容和性质上十分相似,合同中约定的违约金应当视为对损害赔偿金额的预先确定,根据当事人意思自治的原则,在签订合同时,双方可以约定适用的违约责任及违约金的计算方法。本案中,商品房买卖合同中明确约定的违约金即损害赔偿金的计算方法一审法院又判令上诉人承担赔偿款258,867.1元,明显显失公平公正,严重损害了上诉人的利益。利息损失属于违约损失的一部分,法院将利息与赔偿款一并适用是错误的。一审法院适用《商品房买卖合同解释》第8条判决系理解适用法律错误,该司法解释规定,"……无法取得房屋的买受人可以解除合同、返还已购房款及利息、赔偿损失,并可以请求出卖人承担不超过已付房款一倍的赔偿责任"。该解释前提是存在买卖关系,本案上诉人与被上诉人之间不存在买卖关系;退一步讲即便存在买卖关系,该规定只是采取赔偿损失的惩罚原则,且解释所规定"并可以请求出卖人承担不超过已付购房款一倍的赔偿责任",只限于承担赔偿损失责任,假设买卖关系成立,被上诉人实际损失也只是利息,因此,一审法院同时判决上诉人承担利息、总购房款10%违约金,又赔偿258,867.1元损失(总购房款50%),是完全错误的,加重了上诉人的负担,显失公平公正,明显适用法律错误。原告诉讼请求第3项请求一倍赔偿没有明确数额,也无相关证据支持,且在诉讼至开庭也未向法院交纳相应诉讼费,从而进一步证明原告对该诉讼主张没有把握,也没有相应证据证实,这样笼统的诉讼请求不应得到支持,并且被上诉人也没有什么损失,即使有损失也与上诉人无关。综上,一审法院认定事实错误,适用法律不当,请二审法院查清事实,依法支持上诉人的诉讼请求。

被上诉人李某光辩称:(1)案外人杨某娜参加团购由上诉人开发的颐和上品住宅楼,双方签订《商品房建购协议书》,案外人杨某娜依约向上诉人交纳预付房款25万元。后案外人杨某娜将合同权利义务转让给答辩人,并取得了上诉人同意。此后,根据上诉人通知要求,答辩人于2013年4月21日、5月25日,以自己的名义交纳房款,期间,被上诉人选定了房屋,后上诉人将答辩人此前选定的603号房屋另售他人。答辩人多次与上诉人交涉无房退款事宜。因此,上述事实及有关证据证明答辩人与上诉人之间形成了商品房买卖合同关系,答辩人是该案的适格主体。(2)关于上诉人提到的房屋转让行为违反了法律禁止性规定是无效行为,答辩人认为这是上诉人对法律理解存在误区。国务院2005年发布的《关于做好稳定住房价格工作的意见》既不是法律也不是行政法规,而是国务院根据当时房地产市场环境出台的价格调控政策手段。同时该意见规范的是房产预购人转让已经选定了的、经过房产部门登记备案的预售商品房,本案,答辩人受让合同权利义务时,房屋并没有选定，更没有向房产部门登记备案，而且上诉人通知答辩人选房及收受答辩人房款的行为也证明该案的房产转让人是上诉人，所以，本案房产买卖合同并不是上述意见的调整范围。(3)根据《商品房买卖合同解释》第8条的规定，商品房买卖合同订立后，出卖人又将该房屋出卖给第三人导致商品房买卖合同目的不能实现的，无法取得房屋的买受人可以请求解除合同、返还已付购房款及利息、赔偿损失，并可以请求出卖人承担不超过已付购房款一倍的赔偿责任。本案中，上诉人作为房屋出卖人将房屋又出卖给第三人导致答辩人购房目的无法实现，符合该规定，答辩人的诉讼请求按规定应予支持。综上，一审法院判决认定事实清楚，适用法律正确，请求二审法院驳回上诉，维持原判。

2. 法院裁判及观点

二审法院查明事实与一审一致。二审法院认为，案外人杨某娜通过单位团购的方式与上诉人签订商品房建构协议书，并向上诉人缴纳了250,000元的房款，因商品房尚未建成，故在杨某娜与上诉人之间形成了商品房预售合同关系。本案争议的焦点在于：(1)被上诉人李某光诉讼主体是否适格，与上诉人之间是否存在商品房买卖合同；(2)杨某娜与李某光之间的转让行为是否有效；(3)一审判决退还被上诉人购房款及利息、支付10%违约金及损失数额是否有法律依据。对于争议焦点一，杨某娜与上诉人达成商品房预售合同后，将购买的未竣工的预售商品房再行转让，与被上诉人李某光自行达成商品房预售合同转让，这种转让只变更合同主体，合同内容不发生变化，由商品房预购人将原预购合同的债权或者权利义务转让给第三人，使第三人与预售人之间建立新的买卖法律关系，被上诉人李某光依约向上诉人履行交付部分房款的义务，故被上诉人系本案适格的诉讼主体，被上诉人与上诉人之间因杨某娜的转让行为而形成商品房买卖合同关系。对于争议焦点二，预售商品房的转让，所转让的并不是房屋的所有权，而是一种债权债务的概括转移。预购人如果已经全部交付了购房款，那么转让的就是一种债权；如果只是交付了部分购房款，那么就应该是债权债务的转移。根据《合同法》第80条的规定，如果是单纯的债权让与，那么不需要经得债务人的同意，但是应该履行通知义务，否则不发生法律效力。本案中，杨某娜向上诉人交付了部分房款，其与李某光形成的预售商品房转让关系，系债权债务的概括转移，故应取得预售人即上诉人的同意，因该案商品房的销售方式系团购，在被上诉人向上诉人交付房款的收据中，记载了被上诉人与原预购人杨某娜的名字，应视为上诉人对杨某娜与被上诉人之间预售房转让的同意，故杨某娜与被上诉人之间的预售房转让行为有效。对于争议焦点三，合同双方应按照合同约定全面履行各自的义务，被上诉人依约交付房款，上诉人应当按照合同约定完成交付房屋所有权于被上诉人，根据《商品房买卖合同解释》第 8 条的规定，商品房买卖合同订立后，出卖人又将该房屋出卖给第三人，导致商品房买卖合同目的不能实现的，无法取得房屋的买受人可以请求解除合同、返还已付购房款及利息、赔偿损失，并可以请求出卖人承担不超过已付购房款一倍的赔偿责任，并且在上诉人提供的《商品房建构协议书》第 10 条、第 11 条中对违约责任作出了同上述法律规定类似的约定，故一审判决符合法律规定，上诉人的上诉理由不成立。综上，原审判决认定事实清楚，适用法律正确，程序并无不当，应予维持。依照《民事诉讼法》第 169 条、第 170 条第 1 款第 1 项、第 175 条之规定，判决如下：驳回上诉，维持原判。

3. 案例评析

未竣工的预售房屋是否可以转让的问题，涉及《城市房地产管理法》与《合同法》的有关规定如何适用的问题。本案中，上诉人认为，预售房屋转让行为，违反了法律的禁止性规定，属于无效合同。理由在于国务院出台的《关于做好稳定住房价格工作意见的通知》第 7 条规定，“根据《中华人民共和国城市房地产管理法》有关规定，国务院决定，禁止商品房预购人将购买的未竣工的预售商品房再行转让。在预售商品房竣工交付、预购人取得房屋所有权证之前，房地产主管部门不得为其办理转让等手续；房屋所有权申请人与登记备案的预售合同载明的预购人不一致的，房屋权属登记机关不得为其办理房屋权属登记手续。另外，实行实名制购房，推行商品房预售合同网上即时备案，防范私下交易行为”。该规定是一种强制性规定，明确禁止预售商品房再转让行为，禁止房地产主管部门办理相关手续。《合同法》第 52 条规定，损害社会公共利益、违反法律、行政法规的强制性规定的合同无效。本案中，杨某娜与李某光之间的房屋转让合同，未到房屋管理部门办理任何手续，规避了国家税收政策，损害了社会公共利益，同时也违反了国务院关于禁止商品房预购人将购买的未竣工的预售商品房再行转让的强制性规定，因此，转让合同是无效的，不受法律保护。法院则直接适用《合同法》关于合同权利义务的概括转移的规定，从而结合案情认定未竣工的预售房屋的转让有效。究其原因，一方面在于《城市房地产管理法》是一部行政管理性的法律，它主要规范的是房地产开发经营企业的经营行为。另一方面在于国务院尚无有关禁止预售商品房转让的行政法规规章，上述《关于做好稳定住房价格工作意见的通知》不属于行政法规规章，因而不符合《合同法》第 52 条规定的“违反法律、行政法规的强制性规定”合同无效情形。

六、商品房认购书的性质如何认定

基本理论

商品房认购书是《商品房买卖合同解释》第 5 条规定的“商品房的认购、订购、预定等协议”的统称，是指商品房买卖合同双方当事人在签署预售契约或买卖契约前所签订的文书，是对双方交易房屋有关事宜的初步确认。认购书的内容一般包括：双方当事人的基本情况；房屋基本情况（包括位置、面积、单价等）；价款计算；签署正式契约的时限约定等。[①] 关于认购书的性质问题，司法实践中有不同的观点。

第一种观点认为，认购书是商品房买卖合同的补充协议，不是一个独立的合同，因为认购书仅在于对签订正式商品房买卖合同的相关事宜的约定，当事人无法根据认购书取得房屋所有权。

第二种观点认为，签订认购书时，真正的商品房买卖行为并未发生，仍处于商品房买卖成立前的前契约阶段，即使双方当事人完全履行了认购书，仍需双方另行签订商品房预售合同或现房销售合同。签订认购书是订立商品房预售合同或商品房现房买卖合同的先决条件，认购书的合同性质为预约合同，是独立有效的合同。

第三种观点认为，认购书的性质为附条件的商品房买卖合同，认购书约定的合同内容为商品房买卖合同所附条件，如认购书中约定以开发商取得立

① 参见谭蓉：《浅析商品房销售中的认购书》，载《人民法院报》2002 年 8 月 6 日，第 3 版。

项、规划批准手续，缴清土地出让金，取得商品房销售许可证为签订正式的商品房买卖合同的条件，条件成就时商品房买卖合同成立并生效。[①]

本书赞同第二种观点，商品房认购书为商品房买卖的预约合同，是独立的合同。按照民法理论，契约可以分为本约与预约，本约是相对于预约而言的，预约是“谈判当事人一方或双方为将来订立确定性本合同达成的书面允诺或协议”，[②]而本约则是为履行预约而订立的确定性合同。一般认为，预约合同应具备以下特征：“第一，预约合同是诺成合同。诺成合同不受要物约束，强调当事人主观意志在合同成立中的决定作用的特征，对于预约尤其地明显和重要。第二，预约是谈判期间对未来事项的预先规划。第三，预约之标的是当事人为将来订立本约而谈判。第四，预约必须具备书面形式。第五，有效的预约应当是有约束力的法锁。”[③]具体而言，商品房认购书，是开发商与准买受人之间确认准买受人在将来可确定时间与开发商洽谈购房合同的约定。通过商品房认购书，确定买卖双方有洽谈购房合同的义务。商品房认购书的内容，是约定双方有义务在一定期限内洽谈购房合同，这种意思表示是明确的，具备合同法规定的合同成立的要件，因此商品房认购书本身就是一种合同。从法律性质上分析，商品房认购书是一种预约合同。商品房认购书约定的是一种行为义务，并不依赖于将来可能洽谈的购房合同的效力。将来双方不洽谈购房合同，也不会导致商品房认购书的无效，不影响双方应当履行的善意洽谈义务的存在，所以，它是一种独立的合同，而不是购房合同的从合同。

---

① 参见最高人民法院民事审判第一庭编：《最高人民法院关于审理商品房买卖合同纠纷案件司法解释的理解与适用》，人民法院出版社2003年版，第54～55页。

② 吴颂明：《预约合同研究》，载梁慧星主编：《民商法论丛》（2002年第2号），金桥文化出版（香港）有限公司2002年版，第507页。

③ 同上书，第508页。

商品房认购书在性质上属于预约合同

——杭州柏虹某投资管理有限公司与杭州市某开发集团有限公司房屋买卖合同纠纷一审案①

1. 案情简介

原告:杭州柏虹某投资管理有限公司

法定代表人:赵某熊

委托代理人:钱某全

被告:杭州市某开发集团有限公司

法定代表人:樊某兴

原告杭州柏虹某投资管理有限公司(以下简称柏虹公司)与被告杭州市某开发集团有限公司(以下简称开发公司)购房预约合同纠纷一案,本院于2007年11月2日立案受理后,依法组成合议庭于2008年4月22日公开开庭进行了审理。原告柏虹公司委托代理人钱某全,被告杭州市房地产开发集团有限公司委托代理人叶某松、徐某宁等到庭参加诉讼。本案现已审理终结。

原告柏虹公司起诉称:(1)事实经过。柏虹公司与被告开发公司2007年4月28日签订《购房意向协议》,规定,开发公司将位于杭州市下城区仙林桥直街的商品综合楼仙林大厦,分别以办公房每平方米12,000元、商业房每平方米25,000元、车位每只20万元的价格出售给柏虹公司,并采用分期付款方式支付房款;在开发公司取得商品房预售证后签订商品房买卖合同,协议经双方签字、盖章后生效,至5月30日前签订商品房买卖合同生效时终止。协议生效后,柏虹公司为履行合同做了大量准备工作,投入了大量人力和财力,同时期待着商品房买卖合同早日签订。开始,开发公司也提交了办理商品房预售证相关资料,到5月中旬就停了下来,直到目前尚未取得商品房预

① 参见浙江省高级人民法院(2007)浙民一初字第5号民事判决书。

售证,显然是故意行为。2007年6月15日,柏虹公司发出《联系函》,阐述柏虹公司为购买仙林大厦所付出的人力和财力,希望开发公司尽快签订商品房买卖合同。同年6月18日,开发公司回函,以双方未在5月30日前签订合同,《购房意向协议》已逾期为由,告知柏虹公司协议已自行失效。6月20日,柏虹公司复函开发公司,表示不能接受协议已失效的说法,同时希望开发公司本着诚实信用原则,与柏虹公司尽快签订商品房买卖合同。7月15日,开发公司给柏虹公司发来《复函》,辩解协议已失效、"意向"在未转化为签订正式合同前对双方不具有法律约束力,以后不再与柏虹公司签订商品房买卖合同。至此,双方酿成纠纷。(2)利益驱动是开发公司拒绝履行合同的直接诱因。2007年5月至7月,杭政储出(2007)16、20、23号地块分别以楼面地价每平方米10,596元、12,245元、15,712元价格成交,推动了杭州市房地产价格全面上涨。仙林大厦的地段优于上述三块地的地段,2007年5月下旬市场价格已大大超过了《购房意向协议》约定的价格,与其同等地段同样条件楼盘的办公用房价格,如广利大厦已超过2万元/平方米,商业用房价格已超过4万元/平方米。在这种情况下,开发公司撕毁合同,背弃承诺。(3)开发公司应承担赔偿损失的违约责任。①《购房意向协议》本质是一份购房预约合同,标的为双方签订一份由预约合同规定主要内容的商品房买卖合同。②《购房意向协议》意思表示真实,不违反法律规定,合法有效。开发公司所谓"终止""失效"的说法是站不住脚的。合同没有约定解除条件,约定的"至5月30日前双方签订商品房买卖合同生效时终止",应理解为在5月30日前双方签订商品房买卖合同,商品房买卖合同生效时合同终止,而不应如开发公司理解为至5月30日合同终止。因此,目前尚未达到合同终止条件,《购房意向协议》仍在有效期内,对双方仍具有约束力。③预约合同签订后,开发公司在房地产价格普遍上涨的情况下,无视预约合同合法有效的事实,在客观情形(房价上涨除外)与当初签订《购房意向协议》时未发生变化情况下,单方拒绝与柏虹公司签订商品房买卖合同,致使该预约合同的目的无法实现,开发公司应承担违约责任。根据《民法通则》第111条、第112条及《合同法》第107条、第113条的规定,开发公司不履行合同义务,柏虹公司有权要求赔偿损失,其损失赔偿额应相当于因开发公司违约所造成的损失,包括合同履行后可以获得的利益。目前柏虹公司如购买同样面积、同样地段的房产需要比《购房意向协议》约定至少多付 104,395,148 元。若按广利大厦近期的销售均价计算其金额要大得多,因此柏虹公司要求开发公司赔偿 104,395,148 元是合情合理合法的,这一损失还不包括由于开发公司违约给柏虹公司造成的经营损失。请求判令:(1)解除柏虹公司、开发公司订立的《购房意向协议》,开发公司赔偿柏虹公司经济损失 104,395,148 元。(2)由开发公司承担本案诉讼费用。

被告开发公司答辩称:(1)2007 年 4 月,开发公司开发建设的仙林大厦综合楼临近结顶,因未对仙林大厦的最终处置作出决定,故一直没有办理商品房预售许可证。柏虹公司筹建负责人找到开发公司,表达了购买仙林大厦的意愿,双方签订《购房意向协议》。鉴于《购房意向协议》仅仅是双方初步达成的购房意愿和大体方向,故在该协议中对双方购房的权利、义务未作出全面、详尽的约定,只确定了一些大致、原则的内容,仙林大厦尚不具备合法销售的条件下,《购房意向协议》仅为订立合同前的初步意愿,不构成商品房买卖合同,不产生商品房买卖合同的权利义务。(2)《购房意向协议》终止的真实原因并非柏虹公司所谓的利益驱动所然。签订《购房意向协议》后,开发公司按协议要求,于 2007 年 5 月向主管部门申领商品房预售许可证。在申领过程中,开发公司的上级主管单位决定仙林大厦不再整体销售,改为租赁经营。开发公司及时口头通知了柏虹公司,并在 2007 年 6 月 18 日以书面形式告知《购房意向协议》终止、失效,不再执行,要求柏虹公司另做安排和打算。开发公司停止了仙林大厦商品房预售许可证的申领工作。《购房意向协议》从 4 月 28 日签订到 6 月 18 日终止,经历了短短 50 天。在此期间,杭州的综合楼房价涨跌尚未体现、反映,开发公司将大厦由整体出售的初步意向转为决定只租不售,完全是基于对仙林大厦处置决策的重大调整,并非柏虹公司诉称因房价上涨、利益驱动导致开发公司拒绝领证、签约。双方最终没有在 2007 年 5 月 31 日前签订正式的商品房买卖合同,意向协议也已依法终止、失效。对柏虹公司起诉请求解除《购房意向协议》,事实上开发公司也早已通知终止(解除),对此诉请,开发公司没有异议。(3)柏虹公司诉请主张损失赔偿,缺乏事实依据、适用法律不当。柏虹公司错误地将《购房意向协议》等同于预约合同进而再推定为正式商品房买卖合同,以此主张损失赔偿,所援引的民法通则、合同法的规定是对法律理解错误、适用不当,上述规定适用的前提是双方已经签订了合法有效的商品房买卖合同。时至今日，仙林大厦仍没有领取商品房预售许可证，不具备签订、履行商品房买卖合同的法定前提，更谈不上按合法有效的商品房买卖合同追究违约责任和所谓的预期可得利益。柏虹公司诉称为购买大厦投入了人力、物力、精力，但始终未能提供充分、合法的事实、证据。要求判决解除《购房意向协议》，驳回柏虹公司赔偿经济损失的诉讼请求。

经审理查明，2007 年 4 月 28 日，柏虹公司、开发公司签订《购房意向协议》一份，记载：双方经友好协商，就柏虹公司向开发公司购买仙林大厦商品房有关事宜达成如下意向。(1)开发公司在杭州市下城区仙林桥直街建设商品综合楼一座，地名仙林大厦，总建筑面积约 19,209.38 平方米。柏虹公司意向购买该项目所有可销售部分房屋，包括办公用房约 16,427.07 平方米、商业用房约 510.47 平方米、附属地下机动车泊位约 78 个。(2)在按现有设计标准进行施工至本项目竣工验收合格，交付使用。(3)房屋销售价格：①办公用房每平方米 12,000 元；②商业用房每平方米 25,000 元；③地下机动车泊位每个 20 万元。(4)付款方式：①办公、商业用房部分采用分期付款方式。原则上分五期，其中 2007 年底前分 3 期支付不低于总房价款的 70%，30% 余款于本项目竣工交付前分二期付清。②机动车位采用一次性付款方式，在本项目竣工交付前一次性付清。(5)签约方式：采用杭州市商品房交易网上备案合同形式。具体步骤为：在开发公司申领商品房预售证完成并待公示期满后，双方签订订金合同，订金原则上不低于总价款的 5%；在规定的 15 天期满前双方签订商品房买卖合同，本项目涉及商品房销售相关内容在商品房买卖合同备案文本中协商明确。(6)本协议未尽事宜，双方本着友好合作、互惠互利的原则协商解决。(7)本协议经双方签字、盖章后生效，至 5 月 30 日前双方签订商品房买卖合同生效时终止。

2007 年 6 月 8 日的开发公司董事会会议纪要记载，仙林大厦由整体出售改为租赁经营，原与柏虹公司所签的意向协议终止，不再执行。同年 6 月 15 日，柏虹公司致函开发公司，提出已为仙林大厦项目投入巨大，按意向协议中关于签订正式商品房销售合同的约定时间已逾期半个月，要求在 20 日前落实商品房销售合同的签订工作。6 月 18 日，开发公司回函，提出因双方未能在 2007 年 5 月 30 日前的期限内签订正式的商品房买卖合同，双方签订的

《购房意向协议》已自行失效，请柏虹公司另做安排和打算。6月20日，柏虹公司又发出《回复函》一份，对开发公司提出的《购房意向协议》逾期终止的意见表示异议，希望尽快签订商品房买卖合同。7月15日，开发公司又函告柏虹公司，表达了《购房意向协议》逾期失效，双方间买卖房屋意向终止，目前及今后均不可能再签订正式的商品房买卖合同等意见。

开发公司在与柏虹公司签订《购房意向协议》之前，已取得仙林大厦的建设工程规划许可证和大厦所在土地的国有土地使用权证书。

柏虹公司成立于2007年4月28日，注册资本2000万元，清禹公司、余某妹分别出资1600万元（占80%股份）、400万元（占20%股份），经营范围为酒店投资管理。清禹公司成立于2007年4月5日。

2. 法院裁判及观点

浙江省高级人民法院认为，柏虹公司、开发公司于2007年4月28日签订《购房意向协议》的事实清楚。关于前述《购房意向协议》的性质及效力问题，从《购房意向协议》记载，即双方就购买仙林大厦商品房有关事宜达成意向，柏虹公司意向购买该项目所有可销售部分房屋，采用杭州市商品房交易网上备案合同形式，在开发公司申领商品房预售证完成并公示期满后，双方签订订金合同，在规定的15天期满前双方签订商品房买卖合同等内容，以及《购房意向协议》明确的当事人、拟购房屋面积、价款等表明，仅是对未来签订正式商品房买卖合同的预先安排，不具备《城市房地产开发经营管理条例》第28条、《商品房销售管理办法》第16条规定的商品房买卖合同应当具备的条款，应认为该协议具有预约合同性质。《购房意向协议》系双方当事人真实意思表示，内容也未违反法律、行政法规的强制性规定，其效力应予认定。关于开发公司是否应赔偿不履行《购房意向协议》给柏虹公司造成的损失，以及损失数额问题，从已查明的事实分析，在本案诉讼前，开发公司已函告柏虹公司，《购房意向协议》已过2007年5月30日签订期限而失效或终止，不再签订商品房买卖合同。柏虹公司接到函件后，提出了异议。在本案诉讼中，对柏虹公司提出的解除《购房意向协议》主张，开发公司表示没有异议。故对柏虹公司提出的解除《购房意向协议》主张，本院予以支持。至于《购房意向协议》解除原因，柏虹公司、开发公司作为预约合同签约当事人，均应按诚实信用原则，履行应当承担的谈判、缔约义务。本案中，开发公司以仙林大厦由整体出售改为租赁经营，双方未能在2007年5月30日前的期限内签订正式的商品房买卖合同，《购房意向协议》已自行失效等为由，拒绝签订商品房买卖合同，由于开发公司提出的前述理由，与《购房意向协议》约定不符，开发公司的行为违反了《购房意向协议》，应承担违约责任。柏虹公司在诉讼中要求开发公司赔偿经济损失104，395，148元，从所提出的理由和依据分析，该损失额并不是基于《购房意向协议》而造成的损失，而是基于《购房意向协议》所指向的本约商品房买卖合同不能履行而可能造成的损失，本院不予支持。由于开发公司违反诚实信用原则，不愿将案涉房屋出售给柏虹公司，造成《购房意向协议》解除，根据签订《购房意向协议》时杭州市房地产市场变化情况，柏虹公司为磋商、履行协议所可能发生的费用，柏虹公司成立目的、时间、注册资本情况、开办费用等因素，本院酌情确定柏虹公司的经济损失为300万元，该损失应由开发公司赔偿。综上，柏虹公司提出的解除《购房意向协议》主张，以及赔偿损失要求中的合理部分，法院予以支持。根据《合同法》第94条第4项、第107条之规定，判决如下：(1)解除杭州柏虹酒店投资管理有限公司、杭州市房地产开发集团有限公司于2007年4月28日签订的《购房意向协议》；(2)杭州市房地产开发集团有限公司于本判决生效之日起10日内赔偿杭州柏虹酒店投资管理有限公司经济损失300万元；(3)驳回杭州柏虹酒店投资管理有限公司的其他诉讼请求。

3.案例评析

商品房认购书在性质上属于预约合同。本案中，柏虹公司、开发公司于2007年4月28日签订《购房意向协议》，从协议中双方当事人的真实意思表示看，仅是对未来签订正式商品房买卖合同的预先安排，从协议内容上看，不具备《城市房地产开发经营管理条例》第27条、《商品房销售管理办法》第16条规定的商品房买卖合同应当具备的条款，因而法院认为该协议具有预约合同性质。未履行预约合同，过错方应当承担相应的赔偿责任。本案中，开发公司存在过错，法院判决开发公司赔偿柏虹公司的经济损失为300万元。由此可以看出，预约合同是一个独立合同，具有独立的法律意义。

七、如何判断商品房认购书究竟是预约还是本约

基本理论

在商品房买卖中，存在一种情形，即名为商品房买卖认购书，实为商品房买卖合同。由此产生的问题是，对此情形应当如何认定呢？对此问题的解答，需要认清预约与本约之间的区别，准确判断商品房认购书究竟是预约还是本约。

我们认为，预约与本约具有以下区别：[①]一是订约时间不同。预约属前契约阶段合同，所承担的民事责任属缔约的过失责任范畴。本约实在民事合同权利义务关系全部定型后签订的，双方应承担的义务是合同义务。二是预约合同是诺成合同，不受要物约束，强调当事人主观意志在合同成立中的决定作用。本约一般则受要物约束，交付是合同履行的重要内容。三是签订预约合同的目的是订立本约，本约所约定的义务是合同义务则直接具备履行内容。台湾学者黄立认为，"契约有预约与本约之分，两者异其性质及效力，预约权利人仅得请求对方履行订立本约之义务，不得径依预定之本约内容请求履行，又买卖契约，非不得就标的物及价金之范围先为拟定，作为将来订立本约之张本，但不能就标的物及价金之范围先为拟定，作为将来订立本约之张本，但不能因此买卖本约业已成立。预约系债法上的契约，经由预约负有于较晚时点订定主契约之义务，预约之标的既系主契约之订立，自不能根据预约诉请履行，为主契约标的之义务。契约应以缔结义务行为作标的，如以处分行为为标的时则非契约。预约之目的在于有事实或法律上障碍，暂时无法订定主契约时，事先对当事人加以拘束。又预约系约定将来订立一定契约（本约）之契约。倘将来系依所订立之契约履行而无须另订本约者，纵名为预约，仍非预约。本件两造所订契约，虽名为土地买卖预约书，但除买卖坪数、价金、缴纳价款、移转登记期限等均经明确约定，非但并无将来订立买卖本约

---

① 参见最高人民法院民事审判第一庭编：《最高人民法院关于审理商品房买卖合同纠纷案件司法解释的理解与适用》，人民法院出版社 2003 年版，第 66～67 页。

之约定，且均为双方照所订契约履行之约定，自属本约而非预约”。[①] 概括而言，“预约的目的在于有事实或法律上障碍，暂无订定主契约时”，约定将来订立一定合同；预约的目的在于签订本约，而预约合同属诺成性合同而非实践性合同，不受要物约束。预约与本约的本质区别在于预约存在法律上或事实上的障碍，导致合同部分条款缺失或不确定。

司法实践中，如何判断商品房认购书究竟是预约还是本约呢？《商品房买卖合同解释》第5条规定：“商品房的认购、订购、预订等协议具备《商品房销售管理办法》第十六条规定的商品房买卖合同的主要内容，并且出卖人已经按照约定收受购房款的，该协议应当认定为商品房买卖合同。”根据此规定，认定名为预约实为本约，应当具备两个条件：一是具备《商品房销售管理办法》第16条规定的商品房买卖合同的主要内容。《商品房销售管理办法》第16条规定，商品房销售时，房地产开发企业和买受人应当订立书面商品房买卖合同。商品房买卖合同应当明确以下主要内容：(1)当事人名称或者姓名和住所；(2)商品房基本状况；(3)商品房的销售方式；(4)商品房价款的确定方式及总价款、付款方式、付款时间；(5)交付使用条件及日期；(6)装饰、设备标准承诺；(7)供水、供电、供热、燃气、通信、道路、绿化等配套基础设施和公共设施的交付承诺和有关权益、责任；(8)公共配套建筑的产权归属；(9)面积差异的处理方式；(10)办理产权登记的有关事宜；(11)解决争议的方法；(12)违约责任；(13)双方约定的其他事项。二是出卖人已按约定收取购房款。“出卖人已按约定收取购房款”的内涵为：一是商品房认购书已实际履行，出卖人已收取了购房款。这里所称“购房款”既应包括全款，也应包括部分购房款。买受人支付房款的方式有三种：一是一次性付清全款，指买受人在签订商品房买卖合同时或在合同约定的时间内一次性支付全部房价款的付款方式。二是分期付款，指根据商品房买卖的约定，先由出卖人将期房预售或将现房出售给买受人，买受人在一定期限内分次支付商品房价款的付款方式。实务中，首付一般不低于房价总款的30%。余款一般在房屋交付使用后一段时间内付清，最长期限可达30年。三是以个人住房贷款的方式付款，指贷款人向借款人发放的用于购房自用普通住房的贷款。贷款人发放个

① 黄立著：《民法总则》，中国政法大学出版社2002年版。

人住房贷款时,借款人必须提供担保。借款人到期不能偿还贷款本息的贷款人有权依法处分抵押物或质押物,由保证人承担贷款本息的连带责任。出卖人收取房款的方式即使与上述情况不同,也应按约定的方式履行。

由本条解释可以推论出,商品房认购书被认定为本约,除合同条款齐备外,还应具备合同实际履行条件。一般讲,只要合同条款齐备、明确,不存在法律或事实上的障碍,无论合同名称如何,都应认定其为本约,无须附加实际履行内容。作为认定本约的条件,预约合同也不排斥合同的履行,并不意味着合同已开始实际履行就已转化为本约从而否定其预约的性质。我们认为,预约与本约的本质区别在于预约存在法律或事实上的障碍,导致合同部分条款缺失或不确定,而本约不存在这一情况。如前条解析所述,《法国民法典》规定,双方当事人就标的物及其价金相互同意时,买卖的预约即转化为买卖。若此种买卖预约之标的物为已或将分块出售的地产时,则对该项预约的承诺及本约以支付部分价金并占有该地产而成立。订立本约的日期,即使是事后补订的,也应是交付第一部分价金之日。“以支付部分价金并占有该地产”为“标的物为已或将分块出售的地产”预约合同成立的条件。之所以这样规定,主要是因为不动产交易有钱款数额大、风险高的特点。为保障交易安全,保护购房业主权益,避免以预约为名非法融资危及社会稳定的不法事件发生,有必要通过立法强制性规范不动产预约合同的签约条件,降低交易风险,提高本约的签约率,促进房地产业的健康发展。结合上述分析,我们认为就一般情况而言,只要具备《商品房销售管理办法》第 16 条规定的商品房买卖合同的主要内容即可认定为本约,不必附加合同履行条件。从立法趋势上讲,应加重对不动产预约的规范力度,而对认定成立本约不必附加履行条件。本条规定“出卖人已按约定收取购房款”作为商品房买卖合同成立的要件之一,我们认为主要考虑到商品房买卖的实际情况制定的。商品房交易实务中,出卖人与买受人签订商品房认购书多是订有日后再签订正式买卖合同的条款,尽管商品房认购书具备本约的内容,但合同当事人的真实意思是签订预约合同,故本条解释附加买受人交纳全部或部分房款的合同才转化为正式的商品房买卖合同。以这样的方式区分预约与本约,符合我国商品房销售市场的实际情况,法官、律师、公民都容易理解。此外,法学界对预约合同的理论研究仍处于初级阶段,尚未形成大家公认的主导思想,对完善上述理论观点乃至上升到法律仍需时日,本解释作出的规定也是符合现行法律、法理和商品房交易实务的。[①] 但是,随着司法实践的发展,普遍认为,判断当事人之间订立的合同系本约还是预约的根本标准应当是当事人的意思表示,即当事人是否有意在将来订立一个新的合同,以最终明确在双方之间形成某种法律关系的具体内容。对于当事人之间存在预约还是本约关系,不能仅孤立地以当事人之间签订的协议之约定为依据,而是应当综合审查相关协议的内容以及当事人嗣后为达成交易进行的磋商和有关的履行行为等事实,从中探寻当事人真实意思,并据此对当事人之间法律关系的性质作出准确界定。

典型案例

判断当事人之间订立的合同系本约还是预约的根本标准应当是当事人的意思表示,即当事人是否有意在将来订立一个新的合同,以最终明确在双方之间形成某种法律关系的具体内容。对于当事人之间存在预约还是本约关系,不能仅孤立地以当事人之间签订的协议之约定为依据,而是应当综合审查相关协议的内容以及当事人嗣后为达成交易进行的磋商和有关的履行行为等事实,从中探寻当事人真实意思,并据此对当事人之间法律关系的性质作出准确界定

——成都讯捷某连锁有限公司与某蜀都实业有限责任公司、四川友利某控股股份有限公司房屋买卖合同纠纷案[②]

1. 案情简介

申请再审人(一审原告、反诉被告,二审被上诉人):成都讯捷某连锁有限公司

法定代表人:王某东,该公司总经理

委托代理人:郑某,北京市天同律师事务所律师

① 参见最高人民法院民事审判第一庭编:《最高人民法院关于审理商品房买卖合同纠纷案件司法解释的理解与适用》,人民法院出版社 2003 年版,第 70 ~ 71 页。

② 参见最高人民法院(2013)民提字第 90 号,载《最高人民法院公报》2015 年第 1 期。

委托代理人:陈某权,北京市天同律师事务所律师

申请再审人(一审被告、反诉原告,二审上诉人):四川蜀都实业有限责任公司

法定代表人:程某潮,该公司董事长

委托代理人:江某平,北京市地石律师事务所律师

委托代理人:石某,四川精济律师事务所律师

一审第三人:四川友利某控股股份有限公司

法定代表人:李某林,该公司董事长

委托代理人:赵某,四川精济律师事务所律师

申请再审人成都讯捷某连锁有限公司(以下简称讯捷公司)与某蜀都实业有限责任公司(以下简称蜀都实业公司)、一审第三人四川友利某控股股份有限公司(以下简称友利公司)房屋买卖合同纠纷一案,四川省成都市中级人民法院于2011年1月20日作出(2010)成民初字第433号民事判决。蜀都实业公司不服该判决,向四川省高级人民法院提起上诉。该院于2011年7月25日作出(2011)川民终字第247号民事裁定书,裁定撤销原判决,发回四川省成都市中级人民法院重审。四川省成都市中级人民法院于2011年12月29日作出(2011)成民初字第936号民事判决。蜀都实业公司不服该判决,向四川省高级人民法院提起上诉,该院于2012年12月2日作出(2012)川民终字第331号民事判决。讯捷公司不服该判决,向最高人民法院申请再审。最高人民法院于2013年4月3日作出(2013)民申字第188号民事裁定,提审本案,再审期间,中止原判决的执行。最高人民法院提审本案后,依法组成合议庭,于2013年6月21日对本案进行了开庭审理。讯捷公司的委托代理人郑某、陈某权,蜀都实业公司的委托代理人江某平、石某,友利公司的委托代理人赵某到庭参加了诉讼。庭前蜀都实业公司向最高人民法院提交了再审反请求,最高人民法院依法将其列为申请再审人。本案现已审理终结。

一审法院经审理查明:(1)2006年9月20日,蜀都实业公司(甲方)与讯捷公司(乙方)签订《购房协议书》约定:“甲乙双方按照互惠、互利的原则,经多次协商,就蜀都大厦北一楼及中庭售房事宜形成如下一致意见:1. 乙方购买甲方所拥有的蜀都大厦北一楼及中庭建筑面积2100平方米,总价格6750

万元(最后按照房管部门办理的产权证为准进行结算)。2. 本协议签订之日起,甲方收到乙方预计购房定金 1000 万元,待购房合同签订时,该定金自动转为购房款。3. 甲、乙双方应就购房合同及付款方式等问题在本协议原则下进行具体磋商。4. 甲、乙双方均应遵守本协议所确定的原则,违反则违约方向守约方支付违约金 1000 万元。5. 甲乙双方就该宗房屋买卖合同签订时,本协议自动失效。”

上述事实,有加盖讯捷公司和蜀都实业公司公章的《购房协议书》予以证实,当事人对该证据的真实性不持异议,一审法院予以确认。

(2)2006 年 9 月 14 日和 2006 年 9 月 18 日,讯捷公司经上海浦东发展银行股份有限公司成都分行向四川舒卡特种纤维股份有限公司(以下简称“舒卡纤维公司”,现名友利公司)在中国光大银行成都分行的账号内分别转入 200 万元和 300 万元,款项用途为预付购房定金。2006 年 9 月 18 日、9 月 19 日、9 月 20 日,讯捷公司经中国光大银行成都分行向舒卡纤维公司的账号内分别转入 200 万元、200 万元和 100 万元。舒卡纤维公司于 2006 年 9 月 20 日向讯捷公司开具了两张金额均为 500 万元的定金收据。蜀都实业公司于 2007 年 1 月 4 日将讼争的房屋交付给讯捷公司使用至今。

上述事实,有《中国光大银行往来账贷方凭证》《上海浦东发展银行电子转账凭证》、舒卡纤维公司开具的《四川省非经营性结算统一票据》和蜀都实业公司与讯捷公司对交房时间的一致陈述予以证实。

(3)四川省工商行政管理局于 2004 年核准“成都蜀都大厦股份有限公司”的企业名称变更为“四川舒卡特种纤维股份有限公司”。某蜀都大厦有限责任公司(以下简称“蜀都大厦公司”)由舒卡纤维公司、成都蜀都投资管理有限责任公司、江苏双良科技有限公司分别出资 4600 万元(占 46%)、500 万元(占 5%)、4900 万元(占 49%)而设立,蜀都大厦公司于 2005 年 7 月分立成蜀都大厦公司和蜀都实业公司。蜀都实业公司注册资本为 1000 万元,股东名称和出资比例不变。舒卡纤维公司于 2009 年 4 月 10 日经四川省工商行政管理局核准企业名称变更为友利公司。

上述事实,有《企业名称变更核准通知书》《公司变更登记申请书》《营业执照》《公司章程》《蜀都大厦分立协议》(均为复印件,加盖有成都市工商行政管理局企业登记专用章)等工商登记材料予以证实。

(4)2005 年 8 月 5 日,蜀都大厦公司出具的《场地证明》载明:“因企业分离,现蜀都大厦公司名下锦江区暑袜北三街 20 号蜀都大厦南楼(权 0111476)、北楼(权 0963909)、中庭(权 0111478)第一至四层楼及精品屋(权 0613360)无偿提供给蜀都实业公司使用。”2006 年 2 月 25 日,蜀都大厦公司与蜀都实业公司根据双方签订的分立协议,就蜀都大厦公司将位于成都市锦江区暑袜北三街 20 号蜀都大厦裙楼(包括南楼、北楼、中庭)第一层至第四层以及精品屋共计 17,537.36 平方米房屋产权及相应的土地使用权转移过户至蜀都实业公司名下的具体问题签订了《关于办理蜀都大厦裙楼 1~4 层房屋权属转移过户协议书》一份,双方同意分次办理应转移过户到蜀都实业公司名下房产的转移过户登记手续,并各委派一人共同办理房屋权属转移过户登记手续,相关费用按规定由双方分别承担,待上述房屋产权全部过户至蜀都实业公司名下后,随即开始办理相应土地使用权证的转移过户登记手续。成都市房屋产权监理处于 2008 年 3 月 4 日向蜀都实业公司颁发了位于成都市锦江区署袜北三街 20 号一层,面积 4060.40 平方米房屋的产权证[产权证编号:成房权证监证字第 1654684 号,丘(地)号:权 1223775]。友利公司于 2008 年 3 月 14 日向中国农业银行股份有限公司成都蜀都支行借款 3000 万元,蜀都实业公司以该产权证下 2043.91 平方米的房屋为友利公司的借款提供抵押担保,并在成都市房管局产权监理处办理了抵押登记。友利公司于 2009 年 12 月 15 日偿还了中国农业银行股份有限公司成都蜀都支行全部贷款本息,但抵押登记尚未注销。2010 年 7 月 29 日,蜀都实业公司以位于成都市锦江区署袜北三街 20 号一楼(产权证编号:成房权证监证字第 1654684 号)面积 1347.52 平方米的房屋为友利公司向招商银行股份有限公司成都顺城大街支行办理综合授信 2500 万元而设定抵押,并在成都市房管局产权监理处办理了抵押登记,友利公司在授信项下借款 500 万元已于 2010 年 11 月 19 日结清本息,但抵押登记未注销。

上述事实,有蜀都大厦公司 2005 年 8 月 5 日出具的《场地证明》、蜀都大厦公司与蜀都实业公司于 2006 年 2 月 25 日签订的《关于办理蜀都大厦裙楼 1~4 层房屋权属转移过户协议书》《房屋所有权证》、成都市房地产档案馆出具的《房屋信息摘要》、中国农业银行股份有限公司成都蜀都支行和招商银行股份有限公司成都顺城大街支行分别出具的《情况说明》等证据予以证实。

(5)2009年9月28日,讯捷公司向蜀都实业公司发出《商函》,内容主要是:"金融危机对行业的侵蚀,市场的变化致使我公司手机销售额及利润大幅下滑;另一方面房地产销售价格整体向下走的态势,能否请贵司在原协议的基础上对约定购买价格作出一定的让步!我们期望值在人民币6000万元左右。"2009年9月28日,蜀都实业公司向讯捷公司发函,要求讯捷公司在30日内安排人员到蜀都实业公司就房屋买卖正式合同进行协商,并支付3年场地使用费。次日,讯捷公司回函同意于2009年10月9日就购房事宜进行商谈。2009年10月10日,蜀都实业公司向讯捷公司发函,要求对蜀都实业公司拟定的《房屋买卖合同》文本予以回复。讯捷公司于2009年10月12日回函确认收到蜀都实业公司提供的《房屋买卖合同》文本。2009年10月20日、10月28日、12月9日,蜀都实业公司与讯捷公司组织相关人员及律师就房屋买卖中的相关问题进行了三次协商,双方就讯捷公司是否应当支付场地使用费,买卖过户税费的负担,产权证的办理及购房尾款的支付时间,出售房屋所涉抵押的解除等问题进行协商后未达成一致意见。2009年11月4日,蜀都实业公司向讯捷公司发函,要求讯捷公司支付场地使用费,具体标准由双方协商,房屋买卖税费由讯捷公司全部承担。次日,讯捷公司回函,不同意支付场地使用费,要求税费的负担按照国家法律法规及政策,由蜀都实业公司与讯捷公司双方各自承担自行部分,讯捷公司同意在房屋产权及土地使用权过户后当即付清全部剩余房款。2009年11月12日,蜀都实业公司向讯捷公司发函,主要内容是:①双方依据《购房协议书》就房屋买卖合同内容磋商长达3年时间,但至今仍在买卖合同的许多重大问题上存在着严重分歧,导致双方一直未签订《房屋买卖合同》,因此双方的房屋买卖关系未成立。②讯捷公司无偿占用蜀都实业公司房屋三年,应当支付场地占有使用费。③蜀都实业公司不同意讯捷公司提出的付款方式。④由讯捷公司承担房屋买卖全部税费是蜀都实业公司出卖二手房的交易条件,从未发生改变。

2009年11月17日,讯捷公司向蜀都实业公司回函,主要内容是:①讯捷公司认为双方的房屋买卖已经实际履行。②讯捷公司占有并使用房屋系合法的,不应向蜀都实业公司支付场地占用费。③讯捷公司坚持在房屋过户登记后才向蜀都实业公司支付全部购房尾款。④蜀都实业公司提出房屋买卖税费全部由讯捷公司承担缺乏依据和违反国家相关法律规定。

2010 年 3 月 3 日，蜀都实业公司通过成都市蜀都公证处向讯捷公司发函，内容为："2009 年 12 月 9 日贵我双方就相关善后事宜进行了协商，由于双方存在重大分歧，未能达成一致意见。此后，双方又就善后事宜进行了数次协商，但仍未取得任何结果。为此，我公司经慎重研究后，通知贵公司：1. 解除贵我双方于 2006 年 9 月 20 日签订的《购房协议书》；2. 请贵公司收在本函后三十日内腾退该房屋；3. 请贵公司在收到本函后三十日内向我公司支付占用该房屋期间应付的场地使用费并办理相应的财务结算（定金、使用费等费用的退还和支付）。"

上述事实，有讯捷公司与蜀都实业公司之间的往来函件及《会议纪要》、公证书等证据予以证实。

讯捷公司一审起诉称，2006 年 9 月 20 日，讯捷公司与蜀都实业公司就位于蜀都大厦北一楼及中庭建筑面积 2100 平方米的房屋买卖事宜达成协议，签订了《购房协议书》，对该房屋的座落位置、面积、价款及违约责任等作了明确约定。讯捷公司按照协议约定向蜀都实业公司交付定金 1000 万元后，蜀都实业公司将讼争房屋交付给讯捷公司使用至今。双方口头约定，等蜀都实业公司将房屋过户至讯捷公司名下后，讯捷公司及时向蜀都实业公司付清剩余房款。后讯捷公司与蜀都实业公司就房屋过户登记及价款支付等相关事宜经过多次磋商未果，2010 年 3 月 3 日蜀都实业公司向讯捷公司送达了解除 2006 年 9 月 20 日双方签订的《购房协议书》的通知函。讯捷公司认为，双方之间签订的《购房协议书》已符合《商品房买卖合同解释》第 5 条的规定，且蜀都实业公司在签订《购房协议书》及讯捷公司支付定金后，已将房屋交付给讯捷公司占有使用，双方的《购房协议书》已经实际履行，应当得到法律保护。故诉请：（1）确认讯捷公司与蜀都实业公司于 2006 年 9 月 20 日签订的《购房协议书》已成立并合法有效，确认蜀都实业公司于 2010 年 3 月 3 日作出的解除 2006 年 9 月 20 日签订的《购房协议书》解除函无效；（2）请求判令蜀都实业公司在判决生效后 15 日内向讯捷公司履行办理房屋产权过户登记的义务，在蜀都实业公司履行过户登记后 5 日内，讯捷公司向蜀都实业公司支付剩余购房款 5750 万元；（3）产权过户的税费按照法律规定由讯捷公司与蜀都实业公司各自承担。

蜀都实业公司答辩称，（1）讯捷公司向法院提交的《诉讼请求明确书》无效,法院不应审理其关于“确认解除函无效”的诉讼请求。(2)2006 年 9 月 20 日签订《购房协议书》时,蜀都实业公司尚不是房屋的所有权人,因此协议书并非房屋买卖合同,实际上《购房协议书》是一份排他性的定金合同,讯捷公司也未向蜀都实业公司支付 1000 万元定金,故《购房协议书》成立而未生效,不产法律效力。在协议书签订后的磋商过程中,双方未谈及支付房款,办理房屋及土地产权过户手续等问题,因不可归责于双方的原因导致房屋买卖合同至今未能签订,双方互不承担未签订购房合同的责任。(3)用讯捷公司正在使用房屋的现状来推断蜀都实业公司已经履行了房屋交付义务属于逻辑错误。2007 年 1 月 4 日,蜀都实业公司同意讯捷公司使用房屋是基于当时房屋于 2006 年 12 月 31 日对外租期届满,交由讯捷公司使用不影响买卖或租赁的谈判,因此蜀都实业公司不是基于买卖关系履行房屋交付义务。(4)双方在签订《购房协议书》后的三年时间里未就房屋买卖达成一致意思表示,在重大交易条件上达不成一致,房屋交易标的 6750 万元,而税收就高达 4421 万元,占交易额的 65.51%,故用《合同法》第 62 条及其司法解释规定的“补缺”方式来解决交易双方重大分歧的交易条款是不公平的。(5)即使《购房协议书》是购房合同,讯捷公司已支付定金并基于蜀都实业公司履行买卖义务而交付占有房屋,但蜀都实业公司已于 2010 年 3 月 3 日依法解除了《购房协议书》,该协议书自解除函到达讯捷公司之日即 2010 年 3 月 8 日起生效。蜀都实业公司依据《合同法》第 3 条、第 4 条、第 94 条及最高人民法院《关于适用〈中华人民共和国担保法〉若干问题的解释》(以下简称《担保法解释》)第 115 条的规定主张解除《购房协议书》有充分的法律依据。讯捷公司的诉讼请求欠缺合同依据,违背当事人的意思表示,应全部予以驳回。

友利公司未提交答辩意见。

蜀都实业公司一审反诉称,讯捷公司与蜀都实业公司签订案涉《购房协议书》约定讯捷公司支付定金后,双方应就房屋买卖合同主要内容进行磋商,待房屋买卖合同签订后定金转为购房款,《购房协议书》自动生效。2006 年 12 月 31 日,该房屋对外出租到期,此时,双方虽未就房屋买卖事宜达成一致,但基于对双方合作及可能买卖的信赖,蜀都实业公司同意讯捷公司使用该房屋。在《购房协议书》签订后,讯捷公司自 2007 年 1 月 4 日实际占有使用该房屋的3年多的时间内,双方就房屋买卖的事项进行了多次磋商,但一直未能达成一致意见,未能签订房屋买卖合同。在此期间,讯捷公司占有使用蜀都实业公司的房屋从事商业活动,获取商业利益,而双方长期无法达成交易,致使蜀都实业公司既不能出售房屋收取房款,也未收取场地占用费,客观上蒙受了巨大经济损失。为此,蜀都实业公司不得不于2010年3月3日向讯捷公司发函,请求解除《购房协议书》并要求讯捷公司支付场地占有使用费。综上,故请求:(1)判令讯捷公司立即腾退蜀都大道北三街20号北一楼及中庭建筑面积约2100平方米房屋给蜀都实业公司;(2)判令讯捷公司向蜀都实业公司支付上述房屋从2007年1月4日至实际腾退房屋之日的占有使用费(计算截至2010年6月30日为2650.90万元)。

讯捷公司答辩称,讯捷公司的诉讼请求是基于双方的买卖关系,而蜀都实业公司的反诉请求则是基于房屋占有关系,本诉和反诉不是基于同一法律关系,不具有对抗性,本诉成立则反诉不成立,反诉成立则本诉不成立。因此,蜀都实业公司的反诉条件不成立,反诉应不予受理或者受理后中止审理,不应与本诉合并审理。蜀都实业公司交付房屋的行为是基于《购房协议书》,本案法律关系是买卖合同关系,故讯捷公司要求确认《购房协议书》成立,双方应履行相关的义务。此外,蜀都实业公司要求讯捷公司支付房屋占有使用费没有任何法律依据。

友利公司未提交答辩意见。

一审法院认为,(1)讯捷公司提起本案诉讼,诉状上诉讼请求的范围包括确认蜀都实业公司于2010年3月3日作出解除双方于2006年9月20日所签订的《购房协议书》的解除函无效。后讯捷公司提出的增加诉讼请求申请对原有的诉讼请求进行了细化和增加,并未明确放弃请求确认解除函无效的诉讼请求。蜀都实业公司主张讯捷公司系重新提出诉讼请求且以实际行为表明放弃争议请求的理由不成立,讯捷公司的诉讼请求具体明确,一审法院予以确认。

(2)因蜀都实业公司基于合同解除而提起反诉,请求讯捷公司腾退房屋并支付场地占有使用费,而讯捷公司请求继续履行合同,故双方请求是否成立需要确认双方于2006年9月20日所签的《购房协议书》是否已经解除,蜀都实业公司于2010年3月3日作出的解除函是否有效。蜀都实业公司于

2010年3月3日作出解除双方2006年9月20日所签《购房协议书》的解除函，该函于2010年3月8日到达讯捷公司，双方对上述事实均无异议，一审法院予以确认。合同可因法定或约定解除，《合同法》第93条规定“当事人协商一致，可以解除合同，当事人可以约定一方解除合同的条件。解除合同的条件成就时，解除权人可以解除合同”，第94条规定了法定解除的条件，第96条第1款规定，“当事人一方依照本法第九十三条第二款、第九十四条的规定主张解除合同的，应当通知对方，合同自通知到达对方解除。对方有异议的，可以请求人民法院或仲裁机构确认解除合同的效力”。蜀都实业公司的解除函虽然于2010年3月8日到达讯捷公司，但讯捷公司已于2010年5月18日向一审法院提起诉讼，对解除函的效力提出异议。由于双方在《购房协议书》中对合同解除及异议期间没有明确约定，故讯捷公司就解除函效力提出异议的期限不违反最高人民法院《关于适用〈中华人民共和国合同法〉若干问题的解释（二）》（以下简称《合同法解释（二）》）第24条对异议期间的规定。现蜀都实业公司主张根据《合同法》第94条第5项“法律规定的其他情形”以及《担保法解释》第115条的规定，以双方磋商未达成一致意见为由行使法定解除权，经审查，该事由不符合法定解除合同的情形，蜀都实业公司发出的合同解除函无效，对讯捷公司不产生法律效力，故一审法院对讯捷公司诉请确认蜀都实业公司于2010年3月3日作出的解除2006年9月20日所签《购房协议书》的解除函无效的诉讼请求予以支持。

（3）讯捷公司诉讼请求建立在《购房协议书》系房屋买卖的本约合同且合法有效的前提下，蜀都实业公司的反诉请求建立在《购房协议书》系买卖的定金合同的前提下。合同有预约与本约之分，预约的目的在于有事实或法律上的障碍，暂无法订立主合同时，约定将来订立一定合同，预约合同的权利人仅得请求对方履行订立本约合同的义务，而不得径行依照预约合同的内容请求履行。《购房协议书》第3条约定讯捷公司与蜀都实业公司应就购房合同及付款方式等问题在本协议的原则下进行具体磋商，第5条约定双方就该宗房屋买卖合同签订时，本协议自动失效。该内容的约定表明双方在签订《购房协议书》后还应当就房屋买卖的事宜进行进一步协商并签订《房屋买卖合同》，但并不能据此认定《购房协议书》一定属于预约合同或定金合同，理由如下：①《购房协议书》中的当事人名称、标的、价款、违约责任等主要条款明确具体，根据《合同法解释(二)》第1条第1款关于“当事人对合同是否成立存在争议，人民法院能够确定当事人名称或者姓名、标的和数量的，一般应当认定合同成立。但法律另有规定或者当事人另有约定的除外”之规定，《购房协议书》因具备合同的必备条款而应当认定合同成立。②购房定金1000万元已在双方签订《购房协议书》前由讯捷公司支给蜀都实业公司的股东友利公司，蜀都实业公司已在《购房协议书》第2条确认其收到讯捷公司预付的上述购房定金1000万元，故讯捷公司已履行了支付购房定金的合同义务。另外，蜀都实业公司虽然在签订《购房协议书》时尚未取得房屋的所有权，但根据蜀都实业公司与蜀都大厦公司签订的房屋过户协议和蜀都大厦公司出具的场地使用证明，能证明蜀都实业公司有权对涉案房屋进行处分，况且现在蜀都实业公司已实际取得涉案房屋的所有权证，房屋权属明确，对《购房协议书》是否成立和效力认定不构成实质性影响。③《购房协议书》第3条和第5条的约定是在合同具备必备条款的情况下，要求双方对合同欠缺的其他内容进行进一步的协商并签订《房屋买卖合同》，根据《合同法解释(二)》第1条第2款关于“对合同欠缺的前款规定以外的其他内容，当事人达不成协议的，人民法院依照合同法第六十一条、第六十二条、第一百二十五条等有关规定予以确定”之规定，本案当事人对《购房协议书》中未涉及的付款方式等其他条款不能达成协议并签订《房屋买卖合同》的情况下，人民法院应当按照相关规定予以确定，而不能据此认定合同不成立或属于预约合同或定金合同性质。④在签订《购房协议书》后，蜀都实业公司将讼争的位于蜀都大厦北一楼及中庭建筑面积2100平方米的房屋交付给讯捷公司占有使用，蜀都实业公司辩称与讯捷公司既谈买卖，又在谈租赁，双方不是基于买卖关系而向讯捷公司交付房屋。蜀都实业公司的辩称意见因无事实依据所证实，依法不能成立。讯捷公司主张蜀都实业公司因买卖关系而向其交付房屋的理由成立。故一审法院认为《购房协议书》为购房合同而非预约合同或定金合同，且系当事人真实意思表示，内容不违反相关法律规定，合法有效。讯捷公司请求确认《购房协议书》为房屋买卖合同已成立并合法有效的理由成立，应当予以支持。

(4)关于讯捷公司请求蜀都实业公司在判决生效后15日内履行办理房屋产权过户登记义务的问题。因双方当事人在《购房协议书》中未就房屋过户的时间进行约定,一审法院通知双方当事人进行补充协议时未就此达成一致意见。虽然登记是取得不动产物权的根据,但作为房屋买卖合同出卖人的主要义务是向买受人交付房屋,买受人的主要义务则是向出卖人支付价款,过户登记系登记机关的职能,出卖人只负有协助办理过户登记的义务,与交付房屋和支付价款相较而言,出卖人履行协助过户义务属于附随义务。由于蜀都实业公司已于2007年1月4日向讯捷公司交付了房屋,而讯捷公司除向蜀都实业公司支付1000万元定金外,其余购房款未支付,在双方当事人对过户登记没有约定,且讯捷公司未支付大部分购房款的情况下,讯捷公司请求蜀都实业公司先行履行协助过户的条件尚不成就。待讯捷公司向蜀都实业公司全部履行付款义务后合理期限内,蜀都实业公司有义务协助讯捷公司办理产权过户手续。由于相关行政法规和规章均未对城市房地产的过户登记时间作出规定,一审法院参照国务院颁布的《城市房产地开发经营管理条例》第33条之规定,确定蜀都实业公司应在收到全部购房款后90日内协助讯捷公司办理产权过户手续。

(5)关于讯捷公司请求在讼争房屋过户后5日内,由讯捷公司向蜀都实业公司支付剩余房款5750万元的问题。由于蜀都实业公司主张的法律关系性质与一审法院认定的法律关系性质不一致,一审法院依照《民诉证据规定》第35条之规定,已向蜀都实业公司释明,但蜀都实业公司拒绝变更诉讼请求。请求权是指权利人可以要求他人为一定行为或不为一定行为的权利。对于未支付的房屋价款,蜀都实业公司作为债权人可以提出相应的诉讼请求,而作为义务人的讯捷公司则不享有该请求权,故一审法院对讯捷公司的该项诉讼请求不予支持。

(6)关于讯捷公司请求按照法律规定各自承担房屋产权过户登记过程中产生的税费问题。由于双方当事人在《购房协议书》中未对过户时产生的税费负担方式进行约定,双方事后又不能达成补充协议,应当按照国家有关房地产过户登记税费负担的规定由买卖双方各自承担应负责部分税费。

(7)关于蜀都实业公司反诉请求讯捷公司腾退房屋和支付场地占用费的问题。因《购房协议书》系房屋买卖合同,且蜀都实业公司基于房屋买卖合同关系向讯捷公司交付房屋,在《购房协议书》合同有效的情况下,蜀都实业公司无权请求讯捷公司返还已经交付的房屋,加之双方不存在房屋租赁关系,蜀都实业公司无权要求讯捷公司支付场地占用费，一审法院对于蜀都实业公司反诉请求不予支持。

综上，一审法院判决：(1)讯捷公司与蜀都实业公司于2006年9月20日签订的《购房协议书》成立并有效；(2)蜀都实业公司于2010年3月3日作出的解除其与讯捷公司2006年9月20日所签《购房协议书》的解除函无效；(3)在讯捷公司向蜀都实业公司履行完毕支付购房款义务后90日内，蜀都实业公司协助将位于成都市暑袜北三街20号蜀都大厦北一楼及中庭2100平方米房屋过户给讯捷公司，因此所产生的税和费按相关规定由讯捷公司和蜀都实业公司各自承担；(4)驳回讯捷公司的其他诉讼请求；(5)驳回蜀都实业公司的反诉请求。本诉案件受理费379,300元，财产保全费5000元，由讯捷公司负担189,650元，蜀都实业公司负担194,650元；反诉案件受理费87,172.50元，由蜀都实业公司负担。

蜀都实业公司不服该判决，向四川省高级人民法院提起上诉称，(1)一审判决错误认定双方为订立主合同而签订的定金合同《购房协议书》是买卖合同本约。(2)一审判决错误认定讯捷公司已向蜀都实业公司交付了定金。(3)因不可归责于双方的事由，导致3年多时间未订立买卖合同，讯捷公司应自收到解除函之日起腾退房屋并支付使用费。(4)一审程序违法。讯捷公司曾书面放弃确认解除行为是否有效的诉请。在重审一审中，一审法院再次让讯捷公司确认解除是否有效的诉请并据此下判。讯捷公司在2011年9月15日才提起确认解除是否有效的诉请，已超过异议期间。故请求撤销一审判决，支持蜀都实业公司的反诉请求。

讯捷公司未提交书面答辩状，当庭答辩称，一审判决认定事实清楚，适用法律正确，程序合法，故应驳回蜀都实业公司的上诉请求。

友利公司未提交答辩意见。

二审法院查明：(1)二审审理中，在二审法院指定的举证期限内，蜀都实业公司提交了以下证据材料：①宏价评(2011)53号《价格评估报告书》。载明案涉房屋从2007年1月1日至2011年6月30日期间租金评估值为34,147,200元，拟证明使用费的数额。②四川求实财税咨询有限公司于2011年10月14日出具的《税务咨询报告》。载明该房屋交易涉税4000余万元，其中按照法律规定应由出卖人承担的土地增值税为32,319,835元，拟证明双方在3年内没有签订房屋买卖合同是因为有重大分歧，是不能归责于双方的原因导致。③2006年1月至2007年9月期间，蜀都实业公司与其他买受人签订的《房屋买卖合同》四份，拟证明《购房协议书》是预约性质的定金合同。

讯捷公司质证认为，证据1真实性无异议，但无关联性。证据2真实性无异议，反映了本案房屋买卖应各自交税，反证了双方存在房屋买卖关系。证据3真实性无异议，但无关联性。

(2)二审审理中，在二审法院指定的举证期限内，蜀都实业公司向该院提交了《场地占有使用费鉴定申请书》，申请对讼争房屋自2007年1月4日至实际鉴定之日止的场地占有使用费进行鉴定。

(3)2009年9月28日，蜀都实业公司向讯捷公司发函，主要内容为："贵我双方自2006年9月20日签订《购房协议书》以来，时间已经过去了三年，但贵我双方至今仍未能签订正式的《房屋买卖合同》。2009年6月2日，贵公司致《商函》给我公司。该《商函》要求我公司作出减少750万元房价的让步……我公司现就相关事项函告贵公司：1. 我公司再次催促贵公司按照双方协议达成的意向原则，就买卖该房屋的相关重大事项与我公司进行协商，并签订正式的房屋买卖合同。2. 贵公司使用我公司经营场地已接近三年，我公司希望贵我双方能本着实事求是的原则，通过协商，尽快确定、落实贵公司使用我公司经营场地的应付场地使用费事宜。"讯捷公司2009年9月29日回函称："贵方函告我方已经收悉，我公司非常重视此事，但现在正值国庆将至，我们正紧张筹备国庆节工作，恳请贵公司将蜀都一楼的购买事宜推迟到十月九日左右商谈，恳请谅解为感！"

(4)2009年11月4日，蜀都实业公司向迅捷公司发出的函内容为："为了签订房屋买卖合同，贵我双方又分别于2009年10月20日、2009年10月28日就房屋买卖合同中的内容进行了磋商，虽经双方充分协商，贵我双方仍对合同内容存在较大分歧，未能协商一致。因此，我公司意见是：1. 贵公司应支付占有使用房屋期间的场地使用费，具体标准双方可再行协商；2. 房屋买卖的全部税费由贵公司承担；3. 其他问题可再议。"2009年11月5日，讯捷公司回函内容为："我公司于三年前就商定了购买蜀都大厦北一楼及中庭建筑面积2100平方米的商铺……然，贵公司现在却突然提出增加场地使用费问题，且房屋买卖的全部税费由我公司来承担。我公司认为,这些要求过于苛刻,属于违背诚信的原则,再次明确回复如下:1. 场地使用费属于买卖关系成立后增加的要求,我公司不能接受。2. 房屋买卖的税费问题,将根据国家法律、法规以及政府政策,由贵公司和我公司各自承担自行部分。3. 对于剩余房款,我公司已准备有专款资金,再次要求贵公司尽快将相应的产权手续、土地手续过户到我公司名下后,我公司当即付清全款。以上是我公司就贵公司所提及问题的书面回复,希望贵公司能在实事求是的基础上,正确对待双方间已经成立的买卖关系。"

(5)2010 年 5 月 12 日,讯捷公司提起本案诉讼,其诉讼请求为:①请求依法确认蜀都实业公司作出的解除双方于 2006 年 9 月 20 日签订的《购房协议书》的解除函无效。②请求判令蜀都实业公司继续履行《购房协议书》,并履行房屋产权过户登记的义务。2010 年 11 月 11 日,讯捷公司向一审法院提交的《增加诉讼请求申请书》载明:"在人民法院对当事人进行释明后,增加诉讼请求一项。现列明所有诉讼请求如下:1. 请求确认《购房协议书》为房屋买卖合同已成立并合法有效;2. 请求判决本案裁判文书生效后 15 日内,由蜀都实业公司向讯捷公司履行办理房屋过户的义务;3. 请求判令讼争房屋过户后 5 日内,讯捷公司向蜀都实业公司支付剩余购房款 5750 万元;4. 请求判决双方在履行房屋产权过户过程中产生的税费按照法律规定,各自承担应承担的部分。以上是讯捷公司增加的诉讼请求。"

二审法院查明的其他事实与一审法院查明的事实相同。

二审法院经审理认为,(1)关于讯捷公司是否已经交付 1000 万元定金的问题。虽然讯捷公司未提供直接向蜀都实业公司支付 1000 万元定金的证据,但结合双方当事人无争议的事实,即 2006 年 9 月 14 日至 9 月 20 日,讯捷公司数次向蜀都实业公司股东舒卡纤维公司账号转款共计 1000 万元,款项用途为预付购房定金。舒卡纤维公司于 2006 年 9 月 20 日向讯捷公司开具了两张金额均为 500 万元的定金收据。2006 年 9 月 20 日,蜀都实业公司与讯捷公司签订了《购房协议书》,该《购房协议书》明确载明:"本协议签订之日起,甲方(指蜀都实业公司)收到乙方(指讯捷公司)1000 万元定金",表明蜀都实业公司在签订《购房协议书》时已经确认收到定金。诉讼中蜀都实业公司并无证据证明除本案房屋买卖关系外,讯捷公司与蜀都实业公司股东舒卡纤维公司尚有其他交易关系,且蜀都实业公司也未提供证据推翻《购房协议书》载明的蜀都实业公司收到讯捷公司购房定金1000万元的事实。故其辩称未收到1000万元定金的理由不能成立,一审判决认定讯捷公司已经交付1000万元定金并无不当。

(2)关于一审是否存在程序违法的问题。2010年3月8日,蜀都实业公司向讯捷公司发函解除《购房协议书》,2010年5月12日,讯捷公司提起诉讼,其诉讼请求包括确认解除函无效。2010年11月11日,讯捷公司向一审法院提交的《增加诉讼请求申请书》载明增加诉讼请求确认《购房协议书》为房屋买卖合同已成立并合法有效。该《增加诉讼请求申请书》未明确放弃解除函无效的请求。一审法院根据当事人的诉讼请求审理并作出判决并不违反法定程序,故蜀都实业公司上诉主张一审法院对此进行审理属于程序违法,讯捷公司已超出法律规定的期限请求确认解除函无效的理由不能成立,二审法院不予支持。

(3)关于《购房协议书》的性质和效力问题。本案中,双方签订的《购房协议书》约定"乙方购买甲方所拥有的蜀都大厦北一楼及中庭建筑面积2100平方米,总价格6750万元(最后按照房管部门办理的产权证为准进行结算)",该《购房协议书》明确写明了当事人名称、标的、价款,一审判决根据《合同法解释(二)》第1条规定认定双方间的房屋买卖合同关系已经成立并无不当。二审审理中,蜀都实业公司提交了同期蜀都实业公司与其他买受人签订的《房屋买卖合同》四份,双方当事人对该证据的真实性无异议,二审法院对该证据的真实性予以确认,但以上证据不能证明《购房协议书》的性质为定金合同。且诉讼中蜀都实业公司并未提供证据证明该《购房协议书》存在无效的情形,一审判决认定该协议有效正确。蜀都实业公司上诉称该《购房协议书》系定金合同,由于双方未签订正式购房合同,双方间未形成房屋买卖法律关系的理由不能成立,二审法院不予支持。

(4)关于《购房协议书》是否应当解除的问题。蜀都实业公司于2007年1月4日将房屋交付给讯捷公司占有使用后,讯捷公司2009年6月致函要求降价,随后双方就应否支付场地使用费,买卖过户时税费的负担、产权证的办理及尾款的支付时间、出售房屋所涉抵押的解除问题等事宜进行了一系列磋商。二审审理中,蜀都实业公司提交了《税务咨询报告》,双方当事人对该证据真实性无异议,二审法院对该证据的真实性予以确认。该证据亦印证了以上事实。双方磋商未达成协议,直至2010年3月3日蜀都实业公司发函要求解除双方所签《购房协议书》。在诉讼中,经人民法院主持调解和庭外和解,双方当事人仍不能达成协议。按照《购房协议书》的约定,“甲乙双方应就购房屋合同及付款方式等问题在本协议原则下进行具体磋商”,双方之间有磋商并签订正式房屋买卖合同的义务。蜀都实业公司作为讼争房屋所有权人,将涉案房屋交付讯捷公司使用5年多时间内,与讯捷公司既未达成正式房屋买卖合同,又未达成租赁协议,其既未收到房屋转让价款,亦未收到房屋租金,阻碍其物权实现,其在双方达不成正式房屋买卖合同的前提下,有权根据《物权法》第39条“所有权人对自己的不动产或者动产,依法享有占有、使用、收益和处分的权利”的规定,选择对其财产的处分方式,解除与讯捷公司签订的《购房协议书》。

蜀都实业公司于2010年3月3日发出解除函,讯捷公司于2010年5月18日向法院提起诉讼,故蜀都实业公司发出的该解除函不产生通知解除合同的法律效力,一审判决支持讯捷公司的该项诉讼请求并无不当;但一审判决认为《购房协议书》不符合解除条件,故判令蜀都实业公司在讯捷公司支付全部购房款后90日内交付涉案房屋并由双方各自承担相关税费不当,二审法院予以纠正。上述购房协议解除后,蜀都实业公司请求返还涉案房屋的诉讼请求符合《合同法》第97条“合同解除后,尚未履行的,终止履行;已经履行的,根据履行情况和合同性质,当事人可以要求恢复原状、采取其他补救措施,并有权要求赔偿损失”的规定,虽然蜀都实业公司起诉时主张立即腾退房屋,但应当给予讯捷公司必要的准备时间,二审法院酌定为30日。

至于讯捷公司已经支付1000万元定金,可另行主张权利。

(5)关于讯捷公司是否应支付场地使用费的问题。双方当事人签订《购房协议书》后,蜀都实业公司于2007年1月4日将讼争房屋交付给讯捷公司使用至今,但蜀都实业公司并没有证据证明交付行为系其于租赁关系或系《购房协议书》之外的其他有偿法律关系,故蜀都实业公司请求讯捷公司按照周边同类商场租金支付场地使用费没有事实和法律依据。虽然讯捷公司对蜀都实业公司提交的宏价评(2011)53号《价格评估报告书》的真实性无异议,但因该《价格评估报告书》与本案无关,二审法院不予采信。二审法院对蜀都实业公司二审申请对讼争房屋自2007年1月4日至实际鉴定之日止的场地占有使用费进行鉴定的申请不予准许。对蜀都实业公司主张支付场地使用费的上诉请求,不予支持。

综上,二审法院经该院审判委员会讨论决定,判决:(1)维持一审判决第一项,即"讯捷公司与蜀都实业公司于2006年9月20日签订的《购房协议书》成立并有效";(2)撤销一审判决二、三、四、五项,即"蜀都实业公司于2010年3月3日作出的解除其与讯捷公司2006年9月20日所签《购房协议书》的解除函无效;在讯捷公司向蜀都实业公司履行完毕支付购房款义务后90日内,蜀都实业公司协助将位于成都市暑袜北三街20号蜀都大厦北一楼及中庭2100平方米房屋过户给讯捷公司,因此所产生的税和费按相关规定由讯捷公司与蜀都实业公司各自承担;驳回讯捷公司的其他诉讼请求;驳回蜀都实业公司的其他诉讼请求";(3)讯捷公司于判决生效之日起30日内将位于成都市署袜北三街20号蜀都大厦北一楼及中庭2100平方米房屋腾退给蜀都实业公司;(4)驳回讯捷公司的其他本诉诉讼请求;(5)驳回蜀都实业公司的其他反诉诉讼请求。一审本诉案件受理费379,300元,财产保全费5000元,由讯捷公司负担192,150元,蜀都实业公司负担192,150元;一审反诉案件受理费87,172.50元,由讯捷公司负担43,586元,蜀都实业公司负担43,586.50元。二审案件受理费466,172.50元,由讯捷公司负担233,086元,蜀都实业公司负担233,086.50元。

讯捷公司不服二审判决,向最高人民法院申请再审称,二审判决认定的基本事实缺乏证据证明,适用法律错误,根据《民事诉讼法》第200条第2项、第6项之规定,申请再审,请求:撤销二审判决第二、三、四项判项,维持一审判决。具体理由为:(1)蜀都实业公司与讯捷公司签订《购房协议书》,构成房屋买卖合同关系,成立并有效,且已部分履行,应当继续履行。二审判决在认定《购房协议书》有效、蜀都实业公司于2010年3月3日发出的解除函不产生通知解除合同的法律效力、蜀都实业公司并未反诉请求解除《购房协议书》,却无端撤销一审判决关于解除函无效的判项,判令讯捷公司腾退房屋,判项与法院认定之间逻辑混乱,明显缺乏事实和法律依据。(2)蜀都实业公司不享有解除权。二审判决在合同纠纷案件中错误适用《物权法》第37条的规定,认为蜀都实业公司有权解除合同,显属适用法律错误。

蜀都实业公司答辩称,(1)案涉合同是立约定金合同,目的是担保主合同的订立,是一份认购预订协议;双方的主合同始终处于磋商之中,并因不可归责于双方的原因而未能订立。(2)由于房屋买卖主合同未能订立,预约合同目的不能实现,蜀都实业公司发出解除函,案涉合同被解除。(3)讯捷公司要求继续履行于法无据,且该合同没有履行的具体内容,也无法实际履行。(4)在双方买卖关系尚未确定之情况下,蜀都实业公司将房屋交付给讯捷公司是依双方谈妥的租赁关系,讯捷公司基于租赁关系占有使用该房屋,在案涉合同解除后理应清退场地并支付相应场地使用费。

友利公司答辩称,(1)友利公司与蜀都实业公司均为独立法人,不能因为友利公司是蜀都实业公司的股东而混淆各自的独立法律地位。(2)友利公司从未代收过任何公司委托或指定的购房定金。(3)友利公司与本案没有法律上的利害关系,不应当被追加为本案第三人。

蜀都实业公司不服二审判决,向最高人民法院申请再审,请求:(1)撤销一审判决;(2)撤销二审判决第一、五项,维持第二、三、四项;(3)判令迅捷公司向蜀都实业公司支付占有使用案涉房屋的场地使用费 2650.90 万元(截至起诉时 2010 年 6 月 30 日)。具体理由同其前述答辩意见。

讯捷公司答辩称,(1)本案双方在案涉合同中已明确表达买卖案涉房屋的真实意思表示,且均已部分履行了合同主要义务,双方形成了事实上的房屋买卖合同关系;案涉合同是房屋买卖合同的本约合同,而非预约合同。蜀都实业公司据以主张双方系房屋租赁法律关系的证据存在明显瑕疵,该主张并无事实依据。(2)由于讯捷公司备有专项资金以供随时全额支付剩余房款,本案房产已交付讯捷公司使用多年,房屋四至范围明确,因而案涉合同的继续履行不存在任何障碍,蜀都实业公司要求讯捷公司承担全部交易税费并故意夸大税费金额是制造借口拒绝履行合同。(3)蜀都实业公司不享有法定或约定的解除权,其作为违约方也无权解除协议,讯捷公司在收到蜀都实业公司解除函件后三个月内便提起诉讼,因此其发出的函件不发生解除案涉合同的效果。(4)蜀都实业公司要求讯捷公司支付房屋使用费并腾退房屋的请求缺乏法律依据。(5)案涉合同的继续履行有助于稳定既存交易秩序,实现社会整体财富最大化。

友利公司答辩称,对蜀都实业公司的请求没有异议。

最高人民法院再审查明:本案一审、二审法院查明的事实"成都市房屋产权监理处于2008年3月4日向蜀都实业公司颁发了位于成都市锦江区署袜北三街20号一层，面积4060.40平方米房屋的产权证（产权证编号：成房权证监证字第1654684号，丘地号权1223775号）”存有笔误，成都市房屋产权监理处向蜀都实业公司颁发此产权证的日期应为2008年3月14日，对此双方当事人均予认可。

在本案再审中，讯捷公司提供以下证据：(1)讯捷公司在银行的存款单，拟证明讯捷公司一直希望继续履行买卖合同，也有能力履行，继续履行合同不存在障碍。(2)《税务咨询意见书》一份，拟证明双方购买房屋的税费，蜀都实业公司为了制造矛盾虚构巨额税费，而真实税款没有蜀都实业公司所称的那么高。蜀都实业公司质证称，对证据1的真实性没有异议，但该存款时间是2013年6月13日，与2006年双方签订的购房协议书相差7年，因此与本案没有关联。对证据2，因税务评估报告的评估人员没有到庭接受质证而对其真实性不予认可，而且，评估过程中忽略了合同项下土地是划拨土地的性质，因此对其合法性和关联性均不予认可。友利公司质证称，同意蜀都实业公司的质证意见。

最高人民法院认为，从形成时间来看，讯捷公司提供的两份证据均形成于本案二审庭审之后，可认定为再审新证据。对于证据1，蜀都实业公司和友利公司均认可其真实性，故最高人民法院对其真实性应予确认。对于证据2，蜀都实业公司与友利公司对该鉴定意见的真实性持有异议，并且该鉴定意见为讯捷公司单方委托咨询公司制作，评估人也未出庭接受质证，故最高人民法院对其真实性不予确认。

蜀都实业公司提交了一份双方在2008年5月6日的往来函件中的最后一张，拟证明双方的关系确实为租赁关系。对此，讯捷公司质证认为，首先，该证据不完整，只是多页文件中的最后一页；其次，该证据不能证明双方此前即约定为租赁关系，而只是表明讯捷公司在蜀都实业公司支付违约金和补偿金的前提下，可以考虑将双方关系从买卖变为租赁；最后，这份函件标注的日期是2008年5月6日，而双方协议在2006年就签订了，该函件只能表明双方对于变更合同有过协商，但没有达成一致。友利公司质证认为，对该证据的真实性、合法性和关联性予以认可。

最高人民法院认为，该证据虽然在本案二审庭审结束之前已经客观存在,但考虑到蜀都实业公司未于二审庭审结束前提供该证据确有客观原因,没有证据证明蜀都实业公司未提供该证据系存在故意或者重大过失的情形,故可以认定为再审新证据。由于讯捷公司和友利公司对该证据的真实性不持异议,故对其真实性应予确认。

最高人民法院再审查明的其他事实与一审、二审法院查明的事实相同。

2. 法院裁判及观点

最高人民法院认为,本案再审的争议焦点为:(1)蜀都实业公司与讯捷公司之间就案涉房屋所形成的法律关系的性质和效力;(2)蜀都实业公司发出的解除函是否产生解除双方合同关系的效力;(3)讯捷公司要求继续履行的诉讼请求应否得到支持,蜀都实业公司主张的腾退房屋并支付房屋使用费的请求应否得到支持。

第一,关于蜀都实业公司与讯捷公司之间就案涉房屋所形成的法律关系的性质和效力问题。

基于当事人在最高人民法院再审庭审中的相关主张与理由,与本焦点问题密切相关的两个问题需要首先加以明确:其一,蜀都实业公司是否已收到讯捷公司支付的1000万元定金。虽然讯捷公司未提供直接向蜀都实业公司支付1000万元定金的证据,但2006年9月14日至9月20日,讯捷公司数次向蜀都实业公司的股东友利公司(原舒卡纤维公司)账号转款共计1000万元。友利公司于2006年9月20日向讯捷公司开具了两张金额均为500万元的收据。最高人民法院庭审中,友利公司称其与讯捷公司并无任何其他业务往来,收取这1000万元资金亦无任何合同或法律依据,但此后友利公司除向讯捷公司提供两张收据外,双方关于该笔资金再无其他进一步洽谈。最高人民法院认为,这种情况显然与日常生活常理及商业习惯不相符合。事实上,结合本案查明的其他事实可知,2006年9月20日,蜀都实业公司与讯捷公司签订的《购房协议书》第2条明确载明:“本协议签订之日起,甲方(蜀都实业公司)收到乙方(讯捷公司)1000万元定金”,表明蜀都实业公司在签订《购房协议书》时已经确认收到讯捷公司支付的1000万元定金。2009年11月5日,讯捷公司向蜀都实业公司的回函中提及继续清偿“剩余”房款,蜀都实业公司在接下来的函件中对“剩余房款”字样并未提出任何异议。2010年3月3日,蜀都实业公司通过成都市蜀都公证处向讯捷公司发的函中最后一句载明，请讯捷公司向其办理“定金、使用费等费用的退还和支付”。上述事实足以相互印证，证明蜀都实业公司已收到讯捷公司支付的1000万元定金的事实。综上，蜀都实业公司辩称未收到1000万元定金的理由不能成立，一审、二审判决认定讯捷公司已经交付1000万元定金的事实是正确的。

其二，蜀都实业公司向讯捷公司交付案涉房屋行为的性质。案涉《购房协议书》签订于2006年9月20日，蜀都实业公司于2007年1月4日将案涉房屋交付讯捷公司使用。在最高人民法院庭审中，蜀都实业公司提交了双方在2008年5月6日的往来函件材料中的一页作为证据。从该证据的内容及序号可看出，完整的该函件至少应有两页纸。根据《民诉证据规定》第31条第2款的规定，摘录文件、材料应当保持内容相应的完整性，不得断章取义。因此，仅根据蜀都实业公司提交的这一页纸的内容，难以判断双方的真实意思表示是在案涉房屋交付给讯捷公司时就已确定为在双方之间成立租赁关系，还是在已确定房屋买卖关系的基础上希望变更为租赁关系，因此，无法据此证明蜀都实业公司系基于租赁关系而向讯捷公司交付案涉房屋。除此之外，蜀都实业公司在本案的一审、二审及再审中未提供其他证据证明该交付行为系基于租赁关系或者《购房协议书》之外的其他有偿法律关系而为的交付。因此，对于该交付，蜀都实业公司没有充分证据证明其向讯捷公司交付案涉房屋的行为并非基于房屋买卖关系，而是基于租赁等有偿使用关系，故其该主张不能成立，蜀都实业公司向讯捷公司交付案涉房屋的行为应认定为基于当事人之间的房屋买卖法律关系而为的交付。

在明确了上述两个问题的基础上，最高人民法院认为，在蜀都实业公司与讯捷公司之间成立了房屋买卖法律关系。理由如下：

首先，仅就案涉《购房协议书》而言，其性质应为预约。预约是指将来订立一定契约的契约。预约的形态多种多样，有的预约条款非常简略，仅表达了当事人之间有将来订立本约的意思，至于本约规定什么内容留待以后磋商决定；有的预约条款则非常详尽，将未来本约应该规定的内容几乎都在预约中作了明确约定。而若仅从内容上看，后者在合同内容的确定性上几乎与本约无异，即使欠缺某些条款，往往也可以通过合同解释的方式加以补全。因此，仅根据当事人合意内容上是否全面，并不足以界分预约和本约。判断当事人之间订立的合同系本约还是预约的根本标准应当是当事人的意思表示，也就是说,当事人是否有意在将来订立一个新的合同,以最终明确在双方之间形成某种法律关系的具体内容。如果当事人存在明确的将来订立本约的意思,那么,即使预约的内容与本约已经十分接近,即便通过合同解释,从预约中可以推导出本约的全部内容,也应当尊重当事人的意思表示,排除这种客观解释的可能性。本案中,蜀都实业公司与讯捷公司在2006年9月20日签订的《购房协议书》中明确约定了双方拟进行买卖的房屋的位置、面积和价款,应当说具备了一份正式的房屋买卖合同的主要内容,可直接据此履行而无须另订本约。但是,双方当事人同时在该协议中约定:“……3. 甲、乙双方应就购房合同及付款方式等问题在本协议原则下进行具体磋商。……5. 甲乙双方就该宗房屋买卖合同签订时,本协议自动失效。”可见,双方当事人虽然约定了房屋的位置、面积及总价款,但仍一致认为在付款方式等问题上需要日后进一步磋商,双方的这一意思表示是明确的,而且,当事人在该协议第5条进一步明确要在将来订立一个新的合同,以最终明确双方之间的房屋买卖法律关系的具体内容。因此,最高人民法院认为,案涉《购房协议书》的性质为预约合同,一审、二审判决认定该《购房协议书》的性质为本约是错误的,应予纠正。

其次,结合双方当事人在订立《购房协议书》之后的履行事实,蜀都实业公司与讯捷公司之间已经成立了房屋买卖法律关系。最高人民法院认为,对于当事人之间存在预约还是本约关系,不能仅凭一份孤立的协议就简单地加以认定,而是应当综合审查相关协议的内容以及当事人嗣后为达成交易进行的磋商甚至具体的履行行为等事实,从中探寻当事人的真实意思,并据此对当事人之间法律关系的性质作出准确的界定。本案中,双方当事人在签订《购房协议书》时,作为买受人的迅捷公司已经实际交付了定金并约定在一定条件下自动转为购房款,作为出卖人的蜀都实业公司也接受了讯捷公司的交付。在签订《购房协议书》的3个多月后,蜀都实业公司将合同项下的房屋交付给了讯捷公司,讯捷公司接受了该交付。而根据《购房协议书》的预约性质,蜀都实业公司交付房屋的行为不应视为对该合同的履行,在当事人之间不存在租赁等其他有偿使用房屋的法律关系的情形下,蜀都实业公司的该行为应认定为系基于与讯捷公司之间的房屋买卖关系而为的交付。据此,由于蜀都实业公司在该房屋买卖法律关系中的主要义务就是交付案涉房屋,根据

《合同法》第 36 条、第 37 条的规定,可以认定当事人之间达成了买卖房屋的合意,成立了房屋买卖法律关系。

综上所述,蜀都实业公司与讯捷公司之间的房屋买卖法律关系成立,且系当事人真实意思表示,内容不违反法律、行政法规的强制性规定,合法有效。一审、二审判决认定《购房协议书》即构成本约的理由不当,但其关于蜀都实业公司和讯捷公司之间成立房屋买卖法律关系的结论是正确的。

第二,关于蜀都实业公司发出的解除函是否产生解除双方合同关系效力的问题。

最高人民法院认为,首先,根据《合同法》第 93 条、第 94 条之规定,合同的解除包括法定解除和约定解除两种情形。本案中,双方在《购房协议书》及其他相关书面文件中均未对单方解除合同的事项作出约定,故蜀都实业公司不享有约定解除权。而根据《购房协议书》,双方的主要合同义务是就达成房屋买卖合意进行诚信磋商,讯捷公司支付 1000 万元定金。讯捷公司已经支付了 1000 万元定金,并且就案涉房屋买卖一事一直在与蜀都实业公司进行协商,其在本案诉讼过程中亦明确表示有意愿、有能力履行支付全部购房款的义务,本案也不存在不可抗力致使不能实现合同目的的情形,因此,本案也不具备单方解除合同的法定解除情形。综上,蜀都实业公司主张其有权单方解除合同的理由不能成立。

其次,根据《合同法》第 96 条的规定,当事人单方解除合同的,应当通知对方。合同自通知到达对方时解除。对方有异议的,可以请求人民法院或者仲裁机构确认解除合同的效力。根据《合同法解释(二)》第 24 条的规定,对于该异议期间,当事人之间有约定的从约定,未约定的为解除合同通知到达之日起 3 个月。本案中,当事人没有就包括合同解除异议期间在内的合同解除事项进行任何约定,而蜀都实业公司于 2010 年 3 月 3 日向讯捷公司发出了解除《购房协议书》的通知函,该函件于 2010 年 3 月 8 日到达讯捷公司,讯捷公司向一审法院提起诉讼的时间为 2010 年 5 月 12 日。因此,无论蜀都实业公司是否有权单方解除《购房协议书》,因讯捷公司于收到解除函的 3 个月内通过起诉的方式提出了异议,故蜀都实业公司的解除函也不产生解除双方合同关系的效力。

第三,关于讯捷公司要求继续履行的诉讼请求应否得到支持,蜀都实业公司主张的腾退房屋并支付房屋使用费的请求应否得到支持的问题。

最高人民法院认为，首先，本案中，当事人已就合同项下房屋的位置、面积和价款进行了明确具体的约定，蜀都实业公司已向讯捷公司交付了案涉房屋，讯捷公司支付了 1000 万元定金，虽然当事人之间在讯捷公司是否应向蜀都实业公司支付使用案涉房屋的场地占用费并承担房屋买卖的全部税费问题上未达成一致意见，但在双方房屋买卖法律关系的主要权利义务均已确定的情形下，上述争议可以通过《合同法》第 61 条、第 62 条规定的合同解释原则进行补救，故并不构成法律上或者事实上的履行障碍。而且，如前所述，在蜀都实业公司与迅捷公司之间，房屋买卖法律关系已经成立并生效，也不存在《合同法》第 93 条、第 94 条规定的合同解除的情形，故讯捷公司主张继续履行的诉讼请求应予支持。

其次，根据《物权法》第 15 条规定之精神，处分行为有别于负担行为，解除合同并非对物进行处分的方式，合同的解除与否不涉及物之所有权的变动，而只与当事人否继续承担合同所约定的义务有关。本案中，蜀都实业公司确实仍然对该房屋享有所有权，但这并不意味着其可在不符合当事人约定或者法律规定的情形下随意解除双方之间的合同关系。在双方房屋买卖法律关系成立并生效后，蜀都实业公司虽系该房屋的所有权人，但其应当依约全面、实际履行其在房屋买卖法律关系项下的义务。二审判决认为在买卖标的物转移之前，所有人对自己的标的物享有占有、使用、收益、处分的权利，进而认定蜀都实业公司有权选择处分财产的方式解除合同，并判决迅捷公司将房屋腾退给蜀都实业公司，违背了《合同法》保障交易安全的基本原则，系对《物权法》的错误理解与适用，最高人民法院对此予以纠正。

最后，蜀都实业公司主张迅捷公司支付场地使用费应有相应的法律依据。如前所述，双方在本案中的法律关系为房屋买卖法律关系，而非租赁等有偿使用法律关系，蜀都实业公司将案涉房屋交付给讯捷公司是基于房屋买卖法律关系而为的交付，因此，蜀都实业公司要求讯捷公司支付场地使用费的主张没有任何事实和法律依据，一审、二审判决对该问题的认定和处理是正确的。

综上所述，最高人民法院认为，本案中，蜀都实业公司与讯捷公司之间存在房屋买卖法律关系，当事人均应本着诚实信用的原则履行各自义务。在履行过程中,若当事人之间就对方的履行行为是否构成违约以及应否承担违约责任等问题发生争议,可自行协商或者另寻法律途径解决。

综上,二审判决认定蜀都实业公司有权依据《物权法》第39条之规定,选择处分财产的方式解除合同,并据此判决讯捷公司将案涉房屋腾退给蜀都实业公司,系适用法律错误。一审判决虽然认定《购房协议书》直接构成本约的理由不能成立,但其判项系基于蜀都实业公司和讯捷公司之间成立并生效房屋买卖法律关系这一事实作出,有法律及事实依据,较为妥当合理,可予维持。最高人民法院根据《民事诉讼法》第207条、第170条第1款第2项之规定,判决如下:(1)撤销四川省高级人民法院(2012)川民终字第331号民事判决;(2)维持四川省成都市中级人民法院(2011)成民初字第936号民事判决。

3. 案例评析

本案系最高人民法院公报案例。最高人民法院在本案中认为"判断当事人之间订立的合同系本约还是预约的根本标准应当是当事人的意思表示,也就是说,当事人是否有意在将来订立一个新的合同,以最终明确在双方之间形成某种法律关系的具体内容。如果当事人存在明确的将来订立本约的意思,那么,即使预约的内容与本约已经十分接近,即便通过合同解释,从预约中可以推导出本约的全部内容,也应当尊重当事人的意思表示,排除这种客观解释的可能性","对于当事人之间存在预约还是本约关系,不能仅凭一份孤立的协议就简单地加以认定,而是应当综合审查相关协议的内容以及当事人嗣后为达成交易进行的磋商甚至具体的履行行为等事实,从中探寻当事人的真实意思,并据此对当事人之间法律关系的性质作出准确的界定。本案中,双方当事人在签订《购房协议书》时,作为买受人的迅捷公司已经实际交付了定金并约定在一定条件下自动转为购房款,作为出卖人的蜀都实业公司也接受了讯捷公司的交付。在签订《购房协议书》的三个多月后,蜀都实业公司将合同项下的房屋交付给了讯捷公司,讯捷公司接受了该交付。而根据《购房协议书》的预约性质,蜀都实业公司交付房屋的行为不应视为对该合同的履行,在当事人之间不存在租赁等其他有偿使用房屋的法律关系的情形下,蜀都实业公司的该行为应认定为系基于与讯捷公司之间的房屋买卖关系而为的交付。据此,由于蜀都实业公司在该房屋买卖法律关系中的主要义务就是交付案涉房屋,根据《中华人民共和国合同法》第三十六条、第三十七条的规定,可以认定当事人之间达成了买卖房屋的合意,成立了房屋买卖法律关系”。根据上述裁判理由,我们认为,该案实质上已经突破了《商品房买卖合同解释》第5条的规定。《商品房买卖合同解释》第5条规定:“商品房的认购、订购、预订等协议具备《商品房销售管理办法》第十六条规定的商品房买卖合同的主要内容,并且出卖人已经按照约定收受购房款的,该协议应当认定为商品房买卖合同。”因此,名义上的预约认定为本约应当包括两个要件:一是预约具备《商品房销售管理办法》第16条规定的商品房买卖合同的主要内容;二是出卖人已经按照约定收受购房款。

本案否定了以预约是否具备《商品房销售管理办法》第16条规定的商品房买卖合同的主要内容的判断标准,按照意思自治原则确立了当事人的意思表示这个根本判断标准。本案中,蜀都实业公司与讯捷公司在2006年9月20日签订的《购房协议书》中明确约定了双方拟进行买卖的房屋的位置、面积和价款,应当说具备了一份正式的房屋买卖合同的主要内容,可直接据此履行而无须另订本约。但双方当事人同时在该协议中约定:“……3.甲、乙双方应就购房合同及付款方式等问题在本协议原则下进行具体磋商。……5.甲乙双方就该宗房屋买卖合同签订时,本协议自动失效。”最高人民法院遵循意思自治原则,认为“双方当事人虽然约定了房屋的位置、面积及总价款,但仍一致认为在付款方式等问题上需要日后进一步磋商,双方的这一意思表示是明确的,而且,当事人在该协议第5条进一步明确要在将来订立一个新的合同,以最终明确双方之间的房屋买卖法律关系的具体内容”,从而认为案涉《购房协议书》的性质为预约合同。

本案根据根据《合同法》第36条、第37条的规定来认定收受购房款、交付房屋等行为,从而在法律适用上否定了《商品房买卖合同解释》第5条规定。《合同法》第36条规定:“法律、行政法规规定或者当事人约定采用书面形式订立合同,当事人未采用书面形式但一方已经履行主要义务,对方接受的,该合同成立。”第37条规定:“采用合同书形式订立合同,在签字或者盖章之前,当事人一方已经履行主要义务,对方接受的,该合同成立。”根据上述规定,收受房款、交付房屋等行为,构成了事实上的合同关系。

有关法律规定

最高人民法院《关于审理商品房买卖合同纠纷案件适用法律若干问题的解释》

第五条　商品房的认购、订购、预订等协议具备《商品房销售管理办法》第十六条规定的商品房买卖合同的主要内容，并且出卖人已经按照约定收受购房款的，该协议应当认定为商品房买卖合同。

《商品房销售管理办法》

第十六条　商品房销售时，房地产开发企业和买受人应当订立书面商品房买卖合同。

商品房买卖合同应当明确以下主要内容：

（一）当事人名称或者姓名和住所；

（二）商品房基本状况；

（三）商品房的销售方式；

（四）商品房价款的确定方式及总价款、付款方式、付款时间；

（五）交付使用条件及日期；

（六）装饰、设备标准承诺；

（七）供水、供电、供热、燃气、通讯、道路、绿化等配套基础设施和公共设施的交付承诺和有关权益、责任；

（八）公共配套建筑的产权归属；

（九）面积差异的处理方式；

（十）办理产权登记有关事宜；

（十一）解决争议的方法；

（十二）违约责任；

（十三）双方约定的其他事项。

八、商品房预售买卖中，出卖方主观上不具有多重买卖的目的，且未导致买受人无法取得房屋的，是否适用惩罚性赔偿责任

基本理论

惩罚性赔偿也称为示范性赔偿、惩戒性赔偿、证实性赔偿、报复性赔偿，

是指由法庭所作出的赔偿数额超出实际的损害数额的赔偿,[1]是对于真实赔偿的一种“附加”赔偿。其目的是补偿原告所遭受的、法院所认定的、由被告的违法行为所造成的损害。在实践上,这种赔偿是对被告的一个惩罚。[2] 惩罚性赔偿与补偿性赔偿具有密切联系。惩罚性赔偿以补偿性赔偿的存在为前提条件,受害人原则上不能单独请求惩罚性赔偿,许多情况下惩罚性赔偿是在实际损害难以准确确定而通过补偿性赔偿又不足以补偿受害人遭受的损失的情况下适用的。其功能不仅表现为填补受害人的损失,而且主要在于惩罚和制裁严重过错行为,它虽然是以实际损害的发生为适用前提,但不以实际损害为适用的主要条件,而是主要考虑加害人的主观过错程度、动机、赔偿能力等多种因素。[3] 因此,惩罚性赔偿具有赔偿损失、制裁和遏制不法行为等多重功能。

《商品房买卖合同解释》第8条、第9条对惩罚性赔偿作出了规定。根据规定,适用上述惩罚性赔偿原则的具体情形有五种:(1)商品房买卖合同订立后,出卖人未告知买受人又将该房屋抵押给第三人;(2)商品房买卖合同订立后,出卖人又将该房屋出卖给第三人;(3)故意隐瞒没有取得商品房预售许可证明的事实或者提供虚假商品房预售许可证明;(4)故意隐瞒所售房屋已经抵押的事实;(5)故意隐瞒所售房屋已经出卖给第三人或者为拆迁补偿安置房屋的事实。前两种情形为恶意违约行为,后三种情形为欺诈行为。

通过以上规定的情形,可以得出以惩罚性原则适用需满足以下条件:

一是只有商品房买卖合同适用惩罚性赔偿,而并非所有的房屋买卖合同纠纷都可以适用“惩罚性赔偿原则”。《商品房买卖合同解释》适用于“商品房买卖合同”纠纷,而作为《商品房买卖合同解释》中的惩罚性赔偿原则也仅适用于“商品房买卖合同”,其并不当然地适用于其他集资房、房改房、二手房的买卖纠纷。

二是只有属于恶意违约和欺诈行为才能适用惩罚性赔偿。在《商品房买卖合同解释》规定的五种情形中,前两种情形属于恶意违约行为。根据合同

---

① 参见王利明:《惩罚性赔偿研究》,载《中国社会科学》2000年第4期。

② 参见徐爱国编著:《英美侵权行为法》,法律出版社1999年版,第275页。

③ 参见最高人民法院民事审判第一庭编著:《最高人民法院关于审理商品房买卖合同纠纷案件司法解释的理解与适用》,人民法院出版社2003年版,第109~110页。

法的规定以及目前我国的司法实践,构成违约责任必须同时具备以下四个条件。

第一,行为,也就是一方当事人必须有不履行合同义务或者履行合同义务不符合约定的行为,这是构成违约责任的客观条件。违约行为只能在特定的关系中才能产生。违约行为发生的前提是,当事人之间已经存在合同关系。如果合同关系并不存在,则不发生违约行为。

第二,过错,即违约一方当事人主观上有过错,这也是违约责任的主观要件。当事人违约可能有各种原因,如不可抗力、对方违约。因这些原因引起违约,当事人不承担违约责任。只有因违约当事人的原因才能造成违约责任。因此,违约当事人要承担违约责任,主观上必须要有过错。而在双方过错的情况下,过错的大小是其承担违约责任大小的依据。

第三,损害事实,指当事人违约给对方造成了财产上的损害和其他不利的后果。从权利角度考虑,只要有违约行为,合同债权人的权利就无法实现或不能全部实现,其损失即已发生。在违约人支付违约金的情况下,不必考虑对方当事人是否真的受到损害及损害的大小,而在需要支付赔偿金的情况下,则必须考虑当事人所受到的实际损害。

第四,因果关系,即违约行为和损害结果之间存在因果关系。违约当事人承担的赔偿责任,只限于因其违约而给对方造成的损失。对合同对方当事人的其他损失,违约人自然没有赔偿的义务。违约行为造成的损害包括直接损害和间接损害,对这两种损害违约人应赔偿。在此之外,应该注意的是恶意违约的规定,而司法解释对上述二种情形的规定则是规定的恶意违约的具体规定。

后三种属于“欺诈行为”。欺诈,一般是指以使他人发生错误为目的的故意行为。在欺诈中,为了使他人产生错误,一般要作所谓不正确说明和陈述,它主要指的是一方当事人在订立合同之前,为了吸引对方订立合同而对重要事实所作的一种不真实的陈述,从而使对方产生误解并遭受损害的行为。它主要分为两种类型:一种叫做非故意的不正确说明。如果作出不正确说明的人是出于诚实地相信真有其事而作的,那就属于非故意的不正确说明。另一种叫做欺骗性的不正确说明。欺诈应被称为“欺骗性的不正确说明”。如果作出不正确说明的人并非出于诚实地相信有其事而作,则属于欺骗性的不正确说明。《商品房买卖合同解释》所说明的后三种情形则指的是欺骗性的不正确说明,也就是欺诈。

《商品房买卖合同解释》中指明的后三种情形与《中华人民共和国消费者权益保护法》(以下简称《消费者权益保护法》)第 49 条的规定有相似之处,但却是不同的。首先,《消费者权益保护法》中所称的“欺诈行为”是泛指的,而《商品房买卖合同解释》中的欺诈是有特定范围的,即“故意隐瞒”某些特定的事实。另外,赔偿的标准也不一样,《消费者权益保护法》规定的是确定的,是“购买商品的价款或者接受服务的费用的一倍”,而《商品房买卖合同解释》中规定的是“可以请求出卖人承担不超过已付购房款一倍的赔偿责任”。

三是对于误差比超过 3% 的也符合惩罚性赔偿的条件。《商品房买卖合同解释》第 14 条作了明确的规定:如果双方在合同中有明确约定,则按合同规定办,如没有约定或约定不明确的,则按误差的 3% 为界,分别作不同处理:第一,如果误差在 3% 以内,购房者提出解除合同退房的,法院不予支持;如果误差超过 3%,购房者提出解除合同,法院应予支持。第二,如果误差超过 3%,购房者同意继续履行合同,房屋实际面积大于合同约定面积的,面积误差比在 3% 以内(含 3%)部分的房价款,由购房者按照约定的价格补足,面积误差比超出 3% 部分的房价款由开发商承担;房屋实际面积小于合同约定面积的,面积误差比在 3% 以内(含 3%)部分的房价款及利息由开发商返还购房者,面积误差比超过 3% 部分的房价款由开发商双倍返还购房者。

四是只有购房者买不到房屋,才能适用赔偿。在《商品房买卖合同解释》后三种情形规定的其适用条件是,其欺诈行为“导致合同无效或者被撤销、解除”,故也就是说只有退房才可以主张该项权利。所以只有购房者买不到房屋时才能要求进行惩罚性赔偿。

商品房的一房数卖，是指出卖人将同一商品房出售给不同的两个或两个以上的买受人，并分别与之签订商品房买卖合同的情况。在商品房买卖合同中，对于出卖方由于工作疏忽而将尚未办理完备案登记撤销手续的房屋出售给买受方的，如果出卖方主观上不具有多重买卖的目的，且该行为也未导致买受人无法取得房屋的，不适用惩罚性赔偿责任

——王某某诉四川某房地产开发公司商品房预售合同纠纷案①

1.案情简介

原告（反诉被告）：王某某

委托代理人：张某某，四川某律师事务所律师

被告（反诉原告）：四川某房地产开发有限公司（以下简称某开发公司）

法定代表人：廖某某，公司董事长

委托代理人：王某某，男，汉族，1982年出生，住四川省新都县

委托代理人：唐某，四川某律师事务所律师

2005年11月10日，王某某与某开发公司签订编号为2005—774的商品房买卖合同一份，约定由王某某购买位于成都市武侯区永丰乡肖家河村10组的名人风景3栋1单元某号房屋一套；房屋总价款为239,452元，付款方式为2005年11月12日前支付房屋首付款72,452元，余款167,000元由王某某“在本协议签订的一周内按银行的规定提交齐按揭贷款所需的全部资料”以便办理按揭贷款手续；如王某某“未在上述约定期限内办完按揭贷款手续，则王某某应向某开发公司承担每天500元的逾期违约金。王某某办理按揭逾期超过30天的属根本性违约”，此时某开发公司“有权单方面解除与王某某签订的购房合同及补充协议，收回房屋，王某某承诺将已付给某开发公司的定金和购房首付款及其他款项作为违约赔偿金归某开发公司所有”。上

① 参见国家法官学院、中国人民大学法学院编：《中国审判案例要览》（2007年民事审判案例卷），中国人民大学出版社、人民法院出版社2008年版，第151～155页。

述合同签订之后,王某某于当日向某开发公司支付购房首付款72,452元。

此后,王某某前往相关银行办理按揭贷款手续,被银行告知讼争房屋已由某开发公司出售给程某某且售房合同已经备案登记,故而该房屋不能再次办理按揭贷款手续。王某某遂向某开发公司提出索赔要求。因双方分歧较大,某开发公司遂于2005年11月29日向王某某发出通知一份,载明:“根据合同约定,你应于签订合同之日起一周之内将办理按揭手续的全部合法资料交给我公司并到银行办理完按揭贷款手续,但我公司多次通知,你一直未交。现我公司郑重告知你,请你务必按合同约定的期限提交齐办理按揭所需的全部合法资料及时到银行办理完按揭贷款的全部手续,否则我公司将按合同的约定视为你违约,同时我公司会按双方所签订的商品房买卖合同补充协议的约定执行。”

2005年12月5日,成都市房屋产权监理处将程某某购买讼争房屋的备案登记注销,2005年12月8日对王某某购买讼争房屋的合同进行了备案登记,但某开发公司未将该信息及时告知王某某。同日,王某某诉请解除合同、返还购房款并支付违约金。在诉讼过程中,某开发公司同意解除购房合同。

上述事实有下列证据证明:王某某与某开发公司于2005年11月10日签订的商品房买卖合同及补充协议,证明王某某与某开发公司签订合同的情况;某开发公司于2005年11月29日向王某某发出的通知一份,证明某开发公司曾经通知王某某限期提交齐办理按揭所需的全部合法资料及时到银行办理完按揭贷款的全部手续;备案登记表,证明王某某所购买的房屋于2005年12月8日办理了备案登记;武侯区人民法院前往房地产监理处调查取证的工作记录,证明讼争房屋此前备案登记于程某某名下,此后房地产监理处撤销该备案登记并将房屋备案登记于王某某名下。

2. 法院裁判及观点

四川省成都市武侯区人民法院根据上述事实和证据认为:

(1)关于合同的解除。

王某某与某开发公司均要求解除双方所签订的房屋买卖合同,对此本院予以支持。对双方所签订的补充协议,作为该买卖合同的附件,也应一并予以解除。

(2)关于对某开发公司是否可以适用惩罚性赔偿的问题。

关于某开发公司是否应向王某某支付惩罚性违约金的问题,王某某认为，某开发公司在将讼争房屋出售给程某某之后，又将该房屋再次出售给自己，其行为属于恶意欺诈行为，故而在合同解除之后，应当返还购房款并支付相当于购房款数据的违约金。某开发公司则认为，公司只是在工作中有疏忽，并不存在恶意的违约行为。对该争议问题，本院认为，在合同之诉中，违法合同约定的一方因不履行或不完全履行合同义务而给对方造成损失的，应当依法或者依据合同的规定承担损害赔偿责任。这样的损害赔偿主要是为了弥补或填补债权人因违约行为所遭受的损害后果。一般情况下，损害赔偿的确定是以实际发生的损害为计算标准，而主要不是以当事人的主观过错程度作为确定赔偿的标准，因为损害赔偿的目的一般不是为了惩罚过错行为，而是补偿受害人的损失。即使在损害赔偿与违约金并用的情况下，也应该以实际损失作为责任的最高限额，即受害人不得获得超过实际损失的赔偿。在惩罚性赔偿的情况下，其实指由法庭所作出的赔偿数额超出实际损害的赔偿，是对于真实赔偿的一种附加赔偿。其目的在于补偿原告所遭受的、由法院所认定的、由被告的违法行为所造成的损害。这样的赔偿是对被告的一个惩罚。惩罚性赔偿是以补偿性赔偿的存在为前提条件的，受害人原则上不能单独请求惩罚性赔偿。许多情况下，惩罚性赔偿是在实际损害难以准确确定而通过补偿性赔偿又不足以补偿受害人遭受的损失的情况下适用的。其功能不仅表现为填补受害人的损失，而且主要在于惩罚和制裁严重过错行为。它虽然是以实际损害的发生为适用前提，但不以实际损害为适用的主要条件，而是主要考虑加害人的主观过错程度、动机、赔偿能力等多种因素。

按照《商品房买卖合同解释》第 8 条、第 9 条之规定，在商品房买卖合同纠纷中，适用惩罚性赔偿的前提条件是：商品房买卖合同纠纷中，适用惩罚性的前提条件是：①商品房买卖合同订立后，出卖人未告知买受人又将该房屋抵押给第三人；或②商品房买卖合同订立后，出卖人又将该房屋出卖给第三人；或③故意隐瞒没有取得商品房预售许可证明的事实或者提供虚假商品房预售许可证明；或④故意隐瞒所售房屋已经抵押的事实；或⑤故意隐瞒所售房屋已经出卖给第三人或者为拆迁补偿安置房屋的事实。同时，在前述条件之下，被告向原告支付惩罚性违约金尚须具备因被告的行为导致商品房买卖合同目的不能实现或者是导致合同无效或者被撤销、解除。

本案中，王某某所主张的惩罚性赔偿的事实基础在于其认为某开发公司存在一房二卖的行为。对此,本院认为,该司法解释第 8 条规定的是出卖人将所售房屋又另行出卖致使第一买受人无法取得房屋的违约行为的责任承担问题。第 9 条规定的是出卖人在签订商品房买卖合同时故意隐瞒所受房屋已经出售的事实导致第二买受人无法取得房屋的违约行为的责任承担问题。虽然两条规定的一房数卖行为的侧重点有所不同,但是两条规定有一个共同点,就是出卖人的行为导致了买受人无法取得房屋,合同的目的已经落空。本案中,虽然某开发公司在将房屋出售给王某某时房屋已经备案登记为预售给程某某,但在王某某起诉时,该备案登记已经注销且在王某某起诉当日讼争房屋已经备案登记于王某某本人的名下。因备案登记具有物权的效力,故而根本不存在王某某不能取得讼争房屋的问题,也就不存在合同目的不能实现的问题。

另一方面讲,适用惩罚性赔偿还必须要求出卖人具有主观上的恶意,也就是说,出卖人故意告知买受人虚假情况或者故意隐瞒真实情况,诱使买受人作出错误的意思表示。本案中,根据审查的事实,讼争房屋早先由某开发公司出售给程某某并进行了备案登记,但程某某之后又要求换房并与某开发公司就换房事宜达成了一致意见。从该房屋的房屋预售备案登记情况来看,某开发公司是向成都市房屋监理处提出了对程某某的备案登记予以注销的申请的,只是某开发公司在将该房屋出售给王某某时,备案登记尚未注销。故而,某开发公司在该事件的发生中虽然具有一定的疏忽,但并不具有欺诈的恶意。因此,对某开发公司适用惩罚性赔偿也缺乏相应的主观要件。

综上,本案中对某开发公司适用惩罚性赔偿的前提条件已经消失。故而,王某某要求某开发公司向其支付 72, 452 元违约金的诉讼请求不能成立,对此本院不予支持。

(3)关于王某某没有办理按揭贷款是否构成根本违约的问题

某开发公司认为,王某某未能按照合同的约定办理按揭贷款,其行为已经构成了根本性违约,故而王某某应当按照合同的约定向自己支付违约金 72, 452 元。对此,法院认为,按照合同的约定,王某某应当在合同签订后一周之内即 2005 年 11 月 17 日之前办理完毕按揭贷款手续。但是,因该房屋此时的预售备案登记尚在程某某名下,王某某在客观上是不可能就该房屋办理按揭贷款手续的。虽然某开发公司于 2005 年 11 月 29 日向王某某发出通知要求王某某在一周之内就该房屋办理按揭贷款,但此时程某某的备案登记仍未注销，办理按揭贷款的障碍在客观上并未清除。故而，王某某在合同签订之后是因某开发公司的行为未能办理按揭贷款，而不是拒不办理按揭贷款。虽然程某某的备案登记已于 2005 年 12 月 5 日注销，但某开发公司并未及时通知王某某。随之王某某提起诉讼，双方均要求解除合同，此时双方已经不具备房屋买卖的合议，当然更不可能办理按揭贷款。综上，王某某未能办理按揭贷款的行为不属于违约行为。因此，某开发公司要求王某某支付违约金的诉讼请求不能成立，对此本院不予支持。

综合上述分析，王某某与某开发公司之间所签订的商品房买卖合同应当予以解除，在上述合同解除之后，在双方之间即产生恢复原状清算关系请求权。故而某开发公司应当向王某某返还其已经交付的房款 72,452 元。王某某其他部分的诉讼请求及某开发公司的反诉请求均应予以驳回，理由如前，在此不再赘述。

四川省成都市武侯区人民法院按照《合同法》第 97 条、第 107 条之规定，作出如下判决：(1)解除王某某与某开发公司于 2005 年 11 月 10 日签订的编号为 2005—774 的商品房买卖合同及补充协议；(2)某开发公司于本判决生效之日起 10 日内向王某某返还购房款 72,452 元；(3)驳回王某某的其他诉讼请求；(4)驳回某开发公司反诉请求。

3. 案例评析

本案的焦点在于惩罚性赔偿的适用。在合同之诉中，违反合同约定的一方因不履行或不完全履行合同义务而给对方造成损失的，应当依法或者依据合同的规定承担损害赔偿责任。实际上，该责任的性质属于补偿性而非惩罚性，即不是为了处罚过错行为，而是补偿受害人的损失。惩罚性赔偿是在实际损害难以准确确定而通过补偿性赔偿又不足以补偿受害人遭受的损失的情况下适用的。其功能主要在于惩罚和制裁严重过错行为。本案裁判理由中，对惩罚性赔偿的适用及类型进行了阐述。

有关法律规定

最高人民法院《关于审理商品房买卖合同纠纷案件适用法律若干问题的解释》

第八条　具有下列情形之一，导致商品房买卖合同目的不能实现的，无法取得房屋的买受人可以请求解除合同、返还已付购房款及利息、赔偿损失，并可以请求出卖人承担不超过已付购房款一倍的赔偿责任：

（一）商品房买卖合同订立后，出卖人未告知买受人又将该房屋抵押给第三人；

（二）商品房买卖合同订立后，出卖人又将该房屋出卖给第三人。

第九条　出卖人订立商品房买卖合同时，具有下列情形之一，导致合同无效或者被撤销、解除的，买受人可以请求返还已付购房款及利息、赔偿损失，并可以请求出卖人承担不超过已付购房款一倍的赔偿责任：

（一）故意隐瞒没有取得商品房预售许可证明的事实或者提供虚假商品房预售许可证明；

（二）故意隐瞒所售房屋已经抵押的事实；

（三）故意隐瞒所售房屋已经出卖给第三人或者为拆迁补偿安置房屋的事实。

第十四条　出卖人交付使用的房屋套内建筑面积或者建筑面积与商品房买卖合同约定面积不符，合同有约定的，按照约定处理；合同没有约定或者约定不明确的，按照以下原则处理：

（一）面积误差比绝对值在3%以内（含3%），按照合同约定的价格据实结算，买受人请求解除合同的，不予支持；

（二）面积误差比绝对值超出3%，买受人请求解除合同、返还已付购房款及利息的，应予支持。买受人同意继续履行合同，房屋实际面积大于合同约定面积的，面积误差比在3%以内（含3%）部分的房价款由买受人按照约定的价格补足，面积误差比超出3%部分的房价款由出卖人承担，所有权归买受人；房屋实际面积小于合同约定面积的，面积误差比在3%以内（含3%）部分的房价款及利息由出卖人返还买受人，面积误差比超过3%部分的房价款由出卖人双倍返还买受人。

九、商品房预售中，如何判定是否构成合同解除的重大误解

基本理论

我国《合同法》第54条规定，因重大误解订立的合同，一方可以请求法院和仲裁机构变更或撤销。重大误解是指一方因自己的过错而对合同的内容等发生误解而订立了合同。误解直接影响当事人所应享有的权利和承担的义务，既可以是单方误解也可以是双方误解。合同的重大误解的构成要件

是：第一，误解方陷入错误认识，是由于其自己的过失造成的，并非受到欺诈或者第三人行为错误的结果。如果行为人具有故意或重大过失，则其不构成重大误解。法律不允许当事人在自己具有故意或重大过失的情况下，借口其实施的行为对自己不利，而随时提出撤销。第二，因为错误的理解，误解方作出了违反其本来意志的意思表示，即误解方的错误认识与其作出意思表示之间具有因果关系。第三，误解应当是重大的，严重影响误解方的合同权利和义务。最高人民法院颁布的《民通意见》第 71 条规定："行为人因对行为性质、对方当事人、标的物的品种、质量、规格和数量等的错误认识，使行为的后果与自己的意思相悖，并造成较大损失的，可以认定为重大误解。"

关于重大误解的法律效果。《民法通则》第 59 条规定"行为人对行为内容有重大误解的"，可以请求人民法院或仲裁机关予以变更或撤销。《合同法》第 54 条也规定，因重大误解订立的合同，一方可以请求法院或仲裁机构变更和撤销。

典型案例

出卖人未履行或未完全履行如实告知义务，通常情况下常人根据出卖人提供的信息对房屋空间结构的想象，与房屋实际情况确有较大差距，可以认定为重大误解

——姚某与南宁市雅和居某开发有限公司商品房预售合同纠纷案

1. 案情简介

原告：姚某

被告：南宁市雅和居某开发有限公司（以下简称雅和居公司）

南宁市青秀区人民法院经公开审理查明，2004 年 11 月 23 日，原告姚某与被告雅和居公司签订一份《商品房买卖合同》，约定由姚某（买受人）向雅和居公司（出卖人）购买其开发的位于仙葫半岛编号为 068 - 1 - 1 号地块上的"悠雅轩"S11 号商铺一套，商品房预售许可证号为（邕宁）房预售证字第 20040016 号，房屋属于框架结构，层高为首层 3.6 米、二层 3.0 米，建筑面积 85.09 平方米，其中套内建筑面积为 82.80 平方米，公共部位与公用房屋分摊

建筑面积 2.29 平方米。房屋按建筑面积计算每平方米售价为 3038 元，房屋总价款为 258,503 元。合同第八条“交付期限”约定，出卖人应在 2005 年 12 月 31 日前将经验收合格的房屋交付给买受人使用。合同第 10 条“规划、设计变更”约定，经规划部门批准的规划变更、设计单位同意的设计变更导致在结构形式、户型、空间尺寸、朝向等方面影响商品房质量或使用功能的，被告应当在有关部门批准同意之日起 10 日内，书面通知原告，原告有权在通知到达之日起 15 日内选择退房，被告则应在原告提出退房要求之日起 30 日内退还已付款，并按银行同期存款利率支付利息给原告。合同附件一为一、二层的房屋平面图。

合同签订后，姚某于 2004 年 11 月 23 日交纳了购房款 103,503 元，于同年 12 月 14 日交纳了购房款 26,000 元，余款 120,000 元也于 2005 年 9 月 30 日以按揭贷款方式支付给被告。2005 年 12 月 30 日，被告通知原告接收房屋，原告前往实地查看房屋后，于 2006 年元月 17 日向被告提交了一份《退房申请报告》，以房屋结构形式、空间尺寸与合同约定不符为由，要求依据《商品房买卖合同》第 10 条的规定解除合同、退还房款及利息。被告则于次日复函，称房屋严格按照原规划设计图纸施工，从未做过任何规划设计变更，故不同意解除合同。2006 年 3 月 15 日，姚某以雅和居公司房屋的层高、梁柱、排水管布局和设计不符合合同约定并违反国家设计规范、影响商铺的正常使用为由，诉至法院，要求解除合同、退还房款及利息。在诉讼过程中，原告变更诉讼请求，以其对房屋结构有重大误解为由，要求撤销合同、退还房款及利息。

在诉讼过程中，法院于 2006 年 4 月 19 日上午对争议房屋的结构进行了现场勘验测量，所见情况如下：(1) 房屋内一层东、西两侧墙中部各有一条从天面到地板的垂直梁柱（长宽分别为：0.37 米 ×0.54 米、0.135 米 ×0.72 米）；(2) 二层天面有两处沉箱（长宽分别为 2.32 米 ×1.46 米、2.60 米 ×1.50 米，其底部距离二层地面高度分别为 2.345 米、2.40 米）；从二层窗户上方到楼梯上方天面依次有四条相互平行的横梁，其间距不等（第一条横梁位于窗户正上方，其底部宽 0.314 米、距地面高 2.13 米；第二条横梁底部宽 0.32 米、距地面高 2.25 米；第三条横梁底部宽 0.44 米、距地面高 1.935 米；第四条横梁底部宽 0.375 米、距地面高 2.23 米）；(3) 二层东侧墙面与天面交接处还有一条承重梁(底部距二层地面 2. 04 米,宽 0. 328 米,长 5. 48 米);(4)一、二层西侧墙面上均有一条直径约 0. 15 米的排污管靠墙铺设,从二层天面直通一层地面;(5)一层室内地面到天面的距离为 2. 94 米(最矮处)——3. 45 米(最高处),二层室内地面到天面的距离为 2. 83 米(最高处)——1. 935 米(最矮处即横梁下方)。此外,位于 S11 号房旁的 S12 号房屋户型与 S11 号房屋相似,但没有白色排污管,二层也没有沉箱,二层有三条横梁但其底部与地面之间的目测距离大于 S11 号房二层的最低处。对于同一栋楼的其余房屋与 S11 号房屋内情况是否一致,因无法进入其余房屋内而未能勘验,对其余房屋的结构情况,原告表示不清楚详情,被告则主张其余部分房屋中也有类似情况存在。

另查明,原、被告的《商品房买卖合同》附件一房屋一、二层平面图中,只对梁柱的位置做了标注,对房屋内的排污管、横梁等都未作标注。原告在购买房屋时,被告也未将房屋内存在排污管和几条横梁等情况告知原告。

2. 法院裁判及观点

南宁市青秀区人民法院根据上述事实和证据认为,本案当事人的争议焦点,是原告姚某与被告雅和居公司签订《商品房买卖合同》时,是否存在重大误解的情形。本案原、被告双方签订《商品房买卖合同》时,涉诉的房屋尚未建成,原告作为消费者,对其所购房屋的具体情况只能通过被告的口头和书面描述中得到认知。但被告在原告签订合同时,并未将房屋的详细结构情况通过样板房、平面图或其他书面及口头方式告知原告,以便原告能正确认知房屋的基本结构。从房屋建成后现场勘验的情况看,确实存在空间狭小以致严重影响使用的问题,尤其以第二层的情况更为严重。也就是说,通常情况下常人根据被告提供的信息对房屋空间结构的想象,与房屋实际情况确有较大差距,并且也没有证据证明这样的空间结构是同一楼层所有房屋的通用设计,故原告主张其在购买房屋时对房屋空间结构存在重大误解,本院予以支持。原告据此请求撤销双方之间的《商品房买卖合同》符合法律规定。《商品房买卖合同》被撤销后,被告应当向原告返还已付购房款 258,503 元。此外,对于《商品房买卖合同》被撤销造成的已付购房款的利息损失,也应由被告承担。原告的诉讼请求符合法律规定,应予支持。南宁市青秀区人民法院依照《合同法》第 54 条第 1 项、第 58 条之规定,判决如下:

(1)撤销原告姚某与被告南宁市雅和居房地产开发有限公司于2004年11月23日签订的《商品房买卖合同》;(2)被告南宁市雅和居房地产开发有限公司应向原告姚某返还购房款258,503元,并支付该款利息(利息计算:按中国人民银行同期流动资金贷款利率,从2004年11月24日起计至同年12月14日按本金103,503元计,从2004年12月15日起计至2005年9月30日止按本金129,503元计,从2005年10月1日起计至本案生效判决规定的履行期限最后一日止,按本金258,503元计)。本案案件受理费6680元,其他诉讼费1000元,两项共计7680元,由被告南宁市雅和居房地产开发有限公司负担。

3.案例评析

本案有两个值得思考的问题:一是适度把握商品房预售合同纠纷中"重大误解"的适用范围;二是法院在审理案件时如何透过当事人诉讼请求探寻当事人的真意。

(1)适度把握商品房预售合同纠纷中"重大误解"的适用范围

商品房预售是平等主体的当事人之间买卖尚未建成的房屋(以下简称"期房")的交易行为。商品房预售区别于现房销售的最大特征是交易发生时作为标的物的商品房尚未建成,买受人只能借助出卖人提供的资料、通过想象来认知所购房屋的情况。因此,房屋建成后的实际状况与买受人的想象存在差异是难免的。正因如此,与同等条件下现房销售相比,预售期房不但价格偏低,而且为了维护交易的稳定性,对买卖双方的权利义务也有特殊要求:一方面要求出卖人在履行如实告知义务时,应保证买受人的想象与将来房屋的真实状况之间的差异在合理范围之内;另一方面也要求买受人对差异风险有合理的预见。所谓"合理",是以通常情况下常人的理解能力、承受能力为判断标准的。是否超过"合理"范围影响买卖房屋的真实意思表示,是判断是否构成"重大误解"的标准。

本案原告作为消费者,在交易中处于弱势地位,对其所购房屋的具体情况只能通过被告的口头和书面描述中得到认知,但被告却未将房屋的详细结构情况通过实物(如样板房)或书面及口头方式告知原告,以便原告能正确认知房屋的基本结构。从房屋建成后法院现场勘验的情况看,虽然该商铺仍然能够使用,但确实存在空间狭小、结构低矮、有明显的压抑感的问题,尤其以第二层的情况更为严重。这是通常情况下常人根据被告提供的信息(包括合同中对户型和层高的文字描述、平面图的标注等)所无法想象的,也必将对房屋的使用人造成不便及不适,显然不符合原告购房时的真实意思表示。因此,原告主张其在购买房屋时对房屋空间结构存在重大误解,应予支持。

在本案判决生效后,同一小区的另外两户业主曾经以同样的理由提起诉讼,但法院经现场勘验后,发现这两户房屋虽然也存在梁柱、排污管占用一定空间的事实,但情况远不如本案中的严重,不会给使用者带来明显的不适感。也就是说,常人对房屋的想象与实际情况的差异尚未超过合理范围,因此,在后两案中,原告的诉讼请求并未得到支持。三个案件的不同判决,体现了对“重大误解”的尺度的把握。

(2)法院在审理案件时如何透过当事人诉讼请求探寻当事人的真意

本案原告在起诉时,是以房屋的层高、梁柱、排水管布局和设计不符合合同约定并违反国家设计规范、影响商铺的正常使用为由要求解除合同。后在诉讼过程中,原告又将诉的理由改为重大误解,要求撤销合同。严格地说,被告交付的房屋并没有明显违反法律法规、国家标准、行业规范及合同的约定,也符合房屋的一般用途。在建筑学上,“层高”与“净高”的概念是不同的,双方当事人在合同中只约定了“层高”而未约定“净高”,虽然国家《住宅设计规范》中规定有住宅的局部净高不应低于2.10米,但本案原告购买的是商铺,其净高标准并没有相应的国家规定,被告正是利用了这一法律空白,提出自己没有违约的抗辩。如果原告没有变更诉的理由,而是坚持以违约起诉,其诉讼请求能否支持呢?

一种观点认为,民事审判原则上不应当超出当事人的主张范围。因此,如果当事人的主张不适当,应当予以释明后再进一步审理。另一种观点则认为,无论原告主张撤销合同还是解除合同,其提起诉讼的本意是终止双方的合同权利义务,故法院在审理时,不应拘泥于诉状的表面文字表达,而应当着重审查其诉讼请求能否成立,实现法律效果与社会效果的统一。笔者倾向于后一种观点。当事人受文化程度、法律专业知识的限制,无法准确地把握法学术语的含义,多凭直觉提出自己的诉讼主张。因此,法院在审理时,不应局限于诉讼请求的文字表达,而应当探寻当事人的真实意思表示,寻找最有利于解决纠纷的切入点,实现法律的公平正义。

有关法律规定

《中华人民共和国民法通则》

第五十九条　下列民事行为，一方有权请求人民法院或者仲裁机关予以变更或者撤销：

（一）行为人对行为内容有重大误解的；

（二）显失公平的。

被撤销的民事行为从行为开始起无效。

《中华人民共和国合同法》

第五十四条　下列合同，当事人一方有权请求人民法院或者仲裁机构变更或者撤销：

（一）因重大误解订立的；

（二）在订立合同时显失公平的。

一方以欺诈、胁迫的手段或者乘人之危，使对方在违背真实意思的情况下订立的合同，受损害方有权请求人民法院或者仲裁机构变更或者撤销。

当事人请求变更的，人民法院或者仲裁机构不得撤销。

最高人民法院《关于贯彻执行〈中华人民共和国民法通则〉若干问题的意见（试行）》

71. 行为人因对行为的性质、对方当事人、标的物的品种、质量、规格和数量等的错误认识，使行为的后果与自己的意思相悖，并造成较大损失的，可以认定为重大误解。

第二节
商品房买卖合同效力

一、房屋买卖中阴阳合同的效力如何认定

基本理论

所谓阴阳合同，又称黑白合同，是指当事人出于规避法律或谋取利益的目的而对同一宗交易签订的两份内容不一致的合同，其中一份提交给政府有关部门备案但并不实际履行(阳合同)，而另一份仅为合同当事人所掌握并约定照此履行交易(阴合同)。具体到房屋买卖中，阳合同指的是当事人出于网签避税、办理贷款等目的而更改房屋价款的合同，阴合同指的是买卖双方当事人出于对房屋价款的真实意思表示的合同。有时候即使是同一份合同中也可能出现阴阳条款，即交易总价为真实交易价格，但通过其他方式如提高附属设施补偿款等形式而产生阴阳条款。

对于阴阳合同，根据《建设工程施工合同解释》第 21 条的规定，"当事人就同一建设工程另行订立的建设工程施工合同与经过备案的中标合同实质性内容不一致的，应当以备案的中标合同作为结算工程价款的根据"，已经明确确定了"阳合同"的法律效力和适用基础。但在房屋买卖领域中的"阴阳合同"问题，由于缺乏统一规定，司法实践认识不一，存在三种不同观点：

1. 无效说

即"阴合同"和"阳合同"都无效。此种观点认为，当事人双方以订立阴阳合同为手段，试图达到规避国家管理、实现自身利益最大化的目的，符合《合同法》第 52 条第 2 款"恶意串通，损害国家、集体或者第三人利益"的情形，故两份合同均为无效。

2. 阳合同有效说

此观点认为,阳合同为符合法律强制性规定的合同,且在主管部门备案,应为有效;与之相反,“阴合同”为双方私下协议,且双方以此规避政府的管理,违反了法律强制性的规定,同时该合同未在主管部门备案,形式上欠缺生效要件,应为无效。

3. 阴合同有效说

持该观点的人认为,“阴合同”是当事人双方意思表示一致的真实体现,实践中履行的也是该合同,因此阴合同生效,对双方具有约束力。

笔者赞同第三种观点。房屋买卖中的阴合同系双方当事人真实意思表示的体现,亦不存在法定的无效情形,因此自成立时生效。阳合同并非当事人真实意思的体现,且违反法律的强制性规定,因此无效。

典型案例

能够体现当事人之间真实意思表示且实际履行的“阴合同”具有法律效力

——龚某与上海某房地产投资咨询有限公司第八分公司、上海某房地产投资咨询有限公司、第三人张某某、倪某某房屋买卖合同纠纷案[①]

1. 案情简介

原告:龚某

被告:上海某房地产投资咨询有限公司第八分公司(以下简称八分公司)

被告:上海某房地产投资咨询有限公司(以下简称总公司)

第三人:张某某、倪某某

第三人张某某委托第三人倪某某出卖其所有的位于崇明县长征农场南坝新村的产权房屋(系争房屋),倪某某遂委托被告八分公司挂牌出卖。之后被告八分公司通知倪某某,原告有购买该房的意向,倪某某便立即带原告去看该出卖房屋,并言明该房屋价格为人民币72,000元。原告看完房屋后表

① 参见刘敏、刘金露:《阴阳合同效力的认定——对龚某诉上海某房地产公司等买卖合同纠纷案评析》,载《法制与社会》2013年6月(上)。

示愿意购买，并出具购买承诺书。一周后，原告与被告八分公司签订该房屋的《转让协议书》，该协议书上的甲方署名为第三人倪某某和八分公司职员石某，在协议书尾部落款处甲方位置盖有被告上海某房地产投资咨询有限公司第八分公司的印章。协议约定被告将该房屋转让给原告，房款为72,000元。原告于是向被告支付了全部房款72,000元。两天后，原告与第三人张某某在崇明县房屋交易中心办理该房屋过户登记手续时，按交易中心的要求，又填写了一份该房屋的买卖合同《上海市房地产买卖合同》，原告和被告八分公司双方为少交税款而将购房款写为55,000元。该房屋已办妥过户登记手续。

原告诉称，原告和房屋产权人张某某签订的《上海市房地产买卖合同》中，居间介绍、代理等中介均为空白，据此原告认为被告八分公司不是该买卖房屋的产权人，无权对该房屋进行转让；且当初说是场区的房屋，但实际该房屋并非在场区，而是在南坝，被告八分公司存在欺诈，故《转让协议书》应为无效。原告诉请判令《转让协议书》无效，确认《上海市房地产买卖合同》有效，责令被告返还多收取的房款17,000元。

2. 法院裁判及观点

涉讼房屋的居间行为系八分公司职员石某的职务行为，因此其行为后果归属于八分公司；被告八分公司系根据第三人倪某某的委托授权而提供媒介服务，系有权处分，原告提出的无权处分诉辩不成立；八分公司系分支机构，若其需要对原告负责，那么其民事责任由总公司承担；被告八分公司虽然存在虚假陈述，但并不符合欺诈行为的其他构成要件，因此《转让协议书》并不因此而无效；《转让协议书》系阴合同，其订立符合原被告双方真实的意思，而《上海市房地产买卖合同》违反了《合同法》第52条的规定，合同双方为了少缴税，恶意串通降低成交金额，损害了国家利益，因此无效。故而在本案中，当事人双方应当按照《转让协议书》的约定履行义务，原告提出的确认《上海市房地产买卖合同》有效的诉求不能得到支持。

3. 案例评析

结合实务及理论分析，笔者认为应从以下几个方面分析阴阳合同效力问题：

(1)登记备案与合同效力的关系。

根据我国《物权法》第15条的规定可知，我国采取的是登记对抗主义，登记与否不影响合同的效力。因此，尽管阴合同没有进行登记，但它并不一定无效；尽管阳合同在登记主管部门进行了登记备案，但是登记并不能对其效力问题作出保证，其并非一定是有效合同。

(2)需分析哪一个合同是双方真实的意思表示。

在双方当事人就同一事项签订了两个合同的情形，从实际履行来看，应从哪一合同为双方真实的意思表示去分析问题，双方的真实意思表示才可作为判定双方权利、义务的依据。在房屋买卖合同中，很显然阴合同才符合双方当事人的真实意思，而阳合同仅仅是出于掩盖某种非法目的而订立的，并非双方真实意思的体现。

(3)需分析合同是否符合法律的规定。

我国《合同法》第44条规定："依法成立的合同，自成立时生效。"因此，已经成立的合同是否生效，还要看其是否符合法律的规定。与此同时，《合同法》第52条规定了合同无效的五种情形。结合该规定，房屋买卖中的阳合同由于系双方当事人为了逃避纳税等国家管理而订立的，符合第2项"恶意串通损害国家利益"及第3项"以合法形式掩盖非法目的"的情形，因此属于无效合同。阴合同则不具有此种目的，不存在上述无效情形。

综上所述，房屋买卖中的阴合同系双方当事人真实意思表的体现，亦不存在法定的无效情形，因此，自成立时生效。阳合同并非当事人真实意思的体现，且违反法律的强制性规定，因此无效。司法实践中，法院在处理"阴阳合同"房地产买卖合同纠纷时，通常也是认定"阳合同"为无效合同。

二、"假按揭"房贷合同的效力如何认定

基本理论

所谓"假按揭"，主要是"指开发商串通无真实购房意愿的购房借贷申请人或独立伪造购房借贷申请人，以虚假购房交易套取银行个人贷款并可能代替虚拟或不真实的购房借贷人归还贷款的行为"。[①]

① 李延荣主编：《房地产法研究》，中国人民大学出版社2007年版，第140页。

关于“假按揭”合同效力问题，司法实践中存在不同观点：

第一种观点认为，只要是“假按揭”的，相应的合同效力都应予以否定。

第二种观点认为，对“假按揭”合同效力的认定，应分不同情况予以认定。

我们同意上述第二种观点。无论是有真实签名的“假按揭”，还是伪造签名的“假按揭”，借款人和开发商之间买卖房屋的行为意思表示不真实，其实质目的是恶意串通骗取银行贷款。《合同法》第52条规定：“有下列情形之一的，合同无效：(一)一方以欺诈、胁迫的手段订立合同，损害国家利益；(二)恶意串通，损害国家、集体或者第三人利益；(三)以合法形式掩盖非法目的；(四)损害社会公共利益；(五)违反法律、行政法规的强制性规定。”根据该规定，开发商与借款人之间的房屋买卖合同无效。

因为商品房买卖合同和借款合同不是主从合同关系，商品房买卖合同的无效并不能当然代表借款合同的无效。借款合同的效力可分以下三种情况：

其一，银行不知情的具有真实签名的“假按揭”借款合同的效力。由于开发商和借款人的真实意图不在于购买住房，而是帮助骗银行贷款，因此开发商和借款人意思表示不真实。我国《合同法》第54条第2款规定：“一方以欺诈、胁迫的手段或者乘人之危，使对方在违背真实意思的情况下订立的合同，受损害方有权请求人民法院或者仲裁机构变更或者撤销。”根据此规定，该种借款合同应属于效力待定的合同，在银行行使撤销权之前，借款合同是有效的。实务中，银行为了自己的债权利益，一般不会行使撤销权，可以认定该类按揭合同是有效合同。

其二，银行知情的具有真实签名的“假按揭”借款合同的效力。贷款人明知借款人没有购房意图而不禁止发放贷款甚至还帮助操作“假按揭”贷款，对此类借款合同的效力问题，我国目前的《合同法》和《民法通则》并没有明确规定。但“串通”在本质上讲是一种“双方互相沟通、达成协议的过程”，从合同自由的原则出发，在没有其他违法因素的前提下，如果银行、借款人和开发商对“假按揭”的事实明知但都愿意承担此后果的，应视为双方的意思表示真实，所以，银行与借款人签订的借款合同属于有效合同。另外，银行由于明知借款人的欺诈意图，所以，银行不是善意相对人，其不得以受到欺诈为由，作为受损害方变更或撤销。

其三，开发商伪造借款人签名的“假按揭”合同的效力。由于借款人根本不存在即借款合同主体不存在，故此，无论银行对于“假按揭”是否知情，购房合同和贷款合同均应该是无效合同。

《担保法》第5条第1款规定：“担保合同是主合同的从合同，主合同无效，担保合同无效。担保合同另有约定的，按照约定。”根据该条规定，如果合同双方没有在担保合同另行约定，在主合同即借款合同无效的情况下，抵押合同、保证合同当然无效；如果抵押合同及保证合同有约定“主合同无效，担保合同可以有效”，那么抵押合同及保证合同就可以有效。

典型案例

开发商为套取银行资金，与自然人串通签订虚假的预售商品房买卖合同，以该自然人的名义与银行签订商品房抵押贷款合同而获得银行贷款，该商品房买卖合同无效

——中国光大银行股份有限公司上海青浦支行诉上海东鹤某有限公司、陈某绮保证合同纠纷案[①]

1. 案情简介

原告：中国光大银行股份有限公司上海青浦支行

负责人：管银熙，该支行行长

被告：上海东鹤某有限公司

法定代表人：童彬彬，该公司董事长

被告：陈某绮

原告中国光大银行股份有限公司上海青浦支行（以下简称光大银行）因与被告上海东鹤某有限公司（以下简称东鹤公司）、被告陈某绮发生保证合同纠纷，向上海市青浦区人民法院提起诉讼。

原告光大银行诉称，2007年8月29日，其与两被告签订《个人贷款合同（抵押、保证）》1份，约定：被告陈某绮向其借款人民币37万元（以下币种均为人民币），用于购买坐落于上海市青浦区鹤如路185弄20号102室房屋，被告东鹤公司承担连带责任。合同签订后，原告按约发放贷款。因两被告之

① 本案例选自《最高人民法院公报》。

间的房屋买卖行为已被法院生效判决确认无效，故请求判令被告陈某绮偿付自2011年3月20日起至6月20日的利息7843.86元以及自2011年6月21日起至实际清偿之日止的利息（利率按合同约定计算）；被告东鹤公司连带清偿借款本金354,852.26元，偿付合同期内利息和逾期利息7843.86元（暂计至2011年6月20日）及自2011年6月21日起至实际清偿之日止的利息（利率按合同约定计算）；两被告偿付原告律师代理费15,000元；原告在抵押物处分时享有优先受偿权，不足部分由两被告连带清偿。

被告陈某绮未作答辩。

被告东鹤公司辩称：法院生效判决已经明确其与被告陈某绮签订的《商品房预售合同》无效，故系争《个人贷款合同（抵押、保证）》也无效，东鹤公司不应承担保证责任；且东鹤公司已经向陈某绮返还房款，无须再向光大银行还款。故请求驳回光大银行对其的全部诉讼请求。

上海市青浦区人民法院一审查明：

（1）2007年8月29日，原告光大银行与被告陈某绮、东鹤公司签订《个人贷款合同（抵押、保证）》1份，约定陈某绮向光大银行借款37万元，用于购房。陈某绮以坐落于上海市青浦区鹤如路185弄20号102房屋作为抵押物提供担保，担保范围包括利息、律师费等；贷款期限自2007年9月12日至2037年9月12日，还款方式采用等额还本付息法。东鹤公司作为保证人在合同上盖章。合同签订后，光大银行和陈某绮于2007年9月12日办理抵押物登记手续，光大银行于同日发放贷款。

（2）2010年12月28日，上海市青浦区人民法院受理陈某绮诉东鹤公司商品房预售合同纠纷案。审理中，光大银行作为第三人参加诉讼。上海市青浦区人民法院在审理该案中认为，陈某绮和东鹤公司通过签订商品房预售合同的合法形式，掩盖了东鹤公司获得银行贷款的非法目的，该行为损害了他人的利益，故合同无效。因商品房预售合同被确认无效，贷款合同的目的已无法实现，故该贷款合同应一并予以解除。据此，上海市青浦区人民法院作出（2011）青民三（民）初字第79号民事判决，判决合同无效；陈某绮归还光大银行借款本金355,672.35元及截至2011年3月29日的利息。陈某绮不服该判决提起上诉，上海市第二中级人民法院作出（2011）沪二中民二（民）终字第1370号民事判决，驳回上诉，维持原判。之后，光大银行收到归还的贷款 820.09 元。

(3)光大银行为本案一审支出的律师费用为 5000 元。上海市青浦区人民法院一审认为,原告光大银行与被告东鹤公司、陈某绮签订的《个人贷款合同(抵押、保证)》是当事人在平等、自愿的基础上缔结的,是其真实意思表示,合法有效。由于贷款合同被判令解除后,陈某绮未履行生效判决规定的还款义务,根据合同约定,光大银行有权行使抵押权。东鹤公司作为保证人也应承担相应的保证责任。光大银行为本案支付的律师代理费为 5000 元,根据合同约定,此款应由陈某绮偿付,东鹤公司承担保证责任。对光大银行主张的其他律师代理费,因非本案支出的费用,故不予支持。由于光大银行的债权既有保证又有物的担保,故东鹤公司对物的担保以外的债权承担保证责任。鉴于借款合同的有效性已在前述作了认定,故保证合同有效,东鹤公司仍应承担保证责任。陈某绮经合法传唤无正当理由拒不到庭参加诉讼,放弃了自己的抗辩权利。

综上,上海市青浦区人民法院于 2012 年 5 月 30 日作出判决:(1)陈某绮应于判决生效之日起 10 日内偿付光大银行律师代理费 5000 元。(2)如陈某绮未履行(2011)青民三(民)初字第 79 号民事判决确定的归还借款本金 354,852.26 元(2011 年 6 月 21 日后的利息按合同规定计算)以及本判决第一条确定的律师费 5000 元,光大银行可以与抵押人陈某绮协议,以坐落于上海市青浦区鹤如路 185 弄 20 号 102 室房屋折价,或者申请以拍卖、变卖该抵押物所得价款优先受偿。抵押物折价或者拍卖、变卖后,其价款超过债权数额的部分归抵押人陈某绮所有,不足部分由陈某绮清偿。(3)在陈某绮提供的抵押物不足以清偿全部债务时,由东鹤公司对不足部分债务承担连带清偿责任。东鹤公司承担保证责任后,有权向陈某绮追偿。

光大银行、东鹤公司均不服一审判决,向上海市第二中级人民法院提起上诉。

上诉人光大银行上诉称:(1)根据贷款合同约定,债权人为实现债权所支出的律师费应由债务人承担,保证人承担担保责任。(2)光大银行有权向被上诉人陈某绮及东鹤公司主张因逾期还款导致的自 2011 年 3 月 20 日起至 6 月 20 日的利息 7843.86 元。(3)东鹤公司是贷款的实际使用人,与陈某绮构成共同侵权,应与陈某绮共同向光大银行承担连带清偿责任,不应适用“先物的担保，后人的担保”的原则。请求二审法院撤销原判第一、二、三项，改判支持其一审的诉讼请求，上诉费用由陈某绮与东鹤公司承担。

上诉人东鹤公司上诉称：(1)上诉人光大银行与被上诉人陈某绮的贷款合同已解除，东鹤公司不应承担保证责任，且光大银行并非善意，其抵押权不应受到保护。(2)生效判决认定房屋预售合同无效，系争房屋归东鹤公司所有。(3)光大银行支付的律师费不应由其承担。请求二审法院：(1)撤销原审判决，依法改判或发回重审，驳回光大银行对其的诉讼请求；(2)由光大银行与陈某绮承担本案上诉费用。

被上诉人陈某绮辩称：(1)上诉人光大银行要求其还款是合理的，且认可光大银行主张的利息，但其无力还款。(2)律师费不是合理支出，不应由其承担。(3)系争房屋是其购买的，抵押权行使后超出债权部分应归其所有。请求驳回上诉人东鹤公司的上诉。

上海市第二中级人民法院经二审，确认了一审查明的事实。

另查明：

(1)上诉人光大银行和被上诉人陈某绮于2007年9月12日办理预告登记（预购商品房抵押）。一审对此表述欠妥，应予纠正。

(2)上诉人东鹤公司自愿为被上诉人陈某绮在贷款合同项下所产生的全部债务向上诉人光大银行提供阶段性连带责任保证，如陈某绮未按合同约定履行还款义务，东鹤公司保证向光大银行履行还款义务，保证期间从合同签署之日起至抵押人就抵押物有效设定抵押，且相关抵押物权利证明及设定抵押的相关文件交付贷款人正式执管之日止。

(3)上诉人光大银行参加被上诉人陈某绮与上诉人东鹤公司商品房预售合同纠纷案一、二审诉讼，为此支出律师费10,000元，参加本案诉讼，支出律师费5000元。

(4)截至2011年6月20日，被上诉人陈某绮欠付的期内利息及逾期利息计7843.86元，其中，自2011年3月30日起至6月20日止，陈某绮欠付的期内利息及逾期利息计5263.01元。

本案二审的争议焦点是：(1)上诉人光大银行对涉案房产能否行使抵押权；(2)上诉人东鹤公司在本案中是否承担法律责任；(3)光大银行主张的利息、逾期利息及律师费是否应予支持。

2. 法院裁判及观点

(1)关于第一个争议焦点:上诉人光大银行对涉案房产能否行使抵押权

二审法院认为,系争房产上设定的抵押预告登记,与抵押权设立登记具有不同的法律性质和法律效力。根据《物权法》等相关法律法规的规定,预告登记后,未经预告登记的权利人同意,处分该不动产的,不发生物权效力。预告登记后,债权消灭或者自能够进行不动产登记之日起 3 个月内未申请登记的,预告登记失效。即抵押权预告登记所登记的并非现实的抵押权,而是将来发生抵押权变动的请求权,该请求权具有排他效力。因此,上诉人光大银行作为系争房屋抵押权预告登记的权利人,在未办理房屋抵押权设立登记之前,其享有的是当抵押登记条件成就或约定期限届满对系争房屋办理抵押权登记的请求权,并可排他性地对抗他人针对系争房屋的处分,但并非对系争房屋享有现实抵押权,一审判决对光大银行有权行使抵押权的认定有误,应予纠正。

(2)关于第二个争议焦点:上诉人东鹤公司在本案中是否承担法律责任

二审法院认为,根据《担保法解释》第 10 条的规定,东鹤公司提供阶段性连带保证的主合同为系争贷款合同,现主合同虽被解除,在东鹤公司与光大银行未在保证合同中另有约定的情况下,保证人东鹤公司仍应对债务人的相关民事责任承担连带清偿的保证责任。所谓阶段性连带保证,其本意就是让房产开发商为借款人在该阶段内(贷款合同签署之日起至抵押有效设定,相关权利证明文件交付银行执管之日止)向银行履行还款义务提供保证,亦为银行获得安全的房屋抵押担保的等待过程提供保证。一旦房屋抵押设定成功,该阶段性保证的任务完成,即阶段性保证期限届满之时即是银行获得借款人的房屋抵押担保之时。本案抵押预告登记在未变更为抵押权设立登记之前,根据物权法定原则,上诉人光大银行就抵押房屋处分并优先受偿的权利在行使要件上有所欠缺,即上诉人东鹤公司提供的阶段性连带保证的期限届满条件未成就。且该期限届满条件的未成就并非光大银行造成,而是东鹤公司与被上诉人陈某绮恶意串通,以商品房买卖为名,行东鹤公司融资之实,损害了光大银行的利益,危及银行贷款安全,陈某绮与东鹤公司具有明显过错。因此,东鹤公司应对陈某绮因贷款合同所产生的所有债务承担连带清偿责任。至于东鹤公司承担连带清偿责任之后与陈某绮之间的权利义务关系,双方可能另行存在约定，东鹤公司可与陈某绮另行解决，本案中不予处理追偿权问题。

(3)关于第三个争议焦点：上诉人光大银行主张的利息、逾期利息及律师费是否应予支持

二审法院认为，上诉人光大银行在本案中对被上诉人陈某绮的利息主张与另案生效判决存在部分期间的重叠，故本案对光大银行向陈某绮主张的利息中，计算重复部分不予支持，本案中陈某绮应付的利息应自2011年3月30日起算。对于光大银行主张的律师费，其作为第三人申请参加另案诉讼的审理，由此产生的律师费不能在本案中予以主张。至于光大银行主张因本案保证合同诉讼所产生的律师费，一审法院已阐明了支持的理由，并无不当。

综上所述，一审判决确有错误，应予改判。据此，依照《物权法》第20条、《民事诉讼法》第153条第1款第1项、第2项，第158条的规定，上海市第二中级人民法院于2012年10月26日作出判决：(1)维持上海市青浦区人民法院(2012)青民二(商)初字第457号民事判决第一项；(2)撤销上海市青浦区人民法院(2012)青民二(商)初字第457号民事判决第二项、第三项；(3)被上诉人陈某绮应于本判决生效之日起10日内支付上诉人光大银行自2011年3月30日起至6月20日止的期内利息及逾期利息计人民币5263.01元以及自2011年6月21日起至实际清偿完毕日止的逾期利息(以本金人民币354,852.26元为基数，按照合同约定的贷款执行利率基础上上浮30%计收)；(4)上诉人东鹤公司应连带清偿被上诉人陈某绮借款本金人民币354,852.26元，截至2011年6月20日止的期内利息及逾期利息计人民币7843.86元以及自2011年6月21日起至实际清偿完毕日止的逾期利息(以本金人民币354,852.26元为基数，按照合同约定的贷款执行利率基础上上浮30%计收)；(5)上诉人东鹤公司对本判决第一项陈某绮的给付义务承担连带清偿责任；(6)驳回上诉人光大银行其他诉讼请求；(7)驳回上诉人东鹤公司的上诉请求。

3. 案例评析

本案的典型意义在于明确了以下裁判规则：一是开发商为套取银行资金，与自然人串通签订虚假的预售商品房买卖合同，以该自然人的名义与银行签订商品房抵押贷款合同而获得银行贷款，当商品房买卖合同被依法确认

无效后,开发商与该自然人应对银行的贷款共同承担连带清偿责任。二是预售商品房抵押贷款中,虽然银行与借款人(购房人)对预售商品房做了抵押预告登记,但该预告登记并未使银行获得现实的抵押权,而是待房屋建成交付借款人后银行就该房屋设立抵押权的一种预先的排他性保全。如果房屋建成后的产权未登记至借款人名下,则抵押权设立登记无法完成,银行不能对该预售商品房行使抵押权。

三、房屋买卖过程中流质契约应当如何认定

基本理论

《物权法》第186条规定:"抵押权人在债务履行期届满前,不得与抵押人约定债务人不履行到期债务时抵押财产归债权人所有。"该条是关于流质契约禁止的规定,表明了我国立法对流质契约的严格禁止态度。在房屋买卖合同纠纷中,实践中也大量存在流质契约,对此应当如何认定,有必要加以深入研究。

流质契约,是指当事人在签订抵押合同时,或者债权清偿期届满前,约定在债务履行期届满抵押权人未受清偿时,抵押物的所有权转移为债权人所有的契约。流质契约又称为"流押契约""流抵契约""抵押物代偿条款"。流质契约的认定是实践中的一个难题。如果当事人在抵押合同中明确约定,债务人在债务清偿期届满不履行债务,抵押财产的所有权转移为抵押权人所有的,自然可以认定流质契约的存在。然而,实践中当事人签订流质契约的内容和形式多种多样,认定起来并非易事,需要认真加以分析。我们认为,认定流质契约需要把握以下要件:

1. 须当事人间存在抵押等担保法律关系

流质契约存在于抵押法律关系中,是指当事人双方在抵押合同中或债务履行期届满前约定,当债务人不履行债务时,由债权人取得抵押物所有权。抵押权作为担保物权,并不移转标的物的占有,抵押设定后仍由抵押人占有抵押物,只有当债务履行期届满,债权未受清偿时,才能以抵押物折价或变价款优先受偿,而只有在抵押及相类似的法律关系中,才会存在债权到期未受

清偿以担保物作价受偿的问题。因此，流质契约须存在于抵押法律关系中，没有抵押等担保法律关系的存在，也就不存在流质契约。

2. 须约定债务未清偿时抵押物转归债权人

流质契约最明显的特征是在债务履行期届满，债务未受清偿时，抵押物直接归债权人所有，然而并非所有以抵押财产径直冲抵担保债务的约定都是无效的，如果当事人约定该抵押物经双方估价清算后直接冲抵担保债务，这属于对抵押权实行方式的约定，本身应属有效。上述约定与流质契约的区分关键在于合同是否排除了抵押权实行时对债权债务以及抵押财产的清算程序。如果债务人和抵押权人在合同中约定对抵押权的实行采用抵押财产折抵的同时，又约定排除清算程序的，则构成流质契约；反之，应当属于抵押权实行方式的约定。[①] 王利明教授指出："严格地说，折价确定的仍然是物的价值，并没有排除实现担保物权时对债权债务以及担保物的清算程序，在性质上仍然属于担保物权的实现方式之一，而流质契约则预先规定将担保物的所有权转移给债权人，所以与流质契约是不同的。"[②]

3. 须在债务履行期间届满前约定

禁止流质契约只限定在债务履行期间届满前，因为在债务履行期间届满前，对于债权债务及抵押物的价值均未进行清算，其价值未能最终确定，有可能过分高于或低于被担保债务的数额。如果当事人在债务履行期届满债务人不履行债务的，抵押权人可以与抵押人协议将抵押财产折价归抵押权人所有，因为债权人与抵押人之间达成的这种协议具有代物清偿契约的性质，属于当事人对抵押权实行方式的约定，虽然它同样会发生抵押财产所有权转让于债权人的结果，但两者具有本质的不同。两者的区分应以合同达成的时间为标准：凡是在债权已届清偿期后达成的协议，为抵押财产折价协议；相反，凡是在债权尚未届清偿期之前达成的以债务人不履行债务时直接转移抵押财产所有权为内容的协议则为流质契约。[③]

流质契约的效力问题历来存在争议。在我国物权立法过程中，有学者主

① 参见徐武生著：《担保法理论与实践》，工商出版社 1999 年版，第 207 页。
② 王利明著：《物权法论（修订本）》，中国政法大学出版社 2003 年版，第 564 页。
③ 参见高圣平著：《物权法担保物权编》，中国人民大学出版社 2007 年版，第 142 页。

张删除禁止流质契约的规定。他们认为,第一,禁止流押的规定违背当事人意思自治的原则。流押合同仅涉及抵押人和抵押权人,如果抵押人与抵押权人在没有欺诈、胁迫或者其他违法事由的情况下,自愿达成流押合同没有什么不可以。第二,流押合同的订立并非都对抵押人不公平。抵押财产的价值并非一成不变,有可能出现设立抵押时抵押财产的价值远远大于所担保的债权,而实现抵押权时对抵押物财产的价值却一落千丈,反而远远小于所担保的债权。……如果抵押权人就这些抵押财产与抵押人作了流押的约定,那么当抵押权实现时抵押财产价值跌落,债权人反而深受其害。第三,订立流押合同或者流押条款,可以使实现抵押权成本最小化。①

我们认为,尽管民法以意思自治为原则,尊重当事人的意愿,从形式上看,似乎抵押权人与抵押人签订流质契约,通过约定方式实现担保权利,符合私法自治的精神,但是当事人是否自愿,仅仅从表面上是无法判断的,因为意思表示属于内心意愿表现于外部的一种活动,在当事人意思表示不自由的情况下,其内心真意与表现于外部的意思有时并不一致,甚至是截然相反的。我们仅从抵押人签订流质契约这一点根本无法判断其是否自愿,是否存在胁迫等情形。而且当事人由于经济上处于急需窘迫状态,有时根本无法选择,只好接受流质契约,这是明显违背其真实意愿的。就抵押权人而言,在设立抵押权时抵押财产的价值远远大于所担保债权,而在实现抵押权时抵押财产的价值却一落千丈,远远小于所担保的债权,这也是抵押权人所根本不愿看到的,让其接受抵押物价值大大缩水的后果也难谓符合其真实意愿。因此可以说,流质契约不可能是当事人意思自治的产物。那种认为禁止流质契约的规定违背当事人意思自治的说法值得商榷。

就抵押物而言,从表面上看,设定抵押权似乎是以现在之物担保将来债权,但如果从抵押权实现的角度观察,仍然是以将来之物担保将来的债权。因为物的价值并非一成不变,而是处于不断变化之中,只有等到将来某一特定的时间点时,其价值才能得以确定。不管其是大小、等于或者小于所担保债权额,都应进行相应的处理。与债权额相当时可由当事人协议以抵押物折价直接清偿债权;大于债权额时由债权人返还剩余价款;小于债权额时则由

① 参见王胜明著:《中华人民共和国物权法解读》,中国法制出版社2007年版,第401页。

债务人继续清偿,这是非常公平合理的。流质契约的存在破坏了这种公平,导致抵押当事人之间利益失衡。如果当事人在设定抵押权时能够准确预见抵押物的价值将来会过分高于或低于所担保的债权额,其不一定会签订流质契约。因此,流质契约是当事人对抵押物的未来价值无法充分预见情况下的产物。即使当事人在签订流质契约时看似自愿,也并不意味着以抵押物抵偿债务时完全自愿。

再者既如有些学者所言,如果当事人之间关于流质契约的约定会害及抵押人的利益,抵押人可以主张合同无效或者撤销、变更该“流质”合同,从而保护自己的正当权益。但意思表示不真实,导致合同无效或可撤销属于弹性条款,如果债务人不能举证证明意思表示不自由、不真实,法院自然不会认定合同无效或撤销合同。因此,不如直接由法律规定流质契约无效,以更好地保护抵押人的正当权益。[①]

根据我国《物权法》第 186 条的规定,流质契约无效。本条关于流质契约的禁止性规定是严格意义上的禁止,即便抵押权人在实现抵押权时,抵押财产的价值可能等于或小于被担保债权额,抵押权的实现结果并未侵害抵押人的权利,该流质契约也应属无效,因此,该流质契约的禁止是绝对的和无条件的。然而,值得注意的是,流质契约无效并非指整个抵押合同无效。《担保法解释》第 57 条第 1 款规定:“当事人在抵押合同中约定,债务履行期届满抵押权人未受清偿时,抵押物的所有权转移为债权人所有的内容无效。该内容的无效不影响抵押合同其他部分内容的效力。”根据上述规定,如果该流质契约的内容无效并不影响抵押合同其他内容的效力,抵押合同其他部分内容仍是有效的。应当注意的是,流质条款的无效并不直接导致担保合同的无效,否则,不利于正常的交易秩序和信用秩序的形成。违反公序良俗无效,系指流质约定无效而言,而非担保全部无效,原债权债务及担保合同不因流质约定的无效而无效。[②]

---

① 参见黄松有主编:《中华人民共和国物权法条文理解与适用》,人民法院出版社 2007 年版,第 557 页。

② 参见刘春堂著:《动产担保交易法研究》,台湾三民书局 1999 年增订版,第 266 页。转引自王利明著:《物权法论(修订本)》,中国政法大学出版社 2003 年版,第 565 页。

典型案例一

双方当事人基于同一笔款项先后签订《商品房买卖合同》和《借款协议》，并约定如借款到期，偿还借款，《商品房买卖合同》不再履行；若借款到期，不能偿还借款，则履行《商品房买卖合同》。在合同、协议均依法成立并已生效的情况下。应当认定当事人之间同时成立了商品房买卖和民间借贷两个民事法律关系。该行为并不违反法律、行政法规的强制性规定

——申请再审人朱某芳与被申请人山西嘉和泰某开发有限公司商品房买卖合同纠纷一案①

1. 案情简介

申请再审人（一审原告、二审被上诉人、原被申诉人）：朱某芳

委托代理人：王珂，北京市博然律师事务所律师

委托代理人：马洪涛，北京市博然律师事务所律师

被申请人（一审被告、二审上诉人、原申诉人）：山西嘉和泰某开发有限公司

法定代表人：范维明，该公司执行董事

委托代理人：张刚，山西元升律师事务所律师

委托代理人：范晓东，山西元升律师事务所律师

申请再审人朱某芳与被申请人山西嘉和泰某开发有限公司（以下简称嘉和泰公司）商品房买卖合同纠纷一案，山西省高级人民法院（以下简称山西高院）于2011年2月17日作出（2010）晋民再终字第103号民事判决。朱某芳不服该判决，向最高人民法院申请再审。最高人民法院于2011年9月16日作出（2011）民申字第816号民事裁定：（1）本案由最高人民法院提审；（2）再审期间，中止原判决的执行。最高人民法院依法组成合议庭，于2011年11月23日开庭审理了本案。朱某芳的委托代理人王珂、马洪涛，嘉和泰公司的委托代理人张刚、范晓东到庭参加诉讼。本案现已审理终结。

① 参见《最高人民法院公报》2014年第12期，最高人民法院（2011）民提字第344号民事判决书。

朱某芳向山西省太原市小店区人民法院(以下简称“一审法院”)起诉称,2007 年 1 月 25 日,其与嘉和泰公司签订商品房买卖合同,1 月 26 日,嘉和泰公司向朱某芳借款 1100 万元,为保证还款,朱某芳与嘉和泰公司约定用嘉和泰公司开发的百桐园小区十号楼 14 套商铺作抵押,抵押方式为与嘉和泰公司签订商品房买卖合同,并办理备案手续,开具发票。双方约定如嘉和泰公司偿还借款,朱某芳将抵押手续(合同、发票、收据)退回嘉和泰公司;如到期不能偿还借款,嘉和泰公司以抵押物抵顶借款。2007 年 4 月 26 日,还款期限届满后,嘉和泰公司未能还款。故请求确认朱某芳与嘉和泰公司签订的 14 份《商品房买卖合同》有效,判令嘉和泰公司履行商品房买卖合同。

嘉和泰公司答辩称,嘉和泰公司实际只借朱某芳 1023 万元,其余 77 万元为利息。朱某芳和嘉和泰公司签订的商品房买卖合同是对借款的抵押担保,没有形成真实的买卖合同关系。担保未办理登记手续,双方约定的条款为绝押条款,抵押无效。朱某芳与嘉和泰公司之间为借款担保纠纷而非房屋买卖合同纠纷,朱某芳起诉案由错误。故应驳回其诉讼请求。

一审法院查明,2007 年 1 月 25 日,朱某芳与嘉和泰公司签订 14 份《商品房买卖合同》,主要约定朱某芳向嘉和泰公司购买当地百桐园小区十号楼 14 套商铺等。同日嘉和泰公司将该 14 份合同办理了销售备案登记手续,并于次日向朱某芳出具两张总额 10, 354, 554 元的销售不动产发票。

2007 年 1 月 26 日,朱某芳与嘉和泰公司签订一份《借款协议》,主要约定:嘉和泰公司向朱某芳借款 1100 万元,期限至 2007 年 4 月 26 日;嘉和泰公司自愿将其开发的当地百桐园小区十号楼商铺抵押给朱某芳,抵押的方式为和朱某芳签订商品房买卖合同,并办理备案手续,开具发票;如嘉和泰公司偿还借款,朱某芳将抵押手续(合同、发票、收据)退回,如到期不能偿还,嘉和泰公司将以抵押物抵顶借款,双方互不支付对方任何款项等。该合同签订后,朱某芳向嘉和泰公司发放了 1100 万元借款,嘉和泰公司出具了收据。至 2007 年 4 月 26 日,嘉和泰公司未能偿还该借款。

一审法院认为,双方签订的 14 份《商品房买卖合同》,意思表示真实,依法办理了备案登记手续,应当受到法律保护。根据双方在后签订的《借款协议》约定,可以认为借款协议的约定,实际为商品房买卖合同签订生效后,在履行合同过程中,双方对商品房买卖合同作出的补充。其中《借款协议》约定将到期不还的借款作为给付的房款，实际上是为已签订并正在履行的14份《商品房买卖合同》附加了解除条件，即到期还款买卖合同解除，到期不能还款买卖合同继续履行。现嘉和泰公司到期未能还款，14份《商品房买卖合同》所附解除条件未成就，应当继续履行。

2007年9月3日，一审法院作出（2007）小民初字第1083号民事判决：（1）朱某芳与嘉和泰公司签订的14份《商品房买卖合同》有效；（2）嘉和泰公司应当按照该《商品房买卖合同》的内容履行合同。一审案件受理费87,800元，保全费5000元，共计92,800元，由嘉和泰公司负担。

嘉和泰公司不服一审判决，向山西省太原市中级人民法院（以下简称“太原中院”）提出上诉称，朱某芳持有的收据数额虽然是1100万元，但嘉和泰公司实际收到的款项为1023万元，在借款时朱某芳已扣除了77万元利息。嘉和泰公司出具的发票金额是1035.4554万元，此金额是根据双方借款抵押的房地产面积和单价折算而来，所以，与收据的金额不一致。嘉和泰公司与朱某芳之间是借款法律关系，双方签订的《商品房买卖合同》及发票只是属于《借款合同》的抵押手续，并没有形成真实的买卖合同关系。借款合同关于抵押的约定违反了担保法解释的相关规定，且未在相关部门进行登记，属于无效约定，不应受法律的保护。请求撤销一审判决，驳回朱某芳的诉讼请求。

朱某芳答辩称，双方签订的《商品房买卖合同》进行了登记备案，已经成立生效。借款协议是朱某芳在付房款的过程中在嘉和泰公司要求下才签订，是为保证朱某芳权益才写的条款，不影响买卖合同成立生效。故请求维持原判。

太原市中级人民法院认为，双方签订的商品房买卖合同是双方当事人的真实意思表示，且在国家规定的相关部门登记备案，应认定有效。双方在合同履行过程中又签订了借款合同，该合同仅是商品房买卖合同的补充，故一审判决继续履行商品房买卖合同并无不妥。另外，由于嘉和泰公司向朱某芳出具1100万元的收款收据，其主张仅收到10,354,554元，证据不足，不予支持。

2008年5月4日，太原市中级人民法院作出（2007）并民终字第1179号民事判决：驳回上诉，维持原判。二审案件受理费43,900元，由嘉和泰公司负担。

嘉和泰公司不服该判决，向山西省人民检察院提出申诉，山西省人民检察院于2009年12月4日作出晋检民抗(2009)60号民事抗诉书，向山西高院提起抗诉。山西省高级人民法院于2009年12月31日作出(2009)晋民抗字第69号民事裁定，裁定提审本案。

山西省人民检察院抗诉认为，二审法院判决认定的事实缺乏证据证明，适用法律错误。(1)本案争议双方签订的主合同为借款合同，房屋买卖合同只是从属于借款合同的抵押担保内容，属从合同。根据朱某芳在其民事起诉状中关于"2007年1月，被告拟向原告借款，1月26日，原、被告签订借款协议，约定被告向原告借款1100万元……为保证原告资金安全，原、被告在协议中约定：被告将其开发的百桐园小区十号楼商铺抵押给原告。抵押方式为和原告签订商品房买卖合同……"的陈述，以及嘉和泰公司与朱某芳所签订的借款协议关于"为保证甲方的资金安全，乙方自愿将本公司开发的百桐园小区十号楼商铺以四千六百元每平方米的价格抵押给甲方，抵押面积为贰仟贰百伍拾点玖玖平方米，和甲方签订商品房买卖合同并到太原市房地局办理备案手续，同时给甲方开具与备案买卖合同相对应的不动产销售发票"之约定，证明嘉和泰公司与朱某芳在借款协议中已明确约定了抵押担保，商品房买卖合同的真实意思是以买卖房屋作为借款合同的抵押担保内容，借款合同是主合同，商品房买卖合同是从合同。且从双方签订商品房买卖合同后并未实际履行的情况可知，双方签订的商品房买卖合同，是不以买受方支付房款及出卖方交付房屋为目的，双方的真实意思表示并非买卖商品房，而是将该"商品房买卖合同"以及"发票、收据"共同作为借款合同的抵押担保内容，是为保证借款合同的履行而采取的一种担保措施。原审判决认定借款合同是商品房买卖合同的补充，缺乏证据证明。(2)主合同中关于抵押担保部分无效，从合同亦属无效。①嘉和泰公司为保障朱某芳借款安全，将其开发的百桐园小区十号楼商铺抵押给朱某芳，但是，双方未办理抵押登记，根据《担保法》第41条的规定，抵押合同并未生效。②嘉和泰公司与朱某芳在借款合同中约定借款到期嘉和泰公司一次性还清朱某芳借款后，朱某芳将抵押手续(合同、发票、收据)退回嘉和泰公司，如嘉和泰公司到期不能偿还或无力偿还借款，将用抵押物来抵顶借款，双方互不支付对方任何款项。从上述内容可知，"商品房买卖合同、发票、收据"的作用在于，不能偿还借款时，将抵押物即所"买卖”的房屋所有权转移为朱某芳所有,该约定内容违反法律的强制性规定,属绝押条款,应属无效。原审判决认定双方之间的商品房买卖合同有效,属适用法律错误。

朱某芳答辩称,双方之间是商品房买卖合同关系,借款协议是商品房买卖合同的补充,商品房买卖合同合法有效。一审、二审判决完全正确。

山西省高级人民法院再审查明,2007年1月25日,朱某芳与嘉和泰公司签订14份《商品房买卖合同》,主要约定朱某芳以每平方米4600元价格向嘉和泰公司购买百桐园小区十号楼14套商铺。同日办理了14份《商品房买卖合同》的销售备案登记手续。嘉和泰公司于次日向朱某芳出具两张总额1035.4554万元的销售不动产发票。2007年1月26日,朱某芳与嘉和泰公司签订一份《借款协议》,约定嘉和泰公司向朱某芳借款1100万元,借款期限自借款到账之日起3个月即2007年1月26日至4月26日止;嘉和泰公司自愿将其开发的百桐园小区十号楼商铺以每平方米4600元的价格抵押给朱某芳,抵押的方式为和朱某芳签订商品房买卖合同,并办理备案手续,开具发票;借款到期,嘉和泰公司一次性还清借款,朱某芳将抵押手续(合同、发票、收据)退回嘉和泰公司,如到期不能偿还,嘉和泰公司将以抵押物抵顶借款,双方互不支付对方任何款项等。同日,嘉和泰公司向朱某芳出具1100万元收据。

另查明,朱某芳与嘉和泰公司签订14份《商品房买卖合同》购买的百桐园小区十号楼14套商铺,与嘉和泰公司抵押给朱某芳的百桐园小区十号楼14套商铺为同一标的。双方当事人在《借款协议》中约定的“乙方(嘉和泰公司)一次性还清甲方(朱某芳)借款后,甲方将以上抵押手续(合同、发票、收据)退回乙方”,合同即为朱某芳与嘉和泰公司签订的14份《商品房买卖合同》;发票即为嘉和泰公司向朱某芳出具的两张总额1035.4554万元的销售不动产发票;收据即为嘉和泰公司向朱某芳出具的1100万元借款收据。

山西省高级人民法院认为,双方当事人再审争议的焦点是:(1)本案双方是民间借贷合同关系还是商品房买卖合同关系;(2)《借款协议》中“到期不能还款用抵押物抵顶借款,双方之间互不支付对方任何款项”的约定是否违反法律的强制性规定。

关于本案双方是民间借贷合同关系还是商品房买卖合同关系问题。山西高院认为，本案双方是民间借贷合同关系而非商品房买卖合同关系。嘉和泰公司与朱某芳签订的借款协议约定“为保证甲方的资金安全，乙方自愿将本公司开发的百桐园小区十号楼商铺以四千六百元每平方米的价格抵押给甲方，抵押面积为贰仟贰百伍拾点玖玖平方米，和甲方签订商品房买卖合同并到太原市房地局办理备案手续，同时给甲方开具与备案买卖合同相对应的不动产销售发票”。证明朱某芳的真实意思表示是嘉和泰公司以商铺作为向朱某芳借款的抵押担保。朱某芳在起诉状中陈述：“2007 年 1 月，被告拟向原告借款，1 月 26 日，原、被告签订借款协议，约定被告向原告借款 1100 万元……为保证原告资金安全，原、被告在协议中约定：被告将其开发的百桐园小区十号楼商铺抵押给原告，抵押方式为和原告签订商品房买卖合同……”朱某芳在一审中的辩论意见也说“是怕不给钱才签订了协议……当然就是为了保证资金安全”，也印证了借款是其真实意思表示，而商品房买卖合同是借款合同的抵押担保内容。

关于《借款协议》中“到期不能还款用抵押物抵顶借款，双方之间互不再支付对方任何款项”的约定是否违反法律的强制性规定问题。山西高院认为，《借款协议》中“到期不能还款用抵押物抵顶借款，双方之间互不再支付对方任何款项”的约定违反法律的强制性规定，应属无效。综上，检察机关的抗诉理由成立。鉴于就争议法律关系的性质释明后，朱某芳仍不变更诉讼请求，朱某芳关于确认双方签订的房屋买卖合同有效并继续履行的请求不予支持，但朱某芳可依法另行提起诉讼主张其权利。

2011 年 2 月 17 日，山西省高级人民法院作出(2010)晋民再终字第 103 号民事判决：撤销太原市小店区人民法院(2007)小民初字第 1083 号民事判决和太原市中级人民法院(2007)并民终字第 1179 号民事判决；驳回朱某芳的诉讼请求。本案一、二审案件受理费由朱某芳负担。

朱某芳不服山西省高级人民法院(2010)晋民再终字第 103 号民事判决，向最高人民法院申请再审称，(1)双方当事人之间签订的 14 份《商品房买卖合同》是真实的意思表示，合法有效。(2)《借款协议》是对买卖合同履行设定的解除条件，解除条件不成就时，继续履行《商品房买卖合同》，并非抵押给朱某芳。(3)朱某芳对起诉状的陈述并不知情，系其代理律师施某生错误理解事实，在起诉状中作出了错误的描述。对此，朱某芳从未起诉状上签字或捺手印，庭审时也未参加，直至再审时才发现此问题。因此，起诉状里对事实的错误描述不能认定为朱某芳的本意。根据《民事诉讼法》第 179 条第 1 款第 2 项之规定，申请再审。请求确认双方当事人之间的买卖合同关系有效，判令嘉和泰公司履行商品房买卖合同。

嘉和泰公司答辩称，(1)嘉和泰公司与朱某芳之间是借贷关系，而非商品房买卖合同关系。《借款协议》明确表明双方是借贷关系，签订 14 份《商品房买卖合同》的真实意思是为借款提供担保，并非双方有买卖商品房的意思表示。朱某芳在一审诉状中对此亦有同样表述。(2)《借款协议》中“到期不能还款用抵押物抵顶借款，双方之间互不再支付对方任何款项”的约定违反法律的强制性规定，是无效的。

最高人民法院再审查明的事实与山西高院再审查明的事实相同。

2. 法院裁判及观点

最高人民法院认为，在最高人民法院再审中，朱某芳与嘉和泰公司对于山西高院再审判决认定的事实均无异议，但对于双方之间的法律关系性质和效力存在争议，故本案再审的焦点问题就是双方当事人之间法律关系的性质和效力。

朱某芳主张其与嘉和泰公司之间是商品房买卖合同关系。嘉和泰公司主张双方之间是民间借贷关系。山西高院再审认为，双方是民间借贷合同关系而非商品房买卖合同关系，商品房买卖合同是借款合同的抵押担保内容，借款协议中“到期不能还款用抵押物抵顶借款，双方之间互不支付对方任何款项”的约定违反法律的强制性规定，应属无效。最高人民法院认为，本案中，14 份《商品房买卖合同》涉及的款项和《借款协议》涉及的款项，在数额上虽有差额，但双方当事人对于 14 份《商品房买卖合同》所涉款项和《借款协议》所涉款项属同一笔款项并无异议。也就是说，双方当事人基于同一笔款项先后签订了 14 份《商品房买卖合同》和《借款协议》，且在太原市房地产交易所办理了 14 份《商品房买卖合同》销售备案登记手续。《合同法》第 32 条规定：“当事人采用合同书形式订立合同的，自双方当事人签字或盖章时合同成立。”第 44 条第 1 款规定：“依法成立的合同，自成立时生效。”案涉 14 份《商品房买卖合同》和《借款协议》均为依法成立并已生效的合同。本案双方当事人实际上就同一笔款项先后设立商品房买卖和民间借贷两个法律关系。

山西高院再审认为本案双方是民间借贷合同关系而非商品房买卖合同关系不当,应予纠正。从本案 14 份《商品房买卖合同》和《借款协议》约定的内容看,案涉《商品房买卖合同》与《借款协议》属并立又有联系的两个合同。案涉《商品房买卖合同》与《借款协议》之间的联系表现在以下两个方面:其一是案涉《商品房买卖合同》与《借款协议》涉及的款项为同一笔款项;其二是《借款协议》约定以签订商品房买卖合同的方式为《借款协议》所借款项提供担保,即双方当事人实际是用之前签订的 14 份《商品房买卖合同》为之后签订的《借款协议》提供担保。同时《借款协议》为案涉《商品房买卖合同》的履行附设了解除条件,即借款到期,嘉和泰公司还清借款,案涉《商品房买卖合同》不再履行;借款到期,嘉和泰公司不能偿还借款,则履行案涉《商品房买卖合同》。关于《借款协议》中"如到期不能偿还,或已无力偿还,乙方(嘉和泰公司)将用以上抵押物来抵顶借款,双方互不再支付对方任何款项"的约定是否违反法律的强制性规定问题。《担保法》第 40 条规定:"订立抵押合同时,抵押权人和抵押人在合同中不得约定在债务履行期届满抵押权人未受清偿时,抵押物的所有权转移为债权人所有。"《物权法》第 186 条规定:"抵押权人在债务履行期届满前,不得与抵押人约定债务人不履行到期债务时抵押财产归债权人所有。"这是法律上禁止流押的规定。禁止流押的立法目的是防止损害抵押人的利益,以免造成对抵押人实质上的不公平。本案《借款协议》中"如到期不能偿还,或已无力偿还,乙方(嘉和泰公司)将用以上抵押物来抵顶借款,双方互不再支付对方任何款项"的约定,并非法律上禁止的流押条款。首先,《借款协议》上述条款并非约定嘉和泰公司到期不能偿还借款,《借款协议》所称抵押物所有权转移为朱某芳所有。在嘉和泰公司到期未偿还借款时,朱某芳并不能直接按上述约定取得《借款协议》所称的"抵押物"所有权。朱某芳要想取得《借款协议》所称的"抵押物"即 14 套商铺所有权,只能通过履行案涉 14 份《商品房买卖合同》实现。正基于此,朱某芳在本案一审提出的诉讼请求也是确认 14 份《商品房买卖合同》有效,判令嘉和泰公司履行商品房买卖合同。其次,案涉 14 份《商品房买卖合同》和《借款协议》均为依法成立并生效的合同,双方当事人在《借款协议》中约定以签订商品房买卖合同的形式为《借款协议》提供担保,并为此在《借款协议》中为案涉 14 份《商品房买卖合同》附设了解除条件,该约定并不违反法律、行政法规的强制性规定。实际上,双方当事人对于是履行14份《商品房买卖合同》,还是履行《借款协议》具有选择性,即商品房买卖合同的解除条件成就,就履行《借款协议》;商品房买卖合同的解除条件未成就,就履行14份《商品房买卖合同》。无论是履行14份《商品房买卖合同》,还是履行《借款协议》,均符合双方当事人的意思表示,且从合同的选择履行的角度看,嘉和泰公司更具主动性。嘉和泰公司如果认为履行14份《商品房买卖合同》对其不公平,损害了其利益,其完全可以依据《合同法》第54条第1款第2项的规定,请求人民法院撤销案涉14份《商品房买卖合同》,但嘉和泰公司在法定的除斥期间内并未行使合同撤销权,而是拒绝履行生效合同,其主张不符合诚信原则,不应得到支持。因此,《借款协议》上述关于到期不能偿还,或已无力偿还,嘉和泰公司抵押物来抵顶借款的约定,不符合《担保法》第40条和《物权法》第186条禁止流押的规定。山西省高级人民法院再审认为,《借款协议》中"到期不能还款用抵押物抵顶借款,双方之间互不再支付对方任何款项"的约定违反法律的强制性规定,应属无效,缺乏事实和法律依据,最高人民法院予以纠正。

综上,案涉14份《商品房买卖合同》和《借款协议》均为依法成立并生效的合同。《借款协议》约定的商品房买卖合同的解除条件未成就,故应当继续履行案涉14份《商品房买卖合同》。山西高院再审判决适用法律错误,应予撤销。太原市中级人民法院二审判决虽在判决理由表述上不够准确和充分,但判决结果正确,可予以维持。依照《民事诉讼法》第153条第1款第2项、第3项,第186条第1款之规定,判决如下:(1)撤销山西省高级人民法院(2010)晋民再终字第103号民事判决;(2)维持山西省太原市中级人民法院(2007)并民终字第1179号民事判决。

3. 案例评析

本案确立的裁判规则为:一是双方当事人基于同一笔款项先后签订《商品房买卖合同》和《借款协议》,并约定如借款到期,偿还借款,《商品房买卖合同》不再履行;若借款到期,不能偿还借款,则履行《商品房买卖合同》。在合同、协议均依法成立并已生效的情况下,应当认定当事人之间同时成立了商品房买卖和民间借贷两个民事法律关系。该行为并不违反法律、行政法规的强制性规定。二是借款到期,借款人不能按期偿还借款。对方当事人要求并通过履行《商品房买卖合同》取得房屋所有权,不违反《担保法》第40条、

《物权法》第 186 条有关“禁止流押”的规定。

最高人民法院认为，双方当事人基于同一笔款项先后签订了 14 份《商品房买卖合同》和《借款协议》，且在太原市房地产交易所办理了 14 份《商品房买卖合同》销售备案登记手续。《合同法》第 32 条规定：“当事人采用合同书形式订立合同的，自双方当事人签字或盖章时合同成立。”第 44 条第 1 款规定：“依法成立的合同，自成立时生效。”案涉 14 份《商品房买卖合同》和《借款协议》均为依法成立并已生效的合同。

本案双方当事人实际上就同一笔款项先后设立商品房买卖和民间借贷两个法律关系。从本案 14 份《商品房买卖合同》和《借款协议》约定的内容看，案涉《商品房买卖合同》与《借款协议》属并立又有联系的两个合同。

案涉《商品房买卖合同》与《借款协议》之间的联系表现在以下两个方面：其一是案涉《商品房买卖合同》与《借款协议》涉及的款项为同一笔款项；其二是《借款协议》约定以签订商品房买卖合同的方式为《借款协议》所借款项提供担保，即双方当事人实际是用之前签订的 14 份《商品房买卖合同》为之后签订的《借款协议》提供担保。同时《借款协议》为案涉《商品房买卖合同》的履行附设了解除条件，即借款到期，嘉和泰公司还清借款，案涉《商品房买卖合同》不再履行；借款到期，嘉和泰公司不能偿还借款，则履行案涉《商品房买卖合同》。

典型案例二

名为商品房买卖实为融资担保的流质契约，约定权利义务显失公平，严重损害债务人利益，当事人可申请撤销

——某开发公司与陈某买卖合同纠纷申请再审案①

1. 案情简介

2006 年 4 月，开发公司、黄某、销售公司签订《合作销售合同》，约定销售

---

① 最高人民法院裁定“某开发公司与陈某买卖合同纠纷申请再审案”，参见《假买卖合同形式下的真融资担保协议——陈玲玲与益阳市鸿基房地产开发有限公司商品房买卖合同纠纷申请再审案》（于金陵，最高院立案庭），载《立案工作指导 · 申诉与申请再审疑案评析》（200903/22：85）。《立案工作指导》（2009 年第 3 辑总第 22 辑）。

公司代理销售房产，底价2800元/平方米，黄某需在7天内帮开发公司借贷500万元。第二天，黄某同乡陈某与开发公司签订《商品房买卖合同》，约定陈某以单价500元/平方米购买1万余平方米，总价共计500万余元。2006年12月，开发公司以陈某乘人之危签订合同属显失公平为由，诉请撤销《商品房买卖合同》。经鉴定，诉争房屋土地成本与工程成本相加等于每平方米1700余元，销售底价2800元/平方米，市场价3000余元/平方米。

2. 法院裁判及观点

最高人民法院认为，将《合作销售合同》与《商品房买卖合同》内容及实际履行相比较，应认定陈某与开发公司签订房屋买卖合同的真实意思是以买卖形式对开发公司进行融资，并以房屋作为出借人融资的担保。当事人约定的该种合同形式在担保法律上称为"流抵契约"或"流质契约"，是指当事人约定如抵押人到期不还款，抵押物即归抵押权人所有。流抵契约极易造成债权人压迫债务人，低价取得债务人财产，使双方交易有违公平原则。根据《担保法》第40条规定："订立抵押合同时，抵押权人和抵押人在合同中不得约定在债务履行期届满抵押权人未受清偿时，抵押物的所有权转移为债权人所有。"该合同因违反法律强制性规定应为无效。同时，陈某乘开发公司亟需资金之危，与开发公司订立了违背开发公司真实意思的房屋买卖合同，房屋价格又显失公平，根据《合同法》第54条的规定，法院可根据开发公司请求依法予以撤销。

3. 案例评析

合同双方签订房屋买卖合同的真实意思是以买卖的形式对出卖人进行融资，并以房屋作为出借人融资的担保，即名为房屋买卖合同，实为流抵合同。此案中，最高人民法院以可撤销合同定案，有观点认为法院可以流质契约做无效处理。

四、商品房"一房数卖"合同是否有效

基本理论

商品房一房多卖，是指出卖人将同一商品房出售给不同的两个或两个以

上的买受人，并分别与之签订商品房买卖合同的行为。其法律特征为：首先，一房多卖合同纠纷发生在买卖合同领域，其实质是因一种合同纠纷；其次，一房多卖法律纠纷中，在同一商品房之上存在两个以上的买受人，且就此同一商品房形成了两个或两个以上的买卖关系；再次，一房多卖情形下，出卖人为一人履行义务后，必有至少一方当事人的权利无法实现，且无法以订立合同的目的得到补偿；最后，当纠纷诉至法院后，利益受损方的当事人往往只能得到法律上的平衡。

关于同一商品房数个买卖合同效力的认定，现行的法律、法规及司法解释中，除了《民法通则》《合同法》《物权法》中对合同效力和物权设立、变更、转让、消灭有原则性规定外，明确涉及商品房一房多卖的法律依据只有《商品房买卖合同解释》第8、9、10条的规定。《商品房买卖合同解释》第8条规定："具有下列情形之一，导致商品房买卖合同目的不能实现的，无法取得房屋的买受人可以请求解除合同、返还已付购房款及利息、赔偿损失，并可以请求出卖人承担不超过已付购房款一倍的赔偿责任：（一）商品房买卖合同订立后，出卖人未告知买受人又将该房屋抵押给第三人；（二）商品房买卖合同订立后，出卖人又将该房屋出卖给第三人。"第9条规定："出卖人订立商品房买卖合同时，具有下列情形之一，导致合同无效或者被撤销、解除的，买受人可以请求返还已付购房款及利息、赔偿损失，并可以请求出卖人承担不超过已付购房款一倍的赔偿责任：（一）故意隐瞒没有取得商品房预售许可证明的事实或者提供虚假商品房预售许可证明；（二）故意隐瞒所售房屋已经抵押的事实；（三）故意隐瞒所售房屋已经出卖给第三人或者为拆迁补偿安置房屋的事实。"第10条规定："买受人以出卖人与第三人恶意串通，另行订立商品房买卖合同并将房屋交付使用，导致其无法取得房屋为由，请求确认出卖人与第三人订立的商品房买卖合同无效的，应予支持。"由上可知，我国现有法律法规对商品房买卖合同的效力认定还是提供了较为明确的法律依据的，但对争议商品房所有权的归属问题，则并没有给出一个明确的裁量标准。

通过对《商品房买卖合同解释》第8条、第9条、第10条的分析，可以被认定为无效合同的有以下两种情况：第一，出卖人故意隐瞒合同标的物为拆迁补偿安置房屋的事实，而就该房屋签订的合同无效。第二，出卖人与第三人恶意串通，另行订立商品房买卖合同并将房屋交付使用，导致在先购房人无法取得房屋，经在先购房人请求，可以确认出卖人与第三人订立的商品房买卖合同无效。其理由是：首先，《商品房买卖合同解释》第 8 条规定的是可被请求解除的合同的情况，可被解除的合同在被解除前，应认定为有效合同。其次，《商品房买卖合同解释》第 9 条将无效合同与可被撤销、解除的放在一起进行规定，但不难看出，拆迁补偿安置房屋因其对买受人的特殊要求，其他人是被禁止购买的，所以如买受人为非被拆迁人，则该购房合同当然无效。如果该拆迁补偿安置房屋有数个买卖合同，则除被拆迁人签订的合同外，其他合同均无效。第 9 条规定的另外一种情况是出卖人故意隐瞒所售房屋已经出卖给第三人的事实而签订的合同，即基于出卖人的欺诈而签订的合同，根据《合同法》第 52、54 条的规定，因欺诈所签合同属于可撤销合同，只有该合同损害国家利益时，才为无效合同。所以，通常情况下，出卖人故意隐瞒所售房屋已经出卖给第三人的事实而签订的合同为可撤销的合同，而非无效合同。最后，《商品房买卖合同解释》第 10 条规定的是因恶意串通导致合同无效的情况，这与《合同法》第 52 条的规定相符。与该条原文相比，笔者认为，在先购房人可以主张在后合同无效，这是因为如果他签约在后，则不可能出现出卖人与第三人恶意串通，在合同不存在的情况下去另签一份购房合同。综上所述，在同一商品房的数个买卖合同中，只有出卖人故意隐瞒合同标的物为拆迁补偿安置房屋的事实而签订的合同，以及出卖人与第三人恶意串通、另行订立且已导致房屋交付的合同为无效合同，其他均为有效合同。

五、“一房数卖”中买受人如何确定权利救济顺位

基本理论

正因为“一房数卖”中商品房买卖合同均属有效，而实际履行只能是其中之一，其他合同则必然目的落空，买受人只能向卖房人追究相应的合同违约责任。那么，在这种情况下，哪一份合同应该得到履行，哪一份因得不到履行而可以向卖房人追究违约责任呢？我们认为，要解决这一问题，首先应该廓清债权与物权的关系。债权与物权有着明显的不同，债权为对人权、相对权，

不能对抗合同外的第三人，而物权是对世权、绝对权，可对抗任意第三人。当事人订立合同会引起合同之债，这是一种债权行为，而房屋过户则是一种物权行为，引起房屋产权的转移，对外则起着公示和对抗的效力。因此哪一份合同应该得到履行，应当区别情况予以分别处理。

1. 商品房买卖合同均未办理登记。商品房买卖合同均未办理登记且标的房屋尚未交付的情况，属于商品房买卖合同均处于未实际履行的状态，签订在先的合同应优先得到履行的机会。对于合同倒签等欺诈行为，若有证据足以证明合同倒签，该合同应认定无效，若无充足证据证明合同倒签，则应认定为有效合同，仍对签署时间在前的合同作优先履行，而合同未得到履行的买受人可以从卖房人处得到违约赔偿来补救合同未实际履行所产生的后果。

2. 商品房买卖合同均未办理登记过户手续，其中一份合同已经办理了合同登记备案。办理登记备案虽然并非一般商品房买卖合同的必经程序，但其体现了合同双方当事人实际履行合同的诚意，其有别于一般的合同签订环节，而已经具有了一定的合同履行意味，故此种情形下，已经办理了合同登记备案的合同应优先得到保护。

3. 商品房买卖合同均未办理登记，其中一份合同已将标的物房屋交付。在这种情况下，虽然商品房买卖合同均未办理登记，但其中一份合同已经得到实际的履行，体现了卖房人的履行合同的真实意愿，这种履行也是合法的履行。因此，我们这时应当遵从合同的实际履行原则，维护已完成的交易。

4. 房屋已办理过户登记，且房屋未转移给其他买受人。因房屋的过户登记是物权变更范畴，既然已过户，房屋的产权人就已发生变更，再要求原卖房主履行其他合同已不可能，这时我们应按物权公示及对抗性原理，确认已办理过户登记手续的合同优先履行。

5. 在数份商品房买卖合同中，有一份合同已办理过户登记，另一份合同已交付房屋。这种情况下较难处理，主要是实际审判工作中难以协调三方关系。我们认为，还是应按物权公示性及对抗性原理来解决这一问题。因此，无论房屋是否交付，对于已登记的房屋所有权效力，任何人都无法对抗。我们只能认定已登记过户的合同得到优先履行的效力，而排除其他合同的履行效力。

6. 在数份商品房买卖合同中，有一份合同已经办理了合同登记备案，而另一份已经将标的房屋实际交付使用。这种情形同样较难处理。我们认为，在商品房买卖合同均未办理登记过户手续的情况下，在对外效力上，商品房买卖合同地位平等，均不得以其自身特定情形设定排除另一合同的优先权。但在合同的对内效力上，即对合同双方当事人而言，由于房屋的实际交付使用，这已经履行主要合同义务，而且已经产生了诸多积极的合同效果，而合同的登记备案仅系双方当事人对于合同本身成立效力的一种确认与强化，没有实际履行意义，故此时应当确认已经将标的房屋实际交付使用的合同得到优先履行。

典型案例

商品房“一房数卖”合同只要符合合同生效要件，均为有效合同。在数份商品房买卖合同中，有一份合同已经办理了合同登记备案，而另一份已经将标的房屋实际交付使用，则已经将标的房屋实际交付使用的合同得到优先履行

——某罗尔日与成都政通某开发有限公司、第三人牟某商品房预售合同纠纷一案[①]

1. 案情简介

原告：某罗尔日

委托代理人：蒲东

委托代理人：舒先麟

被告：成都政通房地产开发有限公司

法定代表人：张高

第三人：牟某

委托代理人：杨超

---

① 参见四川省新津县人民法院(2013)新津民初字第724号民事判决书。

原告某罗尔日与被告成都政通某开发有限公司(以下简称政通公司)、第三人牟某商品房预售合同纠纷一案,四川省新津县人民法院于2013年3月12日受理,先适用简易程序审理,后因案情复杂转为普通程序,依法组成合议庭公开开庭进行了审理。

原告某罗尔日诉称,2010年9月26日,原告与被告签订了商品房买卖合同,其主要内容是原告购买被告开发的新津县五津镇西顺河街×××号悠雅港湾第×幢×单元×楼×××号住房,总价款470,380元整;付款方式为一次性付款;被告应在2010年12月30日交付该商品房,2011年6月30日前取得该商品房所在楼栋的权属证明,原告应在2012年1月5日前取得该商品房的所有权证。合同签订后,原告一次性付清了全款,被告出具了收到原告470,380.00元购房款的收据,并于2011年11月18日交付了房屋,但截至今日,被告没有为原告办理房屋所有权证,原告多次催促,被告均借口搪塞,其行为已侵犯了原告的合法权利,故原告特提起诉讼,恳请法院判令被告立即为原告办理新津县五津镇西顺河街×××号悠雅港湾第×幢×单元×楼×××号房屋所有权证;判令被告承担本案的诉讼费。

被告政通公司未到庭,无答辩。

第三人牟某辩称,牟某不认可原告所说的事实和理由,因为2012年3月10日政通公司卖房时没有说过已将该房屋卖给他人,当时牟某去看了房后觉得可以就买了,并且是一次性支付购房款370,060元,其后由政通公司去办理的商品房预售登记。由于收了房屋钥匙就要交物管费,所以牟某当时没有拿钥匙,原告所出示的钥匙不能确定就是该套房屋的钥匙。如果该套房屋属于一房多卖,牟某也是受害者,其只要求取得房屋产权。

经审理查明,2010年9月26日,政通公司与某罗尔日签订了《商品房买卖合同》,以合同价款470,380元将该公司所有的位于新津县五津镇西顺河街×××号"悠雅港湾"第×幢×单元×楼×××号房屋出售给某罗尔日并收受售房款。该公司于2011年11月18日将该房屋交付给某罗尔日。

2012年3月10日,政通公司带领牟某察看了位于新津县五津镇西顺河街"悠雅港湾"第×幢×单元×楼×××号房屋后,该公司与牟某签订了《商品房买卖合同》,以合同价款373,060元将该套房屋出售给牟某并收受了售房款。2012年3月23日,政通公司将其与牟某签订的《商品房买卖合同》提交到新津县房屋管理局进行了商品房预售合同备案登记。此后,政通公司未在合同约定期间给某罗尔日办理该房屋的权属证书,未将房屋交付给牟某,也没有为牟某办理房屋权属证书。为此,某罗尔日起诉来院,四川省新津县人民法院依法通知牟某作为第三人参加诉讼。

上述事实,有原告提交的原告及被告身份信息、商品房买卖合同、该房屋的房门钥匙、交房手续、收款收据、物管费收据,第三人提交的房屋买卖合同、银行回单、收据、房屋宣传资料,新津县人民法院依法调取的房屋查询信息以及原告、第三人的当庭陈述等证据在案佐证。

2. 法院裁判及观点

四川省新津县人民法院认为,政通公司于 2010 年 9 月 26 日与某罗尔日所签订的《商品房买卖合同》以及该公司于 2012 年 3 月 10 日与牟某所签订的合同均为有效。虽然政通公司于 2012 年 3 月 23 日将其与牟某所签订的合同提交到四川省新津县房屋管理局进行了商品房预售合同备案登记,但该预售合同备案登记不是我国《物权法》所规定的预告登记,该预售合同备案登记不产生登记请求权的物权公示效力。同时,该公司将买卖合同提交到新津县房管局进行备案登记时,该买卖合同所约定的房屋已经实为现房,因此,该备案登记不符合我国法律关于商品房预售合同备案登记的条件,并且该房屋买卖合同约定交付房屋是办理房屋产权证的前提条件,而政通公司并未将该房屋交付给牟某,因此对牟某的抗辩理由不予支持。

政通公司与某罗尔日所签订房屋买卖合同和交付购房款的时间均早于该公司与牟某签订房屋买卖合同和交付房款的时间,并且政通公司已于 2011 年 11 月 18 日将该房屋交付给某罗尔日。因此,为维护商品房买卖的交易安全,均衡商品房买卖合同各方当事人的利益,使商品房买卖合同目的得以实现和商品房买卖合同实际履行,四川省新津县人民法院依法支持原告某罗尔日的诉讼请求。据此,依照《合同法》第 60 条、《民事诉讼法》第 64 条、第 144 条之规定,判决如下:在本判决生效后 15 日内,由政通公司依合同约定协助某罗尔日办理位于新津县五津镇西顺河街 × × × 号“悠雅港湾”第 × 幢 × 单元 × 楼 × × × 号房屋所有权证。

3. 案例评析

本案涉及两份政通公司于 2010 年 9 月 26 日与某罗尔日所签订的《商品

房买卖合同》以及该公司于2012年3月10日与牟某所签订的合同是否有效以及商品房权属归谁所有的问题。根据查明的事实,两份合同并不存在《合同法》第52条规定的无效情形,因此均具有法律效力。该公司依据所签合同于2011年11月18日将该房屋交付给某罗尔日,而牟某所签订的合同进行了商品房预售合同备案登记,我们认为,在商品房买卖合同均未办理登记过户手续的情况下,在对外效力上,商品房买卖合同地位平等,均不得以其自身特定情形设定排除另一合同的优先权。但在合同的对内效力上,即对合同双方当事人而言,由于房屋的实际交付使用,这已经履行主要合同义务,而且已经产生了诸多积极的合同效果,而合同的登记备案仅系双方当事人对于合同本身成立效力的一种确认与强化,没有实际履行意义,故此时应当确认已经将标的房屋实际交付使用的合同得到优先履行。

有关法律规定

《中华人民共和国物权法》

第十五条　当事人之间订立有关设立、变更、转让和消灭不动产物权的合同,除法律另有规定或者合同另有约定外,自合同成立时生效;未办理物权登记的,不影响合同效力。

《中华人民共和国合同法》

第五十二条　有下列情形之一的,合同无效:

(一)一方以欺诈、胁迫的手段订立合同,损害国家利益;

(二)恶意串通,损害国家、集体或者第三人利益;

(三)以合法形式掩盖非法目的;

(四)损害社会公共利益;

(五)违反法律、行政法规的强制性规定。

最高人民法院《关于适用〈中华人民共和国合同法〉若干问题的解释(二)》

第十五条　出卖人就同一标的物订立多重买卖合同,合同均不具有合同法第五十二条规定的无效情形,买受人因不能按照合同约定取得标的物所有权,请求追究出卖人违约责任的,人民法院应予支持。

六、规避国家限购令的行为如何定性

基本理论

楼市“限购令”指目前针对房价上涨过快的城市实行的以家庭为单位的限制购房政策，主要内容是限制第二套或第三套商品住宅的购买，无论全额或是贷款，因不同城市略有差异。楼市“限购令”的核心内容是对购房者主体资格的限制。

规避“限购令”主要有以下两种行为：

1. 不具备购房主体资格人以自己名义购房

以自己名义购房，指不具备购房资格的购房者采取隐瞒事实、伪造材料等欺骗性手段通过审查，将房屋产权登记在自己名下的行为。依据卖房者（二手房出让人、房地产开发企业）是否明知购房者的行为，又可以划分为两种情况：

（1）隐瞒真实情况，与卖方订立购房合同的。

此为形式最简单的一种规避行为，行为人即购房者本人，没有其他主体参与。实践中常见的规避手段为伪造、变造缴纳社会保险或个人所得税缴纳证明以骗取登记。此外，还存在夫妻之间以假离婚为手段，未分得房产一方以其身份购房的行为。在这种情况下，未分得房产的离异一方符合限购令的主体资格要求，不属于本书讨论的范围。

（2）买卖双方串通骗取产权登记的。

此种规避行为即房屋出卖人一方明知购房人不具备购房资格，仍与之签订房屋产权转让合同的行为。在这种情况下，房屋出让人一方是否积极参与伪造、提供虚假证明以通过审核登记对合同的效力、登记行为没有实质性的影响，影响登记有效与否的仍是购房者的主体资格问题。故出让人的行为不纳入规避行为的认定因素，而仅考虑购房人是否具有第（1）种行为所列的规避手段即可。

2. 不具备购房主体资格人以他人名义购房

以他人名义购房，是指不具备购房主体资格人以其他具备购房主体资格人的名义提交审核材料、签订购房合同、办理登记手续并将所购房屋产权登记在他人名下的行为。同第(1)种规避行为类似,根据被利用名义人是否知道行为人利用自己的名义购房,又可以分为:

(1)冒用他人名义的。

在这种情况下,行为人借用、盗用、伪造他人户籍证明、缴纳社会保险或个人所得税缴纳证明等材料履行相关购房手续,被利用人往往不知道自己的相关证件、材料被利用,或者因受行为人欺骗而不知道行为人借用其证明材料的真实意图。行为人在购房时,往往以受被利用人委托购房的亲戚、朋友身份与出让人、登记管理部门交涉。

(2)与他人串通以他人名义购房的。

这种情形也被学者归纳为"借名购房行为"。① 与他人串通,是指行为人先与他人协商约定借用他人名义买房,由购房人购买并使用,或者由行为人出资给他人买房,他人实施购买行为而成为名义购房人,等到房屋产权登记到名义购房人名下之后,再将房产转让给行为人。这两种规避行为,都以不具备购房主体资格者与另一个具备资格者达成合意为前提,实际购房者大多实现了对房屋的直接占有,但也不排除实际购房者和名义购房者协商先由名义购房者占有、利用房屋一定时间以作为酬劳的情况。

司法实践中,因限购、禁购问题引发的房屋买卖合同纠纷不在少数,大多表现为买受人因新政实施而无法进行房屋过户登记,故诉至法院要求解除买卖合同、赔偿损失等。对于此类纠纷能否直接适用情势变更原则加以解决,理论与实务界观点不一。

第一种观点认为,由于新政的限购、禁购政策使得买房者的主体资格不适格,对其造成的影响不是履约困难而是根本无法实现合同的目的,亦无法通过协商改变支付方式等变更合同的方式顺利履行原合同。故限购、禁购措施应理解为重大情势变更,可以适用情势变更原则,当事人可以主张解除合同。另外,《合同法解释(二)》第26条对情势变更原则作出了较为明确的规定,适用这一原则也有相应的法律依据。

第二种观点认为,不能适用情势变更原则。理由主要有:第一,引入情势

---

① 参见李德通:《规避"限购令"之借名购房行为的性质与效力探讨》,载《法治研究》2012年第4期。

变更原则,与以往审判实践做法不一致。审判实务中对于援引情势变更原则一直持极其谨慎态度,不应轻易打破该局面。第二,援引情势变更原则容易产生法官自由裁量权的过度使用,造成肆意扩大"情势"的范围,不利于规范法官的审判行为。第三,限购、禁购政策本身不应当认定为情势变更。总的说来,情势变更原则主要针对经济形势、经济政策的巨大变化,与国家对经济生活干预有直接关系,如突遇物价飞涨、合同基础丧失、经济危机、汇率大幅度变化、国家经济贸易政策变化等。显然,限购、禁购政策并不宜认定为"情势变更"。第四,现阶段国家对房地产市场进行宏观调控期间,可以将限购、禁购政策,比照《商品房买卖合同解释》的有关规定,将其作为"不可归责于双方当事人的事由",从而对双方当事人的利益进行平衡处理。

我们同意第二种观点。在现阶段,实施限购、禁购政策的地区范围内,该措施确实是一种较为明确、强制性的规定,一旦被纳入限购、禁购对象,对于当事人而言,是无法回避和解决的,相当于其在被认定地区不具有购房的主体资格。虽然购买商品房是普通的民事法律行为,但是在当前调控政策之下,具备购房资格则是从事该民事活动的准入门槛。因此,如果非因政府主管部门工作失误等原因造成购房资格的错失,待新的限购、禁购政策出台后,不具备交易主体资格的房屋买卖合同,将一律无法办理权属变更手续。但是,对直接援引情势变更原则作为判决依据的做法,我们还是持慎重态度。情势变更原则的意义在于,通过司法权力的介入,强行改变合同已确定的条款或者撤销合同,在合同双方当事人订约意志之外,重新分配交易双方在交易中应当获得的利益和风险。在目前尚没有进一步明确、具体规定的境况下,法官的自由裁量权很容易造成对合同自由的干涉。

相较而言,按照前述"不可归责于双方当事人的事由"处理这一问题,更为稳妥和符合实际。

对于规避限购令的商品房买卖行为,北京市高级人民法院民一庭《关于妥善处理涉及住房限购政策的房屋买卖合同纠纷案件若干问题的会议纪要》(2011 年 12 月 13 日)的有关规定可以作为处理规避国家限购令行为的参考。《关于妥善处理涉及住房限购政策的房屋买卖合同纠纷案件若干问题的会议纪要》规定,国家对于房地产市场的宏观调控并非是一个令所有市场主体猝不及防的突变过程,而是经历了一个从限贷到限购逐步加强和完善的发展过程。房屋买卖合同作为一种标的额相对较大、与买卖双方切身利益密切相关的合同,当事人在签订合同时对合同订立后可能出现的房地产市场风险及各种履行障碍均应当有一定程度的预见和判断。因此,住房限购政策在司法实践中不宜认定为《合同法》第 117 条规定的不可抗力。住房限购政策在性质上具有公共政策的性质,确实会对房屋买卖合同能否继续履行造成重大影响。对于合同订立后由于住房限购政策的实施致使买受人无法办理房屋过户登记的,属于因不可归责于双方当事人的原因导致合同目的无法实现,当事人要求解除合同的,除合同另有约定外,一般应予支持。出卖人应当将收受的购房款或定金返还给买受人;当事人一方要求另一方承担违约责任或适用定金罚则的,不予支持;经审查合同解除确实导致当事人间利益失衡,损失方要求对方补偿其所受合理损失的,可酌情予以支持。房屋买卖合同依约定期限能够实际履行,因一方当事人的原因致合同处于迟延履行状态,在此期间由于住房限购政策的实施导致合同无法继续履行的,对守约方要求解除合同,并要求另一方承担赔偿损失等违约责任的诉讼请求,应予支持。房屋买受人要求出卖人继续履行合同,办理房屋过户登记,经审查双方签订的买卖合同已经在相应的房屋管理部门办理了网上签约的,可以判决或调解出卖人为买受人办理房屋过户登记。房屋买受人要求出卖人继续履行合同,办理房屋过户登记,经审查双方虽未办理网上签约,但买受人家庭(含夫妻双方及未成年子女)具备"京十五条"规定的购房资格的,可以判决或调解出卖人为买受人办理房屋过户登记;不具备资格的,法院应向当事人释明其可以变更诉讼请求,即要求解除买卖合同;经释明当事人变更请求的,按本纪要第 3 条的内容处理,当事人坚持要求继续履行的,判决驳回其诉讼请求。住房限购政策实施后,因一方当事人故意隐瞒或虚构相关事实,导致订立的合同违反住房限购政策而无法继续履行,另一方当事人请求解除或撤销合同,并要求对方当事人赔偿其因此所受损失的,应予支持。当事人双方在订立合同时明知或应当知道该合同不符合当时的住房限购政策,一方当事人要求继续履行的,不予支持,但一审法庭辩论前买受人家庭具备"京十五条"规定的购房资格的除外;合同约定待买受人符合住房限购政策后再办理房屋过户登记的,依照其约定。因住房限购政策的限制,当事人约定一方以他人名义购买房屋,并将房屋登记在他人名下,借名人以其系实际买受人为由,要求确认房屋归其所有或办理房屋过户登记的,不予支持;借名人因自身条件变化或政策发生调整等原因符合住房限购政策的,可以判决登记人为其办理房屋过户登记手续。

典型案例

基于规避住房限购政策的借名买房合同应当解除

——再审申请人丁某彬因与被申请人余某伟房屋买卖合同纠纷一案①

1.案情简介

再审申请人(一审被告、反诉原告、二审上诉人):丁某彬

被申请人(一审原告、反诉被告、二审被上诉人):余某伟

再审申请人丁某彬因与被申请人余某伟房屋买卖合同纠纷一案,不服北京市第三中级人民法院(2013)三中民终字第1578号民事判决,向北京市高级人民法院申请再审。北京市高级人民法院依法组成合议庭对本案进行了审查,现已审查终结。

丁某彬申请再审称:(1)两审法院认定事实错误。《补充协议》作为《买卖合同》的补充,是《买卖合同》的组成部分,而非《买卖合同》的从合同。《补充协议》明确约定了在申请人不具有购房资质情形下,申请人可以选择另行出售,申请人是否具备购房资质与合同效力无关。《买卖合同》及《补充协议》的内容并不违反法律、行政法规的强制性规定,应属有效。(2)一、二审法院的判决属于适用法律错误。申请人认为,本案应当适用《合同法》第64条。综上,再审申请人依据民事诉讼法的相关规定申请再审。

2.法院裁判及观点

北京市高级人民法院认为,丁某彬与余某伟在签订涉案合同及其补充协议时,有关住房限购的房地产调控政策已颁布实施,双方明知由于受住房限购政策的限制,丁某彬不具备购房资格,所以,约定丁某彬作为购房人属于明显违反住房限购政策的规定。虽然丁某彬与余某伟还约定,在丁某彬无法购

① 参见北京市高级人民法院(2014)高民申字第1534号民事裁定书。

买时,丁某彬可另行出售。但根据丁某彬指定的购房人胡某的陈述,胡某同意涉诉房屋过户给自己,但认可涉诉房屋实际为丁某彬所有。所以此种约定的实质属于规避住房限购政策的借名买房行为,双方之间的合同及其补充协议应予以解除。两审法院根据查明的事实并结合相应证据所作判决,并无不妥。丁某彬的再审理由不能成立。

综上,丁某彬的再审申请不符合《民事诉讼法》第200条规定的情形。依照《民事诉讼法》第204条第1款之规定,北京市高级人民法院裁定:驳回丁某彬的再审申请。

3. 案例评析

我们认为,经审查发现由于交易主体受到国家宏观调控政策限制而无法从事房屋买卖交易的,人民法院只能判令解除合同。这是因为,限购、禁购的规定属于国家房产调控下的禁止性规范,具有强制性,新政实施前签订的房屋买卖合同赖以存在的基础已发生根本动摇,买房人因不具合法购房主体资格而无法继续履行房屋买卖合同,合同目的已经无法实现。人民法院在此类纠纷中能够做到的,是对于合同无法继续履行产生的原因、责任进行准确认定,如认定宏观调控政策构成"不可归责于当事人双方的事由",对购房人解除合同的请求予以支持,出卖人应当将收受的购房款或者定金返还给购房人。同时,当事人请求对方承担其为订立合同而实际发生的费用等合理损失的,法院亦可酌情予以支持。如果由于当事人履行过程中有违约行为造成遭遇限购的,应当支持守约方关于违约金、赔偿损失等的合理主张。

有关法律规定

《中华人民共和国合同法》

第五十二条　有下列情形之一的,合同无效:

(一)一方以欺诈、胁迫的手段订立合同,损害国家利益;

(二)恶意串通,损害国家、集体或者第三人利益;

(三)以合法形式掩盖非法目的;

(四)损害社会公共利益;

(五)违反法律、行政法规的强制性规定。

第九十四条　有下列情形之一的，当事人可以解除合同：

（一）因不可抗力致使不能实现合同目的；

（二）在履行期限届满之前，当事人一方明确表示或者以自己的行为表明不履行主要债务；

（三）当事人一方迟延履行主要债务，经催告后在合理期限内仍未履行；

（四）当事人一方迟延履行债务或者有其他违约行为致使不能实现合同目的；

（五）法律规定的其他情形。

七、不属于人防工程的地下室并未作为独立使用空间销售或出租，将其计为公摊面积是否有效

基本理论

公摊面积，即物权法中所规定的共有部分的面积。对于公摊面积问题，虽然目前我国法律没有作出明确的规定，但建设部和国家质量技术监督局的相关规范性文件都有明确规定。国家建设部 1995 年 9 月 8 日发布的《商品房销售面积计算及公用建筑面积分摊规则（试行）》第 8 条规定，公用建筑面积由以下两部分组成：(1)电梯井、楼梯间、垃圾道、变电室、设备间、公共门厅和过道、地下室、值班警卫室以及其他功能上为整栋建筑服务的公共用房和管理用房建筑面积。(2)套（单元）与公用建筑空间之间的分隔墙以及外墙（包括山墙）墙体水平投影面积的一半。第 9 条第 1 款规定："凡已作为独立使用空间销售或出租的地下室、车棚等，不应计入公用建筑面积部分。作为人防工程的地下室也不计入公用建筑面积。"国家质量技术监督局 2000 年 2 月 22 日发布的《房产测量规范》规定："共有建筑面积的内容，独立使用的地下室、车棚、车库、为多幢服务的警卫室，管理用房，作为人防工程的地下室都不计入共有建筑面积。"

根据以上规定，不属于人防工程的地下室并未作为独立使用空间销售或出租，将其计为公摊面积应当有效。

有关法律规定

《中华人民共和国物权法》

第七十条　业主对建筑物内的住宅、经营性用房等专有部分享有所有权，对专有部分以外的共有部分享有共有和共同管理的权利。

第七十二条　业主对建筑物专有部分以外的共有部分，享有权利，承担义务；不得以放弃权利不履行义务。

业主转让建筑物内的住宅、经营性用房，其对共有部分享有的共有和共同管理的权利一并转让。

建设部《商品房销售面积计算及公用建筑面积分摊规则(试行)》

第八条　公用建筑面积由以下两部分组成：

1. 电梯井、楼梯间、垃圾道、变电室、设备间、公共门厅和过道、地下室、值班警卫室以及其他功能上为整栋建筑服务的公共用房和管理用房建筑面积；

2. 套(单元)与公用建筑空间之间的分隔墙以及外墙(包括山墙)墙体水平投影面积的一半。

第九条　公用建筑面积计算原则

凡已作为独立使用空间销售或出租的地下室、车棚等，不应计入公用建筑面积部分。作为人防工程的地下室也不计入公用建筑面积。

公用建筑面积按以下方法计算：

整栋建筑物的建筑面积扣除整栋建筑物各套(单元)套内建筑面积之和，并扣除已作为独立使用空间销售或出租的地下室、车棚及人防工程等建筑面积，即为整栋建筑物的公用建筑面积。

第三节

商品房买卖合同的履行与责任承担

商品房买卖合同因其标的物为不动产，属于一种特殊的买卖合同，在商品房买卖合同履行过程中，合同双方当事人在依约享有权利的同时，亦应履行相应的义务，且双方的实际履行不得违反法律的规定，且不能损害国家、社会公共利益和第三人的利益。出卖人与买受人应当按合同约定履行合同义务，房地产开发商应当如实履行告知义务，交付符合条件的商品房并转移商品房的所有权，及承担合同标的物瑕疵担保义务，买受人应当按约定支付价款，以确保合同目的的最终实现。根据《合同法》第 60 条“当事人应当按照约定全面履行自己的义务。当事人应当遵循诚实信用原则，根据合同的性质、目的和交易习惯履行通知、协助、保密等义务”的规定，商品房买卖合同双方当事人在合同履行中应当依照诚实信用原则履行合同，当违背其依据的诚实信用原则所产生的义务，而致对方的信赖利益损失的，应当承担缔约过失责任。当事人违反《合同法》第 107 条的规定，出卖人及买受人一方不履行合同义务或者履行合同义务不符合约定的，应当承担继续履行、采取补救措施或者赔偿损失等违约责任。

一、开发商通过广告、宣传资料作出的相关说明和允诺如何认定

基本理论

商品房销售广告中的“说明和允诺”，是指房地产开发商利用广播、电视、报纸、期刊等新闻媒体的广告栏目或自行印制售房宣传资料、设备户外广告、

样板房等形式，在宣传和介绍商品的同时，作出的对购买商品房特定事项的说明或者对商品质量的声明、陈述。[①] 如何界定开发商通过广告、宣传资料作出的相关说明和允诺？根据《商品房买卖合同解释》第3条"商品房的销售广告和宣传资料为要约邀请，但是出卖人就商品房开发规划范围内的房屋及相关设施所作的说明和允诺具体确定，并对商品房买卖合同的订立以及房屋价格的确定有重大影响的，应当视为要约。该说明和允诺即使未载入商品房买卖合同，亦应当视为合同内容，当事人违反的，应当承担违约责任"的规定，商品房的销售广告和宣传资料一般为要约邀请，但又确立了开发商所作出的关于房屋及相关设施的说明和允诺满足"明确具体加有重大影响"的构成要件时，即由要约邀请转化为要约。

1. 要约邀请

根据《合同法》第15条第1款"要约邀请是希望他人向自己发出要约的意思表示。寄送的价目表、拍卖公告、招标公告、招股说明书、商业广告等为要约邀请"的规定，商品房销售广告一般情况为要约邀请，是希望他人向自己发出要约的意思表示，不能因相对人的承诺而成立合同，也不能因自己作出某种承诺而约束要约人。通常情况下，在要约邀请发出后，可以撤回，只要没有给善意相对人造成信赖利益的损失，要约邀请人一般不承担法律责任。

2. 要约

实际生活中，房地产开发商通过广播、电视、报纸等新闻媒体进行商业广告或发送宣传资料中，对开发出售的商品房及相关实施的说明和允诺非常具体、明确，买受人也正是基于开发商该说明和允诺才签订房屋买卖合同。根据《合同法》第14条"要约是希望和他人订立合同的意思表示，该意思表示营房符合下列规定：（一）内容具体确定；（二）表明经受要约人承诺，要约人即受该意思表示的约束"及第15条第2款"商业广告的内容符合要约规定的，实为要约"的规定，当开发商所作出的关于房屋及相关设施的说明和允诺明确具体且对商品房买卖合同的订立以及房屋价格的确定有重大影响时，要约邀请已转化为要约。开发商在售楼广告作出许诺以后，根据《中华人民共和

① 参见最高人民法院民一庭编：《最高人民法院关于审理商品房买卖合同纠纷案件司法解释的理解与适用》，人民法院出版社2015年版，第40页。

国广告法》(以下简称《广告法》)第8条“广告中对商品的性能、功能、产地、用途、质量、成分、价格、生产者、有效期限、允诺等或者对服务的内容、提供者、形式、质量、价格、允诺等有表示的,应当准确、清楚、明白。广告中表明推销的商品或者服务附带赠送的,应当明示所附带赠送商品或者服务的品种、规格、数量、期限和方式。法律、行政法规规定广告中应当明示的内容,应当显著、清晰表示”的规定,广告许诺具有不可撤回性,开发商一旦与购房人签订房屋买卖合同后,开发商就应当受其作出的关于房屋及相关设施的说明和允诺的约束。即使该说明和允诺未载入商品房买卖合同,亦应当视作合同内容,当事人违反的,应当承担违约责任。

典型案例

开发商违反广告宣传中对商品房作出的具体允诺,致合同目的不能实现的,买受人可解除合同

——某置业公司与肖某、赵某商品房买卖合同纠纷二审案①

1. 案情简介

上诉人(一审被告,反诉原告):某置业公司

法定代表人:李某

被上诉人(一审原告,反诉被告):肖某

被上诉人(一审原告,反诉被告):赵某

2013年8月27日,肖某、赵某与某置业公司签订了《商品房买卖合同》一份及《合同补充协议》一份,肖某、赵某购买某置业公司开发的位于辽阳市太子河西路东、韩夹河街北、编号为2012AX003地块上的中合华府39-8幢住宅一处。房屋建筑面积307.44平方米,约定单价为每平方米11,709.60元,总价款合计3,600,000.00元,肖某、赵某已交付房款2,600,000.00元,并约定于2014年6月30日交房。交房后,肖某、赵某与某置业公司因房屋环境与设计问题发生纠纷。肖某、赵某于2014年12月12日通过邮政EMS方

① 参见(2016)辽10民终765号民事判决书。

式向某置业公司发出《解除合同通知书》一份，某置业公司于2015年1月12日收到《解除合同通知书》。一审法院所确认的上述事实有赵某、肖某提供的《商品房买卖合同》一份及《合同补充协议》一份、《解除合同通知书》一份、EMS邮寄单、某置业公司提供的《商品房买卖合同》一份及双方当事人陈述笔录在卷为凭。

2. 法院裁判及观点

一审法院认为，赵某、肖某与某置业公司签订《商品房买卖合同》一份，系双方真实意思表示，事实清楚，证据充分，法院予以确认，双方均应按照该合同履行各自的义务。某置业公司作为商品房经营者，其以广告、宣传资料等对商品房及附属条件所做的说明和承诺应当作为合同要约，其提供的商品房应当符合其约定的条件。某置业公司以效果图的方式将销售的房屋绿化环境、附属设施等向购房者进行展示，具体细致，条件具体确定，标准明确，与实际房屋位置、结构相符，使购房人自然认为所购买的房屋的环境与展示的房屋条件一致，同时，该效果图展现的环境符合正常别墅要求，内容贴近生活实际，完全可以实现，不是虚拟图像，具有不同于一般公寓住宅的环境特征，并在宣传图册中注明"别墅区主入口透视"，明确表示其在宣传图册中展示的房屋与交付房屋相一致，可以认定其宣传资料中对交付房屋的约定，对购房人是否购房及确定购房价格产生重大影响，足以影响购房者签订合同与否及房屋价格，符合法律规定的要约的特征，应当作为合同重要组成部分，作为房屋出售方应当承担的法律义务。但某置业公司提供的房屋及附属条件与其承诺的条件不能相符，交付的房屋绿化条件、附属设施、环境、空间、主入口均与宣传资料的展示、承诺不一致，大大低于承诺的标准，应当视为违反合同约定。肖某、赵某与某置业公司签订的《合同补充协议》一份属于格式条款，应属无效。《消费者权益保护法》第26条规定："经营者在经营活动中使用格式条款的，应当以显著方式提请消费者注意商品或者服务的数量和质量、价款或者费用、履行期限和方式、安全注意事项和风险警示、售后服务、民事责任等与消费者有重大利害关系的内容，并按照消费者的要求予以说明。经营者不得以格式条款、通知、声明、店堂告示等方式，作出排除或者限制消费者权利、减轻或者免除经营者责任、加重消费者责任等对消费者不公平、不合理的规定，不得利用格式条款并借助技术手段强制交易。格式条款、通知、声明、店堂告示等含有前款所列内容的,其内容无效。”某置业公司提出根据补充合同规定,购房一方不能因环境、配套设施等解除合同及解除异议期限为2年等规定,均严重影响消费者一方重要利益,排除了自己主要义务,而该补充合同条款未采取足以引起肖某、赵某注意的文字、符号、字体等特别标识,反而采用故意缩小文字等方式,增加对方辨识难度,严重影响了当事人对合同内容的理解。解除权是法律赋予当事人的重要权利,对解除合同通知提出异议是当事人的重要义务,某置业公司在合同中排除对方当事人的主要权利,免除自己主要义务,应当依法告知、提示,但其在宣传上告知的非常完美,却利用提供格式条款的优势地位,在补充合同上采用缩小文字、令人不宜辨识等方式,使消费者产生误解,对补充合同中排除消费者主要权利、经营者主要义务的条款不能关注、理解,违反法律关于格式条款合同排除对方主要权利、自己主要义务应当提示对方注意等规定,依法应当无效。肖某、赵某在依法向某置业公司发出《解除合同通知书》后,某置业公司在3个月内并未提出异议,故应认定《解除合同通知书》已经生效,双方的《商品房买卖合同》依法解除,某置业公司应返还肖某、赵某交付的购房款2,600,000元并自2013年8月27日起按银行贷款利率给付利息以赔偿肖某、赵某的经济损失。对于肖某、赵某的法院返还诉讼费的主张,没有事实与法律依据,一审法院不予支持。因双方的合同依法解除,某置业公司的反诉请求,一审法院不予支持。综上,依据《合同法》第39条、第40条、第94条、第96条、第97条、《合同法解释(二)》第6条,《消费者权益保护法》第23条、第26条,《商品房买卖合同解释》第3条,《民事诉讼法》第64条、第134条之规定,判决:(1)解除肖某、赵某与某置业公司于2013年8月27日签订的《商品房买卖合同》一份;(2)某置业公司于本判决生效后10日内返还肖某、赵某交付的购房款人民币2,600,000元并支付利息(自2013年8月27日起,至实际还款之日止,按中国人民银行同期同类贷款利率计算);(3)驳回肖某、赵某其他的诉讼请求;(4)驳回某置业公司的反诉请求。

某置业公司不服一审判决,在向二审法院提请上诉的理由中称:(1)一审判决以被上诉人提交的几张照片为依据,认定上诉人交付的房屋及附属条件与承诺不符,并进而认定上诉人违反合同约定,没有依据是错误的。该照片上诉人没有确认,不能以此认定上诉人违约。(2)双方签订的商品房买卖合同及其补充协议,合法有效,一审判决认定双方签订的补充协议无效,没有事实和法律依据,是错误的。(3)双方合同明确约定“出卖人宣传资料、建筑模型、环境和结构等均为要约邀请,不是合同内容,出卖人提供的公共配套设施及设备等均以交付为准”。一审判决无视明确的合同约定,认定上诉人违约是错误的。(4)一审判决判定解除双方签订的商品房买卖合同是错误的。(5)一审判决驳回上诉人的反诉请求是错误的。综上,请求二审法院撤销一审判决,依法改判驳回被上诉人的诉讼请求,支持上诉人的反诉请求,由被上诉人承担本案的全部诉讼费用。

二审法院对一审查明经双当事人认定无异议的事实进行了确认。二审另查明,双方对案涉房屋因存在争议没有办理交房手续。该事实有双方陈述笔录在卷为凭,足以认定。

二审法院认为,因当事人一方有其他违约行为致使不能实现合同目的的,当事人可以解除合同。本案双方争议集中在案涉商品房买卖合同应予以解除或是继续履行问题上,因本案争议房屋为别墅类高档房屋,其本身价格大大高于普通商品房,通常购房者对房屋的要求更集中体现在房屋的稀缺性及尊贵品质上。与此同时,对房屋开发商作为出卖方所出卖类似房屋的品质应有更高的要求。现被上诉人肖某、赵某因房屋的配套设施及周边规划与设计宣传不符,主张不能实现其购房目的要求解除双方的商品房买卖合同,根据《商品房买卖合同解释》第3条规定,可以认定上诉人某置业公司就商品房的销售广告和宣传资料对房屋及相关设施所作说明和允诺具体确定,并对商品房买卖合同的订立以及房屋价格的确定有重大影响,现开发商对房屋周边相关设施并未健全,应视为其违约,一审法院解除双方商品房买卖合同并无不当,上诉人的上诉请求没有事实和法律依据,二审法院不予支持。综上,依照《民事诉讼法》第170条第1款第1项之规定,判决如下:驳回上诉,维持原判。

3. 案例评析

本案需要分析的问题是某置业公司在涉案房屋销售时以效果图的方式将销售的房屋绿化环境、附属设施等向购房者进行展示应视为要约邀请还是要约,以及肖某、赵某是否享有合同解除权。

(1)关于某置业公司在涉案房屋销售时以效果图的方式将销售的房屋绿化环境、附属设施等向购房者进行展示应视为要约邀请还是要约的问题。本案中,某置业公司以效果图的方式将销售的房屋绿化环境、附属设施等向购房者进行展示,具体细致,条件具体确定,标准明确,与实际房屋位置、结构相符,使购房人自然认为所购买的房屋的环境与展示的房屋条件一致,同时,该效果图展现的环境符合正常别墅要求,内容贴近生活实际,完全可以实现,不是虚拟图像,具有不同于一般公寓住宅的环境特征,并在宣传图册中注明"别墅区主入口透视",明确表示其在宣传图册中展示的房屋与交付房屋相一致,可以认定其宣传资料中对交付房屋的约定,对购房人是否购房及确定购房价格产生重大影响,足以影响购房者签订合同与否及房屋价格,符合法律规定的要约的特征,应当作为合同重要组成部分,作为房屋出售方应当承担的法律义务。但某置业公司提供的房屋及附属条件与其承诺的条件不能相符,交付的房屋绿化条件、附属设施、环境、空间、主入口均与宣传资料的展示、承诺不一致,大大低于承诺的标准,根据《商品房买卖合同解释》第3条"商品房的销售广告和宣传资料为要约邀请,但是出卖人就商品房开发规划范围内的房屋及相关设施所作的说明和允诺具体确定,并对商品房买卖合同的订立以及房屋价格的确定有重大影响的,应当视为要约。该说明和允诺即使未载入商品房买卖合同,亦应当视为合同内容,当事人违反的,应当承担违约责任"的规定,应当视为违反合同约定。

(2)关于肖某、赵某是否享有合同解除权的问题。解除权是法律赋予当事人的重要权利。本案中,双方在补充协议第5条约定,房屋周边环境、公共区域装修、材料清除、个别区域装修、道路规整等应不影响交房,买受人不得就基础设施、公共配套的地点坐落等及对买受人的影响等问题,提出任何权利主张。某置业有限公司提出根据补充合同规定,购房一方不能因环境、配套设施等解除合同,但根据《消费者权益保护法》第26条"经营者在经营活动中使用格式条款的,应当以显著方式提请消费者注意商品或者服务的数量和质量、价款或者费用、履行期限和方式、安全注意事项和风险警示、售后服务、民事责任等与消费者有重大利害关系的内容,并按照消费者的要求予以说明。经营者不得以格式条款、通知、声明、店堂告示等方式,作出排除或者限制消费者权利、减轻或者免除经营者责任、加重消费者责任等对消费者不公平、不合理的规定,不得利用格式条款并借助技术手段强制交易。格式条款、通知、声明、店堂告示等含有前款所列内容的,其内容无效"的规定,某置业公司的辩解理由严重影响肖某、赵某一方重要利益，排除了自己主要义务，而该补充合同条款未采取足以引起肖某、赵某注意的文字、符号、字体等特别标识，反而采用故意缩小文字等方式，增加对方辨识难度，严重影响了当事人对合同内容的理解。故该约定无效。同时，根据《合同法》第 94 条第 4 项当事人一方迟延履行债务或者有其他违约行为，经催告后在合理期限内仍未履行，致使不能实现合同目的，当事人可以解除合同的规定，在某置业公司迟延履行义务后，经肖某、赵某催告，某置业公司在合理期限内仍未履行，致使不能实现合同目的，故肖某、赵某可以解除合同。

有关法律规定

《中华人民共和国合同法》

第十四条　要约是希望和他人订立合同的意思表示，该意思表示营房符合下列规定：

（一）内容具体确定；

（二）表明经受要约人承诺，要约人即受该意思表示的约束。

第十五条　要约邀请是希望他人向自己发出要约的意思表示。寄送的价目表、拍卖公告、招标公告、招股说明书、商业广告等为要约邀请。

商业广告的内容符合要约规定的，实为要约。

第六十条　当事人应当按照约定全面履行自己的义务。

当事人应当遵循诚实信用原则，根据合同的性质、目的和交易习惯履行通知、协助、保密等义务。

第九十四条　有下列情形之一的，当事人可以解除合同：

（一）因不可抗力致使不能实现合同目的；

（二）在履行期限届满之前，当事人一方明确表示或者以自己的行为表明不履行主要债务；

（三）当事人一方迟延履行主要债务，经催告后在合理期限内仍未履行；

（四）当事人一方迟延履行债务或者有其他违约行为致使不能实现合同目的；

（五）法律规定的其他情形。

第一百零七条　当事人一方不履行合同义务或者履行合同义务不符合约定的，应当承担继续履行、采取补救措施或者赔偿损失等违约责任。

《中华人民共和国广告法》

第八条　广告中对商品的性能、功能、产地、用途、质量、成分、价格、生产者、有效期限、允诺等或者对服务的内容、提供者、形式、质量、价格、允诺等有表示的,应当准确、清楚、明白。

广告中表明推销的商品或者服务附带赠送的,应当明示所附带赠送商品或者服务的品种、规格、数量、期限和方式。

法律、行政法规规定广告中应当明示的内容,应当显著、清晰表示。

《中华人民共和国消费者权益保护法》

第二十六条　经营者在经营活动中使用格式条款的,应当以显著方式提请消费者注意商品或者服务的数量和质量、价款或者费用、履行期限和方式、安全注意事项和风险警示、售后服务、民事责任等与消费者有重大利害关系的内容,并按照消费者的要求予以说明。

经营者不得以格式条款、通知、声明、店堂告示等方式,作出排除或者限制消费者权利、减轻或者免除经营者责任、加重消费者责任等对消费者不公平、不合理的规定,不得利用格式条款并借助技术手段强制交易。

格式条款、通知、声明、店堂告示等含有前款所列内容的,其内容无效。

最高人民法院《关于审理商品房买卖合同纠纷案件适用法律若干问题的解释》

第三条　商品房的销售广告和宣传资料为要约邀请,但是出卖人就商品房开发规划范围内的房屋及相关设施所作的说明和允诺具体确定,并对商品房买卖合同的订立以及房屋价格的确定有重大影响的,应当视为要约。该说明和允诺即使未载入商品房买卖合同,亦应当视为合同内容,当事人违反的,应当承担违约责任。

二、开发商在销售、宣传中不如实履行告知义务应承担什么责任

基本理论

基于买房人在房地产市场所处的弱势地位,《城市房地产管理法》《商品房销售管理办法》《商品房买卖合同解释》等对在商品房买卖过程中开发商的如实告知义务进行了规定:商品房买卖过程中,开发商应当向购房者出示所建项目的土地使用权证、建设用地规划许可证、建设工程规划许可证、施工许可证、销(预)售许可证、告知相关法律规定和合同文本的义务、房地产是否

设定抵押、规划设计是否变更、实际交房是否与样板房一致、延期交房事实的告知等。根据《合同法》第42条“当事人在订立合同过程中有下列情形之一，给对方造成损失的，应当承担损害赔偿责任：（一）假借订立合同，恶意进行磋商；（二）故意隐瞒与订立合同有关的重要事实或者提供虚假情况；（三）有其他违背诚实信用原则的行为”的规定，在订立合同过程中房地产开发商故意隐瞒与订立合同有关的重要事实或者提供虚假情况，给买房人造成损失的，房地产开发商应当承担相应的赔偿责任。同时，根据《合同法》第60条“当事人应当按照约定全面履行自己的义务。当事人应当遵循诚实信用原则，根据合同的性质、目的和交易习惯履行通知、协助、保密等义务”的规定，房地产开发商应当遵循诚实信用原则，履行如实告知义务。房地产开发商的如实告知义务属于附随义务，附随义务分为：先合同义务、合同中的义务和后合同义务。开发商的先合同义务是指基于诚实信用原则，为订立房屋买卖合同应当履行的通知、告知、保密等义务。开发商违反先合同义务应承担缔约过失责任。开发商合同中的附随义务是指在房屋买卖合同成立后履行完毕之前可能发生的各类告知、通知、协助、保密等义务。根据《合同法》第107条的规定，开发商未履行如实告知义务的，应当承担违约责任。开发商的后合同义务是指房屋买卖合同终止后，为确保对方当事人的利益，基于诚实信用原则而产生的相应义务。开发商违反后合同义务给买房人造成损失的，也应当承担损害赔偿责任。

典型案例

开发商应当对未履行如实告知义务致买受人选择的房屋设施存在瑕疵承担相应的民事责任

——李某与某置业公司商品房预售合同纠纷二审案①

1. 案件简介

上诉人（一审被告）：某置业公司

① 参见（2016）鲁02民终6432号民事判决书。

法定代表人：林某

被上诉人（一审原告）：李某

2013 年 3 月 22 日，李某与某置业公司签订《商品房预售合同》，约定李某购买某置业公司投资建造的胶州市香港东路 518 号《宝佳胶州中央湖岸北区》×号楼×单元×层×户房屋，建筑面积 113.26 平方米，每平方米 5426.13 元，总金额 614,563 元，交房时间为 2014 年 3 月 31 日。《商品房预售合同》的附件三载明外窗为断桥隔热窗，无色透明中空玻璃，16～18 层局部为幕墙。

另查明，李某购买的商品房所在楼座经过备案的施工图纸、竣工图纸载明，该房屋从设计施工到竣工验收存在一高度为 1.1 米的墙面。

经一审法院实地勘查，诉争房屋窗户非落地窗，窗户上安装蓝灰色玻璃，该玻璃透光性差，屋内光线发暗，从而影响窗内人的视觉感受。经勘查该楼×单元×户，该户窗户系透明白色落地窗户，房间内光线充足。

2. 法院裁判及观点

一审法院认为，业主花费巨额资金购买房屋，注重的是房屋内各项设施是否有利于居住使用，只有在这一前提下，李某才可能与某置业公司签订《商品房预售合同》。某置业公司没有证据证明在李某购买房屋时，提交了相关图纸，展示了涉案房屋的沙盘、样板房，并明确告知了李某涉案房屋窗户及其玻璃幕墙情况。李某提交的谈话录音中某置业公司售楼处主管黄某认可涉案房屋有主卧墙体高、阳台有阻挡两个弊端，不敢保证每个置业顾问都能讲清楚，因为是期房，施工不能看房，不排除置业顾问当时没有说。因此，确认李某购买涉案房屋时，并未明知涉案房屋不是落地窗户。双方签订的《商品房买卖合同》中约定 16～18 层局部为幕墙，但某置业公司并未在该合同中作出明显标示，未提示李某尽到充分注意义务；虽然某置业公司提交的经过备案的施工图纸、竣工图纸中标明窗户下存在一高度为 1.1 米的墙面，但在《商品房预售合同》中并未有约定窗户下存在一高度为 1.1 米的墙面的内容，某置业公司没有证据证实李某在购买房屋时向其出示了该图纸，也未提交证据证实幕墙系楼房承重等方面所必需。因此，一审确认某置业公司交付李某的房屋与某置业公司展示的沙盘、样板房的房屋不符。

李某主张某置业公司补偿其损失 5 万元，该 5 万元的计算标准是李某按照每增加一层每平方米增加 50 元的差价计算 112 平方米。李某提交的录音证据证实某置业公司售楼处主管黄某与业主协商补偿事宜，为业主争取物业费补偿，可以认定某置业公司有给予李某补偿的意愿。因此，对于李某要求某置业公司补偿损失的主张，予以支持，但李某主张过高，结合涉案楼房15层与该楼层的差价和房屋的现实情况，酌定支持李某1万元的补偿款。

关于李某主张要求某置业公司拆除阳台墙壁，变更为落地玻璃窗的诉讼请求，因为已经支持了李某补偿损失的请求，因此，对李某的该诉讼请求，不予支持。

综上，依照《合同法》第7条、第8条、第107条，《民法通则》第5条之规定，判决：(1)某置业公司于判决生效后10日内支付李某补偿款10,000元；(2)驳回李某的其他诉讼请求。案件受理费1050元，由某置业公司负担550元，李某负担500元。

某置业公司不服一审判决，在向二审法院提请上诉的理由中称：(1)上诉人作为房地产开发商，设计、建造的房屋均符合国家相关规定。涉案房屋施工图纸及竣工图纸关于墙体高度部分始终保持一致，在经竣工验收后交付被上诉人。被上诉人在购买涉案房屋时，销售顾问已经告知了房屋的相关情况。根据双方合同附件三第一条：16～18层局部为幕墙；合同补充条款第一条4、5、7款及第二条第1款可知，被上诉人在签订合同时对于房屋的实际情况是知晓的，故其收房后又向上诉人主张赔偿甚至拆除墙体的诉求缺乏依据，应予驳回。(2)上诉人依约交付房屋并不存在违约情形，无须承担违约责任，故依据《合同法》第107条关于违约责任承担的规定认定上诉人应当支付被上诉人补偿款，系适用法律错误。而且，涉案房屋现状未导致被上诉人经济损失，一审依据每增加一层每平方米50元的差价计算所得的房屋面积差价款，酌定上诉人支付被上诉人补偿款1万元，缺乏法律依据。因此，一审判决无事实及法律依据。

二审法院查明的事实与一审查明事实一致。

二审法院认为，根据《民法通则》第4条之规定，民事活动应当遵循诚实信用原则。诚实信用原则作为一项法律原则，它要求当事人在民事活动中善意行事，诚实守信，不对他人造成损害，特别是在设立或者变更民事法律关系时，该原则不仅要求当事人诚实，不隐瞒真相，不做假，不欺诈，还应当给对方当事人提供必需的信息。本案中，因上诉人对外出售的房屋系期房，被上诉人在与上诉人签订商品房预售合同时所交易的房屋并未建成，其主要通过上诉人的介绍了解房屋的相关状况,以决定是否购买。在此情况下,上诉人作为涉案房屋的开发商,其应按照诚实信用的原则,全面如实告知该房屋的相关情况,以便被上诉人行使选择权。但从本案事实以及当事人举证情况看,上诉人未履行如实告知的义务。首先,虽然双方签订的《商品房预售合同》中约定 16 ~ 18 层局部为幕墙,但上诉人无证据证明其已告知被上诉人该幕墙的规格、尺寸及其对采光的影响等实际情况;其次,尽管上诉人在本案诉讼中提交的施工及竣工图纸中标明窗户下存在一高度为 1.1 米的墙面,但双方合同并未对此作出约定,且上诉人也无证据证明在被上诉人选择购买涉案房屋时,其曾通过展示图纸、沙盘、样板房等方式明确告知被上诉人该房屋的窗户及玻璃幕墙之规格、尺寸等真实情况,而被上诉人提交的谈话录音证据显示某置业公司售楼处主管黄泰山认可涉案房屋存在"主卧墙体高、阳台有阻挡两个弊端,不敢保证每个置业顾问都能讲清楚,因为是期房,施工不能看房,不排除置业顾问当时没有说"之事实。因上诉人在被上诉人购买涉案房屋时未履行如实告知义务,致使被上诉人选择的房屋在采光方面不如其他楼层的房屋,上诉人应对此承担相应的民事责任。一审鉴于双方合同业已履行、涉案房屋也已交付被上诉人实际居住使用之实际情况,酌情判决上诉人支付被上诉人补偿款 1 万元,并无不当。上诉人称其不应支付被上诉人补偿款项,有违诚实信用原则,二审法院不予采纳。综上,上诉人某置业公司的上诉理由不成立,本院对其上诉请求不予支持。一审认定事实清楚,判决结果并无不当,依法应予维持。依照《民事诉讼法》第 168 条、第 169 条、第 170 条第 1 款第 1 项、第 175 条之规定,判决如下:驳回上诉,维持原判。

3. 案例评析

本案需要分析的问题是某置业公司在商品房买卖过程中是否履行了如实告知义务,以及对此是否承担相应的民事责任。

(1)关于某置业公司在商品房买卖过程中是否履行了如实告知义务的问题。根据《合同法》第 60 条及《民法通则》第 4 条之规定,民事活动应当遵循诚实信用原则。诚实信用原则作为一项法律原则,它要求当事人在民事活动中善意行事,诚实守信,不对他人造成损害,特别是在设立或者变更民事法律关系时,该原则不仅要求当事人诚实,不隐瞒真相,不做假,不欺诈,还应当给对方当事人提供必需的信息。本案中,因上诉人对外出售的房屋系期房,被上诉人在与上诉人签订商品房预售合同时所交易的房屋并未建成,其主要通过上诉人的介绍了解房屋的相关状况,以决定是否购买。在此情况下,上诉人作为涉案房屋的开发商,其应按照诚实信用的原则,全面如实告知该房屋的相关情况,以便被上诉人行使选择权。但某置业公司并没有证据证明在李某购买房屋时,提交了相关图纸,展示了涉案房屋的沙盘、样板房,并明确告知了李某涉案房屋窗户及其玻璃幕墙情况。李某提交的谈话录音中某置业公司售楼处主管黄某认可涉案房屋有主卧墙体高、阳台有阻挡两个弊端,不敢保证每个置业顾问都能讲清楚,因为是期房,施工不能看房,不排除置业顾问当时没有说。因此,一、二审法院确认李某购买涉案房屋时,某置业公司并未履行如实告知义务正确。

(2)关于某置业公司是否承担民事责任的问题。某置业公司的如实告知义务,将决定李某是否购买涉案房屋。根据《合同法》第 107 条的规定,某置业公司未履行如实告知义务,应当承担违约责任。本案中,李某提交的录音证据证实某置业公司售楼处主管黄某与业主协商补偿事宜,为业主争取物业费补偿,可以认定某置业公司有给予李某补偿的意愿,因此,一、二审法院对于李某要求某置业公司补偿损失的主张予以支持,并酌定支持李某 1 万元的补偿款正确。

有关法律规定

《中华人民共和国合同法》

第四十二条　当事人在订立合同过程中有下列情形之一,给对方造成损失的,应当承担损害赔偿责任:

(一)假借订立合同,恶意进行磋商;

(二)故意隐瞒与订立合同有关的重要事实或者提供虚假情况;

(三)有其他违背诚实信用原则的行为。

第六十条　当事人应当按照约定全面履行自己的义务。

当事人应当遵循诚实信用原则,根据合同的性质、目的和交易习惯履行通知、协助、保密等义务。

第一百零七条　当事人一方不履行合同义务或者履行合同义务不符合约定的,

应当承担继续履行、采取补救措施或者赔偿损失等违约责任。

《中华人民共和国民法通则》

第四条　民事活动应当遵循自愿、公平、等价有偿、诚实信用的原则。

三、开发商未按视觉效果图与沙盘模型履行义务是否承担违约责任

基本理论

房地产开发商应当保证其视觉效果图、沙盘的真实、合法、科学，不得欺骗和误导消费者。房地产开发商清楚、明白广告许诺具有不可撤回性。根据最高人民法院《关于审理商品房买卖合同纠纷案件司法解释的理解与适用》第3条"商品房的销售广告和宣传资料为要约邀请，但是出卖人就商品房开发规划范围内的房屋及相关设施所作的说明和允诺具体确定，并对商品房买卖合同的订立以及房屋价格的确定有重大影响的，应当视为要约。该说明和允诺即使未载入商品房买卖合同，亦应当视为合同内容，当事人违反的，应当承担违约责任"、《消费者权益保护法》第23条第2款"经营者以广告、产品说明、实物样品或者其他方式表明商品或者服务的质量状况的，应当保证其提供的商品或者服务的实际质量与表明的质量状况相符"的规定，开发商在售房过程中给买房人展示的视觉效果图、沙盘模型应属于开发商对房屋及相关设施所作的具体说明和允诺，开发商一旦与购房人签订房屋买卖合同后，开发商就应当受其作出的关于房屋及相关设施的说明和允诺的约束，并应当保证交付的商品房实际情况与视觉效果图、沙盘模型所展示的效果一致。房地产开发商违反未按照视觉效果图、沙盘模型展示的内容履行义务的，应当承担违约责任。在违约责任的选择上，根据买房人的选择而有所不同。

1. 买房人选择继续履行合同，即瑕疵履行

根据《合同法》第111条"质量不符合约定的，应当按照当事人的约定承担违约责任。对违约责任没有约定或者约定不明确，依照本法第六十一条的规定仍不能确定的，受损害方根据标的的性质以及损失的大小，可以合理选择要求对方承担修理、更换、重作、退货、减少价款或者报酬等违约责任"的规定，交付的房屋质量不符合约定的，买房人选择继续履行合同的，可按照合同

的约定要求房地产开发商承担违约金及采取补救措施等违约责任。

2. 买房人选择解除合同的，开发商应承担损失赔偿

根据《合同法》第93条“当事人协商一致，可以解除合同。当事人可以约定一方解除合同的条件。解除合同的条件成就时，解除权人可以解除合同”、第94条第3款“有下列情形之一的，当事人可以解除合同：……（三）当事人一方迟延履行主要债务，经催告后在合理期限内仍未履行……”的规定，当房地产开发商未按视觉效果图与沙盘模型履行义务，出现双方合同约定的解除或出现法定解除合同时，买房人获得解除权，可要求解除合同。同时，根据《合同法》第97条“合同解除后，尚未履行的，终止履行；已经履行的，根据履行情况和合同性质，当事人可以要求恢复原状、采取其他补救措施、并有权要求赔偿损失”、第113条第1款“当事人一方不履行合同义务或者履行合同义务不符合约定，给对方造成损失的，损失赔偿额应当相当于因违约所造成的损失，包括合同履行后可以获得的利益，但不得超过违反合同一方订立合同时预见到或者应当预见到的因违反合同可能造成的损失”的规定，房屋买卖合同解除后，尚未履行的，中止履行，已经履行的，买房人可以要求开发商退还房款等。同时，因开发商不履行合同或者履行合同义务不符合双方约定，给买房人造成损失的，买房人可以请求开发商赔偿损失，但不得超过违反合同一方订立合同时预见到或者应当预见到的因违反合同可能造成的损失。当然房屋已交付的，买房人应当腾退房屋，退还开发商。

当房屋买卖合同中既有违约条款，又有定金条款，一方违约又给对方造成损失，需正确适用以上三个责任。

1. 违约金与定金

根据《合同法》第116条“当事人既约定违约金，又约定定金的，一方违约时，对方可以选择适用违约金或者定金条款”的规定，违约金与定金不能并用，买房人只能选择其中的一个主张。

2. 违约金与补偿性法定损害赔偿金

因约定违约金与补偿性法定损害赔偿金均以补偿性为基本功能，故违约金与法定损害赔偿金不能并用。根据《合同法》第114条“当事人可以约定一方违约时应当根据违约情况向对方支付一定数额的违约金，也可以约定因违约产生的损失赔偿额的计算方法。约定的违约金低于造成的损失的，当事人可以请求

人民法院或者仲裁机构予以增加；约定的违约金过分高于造成的损失的，当事人可以请求人民法院或者仲裁机构予以适当减少”及《商品房买卖合同解释》第16条“当事人约定的违约金过高为由请求减少的，应当以违约金超过造成的损失30%为标准适当减少；当事人以约定的违约金低于造成的损失为由请求增加的，应当违约造成的损失确定违约金数额”的规定，当违约金小于损失的，非违约方可以要求增加；违约金过分高于损失的，违约方也可以要求适当减少，若违约金高于损失，但不过分的，可适用对违约金的约定不再调整。

3. 定金与补偿性法定损害赔偿金

定金与补偿性法定损害赔偿金，一个是惩罚性的，另一个是补偿性的，因此，“两金”可以并用，但根据最高人民法院《关于审理买卖合同纠纷案件适用法律问题的解释》第28条“买卖合同约定的定金不足以弥补一方违约造成的损失的，对方请求赔偿超过定金部分的损失的，人民法院可以并处，但定金和损失赔偿金的数额总和不应高于因违约造成的损失”的规定，定金和损失赔偿的数额总和不应高于因违约造成的损失，即“两金”并用时以违约造成的损失为最高限制。

典型案例

开发商交付的商品房与其沙盘所展示不一致的，开发商应承担违约责任

——石某、刘某与某房地产公司商品房预售合同纠纷一审案件①

1. 案情简介

原告：刘某

原告：石某

被告：某房地产公司

法定代表人：廖某

2013年2月27日，原告刘某、石某（乙方）与被告某房地产公司（甲方）签订一份某市商品房买卖合同，约定原告刘某、石某购买被告开发的“隆鑫花漾城”项目中坐落于某县××街道××大道×栋×单元××房屋一套，房屋

① 参见（2016）渝0228民初2845号民事判决书。

结构为钢筋混凝土结构，建筑面积 97.82 平方米、套内建筑面积 82.17 平方米、共用部位与共用房屋分摊建筑面积 15.65 平方米，户型二室一厅，建筑面积单价 3808 元/平方米，套内建筑面积单价 4533.27 元/平方米，总金额 3,724,99 元。乙方在 2013 年 3 月 1 日首付房款 75,499 元，余下房款 297,000 元由乙方向银行申请公积金贷款。2014 年 9 月 30 日前将已进行建设工程竣工验收备案登记的商品房交付乙方使用。如遇不可抗力，甲方应在发生之日起 30 日内书面告知乙方，甲方可据实延期交房；甲方规划变更、设计变更导致下列影响到乙方所购商品房质量、使用功能或使用环境的，甲方应当在有关部门批准同意之日起 10 日内将变更内容书面通知乙方：该商品房结构型式、户型、空间尺寸、朝向以及提高该商品房项目的建筑容积率，乙方应当在通知到达之日起 15 日内作出是否退房的书面答复，15 日内未作出书面答复的，视为接受变更，乙方退房的，甲方应在乙方提出退房要求之日起 30 日内将乙方已付房价款及利息退还给乙方，并向乙方支付已付房价款 2% 的违约金，乙方不退房的，应当与甲方就变更事项另行签订补充协议，给乙方造成损失的，由甲方赔偿，甲方未在本合同约定时限内通知乙方的，乙方有权退房，乙方退房的，甲方应在乙方提出解除合同之日起 30 天，退还全部已付房价款及利息，并向乙方支付已付房价款 2% 的违约金；2014 年 9 月 30 日前通水、通电；甲方不得擅自改变本项目按照规划批准建设的公共建筑和共有设施的用途。

另查明，被告某房地产公司销售人员在原告刘某、石某购买该房屋时，称按照被告公司的销售方案，告知刘某、石某如购买 × 栋 × 单元 × × 号房屋，享有额外赠送 58 平方米私家花园的使用权，但该私家花园必须在物业管理统一管理下使用。2013 年 2 月 27 日，原告刘某、石某给被告出具承诺书一份，承诺书载明：刘某、石某于 2013 年 2 月 27 日购买某隆鑫花漾城 × 栋 × 单元 × 层 × 号房屋一套，于 2013 年 2 月 27 日签订商品房买卖合同，建筑面积 97.82 平方米。该套房屋额外配套户外花园 58 平方米，花园范围见附件一，现就配套花园的相关问题作如下承诺：开发商已明确告知并已清楚知晓关于配套花园的产权归属情况，即该部分配套花园本人只享有使用权，不计入产权；本人承诺对配套花园不私自进行搭建或扩建；对花园进行装修和大规模种植时需提前向物业管理公司提交申请，在取得同意后方可进行，对花园的使用权仅限于“附件一”图示所限定的范围，并保证不会破坏外围公共区域的绿化；本人承诺当开发商、物业管理公司对小区管网、设备及建筑外立面等部位进行检修需要临时占用该部分花园时，将无偿提供场地，如涉及对花园的破坏性施工，只要施工方可负责恢复原貌的，本人愿意无条件配合；本人承诺将遵守物业管理公司关于该部分花园具体使用的其他相关规定；本人自愿遵守以上承诺，如有违背以上承诺的行为，开发商、物业管理公司或业主委员会均可收回该部分花园的使用权。被告在取得该房屋建设工程竣工验收备案登记证后，原告至今未接受房屋，但原告当庭表示愿继续履行合同。

被告某房地产公司营销中心的销售沙盘显示，所有楼盘第一层与周边道路平行，但沙盘上载明温馨提示：模型因制作比例和材质所限，与实景存在一定差异，敬请留意；本模型仅供参考，具体建设结果会与本模型效果存在区别，一切未有列举事项或模型更改，不再另行通知，最终交付结果则以政府部门核准文件以及双方约定内容为准。

2014 年 10 月 16 日，因道路标高问题，被告某房地产公司与隆鑫花漾城×栋×单元××业主梁某签订一份补充协议，补偿其 20,000 元。

2015 年 4 月 3 日，某县规划局答复其他业主：因中央商务区河道改造，某县规划局根据规范将中央商务区部分道路竖向布局进行了优化调整，将“隆鑫花漾城”B 区××路与×××路交叉口的标高抬高 1.41 米，道路标高按照规定程序进行调整。2011 年 9 月 30 日，某县规划局将道路高程调整情况依法告知隆鑫花漾城开发企业，隆鑫花漾城建设项目也按照基本建设程序依法报建，隆鑫花漾城第一期建设项目于 2011 年 11 月 10 日发放线通知单，2011 年 11 月 12 日放线，2011 年 11 月 21 日办理建设项目工程规划许可证，您反映的问题属于开发企业未真实告知业主，不存在改变规划问题。

2015 年 4 月 17 日，某县规划局答复其他业主：经核实隆鑫花漾城项目审定的规划方案中绿化总平面图无私家花园显示。

2. 法院裁判及观点

一审法院认为，《合同法》第 107 条规定，“当事人一方不履行合同义务或者履行合同义务不符合约定的，应当承担继续履行、采取补救措施或者赔偿损失等违约责任”。现原告要求继续履行与被告签订的商品房买卖合同，由被告承担相关违约责任，符合法律规定。

原、被告签订的商品房买卖合同是双方真实意思表示，合法有效，原、被告应当按照合同约定切实履行各自义务。本案原告在购买该商品房过程中，被告销售人员口头允诺该套房屋额外赠送户外花园58平方米，由购房户本人使用。但隆鑫花漾城项目审定的规划方案中绿化总平面无私家花园显示，原、被告约定使用的58平方米的额外配套户外花园系该小区的公共绿地，致使原告无法排他性的使用。因该花园系公共绿地，属全体业主共有，被告承诺由原告单独使用不符合法律规定。虽然该额外赠送户外花园没有载入合同内容，原、被告也没有约定违反该情形的违约责任，但按照《商品房买卖合同解释》第3条规定，出卖人就商品房及设施所作的说明和允诺具体确定，并对买卖合同的订立和房屋价格的确定有重大影响的，该说明和允诺虽未载入合同，也应视为合同内容，当事人违反的，应当承担违约责任。因此，双方关于该额外赠送户外花园的约定应当视为房屋买卖合同内容。由于被告将所谓的额外赠送户外花园约定由原告个人使用不符合法律规定，被告应当对原告承担违约责任；虽然被告按审批程序已取得该楼盘合法的建设手续，但被告展示的沙盘与原告实际接收的房屋状况有差异，即原告提出的道路标高问题。根据某县规划局答复的内容，2011年9月30日某县规划局已将道路高程调整情况告知了被告，对该情况被告是明知的，但被告未如实告知原告该情形，被告也应当承担违约责任赔偿因此给原告造成的损失。因此，对原告主张的损失问题应综合考虑以下因素：道路标高的调整对房屋价值的影响，有无私家花园及被告允诺的私家花园面积的多少对房屋价值的影响，如没有私家花园，底层房屋与其他楼层价格的影响等。一审法院酌情确定由被告赔偿原告房屋差价损失66,000元。

对原告要求被告支付过渡安置费20,000元的诉讼请求，因原告未提供证据予以证明，一审法院不予支持。对于原告请求被告支付违约金13,577.60元的主张，原告既主张由被告承担违约导致的损失，又主张由被告支付违约金，按照法律规定，被告承担违约金的数额，应当以实际损失为限，本案已对被告违约行为导致原告的损失予以确定，故对原告的该项诉讼请求，于法无据，本院不予支持。

综上所述，依照《合同法》第7条、第8条、第60条、第107条、第113条第1款，《商品房买卖合同解释》第3条的规定，判决如下：(1)由被告某房地产公司赔偿原告刘某、石某违约损失费 66,000 元,限在本判决生效后 10 日内付清;(2)驳回原告刘某、石某的其他诉讼请求。

3. 案例评析

本案需要分析的问题是某房地产开发公司展示的沙盘与原告实际接收的房屋状况不一致,被告是否承担违约责任。根据《商品房买卖合同解释》第 3 条的规定,出卖人就商品房及设施所作的说明和允诺具体确定,并对买卖合同的订立和房屋价格的确定有重大影响的,该说明和允诺虽未载入合同,也应视为合同内容,当事人违反的,应当承担违约责任。本案中,某地产开发公司营销中心的销售沙盘显示所有楼盘第一层与周边道路平行,该展示情况虽未载入合同,但应视为房屋买卖合同内容。从某现规划局的答复情况看,因中央商务区河道改造,某县规划局根据规范将中央商务区部分道路竖向布局进行了优化调整,将"隆鑫花漾城"B 区××路与×××路交叉口的标高抬高 1.41 米,道路标高按照规定程序进行调整。2011 年 9 月 30 日,某县规划局将道路高程调整情况依法告知被告某房地产公司,被告某房地产公司也按照基本建设程序依法报建,隆鑫花漾城第一期建设项目于 2011 年 11 月 10 日发放线通知单,2011 年 11 月 12 日放线,2011 年 11 月 21 日办理建设项目工程规划许可证。由此,被告某房地产开发公司明知,但未如实告知原告该真实情况,反而通过在沙盘上通过温馨提示的方式规避其职责,排除原告的合法权益,显然,被告存在违约行为,应当承当违约责任赔偿因此给原告造成的损失。一审法院在结合道路标高的调整对房屋价值的影响等因素,酌情确定由被告某房地产公司赔偿原告损失,属适用法律正确。

有关法律规定

《中华人民共和国合同法》

第九十三条　当事人协商一致,可以解除合同。

当事人可以约定一方解除合同的条件。解除合同的条件成就时,解除权人可以解除合同。

第九十四条　有下列情形之一的,当事人可以解除合同:

(一)因不可抗力致使不能实现合同目的;

（二）在履行期限届满之前，当事人一方明确表示或者以自己的行为表明不履行主要债务；

（三）当事人一方迟延履行主要债务，经催告后在合理期限内仍未履行；

（四）当事人一方迟延履行债务或者有其他违约行为致使不能实现合同目的；

（五）法律规定的其他情形。

第九十七条　合同解除后，尚未履行的，终止履行；已经履行的，根据履行情况和合同性质，当事人可以要求恢复原状、采取其他补救措施、并有权要求赔偿损失。

第一百一十一条　质量不符合约定的，应当按照当事人的约定承担违约责任。对违约责任没有约定或者约定不明确，依照本法第六十一条的规定仍不能确定的，受损害方根据标的的性质以及损失的大小，可以合理选择要求对方承担修理、更换、重作、退货、减少价款或者报酬等违约责任。

第一百一十三条　当事人一方不履行合同义务或者履行合同义务不符合约定，给对方造成损失的，损失赔偿额应当相当于因违约所造成的损失，包括合同履行后可以获得的利益，但不得超过违反合同一方订立合同时预见到或者应当预见到的因违反合同可能造成的损失。

经营者对消费者提供商品或者服务有欺诈行为的，依照《中华人民共和国消费者权益保护法》的规定承担损害赔偿责任。

第一百一十四条　当事人可以约定一方违约时应当根据违约情况向对方支付一定数额的违约金，也可以约定因违约产生的损失赔偿额的计算方法。

约定的违约金低于造成的损失的，当事人可以请求人民法院或者仲裁机构予以增加；约定的违约金过分高于造成的损失的，当事人可以请求人民法院或者仲裁机构予以适当减少。

当事人就迟延履行约定违约金的，违约方支付违约金后，还应当履行债务。

第一百一十六条　当事人既约定违约金，又约定定金的，一方违约时，对方可以选择适用违约金或者定金条款。

《中华人民共和国消费者权益保护法》

第二十三条　经营者应当保证在正常使用商品或者接受服务的情况下其提供的商品或者服务应当具有的质量、性能、用途和有效期限；但消费者在购买该商品或者接受该服务前已经知道其存在瑕疵，且存在该瑕疵不违反法律强制性规定的除外。

经营者以广告、产品说明、实物样品或者其他方式表明商品或者服务的质量状况的，应当保证其提供的商品或者服务的实际质量与表明的质量状况相符。

经营者提供的机动车、计算机、电视机、电冰箱、空调器、洗衣机等耐用商品或者装饰装修等服务，消费者自接受商品或者服务之日起六个月内发现瑕疵，发生争议的，由经营者承担有关瑕疵的举证责任。

最高人民法院《关于审理商品房买卖合同纠纷案件适用法律若干问题的解释》

第三条　商品房的销售广告和宣传资料为要约邀请，但是出卖人就商品房开发规划范围内的房屋及相关设施所作的说明和允诺具体确定，并对商品房买卖合同的订立以及房屋价格的确定有重大影响的，应当视为要约。该说明和允诺即使未载入商品房买卖合同，亦应当视为合同内容，当事人违反的，应当承担违约责任。

第十六条　当事人约定的违约金过高为由请求减少的，应当以违约金超过造成的损失30%为标准适当减少；当事人以约定的违约金低于造成的损失为由请求增加的，应当违约造成的损失确定违约金数额。

最高人民法院《关于审理买卖合同纠纷案件适用法律问题的解释》

第二十八条　买卖合同约定的定金不足以弥补一方违约造成的损失的，对方请求赔偿超过定金部分的损失的，人民法院可以并处，但定金和损失赔偿金的数额总和不应高于因违约造成的损失。

四、买受人能否以商品房存在表面瑕疵等理由拒绝接收商品房

基本理论

根据《合同法》第150条“出卖人就交付的标的物，负有保证第三人不得向买受人主张任何权利的义务，但法律另有规定的除外”、第153条“出卖人应当按照约定的质量要求交付标的物。出卖人提供有关标的物质量说明的，交付的标的物应当符合该说明的质量要求”的规定，商品房买卖合同履行中，开发商需履行瑕疵担保义务，既要担保交付商品的权利无瑕疵和标的物的无瑕疵。因房屋买卖合同一般应包含房屋质量条款，合同成立生效后，买受人有权利取得符合合同规定质量的房屋，同时，出卖人应当保证交付的房屋符合双方签订的合同约定及法律规定的质量要求，即瑕疵担保义务。开发商的瑕疵担保义务不以其是否存在过错为前提条件，也就是说即使开发商在商品房买卖合同履行过程中不存在过错，但主要标的物存在瑕疵的，开发商就应当承担责任。但开发商对交付的房屋承担瑕疵担保义务应当具备房屋的瑕

疵在交付时已经存在，且买受人善意并无重大过失。根据《商品房买卖合同解释》第12条"因房屋质量结构不合格不能交付使用，或者房屋交付使用后，房屋主体质量经核验确属不合格，买受人请求解除合同和赔偿损失的，应予支持"及第13条"因房屋质量问题严重影响正常居住使用，买受人请求解除合同和赔偿损失的，应予支持。交付使用的房屋存在质量问题，在保修期内，出卖人应当承担修复责任；出卖人拒绝修复或者在合理期限内拖延修复的，买受人可以自行或者委托他人修复。修复费用及修复期间造成的其他损失由出卖人承担"的规定，交付的房屋质量结构不合格不能交付使用，或者房屋交付使用后，房屋主体质量经核验确属不合格，或者因房屋质量问题严重影响正常居住使用的，买受人可以拒绝接收房屋，且可请求解除合同和赔偿损失。但对于交付的房屋存在裂缝、开裂、渗漏等质量瑕疵，因其一般不会导致买受人不能实现合同目的，除非买受人能够证明"严重影响居住"，买受人不能由此拒绝接收房屋。同时，根据《合同法》第111条"质量不符合约定的，应当按照当事人的约定承担违约责任。对违约责任没有约定或者约定不明确，依照本法第六十一条的规定仍不能确定的，受损害方根据标的的性质以及损失的大小，可以合理选择要求对方承担修理、更换、重作、退货、减少价款或者报酬等违约责任"的规定，开发商对交付质量瑕疵的房屋，需承担维修、更换、重做等违约责任，对此造成买受人损失的，还需向买受人赔偿损失。也就是说，经竣工验收合格的房屋，除非出现房屋主体质量或达到"严重影响居住"的条件，否则，买受人一般不能以房屋存在表面瑕疵等理由拒收房屋，亦即一般质量问题不影响房屋的交付使用。

根据《合同法》第154条"当事人对标的物的质量要求没有约定或者约定不明确，依照本法第六十一条的规定仍不能确定的，适用本法第六十二条第一项的规定"及第155条"出卖人交付的标的物不符合质量要求的，买受人可以依照本法第一百一十一条的规定要求承担违约责任"的规定，对于一般质量问题房地产开发商的责任承担，双方当事人在合同中有约定的，应当依照合同的约定承担相应的违约责任，对出现的质量问题，买受人可以选择要求房地产开发商对房屋进行修理、更换、减少价款等，但买受人在选择相应的违约方式时，应当遵循公平原则和诚实信用原则。当然，如果合同没有对质量瑕疵问题进行约定，应根据不同情况进行处理：(1)对于明显的瑕疵的。买受人在接收房屋时对明显的瑕疵应当立即提出,并拒绝接收,若在取得房屋后再提出的,房地产开发商可以不承担责任。(2)对需要鉴定或使用后才发现瑕疵的。对于普通人或短时不能发现的瑕疵,买受人应当在发现后及时向开发商提出,根据瑕疵的轻重程度,由买受人选择继续履行合同(开发商进行维修等)或解除房屋买卖合同。(3)出卖人隐瞒瑕疵的。开发商对房屋质量的担保属于其应当履行的担保义务,若出卖人故意隐瞒房屋质量瑕疵的,出卖人应当承担相应的违约责任。

综上,虽买受人一般不能以房屋存在表面瑕疵等理由拒收房屋,但可根据《合同法》第111条、第112条及第155条的规定,要求开发商承担违约责任,及在开发商履行义务后或者采取补救措施后,还有其他损失的,要求开发商承担赔偿损失的责任。

典型案例

买受人不能以房屋存在质量瑕疵拒绝接收房屋,但可要求开发商履行相应质量瑕疵担保义务

——黄某与某建设有限公司商品房预售合同纠纷二审案①

1.案件简介

上诉人(一审原告):黄某

被上诉人(一审被告):某建设有限公司

2012年5月9日,黄某、某建设有限公司签订一份《广东省商品房买卖合同》,约定黄某购买佛山市南海区的房屋;价款1,012,310元;黄某逾期付款的:(1)逾期在180日之内,自本合同规定的应付款期限之第二天起至实际全额支付应付款之日止,黄某按日向某建设有限公司支付逾期应付款万分之一的违约金,合同继续履行;(2)逾期超过180日后……经某建设有限公司同意,合同继续履行,自本合同规定的应付款期限之第二天起至实际全额支付应付款之日止,黄某按日向某建设有限公司支付逾期应付款万分之一的违约

① 参见(2015)佛中法民三终字第23号民事判决书。

金;(第 8 条)某建设有限公司应当在 2012 年 6 月 30 日前,依照国家和地方人民政府的有关规定,将具备下列第 1、4 种条件(1. 该商品房经验收合格,4. 该商品房已办理竣工验收备案),并符合本合同约定的商品房交付黄某使用;某建设有限公司逾期交房的:(1)逾期不超过 180 日,自本合同第 8 条规定的最后交付期限的第二天起至实际交付之日止,某建设有限公司按日向黄某支付已交付房价款万分之一的违约金,合同继续履行;(2)逾期超过 180 日后……黄某要求继续履行合同的,合同继续履行,自本合同第 8 条规定的最后交付期限的第二天起至实际交付之日止,某建设有限公司按日向黄某支付已交付房价款万分之一的违约金。合同并对产权登记等进行了约定。合同附件三装饰、设计标准约定了房屋带装修交付的标准。

同日,双方签订一份《合同补充协议》,约定出卖人按合同载明的地址寄出特快专递,寄出第 3 日为通知到达时间。(第 13 条)出卖人通知买受人收楼的,除买受人在通知指定的收楼期限届满之日起 15 日内提供该商品房所在地具有建设工程质量检测资质的机构出具的认定该商品房基础及主体结构质量不合格的证明外,买受人不得拒绝或拖延接收该商品房交付,否则即视为出卖人已在通知中指定的收楼日期将该商品房交付买受人。若买受人认为该商品房存在装修、设施设备或其他质量问题的,买受人不得拒绝收楼,由出卖人核实后按合同规定承担保修责任,出卖人履行保修责任不构成迟延交付。如买受人没有收到收楼通知的,则买受人应在合同约定的交楼期限届满之日前办理收楼手续,买受人未在该日前办理收楼手续且该商品房已符合交付条件的,视为该商品房在该日已交付买受人。(第 20 条)买卖双方同意:双方因违反合同约定而产生的利息、违约金及赔偿损失等的总额不得超过总房价款的 5%,但本补充协议及认购书另有约定的除外。(第 34 条)买受人对合同及附件、本补充协议、政府批准文件、图纸等内容已清楚了解不存在异议,并在此基础上签订合同、附件及本补充协议。黄某已按合同约定支付房款予某建设有限公司。

2012 年 6 月 29 日,案涉楼宇经竣工验收备案。

诉讼中,某建设有限公司陈述于 2012 年 6 月 15 日通知黄某收楼,黄某于 2012 年 7 月初查验房屋后反映案涉房屋存在门框松动、镜框油漆污染、筒灯生锈的问题,拒绝办理收楼手续。黄某陈述于 2012 年 6 月底查验房屋,于

2012 年 7 月初再次查验房屋并向某建设有限公司提出案涉房屋存在客厅天花板漏水、门框松动、镜框油漆污染、筒灯生锈的问题，主张某建设有限公司修复完毕后，黄某才同意接收房屋。

2013 年 10 月 9 日，某建设有限公司向黄某发出特快专递一份，内件品名为峰景湾 6 栋 1002 室催收楼函。

2013 年 10 月 22 日，某建设有限公司向黄某寄发《敬请补办收楼手续的通知》，内容为案涉房屋已具备交付使用条件，某建设有限公司已书面通知黄某收楼。黄某此前验楼提出的维修问题，某建设有限公司已履行保修义务维修完毕，并多次电话通知黄某验收并补办收楼手续，但黄某至今仍未办理。某建设有限公司主张已按合同约定履行通知义务，房屋存在质量瑕疵属于某建设有限公司保修义务范围，不构成黄某拒绝收楼的理由，且维修已完工。黄某应自行承担拒不办理收楼手续而发生的一切费用和风险。请黄某尽快补办收楼手续。

一审法院于 2014 年 8 月 25 日召集双方对案涉房屋状况进行现场勘验。黄某认为房屋未见有质量问题，同意接收案涉房屋，但认为某建设有限公司仍需承担逾期修复及逾期通知黄某接收房屋的违约责任。

2. 法院裁判及观点

一审法院认为，黄某、某建设有限公司签订的商品房买卖合同及补充协议是双方真实意思表示，合法有效，双方应按约定全面履行合同义务。合同约定房屋交付期限为 2012 年 6 月 30 日前，案涉房屋于 2012 年 6 月 15 日已竣工验收备案，具备约定交付条件，黄某收楼验收所指出的门框松动、镜框油漆污染、筒灯生锈问题并不涉及房屋基础、主体结构或直接关系居住安全，黄某可要求某建设有限公司进行相应的修复处理，但不能作为拒绝收楼的理由。现场勘验未见案涉房屋存在可见的质量问题，黄某没有证据证明案涉房屋曾经或现在存在影响房屋基础、主体结构或直接关系居住安全的质量问题，黄某以房屋客厅天花漏水为由主张房屋不具备交付条件的意见，一审法院不予采纳。案涉房屋在约定的交付期限已具备交付的条件，关于某建设有限公司是否及时发出收楼通知的问题，双方约定某建设有限公司应于 2012 年 6 月 30 日前交付房屋予黄某，由于不动产的交付需要双方配合履行交付和接收的义务，某建设有限公司应在约定交付期限届满前通知黄某接收房屋并向黄某交付房屋,黄某亦应在交付期限届满前或交付期限届满后的合理期限内敦促某建设有限公司交付房屋并向某建设有限公司接收房屋。黄某已确认于2012年6月底和2012年7月初查验房屋并以房屋存在质量问题为由拒绝接收房屋,证明黄某已收到某建设有限公司关于收楼的有效通知,一审法院对黄某关于某建设有限公司逾期通知收楼需支付违约金的主张不予采纳。为此,一审法院依照《民事诉讼法》第64条第1款的规定,判决如下:驳回黄某的诉讼请求。本案因适用简易程序结案,案件受理费减半收取783.24元,由黄某负担。

黄某不服一审判决,在向二审法院提请上诉的理由中称:一审法院认定事实错误,一审判决无事实依据支持。(1)一审法院认定黄某拒绝收楼的事实是错误的,黄某从未收到某建设有限公司的收楼通知,无法办理收楼手续。由于不动产的交付需要双方配合履行交付和接收的义务,某建设有限公司应在约定支付期限届满前通知黄某接收房屋并向黄某交付房屋。但黄某一直未收到某建设有限公司发出的《收楼通知书》,无法办理收楼手续,这是黄某一直未办理收楼手续的根本原因。一审法院因为黄某为维护自身权利到涉案房屋查看情况这一行为便认定黄某拒绝收楼,而忽视某建设有限公司违约行为,继而驳回黄某的诉讼请求,是事实认定错误。另外,根据合同约定,某建设有限公司履行书面通知收楼义务是黄某办理收楼手续的前置程序,黄某从未收到某建设有限公司发出的书面收楼通知,无法进入收楼程序,因此不可能存在拒绝收楼的情况。(2)某建设有限公司公司未按照涉案合同的规定,履行书面通知义务,已经构成违约,其违约行为导致黄某无法准时入住涉案房屋,侵犯了黄某的合法权利。在涉案合同中,双方明确约定某建设有限公司在房屋达到交付使用的条件后,应当书面通知买受人办理交付手续,且房屋应当在2012年6月30日前交付房屋给黄某,但某建设有限公司并未履行其书面告知义务,导致黄某无法入住涉案房屋,构成违约。某建设有限公司在一审中提交的验收报告显示2012年6月29日才收讫材料备案,由此足以证明某建设有限公司未履书面通知义务,构成违约,应承担违约责任。(3)一审法院对事实的认定本末倒置。本案的事实是由于黄某在2012年6月30日时仍未收到某建设有限公司发出的《收楼通知书》,为了解房屋情况,自行前往涉案房屋查看,发现房屋天花板存在严重的漏水现象,根本无法居住,随即向某建设有限公司反映情况，某建设有限公司口头表示会进行修复，但是黄某一直没有收到某建设有限公司的相关答复。一审法院却在某建设有限公司无法证明其履行书面通知义务的情况下，以黄某自行到房屋查看情况的行为认定黄某收到收楼通知，是本末倒置的后果，该事实认定是错误的，不应当作为判决依据。请求撤销一审法院判决。

二审法院对一审查明经双当事人认定无异议的事实进行了确认。

二审法院认为，本案属商品房预售合同纠纷。

关于黄某上诉提出某建设有限公司从未通知其接受涉案房屋的交付的问题。对此，二审法院认为，首先，本案事实表明，涉案房屋于双方合同约定的交付期限届满前竣工验收备案，已经符合交付房屋使用的条件。根据黄某的陈述，其在 2012 年 6 月底和 7 月初到涉案房屋查收时发现涉案房屋存在质量问题，并以此为由明确向某建设有限公司表示拒绝接受涉案房屋的交付。黄某的该陈述表明其于 2012 年 6 月底就已知悉涉案房屋已可供交付。而黄某在涉案房屋交付期限届满前后多次与某建设有限公司就涉案房屋的质量问题是否符合交付条件进行交涉的行为，则表示黄某与某建设有限公司在涉案房屋交付期限届满前已就涉案房屋交付的相关事宜进行协商，说明某建设有限公司已履行其通知义务。同时，某建设有限公司在涉案房屋修复后向黄某寄发《敬请补办收楼手续的通知》中也载明，某建设有限公司此前已通知黄某收楼，黄某在验楼时提出的维修问题已解决，涉案房屋存在质量瑕疵不构成拒绝接受交付的理由等，进一步印证了某建设有限公司已完成了其通知义务，黄某系因涉案房屋存在质量问题而拒绝接受涉案房屋的交付。虽然黄某和某建设有限公司在涉案房屋的买卖合同中的第 11 条约定了涉案房屋达到交付使用条件后，某建设有限公司负有书面通知黄某办理交付手续的义务，但同时双方又在作为该买卖合同附件的补充协议第 13 条中补充约定“如买受人没有收到收楼通知的，则买受人应在合同约定的交楼期限届满前办理收楼手续，买受人未在该日前办理收楼手续且该商品房已符合交付条件的，视为该商品房在该日已交付给买受人”。根据上述约定，合同双方当事人在房屋具备交付使用条件后均负有促成房屋交付的相应义务，即在涉案房屋符合交付条件后，某建设有限公司对黄某负有通知的义务，而黄某在某建设有限公司未通知黄某的情况下也负有相应的主动接受涉案房屋交付的义务。

但黄某在多次与某建设有限公司交涉的过程中均表示拒绝接受交付,并未主动要求接受交付。因此,黄某上诉称其未收到某建设有限公司的通知导致其至今未接受涉案房屋的交付缺乏依据,二审法院不予采信。

关于黄某上诉提出的涉案房屋存在质量问题不符合交付的条件,致其无法接受交付的问题。二审法院认为,买受人拒绝接收商品房应当符合合同的约定或法律的规定。首先,根据双方在商品房买卖合同中的约定,除黄某在约定的涉案房屋交付期限届满之日起 15 日提交具有相应资质的机构出具的认定涉案房屋基础或主体结构质量不合格的证明以外,黄某不得拒绝或拖延接受涉案房屋的交付。因黄某未能提供证据证明涉案房屋存在基础或主体结构质量问题,故黄某以涉案房屋存在质量问题为由认为涉案房屋不符合交付条件缺乏合同的约定。其次,在买卖合同中,标的物的质量不符合质量要求,致使不能实现合同目的的,买受人可拒绝接收标的物。根据《商品房买卖合同解释》第 12 条和第 13 条的规定,因房屋主体结构质量不合格不能交付使用,以及因房屋质量问题严重影响正常居住使用,买受人请求解除合同和赔偿损失的,应予支持。上述理由同样构成买受人拒绝接收房屋的合理理由。因此,房屋质量存在问题买受人可以拒绝接收商品房的情况包含两种:一是房屋主体结构质量不合格不能交付使用;二是因房屋质量问题严重影响房屋的正常居住使用。本案中涉案商品房已经竣工验收备案,房屋已经具备了买卖合同约定及法定的强制性交付条件和质量标准,故黄某在本案中并不能以此为由拒绝接收房屋。同时,从双方均确认的房屋存在的门框松动、镜框油漆污染、筒灯生锈等质量问题来看,均属于质量瑕疵,一般不会导致买受人合同目的不能实现,且黄某并无证据证明上述质量瑕疵已经达到严重影响居住的程度。对于上述质量瑕疵,黄某可要求对方履行相应质量瑕疵担保义务,但不能以此拒绝接收商品房。

综上所述,黄某的上诉请求缺乏事实和法律依据,二审法院不予支持。一审判决认定事实清楚、适用法律正确,二审法院予以维持。依照《民事诉讼法》第 170 条第 1 款第 1 项的规定,判决如下:驳回上诉,维持原判。

3. 案例评析

本案需要分析的问题是黄某可否以房屋质量存在瑕疵为由拒绝接收房屋以及黄某可否请求某建设有限公司承担瑕疵担保义务。

（1）关于黄某可否以房屋质量存在瑕疵为由拒绝接收房屋的问题。买受人拒绝接收商品房应当符合合同的约定或法律的规定。通常情况下，买受人拒绝接收商品房的情况包含两种：一是房屋主体结构质量不合格不能交付使用；二是因房屋质量问题严重影响房屋的正常居住使用。本案中，根据双方在商品房买卖合同中的约定，除黄某在约定的涉案房屋交付期限届满之日起15日提交具有相应资质的机构出具的认定涉案房屋基础或主体结构质量不合格的证明之外，黄某不得拒绝或拖延接受涉案房屋的交付。因黄某未能提供证据证明涉案房屋存在基础或主体结构质量问题，故黄某以涉案房屋存在质量问题为由认为涉案房屋不符合交付条件缺乏合同的约定。同时，在买卖合同中，标的物的质量不符合质量要求，致使不能实现合同目的的，买受人可拒绝接收标的物。根据《商品房买卖合同解释》第12条和第13条的规定，因房屋主体结构质量不合格不能交付使用，以及因房屋质量问题严重影响正常居住使用，买受人请求解除合同和赔偿损失的，应予支持。本案中，从双方均确认的房屋存在的门框松动、镜框油漆污染、筒灯生锈等质量问题来看，均属于质量瑕疵，一般不会导致买受人合同目的不能实现，且黄某并无证据证明上述质量瑕疵已经达到严重影响居住的程度。黄某可要求某建设有限公司进行相应的修复处理，但不能作为拒绝收楼的理由。

（2）关于黄某可否请求某建设有限公司承担瑕疵担保义务的问题。根据《合同法》第150条"出卖人就交付的标的物，负有保证第三人不得向买受人主张任何权利的义务，但法律另有规定的除外"、第153条"出卖人应当按照约定的质量要求交付标的物。出卖人提供有关标的物质量说明的，交付的标的物应当符合该说明的质量要求"的规定，商品房买卖合同履行中，开发商需履行瑕疵担保义务，既要担保交付商品的权利无瑕疵，又要担保标的物的无瑕疵。本案中，某建设有限公司所交付的商品房存在的门框松动、镜框油漆污染、筒灯生锈等质量，对于上述质量瑕疵，黄某可要求对方履行相应质量瑕疵担保义务。根据《合同法》第111条"质量不符合约定的，应当按照当事人的约定承担违约责任。对违约责任没有约定或者约定不明确，依照本法第六十一条的规定仍不能确定的，受损害方根据标的的性质以及损失的大小，可以合理选择要求对方承担修理、更换、重作、退货、减少价款或者报酬等违约责任"及第154条"当事人对标的物的质量要求没有约定或者约定不明确，依照本法第六十一条的规定仍不能确定的，适用本法第六十二条第一项的规定”的规定，黄某可以请求某建设有限公司对房屋进行修理、更换、减少价款等，但黄某在选择相应的违约方式时，应当遵循公平原则和诚实信用原则。

有关法律规定

《中华人民共和国合同法》

第一百一十一条　质量不符合约定的，应当按照当事人的约定承担违约责任。对违约责任没有约定或者约定不明确，依照本法第六十一条的规定仍不能确定的，受损害方根据标的的性质以及损失的大小，可以合理选择要求对方承担修理、更换、重作、退货、减少价款或者报酬等违约责任。

第一百一十二条　当事人一方不履行合同义务或者履行合同义务不符合约定的，在履行义务或者采取补救措施后，对方还有其他损失的，应当赔偿损失。

第一百五十条　出卖人就交付的标的物，负有保证第三人不得向买受人主张任何权利的义务，但法律另有规定的除外。

第一百五十三条　出卖人应当按照约定的质量要求交付标的物。出卖人提供有关标的物质量说明的，交付的标的物应当符合该说明的质量要求。

第一百五十四条　当事人对标的物的质量要求没有约定或者约定不明确，依照本法第六十一条的规定仍不能确定的，适用本法第六十二条第一项的规定。

第一百五十五条　出卖人交付的标的物不符合质量要求的，买受人可以依照本法第一百一十一条的规定要求承担违约责任。

最高人民法院《关于审理商品房买卖合同纠纷案件适用法律若干问题的解释》

第十二条　因房屋质量结构不合格不能交付使用，或者房屋交付使用后，房屋主体质量经核验确属不合格，买受人请求解除合同和赔偿损失的，应予支持。

第十三条　因房屋质量问题严重影响正常居住使用，买受人请求解除合同和赔偿损失的，应予支持。

交付使用的房屋存在质量问题，在保修期内，出卖人应当承担修复责任；出卖人拒绝修复或者在合理期限内拖延修复的，买受人可以自行或者委托他人修复。修复费用及修复期间造成的其他损失由出卖人承担。

五、因“出卖人原因”未办理房屋过户登记的认定及责任承担

基本理论

物权变动，即物权的设立、变更、转让和消灭，通常需要特定的方式以公示始得产生法律效力。根据《物权法》第9条第1款“不动产物权的设立、变更、转让和消灭，经依法登记，发生效力；未经登记不发生效力，但法律另有规定的除外”的规定，房地产权利的转移和设定在登记之前只体现债权的存在，在登记之后才能认为是完成了产权转移或权利的设立，未经登记，房地产交易的权利受让人只能得到债权的保护，而不能得到物权的保护。房屋的交付包括实物交付和证据交付。房屋出卖人交付房屋并保证房屋所有权转移给买受人，这是房屋出卖人最基本的一项义务。买卖合同成立后，出卖人应保证及时将所出卖的房屋所有权转移给买受人。房屋买卖实际履行中，常常出现因出卖人的原因致买受人不能在规定时间内取得房产权属证书，其相应的原因主要有以下几种情形：①

(1)土地使用手续不合法。如在农村集体所有土地上建造的房屋，因不能直接流通，故房地产开发企业在农村集体土地上建造房屋因土地使用手续不合法而无法办理产权证。另外，若联建地方提供的土地使用权系划拨土地使用权，其分得的房产往往只能自用，不能直接作为商品房出售，如果按商品房出售的，其买受人无法领取房产权属证书。(2)房地产开发企业未支付全部土地使用权出让金。支付土地出让金是土地使用权受让人的主要义务，在受让人没有按约履行全部义务前，土地管理部门一般会限制办理土地使用权的变更手续。(3)房地产开发企业违章建房的。实际中，常出现超出规划范围多修建房屋，造成违章部分无法办证。(4)房地产开发企业不能提供规定的资料。根据《城市房地产开发经营管理条例》第33条“……房地产开发企业应当协助商品房购买人办理土地使用权变更和房屋所有权登记手续，并提供必要的证明文件”的规定，商品房预售买卖合同签订后，在双方约定的办理

---

① 参见最高人民法院民一庭编：《最高人民法院关于审理商品房买卖合同纠纷案件司法解释的理解与适用》，人民法院出版社2015年版，第232页。

房屋所有权登记的期限内，房地产开发商应当协助商品房购买人办理土地使用权变更和房屋所有权登记手续，并提供必要的证明文件。必要的证明文件包括土地使用权证明、建设工程规划许可证、综合验收合格证明、房产测绘机构出具的房屋建筑测绘成果报告及房屋分户平面图等。(5)其他原因。如房地产开发企业没有将代收的公共物业维修基金上缴，没有将抵押权注销等情况，也会影响房屋产权登记手续的办理。

由于经登记才产生变动的效力，登记的迟延将会影响不动产受让人权利的实现。房地产开发企业的协助买受人办理产权过户登记手续是一种法定义务。瑞士民法典也对此进行了规定。[①] 商品房购买人要想顺利办理有关土地使用权变更和房屋所有权登记手续，房地产开发商必须提供完备的证明文件，否则买房人将不能如期办理土地使用权变更和房屋所有权登记。根据《商品房买卖合同解释》第 18 条"由于出卖人的原因，买受人在下列期限届满未能取得房屋权属证书的，除当事人有特殊约定外，出卖人应当承担违约责任：(一)商品房买卖合同约定的办理房屋所有权登记的期限；(二)商品房买卖合同的标的物为尚未建成房屋的，自房屋交付使用之日起 90 日；(三)商品房买卖合同的标的物为已竣工房屋的，自合同订立之日起 90 日。合同没有约定违约金或者损失数额难以确定的，可以按照已付购房款总额，参照中国人民银行规定的金融机构计收逾期贷款利息的标准计算"及《合同法》第 107 条"当事人一方不履行合同义务或者履行合同义务不符合约定的，应当承担继续履行、采取补救措施或者赔偿损失等违约责任"的规定，因出卖人原因导致买受人未能约定期限以及预售商品房或竣工的房屋自商品房买卖合同签订之日起 90 日未办理房屋权属证书的，房地产开发企业应当承当违约责任。对违约责任，双方当事人有约定的，按约定处理，没有约定违约金或损失数额难以确定的，可以按照已付购房款总额，参照中国人民银行规定的金融机构计收逾期贷款利息的标准计算。同时，根据《商品房买卖合同解释》第 19 条"商品房买卖合同约定或者《城市房地产开发经营管理条例》第三十三条规

① 《瑞士民法典》规定，在转让人故意拖延或不办理产权登记时，赋予受让人请求法院作出强制卖方协助办理转移登记的权利。合同一方依据合同的约定应当办理登记的申请，乃是一种依据合同应负的义务，而另一方要求其履行登记义务实际上是要求其实际履行合同。如果负有登记义务的一方拒绝不办理登记手续，应当以构成违约论，另一方有权要求其承担违约责任。

定的办理房屋所有权登记的期限届满后超过一年，由于出卖人的原因，导致买受人无法办理房屋所有权登记，买受人请求解除合同和赔偿损失的，应予支持"的规定，因出卖人一方的原因，在商品房买卖合同约定或者《城市房地产开发经营管理条例》第33条规定期限届满后一年内，导致买受人人无法办理房屋权属证书的，出卖人的严重违约行为致使买受人合同目的无法实现的，根据《合同法》第93条、第94条的规定，买受人有权请求解除合同，同时可请求出卖人赔偿损失。

典型案例

因出卖人原因致未在商品房买卖合同约定的期限内将办理权属登记资料报产权登记机关备案的，应当承担逾期办理权属登记的违约责任

——孙某与某房地产公司商品房销售合同纠纷二审案①

1. 案情简介

上诉人(原审被告)：某房地产公司

被上诉人(原审原告)：孙某

某房地产公司与孙某于2009年9月29日签订《商品房买卖合同》，合同房价为354,944元，合同约定出卖人在2011年9月30日前将经验收合格并符合合同约定的商品房交付买受人使用；出卖人应当在商品房交付后365日内，将办理权属登记需由出卖人提供的资料报产权登记机关备案，如因出卖人的原因，买受人不能在规定期限内取得房产权属证书，双方按合同附件五补充协议处理。补充协议第四条约定，买受人应按合同约定及政府规定，在出卖人书面通知的时间内及时提供办理权属登记需由买受人提供的资料并缴纳相关费用，否则，出卖人有权相应推迟向权属登记部门提供办理权属登记证书需由出卖人提供的资料。同时，本房地产逾期办理权属登记的法律责任由买受人承担。出卖人为买受人办理贷款担保的，房屋权属证书由出卖人代为办理。补充协议第八条约定，合同中所有通知均采用书面形式。买卖双

① 参见(2014)扬民终字第0467号民事判决书。

方在收到对方的书面通知时,应当签收。买卖双方地址均以合同载明的通讯地址为准。如地址发生变更,应及时通知对方,未通知或迟延通知的,由其承担法律后果。如任何一方拒绝签收、地址发生变化未通知另一方,或因其他不可归责于对方原因而无法签收的,则视为送达。某房地产公司于2011年6月20日向孙某交付房屋。上述房屋价格为355,430元。某房地产公司于2012年9月17日向产权登记机关提出房屋所有权登记申请。上述房屋于2012年12月5日进行了房屋所有权登记。孙某认为某房地产公司未按约定履行义务已经构成违约,请求支付逾期办证违约金15,525元。

2.法院裁判及观点

一审法院认为,某房地产公司与孙某签订的《商品房买卖合同》,系当事人真实意思表示,且不违反法律、行政法规的强制性规定,应认定合法有效。根据合同第十五条及补充协议的约定,某房地产公司未在商品房交付后365日内将办理权属登记需由某房地产公司提供的资料报产权登记机关备案,应当承担逾期办理权属登记的违约责任。由于某房地产公司为孙某代为办理权属登记,且双方对办理权属登记的期限没有约定,故某房地产公司应当在合理期限内为孙某代为办理权属登记。鉴于某房地产公司于2012年9月17日向产权登记机关提出房屋所有权登记申请,故违约期限从2012年6月21日计算至2012年9月16日。对孙某主张违约期限计算至权属登记之日的请求,不予采信。关于违约金标准,依照《商品房买卖合同解释》第18条的规定,参照中国人民银行规定的金融机构计收逾期贷款利息的标准计算,即在半年期贷款利率5.6%基础上上浮30%。违约金认定为355,430元×0.0728/365×89=6309.32元。原审依照《民事诉讼法》第64条第1款、《合同法》第107条、《商品房买卖合同解释》第18条的规定,判决:某房地产公司于本判决生效之日起15日内向孙某支付违约金6309.32元。

某房地产公司不服一审判决,在向二审法院提请上诉的理由中称:(1)讼争所涉房屋并未达到"交付使用"的状态,依据双方购房合同第15条之约定,须待讼争房屋交付使用后方开始计算办证期限,故而本案不存在某房地产公司逾期办证的事实;(2)依据双方房屋买卖合同附件第九条之规定,买受人向出卖人缴纳的款项不计算利息,故而一审判决有违该项约定。故请求:撤销原审判决,案件受理费由孙某承担。

二审法院认为，本案二审的争议焦点是：(1)讼争房屋的交付时间如何确定？(2)某房地产公司是否应当承担逾期办证的违约金，应如何承担？

关于焦点一，二审法院认为，讼争房屋的交付时间应为2011年6月20日。理由：《商品房买卖合同解释》第11条第1款规定，对房屋的转移占有，视为房屋的交付使用，但当事人另有约定的除外；讼争所涉房屋买卖合同第15条约定，出卖人应当在房屋交付使用后365日内，将办理权属登记需由出卖人提供的资料报产权登记机关备案。本案中，某房地产公司在二审庭审中认可，其公司于2011年6月20日向业主发出了“入住通知书”，对方在物业公司缴纳了物业费并领取了钥匙；现已查明，孙某于2011年6月20日向物业公司缴纳了2011年6月20日至2012年6月20日的物业管理费；结合上述查明事实，二审法院认为，在某房地产公司向业主发出“入住通知书”，业主缴纳物业费并领取讼争房屋钥匙之行为中，应当至少可以认定，业主缴纳物业费、领取房屋钥匙当日完成了对于讼争房屋的转移占有，故应当认定房屋至迟已于当日即2011年6月20日向业主交付使用。

关于焦点二，二审法院认为，《商品房买卖合同解释》第18条第1款第1项规定，由于出卖人的原因，买受人在下列期限届满未能取得房屋权属证书的，除当事人有特殊约定外，出卖人应当承担违约责任：商品房买卖合同约定的办理房屋所有权登记的期限。第2款规定，合同没有约定违约金或者损失数额难以确认的，可以按照已付购房款总额，参照中国人民银行规定的金融机构计收逾期贷款利息的标准计算。本案中，如前所述，某房地产公司应依约至迟于2012年6月20日为孙某向产权登记机关提出房屋所有权登记申请，但某房地产公司实际系于2012年9月17日方提出上述申请，故某房地产公司的违约期限应从2012年6月21日计算至2012年9月16日。至于违约金计算标准，原审法院在半年期贷款利率5.6%基础上上浮30%，亦符合上述规定，并无不当。对于某房地产公司上诉提出，讼争双方房屋买卖合同附件第九条“买受人向出卖人缴纳的款项不计算利息”之规定，二审法院认为，该规定与本案并无关联，并不能影响本案违约金的计算标准。

综上，一审判决认定事实清楚，适用法律正确，依法应予维持。上诉人某房地产公司的上诉理由缺乏事实及法律依据，依法不予采纳。据此，依照《民事诉讼法》第170条第1款第1项之规定，判决如下：驳回上诉，维持原判。

3. 案例评析

本案需要分析的问题是某房地产开发企业将办理权属登记资料报产权登记机关备案的起算点如何确定及某房地产公司是否承担逾期办证的违约责任。

(1)关于某房地产开发企业将办理权属登记资料报产权登记机关备案的起算点如何确定问题。本案中,某房地产公司在二审庭审中认可,其公司于2011年6月20日向业主发出了“入住通知书”,对方在物业公司缴纳了物业费并领取了钥匙;现已查明,孙某于2011年6月20日向物业公司缴纳了2011年6月20日至2012年6月20日的物业管理费;结合上述查明事实,二审法院认为,在某房地产公司向业主发出“入住通知书”,业主缴纳物业费并领取讼争房屋钥匙之行为中,应当至少可以认定,业主缴纳物业费、领取房屋钥匙当日完成了对于讼争房屋的转移占有,根据《商品房买卖合同解释》第11条第1款规定,对房屋的转移占有,视为房屋的交付使用,但当事人另有约定的除外,故当认定房屋至迟已于当日即2011年6月20日向业主交付使,诉争房屋的交付时间应为2011年6月20日。该交付房屋的日期即为某房地产开发企业将办理权属登记资料报产权登记机关备案的起算点。

(2)关于某房地产公司是否承担逾期办证的违约责任的问题。诉争所涉房屋买卖合同第15条约定,出卖人应当在房屋交付使用后365日内,将办理权属登记需由出卖人提供的资料报产权登记机关备案。本案中,某房地产公司应依约至迟于2012年6月20日为孙某向产权登记机关提出房屋所有权登记申请,但某房地产公司实际系于2012年9月17日方提出上述申请,根据《商品房买卖合同解释》第18条第1款第1项规定,由于出卖人的原因,买受人在下列期限届满未能取得房屋权属证书的,除当事人有特殊约定外,出卖人应当承担违约责任:商品房买卖合同约定的办理房屋所有权登记的期限。第2款规定,合同没有约定违约金或者损失数额难以确认的,可以按照已付购房款总额,参照中国人民银行规定的金融机构计收逾期贷款利息的标准计算。某房地产公司已经违约,应当承担违约责任。

有关法律规定

《中华人民共和国合同法》

第九十三条　当事人协商一致,可以解除合同。

当事人可以约定一方解除合同的条件。解除合同的条件成就时,解除权人可以解除合同。

第九十四条　有下列情形之一的,当事人可以解除合同:

(一)因不可抗力致使不能实现合同目的;

(二)在履行期限届满之前,当事人一方明确表示或者以自己的行为表明不履行主要债务;

(三)当事人一方迟延履行主要债务,经催告后在合理期限内仍未履行;

(四)当事人一方迟延履行债务或者有其他违约行为致使不能实现合同目的;

(五)法律规定的其他情形。

第一百零七条　当事人一方不履行合同义务或者履行合同义务不符合约定的,应当承担继续履行、采取补救措施或者赔偿损失等违约责任。

《中华人民共和国物权法》

第九条　不动产物权的设立、变更、转让和消灭,经依法登记,发生效力;未经登记不发生效力,但法律另有规定的除外。

依法属于国家所有的自然资源,所有权可以不登记。

最高人民法院《关于审理商品房买卖合同纠纷案件适用法律若干问题的解释》

第十八条　由于出卖人的原因,买受人在下列期限届满未能取得房屋权属证书的,除当事人有特殊约定外,出卖人应当承担违约责任:

(一)商品房买卖合同约定的办理房屋所有权登记的期限;

(二)商品房买卖合同的标的物为尚未建成房屋的,自房屋交付使用之日起90日;

(三)商品房买卖合同的标的物为已竣工房屋的,自合同订立之日起90日。

合同没有约定违约金或者损失数额难以确定的,可以按照已付购房款总额,参照中国人民银行规定的金融机构计收逾期贷款利息的标准计算。

第十九条　商品房买卖合同约定或者《城市房地产开发经营管理条例》第三十三条规定的办理房屋所有权登记的期限届满后超过一年,由于出卖人的原因,导致买受人无法办理房屋所有权登记,买受人请求解除合同和赔偿损失的,应予支持。

《城市房地产开发经营管理条例》

第三十三条　预售商品房的购买人应当自商品房交付使用之日起90日内,办理土地使用权变更和房屋所有权登记手续;现售商品房的购买人应当自销售合同签订之日起90日内,办理土地使用权变更和房屋所有权登记手续。房地产开发企业应当协助商品房购买人办理土地使用权变更和房屋所有权登记手续,并提供必要的证明文件。

第四节

商品房买卖合同的解除

合同的解除,是指在合同没有履行或没有完成履行之前,由于实现合同的条件发生变化,致使合同的履行成为不可能或不必要时,合同关系的当事人依据法律规定的条件和程序,提前终止合同协议的行为。合同解除分协议解除及单方解除(分为约定解除和法定解除)。协议解除又称双方解除,是当事人双方就消灭合同达成意思表示一致。根据《合同法》第 93 条"当事人协商一致,可以解除合同。当事人可以约定一方解除合同的条件。解除合同的条件成就时,解除权人可以解除合同"及第 94 条"有下列情形之一的,当事人可以解除合同:(一)因不可抗力致使不能实现合同目的;(二)在履行期限届满之前,当事人一方明确表示或者以自己的行为表明不履行主要债务;(三)当事人一方迟延履行主要债务,经催告后在合理期限内仍未履行;(四)当事人一方迟延履行债务或者有其他违约行为致使不能实现合同目的;(五)法律规定的其他情形"的规定,约定解除指一方当事人的解除权来自当事人双方在合同中的约定。应当符合合同约定的解除情形出现时,享有解除权的一方以单方意思表示即可使合同消灭,不必征得对方同意,而法定解除是指当出现法律规定可以解除合同情形时,享有解除权的一方即可请求解除合同。同时,《合同法》第 97 条规定:"合同解除后,尚未履行的,终止履行;已经履行的,根据履行情况和合同性质,当事人可以要求恢复原状、采取其他补救措施,并有权要求赔偿损失。"合同解除旨在恢复到订立合同前的状态,在商品房买卖合同解除后,尚未履行的,终止履行;对已经履行的部分,则应要求双方相互返还或单方返还,以求恢复原状。对开发商而言,应当返还买受人已经缴纳的全部房款,对按揭贷款的,开发商除向买受人返还已交付的首付款外,对于买受人已经从银行按揭的款项应当返还给银行。对买受人而言，应当将开发商已经交付的房屋腾退后返还开发商，对已经办理过户登记的，还应当将房屋过户到开发商名下。解除商品买卖合同后，解除权人有损失的，可要求对方承担违约责任。

一、买房遭遇新政的情势变更是否必然解除房屋买卖合同及责任承担

基本理论

根据《合同法解释(二)》第 26 条“合同成立以后客观情况发生了当事人在订立合同时无法预见的、非不可抗力造成的不属于商业风险的重大变化，继续履行合同对于一方当事人明显不公平或者不能实现合同目的，当事人请求人民法院变更或者解除合同的，人民法院应当根据公平原则，并结合案件的实际情况确定是否变更或者解除”的规定，情势变更是指合同成立以后客观情况发生了当事人在订立合同时无法预见的、非不可抗力造成的，不属于行业风险的重大变化，继续履行合同对于一方当事人明显不公平或者不能实现合同目的，当事人可以请求人民法院变更或者解除合同。人民法院应当根据公平原则，并结合案件的实际情况确定是否变更或者解除。通常情况下，如果合同尚未得到任何履行的，当事人另行寻求交易的成本很小，则应以合同解除为原则；如果合同已经得到部分履行，当事人另行寻求交易的成本很大或几乎不可能的，则应以合同变更为宜。[①]

新政不是“不可抗力”，但是否属于“情势变更”并导致解除商品房买卖合同，不应当采取“一刀切”的做法，应当根据具体情况进行分析。根据《商品房买卖合同解释》第 23 条“商品房买卖合同约定，买受人以担保贷款方式付款、因当事人一方原因未能订立商品房担保贷款合同并导致商品房买卖合同不能继续履行的，对方当事人可以请求解除合同和赔偿损失。因不可归责于当事人双方的事由未能订立商品房担保贷款合同并导致商品房买卖合同

① 参见王林清、郭燕枝、杨心忠著:《房屋买卖合同纠纷裁判思路与裁判规则》，法律出版社 2016 年版，第 254 页。

不能继续履行的，当事人可以请求解除合同，出卖人应当将收受的购房款本金及其利息或者定金返还买受人”的规定，买受人确有证据证明纯粹因受限贷、限购、禁购等调控政策直接影响而导致迟延履行或无法履行的，应当认定为“不可归责于当事人双方的事由”，当事人可以请求解除合同。具体来讲，如果房屋买卖合同签订在国家出台新政之后，买受人在订立合同时已经明知国家政策对之后履行房屋买卖合同的风险的，其后果应当由买受人承担，买受人不能请求解除合同。若房屋买卖合同订立在新政出台之前，由于新政的实施导致买受人合同目的不能实现或无法继续履行，即履行艰难，如果让买受人继续履行合同，则显示公平，则可参照《商品房买卖合同解释》第23条的规定将新政归责于“不可归责于当事人双方的事由”，而允许当事人解除合同。

对双方协商一致解除合同，或根据双方约定条款进行变更的，双方应互不承担责任。对新政出台致解除房屋买卖合同的，根据《民法通则》第115条“合同的变更或者解除，不影响当事人要求赔偿损失的权利”及《合同法》第97条“合同解除后当事人可以要求恢复原状，采取其他补救措施，并有权要求赔偿损失”的规定，合同解除后，出卖人如果有损失的可以要求赔偿损失，一般包括出卖人的逾期利益如房屋价差损失，以及为订立合同即履行合同准备所涉及发生的费用。

典型案例

开发商确因新政致不能履行合同的，可以免责，但情形变更解除后，开发仍未履行合同的，应当承担违约责任

——王某与某房地产开发公司房屋买卖合同纠纷二审案[①]

1. 案情简介

上诉人（一审原告）：王某

被上诉人（一审被告）：某房地产开发公司

① 参见（2014）大民二终字第00500号民事判决书。

法定代表人：王某

2010 年 3 月 1 日，原告与被告签订《商品房买卖合同》，约定原告购买由被告开发的位于大连市高新园区海创世达街（芝麻街）×号房屋（建筑面积 57.12 平方米），房屋总价款为人民币 388,416 元。合同约定：出卖人（被告）应在 2010 年 10 月 31 日前交付经建设单位组织建筑工程验收合格并由勘察、设计、监理、施工、建设单位出具验收报告的房屋。合同第 15 条同时约定，办理房屋所有权登记的期限为一年，自该房屋交付之日起计算。如因出卖人责任，自房屋交付之日起超过一年买受人仍无法办理房屋所有权或无法取得房屋权属证书的，自期限届满之次日起，出卖人承担已收房款日万分之一的赔偿金，直至可以办理。合同签订后，原告履行了交款义务。后被告将案涉房屋交付给原告，但至本案辩论终结前，被告所售海创大厦房屋尚无法办理房屋所有权证。

2010 年 5 月 4 日，大连市公安消防局出具《建设工程消防设计审核意见书》，同意海创大厦的消防设计。2013 年 5 月 22 日，海创大厦建筑、自动建设工程的消防工程通过验收。而在此前，被告曾于 2011 年 11 月 4 日、12 月 14 日申报海创大厦的消防验收均为不合格。关于消防验收不合格的原因，被告辩称系因公安部消防局发布新规定对于民用建筑外保温材料采用严格标准，故直至新规废止，海创大厦的消防工程方于 2013 年 5 月 22 日通过验收。而除此两次申报外，被告称其曾于 2011 年 4 月进行过第一次申报，但当时新规定刚开始执行，故被告的验收申请未予受理且没有相关证明文件。

关于被告所称的消防新规系指公安部消防局于 2011 年 3 月 14 日发布的《关于进一步明确民用建筑外保温材料消防监督管理有关要求的通知》（公消〔2011〕65 号），该通知第 1 项载明："在新标准发布前，从严执行《民用建筑外保温系统及外墙装饰防火暂行规定》（公通字〔2009〕46 号）第二条规定，民用建筑外保温材料采用燃烧性能为 A 级的材料。"同年 3 月 21 日，大连市制定《关于贯彻落实部局、总队〈关于进一步明确民用建筑外保温材料消防监督管理有关要求的通知〉的实施意见》，进一步明确要求"从 2011 年 3 月 15 日起，所有新受理的工业、民用建设工程消防设计审核和验收内容，建筑外保温材料必须全部采用燃烧性能为 A 级的材料"。2012 年 12 月 3 日，公安部消防局下发《关于民用建筑外保温材料消防监督管理有关事项的通知》

(公消〔2012〕350号),明确提出"为认真吸取上海胶州路教师公寓'11·15'和沈阳皇朝万鑫大厦'2·3'大火教训,2011年3月14日,部消防局下发了《关于进一步明确民用建筑外保温材料消防监督管理有关要求的通知》(公消〔2011〕65号),对建筑外墙保温材料使用及管理提出了应急性要求。2011年12月30日,国务院下发的《国务院关于加强和改进消防工作的意见》(国发〔2011〕46号)和2012年7月17日新颁布的《建筑工程消防监督管理规定》对新建、扩建、改建建设工程使用外保温材料的防火性能及监督管理工作作了明确规定。经研究,《关于进一步明确民用建筑外保温材料消防监督管理有关要求的通知》不再执行"。

2011年1月1日,大连市实施《大连市房屋建筑工程竣工验收备案管理暂行办法》,关于房屋建筑工程竣工验收规定了十五项要求,其中包括"公安消防部门对大型的人员密集场所和其他特殊建设工程出具了验收合格的证明文件"。鉴于此办法较以前的程序增加了十余项验收环节,大连市房地产开发协会于2012年12月3日出具《关于验收新政影响开发企业办理竣工备案手续的情况说明》,提出,新增的验收环节对应不同的验收部门,每个部门为此需要重新制订其内部工作流程,理顺工作关系,这样极大地延长了开发企业办理竣工验收备案手续的时间。同时,由于执行新政之前,不少开发企业已与客户签订了商品房买卖合同,并在交易所备了案,也使开发企业与客户约定的交房时间与办证时间无法更改。没有竣工备案手续,客户无法办理产权。新政执行的时间并没有给已销售楼盘尤其是即将办理竣工备案手续的开发企业合理准备时间。这些诸多因素导致了受新政影响的开发企业构成对众多客户违约的事实。

被告在合同约定的办证期间内完成了海创大厦供热工程验收、电力工程验收、信报箱工程验收、市政及环卫设施竣工备案、外景观工程验收等多个竣工备案所需项目的工作,并且进行了社区办公和服务用房交接、物业移交等工作。

2. 法院裁判及观点

一审法院认为,原、被告签订的《商品房买卖合同》系双方当事人真实意思表示,原、被告均应依据该合同约定享有权利并履行义务。根据合同约定,办理案涉房屋所有权登记的期限为自该房屋交付之日起一年内。现被告逾期办证系属事实,故原告诉请被告支付逾期办证违约金有一定的事实依据。但根据《商品房买卖合同解释》第 18 条之规定及案涉《商品房买卖合同》第 15 条的约定,均强调被告承担逾期办证违约责任的前提为“由于出卖人的原因”,那么本案的争议焦点即为海创大厦出现逾期办理房屋产权证的情况是否系由于被告的原因。本案中,根据原告诉请逾期办证违约金的起止时间及被告辩称办证期间所出现的国家消防政策及地方竣工备案程序的变化情况,现区分时间段对原、被告诉辩理由进行分析。

第一,自 2011 年 2 月 1 日起至被告实际交付房屋之日起一年期满。原告称被告应在房屋交付之日起 90 日内将相关资料报产权机关备案,故按照 2010 年 10 月 31 日为交付房屋日主张自 2011 年 2 月 1 日起的违约金。但因本案系海创大厦业主起诉的共同诉讼之一,据调查,海创大厦分为 A、B 幢,A 幢房屋的商品房买卖合同的约定的交房日期为 2010 年 12 月 31 日,但实际交房日期为 2011 年 1 月初。B 幢房屋合同约定的交房日期为 2010 年 10 月 31 日,但实际交房日期为 2010 年 12 月初(各业主有所差异),现原告按照 2010 年 10 月 31 日为实际交房日期,并没有事实依据,一审法院不予认定。且根据合同约定,原被告已约定了被告承担违约责任的起算时间应为交付房屋之日一年期满之次日,故原告此部分诉求也无合同依据,一审法院不予支持。

第二,自被告实际交付房屋之日起一年期满之次日至 2012 年 12 月 3 日止。按照《商品房买卖合同》的约定,被告应在交房之日起一年内协助办理案涉房屋产权登记手续。故按照合同约定,案涉房屋逾期办证期间的起点应为被告实际交付房屋之日起一年期满(按照最晚交付房屋的日期,应为 2012 年 1 月)之次日。被告辩称在合同约定的办证期间内因为公安部消防局出台《关于进一步明确民用建筑外保温材料消防监督管理有关要求的通知》(公消〔2011〕65 号)致使海创大厦的消防工程在该通知实施期间无法通过验收,而该通知自 2011 年 3 月 14 日起实施,至 2012 年 12 月 3 日被废止。一审法院认为,该通知是基于当时多地发生大火的特殊情况,由公安部消防局对建筑外墙保温材料使用及管理提出了应急性要求,被告对此通知的出台无法预见。而根据被告提供的相关证据,可以看出被告在该通知实施期间不仅先后于 2011 年 4 月、11 月、12 月三次申报海创大厦的消防验收,也在此期间办理了海创大厦产权登记所需要的其他环节的部分验收手续。但因为消防验收是房屋建筑工程竣工备案及案涉房屋办理产权登记的必备条件,因此被告虽办理了其他多项环节的验收申报工作,但海创大厦因上述通知实施未通过消防验收,故其仍无法在此期间协助办理产权登记手续,而此结果的产生并非基于被告的原因造成。关于原告所称"被告未在交付房屋前完成消防验收,致使逾期办理消防竣工备案且逾期办证,故被告违反法律规定交付未经消防验收的房屋才会导致其办理产权证时受到消防新规的影响,因此被告存在一系列违约及迟延履行的情况,应承担违约责任"一节,一审法院认为,首先,被告依约交付房屋,原告收取房屋并实际占有、使用,双方对案涉房屋的交付已履行完毕并予以认可。而本案出现逾期办证情况系在被告已交付房屋之后,因此海创大厦的交付是否经过验收合格与本案并无必然联系。其次,根据双方签订的《商品房买卖合同》的约定,案涉房屋的交付条件为"经建设单位组织建筑工程验收合格并由勘察、设计、监理、施工、建设单位出具验收报告",此交付条件为原、被告约定,应为有效。而原告并无证据证明被告所交付的房屋不符合上述合同约定。故此原告所述无据可证,一审法院不予采纳。综上,被告在 2012 年 12 月 3 日前并非因其自身原因致使逾期办证情况的出现,而被告亦积极采取措施以避免给原告造成更大的损失,故原告主张此期间的逾期办证违约金,不予支持。

第三,自 2012 年 12 月 4 日起至本案辩论终结前。一审法院认为,自 2012 年 12 月 4 日起,被告所称影响其进行产权登记手续的消防新规业经废止,故被告应及时申报消防验收并完成产权登记备案手续,但至本案辩论终结前,被告尚无法协助原告办理产权登记手续。被告虽辩称因《大连市房屋建筑工程竣工验收备案管理暂行办法》的实施及大连市高新园区对于建设工程竣工备案的特殊要求,致使办理海创大厦的产权登记需要完成多达 37 项的申报工作,但《大连市房屋建筑工程竣工验收备案管理暂行办法》系于 2011 年 1 月 1 日起实施,不应成为被告在自 2012 年 12 月 4 日至本案辩论终结前无法协助办理产权登记手续的障碍。且被告除提交消防验收(2013 年 5 月 22 日)外也未提交证据证明其在此期间进行过其他的申报工作,故被告在此期间确存在因其自身原因致使逾期办证情况的违约行为,被告也应按照合同约定的计算方法支付原告逾期办证违约金。但考虑到被告通过消防验收的时间为2013年5月22日，且备案项目中如城建档案验收、物业验收等项目的申报必须以消防验收为基础，故在消防通知废止及海创大厦消防验收后应给予被告较为合理的时间去继续进行相应的备案手续，现原审法院将被告承担逾期办证违约金的起算时间定为2013年6月7日（消防验收后再给予被告15天的时间去办理相应的验收申报工作）。而关于逾期办证违约金的截止日期，因海创大厦现仍不具备办证条件，故为督促被告继续积极办理产权登记的相关手续，原审法院将截止日定为被告可协助办理海创大厦产权登记手续之日。

现综上三个时间段的分析，被告应按照原告所交纳房款的日万分之一承担自2013年6月7日起至被告可协助原告办理所购海创大厦房屋产权登记之日止的逾期办证违约金。

综上所述，一审法院依据《合同法》第8条、第44条、第60条、第107条，《城市房地产开发经营管理条例》第33条，《商品房买卖合同解释》第18条、第19条，《民诉证据规定》第2条之规定，作出如下判决：(1)被告某房地产开发公司自判决生效之日起10日内给付原告王某逾期办证违约金，自2013年6月7日起至被告可协助原告办理所购海创大厦房屋产权登记之日止，按照原告已付房款388,416元的日万分之一（每日违约金为38.84元）计算。如果未按判决指定的期间履行给付金钱义务，应当依照《民事诉讼法》第253条之规定，加倍支付迟延履行期间的债务利息。(2)驳回原告王某的其他诉讼请求。案件受理费150元，其他诉讼费50元，合计人民币200元（原告已预付），由被告某房地产开发公司承担，与上述款项一并给付原告。

王某不服一审判决，在向二审法院提请上诉的理由中称：(1)一审对房屋交付时间及逾期办证违约金计算起始点认定有误。上诉人认为应当按照合同约定的交房日期即2010年12月31日作为实际交房日期，进而逾期办证违约金计算的起始点应当为合同约定的交房后90日，即2011年4月1日。(2)原审认为被上诉人未按时进行消防验收系公安部消防新政所致，并非基于被上诉人的原因造成，并认定被上诉人在2012年12月3日前不承担违约金是错误的。根据《建筑法》的规定，建筑工程未经验收或验收不合格的，不得交付使用。2009年10月19日住建部颁布实施的《房屋建筑和市政基础设施工程竣工验收备案管理办法》规定建设单位应当自工程竣工验收合格之日起 15 日内,向工程所在地的县级以上地方人民政府建设主管部门备案。意味着被上诉人应当履行的法定义务是其最迟应当在 2011 年 2 月初之前办理工程竣工验收备案,该备案包括消防验收备案,因此,消防新政对于案涉工程项目没有溯及力。(3)原审认定海创大厦的交付是否经过验收合格与本案并无必然联系是错误的。因为,房屋是否经过竣工验收决定其是否经过消防验收,而消防验收合格又是办理竣工验收备案所必需的手续,是环环相扣的。另外,合同约定不能违反法律的强制性规定,否则约定无效,且被上诉人自始至终未提交过任何房屋竣工验收合格报告,即使约定有效,被上诉人也违反合同约定。(4)原审法院确认被上诉人在 2012 年 12 月 4 日至原审辩论终结前这一期间确实存在因其自身原因致使逾期办证情况的违约行为,但同时又将被上诉人通过消防验收的时间 2013 年 5 月 22 日作为计算违约金的起始时间,这明显前后自相矛盾。原审未查明此期间消防验收一直未申报或未验收合格的原因,而自行将长达 1 年半的时间作为被上诉人办理消防验收手续的合理时间,没有任何事实和法律依据。

二审法院对一审查明经双当事人认定无异议的事实进行了确认,并另行查明,被上诉人某房地产开发公司于 2013 年 12 月 5 日取得了案涉海创大厦项目《房屋建筑工程和市政基础设施工程竣工验收备案表》,大连高新技术产业园区房地产交易管理中心于 2013 年 12 月 30 日完成了案涉海创大厦住宅项目的初始登记。自此,案涉房屋可以办理产权分户登记手续,现案涉小区有部分业户已经办理产权登记或申请办理产权登记。诉讼中,上诉人与被上诉人双方均同意按照被上诉人办理初始登记的 2013 年 12 月 30 日作为违约金计算的截止日期。

二审法院认为,上诉人与被上诉人签订的《商品房买卖合同》合法有效。合同第 15 条约定"如因出卖人责任,自房屋交付之日起超过一年买受人仍无法办理房屋所有权登记或无法取得房屋权属证书的,自期限届满之次日起,出卖人承担已收房款日万分之一的赔偿金,直至可以办理"。该条是双方对逾期办证违约责任归责原则的约定,即确立了以出卖人是否有主观过错作为认定其是否承担违约责任的要件,该约定符合《商品房买卖合同解释》第 18 条及第 19 条所确定的立法精神,双方均应遵照履行。现本案双方对被上诉人在约定的房屋交付之日起一年内未能协助上诉人办理产权证的违约事实不持异议，原审法院确定自房屋交付之日起至2013年6月7日的时间段内，是因公安部消防局新出台的《关于进一步明确民用建筑外保温材料消防监督管理有关要求的通知》（公消〔2011〕65号）（以下简称“新政”），致使案涉的海创大厦项目的消防工程无法通过正常验收，并影响后续的其他专项验收的进行，被上诉人对此无过错，不应当承担该阶段的违约责任。故该时间段被上诉人是否免责就成为本案双方上诉争议的焦点。

针对该争议焦点，二审法院认为，第一，被上诉人在约定的一年办证期限内进行了消防验收申报及其他专项验收申报工作，积极履行了合同约定的协助办证义务。被上诉人在约定的办证期间内，积极履行案涉工程的竣工备案手续是其免责的前提条件。首先，从大连市消防监督结果公开的网上信息显示，被上诉人就案涉开发项目的消防验收申报过三次，消防局首次审核结果时间是2011年11月4日，被上诉人必定是在该时间之前组织材料进行申报。即便是按照上述首次验收结果的时间看，也是在双方约定的房屋交付一年之内，故可以确认被上诉人在约定的办证期间内，履行了消防验收的申报义务。原审法院认定被上诉人于2011年4月首次申报消防验收，没有证据证明，上诉人对此提出异议，二审法院应予纠正。其次，被上诉人在约定的办证期间内亦履行了其他专项验收的义务。从被上诉人在一审提供的相关证据证明，被上诉人在2011年4月至2012年4月间，申请了建设工程结果规划分段验收、环保验收、供热工程验收、变电所及变电亭供电工程验收、信报箱工程验收、外景观工程验收等专项工程验收并通过验收，完成了物业用房的移交工作。从上述事实看，被上诉人具备了免责的前提条件。

第二，消防“新政”实施期间，必然导致被上诉人不能通过消防验收。公安部消防局颁发的“新政”于2011年3月14日开始实施，于2012年12月3日被新的规范所替代而不再执行。公安部消防局发布的该“新政”是基于当时多地发生建筑外保温材料火灾的特殊情况，对民用建筑外墙保温材料使用及管理提出了应急性要求，将外墙保温材料燃烧性能等级纳入到消防验收和审核的范畴，要求外墙保温材料必须选用燃烧性能为A级（不燃性）的材料，并要求2011年3月15日起各地受理的建设工程消防设计审核和消防验收申报项目，应严格按照该“新政”执行。被上诉人对案涉海创大厦建设工程，早在2010年5月4日通过消防设计审核，当时建设工程的消防验收适用公安部、住房和城乡建设部联合制定《民用建筑外保温系统及外墙装饰防火暂行规定》。该规定的外墙保温材料的燃烧性能等级要求为 B2 级以上，案涉工程的外墙保温材料使用的是绝热用模塑聚苯乙烯塑料，燃烧性能为 B1 级（难燃性）建筑材料。被上诉人对外墙保温材料的使用虽然符合当时规定的标准，但不符合消防“新政”的规定标准，被上诉人两次申报未通过验收恰逢上述“新政”实施阶段，故无论被上诉人其他消防验收项目是否符合验收合格的条件，其外墙保温材料不符合“新政”规定，必然不能通过消防验收。被上诉人对消防“新政”的出台无法预见，在执行该“新政”期间，被上诉人未通过消防验收的责任不能归责于被上诉人，原审法院对此认定并无不当，二审法院应予确认，而新建住宅项目的消防验收是竣工验收备案的必经程序，故上诉人自房屋交付一年始至执行“新政”期间不能办理产权证书并非被上诉人原因所致，原审法院将该期间的违约金扣除符合双方合同约定，二审法院应予维持。

上诉人提出被上诉人未在案涉房屋交付前取得消防验收合格违反法律强制性规定，导致案涉房屋遭遇“新政”，是被上诉人自身原因所致，被上诉人应当承担该时间段内的违约金一节。二审法院认为，首先，双方在《商品房买卖合同》中约定的交房条件为经建设、勘察、设计、监理、施工五方验收并出具验收报告，并未将通过消防验收作为交付的条件，被上诉人向上诉人交付房屋时符合上述约定的交付条件；其次，消防法对诸如医院的门诊楼、学校的教学楼、托儿所等人员密集场所的建设工程作了强制性的规定，规定了未经消防验收禁止投入使用，而案涉工程系一般性的住宅工程，消防法规定应当进行消防验收备案登记，经抽查不合格的，应当停止使用，该规定系管理性的规范，并不影响双方在合同中对房屋交付条件约定的有效性；最后，被上诉人依约交付房屋，上诉人接受房屋并实际占有、使用，根据《商品房买卖合同解释》第 11 条、第 12 条之规定，视为买受人对房屋交付条件的认可。被上诉人于房屋交付之后申请消防验收并未违反双方合同约定，申请消防验收时又恰逢消防“新政”出台并实施，这是被上诉人无法预见的，并非被上诉人主观故意所为，该期间造成无法正常办理权属证书的责任不能由被上诉人承担，上诉人该上诉意见，无事实和法律依据，二审法院不予支持。

第三，原审法院认定消防“新政”停止执行至被上诉人消防验收合格期间被上诉人免责，证据不足。因建设项目的消防验收是消防法设立的行政许可事项，是公安消防行政机关依据行政相对人申请而进行审核的行政行为，公安消防部门不做主动审查。也就是说，公安消防部门每次审核不合格的材料退还给申请人，申请人整改后重新申报，被上诉人在“新政”废止后应当积极协调，及时进行申报验收，而被上诉人于2013年5月22日才通过消防验收，其未能提供证据证明在“新政”废止后至通过消防验收日之前这段时间其已经申报而非自身原因消防部门未能验收的相关证据，故原审法院一方面认定被上诉人在该阶段存在过错，另一方面又免除其承担该阶段的全部违约责任，存在认定事实与判决结果的矛盾之处，二审法院应予调整。被上诉人本应承担此期间逾期办证的全部违约金，但因“新政”停止执行后，对建设工程的消防验收，执行新颁布的《建设工程消防监督管理规定》。该规定第6条第2款规定，建设工程的消防设计已经公安机关消防机构审核合格或者备案的，分别按原审核意见或者备案时的标准执行。被上诉人关于案涉工程的外墙保温材料的使用是符合消防设计审核时所适用的标准，因此，“新政”停止执行后，被上诉人就此问题需要与消防部门进行协调，而不可能于“新政”废止当日即申报并验收合格，二审法院考虑到上述实际情况，从公平的角度，酌定给予被上诉人2个月申报协调期，在该期间内不能认定为被上诉人的过错所致，因此，可以免除被上诉人自“新政”停止执行始（2012年12月4日）至被上诉人通过消防验收之日（2013年5月22日）2个月的违约金。上诉人要求被上诉人承担该阶段全部违约金上诉请求，合理部分二审法院应予支持。

关于上诉人提出被上诉人在约定的期限内仅完成部分验收手续，除消防验收外，诸如自来水工程验收、环保许可、城乡规划验收、网络通信验收、燃气工程验收等多项手续均未办理，属于被上诉人的原因所致，被上诉人应当承担逾期办证期间全部违约金一节。被上诉人在原审法院提供了其在申报消防验收同时申请了诸如建设工程结果规划分段验收、环保验收、供热工程验收、变电所及变电亭供电工程验收等专项工程验收并通过验收的相关证据，其他需以消防验收为前提的专项验收工作是在消防验收后进行的，如前所述，消防验收是新建工程必备的竣工备案手续，无论其他专项验收是否通过，消防验收不合格也必定取得不了整体竣工备案手续，故上诉人该上诉意见与事实相悖，也不符合正常逻辑，二审法院不予支持。

关于上诉人提出原审法院采信大连市房地产开发协会出具的《情况说明》并认定2011年1月1日施行的《大连市房屋建筑工程竣工验收备案管理暂行办法》规定的建筑工程竣工验收手续较以前的程序增加了十余项验收环节错误一节,二审法院认为,该《情况说明》确是另案中为其他项目所出具的,但反映了当时的普遍现象,案涉项目亦不例外;另外,新实施的竣工验收备案管理办法中所规定的竣工验收手续确实较以前的程序有所增加,这是客观事实,原审法院对此认定并无错误。但无论原审法院认定上述事实是否正确,最终认定责任时均未将此作为被上诉人免责的依据,被上诉人对此亦未提出上诉,故上诉人该上诉意见,二审法院不予支持。

关于上诉人提出的原审法院对房屋交付时间及逾期办证违约金计算起始点认定有误,应当以合同约定的交房时间计算一节,二审法院认为,交付房屋的时间顾名思义应当以双方实际交付房屋时间来确定,原审法院以"楼宇验收交付书"为依据确定房屋交付时间,并无不当。同时,双方在《商品房买卖合同》中对逾期办证的违约责任约定为自房屋交付之日起一年内因出卖人的原因仍然不能办理的,出卖人承担相应的违约金,该约定对违约金的起算时间已经明确为房屋交付之日起一年,虽双方合同中有"出卖人应当在商品房交付使用后90日内,将办理权属登记所需由出卖人提供的资料报产权登记机关备案"的约定,但该约定并非系违约金计算标准的约定,因此上诉人主张以合同约定交付时间为房屋实际交付时间,从而将违约金的起算点提前从约定交付之日起90日,无事实依据,与双方合同约定相悖,二审法院不予支持。

原审法院考虑到其中的城建档案、物业等多项专业验收,需在消防验收后才可进行的实际情况,在消防验收后又酌情给予被上诉人15天的宽限期,虽给予的该宽限期较实际能够办理的时间差距较大,但被上诉人对此未提出上诉,二审法院不宜再做调整。

综上,可以确认自房屋交付之日一年起至2013年2月19日(从2012年12月4日"新政"废止后,延长2个月零15天)期间,非被上诉人原因导致上诉人无法办理产权证书,被上诉人不应当承担该期间的违约责任,原审法院确认2013年6月7日之前被上诉人全部免责不妥,二审法院应予纠正。因此,被上诉人承担逾期办证违约金的起算时间应为2013年2月19日。被上诉人在本案二审诉讼期间完成了案涉工程的所有竣工验收备案手续，并于2013年12月30日取得了案涉住宅项目的初始登记，自此，案涉小区所有业主均可申请办理所购房屋的产权证书，合同约定应当由被上诉人履行的协助办证义务，被上诉人已经全部履行完毕，该时间点应当为被上诉人承担逾期办证违约金的截止时间。因被上诉人责任导致上诉人逾期办证314天（2013年2月19日至12月30日），该期间内，被上诉人应当按照合同约定的上诉人已付房款日万分之一承担违约金。故被上诉人应当向上诉人支付违约金的数额为11,282元（359,290元×0.1‰×314天）。依照《民事诉讼法》第170条第1款第2项之规定，判决如下：

（1）变更大连市甘井子区人民法院（2013）甘民初字第2774号民事判决第一项为：被上诉人某房地产开发有限公司于本判决生效之日起10日内，给付上诉人王某逾期办证违约金11,282元；（2）撤销大连市甘井子区人民法院（2013）甘民初字第2774号民事判决第二项；（3）驳回上诉人王某在原审的其他诉讼请求。

3. 案例评析

本案需要分析的问题是某房地产开发商在履行合同过程中，遭遇“新政”致不能履行合同是否可以免责及“新政”停止执行后，仍未履行是否承担责任的问题。

（1）关于某房地产开发商在履行合同过程中，遭遇“新政”致不能履行合同是否可以免责的问题。本案中，双方当事人约定，被告应在交房之日起一年内协助办理案涉房屋产权登记手续，但在房屋实际交付后，基于当时多地发生大火的特殊情况，由公安部消防局对建筑外墙保温材料使用及管理提出了应急性要求，某房地产开发公司对此通知的出台无法预见。根据某房地产开发公司提供的相关证据，可以看出某房地产开发公司在该通知实施期间不仅先后于2011年4月、11月、12月三次申报海创大厦的消防验收，也在此期间办理了海创大厦产权登记所需要的其他环节的部分验收手续。但因为消防验收是房屋建筑工程竣工备案及案涉房屋办理产权登记的必备条件，因此某房地产开发公司虽办理了其他多项环节的验收申报工作，但海创大厦因上述通知实施未通过消防验收，故其仍无法在此期间协助办理产权登记手续，而此结果的产生并非基于被告的原因造成。故可以认定某房地产开发公司在约定的一年办证期限内进行了消防验收申报及其他专项验收申报工作，积极履行了合同约定的协助办证义务。消防"新政"实施期间，必然导致被上诉人不能通过消防验收，自房屋交付一年始至执行"新政"期间不能办理产权证书并非某房地产开发公司原因所致，一、二审法院认定在"新政"实行期间免去某房地产开发商的责任符合法律规定。

(2)"新政"停止执行后，仍未履行是否承担责任的问题。本案中，2012年12月4日起，某房地产开发公司所称影响其进行产权登记手续的消防"新政"已经废止，故某房地产开发公司应及时申报消防验收并完成产权登记备案手续，但至本案辩论终结前，某房地产开发公司尚无法协助原告办理产权登记手续。某房地产开发公司虽辩称因《大连市房屋建筑工程竣工验收备案管理暂行办法》的实施及大连市高新园区对于建设工程竣工备案的特殊要求，致使办理海创大厦的产权登记需要完成多达37项的申报工作，但《大连市房屋建筑工程竣工验收备案管理暂行办法》于2011年1月1日起实施，不应成为某房地产开发公司在自2012年12月4日至本案辩论终结前无法协助办理产权登记手续的障碍。且被告除提交消防验收(2013年5月22日)外也未提交证据证明其在此期间进行过其他的申报工作，故某房地产开发公司在此期间确存在因其自身原因致使逾期办证情况的违约行为，某房地产开发公司也应按照合同约定的计算方法支付原告逾期办证违约金。

有关法律规定

《中华人民共和国合同法》

第九十三条　当事人协商一致，可以解除合同。

当事人可以约定一方解除合同的条件。解除合同的条件成就时，解除权人可以解除合同。

第九十四条　有下列情形之一的，当事人可以解除合同：

(一)因不可抗力致使不能实现合同目的；

(二)在履行期限届满之前，当事人一方明确表示或者以自己的行为表明不履行主要债务；

(三)当事人一方迟延履行主要债务，经催告后在合理期限内仍未履行；

（四）当事人一方迟延履行债务或者有其他违约行为致使不能实现合同目的；

（五）法律规定的其他情形。

第九十七条　合同解除后，尚未履行的，终止履行；已经履行的，根据履行情况和合同性质，当事人可以要求恢复原状、采取其他补救措施，并有权要求赔偿损失。

最高人民法院《关于适用〈中华人民共和国合同法〉若干问题的解释（二）》

第二十六条　合同成立以后客观情况发生了当事人在订立合同时无法预见的、非不可抗力造成的不属于商业风险的重大变化，继续履行合同对于一方当事人明显不公平或者不能实现合同目的，当事人请求人民法院变更或者解除合同的，人民法院应当根据公平原则，并结合案件的实际情况确定是否变更或者解除。

最高人民法院《关于审理商品房买卖合同纠纷案件适用法律若干问题的解释》

第二十三条　商品房买卖合同约定，买受人以担保贷款方式付款、因当事人一方原因未能订立商品房担保贷款合同并导致商品房买卖合同不能继续履行的，对方当事人可以请求解除合同和赔偿损失。因不可归责于当事人双方的事由未能订立商品房担保贷款合同并导致商品房买卖合同不能继续履行的，当事人可以请求解除合同，出卖人应当将收受的购房款本金及其利息或者定金返还买受人。

《中华人民共和国民法通则》

第一百一十五条　合同的变更或者解除，不影响当事人要求赔偿损失的权利。

二、商品房不符合交付条件应如何处理

基本理论

交付在商品房买卖合同中具有重要的法律意义，涉及房屋所有权的变动和风险责任的承担等。在商品房买卖合同中，房屋质量合格交付是出卖人依照法律规定及依当事人的约定交付标的物的主要义务。商品房的交付条件分为法定交付（建设工程经验收合格，向购房人提供住宅质量保证书和住宅使用说明书）及约定交付（达到预售合同约定的其他交付条件）。开发商向购房人交付房屋质量合格属于法定义务。当开发商交付的房屋质量不合格的，依照法律规定应当承担相应的法律责任。根据《合同法》第279条“建设工程竣工后，发包人应当根据施工图纸及说明书、国家颁发的施工验收规范和质量检验标准及时进行验收。验收合格的，发包人应当按照约定支付价

款，并接收该建设工程。建设工程竣工经验收合格后，方可交付使用；未经验收或者验收不合格的，不得交付使用”及《建筑法》第61条“交付竣工验收的建筑工程，必须符合规定的建筑工程质量标准，有完整的工程技术经济资料和经签署的工程保修书，并具备国家规定的其他竣工条件。建筑工程竣工经验收合格后，方可交付使用；未经验收或者验收不合格的，不得交付使用”的规定，没有经过竣工验收的建设工程，属于未完成的工程。也就是说，没有经过竣工验收合格的房屋是不能交付使用的。建设单位收到建设工程竣工报告后，应当组织设计、施工、工程监理等有关单位进行竣工验收。竣工验收是指建筑工程全部建成后为检查工程质量而进行的一项工作程序，也是建设工程中最后一个工序，是全面考核基本建设工作、检查是否合乎设计要求和工程质量的重要环节，是房屋从建设生产转入使用的一个重要标志。交付使用的房屋必须经过这一个环节。[①] 根据《建筑法》及《建设工程质量管理条例》第16条的规定，通常房地产开发商交付商品房，法定的交付条件应当符合下列条件：(1)完成建设工程设计和合同约定的各项内容；(2)工程质量符合国家安全规定的标准，如符合房屋土建工程验收标准、安装工程验收标准等；(3)符合工程建筑设计和工程建设合同约定的内容；(4)有完整的并经有关部门审核工程建设技术数据、技术档案和施工管理资料；(5)有工程使用的主要建筑材料、建筑构配件和设备的质量合格证件资料和实验报告；(6)有勘察、设计、施工、工程监理等单位分别签署的质量合格文件；(7)有施工单位签署的工程保修书；(8)已办理工程竣工交付使用的有关手续。当然，对于开发商与买房人签订合同时约定的具体其他交房条件，应尊重当事人意思自治，根据双方的约定进行确定。

根据建筑法的规定房屋建筑工程包含房屋的地基基础工程、主体机构工程、屋面防水工程等土建工程，以及电器管线、上下水管线的安装工程，供热、供冷系统工程等。对于电器管线、上下水管线的安装工程，供热、供冷系统工程等部分，不符合交付条件时，房地产开发商主要涉及对建筑物承担质量的瑕疵责任。建筑物的地基基础工程和主体结构工程是建筑工程的重要基础

① 参见最高人民法院民一庭编：《最高人民法院关于审理商品房买卖合同纠纷案件司法解释的理解与适用》，人民法院出版社2015年版，第153页。

和主体，地基基础工程和主体结构的质量问题将直接关系到工程的安全问题等。根据《商品房买卖合同解释》第12条“因房屋质量结构不合格不能交付使用，或者房屋交付使用后，房屋主体质量经核验确属不合格，买受人请求解除合同和赔偿损失的，应予支持”的规定，当开发商交付不符合条件的商品商品房时，买受人可根据情况选择不同的救济措施。

1. 买房人选择继续履行合同的

买房人选择继续履行合同，应在继续履行合同是否合理的前提下进行考虑，如果开发商无力继续履行合同或者继续履行合同将付出更大的代价，则不宜继续履行合同。根据《合同法》第107条“当事人一方不履行合同义务或者履行合同义务不符合约定的，应当承担继续履行、采取补救措施或者赔偿损失等违约责任”、第111条“质量不符合约定的，应当按照当事人的约定承担违约责任。对违约责任没有约定或者约定不明确，依照本法第六十一条的规定仍不能确定的，受损害方根据标的的性质以及损失的大小，可以合理选择要求对方承担修理、更换、重作、退货、减少价款或者报酬等违约责任”的规定，开发商交付的商品房如果地基基础工程和主体工程质量出现问题，若通过加固等能够修改，能够确保建筑物安全的，买受人请求开发商继续按照合同约定履行合同，开发商应当采取补救措施对房屋进行修复，确保房屋的质量，且不得以支付违约金和赔偿金的方式代替合同履行。[①] 同时，根据《合同法》第112条“当事人一方不履行合同义务或者履行合同义务不符合约定的，在履行义务或者采取补救措施后，对方还有其他损失的，应当赔偿损失”的规定，在开发商履行义务或采取补救措施后及承担逾期交房的违约责任等，买受人还有其他损失的，开发商应当赔偿损失。

2. 买受人选择解除合同的

合同成立后因当事人的一方严重违约导致合同目的不能实现或双方当事人约定合同解除条件成就时，根据《商品房买卖合同解释》第15条“根据《合同法》第九十四条的规定，出卖人迟延交付房屋或者买受人迟延支付购房款，经催告后在三个月的合理期限内仍未履行，当事人一方请求解除合同的，应予支持，但当事人另有约定的除外。法律没有规定或者当事人没有约定，

① 参见王利明著：《违约责任论》，中国政法大学出版社1996年版，第361页。

经对方当事人催告后，解除权行使的合理期限为三个月。对方当事人没有催告的，解除权应当在解除权发生之日起一年内行使；逾期不行使的，解除权消灭”及《合同法》第93条、第94条的规定，守约方可以选择解除合同，在商品房买卖合同中履行中，因房屋出现地基基础工程及主体结构质量问题后，在不能通过修复等方式进行补救时，致使买受人的合同目的不能实现，买受人可以请求解除合同，并有权请求损害赔偿。既约定了违约金，又造成实际损失的，买受人在具体请求时，应当根据《合同法》第114条“当事人可以约定一方违约时应当根据违约情况向对方支付一定数额的违约金，也可以约定因违约产生的损失赔偿额的计算方法。约定的违约金低于造成的损失的，当事人可以请求人民法院或者仲裁机构予以增加；约定的违约金过分高于造成的损失的，当事人可以请求人民法院或者仲裁机构予以适当减少”及《商品房买卖合同解释》第16条“当事人约定的违约金过高为由请求减少的，应当以违约金超过造成的损失30%为标准适当减少；当事人以约定的违约金低于造成的损失为由请求增加的，应当违约造成的损失确定违约金数额”的规定进行确定，具体请求方式参见“开发商未按视觉效果图与沙盘模型履行义务是否承担违约责任”中“违约金与损害赔偿金”相关内容。

典型案例

开发商交付商品房时仅符合法定交付使用标准，但不符合双方约定的交付使用标准，仍应担责

——曹某与某房地产公司商品房预售合同纠纷二审案①

1. 案情简介

上诉人（一审原告）：曹某

上诉人（一审被告）：某房地产公司

法定代表人：肖秀明

某房地产公司是位于某市南头镇南头大道东38号锦绣东方家园楼盘的

① 参见（2014）中中法民一终字第137号民事判决书。

房地产开发企业。2010 年 12 月 10 日，曹某与某房地产公司签订一份某市商品房买卖合同(以下简称“商品房买卖合同”)，约定曹某购买某房地产公司开发的锦绣东方家园一期 1 幢 ×××房，该商品房属预售商品房，建筑面积 89.27 平方米，套内建筑面积 74.89 平方米，购房总价 391,839 元。该合同第八条交付期限的第一款载明：某房地产公司应当在 2011 年 12 月 30 日前依照国家和地方人民政府的有关规定，将具备下列第 1 种条件，并符合本合同约定的商品房交付曹某使用：(1)该商品房经验收合格。(2)……第 9 条出卖人逾期交房的违约责任约定：逾期时间，分别处理(不作累加)，(1)逾期不超过 180 日，自本合同第 8 条规定的最后交付期限的第二天起至实际交付之日止，出卖人按日向买受人支付已交付房价款万分之五的违约金，合同继续履行；(2)逾期超过 180 日后，买受人有权解除合同。买受人解除合同的，出卖人应当自买受人解除合同通知到达之日起 60 天内退还全部已付款，并按买受人累计已付款的 1% 向买受人支付违约金。买受人要求继续履行合同的，合同继续履行，自本合同第 8 条规定的最后交付期限的第二天起至实际交付之日止，出卖人按日向买受人支付已付房价款万分之五[该比率应不小于第(1)项种的比率]的违约金。该合同第 11 条交接约定：商品房达到交付使用条件后，出卖人应当书面通知买受人办理交付手续。双方进行验收交接时，出卖人应当出示本合同第 8 条规定的证明文件，并签署房屋交接单。所购商品房为住宅的，出卖人还需提供《住宅质量保证书》和《住宅使用说明书》。出卖人不出示证明文件或出示证明文件不齐全，买受人有权拒绝交接，由此产生的延期交房责任由出卖人承担。该合同共有六份附件，其中附件六为《合同补充协议》，第 5 条内容为“该商品房买卖合同第九条约定由甲方承担的违约赔偿责任总金额最高不超过乙方已付房价款的 5%”。

2010 年 12 月 30 日，某房地产公司向曹某开具已经收取全部购房款 391,839 元的发票。2011 年 12 月 23 日，所涉商品房经建设、监理、施工、勘察、设计五家单位验收合格。2012 年 5 月 19 日，曹某在锦绣东方家园交楼验收表上签名确认，验收意见记载“暂无发现异常，同意收楼”。

2. 法院裁判及观点

一审法院认为，曹某与某房地产公司签订的商品房买卖合同是双方的真实意思表示，双方应当按照约定履行各自的义务。根据诉辩双方的意见，本案争议的焦点有两点:第一,涉案商品房是否具备交付使用的条件;第二,逾期交楼违约金如何计算。

关于焦点一,双方在合同第八条中约定交付商品房的条件为"依照国家和地方政府的有关规定,商品房经验收合格,并符合本合同约定"。双方对于如何才构成该条件的成就问题存在争议。某房地产公司认为涉诉商品房于2011年12月23日取得由建设、监理、施工、勘察及设计五家单位出具的《建筑工程竣工验收报告》即视为交付条件成立。曹某认为某房地产公司必须取得涉诉商品房的建设工程竣工验收备案登记证,以及通过规划、消防、环评、人防备案才能视为交付条件成立。一审法院认为,首先,某省建设厅已明确解释,商品房经验收合格具体要求是"商品房建设单位已经在当地建设行政主管部门办理了工程竣工验收备案手续"。其次,中华人民共和国建设部《房屋建筑工程和市政基础设施工程竣工验收暂行规定》第3条规定"国务院建设行政主管部门负责全国工程竣工验收的监督管理工作。县级以上地方人民政府建设行政主管部门负责本行政区域内工程竣工验收的监督管理工作。"依该规定,某市建设局是某市工程竣工验收的监督管理机构,双方约定的商品房交付条件应指商品房已经在某市建设局依法办理了建设工程竣工验收备案手续。某房地产公司所提交的《工程竣工验收报告》仅有建设、监理、施工、勘察及设计单位的盖章同意工程竣工验收,并没有在某市建设局依法办理建设工程竣工验收备案手续,因此一审法院认定某房地产公司出卖给曹某的商品房尚不符合合同约定的交付条件。

关于焦点二,由于上述已经认定某房地产公司不符合合同约定交付条件,故某房地产公司存在逾期交楼的行为。某房地产公司辩称逾期交楼的违约金应计算至2012年5月19日,理由是曹某于2012年5月19日有收楼行为。曹某则诉请收楼行为无效,理由是收楼行为违反了《中华人民共和国城乡规划法》(以下简称《城乡规划法》)第45条。根据《民法通则》第58条的规定,"下列民事行为无效:……(三)一方以欺诈、胁迫的手段或者乘人之危,使对方在违背真实意思的情况下所为的……(五)违反法律或者社会公共利益的……"《城乡规划法》第45条规定:"县级以上地方人民政府城乡规划主管部门按照国务院规定对建设工程是否符合规划条件予以核实。未经核实或者经核实不符合规划条件的,建设单位不得组织竣工验收。建设单位应当在竣工验收后六个月内向城乡规划主管部门报送有关竣工验收资料。”显然该条法律规范的是建设单位，而并非交付行为，某房地产公司的交楼行为并没有违反该条法律。另外，曹某也未举证证明某房地产公司有欺诈、胁迫等手段或者乘人之危，故认定曹某的该项诉请，无法律依据，不予支持。

由于已经认定某房地产公司不具备交付条件，故在曹某 2012 年 5 月 19 日收楼行为前，某房地产公司显然属于逾期交楼，应该向曹某支付违约金。故本案主要的问题是 2012 年 5 月 19 日收楼行为后某房地产公司是否应该支付违约金。首先，双方签订的商品房买卖合同并未明确约定不具备交付条件但又实际收楼后的违约责任；其次，商品房买卖合同第 11 条交接中明确记载出卖人不出示证明文件或出示证明文件不齐全，买受人有权拒绝交接，由此产生的延期交房责任由出卖人承担，故曹某在收楼时可以要求某房地产公司出示相关证明文件，在某房地产公司未能出示证明文件时其可以拒绝收楼。曹某在收楼时并没有以某房地产公司尚未取得某市建设工程竣工验收备案登记表等为由拒绝收楼，现曹某又以某房地产公司交楼时缺乏上述文件视为某房地产公司没有交楼的主张，不予采纳，认定某房地产公司已经于 2012 年 5 月 19 日向曹某交楼。根据商品房买卖合同第九条的约定，逾期交楼不超过 180 日，自本合同第 8 条规定的最后交付期限的第二天起至实际交付之日止，出卖人按日向买受人支付已交付房价款万分之五的违约金，故逾期交楼的违约金应从 2011 年 12 月 31 日开始计算至 2012 年 5 月 19 日，共 141 天，合计为 27,625 元(391,839 元 × 万分之五/天 × 141 天)。综上，依照《民法通则》第 58 条、《合同法》第 44 条、第 60 条第 1 款、《民事诉讼法》第 64 条第 1 款之规定，判决：某房地产公司某市碧翠房地产开发有限公司于本判决生效之日起向曹某支付逾期交房的违约金 27,625 元(从 2011 年 12 月 31 日计算至 2012 年 5 月 19 日)；驳回曹某的其他诉讼请求。

上诉人曹某不服一审审判决，在向二审法院提请上诉的理由中称：(1)一审判决认定某房地产公司 2012 年 5 月 19 日的交楼行为有效错误。某房地产公司的交付行为是否有效要看涉诉房屋是否满足支付条件。根据相关法律、法规的规定，房地产开发项目竣工，经验收合格后方可交付使用，即房屋交付有法定强制性规范约束，违反强制性规范的交付行为应认定为无效。《城乡规划法》第 45 条规定未经核实或者核实不符合规划条件的，建设单位不得组织竣工验收,也即某房地产公司提交的《建设工程竣工验收报告》应视为无效。(2)即使交付行为有效,某房地产公司交付未经验收合格的房屋,其逾期交楼的状态也一直持续,违约责任应承担至取得某市建设工程竣工验收备案登记证为止。(3)曹某是在不知情的情况下作出的收楼行为,与明知涉案商品房不符合交付条件而收楼具有本质区别,限于自身法律知识,其在签收时已经注明“暂未发现问题”,某房地产公司在商品房未达到交付条件时即向曹某发出书面收楼通知,一审判决以曹某未要求某房地产公司出示相关验收证件为由不支持其主张,加大了曹某的审查义务,是不公平的。因此,曹某请求二审法院:(1)改判某房地产公司向曹某支付逾期交房违约金61,608.4元(暂计至2013年7月31日);(2)判令由某房地产公司承担本案的全部诉讼费用。

某房地产公司亦不服一审判决,在向二审法院提请上诉的理由中称:涉诉房屋的交房条件为“该商品房经验收合格”,即取得建设、监理、施工、勘察及设计五家单位出具的《建筑工程竣工验收报告》,并未有任何一部法律或行政法规规定房屋的交付标准是必须取得建设工程竣工验收备案登记证,一审判决涉诉房屋交付条件为取得该证缺乏法律依据。涉诉房屋所在楼宇于2011年11月23日取得由建设、监理、施工、勘察及设计五家单位出具的《建设工程竣工验收报告》,涉诉房屋已在约定交付期限(2011年12月30日前)具备约定交房条件,某房地产公司不存在逾期交楼,不需要向曹某支付逾期交楼违约金。一审判决认定涉诉商品房不具备合同约定的交付条件有误。即使认定某房地产公司存在逾期交楼,根据双方在商品房买卖合同中的约定,某房地产公司因此承担的违约赔偿责任总额不应超过曹某已付房价款的5%,应以双方约定为准。另外,涉诉房屋已满足居住使用条件,其所在楼栋已有几百户业主收楼入住,曹某可依法进行出租或做其他处理并获得相关收益,曹某并未因此遭受损失。因此,某房地产公司请求二审法院判令:(1)撤销一审判决,驳回曹某的全部诉讼请求;(2)一、二审诉讼费用由曹某承担。

二审法院对一审查明经双当事人认定无异议的事实进行了确认。二审另查明,锦绣东方家园交楼验收表载明“我公司已按照政府的批准文件及国家规范建设完成,现交付给阁下使用。欢迎阁下对楼内设施进行验收,并提出宝贵意见,我公司将尽快处理”。曹某于2012年5月19日收楼,验收意见为“暂未发现问题,同意收楼。”某房地产公司于2013年10月28日取得某市住房和城乡建设局出具的锦绣东方家园小区一期地下车库及1幢~15幢工程的建设工程竣工验收备案登记证。某房地产公司在二审中向二审法院提交某市建设工程竣工验收备案登记证。

二审法院认为,本案为商品房预售合同纠纷。曹某与某房地产公司签订的商品房买卖合同是双方当事人的真实意思表示,合法有效,双方应当按照合同约定履行各自的义务。

关于商品房的交付标准的问题,该商品房买卖合同第8条约定涉诉商品房交付使用的条件为“依照国家和地方政府的有关规定,经验收合格,并符合本合同约定”。某省建设厅已明确解释,商品房经验收合格具体要求是“商品房建设单位已经在当地建设行政主管部门办理了工程竣工验收备案手续”。中华人民共和国建设部《房屋建筑工程和市政基础设施工程竣工验收暂行规定》第3条规定:“国务院建设行政主管部门负责全国工程竣工验收的监督管理工作。县级以上地方人民政府建设行政主管部门负责本行政区域内工程竣工验收的监督管理工作。”即某市建设局是某市工程竣工验收的监督管理机构。在双方没有其他特别约定或说明的情形下,应当认定曹某与某房地产公司约定的商品房交付条件是指商品房已经在某市建设局依法办理了建设工程竣工验收备案手续。某房地产公司于2013年10月28日取得某市住宅和城乡建设局出具的建设工程竣工验收备案登记证,曹某于2012年5月19日同意收楼,一审法院认为,碧翠公司在交楼时提交的工程竣工验收报告仅有建设、监理、施工、勘察及设计单位的盖章同意工程竣工验收,并没有在某市建设局依法办理建设工程竣工验收备案手续,故认定某房地产公司出卖给曹某的商品房尚不符合合同约定的交付条件并无不当,二审法院予以维持。

关于曹某收楼行为的效力问题,根据上述分析,涉诉商品房直至2013年10月28日才具备合同约定的交付条件,某房地产公司应承担逾期交楼的违约责任,但曹某于2012年5月19日同意收楼,应视为双方对商品房买卖合同载明的交楼条件重新进行了约定。首先,曹某对其主张的某房地产公司存在建设工程未经核实或者经核实不符合规划条件未提交证据予以证实,二审法院不予采信,对曹某据此认为《建设工程竣工验收报告》无效故某房地产公司的交楼行为亦违反法律强制性规定而无效的主张不予支持。其次,商品房买卖合同第十一条明确记载“出卖人不出示证明文件或出示证明文件不齐全，买受人有权拒绝交接，由此产生的延期交房责任由出卖人承担”，故曹某在收楼时对相关证明文件有审查义务，但曹某在收楼时并没有对《建设工程竣工验收报告》提出异议，亦未以某房地产公司尚未取得某市建设工程竣工验收备案登记证为由拒绝收楼。曹某未尽其自身的审查义务，应承担由此带来的法律风险和法律责任，不能以其法律知识欠缺而豁免。再次，某房地产公司在交楼时将具备由建设、监理、施工、勘察及设计五家单位出具的《建设工程竣工验收报告》的商品房交付曹某并在交楼验收表上写明“我司已按照政府的批准文件及国家规范建设完成，现交付给阁下使用。欢迎阁下对楼内设施进行验收，并提出宝贵意见，我司将尽快处理”。曹某在交楼验收表上载明“暂未发现异常，同意收楼”。很明显，曹某“暂未发现异常”是针对某房地产公司提出的楼内设施是否存在问题的回应，某房地产公司将取得五项验收合格的商品房交付给曹某，视为对交楼条件发出新的要约，曹某在知道或者应当知道新的交楼条件的情况下“同意收楼”应视为对上述要约的承诺。曹某主张收楼是在某房地产公司对其欺诈使其在违背真实意思的情况下作出，该民事行为无效，但未提交证据予以支持，二审法院不予采信。综上，曹某收楼行为有效，视为双方对商品房买卖合同载明的交楼条件重新进行了约定，曹某仅能主张 2012 年 5 月 19 日收楼之前的违约金。

关于违约金如何计算的问题，根据商品房买卖合同第九条的约定，逾期交楼不超过 180 日，自本合同第 8 条规定的最后交付期限的第二天起至实际交付之日止，出卖人按日向买受人支付已交付房价款万分之五的违约金。鉴于涉案商品房的确存在逾期交付行为，逾期交付必然会给曹某带来实际损失，若按合同约定仅需以曹某已交付房价款的 5% 为限承担逾期交楼的违约责任明显过低，应对违约金酌情进行调整，对于某房地产公司提出的即使其逾期交楼，其承担的违约责任的赔偿总金额不应超过曹某已付房价款的 5% 的主张，二审法院不予支持。一审法院认定某房地产公司应从 2011 年 12 月 31 日开始至 2012 年 5 月 19 日止按日向曹某支付已交付房价款万分之五的违约金，合计为 27,625 元(391,839 元 × 万分之五/天 × 141 天)并无不当，二审法院予以维持。

综上，上诉人曹某与上诉人某房地产公司的上诉理据均不成立，其上诉请求本院均不予支持。一审认定基本事实清楚,适用法律正确,应予维持。为此,依照《民事诉讼法》第 170 条第 1 款第 1 项的规定,判决如下:驳回上诉,维持原判。

3. 案例评析

本案需要分析的问题是涉案商品房是否具备交付使用的条件及逾期交楼的逾期时间及违约金如何计算。

(1)关于涉案商品房是否具备交付使用条件问题。本案中,双方对商品房的交付标准产生了争议,某房地产公司认为涉诉商品房于 2011 年 12 月 23 日取得由建设、监理、施工、勘察及设计五家单位出具的《建筑工程竣工验收报告》即视为交付条件成立。曹某认为某房地产公司必须取得涉诉商品房的建设工程竣工验收备案登记证,以及通过规划、消防、环评、人防备案才能视为交付条件成立。双方签订的商品房买卖合同第八条约定涉诉商品房交付使用的条件为"依照国家和地方政府的有关规定,经验收合格,并符合本合同约定"。某省建设厅已明确解释,商品房经验收合格具体要求是"商品房建设单位已经在当地建设行政主管部门办理了工程竣工验收备案手续"。中华人民共和国建设部《房屋建筑工程和市政基础设施工程竣工验收暂行规定》第 3 条规定:"国务院建设行政主管部门负责全国工程竣工验收的监督管理工作。县级以上地方人民政府建设行政主管部门负责本行政区域内工程竣工验收的监督管理工作。"即某市建设局是某市工程竣工验收的监督管理机构。在双方没有其他特别约定或说明的情形下,应当认定曹某与某房地产公司约定的商品房交付条件是指商品房已经在某市建设局依法办理了建设工程竣工验收备案手续。某房地产公司于 2013 年 10 月 28 日取得某市住宅和城乡建设局出具的建设工程竣工验收备案登记证,曹某于 2012 年 5 月 19 日同意收楼,一审法院认为碧翠公司在交楼时提交的工程竣工验收报告仅有建设、监理、施工、勘察及设计单位的盖章同意工程竣工验收,并没有在某市建设局依法办理建设工程竣工验收备案手续,故一、二审法院认定某房地产公司出卖给曹某的商品房尚不符合合同约定的交付条件并无不当。

(2)关于逾期交楼的逾期时间及违约金如何计算的问题。涉案房屋直至 2013 年 10 月 28 日才具备合同约定的交付条件。显然,某房地产公司应承担逾期交楼的违约责任,但逾期交房的逾期时间应如何计算?本案中,双方签订的商品房买卖合同第11条明确记载“出卖人不出示证明文件或出示证明文件不齐全,买受人有权拒绝交接,由此产生的延期交房责任由出卖人承担”,故曹某在收楼时对相关证明文件有审查义务,但曹某在收楼时并没有对《建设工程竣工验收报告》提出异议,亦未以某房地产公司尚未取得某市建设工程竣工验收备案登记证为由拒绝收楼。曹某未尽其自身的审查义务,应承担由此带来的法律风险和法律责任,不能以其法律知识欠缺而豁免。同时,某房地产公司在交楼时将具备由建设、监理、施工、勘察及设计五家单位出具的《建设工程竣工验收报告》的商品房交付曹某并在交楼验收表上写明“我司已按照政府的批准文件及国家规范建设完成,现交付给阁下使用。欢迎阁下对楼内设施进行验收,并提出宝贵意见,我司将尽快处理”。曹某在交楼验收表上载明“暂未发现异常,同意收楼”。很明显,曹某“暂未发现异常”是针对某房地产公司提出的楼内设施是否存在问题的回应,某房地产公司将取得五项验收合格的商品房交付给曹某,视为对交楼条件发出新的要约,曹某在知道或者应当知道新的交楼条件的情况下“同意收楼”应视为对上述要约的承诺。曹某主张收楼是在某房地产公司对其欺诈使其在违背真实意思的情况下作出,该民事行为无效,但未提交证据予以支持,应不予采信。故曹某收楼行为有效,视为双方对商品房买卖合同载明的交楼条件重新进行了约定,曹某仅能主张2012年5月19日收楼之前的违约金。由于某房地产公司不具备交付条件,故在曹某2012年5月19日收楼行为前,某房地产公司显然属于逾期交楼,应该向曹某支付违约金。根据商品房买卖合同第九条的约定,逾期交楼不超过180日,自本合同第8条规定的最后交付期限的第二天起至实际交付之日止,出卖人按日向买受人支付已交付房价款万分之五的违约金。鉴于涉案商品房的确存在逾期交付行为,逾期交付必然会给曹某带来实际损失,若按合同约定仅需以曹某已交付房价款的5%为限承担逾期交楼的违约责任明显过低,应对违约金酌情进行调整,对于某房地产公司提出的即使其逾期交楼,其承担的违约责任的赔偿总金额不应超过曹某已付房价款的5%的主张,本院不予支持。一、二审法院认定某房地产公司应从2011年12月31日开始至2012年5月19日止按日向曹某支付已交付房价款万分之五的违约金,合计为27,625元(391,839元×万分之五/天×141天)并无不当。

有关法律规定

《中华人民共和国合同法》

第九十三条　当事人协商一致,可以解除合同。

当事人可以约定一方解除合同的条件。解除合同的条件成就时,解除权人可以解除合同。

第九十四条　有下列情形之一的,当事人可以解除合同:

(一)因不可抗力致使不能实现合同目的;

(二)在履行期限届满之前,当事人一方明确表示或者以自己的行为表明不履行主要债务;

(三)当事人一方迟延履行主要债务,经催告后在合理期限内仍未履行;

(四)当事人一方迟延履行债务或者有其他违约行为致使不能实现合同目的;

(五)法律规定的其他情形。

第一百零七条　当事人一方不履行合同义务或者履行合同义务不符合约定的,应当承担继续履行、采取补救措施或者赔偿损失等违约责任。

第一百一十一条　质量不符合约定的,应当按照当事人的约定承担违约责任。对违约责任没有约定或者约定不明确,依照本法第六十一条的规定仍不能确定的,受损害方根据标的的性质以及损失的大小,可以合理选择要求对方承担修理、更换、重作、退货、减少价款或者报酬等违约责任。

第一百一十二条　当事人一方不履行合同义务或者履行合同义务不符合约定的,在履行义务或者采取补救措施后,对方还有其他损失的,应当赔偿损失。

第一百一十四条　当事人可以约定一方违约时应当根据违约情况向对方支付一定数额的违约金,也可以约定因违约产生的损失赔偿额的计算方法。

约定的违约金低于造成的损失的,当事人可以请求人民法院或者仲裁机构予以增加;约定的违约金过分高于造成的损失的,当事人可以请求人民法院或者仲裁机构予以适当减少。

当事人就迟延履行约定违约金的,违约方支付违约金后,还应当履行债务。

第二百七十九条　建设工程竣工后,发包人应当根据施工图纸及说明书、国家颁发的施工验收规范和质量检验标准及时进行验收。验收合格的,发包人应当按照约定支付价款,并接收该建设工程。

建设工程竣工经验收合格后,方可交付使用;未经验收或者验收不合格的,不得交付使用。

《中华人民共和国建筑法》

第六十一条　交付竣工验收的建筑工程，必须符合规定的建筑工程质量标准，有完整的工程技术经济资料和经签署的工程保修书，并具备国家规定的其他竣工条件。

建筑工程竣工经验收合格后，方可交付使用；未经验收或者验收不合格的，不得交付使用。

最高人民法院《关于审理商品房买卖合同纠纷案件适用法律若干问题的解释》

第十二条　因房屋质量结构不合格不能交付使用，或者房屋交付使用后，房屋主体质量经核验确属不合格，买受人请求解除合同和赔偿损失的，应予支持。

第十五条　根据《合同法》第九十四条的规定，出卖人迟延交付房屋或者买受人迟延支付购房款，经催告后在三个月的合理期限内仍未履行，当事人一方请求解除合同的，应予支持，但当事人另有约定的除外。法律没有规定或者当事人没有约定，经对方当事人催告后，解除权行使的合理期限为三个月。对方当事人没有催告的，解除权应当在解除权发生之日起一年内行使；逾期不行使的，解除权消灭。

第十六条　当事人约定的违约金过高为由请求减少的，应当以违约金超过造成的损失30%为标准适当减少；当事人以约定的违约金低于造成的损失为由请求增加的，应当违约造成的损失确定违约金数额。

《建设工程质量管理条例》

第十六条　建设单位收到建设工程竣工报告后，应当组织设计、施工、工程监理等有关单位进行竣工验收。

建设工程竣工验收应当具备下列条件：

（一）完成建设工程设计和合同约定的各项内容；

（二）有完整的技术档案和施工管理资料；

（三）有工程使用的主要建筑材料、建筑构配件和设备的进场试验报告；

（四）有勘察、设计、施工、工程监理等单位分别签署的质量合格文件；

（五）有施工单位签署的工程保修书。

建设工程经验收合格的，方可交付使用。

三、按揭购房者要求解除合同，银行的诉讼地位怎么解决

基本理论

根据《民事诉讼法》第56条第1款“对当事人双方的诉讼标的，第三人认

为有独立请求权的,有权提起诉讼”及《商品房买卖合同解释》第25条第1款“以担保贷款为付款方式的商品房买卖合同的当事人一方请求确认商品房买卖合同无效或者撤销、解除合同的,如果担保权人作为有独立请求权第三人提出诉讼请求,应当与商品房担保贷款合同纠纷合并审理;未提出诉讼请求的,仅处理商品买卖合同纠纷。担保权人就商品房担保贷款合同纠纷另行起诉的,可以与商品房买卖合同纠纷合并审理”的规定,在买受人与出卖人的商品房买卖合同纠纷中,无论商品买卖合同被确认无效或者被撤销、解除,银行按揭贷款担保的标的物的归属将发生变化,将影响银行按揭贷款债权的顺利及优先实现,必将对银行的回收借款产生影响,银行只能以有独立请求权的第三人身份参加到买受人与出卖人之间的诉讼中。有独立请求权第三人参加诉讼的方式为以诉的方式直接进入或另行起诉。

银行是否参加诉讼,应由银行自行决定,人民法院不能依职权强行追加其参加诉讼,但对于实践中,银行可能不知道买受人与出卖人的商品房买卖合同已经出现了纠纷,且已起诉到法院,而买受人亦没有通知银行的,人民法院应当依法通知银行,由银行决定是否参加诉讼。如果银行作为有独立请求权第三人提出诉讼请求,应当与商品房担保贷款合同纠纷合并审理;未提出诉讼请求的,仅处理商品房买卖合同纠纷。担保权人就商品房担保贷款合同纠纷另行起诉的,可以与商品房买卖合同纠纷合并审理。当然,银行作为有独立请求权第三人参加诉讼,应当具备以下三个条件:(1)本诉正在进行。本诉尚未开始,就谈不到参加诉讼的问题,只有本诉正在进行,第三人才能参加诉讼。(2)对本诉双方当事人的诉讼标的的全部或部分具有独立的实体权利。(3)须以本诉的双方当事人为共同被告。第三人参加诉讼必须以本诉双方当事人为被告,自己则处于原告的地位,享有原告的诉讼权利,负担原告的诉讼义务。①

① 参见江伟著:《民事诉讼法学原理》,中国人民大学出版社1999年版,第438～439页。

商品房买卖合同解除后，银行可以作为有独立请求权的第三人参加诉讼

——胡某、何某与某房地产开发公司、第三人中国建设银行某支公司商品房预售合同纠纷一审案[①]

1. 案情简介

原告：胡某

原告：何某

被告：某房地产开发公司

法定代表人：谢某

第三人：中国建设银行某支公司

负责人：李某

2011年11月25日，原告胡某与被告某房地产开发公司书面订立(2011)商字第(3106)号《某市商品房买卖合同》，原告购买被告公司开发建设的坐落于某县某镇住房1套。此合同第5条约定“付款方式及期限：乙方按下列第3种方式按期付款：……3. 按揭付款：本商品房总成交金额464,568元整(大写肆拾陆万肆仟伍佰陆拾捌元整)。(1)于2011年11月25日付房款人民币壹拾叁万玖仟伍佰陆拾捌元正(139,568元)，(2)余款叁拾贰万伍仟元正(325,000元)在银行办理按揭”；第7条约定“交房期限及条件：(一)本商品房交房期限：……2. 属预售商品房的，甲方应当在2013年3月31日前，依照国家和地方的有关规定，将已进行建设工程竣工验收备案登记的商品房交付乙方使用。如遭遇不可抗力，甲方应在发生之日起30日内书面告知乙方，甲方可据实延期交房”；第9条约定“甲方逾期交房的违约责任：2. 逾期超过150日(自本合同约定的最后交付期限的第二天起至实际交付之日止)后，乙方有权解除合同。乙方要求解除合同的，甲方应当自解除通知到达之日起30日内退还全部已付房款及利息(按银行同期贷款利率计算)，并按乙方已付房

① 参见(2014)垫法民初字第00073号民事判决书。

款百分之五向乙方支付违约金。”

被告在2013年3月31日前就本案所涉建设工程未进行竣工验收备案登记。2013年4月8日,某县建设工程质量监管站向被告发送关于水榭花都三期禁止使用的通知,其中表明被告建设的水榭花都三期工程未经竣工验收就交付使用,违反了《建筑法》第61条之规定,并根据《建设质量管理条例》第58条之规定,通知被告:“一、未经相关部门验收的分部,分项工程(如栏杆、电梯、消防、电气、节能等)禁止投入使用。二、在工程竣工验收合格之前,已交付投入使用,否则我站将上报建设行政主管部门予以处罚。”2013年8月6日,某县城乡建设委员会就本案所涉工程向被告颁发某市建设工程竣工验收备案登记证[建竣备字第(2013)14号]。

原告胡某、何某于2013年9月5日向被告某房地产开发公司发出解除《某市商品房买卖合同》的请求函,其中载明:“……请求事项:双方解除《某市商品房买卖合同》,被请求方退还请求方首付购房款139,568元、按揭款38,700元,并从2011年12月1日起计算资金占用利息22,626元,同时支付违约金8913元,四项合计人民币209,807元。事实与理由:2011年11月25日,请求方与被请求方签订《某市商品房买卖合同》,11月30日,请求方支付被请求方首付购房款139,568元,每月按揭款2150元(共支付18个月);该合同约定被请求方于2013年3月31日交付请求方合同确定的商品房,时至今日被请求方仍未交付。请求方依据《某市商品房买卖合同》第九条第1项第2目约定,双方解除《某市商品房买卖合同》,并从2011年12月1日起计算资金占用利息22,626元,同时支付违约金8913元,四项合计人民币209,807元。敬请被请求方收到此函后30日内退还首付款、按揭款、利息、违约金。此致某县桥雨房地产开发有限公司请求人:胡某何某2013年9月5日。”原告于2013年9月5日18:10:41将此请求函经百世汇通快递涪陵刘奎揽收后,于同日投递18:18:51快递,于次日11:54:15到达被告处所内的按摩店,被告的管理人员之一的佘某某出庭作证,称自己知道被告要求解除合同及其发出的“解除《某市商品房买卖合同》的请求函”。

另查明,原告在2014年7月13日向第三人偿付借款本息2058.51元,其主张在本案中一并处理。

庭审中,被告表示如要解除合同,则由自己返还原告购房款,并代原告偿还下欠银行按揭贷款。原告及第三人表示同意。原告当庭自愿放弃主张由被告支付已交契税、物业专项维修基金、资金利息及违约金之请求。

诉讼中，被告对自己主张在工程竣工验收后及时通知原告接房，未提供充分证据予以证明。

2. 法院裁判及观点

一审法院认为，原、被告依据平等自愿原则所订立的《某市商品房买卖合同》是双方当事人真实意思的表示，未违反我国合同法关于合同效力的禁止性规定，应当合法、有效。双方应依照诚实信用原则，全面、适当地履行合同义务。本案原、被告的主要争议焦点在于：原告是否有权单方行使合同解除权，原告向被告发出的"解除《某市商品房买卖合同》的请求函"的效力。

我国《合同法》规定，依照当事人的约定产生的合同解除权，即当事人可以约定一方解除合同的条件，解除合同的条件成就时，解除权人可以解除合同。就本案而言，被告未依约定在2013年3月31日前向原告交付经竣工验收备案登记的商品房，亦未在此后30日内书面告知原告其未按时交房的原因系不可抗力所致；特别是本案所涉工程于2013年8月6日办理竣工验收备案登记后，被告仍未及时向原告履行交房义务，原告在解除合同条件成就后行使合同解除权并无不当。我国《合同法》还规定，当事人一方主张解除合同的，应当通知对方；合同自通知到达对方时解除；对方有异议的，可以请求人民法院或者仲裁机构确认解除合同的效力；法律、行政法规规定解除合同应当办理批准、登记等手续的，依照其规定。本案原告享有合同解除权的条件成就后，原告向被告书面通知解除合同，其发出的"解除《某市商品房买卖合同》的请求函"于2013年9月6日到达被告处所内的按摩店，从作为被告的管理人员之一的佘某某出庭作证的证人证言得知，被告已经知晓原告向其发出的"解除《某市商品房买卖合同》的请求函"，应视为此请求函已经送达被告。因而，该"请求函"自2013年9月6日起生效，相应地，原、被告订立的《某市商品房买卖合同》自该请求函生效时解除。

原、被告订立的《某市商品房买卖合同》解除后，发生如下法律后果：被告尚未交付的房屋无须再交付；被告应当返还原告已经支付的购房款。第三人为了自己的债权得以实现就本案享有独立请求权，其主张在债务人清偿债务后，再放弃抵押权之请求并不违反法律规定。为了平等保护当事人的合法权益，鉴于原、被告及第三人均同意在本案所涉《某市商品房买卖合同》解除后，由被告直接清偿下欠第三人按揭贷款本金及利息，这符合我国合同法关于债务转让的法律特征，故一审法院对其主张予以准许。原告自愿放弃主张由被告支付已交契税、物业专项维修基金、资金利息及违约金之请求，系当事人对自己民事权利的自由处分，遵循当事人意思自治的原则，一审法院予以准许。

综上所述，依照《合同法》第44条、第60条、第84条、第96条之规定，判决如下：(1)原告胡某、何某于2013年9月5日向被告某房地产开发公司发出的"解除《某市商品房买卖合同》的请求函"自到达被告之日(2013年9月6日)起生效，原、被告于2011年11月25日书面订立的《某市商品房买卖合同》于2013年9月6日解除；(2)由被告某房地产开发公司在本判决生效后10日内返还原告已经支付的购房款(首付款及已还按揭贷款)共计197, 890.58元；(3)由被告房地产开发公司偿还第三人中国建设银行某支公司因本案所涉按揭贷款300, 632.45元本金及利息(利息从2014年7月14日起按照中国建设银行同期住房公积金个人住房贷款利率计算至付清时止)后，原告胡某、被告某房地产开发公司及第三人中国建设银行某支公司于2012年3月1日书面订立的《某市预购商品房抵押借款合同》解除；(4)驳回原告胡某、何某的其他诉讼请求。

3.案例评析

本案需要分析的问题是中国建设银行某支公司的诉讼地位处理的问题。本案中，因曹某、何某与某房地产开发公司约定的解除合同条件成就后，某房地产开发公司仍未向曹某、何某履行该交房义务，曹某、何某向某房地产开发公司书面解除合同函，通知解除商品房买卖合同并送达，双方之间的商品房买卖合同自该请求函生效时解除。双方之间的商品房买卖合同解除后，第三人中国建设银行某支行按揭贷款担保的标的物的归属将发生变化，必将影响银行回收购房贷款，根据《民事诉讼法》第56条第1款"对当事人双方的诉讼标的，第三人认为有独立请求权的，有权提起诉讼"及《商品房买卖合同解释》第25条第1款"以担保贷款为付款方式的商品房买卖合同的当事人一方请求确认商品房买卖合同无效或者撤销、解除合同的，如果担保权人作为有独立请求权第三人提出诉讼请求，应当与商品房担保贷款合同纠纷合并审理；未提出诉讼请求的，仅处理商品买卖合同纠纷。担保权人就商品房担保贷款合同纠纷另行起诉的,可以与商品房买卖合同纠纷合并审理”的规定,银行可以有独立请求权的第三人身份参加到本案诉讼中。

有关法律规定

《中华人民共和国民事诉讼法》

第五十六条　对当事人双方的诉讼标的,第三人认为有独立请求权的,有权提起诉讼。

对当事人双方的诉讼标的,第三人虽然没有独立请求权,但案件处理结果同他有法律上的利害关系的,可以申请参加诉讼,或者由人民法院通知他参加诉讼。人民法院判决承担民事责任的第三人,有当事人的诉讼权利义务。

前两款规定的第三人,因不能归责于本人的事由未参加诉讼,但有证据证明发生法律效力的判决、裁定、调解书的部分或者全部内容错误,损害其民事权益的,可以自知道或者应当知道其民事权益受到损害之日起六个月内,向作出该判决、裁定、调解书的人民法院提起诉讼。人民法院经审理,诉讼请求成立的,应当改变或者撤销原判决、裁定、调解书;诉讼请求不成立的,驳回诉讼请求。

最高人民法院《关于审理商品房买卖合同纠纷案件适用法律若干问题的解释》

第二十五条　以担保贷款为付款方式的商品房买卖合同的当事人一方请求确认商品房买卖合同无效或者撤销、解除合同的,如果担保权人作为有独立请求权第三人提出诉讼请求,应当与商品房担保贷款合同纠纷合并审理;未提出诉讼请求的,仅处理商品买卖合同纠纷。担保权人就商品房担保贷款合同纠纷另行起诉的,可以与商品房买卖合同纠纷合并审理。

商品房买卖合同被确认无效或者被撤销、解除后,商品房担保贷款合同也被解除的,出卖人应当将收受的购房贷款和购房款的本金及利息分别返还担保权人和买受人。

四、合同解除后,商品房首付款、按揭贷款如何处理

基本理论

商品房买卖合同解除后,买卖合同双方应当恢复到商品房买卖合同订立

之前的状态，但因商品买卖合同的解除，也将导致商品房按揭关系中其他法律关系的解除和破坏，那么如何恢复到订立合同前的状态？根据《商品房买卖合同解释》第25条第2款"商品房买卖合同被确认无效或者被撤销、解除后，商品房担保贷款合同也被解除的，出卖人应当将收受的购房贷款和购房款的本金及利息分别返还担保权人和买受人"的规定，因出卖人的原因导致商品买卖合同即按揭贷款合同解除的，且出卖人已经实际占有贷款的，由出卖人承当返还贷款的责任，是按揭贷款购房方式的特定要求决定，是合理的。[①] 因买受人对其已经支付给开发商的购房款，及银行按买受人的指示要求划付给开发商的按揭贷款均不再享有所有权，同时产生了利息损害，故当商品房买卖合同被确认无效或者被撤销、解除后，出卖人应当将所收到的商品的首付款及购房贷款本金及利息分别返还给买受人及银行。

典型案例

商品房买卖合同解除后，开发商应当将收受的购房贷款及购房款的本金及利息分别返还给银行及买受人

——胡某、何某与某房地产开发公司、第三人中国建设银行某支公司商品房预售合同纠纷一审案[②]

1. 案情简介

原告：胡某

原告：何某

被告：某房地产开发公司

法定代表人：谢某

第三人：中国建设银行某支公司

负责人：李某

---

① 参见最高人民法院中国应用法学研究所编：《人民法院案例选（民事卷）》（上），中国法制出版社2000年版，第310～311页。

② 参见（2014）垫法民初字第00073号民事判决书。

2011年11月25日,原告胡某与被告某房地产开发公司书面订立(2011)商字第(3106)号《某市商品房买卖合同》,原告购买被告公司开发建设的坐落于某县某镇住房1套。此合同第7条约定"付款方式及期限:乙方按下列第3种方式按期付款:……3.按揭付款:本商品房总成交金额464,568元整(大写肆拾陆万肆仟伍佰陆拾捌元整)。(1)于2011年11月25日付房款人民币壹拾叁万玖仟伍佰陆拾捌元正(139,568元),(2)余款叁拾贰万伍仟元正(325,000元)在银行办理按揭";第7条约定"交房期限及条件:(一)本商品房交房期限:……2.属预售商品房的,甲方应当在2013年3月31日前,依照国家和地方的有关规定,将已进行建设工程竣工验收备案登记的商品房交付乙方使用。如遭遇不可抗力,甲方应在发生之日起30日内书面告知乙方,甲方可据实延期交房";第9条约定"甲方逾期交房的违约责任:2.逾期超过150日(自本合同约定的最后交付期限的第二天起至实际交付之日止)后,乙方有权解除合同。乙方要求解除合同的,甲方应当自解除通知到达之日起30日内退还全部已付房款及利息(按银行同期贷款利率计算),并按乙方已付房款百分之五向乙方支付违约金。"

被告在2013年3月31日前就本案所涉建设工程未进行竣工验收备案登记。2013年4月8日,某县建设工程质量监管站向被告发送关于水榭花都三期禁止使用的通知,其中表明被告建设的水榭花都三期工程未经竣工验收就交付使用,违反了《建筑法》第61条之规定,并根据《建设质量管理条例》第58条之规定,通知被告:"一、未经相关部门验收的分部,分项工程(如栏杆、电梯、消防、电气、节能等)禁止投入使用。二、在工程竣工验收合格之前,已交付投入使用,否则我站将上报建设行政主管部门予以处罚。"2013年8月6日,某县城乡建设委员会就本案所涉工程向被告颁发某市建设工程竣工验收备案登记证[建竣备字第(2013)14号]。

原告胡某、何某于2013年9月5日向被告某房地产开发公司发出解除《某市商品房买卖合同》的请求函,其中载明:"……请求事项:双方解除《某市商品房买卖合同》,被请求方退还请求方首付购房款139,568元、按揭款38,700元,并从2011年12月1日起计算资金占用利息22,626元,同时支付违约金8913元,四项合计人民币209,807元。事实与理由:2011年11月25日,请求方与被请求方签订《某市商品房买卖合同》,11月30日,请求方支付被请求方首付购房款139,568元,每月按揭款2150元(共支付18个月);该合同约定被请求方于2013年3月31日交付请求方合同确定的商品房,时至今日被请求方仍未交付。请求方依据《某市商品房买卖合同》第九条第1项第2目约定,双方解除《某市商品房买卖合同》,并从2011年12月1日起计算资金占用利息22,626元,同时支付违约金8913元,四项合计人民币209,807元。敬请被请求方收到此函后30日内退还首付款、按揭款、利息、违约金。此致某县桥雨房地产开发有限公司请求人:胡某何某2013年9月5日。"原告于2013年9月5日18:10:41将此请求函经百世汇通快递涪陵刘奎揽收后,于同日投递18:18:51快递,于次日11:54:15到达被告处所内的按摩店,被告的管理人员之一的佘某某出庭作证,称自己知道被告要求解除合同及其发出的"解除《某市商品房买卖合同》的请求函"。

另查明,原告在2014年7月13日向第三人偿付借款本息2058.51元,其主张在本案中一并处理。

庭审中,被告表示如要解除合同,则由自己返还原告购房款,并代原告偿还下欠银行按揭贷款。原告及第三人表示同意。原告当庭自愿放弃主张由被告支付已交契税、物业专项维修基金、资金利息及违约金之请求。

诉讼中,被告对自己主张在工程竣工验收后及时通知原告接房,未提供充分证据予以证明。

2. 法院裁判及观点

一审法院认为,原、被告依据平等自愿原则所订立的《某市商品房买卖合同》是双方当事人真实意思的表示,未违反我国合同法关于合同效力的禁止性规定,应当合法、有效。双方应依照诚实信用原则,全面、适当地履行合同义务。本案原、被告的主要争议焦点在于:原告是否有权单方行使合同解除权,原告向被告发出的"解除《某市商品房买卖合同》的请求函"的效力。

我国《合同法》规定,依照当事人的约定产生的合同解除权,即当事人可以约定一方解除合同的条件,解除合同的条件成就时,解除权人可以解除合同。就本案而言,被告未依约定在2013年3月31日前向原告交付经竣工验收备案登记的商品房,亦未在此后30日内书面告知原告其未按时交房的原因系不可抗力所致;特别是本案所涉工程于2013年8月6日办理竣工验收备案登记后,被告仍未及时向原告履行交房义务,原告在解除合同条件成就后行使合同解除权并无不当。我国《合同法》还规定,当事人一方主张解除合同的,应当通知对方;合同自通知到达对方时解除;对方有异议的,可以请求人民法院或者仲裁机构确认解除合同的效力;法律、行政法规规定解除合同应当办理批准、登记等手续的,依照其规定。本案原告享有合同解除权的条件成就后,原告向被告书面通知解除合同,其发出的“解除《某市商品房买卖合同》的请求函”于2013年9月6日到达被告处所内的按摩店,从作为被告的管理人员之一的佘某某出庭作证的证人证言得知,被告已经知晓原告向其发出的“解除《某市商品房买卖合同》的请求函”,应视为此请求函已经送达被告。因而,该“请求函”自2013年9月6日起生效,相应地,原、被告订立的《某市商品房买卖合同》自该请求函生效时解除。

原、被告订立的《某市商品房买卖合同》解除后,发生如下法律后果:被告尚未交付的房屋无须再交付;被告应当返还原告已经支付的购房款。第三人为了自己的债权得以实现就本案享有独立请求权,其主张在债务人清偿债务后,再放弃抵押权之请求并不违反法律规定。为了平等保护当事人的合法权益,鉴于原、被告及第三人均同意在本案所涉《某市商品房买卖合同》解除后,由被告直接清偿下欠第三人按揭贷款本金及利息,这符合我国合同法关于债务转让的法律特征,故一审法院对其主张予以准许。原告自愿放弃主张由被告支付已交契税、物业专项维修基金、资金利息及违约金之请求,系当事人对自己民事权利的自由处分,遵循当事人意思自治的原则,一审法院予以准许。

综上所述,依照《合同法》第44条、第60条、第84条、第96条之规定,判决如下:(1)原告胡某、何某于2013年9月5日向被告某房地产开发公司发出的“解除《某市商品房买卖合同》的请求函”自到达被告之日(2013年9月6日)起生效,原、被告于2011年11月25日书面订立的《某市商品房买卖合同》于2013年9月6日解除;(2)由被告某房地产开发公司在本判决生效后10日内返还原告已经支付的购房款(首付款及已还按揭贷款)共计197,890.58元;(3)由被告房地产开发公司偿还第三人中国建设银行某支公司因本案所涉按揭贷款300,632.45元本金及利息(利息从2014年7月14日起按照中国建设银行同期住房公积金个人住房贷款利率计算至付清时止)后,原告胡某、被告某房地产开发公司及第三人中国建设银行某支公司于2012年3月1日书面订立的《某市预购商品房抵押借款合同》解除;(4)驳回原告胡某、何某的其他诉讼请求。

3. 案例评析

本案需要分析的问题是商品买卖合同解除后购房贷款及购房款怎么处理的问题。根据《商品房买卖合同解释》第25条第2款“商品房买卖合同被确认无效或者被撤销、解除后,商品房担保贷款合同也被解除的,出卖人应当将收受的购房贷款和购房款的本金及利息分别返还担保权人和买受人”的规定,商品房买卖合同被解除后,发生如下法律后果:某房地产开发公司尚未交付的房屋无须再交付;某房地产开发公司应当返还原告曹某、何某已经支付的购房款。同时,第三人为了自己的债权得以实现就本案享有独立请求权,其主张在债务人清偿债务后,再放弃抵押权之请求并不违反法律规定。为了平等保护当事人的合法权益,一审法院鉴于原、被告及第三人均同意在本案所涉《某市商品房买卖合同》解除后,由被告直接清偿下欠第三人按揭贷款本金及利息,判决由被告偿还第三人的按揭贷款本金及利息符合法律规定。

有关法律规定

最高人民法院《关于审理商品房买卖合同纠纷案件适用法律若干问题的解释》

第二十五条　以担保贷款为付款方式的商品房买卖合同的当事人一方请求确认商品房买卖合同无效或者撤销、解除合同的,如果担保权人作为有独立请求权第三人提出诉讼请求,应当与商品房担保贷款合同纠纷合并审理;未提出诉讼请求的,仅处理商品买卖合同纠纷。担保权人就商品房担保贷款合同纠纷另行起诉的,可以与商品房买卖合同纠纷合并审理。

商品房买卖合同被确认无效或者被撤销、解除后,商品房担保贷款合同也被解除的,出卖人应当将收受的购房贷款和购房款的本金及利息分别返还担保权人和买受人。

第五章

二手房买卖

安其居，方能乐其业。诗圣杜甫曾有“安得广厦千万间，大庇天下寒士俱欢颜，风雨不动安如山”的呼唤，后世有“耕者有其田，居者有其屋”的民生思想。如今党和政府正坚持不懈采取多项措施实现百姓“住有所居”的梦想。房地产交易也日益频繁，而二手房交易也容易引发各种纠纷。本章主要讨论二手房买卖合同的效力、权利义务及其履行与责任承担。

第一节
二手房买卖合同的效力

一、二手房买卖口头购房合同是否有效

按照法律规定,房屋买卖需要订立书面合同。不仅如此,在民间交易习惯中,房屋买卖通常会签订合同,或者俗称"写约""立契"。然而在一些情形下,仍有当事人基于信任、疏忽或其他各种特殊情形以口头方式协议房屋买卖问题,为房屋交易纠纷埋下隐患。因口头协议引发的二手房买卖纠纷可能发生在缔约、履行的各个阶段,涉及的问题也各有不同。

基本理论

1. 二手房买卖口头购房合同纠纷发生的情形

房产历来是老百姓的重要财产和生活保障,民间买卖房产,恐后无凭,往往立契存照。况且当今房价居高不下,已成为不少人难以承受的负担。在房价疯狂的年代,房屋交易稍有疏忽就会错过重大投资机遇甚至导致重大损失。鉴于以上各种原因,现实中以口头协议买卖房产的概率非常小,从中国裁判文书网公布的裁判文书情况也能得出这样的结论。在中国裁判文书网上通过相关关键词进行搜索也很难找到以口头房屋买卖协议为争议点的案例。具体来看,如果是新房交易,各楼盘开发商都有成套的商品房预售、销售模式,基本不会以口头协议预售或销售房屋。如果是二手房交易,买卖双方由于信息不对称、互不信任、不熟悉相关流程等原因往往需要通过房屋中介机构进行交易。有中介机构参与的房屋交易,通常也会订立书面合同,不存在口头协议交易的情形。尽管如此,在没有中介服务的情形下,仍有极少部分房屋交易以口头协议方式进行,可能引起以房屋买卖口头合同效力问题为

争议点的纠纷。房屋买卖口头合同引发纠纷的情形通常有如下特点：一是发生在亲友或熟人之间，或者有亲友、熟人介绍。正是这种信任关系导致对合同形式的疏忽。二是没有及时办理相关产权登记变更。正是因为产权未变更才有一方当事人反悔引发纠纷的前提条件。三是有部分履行行为，比如交付房屋或支付价款。完全没有任何履行行为的情况下通常也不会引发纠纷，因为当事人自己都难以提出理由来支持自己的权利主张，但也不排除一方当事人以欠条的形式推迟付款时间，并未实际支付价款，且对方当事人也未交付房屋而后引发纠纷的情形。

2. 订立房屋买卖合同的形式要求及单纯口头合同的效力

按照《合同法》的有关规定，合同的成立与效力是两个不同的问题。要判定房屋买卖合同是否有效首先要判断合同是否成立。当事人订立合同，应当采取要约和承诺方式。要约，是指希望和他人订立合同的意思表示，且该意思表示不仅内容具体确定还要表明经受要约人承诺即对要约人产生约束。承诺，是指受要约人同意要约的意思表示。承诺生效时合同即告成立。当事人订立合同的形式，既包括书面形式，也包括口头形式和其他形式。但是，法律、行政法规规定采用书面形式的，应当采用书面形式。当事人约定采用书面形式的，也应当采用书面形式。根据《城市房地产管理法》第 41 条的规定，房地产转让应当签订书面转让合同；该法第 37 条将房地产转让界定为房地产权利人通过买卖、赠与或者其他合法方式将房地产转移给他人的行为。因为《城市房地产管理法》强制规定房地产转让须签订书面转让合同，且该法属于国家法律，结合《合同法》第 10 条的规定来看，若房地产转让没有签订书面合同，则合同未成立，口头协议当然无效。以上是从合同订立形式的角度分析得出的结论。如果再从合同订立方式来看，从要约和承诺的意思表示的构成要件来看，鉴于房产处置属于重大事项不能随意而为，如果仅有口头协商却无任何实际履行行为，一旦一方当事人矢口否认则很难判断其之前的口头表示具有意欲受其约束并发生私法上一定效果的意思表示。从这个角度看，如果口头协议不具备意思表示要件，则口头协议本身也是不成立的，自然没有成立合同，没有效力。

需要注意的是，《城市房地产管理法》虽然强制性规定房地产转让应当签订书面转让合同，但该法有适用范围的限制，即城市规划区国有土地范围内取得房地产开发用地的土地使用权、从事房地产开发、交易以及实施房地产管理活动的，适用该法。可见该法适用范围没有包括集体土地上的房屋交易活动。而最高人民法院制定的民事案由体系中存在“农村房屋买卖合同纠纷”案由，现实中也存在农村房屋买卖纠纷。关于农村房屋买卖中口头协议的效力问题并非本书研究重点，故简单表明笔者对此的两个观点。首先，按照现行土地管理法等有关法律规定，集体土地上的房屋转让受到严格的限制，将宅基地上建造的房屋出卖给本集体经济组织成员以外的人的合同不具有法律效力。其次，出售给本集体经济组织成员的，应当符合法律、行政法规和国家政策关于宅基地分配、使用条件的规定。在这个前提下合同才可能有效，但对于这类情形下单纯只有口头协议而无任何实际履行行为的，笔者认为应当认定合同未成立，没有效力，理由可参考上文关于此类口头表示是否具有意欲受其约束并发生私法上一定效果的意思表示的有关分析。

3. 房屋买卖口头合同有效的特殊情形

上述关于房屋买卖口头合同无效的结论主要是针对合同订立阶段尚未实际履行之前的纠纷而言。而实践中，当事人在订立口头合同后还可能在履行阶段因为履行或效力争议引发纠纷，这种情形就不能一概否认口头合同的效力。《合同法》第 36 条规定，法律、行政法规规定或者当事人约定采用书面形式订立合同，当事人未采用书面形式但一方已经履行主要义务，对方接受的，该合同成立。“主要义务”是合同法及其相关司法解释中广泛使用的概念，但缺乏具体解释。在法学理论上，根据不同的标准可以对合同义务进行多种分类。其中，合同义务按照主从属性可以区分为主给付义务、从给付义务和附随义务。主给付义务，是指“债之关系所固有、必备，并能决定债之关系类型之基本义务”。[①] 从给付义务与附随义务都具有从属性，在部分学说中没有区分，只笼统归入广义的附随义务。但在另一些学说中两者是可以区分的，如违反从给付义务，对方当事人可以要求强制履行或者赔偿损失，违反附随义务却无法要求强制履行，只能通过请求损害赔偿的方式予以救济。[②] 从司法实践来看，房屋买卖口头合同纠纷一般都发生在房屋过户登记之前，

① 王泽鉴著：《民法学说与判例研究》（第 4 册），中国政法大学出版社 1997 年版，第 97 页。
② 参见黄明星：《论违反从给付义务的合同解除》，华东政法大学 2015 年硕士学位论文。

对于房屋买卖合同在过户登记之前的主要义务,只有卖方的交付房屋义务和买方的支付价款义务。因此,如果虽然没有签订书面合同,但已实际交付房屋或者支付价款并为对方所接受的,且没有其他违反有关合同效力性强制性的规定,应当认定合同成立有效。然而,在司法实践中可能出现很多难以认定主要义务是否已经履行的情形,限于本书篇幅,在此不再进一步分析疑难案件中的合同主要义务认定问题。

典型案例

房屋买卖口头合同因一方当事人接受对方当事人履行的主要义务而成立

——上诉人陈某甲与被上诉人臧某甲房屋买卖合同纠纷案①

1. 案情简介

上诉人(原审被告):陈某甲

被上诉人(原审原告):臧某甲

原审原告臧某甲一审诉称,2010 年 6 月,原告通过中间人邹某宽的介绍,与被告口头达成房屋买卖协议,被告以 4500 元价格将其所有的房屋卖给原告。原告将购房款 4500 元交付给被告后,同时被告将房屋及房屋所有权证交付给原告。原告对涉案房屋进行维修后入住至今。在原告请求被告协助办理房屋产权变更登记手续时,被告以各种借口推托至今。故请求法院确认原、被告之间的房屋买卖关系有效,被告协助原告办理房屋产权变更登记手续。

2. 法院裁判及观点

经法院审理查明,原、被告系师生关系。2010 年春天,原告通过其前妻的弟弟邹某宽中介,与被告口头达成房屋买卖协议,双方约定被告将其所有的坐落于砖庙矿生活区的 42.48 平方米房屋(房屋所有权证号为房字第 0010589 号,产权所有人陈某甲)出售给原告,房屋作价 4500 元。次日在邹某宽、夏某波的见证下,原告将房屋价款 4500 元交付给被告,被告将房屋所有

① 参见辽宁省丹东市中级人民法院(2014)丹民一终字第 00060 号民事判决书。

权证交付给原告。原告对涉案房屋简单维修后入住至今。一审法院判决确认原、被告之间的房屋买卖合同有效，并判令被告协助原告办理过户手续。被告不服提出上诉。二审法院认为，本案争议焦点为双方是房屋买卖关系，还是房屋租赁关系。被上诉人臧某甲将4500元交付给上诉人陈某甲，上诉人予以认可。上诉人主张给付款项为涉案房屋的5年租金，被上诉人不予认可，且不符合日常交易习惯；被上诉人交付4500元后，持有涉案房屋的所有权证书，上诉人诉称该证书存放在涉案房屋内，非上诉人交付，被上诉人辩称该证书是由上诉人交付。结合上诉人已经收取4500元，被上诉人持有涉案房屋的所有权证书的事实，客观反映本案为房屋买卖关系。房屋买卖的价格受多种因素影响，诸如房屋新旧程度、房屋结构、朝向、室内装修等。且涉案房屋在2012年被拆迁时，上诉人对涉案房屋的被拆迁人为被上诉人未提出异议。综合本案的客观事实认定上诉人与被上诉人之间为房屋买卖关系较为妥当。上诉人认为本案纠纷为房屋租赁关系，待上诉人持有适格证据时，可通过适当途径主张权利。上诉人的上诉请求及理由，因未提供适格证据加以证明，故其上诉请求及理由，无事实和法律依据，不予支持，故驳回上诉，维持原判。

3. 案例评析

我国《合同法》规定，当事人订立合同有书面形式、口头形式和其他形式。本案中原、被告虽然未采用书面形式订立合同，但双方已经履行了主要义务，该合同成立。原告提供的证据可以证明原、被告之间房屋买卖事实成立。关于被告辩称涉案房屋不是买卖是租赁关系一节，被告的主要证据是其妻子郭某琴的证言，因郭某琴与本案有利害关系，其证言原告又予以否认，该证据不予采信。被告的另一证人单某的证言，是传来证据，原告对其予以否认，该证人证言不具有证明力。结合被告一次性收取原告几年租金的陈述，其陈述不符合交易习惯和生活常理，因此，被告的辩称不能成立，不予采信。综合双方陈述及证人证言，认为原告提供证据的证明力明显大于被告提供证据的证明力，故认定原、被告之间是房屋买卖合同关系，而非房屋租赁合同关系。

有关法律规定

《中华人民共和国城市房地产管理法》

第四十一条　房地产转让,应当签订书面转让合同,合同中应当载明土地使用权取得的方式。

《中华人民共和国合同法》

第十条　当事人订立合同,有书面形式、口头形式和其他形式。

法律、行政法规规定采用书面形式的,应当采用书面形式。当事人约定采用书面形式的,应当采用书面形式。

第十一条　书面形式是指合同书、信件和数据电文(包括电报、电传、传真、电子数据交换和电子邮件)等可以有形地表现所载内容的形式。

第三十六条　法律、行政法规规定或者当事人约定采用书面形式订立合同,当事人未采用书面形式但一方已经履行主要义务,对方接受的,该合同成立。

第四十四条　依法成立的合同,自成立时生效。

法律、行政法规规定应当办理批准、登记等手续生效的,依照其规定。

二、出卖人能否以做低房价款为由主张合同无效

由于房产在流转环节会产生一定的税费,且税费高低往往与房产交易价值或评估价值正相关,不少当事人为了节约税费或最大化追求经济利益,往往通过签订"阴阳合同"的方式达到规避税费等目的。所谓"阴阳合同",是指当事人针对同一交易或就同一事项订立两份(以上)的实质内容相冲突的合同,一份对内,另一份对外,其中对外的一份书面合同并不是双方真实意思表示,而是以逃避国家税收等为目的;对内的一份则是双方真实意思表示,多为书面合同,也可能是口头协议。"阴阳合同"并不是房屋交易市场的特有现象,而广泛存在于招投标、建设工程等领域。事实上,"阴阳合同"的概念就是在招标投标法颁行之后才进入大众视野并逐渐明确清晰起来。《招标投标法》第46条第1款规定,招标人和中标人应当自中标通知书发出之日起30日内,按照招标文件和中标人的投标文件订立书面合同;招标人和中标人不得再行订立背离合同实质性内容的其他协议。这里提及的,招标人与中标人

私下订立的背离合同实质性内容的协议就属于阴合同。

基本理论

1. 做低或做高房价款的情形

在房地产交易中，房屋买卖双方的阴合同与阳合同最大差别一般表现在价格条款上。阴合同对内，约定真实的房屋交易价格；阳合同对外，载明的价款是虚假的，主要用于办理按揭、完税、过户等手续环节。基于不同目的，阳合同既可以做高房价也可以做低房价，比如为了套取按揭贷款实现零首付而做高房价，或者为了减少、规避税费支出而做低房价。从利益驱动的角度分析，做高房价套取贷款的主要推手既可能是买方当事人，也可能是卖方当事人。一方面，在正常的房屋买卖行为中，套取房价实现零首付的直接受益者是买方当事人。另一方面，卖方可能为了快速回收资金诱使买方签订虚假合同套取贷款，甚至可能出于融资的目的找人充当买方并与之签订虚假的买卖合同套取贷款。做低房价规避税费的主要推手则通常是买方当事人。虽然按照法律规定某些税款的纳税主体是卖方当事人，但是卖方当事人往往会通过提高房价或合同直接约定买方当事人承担这部分税费的方式进行转嫁、消化。这种“羊毛出在羊身上”的做法基本上已形成交易惯例，为大家所接受，并且相关约定受法律认可在合同当事人之间产生内部效力。因此，做低房价归根结底还是为买方当事人节省税费支出，买方当事人是真正的受益者和主要推手。

2. 做低或做高房价的法律风险

签订“阴阳合同”能满足当事人一时之需，因而大行其道，却为部分当事人带来无穷后患。从司法实践来看，在做高房价的情形中，卖方当事人可能要求买方当事人按照做高的房价支付房款从而引发民事纠纷，并且做高房价行为人可能触犯刑法构成合同诈骗罪、骗取贷款罪及其他破坏金融管理秩序类犯罪。在做低房价的情形中，买方当事人可能会坚持以做低的房价进行交易并主张对房屋的所有权从而引发民事纠纷；对于此类规避税费行为是否触犯刑法构成逃税罪的问题，尽管笔者并不赞成刑事手段介入，但由于司法实践具有复杂性，做低房价行为人在一定范围内仍然面临刑事处罚的风险。

3. 做低房价款的合同效力问题

因“阴阳合同”引发的房屋买卖合同纠纷往往是对价格条款发生争议，并最终聚焦于合同的效力。

（1）认定合同效力的法律依据及其精神

《民法通则》第58条第1款列举了民事行为无效的六种情形：①无民事行为能力人实施的；②限制民事行为能力人依法不能独立实施的；③一方以欺诈、胁迫的手段或者乘人之危，使对方在违背真实意思的情况下所为的；④恶意串通，损害国家、集体或者第三人利益的；⑤违反法律或者社会公共利益的；⑥以合法形式掩盖非法目的的。《合同法》第52条列举了合同无效的五种情形：①一方以欺诈、胁迫的手段订立合同，损害国家利益；②恶意串通，损害国家、集体或者第三人利益；③以合法形式掩盖非法目的；④损害社会公共利益；⑤违反法律、行政法规的强制性规定。与民法通则相比，合同法对无效的法定情形范围作了大幅收缩。此外，最高人民法院在《合同法解释（一）》第9条、第10条，以及《合同法解释（二）》第9条至第15条中对合同认定无效的情形进一步作了明确限制，尤其是《合同法解释（二）》第14条强调，《合同法》第52条第5项规定的“强制性规定”，是指效力性强制性规定。可见，最高人民法院对于合同效力的态度是明确的，即尽量保护合同效力，能不认定无效的都不否定合同效力。最高人民法院还出台了一些有关阴阳合同效力及其价款确定问题的司法解释及司法工作文件，但都是指向建设工程施工合同及招投标领域，没有直接指向房屋买卖行为中的阴阳合同问题。判定房屋买卖行为中阴阳合同效力的主要依据仍是合同法及其司法解释。

（2）房屋买卖阴阳合同效力判断及价款认定

处理房屋买卖阴阳两份合同的法律效力问题，容易出现三种简单思路。第一种思路，当事人双方为逃避税费或骗取贷款签订阴阳两份合同都无效；第二种思路，在主管部门备案登记的合同即“阳合同”有效；第三种思路，具有真实意思表示的“阴合同”有效。笔者认为，两份合同是紧密联系的，不能分割，不能简单认为一份合同有效，则另一份合同就无效，更不能简单认定两份合同都无效，而应当将两份合同结合起来认定。如无特殊情况，当事人之间买卖房屋并不违反国家法律强制性规定，且系双方真实意思表示，唯独“阳合同”中的“低价”价格条款因为不是真实意思表示且属于恶意串通损害国家税收利益因而应当认定无效，但根据《合同法》第56条的规定，合同部分无效，不影响其他部分效力的，其他部分仍然有效。“阳合同”中的价格条款认定无效后不影响阴阳合同中其他不相冲突的条款的效力，而价格条款应以“阴合同”中真实意思表示的房价为准。对于做高房价的情形，若是真实交易，基于相同理由，应认定双方当事人之间买卖合同成立有效，并以“阴合同”中真实约定的较低的房价为准；若不是真实交易，则没有法律效力。

典型案例

受托人与受让人恶意串通以明显不合理低价损害委托人利益所签订的房屋买卖合同无效

——上诉人金某甲与被上诉人杨某甲等房屋买卖合同纠纷案[①]

1. 案情简介

上诉人（原审被告）：金某甲

被上诉人（原审原告之女）：杨某甲

被上诉人（原审原告之子）：杨某乙

被上诉人（原审原告之女）：杨某丙

被上诉人（原审原告）：杨某丁

被上诉人（原审被告）：林某甲

原告杨某丁诉称：二被告属于朋友关系。2012年5月23日，被告林某甲到原告家中称愿意帮助原告将坐落于温州市鹿城区南门街道三种后巷××弄1号房屋高于市场价出售。当时原告因手术后不久，身体健康状况不佳，在不明白被告林某甲真实意图的情况下，同意委托被告林某甲出售自己的房子。同年8月，原告同意女儿的要求将房子抵押贷款，当在办理抵押手续过程中得知被告林某甲已于同年7月24日将市场价150万元左右的房屋，以672,480元价格过户给被告金某甲。原告得知房产过户后，多次向被告金某

---

① 参见浙江省温州市中级人民法院(2015)浙温民终字第1404号民事判决书。

甲催讨房款并赔偿原告的经济损失,并要求被告林某甲向被告金某甲催讨售房款的同时并赔偿原告的经济损失,并要求被告林某甲催讨售房款同时要求赔偿经济损失,但二被告串通一气,认定原告年迈,行动不便,拒绝支付购房款及相应损失。无奈,原告于2013年3月13日向温州市鹿城区人民法院起诉,要求二被告赔偿原告相应经济损失。诉讼期间,二被告多次要求调解,原告选择撤回起诉。不料案件撤诉后,二被告又不理不睬,故原告请求判决确认被告金某甲与被告林某甲签订的《房屋买卖合同》无效;判决坐落于温州市鹿城区三中后巷××弄1号房屋属原告杨某丁所有。二审期间,杨某丁户口因死亡被注销,尔后其继承人杨某甲、杨某乙、杨某丙参加诉讼。

2. 法院裁判及观点

一审法院认定诉争的《房屋买卖合同》无效后,原审被告不服,提出上诉。二审法院认为,民事法律行为是公民或者法人设立、变更、终止民事权利和民事义务的合法行为。根据《合同法》第52条第1款第2项规定,"恶意串通,损害国家、集体或者第三人利益"的合同无效。涉案房屋经温州天平房地产估价所有限公司评估,2012年7月24日其价格为125万元,被上诉人林某甲作为杨某丁的出卖房屋受托人,擅自将涉案房屋以明显不合理的低价予以作价672,480元出卖给上诉人金某甲并办理了过户手续,事后并未经过委托人杨某丁追认。在本案中,从涉案房屋过户前和过户后当事人之间所发生的一系列民事行为来看以及结合上诉人并无充分证据证明其买卖关系属于合法的情形来分析,原判认定上诉人与被上诉人林某甲存在串通而损害杨某丁的合法权益,在认证方面是合法的。原判依照《合同法》的相关规定确认涉案房屋买卖合同无效并判决将房屋、土地权属恢复至原登记状态,适用法律正确,实体处理得当。上诉人在二审中提供的有关证据材料,经法院审查并不影响本案的实体处理且上诉人上诉理由并不充分,故驳回上诉,维持原判。

3. 案例评析

本案中根据原、被告提供的证据及双方当事人的陈述,被告林某甲作为原告委托人与被告金某甲签订的《房屋买卖合同》并非双方真实意思表示,且该合同严重损害了原告合法利益,根据被告林某甲提供的协议书,被告林某甲与被告金某甲存在串通的情形,故对原告确认合同无效的诉讼请求,应予支持。合同被确认无效后,因该合同取得的财产应当予以返还,被告金某甲应协助将涉案房屋权属登记及国有建设用地使用权登记恢复至原登记状态,被告金某甲为房屋产权变更支付的税费,可自行向税务部门申请返还,不能返还部分,考虑到被告金某甲存在过错,应由其自行承担。关于土地出让金,可由被告金某甲向土地登记部门申请返还,如不能返还,可另案提起诉讼。

有关法律规定

《中华人民共和国民法通则》

第五十八条　下列民事行为无效:

(一)无民事行为能力人实施的;

(二)限制民事行为能力人依法不能独立实施的;

(三)一方以欺诈、胁迫的手段或者乘人之危,使对方在违背真实意思的情况下所为的;

(四)恶意串通,损害国家、集体或者第三人利益的;

(五)违反法律或者社会公共利益的;

(六)以合法形式掩盖非法目的的;

无效的民事行为,从行为开始起就没有法律约束力。

《中华人民共和国合同法》

第四十四条　依法成立的合同,自成立时生效。

法律、行政法规规定应当办理批准、登记等手续生效的,依照其规定。

第五十二条　有下列情形之一的,合同无效:

(一)一方以欺诈、胁迫的手段订立合同,损害国家利益;

(二)恶意串通,损害国家、集体或者第三人利益;

(三)以合法形式掩盖非法目的;

(四)损害社会公共利益;

(五)违反法律、行政法规的强制性规定。

第五十四条　下列合同,当事人一方有权请求人民法院或者仲裁机构变更或者撤销:

(一)因重大误解订立的;

(二)在订立合同时显失公平的。

一方以欺诈、胁迫的手段或者乘人之危,使对方在违背真实意思的情况下订立的合同,受损害方有权请求人民法院或者仲裁机构变更或者撤销。

当事人请求变更的,人民法院或者仲裁机构不得撤销。

第五十五条　有下列情形之一的,撤销权消灭:

(一)具有撤销权的当事人自知道或者应当知道撤销事由之日起一年内没有行使撤销权;

(二)具有撤销权的当事人知道撤销事由后明确表示或者以自己的行为放弃撤销权。

第五十六条　无效的合同或者被撤销的合同自始没有法律约束力。合同部分无效,不影响其他部分效力的,其他部分仍然有效。

最高人民法院《关于适用〈中华人民共和国合同法〉若干问题的解释(一)》

第九条　依照合同法第四十四条第二款的规定,法律、行政法规规定合同应当办理批准手续,或者办理批准、登记等手续才生效,在一审法庭辩论终结前当事人仍未办理批准手续的,或者仍未办理批准、登记等手续的,人民法院应当认定该合同未生效;法律、行政法规规定合同应当办理登记手续,但未规定登记后生效的,当事人未办理登记手续不影响合同的效力,合同标的物所有权及其他物权不能转移。

合同法第七十七条第二款、第八十七条、第九十六条第二款所列合同变更、转让、解除等情形,依照前款规定处理。

第十条　当事人超越经营范围订立合同,人民法院不因此认定合同无效。但违反国家限制经营、特许经营以及法律、行政法规禁止经营规定的除外。

最高人民法院《关于适用〈中华人民共和国合同法〉若干问题的解释(二)》

第九条　提供格式条款的一方当事人违反合同法第三十九条第一款关于提示和说明义务的规定,导致对方没有注意免除或者限制其责任的条款,对方当事人申请撤销该格式条款的,人民法院应当支持。

第十条　提供格式条款的一方当事人违反合同法第三十九条第一款的规定,并具有合同法第四十条规定的情形之一的,人民法院应当认定该格式条款无效。

第十一条　根据合同法第四十七条、第四十八条的规定,追认的意思表示自到达相对人时生效,合同自订立时起生效。

第十二条　无权代理人以被代理人的名义订立合同,被代理人已经开始履行合同义务的,视为对合同的追认。

第十三条　被代理人依照合同法第四十九条的规定承担有效代理行为所产生的责任后,可以向无权代理人追偿因代理行为而遭受的损失。

第十四条　合同法第五十二条第(五)项规定的"强制性规定",是指效力性强制性规定。

第十五条　出卖人就同一标的物订立多重买卖合同,合同均不具有合同法第五十二条规定的无效情形,买受人因不能按照合同约定取得标的物所有权,请求追究出卖人违约责任的,人民法院应予支持。

三、以欺骗公证处方式取得房屋再出售的合同效力

现实生活中,在房屋转让、继承等许多情形中,公证是当事人维护合法权益、控制法律风险的重要的有效方式之一。甚至在很多情形下,一些机构或组织会强制要求当事人对房屋转让、继承、赠与等事项进行公证。公证成为房屋过户更名绕不过的一道必经程序。尽管公证能减少不必要的纠纷,但公证也并非万无一失,现实中仍有人通过欺骗的方式获得公证,进而借助公证的效力更加顺利地对本来无权处分的房屋进行处分,侵害他人合法权益。

基本理论

1.以欺骗公证处方式取得房屋的合同效力

公证是公证机构根据自然人、法人或者其他组织的申请,依照法定程序对民事法律行为、有法律意义的事实和文书的真实性、合法性予以证明的活动。公证的效力主要体现在两个方面:一是具有法定的证明力。经公证的民事法律行为、有法律意义的事实和文书,应当作为认定事实的根据,但有相反证据足以推翻该项公证的除外。二是对经公证的以给付为内容并载明债务人愿意接受强制执行承诺的债权文书,可以成为向人民法院申请强制执行的依据。公证制度作为国家司法制度的组成部分,对预防纠纷、巩固秩序、维护当事人合法权益发挥着十分重要的作用。公证与群众的工作生活联系日益紧密,尤其是一些跨国交往中更是处处离不开公证。可以公证的事项包罗万象,如人的生老病死、合同、继承、委托、声明等。《中华人民共和国公证法》第11条对公证事项范围列举了十大类后还加了一个"其他公证事项"的兜底项;但有些情形是不予办理公证的,如当事人与申请公证事项没有利害关系,当事人之间对申请公证事项有争议,当事人虚构、隐瞒事实、提供虚假材料

等。现实中,常常有人为了独吞遗产或擅自处置他人财产而采取欺骗手段非法获取公证书,从而恶意利用公证书的法律效力达到目的。为了非法获取房屋产权,最常用的欺骗公证处的方式就是找人顶包办理假遗嘱、假委托、假赠与等。根据《民法通则》第58条、《合同法》第52条及其他有关法律的规定,这类行为具有欺诈手段且损害第三人利益、社会公共利益,因而属于无效的民事行为,相关合同应当认定无效。

2. 以欺骗公证处方式取得房屋以后,再出售的合同效力

行为人以欺骗手段获取房产后可能再行出售,与他人签订房屋转让合同。行为人以欺诈手段获取房产具有非法性,其取得房产的民事行为属于无效的民事行为,相关合同也属无效合同,行为人不能据此享有房屋所有权,其向他人再次出售房屋属于无权处分。尽管如此,但无权处分情形下所签订的再出售合同并非当然无效。合同法对民法通则关于民事行为效力的重要补充之一就体现在合同效力状态的分类上,除了有效合同、无效合同、可撤销的合同以外,还有效力待定的合同。根据《合同法》第51条、第48条、第54条的规定,前述无权处分人(或无权代理人)订立的合同并不是当然无效,而是效力待定,即可以通过追认进行补正,完善合同的效力;同时,受欺诈的对方当事人可以遵循法律规定的期限和方式行使撤销权,使合同归于无效。无权处分使得合同的效力处于待定状态,呈现出一定的复杂系。但更为复杂的是,若上述情形中无权处分人订立的合同未经追认,合同效力的认定问题。对于此类合同,合同法并没有明确规定如果未经追认则归于无效。事实上,认定合同无效不利于保护善意相对人。无效合同的效果返回财物,恢复原来状态,追究缔约过失责任要求赔偿损失,但不能追究违约责任,因此不利于保护善意相对人。实践中,也出现了很多有过错的一方当事人以无权处分主张合同无效置善意相对人于尴尬境地的情况。正是看到了合同无效带来的这种弊端,最高人民法院《关于审理买卖合同纠纷案件适用法律问题的解释》第3条第1款规定:“当事人一方以出卖人在缔约时对标的物没有所有权或者处分权为由主张合同无效的,人民法院不予支持。出卖人因未取得所有权或者处分权致使标的物所有权不能转移,买受人要求出卖人承担违约责任或者要求解除合同并主张损害赔偿的,人民法院应予支持。”该解释突破性地弥补了合同法关于未追认合同效力不明确的空白状态。尽管目前尚未明确该规

定能否参照适用于房屋买卖合同,但依然为房屋买卖合同纠纷中的类似问题提供了解决思路。

3. 善意取得情形

行为人以欺骗手段获取房产并再出售给他人,属于无权处分,即便未经追认,但在一定情形下善意买受人仍可以取得该房产。《物权法》第 106 条第 1 款规定:“无处分权人将不动产或者动产转让给受让人的,所有权人有权追回;除法律另有规定外,符合下列情形的,受让人取得该不动产或者动产的所有权:(一)受让人受让该不动产或者动产时是善意的;(二)以合理的价格转让;(三)转让的不动产或者动产依照法律规定应当登记的已经登记,不需要登记的已经交付给受让人。”如果买方当事人没有与卖方当事人恶意串通,也不明知无权处分的情况,又支付了合理房价,且办理了产权变更登记,则买受人依据物权法关于善意取得的规定取得该房屋的所有权。鉴于本节内容重点是债权合同的效力问题,而非物权善意取得制度,在此不深入分析善意取得制度,相关阐述请见本章第二节第三部分内容。

典型案例

恶意串通损害第三人利益的合同无效

——朱某某诉李某甲等确认合同无效纠纷案[①]

1. 案情简介

上诉人(原审被告):李某甲

上诉人(原审被告):李某

上诉人(原审被告):李某乙

上诉人(原审被告):柏某

被上诉人(原审原告):朱某某

原告朱某某诉称,2009 年 4 月 14 日李某丙(原告丈夫,已去世)在原告不知情的情况下以夫妻名义委托李某甲办理房屋出售事宜,期间,李某丙与

① 参见安徽省阜阳市中级人民法院(2015)阜民一终字第 01622 号民事判决书。

李某甲伪造指印谎称是原告的指印与李某甲签订委托协议并办理(2009)皖惠公证字第1425号公证书。原告于2014年9月18日向南京金陵司法鉴定所申请指印鉴定,该所于2014年10月10日出具金司(2014)痕鉴字第035号鉴定意见:原委托协议及公证申请表中朱某某右手食指印不是朱某某本人所捺,系找人冒充欺骗公证所得。根据该鉴定意见,阜阳市惠颍公证处作出(2014)皖阜惠复字第6号决定,撤销原(2009)皖惠公证字第1425号公证书。综上所述,2009年4月16日和2009年4月23日李某丙与被告分别签订的房产买卖合同是无效的及相关过户也是无效的,故诉至法院请求确认合同无效。

2. 法院裁判及观点

一审法院确认上述两份合同无效后,四被告均不服,提出上诉。二审法院认为,当事人对自己提出的诉讼请求所依据的事实或者反驳对方诉讼请求所依据的事实,应当提供证据加以证明。当事人未能提供证据或者证据不足以证明其事实主张的,由负有举证证明责任的当事人承担不利的后果。朱某某举证的结婚证和婚纱照片、户口本以及李某丙在日常工作和生活中填写的个人档案材料均能反映其与朱某某形成夫妻关系的事实。从形式上看,朱某某提供了国家民政部门颁发的结婚证书,该证书有钢印和民政部门印章确认,具有行政确认效力,上诉人未能提供相反证据否定李某丙与朱某某的婚姻关系,原审法院结合李某丙与朱某某婚姻关系的实质要件和形式要件认定二人系合法夫妻并无不当。上诉人作为李某丙的子女,其与被上诉人朱某某形成家庭成员关系,从情理上和法律上应知道相关家庭成员处理重要财产应取得相关权利人的同意,以免产生无权处分或其他不必要的纠纷。而且,李某丙、李某甲、李某乙等人在办理委托手续、公正手续、房屋买卖手续时均在主观上认识到朱某某对涉案财产有利害关系,其客观行为上表现为李某丙与李某甲伪造朱某某的授权手续,李某甲用虚假的委托书与其弟李某乙夫妻、与本人及妻子签订涉案两套房屋的买卖合同。原审法院据此认定李某丙、李某甲、李某、李某乙、柏某的行为主观上具有恶意,客观上相互串通,损害了朱某某合法财产权益亦无不当。涉案2004012381号房屋在作出家庭财产处理之前属不可分割的整体,且在房屋买卖合同范围内,李某甲、李某上诉认为多出的30.76平方米应认为部分有效的理由不能成立。朱某某在丈夫李某丙2014年7月去世后发现其财产权利被侵害,立即向公证机关查询委托书事宜并申请指印鉴定,在公证机关撤销委托书公证书后及时起诉，该情形属权利人知道权利受到侵害后主张权利，原审法院认定未超出法律规定的诉讼时效正确。综上，李某甲、李某、李某乙、柏某的上诉理由不能成立，故驳回上诉，维持原判。

3. 案例评析

按照有关法律规定，夫妻在婚姻关系存续期间所得的财产为夫妻共同财产，双方另有约定的除外。本案讼争两套房产均在朱某某与李某丙夫妻关系存续期间取得产权，李某丙、朱某某双方并未约定该财产归属，其中位于阜阳市颍泉区人民东路三里湾安居工程油厂巷小区 6 号楼 ××× 室房屋一套系以李某丙名义出资购买，应视为夫妻共同财产；另一套系拆迁还原房屋，原房屋所有权共有人虽不明确，但还原时多出 30.76 平方米的价款系李某丙补交，该部分房产应视为朱某某、李某丙夫妻共同财产。李某丙生前签字的委托书上认可上述两处房产属于其与朱某某夫妻共同所有，李某甲在办理上述房屋过户手续时书面签字认可上述房产系李某丙、朱某某夫妻共同财产。夫妻对共同所有的财产，有平等的处理权，李某丙在处理夫妻共同财产时未通知财产共有人朱某某，李某丙与被告李某甲伪造原告朱某某的授权手续，李某甲用虚假的委托书与其弟李某乙夫妻、与本人及妻子签订涉案两套房屋的买卖合同，被告李某乙、柏某明知买卖房屋时朱某某未到场，李某甲无代理权，却与李某甲签订意在转移原告朱某某拥有部分产权房产的买卖合同，成交后的房款也未分割给原告朱某某，李某丙、李某甲、李某、李某乙、柏某的行为主观上具有恶意，客观上相互串通，损害了原告朱某某合法财产权益。《合同法》第 52 条规定，恶意串通，损害国家、集体或者第三人利益的合同应为无效合同。故原告朱某某要求确认涉案两套房屋的买卖合同为无效合同的诉讼请求应予支持。

有关法律规定

《中华人民共和国民法通则》

第五十八条　下列民事行为无效：

（一）无民事行为能力人实施的；

（二）限制民事行为能力人依法不能独立实施的；

(三)一方以欺诈、胁迫的手段或者乘人之危,使对方在违背真实意思的情况下所为的;

(四)恶意串通,损害国家、集体或者第三人利益的;

(五)违反法律或者社会公共利益的;

(六)以合法形式掩盖非法目的的;

无效的民事行为,从行为开始起就没有法律约束力。

《中华人民共和国合同法》

第四十四条　依法成立的合同,自成立时生效。

法律、行政法规规定应当办理批准、登记等手续生效的,依照其规定。

第五十一条　无处分权的人处分他人财产,经权利人追认或者无处分权的人订立合同后取得处分权的,该合同有效。

第五十二条　有下列情形之一的,合同无效:

(一)一方以欺诈、胁迫的手段订立合同,损害国家利益;

(二)恶意串通,损害国家、集体或者第三人利益;

(三)以合法形式掩盖非法目的;

(四)损害社会公共利益;

(五)违反法律、行政法规的强制性规定。

第五十四条　下列合同,当事人一方有权请求人民法院或者仲裁机构变更或者撤销:

(一)因重大误解订立的;

(二)在订立合同时显失公平的。

一方以欺诈、胁迫的手段或者乘人之危,使对方在违背真实意思的情况下订立的合同,受损害方有权请求人民法院或者仲裁机构变更或者撤销。

当事人请求变更的,人民法院或者仲裁机构不得撤销。

第五十五条　有下列情形之一的,撤销权消灭:

(一)具有撤销权的当事人自知道或者应当知道撤销事由之日起一年内没有行使撤销权;

(二)具有撤销权的当事人知道撤销事由后明确表示或者以自己的行为放弃撤销权。

第五十六条　无效的合同或者被撤销的合同自始没有法律约束力。合同部分无效,不影响其他部分效力的,其他部分仍然有效。

最高人民法院《关于适用〈中华人民共和国合同法〉若干问题的解释(一)》

第九条　依照合同法第四十四条第二款的规定,法律、行政法规规定合同应当办理批准手续,或者办理批准、登记等手续才生效,在一审法庭辩论终结前当事人仍未办理批准手续的,或者仍未办理批准、登记等手续的,人民法院应当认定该合同未生效;法律、行政法规规定合同应当办理登记手续,但未规定登记后生效的,当事人未办理登记手续不影响合同的效力,合同标的物所有权及其他物权不能转移。

合同法第七十七条第二款、第八十七条、第九十六条第二款所列合同变更、转让、解除等情形,依照前款规定处理。

第十条　当事人超越经营范围订立合同,人民法院不因此认定合同无效。但违反国家限制经营、特许经营以及法律、行政法规禁止经营规定的除外。

最高人民法院《关于适用〈中华人民共和国合同法〉若干问题的解释(二)》

第九条　提供格式条款的一方当事人违反合同法第三十九条第一款关于提示和说明义务的规定,导致对方没有注意免除或者限制其责任的条款,对方当事人申请撤销该格式条款的,人民法院应当支持。

第十条　提供格式条款的一方当事人违反合同法第三十九条第一款的规定,并具有合同法第四十条规定的情形之一的,人民法院应当认定该格式条款无效。

第十一条　根据合同法第四十七条、第四十八条的规定,追认的意思表示自到达相对人时生效,合同自订立时起生效。

第十二条　无权代理人以被代理人的名义订立合同,被代理人已经开始履行合同义务的,视为对合同的追认。

第十三条　被代理人依照合同法第四十九条的规定承担有效代理行为所产生的责任后,可以向无权代理人追偿因代理行为而遭受的损失。

第十四条　合同法第五十二条第(五)项规定的"强制性规定",是指效力性强制性规定。

第十五条　出卖人就同一标的物订立多重买卖合同,合同均不具有合同法第五十二条规定的无效情形,买受人因不能按照合同约定取得标的物所有权,请求追究出卖人违约责任的,人民法院应予支持。

《中华人民共和国物权法》

第一百零六条　无处分权人将不动产或者动产转让给受让人的,所有权人有权追回;除法律另有规定外,符合下列情形的,受让人取得该不动产或者动产的所有权:

(一)受让人受让该不动产或者动产时是善意的;

（二）以合理的价格转让；

（三）转让的不动产或者动产依照法律规定应当登记的已经登记，不需要登记的已经交付给受让人。

受让人依照前款规定取得不动产或者动产的所有权的，原所有权人有权向无处分权人请求赔偿损失。

当事人善意取得其他物权的，参照前两款规定。

四、买受人同意清偿债务消灭抵押权而签订的房屋买卖合同的效力

基本理论

1. 抵押房的交易模式

现实中大量存在抵押房屋的情况。一方面当事人购房时因资金不足需向第三人筹资而将房屋进行抵押借贷。另一方面当事人因为一时之需而将房屋进行抵押。要将抵押权尚未解除的房屋进行出售，以最复杂的银行按揭抵押房出售为例，一般有这样几种交易模式：

（1）卖方当事人自行解除抵押。在双方当事人签订房屋转让合同后，由卖方当事人出资向银行一次性提前还清全部贷款并解除房屋所负担的抵押，双方当事人由此得以顺利完成房屋转让登记。需要注意的是，提前还款也是一种违约行为，因为一方当事人并没有按照合同约定的方式和计划履行还款义务，仍面临承担违约金或者罚息的风险。实际上，对于银行来说，房贷的风险不高，可以实现长达几十年的稳定收益，属于优质长期贷款，如果提前回收资金反而需要重新放贷后才能产生利息收益，并会增添房贷成本，得不偿失。因此很多银行都倾向将提前还贷作为违约情形对待。

（2）买方当事人代为解除抵押。在双方当事人签订房屋转让合同后，以买方当事人的首付款向银行一次性提前还清全部贷款并解除房屋所负担的抵押，此后双方当事人得以继续履行合同义务、完成房屋转让登记。这种方式有利于卖方当事人对资金作流动性安排，省去了卖方当事人自筹资金的环节，减轻了卖方当事人的资金压力，客观上也有利于加快交易进度。然而，这种方式增添了买方当事人的交易风险。二手房交易从签订合同到完成过户

通常需要一到三个月，金额大、周期长、环节多、手续繁、证件多，稍有不慎，买方当事人的房款就可能被骗。现实中经常出现卖方当事人收取买方当事人的首付款后不去还贷解除抵押导致买方当事人不能过户的情形，还有解除抵押后又进行一房二卖并将房屋过户给其他人的情形，等等。

（3）第三方担保或垫资解除抵押。在二手房交易中，由第三方垫资还清贷款或提供信用担保服务为卖方当事人解除房屋所负担的抵押权，从银行赎回房产权利证明，买卖双方当事人得以完成房屋过户手续。赎回房屋所有权证书的环节也称为“赎楼”。现金赎楼就是以担保公司自有资金进行垫款。担保赎楼就是担保公司为赎楼进行担保，不需要实际垫资，使用的是银行授信给担保公司的担保额度。赎楼仍然存在一些市场风险，解除抵押的短暂时间内仍有被查封的风险，但经过长期发展市场上已有一整套比较成熟的风险控制模式，可完全控制赎楼的相关账户密码，由专人跟进业务操作，且会在前期对客户资信情况进行详细核查，包括个人征信，卷入诉讼案件、执行案件的信息等。

（4）买卖双方当事人之间办理转按揭手续。也就是说，二手房买卖过程中，签订房地产转让合同后，由买卖双方当事人共同向原来的贷款银行申请办理转按揭手续，经银行同意，由买方偿还房贷。采用这种方式交易被抵押房屋的优点是无须提前还贷，减小融资压力，交易风险也能得到有效控制，但转按揭手续非常烦琐复杂，且并非每家银行都支持这项业务，而如果需要跨行转按揭，则操作起来更加烦琐，难度也更大。

2. 抵押权及其对房屋转让的限制

根据《物权法》第 179 条的规定，抵押权，是指为担保债务的履行，债务人或者第三人不转移财产的占有，将该财产抵押给债权人的，债务人不履行到期债务或者发生当事人约定的实现抵押权的情形，债权人有权就该财产优先受偿。抵押权最大的特点就是优先受偿性，抵押权人优先于普通债权人受偿，而无须与其他债权人按比例平等受偿；若抵押物被查封、执行，抵押权仍然优于执行权，抵押权人得优先行使抵押权，从抵押财产的变价中优先于其他债权人受偿；在破产程序中，抵押权仍然具有优先性，抵押财产不列入破产财产，抵押权人得就抵押财产的变价在其抵押担保的债权范围内优先受偿。抵押权不是债权，而属于物权，具有支配性，为确保债权得以实现，抵押权人可以直接行使抵押权对抵押财产进行处分;抵押权具有追及性,在抵押财产的流转过程中抵押权人得以追及抵押财产而行使其权利;抵押权在受到侵害时采用物权的保护方法。抵押权还具有从属性,抵押权以存在主债权为前提;抵押权也不得与债权分离而单独转让或者作为其他债权的担保,除了法律另有规定或当事人另有约定以外,债权转让,则担保该债权的抵押权一并转让。抵押在法律上既是最重要的一种担保制度,也是经济活动中最理性、实践中最广泛的担保模式。房屋抵押,由于无须转移房屋占有,且房屋具有显著的保值增值优势,融资借贷等经济活动中往往将抵押房产作为首选的合作条件和最可靠的风险控制措施。房屋若存在抵押登记,不仅影响房屋交易的价格,也影响房屋的过户登记。

3. 买受人同意清偿债务消灭抵押权而签订的房屋买卖合同的效力

根据《物权法》第 191 条第 2 款规定,抵押期间,抵押人未经抵押权人同意,不得转让抵押财产,但受让人代为清偿债务消灭抵押权的除外。该款规定在确立抵押物未经抵押权人同意不得转让的一般规定外还通过但书确立了一种例外情形,即受让人代为清偿债务消灭抵押权的情形。在抵押房交易中,需要注意的是该但书适用情形为买方当事人已经代卖方当事人实际清偿债务并使抵押权归于消灭的情况,而不能是买方当事人仅仅同意代为清偿消灭抵押权,即抵押权须实际消灭而非将来消灭,否则抵押物仍然受到转让限制。这种情况下即便抵押物发生转让,抵押权人仍得追及该抵押物行使抵押权。因此,在标的房屋存在抵押、贷款尚未还清的情况下,如果只是买卖双方当事人之间在合同中约定由买方当事人履行还款义务但没有征得贷款银行的同意,则买受人代为还款的债务承担约定不能对抗贷款银行的抵押权,因为抵押权并未实际消灭,抵押的房屋不得转让,不能办理过户登记。

然而,在上述情形中未经抵押权人同意尽管抵押的房屋不得转让,买方当事人不能获得房屋所有权,但是禁止转让并非否定转让合同的效力,因为两者分别属于物权性质和债权性质,由不同的法律关系调整。本书在本节第二部分关于"出卖人能否以做低房价款为由主张合同无效"的论述中已经阐述了认定合同效力的相关法律依据及其精神,即只要没有违反法定情形或者违反的不是效力性强制性规定,则尽量保护合同效力,能不认定无效的都不否定合同效力。买卖双方当事人之间就抵押的房屋进行交易,只要合同是双方真实意思表示，并没有恶意串通损害国家、集体或第三人利益，则不属于合同无效的情形，合同的效力依法受到保护，不受抵押的房屋能否转让的影响。

典型案例

房屋买卖合同不因未通知抵押权人而无效

——侯某甲等与王某甲等房屋买卖合同纠纷再审案①

1. 案情简介

申请再审人(一审被告、二审上诉人)：侯某甲

申请再审人(一审被告、二审上诉人)：孙某甲

被申请人(一审原告、二审被上诉人)王某甲

被申请人(一审原告、二审被上诉人)：王某乙

被申请人(一审原告、二审被上诉人)：杨某甲

一审原告王某甲、王某乙、杨某甲起诉称：2006年5月30日，原告王某甲与何国林、被告侯某甲签订了一份《房屋买卖合同》，合同约定原告以现金方式从被告侯某甲处购买其位于乌鲁木齐市扬子江路42号YJ栋2－1号及YJ栋负一层1号二处房产。2006年10月20日，被告侯某甲及何某林与三原告签订补充协议，补充协议将购买方变更为三原告，此后，三原告依约向被告支付了购房款。依照合同约定，被告应当协助原告办理所有权过户登记手续或转按揭手续，原告已按照约定向被告支付了全部款项，但被告却未履行协助原告办理所有权过户登记的合同义务，三原告诉至法院，请求法院判令被告协助三原告办理乌鲁木齐市扬子江路42号YJ栋2－1号及YJ栋负一层1号二处房产的所有权过户登记手续。

2. 法院裁判及观点

一审法院判决被告侯某甲、孙某甲协助原告王某甲、王某乙、杨某甲办理诉争房产的过户登记手续。二被告不服，提出上诉但未得到二审法院支持，遂对二审判决申请再审。法院再审认为，本案争议焦点是，双方当事人2006

① 参见新疆维吾尔自治区高级人民法院(2013)新民一提字第00095号民事判决书。

年 5 月 30 日签订的《房产买卖合同》及房屋转让行为的效力问题。申请再审人主张 2006 年 5 月 30 日《房产买卖合同》中“侯某甲”签名是伪造的，该合同应为无效。根据原审查明的事实，申请再审人对该合同除签名以外的合同内容均予以认可，并已实际履行，对履行该合同的过程亦不持异议并在本案诉讼过程中始终以该合同作为证据证实其观点和主张，故其主张合同中“侯某甲”的签名是伪造的，合同应为无效的理由不符合常理，该主张不能对抗合同的效力，故申请再审人的该项申请再审理由不能成立。双方当事人在自愿平等的基础上签订的《房屋买卖合同》，系双方真实意思表示，且不违反法律、行政法规的效力性强制规定，该转让合同合法有效，应受法律保护。申请再审人侯某甲、孙某甲申请再审认为房产转让合同无效的理由不能成立。理由如下：《担保法》第 49 条第 1 款规定：“抵押期间，抵押人转让已办理登记的抵押物的，应当通知抵押权人并告知受让人转让物已经抵押的情况；抵押人未通知抵押权人或者未告知受让人的，转让行为无效。”《担保法解释》第 67 条第 1 款规定：“抵押权存续期间，抵押人转让抵押物未通知抵押权人或者未告知受让人的，如果抵押物已经登记的，抵押权人仍可以行使抵押权；取得抵押权所有权的受让人，可以代替债务人清偿其全部债务，使抵押权消灭……”上述法律和司法解释的规定体现了相关立法和司法解释的指导思想是既充分保障抵押权不受侵害，又不过分妨碍财产的自由流转，充分发挥物的效益。本案中，侯某甲将本案诉争房屋转让时，虽未经抵押权人即中国建设银行乌鲁木齐明园支行的同意，但转让双方明确约定由受让人继续按期交纳银行按揭贷款。转让双方以约定的方式将涉案房产抵押权负担的义务（偿还按揭贷款）转移给受让人，该约定既保障了抵押权人中国建设银行乌鲁木齐明园支行的利益，也符合意思自治和合同自由原则，不违反法律规定。本案纠纷发生后，涉案房产在抵押权人中国建设银行乌鲁木齐明园支行的贷款已全部还清，银行抵押权实际已经消灭。抵押权人的权利并未受到现实侵害。因此，应当确认该《房屋买卖合同》有效，双方应按照转让合同诚信履行。在银行贷款和广汇借款均已全部还清的情况下，涉案房屋办理房地产转移登记的法律障碍已经消除，被申请人应当为申请再审人办理涉案房屋的转移过户登记手续，故维持原二审判决。

3. 案例评析

本案中，虽然双方在未经抵押权人同意的情况下签订涉案《房产买卖合同》，转让了设定有抵押权的抵押财产，但同时约定："在合同签订生效后，乙方（李某荣）根据甲方（侯某甲、何某林）与广汇签订合同从 2006 年 6 月 1 日按期交纳银行按揭款"。根据该约定，二审法院认定双方就李某荣代为清偿债务做出了约定，且在事实上双方亦依此履行。根据《物权法》第 191 条第 2 款关于"抵押期间，抵押人未经抵押权人同意，不得转让抵押财产，但受让人代为清偿债务消灭抵押权的除外"及《担保法解释》第 67 条第 1 款关于"抵押权存续期间，抵押人转让抵押物未通知抵押权人或者未告知受让人的，如果抵押物已经登记的，抵押权人仍可以行使抵押权；取得抵押物所有权的受让人，可以代替债务人清偿其全部债务，使抵押权消灭"之规定，二审法院不认为该转让行为损害了抵押权人的利益，不认为该行为属无效行为。另外，关于本案二审审判决适用《物权法》的问题，本案房产转让的行为发生在 2006 年，《物权法》于 2007 年 10 月 1 日施行，但该房产转让行为适用的《担保法》及《担保法解释》与《物权法》第 191 条的精神基本一致，二审法院在本案中适用《物权法》虽有不妥，但无实质性错误，并不影响实体判决结果。

有关法律规定

《中华人民共和国物权法》

第九条　不动产物权的设立、变更、转让和消灭，经依法登记，发生效力；未经登记，不发生效力，但法律另有规定的除外。

依法属于国家所有的自然资源，所有权可以不登记。

第一百九十一条　抵押期间，抵押人经抵押权人同意转让抵押财产的，应当将转让所得的价款向抵押权人提前清偿债务或者提存。转让的价款超过债权数额的部分归抵押人所有，不足部分由债务人清偿。

抵押期间，抵押人未经抵押权人同意，不得转让抵押财产，但受让人代为清偿债务消灭抵押权的除外。

《中华人民共和国担保法》

第四十九条　抵押期间，抵押人转让已办理登记的抵押物的，应当通知抵押权人并告知受让人转让物已经抵押的情况;抵押人未通知抵押权人或者未告知受让人的,转让行为无效。

转让抵押物的价款明显低于其价值的,抵押权人可以要求抵押人提供相应的担保;抵押人不提供的,不得转让抵押物。

抵押人转让抵押物所得的价款,应当向抵押权人提前清偿所担保的债权或者向与抵押权人约定的第三人提存。超过债权数额的部分,归抵押人所有,不足部分由债务人清偿。

最高人民法院《关于适用〈中华人民共和国担保法〉若干问题的解释》

第六十七条　抵押权存续期间,抵押人转让抵押物未通知抵押权人或者未告知受让人的,如果抵押物已经登记的,抵押权人仍可以行使抵押权;取得抵押物所有权的受让人,可以代替债务人清偿其全部债务,使抵押权消灭。受让人清偿债务后可以向抵押人追偿。

如果抵押物未经登记的,抵押权不得对抗受让人,因此给抵押权人造成损失的,由抵押人承担赔偿责任。

《中华人民共和国民法通则》

第五十八条　下列民事行为无效:

(一)无民事行为能力人实施的;

(二)限制民事行为能力人依法不能独立实施的;

(三)一方以欺诈、胁迫的手段或者乘人之危,使对方在违背真实意思的情况下所为的;

(四)恶意串通,损害国家、集体或者第三人利益的;

(五)违反法律或者社会公共利益的;

(六)以合法形式掩盖非法目的的;

无效的民事行为,从行为开始起就没有法律约束力。

《中华人民共和国合同法》

第四十四条　依法成立的合同,自成立时生效。

法律、行政法规规定应当办理批准、登记等手续生效的,依照其规定。

第五十二条　有下列情形之一的,合同无效:

(一)一方以欺诈、胁迫的手段订立合同,损害国家利益;

(二)恶意串通,损害国家、集体或者第三人利益;

(三)以合法形式掩盖非法目的;

（四）损害社会公共利益；

（五）违反法律、行政法规的强制性规定。

第五十六条　无效的合同或者被撤销的合同自始没有法律约束力。合同部分无效，不影响其他部分效力的，其他部分仍然有效。

最高人民法院《关于适用〈中华人民共和国合同法〉若干问题的解释（一）》

第九条　依照合同法第四十四条第二款的规定，法律、行政法规规定合同应当办理批准手续，或者办理批准、登记等手续才生效，在一审法庭辩论终结前当事人仍未办理批准手续的，或者仍未办理批准、登记等手续的，人民法院应当认定该合同未生效；法律、行政法规规定合同应当办理登记手续，但未规定登记后生效的，当事人未办理登记手续不影响合同的效力，合同标的物所有权及其他物权不能转移。

合同法第七十七条第二款、第八十七条、第九十六条第二款所列合同变更、转让、解除等情形，依照前款规定处理。

最高人民法院《关于适用〈中华人民共和国合同法〉若干问题的解释（二）》

第十四条　合同法第五十二条第（五）项规定的“强制性规定”，是指效力性强制性规定。

第十五条　出卖人就同一标的物订立多重买卖合同，合同均不具有合同法第五十二条规定的无效情形，买受人因不能按照合同约定取得标的物所有权，请求追究出卖人违约责任的，人民法院应予支持。

第二节

二手房买卖合同的权利义务

相较于商品房买卖，二手房买卖由于具有个性化差异，且所受监管更少，在价格、房屋交付条件、交付流程等诸多方面与商品房交易存在很大的差异，涉及的法律风险、法律问题也更加复杂。

一、二手房买卖中变更产权登记人原合同权利义务是否发生转移

一般而言，当事人签订房屋买卖合同、支付合同对价是为了自己的利益。但在一些情形下，当事人并非为了自身利益或者基于避税、融资、合规等方面的考虑，所订立房屋买卖合同中的买受人与房屋转移登记的受让人不一致，致使合同履行过程中产生的纠纷会牵扯多个主体。

基本理论

1. 购房出资人与产权登记人不一致的情形

现实中，部分房屋买卖的出资人与产权登记人或者实际受让人存在不一致的情况。一种情形是为他人利益而买房，比如父母为子女或者亲属等买房的情形下，往往由父母出资，但权利人登记为子女或其他人。另一种更常见的情形则是借名买房，在房屋调控政策频出的背景下借名买房更是大行其道。在某些特定限购限贷政策下，部分当事人失去买房资格或贷款资格，或者买房成本大为增加，或者买房手续多有不便，为了获得购房、贷款资格或者节省税费、简省手续，不惜借用他人名义买房。由于实际买房人与名义上的受让人不一致，在房屋买卖过程中，最终可能出现变更产权登记人的要求或

行为，从而出现本书讨论的问题，即二手房买卖中变更产权登记人原房屋买卖合同权利义务是否发生转移。由于房屋调控政策下借名买房民事纠纷、以房抵债虚假诉讼频发，社会各界对此现象也日益关注，往往谈及这个问题仅仅关注当事人规避房屋调控政策是否违法以及能否实际取得房屋所有权的问题，而不注意厘清其与本书所探讨问题的区别。需要特别注意的是，本书要讨论的并不是实际出资人或者借名买房人能否对房屋享有所有权，而是要讨论变更后的产权登记人是否受原房屋买卖合同的拘束，能否依据合同向合同当事人主张权利，是否需要承担合同义务。因此，这个问题实际上主要涉及合同相对性规则。

2. 合同相对性及其例外

合同相对性，是指通常情形下合同的权利义务只属于合同当事人，在特定当事人之间产生法律拘束力。根据合同的相对性原理，合同一方当事人只能依据合同向对方提出请求，而不能向无合同关系的第三人提出请求；合同当事人不能擅自为第三人设定合同义务，而合同当事人以外的第三人也不能主张合同权利；合同当事人在因自己的过错导致违约的情形下应当依据合同承担违约责任，在因第三人过错导致违约的情形下仍然应当依据合同承担违约责任而不能将违约责任直接推卸给第三人，且合同违约方也只向合同当事人承担责任而不向第三人承担违约责任。合同相对性是传统合同法中的重要理论，充分反映了意思自治和契约自由精神，也体现了对第三人利益的保护，对于增强交易预期、确保交易稳定与安全具有十分重要的作用。

然而，随着经济的快速增长，商业贸易活动空前发展，社会生活越来越多样化，市场关系相互交织渗透越来越错综复杂，各商业交易的连续性、相关性也越来越强。如果继续固守合同相对性，强调自由竞争的绝对性则不能满足社会发展和司法公正的需要。因此，合同相对性有所突破，允许存在一些例外情形。比如，在“买卖不破租赁”规则下租赁权呈现物权化特征。《合同法》第229条规定的“租赁物在租赁期间发生所有权变动的，不影响租赁合同的效力”，使承租人基于合同对出租人的权利请求扩及物权受让人，实现了合同主体的扩张。再如，在隐名代理中，《合同法》第402条规定，受托人以自己的名义，在委托人的授权范围内与第三人订立的合同，第三人在订立合同时知道受托人与委托人之间的代理关系的，该合同直接约束委托人和第三人，但有确切证据证明该合同只约束受托人和第三人的除外。此处也对合同主体进行了扩张。又如，在债的保全制度中，《合同法》第 73 条规定允许债权人在一定条件下可以向人民法院请求以自己的名义代位行使债务人的债权；《合同法》第 74 条规定允许债权人在一定条件下可以请求人民法院撤销债务人放弃其到期债权或者无偿转让财产的行为。

3. 房屋买卖合同中权利义务由买受人向产权登记人发生转移的情形

通过以上分析，不难得知，合同的相对性是一般原则，而其突破只存在于有限的几种例外情形中。在房屋买卖交易中，购房出资人与卖房当事人订立合同约定第三人为房屋受让权利人，实际上是为第三人利益的合同，但不能擅自为第三人设定义务，第三人也不是合同当事人不能向卖房当事人主张合同权利，因此合同的主要权利义务均不会发生转移。但在借名买房情形下情况则大有不同。"借名人"与"出名人"是一种借名关系，往往是通过"出名人"出面与卖房当事人签订合同从而解决"借名人"不能或不便购房的问题，实现"借名人"的购房目标。跟前述为他人利益的合同相比，这种借名关系是以存在不便或障碍为前提，以解决不便或障碍为目标，而实现这种借名关系往往需要依靠"借名人"与"出名人"之间达成某种协议或委托，实际上可能构成隐名代理。《合同法》第 402 条规定，受托人以自己的名义，在委托人的授权范围内与第三人订立的合同，第三人在订立合同时知道受托人与委托人之间的代理关系的，该合同直接约束委托人和第三人，但有确切证据证明该合同只约束受托人和第三人的除外。在借名买房情形中，如果卖房当事人在订立合同时就知道"借名人"与"出名人"的代理关系，则合同直接约束"借名人"与卖房当事人，权利义务发生转移，除非有确切证据证明该合同只约束"出名人"和卖房当事人。如果卖房当事人在订立合同时并不知道"出名人"与背后"借名人"之间的代理关系，按照《合同法》第 403 条有关披露制度的规定，因"借名人"的原因导致"出名人"不能履行义务，"出名人"向卖房当事人披露"借名人"后，卖方当事人可以选择向"借名人"主张权利，此时合同权利义务也发生转移。

房屋买卖合同经空白授权变更买方主体后对卖方当事人仍具约束力

——李某甲诉罗某甲房屋买卖合同纠纷案①

1. 案情简介

上诉人(原审原告):李某甲

被上诉人(原审被告):罗某甲

原审第三人:聂某甲

原审第三人:某地产代理(深圳)公司

原告称其与被告签订的《二手房买卖合同》,约定原告将涉诉房屋只出售给被告,被告未依约履行合同,联合第三人某地产代理公司业务员采取欺诈行为,在原告不知情的情况下私自高价转卖给第三人聂某甲,且应履行义务的时间已超过合同约定的5日,确已构成重大违约,符合合同约定的解除条件,故诉至法院请求解除原告与被告签订的《二手房买卖合同》并判令被告支付违约金,判令某地产代理(深圳)公司退还押金。

2. 法院裁判及观点

一审法院驳回原告诉讼请求,原告不服,提出上诉。二审法院认为,李某甲与罗某甲于2015年4月2日签订了涉案《二手房买卖合同》,并于同日签订了新买方为空白的《买方主体变更确认书》,后该《买方主体变更确认书》上显示,聂某甲于2015年4月3日在新买方处签字,并且根据本案查明的事实,涉案《二手房买卖合同》中买方的义务也实际由聂某甲履行。本案二审争议焦点即为上述三方签订的《买方主体变更确认书》的效力如何认定。首先,李某甲主张其与罗某甲签订《买方主体变更确认书》的目的是在罗某甲无法办理过户登记时,可以将涉案房产登记在与罗某甲有特定关系的人的名下,而非同意罗某甲指定任何第三人作为新买方。对此,法院认为,从《买方主体变更确认书》的内容来看,其中对于新买方与原买方之间的关系以及罗某甲何时可以指定新买方

① 参见广东省深圳市中级人民法院(2016)粤03民终3705号民事判决书。

并没有作出限定,即不能从《买方主体变更确认书》本身的约定推定出李某甲所主张的签订目的。李某甲称中原公司在录音中已经确认其主张的上述目的,但其提供的录音资料中某地产代理公司工作人员的陈述仅是一般性解释,与本案并不具有直接针对性,且其先后陈述的内容与李某甲主张的合同目的也并不完全一致。而罗某甲、某地产代理公司虽然存在在李某甲询问时表示不存在新买方的情况,但该事实并不能直接推定《买方主体变更确认书》签订目的是仅同意罗某甲将涉案房产在过户时登记在与其具有特定关系人的名下,并且何种关系属于李某甲所主张的特定关系也并不明确。因此,李某甲并无充分证据证明《买方主体变更确认书》对于新买方的身份作出了限定,李某甲签署时,新买方为空白,应视为李某甲同意罗某甲指定的第三人作为新买方,故罗某甲指定聂某甲作为新买方未违反《买方主体变更确认书》的约定。其次,李某甲认为罗某甲与中原公司为赚取房屋差价和高额佣金,合谋欺骗李某甲签订空白的《买方主体变更确认书》,《买方主体变更确认书》对李某甲不具有法律效力。对此,法院认为,本案中罗某甲、聂某甲没有将新买方已变更为聂某甲的情况通知李某甲存在不当之处,但是本案中现并无证据证明罗某甲将涉案房产另行高价转让,也无证据证明罗某甲与某地产代理公司存在合谋行为。罗某甲指定的聂某甲作为新买方签署《买方主体变更确认书》后,该《买方主体变更确认书》本身亦未损害李某甲的利益,应为合法有效,对李某甲具有约束力。综上,根据以上分析,李某甲认为《买方主体变更确认书》不具有法律效力且对其无约束力的主张不成立,根据李某甲、罗某甲、聂某甲三方签订的《买方主体变更确认书》的约定,聂某甲作为新买方履行罗某甲在涉案《二手房买卖合同》中的义务,罗某甲对聂某甲承担连带保证责任,而聂某甲也已按照合同约定履行了买方相应的义务,因此,李某甲认为《二手房买卖合同》的买方仅为罗某甲,并进而以罗某甲未履行买方义务主张解除《二手房买卖合同》及请求违约金缺乏事实依据,故驳回上诉,维持原判。

3. 案例评析

本案中,李某甲、罗某甲签订的《二手房买卖合同》是双方当事人的真实意思表示,内容未违反法律、行政法规的效力性强行性规定,合法有效。李某甲、罗某甲在签订《二手房买卖合同》同日签订了《买方主体变更确认书》,虽然当时新买方尚未确定,但是双方在新买方为空白的《买方主体变更确认书》

上签名，应视为双方同意罗某甲指定任何不特定的第三方作为新买方，单独或与罗某甲共同继续履行原合同项下的各项义务并享受合同权利，并由罗某甲就原买方未履行的义务，对李某甲承担连带保证责任。上述合同权利的转让不存在《合同法》第79条规定不得转让的情形，故聂某甲作为新买方在《买方主体变更确认书》上签名确认后，《买方主体变更确认书》即发生法律效力。根据李某甲提交的《询问函》，李某甲最迟于2015年6月16日知悉聂某甲成为新买方的事实。房屋买卖合同的权利义务发生转移后，聂某甲作为新买方、李某甲作为卖方，均应依约诚信履行《二手房买卖合同》及有关补充协议约定的义务。李某甲以罗某甲不具取得涉诉房屋所有权的意图，为获得高额利益与聂某甲签订房屋买卖合同并收取聂某甲的定金为由，于2015年7月7日向罗某甲提出解除《二手房买卖合同》，不符合合同约定亦无法律依据，不产生解除合同的法律效力。李某甲要求罗某甲支付违约金、某地产代理公司退还交楼押金的诉讼请求，于法无据，应予驳回。

有关法律规定

《中华人民共和国合同法》

第四百零二条　受托人以自己的名义，在委托人的授权范围内与第三人订立的合同，第三人在订立合同时知道受托人与委托人之间的代理关系的，该合同直接约束委托人和第三人，但有确切证据证明该合同只约束受托人和第三人的除外。

第四百零三条　受托人以自己的名义与第三人订立合同时，第三人不知道受托人与委托人之间的代理关系的，受托人因第三人的原因对委托人不履行义务，受托人应当向委托人披露第三人，委托人因此可以行使受托人对第三人的权利，但第三人与受托人订立合同时如果知道该委托人就不会订立合同的除外。

受托人因委托人的原因对第三人不履行义务，受托人应当向第三人披露委托人，第三人因此可以选择受托人或者委托人作为相对人主张其权利，但第三人不得变更选定的相对人。

委托人行使受托人对第三人的权利的，第三人可以向委托人主张其对受托人的抗辩。第三人选定委托人作为其相对人的，委托人可以向第三人主张其对受托人的抗辩以及受托人对第三人的抗辩。

二、发现房屋为“凶宅”，买受人能否行使撤销权

凶宅，旧时指不吉利或者闹鬼的房屋，带有一定的宗教或迷信色彩。从世界范围来看，凶宅、闹鬼等传闻秘事各国皆有，尤其是在全民信教或者信教群众较多的国家或地区更加盛行。在我国，迷信活动被认为是封建社会遗毒。新中国成立以来，一直大力破除神权、反对迷信，积极提倡文明、崇尚科学，因此立法和司法均不承认凶宅闹鬼现象。然而，凶宅及相关民间禁忌仍会长期、广泛存在。实际上，有些民间禁忌是根深蒂固的，甚至在一定条件下经过人们长期、大量实践反而逐渐沉淀固化为一种习俗。这些习俗只要不违反法律和公共利益，不侵害他人权益，通常会受到社会明示或默许的保护。

基本理论

1. 凶宅或民间禁忌对意思表示的影响

现阶段，“凶宅”一词因为带有迷信色彩显然无法写入法律文件，法律法规司法解释中均没有“凶宅”的表述。但是，人们谈论凶宅、忌讳凶宅的现象并不会因为不被主流所承认而消失。无论是以风水学问还是易学命理等其他形式为名，这种现象会在一定时期一定范围内继续存在，这就是目前的客观事实。民法作为私法，以意思自治为基本原则，民事法律行为以意思表示为核心构成要素。如果当事人忌讳凶宅，这种忌讳必然会通过一定的意思表示影响他实施某些民事法律行为。无论这种影响理智与否，一旦作用于意思表示，将直接影响民事法律行为的效果，因而进入法律调整范围。在司法实践层面，因“凶宅”而引发的案件不但已经流入法院，而且在一些地方，特别是沿海一些地区，“凶宅”的表述已经进入法院判决文书[①]或者法院工作文件[②]中。因“凶宅”引发的纠纷往往表现为买方当事人以卖方当事人故意隐瞒或未完全披露房屋重要信息为由主张撤销房屋买卖合同，主要争议点为隐瞒房屋被看作“凶宅”的相关信息能否成为合同撤销事由。

---

① 如广东一些法院在裁判文书中已不再回避“凶宅”的表述。

② 参见浙江省杭州市中级人民法院 2014 年 2 月 12 日在杭州市第十二届人民代表大会第四次会议上所作的法院工作报告。

2. 可撤销合同

可撤销合同是一种民法中可变更和撤销的民事行为，主要是意思表示不真实的合同。根据《合同法》第 54 条的规定，对于因重大误解而订立的合同或者在订立合同时存在显失公平的，当事人一方有权请求人民法院或者仲裁机构变更或者撤销；对于一方以欺诈、胁迫的手段或者乘人之危，使对方在违背真实意思的情况下订立的合同，受损方有权请求人民法院或仲裁机构变更或者撤销。一方面，可撤销的合同的效力是确定的，只要未被撤销，则合同有效，并不因其存在可撤销的因素而失去效力，当事人仍应按照合同约定履行义务。另一方面，可撤销的合同一旦被撤销，则合同自始归于无效，产生与无效合同相同的法律后果。

可撤销合同与效力待定的合同具有较大区别。可撤销合同之所以可以撤销或变更主要原因是意思表示违背当事人真实意愿，如重大误解、欺诈、胁迫等情形；效力待定的合同之所以效力状态不明主要原因是当事人在主体能力方面有欠缺，如无权处分、无代理权、或限制行为能力等情形。可撤销合同在被撤销以前是有效的，而效力待定的合同在被追认或撤销前其效力状态仍然处于待定状态。可撤销合同的撤销或变更需要向人民法院或者仲裁机构提出请求，而效力待定的合同的追认或者撤销只需向当事人以通知方式作出。可撤销合同的撤销权行使期限相对较长，通常情形下是 1 年。根据《合同法》第 55 条，具有撤销权的当事人自知道或者应当知道撤销事由之日起 1 年内没有行使撤销权的，或者知道撤销事由后明确表示或以自己的行为放弃撤销权的，撤销权消灭。效力待定的合同的追认催告或撤销的期限相对较短，常见情形下是 1 个月。根据《合同法》第 47 条、第 48 条，对限制行为能力人订立的合同或无权代理人订立的合同的追认催告期是 1 个月。

可撤销合同与无效合同也有显著区别。可撤销合同之所以可以撤销或者变更主要原因是意思表示不真实，而无效合同之所以不发生法律效力主要原因是违反法律强制性规定或者违背社会公共利益。可撤销合同的效力状态可能变化，在被撤销前合同确定有效，在被撤销后合同归于无效且自始无效，但无效合同的效力状态不可变化，是确定无效、自始无效、当然无效。可撤销合同的撤销权人具有选择权，可以选择撤销合同使之归于无效，或者选择变更合同继续履行，且当事人选择变更的，人民法院或者仲裁机构不得撤销,但无效合同的当事人无权进行选择,合同绝对无效。可撤销合同的撤销或者变更有赖于当事人行使权利,且须遵循法律规定的期限和方式,而无效合同的无效状态无须任何当事人主张而当然无效。

3. 凶宅适用合同撤销权的情形

《合同法》第 54 条规定合同可撤销的情形共有五种情形,分别为重大误解、显失公平、欺诈、胁迫和乘人之危。这五种情形下合同当事人一方或双方的意思表示违背其真实意愿,如果继续履行合同有违公平正义,因此合同得以撤销。二手房交易中的"凶宅"案件主要涉及两类可撤销情形:一种是欺诈,如卖方当事人故意隐瞒相关信息从而误导买方当事人作出令其事后反悔的购房决定;另一种是重大误解,如买卖双方订立合同时均对影响房屋买卖的有关信息不知情从而作出令自己事后反悔的交易决定。后一种情形远比前一种情形复杂,但鉴于后一种情形远不如前一种情形普遍,在此只讨论前一种情形,即欺诈情形。《合同法》第 54 条第 2 款规定,一方以欺诈、胁迫的手段或者乘人之危,使对方在违背真实意思的情况下订立的合同,受损害方有权请求人民法院或者仲裁机构变更或者撤销。可见,适用该款撤销合同需要注意三个构成要件:一是有欺诈行为;二是欺诈行为导致对方在违背真实意思的情况下订立合同;三是遭受损害。

关于欺诈行为的判断。首先,欺诈方式包括故意隐瞒,比如在被明确询问时故意作虚假陈述的情形,以及在合同已经明确约定卖方保证房屋没有发生过非正常死亡事件的情况下仍未披露相关信息的情形。但在未被明确询问或没有约定的情况下卖方没有主动披露相关信息是否构成欺诈的问题,则需要结合当地习俗及交易惯例来确定卖方当事人是否有主动披露的义务,从而判断是否构成欺诈。其次,欺诈隐瞒的内容应当限定在现阶段常人不能接受且未超出法律边界的范围,如房屋内发生过凶杀案件、离奇死亡案件等,而显然不包括所谓的"闹鬼""破财"等未经科学验证的灵异事件,也不包括仅仅当事人个人主观上觉得不吉利的情况,如房屋主人患重病等。至于是否包括病逝、年迈辞世等自然死亡事件,则需要结合合同约定内容以及订立合同时的目的来判断。

关于欺诈导致一方违背真实意思而订立合同的判断。如果房屋发生了恶性凶杀案件等非正常死亡事件,通常情形下,买方当事人不会以正常市场价格购买该房屋，除非是被欺诈而不知晓相关情况或者虽然知晓相关情况但贪图价格便宜或者另有所图。对于卖方当事人隐瞒房屋发生过非正常死亡事件的事实的情形，在没有相反证据的情况下，一般可以认定买方当事人因受欺诈而在违背真实意思的情况下订立了合同。

关于遭受损害的判断。当事人购买房屋后发现房屋内曾发生过非正常死亡事件，一般会有所忌讳从而影响居住心情，并会影响房屋再交易的价格，因此可以直接认定符合遭受损害的构成要件，而无须专门举证。

典型案例

未告知的非正当死亡事件可作为房屋买卖合同的撤销事由

——韦某甲与欧阳某甲等房屋买卖合同纠纷案①

1. 案情简介

上诉人（原审被告）：韦某甲

被上诉人（原审原告）：欧阳某甲

被上诉人（原审被告）：某三人行房地产中介服务公司（以下简称“三人行公司”）

欧阳某甲与韦某甲、三人行公司三方签订房地产买卖合同，约定欧阳某甲购买韦某甲所有的东莞市万江区都会广场会景峰（A区）2409房，由三人行公司负责办理过户。欧阳某甲称其在案涉房子住了一个月，有一天晚上，有个民警敲门询问一些问题，欧阳某甲觉得奇怪，向邻居打听，才知道案涉房屋曾发生凶杀案及有人跳楼，遂诉至法院请求判令解除合同并主张经济赔偿。

2. 法院裁判及观点

一审法院判决解除合同并部分支持了原告的赔偿诉求，被告韦某甲不服，提出上诉。二审法院认为，关于《房地产买卖合同》及《补充协议》能否撤销问题，《合同法》第54条规定了撤销权的行使需符合如下条件：……一方以

① 参见广东省东莞市中级人民法院（2014）东中法民一终字第36号民事判决书。

欺诈、胁迫的手段或者乘人之危，使对方在违背真实意思的情况下订立的合同，受损害方有权请求人民法院或者仲裁机构变更或者撤销……”案涉房屋曾发生凶杀案事实清楚，当事人没有异议，法院予以确认。按日常生活经验及民间习俗，客户购买房屋，都会挑选没有发生过凶杀案的房屋。房屋若发生凶杀案，通常会被认为不吉利，往往使房屋价值下降。韦某甲未将出卖的房屋曾发生凶杀案向欧阳某甲披露，欧阳某甲在不知情的情况下与其签订合同，会导致房屋价格虚伪，韦某甲有欺诈的行为。欧阳某甲主张应撤销案涉的《房地产买卖合同》及《补充协议》合法有据，法院予以支持。韦某甲主张已向欧阳某甲披露了案涉房屋的状况，并认为欧阳某甲购买的价格明显低于市场价，对此未提供证据佐证，而欧阳某甲亦不确认，故法院对韦某甲主张三方之间签订的房地产买卖合同有效，要求欧阳某甲继续履行合同不予支持。关于韦某甲是否要赔偿损失问题。因造成房地产买卖合同被撤销的过错在于韦某甲，根据《合同法》第 58 条的规定，欧阳某甲有权要求韦某甲承担赔偿损失的责任。对于欧阳某甲的损失，欧阳某甲主张包括韦某甲占用欧阳某甲已付购房款的利息及搬迁费等，原审法院在综合衡量了欧阳某甲请求的损失，酌定支持欧阳某甲 12,000 元，欧阳某甲对此无提出上诉，法院予以维持。韦某甲主张欧阳某甲使用了案涉房屋，其亦有租金上的损失，应予以抵销。对此，法院认为，因造成合同被撤销的过错在于韦某甲一方，欧阳某甲无过错，故法院对韦某甲的主张不予支持。至于韦某甲要求三人行公司亦要对损失承担赔偿责任，对此亦无证据予以佐证，予以驳回。综上，驳回上诉，维持原判。

3. 案例评析

《合同法》第 54 条规定：“下列合同，当事人一方有权请求人民法院或者仲裁机构变更或者撤销：……一方以欺诈、胁迫的手段或者乘人之危，使对方在违背真实意思的情况下订立的合同，受损害方有权请求人民法院或者仲裁机构变更或者撤销……”人们购买居住房屋，是为了维护居住人的身体健康，同时还是为了其精神愉悦，如果一个人居住在其房屋内精神受到损害，就没有达到购买房屋居住的目的。本案被上诉人在向上诉人购买房屋时，上诉人没有向被上诉人告知该房屋发生过非正常死亡事件。作为房屋居住期间发生的重大事件，上诉人应当如实告知，使被上诉人对房屋购买有选择权。案涉房屋有凶杀案,按照民间习俗,犯了忌讳,往往房屋价值会下降,韦某甲未向欧阳某甲披露,在欧阳某甲不知情情况下与其签订合同,会导致房屋价格虚伪,韦某甲有欺诈的行为,欧阳某甲请求撤销房屋买卖合同,应予支持。《合同法》第58条规定:“合同无效或者被撤销后,因该合同取得的财产,应当予以返还;不能返还或者没有必要返还的,应当折价补偿。有过错的一方应当赔偿对方因此所受到的损失,双方都有过错的,应当各自承担相应的责任。”欧阳某甲诉请韦某甲返还欧阳某甲已支付的购房款应予支持。交易过程中,双方均有审慎审查义务,按过错承担责任,韦某甲不现身交易,不主动提供房屋过去发生的真实情况,负主要责任,欧阳某甲未对案涉房屋各项因素进行质疑,应承担次要责任;考虑购房款被占用多月产生的利息与搬迁成本,故法院酌定支持原告的部分赔偿诉求,处理恰当。

有关法律规定

《中华人民共和国民法通则》

第五十九条　下列民事行为,一方有权请求人民法院或者仲裁机关予以变更或者撤销:

(一)行为人对行为内容有重大误解的;

(二)显失公平的。

被撤销的民事行为从行为开始起无效。

最高人民法院《关于贯彻执行〈中华人民共和国民法通则〉若干问题的意见(试行)》

68.一方当事人故意告知对方虚假情况,或者故意隐瞒真实情况,诱使对方当事人作出错误意思表示的,可以认定为欺诈行为。

《中华人民共和国合同法》

第六条　当事人行使权利、履行义务应当遵循诚实信用原则。

第四十二条　当事人在订立合同过程中有下列情形之一,给对方造成损失的,应当承担损害赔偿责任:

(一)假借订立合同,恶意进行磋商;

(二)故意隐瞒与订立合同有关的重要事实或者提供虚假情况;

(三)有其他违背诚实信用原则的行为。

第五十四条　下列合同，当事人一方有权请求人民法院或者仲裁机构变更或者撤销：

(一)因重大误解订立的；

(二)在订立合同时显失公平的。

一方以欺诈、胁迫的手段或者乘人之危，使对方在违背真实意思的情况下订立的合同，受损害方有权请求人民法院或者仲裁机构变更或者撤销。

当事人请求变更的，人民法院或者仲裁机构不得撤销。

第五十五条　有下列情形之一的，撤销权消灭：

(一)具有撤销权的当事人自知道或者应当知道撤销事由之日起一年内没有行使撤销权；

(二)具有撤销权的当事人知道撤销事由后明确表示或者以自己的行为放弃撤销权。

第五十八条　合同无效或者被撤销后，因该合同取得的财产，应当予以返还；不能返还或者没有必要返还的，应当折价补偿。有过错的一方应当赔偿对方因此所受到的损失，双方都有过错的，应当各自承担相应的责任。

三、如何确定共有人一方私自处置房屋，第三人是否“善意取得”

现实中，很多房屋属于共有状态，如夫妻共有、合伙人共有、继承人共有等，部分共有人擅自处置房屋并引发纠纷的现象也较为常见。共有人擅自处分房屋，涉及的基本法律问题主要是共有、无权处分以及善意取得制度。

基本理论

1. 共有

共有，是指物的所有权由两个以上的权利主体共享。这种共享可以发生在公民之间、单位之间以及公民和单位之间。共有可以分为按份共有和共同共有。按份共有，是指按份共有人对共有的不动产或者动产按照其份额比例享有所有权。共同共有，是指共同共有人对共有的不动产或者动产共同享有所有权，并且没有份额区分。根据物权法相关规定，按份共有与共同共有存在较大区别。在权利行使和义务承担所及范围方面，按份共有人依其应有份额享有权利和承担义务,而共同共有人不分份额实际是平等享有权利和承担义务。需要注意的是,共有的所有权仍只有完整的一个所有权,共有的份额划分不是对所有权各项权能的划分,也不是对共有物的物理分割。对于共有物的占有、使用,不论是共同共有还是按份共有,共有人对共有物的占有、使用均可及于共有物的全部而非局限于某一部分。例如甲、乙、丙三人按照3:2:1的份额共有一辆汽车,则三人中任何一人均可占有、使用整个汽车,而不是甲使用车头、乙使用车中部、丙使用车尾。在共有性质的认定方面,共有人对共有关系没有约定为共同共有或者按份共有,或者约定不明确的,除共有人具有家庭关系等外,视为按份共有。按份共有人对共有物享有的份额没有约定或者约定不明的,按照出资额确定各自份额;不能确定出资额的,视为等额共有。在共有物的分割方面,若无明确约定,按份共有人得随时请求分割共有物,而共同共有人只有在共有基础丧失或有重大理由时才能请求分割。在共有物的处分方面,通常情形下,按份共有人处分共有物或者作重大修缮,须经合计三分之二份额以上的按份共有人同意,而共同共有人要处分共有物或作重大修缮,则须经全体共同共有人同意,但是法律也允许按份共有人或共同共有人约定改变前述规则。现实中,住宅房屋作为最重要的生活资料,往往不是个人财产,而是家庭共有财产,可能是夫妻共同财产,也可能是家庭其他成员间的共同财产等。由于具有家庭关系等共有基础,这种共有的性质往往属于共同共有,处分共有财产时需要经过全体共同共有人同意,否则属于无权处分,容易引发纠纷。

2. 无权处分

无权处分,是指行为人没有处分权却以自己名义对他人财产实施法律上的处分行为。处分,既包括事实上的处分,如物理改造、毁损等,也包括法律上的处分,如所有权的转让、抵押权的设定等。此处讨论无权处分主要指的是法律上的处分行为。现实中,夫妻一方未经对方同意就夫妻共有的房屋与他人订立房屋买卖合同,超过自身处分权限的,就属无权处分。《合同法》第51条规定,无处分权的人处分他人财产,经权利人追认或者无处分权的人订立合同后取得处分权的,该合同有效。根据该规定,无权处分合同并非无效,而是效力待定的合同。本书第五章第一节第三部分已对效力待定的合同有过较为详细的阐述。部分共有人未经授权擅自处分共有房产,所订立的房屋转让合同可经其他共有人的追认或事后取得处分权而使合同确定有效，而善意买受人一般也可以在追认前撤销合同。[①] 对于既没有追认或者事后也没有取得处分权的，合同的效力状态是什么状态？合同法没有明确回答这个问题。合同法实践多年以后，这个法律空白所带来的问题也暴露无遗，常有无权处分人签订后合同后又以无权处分为由主张合同无效，如果支持该主张，对买受人来说非常不公平。《合同法》第51条的主要问题在于债权行为与物权行为的混同，如果立法严格区分债权行为与物权行为，则不会贸然否定该合同的效力，而只是不能依据该合同发生物权变动的效果。实际上最高人民法院一直对该问题有着较为清醒的认识，其在《关于审理买卖合同纠纷案件适用法律问题的解释》第3条规定："当事人一方以出卖人在缔约时对标的物没有所有权或者处分权为由主张合同无效的，人民法院不予支持。出卖人因未取得所有权或者处分权致使标的物所有权不能转移，买受人要求出卖人承担违约责任或者要求解除合同并主张损害赔偿的，人民法院应予支持。"该规定对前述法律空白作了有益探索。可以预见，在相关法律未完全明确前这种思路在二手房买卖合同纠纷中也将发挥审判指导作用。回到部分共有人擅自处分共有房产的物权行为问题上来看，无论其债权行为合同的效力如何，根据《物权法》第97条的规定，如果不符合法定的或约定的处分共有物的条件，则该物权处分行为无效。根据《城市房地产管理法》第38条的规定，共有房地产，未经其他共有人书面同意的，不得转让，因此登记部门也不会对此类擅自处分共有物的情形进行转移登记。

3. 善意取得

根据《物权法》第106条的规定，善意取得是指在一定情形下无处分权人将不动产或者动产转让给受让人，但所有权人无权追回，而受让人能够取得该不动产或者动产的所有权。善意取得制度是我国物权法确立的一种特别的所有权取得制度。一般认为，善意取得发轫于日耳曼法"以手护手"原则，又在吸收罗马法上取得时效制度之善意要件的基础上发展形成。"以手护

① 参见胡康生主编：《中华人民共和国合同法释义》（第3版），法律出版社2013年版，第99页。

手”是指物之交付人仅得向其相对人请求返还，而不能对第三人请求返还。[1]传统民法中的善意取得主要适用于动产所有权，[2]因此也称为动产的善意取得。我国《物权法》第106条确立的善意取得制度在适用范围上非常开放，不仅包括动产所有权，也包括不动产所有权，还包括其他物权。按照法律规定，善意取得须具备三个要件：(1)受让人受让该不动产或者动产时是善意的；(2)以合理的价格转让；(3)转让的不动产或者动产依照法律规定应当登记的已经登记，不需要登记的已经交付给受让人。结合最高人民法院《关于适用〈中华人民共和国物权法〉若干问题的解释(一)》，在共有人擅自处分房屋引发的物权纠纷中善意取得须具备以下几个要件：

(1)房屋买受人受让该不动产时是善意的。

所谓善意，即指买受人受让不动产时不知道转让人无处分权，且无重大过失。以下几种情形应当认定受让人受让不动产不构成善意：一是登记簿上存在有效的异议登记；二是预告登记有效期内，未经预告登记的权利人同意；三是登记簿上已经记载司法机关或者行政机关依法裁定、决定查封或者以其他形式限制不动产权利的有关事项；四是受让人知道登记簿上记载的权利主体错误；五是受让人知道他人已经依法享有不动产物权。此外，真实权利人有证据证明不动产受让人应当知道转让人无处分权的，应当认定受让人具有重大过失，不构成善意。

所谓“受让该不动产时”是指依法完成不动产物权转移登记之时，也就是说“善意”需要贯穿物权变动的全过程，从债权合同缔约时起，至转移登记完成时止，期间任何时候一旦买受人知道转让人无权处分的情况就不符合善意的时间要求。

(2)以合理的价格转让。

实际上有偿性以及合理的价格跟善意的认定具有密切的联系，因为如果不具备有偿性或者价格过低则难以说明受让人构成善意。当然，将“合理的价格”作为一项独立的构成要件，更有利于原权利人向无处分权人追偿，有利

---

① 参见奚晓明主编：《最高人民法院关于公司法解释(三)、清算纪要理解与适用(注释版)》，人民法院出版社2014年版，第66页。

② 参见王利明著：《物权法研究(上下卷)》(第3版)，中国人民大学出版社2013年版，第436页。

于从总体上控制化解矛盾。认定房屋转让价格是否合理,应当结合房屋的市场价格、房屋具体状况、楼市供求关系、调控政策、付款方式、交易习惯、当事人身份关系等影响该特定房屋价格的因素综合认定。此外,法律并没有要求合理的转让价格必须实际支付。因此,对于是否要求价格已实际支付的问题,容易出现认识分歧,笔者倾向认为合理的价格并非必须实际支付,但价格是否实际支付有时又会影响是否构成善意的认定,因此,需要结合具体案情判断。本书限于篇幅对此不再展开。

(3)不动产转移登记已经完成。

不动产登记是不动产物权设立、变更、转让和消灭的生效要件。不动产转移登记已经完成,是指物权的转让依照法律规定已经记载于不动产登记簿。根据法律规定,不动产权属证书记载的事项应当与不动产登记簿一致。通常情形下两者也是同步、一致的,从更简明直观的角度来观察,判断不动产转移登记是否已经完成,往往可以查看房屋所有权证书(或者不动产权证书)的所有权人是否已经由原权利人变更登记为买受人。

典型案例

夫妻一方因对方擅自处置共有房产主张转让无效不得对抗第三人善意取得

——张某甲与刘某甲、林某甲房屋买卖合同纠纷案①

1. 案情简介

上诉人(原审原告):张某甲

被上诉人(原审被告):刘某甲

被上诉人(原审被告):林某甲

张某甲与刘某甲于1999年12月6日在民政部门办理结婚登记并领取《结婚证》。刘某甲于2010年6月购买取得位于汕头市东福路东福横巷5号704号的房产,权属登记人为刘某甲。2013年2月17日,刘某甲瞒着张某甲与林某甲签订《房产买卖合同》一份,约定房屋价格为145,000元,房款于

① 参见广东省汕头市中级人民法院(2014)汕中法民四终字第33号民事判决书。

2013年2月16日付清;刘某甲保证上述房地产权属清楚;合同经双方签章并收到全额房款生效等内容。同日,刘某甲出具《收据》一份表明已收到前述购房款145,000元。2013年2月22日,张某甲与刘某甲签订《离婚协议书》一份,其中约定本案讼争房产归女方(张某甲)所有。2013年3月29日,张某甲与刘某甲到汕头市金平区民政局办理离婚登记手续并领取了《离婚证》。办妥离婚手续后,刘某甲没有协助张某甲办理讼争房产的过户更名手续。2013年4月1日,汕头市房地产档案馆查询的《房地产产权情况表》载明,讼争房产的权属登记人仍为刘某甲。刘某甲因未能如约向林某甲交付房产,于2013年4月1日与林某甲另签订《汕头市房地产租赁合同》一份,约定林某甲将讼争房产出租给刘某甲作生活居住之用,租期4个月;刘某甲承诺7月31日前结束本合同并搬出讼争房产。2013年4月3日,为办理讼争房产权属变更登记需要,刘某甲再次瞒着张某甲与林某甲在汕头市金平土地房产交易管理所再行签订《房地产买卖合同》一份,在此过程中,刘某甲对本人的婚姻状况作了虚假陈述。该讼争房产的权属已于2013年5月7日转移登记至林某甲名下,林某甲现已领取房地产权证。张某甲诉至法院,请求判令确认刘某甲与林某甲签订的《房地产买卖合同》无效,并由刘某甲、林某甲协助将登记在林某甲名下的诉争房产过户到张某甲名下。

2. 法院裁判及观点

一审法院驳回原告诉讼请求,原告不服,提出上诉。二审法院认为,本案系房屋买卖合同纠纷。《物权法》第9条规定:“不动产物权的设立、变更、转让和消灭,经依法登记,发生效力;未经登记,不发生效力,但法律另有规定的除外。”虽然刘某甲与张某甲在2013年2月22日的《离婚协议》中约定涉案房产归张某甲所有,但双方一直未办理变更登记手续,故涉案房产在2013年5月7日之前仍然属于刘某甲与张某甲的共有财产。林某甲与刘某甲于2013年2月17日签订了《房产买卖合同》,于2013年4月3日为办理房产过户手续再次签订了《房地产买卖合同》,两份合同的标的物均为涉案房产汕头市东福路东福横巷5号×××号房。刘某甲对上述两份合同的真实性没有异议,但辩称其因无法偿还高利贷而被迫以房抵债,上述两份合同均是受到胁迫才签订的,但刘某甲提供的证据不足以证明其所述情况,没有事实依据,故法院对刘某甲的主张不予采信。张某甲认为涉案房产是其个人财产,林某甲与刘某甲恶意串通，通过先后签订两份合同的形式骗取办理房产过户登记，且2月17日的合同是倒签形成，两者的行为损害了其合法权益，因此主张刘某甲与林某甲签订的两份合同应为无效合同。从原审查明的事实来看，刘某甲确实是瞒着张某甲而与林某甲签订合同，但张某甲提供的证据不足以证明刘某甲与林某甲之间存在恶意串通的事实，故法院对张某甲的上述主张不予支持。

林某甲与刘某甲在2013年2月17日签订《房产买卖合同》时，涉案房产的房地产权证书上权属人为刘某甲，共有情况一栏为空白。林某甲基于房地产权证书上记载的内容信赖刘某甲是涉案房产的完全处分权人，对此没有任何过错。张某甲以林某甲清楚刘某甲婚姻情况和涉案房产实际权属情况为由主张林某甲不是善意第三人，但张某甲未能提供充分的证据加以证明，故法院对其主张不予支持。涉案房产的评估价是142,825元，刘某甲在2013年2月17日向林某甲出具的一次性收取全部购房款145,000元的收据和林某甲为办理房产过户而支付各项税费共计21,917.03元的凭证可以证明林某甲为购买涉案房产已经支付了合理的价款。张某甲和刘某甲均主张林某甲没有支付房款，所谓的购房款是刘某甲的个人债务转化而来的，收据也是受胁迫而出具的，且收据上的日期是倒签的。但张某甲与刘某甲提供的证据既不能证明刘某甲在转让涉案房产前曾借过高利贷，也无法证明林某甲与放高利贷者之间存在联系，因此，刘某甲和张某甲关于林某甲没有支付对价的主张，没有事实依据，法院不予采纳。林某甲按照房产交易管理部门的要求办妥过户手续，并于2013年5月7日领取《房地产权证》。综上，林某甲在本案房产交易中符合善意取得的条件，原审判决认定刘某甲与林某甲所签订的两份合同真实有效，并依法驳回张某甲主张认定本案房产买卖合同无效的请求，处理正确，法院予以维持。根据最高人民法院《关于适用〈中华人民共和国婚姻法〉若干问题的解释(三)》第11条第1款关于“一方未经另一方同意出售夫妻共同共有的房屋，第三人善意购买、支付合理对价并办理产权登记手续，另一方主张追回该房屋的，人民法院不予支持”的规定，法院对张某甲提出的要求林某甲返还涉案房产的请求，不予支持。原审法院判决驳回张某甲提出的要求林某甲、刘某甲将涉案房产变更登记至张某甲名下的诉讼请求，处理正确，法院予以维持。

综上所述,张某甲的上诉理由不能成立,故驳回上诉,维持原判。

3. 案例评析

房产管理部门房屋登记簿中关于物权登记的记载,对外具有不动产登记的公示公信力,也有利于保护交易安全。张某甲与刘某甲于2013年3月29日在民政部门办理离婚登记手续时,提交的双方于2013年2月22日签订的《离婚协议书》,是对夫妻关系存续期间相关权利义务的约定,只能在张某甲与刘某甲之间产生法律约束力,依法不能对抗第三人行使民事权利。本案交易过程中,刘某甲对本人的婚姻状况作了虚假陈述,且房屋产权证书上登记的权利人只有刘某甲一人,林某甲支付合理对价并实际完成过户手续,成为不动产登记簿上的权利人,在此过程中受让人对房屋权属争议不知情,上述情形符合《物权法》规定的善意取得构成要件,因此,受让人依法取得该不动产所有权。

有关法律规定

《中华人民共和国物权法》

第九十三条　不动产或者动产可以由两个以上单位、个人共有。共有包括按份共有和共同共有。

第九十四条　按份共有人对共有的不动产或者动产按照其份额享有所有权。

第九十五条　共同共有人对共有的不动产或者动产共同享有所有权。

第九十七条　处分共有的不动产或者动产以及对共有的不动产或者动产作重大修缮的,应当经占份额三分之二以上的按份共有人或者全体共同共有人同意,但共有人之间另有约定的除外。

第一百零一条　按份共有人可以转让其享有的共有的不动产或者动产份额。其他共有人在同等条件下享有优先购买的权利。

第一百零六条　无处分权人将不动产或者动产转让给受让人的,所有权人有权追回;除法律另有规定外,符合下列情形的,受让人取得该不动产或者动产的所有权:

(一)受让人受让该不动产或者动产时是善意的;

(二)以合理的价格转让;

(三)转让的不动产或者动产依照法律规定应当登记的已经登记,不需要登记的已经交付给受让人。

受让人依照前款规定取得不动产或者动产的所有权的，原所有权人有权向无处分权人请求赔偿损失。

当事人善意取得其他物权的，参照前两款规定。

最高人民法院《关于适用〈中华人民共和国物权法〉若干问题的解释(一)》

第九条　共有份额的权利主体因继承、遗赠等原因发生变化时，其他按份共有人主张优先购买的，不予支持，但按份共有人之间另有约定的除外。

第十条　物权法第一百零一条所称的"同等条件"，应当综合共有份额的转让价格、价款履行方式及期限等因素确定。

第十一条　优先购买权的行使期间，按份共有人之间有约定的，按照约定处理；没有约定或者约定不明的，按照下列情形确定：

(一)转让人向其他按份共有人发出的包含同等条件内容的通知中载明行使期间的，以该期间为准；

(二)通知中未载明行使期间，或者载明的期间短于通知送达之日起十五日的，为十五日；

(三)转让人未通知的，为其他按份共有人知道或者应当知道最终确定的同等条件之日起十五日；

(四)转让人未通知，且无法确定其他按份共有人知道或者应当知道最终确定的同等条件的，为共有份额权属转移之日起六个月。

第十二条　按份共有人向共有人之外的人转让其份额，其他按份共有人根据法律、司法解释规定，请求按照同等条件购买该共有份额的，应予支持。

其他按份共有人的请求具有下列情形之一的，不予支持：

(一)未在本解释第十一条规定的期间内主张优先购买，或者虽主张优先购买，但提出减少转让价款、增加转让人负担等实质性变更要求；

(二)以其优先购买权受到侵害为由，仅请求撤销共有份额转让合同或者认定该合同无效。

第十三条　按份共有人之间转让共有份额，其他按份共有人主张根据物权法第一百零一条规定优先购买的，不予支持，但按份共有人之间另有约定的除外。

第十四条　两个以上按份共有人主张优先购买且协商不成时，请求按照转让时各自份额比例行使优先购买权的，应予支持。

第十五条　受让人受让不动产或者动产时，不知道转让人无处分权，且无重大过失的，应当认定受让人为善意。

真实权利人主张受让人不构成善意的,应当承担举证证明责任。

第十六条　具有下列情形之一的,应当认定不动产受让人知道转让人无处分权:

(一)登记簿上存在有效的异议登记;

(二)预告登记有效期内,未经预告登记的权利人同意;

(三)登记簿上已经记载司法机关或者行政机关依法裁定、决定查封或者以其他形式限制不动产权利的有关事项;

(四)受让人知道登记簿上记载的权利主体错误;

(五)受让人知道他人已经依法享有不动产物权。

真实权利人有证据证明不动产受让人应当知道转让人无处分权的,应当认定受让人具有重大过失。

第十七条　受让人受让动产时,交易的对象、场所或者时机等不符合交易习惯的,应当认定受让人具有重大过失。

第十八条　物权法第一百零六条第一款第一项所称的"受让人受让该不动产或者动产时",是指依法完成不动产物权转移登记或者动产交付之时。

当事人以物权法第二十五条规定的方式交付动产的,转让动产法律行为生效时为动产交付之时;当事人以物权法第二十六条规定的方式交付动产的,转让人与受让人之间有关转让返还原物请求权的协议生效时为动产交付之时。

法律对不动产、动产物权的设立另有规定的,应当按照法律规定的时间认定权利人是否为善意。

第十九条　物权法第一百零六条第一款第二项所称"合理的价格",应当根据转让标的物的性质、数量以及付款方式等具体情况,参考转让时交易地市场价格以及交易习惯等因素综合认定。

第二十条　转让人将物权法第二十四条规定的船舶、航空器和机动车等交付给受让人的,应当认定符合物权法第一百零六条第一款第三项规定的善意取得的条件。

第二十一条　具有下列情形之一,受让人主张根据物权法第一百零六条规定取得所有权的,不予支持:

(一)转让合同因违反合同法第五十二条规定被认定无效;

(二)转让合同因受让人存在欺诈、胁迫或者乘人之危等法定事由被撤销。

《中华人民共和国城市房地产管理法》

第三十八条　下列房地产,不得转让:

(一)以出让方式取得土地使用权的,不符合本法第三十九条规定的条件的;

（二）司法机关和行政机关依法裁定、决定查封或者以其他形式限制房地产权利的；

（三）依法收回土地使用权的；

（四）共有房地产，未经其他共有人书面同意的；

（五）权属有争议的；

（六）未依法登记领取权属证书的；

（七）法律、行政法规规定禁止转让的其他情形。

《中华人民共和国合同法》

第四十四条　依法成立的合同，自成立时生效。

法律、行政法规规定应当办理批准、登记等手续生效的，依照其规定。

第五十一条　无处分权的人处分他人财产，经权利人追认或者无处分权的人订立合同后取得处分权的，该合同有效。

第五十二条　有下列情形之一的，合同无效：

（一）一方以欺诈、胁迫的手段订立合同，损害国家利益；

（二）恶意串通，损害国家、集体或者第三人利益；

（三）以合法形式掩盖非法目的；

（四）损害社会公共利益；

（五）违反法律、行政法规的强制性规定。

最高人民法院《关于适用〈中华人民共和国合同法〉若干问题的解释（二）》

第十四条　合同法第五十二条第（五）项规定的“强制性规定”，是指效力性强制性规定。

第十五条　出卖人就同一标的物订立多重买卖合同，合同均不具有合同法第五十二条规定的无效情形，买受人因不能按照合同约定取得标的物所有权，请求追究出卖人违约责任的，人民法院应予支持。

四、善意取得房屋后有关部门撤销登记，行为人是否享有诉争房屋的权利

前文在讨论共有人私自处置共有房屋的问题时探讨了善意取得制度，此处要讨论的问题则更加复杂，即善意取得房屋后有关部门又撤销登记，使作为善意取得要件之一的“登记”不复存在，善意取得是否还能成立的问题。所

涉及的基本法律问题除了善意取得制度以外,还包括不动产登记的效力与性质等问题。

基本理论

1. 不动产登记的效力

根据《物权法》的规定,国家对不动产实行统一登记制度。不动产登记,是指不动产登记机构依法将不动产权利归属和其他法定事项记载于不动产登记簿的行为。不动产登记的效力主要表现在以下几个方面:

(1)物权变动生效要件。

我国在立法上对不动产物权的变动采用了登记生效主义。《物权法》第9条第1款规定,不动产物权的设立、变更、转让和消灭,经依法登记,发生效力;未经登记,不发生效力,但法律另有规定的除外。根据有关规定,依法属于国家所有的自然资源,所有权可以不登记。此外,对于非依法律行为取得的不动产不以登记为生效要件。例如,因人民法院、仲裁委员会的法律文书或者人民政府的征收决定等,导致物权设立、变更、转让或者消灭的,自法律文书或者人民政府的征收决定等生效时发生效力;因继承或者受遗赠取得物权的,自继承或者受遗赠开始时发生效力;因合法建造、拆除房屋等事实行为设立或者消灭物权的,自事实行为成就时发生效力。对于这类无须登记即能享有的不动产物权,当事人再行处分时仍然应当按照法律规定办理登记。

(2)权利推定效力。

不动产登记的推定效力,是指不动产登记簿上记载的权利人被推定为法律上的权利人。根据《物权法》第16条、第19条有关规定,不动产登记簿是物权归属和内容的根据;权利人、利害关系人认为不动产登记簿记载的事项错误的,可以申请更正登记。不动产登记簿记载的权利人书面同意更正或者有证据证明登记确有错误的,登记机构应当予以更正;不动产登记簿记载的权利人不同意更正的,利害关系人可以申请异议登记。也就是说,在没有更正登记和异议登记的情况下,就只能推定不动产登记簿上记载的权利人就是法律上真正的权利人,即便事实上不是真正的权利人,也只能通过法定程序予以纠正,而不能随意推翻这种推定。

(3)保护善意第三人的公信力。

不动产登记的公信力，是以权利推定为基础，指不动产登记簿上记载的权利人在法律上被推定为真正的权利人，即使后来证明登记确属错误，对于信赖该物权登记并已从事物权交易的人，法律仍然承认其行为发生与真实的物权相同的法律效果。《物权法》第106条确立了善意取得制度，而判断受让人是否构成善意的重要考量因素就是受让人对不动产登记簿是否具有合理信赖。

2. 不动产登记的性质

按照《不动产登记暂行条例》第2条、第14条的有关规定，不动产登记是指不动产登记机构基于当事人的申请依法将不动产权利归属和其他法定事项记载于不动产登记簿的行为。关于不动产登记行为的性质，学界对此认识不统一。一种从公法角度将不动产登记行为界定为行政行为。另一种从私法角度将不动产登记行为视为一种民事行为。此外，还有"折中说"，该说认为判断登记行为的性质不应当将其作为一个整体来看，而应当对行为单位进行分解，在登记的不同阶段会有不同的性质，在申请登记的环节属于民事法律行为的性质，由申请人决定是否申请登记以及登记的内容为何，而在登记审查的环节属于行政法律行为的性质。[①] 最高人民法院《物权法司法解释(一)理解与适用》[②]对此则借鉴了准法律行为的行政行为说。准法律行为的行政行为一般指只以单一的判断、认识与观念等受动的精神作用为要素，本身并不直接为相对人设定任何行政法上的权利义务的行政行为。[③] 笔者也赞同此说。从司法实践来看，不动产登记行为已经纳入行政诉讼范围，属于行政登记行为，具有行政诉讼法上的可诉性。但登记行为又与其他行政行为具有显著区别，即根据当事人的申请，就一定法律行为或法律事实进行法律上的确认，而没有行政登记机构自己的意思表示参与，仅仅是一种确认但不是裁决性的确权，涉及物权行为的意思表示只能由当事人作出。

---

① 参见屈茂辉著:《物权法·总则》，中国法制出版社2005年版，第356页。

② 参见杜万华主编:《最高人民法院物权法司法解释(一)理解与适用》，人民法院出版社2016年版，第40页。

③ 参见杨建顺著:《日本行政法通论》，中国法制出版社1998年版，第367页。

3. 善意取得后有关部门撤销登记后的权属问题

若卖方当事人无权处分房屋，而买方当事人对此毫不知情，以合理价格受让，并完成过户登记，此时该受让符合善意取得，按理买方当事人能够取得该房屋的所有权；但如果该过户登记因原权利人提出异议而被撤销，那么买方当事人还能否对该房屋享有所有权呢？这是一个比较复杂的问题，因为不动产善意取得的要件之一就是登记完成，而该作为要件之一的登记行为又被撤销，导致善意取得制度与不动产登记行为之间民事行为、行政行为效力判断冲突。本书限于篇幅对此不作深入的理论探讨，但提供以下分析思路供司法实践参考。首先涉及不动产登记被撤销的时间效力问题。对于这个问题，无论是理论界还是实务界都很少真正深入研究过这个问题。当然，偶有部分文章会简单提及这个问题，一般都认为行政行为被撤销后自作出之时起无效。[①] 按照这个观点理解，可能会得出善意取得归于无效的结论，因为作为善意取得必备要件之一的登记行为已被撤销，且撤销的登记自始不发生效力。然而，上述理解未免过于偏激。从前文分析来看，不动产登记行为仅仅是根据当事人的申请对相关法律行为或事实行为进行法律上的一种确认，这种确认是物权变动生效要件之一，但物权变动基础行为没有行政登记机关自己的意思表示参与，而且这种确认跟土地确权不同，不具备解决权属争议的裁决性。因此，登记行为被撤销的效力不能及于之前的善意取得，是否构成善意取得属于对民事法律关系的实体性判断，只能从民法上进行实质性判断，不受不动产登记行为的影响。在不动产登记行为被撤销前，如果该不动产受让行为构成善意取得，则受让人自善意取得情形发生之时已经取得该不动产的所有权，依法应当受到物权法保护，而不能仅仅因为该登记行后来被撤销而受影响。

---

① 参见汪俊英：《试论行政行为的撤销、变更与废止》，载《行政与法》2005年第5期。

房屋已为第三人善意取得情形下不能撤销该被诉房屋登记行为

——安某甲因申诉房屋登记再审审查案①

1. 案情简介

再审申请人(一审第三人、二审上诉人):安某甲

被申请人(一审原告、二审被上诉人):尤某甲

一审被告:某市住房保障和房产管理局

一审第三人:王某甲

再审申请人安某甲向最高人民法院申请再审称:(1)根据新疆维吾尔自治区卓鼎司法鉴定所新卓文鉴字(2014)第002号笔迹检验鉴定结论,尤某甲恶意伪造证据,其提交的延长抵押期限申请书上的“王某甲”签名经鉴定非本人所签,故原审法院有关延长抵押期限134个月的事实认定有误。尤某甲未能按期向王某甲归还借款,依据双方借款协议第三条的约定,尤某甲应将被抵押房屋过户给王某甲。然而,在基础民事法律关系未经审判的情况下,原审人民法院直接确认相应的转移登记行为无效,明显违法。(2)安某甲购买王某甲名下房屋时,与王某甲一起去了涉案房屋,并查看了房屋档案,在确无争议的情况下签订了房屋转让合同,支付了18万元房款并经公证。买房期间,安某甲从未见过尤某甲,对尤某甲与王某甲之间的债务关系、陈某丽经公证的授权委托书的权限范围并不知情。即使该房屋转移登记过程中存在过错,过错责任也应由尤某甲承担,由其向王某甲、陈某丽追偿,安某甲不承担责任。因此,基于善意取得制度,原审人民法院无权撤销再审申请人的房屋所有权证。

2. 法院裁判及观点

法院认为,本案被诉行政行为是乌鲁木齐市房管局为第三人安某甲颁发房屋所有权证的行为。人民法院在审查被诉颁证行为合法性时,即使认为该

① 参见最高人民法院(2015)行监字第144号行政裁定书。

行为违法，按照最高人民法院《关于审理房屋登记案件若干问题的规定》第11条第3款之规定，亦应在就涉案房屋是否已为安某甲善意取得作出判断之后，才能确定是否判决撤销。而根据《物权法》第106条第1款的规定，构成善意取得必须同时具备以下三个条件：(1)受让人是善意的，不知出让人是无权处分人；(2)受让人支付了合理的价款；(3)转让的财产依照法律规定应当登记的已经登记，不需要登记的已经交付给受让人。本案中，在双方对安某甲是否明知出让人无权处分、是否支付了合理价款等关键事实存在较大争议的情况下，乌鲁木齐市中级人民法院未予进一步查明，直接以“现有证据也不足以证实安某甲善意取得该房屋”为由，撤销乌鲁木齐市房管局给安某甲颁发的乌房权证沙依巴克区字第××号房屋所有权证，属证据不足，事实不清。因此，本案的再审申请符合《行政诉讼法》第91条第3项规定的情形，故指令新疆维吾尔自治区高级人民法院再审。

3. 案例评析

本案目前只是进入了再审程序，本裁定书并不构成对原诉争法律关系的实体性、终局性裁判。但是，本裁定出自最高人民法院，本案裁判理由说理透彻，指导性非常强。本案中，诉争房产经两次转让，且都完成了不动产登记行为。按照《物权法》关于不动产善意取得的三个要件规定，即受让人受让时构成善意、以合理的价格转让和不动产登记，本案中已经完成不动产登记，认定是否善意取得还需要判断是否构成善意以及是否以合理的价格转让，但这样的判断应当基于相关民事法律关系要素进行实质性判断，而不应依赖于登记机关的登记行为是否合法或者被撤销。

有关法律规定

《中华人民共和国物权法》

第一百零六条　无处分权人将不动产或者动产转让给受让人的，所有权人有权追回；除法律另有规定外，符合下列情形的，受让人取得该不动产或者动产的所有权：

（一）受让人受让该不动产或者动产时是善意的；

（二）以合理的价格转让；

（三）转让的不动产或者动产依照法律规定应当登记的已经登记，不需要登记的已经交付给受让人。

受让人依照前款规定取得不动产或者动产的所有权的,原所有权人有权向无处分权人请求赔偿损失。

当事人善意取得其他物权的,参照前两款规定。

最高人民法院《关于适用〈中华人民共和国物权法〉若干问题的解释(一)》

第十五条　受让人受让不动产或者动产时,不知道转让人无处分权,且无重大过失的,应当认定受让人为善意。

真实权利人主张受让人不构成善意的,应当承担举证证明责任。

第十六条　具有下列情形之一的,应当认定不动产受让人知道转让人无处分权:

(一)登记簿上存在有效的异议登记;

(二)预告登记有效期内,未经预告登记的权利人同意;

(三)登记簿上已经记载司法机关或者行政机关依法裁定、决定查封或者以其他形式限制不动产权利的有关事项;

(四)受让人知道登记簿上记载的权利主体错误;

(五)受让人知道他人已经依法享有不动产物权。

真实权利人有证据证明不动产受让人应当知道转让人无处分权的,应当认定受让人具有重大过失。

第十七条　受让人受让动产时,交易的对象、场所或者时机等不符合交易习惯的,应当认定受让人具有重大过失。

第十八条　物权法第一百零六条第一款第一项所称的"受让人受让该不动产或者动产时",是指依法完成不动产物权转移登记或者动产交付之时。

当事人以物权法第二十五条规定的方式交付动产的,转让动产法律行为生效时为动产交付之时;当事人以物权法第二十六条规定的方式交付动产的,转让人与受让人之间有关转让返还原物请求权的协议生效时为动产交付之时。

法律对不动产、动产物权的设立另有规定的,应当按照法律规定的时间认定权利人是否为善意。

第十九条　物权法第一百零六条第一款第二项所称"合理的价格",应当根据转让标的物的性质、数量以及付款方式等具体情况,参考转让时交易地市场价格以及交易习惯等因素综合认定。

第二十条　转让人将物权法第二十四条规定的船舶、航空器和机动车等交付给受让人的,应当认定符合物权法第一百零六条第一款第三项规定的善意取得的条件。

第二十一条　具有下列情形之一，受让人主张根据物权法第一百零六条规定取得所有权的，不予支持：

（一）转让合同因违反合同法第五十二条规定被认定无效；

（二）转让合同因受让人存在欺诈、胁迫或者乘人之危等法定事由被撤销。

最高人民法院《关于审理房屋登记案件若干问题的规定》

第十一条　被诉房屋登记行为涉及多个权利主体或者房屋可分，其中部分主体或者房屋的登记违法应予撤销的，可以判决部分撤销。

被诉房屋登记行为违法，但该行为已被登记机构改变的，判决确认被诉行为违法。

被诉房屋登记行为违法，但判决撤销将给公共利益造成重大损失或者房屋已为第三人善意取得的，判决确认被诉行为违法，不撤销登记行为。

第三节
二手房买卖合同的履行与责任承担

合同的履行,要求当事人按照约定全面、适当地完成自己的义务,使权利人的合同权利得以实现。如果义务人不履行合同约定的义务或者履行合同义务不符合约定的,就应当承担继续履行、采取补救措施或者赔偿损失等违约责任。在二手房买卖过程中,国家对于二手房买卖的政策调整,将会使客观环境发生变化。由于二手房自身的特点,房屋本身可能存在共有人,或者公证机关不尽责等情形,都会带来对合同履行的影响,致合同责任承担的不尽相同。

一、二手房买卖合同的履行过程中,影响合同履行的国家政策变化是否属于不可抗力或情势变更

基本理论

1. 这里的国家政策是从广义上讲的,既包括政府为了实现一定的经济和社会目标制定的干预政治经济的产业政策,也包括根据社会生活实际需要,政府作出的某些概括和具体的行政行为。依照合同法的规定,不可抗力是指不能预见、不能避免并不能克服的客观情况。[①] 通常我们普遍认可的不可抗力包括地震、泥石流、海啸等自然事件以及战争等。情势变更是指合同成立之后,由于发生了不可归责于合同各方当事人的情形,这样的情形是当事人

① 参见《合同法》第 117 条第 2 款。

不可预见和改变的，导致合同履行的基础丧失，若继续履行合同将导致显失公平，从而只能变更或解除合同。

2. 由于国家政策概念的广泛性，政策变化带来对房屋买卖合同的影响，在司法实践中存在多种具体情形，它可能带来合同履行的根本不能，也可能致合同履行部分不能，或者带来合同的迟延履行。不同的情形在适用法律上也有所区别。国家政策通常并不被认定为不可抗力，由此带来对合同履行的影响是并不因此免除义务人的责任。至于情势变更，有学者认为，不可抗力包括在情势变更之中，由此也很难把国家政策定性为情势变更。但也有学者认为，不可抗力和情势变更系两个完全不同的概念，即使国家政策不被认定为不可抗力，但是，在某些特殊情形下，也不排除成为情势变更的内容。任何合同的缔结都受到缔结之时存在的政策秩序、法律规定、经济形势、货币的特定购买力、通常的交易条件等特定因素的约束，如果上述特定因素发生了不可预见的变化，足以造成如果依照合同约定会导致当事人权利义务严重失衡，就需要灵活适用法律来加以调整。司法实践中，法官在判决认定时，有时候虽然没有使用“情势变更”这一概念，但事实包含了这样一种思想。

典型案例一

二手房买卖过程中遇国家政策调整而无法办理贷款的，双方可以解除合同

——曾某某与袁某、刘某某房屋买卖合同纠纷一审案[①]

1. 案情简介

原告：曾某某

被告：袁某

被告：刘某某

经审理查明，2010 年 4 月，曾某某（买方）与袁某、刘某某（卖方）签订《二手房买卖合同》一份，约定袁某、刘某某将位于深圳市宝安区某房产建筑面积为 79.38 平方米的物业转让给曾某某，转让成交价为人民币 1，330，000 元，

① 参见深圳市宝安区人民法院（2010）深宝法民三初字第 874 号民事判决书。

买方在合同生效之日起当日向卖方支付定金人民币10,000元,合同生效后3日内(含当日)再向卖方支付定金人民币20,000元;买方于2010年4月13日前支付首期款(包括定金)250,000元并向银行提交按揭贷款申请的相关资料;合同签订生效后,买方备齐资料,全力配合申请按揭,如因银行原因在10个工作日内银行无法承诺贷款,则合同自动解除,双方无须承担违约责任,卖方退还买方定金。合同签订当日,曾某某向袁某、刘某某支付了定金人民币10,000元。2010年4月7日,曾某某又向袁某、刘某某支付了定金人民币20,000元。2010年4月8日,曾某某将首期款240,045元存入中国农业银行进行托管并向该行申请按揭贷款。曾某某诉至法院称,双方合同签署后,其依照约定向被告支付了30,000元定金,并向银行申请按揭贷款,但银行无法办理贷款按揭服务。请求判令被告退还原告定金人民币30,000元及利息(从起诉之日起算,按银行同期贷款利率计算)。

2. 法院裁判及观点

人民法院认定因国家政策变化,导致银行没有给曾某某发放贷款,应当在解除合同后,由被告返还购房定金。具体理由为:曾某某与袁某、刘某某签订的《二手房买卖合同》系双方当事人的真实意思表示,没有违反法律、行政法规的强制性规定,合法有效,当事人应当全面履行合同约定的义务。合同签订后,曾某某依照合同约定向袁某、刘某某支付了定金30,000元,并将首期款存入银行进行资金托管,同时亦向银行申请了按揭贷款,但在申请银行按揭贷款后,由于国家政策发生变化,银行没有给曾某某发放贷款承诺书,导致双方签订的《二手房买卖合同》已无法继续履行,故对该合同予以解除。曾某某在合同签订后已积极履行了合同义务,并不存在违约行为,合同无法继续履行是由于政策变化导致的,而不是由于曾某某的违约行为造成的,故在合同解除后袁某、刘某某应将定金30,000元返还。曾某某要求返还定金的诉讼请求依法有据,予以支持。判决:(1)解除双方签订的《二手房买卖合同》;(2)袁某、刘某某于本判决发生法律效力之日起3日内向曾某某返还定金人民币30,000元;(3)驳回曾某某的其他诉讼请求。

3. 案例评析

本案发生的背景是《国务院关于坚决遏制部分城市房价过快上涨的通知》("国十条")发布期间。由于"国十条"的发布,导致了当时已经签订房屋买卖合同、当事人准备贷款买房但无法依约贷款买房的大量案件产生,法院须妥善处理该类案件,以维护市场安全和社会稳定。

相对于其他同类案件,本案处理较为容易。原因在于买房人因身份受“国十条”的限制,丧失了购买房屋的资格,《二手房买卖合同》完全不具备继续履行的基础。而这种改变对买卖双方来说必须接受、不可协商,直接破坏了双方当事人订约时的合意。最高人民法院民一庭的意见认为:房屋买卖合同约定以按揭贷款方式付款,买受人以因房贷政策变化不能办理按揭贷款导致无履约能力,请求解除合同,并要求出卖人返还所收受的购房款或定金的,对其请求可予支持。房屋买卖合同签订后,由于相应住房限购政策的实施,当事人无法办理房屋所有权变更登记,买受人请求解除合同,并要求出卖人返还所收受的购房款或定金的,对其请求可予支持。此外,双方在《二手房买卖合同》中明确约定“如因银行原因在十个工作日内银行无法承诺贷款,则合同自动解除,双方无须承担违约责任,卖方退还买方定金”,为法院处理案件提供了依据。“银行原因”归根结底就是由于国家政策发生了变化,导致买房人不能在银行贷款,分期付款支付房款。据此,法院作出了解除合同、返回定金的判决。从这一案例可以看出,近年来,国家实施的宏观经济政策加强了对房产市场的调控,房产政策的调整对于房产买卖合同的双方当事人来说即使并非完全不可预见,但是,有的政策的确超出了当事人预见和掌握的范畴,并且在政策颁布时是不可避免,必须被强制接受的,应当可以看做符合不可抗力要件的。即使法院在认定时不会直接引用这一原则,但是解除合同的结果和所引用的法条是对不可抗力原则适用的印证。不能一概否定国家政策的制定和变更作为不可抗力的情形,但是也并非所有国家政策都可以作为不可抗力的理由。本案只是国家政策颁布后出现的一种合同无法履行、合同目的根本不能实现的情形,并非所有国家政策都将带来这一结果,导致合同解除。因此,明确将国家政策作为不可抗力处理合同关系在实践中实际极为少见。

典型案例二

房屋买卖合同履行过程中税收政策发生变化不构成情势变更，应当根据双方合同的约定依法确定纳税一方

——周某某诉徐某某房屋某某合同纠纷二审案①

1. 案情简介

原告:徐某某

被告:周某某

一审法院经审理查明,2013 年 2 月 26 日,在北京某房地产经纪有限公司的居间下,徐某某作为出卖人与周某某(买受人)签订了《北京市存量房屋买卖合同》,约定徐某某将北京市朝阳区某房屋(以下简称涉案房屋)出卖给周某某,房屋成交价为 190 万元,相关约定为:“第九条税、费相关规定本合同履行过程中,买卖双方应按照家及北京市的相关规定缴纳各项税、费,买卖双方承担税费的具体约定见附件七。因一方不按法律、法规规定缴纳相关税费导致交易不能继续进行的,其应当向对方支付相当于房价款 20% 的违约金。本合同履行过程中因政策原因需缴纳新的税费的,由政策规定的缴纳方缴纳;政策中未明确缴纳方的,由买受人缴纳。”2013 年 3 月 11 日,在丙方北京某房地产经纪有限公司的见证下,徐某某(甲方)和周某某(乙方)签订了《补充协议》。双方均确认涉案房屋系经济适用住房,到 2013 年 7 月满 5 年。至 2013 年 7 月,双方未办理买卖合同网签手续。双方对房产过户交易所产生的个人所得税交纳问题发生争议,双方均申请中介方出庭。经法院传唤,北京某房地产经纪有限公司刘某出庭作证称,2013 年 2 月,徐某某去店里登记了出售房产的信息,徐某某在登记出售信息时说涉案房屋是满五年的唯一住房,看房之后店里的工作人员帮徐某某做了一个费用清单,包括中介费、服务费、契税和综合地价款,没有提到个人所得税,因为按照当时的政策作为买卖标的物的房屋如果是满五年的唯一住房,不涉及交纳个人所得税的问题;工作人

① 参见北京市第三中级人民法院(2015)三中民终字第 10271 号民事判决书。

员曾经提醒买卖双方，告知如果买卖标的物不是满五年的唯一住房，政策变化后可能要交纳20%的个税；后来双方签订了补充协议，约定所有税费由原告承担，这里不涉及个人所得税；2013年8月，新政策出台后，对不是满五年唯一的住房出售要征收个人20%的个人所得税，双方在该问题上发生争议，谁也不愿意承担。一审法院审理后判决个人所得税由出卖人徐某某负担。徐某某不服，提出上诉，在个人所得税缴纳问题上主张考虑到国家政策带来的重大情势变更，双方可以解除合同。

二审法院查明的事实与一审法院查明的事实一致。

2. 法院裁判及观点

人民法院依照审理查明的事实和买卖双方《补充协议》的内容，确认个人所得税由卖方承担。具体认定为：就个人所得税问题，双方当事人签订房屋买卖合同时的合意内容不包括个人所得税。根据中介机构工作人员刘某等的证人证言，结合徐某某与周某某之间的短信记录，可以认定徐某某和周某某在签订房屋买卖合同时，周某某认可出卖人徐某某所有的涉案房屋符合满五年唯一住房交易时免缴个人所得税的情况。但事实上，徐某某在房屋交易时隐瞒了其家庭名下尚有其他房屋所有权登记的事实。房屋买受人周某某对于徐某某隐瞒的事实并不知晓，一直误认为其购买的房屋属于出卖人满五年唯一住房而无须缴纳个人所得税。因此，双方当事人签订房屋买卖合同时的合意内容并不包括个人所得税，徐某某与周某某签订的《补充协议》中约定的“甲方（徐某某）净得房价款190万元整……乙方（周某某）承担交易过程中甲乙双方的所有税费代理费”并不含有个人所得税事项。

原《中华人民共和国个人所得税法》第8条规定，个人所得税，以所得人为纳税义务人。《北京市地方税务局北京市住房和城乡建设委员会关于进一步做好房地产市场调控工作有关税收问题的公告（2013年第3号）》第2条规定：“对个人转让住房按规定应征收的个人所得税，主管税务机关通过税收征管、房屋登记等信息系统能核实房屋原值的，应依法严格按转让所得的20%计征。”该公告于徐某某与周某某签订房屋买卖合同后的2013年3月31日开始实施，房屋买受人周某某签订合同时在出卖人徐某某隐瞒重要信息的情况下，对于缴纳个人所得税根本没有预期，如果判决周某某承担全部或者部分个人所得税对其来说都有失公平，房屋出卖人徐某某应当承担由于隐瞒重要信息产生的不利后果，一审认定由徐某某承担房屋交易过程中产生的个人所得税并无不当，予以维持。

3. 案例评析

最高人民法院《关于当前形势下审理民商事合同纠纷案件若干问题的指导意见》（法发〔2009〕40 号）中明确要“慎重适用情势变更原则，合理调整双方利益关系”，“对于部分当事人在诉讼中提出适用情势变更原则变更或者解除合同的请求，人民法院应当依据公平原则和情势变更原则严格审查”。对于决定适用情势变更原则的情形，还要严格履行相关审核程序。因此，在实践中，法院对情势变更的适用原则非常慎重。本案被告、二审上诉人徐某某在上诉意见中提出，北京市作出的关于房屋个人所得税新政策系情势变更情形，据此可以解除合同。适用情势变更原则首要的条件就是，发生的情势是不可预见的，但是根据案件中的证据，即徐某某向周某某发出的短信称：“周阿姨，建委内部关于房产个税执行的初步细则（出台时间未定）如果出售房产是满五年唯一住房，那么政策仍和以前一样，免征个税。……若不是唯一住房，无论是否满 5 年，都要征收卖房所得的 20% 个人所得税。所以咱们的房子根本不在范围内”，可见，徐某某对政策变化是有预知的，且其在此情形下，刻意隐瞒了诉争房屋并非其满五年的唯一住房，完全不符合情势变更原则，故法院据此依法判决由其承担房屋个人所得税。

有关法律规定

《中华人民共和国合同法》

第九十四条　有下列情形之一的，当事人可以解除合同：

（一）因不可抗力致使不能实现合同目的；

（二）在履行期限届满之前，当事人一方明确表示或者以自己的行为表明不履行主要债务；

（三）当事人一方迟延履行主要债务，经催告后在合理期限内仍未履行；

（四）当事人一方迟延履行债务或者有其他违约行为致使不能实现合同目的；

（五）法律规定的其他情形。

《国务院关于坚决遏制部分城市房价过快上涨的通知》

二、坚决抑制不合理住房需求

（三）实行更为严格的差别化住房信贷政策。对购买首套自住房且套型建筑面积在90平方米以上的家庭（包括借款人、配偶及未成年子女，下同），贷款首付款比例不得低于30%；对贷款购买第二套住房的家庭，贷款首付款比例不得低于50%，贷款利率不得低于基准利率的1.1倍；对贷款购买第三套及以上住房的，贷款首付款比例和贷款利率应大幅度提高，具体由商业银行根据风险管理原则自主确定。人民银行、银监会要指导和监督商业银行严格住房消费贷款管理。住房城乡建设部要会同人民银行、银监会抓紧制定第二套住房的认定标准。

要严格限制各种名目的炒房和投机性购房。商品住房价格过高、上涨过快、供应紧张的地区，商业银行可根据风险状况，暂停发放购买第三套及以上住房贷款；对不能提供1年以上当地纳税证明或社会保险缴纳证明的非本地居民暂停发放购买住房贷款。地方人民政府可根据实际情况，采取临时性措施，在一定时期内限定购房套数。

对境外机构和个人购房，严格按有关政策执行。

二、共有人一方处分共有房屋，合同能否继续履行

基本理论

1.共有是指房屋由二人或二人以上共同享有所有权。共有中享有共同所有权的人就是共有人。共有又可以分为共同共有和按份共有。共同共有是指房屋共有人在共同关系中对共有财产共同享有平等的所有权。按份共有则是指共有的房屋根据实际情况，共有人各自按照一定比例享有共有份额。在没有特别约定的情况下，房屋共有关系一般是指共同共有。共同共有人对共有房屋享有权利，承担义务，未经其他共有人同意，无权擅自处分共同共有的房屋。

2.共有人一方处分共有房屋，合同能否继续履行，取决于合同的效力。依法成立的合同，自成立时生效。但成立后的合同出现法律规定的情形，有可能被认定为效力待定合同、无效合同、可撤销或可变更合同。效力待定合同主要包括无行为能力人和限制行为能力人签订的合同、无权代理人签订的

合同和无处分权人签订的合同。共有人一方处分共有房屋有可能为无处分权人签订的效力待定合同。无效合同自始无效,《合同法》第52条对无效合同的情形作了明确规定。可撤销或可变更合同是一种相对有效的合同,它取决于当事人意志的表达,在房屋买卖合同中,如果其他共有权人对出卖行为表示追认,则合同成为有效合同,应当得到履行,但如果其他共有权人不予认可,则合同有可能成为无效合同。

3. 善意取得制度是民商事法律制度中极为重要的一项,是指第三人在取得动产或不动产的权利时如果为善意,即使处分人无权处分该动产或不动产,善意取得人仍可取得该动产或不动产。善意取得的要件包括:出让人没有处分权、第三人不知道或者不应当知道出让人没有处分权、第三人支付了相应对价、转让的动产或不动产已经交付或变更登记。在共有房屋的买卖中容易出现善意取得,或者说,第三人以善意取得进行抗辩的情形较为常见。

典型案例

第三人善意取得房屋,共有人主张以系共有人之一处分共有房屋的,合同应当认定有效

——赵某丙、赵某乙、赵某丁与赵某甲、赵某某房屋买卖合同纠纷再审一案①

1. 案情简介

申请再审人:赵某乙、赵某丙、赵某丁

被申请人:赵某甲、赵某某

位于旺苍县东河镇文昌街179号的木质结构平房一套,系赵立某、李某某的夫妻共同财产,赵立某与李某某夫妇生育四子女,长子赵某甲、次女赵某丙,次子赵某乙、赵某丁。1980年赵立某去世后,李某某一直居住该房屋,赵某甲也曾在家中居住,水、电户名均在赵某甲名下,其余三兄妹成年后在外居住。1987年赵某某开始租赁该房屋中一个门面及套房,租金由李某某收取。

① 参见四川省高级人民法院(2013)川民提字第497号民事判决书。

1992 年 11 月李某某以其名义办理了房屋的土地使用权证。2002 年李某某办理了房屋所有权证。2003 年 11 月李某某去世,其子女四人均回家参与办理其母丧事。之后,赵某甲张贴公告出租其母生前所住的房屋未果。2004 年 4 月赵某甲与赵某某协议出售诉争房屋事宜,同月 18 日签订《房屋买卖合同》,该合同约定,赵某甲将诉争房屋卖给赵某某,房价款 1 万元,房屋的过户手续由赵某某办理,需双方交纳各种税费赵某某愿承担。为少交房产过户税费,书面合同表述为 1 万元,购房款实际协议价为 3 万元。同日赵某某按照双方协议价向赵某甲支付购房款 3 万元,赵某甲出具收条的同时,将房屋国有土地使用权证交给赵某某。2005 年因红军城开发,旺苍县房屋主管部门暂停办理涉及改造房屋买卖的过户手续,包括赵某某所购买的诉争房屋。2009 年 12 月三原告向东河镇调解委员会申请调解未果,于 2010 年 1 月诉至法院。另查明,在庭审中,赵某甲、赵某乙、赵某丁、赵某丙均称其母李某某未留有遗嘱,四兄妹未对房屋进行分割。三原告请求确认《房屋买卖合同》无效。

一审法院审理认为,诉争房屋未进行遗产分割前应属赵某甲、赵某乙、赵某丙、赵某丁共同共有。房屋出售人赵某甲系遗产被继承人的长子,根据川北地区对父母遗产通常由长子进行处置的民俗和赵某甲持有房屋所有权证、土地使用权证,并向赵某某移交的实际情况,赵某某作为一名普通的农村妇女,以此认为赵某甲对诉争房屋具有完整的处分权,符合其审查判断的水平和能力。赵某甲处置房屋符合当地风俗习惯,应当认定赵某某购买房屋的主观意图是善意的。赵某某支付了相应的对价,被告赵某甲已将该房的房屋产权证、土地使用权证等交付赵某某办理房产过户手续,因旺苍县老城改造,从 2005 年起就停止办理涉及老城改造房屋买卖的产权过户手续,房屋买卖合同因政府行为不能完善,所以赵某某符合善意取得的法律要件。由于三原告提供的证据不能证实二被告签订合同是恶意串通、受胁迫或违背法律规定等引起合同无效的行为,公民应依据诚实信用原则为民商行为,故房屋买卖合同应当有效。合同的效力,并不影响三原告向侵权人要求赔偿损失。赵某甲擅自处分共有财产造成的损失可由三原告另行主张。三原告在本案中主张合同无效,未对合同无效产生的后果即申请撤销或返还财产、赔偿损失等连带主张权利,只对认定合同效力提出请求,赵某某主张三原告起诉已过诉讼时效,未提供相关证据证实,该院不予支持。一审法院判决:驳回原告赵某乙、赵某丁、赵某丙的诉讼请求。

赵某乙、赵某丁、赵某丙不服一审判决,向四川省广元市中级人民法院提起上诉。二审法院判决:驳回上诉,维持原判。

赵某丁、赵某乙、赵某丙仍不服,向四川省高级人民法院申请再审。

再审法院再审查明的事实与原一、二审判决查明的事实基本一致。

2. 法院裁判及观点

人民法院认定赵某某向赵某甲购买房屋、签订《房屋买卖合同》的行为系善意取得。再审法院再审认为,本案诉争房系赵立某与李某某夫妻共同财产,二人去世后,未留有遗嘱,赵某甲、赵某丁、赵某乙、赵某丙对房屋享有平等继承权。赵某甲向赵某某交付了诉争房及该房的房屋所有权证和土地使用权证,赵某某向赵某甲支付了对价 3 万元。依照《民通意见》第 89 条"共同共有人对共有财产享有共同的权利,承担共同的义务。在共同共有关系存续期间,部分共有人擅自处分共有财产的,一般认定无效。但第三人善意、有偿取得该财产的,应当维护第三人的合法权益;对其他共有人的损失,由擅自处分共有财产的人赔偿"的规定,赵某某善意、有偿取得本案诉争房,应当维护其合法权益,故依法确认赵某甲与赵某某签订的《房屋买卖合同》有效。赵某甲的售房行为侵犯了其他共有人的合法权益,由此造成的损失,赵某丁、赵某乙、赵某丙可另行解决。法院判决:维持二审判决。

3. 案例评析

本案中第三人经合理对价向共有人之一取得房屋多年并已将房屋改造,其他共同共有人再行主张房屋共有权,是典型的第三人善意取得房屋所有权的情形。需要注意的是第三人出于善意时合同有效,但并不等于就能实现物权的转移,系因现有法律制度将物权与债权分离开来,如果签订了房屋买卖合同但房屋所有权尚未转移,即使第三人为善意取得,仍然无法实现房屋所有权转移。此外,在实践中很多当事人倾向于通过主张合同无效实现权利,由于合同无效的情形法律有明确规定,法院在认定合同无效时一般较为谨慎,因此,可以通过主张合同的可撤销、可变更等其他方式来主张权利,避免因难以认定合同无效而被驳回诉讼请求的情况出现。

有关法律规定

《中华人民共和国合同法》

第五十一条　无处分权的人处分他人财产，经权利人追认或者无处分权的人订立合同后取得处分权的，该合同有效。

第五十二条　有下列情形之一的，合同无效：

（一）一方以欺诈、胁迫的手段订立合同，损害国家利益；

（二）恶意串通，损害国家、集体或者第三人利益；

（三）以合法形式掩盖非法目的；

（四）损害社会公共利益；

（五）违反法律、行政法规的强制性规定。

第五十四条　下列合同，当事人一方有权请求人民法院或者仲裁机构变更或者撤销：

（一）因重大误解订立的；

（二）在订立合同时显失公平的。

一方以欺诈、胁迫的手段或者乘人之危，使对方在违背真实意思的情况下订立的合同，受损害方有权请求人民法院或者仲裁机构变更或者撤销。

当事人请求变更的，人民法院或者仲裁机构不得撤销。

第五十五条　有下列情形之一的，撤销权消灭：

（一）具有撤销权的当事人自知道或者应当知道撤销事由之日起一年内没有行使撤销权；

（二）具有撤销权的当事人知道撤销事由后明确表示或者以自己的行为放弃撤销权。

《中华人民共和国物权法》

第一百零六条　无处分权人将不动产或者动产转让给受让人的，所有权人有权追回；除法律另有规定外，符合下列情形的，受让人取得该不动产或者动产的所有权：

（一）受让人受让该不动产或者动产时是善意的；

（二）以合理的价格转让；

（三）转让的不动产或者动产依照法律规定应当登记的已经登记，不需要登记的已经交付给受让人。

受让人依照前款规定取得不动产或者动产的所有权的，原所有权人有权向无处分权人请求赔偿损失。

当事人善意取得其他物权的，参照前两款规定。

三、二手房买卖合同因对被抵押房屋约定不明造成履行不能如何处理

基本理论

1. 抵押是指债权人与债务人书面约定，对债务人或第三人的动产或者不动产不移转占有，而是用以作为财产担保，在债务人不履行债务时以该财产折价或以拍卖变卖该财产的价款优先受偿。在抵押法律关系中，债权人享有抵押权。抵押权是一种特殊的物权，即法律规定的担保物权，在债务人未按约履行债务时，债权人有权依照法律程序实现抵押权。

2. 在二手房买卖中，房屋出卖之前便已设定抵押的情形常常出现。双方当事人签订房屋买卖合同后形成的法律关系是债权关系，如果房屋在此之前已经被抵押，则房屋同时存在一个担保物权和一个债权。根据物权优于债权的基本原则，物权应当得到优先保护。有了物权之后，所有人才能在物权上再设立债权。物权关系着物的所有和归属，而债权关系着物的流通。物权的本质是一种支配权，债权是请求权。

当然，物权优先原则并不意味着对已经设定抵押权的房屋不能出卖。担保物权的存在并不影响房屋的再次流通，在抵押权人同意的情况下，抵押房屋可以买卖。由于物权和债权是两种相对独立的权利，在两者发生冲突时，因债权发生的房屋买卖合同关系并非必然不能成立，双方签订的合同仍然有效，只是在办理过户登记时由于抵押权的存在而无法办理。在合同无法履行的情况下，买受人有权利向出卖人主张合同解除或撤销并赔偿损失。

典型案例

二手房买卖合同因对被抵押房屋约定不明造成履行不能时，买卖合同仍然有效但不能办理过户登记

——周某某诉熊某某房屋买卖合同纠纷案[①]

1. 案情简介

原告：周某某

被告：熊某某

第三人：侯某某

1997 年 3 月，熊某某与其父母熊某、侯某某经成都市公证处公证签订《赠与合同》，约定熊某、侯某某将其由拆迁安置取得的某房屋赠与熊某某，熊某某接受赠与。1997 年 9 月，熊某某经公证出具《声明书》一份，主要内容为：熊某某自愿将诉争受赠房屋，以 54,000 元的价格出卖给周某某，将协助买方办理房屋产权过户手续等。同日，周某某委托案外人向熊某某支付购房款 54,000 元。2012 年 5 月，周某某向侯某某支付熊某某从拉萨回成都办理房屋产权过户手续的飞机票款 1500 元。周某某要求熊某某、侯某某协助其办理房屋产权过户手续未果，遂起诉到法院。另查明，本案诉争房屋在成都市房地产管理局登记的权利人为侯某某。该房屋现已进行抵押权登记，权利价值 300,000 元，债务人为侯某某，抵押权人为案外人李某。

2. 法院裁判及观点

人民法院依照（担保）物权优于债权的原则进行了审判。法院经审理认为，熊某某与其父母熊某、侯某某签订经过公证的赠与合同，受赠本案诉争房屋，并与周某某签订房屋买卖合同，将其受赠房屋出售给原告周某某，熊某某与周某某所签订的房屋买卖合同为有效合同，周某某取得合同债权。由于熊某某与熊某、侯某某并未就诉争房屋办理产权过户登记，熊某某并未取得本案诉争房屋的所有权，本案诉争房屋仍属熊某、侯某某的财产。侯某某作为

① 参见四川省成都市成华区人民法院（2012）成华民初字第 3381 号民事判决书。

债务人已将本案诉争房屋抵押给他人,并办理抵押权登记,抵押权人在侯某某不履行到期债务或发生约定实现抵押权的情形下有权就本案诉争房屋优先受偿,周某某所享有的要求房屋出卖人和所有人协助办理产权过户的债权效力低于抵押权人所享有的对抵押财产的担保物权效力,因此,本案诉争房屋在已设立抵押权的情况下不具备办理产权过户手续的条件,对周某某的诉讼请求不予支持。据此,法院判决驳回原告周某某的诉讼请求。

3. 案例评析

本案非常典型,案中纠纷的发生和处理体现了物权优于债权、债权合同独立有效的法律原则和规定。原告请求办理房屋过户手续因抵押权的存在无法实现,这时原告如果主张解除合同并赔偿损失,由于被告系在签订合同时未将房屋已经抵押的实际情况告知原告,违背了诚实信用原则,应当对原告承担相应责任。但根据民事诉讼中"不告不理"的原则,原告没有提出相关的诉讼请求,故法院只是驳回了他的请求。原告仍然可以通过另行起诉维护其相应权利。

有关法律规定

《中华人民共和国物权法》

第四条　国家、集体、私人的物权和其他权利人的物权受法律保护,任何单位和个人不得侵犯。

第七条　物权的取得和行使,应当遵守法律,尊重社会公德,不得损害公共利益和他人合法权益。

第十五条　当事人之间订立有关设立、变更、转让和消灭不动产物权的合同,除法律另有规定或者合同另有约定外,自合同成立时生效;未办理物权登记的,不影响合同效力

第一百七十九条　为担保债务的履行,债务人或者第三人不转移财产的占有,将该财产抵押给债权人的,债务人不履行到期债务或者发生当事人约定的实现抵押权的情形,债权人有权就该财产优先受偿。

前款规定的债务人或者第三人为抵押人,债权人为抵押权人,提供担保的财产为抵押财产。

四、房屋买卖合同签订后，出卖人未经买受人同意在过户前作出的抵押行为是否有效

基本理论

在一般情况下，担保物权优于债权。但是如果债权基于所有权产生，而担保物权产生在后，这时应当怎么办？买卖双方签订房屋买卖合同之后，如果房屋已经过户，不存在出卖人再设定抵押权的问题，但是，如果在房屋没有过户时，出卖人又未经买受人同意在上面设定了抵押权应当怎么处理？

实践中有三种观点。第一种观点认为，未经买受人同意出卖人设置抵押的行为无效，因为债权设定在先，出卖人的行为违背了诚实信用原则。第二种观点认为，双方均应严格履行依法成立的房屋买卖合同。出卖人在合同签订后不履行给买受人办理产权登记的义务，可能构成违约行为；出卖人在签订房屋买卖合同后未经买受人允许又将房屋私自抵押，是侵权行为。出卖人应当承担对买受人的违约和侵权赔偿双重责任，出卖人应当办理房屋所有权转让手续，也应当赔偿抵押房屋给买受人带来的损失，但由于抵押权是就抵押物卖得价金优先受偿的权利，从属于债权而存在，债权消灭，抵押权随之消灭，只有抵押权实现之时，才能确定因抵押给买受人造成的实际损失。设置抵押的行为有效，买受人在抵押权实现之时可以向出卖人请求损失赔偿。第三种观点认为，由于抵押权的存在，房屋买卖合同虽然可以继续履行，但是即使办理了房屋所有权转让登记，不属于买受人设立和控制的抵押权也给买受人带来更大风险，使买受人可能面临新的诉累，并遭受利益损失。因此，更好的办法是既不突破物权优于债权的原则，又尽可能减轻买受人的损失。

实践中还有另外一种情形，就是房屋买卖合同签订后已经备案，登记机关在做出抵押权登记时存在审查过失，当事人可以申请行政机关撤销抵押权登记。但在民事诉讼中，已经登记的抵押权应当有效，当事人的损失应当通过其他途径予以补救。

房屋买卖合同签订后，出卖人未经买受人同意在过户前作出的抵押行为应当认定有效，但出卖人应当承担合同履行不能的法律责任

——杨某诉于某房屋买卖合同纠纷案[①]

1. 案情简介

原告：杨某

被告：于某

由于原告杨某急需用钱，原、被告双方签订房屋买卖协议，约定原告购买被告于某名下某住宅，约定房屋总价款16万元，杨某一次性交清全款，于某一个月内协助原告办理过户将房屋交付原告使用，如于某单方面违约到期不交房，须从交付房款之日起按月支付每月1万元违约金给杨某，于某保证房屋不存在抵押、借款、债务关系，协议从签字之日起生效，发生争议引起诉讼费用由于某承担，协议书的落款时间为2015年2月。杨某支付给于某16万元后，于某至今未履行房屋买卖协议书中约定的内容，亦没有偿还杨某16万元。于某于2015年3月将该涉案房屋抵押给第三人李某并办理了抵押权登记。杨某请求：确认本案争议房屋归其所有，于某协助杨某过户并承担过户费、违约金、律师费等费用。由于案情变化，后杨某变更诉讼请求为：解除原、被告签订的房屋买卖合同，请求法院判令被告返还房款16万元及给付利息，并赔偿其经济损失16万元、违约金20,000元和律师费、调证费3880元。

2. 法院裁判及观点

人民法院支持了杨某的大部分诉讼请求。法院经审理认为，原、被告自愿建立房屋买卖合同关系，系双方真实意思表示，且不违背法律及行政法规的规定，应为合法有效，双方均应恪守履行。杨某已经如约履行支付房款义务，于某至今未交付房屋的行为属于违约行为，应按照合同的约定向原告支付违约金。根据合同约定，发生争议引起诉讼律师费等由被告承担，杨某提

① 参见通化市二道江区人民法院(2015)二钢民初字第38号民事判决书。

供了合法有效的代理费及档案查询服务费发票，因此于某应当承担律师费、调证费合计3880元。由于合同中明确约定该房屋不存在抵押，于某于合同签订后，未告知买受人也未经买受人同意，又将该房屋抵押给第三人，导致房屋买卖合同目的不能实现，且庭审中于某明确表示不能将房屋卖给杨某，依据《合同法》第94条的规定，杨某可以解除合同，于某应返还已付购房款16万元及利息。法院对杨某主张的16万元经济损失部分不予支持。法院判决：(1)解除杨某和于某签订的房屋买卖协议；(2)于某返还杨某购房款160,000元及利息；(3)于某于判决生效后10日内赔偿杨某违约金20,000元；(4)于某在判决生效后10日内赔偿杨某律师费、调证费3880元；(5)驳回杨某的其他诉讼请求。

3. 案例评析

本案原告杨某的诉讼请求开始为要求被告于某履行买卖合同交付房屋，后杨某将诉讼请求更改为解除买卖合同并由于某承担违约责任。如果杨某坚持开始的诉讼请求，法院可以判令办理房屋过户手续，由于抵押权的设立，其买受的房屋因抵押权的存在，实际杨某需要承担买房后房屋权利能否得到真正实现的较大风险；更改诉讼请求后，杨某放弃了要求履行合同实现房屋所有权的诉讼请求，通过解除合同请求于某承担违约责任，法院依法支持了他的合理诉讼请求。法院未予支持其要求于某赔偿30万元的理由一方面因杨某未提出其该项损失的证据，另一方面法院认为，最高人民法院《商品房买卖合同解释》第8条适用的卖方对象应当为房地产开发公司，法院的这一认定考虑了公平原则，判决结果是合适的。

有关法律规定

《中华人民共和国合同法》

第九十四条　有下列情形之一的，当事人可以解除合同：

……

(四)当事人一方迟延履行债务或者有其他违约行为致使不能实现合同目的；

……

第一百零七条　当事人一方不履行合同义务或者履行合同义务不符合约定的，

应当承担继续履行、采取补救措施或者赔偿损失等违约责任。

最高人民法院《关于审理商品房买卖合同纠纷案件适用法律若干问题的解释》

第八条　具有下列情形之一的,导致商品房买卖合同目的不能实现的,无法取得房屋的买受人可以请求解除合同、返还已付购房款及利息、赔偿损失,并可以请求出卖人承担不超过已付购房款一倍的赔偿责任:

(一)商品房买卖合同订立后,出卖人未告知买受人又将该房屋抵押给第三人;

(二)商品房买卖合同订立后,出卖人又将该房屋出卖给第三人。

五、售房人不将户口及时迁移的违约责任

基本理论

民法中的违约行为是指签订合同的当事人违反了合同的约定,未按照约定履行义务的行为。违约人应当依照合同的约定承担违约责任。违约责任也称为违反合同的民事责任,是指合同当事人因不履行合同义务或者履行合同义务不符合约定,而向对方承担的民事责任。违约责任的构成要件主要包括:违约行为的存在、损害事实的发生、违约责任和损害事实之间存在因果关系,同时无其他免责事由的出现。衡量当事人是否需要承担违约责任需要看其行为是否具备上述特征。构成违约后,责任的具体承担方式则包括继续履行、采取补救措施、赔偿损失、支付违约金、定金罚则等多种。这些方式既可以在合同中约定一种,也可以同时约定几种。二手房买卖合同的履行过程当中会出现各种给合同履行带来影响的情形,比如延期交房、延期付款、延期办理房产证、房屋质量问题、税费问题等。对于这些情形应当尽可能地在合同中明确约定为违约,减少导致合同履行不能或者影响一方权益情况的出现,并同时约定出现违约时的具体处理方式及违约责任的承担方式。

房屋出卖人的户口迁移问题是只有在二手房买卖过程中出现的一个特殊问题,也是常见问题。户口迁移主要规定于《中华人民共和国户口登记条例》之中,该条例第3条第1款规定:"户口登记工作,由各级公安机关主管。"可见户籍管理主要是一个行政问题,不属于民事法律规制的范畴。但是,在二手房买卖中,由于原房屋所有权人的户口迟迟不肯迁出房屋,为新的房屋

买受人带来不便甚至损失，而现有户籍法律并没有强制迁出户口的规定。正是由于存在法律空白，如果原业主在卖房后迟迟不迁出户口，在法律上也不构成侵权，新业主如果要维权确实比较困难。因为户口迁移产生矛盾后，买受人的权利如何得到保护？这个时候民法中的违约责任就发挥了行政法律规定不具有的功能。如果双方仅在合同中约定卖方应当于何时迁出户口，并未约定若未在规定时间内迁出户口承担什么违约责任，在这种情况下，买方如果向法院起诉要求卖家迁出户口，可能不会得到法院的支持。但是，买受人起诉出卖人在买卖合同履行过程中违约，请求承担违约责任，则是法院审理民事案件的范畴。当然，违约责任的最终确定除合同约定外，法院还会综合考虑卖方违约给买方造成的损失，本着公平原则作出审理。

典型案例

售房人不将户口及时迁移的，应当依照合同约定承担违约责任

——陈某与殷某某房屋买卖合同纠纷一案①

1. 案情简介

原告：陈某

被告：殷某某

2013年6月，原告陈某（乙方）、被告殷某某（甲方）经中介公司介绍签订《房产买卖合同》，约定陈某购买殷某某坐落于自贡市大安区某房屋一套，作价14.5万元，约定了付款方式、付款时间、争议解决方式、违约责任，同时约定"甲方于2015年6月1日前迁出该房产户籍，保证乙方能正常迁入户籍，否则属甲方违约，应当向乙方支付5000元违约金"等条款。合同签订后，陈某履行了全部合同义务，并于2013年6月26日办理了诉争房屋过户登记手续。2015年6月1日后，殷某某并未将其户口从诉争房屋迁出，致陈某起诉来院，起诉要求殷某某按合同约定迁出户口，支付5000元违约金给陈某。

---

① 参见四川省自贡市大安区人民法院（2016）川0304民初35号民事判决书。

2. 法院裁判及观点

人民法院认定殷某某违反合同约定，应当承担违约责任。法院经审理认为，陈某、殷某某之间签订的《房产买卖合同》是双方的真实意思表示，陈某在履行了全部义务后，已经办理了诉争房屋的过户登记手续，殷某某应当按照合同约定履行户口迁出义务而未履行该义务，属于违约，应当按照合同约定承担违约责任。由于陈某诉请的户口迁移行为，属于公安机关的具体行政行为，不属于民事活动范围，因此，本案不予处理。陈某要求殷某某支付合同约定的违约金5000元，属于本案处理的范围，法院予以支持。法院判决：被告殷某某于本判决生效之日起10日内给付原告陈某违约金5000元。

3. 案例评析

本案中殷某某出售房屋之后迟迟不肯将户口迁移，为陈某生活带来不便。在不能通过协商方式解决此事，而又没有强有力的行政手段能够致使殷某某迁出户口时，陈某依照合同约定选择了民事诉讼，请求法院就殷某某的违约行为进行判决。法院判决殷某某支付陈某5000元违约金，既是基于合同约定，也考虑到殷某某的不诚信行为应当付出的代价，以及陈某因此受到的损失大小。值得注意的是，本案中双方约定了没有迁出户口的违约责任承担方式是支付违约金，但陈某的另一诉讼请求即殷某某迁出户口的请求并没有得到法院的支持。法院是否支持户口迁出的诉讼请求，与法官个人的认识有很大关系。本案法官认为户口迁移行为是公安机关的具体行政行为，不属于民事案件调整范畴，但有的法官在认定时会依照合同约定和当事人请求判决户口迁移。我们认为，户口迁移本身是一种行政行为，但是，迁移的发生需要公民予以配合，在公民配合的意义上，法院可以判决当事人作出户口迁移的配合行为，更有利于权利人权利的保护。

有关法律规定

《中华人民共和国户口登记条例》

第三条第一款　户口登记工作，由各级公安机关主管。

第十条第一款　公民迁出本户口管辖区，由本人或者户主在迁出前向户口登记机关申报迁出登记，领取迁移证件，注销户口。

第十七条　户口登记的内容需要变更或者更正的时候,由户主或者本人向户口登记机关申报;户口登记机关审查属实后予以变更或者更正。

户口登记机关认为必要的时候,可以向申请人索取有关变更或者更正的证明。

《中华人民共和国合同法》

第八条第一款　依法成立的合同,对当事人具有法律约束力。当事人应当按照约定履行自己的义务,不得擅自变更或者解除合同。

第一百零七条　当事人一方不履行合同义务或者履行合同义务不符合约定的,应当承担继续履行、采取补救措施或者赔偿损失等违约责任。

六、公证机构未尽到充分的审查义务,对虚假材料进行公证导致权利人利益受到损害,是否应当承担损害赔偿责任

基本理论

公证是公证机构根据自然人、法人或者其他组织的申请,依照法定程序对民事法律行为、有法律意义的事实和文书的真实性、合法性予以证明的活动,兼有服务、沟通、证明、监督等多重作用。公证机构的证明活动一般发生在民事争议出现之前,借以防止纠纷,减少诉讼。《中华人民共和国公证法》对公证机关及其公证员的权利义务作了明确规定,其中公证机关及其工作人员的一项重要职责就是对申请人提供的证明材料的真实性予以审核。如果公证机构对申请人提供的证明材料仅作了形式上的审查,未尽到充分的审查和核实义务,致使公证书错误,为相关权利人造成损失,就要考虑公证机构是否应当承担责任以及承担何种责任的问题。

公证机关未尽充分审查和核实义务对当事人造成了损失,应当认定为是一种侵权行为。侵权行为产生的法律后果就是法律规定的侵权责任,即民法规定的侵权行为人对其行为不法造成他人财产或人身权利损害所应承担的法律责任。侵权行为由过错行为、损害事实、违法行为与损害事实之间的因果关系以及行为人的主观过错共同构成。如果当事人提供虚假材料、故意隐瞒真实情况,同时公证机构在审查、核实中也存在过失,导致错误发生的,那么双方都应当承担责任。公证机构如果未依法尽到审查、核实义务的,应当

承担与其过错相应的补充赔偿责任。如果明知公证证明的材料虚假或者与当事人恶意串通的,则应承担连带赔偿责任。

典型案例

公证机构未尽充分审查义务,对虚假材料进行公证导致无处分权人出卖房屋,应当承担补充赔偿责任

——云南省某公证处与赵某、金某、赖某、某银行分行公证损害赔偿纠纷一案[①]

1. 案情简介

上诉人:云南省某公证处

被上诉人:赵某

原审第三人:金某

原审第三人:赖某

原审第三人:某银行分行

原告赵某与第三人金某原系夫妻,双方于 2006 年协议离婚。坐落于昆明的某房屋系赵某婚前购买的房改房。2007 年 8 月,金某找人顶替赵某并提供虚假的婚姻证明材料,到被告云南省某公证处办理了公证书,公证内容为赵某与其配偶金某共同委托徐某出售前述房屋,受托人有转委托权。依据该公证书,受托人徐某于 2008 年 7 月到云南省某公证处办理了第二份公证书,转委托周某某代为出售上述房屋,并办理产权转移登记过户事项。同年 12 月,转委托受托人周某某与本案第三人赖某签订《房屋买卖合同》,并到被告某公证处办理了第三份公证书,公证内容为赵某与金某将上述房屋出售给赖某。赖某依据该公证书办理了房屋所有权变更登记,诉争房屋所有权人变更为赖某。赖某以该房屋作为抵押向建某银行分行贷款 21 万元,贷款期限为 20 年,还款方式为按月等额本息还款。该货款实际由金某使用,但金某未按约定还款,某银行分行遂诉至昆明市五华区人民法院,金某作为赖某的代理

① 参见云南省昆明市(2014)昆民三终字第 814 号民事判决书。

人处理诉讼，双方达成协议，经法院民事调解书确认：原、被告于2013年5月21日起继续履行双方签订的《个人住房（商业用房）借款合同》，若被告赖某2013年6月21日前不能支付所欠欠款本金、利息、罚息以及原告为实现债权的费用4000元，视为借款合同到期，由被告一次性支付原告欠款本金191,625元及合同约定的利息、罚息、律师代理费11,497元，原告有权对赖某所有的诉争号房屋实现抵押权，优先受偿。但赖某未按生效的民事调解书履行义务，某银行分行已向五华区人民法院申请强制执行，现在执行过程中。2014年4月15日本案原告赵某申请被告明信公证处对前述第一份委托《公证书》进行复查，赵某称诉争房屋系其婚前个人财产，该房屋因公证文书转至赖某名下，而其一直在管理使用该房屋，并不认识赖某，并提交司法鉴定中心文件检验鉴定意见书一份，鉴定意见为：日期为2007年8月14日的《委托书》上"赵某"的签名字迹不是赵某本人书写。云南某公证处经审查后于2014年5月作出撤销前述三份公证书的决定。2014年7月8日，原告赵某与被告公证处、第三人金某、赖某、某银行分行五方经协商签订《调解协议书》一份，各方一致确认诉争房屋应属甲方赵某所有，应撤销原来虚假的房屋买卖相关手续，恢复至赵某名下；戊方赖某确认其购买上述房屋的目的是帮助丁方金某贷款，并非实际的购房人，对上述房屋不主张任何权利，无条件配合各方解除抵押，将房屋过户还至赵某名下，所需全部费用由丁方金某承担，乙方公证处对此承担补充赔偿责任；丙方某银行分行截至签订协议之日的全部损失为220,738.6元，由丁方金某负责偿还，乙方公证处对此承担补充赔偿责任；丙方的上述损失结清后，丙方同意及时解除上述房屋所设立的抵押登记；甲方除要求房屋权属恢复外，另主张赔偿各种损失5000元，丁方金某负责偿还，乙方公证处对此承担补充赔偿责任。签订协议后，金某仍未按约定履行赔偿赵某各项损失的义务，赵某遂诉至一审法院，请求：(1)判令被告赔偿因其错误公证给其造成的损失25万元；(2)判令被告承担其维权支出的鉴定费、车旅费等5000元。

一审法院经审理作出判决：(1)因第三人金某、被告云南省某公证处错误公证给原告赵某造成的损失，即清偿第三人赖某所欠第三人某银行分行贷款本金181,625元及其他各项费用，由第三人金某承担赔偿责任，被告云南省某公证处承担补充赔偿责任；(2)原告赵某因主张权利产生的鉴定费、交通费5000

元,由第三人金某承担赔偿责任,被告云南省某公证处承担补充赔偿责任。一审判决后,某公证处不服,提出上诉,请求二审法院重新审查,依法改判。

2. 法院裁判及观点

人民法院确认了被告公证处应当对赵某的损失承担补充赔偿责任。二审法院经审理认为,本案争议的焦点为:(1)原审第三人金某的侵权行为及上诉人云南省某公证处错误公证造成被上诉人赵某的经济损失有哪些?(2)公证处应承担怎样的赔偿责任?关于焦点一,法院认为本案各方当事人已于2014年7月8日已经做出协议商定,一审判决对贷款本金余额确认有误,二审法院查实并依法更正。赵某所支付的鉴定费及交通费系金某的侵权行为与公证处的错误公证所致,亦系其损失,一审判决对此认定正确。

关于焦点二,即公证处应承担怎样的赔偿责任,法院认为,公证是公证机构根据自然人、法人或者其他组织的申请,依据法定程序对民事法律行为、有法律意义的事实和文书的真实性、合法性予以证明的活动。由于公证机构所出具的公证书对外具有较高的公信力,故公证机构应依法谨慎履行审查职责。本案中,金某让他人冒名顶替其前夫赵某并提供虚假婚姻登记证明至公证处办理委托售房公证。公证处作为公证机关,应对赵某的身份真实性、赵某及金某是否具有婚姻关系及案涉房产的产权权属进行严格、审慎的审查、核实。但该处在审核时存在如下疏忽及过失:第一,在仅有赵某户籍证明,而未有身份证原件的情况下,未能识别冒名顶替者,贸然确认“赵某”的身份;第二,在审核委托人婚姻关系时,仅用肉眼比对了婚姻证明上加盖的印鉴,并未至婚姻登记机关对该证明的真实性进行核实,导致对虚假婚姻关系进行了确认;第三,因虚假婚姻关系证明上并未载明赵、金二人婚姻缔结时间,无法判断案涉房产系属婚前财产或是夫妻共同财产。对此,公证机构本应进一步调查、核实,但在多处审核环节上未尽全面、审慎的审查义务,贸然对房产产权权属进行了错误认定,致使赵某的合法房产被他人用于抵押贷款且欠债未还发生纠纷。综上,公证处未依法尽到审查、核实义务做出错误公证书损害了赵某合法权益,公证处的行为具有明显重大过错。针对赵某的损失,在由金某承担赔偿责任的基础上,应由公证处依法承担完全补充赔偿责任。二审法院判决:(1)撤销一审民事判决;(2)由金某于判决生效后10日内赔偿赵某经济损失186,191元及以171,625万元为本金所计算的贷款合同约定利息及罚息，云南省某公证处承担补充赔偿责任；(3)驳回被上诉人赵某的其他诉讼请求。

3. 案例评析

随着人们法律意识的增强，越来越多的人意识到公证这一法律手段在社会生活各方面的重要性，开始运用公证维护自己的合法权益。与此同时，也有一些人乘虚而入，借社会发展过程中诚信缺失之机，违法利用公证手段掩盖违法行为以达到非法目的。本案中公证的房屋并未实际出卖，但是当事人为了达到抵押目的，制造虚假材料将不属于自己的房屋用于公证，给房屋所有权人造成了损失。本案系因公证机关在审查申请人材料时疏忽大意，未尽审慎审查义务所致，案件发生的根本原因还是在于金某的造假行为，因此，法院认定公证机关对原告的损失负补充赔偿责任。如果公证机关与提供虚假材料一方系恶意串通并有证据予以证明，则公证机关就应当承担连带赔偿责任。两者之间的差别带来的公证机关承担责任方式的不同值得注意。

有关法律规定

《中华人民共和国侵权责任法》

第二条第一款　侵害民事权益，应当依照本法承担侵权责任。

第三条　被侵权人有权请求侵权人承担侵权责任。

第六条第一款　行为人因过错侵害他人民事权益，应当承担侵权责任。

第十五条　承担侵权责任的方式主要有：

……

(六)赔偿损失；

……

第十九条　侵害他人财产的，财产损失按照损失发生时的市场价格或者其他方式计算。

《中华人民共和国公证法》

第四十三条第一款　公证机构及其公证员因过错给当事人、公证事项的利害关系人造成损失的，由公证机构承担相应的赔偿责任；公证机构赔偿后，可以向有故意或者重大过失的公证员追偿。

第六章

其他房屋买卖

第一节
公房、集资建房、福利房纠纷

一、转让集资房购房指标，能否要求过户

基本理论

集资房就是集资修建的房屋。集资房政策是我国计划经济向市场经济转轨过程中的过渡性政策，产生于市场经济条件下商品房市场尚未建立、货币化分房尚未形成之际。集资房具体分为单位集资建房和个人集资建房。此处讨论的是指单位集资修建的房屋。单位集资建房被国家规定为经济适用房的一种，是指单位和职工共同出资缴纳房款，再委托开发单位建设，在建设过程中可以减免许多由开发商建房必须缴纳的税费和利润。国家一直把单位集资建房纳入福利分房的范畴，并在建设部、发改委、监察部、财政部、国土资优部、人民银行、国家税务局联合颁布的《经济适用住房管理办法》第六章明确对单位集资建房的具体内容作出了规定。

购房指标，可以理解为单位内部享有出资建房或者认购集资房屋的职工主体资格和购买房屋的权利。对于"指标"性质的不同认定，决定了集资房指标能否转让以及转让之后是否能够要求过户。实践中有两种看法。第一种看法认为，享有购房资格的单位职工因利益使然虽与他人签订了《买卖转让协议》，但买卖的标的物却是"指标"，并不是实实在在的房屋。指标转让与房屋买卖是不同的法律关系，根据集资房的性质，在转让指标协议签订之时，转让人并非该集资房的所有权人，职工对单位也只有要求其按期交房的债权请求权，而职工与买受人之间的指标转让协议针对的主要是购房名额，买受人支付一定的转让费来购买这个已经财产化的权利，以职工同等优惠的价格

取得房屋作为自己的期待利益。但因为单位建造集资房的目的在于解决本单位职工的住房问题,故这种带有身份关系依附性的资格不能通过合同来随意转让。第二种看法认为,如果将指标理解为对房屋的购买权,作为一种财产权利,只要本身不存在转让的限制,就应当能够在指标转让人和受让人之间转让。这种看法将集资房的购房指标而视为对房屋的购买权,而不是购买资格,在确认购房指标转让协议有效方面意义较大。至于该权利是债权还是物权,对于购买的房屋,在还没有将房屋移交给享有购房指标的人,并办理房屋所有权登记取得房屋所有权证书前,购房指标享有人不享有房屋所有权,由此指标享有人出卖对房屋的购买权应属债权转让。在集资房出售时,仍是以转让人为对象进行出售,在出售效果上与转让人在取得集资房之后再转让的效果并没有差异,从而不应否认转让人与受让人之间签订集资房指标转让合同的效力。

典型案例

转让集资房购房指标可以要求过户

——林某某与杨某某房屋买卖合同纠纷①

1. 案情简介

上诉人(原审被告):杨某某

被上诉人(原审原告):林某某

原、被告均系福建省地质工程公司下属职工。2002 年 3 月被告杨某某与某公司订立集资建房协议书,约定了杨某某参加该公司职工集资建住宅、集资房款分期交纳、集资房造价计算及办理两权证等内容。同月,林某某作为乙方、杨某某作为甲方订立协议书,约定甲方愿将已报名参加某公司建房的资格名额由乙方接受集资建房。该协议书还约定,甲方应提供办理房屋所有权证和国有土地使用证所需的相关证件、资料,并协助乙方办理过户手续;在乙方办理过户手续后,乙方应即付给甲方安居工程补贴,其个人所享受的待

① 参见福建省福州市中级人民法院(2014)榕民终字第 4171 号民事判决书。

遇约1万元人民币；所有集资建房集资款由乙方缴交。随后，杨某某分别于2002年3月至2003年8月分五次交纳集资建房款8万元及防盗网预收款3500元。工程竣工后，杨某某分得的集资房一套，该房屋由林某某使用至今。诉争套房已取得产权登记，权利人为杨某某。另查明：杨某某参与集资建房可获得政府补贴款为10,870.59元；另某公司证明称，依省直单位房改办文件，杨某某在1997年即可享受到单位的货币补贴，总金额为42,868元。

2. 法院裁判及观点

人民法院确认双方签订的协议有效，杨某某应当依法过户诉争房屋。一审法院经审理认为，原、被告订立协议书，约定被告将职工集资住宅1套名额转让给原告，从协议约定及履行过程来看，原告的主要义务是以被告名义缴纳集资建房款，在产权过户手续办理后支付给被告局安居工程补贴款，被告的主要义务是协助原告办理产权过户登记手续。可见，原、被告所负的义务正是房屋买卖合同中双方约定的支付价款、交付房屋的义务，原、被告间的关系为房屋买卖合同关系。在原、被告订立协议时，诉争套房尚未竣工，但被告分得集资所建的一套套房只是时间问题，原、被告当时对该情况是明知的，且双方对集资房款的支付、房屋的交付及办证等达成一致意见，双方意思表示真实，且协议内容未违反法律、行政法规的强制性规定，双方订立的协议依法成立并生效，原、被告均应按协议的约定履行各自的义务。原告已按协议的约定交纳了集资建房款，现诉争套房已由原告占有使用，被告依约定负有协助原告办理产权过户登记的义务。诉争套房已登记到被告杨某某的名下，客观上具备了办理产权过户登记的条件，故在原告申请办理房屋产权过户登记过程中，被告应予以即时协助。被告履行相应义务后，原告应依约支付给被告局安居工程补贴款。被告将所参加的单位集资建房转让给原告，该情形是否属于已享受集资房待遇，并由此相应关联到被告可否获得住房货币补贴的问题，属于单位内部房改政策问题，是另一法律关系，法院不予审理。法院判决：原告林某某办理诉争房屋所有权证及国有土地使用证过户登记手续时，被告杨某某应予以即时协助。杨某某不服，向法院提起上诉，二审法院判决：驳回上诉，维持原判。

3. 案例评析

本案存在一定特殊性，即房屋诉争的原被告均为同一单位的职工。但是，即使原被告并非是同一单位的职工，根据单位集资房指标属于房屋购买权的观点，在没有违反其他强制性法律规定的情况下，房屋购买权作为一种财产权利，权利人有权将之转让。至于转让的条件，由指标转让双方共同约定。一旦转让合同成立，就是平等民事主体之间对于权利义务的合意约定，双方均应当依照约定履行义务，取得权利，与合同双方的身份没有直接关系。在指标转让人取得房屋所有权证书后，就应当按照约定办理产权过户登记手续，使受让人取得房屋所有权。法院作出这样的判决，没有违反法律规定，系对诚实信用原则的认同，用以约束转让人的合意行为，不得反悔。

有关法律规定

《中华人民共和国合同法》

第四十四条　依法成立的合同，自成立时生效。

法律、行政法规规定应当办理批准、登记等手续生效的，依照其规定。

第六十条　当事人应当按照约定全面履行自己的义务。

当事人应当遵循诚实信用原则，根据合同的性质、目的和交易习惯履行通知、协助、保密等义务。

第一百三十条　买卖合同是出卖人转移标的物的所有权于买受人，买受人支付价款的合同。

二、离职后职工在职时购买的单位集资房应如何处置

基本理论

单位集资房的权利人为单位的在职人员。在购买集资房时尚为单位劳动者，但是离职后因为集资房的所有权问题发生纠纷的很多。如果职工离职时集资房的所有权已经完成了登记转移，房屋所有权没有什么争议，依照不动产的登记有效原则，当然属于职工个人。但是，如果房屋所有权证还没有办理，应当如何处理？根据物权法原理，不动产物权的转移以登记公示为必要生效要件。购房合同合法有效，但未拿到房产证则房屋所有权没有转移，

所以,此时的房屋所有权依然属于单位。但是根据合同法的相关规定,合同双方应当遵守合同约定,单位不得随意催职工退还房屋,可以根据合同的具体约定进行抗辩。

典型案例

集资房福利不因职工离职被剥夺

——卢某与浙江义乌某公司房屋买卖合同纠纷二审案[①]

1. 案情简介

上诉人(一审被告):浙江义乌某公司

被上诉人(一审原告):卢某

卢某于1999年下半年到被告单位担任出纳,于2011年3月离职。2001年前后,义乌某厂经有关单位审批取得企业配套住宅用房的建设用地。2003年3月,该厂出具给原告卢某的收款收据中载明:交款单位卢某,名称配套住宅土地出让金,数量102平方米,金额45,831.70元,备注2002年集资建房款收条作废。2004年12月,该厂出具给卢某的收款收据中载明:交款单位卢某,名称补交配套住宅土地款,金额93,160.40元。涉案房屋建成之后由卢某装修并管理使用至今。该厂于2005年10月24日改制为浙江义乌某公司。2007年至2008年间,义乌市人民政府办公室下两次下文称诉争房屋所在地的配套住宅不能分割转让。2010年8月,义乌市人民政府办公室下文允许诉争房屋所在地的配套住宅分割转让,但对要求转让的企业收取土地出让金,调整出让金时点为实际办理时点,并办理土地使用权转让相关手续。浙江义乌某公司于2011年5月9日向义乌市房地产管理处提交房产分割转让申请表。盖有"浙江义乌某公司"公章及其法定代表人"何某"私章的证明中载明,诉争房屋从开始交的土地出让金,建房所需的造价验收费用等都是由本公司员工卢某支付,房产所有权属于卢某所有,如二年内不过户到卢某,公司按最后一年市场价赔偿给卢某。落款时间为2009年3月27日。(该证据

① 参见浙江省金华市中级人民法院(2015)浙金民终字第1713号民事判决书。

由卢某提交)2011 年 6 月 10 日,本案所涉房屋的车库登记在陈某某、朱某某名下。2011 年 6 月 21 日,本案所涉房屋登记在何某某、费某某名下。2011 年 10 月 28 日,卢某向法院提出诉讼,要求浙江义乌某公司赔偿房屋折价款 150 万元及装潢损失 6 万元。2012 年 12 月 21 日,卢某撤回起诉,一审法院裁定予以准许。2013 年 5 月 21 日,卢某起诉要求浙江义乌某公司赔偿其房屋折价款 200 万元及装潢损失 6 万元。因卢某申请对涉案房屋的价格进行鉴定,一审法院委托杭州某公司评估,结论:2011 年 10 月 28 日的市场价值人民币 188 万元。卢某为此评估交纳评估费 5700 元。卢某的诉讼请求为判令浙江义乌某公司按诉争房屋 2011 年市场价,赔偿卢某 200 万元人民币及装修费 6 万元。

一审法院审理认为,浙江义乌某公司的公章及法定代表人私章、落款日期为 2009 年 3 月 27 日的《证明》真实,故公司应按《证明》约定赔偿。法院判决:被告浙江义乌某公司支付原告卢某房屋赔偿款 188 万元。

浙江义乌某公司不服,提出上诉,请求撤销一审判决,依法改判。

2. 法院裁判及观点

人民法院确认卢某享有诉争集资建房的权利并有单位依照约定支付赔偿款。二审法院经审理认为,卢某交纳了诉争房屋配套住宅土地出让金、集资建房款等款项,房屋建成后,又进行装修、管理使用至今。义乌市政府允许配套住宅分割转让后,集资建房职工均已办理房屋分割转让过户手续。因此,公司将诉争房屋转让给卢某,双方之间可以认定为房屋买卖法律关系。从《证明》内容看,公司对于土地出让金、集资建房款等由卢某支付并无异议,也愿意协助办理转让过户手续。公司只是对“如二年内不过户到卢某,公司按最后一年市场价赔偿给卢某”有异议。现诉争房屋、车库已经分别过户至他人名下,即使公司愿意转让过户给卢某,也存在过户困难。公司无法将房屋过户给卢某,应承担违约责任。该《证明》以市场价赔偿,比较合理。188 万元包含公司在做分割转让时补交的土地出让金等费用,该费用公司可另行向卢某主张。二审法院判决:驳回上诉,维持原判。

3. 案例评析

本案原告与被告形成关于单位集资建房的房屋买卖合同并依照合同进行了履行,在离职四年后其能够通过诉讼获得未能获取房屋的赔偿,是因为被告自身所作《证明》的承诺。法院在进行审理时并未因卢某已经离职而剥夺其在单位工作期间所获取的集资房福利，而是在对此认可的前提下对双方的合同和《证明》进行分析认定，维护了原告的合法权利。

有关法律规定

《中华人民共和国合同法》

第八条　依法成立的合同，对当事人具有法律约束力。当事人应当按照约定履行自己的义务，不得擅自变更或者解除合同。

依法成立的合同，受法律保护。

第六十条　当事人应当按照约定全面履行自己的义务。

当事人应当遵循诚实信用原则，根据合同的性质、目的和交易习惯履行通知、协助、保密等义务。

最高人民法院《关于民事诉讼证据的若干规定》

第二条　当事人对自己提出的诉讼请求所依据的事实或者反驳对方诉讼请求所依据的事实有责任提供证据加以证明。

没有证据或者证据不足以证明当事人的事实主张的，由负有举证责任的当事人承担不利后果。

三、买卖公房使用权，双方所签订的换房协议是否有效

基本理论

公房顾名思义，即公有房屋，指国有房屋和集体所有的房屋，是具有中国特色的房屋类型，可以分为直管共有住房、单位自管公房和是行政事业单位作为产权人的公有房屋。一般人对于公房仅享有使用权，对于一般房屋使用权，公房使用权由于其性质的特殊性而有所不同。在我国，使用公房的人名义上为租赁，实质上包含了因其身份的特殊性（如属于国有或集体企业的工作人员）而享有的福利，他们通过低于市场价（或通过“分配”）取得国家或国有企事业单位所有的房屋的占有、使用和收益权的权利。国家和集体虽为公

房的所有权人,但一般不享有使用权,因此公房使用权人的权利往往大于一般意义上的“使用权”。由于公房的上述特性,公房使用权的属性认定成为被关注的对象。学术上对于公房使用权的定性包括债权说、准所有权说、居住权说、模糊性财产权说、准用益物权说、用益物权说等多种。但是无论是哪一种观点,其共同性都在于认可公房使用权不是一种简单的债权,是一种复合型的财产权利,不仅仅包含了个人与国家、集体之间的承租关系,同时也包括了一定物权的内容。公房通过使用权延伸出许多他项权利,但这些权利的界限事实并不清楚,从而引起法律上的争议,如对公房进行交换、买卖等。

典型案例一

双方针对公房使用权所签订的换房协议不能实现后又签订的房屋买卖合同,应当认定有效[①]

——石某某与戴某某房屋买卖合同纠纷一案

1. 案情简介

原告:石某某

被告:戴某某

1987年2月,戴某某与北京某研究院签订《房屋租赁契约》,约定由戴某某承租位于海淀区402号房屋(以下简称402号房屋)。当时,402号房屋产权单位系有色金属院(有色金属院系中央直属企业)。2003年10月13日,双方签订《换房协议》一份,约定戴某某将402号房屋与石某某换房居住。后因石某某无法提供合适房屋换给戴某某居住,故在2003年10月双方签订了《房屋买卖协议》,约定戴某某自愿将诉争房屋卖给购房人石某某,购房人石某某将房款人民币8万元整一次性付清给戴某某,卖方收到房款后不得反悔,从现在开始此房与卖方无任何关系并将协助石某某办理过户手续。随后,戴某某将402号房屋交付石某某使用至今。2007年10月31日,戴某某向石某某出具声明一份,再次确认戴某某将402室卖给了石某某,产权归石

① 参见北京市海淀区人民法院(2015)一中民再终字第05459号民事判决书。

某某所有，其只是协助石某某办理相关的产权事宜，并确认戴某某又收到石某某买402室产权的房款13,000元。2007年11月7日，戴某某与有色金属院签署房屋买卖契约，约定由戴某某购买402号房屋，房价款为12,565.25元，公共维修基金826.8元，上述款项由石某某支付。2008年1月9日，402号房屋产权证下发，登记于戴某某名下，建筑面积26.5平方米，产别为私有产。随后，戴某某将产权证原件交付石某某持有至今。审理中，法院至有色金属院调查，该单位表示402号房屋产权性质为央产房，原产权单位系有色金属院，后经房改由个人购买，该房屋不能上市交易。戴某某要求确认双方签订的房屋买卖协议无效。

一、二审法院均支持了戴某某诉讼请求，认定双方签订的买卖合同无效。石某某不服二审判决，向人民法院申请再审，请求撤销原一、二审判决、驳回戴某某的诉讼请求。

2. 法院裁判及观点

人民法院对双方签订的房屋买卖协议的效力予以了确认。法院经审理认为，行为人具有相应民事行为能力、意思表示真实、不违反法律法规强制性规定，不损害社会公共利益，合同成立有效。本案中，石某某因换房不成而购买诉争房屋，虽然戴某某在与石某某签订《房屋买卖协议》时尚未取得诉争房屋产权证，但其不但将房屋交付与石某某，且本人明确表示在取得该房屋产权证后即协助石某某办理房屋过户手续。此后，戴某某亦通过声明以及将产权证交给石某某持有等方式，确认自愿将该房屋出售给石某某。由此，戴某某与石某某于2003年10月签订的《房屋买卖协议》是双方的真实意思表示，且不存在恶意串通、损害他人利益的情形。戴某某诉请确认《房屋买卖协议》无效之理由是"出售房屋系央产房，违反了国家关于央产房不得上市的强制性规定"，但经再审审查，双方签订的《房屋买卖协议》并未违反法律、行政法规的强制性规定，不应确认为无效协议。戴某某与石某某所签订的《房屋买卖协议》不属于法律规定的无效情形，故戴某某的主张没有法律依据，法院判决：撤销一、二审判决，驳回戴某某的诉讼请求。

3. 案例评析

本案中双方签订换房协议，实质是将暂时不具有出售条件的公房予以出售。高级人民法院通过审判监督程序对一、二审判决予以改判，实际可视作确立本类案件的裁判规则。尽管法院是对双方签订换房协议后因无法换房又签订的房屋买卖合同的审查，但是最终认定买卖合同系有效，实际变相认可了换房协议的法律效力。实际双方签订换房协议的本质即是将各自享有的房屋使用权出卖，等到条件允许即办理房屋所有权证书，与买卖合同无异。在这个意义上，法院实际认可了换房协议的有效性。

典型案例二

实为公房使用权买卖并已实际履行，卖方以换房协议无效要求返还的，不予支持①

——龚某某与吴某某合同纠纷一案

1. 案情简介

原告：龚某某

被告：吴某某

龚某某系北京某公司退休职工，2010 年 6 月 24 日龚某某与北京市某公司签订《公有住宅租赁合同》，成为位于 101 号的房屋（以下简称 101 号房屋）的承租人；2010 年 11 月 10 日北京市宣武区城市建设综合开发总公司、北京市朝阳区国土资源房屋管理局建外管理所、北京市朝阳区国土资源和房屋管理局换房站等共同签章的《换房协议书》内容为：吴某某将位于 102 号和位于 1803 号的两套公有房屋与龚某某位于 101 号的公有住房进行调换，据此北京某公司房屋管理科于 2010 年 11 月 16 日将 101 号房屋的承租人变更为吴某某，龚某某将 101 号房屋交付给吴某某居住使用至今。

庭审中，龚某某先是提出自己因被吴某某欺骗换房，故将自己的 101 号房屋的承租权过户并交付房屋给吴某某，而后吴某某并没有依约将他的两处公房交付给自己；对此吴某某予以驳斥，表示双方并非真的用房换房，实际是自己用 98 万元向龚某某购买了 101 号房屋的承租权，当时为了能过户才办理的换房手续，载明双方在平等、自愿、协商一致的基础上，同意共同进行协

① 参见北京市丰台区人民法院（2014）丰民初字第 04653 号民事判决书。

作和配合，在了解相关法律法规知晓相关法律风险的前提下，转让诉争公房使用权房屋。收条分别是2010年11月15日王某某（双方交易选择的中介公司）出具的内容为“今收到吴某某购房款（定金）壹万元正（10,000）（101）”一份，和2010年11月22日龚某某出具的内容为“今收到吴某某房款90万元整”收条一份，以及同日王某某出具的内容为“今收到吴某某购房款捌万元整（80,000）”的收条一份。转账记录为2010年11月22日转账90万元和7万元。龚某某对上述《转让协议》、王某某出具的两份收条和向王某某转账7万元的记录真实性均不予认可，称不认识王某某，《转让协议》也不是自己所签，而对自己所书的收条和向自己转账90万元记录的真实性不予否认，但称90万元是吴某某交付的两套房屋的保证金，一旦交付完毕自己就会把90万元退还给吴某某。北京市某公司系101号房屋的所有权人，庭审中法院向该公司房屋管理科调查，该单位称101号房屋承租权的过户手续是龚某某与吴某某来办理的，须具备有关房管部门开具的《换房协议书》和龚某某全家（包括龚某某与丈夫李某某和儿子李某）签字的《换房申请》才可以办理，吴某某虽非本单位职工，但对其承租本单位的房屋并无异议。

鉴于上述事实和证据，后来龚某某又认可其与吴某某之间实际上系买卖关系，但认为公有住房承租权不能买卖，以合法形式掩盖法非目的为由要求主张双方表面上的换房协议无效。

2. 法院裁判及观点

人民法院通过对换房协议不认可的方式对龚某某意图反悔交易行为的诉讼主张予以否定。法院经审理认为，龚某某欲以合法形式掩盖非法目的为由主张其与吴某某之间的换房协议无效，须先证明二人之间存在换房协议的事实基础。首先龚某某提交的《换房协议书》并非二人之间协商订立，对此不仅吴某某不认可双方之间有过换房协议，龚某某也称《换房协议书》系伪造，双方并没有在上面签字，因此，《换房协议书》并不能当然证明双方之间达成过换房的合意。其次双方均认可龚某某是将涉案公有房屋的承租权有偿转让给了吴某某，这与本案已经查明的事实也相符合，因此双方之间实际上并不是换房关系，双方在此过程中也并无任何关于换房的意思表示，而龚某某主张不存在的换房协议无效，缺少基本的事实依据，故对此诉讼请求，法院难予支持。同理，龚某某依据协议无效，要求涉案房屋的承租权恢复至其名下的主张也缺乏依据，法院不予支持。法院判决：驳回原告龚某某的诉讼请求。

3. 案例评析

本案更为清楚地明确了公房使用权出卖的有效性。尽管案中法院没有认可换房协议的法律效力，但原因在于换房协议的签订方不是房屋使用权人，又另有《转让协议》、收条和转账凭证证明双方对公房使用权所在房屋进行了买卖交易，且公房所有权人北京某公司对此也无异议，故法院对此交易的有效性予以认可，而换房协议的有效与否不影响转让协议的效力，从而驳回了原告的诉讼请求。

有关法律规定

建设部《关于进一步推进现有公有住房改革的通知》

一、各地要进一步明确可出售公有住房和不宜出售公有住房的范围。城镇成套现有公有住房，一般除按照规划近期需要拆除改造的住房；党政、科研机关及大专院校内与机关、办公不可分割的住房；具有历史纪念意义的住房；严重损坏房、危旧房；以及当地人民政府规定的其他不宜出售的住房外，均属于可售公有住房范围。具体可售公有住房与不宜出售公有住房范围，由各地人民政府确定并公布。

八、各地房改、房地产行政主管部门要切实加强对公有住房出售和提租工作的指导、宣传和监督，结合实际情况，采取切实措施，促进现有公有住房改革的顺利实施。对居住在不宜出售公房的住户要做好宣传解释工作，鼓励有条件的单位采取调换公房的办法向职工出售住房。

四、借父母之名购买的公房，能否作为父母遗产

基本理论

遗产是公民死亡时遗留的个人合法财产。《中华人民共和国继承法》对遗产范围作出了明确规定，并在最高人民法院《关于贯彻执行〈中华人民共和国继承法〉若干问题的意见》中作出补充解释。在公房经过合法程序购买之后，能够成为私人房产。但公房的特殊性质在于，公房使用权的享有与使用

人的身份密切相关，非本单位的职工往往不能享有，故该种权益具有一定人身依附性。因此，借父母名义向父母单位购买的房屋包含了与父母的人身依附性带来的价值，这种价值化成现实利益后，就应当考虑它的性质问题。

典型案例

借父母之名购买的公房可以作为父母遗产

——李某甲与李某乙、李某丙法定继承纠纷再审一案①

1. 案情简介

再审申请人（一审原告，二审上诉人）：李某甲

被申请人（一审被告，二审被上诉人）：李某乙

一审原告：李某丙

李某甲、李某丙、李某乙系同胞兄妹，父亲李某丁生前是国税局职工，于1995年7月去世，母亲马某某于1996年3月去世，均无遗嘱。李某丁生前分得了国税局职工宿舍一套，并于1993年支付了购房款2390.68元。2002年第二次房改时因李某丁夫妇均已去世，国税局依据房改政策将此房按照成本价出售给李某乙，后又与李某乙签订了《××市房改成本价购房合同书》。合同载明，购房职工为李某丁，合同落款处的购房人为李某乙。按照合同约定，应付房款为36,196.30元，一次性付款额为34,929.43元，缴清房款后购房方即享有全部产权。合同签订后，李某乙缴清全部购房款，李某丁已经缴纳的2390.68元等额折抵了部分房款。2002年10月，诉争房屋取得了产权证，房屋所有权人登记为李某丁。2003年12月，李某乙以李某丁夫妇独子的名义办理了一份公证，随后向房地产管理局提出过户申请，国税局也出具证明证实李某乙为李某丁的继承人并已完成了公证登记的程序，请求房地产管理局为李某乙办理产权过户手续。2004年1月，房地产管理局将登记在李某丁名下的诉争房屋以继承方式过户给李某乙，并办理了产权证。2009年3月22日，李某乙将诉争房屋以137,000元出售。另查明，李某乙获得诉争房屋的

① 参见四川省高级人民法院（2015）川民提字第60号民事判决书。

产权后,李某甲收取了两年的租金共计7600元。李某乙于本次诉讼前另行支付李某甲1300元,作为李某乙购房时折抵李某丁已付房款的补偿。2002年房改时,李某甲、李某乙均已分到单位的福利房。李某甲请求李某乙给付李某甲父母遗产的出售款45,666(137,000÷3)元。一审法院经审理后认为,本案的争议焦点为李某丁分得的诉争房屋在2002年第二次房改时是否属于遗产。按照当时房改政策的规定,李某丁生前分得的福利房至其1995年死亡时尚无完整产权,从庭审查明的事实看其也无相应比例的部分产权,此房只允许职工使用而无权处分,故产权仍属于职工所在单位。虽然李某丁在分得该福利房时支付了2390.68元,但在第二次房改时此款只等额折抵了李某乙支付的购房款,故诉争房屋不属李某丁的遗产。对于李某丁先行支付的2390.68元,李某乙已在李某甲第一次起诉时向其支付1300元。对于李某甲主张的,李某乙系享受了父亲李某丁的工龄福利才能以成本价购得房屋,其享受的工龄政策优惠应当属于遗产。依照最高人民法院(2000)法民字第4号《关于在享受本人工龄和已死亡配偶生前工龄优惠后所购公房是否属夫妻共同财产的函的复函》的规定,购买公房时享受的工龄优惠只是政策性补贴,不属于财产或者财产权益,而购买的房改房是否属于遗产,要看房改时房款的来源。李某乙2002年申请购买原西郊路58-1号职工宿舍时,其父亲李某丁已死亡,此房的购房款系李某乙用自己的积蓄支付,故无证据证明李某乙在第二次房改时以成本价购得的诉争房屋属李某丁的遗产。一审法院判决:驳回李某甲、李某丙的诉讼请求。一审案件受理费减半收取为471元,由李某甲负担。李某乙不服,提出上诉。二审法院经审理判决:驳回上诉,维持原判。李某甲不服,向法院申请再审。

2. 法院裁判及观点

人民法院认可了诉争房产的遗产性质。法院再审认为,关于诉争房产是否属于遗产的问题。本案诉争房屋系李某丙、李某乙、李某甲之父李某丁单位的房改房,房改房是职工所在单位根据国家房改政策的有关规定,将原公房通过优惠的形式出售给已经承租或使用房屋的职工,职工对其享有部分产权或者全部产权的居住用房。由于房改房是根据职工职务、年龄、工资、家庭人口等多种因素综合考虑后在房屋价值计算上给予职工的政策性优惠福利,相当于将多年积累的工资差额一次性补发给职工。因此,房改房的购买价格并非房屋价值的直接体现。从李某乙与国税局签订的售房合同可以看出，李某乙在购房时仅支付了成本价，即享受了李某丁基于职工身份折抵的房屋价值优惠，合同签订后，房屋的权属也登记在李某丁名下，即使购买房屋的价款系李某乙支付，因李某乙并非国税局的职工，不具备参加该单位房改的资格，故其不能以支付了成本价购房款为由主张诉争房屋的所有权。对于诉争房屋，李某丁的遗产，李某甲、李某丙均有权继承。李某乙实际支付的购房款为32,538.75元。根据李某乙与案外人签订的《售房协议》的约定，李某乙出卖诉争房屋所得的价款为137,000元，李某甲、李某丙有权分得的遗产价值为：(137,000－32,538.75)÷3＝34,820.4元，扣减李某乙在一审诉讼过程中已支付李某甲的1300元，李某乙还应支付李某甲33,520.4元，支付李某丙34,820.4元。再审法院判决：(1)撤销一、二审判决；(2)李某乙于本判决生效之日起10日内支付李某甲遗产分割款33,520.4元，支付李某丙遗产分割款34,820.4元。

3.案例评析

本案是典型的借父亲名义购得公房后引起的遗产纠纷诉讼。法院充分考虑了被申请人购买房屋时因父亲为公房所在单位职工所享有的权利而系以较低价格取得，认为公房作为房改房出卖系考虑了当事人父亲的身份、职工职务、年龄、工资、家庭人口等因素，故最终判决房屋作为遗产进行分割，符合公平原则。

有关法律规定

《中华人民共和国继承法》

第三条　遗产是公民死亡时遗留的个人合法财产，包括：

(一)公民的收入；

(二)公民的房屋、储蓄和生活用品；

(三)公民的林木、牲畜和家禽；

(四)公民的文物、图书资料；

(五)法律允许公民所有的生产资料；

(六)公民的著作权、专利权中的财产权利；

（七）公民的其他合法财产。

第十条第一款　遗产按照下列顺序继承：

第一顺序：配偶、子女、父母。

第二顺序：兄弟姐妹、祖父母、外祖父母。

第十三条第一款　同一顺序继承人继承遗产的份额，一般应当均等。

五、承租的公房是否可以继承

基本理论

严格地讲，承租的公房权不存在“继承”的说法，公房的承租权名义上为租赁权，但由于公房性质的特殊性，产生于我国计划经济时代，它本身就具有国家对职工进行福利分房的性质，因此不同于一般房屋租赁，在交易、继承等问题上也有不同于一般房屋的处理方式。公有住房承租人的身份特殊，是在国有或集体单位工作的职工。一般情况下，一旦签订租赁合同就拥有长期占有和使用房屋的权利，单位不得随意收回，租金很低，基本是象征性地支付，承租人可以转租，并与其他公房使用权互换，承租人享有名称变更权等。公房承租权的上述特点决定了在面对承租人死亡后对可能出现承租权是否应当由其配偶、子女等近亲属继续使用的问题，通常我们就将之称为“继承”问题。

典型案例一

承租的公房使用权可以依法“继承”

——何某甲等四人与杨某、重庆市某房屋管理所物权确认纠纷二审案①

1. 案情简介

上诉人（原审第三人）何某甲

① 参见重庆市第五中级人民法院（2015）渝五中法民终字第01458号民事判决书。

上诉人(原审第三人)何某乙

上诉人(原审第三人)何某丙

上诉人(原审第三人)何某丁

被上诉人(原审原告)杨某

被上诉人(原审被告)重庆市某房屋管理所

何某和罗某某系夫妻关系,育有何某丙、何某丁、何某乙、何某甲、何某戊五个子女。何某于1979年4月死亡、罗某某于1986年6月死亡。何某戊与杨某某原系夫妻,育有杨某,于2006年7月8日离婚。2012年5月30日,何某戊和何某某登记结婚,未生育子女。2012年11月25日,何某戊于家中逝世。1993年,重庆市沙坪坝公证处出具公证书载明:何某和罗某某遗留的化山村房屋遗产应由其子女何某丙、何某丁、何某乙、何某甲、何某戊共同继承。2008年6月,何某戊作为乙方与拆迁办作为甲方签订安置协议书,约定化山村房屋拆迁,乙方拥有新的安置房屋一套(安置房屋A),房屋产权人(使用人)为何某戊等五人。该协议乙方处签字为何某戊。同日,何某丁、何某丙、何某乙、何某戊、何某甲作为乙方与拆迁办(甲方)签订货币安置补偿协议书,约定按有关规定,甲方给予乙方货币安置补偿费及附属设施费合计人民币166,728元。该协议书乙方处签字为何某丙。同日,重庆市重点工程建设拆迁办公室作为甲方与何某丁作为乙方再次签订房屋安置协议书,约定了房屋安置地点(此处为安置房屋B),该协议乙方处仅由何某丁签字。

2008年6月,何某甲、何某丁、何某乙、何某戊出具委托书,委托何某丙前往办理支取分配房屋拆迁补偿款201,841元。庭审过程中,何某甲、何某丁、何某乙、何某丙称上述款项由何某甲、何某乙、何某丙各分得五万元,余款由何某丁、何某戊分得。杨某认可何某戊只分得1万多元。2009年6月,何某戊与重庆市某房管所建立房屋租赁关系,由何某戊承租使用安置房屋A。2012年11月,何某戊于其家中(非安置房屋)去世。2013年4月,何某戊之妻何某某在放弃继承声明书签字,声明其自愿放弃位于安置房屋A的继承权。

另查明,杨某曾在另案中起诉何某甲、何某某、何某丙、何某丁、何某乙,重庆市渝中区某房管所作为第三人参加该案诉讼。何某某在该案的庭审过程中也作出放弃继承的意思表示。

2. 法院裁判及观点

人民法院确认了公房使用权具有可以继承的属性。一审法院经审理认为,遗产是被继承人死亡时遗留的财产。本案焦点在于 2008 年 6 月,何某戊、何某丙、何某丁、何某乙、何某甲在拆迁安置过程中的行为是否可以认定为对其父母遗产房屋的分割。遗产房屋的三份拆迁协议的乙方处所载明的人员不同,其中涉案房屋的协议中乙方处为何某戊,而另一房屋的协议乙方处为何某丁。何某戊根据拆迁协议已经单独办理了租约证,而何某丁也依据拆迁协议已经单独办理了租约证;另一份补偿现金的协议乙方中有五个子女的名字,五人也已经将依据协议所领的款项进行分割。现杨某认为涉案房屋即安置房屋 A 使用权已经归属何某戊,而第三人认为仍应属于五个子女享有。双方出现分歧,从客观行为考虑当事人彼时的意思表示,应认定五个子女已经对何某、罗某某的遗产进行分割。故涉案房屋的使用权益具备财产属性彼时已经归属何某戊。公房使用权具有特殊的财产性质。目前,公房使用权基本上源于城市居民的私房拆迁和单位的分配。前者是私房所有权的转化,后者是与工作有关的福利制度,均涵盖着部分所有权的属性。从公房使用权的权利现状看,公房使用权现有权能也几乎可以涵盖传统上所有权的四项权能。故涉案房屋使用权具有独立财产权利的性质,可视为死者生前遗留的合法财产,故可以参照遗产继承的方式由死者的继承人享有。现何某戊去世,其配偶也放弃继承该相关权益。因此,涉案房屋的使用权益,可以参照遗产继承方式归属何某戊之女杨某所有。法院判决:安置房屋 A 使用权由杨某享有。何某甲等四人不服,提出上诉。二审法院认为,公房承租权具有准物权性质,可以比照遗产处理,一审认定由杨某获得本案房屋使用权并无不当。二审判决:驳回上诉,维持原判。

3. 案例评析

公房是特殊时代的产物,在社会经济发展过程中随其性质未发生根本变化,但从公房使用权的权利现状看,公房使用权进一步具备了独立的私有财产的性质。本案判决直接将租住获得的公房使用权定性为"几乎可以涵盖传统上所有权的四项权能",将之视为死者生前遗留的合法财产,判决参照遗产继承的方式由死者的继承人享有。但是,需要值得注意的是,根据生活中的不同情况,公房使用也需要考虑与租住人同住者的情况,在具有共同居住人时，实际处理可能将有所不同。

典型案例二

关于公有住房的租赁合同可以作为“遗产”依法归继承人所有

——孙某甲、孙某乙与孙某丙返还原物纠纷一案[①]

1. 案情简介

原告：孙某甲、孙某乙

被告：孙某丙

孙某甲、孙某乙系孙某、张某之女。孙某丙系孙某之妹。孙某于2012年4月去世，张某于2014年11月去世。孙某、张某除孙某甲、孙某乙外，无其他第一顺序继承人。位于北京市某区房屋系公有住房，孙某系该房屋承租人，孙某于2011年3月房屋土地经营管理中心重新签订了一份《北京市公有住宅租赁合同》。现上述承租公房的购电卡和《北京市公有住宅租赁合同》原件由孙某丙持有。孙某甲的一审诉讼请求：《北京市公有住宅租赁合同》和购电卡归孙某甲所有。孙某乙向一审法院起诉请求：判令孙某丙将《北京市公有住宅租赁合同》及该公房的购电卡返还孙某乙。

2. 法院裁判及观点

本案租赁合同象征着房屋使用权，法院依法支持了第一顺序继承人对租赁合同要求返还的诉讼请求。一审法院审理认为，继承从被继承人死亡时开始。继承开始后，由第一顺序继承人继承，第二顺序继承人不继承。遗产是公民死亡时遗留的个人合法财产。本案中，被继承人孙某为被诉争房屋原承租人，该房屋的《北京市公有住宅租赁合同》及购电卡系孙某的所有物，孙某去世后，上述物品属孙某的遗物，属遗产范畴。孙某甲、孙某乙是孙某的第一顺序继承人，孙某的遗产应由孙某甲、孙某乙继承。现孙某甲、孙某乙要求孙某丙返还《北京市公有住宅租赁合同》及购电卡，符合法律规定。一审法院判

---

① 参见北京市第二中级人民法院(2016)京02民终10999号民事判决书。

决:孙某丙将《北京市公有住宅租赁合同》及该公房的购电卡返还给孙某甲和孙某乙。孙某丙不服,向法院提出上诉。人民法院二审判决:驳回上诉,维持原判。

3. 案例评析

本案从表面看是对于死者遗物租赁合同返还的诉讼,但实际该租赁合同具有特殊性,它代表着公房使用权的取得,与房屋所有权证性质类似。法院的处理结果意味着第一顺位的两位继承人凭借公有住宅租赁合同主张对死者公房租住权的享有,公房的租赁权实质具有了"遗产"性质。

有关法律规定

《中华人民共和国继承法》

第二条 继承从被继承人死亡时开始。

第三条 遗产是公民死亡时遗留的个人合法财产,包括:

(一)公民的收入;

(二)公民的房屋、储蓄和生活用品;

(三)公民的林木、牲畜和家禽;

(四)公民的文物、图书资料;

(五)法律允许公民所有的生产资料;

(六)公民的著作权、专利权中的财产权利;

(七)公民的其他合法财产。

《中华人民共和国物权法》

第三十三条 因物权的归属、内容发生争议的,利害关系人可以请求确认权利。

第二节

农村宅基地房屋纠纷

农村宅基地房屋纠纷,多与农村宅基地使用权问题有关。宅基地使用权多特指农村宅基地使用权,而广义的还包括城镇宅基地使用权在内,后者作为历史遗留问题现在已较少提及。根据《物权法》的规定,宅基地使用权仅指农村居民因建造自有房屋而对集体所有土地的占有、使用的权利。

宅基地使用权作为用益物权,有以下特点:一是所有权归集体;二是使用主体特定,为集体经济组织成员;三是该使用权以建设住宅为主要用途;四是具有社会保障功能,使用权人多为无偿使用,或仅支付较少对价。

一、农村房屋买卖合同的效力问题

基本理论

对于农村宅基地使用权的转让设有限制条件,必须具备转让人拥有二处以上农村住房(含宅基地)、同一集体经济组织内部成员转让、受让人没有住房和宅基地,符合宅基地使用权分配条件、转让行为征得集体组织同意、必须地随房走等五个条件,应当说处于限制流转的状况。但是,宅基地使用权不转让,仅转让宅基地上自建房屋的所有权,该类房屋买卖合同是否有效?

长久以来,学界和司法界对此问题都有两种不同的观点。第一种观点认为宅基地上房屋买卖合同无效。

首先,依据《中华人民共和国土地管理法》(以下简称《土地管理法》)第62条、第63条以及1999年国务院办公厅《关于加强土地转让管理严禁炒卖土地通知》第2条第2款的规定，认为能享有宅基地使用权的必须是集体经济组织的成员，如果允许宅基地上房屋出售给集体经济组织以外的人，将导致宅基地使用权一并转让，从而扩大了宅基地使用权的主体，违反了《土地管理法》中关于宅基地使用权身份限制的规定。2004年12月24日，国务院发布《关于深化改革严格土地管理的决定》（国发〔2004〕28号）再次强调宅基地使用权身份限制的规定。

其次，虽然法律、法规没有明文禁止宅基地上自建房屋的转让，但是，房屋是建筑在宅基地上的，是土地的附着物，与土地使用权具有不可分离性，而宅基地使用权是集体经济组织成员享有的权利，与特定的身份关系相关，农村房屋买卖在处分房屋的同时，也处分了宅基地。此类行为损害了集体经济组织的权益，是法律、法规明确禁止的。

第二种观点认为宅基地上房屋买卖应当认定为有效。

首先，宅基地上房屋与宅基地其实是两个不同的概念，《土地管理法》明确规定了农村宅基地使用权不能转让，但是，宅基地使用权是用益物权，而房屋产权是所有权，宅基地使用权转让受到限制，并不表示农村房屋产权转让也应受到限制。

其次，宅基地使用权和房屋所有权是否经过户登记并不是房屋买卖合同的有效要件，未办理过户登记不影响买卖合同的效力。农村宅基地上房屋的买卖合同，只要符合合同的有效要件，合同即为有效。且《合同法》第44条第2款规定的合同生效必须办理的批准登记手续，与房屋产权过户登记是两个不同性质的问题。房屋过户登记的行为是物权行为，是否进行了过户登记，并不影响房屋买卖合同的债权行为的成立。因此，农村宅基地房屋没有办理过户登记手续，只是构成了房屋买卖合同未履行完毕，并没有影响买卖合同的效力。

最后，根据《合同法解释（一）》（法释〔1999〕19号）第4条规定："合同法实施以后，人民法院确认合同无效，应当以全国人大及其常委会制定的法律和国务院制定的行政法规为依据，不得以地方性法规、行政规章为依据。"国务院1999年和2004年两个文件并非行政法规，不能作为认定合同无效的依据，故农村宅基地房屋买卖合同并不存在法定的无效事由。

至于宅基地转让问题，现行法律也有许多相冲突的地方，如《土地管理法》禁止宅基地转让,但《继承法》却表明宅基地的使用权可以因继承变更主体。

同时存在大量主张房屋买卖合同无效的案例,因为宅基地面临拆迁,土地使用价值发生了溢价,原本卖掉房屋的农村集体经济组织成员,为获取本不应得的收益,出尔反尔。如简单确认此类合同无效,将严重损害公序良俗和诚实信用原则,违反诚实信用的卖房者获益,而买房者却蒙受了损失,又或者导致卖房方赢了诉讼,但是要承担高额的缔约过失赔偿责任,买方虽然获得了应有赔偿,却要腾房搬迁等问题。因此,在审判实践中,对于宅基地房屋买卖合同是否有效,应当认真审查房屋买卖的现实情况,包括合同履行、房屋的权属、是否经过登记、有无翻建、是否具备腾房条件等,通盘考虑合同是否有效对当事人双方利益的影响,加大对无过错方、信守承诺方的保护,引导农民审慎处分宅基地房屋,以实现裁判的法律效果和社会效果有机统一。

典型案例一

农村集体组织成员违反规定将宅基地转让给城镇户口人员的行为无效

——吴某甲、杨某某诉谢某某、吴某乙、吴某丙宅基地使用权案①

1. 案情简介

上诉人(一审原告、反诉被告):吴某甲

上诉人(一审原告、反诉被告):杨某某

被上诉人(一审被告、反诉原告):谢某某

被上诉人(一审被告、反诉原告):吴某乙

被上诉人(一审被告、反诉原告):吴某丙

因防城港市第一公路客运中心规划之需,防城区进新城市建设投资有限公司(以下简称城投公司)需拆除吴某甲及杨某某在规划建设范围内的原有房屋及附属物。2005 年 9 月 19 日,城投公司与吴某甲签订《房屋拆迁补偿安置协议》:城投公司拆除吴某甲的红砖瓦木结构房屋 43.85m^2、水井一口、粪

① 参见广西防城港市中级人民法院(2011)防市民一终字第 193 号民事判决书。

坑一座、化粪池一座等，共补偿 16,547 元；房屋及附属物拆除后，土地由城投公司使用；城投公司自协议后一年内在客运中心旁边，按每人 $25m^2$ 标准安置吴某甲杨某某宅基地共 $50m^2$；吴某甲建房的手续由城投公司协助办理，费用由双方按半负担等。因吴某甲以上房屋及附属物被拆除，2007 年年底，防城镇沙埠村遂将位于河西新区吴屋一组的 5 号宅基地(112.5 平方米)分配给吴某甲及杨某某使用。之后，吴某甲、杨某某因无法凑足建房费用，经人介绍，其(甲方)遂与谢某某、吴某丁(乙方)协议转让宅基地，并于 2008 年 3 月 20 日在防城镇沙埠村委会签订《断卖宅基地契约》，约定由甲方将位于河西新区的吴屋一组抽签地号为 5 号的宅基地(长 15 米、宽 7.5 米，共 112.5 平方米，东南临街道、西南与吴德钦 4 号宅基地相邻、西北邻空地、东北邻吴就业屋)断卖给乙方，总价款为 31.8 万元；乙方在使用宅基地过程中，如有他人提出干涉，由甲方负责理妥，与乙方无关；该地的一切手续及证件交由乙方收执。吴某甲、杨大新夫妇及儿子杨某某、杨卓霖(杨大新及杨卓霖户口在企沙镇，不享受安置宅基地)、谢某某、吴某丁在契约上签字。防城镇沙埠村委支书钱进强等人作为在场人在契约上签字。当天，谢某某及吴某丁付清对方全部价款。而后不久，谢某某、吴某丁开始平整宅基地。2008 年 5 月，吴某甲反悔，要求返还对方全部价款，取回宅基地，双方由此引发纠纷。在防城司法所调解过程中，吴某甲同意补偿谢某某、吴某丁 6.2 万元，但谢某某、吴某丁不同意，纠纷调解未果。后吴某甲以得悉契约无效及儿子杨某某不同意卖地为由，于 2010 年 6 月 29 日向法院提起诉讼，请求确认断卖宅基地契约无效。2010 年 7 月 29 日，吴某丁病故。2010 年 9 月 25 日，谢某某、吴某乙与吴某丙提出反诉，以对方明知出卖的宅基地禁止流转，出尔反尔，应承担主要过错责任为由，请求吴某甲、杨某某赔偿信赖利益损失 40 万元。

2. 法院裁判及观点

一审法院经审理认为，《中华人民共和国宪法》《土地管理法》规定，宅基地属于农民集体所有，农民对宅基地只有使用权而无所有权，不能行使处分权，宅基地不能非法买卖及以其他形式非法转让。吴某甲及杨某某原位于防城镇沙埠村吴屋一组的房子及附属设施被征用拆除后，所享受安置分配的 $112.5m^2$ 土地，其性质为农村宅基地，属于沙埠村集体经济组织所有，吴某甲及杨某某仅可用于自建房屋。谢某某等人属城镇人口，并非沙埠村村民，依法不具备农村宅基地的受让资格。因此,吴某甲、杨某某与谢某某及吴某丁签订的《断卖宅基地契约》已违反宪法、法律的规定,按照《合同法》第 52 条关于违反法律、行政法规强制性规定的合同无效的规定,该《断卖宅基地契约》应归于无效,依法不受法律保护。原告(反诉被告)吴某甲与杨某某请求确认契约无效,其证据充分,理由成立,予以支持。《合同法》第 58 条规定,合同无效或被撤销后,因该合同取得的财产应当予以返还……有过错的一方应赔偿对方因此所受到的损失,双方均有过错的应各自承担相应责任。鉴于吴某丁已故,按法律规定,其权利义务应由其法定继承人谢某某、吴某乙与吴某丙继承。据此,谢某某、吴某乙与吴某丙应将河西新区第 5 号宅基地返还吴某甲与杨某某;同时,由吴某甲、杨某某返还谢某某、吴某乙与吴某丙宅基地款 31.8 万元。吴某甲、杨某某明知所获安置的宅基地不可转让而擅自将其对外出售给对方,出售后又进而反悔,其行为明显有悖诚实信用原则,极不利于当地和谐社会秩序的建立,故其过错程度较大,应承担本案 70% 过错责任。谢某某与吴某丁明知自己不具备农村宅基地的受让资格,而购买吴某甲及杨某某的宅基地,其行为亦有过错,但过错程度较小,应承担本案 30% 的次要责任。鉴于断卖宅基地契约的无效,基于双方的缔约过失行为,产生了作为买受方谢某某等人的信赖利益损失,作为主要过错的出卖方理应给予相应赔偿。反诉原告(本诉被告)谢某某、吴某乙与吴某丙主张原告(反诉被告)吴某甲、杨某某赔偿信赖利益损失,理由充分,法对其合理部分予以支持,判决:吴某甲、杨某某与谢某某、吴某乙、吴某丙签订的断买宅基地契约无效;谢某某、吴某乙、吴某丙于本判决生效之日起 10 日内将防城镇沙埠村吴屋一组河西新区第 5 号宅基地返还吴某甲与杨某某;吴某甲、杨某某返还谢某某、吴某乙与吴某丙宅基地款 31.8 万元,赔偿谢某某、吴某乙、吴某丙信赖利益损失 27.216 万元。

吴某甲不服一审,上诉至防城港区中级人民法院,认为被上诉人反诉要求上诉人赔偿信赖利益损失依法无据,一审判决程序违法、认定事实错误、适用法律明显错误,请求二审依法撤销一审判决第四项,并判令被上诉人承担本案诉讼费用。

防城港市中级人民法院结合双方当事人的诉辩意见及案件证据,认为一审查明的事实除了对谢某某、吴某丁平整宅基地有误,应该是城投公司平整诉争宅基地外,其他事实属实,予以确认。

防城港市中级人民法院经审理认为,上诉人认为一审程序违法没有事实和法律依据,不予支持。上诉人与被上诉人签订的《断卖宅基地契约》因违反法律的规定而无效,根据《合同法》第56条“无效的合同或者被撤销的合同自始没有法律效力。合同部分无效,不影响其他部分效力的,其他部分仍然有效”的规定,无效的合同自始无效,不受法律保护,因此,无效的合同不应得到履行。本案中,上诉人与被上诉人,明知农村集体宅基地不能转让,双方仍然非法买卖,双方当事人对造成合同无效均有同等的主观过错,应承担同等的过错责任。由于无效的合同不受法律保护,不应当履行,因此,一审法院以上诉人反悔,违背诚实信用原则为由,认为上诉人负主要过错责任,理由不充分,不予支持。

关于双方当事人签订的协议无效后,是否造成损失的问题。本案中,由于上诉人与被上诉人签订的《断卖宅基地契约》无效,根据《合同法》第58条“合同无效或者被撤销后,因该合同取得的财产,应当予以返还;不能返还或者没有必要返还的,应该折价补偿。有过错的一方应当赔偿对方因此所受到的损失,双方都有过错的,应当各自承担相应的责任”的规定,合同无效后,因该合同取得的财产,应当予以返还。因此,被上诉人应将河西新区第5号宅基地返还上诉人,同时,由上诉人返还被上诉人宅基地款31.8万元。由于上诉人与被上诉人双方对造成合同无效均有过错,根据法律规定,合同无效后,有过错的一方应当赔偿对方因此所受到的损失,双方都有过错的,应该各自承担相应的责任。对于本案中是否存在信赖利益损失以及损失数额如何确定的问题,应当综合考虑双方当事人转让宅基地时的转让价与法院委托评估诉争宅基地时的宅基地区位价值来进行确定。上诉人与被上诉人是在2008年3月20日签订合同的,当时的转让价是31.8万元。双方当事人发生纠纷在2010年6月29日即向一审法院起诉时,一审法院在2011年4月20日委托广西中正土地评估有限责任公司对诉争的宅基地进行区位价值评估时,由于相隔三年时间,诉争宅基地的周边环境、用地成本、开发价值已经发生了改变,因而诉争宅基地的区位价值也有所变化。一审法院全面考虑出卖人因土地升值所获利益及买受人因土地现值和原买卖价格的差异所造成的损失两方面因素予以确定,采信了广西中正土地评估有限责任公司评估出来的诉争宅基地的区位总价值70.68万元,符合公平原则,比较合理,因此,被上诉人的信赖利益损失应当是38.88万元(70.68万元-31.8万元)。由于被上诉人对造成合同无效也应承担50%的过错责任,其自己也应承担相应的责任,因此,上诉人应当赔偿被上诉人信赖利益损失19.44万元(38.88万元×50%)。防城港市中级人民法院作出如下判决:(1)维持防城港市防城区人民法院(2010)防民初字第282号民事判决第一项、第二项、第三项;(2)变更防城港市防城区人民法院(2010)防民初字第282号民事判决第四项为:上诉人吴某甲、杨某某赔偿被上诉人谢某某、吴某乙、吴某丙信赖利益损失19.44万元;(3)驳回谢某某、吴某乙、吴某丙的其他诉讼请求。

3. 案例评析

《合同法》规定违反法律、行政法规强制性规定的合同无效。在我国,享有宅基地使用权,是有着特殊的身份条件限制的——宅基地使用权是农村集体经济组织成员享有的权利,非集体经济组织成员无权取得。因此,农村集体经济组织成员,对宅基地只有使用权,而没有所有权和处分权,其违反法律的规定,宅基地转让给城镇户口人员的行为无效。

对于无效合同,因该合同取得的财产,应当予以返还;不能返还或者没有必要返还的,应该折价补偿。有过错的一方应当赔偿对方因此所受到的损失,双方都有过错的,应当各自承担相应的责任。当当事人双方在签订宅基地转让协议时均知该协议为无效协议,仍进行宅基地买卖,故双方当事人均有过错,应该各自承担相应的责任。

典型案例二

楼基地转让给非本集体经济组织成员的,该转让协议无效,转让人应向受让人返还购买楼基地款

——邹某某诉张某某合同纠纷案[①]

1. 案情简介

原告:邹某某

① 该案例为最高人民法院2015年12月4日发布的合同纠纷典型案例。

被告:张某某

2003 年 4 月 29 日,邹某某与张某某签订一份楼基地转让协议书,约定张某某将位于日照市东港区安东卫街道东街(后更名为:“日照市岗山区东卫街道东街”)转让人应向受让人返还购买楼基 56,900 元的价格转让给外村村民邹某某,协议载明款项当面付清,张某某的同村村民周某业作为证明人在协议书上签字。之后该处楼基地一直闲置,邹某某未在上面建设房屋。2013 年,因未能办理楼房建设手续,岚山安东卫东街居委将该楼基地收回,并向张某某补偿位于日照市岚山区安东卫街道凤凰山社区 7 号楼西单元 102 室的安置房一处。邹某某认为,其已受让了楼基地,因此,基于该楼基地补偿的上述安置房应归其所有。因与张某某就安置房的归属问题协商不成,邹某某遂起诉至法院,要求张某某返还购买楼基地的款项 56,900 元,并赔偿其因此所遭受的损失。

庭审中,张某某辩称,(1)涉案楼基地系本村村委按照统一规划分配的宅基地,依法不得买卖,双方签订的转让协议违反法律规定;(2)双方已于 2004 年通过证明人周某业(已去世)办理了退还楼基地的事宜,被告向邹某某支付 60,000 元作为补偿,邹某某将楼基地返还给被告,并提交有为补偿,2004 年通过证明人周某业(已去世)办理了退张某某一次性买回楼基款 60,000 元,经办人:周某业,2004 年 9 月 15 日,并加盖中共日照市岚山区安东卫街道东街居总支部委员会会员,经岚山安东卫东街居委主任石某华的私人印章。经法院调查核实,石某华表示未经手办理此事,且在当时还没有收到条所加盖的党支部的章。在法院要求继续核实该收到条时,张某某称原件已经丢失。经对比,收到条与双方签订的转让协议书上周某业的签名差别较大。

2. 法院裁判及观点

山东省日照市岚山区人民法院生效裁判认为,涉案楼基地所占土地性质系集体所有土地,且张某某取得该楼基地系基于原宅基地及房屋重新规划、拆迁后的补偿利益,其性质等同于宅基地。张某某将该楼基地转让给非本集体经济组织成员的邹某某,违反了我国法律、行政法规的强制性规定,法院依法确认该转让协议无效,邹某某不能取得涉案楼基地的使用权。

张某某提交的收到条,上面加盖的公章在 2004 年 9 月 15 日尚不存在,且与转让协议上周某业的签名差别较大,另一签章人亦否认经手此事,在该份收到条存有诸多疑点的情形下，张某某以丢失为由无法提供原件，致使无法进一步辨别证据的真伪，应当承担不利的法律后果，法院对该收到条不予采信，对张某某据此主张的双方已解除合同，并通过周某业返还 60,000 元的事实，不予认定。因无效合同取得的财产应当予以返还。张某某应向邹某某返还购买楼基地款 56,900 元。

张某某明知涉案楼基地依法不能转让给本集体经济组织以外成员仍进行转让；作为日常生活大宗交易，邹某某在未确认土地性质的情况下即购买涉案楼基地，双方对于合同无效均有过错。张某某在双方转让行为历经十余载，涉案楼基地升值并存有巨大利益后，才以违反法律规定为由主张合同无效，虽然符合法律规定，但就道义、情感角度而言，属于典型的违反诚实信用原则。因此，裁判张某某以转让款为基数，按照中国人民银行同期贷款利率赔偿邹某某损失。

3. 案例评析

根据现行法律规定及国家政策，宅基地等集体所有土地使用权带有很强的社会保障功能，只能在本集体经济组织成员内部享有、流转。但在实践中，违法流转大量存在，若双方正常履约，这种违法现象也“合理”地存在，但宅基地转让纠纷一旦进入法院，此种转让给集体经济成员以外的转让行为，将毋庸置疑地被认定为无效。转让被判无效后，依据《合同法》第 58 条的规定，“合同无效或者被撤销后，因该合同取得的财产，应当予以返还；不能返还或者没有必要返还的，应当折价补偿。有过错的一方应当赔偿对方因此所受到的损失，双方都有过错的，应当各自承担相应的责任”。因此，农村集体经济组织成员，对宅基地只有使用权。基于宅基地上所建房屋的特殊性，如果转让人可以堂而皇之以违反“法律规定”的借口，毫无顾忌地实施违反诚信的行为，必然让大众难以接受。因此，在处理此类纠纷时，应当以法律规定为前提，适当引入道德、风俗习惯，实现情、法、理的融合。本案中，法官正是基于法律强制性规定认定转让协议无效，但也同时引入诚信原则，在合理范围内弥补受让人的损失。

典型案例三

非本集体经济组织成员购买农村宅基地房屋的合同在一定条件下认定为有效

——张某某农村房屋买卖合同纠纷再审一案[①]

1. 案情简介

申请再审人(一审被告、二审上诉人):张某某

被申请人(一审原告、二审被上诉人):刘某某

申请再审人张某某因与被申请人刘某某农村房屋买卖合同纠纷一案,不服北京市第一中级人民法院(2012)一中民终字第9541号民事判决,向北京市高级人民法院申请再审。

刘某某原审称起,1993年10月13日,刘某某与张某某就位于北京市昌平区沙河镇白各庄村西南角北瓦房4间及树木两棵,签订了《卖房协议》,并按协议履行。2011年,该《卖房协议》经生效判决确认无效。之后白各庄村进行旧村改造,刘某某所卖房屋及院落作价共计2,888,044元,该款项全部由张某某领取。刘某某认为张某某在获取适当补偿后,应将剩余部分返还刘某某。刘某某请求法院判令:(1)张某某向刘某某支付昌集体土地建设用地使用证载明的宅基地使用权及地上房屋补偿款的50%份额,计1,444,022元;(2)诉讼费由张某某承担。

张某某原审辩称,张某某不同意刘某某的诉讼请求。刘某某、张某某双方经过多次诉讼,判决查明的事实当中,已经明确查明刘某某并不是北京市昌平区沙河镇白各庄村的村民,也非该村集体经济组织成员,无权要求张某某给刘某某折价或者补偿。请求法院驳回刘某某的诉讼请求。

北京市昌平区人民法院一审查明,1993年10月13日,刘某某(甲方)与张某某(乙方)签订了《卖房协议》。双方约定,甲方将坐落在北京市昌平区沙河镇白各庄村西南角北瓦房四间及树木两棵的产权卖给张某某,价格为

① 参见北京市高级人民法院(2013)高民申字第3821号民事判决书。

1.2万元。当时的昌平县公证处对双方的签约行为进行了公证并出具了公证书。签订《卖房协议》后，双方履行了各自的义务。张某某在购买上述房屋之后，在房屋所在的院落内又新建了房屋及门楼等。

2011年3月，刘某某以房屋买卖合同纠纷为案由，向法院提起诉讼，要求法院确认刘某某与张某某签订的房屋买卖合同无效，将买受的房屋返还腾退。

2. 法院裁判及观点

北京市昌平区人民法院于2011年6月16日，以（2011）昌民初字第4336号民事判决书，判决双方于1993年10月13日签订的《卖房协议》无效，驳回刘某某的其他诉讼请求。

北京市昌平区人民法院一审认为，合同无效或者被撤销后，因该合同取得的财产，应当予以返还；不能返还或者没有必要返还的，应当折价补偿。有过错的一方应当赔偿对方因此所受到的损失，双方都有过错的，应当各自承担相应的责任。刘某某、张某某于1993年签订的《卖房协议》被法院依法确认无效后，自合同签订之日起，该合同对当事人就不具有法律约束力，而导致合同无效，订立合同的双方均有过错责任；刘某某将农村房屋卖与张某某，且在房屋出售近20年后，以买卖房屋违反法律为由主张合同无效，有悖诚信原则，故应承担主要责任。张某某在购房时未严格验证对方房屋产权，盲目购买，对于合同无效亦负有次要责任。刘某某与张某某的过错程度，由法院依据买卖时间、买卖原因、房屋的升值价值、土地的补偿情况，酌情确定为70%和30%；因买受的房屋所在地区涉及旧村改造，房屋已被拆除，对于因此取得的补偿款，应根据双方过错责任，按照比例进行分割。因张某某领取了有关土地及房屋的补偿款，刘某某要求张某某支付相应的补偿款，于法有据，刘某某应得的份额，由法院依据双方的过错程度予以确定，刘某某要求过高部分，法院不予支持；张某某不予支付补偿款之答辩意见，于法无据，法院不予采信。2012年6月19日北京市昌平区人民法院作出（2012）昌民初字第7031号民事判决：（1）张某某于判决生效之日起7日内支付刘某某土地使用补偿款854,445元、房屋补偿款6633元，共计861,078元；（2）驳回刘某某的其他诉讼请求。案件受理费8899元，由刘某某负担2693元，由张某某负担6206元。

张某某不服一审判决，向北京市第一中级人民法院提起上诉，请求撤销一审法院判决，发回重审或依法改判驳回刘某某的诉讼请求，判令张某某无需支付刘某某土地使用补偿款和房屋补偿款；一、二审诉讼费用由刘某某承担。其上诉理由是：一审法院判决认定事实不清，适用法律错误。张某某与刘某某房屋买卖合同的效力虽然已经被法院确认为无效合同，但是两审法院都认定合同虽然无效，但是不适用返还的原则。其理由主要为刘某某违背诚实信用的民事活动原则、刘某某本人不是北京市昌平区白各庄村的农村集体经济组织的成员、买卖合同已经履行了20年之久，以及张某某一直居住诉争房屋并翻建和装修等。一审法院笼统地按照无效合同主次责任的划分来确定补偿的方式明显错误，并于法相悖。张某某在房屋买卖中不存在任何过错，并且履行了当时的全部法律和政策规定的手续，一审法院认定张某某承担次要的过错责任是没有事实和法律依据的。

刘某某答辩称，同意一审法院判决，不同意张某某的上诉请求和理由。

北京市第一中级人民法院二审查明，一审法院查明的事实属实予以确认。

北京市第一中级人民法院二审认为，法院生效判决已确认刘某某、张某某于1993年签订的《卖房协议》无效，故因该合同取得的财产，应当予以返还。依据双方买卖时间、买卖原因、房屋的升值价值、土地的补偿情况，一审法院酌情确认刘某某与张某某的过错程度分别为70%和30%并无不当。因房屋已被拆除，根据双方的过错责任，张某某应按照比例返还刘某某相应的补偿款。综上所述，张某某的上诉请求和理由没有事实及法律依据，法院不予支持。2012年8月13日北京市第一中级人民法院作出(2012)一中民终字第9541号民事判决：驳回上诉，维持原判。

张某某申请再审称，如果房屋买卖合同被法院认定有效，张某某无须支付刘某某任何补偿款，张某某在购买涉案房屋时没有过错，原判让张某某承担30%的过错责任，没有事实与法律依据，请求再审改判，驳回刘某某的诉讼请求。

刘某某答辩称，张某某申请再审案中法院没有经过立案前调解程序，没经过责任法院递进式化解程序，没有收到再审申请书副本等材料，故张某某申请再审案件程序违法。原审法院根据我国现行土地管理法律、法规、政策之规定,对于合同效力的认定是正确的。原判认定事实清楚,适用法律正确,应予以维持。

再审法院查明的事实除与原审查明的事实一致外,另查,2013 年 6 月 8 日北京市昌平区人民法院以电话方式告知刘某某,张某某已申请再审,北京市昌平区人民法院按要求进行递进式化解工作,承办法官询问刘某某是否同意调解,刘某某答复:张某某应支付其 50% 的拆迁款,少于 50% 不同意调解。遂后北京市昌平区人民法院又征询张某某的意见,张某某表示:不同意支付刘某某 50% 的拆迁款。调解未果。

再审法院认为,1993 年 10 月 13 日刘某某与张某某签订的《卖房协议》系双方当事人真实意思表示,张某某在购买涉案房屋之后依法取得了《集体土地建设用地使用证》,本院(2014)高民提字第 2249 号民事判决已认定《卖房协议》是合法有效的。故原判认定张某某在购房时未严格验证对方房屋产权,属于盲目购买,应承担 30% 的过错责任有误,刘某某有关本案张某某申请再审审查阶段有程序违法的问题,因无充分证据证明,对其主张不予采信。综上,判决:(1)撤销北京市第一中级人民法院(2012)一中民终字第 9541 号民事判决及北京市昌平区人民法院(2012)昌民初字第 7031 号民事判决;(2)驳回刘某某的诉讼请求。

3. 案例评析

本案属于典型的农村宅基地房屋买卖合同。转让给非集体经济成员的宅基地使用权转让协议被认定为无效是毋庸置疑的,但是如果是建立在宅基地上的房屋进行买卖呢?是否一定无效?答案则不尽相同。从该案一审、二审以及再审的结果来看,对于此类合同效力应如何认定,在司法实践中的处理方法也不尽一致。

法律禁止了宅基地的转让。我国《宪法》和《民法通则》中均明确规定,房屋属于公民个人的合法财产,财产所有人依法享有对其房屋占有、使用、收益和处分的权利。从此案的判决来看,在认定农村房屋买卖合同的无效的基础上,法院认为,尽管土地管理法、物权法不提倡农村宅基地上房屋的买卖、出租等行为,但这些法律关于限制宅基地使用权交易流转的规定,并不当然否定宅基地上房屋交易流转的效力。否则在当前此类交易已很普遍且不违背大多数农民意志的情况下,动辄一概否定其法律效力,将严重损害诚信原则，导致双方利益失衡。

有关法律规定

《中华人民共和国土地管理法》

第六十二条　农村村民一户只能拥有一处宅基地，其宅基地的面积不得超过省、自治区、直辖市规定的标准。

农村村民建住宅，应当符合乡（镇）土地利用总体规划，并尽量使用原有的宅基地和村内空闲地。

农村村民住宅用地，经乡（镇）人民政府审核，由县级人民政府批准；其中，涉及占用农用地的，依照本法第四十四条的规定办理审批手续。

农村村民出卖、出租住房后，再申请宅基地的，不予批准。

《中华人民共和国合同法》

第五十二条　有下列情形之一的，合同无效：

（一）一方以欺诈、胁迫的手段订立合同，损害国家利益；

（二）恶意串通，损害国家、集体或者第三人利益；

（三）以合法形式掩盖非法目的；

（四）损害社会公共利益；

（五）违反法律、行政法规的强制性规定。

二、农村宅基地共建房屋所有权归属问题

基本理论

国家根据国情严格管制土地用途，限制城镇居民向农民购置住房、占用农村宅基地的政策，有相当的合理性，而根据土地管理法、物权法的规定，也同样禁止宅基地使用权向外流转。但是，相关法律、法规都并未禁止农民向城镇居民出卖、出租自有住宅、房屋的行为。

根据《城市房地产管理法》有关规定，可以在一定程度上得出，建设用地使用权，与该建设用地上的房屋是可以分属不同的权利人的。将该观点引申至农村宅基地使用权范围，则引出了宅基地上，农民与非本集体经济组织成

员共建房屋所有权归属的问题。

农民与非本集体经济组织成员在宅基地上共建住宅时,往往约定房屋产权分配份额。但由于政策禁止非本集体经济组织成员取得宅基地使用权,共建人中只有本集体经济组织成员一方能取得宅基地使用权证和房屋产权证。同时,法律又并未禁止非本集体经济组织成员取得宅基地上的房屋,通常此类共建合同应认定合法有效,其应能取得共建房屋分得份额的所有权。

实践中,存在大量的小产权房现象,庞大的小产权房市场生存在城市化和高房价的夹缝中,也反映了当前市场的需求。宅基地使用权不得向城镇居民流转的规定已使宅基地上房屋的价值远低于其真实的市场价值,如果再因为行使宅基地上房屋所有权必定涉及宅基地使用权为由,坚持"房地一体"的原则,禁止宅基地上房屋向城镇居民流转,势必是对宅基地上房屋价值的更深层次的否定,合法却不合理。

目前,中央在农村土地政策上的"三权分置",各地对小产权房出路的探索和实践,如深圳在2017年8月发布《深圳市关于加快培育和发展住房租赁市场的实施意见》(送审稿)和《深圳市住房租赁试点工作方案》(征求意见稿),其中提出"十三五"期间,通过收购、租赁、改建等方式收储不低于100万套村民自建房或村集体自有物业,统一租赁经营、管理,可能给小产权房"合法化"带来转机。

典型案例

农民与非本集体经济组织成员在宅基地上共建住宅,共建合同合法有效,非集体经济组织成员可以根据约定,取得共建房屋分得份额的所有权

——陈某某与杨某某农村宅基地房屋产权归属纠纷上诉案①

1. 案情简介

上诉人:杨某某

被上诉人:陈某某

① 参见江苏省南通市中级人民法院(2009)通中民一终字第0087号民事判决书。

原告陈某某与被告杨某某为连襟关系，陈某某家庭为农业户口，杨某某家庭为城镇居民户口。1995 年 6 月 6 日，陈某某因其位于海安镇人民东路的住宅被列入拆迁，与海安县城镇房屋拆迁事务所签订了房屋拆迁补偿安置协议。后陈某某因家中经济较为拮据，拿出拆迁补偿款中的 3 万元给杨某某，请其购买建房材料。1995 年 7 月，陈某某以妻子刘某某名义在海安镇海园村六组申请建房。原被告经协商在批准地址共同建房，所建房屋分东、西两个独立使用单元。房屋建成后，陈某某家居住东侧单元，杨某某家居住西侧单元。后陈某某、杨某某的岳父因故从上海返回海安，参与帮助双方核对了建房账目，并确定双方各半分摊建房费用。杨某某于 1998 年 7 月将其家庭户口迁至该合建房处，为海安镇海园路 26 号。2001 年 8 月，陈某某领取了所建房屋的土地使用权证，2006 年 8 月领取了海园路 26 号部分房屋的所有权证。2008 年 3 月 10 日，陈某某以杨某某系借用，现儿子结婚需用房为由，诉请杨某某迁出。

2. 法院裁判及观点

江苏省海安县人民法院经审理认为，原、被告双方基于亲戚关系共同建房，建成后双方已实际分别居住 10 多年，双方共同建房的行为并不为法律所禁止。虽然由于房屋产权的特有属性以及我国土地政策的规定，不能认定被告为讼争房屋的共同所有权人，但其因参与共同建房而居住讼争房屋的西侧单元，系合法占有、使用。原告认为被告系向其借住房屋，无证据佐证。原告在没有对被告占有使用房屋进行对价补偿的情况下，要求其腾让房屋显然是不恰当的。遂判决驳回原告诉讼请求。

宣判后，陈某某不服一审判决，提起上诉，称杨某某非农业户口，其不得在集体土地上建房。

江苏省南通市中级人民法院经审理认为，由于我国土地政策对农村宅基地使用权人有身份方面的特殊要求，致杨某某无法取得讼争之房的所有权证，但共同建房行为法律并未禁止，杨某某基于共建行为而占有、使用讼争之房的西侧单元亦不违反法律规定。因此，在双方未能协商一致的情况下，陈某某要求杨某某腾让所居住的房屋，法院不予支持。判决：驳回上诉，维持原判。

3. 案例评析

农民与非本集体经济组织成员在宅基地上共建住宅时，往往都约定了房屋产权分配份额。但由于政策禁止非本集体经济组织成员取得宅基地使用权及地上房屋，共建人中只有本集体经济组织成员一方能取得宅基地使用权证和房屋产权证，另一方对房屋的权利则处于不确定状态。我国的法律、行政法规并未禁止非本集体经济组织成员取得宅基地上的房屋，因此，此类共建合同应认定合法有效，非集体经济组织成员是可以根据共建房屋时候的约定，取得共建房屋分得份额的所有权。

有关法律规定

《中华人民共和国城市房地产管理法》

第二十八条　依法取得的土地使用权，可以依照本法和有关法律、行政法规的规定，作价入股，合资、合作开发经营房地产。

《中华人民共和国物权法》

第一百四十二条　建设用地使用权人建造的建筑物、构筑物及其附属设施的所有权属于建设用地使用权人，但有相反证据证明的除外。

三、宅基地房屋继承问题

基本理论

农村宅基地使用权作为土地使用权的一部分，当然归当地的农村经济组织（村委会）所有。宅基地使用权作为一项特殊的物权，与农民个人的集体组织成员资格紧密相关。我国现行法律规定，基于身份关系无偿从村集体经济组织获得的宅基地使用权，应作为一种特殊物权，不能作为遗产继承。但是宅基地上建成的房屋则属于公民个人财产，可以继承。

实践中，农民宅基地的继承问题可以分为下列情况：如果继承人是本集体经济组织成员，符合宅基地申请条件的，可以经批准后取得被继承房屋的宅基地；按照规定，农村宅基地使用权不可单独继承，但可以根据地随房走的原则，因房屋继承而继承。继承人不以是否农业户口或农村集体经济组织成员资格为限。

《关于印发〈确定土地所有权和使用权的若干规定〉的通知》第49条接受转让、购买房屋取得的宅基地，与原有宅基地合计面积超过当地政府规定标准，按照有关规定处理后允许继续使用的，可暂确定其集体土地建设用地使用权。继承房屋取得的宅基地，可确定集体土地建设用地使用权。

非农业户口居民（含华侨）原在农村合法取得的宅基地及房屋，房屋产权没有变化的，经该农民集体出具证明并公告无异议的，可依法办理土地登记，在《集体土地使用证》记事栏应注记“该权利人为非本农民集体成员”。

典型案例

修建在宅基地上的房屋所有权可以发生继承

——中山市东凤镇安乐村委会与冼某某物权纠纷[①]

1. 案情简介

上诉人（原审被告）：中山市东凤镇安乐村民委员会，住所地广东省中山市东凤镇

被上诉人（原审原告）：冼某某，住广东省某市东凤镇

原审法院审理查明，位于中山市东凤镇安乐西路的房产是黄某甲与前妻陈某英于20世纪80年代共同兴建。当时土地使用权人为黄某甲。1994年陈某英死亡。黄某乙、黄某丙是黄某甲与前妻陈某英的儿子。2001年8月13日，冼某某与黄某甲自愿登记结婚。2003年2月，冼某某与黄某甲就上述房产办理联名变更登记，确认冼某某作为房产的二分之一份额产权人。2006年10月16日，冼某某向中山市人民法院起诉要求与黄某甲离婚。经判决冼某某与黄某甲离婚，并确认上述房屋冼某某与黄某甲各占二分之一的产权。2008年1月14日，冼某某将黄某甲诉至法院，请求通过竞价或实物分割的方式对上述房产进行处理。经法院主持调解，双方达成调解协议，内容为：黄某甲以45,100元取得冼某某的二分之一房产份额，款项黄某甲于2008年6月4日前付清；黄某甲付完上述款项后，冼某某必须协助办理房产过户登记手

① 参见广东省中山市中级人民法院（2013）中法民一终字第1082号民事判决书。

续,过户费由黄某甲自行承担;若黄某甲未能按期支付款项,则冼某某以45,100元取得黄某甲的1/2房产份额。中山市人民法院据此作出(2008)中榄民初字第116号民事调解书。期限届满,黄某甲未按上述调解书履行付款义务,冼某某则向法院申请强制执行,并已缴纳执行费45,100元。后因黄某乙、黄某丙提出异议,上述房产未能办理过户登记手续。2009年3月12日,黄某乙、黄某丙,向原审法院起诉,以黄某甲、冼某某侵权为由要求将上述房产的1/2房产归还黄某乙、黄某丙,原审法院于2009年4月14日作出(2009)中二法民一初字第223号民事判决书,驳回了黄某乙、黄某丙的诉讼请求。黄某乙、黄某丙对判决不服提出上诉,2009年8月14日中山市中级人民法院作出(2009)中中法民一终字第1053号民事判决书,驳回黄某乙、黄某丙的上诉,维持原判。后在冼某某办理过户手续的过程中被中山市国土资源局告知,办理过户手续要求先将原房产证注销并要安乐村委会出具意见。2010年1月中山市第一人民法院发函要求安乐村委会协助出具意见,但安乐村委会复函称:本案涉及农村宅基地管理及村规民约等一系列问题(因该宅基地涉及黄某甲二儿子的宅基地继承问题,建议冼某某与黄某甲二儿子协商),故暂不能对本案的房地产加具意见。导致冼某某至今仍未办理过户手续。为此冼某某于2013年4月26日向原审法院起诉,要求判令安乐村委会协助冼某某办理房产过户手续,并由安乐村委会承担本案诉讼费用。

2.法院裁判及观点

原审法院审理认为,本案属物权纠纷。本案冼某某经当事人调解及法院判决现已合法取得于中山市东凤镇安乐西路××号的房屋的所有权,当然取得该宅基地的使用权。安乐村委会作为该宅基地的所有权人,有义务协助冼某某办理该房地产过户手续。故冼某某的诉讼请求,符合法律规定,原审法院予以支持。安乐村委会的答辩无事实和法律依据,原审法院不予采信。综上所述,依照《土地管理法》第11条、第12条的规定,判决:中山市东凤镇安乐村民委员会于本判决书生效之日起5日内协助冼某某办理位于中山市东凤镇安乐西路的土地和房屋过户到冼某某名下的手续。本案诉讼费100元,减半收取50元,由安乐村委会负担。

上诉人安乐村委会不服上述判决提起上诉,请求:撤销原判,改判上诉人不用协助办理房地产过户手续的义务,一、二审诉讼费用由被上诉人负担。

主要理由如下:(1)一审法院的判决违反了《土地管理法》第 62 条关于内协助约等一系列问题,因①涉案的宅基础使用权不是冼某某一人拥有。农村村民一户只能拥有一处宅基地,即“一户一宅”,因此宅基地的使用权不是属于某一个人的,而是属于一户人的。本案中,宅基地使用权属本村村民黄某甲(已去世)一户所有,其家庭成员有前妻陈某英(已去世),儿子黄某乙、黄某丙。黄某乙因结婚分户另取得宅基地另建房屋,后陈某英 1994 年去世,2001 年 8 月黄某甲与冼某某结婚,则此宅基地使用权属黄某甲、黄某丙、冼某某家庭三人所有。2006 年 12 月黄某甲与冼某某离婚,房屋所有权虽判决给冼某某所有,但这不能改变此宅基地归一户三人所有的法律规定。②根据,但这不能改变此宅基地归一原则,黄某丙不能从村委会那里再取到宅基地建房,因此如上诉人如同意将涉案宅基地过户给冼某某,不但有违法律规定,也变相侵害了村集体的利益,对黄某丙及其他村民来说也是不公平的。(2)本案属宅基地使用权纠纷,根据《土地管理法》第 16 条规定,不能直接向法院起诉。

被上诉人冼某某答辩称,上诉人所说的一户三人所有的说法是错误的,涉案房屋是已经过法院判决归被上诉人所有的,黄某丙没有所有权的。村委会迟迟不给予办理,导致只能在外面租房子住,当初是在双方确认的情况下,被上诉人用 45, 100 元取得完整的产权的,法院应予确认,且上诉费用由上诉人负担。

上诉人安乐村委会二审期间没有提供新的证据。

被上诉人二审期间提供下列新证据:(1)以冼某某为户主的居民户口簿,拟证明冼某某是安乐村委会的村民;(2)中国工商银行现金存款凭证,证明冼某某已将调解书确定的 45, 100 元房款交到原中山市人民法院。安乐村委会质证认为,对户口簿,被上诉人什么时候迁来存在异议,且不能证明冼某某是村民。对 45, 100 元存款凭证真实性没有异议,但此款项只能证明房子的价值,不包括宅基地。

二审法院认为,本案系物权纠纷。冼某某已履行了支付 45, 100 元的付款义务,依据(2008)中榄民一初字第 116 号民事调解书的约定,冼某某取得涉案宅基地之上房产的所有权。因登记机关已明确该房产过户需安乐村委会签署意见,因此安乐村委会应按登记机关的要求协助冼某某办理涉案房产的过户手续。至于安乐村委会称将涉案房产登记到冼某某名下有违房产的过户手续。鉴于冼某某已是安乐村委会的村民，因此，将涉案房产登记到冼某某名下上诉理由不予采信，对其上诉请求不予支持。原审法院认定基本事实清楚，证据充分，适用法律正确，予以维持。法院依照《民事诉讼法》第170条第1款第1项的规定，判决：驳回上诉，维持原判。

3. 案例评析

本案中的农村宅基地所建房屋是基于取得该宅基地使用权的前提才得以兴建，而一旦建成，宅基地的使用权将一直随着房屋所有权存在，直至该房屋灭失。故农村宅基地所建房屋的所有权与宅基地使用权不可分离，取得房屋的所有权，即当然取得该房屋的土地使用权，房屋的所有权发生转移其宅基地使用权亦随之转移。本案冼某某经当事人调解及法院判决现已合法取得于中山市东凤镇安乐西路××号的房屋的所有权，亦当然取得该宅基地的使用权。安乐村委会作为该宅基地的所有权人，有义务协助冼某某办理该房地产过户手续。故冼某某的诉讼请求，符合法律规定，法院予以支持。

有关法律规定

《中华人民共和国继承法》

第二条　继承从被继承人死亡时开始。

第三条　遗产是公民死亡时遗留的个人合法财产，包括：

（一）公民的收入；

（二）公民的房屋、储蓄和生活用品；

（三）公民的林木、牲畜和家禽；

（四）公民的文物、图书资料；

（五）法律允许公民所有的生产资料；

（六）公民的著作权、专利权中的财产权利；

（七）公民的其他合法财产。

《中华人民共和国物权法》

第三十三条　因物权的归属、内容发生争议的，利害关系人可以请求确认权利。

第三节

经济适用房购买纠纷

经济适用住房是指根据国家经济适用住房建设计划安排建设的住宅，其由国家统一下达计划，用地一般实行行政划拨的方式，免收土地出让金，对各种经批准的收费实行减半征收，出售价格实行政府指导价，按保本微利的原则确定。经济适用房相对于商品房具有三个显著特征：经济性、保障性、实用性。经济适用房是具有社会福利性质的住房，其目的是为了解决中低收入群体的住房困难问题。

经济适用房在别的国家和地区一般被称为公共房屋，中国香港称为居者有其屋，中国澳门称为经济房屋，中国台湾称为国民住宅，新加坡称为组屋。

1994 年由建设部、国务院房改领导小组、财政部联合发布的《城镇经济适用住房建设管理办法》指出，经济适用住房是以中低收入家庭、住房困难户为供应对象，并按国家、住宅建设标准建设的普通住宅。经济适用房的价格按建设成本确定，建设成本包括征地拆迁费、勘察设计及前期工程费、建安费、小区内基础设施配套建设费、贷款利息、税金、物业的管理费。

2007 年 11 月 19 日，建设部、国家发展和改革委员会、国土资源部、中国人民银行共同发布了《经济适用住房管理办法》，对经济适用房的优惠政策、开发建设、价格确定、交易管理、集资和合作建房、监督管理等作出了规定。

当前，在二手经济适用住房买卖合同纠纷中，经济适用住房买卖合同纠纷的原因主要有：一是随着经济迅速发展，城镇化进程加速，近年来城市房价尤其是大城市房价上涨幅度巨大，经济适用住房原购买人在尚未取得产权证照期间内将房屋出售，待购买五年后、允许经济适用房上市交易办理产权变更登记时，同类房屋的市场价格，已经大大高于买卖双方原来约定的交易价格，更有甚者，可能已经翻了几番。在巨大的利益驱动下，原经济适用住房所有人，多通过合同签订时不符合上是交易条件为由，来主张合同无效，从而实现拿回房产的目的。二是经济适用住房在我国落地生根时间尚不太长，各项制度虽然渐趋完善，但还需要进一步细化，特别是对经济适用住房在购买5年内的产权性质没有一个明确的界定，也是此类纠纷产生的重要原因。三是在实践中，因为利益的驱使，还出现了买卖经济适用房购房指标、将经济适用房卖给不具有购房资格的购房者等牟利的手段，让经济适用房交易市场乱象频发。

一、经济适用房购买指标转让合同、借名购房合同的效力问题

基本理论

1994年7月国务院在《关于深化城镇住房制度改革的决定》中提出各地人民政府要十分重视经济适用住房的开发建设，加快解决中低收入家庭的住房问题，由此拉开了经济适用房建设的帷幕。在我国，经济适用房享受政府的扶持政策，其用地实行行政划拨的方式，以微利价格向中低收入家庭出售。发展经济适用住房，归根结底是为了改善我国住房供应体系，满足中低收入家庭日益增长的住房需求。因此，在我国，经济适用房的购买有严格的条件限制，实行申请、审批制度，购买人必须符合相关的条件并且在购买房屋后的一定的年限内不得出售。随着经济适用房制度的不断完善，经济适用房购买资格的限制条件，还将更加严格。

为了牟利，经济适用房交易市场中，出现了在经济适用房限制转让的年限内进行转让，或者在成功申请经济适用房购买指标后，又将购房权私自转让给没有购房资格的人的情况。这种转让行为，不仅违反了关于购买经济适用住房的相关规定，还损害了其他符合经济适用房购房条件的人的利益，妨碍其行使购买权。

综上所述，笔者认为，经济适用房的购房指标，更注重对购房人资格的限制，通常对购买经济适用房者在年收入水平等都有较为严格的限制，这种“资格”偏向于人身性，是不能进行转让的。因此，不符合条件者无权购买经济适

用房,该类购房指标的转让无效。

但是,在实践中,直接转让购房指标的情形较为少见,更为常见的是另一种情形——借名购房的问题。这是指实际出资人借用他人名义购买经济适用房的情况。通常情况下,借名购买经济适用房协议在当事人之间是具有约束力的,在司法实践中,该类案件也多判决在涉案房屋具备上市交易条件后,名义购房人应配合实际出资人办理房屋过户手续。但是,借名购房行为,仍应遵循登记生效主义的不动产物权变动规则,借名购房协议中关于房屋所有权属于实际出资人的约定仅有债权效力,不具有物权效力。因此,实际出资人仅对名义购房人享有要求后者配合办理房屋转移登记的债权,并不对借名购买的房屋直接享有物权。

典型案例一

私下转让购买经济适用房房号的协议无效

——李某诉王某经济适用房买卖纠纷①

1. 案情简介

原告:李某

被告:王某

被告:邢某

2006 年 9 月 25 日,原告李某与被告王某签订了《经济适用房买卖合同》一份,约定王某将自己在朝阳区垡头地区翠城经济适用房 E 区范围内部分住房的购买权转让给原告,原告一次性向王某支付人民币 8 万元整,作为将购买经济适用房名额转让给原告的补偿。原告向王某支付了房号转让金 8 万元。

此后,原告又向联系人被告邢某支付了转让金 23,000 元。邢某向原告出具了内容为"今收到李×购买翠城经济适用房转让费 2.3 万元,大写:贰万

---

① 参见李思:《私下转让经济适用房号引纠纷　法院认定协议无效》,载找法网,http://china.findlaw.cn/fangdichan/qtzsd/jjsy/83276.html,2017 年 12 月 25 日访问。

叁仟元整”的收据一张。原告在与王某签订《经济适用房买卖合同》前未经过有关部门的购房资格审查,后原告拿着转让的房号去购买房子时遭拒。原告现起诉至法院要求确认其与王某签订的《经济适用房买卖合同》无效,王某、邢某返还原告房号转让金。

2. 法院裁判及观点

本案中原告与王某之间所签订的《经济适用房买卖合同》违反了法律、行政法规的强制性规定且损害了社会公共的利益,故被法院认定为无效。判决后,原告及二被告均未提起上诉,上述判决已经发生法律效力。

3. 案例评析

发展经济适用住房是为了建立适应社会主义市场经济体制和我国国情的住房供应体系,加快住房建设,促使住宅业成为新的经济增长点,不断满足中低收入家庭日益增长的住房需求。经济适用住房的用地实行行政划拨的方式,享受政府的扶持政策,以微利价格向中低收入家庭出售。中低收入家庭购买新建的经济适用住房实行申请、审批制度。

在我国,经济适用住房的购买有严格的条件限制,购买人必须符合相关的条件并且在购买房屋后的一定年限内不得出售。随着经济适用住房制度的不断完善,这些条件还将更加严格。本案中,不仅原告尚未取得相应的购房资格,且转让者王某也尚未实际取得确定的房屋。王某将购房权私自转让给没有购房资格的原告的行为已经违反了我国关于购买经济适用住房的相关规定,客观上也损害了社会公共利益,妨碍了其他符合购房条件人的购买权。依据《合同法》的规定,违反法律、行政法规的强制性规定的合同及损害社会公共利益的合同无效。

典型案例二

借名购买经济适用房的法律效力及权属

——崔某诉白某某、隋某房屋买卖合同纠纷案①

1. 案情简介

申请再审人(原审原告):崔某

被申请人(原审被告):白某某、隋某

崔某诉称,2006 年 11 月 27 日和 12 月 6 日,崔某与白某某签订两份协议书,由崔某借用白某某名义购买河北区曙光路敬贤里 4 号楼 4 门 × × × 号房屋,以隋某名义办理贷款,房屋首付款及贷款、契税款均由崔某承担。2013 年 6 月,隋某将崔某持有的用于偿还银行贷款的存折挂失,致使崔某不能按时还款。现要求确认天津市河北区曙光路敬贤里小区 4 号楼 4 门 × × × 室房屋归崔某所有,白某某、隋某配合崔某办理房屋贷款清偿手续(崔某负责清偿贷款)及房屋所有权更名手续(由此产生的全部费用均由崔某承担),逾期还贷产生的利息和滞纳金由白某某、隋某承担;本案诉讼费由白某某、隋某承担。

白某某、隋某辩称:(1)讼争房是经济适用房,购买该房需要相应购买资格,崔某不具有该资格,无权购买讼争房,崔某与白某某所签的协议违反了经济适用房管理政策,扰乱了市场秩序,根据有关法律规定应认定双方所签的协议无效。(2)崔某没有按照 2006 年 12 月 6 日协议的内容按期还款,多次逾期,影响了隋某的征信记录。即使崔某与白某某所签的协议有效,按照 2006 年 12 月 6 日协议约定,讼争房的所有权也应归白某某、隋某所有。(3)讼争房仍存在抵押权,崔某的诉讼请求影响了抵押权人的利益。综上,请求驳回崔某的诉讼请求。

法院经审理查明,2006 年 11 月 27 日,崔某经案外人介绍,与持有讼争房的白某某签订协议,支付白某某 5000 元补偿款,借用白某某名义购买经济适

① 参见天津市河北区人民法院(2014)北民再字第 3 号民事判决书。该案例作者高治(再审审判长),载《人民司法·案例》2015 年第 4 期,第 36 页。

用房，购房全部出资由崔某支付，房屋归崔某所有，待具备办理过户条件时，白某某配合将房屋所有权过户至崔某名下。当日，崔某将5000元补偿款交付白某某。2006年12月6日，崔某与白某某又签订了一份关于购房贷款协议，由崔某借用白某某名义办理购房贷款，由崔某负责偿还，白某某不负任何还款责任，若崔某不按时还贷导致白某某承担法律责任，则所购经济适用房归白某某所有。2006年12月7日，白某某与其女儿隋某作为买受人与开发商签订经济适用房买卖合同，购买天津市河北区敬贤里小区4号楼4门×××号经济适用房一套（讼争房），崔某交纳了该房屋首付款及税费。2007年1月11日，隋某作为借款人，天津银行振北支行作为贷款人、天津津房担保公司作为保证人，三方签订门“201号经济借款合同”，由天津银行振北支行向隋某发放个人住房贷款80,000元（直接划入开发商账户），保证人提供连带责任保证。同日，白某某、隋某作为抵押人，天津津房担保公司作为抵押权人，双方签订协议，白某某、隋某以讼争房抵押给天津津房担保公司作为该公司提供保证的反担保。此后崔某按月偿还贷款至2013年5月，其间曾有9次逾期还款记录。2013年6月，因对房屋归属问题发生争执，隋某将崔某持有的用于偿还银行贷款的存折（以隋某名义开户）挂失，自2013年6月起由隋某实际偿还贷款至今。另外，讼争房自交付后由崔某实际占有使用。2009年4月28日，讼争房核发产权证书，登记产权人为白某某、隋某，他项权利人为天津津房担保公司。

2. 法院裁判及观点

天津市河北区人民法院原审认为，经济适用住房属于政府保障性住房，需要一定的购置资格，原、被告明确知晓原告并无购置资格，仍签订《协议书》，将被告白某某的购置资格非法让与原告，利用被告隋某名义办理贷款手续，违反了经济适用住房相关政策，扰乱了正常的市场交易秩序。现讼争房仍存在他项权，原告的主张势必影响他项权人的利益，故对原告的全部主张，不予支持。遂于2013年12月19日作出（2013）北民初字第3510号判决：驳回原告崔某全部诉讼请求。宣判后，双方当事人均未提出上诉，原审判决发生法律效力。后在法定申请再审期限内，崔某向河北区人民法院申请再审，河北区人民法院经审查，认为原审判决适用法律确有错误，裁定对该案进行再审。

再审过程中，天津市河北区人民法院依法追加天津银行振北支行、天津津房担保公司作为第三人参加诉讼。第三人天津银行振北支行称，在保证我行贷款能够收回的前提下，我行服从法院判决。第三人天津津房担保公司称，只有清偿所有剩余贷款后，我公司才同意撤销抵押权。天津市河北区人民法院于 2014 年 9 月 26 日作出(2014)北民再字第 3 号民事判决：(1)撤销(2013)北民初字第3510 号民事判决；(2)本判决生效后 15 日内，崔某一次性清偿隋某与天津银行股份有限公司振北支行所签借款合同项下全部剩余贷款本息(具体数额以清偿当日银行计算为准)，天津银行股份有限公司振北支行及隋某予以配合；(3)本判决第二项所涉贷款全部还清后，天津市津房置业担保股份有限公司及隋某、白某某共同办理天津市河北区敬贤里 4－4－201 号房屋抵押权注销登记手续，天津银行股份有限公司振北支行予以配合；(4)本判决生效后 15 日内，崔某将隋某自 2013 年 6 月至本判决生效前实际偿还的贷款本息(仅包括正常本金及利息，不含因逾期而产生的逾期利息及复利，具体数额以银行还款明细为准)给付隋某；(5)本判决第二项、第三项、第四项内容履行完毕后，白某某、隋某配合崔某将天津市河北区敬贤里 4－4－201 号房屋所有权过户至崔某名下，过户所需全部税费由崔某负担；(6)隋某与天津银行股份有限公司振北支行所签借款合同项下贷款，在本判决生效之前继续由隋某负责偿还，如因逾期产生逾期利息及复利，由隋某负担，在本判决生效之后，该贷款由崔某按本判决第二项清偿；(7)驳回崔某其他诉讼请求。再审宣判后，各方当事人均未上诉，再审判决已经发生法律效力。

法院生效判决(再审判决)认为，申请人崔某与被申请人白某某所签订的由崔某出资，以白某某名义购买讼争房及办理购房贷款，待允许过户时将讼争房过户至崔某名下的协议系双方真实意思表示，协议内容不违反法律或行政法规的强制性规定，其具体情节也不能认定为违反社会公共利益，因此应认定协议有效，双方均应受协议约束，并应依协议约定履行自己的义务。被申请人隋某虽然未在上述两份协议上签字，但隋某已实际签订了经济适用房买卖合同及借款合同，说明其以自己的行为认可两份协议的效力，故亦应受协议约束。

被申请人援引《国务院关于解决城市低收入家庭住房困难的若干意见》及《经济适用住房管理办法》的有关条款，主张申请人与被申请人之间的协议无效。对此，应认为，第一，本案申请人与被申请人双方约定由申请人出资以被申请人名义购买讼争房，待符合上市交易条件后再将房屋过户给申请人，该情形并未被上述文件所直接禁止。第二，上述文件只是对经济适用房购买资格作出一定限制，但并未绝对禁止经济适用房转让，在符合一定条件并缴纳税费之后，经济适用房允许上市交易，也即无购房资格人员只是不能直接从开发商处购买经济适用房，而无购房资格人员因他人转卖而取得经济适用房并未被上述文件所禁止。本案的情形与约定先由被申请人购买，待允许上市交易后再按照原价格转让给申请人的情形并无实质差异，只不过是简化了价款交付手续而已。而后者（约定先由被申请人购买，在允许上市交易后再按照原价格转让给申请人的情形）显然并不为法律、政策所禁止，因此本案情形亦不能评价为违反法律或政策的强制性规定。第三，依《中华人民共和国立法法》第61条的规定，"行政法规由总理签署国务院令公布"。上述《国务院关于解决城市低收入家庭住房困难的若干意见》及《经济适用住房管理办法》并非由总理签署国务院令公布，在效力层级上均不属于行政法规，因此即便认为本案情形违反上述规范性文件，亦不构成合同无效的理由。

民事活动是否损害国家或社会公共利益，应该结合案件实际情况作个别的、具体的判断。本案被申请人在当时并无购买经济适用房的实际需求和意愿，而申请人除讼争房外别无其他住房，其购买讼争房系用于自住而非用于投资或投机，因此申请人与被申请人之间的借名买房行为不能认定存在非法目的，其实际效果与政策规范目的亦不存在明显背离。且依据房管政策，经济适用房在上市交易（申请人与被申请人之间办理更名过户）时要缴纳各种税费，政府通过收缴税费的方式已经收回一部分政策补贴性投入，因此亦不能认定为损害国家或社会公共利益。

综上所述，被申请人所谓协议书市交易（申请人与被申请人之间办理更名过户）时要缴纳各种税费，政府通过收缴税费的方式已经收回一部分政策补贴性投入，因此，亦不能认定为损害国家或社会崔某主张确认讼争房归其所有的请求，我国《物权法》第9条规定，"不动产物权的设立、变更、转让和消灭，经依法登记，发生效力；未经登记，不发生效力，但法律另有规定的除外"。现讼争房登记于被申请人白某某、隋某名下，因此，不能直接认定讼争房归申请人崔某所有，申请人仅能依据借名买房协议要求被申请人配合办理房屋过户登记。对申请人确认讼争房所有权的请求，不予支持。

因购买讼争房时曾办理贷款，而目前尚有剩余贷款未还清，且讼争房上还存有抵押权，故需待还清剩余贷款，撤销抵押权之后，才能办理讼争房转移登记手续。另外，自2013年6月至本判决生效前的贷款是由隋某偿还，崔某亦需将此款返还隋某后，才能要求对方配合办理过户。庭审中，隋某表示再审期间的贷款由隋某继续负责偿还，崔某表示愿意将剩余贷款一次性还清，并愿意将隋某自2013年6月至本判决生效前实际偿还的贷款本息给付隋某。双方上述主张有利于减少诉累，一次性彻底解决纠纷，应予准许。

另，虽然在2013年6月之前崔某曾出现9次逾期还款记录，但考察实际情况，崔某逾期天数均较短，应非恶意欠款不还，且隋某现无证据证明因崔某9次逾期还款给其造成实际损害后果，故被申请人主张按照2006年12月6日"补充协议"约定讼争房所有权应归白某某、隋某所有的抗辩意见，不予采纳。如今后因该9次逾期记录给隋某造成实际损害，隋某可另行向崔某主张损害赔偿。

3. 案例评析

当前社会经济高速发展、房价上涨幅度巨大的背景下，经济适用房价格相对低廉，有很大的市场。在此环境下，一些不具有经济适用房购买资格的购房者，借用他人名义购买经济适用房的情况并不罕见。其基本运作模式是实际出资人与名义购房人签订协议，约定由实际出资人支付全部购房款项，以名义购房人的名义与卖方签订房屋买卖合同（名义购房人需亲自出面办理签订合同的有关手续），将房屋落户至名义购房人名下，同时约定房屋所有权归实际出资人所有，待具备过户条件时，名义购房人需配合办理房屋所有权转移登记，将房屋过户至实际出资人名下。

在本案中，除了所购买房屋是经济适用房这一特殊条件外，其他的特征都符合借名购房协议的要件。司法实践中处理该类纠纷的思路，如果不具有法定合同无效事由，则基于意思自治的原则，其效力应予认可。

但在本案中，由于原告借用被告名义购买的是经济适用房，双方的协议是否有效成为争议焦点。本案原审与再审两种不同的裁判结果也分别代表了实务中两种不同的观点。

本案的再审判决，确认了借名购买经济适用房协议在当事人之间具有约束力，并判决在房屋具备上市交易条件后，名义购房人应配合实际出资人办理房屋过户手续。但是，如果实际出资人为规避国家限购政策，借用他人名义签订房屋买卖合同并以他人名义办理产权登记后，又根据借名购房协议要求名义购房人将房屋过户至实际出资人名下或直接要求确认房屋归实际出资人所有的，则不应予以支持。

有关法律规定

《经济适用房管理办法》

第二条　本办法所称经济适用住房，是指政府提供政策优惠，限定套型面积和销售价格，按照合理标准建设，面向城市低收入住房困难家庭供应，具有保障性质的政策性住房。

本办法所称城市低收入住房困难家庭，是指城市和县人民政府所在地镇的范围内，家庭收入、住房状况等符合市、县人民政府规定条件的家庭。

第三条　经济适用住房制度是解决城市低收入家庭住房困难政策体系的组成部分。经济适用住房供应对象要与廉租住房保障对象相衔接。经济适用住房的建设、供应、使用及监督管理，应当遵守本办法。

第七条　经济适用住房建设用地以划拨方式供应。经济适用住房建设用地应纳入当地年度土地供应计划，在申报年度用地指标时单独列出，确保优先供应。

第八条　经济适用住房建设项目免收城市基础设施配套费等各种行政事业性收费和政府性基金。经济适用住房项目外基础设施建设费用，由政府负担。经济适用住房建设单位可以以在建项目作抵押向商业银行申请住房开发贷款。

第九条　购买经济适用住房的个人向商业银行申请贷款，除符合《个人住房贷款管理办法》规定外，还应当出具市、县人民政府经济适用住房主管部门准予购房的核准通知。

第二十条　确定经济适用住房的价格应当以保本微利为原则。其销售基准价格及浮动幅度，由有定价权的价格主管部门会同经济适用住房主管部门，依据经济适用住房价格管理的有关规定，在综合考虑建设、管理成本和利润的基础上确定并向社会公布。房地产开发企业实施的经济适用住房项目利润率按不高于3%核定；市、县人民政府直接组织建设的经济适用住房只能按成本价销售，不得有利润。

二、不符合上市交易条件的经济适用住房转让合同的效力

基本理论

经济适用住房有购买者在5年内不能上市交易的规定。《经济适用住房管理办法》第30条中虽有“购房人拥有有限产权”“购买经济适用住房不满5年,不得直接上市交易”的规定,但从第30条第2款、第3款规定的文义上理解,有限产权应当是对直接上市交易的一种概括性限制规定,并不能等同于物权制度中的所有权人对所有财产的处分权能。

在我国,对于合同无效,有较为严格的规定。《合同法》第52条规定:“有下列情形之一的,合同无效:(一)一方以欺诈、胁迫手段订立合同,损害国家利益;(二)恶意串通,损害国家、集体或者第三人利益;(三)以合法形式掩盖非法目的;(四)损害社会公共利益;(五)违反法律、行政法规的强制性规定。”未满5年的经济适用房转让合同,虽然违反了《经济适用住房管理办法》,但该办法属于部门规章,并非法律、行政法规。因此,此类转让合同,如没有合同无效的其他情形,应当认定为有效。

典型案例

不符合上市交易条件的经济适用住房转让合同并不当然无效

——张某某与孙某某经济适用房转让合同纠纷案①

1. 案情简介

原告:张某某

被告:孙某某

原告诉称,原告在濮阳市瑞景新城16号楼1单元×楼东户有房屋一套,该房为经济适用房。2009年2月17日,原告与被告签订房屋买卖协议一份,将该房产转让给被告。原告爱人得知后极力反对,原告便多次找被告协商要

① 参见河南省濮阳市华龙区人民法院(2011)华法民初字第4637号民事判决书。

求解除合同，并愿意给其适当的经济补偿，但被告却不予理睬。后原告咨询后得知经济适用房不允许交易，双方签订的协议违反了国家法律禁止性规定，为无效合同。故请求确认双方签订的房屋买卖协议为无效协议。

被告辩称，双方签订的房屋买卖协议没有违反法律、行政法规的强制性规定，并且主要权利义务已经履行完毕，该协议合法有效，请求驳回原告诉讼请求。

经审理查明，2009 年 2 月 17 日，原告张某某与被告孙某某签订房屋买卖协议一份，主要约定，张某某将濮阳市瑞景新城 16 号楼 1 单元 × 楼东户的经济适用房一套出售给孙某某，价格为 285,000 元；孙某某负责依法办理房屋买卖过户手续或找有关单位更改张某某的原始购房合同及发票，费用由孙某某承担，张某某必须为孙某某出具办理房屋买卖过户手续或找有关单位更改张某某原始购房合同及发票时所需的各种证件；协议签订之日，孙某某支付给张某某房款 275,000 元，剩余 10,000 元等合同更改为孙某某或者苏某栋后支付。张某某收到 275,000 元后将原始购房合同及发票交给孙某某。协议签订后，被告将购房款 275,000 元支付给原告，原告将经济适用住房买卖合同、不动产发票、缴纳购房款收据交付给被告。剩余 10,000 元被告分别于 2009 年 9 月 13 日、2010 年 10 月 14 日分两次支付给原告。被告购买该房屋后居住至今。后原告以双方签订的协议违反了国家法律禁止性规定为由，要求确认合同无效，被告未予同意，双方形成纠纷。

另查明，该房产系 2007 年 11 月 12 日，张某某与濮阳市汇丰置业有限公司签订经济适用住房买卖合同。《经济适用住房管理办法》第 30 条规定，经济适用住房购房人拥有有限产权。购买经济适用住房不满 5 年，不得直接上市交易，购房人因特殊原因确需转让经济适用住房的，由政府按照原价格并考虑折旧和物价水平等因素进行回购。《濮阳市经济适用住房管理实施办法》第 53 条规定，对违法转让的，有关部门不得为其办理房屋转移登记和土地使用权变更手续。

2. 法院裁判及观点

《经济适用住房管理办法》属于部门规章，《濮阳市经济适用住房管理实施办法》属于地方行政规章，均不属于合同法规定的法律、行政法规。原、被告均为《民法通则》上的完全行为能力人，具备相应的缔结合同的能力，其签订的房屋买卖协议系双方真实意思表示，内容不违背法律、行政法规的强制性规定,该协议合法有效。对于不符合上市交易条件的经济适用住房,应由相关行政部门在房屋权属转移登记时,依据相关政策规定对合同的履行予以限制,而不应由司法机关在合同效力层面上予以禁止。因此,原告主张合同无效的理由不能成立,不予支持。被告辩解理由成立,予以采纳。依照《民事诉讼法》第64条之规定,判决:驳回原告张某某的诉讼请求。

3. 案例评析

《经济适用住房管理办法》属于部门规章,《濮阳市经济适用住房管理实施办法》属于地方行政规章,均不属于合同法规定的法律、行政法规。当事人双方均为民法意义上的完全行为能力人,具备相应的缔结合同的能力,其签订的房屋买卖协议系双方真实意思表示,内容不违背法律、行政法规的强制性规定,该协议合法有效。对于不符合上市交易条件的经济适用住房,应由相关行政部门在房屋权属转移登记时,依据相关政策规定对合同的履行予以限制,而不应由司法机关在合同效力层面上予以禁止。

有关法律规定

《经济适用房管理办法》

第三十条　经济适用住房购房人拥有有限产权。

购买经济适用住房不满5年,不得直接上市交易,购房人因特殊原因确需转让经济适用住房的,由政府按照原价格并考虑折旧和物价水平等因素进行回购。

购买经济适用住房满5年,购房人上市转让经济适用住房的,应按照届时同地段普通商品住房与经济适用住房差价的一定比例向政府交纳土地收益等相关价款,具体交纳比例由市、县人民政府确定,政府可优先回购;购房人也可以按照政府所定的标准向政府交纳土地收益等相关价款后,取得完全产权。

上述规定应在经济适用住房购买合同中予以载明,并明确相关违约责任。

三、经济适用房符合上市交易条件且无其他无效情形合同效力问题

基本理论

经济适用住房应用于城市中低收入住房困难家庭的居住保障目的,它的

取得、交易,应符合国家相关政策和各级人民政府依法设置的条件和程序。如果有关经济适用房转让的合同不符合前述目的以及相关条件和程序,应认定无效。根据《国务院关于解决城市低收入家庭住房困难的若干意见》(国发〔2007〕24 号)第 11 条的规定,经济适用住房属于政策性住房,购房人拥有有限产权。购买经济适用住房不满 5 年的,不得直接上市交易,购房人因各种原因确需转让经济适用住房的,由政府按照原价格并考虑折旧和物价水平等因素回购。购买经济适用住房满 5 年的,购房人可以转让经济适用住房,但应按照届时同地段商品住房与经济适用住房差价的一定比例向政府交纳土地收益等价款,具体交纳比例由城市人民政府确定,政府可优先回购;购房人向政府交纳土地收益等价款后,也可取得完全产权。

典型案例

经济适用房符合上市交易条件且无其他无效情形的,合同有效

——陶某某诉梁某某经济适用房转让合同纠纷案[1]

1. 案情简介

原告:陶某某

委托代理人:徐某,江苏诚谨律师事务所律师

被告:梁某某

委托代理人:周某,海门市三阳法律服务所法律工作者

原告陶某某诉称,原告与被告于 2012 年 2 月 7 日订立售房协议书一份,约定被告将坐落于海门市民生新村 × 幢 302 室的经济适用房(以下简称案涉房屋)以 253,800 元的总价转让给原告,过户时间为被告取得该房满 5 年之后。协议中明确:有关房屋过户费用,按国家规定,谁的名字谁负责。此后,原告依约履行了付款义务,案涉房屋到了可以办理过户手续的时间,但因被告未向政府部门交纳土地出让金,以至于案涉房屋至今未能过户至原告名下。现原告要求法院判令被告向政府部门交纳土地出让金以及在房屋转让

① 参见江苏省海门市人民法院(2013)门开民初字第 0414 号民事判决书。

过程中应当交纳的其他费用；立即协助原告办理案涉房屋的过户手续；支付违约金人民币 25,380 元。

被告梁某某辩称，土地出让金和应当交纳的其他费用，应由原告承担，是原告的违约行为导致案涉房屋的过户手续未能完成。被告保留要求原告支付违约金的权利。原告的诉请缺乏事实与法律依据，要求法院驳回原告的诉讼请求。

经审理查明，案涉房屋为海门市的经济适用住房。被告于 2007 年 9 月 14 日取得该房的所有权并领取了相应的所有权证和土地使用权证。依照《海门市经济适用住房管理实施办法》（海政办发〔2007〕193 号）第 25 条的规定，经济适用住房在取得房屋所有权证和土地使用权证 5 年后方可按市场价上市出售；出售时，房屋所有权人应当按照交易部门届时同地段普通商品住房与经济适用住房当季平均差价的 10% 向政府交纳收益（以下简称收益金），并按规定交纳土地出让金。

2010 年 2 月 7 日，原、被告在海门市日鑫房屋中介服务所订立“售房协议书”（以下简称协议一），约定：被告（甲方）将案涉房屋并附该房所有设施费用（包括管道煤气初装费、封阳台费、物业维修基金等）以人民币 25.38 万元的总价转让给原告（乙方），乙方需交纳定金人民币 1 万元；甲方须在“2012 年 9 月以后或双方指定的日期”协助乙方办理好过户手续。协议一还明确了双方的其他权利义务条款，其中，第 4 条规定：

（1）付款方式：在 2010 年 2 月 25 日之前付款 24.18 万元，剩余 2000 元到房屋满 5 年后过户时付清；

（2）有关房屋过户所需费用：由乙方负责（按国家规定，谁的名字谁负责），契税由乙方负责；

（3）过户时间：到房屋满 5 年后过户；

（4）房屋交付时间：付清房款 25.18 万元时交付钥匙；

（5）中介费 2000 元由乙方支付。

第 5 条规定：协议双方均不得违约，任何一方违约，另一方有权解除，其造成的损失由责任方承担，违约金按照房屋售价的 10% 计算。

2012 年 2 月 7 日、2 月 22 日，原告分别向被告交付了人民币 1 万元、人民币 24.18 万元。

2013 年 2 月 28 日,原告委托代理人致函被告,要求被告自接函之日起 7 日内缴纳应当由其承担的费用并协助原告办理将案涉房屋过户至原告名下的相关手续。但被告未在指定期限内协助原告办理上述过户手续。原告为此起诉来院,提出本案诉讼请求。庭审中,原告又撤回了要求被告支付违约金的诉讼请求。

在本案审理过程中,被告指出,2010 年 7 月 5 日,原告妻子陈某某代表原告与案外人陈某、黄某某(以下简称陈某夫妇)签订"售房协议"(以下简称协议二),约定原告、陈某某(以下简称原告夫妇)将案涉房屋以 36.3 万元的价额转让给陈某夫妇,并明确,这一交易中产生的过户费、契税、增值税、个人所得税、营业税等税费由原告夫妇承担。现陈某夫妇已入住案涉房屋。原告为此曾于 2013 年 1 月 29 日向被告出具了一份冠以"协议书"名义的保证书,内容为:被告将案涉房屋出售给原告后,原告自愿过户给陈某夫妇,如有任何纠纷,与被告无关。而被告的过户手续完成后,原告不得以任何形式再向被告索要案涉房屋和产权。原告承认被告所述内容属实,但认为与本案无关。

被告进一步辩称,原告本身从事炒房业务,在与被告交易时就说明可能过户给第三人,原告夫妇与陈某夫妇就案涉房屋确定的交易价远高于原、被告之间的交易价,如果由被告承担收益金和土地出让金,原、被告之间的交易价不会这么低;协议一第 4 条第(2)项明确:房屋过户费用由原告承担,又注明"按国家规定,谁的名字谁负责",如果由被告承担收益金和土地出让金,原、被告之间转让案涉房屋时已明确由他们自行负担过户费用,因而,为履行协议一而产生的收益金、土地出让金,也应由原告负担。对此,原告否认与被告交易时有过向第三人转让案涉房屋的意思表示,也不承认被告对协议一第 4 条第(2)项内容所作的解释。

以上事实,由原告提供的协议一、案涉房屋的所有权证和土地使用权证、被告出具的收条、被告提供的协议二以及原告于 2013 年 1 月 29 日出具的"协议书"、双方当事人的庭审陈述等证据予以证实。

2. 法院裁判及观点

本案中,案涉房屋属于经济适用住房,原、被告就该房的转让达成的协议一中明确于 5 年后办理过户手续。至本案诉前,被告取得案涉房屋所有权证和土地使用权证的时间已超过 5 年,已可以按市价上市出售,目前,并无证据显示政府有行使优先回购权的意图，而原告已支付了购房款 251,800 元，剩余 2000 元依约应于过户时支付。在此情况下，完成协议一的履行并不违反相关政策与规定。为维护市场秩序和交易关系的稳定，应认定协议一有效。

协助原告将案涉房屋所有权及土地使用权过户登记至原告名下是被告依协议一的规定应尽的合同义务，原告要求被告履行该项义务，法院予以支持。为完成前述义务，被告必须使作为经济适用住房的案涉房屋依上述规定办理过户登记手续所需要的条件成就。如果被告未能做到这一点，导致过户登记手续无法完成，被告将为此承担相应的民事法律后果。但向政府部门交纳收益金与土地出让金属行政性规范的要求，原告直接将前述要求作为自己的民事权益并据此提出诉讼请求，不予理涉。

综上所述，依照《合同法》第 52 条、第 60 条，参照国务院《关于解决城市低收入家庭住房困难的若干意见》第 11 条的规定，判决：被告梁某某于判决生效后 10 日内协助原告陶某某完成将海门市民生新村 × 幢 302 室住房的所有权和相应的土地使用权过户登记于原告陶某某名下所需要的一切手续。案件受理费人民币 100 元，减半收取人民币 50 元，由被告梁某某负担。

3. 案例评析

经济适用房转让合同明确约定于 5 年后办理过户手续，至本案诉前，出卖方取得案涉房屋所有权证和土地使用权证的时间已超过 5 年，符合上市出售条件，且并无证据显示政府有行使优先回购权的意图，而原告已支付了购房款 251,800 元，剩余 2000 元依约应于过户时支付。在买受人已按约支付主要房价款的情况下，该合同应认定有效。

有关法律规定

《经济适用房管理办法》

第三十一条　已经购买经济适用住房的家庭又购买其他住房的，原经济适用住房由政府按规定及合同约定回购。政府回购的经济适用住房，仍应用于解决低收入家庭的住房困难。

第三十三条　个人购买的经济适用住房在取得完全产权以前不得用于出租经营。

第七章

房屋租赁

随着人口流动速度的加快、异地就业的兴起、房地产市场价格的不断攀升，租房成为大学毕业生等新就业群体的首选，成为解决临时住房问题的重要方法。租房必然牵涉房屋租赁合同的签订。1999 年 3 月 15 日第九届全国人民代表大会第二次会议通过，1999 年 3 月 15 日中华人民共和国主席令第十五号公布，自 1999 年 10 月 1 日起施行的《合同法》第十三章规定了租赁合同的相关规定。根据《合同法》第 212 条的规定，租赁合同是出租人将租赁物交付承租人使用、收益，承租人支付租金的合同。房屋租赁合同属于租赁合同的一种，是以房屋为标的物的租赁合同，具体是指出租人将房屋交付承租人使用、收益，承租人支付租金的合同。[①] 显然，在房屋租赁合同法律关系中，租赁物特指可以供承租人住宿、仓储、营业等方式使用的房屋；出租人是被租赁房屋的所有权人或者根据所有权人的委托授权享有对房屋进行依法管理的各类主体；承租人是与出租人签订房屋租赁合同，负有定期或一次性、不定期地向出租人或者出租人指定的第三人交付租金的义务，同时依照约定享有对

---

① 参见杨杰：《关于房屋租赁合同效力问题的探讨》，载《法制与社会》2014 年第 12 期。

该房屋进行使用、收益的权利。在房屋租赁合同的形式上,《合同法》第215条规定,“租赁期限六个月以上的,应当采用书面形式。当事人未采用书面形式的,视为不定期租赁”。在租赁期限上,《合同法》第214条规定,租赁期限不得超过20年。超过20年的,超过部分无效。租赁期间届满,当事人可以续订租赁合同,但约定的租赁期限自续订之日起不得超过20年。显然,每一次签订的房屋租赁合同不得超过20年,这是因为房地产市场风险较高、房屋价格波动明显,约定的租赁期限过长,租赁双方无法清晰预判多年后即将发生的结果,容易导致多年以后同地段同条件房屋租金价格偏低或者偏高,或者遇到房屋拆迁、毁损、灭失等情形时引起租赁双方之间的矛盾纠纷,这是对租赁双方权益的保障。

第一节

房屋租赁合同的效力

房屋租赁合同的效力,指已经成立的房屋租赁合同在当事人之间产生的法律拘束力,即合同效力是法律赋予依法成立的合同所产生的约束力。合同的效力可分为四大类,即有效合同,无效合同,效力待定合同,可变更、可撤销合同。

1. 有效合同

根据《合同法》第44条第2款的规定,依法成立的合同,自成立时生效。一般来说,房屋租赁合同成立应具备以下条件:(1)订约主体应为双方或多方当事人,包括出租人和承租人;(2)具备法律规定的要约与承诺这两个阶段或过程;(3)对主要条款达成一致的意思表示。如果具备以上条件,租赁合同就能成立。至于成立的租赁合同是否有效,还得看其是否"依法"成立。只要是依法成立的租赁合同,都应有效。所谓有效合同,是指依照法律的规定成立并在当事人之间产生法律约束力的合同。从现有的法律规定来看,都没有对合同有效规定统一的条件。但是,我们从现有法律的一些规定还是可以归纳出作为一个有效合同主要应具有以下条件:(1)行为人具有相应的民事行为能力;(2)意思表示真实;(3)不违反法律、行政法规或者社会公共利益。

2. 无效合同

合同依法成立,便具有法律效力。依法成立的含义,不仅包括合同订立过程应符合法律规定,而且包括已经成立的合同应当符合法律规定的生效要件。凡不符合法律规定的要件的合同,不能产生合同的法律效力,属于无效合同。无效合同是违反合同生效要件的一种合同类型,是相对于有效合同而言的,是指合同虽然已经成立,但因其在内容上违反了法律、行政法规的强制性规定或社会公共利益而不发生法律效力的合同。[①] 无效合同自始无效，合同一旦被确认无效，就产生溯及既往的效力，即自合同成立时起不具有法律的约束力，以后也不能转化为有效合同。《合同法》第 52 条规定："有下列情形之一的，合同无效：（一）一方以欺诈、胁迫的手段订立合同，损害国家利益；（二）恶意串通，损害国家、集体或者第三人利益；（三）以合法形式掩盖非法目的；（四）损害社会公共利益；（五）违反法律、行政法规的强制性规定。"《合同法》第 53 条规定："合同中的下列免责条款无效：（一）造成对方人身伤害的；（二）因故意或者重大过失造成对方财产损失的。"

3. 效力待定合同

效力待定合同，是指合同虽已成立，但是否生效尚不确定，只有经过特定当事人的行为，才能确定生效抑或不生效的合同。效力待定合同的效力取决于特定当事人的行为，它是一种效力可以补正的合同。这类合同的法律特征主要为效力具有不确定性，在特定当事人没有采取一定行为之前该类合同的效力处于真空状态，只有特定当事人采取了行为之后才能确定其有效抑或无效，亦即效力待定的合同，既存在转变为无效合同的可能性，也存在转变为生效合同的可能性，是具有一定弹性的合同而不同于无效合同是绝对和确定无效的。[②] 这意味着合同效力既不是有效，也不是无效，而是处于不确定状态。设立这一不确定状态，目的是使当事人有机会补正能够补正的瑕疵，使原本不能生效的合同尽快生效，以实践合同法尽量成就交易、鼓励交易的基本原则。无论如何，效力待定也不可能是合同效力的最后状态，最后要么归于有效，要么归于无效，没有第三种状态。《合同法》将效力待定合同规定为如下三种情形：一是限制民事行为能力人订立的合同；二是无权代理人以本人名义订立的合同；三是无处分权人处分他人财产而订立的合同。此三类合同分别是由于有关当事人缺乏缔约能力、缺乏订立合同的资格或缺乏处分能力造成的。如果给有关权利人赋予承认权，使之能够以其利益判断做出承认而使合同有效或者拒绝而使合同无效，往往是有利于权利人的利益，有利于促进交易的。

---

① 参见王利明：《论无效合同的判断标准》，载《法律适用》2012 年第 7 期。

② 参见宋振玲：《无效合同与效力待定合同辨析》，载《辽宁学院学报》2006 年第 1 期。

4. 可变更、撤销合同

可变更、撤销合同，是指当事人在订立合同的过程中，由于意思表示不真实，或者是出于重大误解从而作出错误的意思表示，依照法律的规定可予以变更、撤销的合同。《合同法》第 54 条规定："下列合同，当事人一方有权请求人民法院或者仲裁机构变更或者撤销：（一）因重大误解订立的；（二）在订立合同时显失公平的。一方以欺诈、胁迫的手段或者乘人之危，使对方在违背真实意思的情况下订立的合同，受损害方有权请求人民法院或者仲裁机构变更或者撤销。当事人请求变更的，人民法院或者仲裁机构不得撤销。"《合同法》为平衡和保护合同双方当事人之利益，以及维护市场交易的安全与社会经济秩序的稳定，赋予当事人撤销权，但撤销权之行使并非没有时间限制，它有着法律规定的行使期间，当事人于法定期间内未曾行使，则该撤销权归于消灭，当事人不得以存在撤销事由，请求人民法院或者仲裁机构予以撤销。根据《合同法》第 55 条的规定，具有撤销权的当事人自知道或者应当知道撤销事由之日起 1 年内没有行使撤销权，撤销权消灭；具有撤销权的当事人知道撤销事由后明确表示或者以自己的行为放弃撤销权，撤销权消灭。撤销权行使的法定期间便是 1 年，该期间是固定期间，不存在中止、中断或者延长，即除斥期间。

一、廉租房租赁合同纠纷是否具有民事可诉性

基本理论

廉租房是指政府以租金补贴或实物配租的方式，向符合城镇居民最低生活保障标准且住房困难的家庭提供社会保障性质的住房。廉租房的分配形式以租金补贴为主，实物配租和租金减免为辅。根据住房和城乡建设部、财政部、国家发展和改革委员会联合印发的《关于公共租赁住房和廉租住房并轨运行的通知》（建保〔2013〕178 号）的规定，从 2014 年起，各地公共租赁住房和廉租住房并轨运行，并轨后统称为公共租赁住房。实物配租的廉租住房来源主要包括：（1）政府新建、收购的住房；（2）腾退的公有住房；（3）社会捐

赠的住房；(4)其他渠道筹集的住房。[①] 廉租房有特定的供给对象，符合廉租房供给条件的由本人(家庭)向政府提出申请，并经过政府相关部门核实批准后，方能购、租、补。廉租房租赁协议的出租房为政府机构，一般为当地县(区)的房产管理局，承租人为符合特定条件的自然人或者家庭。鉴于廉租房租赁合同法律关系中一方的当事人为政府机构，而且廉租房租赁合同里包括了相关行政管理的内容，因此，廉租房合同纠纷既可以表现为行政纠纷(如承租人资格纠纷)，也可以表现为民事纠纷(如追偿租金等)。

对于廉租房承租合同的性质，存在三种不同的观点：第一种观点认为，廉租房合同虽然有别于普通的租赁合同，是一种特殊的民事合同，但在本质上仍然是一个民事合同。廉租房管理部门为出租人，申请廉租房的一方为承租人，二者之间是平等主体之间的民事法律关系，受合同法调整。第二种观点认为，廉租房承租合同是一种附条件的民事合同，只有符合申请廉租房法定条件的公民才有资格与廉租房管理部门签订承租合同，这只是对合同主体设置了一定的条件，并不影响合同本质上的民事性质。第三种观点认为，廉租房是指政府以实物配租的方式，向符合城镇居民最低生活保障标准且住房困难的家庭提供社会保障性质的住房。廉租房租赁合同基于推行国家福利政策签订，具有很强的政策性，廉租房管理部门与廉租房承租人之间存在一种管理与被管理的关系，两者之间不是平等主体之间的民事法律关系。因此，廉租房承租合同是一个行政协议。[②]

由于对廉租房租赁合同的性质认识存在分歧，导致廉租房租赁合同引发的纠纷是否具有民事可诉性存在三种不同的认识和实践模式：(1)民事处理模式。这种模式认为虽然廉租房具有社会福利性，是政府履行公共服务职能，为城镇低收入且住房困难的家庭或居民提供的保障性住房，此类租赁合同具有行政协议的特质，但出租人、承租人在一定程度上仍然属于平等的民事主体，应受合同法调整。因此，因廉租房租赁合同引发的纠纷具有民事可诉性。廉租房租赁合同纠纷具有民事可诉性，作为一般的民事租赁合同纠纷

---

① 参见《廉租住房保障办法》第12条。

② 参见唐正旭：《廉租房租赁合同纠纷处理的程序配置》，载 http://www.zhongguofazhi.org/content_3260750.html，2017年11月27日访问。

处理，人民法院的民事裁判文书生效后，承租人拒不执行的，按照民事执行程序办理。（2）行政处理模式。这一处理模式认为廉租房合同纠纷不具有民事可诉性，作为行政协议对待，由此引起的争议按照行政争议的处理程序处理。（3）民行分治模式。这种处理模式将廉租房租金问题按民事案件处理，具有民事可诉性；其他问题按照行政案件处理，不具有民事可诉性。在北京法院系统，对于房管所与公民在履行公房租赁合同过程中，因违反合同规定的权利义务所产生的纠纷，向人民法院提起诉讼的，应作为民事案件受理；除上述情况外，公民与房管所之间因公房租赁产生的其他争议，凡符合行政诉讼法规定的起诉条件，应作为行政案件受理。

典型案例一

自然人与房管所就解除公房租赁合同具有民事可诉性

——陈某某与某房管所租赁合同纠纷再审审查案①

1. 案情简介

再审申请人（一审被告、二审上诉人）：陈某某

被申请人（一审原告、二审被上诉人）：某房管所

再审申请人陈某某因与被申请人某房管所租赁合同纠纷一案，不服广东省广州市中级人民法院（2013）穗中法民五终字第2482号民事判决，向广东省高级人民法院申请再审。再审申请人陈某某申请再审称：本案的审理焦点在于陈某某如今已离婚，是否具备申请廉租房的资格。请求再审本案。

2. 法院裁判及观点

法院观点提炼：廉租房租赁合同解除条件成就时，房管所可以行使民事合同解除权。

广东省高级人民法院认为，本案的焦点是一、二审法院对本案的处理是否正确。本案中，某房管所将其管理的公房提供给陈某某承租，由此双方签订了案涉租赁合同，这是双方的民事合意行为，其内容对双方均有约束力，双

① 参见广东省高级人民法院（2014）粤高法民二申字第170号民事裁定书。

方均应按照合同约定切实履行。陈某某在其与案外人李某某婚姻存续期间，其配偶已拥有房屋的情况下仍然承租涉案房屋，显属违反民法诚实信用原则的行为。根据合同约定，陈某某本人或配偶获得自有产权房屋的，某房管所享有解除合同、收回出租房屋的权利。基于双方签订、履行合同的具体情况已符合合同约定的解除合同条件，一审法院判决解除某房管所与陈某某租赁合同关系符合法律的规定。对此，二审法院予以维持，亦无不当。至于一审判决后二审庭审前，陈某某已经发生离婚的事实，其本人存在住房问题，则应依法另寻途径解决。陈某某的再审申请理由不能成立。

综上所述，陈某某的再审申请不符合《民事诉讼法》第 200 条规定的情形。依照《民事诉讼法》第 204 条第 1 款之规定，2014 年 3 月 7 日裁定驳回陈某某的再审申请。

3. 案例评析

本案属于典型的廉租房租赁合同纠纷案件。在本案中，某房管所将其管理的公房提供给陈某某承租，由此双方签订了案涉租赁合同。从法院所立案号、法院裁判文书说理部分可知，法院认定此合同为民事合同，双方解除租赁合同具有民事可诉性。陈某某本人或配偶获得自有产权房屋的，某房管所享有解除合同、收回出租房屋的权利，已为租赁合同所明确约定了，双方就应当诚实信用地遵守和履行，某房管所依照约定解除租赁合同为民事纠纷，具有可诉性。

典型案例二

廉租房租赁合同纠纷具有民事可诉性，但是否符合《公共租赁住房管理办法》的争议属于行政管理部门的管理范围，不具有民事可诉性

——李某某与某县房地产管理局民政行政管理再审复查与审判监督案①

1. 案情简介

再审申请人(一审被告、二审上诉人)：李某某

被申请人(一审原告、二审被上诉人)：某县房地产管理局

① 参见湖北省高级人民法院(2015)鄂民申字第 00819 号民事裁定书。

再审申请人李某某因与被申请人某县房地产管理局房屋租赁合同纠纷一案,不服湖北省宜昌市中级人民法院(2014)鄂宜昌中民二终字第00387号民事判决,向湖北省高级人民法院申请再审。

李某某申请再审称:(1)有新证据足以推翻原判决,本案的廉租房租赁合同不是李某某所签。①2010年11月19日李甲签订廉租房租赁合同期间,李某某在外地娱乐城,有包间费收据可以证明,其对签订合同一事并不知情。②某物业管理公司以及良种场退休员工万某某等10人联名证明廉租房租赁合同是李甲所签。(2)原判决认定事实不清,适用法律错误。①根据《合同法》第48条第1款的规定,"行为人没有代理权、超越代理权或者代理权终止后以被代理人名义订立的合同,未经被代理人追认,对被代理人不发生效力,由行为人承担责任"。李甲未经授权,其代李某某签订廉租房租赁合同的行为对李某某不发生效力。②租房合同签订程序违法。李某某没有申请廉租房,亦不符合廉租房的申请条件,李甲代李某某签订的廉租房租赁合同违反了《公共租赁住房管理办法》第8条、第9条的规定。(3)李某某并非本案的当事人,其被告主体资格不适格,一、二审法院程序违法。李某某依据《民事诉讼法》第200条第1项、第2项、第6项的规定申请再审。

某县房地产管理局提交意见称:李某某的再审申请缺乏事实与法律依据,请求予以驳回。

2. 法院裁判及观点

法院观点提炼:廉租房租赁合同是否符合《公共租赁住房管理办法》的问题,属于行政管理部门的管理范围,并不属于人民法院受理民事案件的范围。

湖北省高级人民法院认为,李某某提交的"新证据"拟证明本案的廉租房租赁合同并非李某某本人所签,因原审已认定该合同系李甲代李某某签订,故其证明的事实与原审认定的事实并无异。《合同法》第49条规定:"行为人没有代理权、超越代理权或者代理权终止后以被代理人名义订立合同,相对人有理由相信行为人有代理权的,该代理行为有效。"本案中,李甲作为李某某的父亲,与李某某登记在同一本户口簿中。其以女儿李某某的名义与某县房地产管理局签订《五峰县廉租住房租赁合同》时提交了李某某的身份证及户口簿复印件,故某县房地产管理局有理由相信李甲有代理权,可以其女儿李某某的名义签订租赁合同,李甲的代理行为对李某某发生效力,且李某某在房屋租赁期间并未对该租赁合同提出异议,其应按照合同约定的内容履行义务,交纳租金。《合同法》第236条规定:"租赁期间届满,承租人继续使用租赁物,出租人没有提出异议的,原租赁合同继续有效,但租赁期限为不定期。"李某某在一年租期到期后,并未腾退房屋,某县房地产管理局也未提出异议,原租赁合同继续有效,其应按照原合同的约定交纳租金。某县房地产管理局向法院起诉要求李某某交纳租金,一审法院将李某某列为被告,并无不当。关于本案的廉租房租赁合同是否符合《公共租赁住房管理办法》的问题,属于行政管理部门的管理范围,并不属于人民法院受理民事案件的范围。

综上所述,李某某的再审申请不符合《民事诉讼法》第200条第1项、第2项、第6项规定的情形。依照《民事诉讼法》第204条第1款之规定,2015年6月24日裁定驳回李某某的再审申请。

3. 案例评析

本案属于典型的廉租房租赁合同纠纷案件。在本案中,李甲以其女儿李某某的名义与某县房地产管理局签订廉租房租赁合同,提交了李某某的身份证及户口簿复印件,导致某县房地产管理局有理由相信李甲有代理权,且李某某在房屋租赁期间并未对该租赁合同提出异议,李某某在一年租期到期后,并未腾退房屋,某县房地产管理局也未提出异议。由于李某某一直没有交纳租金,从而引发诉讼。从该案裁判文书的案号、说理部分和所适用的法律,可见法院认定该纠纷为民事纠纷,具有民事可诉性。同时,也指明了关于本案的廉租房租赁合同是否符合《公共租赁住房管理办法》的问题,属于行政管理部门的管理范围,并不属于人民法院受理民事案件的范围,即不具有民事可诉性。这为类似案件的裁判具有典型的指导意义。

有关法律规定

《中华人民共和国民事诉讼法》

第三条 人民法院受理公民之间、法人之间、其他组织之间以及他们相互之间因财产关系和人身关系提起的民事诉讼,适用本法的规定。

《廉租住房保障办法》

第二十五条 城市低收入住房困难家庭不得将所承租的廉租住房转借、转租或者改变用途。

城市低收入住房困难家庭违反前款规定或者有下列行为之一的，应当按照合同约定退回廉租住房：

（一）无正当理由连续6个月以上未在所承租的廉租住房居住的；

（二）无正当理由累计6个月以上未交纳廉租住房租金的。

第二十六条　城市低收入住房困难家庭未按照合同约定退回廉租住房的，建设（住房保障）主管部门应当责令其限期退回；逾期未退回的，可以按照合同约定，采取调整租金等方式处理。

城市低收入住房困难家庭拒绝接受前款规定的处理方式的，由建设（住房保障）主管部门或者具体实施机构依照有关法律法规规定处理。

二、"城中村"产生的房屋租赁合同纠纷案件的处理原则

基本理论

由于我国城市化和城乡一体化进程的快速推进，部分城市进行了行政区划调整"由村改居"，从而导致了原来村庄规划区内已建成的房屋因行政区划调整后转变为城市、镇规划区内房屋。[①] 所谓"城中村"，从狭义上说，是指农村村落在城市化进程中，由于全部或大部分耕地被征用，农民转为居民后仍在原村落居住而演变成的居民区，亦称为"都市里的村庄"；从广义上说，是指在城市高速发展的进程中，滞后于时代发展步伐、游离于现代城市管理之外、生活水平低下的居民区。

"城中村"是城市的一块"夹缝地"，城市规划滞后，违法违章建筑相当集中，"一线天""握手楼""贴面楼"等风景独特，与城市里的高楼大厦相比，条件落后、秩序混乱。由于房屋密度高、采光通风条件差，村民居住环境差，基础设施不完善，卫生条件太差，各种管线杂乱无章，排水排污不畅，垃圾成灾。街巷狭窄、拥挤，存在严重消防隐患。另外土地使用存在诸多问题，宅基地、工业用地、商业用地相互交织，非法出租、转让、倒卖，管理混乱等。"城中村"

① 参见张丽娥：《小议村改居前建设的房屋租赁合同效力认定》，载《法制与社会》2014年第28期。

不仅影响城市的美观，也阻碍城市化进程，制约着城市的发展，已成为困扰许多城市发展的“痼疾”。

“城中村”条件有限，房屋租金价格偏低，成为刚参加就业的大学生、农民工等低收入群体租房的首选。这里人员复杂，人口流动大。“城中村”由村民、市民和流动人口混合构成，流动人口成为主要犯罪群体，治安形势严峻。

这一系列的问题引发的房屋租赁合同纠纷经常发生，具有一定的典型性和代表性，法院在处理“城中村”产生的房屋租赁合同纠纷案件时，首先要谨慎认定房屋租赁合同的效力。合同效力是审理“城中村”房屋租赁合同纠纷的关键和基础。严格把握合同效力的相关规定，在法律没有明确规定合同无效的情况下，法院不可轻易认定租赁合同无效，以维护当下租赁市场、社会秩序的稳定。根据最高人民法院《关于审理城镇房屋租赁合同纠纷案件具体应用法律若干问题的解释》（法释〔2009〕11 号）第 2 条的规定，出租人就未取得建设工程规划许可证或者未按照建设工程规划许可证的规定建设的房屋，与承租人订立的租赁合同无效。但在一审法庭辩论终结前取得建设工程规划许可证或者经主管部门批准建设的，人民法院应当认定有效。综合本条内容分析，出租人未取得建设工程规划许可证或者未按照建设工程规划许可证的规定建设房屋，有两种不同情形的违法表现形式：一种情况是因不符合许可的条件或者未向政府申请许可导致始终未取得政府许可，另一种情况是虽然取得了许可，但是，具体实施和履行违反了政府许可内容。这些均会因合同标的物或行为违法而导致合同无效的。“取得建设工程规划许可证或者主管部门批准建设”，意味着人民政府相关机构验收合格了，达到一定的程序要件和实质要件了，批准后违法情形消失了，违法建筑转化为合法建筑。法院认定合同在违法情节消失后转化为有效合同，有利于促进交易，有利于维护社会秩序的稳定。订立合同的目的在于交易，合同违法导致交易未果，这不是合同当事人订立合同时所追求的预期效果。违法情节消失后，就应当恢复到合同当事人订立合同追求目标的本意上来，有效履行就应当成为必然趋势。创设合同效力转化的理论以及依此理论作出的审判实践，就是为了鼓励交易，促成经济活动顺向流转，避免造成逆向流转，形成无效返还的法律后果。因租赁合同标的物违法，违法原因消失后，转化为有效合同的前提是合同效力尚未被司法机关或者仲裁机构确定。如果法定机构已经对合同效力作出认定,即认定标的物违法的租赁合同无效,在此种情况下,不能因为取得规划权证或者有权机关批准而再次转为有效合同。因为法院、仲裁机构的生效文书已经发生法律效力,不可以直接逆转,当事人对人民法院或者仲裁机构有关合同效力的认定不服的,只能向人民法院申请撤销仲裁决定或者按照再审程序向上一级人民法院申请再审,此时,不存在合同效力逆转的担忧。

另外,要善用调解技巧化解矛盾。在“城中村”租房子的承租人大多为刚毕业的大学生、农民工等低收入弱势群体;出租人大多为“城中村”的居民,是城市发展的盲区,大多也是无固定工作的城镇居民,同样为弱势群体。“城中村”的房屋成为出租人的生活来源,是承租人的日常临时住所,对两者都很重要。两者之间的矛盾一旦处理不好,容易引发大面积的矛盾和纠纷,甚至给其他出租人、承租人做出不良的司法示范。要充分运用多元化纠纷解决机制,强化与社会调解组织、行业协会、居委会等组织机构、调解能手的对接力度,要想法设法、多渠道、多方式地处理相关纠纷,将矛盾及时消除,防范社会风险,促进社会的和谐。

最好要善用司法救助措施。考虑到居住“城中村”的承租人大多是低收入弱势群体,因政策而被要求搬离、拆迁等突发情况时,处理租赁诉讼纠纷是法院的本职工作,但也要注重对无处安置的弱势群体的司法救助,彰显司法的人文关怀。

典型案例一

未取得建设工程规划许可证私自建设的群租房租赁合同无效

——孙某某与某社区居民委员会房屋租赁合同纠纷案①

1. 案情简介

上诉人(原审原告):孙某某

上诉人(原审被告):某社区居民委员会

上诉人孙某某与上诉人某社区居民委员会房屋租赁合同纠纷一案,双方

① 参见江苏省南京市中级人民法院(2013)宁民终字第4176号民事判决书。

均不服南京市栖霞区人民法院(2013)栖迈民初字第508号民事判决,向南京市中级人民法院提起上诉。

孙某某原审诉称,双方于2004年4月19日签订门面房租赁协议,约定某社区市场内门面房出租给本村村民即孙某某经营,租赁期限15年,自2004年4月至2019年4月止,租金为4万元,一次性付清。由于该门面房系某社区居民委员会私自违建,导致该租赁合同无效。后门面房于2013年4月被依法拆除,造成了孙某某的损失。某社区居民委员会对租赁合同无效,应承担全部过错责任。现要求某社区居民委员会支付孙某某因合同无效造成的损失369,140元,某社区居民委员会承担本案诉讼费。庭审中,孙某某增加诉讼请求:要求确认孙某某与某社区居民委员会签订的租赁合同无效,变更要求某社区居民委员会支付孙某某因合同无效造成的损失为184,570元(剩余租赁期限内房屋转租可能获得的租金损失)。

某社区居民委员会原审辩称,兴卫菜场门面房系某社区居民委员会自筹资金于2003年5月始建,当时建设该批门面房是为了解决企业下岗职工再就业及百姓买菜难的问题,按照当时的政策规定,是允许的,孙某某对这一情况也是了解的。后因创建文明城市及"城中村"改造的需要,该批门面房被拆除。某社区居民委员会认为不存在合同无效的问题,孙某某主张的损失也没有法律依据,要求驳回孙某某的全部诉讼请求。

一审南京市栖霞区人民法院经审理查明,孙某某系某社区村民,孙某某及其妻子均为残疾人。某社区居民委员会为解决企业下岗职工再就业及百姓买菜难的问题,于2003年5月自筹资金兴建了某社区农贸市场门面房,建设该门面房某社区居民委员会未取得建设工程规划许可证,所建房屋没有合法权属证书。为照顾孙某某及家人的生活,2004年4月19日,孙某某、某社区居民委员会签订门面房租赁协议一份,某社区居民委员会将某社区农贸市场1号门面房出租给孙某某,租赁期限15年,租金4万元一次性付清。协议签订后,孙某某一次性支付某社区居民委员会4万元租金。后孙某某将该门面房转租给他人赚取租金差额。2012年12月20日,孙某某将该门面房转租给杨某,约定每月租金2000元,租期5年,每年租金以20%递增。因某社区农贸市场门面房未取得建设工程规划许可证,在创建文明城市及"城中村"改造活动中被列入拆除范围。2013年3月13日,孙某某承租的房屋被拆除。

后孙某某要求某社区居民委员会赔偿损失未果,遂诉至法院。

上述事实,有孙某某及妻子的残疾证、双方签订的门面房租赁协议、某社区居民委员会致店面业主的一封信、孙某某与杨某签订的门面房转租合同及当事人陈述等证据证实,原审法院予以认定。

一审南京市栖霞区人民法院认为,某社区居民委员会将未取得建设工程规划许可证的房屋出租给孙某某,双方签订的租赁协议无效。某社区居民委员会明知该房屋未取得建设工程规划许可证,仍予以出租,故应承担合同无效的全部责任。现租赁房屋已被拆除,孙某某无须返还承租房屋,某社区居民委员会应返还孙某某承租该房屋所支付的费用。孙某某要求某社区居民委员会赔偿剩余租赁期限内房屋转租可能获得的租金损失,因该损失是预期利益,该种损失的赔偿没有法律依据,故不予支持。据此,依照《合同法》第58条、最高人民法院《关于审理城镇房屋租赁合同纠纷案件具体应用法律若干问题的解释》第2条、《民事诉讼法》第142条之规定,原审法判决:(1)孙某某、某社区居民委员会签订的房屋租赁合同无效。(2)某社区居民委员会于判决生效之日起10日内返还孙某某40,000元。(3)驳回孙某某的其他诉讼请求。一审案件受理费3991元,减半收取1995.5元,由某社区居民委员会负担。

孙某某不服原审判决,向江苏省南京市中级人民法院提起上诉称,双方于2004年4月19日签订门面房租赁协议,约定某社区市场内门面房出租给本村村民孙某某经营。租赁期限15年,自2004年4月至2019年4月止,租金4万元一次性支付。上诉人认为,由于该门面房系某社区居民委员会私自无证违建,导致该租赁合同无效,门面房于2013年4月13日被依法拆除。对于租赁合同的无效,村委会应依法承担全部过错责任,并赔偿孙某某的实际损失和预期损失。请求二审法院依法撤销原审判决,改判某社区居民委员会支付因租赁合同无效造成的上诉人损失184,570元,并由某社区居民委员会承担本案诉讼费用。

某社区居民委员会答辩称,孙某某要求我方支付其损失没有任何事实与法律依据,请求驳回孙某某的上诉请求。

某社区居民委员会不服原审判决,向南京中院院提起上诉称,一审法院认定事实错误,租赁房屋虽未取得建设工程规划许可证,但孙某某对于这一事实是知晓的。上诉人先后多次以书面及电话形式通知孙某某，希望其能积极配合，但都遭到拒绝，上诉人只得对该批门面房进行拆除。综上，请求二审法院依法改判或发回重审，由被上诉人承担本案一审、二审的诉讼费用。

孙某某答辩称，涉案房屋未取得建筑工程规划许可证，孙某某作为农民是不知情的，房屋租赁合同无效的过错是某社区居民委员会，涉案房屋是盖在孙某某承包的土地上，没有经孙某某同意，某社区居民委员会上诉没有道理。

双方当事人对原审查明的事实均无异议，江苏省南京市中级人民法院依法予以确认。

二审中，孙某某申请证人丁某出庭作证，丁某陈述，当年该社区建设涉案菜场主要是为了解决困难户的生活问题，老百姓不知道菜场是违建的，其不清楚，涉案菜场共有56间门面房，都出租给老百姓，丁某也承租一间。2013年3月左右被政府拆除后，政府没有给承租户补偿，大部分承租户与某社区居民委员会协商解决了，方案是某社区居民委员会把剩余租期内的租金退还承租户。目前只有两三家没有与某社区居民委员会达成协议，孙某某是其中的一家。双方当事人质证后都认可证人证言。

2. 法院裁判及观点

法院观点提炼：社区居民委员会就未取得建设工程规划许可证的房屋，与承租人订立的租赁合同无效。

二审南京市中级人民法院认为，合同无效，因该合同取得的财产应当予以返还，不能返还的，应当折价补偿。双方都有过错的，应当各自承担相应的责任。本案中，某社区居民委员会就未取得建设工程规划许可证的房屋，与上诉人订立租赁合同，该合同应属无效。签订租赁协议时，上诉人未要求查看与承租房屋有关的相应权证，某社区居民委员会亦无证据证明已将未取得建设工程规划许可证的情形告知孙某某，故双方对合同无效均有过错，应承担相应责任。考虑到当事人的实际损失、合同的履行情况、双方过错程度以及涉案房屋被拆除零补偿等综合因素，酌定某社区居民委员会返还孙某某的剩余租期内的租金16,000元（40,000元/15年×6年）。对上诉人孙某某认为租赁合同无效造成其损失184,570元应得到补偿的主张，缺乏事实与法律依据，不予支持。对上诉人孙某某已经支付的剩余租期的租金16,000元的利息损失，予以支持；对于该损失利息的发生，上诉人孙某某亦有过错，酌定孙某某承担同等责任。综上，依照《合同法》第58条、《民事诉讼法》第170条第2款之规定，2013年12月13日判决：(1)维持南京市栖霞区人民法院(2013)栖迈民初字第508号民事判决第一项、第三项；(2)变更南京市栖霞区人民法院(2013)栖迈民初字第508号民事判决第二项为：某社区居民委员会于本判决生效之日起10日内退还孙某某租金16,000元并赔偿相应的利息损失(自2004年4月20日起按中国人民银行同期贷款基准利率标准的50%计算至给付之日止)。如果未按判决指定的期间履行给付金钱义务，应当依照《民事诉讼法》第253条之规定，加倍支付迟延履行期间的债务利息。

一审案件受理费1995.5元，二审案件受理费3991元，均由某社区居民委员会负担。

3. 案例评析

本案属于典型的城中村房屋租赁合同纠纷。在本案中，某社区居民委员会将某社区农贸市场门面房出租给孙某某。因某社区农贸市场门面房未取得建设工程规划许可证，在创建文明城市及"城中村"改造活动中被列入拆除范围。2013年3月13日，孙某某承租的房屋被拆除。后孙某某要求某社区居民委员会赔偿损失未果，遂诉至法院。在"城中村"，私建、违建的门面房、居住房等未取得建设工程规划许可证违法建筑被出租比较普遍，法院依法认定合同无效，法院综合考量当事人的实际损失、合同的履行情况、双方过错程度以及涉案房屋被拆除零补偿等一系列因素，据此作出判决，很好地平衡了双方之间的权利义务，取得良好的社会效果、法律效果，对类似案件的处理具有指导意义。

典型案例二

租赁合同虽然因房屋系违法建筑而无效，但法院仍然可以根据当事人请求参照合同约定的租金标准支付房屋占有使用费

——上诉人齐某某与被上诉人郭某某房屋租赁合同纠纷案①

1. 案情简介

上诉人（原审被告）：齐某某

被上诉人（原审原告）：郭某某

上诉人齐某某因与被上诉人郭某某房屋租赁合同纠纷一案，不服河南省郑州市中原区人民法院作出的（2014）中民二初字第1271号民事判决，向河南省郑州市中级人民法院提起上诉。

一审河南省郑州市中原区人民法院经审理查明，2014年1月7日齐某某与郑州电缆（集团）股份有限公司（以下简称电缆公司）签订房屋租赁合同，主要约定由齐某某承租电缆公司位于某地约50平方米的房子，租赁期为一年，自2014年1月1日至2014年12月31日止。

2014年2月23日齐某某与郭某某签订房屋租赁合同一份，主要约定：由齐某某将上述房屋转让给郭某某使用，租赁期为一年，自2014年3月1日至2015年3月1日止；转让费2.2万元，年租金1.8万元；租金一年一交，在合同签订之日一次性支付；租赁期间郭某某有权转让经营权或搬迁；租赁期间，齐某某不得以任何理由提升房价和收回房屋，否则将赔偿郭某某一切损失，如遇拆迁或国家法规允许的情况，按照实际天数计算，郭某某必须如额退还余款，解除合同，房屋应按时清理出场。

2014年2月23日郭某某将一年房租1.8万元和转让费2.2万元交付于齐某某，齐某某将上述房屋交付于郭某某。

2014年6月22日某城中村连片改造工作指挥部发布公告称2014年6月26日开始上述房屋所在区域将进入拆迁签约第一阶段，正式开始签约和

① 参见河南省郑州市中级人民法院（2015）郑民三终字第604号民事判决书。

兑付。

2014 年 6 月 23 日经双方结算，齐某某退回郭某某房租 1.1 万元。

另查明，本案涉及房屋系电缆公司所建，使用的土地系某村集体土地，电缆公司没有办理房屋产权登记。

2.法院裁判及观点

法院观点提炼：涉案房屋系电缆公司利用村集体土地所建，没有办理产权登记，出租人齐某某应当却未能提供房屋合法建设的手续，租赁合同无效。

一审河南省郑州市中原区人民法院认为，依据最高人民法院《关于审理城镇房屋租赁合同纠纷案件具体应用法律若干问题的解释》第 2 条"出租人就未取得建设工程规划许可证或者未按建设工程规划许可证的规定建设的房屋，与承租人订立的租赁合同无效"的规定，由于涉案房屋系电缆公司利用村集体土地所建，没有办理产权登记，出租人齐某某应当却未能提供房屋合法建设的手续，法院到电缆公司调查也未能核实有关情况，因此，应由齐某某承担对其不利的举证责任后果，故对于郭某某要求确认双方于 2014 年 2 月 23 日签订的租赁合同无效的诉讼请求，法院予以支持。根据《合同法》第 58 条"合同无效后，因该合同取得的财产，应当予以返还；不能返还或者没有必要返还的，应当折价补偿。有过错的一方应当赔偿对方因此所受到的损失，双方都有过错的，应当各自承担相应的责任"的规定，本案中诉辩双方在未核实房屋权利状况，也未取得房屋所有权人电缆公司允许的情况下，擅自签订租赁（转让）合同，均未尽到充分的注意义务，均有过错，应当各自承担相应的责任，能返还对方的财产予以返还，未能返还的折价补偿。根据最高人民法院《关于审理城镇房屋租赁合同纠纷案件具体应用法律若干问题的解释》第 5 条的规定，合同无效，当事人请求参照合同约定的租金标准支付房屋占有使用费的，应予支持。本案中，双方在 2014 年 6 月 23 日已经对剩余房租进行了结算，齐某某也已经退回郭某某房租 1.1 万元，故对于郭某某要求齐某某退还全部房租 1.8 万元的诉讼请求，该院不予支持。至于郭某某主张的转让费，根据公平原则和诚实信用原则，法院认为，转让费包括但不限于房屋的装修和经营机会，齐某某转让了装修物的使用权应获得相应的对价。郭某某实际获得了店铺经营机会也使用了装修物并因此获益，应当折价补偿。双方对应予退回的房租已经进行结算，对于转让费，应按退回房租的比例折价退还 1. 3444 万元，故对于郭某某要求齐某某退还转让费 2. 2 万元的诉讼请求，法院予以支持 1. 3444 万元，其余的不予支持。对于郭某某要求齐某某赔偿装修损失 1. 2 万元的请求，证据不足，法院不予支持。

综上所述，依照《合同法》第 5 条、第 6 条、第 58 条、第 212 条，最高人民法院《关于审理城镇房屋租赁合同纠纷案件具体应用法律若干问题的解释》第 2 条、第 5 条和《民事诉讼法》第 64 条第 1 款之规定，判决：(1)齐某某自判决生效之日起 10 日内退还郭某某转让费 1. 3444 万元；(2)驳回郭某某的其他诉讼请求。如果齐某某未按判决指定的期间履行给付金钱义务，应当依照《民事诉讼法》第 253 条之规定，加倍支付迟延履行期间的债务利息。案件受理费 1100 元，由郭某某负担 815. 6 元，由齐某某负担 284. 4 元。

宣判后，齐某某不服，向河南省郑州市中级人民法院提起上诉称，本案诉争的租赁房屋属于"文化大革命"时期的遗留产物，原审法院硬套适用《建筑法》属于适用法律错误，另外，齐某某向郭某某支付 1. 1 万元的租金后，郭某某应积极搬迁未搬迁，导致齐某某丧失 4 万元的搬迁奖励，因此，原审认定事实错误，适用法律错误，应撤销原审判决第一项，维持第二项，增判郭某某赔偿齐某某拆迁奖励 4 万元。

被上诉人郭某某答辩称，齐某某明知道市场要拆迁还将房屋转让给郭某某，致使郭某某经营较短时间内房屋就被拆迁，因此，原审认定事实清楚，适用法律正确，请求驳回上诉，维持原判。

二审法院经审理查明的事实与原审法院查明的事实一致。

二审法院认为，齐某某与郭某某 2014 年 2 月 23 日签订房屋租赁合同，租赁期限自 2014 年 3 月 1 日至 2015 年 3 月 1 日，合同约定如遇拆迁或国家法规允许的情况下，按照实际天数计算，齐某某必须如额退还余款，解除合同。签订合同当日，郭某某向齐某某支付了转让费 22, 000 元及一年租金 18, 000 元。本案诉争的租赁房屋在 2014 年 6 月 23 日被拆迁，郭某某实际使用房屋 4 个月左右，因此齐某某应当将未使用房屋期间的转让费和租金退还给郭某某，故原审判决处理是妥当，对于齐某某的上诉请求，不予支持。综上，原审法院认定事实清楚，处理结果适当，依法予以维持，依照《民事诉讼法》第 170 条第 1 款第 1 项之规定，判决驳回上诉，维持原判。二审案件受理费 284 元，由上诉人齐某某负担。

3. 案例评析

本案属于典型的城中村房屋租赁合同纠纷。在本案中,齐某某与电缆公司签订房屋租赁合同,齐某某将上述房屋转租给郭某某,在租赁期内城中村房屋面临拆迁,导致租赁合同无法再继续履行,从而引发矛盾和纠纷。租赁合同虽然因为房屋是违法建筑而无效,但是,法院仍然可以根据当事人请求参照合同约定的租金标准支付房屋占有使用费,法院根据实际租赁天数计算租金,将剩余的租金予以返还,较好地平衡了双方之间的权利和义务,对类似案件的审理具有指导意义。

有关法律规定

最高人民法院《关于审理城镇房屋租赁合同纠纷案件具体应用法律若干问题的解释》

第二条　出租人就未取得建设工程规划许可证或者未按照建设工程规划许可证的规定建设的房屋,与承租人订立的租赁合同无效。但在一审法庭辩论终结前取得建设工程规划许可证或者经主管部门批准建设的,人民法院应当认定有效。

第三条　出租人就未经批准或者未按照批准内容建设的临时建筑,与承租人订立的租赁合同无效。但在一审法庭辩论终结前经主管部门批准建设的,人民法院应当认定有效。

租赁期限超过临时建筑的使用期限,超过部分无效。但在一审法庭辩论终结前经主管部门批准延长使用期限的,人民法院应当认定延长使用期限内的租赁期间有效。

第四条　当事人以房屋租赁合同未按照法律、行政法规规定办理登记备案手续为由,请求确认合同无效的,人民法院不予支持。

当事人约定以办理登记备案手续为房屋租赁合同生效条件的,从其约定。但当事人一方已经履行主要义务,对方接受的除外。

第五条　房屋租赁合同无效,当事人请求参照合同约定的租金标准支付房屋占有使用费的,人民法院一般应予支持。

当事人请求赔偿因合同无效受到的损失,人民法院依照合同法的有关规定和本司法解释第九条、第十三条、第十四条的规定处理。

三、已出租的财产被抵押,租赁合同是否有效

基本理论

在实践中,房屋先被出租后办理抵押也时常发生,根据《担保法》第 48 条的规定,抵押人将已出租的财产抵押的,应当书面告知承租人,原租赁合同继续有效,即租赁合同的效力也不因抵押权的存在而无效。根据《物权法》第 190 条的规定,订立抵押合同前抵押财产已出租的,原租赁关系不受该抵押权的影响。根据《担保法解释》第 65 条的规定,抵押人将已出租的财产抵押的,抵押权实现后,租赁合同在有效期内对抵押物的受让人继续有效。订立抵押合同前抵押财产已出租的,原租赁关系不受该抵押权的影响,[①]即先出租后抵押,抵押不破除租赁。因此,承租人在租赁房屋后,出租人在此房屋上办理抵押登记手续,在法律上并不会影响承租人的权利,抵押权人应严格按照合同约定继续履行,不可以擅自要求承租人腾房,否则应承担相应的违约责任,而承租人可以选择继续租赁,直至合同租期到期,或者可以选择与出租人协商提前结束该租赁合同。

法律之所以如此规定,考虑到了以下因素:第一,对当事人意思自治的认可。在设立抵押权即签订抵押合同、办理抵押权登记时,出租的事实已经存在,抵押权人和抵押人知道租赁事实的存在依然愿意在此房屋上设立抵押权,说明当事人对租赁法律关系的认可,法律这样规定也是对当事人意思自治的认可。第二,租赁关系的存在不妨碍抵押权的成立。根据《物权法》第 179 条的规定,抵押权是债权人对债务人或者第三人不转移占有的担保财产,在债务人届期不履行债务或者发生当事人约定的实现抵押权的情形时,依法享有的就该抵押财产的变价处分权和优先受偿权的总称。抵押权的设立和成立不需要转移对房屋的占有,也就是说,此时承租人占有房屋并不妨碍抵押权的设立和成立,即不需要解除租赁关系就可以设立抵押权。第三,抵押权的存在不妨碍租赁关系的实现。在房屋上设置抵押权,需要办理相应的登

---

① 参见华律网:《房屋出租后又实行抵押的案例分析》,载 http://www.66law.cn/laws/155116.aspx,2017 年 11 月 25 日访问。

记，不需要转移占有，抵押权成立后，房屋不需要因抵押权而交给抵押权人或者其他人保管，因此租赁人依然可以和平地占有该房屋，并不妨碍租赁关系的实现。第四，维持现有社会秩序的稳定。租赁法律关系成立在前，抵押权法律关系设立在后，二者互不矛盾地先后成立，并共同存在，互不冲突，因此承认先出租后抵押，抵押不破除租赁，有利于维护社会关系的稳定。

典型案例

将已出租的房屋抵押给他人，不影响该房屋租赁合同的效力

——杨某某与某商贸中心有限责任公司房屋租赁合同纠纷案①

1. 案情简介

原告：杨某某

被告：某商贸中心有限责任公司

原告诉称：原、被告于2015年3月19日签订房屋出租合同书，原告以每年100万元的价格租赁被告名下的3800平方米商场，租期10年，自2015年10月23日至2025年10月23日止。原告于2015年3月19日预交三年定金300万元。现合同已到期，被告至今未履行合同约定义务，为减少损失原告提起告诉。请求确认原、被告于2015年3月19日签订的房屋出租合同书有效；判令被告履行合同义务，将原告租赁的房屋交付给原告使用。诉讼费由被告负担。

被告辩称：原告所述属实，同意调解，三天内迁出一楼商户。

本案争议的焦点为：原被告签订的房屋租赁合同是否有效；原告的诉讼请求是否应予支持。

针对本案争议焦点，原告向吉林省舒兰市人民法院举出以下新证据：

证据一，房屋出租合同书一份。证明原告与被告于2015年3月19日签订房屋租赁合同，租赁期限是10年，自2015年10月23日至2025年10月23日止，租金每年100万元，合计1000万元，原告已支付被告300万元定金，租

① 参见吉林省舒兰市人民法院（2015）舒民二初字第606号民事判决书。

赁面积是被告商场一楼3800平方米。

证据二,收据一张。证明原告给被告交付定金300万元。

针对本案争议焦点,被告未向法院提供证据。

经质证,被告对原告提供的证据一中的租赁面积有异议,商场面积没有3800平方米,仅有2000多平方米;对原告提供的证据二无异议。法院对原告提供的证据一因租赁面积不符,不予认定;对原告提供的证据二双方无异议,法院予以确认并采信。

根据原告告诉、被告答辩及法院所采信的证据,法院查明的事实如下:

2015年3月19日某商贸中心有限责任公司与杨某某签订房屋出租合同书,被告将一楼大厅2100平方米(合同书中一楼面积为3800平方米)和正门前6个门市(3个42平方米、3个21平方米)出租给原告,自2015年10月23日至2025年10月23日租赁期限为10年,租赁费为1000万元,原告于2015年3月19日交付被告定金300万元。被告的商贸中心大楼于2015年5月13日全部抵押贷款,抵押期限为10年。被告的商贸中心一楼大厅有房照,正门前6个门市无房照。房屋出租合同书系原告杨某某本人签名,被告某商贸中心有限责任公司盖章并有法定代表人张某某签名加盖名章。被告一楼的商户于2015年10月23日到期,庭审中被告表示三天内将商户自行迁出,由原告同时交付剩余租金700万元。

2. 法院裁判及观点

法院观点提炼:按照抵押不破租赁原则,被告作为抵押人将已出租的商贸中心全部房屋抵押给银行贷款,原租赁合同中有房照的商贸中心一楼大厅即2100平方米,租赁合同依然有效。

吉林省舒兰市人民法院认为,最高人民法院《关于审理城镇房屋租赁合同纠纷案件具体应用法律若干问题的解释》第3条规定“出租人就未经批准或者未按照批准内容建设的临时建筑,与承租人订立的租赁合同无效。但在一审法庭辩论终结前经主管部门批准建设的,人民法院应当认定有效”。原、被告签订的房屋租赁合同中,租赁物正门前6个门市无房照,被告未提供主管部门批准建设的证据,被告作为出租人就未经批准或者未按照批准内容建设的临时建筑,与承租人订立的租赁合同无效,在庭审辩论终结前也未提供主管部门批准建设的证据,被告出租临时建筑即正门前6个门市所签订的合同无效。《担保法》第 48 条规定,“抵押人将已出租的财产抵押的,应当书面告知承租人,原租赁合同继续有效”。按照抵押不破租赁原则,被告作为抵押人将已出租的商贸中心全部房屋抵押给银行贷款,原租赁合同中商贸中心一楼大厅即 2100 平方米,租赁合同有效。故原、被告签订的房屋出租合同部分有效、部分无效,原告请求确认合同有效的诉讼请求的无效部分不予支持。庭审中被告自愿将商贸中心一楼大厅到期商户迁出,原告同时交付被告 700 万元,就此项双方无争议,原、被告双方自愿三日内履行,故就此项法院不予裁判。由于正门前 6 个门市租赁不符合法律规定,原告同时主张交付 6 个门市不予支持。根据《合同法》第 44 条、第 52 条第 5 项,最高人民法院《关于审理城镇房屋租赁合同纠纷案件具体应用法律若干问题的解释》第 3 条,《民事诉讼法》第 64 条之规定,判决:(1)确认原被告签订的房屋出租合同中被告一楼大厅 2100 平方米的租赁协议有效;正门前 6 个门市的租赁协议无效;(2)驳回原告杨某某的其他诉讼请求。诉讼费 30,800 元,由被告某商贸中心有限责任公司负担 100 元,由原告杨某某负担 30,700 元。

3. 案例评析

本案属于典型的出租的财产被抵押而引发的租赁合同纠纷。在本案中,某商贸中心有限责任公司与杨某某签订房屋出租合同书,被告将一楼大厅 2100 平方米出租给原告。虽然一楼大厅抵押给银行,但是根据《担保法》第 48 条的规定,抵押不破租赁,法院据此认定针对一楼大厅 2100 平方米的租赁合同有效,依法保护了承租人的利益,保护了合法有效租赁合同营造的稳定的租赁市场秩序,以免承租人的利益被未来的抵押权随意侵犯。

有关法律规定

《中华人民共和国担保法》

第四十八条　抵押人将已出租的财产抵押的,应当书面告知承租人,原租赁合同继续有效。

《中华人民共和国物权法》

第一百九十条　订立抵押合同前抵押财产已出租的,原租赁关系不受该抵押权的影响。抵押权设立后抵押财产出租的,该租赁关系不得对抗已登记的抵押权。

最高人民法院《关于适用〈中华人民共和国担保法〉若干问题的解释》

第六十五条　抵押人将已出租的财产抵押的,抵押权实现后,租赁合同在有效期内对抵押物的受让人继续有效。

四、违反《中华人民共和国消防法》强制性规定的房屋租赁合同的效力

基本理论

1998 年 4 月 29 日第九届全国人民代表大会常务委员会第二次会议通过,2008 年 10 月 28 日第十一届全国人民代表大会常务委员会第五次会议修订的《中华人民共和国消防法》(以下简称《消防法》)第 12 条规定,依法应当经公安机关消防机构进行消防设计审核的建设工程,未经依法审核或者审核不合格的,负责审批该工程施工许可的部门不得给予施工许可,建设单位、施工单位不得施工;其他建设工程取得施工许可后经依法抽查不合格的,应当停止施工。根据该条的规定,依法应当经公安机关消防机构进行消防设计审核的建设工程如果违反《消防法》的强制性规定,则不给予施工许可。没有获得施工许可而建造的建筑物即是违法建筑,因此而发生的租赁合同是否有效存在不同的认识。一种意见认为,如果租赁标的物未经消防工程验收或消防验收不合格,即租赁违法建筑而应认定租赁合同无效。另一种意见认为,不能简单地以租赁标的物未经消防验收或者消防验收不合格就一律以租赁合同违反消防法规的强制性规定而认定租赁合同无效,而应区分不同情况分别作出处理:(1)对城市房屋,如果建筑工程从设计开始就没有相应的消防设计,也未经公安消防管理部门审核就开工,导致消防工程不合格而影响租赁合同履行的,应以标的物违反法律强制性规定而认定合同无效;如果有消防设计并经审核施工,竣工后因用途变更导致消防工程需要进一步完善、整改,且公安消防管理部门未责令停止使用的,不宜认定合同无效。(2)对城郊结合部农民集体自建的房屋出租后作为公众聚集的场所,如果标的物的出租不符合《消防法》的强制性规定,可在责令相关当事人办理相关的消防工程验收手续后,认定租赁合同有效;房屋虽未经竣工验收但各方对房屋质量没有异

议的,应当认定租赁合同有效。[①] 关于房屋租赁合同未经消防验收或者经消防验收不合格,是否应认定房屋租赁合同无效的问题,最高人民法院《关于未经消防验收合格而订立的房屋租赁合同如何认定其效力的答复》(〔2003〕民一他字第 11 号)指出,应根据不同情况分别对待:第一,出租《消防法》第 10 条规定的必须经过公安消防机构验收的房屋,未经验收或者验收不合格的,应当认定租赁合同无效。第二,租赁合同涉及的房屋不属于法律规定必须经过公安消防机构验收的,人民法院不应当以该房屋未经消防验收合格为由而认定合同无效。第三,租赁房屋用于开设经营宾馆、饭店、商场等公众聚集场所的,向当地公安消防机构申报消防安全检查的义务人为该企业的开办经营者,但租赁标的物经消防安全验收合格,不是认定房屋租赁合同效力的必要条件。

从最高人民法院的答复可见,只有必须经过公安消防机构验收的房屋违反《消防法》强制性规定的未经验收或者验收不合格的,应当认定租赁合同无效,其他情形应谨慎认定租赁合同的效力,不得随意认定租赁合同无效。

依法必须经消防验收的房屋未经消防验收合格而订立的房屋租赁合同,因违反标的需确定、可能和合法的合同有效要件之规定,应当认定合同相对无效。无效合同效力补正,是指根据有关法律法规规定,有些合同原本应当被认定为无效,但是允许当事人在一定期限内采取措施对合同效力加以完善,或者因某些客观事由使合同中的无效情形自动消除,从而使原本无效的合同转化为有效合同。无效合同发生效力补正后,合同的性质发生了根本性的变化,合同的效力由无效转换为有效,转换后的合同成为具有法律约束力的有效合同。当事人在无效合同补正为有效合同后,不得以原始合同是无效合同为由拒绝履行合同约定的义务,没有正当理由而不按照效力补正后的有效合同履行义务或者履行义务不符合约定的,应承担继续履行、采取补救措施或者赔偿损失等违约责任。同时,无效合同效力补正后,任何一方不得擅自变更、解除效力补正后的合同。因此,一审法庭辩论终结前经消防验收合格,租赁标的物符合了法律规定,无效合同经过补正而变为有效,合同自成立

---

① 参见云南省高级人民法院就未经消防验收而订立的房屋租赁合同效力向最高人民法院请示(云高法报〔2003〕45 号)。

时发生效力。[1]

典型案例

必须经过公安消防机构验收的房屋，未经验收或者验收不合格的，应当认定租赁合同无效

——李某某与某(集团)有限公司房屋租赁合同纠纷案[2]

1. 案情简介

上诉人(原审原告):李某某

上诉人(原审被告):某(集团)有限公司

上诉人李某某因与上诉人某(集团)有限公司房屋租赁合同纠纷一案，不服山东省济南市中级人民法院(2011)济民一初字第13号民事判决，向山东省高级人民法院提起上诉。

一审法院查明:(1)2004年9月8日，某(集团)有限公司与济南市天桥区洛口街道办事处南徐居委会签订土地承包合同，由某(集团)有限公司承包某居委会位于某地的土地40亩，承包期限20年。合同签订后，某(集团)有限公司在承包地块建设了钢架结构的板式房屋，在某(集团)有限公司内部称为仓储物流中心，归属于被告某(集团)有限公司注册成立的某装饰材料批发市场管理。该中心未办理土地规划审批手续和消防验收手续。

(2)2006年7月6日，原告李某某与被告某(集团)有限公司签订《租赁合同》，约定:原告李某某租赁某(集团)有限公司位于某地面积为885平方米(编号为A区1-5号)库房一处;租赁期限为2006年8月1日至2011年7月31日;前二年的租金每天0.24元/平方米，以后每个年度每平方米每天递增0.02元;李某某要向某(集团)有限公司交纳4000元定金，退房时该定金予以退还;李某某租赁库房的面积以实际丈量为准，其应先交纳前半年(2006

---

① 参见李如兴、付春杰:《未经消防验收合格而订立的房屋租赁合同效力》，载《人民司法》2016年第16期。

② 参见山东省高级人民法院(2014)鲁民一终字第360号民事判决书。

年 8 月 1 日至 10 月 30 日）房租 19,381.50 元，下半年的房租要提前一个月交纳，若每迟交一天房租，按 0.5/天/平方米交滞纳金；卫生费、管理费、安全费按门收取，水电费由租赁人李某某负责；在租赁期间，如遇国家或不可抗力因素使合同无法履行时，双方互不承担损失；租赁场所的消防设施由某（集团）有限公司提供，安全设施、防火、防盗具体由某（集团）有限公司安排，以保证李某某一方的安全。上述合同签订后，李某某又于 2006 年 8 月 17 日与某（集团）有限公司签订了另一处库房的租赁合同，双方约定：该处库房面积为 576 平方米（编号为 B 区 26 号、27 号）；租赁期限为 2006 年 9 月 1 日至 2011 年 8 月 31 日；前二年的租金每天 0.23 元/平方米，以后每个年度每平方米每天递增 0.02 元；李某某要向某（集团）有限公司交纳 3000 元定金，退房时该定金予以退还；李某某租赁库房的面积以实际丈量为准，其应先交纳前半年（2006 年 9 月 1 日至 11 月 30 日）房租 12,088 元，下半年的房租要提前一个月交纳，若每迟交一天房租，按 0.5/天/平方米交滞纳金。该合同的其他条款与前述合同相同。诉讼中李某某主张其按两份合同的约定已向某（集团）有限公司交纳定金 1 万元，相关收款收据已在火灾中烧毁。某（集团）有限公司称李某某主张已交纳的定金数额与两份合同中的约定不符，李某某所交定金因为要拆迁已经退还给了本人或者已充抵租金。某（集团）有限公司对自己的主张未提交证据证实。

（3）2011 年 3 月 8 日凌晨 2 时许，某（集团）有限公司所属的仓储物流中心发生火灾，造成该物流中心建筑物以及包括李某某在内的 19 户承租业户在该物流中心存放的货物不同程度烧损。由 X 市公安消防分局出具的 X 公消认字（2011）第 006 号火灾事故认定书认定，该次火灾事故起火点在一层 B 区 10 号彩钢板搭建的办公室内。排除 B 区 10 号办公室外电气线路及设施引发火灾的可能性，排除吸烟遗留火种引发火灾的可能性，排除放火引发火灾的可能性，不排除 B 区 10 号办公室内电气线路及设施引发火灾的可能性。该认定书分析火灾的成因是：B 区 10 号办公室起火后，引燃 B 区 10 号、9 号、11 号内存放的木质板材等可燃物使火势进一步扩大，期间，中心值班保安对发现烧出室外的明火使用手推灭火器进行了扑救，随后火势将屋面烧损并向二层蔓延，因中心无消防水源且库房一层、二层存放大量的板材、服装鞋帽等可燃物使火势迅速蔓延成灾。上述火灾事故认定书后经 Y 省公安消防局复核,以 Y 公消火复字(2011)第 1 号复核结论书,维持了 X 市公安消防分局作出的该次火灾事故认定结论。

(4)火灾发生后第二天,X 市某区政府相关部门专门组成了由该区信访局、街道办事处以及某(集团)有限公司相关人员参加的火灾专项事务工作组。其中,由该区信访局律师于某某(系该区政府聘请的法律顾问)负责与受灾业户进行沟通。3 月 12 日,面对受灾业户生活上的困难,工作组协调某(集团)有限公司预付包括原告李某某在内的受损业户每户 2 万元。后某(集团)有限公司工作人员配合消防部门专业人员对受灾业户的现场进行了残存物品的清点,由受损业户、仓储中心双方签字进行了确认。整个清点过程均进行了录像。另外,为便于将来的火灾损失鉴定,双方还对部分残存物进行了提取、封存。由于包括李某某在内的受损业户大部分系木材经营者,工作组在征求消防、物价部门的意见后,建议业户对火灾发生前的货物摆放位置、高度、规格以及木材品种等画出草图。之后,聘请专业制图人员对草图进行整理,绘制出电子版图样,作为反映火灾发生前货物存放情况的一项参考资料。在仓储物流中心对图纸无异议的情况下,再进行受损货物数量以及价值的认定。工作组在协调处理受损业户损失的过程中,某(集团)有限公司对业户提出的损失提出异议,认为包括李某某在内的业户普遍存在虚报现象。2011 年 4 月上旬工作组撤离时,将受损业户提交的相关受损的统计清单等证据、火灾现场提取的残存物样品以及相关的影像资料,均转交给了某(集团)有限公司。后受损业户多次要求某(集团)有限公司对业户的损失进行价值评估,均因某(集团)有限公司拒绝未果。

(5)2011 年 4 月 16 日开始,某(集团)有限公司安排他人开始对火灾现场进行清理拆除。2011 年 4 月 20 日,物流仓储中心的受损业主联名向 X 市公安消防局、X 市某区人民政府以及某(集团)有限公司发函,以火灾事故结论尚在复议期间、全体业主的损失尚未作出价值认定等为由,要求消防部门对火灾现场依法予以封闭保护。要求某区人民政府责成相关部门对火灾现场依法予以保护,并责成有关单位对业户损失作出价值认定。要求某(集团)有限公司立即停止对火灾现场的拆除、破坏,尽快对业户损失予以确认,否则,因此造成的业户损失及后果应由某(集团)有限公司承担。某(集团)有限公司最终未采纳受灾业户的意见,在没有对受灾业户的损失进行价值评估情况下，仍然对火灾现场进行清理拆除。

(6)为证实自己因火灾受损失财产的价值，诉讼中原告李某某提交了分别拍摄于2011年3月9日、3月10日以及3月20日的照片一宗。照片显示火灾现场有烧毁的轿车一辆、叉车一辆以及大量已烧毁的木质板材。提交有原告李某某以及其夫王某、仓储物流中心主任边某某签字的A1、A2、A3、A4、A5(李某某在仓储物流中心A区的具体位置)、B26、B27(李某某在仓储物流中心B区的具体位置)损失物品清单复印件两份。该复印件记载李某某在A区租赁场所损毁：①雷克萨斯350一辆；②合力叉车一辆；③冰箱(海尔)一台；④海信空调一台1.5P；⑤联想笔记本一台惠普台式电脑一台；⑥铁卷柜贰个；⑦老板椅一个；⑧拼板胶、02白玉胶；⑨橡木、柞木、曲柳、榆木、秋木、松木、桦木。李某某在B区租赁场所损毁：①贴皮细木工板；②柞木、榆木、曲柳、松木；③五层板。以上两份清单右下角处均写有“工作组认定”字样。李某某称两份清单系根据工作组的要求，由某(集团)有限公司工作人员赵某与物流中心主任边某某配合消防相关人员在火灾现场对每一户的受灾情况进行统计，后由边某某和受损业户签字确认。两份清单原件均由工作组留存，根本就没有交给受损业户本人。由于李某某提交的两份清单均是复印件，根据原告李某某的申请，原审法院通知某(集团)有限公司工作人员赵某、边某某到庭作证。两人均对李某某的上述主张予以否认，称在工作组仅为一般服务人员，没有参与过火灾损失的确认工作。边某某本人亦对两张清单上的加盖手印的“边某某”三字否认是其所写。经李某某申请，原审法院查阅了X市公安消防支队关于仓储中心3.8火灾的调查档案，在该宗档案第三卷第63页和78页，均有上述两份清单复印件留存，经过与李某某诉讼中提交的两份清单比对，现存于消防部门的两份清单，除没有李某某本人的签字和“工作组认定”四个字以外，其他内容与李某某提交的清单完全一致。另外，在该宗档案中，亦有李某某在火灾发生后根据消防部门的要求自己申报的财产损失价值清单，但消防部门未对受灾业户的财产损失价值进行核定。

(7)2011年3月14日，李某某的部分供货商携带给李某某发货的清单、明细，到某(集团)有限公司就火灾损失赔偿事宜与某(集团)有限公司法定代表人杨某某、工作组负责人于某某律师进行商谈。2011年3月26日、28日，李某某与其夫王某二人两次到某(集团)有限公司法定代表人杨某某办公室就火灾财产损失的核定和赔偿问题与其交涉。杨某某在与李某某夫妇的两次谈话中均表示,可以根据李某某申报的2000多万元的损失额承担5%的赔偿责任。

(8)根据李某某在诉讼中提交的被烧毁雷克萨斯3456CC小轿车(车牌号为鲁A×××××)的注册登记档案,该车购买于2009年3月1日,价税合计52.5万元。合力叉车购买于2008年11月13日,价款为6.6万元。对于在火灾中烧毁的海尔冰箱、海信空调、联想笔记本惠普台式电脑以及铁皮柜、老板椅等,李某某自称相关的购货凭证已被烧毁,且型号标识都已无法辨认,故在消防部门进行统计时根据自己的估价报的损失,在诉讼中亦是自行估价,其中冰箱2280元、空调4300元、笔记本电脑6800元台式电脑4200元、铁皮柜两个共计900元、老板椅1800元。拼扳胶(双组份)共烧毁75组,每组单价190元,共计损失14,250元。贴皮胶烧毁30桶,每桶130元,共计3900元。另外还烧毁了打印机一台2680元、老板台一台1200元、办公桌3件,每件300元,共计900元、办公椅6把,每把160元,共计960元、验钞机1台800元、木床一件800元、日本电饭煲2100元。上述损失合计为634,990元。李某某称尚有车辆购置税和车辆保险计67,918元,但未提交相关证据证实。

(9)李某某租赁仓库A区1-5号仓库面积为885平方米,长宽各为30米,高约7米左右。仓库坐西朝东,库内西北角处有约5平方米的配电房,东北角有一处约30平方米的办公室,实际使用面积为850平方米。B区26-27号仓库面积为576平方米,长约38米,宽为15.2米,高约4.5米左右,仓房坐北朝南。李某某在两仓库内码放了不同高度的榆木、曲柳木等各类材质的拼接板、细木工板、多层板。根据李某某在火灾发生后手工绘制的仓库内各类板材的摆放情况示意图计算,其在A区1-5号仓库内被烧毁的柞、曲、榆木板材损失为1363立方米,进货价9,375,466元,橡木损失367.21立方米,进货价1,981,400元,合计11,356,866元;B区26-27仓库内烧毁曲、榆等木质拼接板损失为1240立方米,进货价总计8,892,048元,细木工、多层板、铁杉损失910,864元,合计9,802,912元;另外,上述损失木材的搬运、运输等费用每立方总计为450元,合计为1,171,350元。以上两仓库的各类木质集成材损失共计22,331,128元。

(10)李某某在火灾中被烧毁的各类木质集成材,均来自吉林、黑龙江、广东以及本地不同的生产厂家。板材分为代销和经销两部分。李某某自称2011年春节前后,按照往年惯例,曾与不同的供货商刚刚进行了过往来账核对,其中尚欠各供货商款项6,239,023元,并分别为各供货商出具的欠款清单。火灾发生后,其中有部分供货厂家曾派人来济南找某(集团)有限公司法定代表人杨某某以及工作组于某某律师,就相关赔偿事宜进行过沟通交流。诉讼中,李某某为证实其在火灾中被烧毁木材的品种、规格、数量以及价值,提交了2010年年初至火灾发生前,来自不同运输单位的汽运、海运合同书、收款收据、多家供货商提交的供货明细、发货清单以及李某某名下的银行账户所显示的每月的交易记录等证据。经质证,某(集团)有限公司认为上述证据不能证明火灾发生时其仓库内存放了这么多的货物。根据李某某提供的汽运、海运合同书、收款收据以及相关供货厂家提交的供货明细、发货清单等证据,可以证实与其有购销货往来的单位有敦化市北营木业有限公司、哈尔滨森德木业有限公司、尚志市双兴木业有限公司、尚志市舜意木材加工厂、尚志市圣达木业有限责任公司、尚志市诚信木材加工厂、尚志市苇河镇光明木制品加工厂、敦化市晟源集成材加工厂、山东一是一木业有限公司、永州溢恩木业有限公司以及其他为其临时提供货源的多家小企业。李某某在2010年3月在上述不同单位购进榆木、曲柳木等各类材质的拼接板、细木工板、多层板共计货款4,316,118元;自2010年4月1日至2010年6月30日,在上述不同单位购进榆木、曲柳木等各类材质的拼接板、细木工板、多层板共计货款1,0421,500元;自2010年7月1日至2010年9月30日,购进榆木、曲柳木等各类材质的拼接板、细木工板、多层板共计货款12,194,362元;自2010年10月1日至2010年12月30日,购进榆木、曲柳木等各类材质的拼接板、细木工板、多层板共计货款14,618,428元;自2011年1月1日至2011年2月28日,购进榆木、曲柳木等各类材质的拼接板、细木工板、多层板共计货款4,821,209元。上述12个月共计支付货款46,371,617元。李某某称除上述有据可查的进货明细、发货清单等能证明其在发生火灾的前一年里进货额以外,尚有为临时组织货源从很多小厂家的进货,由于相关进货记录都已在火灾中灭失,无法再进行举证。

(11)李某某为证明其常年的库存量,提交了自己名下中国农业银行金穗借记卡(卡号略),2010 年 3 月至 2011 年 2 月期间的销货进账明细,该宗进账明细显示,李某某名下的农业银行金穗借记卡上,自 2010 年 3 月至 2011 年 2 月,共收入款项 53,544,001 元。

(12)2000 年 12 月,国家经贸委、国家计委、公安部、国家环保总局联合发布了《关于调整汽车报废标准若干规定的通知》,对 1997 年制定的包括家用轿车在内的非营运载客汽车使用年限调整延长至 15 年。厂内合用的工程车,规定行驶 50 万公里为使用年限。

认定上述事实有原告与被告签订的两份《租赁合同》,某(集团)有限公司与案外人某居委会签订土地承包合同,X 市公安消防分局出具的 X 公消认字(2011)第 006 号火灾事故认定书以及 Y 公消火复字(2011)第 1 号复核结论书,特快邮递送达回执,机动车销售发票、增值税发票,落款处有李某某、边某某等签字的火灾损毁物品清单(复印件),火灾现场照片、根据录音整理的书面记录,货物运输合同(协议书)、托运清单、送货清单、当事人手绘的损毁木质板材放置示意图,农业银行资金交易明细以及证据交换笔录、调查笔录、庭审笔录、工作笔录等在案为凭。

2. 法院裁判及观点

法院观点提炼:某(集团)有限公司在未取得任何建设审批手续的情况下建设临时性建筑,在未经消防验收合格的情况下开办仓储物流市场,根据《消防法》第 13 条第 2 款关于"依法应当进行消防验收的建设工程,未经消防验收或者消防验收不合格的,禁止投入使用"的规定,以及最高人民法院《关于审理城镇房屋租赁合同纠纷案件具体应用法律若干问题的解释》第 3 条关于"出租人就未经批准或者未按照批准内容建设的临时建筑,与承租人订立的租赁合同无效"规定,某(集团)有限公司与李某某签订的两份《租赁合同》因违反法律强制性规定而属于无效合同。

一审山东省济南市中级人民法院认为,某(集团)有限公司在未取得任何建设审批手续的情况下建设临时性建筑,在未经消防验收合格的情况下开办仓储物流市场。此后将物流市场内的 A 区 1－5 号的仓库及 B 区的 26－27 仓库出租给原告李某某用于仓储各类木质板材,并为此与李某某签订《租赁合同》的事实清楚。根据 2008 年 10 月 28 日修订的《消防法》第 13 条第 2 款第 2 项关于"依法应当进行消防验收的建设工程,未经消防验收或者消防验收不合格的，禁止投入使用”的规定，以及最高人民法院《关于审理城镇房屋租赁合同纠纷案件具体应用法律若干问题的解释》第 3 条关于“出租人就未经批准或者未按照批准内容建设的临时建筑，与承租人订立的租赁合同无效”规定，某（集团）有限公司与李某某签订的两份《租赁合同》因违反法律强制性规定而属于无效合同。李某某在使用某（集团）有限公司仓库期间，该仓储物流中心发生火灾，导致李某某放置于仓库的家用轿车、专用叉车、办公用品以及大量的木质集成材在火灾中被烧毁，致使其遭受重大的经济损失。对于该损失，某（集团）有限公司作为出租方未取得任何审批手续、未经过消防验收开办物流市场，未设置消防设施，导致火灾发生后未能及时扑灭，负有过错，某（集团）有限公司应当对李某某财产损失承担 60% 的赔偿责任，李某某作为承租人，租赁没有审批手续的房屋用作仓库，对其损失自行承担 40% 的责任。被告某（集团）有限公司主张，根据消防部门的认定，火灾发生非因其行为发生，而是由案外人张某某所租赁的仓库中用电不当引起，某（集团）有限公司依法不应承担赔偿责任。原审法院认为，本案为租赁合同纠纷，出租人向承租人承担损失后，如出租人某（集团）有限公司认为该损失由第三人造成，可向第三人主张权利，但不能因此在本案租赁合同纠纷中免责。

法院认定了某（集团）有限公司应赔偿李某某轿车损失 273, 000 元，叉车损失 57, 200 元，办公用品损失 13, 197 元，各类木质集成板材损失 6, 679, 338 元，返还定金 7000 元的事实。依照《合同法》第 7 条、第 52 条第 5 项，《民事诉讼法》第 39 条第 1 款、第 64 条之规定，判决：（1）被告某（集团）有限公司于本判决生效之日起 10 日内赔偿李某某车辆损失 273, 000 元；（2）被告某（集团）有限公司于本判决生效之日起 10 日内赔偿李某某叉车损失 57, 200 元；（3）被告某（集团）有限公司于本判决生效之日起 10 日内赔偿李某某电脑、空调等办公用俱损失 13, 197 元；（4）被告某（集团）有限公司于本判决生效之日起 10 日内赔偿李某某各类集成木质板材损失 6, 679, 338 元；（5）被告某（集团）有限公司于本判决生效之日 10 日内返还李某某定金 7000 元；（6）驳回原告李某某的其他诉讼请求。如果未按本判决指定的期间履行给付金钱义务，应当依照《民事诉讼法》第 253 条之规定，加倍支付迟延履行期间的债务利息。案件受理费 234, 100 元，由原告李某某负担 93, 640 元，被告某（集团）有限公司负担 140, 460 元。上诉人李某某不服一审判决就赔偿部分进行上诉,被山东省高级人民法院于2014年11月24日判决驳回上诉,维持原判。

3. 案例评析

本案属于典型的违反消防法强制性规定的租赁合同纠纷案件。在本案中,李某某与某(集团)有限公司签订《租赁合同》,约定租赁场所的消防设施由某(集团)有限公司提供,安全设施、防火、防盗具体由某(集团)有限公司安排,以保证李某某一方的安全。租赁的库房未办理土地规划审批手续和消防验收手续。后发生火灾导致李某某放置于仓库的家用轿车、专用叉车、办公用品以及大量的木质集成材在火灾中被烧毁,致使其遭受重大的经济损失,进而引发诉讼。法院认为,根据2008年10月28日修订的《消防法》第13条第2款关于"依法应当进行消防验收的建设工程,未经消防验收或者消防验收不合格的,禁止投入使用"的规定,以及最高人民法院《关于审理城镇房屋租赁合同纠纷案件具体应用法律若干问题的解释》第3条关于"出租人就未经批准或者未按照批准内容建设的临时建筑,与承租人订立的租赁合同无效"规定,某(集团)有限公司与李某某签订的两份《租赁合同》因违反法律强制性规定而属于无效合同。因此,承租人在租房用于生产经营时应要求出租人提供消防验收合格的证明,这既可以避免因消防不合格在发生火灾等灾难时无法进行自救而导致财产的损失,影响日常的生产经营,也可以防止租赁合同无效而损害自身的利益。该案对类似案件的处理具有指导意义。

有关法律规定

《中华人民共和国消防法》

第十二条　依法应当经公安机关消防机构进行消防设计审核的建设工程,未经依法审核或者审核不合格的,负责审批该工程施工许可的部门不得给予施工许可,建设单位、施工单位不得施工;其他建设工程取得施工许可后经依法抽查不合格的,应当停止施工。

第十三条　按照国家工程建设消防技术标准需要进行消防设计的建设工程竣工,依照下列规定进行消防验收、备案:

(一)本法第十一条规定的建设工程,建设单位应当向公安机关消防机构申请消

防验收;

(二)其他建设工程,建设单位在验收后应当报公安机关消防机构备案,公安机关消防机构应当进行抽查。

依法应当进行消防验收的建设工程,未经消防验收或者消防验收不合格的,禁止投入使用;其他建设工程经依法抽查不合格的,应当停止使用。

最高人民法院《关于未经消防验收合格而订立的房屋租赁合同如何认定其效力的答复》

经研究认为:根据《中华人民共和国合同法》和《最高人民法院关于适用〈中华人民共和国合同法〉若干问题的解释(一)》的规定,认定房屋租赁合同因出租房屋未办理产权证书而无效,缺少法律依据。关于房屋租赁合同未经消防验收或者经消防验收不合格,是否应认定房屋租赁合同无效的问题,应根据不同情况分别对待:第一,出租《中华人民共和国消防法》第十条规定的必须经过公安消防机构验收的房屋,未经验收或者验收不合格的,应当认定租赁合同无效。第二,租赁合同涉及的房屋不属于法律规定必须经过公安消防机构验收的,人民法院不应当以该房屋未经消防验收合格为由而认定合同无效。第三,租赁房屋用于开设经营宾馆、饭店、商场等公众聚集场所的,向当地公安消防机构申报消防安全检查的义务人为该企业的开办经营者,但租赁标的物经消防安全验收合格,不是认定房屋租赁合同效力的必要条件。

五、“群租房”房屋租赁合同的效力

基本理论

广义的群租,包括企事业单位为雇员提供的集体宿舍、学校为学员提供的学生宿舍等方式形成的租赁关系,包括向两个以上的社会各类人员出租房屋而形成的租赁关系,如集体宿舍、学生宿舍等方式形成的租赁关系。狭义的群租,它是指目前在大城市中心地带的中、高档小区里出现的,建筑物的某一单位的所有权人或者使用权人(第一承租的人)将该单位改变原来的建筑结构和平面布局,把房间分割改建成尽可能多的若干小间后,再次向两个以上的社会各类人员分别按间出租或按床位出租而形成的租赁关系。[①] “群租

① 参见王雪琴:《对“群租”问题的民法思考》,载《政治与法律》2007年第3期。

房”，是将住宅通过改变房屋结构和平面布局，把房间分割改建成若干小房间分别按间出租给承租人或在一个房间内摆放多个床按床位出租给承租人，如在一个房间里设置若干个太空舱式床位、抽屉式床位、胶囊式床位长期出租给承租人使用，三户以上的房客或者十几、二十几个陌生人，混合租住在一套公寓里面的居住行为。一般来说，“群租房”的租金远低于市场上的房屋租赁的租金。低廉的租金使“群租房”成为新就业的大学毕业生、农民工、备考学生等低收入群体的租房需求。群租房在全国各地都屡见不鲜，一个房间内住宿大量的承租人，人口密集度高，人均居住面积低，房屋里私拉电线，消防等基本生活措施缺乏，一旦发生火灾等事故，很容易引发群体性伤害事故。群租房内人员负载，超出房屋的最初承载预期。部分房东私自拆除承重结构，改变房屋平面布局，危及到整体建筑物安全。部分群租人行为失范，对相邻业主的正常生活造成了一定的影响。私法的庇护不能作为其逃避规制的理由。[①] 群租房是城市化进程中的“顽疾”，由群租房引发的公共安全事件和各类纠纷、矛盾屡见不鲜。尽管各地纷纷出台措施，北京、上海、广州、杭州等多地多次对群租房现象进行整治行动，但群租房依然屡禁不止。虽然群租现象为当地政府所打击，但是租赁合同并不是一律无效。如果租赁合同指向的房屋系违法建筑物(涉案房屋是未取得建设工程规划许可证或者未按照建设工程规划许可证的规定建设的，是未经批准或者未按照批准内容建设的临时建筑)，根据最高人民法院《关于审理城镇房屋租赁合同纠纷案件具体应用法律若干问题的解释》(法释〔2009〕11 号)第 2 条、第 3 条的规定，租赁合同无效，但是，如果在一审辩论终结前，取得建设工程规划许可证或者经主管部门批准建设的，租赁合同有效。如果租赁合同指向的房屋是合法建筑物，房屋已经取得建设工程规划许可证、按照建设工程规划许可证的规定建设的，临时建筑是经批准或者按照批准内容建设的，则租赁合同并不会因群租而无效。群租违反的是当地政府或者相关部门颁布的文件，是为了便于行政管理，不是合同无效的法定事由。由于群租为当地政府机关所打击和不容，一旦租到群租房很容易因此引发纠纷。为了避免租到群租房，在签订租赁合同前要实地查看所要租赁的房屋，向出租人和物业详细查看和询问房屋内的家具情

---

① 参见张红亚：《我国群租现象的民法分析》，安徽大学 2015 年硕士学位论文。

况、有没有租赁给其他人;在签订租赁合同时要仔细查看出租人持有该房屋的产权证书,详细查看面积大小是否一致、楼层是否正确,写清楚房屋内各类家具的情况,明确将房屋分割租赁给他人的违约责任等,详细记录出租人、房东的个人信息和联系方式,便于出现纠纷时及时沟通协调。

典型案例

群租虽违反了行政管理规定,但不属于租赁合同无效的事由

——某房地产经纪有限公司与李某某房屋租赁合同纠纷案①

1. 案情简介

上诉人(原审被告):某房地产经纪有限公司

被上诉人(原审原告):李某某

上诉人某房地产经纪有限公司因房屋租赁合同纠纷一案,不服北京市海淀区人民法院(2015)海民初字第9470号民事判决,向北京市第一中级人民法院提起上诉。

李某某在原审法院起诉称,李某某与某房地产经纪有限公司于2013年11月20日签订租赁合同,约定某房地产经纪有限公司将2508号房屋中的一个单间租给李某某,租期自2013年11月20日到2014年11月19日。租赁期间政府要求将隔断间拆除,李某某予以配合于2014年9月24日搬离。现诉至法院,要求判令:某房地产经纪有限公司返还剩余房租2016元(2014年9月25日到2014年11月19日),并支付利息计算从2014年9月26日至实际给付之日止,利息按照同期银行存款利率计算;诉讼费用由某房地产经纪有限公司承担。

某房地产经纪有限公司在原审法院答辩称,被告积极响应政府号召,将隔断房全部进行了申报,同时及时通知租户尽快办理退房手续,李某某并未在9月28日之前搬离,一直租住到合同到期自行搬走,双方没有办理交接手续。

① 参见北京市第一中级人民法院(2015)一中民终字第09338号民事判决书。

原审法院审理查明,2013 年 11 月 20 日李某某与某房地产经纪有限公司签订《北京市房屋租赁合同》,约定某房地产经纪有限公司将 2508 号(中间)租赁给李某某,其中过道、卫生间等没有单独隔离的部分属于所有合租人的公用部分,与其他承租人共同使用。租赁期限自 2013 年 11 月 20 日起到 2014 年 11 月 19 日止;租金标准为每月 1100 元。合同中约定了因国家、地方政策原因无法继续出租或代理出租房屋导致合同解除,甲乙双方互不承担违约责任。

双方认可 2014 年 9 月 20 日某房地产经纪有限公司曾经在涉案房屋张贴《通知》,载明"根据北京市有关规定,该房隔断需要在本月 28 日前拆除,请租住隔断房间的客户尽快另外找房,非隔断客户,可等待公司调价通知……"李某某交纳了 2014 年 8 月 20 日到 2014 年 11 月 19 日的租金 3300 元。庭审中,李某某称于 2014 年 9 月 24 日搬离,并提交了与李某某签订的《房屋使用协议》,证明自 2014 年 9 月 24 日开始另行租赁了其他房屋,某房地产经纪有限公司对此不予认可,表示李某某租住至 2014 年 11 月 19 日,但未提供证据予以证明。

以上事实,有双方当事人陈述、《房屋租赁合同》、通知、收据、汇款凭证及本案开庭笔录在案佐证。

北京市海淀区人民法院一审判决认定,依法成立的合同,对当事人具有法律约束力,当事人应当按照约定履行自己的义务。本案中,李某某与某房地产经纪有限公司签订的租赁合同,是双方当事人真实的意思表示,合法有效,双方应当按照合同的约定履行自己的义务。根据合同约定,因国家、地方政策原因无法继续出租或代理出租房屋导致合同解除,甲乙双方互不承担违约责任。本案中李某某对于某房地产经纪有限公司因隔断房需要拆除提出解除合同的理由予以认可。李某某称 2014 年 9 月 24 日搬离租赁其他房屋提交了租赁合同予以证明,某房地产经纪有限公司称李某某实际租住至 2014 年 11 月 19 日未提供证据予以证明,故对于李某某主张搬离的时间予以采信,实际合同解除时间以 2014 年 9 月 24 日为准。

合同解除后,尚未履行的,终止履行,故对李某某要求返还租金的诉讼请求法院予以支持,某房地产经纪有限公司应返还 2014 年 9 月 25 日至 11 月 19 日剩余租金,某房地产经纪有限公司未返还剩余租金造成的利息损失也应予以赔偿。综上所述，依照《合同法》第 8 条、第 107 条之规定，判决：某房地产经纪有限公司于本判决生效后 10 日内退还李某某剩余房租 2016 元，并按照同期银行存款利率支付从 2014 年 9 月 26 日至实际给付之日止的利息。如某房地产经纪有限公司未按本判决指定的期间履行给付金钱义务，应当依照《民事诉讼法》第 253 条之规定，加倍支付迟延履行期间的债务利息。

某房地产经纪有限公司不服原审法院判决，向北京市第一中级人民法院提起上诉。上诉请求是：(1)撤销一审判决，依法改判驳回李某某的全部诉讼请求。(2)一、二审诉讼费由李某某负担。上诉理由：(1)一审判决认定李某某在 2014 年 9 月 24 日搬离房屋，并以李某某与其他人签订了租赁合同为由，判决被告退还房屋租金是错误的。(2)李某某没有向一审法院提交与被告签订的《租赁合同》和交纳租金的证据，一审判决没有事实依据。(3)被告与李某某签订的《租赁合同》约定的租赁截止日期是 2014 年 11 月 19 日，李某某已经履行完毕并于 2014 年 12 月 3 日办理了退房手续，故李某某主张租住到 2014 年 9 月 24 日的事实和理由不能成立，应当依法驳回其诉讼请求。

李某某服从原审法院判决，针对某房地产经纪有限公司的上诉理由答辩称，李某某同意一审判决，请求二审法院予以维持。

北京市第一中级人民法院经审理查明，二审期间，某房地产经纪有限公司提交了与李某某于 2014 年 12 月 3 日签订的客户退房、退款确认书，证明李某某实际居住到了合同期满并在此之后办理的退房、退款手续，无需退还租金。李某某对于 2014 年 12 月 3 日签订退房、退款确认书并将房屋钥匙退还某房地产经纪有限公司的事实予以认可，但主张没有及时办理交接的原因是某房地产经纪有限公司拖延导致，并且签订退房、退款确认书当日只退了押金，租金某房地产经纪有限公司称需要和房东协商并没有退。关于诉争房屋隔断拆除的时间，某房地产经纪有限公司称大概在 2014 年 10 月中旬或者 11 月，具体时间记不清了，李某某称是在 2014 年国庆节之后。

上述事实，有客户退房、退款确认书、当事人的陈述在案佐证。原审法院查明的其他事实属实，二审法院予以确认。

2. 法院裁判及观点

法院观点提炼：某房地产经纪有限公司与李某某的租赁关系构成了群

租,不影响租赁合同的效力,但不能对抗行政主管机关对违反行政管理规定的群租违法行为的整顿整治,因行政机关的整治行为而无法继续履行租赁合同,只能解除。

北京市第一中级人民法院认为,本案中,某房地产经纪有限公司将2508号房屋分拆隔断后对外出租,将其中的一间出租给李某某并签订了租赁合同,双方的行为已经构成了群租。虽然双方的上述行为并不影响租赁合同的效力,但法院对租赁合同有效的认定亦不影响行政主管机关对违反行政管理规定的违法行为予以处理。正是基于对上述违法行为的整顿治理,导致双方租赁合同无法继续履行,对此事实双方均予以认可,亦未向对方主张违约责任,仅就租金退还问题产生争议,故本案的争议焦点就在于双方租赁合同实际解除的时间认定。对此,法院论述如下:

第一,根据某房地产经纪有限公司于2014年9月20日在诉争房屋张贴《通知》的内容,已经明确根据政府主管部门的要求,隔断房应在9月28日前拆除,进而要求李某某等隔断租户需在此时间之前搬离。某房地产经纪有限公司作为专业的房屋中介公司,其应当知晓违反上述规定所面临的后果,其不可能任由李某某居住到合同期满,而使自己处于遭受处罚的风险之中。作为诉争房屋的出租人,某房地产经纪有限公司也有义务在上述通知规定的腾退时间期满后,检查房屋的实际情况,督促分租户搬离并收回房屋,故对于某房地产经纪有限公司称不知晓李某某搬离的时间显然不符合常理。

第二,从双方2014年12月3日办理退房手续的事实分析,此时间已超出双方租赁合同到期之日达半月之余,按照房屋租赁交易惯例,某房地产经纪有限公司作为专业出租人,必然会在合同期满前就相关事宜与承租人协商,不可能同意李某某在租赁期限届满后不支付租金继续使用房屋,直至半个月之后才办理房屋交接手续,亦不对李某某超出租期使用房屋的费用进行主张。

第三,二审庭审中,某房地产经纪有限公司陈述是在2014年10月中旬或者11月将诉争房屋的隔断拆除的,与其主张李某某居住到租赁合同期满的事实显然是矛盾的。

根据上述分析,某房地产经纪有限公司的陈述存在前后矛盾且与常理不符,对其主张不予采信。结合某房地产经纪有限公司张贴的通知要求以及李某某提交的与案外人签订的租赁合同,能够相互印证,其证明力及合理性均大于某房地产经纪有限公司的相关主张,故对于李某某主张搬离的时间法院予以采信,双方租赁合同的实际解除时间以 2014 年 9 月 24 日为准。原审法院对此所做认定正确,予以确认。

合同解除后,尚未履行的,终止履行;已经履行的,根据履行情况和合同性质,当事人可以要求恢复原状、采取其他补救措施,并有权要求赔偿损失。现双方租赁合同实际已于 2014 年 9 月 24 日解除,故某房地产经纪有限公司应当将多收取的租金及相应利息予以返还,原审法院判决支持李某某的诉讼请求正确,予以确认。综上所述,某房地产经纪有限公司的上诉请求,无事实及法律依据,不予支持。依照《民事诉讼法》第 170 条第 1 款第 1 项之规定,2015 年 11 月 23 日判决驳回上诉,维持原判。一审案件受理费 50 元,由某房地产经纪有限公司负担(判决生效后 7 日内交纳)。二审案件受理费 50 元,由某房地产经纪有限公司负担。

3. 案例评析

本案属于典型的群租房引发的纠纷。在本案中,李某某与某房地产经纪有限公司签订《北京市房屋租赁合同》,约定某房地产经纪有限公司将 2508 号(中间)租赁给李某某,后某房地产经纪有限公司在涉案房屋张贴《通知》,载明“根据北京市有关规定,该房隔断需要在本月 28 日前拆除,请租住隔断房间的客户尽快另外找房,非隔断客户,可等待公司调价通知……”李某某搬离房屋,就租金退还问题引发纠纷。法院认为,某房地产经纪有限公司将 2508 号房屋分拆隔断后对外出租,将其中的一间出租给李某某并签订了租赁合同,双方的行为已经构成了群租。虽然双方的上述行为并不影响租赁合同的效力,但法院对租赁合同有效的认定亦不影响行政主管机关对违反行政管理规定的违法行为予以处理。由此可见,群租只是违反当地政府部门所出台的文件,违反了行政管理规定,不是造成租赁合同无效的事由。这为类似案件的裁判提供了参考。

有关法律规定

最高人民法院《关于审理城镇房屋租赁合同纠纷案件具体应用法律若干问题的解释》

第二条　出租人就未取得建设工程规划许可证或者未按照建设工程规划许可证的规定建设的房屋,与承租人订立的租赁合同无效。但在一审法庭辩论终结前取得建设工程规划许可证或者经主管部门批准建设的,人民法院应当认定有效。

第三条　出租人就未经批准或者未按照批准内容建设的临时建筑,与承租人订立的租赁合同无效。但在一审法庭辩论终结前经主管部门批准建设的,人民法院应当认定有效。

租赁期限超过临时建筑的使用期限,超过部分无效。但在一审法庭辩论终结前经主管部门批准延长使用期限的,人民法院应当认定延长使用期限内的租赁期间有效。

第二节
房屋租赁合同的履行与责任承担

一、租赁房屋交付的判断标准

基本理论

在租赁合同法律关系中,租赁房屋的交付是履行租赁合同的第一步和基础,如果出租人不向承租人或者承租人指定的第三人交付所租赁的房屋,出租人依然自己或者由他人继续占有、使用、控制该房屋,则承租人无法实现租赁合同的目的。因此,时常在交付阶段发生争议产生纠纷。

房屋交付前,一般来说应该满足如下条件:一是出租人具备出租房屋的资格;二是出租行为符合相应的法律法规和政策;三是房屋可以正常使用。也就是说,需满足以下条件:(1)有合法的房屋产权证件;(2)房屋为共有产权的,有共有人同意租赁的证明;(3)将住宅或其他用房改作经营用房出租的,应提交规划和房管部门同意的证明;(4)将房管部门直管公房内的场地出租的,应提交经房管部门同意的证明;(5)住宅用房的租赁,应当执行国家和房屋所在城市人民政府规定的租赁政策;(6)房屋能正常使用。如果出租人和承租人在租赁合同里明确约定了房屋交付须满足其他条件,如设备设施完好齐备,则出租人须满足此类约定条件才得以交付房屋,否则承租人可以要求出租人承担违约责任、双倍返还定金等责任。《商品房买卖合同解释》第11条第1款规定:“对房屋的转移占有,视为房屋的交付使用,但当事人另有约定的除外。”租赁房屋的交付一般是指出租人将房屋交由承租人或者承租人指定的第三人占有、使用、控制该房屋,随着交付一般会发生交付钥匙、门禁卡等,并不得随意要求承租人腾房、搬出租赁的房屋,承租人只要不违反租赁合同的约定、法律法规的管理性规定和强制性规定，就可以在租赁房屋内自由开展生产、生活和居住，出租人不得随意干预。

如果被出租的房屋不具备交付的条件，如不符合合同约定的条件、房屋具有重大缺陷无法入住或者经营、房屋被他人占有拒绝搬走等，承租人可以拒绝受领，要求出租人继续整改直至符合约定的交付条件为止。如果出租人拒绝整改，承租人可以拒绝受领，也可以主张解除租赁合同，要求出租人承担违约责任。建议承租人在签订租赁合同时明确写清楚房屋交付时房屋应该具有的条件和标准，当出租人的出租房屋达到约定的交付条件时，再向出租人交付租金、押金等，并受领房屋，以免引起不必要的麻烦。

典型案例

当房屋不符合租赁合同约定的交付条件或者法律明确规定的其他条件时，承租人可以拒绝接受该房屋，并不违反租赁合同

——某汽车城置业有限公司与某实业有限公司、黄某甲房屋租赁合同纠纷案[1]

1. 案情简介

上诉人(原审原告)：某汽车城置业有限公司

被上诉人(原审被告)：某实业有限公司

被上诉人(原审被告)：黄某甲

上诉人某汽车城置业有限公司因房屋租赁合同纠纷一案，不服上海市第二中级人民法院(2014)沪二中民二(民)重字第1号民事判决，向上海市高级人民法院提起上诉。

原审法院上海市第二中级人民法院经审理查明，2010年2月22日，某汽车城置业有限公司(甲方)与黄某甲(乙方)签订《安礼路×××号购物中心房屋租赁合同》一份，约定甲方将安礼路×××号地下一层至地上五层出租给乙方，期限20年，自2011年1月1日起至2030年12月31日止，2010年4

① 参见上海市高级人民法院(2016)沪民终141号民事判决书。

月1日起至2010年12月31日止为装修免租期。甲方应于2010年4月1日前向乙方交付该房屋(并提供竣工验收合格证明),并于交房后6个月内取得该房屋的大产证。若由于甲方的原因在2010年4月1日仍无法将房屋交付给乙方使用,不视为甲方违约,乙方不得以此追究甲方的任何责任,但本合同履行日期相应顺延,直到房屋交付给乙方之日计算。若乙方在2011年1月1日或之前开始对外试营业的,则乙方享受2011年1月1日起至2012年12月31日止的免费租赁优惠。但租赁期限开始的8年内,本合同因乙方过错而解除或终止的,则乙方不享受上述两年免租优惠,在此情况下乙方应按照第7年的租金标准向甲方全额补交两年期间的租金。若由于乙方原因,乙方经营的生鲜超市、餐饮、生活家居百货项目,在以上规定期限内未能全部对外试营业,逾期超过2个月不满3个月的,乙方应按第7年租金标准向甲方支付2个月的租金作为违约金;逾期达到或超过3个月的,乙方应按第7年租金标准向甲方支付实际逾期时间的租金作为违约金。乙方应于本合同签订后20日内,按租赁期第7年的租金标准(地下一层0.42元/平方米·天、地上一层1.1元/平方米·天、地上二层0.864元/平方米·天、地上三层0.756元/平方米·天、地上四层0.63元/平方米·天、地上五层0.525元/平方米·天)向甲方交纳2个月租金金额计1,104,544元作为部分租赁保证金;待甲方将该房屋交付乙方后10日内,乙方应再向甲方交纳1个月租金金额计552,272元作为余下的租赁保证金。合同约定应由乙方承担的费用包括:(1)租金;(2)使用水、电、煤、电话、有线电视和互联网络等产生的公用事业费及物业管理费;(3)工商、税务、环卫、消防、治安等政府部门收取的费用;(4)违约金或违约损害赔偿款;(5)其他应由乙方支付的款项。合同中关于解除的约定,若发生以下情形之一的,乙方有权解除本合同:(1)该房屋的设施严重影响乙方正常运行,乙方有权解除本合同,甲方应赔偿乙方的损失并承担违约责任。(2)因市政动迁或政府规划原因导致本合同解除的,甲方不承担违约责任;如有补偿金的,则各自装修赔偿归各自享有,土地、房屋的赔偿归甲方享有。若发生以下情形之一的,甲方有权解除本合同,乙方应承担违约责任:(1)乙方拖欠应付租金或费用在收到甲方书面通知后超过30天的。(2)乙方未经甲方书面同意,擅自改变本合同约定的经营范围,或者利用该房屋或在该房屋内从事不正当或者非法的行为或者活动的。(3)乙方违反本合同规定予以转租的。(4)乙方违反本合同条款的约定,且在收到甲方要求其纠正违约行为的通知后30天内未予纠正。合同中关于违约金和违约责任的约定:(1)本合同签订后任何一方未征得另一方同意而单方解除合同的,或因一方过错另一方解除本合同的,另一方有权要求违约方按本合同所定租赁期第7年年租金总额的5倍支付违约金。(2)乙方逾期支付租赁保证金、租金等本合同项下乙方应支付的任何款项的,每逾期1日,应按逾期支付金额的千分之三向甲方支付违约金。(3)违约金、赔偿金应在确定责任后10日内付清,否则按逾期租金条款处理。

2010年12月23日某汽车城置业有限公司与某实业有限公司、黄某甲签订补充协议,约定三方一致确认租赁合同约定的属于黄某甲的权利义务概括转移至某实业有限公司;某实业有限公司不履行或不完全履行租赁合同中的义务和责任,黄某甲应承担连带担保责任,担保范围包括主债权及利息、违约金、损害赔偿金和实现债权的费用等全部债务,保证期间为主债务履行期届满之日起2年。三方一致确认,黄某甲已向某汽车城置业有限公司支付了租赁保证金1,104,544元,该保证金视为某实业有限公司向某汽车城置业有限公司支付的租赁保证金。

系争房屋的1~5层于2011年3月10日取得建设工程竣工验收备案证书;整幢房屋现还处于毛坯状态。2011年3月17日某实业有限公司、黄某甲收到某汽车城置业有限公司发出的《安礼路×××号购物中心交房通知书》。2011年4月1日某实业有限公司的员工黄某乙在系争房屋的业主(住户)资料卡、毛坯房验房表签名,还与某物业管理有限公司签订了《商铺消防安全管理责任书》。同日黄某乙还向某汽车城置业有限公司出具收据,载明:"本人黄某乙今收到汽车城置业5-1图纸(白图)一份。"2011年9月15日,某汽车城置业有限公司致函某实业有限公司,催促5-1#购物中心装修工程尽快进行。2011年9月22日,某实业有限公司致函某汽车城置业有限公司,函称:"……贵公司应当于2011年4月1日交付房屋,但贵司仅于4月1日与我公司黄某乙董事确认签署水电表度数,有关大楼设备清单、钥匙等事宜至今仍未向我公司交付办理双方正式移交手续,4月1日以来,由于大楼内部工程尚未完善,贵公司委派之工程人员于8月尚有诸多人员等在楼内进行各项工程的最终完工事宜,因此,敦请贵司尽快交付租赁房屋,另请贵司明确告知我公司下列事项，以利在我公司配合先开设一楼营业后，明确双方权益，减少双方因此而产生的误解与纷争：1. 明确贵公司交付租赁房的日期。租赁房屋1～5楼及地下室交付时间不一致，那么后交付租赁房屋部分的租期是否也相应顺延，如1～5楼先于地下室租赁到期的那么地下室租赁应当如何处理？2. 如果1楼先行单独开业，物业、能源费用如何计算？……”2011年10月12日，某汽车城置业有限公司回函某实业有限公司，称：“……1. 由于5－1#项目地下部分是5#地块地下空间不可分割的一部分，虽然该部分施工已完成，但需与5#地块其他建筑一并验收。目前正抓紧收尾工作，等竣工验收通过后，将交付贵方。至于5－1#地下一楼租赁期起算日期也会相应顺延，具体时间节点待交付时，双方以补充协议的方式确认。2. 合同签订的是5－1#整体租赁，贵司单方面决定先开业一楼不在合同规定之内，所以，不能视为双方约定行为，物业费仍将按合同规定的5－1#全部建筑面积计算，鉴于地下一楼延迟交付，我公司也将会在物业费交付计算中扣除这部分建筑面积，直至地下一楼交付后再一并计算，能源费先按实际使用量合同约定价格付费，待5－1#开业面积达70%，将按照合同规定的以整体建筑面积合同约定价格进行付费。……希望贵方尽快落实和办理5－1#早日开业的一切相关手续和工作，我公司也将继续本着积极、认真、负责、友好的态度，协调和配合5－1#所做的相关工作。”

原审法院上海市第二中级人民法院再查明，2013年6月19日，系争房屋地下一层取得竣工验收备案证书。某汽车城置业有限公司以某实业有限公司违约、缺乏履约能力为由诉请要求解除双方之间的租赁合同。

2. 法院裁判及观点

法院观点提炼：由于地下一层不具备合同约定的交付条件，某实业有限公司没有按期遂中止验房，其未受领系争房屋，双方并未完成系争房屋的交付手续。地下一层房屋直至2013年6月1日取得竣工验收备案证书，故2011年4月1日地下一层不具备交付的约定和法定条件。某汽车城置业有限公司没有依约履行租赁合同，属于违约。

原审法院上海市第二中级人民法院认为，依法成立的合同，对当事人具有法律约束力。某实业有限公司通过《补充协议》受让黄某甲在《安礼路××号购物中心房屋租赁合同》中的权利义务，取代黄某甲成为系争房屋的承租人，其与某汽车城置业有限公司之间的租赁合同系双方真实意思表示，内容合法有效,双方均应恪守履行。根据租赁合同约定,某汽车城置业有限公司出租给某实业有限公司的房屋包括系争房屋地下一层及地上一层至五层,某汽车城置业有限公司应于 2010 年 4 月 1 日之前向某实业有限公司交付该房屋,并提供竣工验收合格证明,并于交房后 6 个月内取得该房屋的大产证。若由于某汽车城置业有限公司的原因在 2010 年 4 月 1 日仍无法将房屋交付某实业有限公司使用的,不视为某汽车城置业有限公司违约,某实业有限公司不得以此追究某汽车城置业有限公司的任何责任,但合同履行日期相应顺延,直到房屋交付给某实业有限公司之日起计算。若某实业有限公司在交房 9 个月内开始对外试营业的,某实业有限公司享受 2 年的免租优惠,若由于某实业有限公司原因,其经营的生鲜超市、餐饮、生活家居百货项目,在此期限内未能全部对外试营业,则要支付相应违约金。2011 年 4 月 1 日,双方曾办理房屋交接手续,但对某实业有限公司是否受领系争房屋产生争议。某汽车城置业有限公司认为其已将系争房屋于 2011 年 4 月 1 日交付某实业有限公司,其要求解除涉案租赁合同的理由是房屋已交付,某实业有限公司未于交房 10 日内支付 552, 272 元保证金,也未于交房后 9 个月内开业,故不享受免租优惠,应支付租金以及违约金,且交房后 9 个月内未开业,属于违约行为,根据合同约定,其有权解约。某实业有限公司注册资本的减资,证明某实业有限公司无履约能力。某实业有限公司认为系争房屋应当整体交付,因验房时发现地下一层未取得建设工程竣工验收证书,故系争房屋不具备交付条件,遂中止验房,其未受领系争房屋,故房屋尚未交付,其不存在违约。原审法院认为,系争房屋地下一层尚不具备合同约定的交付条件,故不能认定某实业有限公司接收了全部系争房屋。在租赁合同未对房屋的交付约定为分层或分批的情况下,通常应理解为整体交付,更何况,本案合同对某汽车城置业有限公司不能按期交付房屋约定的是顺延履行,某实业有限公司不得追究其任何责任。在某汽车城置业有限公司未能整体交付的情况下,即便推定某实业有限公司于 2011 年 4 月 1 日接收了系争房屋地上一层至五层,则地上部分是否仍应在 9 个月内对外营业,否则即构成违约,双方合同对此并无约定,事后亦未就此达成一致意见,因部分先行开业涉及租期与地下一层将不是同时到期,以及物业费、能源费等计算问题,双方往来函件对该些问题进行了协商,但未达成一致。在此情况下,某汽车城置业有限公司以某实业有限公司违约为由,要求解除合同,缺乏依据。本身合同中对于租赁保证金约定的是系争房屋交付某实业有限公司后 10 日内,支付余下部分,房屋尚未全部交付,要求某实业有限公司支付剩余保证金,不符合约定。现根据查明的事实,系争房屋地下一层已于 2013 年 6 月 19 日取得建设工程竣工验收备案证书,符合合同约定的交付条件。故关于汽车城以某实业有限公司缺乏履约能力为由要求解除合同的诉请,缺乏事实和法律依据,原审法院不予支持。据此,依照《合同法》第 4 条、第 6 条、第 8 条、第 60 条第 1 款之规定,原审法院于 2015 年 11 月 14 日作出如下判决:驳回原告某汽车城置业有限公司的全部诉讼请求。案件受理费人民币 80 元,由原告某汽车城置业有限公司负担。判决后,某汽车城置业有限公司不服,提出上诉:(1)系争房屋于 2011 年 4 月 1 日完成了交付,某实业有限公司应当依约支付租金和保证金,某实业有限公司未按约履行,某汽车城置业有限公司具有合同解除权。(2)即使地下一层没有交付,导致未完成交付的过错责任在于某实业有限公司,某实业有限公司阻碍交付条件成就应当视为条件已成就,某汽车城置业有限公司主张合同解除权并无不当。(3)由于某实业有限公司减少注册资本金,其已缺乏履行合同的能力,某汽车城置业有限公司要求解除合同有法律依据。综上,请求二审法院依法改判,支持其合同解除的诉讼请求。某汽车城置业有限公司并提出,由于合同继续履行不具备可执行性,所以系争合同无法继续履行。某实业有限公司、黄某甲共同辩称:(1)系争房屋并未交付。某汽车城置业有限公司提出交付房屋,经某实业有限公司查验不符合交付条件,双方未完成交付手续。(2)地下一层从合同约定的条件及法律规定的要求均不符合交付条件,不存在不能交付的责任在某实业有限公司的说法。且系争房屋是不能分割的一个整体,不能分割交付。(3)某实业有限公司并未丧失履约能力。由于双方持久的诉讼行为,某实业有限公司没有必要以大资本金维持公司运作,其减少资本金的行为不能代表其没有履约能力。故请求二审法院驳回上诉,维持原判。经审理查明,原审法院查明的事实属实。

二审上海市高级人民法院认为,当事人对自己提出的主张,有责任提供证据。根据已经查明的事实,某实业有限公司于 2011 年 3 月 17 日收到某汽车城置业有限公司发出的交房通知,于 4 月 1 日在系争房屋的业主资料卡、毛坯房验房表签名,但由于地下一层不具备合同约定的交付条件,双方并未完成系争房屋的交付手续。地下一层房屋直至 2013 年 6 月 1 日取得竣工验收备案证书,故 2011 年 4 月 1 日地下一层不具备交付的约定和法定条件。某汽车城置业有限公司主张未完成交付的责任在于某实业有限公司,缺乏事实和法律依据。某汽车城置业有限公司以某实业有限公司减少注册资本金的行为推断某实业有限公司无履约能力,没有法律依据。原审法院对某汽车城置业有限公司解除合同的诉请不予支持,有事实和法律依据,予以确认。当事人应当依据合同全面履行自己的义务,某汽车城置业有限公司主张合同无法继续履行没有依据。据此,依照《民事诉讼法》第 170 条第 1 款第 1 项之规定,判决:驳回上诉,维持原判。二审案件受理费人民币 80 元,由上诉人某汽车城置业有限公司负担。

3. 案例评析

本案属于典型的租赁房屋交付引发的租赁合同纠纷案件。在本案中,某汽车城置业有限公司与黄某甲签订房屋租赁合同,约定某汽车城置业有限公司将地下一层至地上五层出租给黄某甲。之后某汽车城置业有限公司与某实业有限公司、黄某甲签订补充协议,约定三方一致确认租赁合同约定的属于黄某甲的权利义务概括转移至某实业有限公司。某汽车城置业有限公司与某实业有限公司双方曾办理房屋交接手续,但对某实业有限公司是否受领系争房屋产生争议。某实业有限公司认为系争房屋应当整体交付,因验房时发现地下一层未取得建设工程竣工验收证书,故系争房屋不具备交付条件,遂中止验房,其未受领系争房屋,故房屋尚未交付。一审法院认为,系争房屋地下一层尚不具备合同约定的交付条件,故不能认定某实业有限公司接收了全部系争房屋。二审法院认为,某实业有限公司在收到某汽车城置业有限公司发出的交房通知后在系争房屋的业主资料卡、毛坯房验房表签名,但由于地下一层不具备合同约定的交付条件,双方并未完成系争房屋的交付手续。地下一层房屋直至 2013 年 6 月 1 日取得竣工验收备案证书,故 2011 年 4 月 1 日地下一层不具备交付的约定和法定条件。由此可见,当房屋不符合租赁合同约定的交付条件或者法律明确规定的其他条件时,承租人可以拒绝接受该房屋,并不违反租赁合同。因此,承租人在签订租赁合同后,交房前要仔细查验房屋的品质、家具设备等情况,对于未达到约定、法定的交付条件时,可以拒绝接手租赁房屋,要求出租人整改完善后再接受该房屋。

有关法律规定

《中华人民共和国建筑法》

第六十一条　交付竣工验收的建筑工程,必须符合规定的建筑工程质量标准,有完整的工程技术经济资料和经签署的工程保修书,并具备国家规定的其他竣工条件。

建筑工程竣工经验收合格后,方可交付使用;未经验收或者验收不合格的,不得交付使用。

《中华人民共和国城市房地产管理法》

第二十七条　房地产开发项目的设计、施工,必须符合国家的有关标准和规范。

房地产开发项目竣工,经验收合格后,方可交付使用。

《城市房地产开发经营管理条例》

第十七条　房地产开发项目竣工,经验收合格后,方可交付使用;未经验收或者验收不合格的,不得交付使用。

房地产开发项目竣工后,房地产开发企业应当向项目所在地的县级以上地方人民政府房地产开发主管部门提出竣工验收申请。房地产开发主管部门应当自收到竣工验收申请之日起30日内,对涉及公共安全的内容,组织工程质量监督、规划、消防、人防等有关部门或者单位进行验收。

《建筑工程质量管理条例》

第十六条　建设单位收到建设工程竣工报告后,应当组织设计、施工、工程监理等有关单位进行竣工验收。

建设工程竣工验收应当具备下列条件:

(一)完成建设工程设计和合同约定的各项内容;

(二)有完整的技术档案和施工管理资料;

(三)有工程使用的主要建筑材料、建筑构配件和设备的进场试验报告;

(四)有勘察、设计、施工、工程监理等单位分别签署的质量合格文件;

(五)有施工单位签署的工程保修书。

建设工程经验收合格的,方可交付使用。

二、出租人就同一房屋订立数份租赁合同如何确定承租人和违约责任

基本理论

当地房地产市场日新月异,商品房价格飞涨,随之而来的租房市场日渐繁荣,租金不断攀升也成为新常态。随着经济的发展,越来越多的年轻人涌入大城市发展,而租房就成了他们必须解决的第一道难题,而一些房东为了把房子租个好价格、谋取更多的租金,跟每个需要租房的人都签订租赁合同,以便从中找到出价最高者,[①]而将已出租给他人的房屋出租给出价更高的第三人,导致同一房屋订立数份租赁合同的一房多租现象。最高人民法院《关于审理城镇房屋租赁合同纠纷案件具体应用法律若干问题的解释》(法释〔2009〕11号)第6条规定:"出租人就同一房屋订立数份租赁合同,在合同均有效的情况下,承租人均主张履行合同的,人民法院按照下列顺序确定履行合同的承租人:(一)已经合法占有租赁房屋的;(二)已经办理登记备案手续的;(三)合同成立在先的。不能取得租赁房屋的承租人请求解除合同、赔偿损失的,依照合同法的有关规定处理。"根据该条的规定可知,房屋出租给多人时,先租住房屋的优先,其次以办理登记备案的顺序确定,如果这两种情况都没有,则以签订租赁合同的先后顺序确定。

在多份租赁合同中,出租人只能依约履行其中的一份,其他几份租赁合同只能通过协商解除或变更。出租人要么通过协商为承租人提供其他房屋供承租人使用,要么只能根据《合同法》第107条、《民法通则》第111条的规定承担违约责任。如果租赁合同里明确约定了不能履行租赁合同的违约责任,则按照约定处理,如按照约定违约金、双倍返还定金、如数返还承租人已交付的租金、押金等。如果租赁合同没有约定相应的违约责任,承租人可以通过诉讼向出租人要求承担违约责任,如双倍返还定金、如数返还承租人已交付的租金、押金,赔偿承租人相应的损失、重新找其他房屋租赁期间的住宿费用等。如果租赁合同约定的违约金过高,出租人可以要求法院予以调整。

---

① 参见杨奇:《同一房屋签订数份租赁合同如何履行?》,载新疆法院网,http://www.xjcourt.org/public/detail.php?id=24656,2017年11月28日访问。

出租人就同一房屋订立数份有效租赁合同，法院可根据合法占有该租赁房屋的先后顺序确定履行合同的承租人

——郑某某与王某某、敖某某房屋租赁合同纠纷申请再审案[①]

1. 案情简介

申请再审人（一审原告、二审上诉人、原被申诉人）：郑某某

被申请人（一审被告、二审被上诉人、原被申诉人）：王某某

被申请人（一审第三人、二审第三人、原申诉人）：敖某某

申请再审人郑某某因与被申请人王某某、敖某某房屋租赁合同纠纷一案，不服四川省高级人民法院（2011）川民提字第221号民事判决，向最高人民法院申请再审。

郑某某申请再审称：（1）再审判决认定王某某与敖某某于2007年10月20日和2009年2月28日签订的租赁合同有效，属适用法律错误。王某某与敖某某明知郑某某与王某某于2007年3月10日签订《门市租赁协议》，仍于2007年10月20日和2009年2月28日分别签订了《门市房租赁协议》和《门市房续租合同》，属恶意串通损害郑某某的利益，应为无效。（2）再审法院认定敖某某与王某某签订的相关协议是敖某某行使合同约定的优先承租权的体现，与事实不符。王某某与敖某某在2007年10月20日签订的《门市房租赁协议》特别将优先承租权条款删除，即在该合同中，敖某某已无优先承租权。2009年2月28日签订的《门市房续租合同》不是敖某某行使优先承租权的体现，而是典型的恶意串通和妨碍诉讼行为。郑某某依据《民事诉讼法》第179条第1款第2项、第6项之规定申请再审。

王某某、敖某某提交意见认为，郑某某的再审申请缺乏事实与法律依据，请求予以驳回。

① 参见最高人民法院（2012）民再申字第116号民事裁定书。

2. 法院裁判及观点

法院观点提炼：在郑某某与王某某于2007年3月10日签订租赁合同时，敖某某已作为承租人合法占有案涉房屋。在王某某分别与郑某某、敖某某签订的房屋租赁合同均合法有效的情况下，因敖某某已经实际合法占有并使用案涉房屋，法院根据合法占有该租赁房屋的先后顺序确定履行合同的承租人，判决确定敖某某为承租人，符合法律规定，又有利于维持现有交易关系的稳定性。

最高人民法院认为，关于敖某某与王某某于2007年10月20日、2009年2月28日签订的《门市房租赁协议》《门市房续租合同》是否存在恶意串通、是否有效的问题。首先，上述协议系双方当事人平等自愿签订，意思表示真实，并未违反法律禁止性规定，不存在合同无效的情形。其次，在郑某某与王某某于2007年3月10日签订租赁合同时，敖某某已作为承租人合法占有案涉房屋，对房屋投入了成本，其续签租赁合同符合情理，亦符合敖某某与王某某关于优先承租权的约定，无证据证明敖某某与王某某存在恶意串通之情形。最后，参照最高人民法院《关于审理城镇房屋租赁合同纠纷案件具体应用法律若干问题的解释》第6条第1款之规定，出租人就同一房屋订立数份租赁合同，在合同均有效的情况下，承租人均主张履行合同的，人民法院按照下列顺序确定履行合同的承租人：(1)已经合法占有租赁房屋的；(2)已经办理登记备案手续的；(3)合同成立在先的。在王某某分别与郑某某、敖某某签订的房屋租赁合同均合法有效的情况下，因敖某某已经实际合法占有并使用案涉房屋，再审判决确定其为承租人，符合法律规定，又有利于维持现有交易关系的稳定性。郑某某主张应由其承租案涉房屋，不应予以支持。至于王某某因将房屋出租给敖某某而给郑某某造成的损失，郑某某可以另行主张。

综上，郑某某的再审申请不符合《民事诉讼法》第179条第1款第2项、第6项规定的情形。法院依照《民事诉讼法》第181条第1款之规定，裁定如下：驳回郑某某的再审申请。

3. 案例评析

本案属于典型的出租人就同一房屋订立数份租赁合同引发纠纷的案例。在本案中，郑某某与王某某于2007年3月10日签订《门市租赁协议》，王某某与敖某某于2007年10月20日和2009年2月28日分别签订了《门市房租赁协议》和《门市房续租合同》,也就是说王某某先后将门面出租给郑某某、敖某某,同一房屋订立数份租赁合同。考虑到郑某某与王某某于 2007 年 3 月 10 日签订租赁合同时,敖某某虽没有与郑某某签订租赁协议,但已作为承租人合法占有案涉房屋,对房屋投入了成本,法院认定敖某某为承租人,符合法律规定,又有利于维持现有交易关系的稳定性。由于郑某某未就违约责任部分进行申诉,所以法院没有进行相关阐述。实际上,郑某某的房屋租赁合同是有效的,出租人王某某在事实上和法律上均无法继续履行租赁合同,可以依据租赁合同的约定向王某某主张违约责任,要求王某某赔偿其损失。因此,各位承租人为了保护自己的利益,一定在签订租赁合同前提前实地察看涉案房屋是否被他人占有,并在合同中明确约定一房多租的违约责任,在出租人交付房屋的第一时间合法占有该房屋,防止一房多租而导致自己陷入不利的局面。

有关法律规定

最高人民法院《关于审理城镇房屋租赁合同纠纷案件具体应用法律若干问题的解释》

第六条　出租人就同一房屋订立数份租赁合同,在合同均有效的情况下,承租人均主张履行合同的,人民法院按照下列顺序确定履行合同的承租人:

(一)已经合法占有租赁房屋的;

(二)已经办理登记备案手续的;

(三)合同成立在先的。

不能取得租赁房屋的承租人请求解除合同、赔偿损失的,依照合同法的有关规定处理。

《中华人民共和国民法通则》

第一百一十一条　当事人一方不履行合同义务或者履行合同义务不符合约定条件的,另一方有权要求履行或者采取补救措施,并有权要求赔偿损失。

《中华人民共和国合同法》

第一百零七条　当事人一方不履行合同义务或者履行合同义务不符合约定的,应当承担继续履行、采取补救措施或者赔偿损失等违约责任。

第一百零八条　当事人一方明确表示或者以自己的行为表明不履行合同义务

的,对方可以在履行期限届满之前要求其承担违约责任。

第一百一十条　当事人一方不履行非金钱债务或者履行非金钱债务不符合约定的,对方可以要求履行,但有下列情形之一的除外:

(一)法律上或者事实上不能履行;

(二)债务的标的不适于强制履行或者履行费用过高;

(三)债权人在合理期限内未要求履行。

第一百一十二条　当事人一方不履行合同义务或者履行合同义务不符合约定的,在履行义务或者采取补救措施后,对方还有其他损失的,应当赔偿损失。

第一百一十三条　当事人一方不履行合同义务或者履行合同义务不符合约定,给对方造成损失的,损失赔偿额应当相当于因违约所造成的损失,包括合同履行后可以获得的利益,但不得超过违反合同一方订立合同时预见到或者应当预见到的因违反合同可能造成的损失。

经营者对消费者提供商品或者服务有欺诈行为的,依照《中华人民共和国消费者权益保护法》的规定承担损害赔偿责任。

第一百一十四条　当事人可以约定一方违约时应当根据违约情况向对方支付一定数额的违约金,也可以约定因违约产生的损失赔偿额的计算方法。

约定的违约金低于造成的损失的,当事人可以请求人民法院或者仲裁机构予以增加;约定的违约金过分高于造成的损失的,当事人可以请求人民法院或者仲裁机构予以适当减少。

当事人就迟延履行约定违约金的,违约方支付违约金后,还应当履行债务。

第一百一十九条　当事人一方违约后,对方应当采取适当措施防止损失的扩大;没有采取适当措施致使损失扩大的,不得就扩大的损失要求赔偿。

当事人因防止损失扩大而支出的合理费用,由违约方承担。

三、出租人将已抵押房屋出租给承租人的租赁合同的效力及赔偿责任的确定

基本理论

抵押人是抵押财产的所有人或者其他有权处分人,不因财产设定抵押而丧失对该财产的用益权能。因此,抵押人在将财产抵押后,有权将抵押财产

出租或设定用益物权(如地役权等)。[①] 在实践中,房屋先被抵押后租赁给他人使用时常发生,抵押权并不因为租赁合同的存在而丧失,租赁合同的效力也不因抵押权的存在而无效。根据《物权法》第 190 条的规定,订立抵押合同前抵押财产已出租的,原租赁关系不受该抵押权的影响。抵押权设立后抵押财产出租的,该租赁关系不得对抗已登记的抵押权。

抵押权设立后,如果债务人不履行债务或者发生了当事人约定的实现抵押权的事由的,抵押权人可以与抵押人协议以抵押财产折价或者以拍卖、变卖该抵押财产所得的价款优先受偿。如果抵押权人与抵押人未就抵押权实现方式达成协议的,则抵押权人可以请求人民法院拍卖、变卖抵押财产(《物权法》第 195 条)。问题是,在抵押财产出租后,同一财产上既有抵押权又有租赁权,在实现抵押权时,无论是采取当事人协商的方式,还是通过法院的强制执行程序,都会产生抵押财产上的租赁权如何处置的问题。[②] 根据《担保法解释》第 66 条的规定,抵押人将已抵押的财产出租的,抵押权实现后,租赁合同对受让人不具有约束力。抵押人将已抵押的财产出租时,如果抵押人未书面告知承租人该财产已抵押的,抵押人对出租抵押物造成承租人的损失承担赔偿责任;如果抵押人已书面告知承租人该财产已抵押的,抵押权实现造成承租人的损失,由承租人自己承担。即先抵押后出租,抵押可破除租赁。因此,当抵押权人通过司法拍卖等途径实现抵押权后,房屋的受让人不受租赁合同的约束,即买受人可以要求承租人搬出房屋,停止承租该房屋。针对因此而给承租人造成的损失,当抵押人事先书面告诉承租人的,则由承租人自己承担;当抵押人没有事先书面告诉承租人的,则由抵押人赔偿承租人的损失。

如果关于抵押人未经抵押权人同意擅自出租抵押物,抵押权人能否通过诉讼程序请求解除租赁合同,最高人民法院在(2011)民二他字第 18 号答复中指出,根据《担保法解释》规定的精神,抵押人未经抵押权人同意将抵押物出租的,原则上抵押权人不能通过另行提起诉讼的方式请求解除抵押人与第

---

① 参见程啸著:《物权法担保物权》,中国法制出版社 2005 年版,第 208 页。

② 参见程啸:《论抵押财产出租时抵押权与租赁权的关系——对〈物权法〉第 190 条第 2 句的理解》,载《法学家》2014 年第 2 期。

三人订立的租赁合同,抵押权的实现应当在执行程序中解决。第三人依据租赁合同占有查封物的,人民法院可以在执行程序中解除其占有,但不应当在裁定中直接宣布租赁合同无效或解除租赁合同,而仅应当指出租赁合同不能对抗申请执行人。

因此,承租人在租赁房屋时要谨慎选择承租已办理抵押登记手续的房屋。

典型案例

将已抵押的房屋出租给承租人的租赁合同仍可为有效

——廖某某与陶某某房屋租赁合同纠纷二审案[①]

1. 案情简介

上诉人(原审原告):廖某某

被上诉人(原审被告):陶某某

上诉人廖某某因房屋租赁合同纠纷一案,不服浙江省绍兴市越城区人民法院(2014)绍越袍民初字第 244 号民事判决,向浙江省绍兴市中级人民法院提起上诉。

原审法院浙江省绍兴市越城区人民法院审理查明:原告廖某某与被告陶某某于 2013 年 1 月 3 日签订房屋租赁合同一份,将被告所有坐落于袍江世纪街越商大厦 7 楼房屋出租给原告,承租期自 2013 年 1 月 1 日至 2017 年 12 月 31 日。诉讼中,经原告申请,法院委托绍兴时代资产评估事务所对诉争房屋在剩余租赁期内的装饰装修残值进行评估,评估价值为 80,285 元。原告为此支出评估费 2956 元。另,被告陶某某于 2012 年 4 月 26 日、9 月 18 日分别将越商大厦 7 楼房屋抵押给中国工商银行股份有限公司绍兴越城支行。后经诉讼,该房屋现已被我院查封并进入执行拍卖程序。原告认为被告未告知房屋抵押情况,现房屋已进入强制执行程序,被告行为已给原告造成损失,遂成讼。

① 参见浙江省绍兴市中级人民法院(2014)浙绍民终字第 1683 号民事判决书。

2. 法院裁判及观点

法院观点提炼：本案中，抵押人将已抵押的财产出租，租赁合同有效。根据法律规定，实现抵押权时，承租人没有优先购买权，买受人也可以不再履行原租赁合同。现本案诉争房屋虽已进入强制执行程序，但尚未为买受人拍得，且原告又未能举证证实法院因房屋拍卖通知其腾退，该房屋租赁合同仍可继续履行，遂未得到法院支持。

原审法院浙江省绍兴市越城区人民法院认为，原、被告签订的房屋租赁协议，双方主体适格，意思表示真实，内容不违反法律、行政法规的强制性规定，应认定为合法有效。另外，根据法律规定，抵押人将已抵押的财产出租的，抵押权实现后，租赁合同对受让人不具有约束力，即设立抵押权的房屋仍可以出租，但由于抵押权在先，实现抵押权时，承租人没有优先购买权，买受人也可以不再履行原租赁合同。现本案诉争房屋虽已进入强制执行程序，但尚未由买受人拍得，且原告又未能举证证实法院因房屋拍卖通知其腾退，该房屋租赁合同仍可继续履行。故原告诉请双方租赁合同解除及要求被告赔偿损失，无事实及法律依据，该院不予支持。依照《物权法》第 190 条、《担保法解释》第 66 条之规定，判决：驳回原告廖某某的诉讼请求。本案案件受理费减半收取 929 元，由原告廖某某负担。

原审判决作出后，上诉人廖某某不服，提起上诉称：(1) 上诉人与被上诉人租赁合同关系已经解除。2013 年 11 月 20 日，绍兴市越城区人民法院依法查封上诉人承租的袍江世纪街越商大厦 7 楼房屋并通告拍卖，上诉人得知这一消息后立即与被上诉人联系，被上诉人也同意赔偿上诉人相关损失，仅对赔偿数额未达成一致意见，上诉人才无奈提起诉讼要求被上诉人赔偿损失。在一审庭审过程中，被上诉人对于上述情况也进行了确认。因此，双方之间的租赁合同关系已经协议解除，一审法院认为，该房屋租赁合同仍可继续履行的认定完全违背双方的真实意思表示，认定事实错误。(2) 被上诉人所提供的房屋产权存在瑕疵，违反双方《房屋租赁合同》的约定，上诉人有权终止合同。根据双方签订的《房屋租赁合同》第 5 条：出租方要保证房屋产权清楚，然而被上诉人在将房屋出租时未告知房屋已抵押，且在法院查封并通告拍卖后也未告知上诉人，明显是故意隐瞒房屋产权存在瑕疵。被上诉人的这一行为明显导致了房屋产权处于不稳定状态，已违反了合同的约定。同时，

《房屋租赁合同》第10条约定“当一方违约时,另一方有权终止合同,所造成的损失由责任方承担”,因此,被上诉人违约在先,依据双方签订的租赁合同上诉人有权解除租赁合同,并终止合同,由此造成的损失,要求被上诉人赔偿。(3)从客观实际来讲,上诉人与被上诉人已经无法实际履行租赁合同。法院向所涉房屋张贴的拍卖《通知》,该通知使上诉人的租赁权无法得到有效保证,无异于腾退通知。本案中,房屋何时拍卖出去是上诉人无法控制的,上诉人作为一个公司经营者,不可能将自己公司办公地点设立在一个随时被要求搬离的地方。(4)被上诉人违背了《民法通则》第4条规定的“民事活动应当遵循诚实信用的原则”。被上诉人于2012年4月26日、9月18日分别将所涉房屋进行了抵押,在明知自己无法履行银行债务的情况下将房屋抵押,很明显被上诉人是确定该房屋极有可能被强制拍卖的。然而,被上诉人为尽快出租所涉房屋,以低于市场租赁价格且未告知抵押情况与上诉人在2013年1月3日签订《房屋租赁合同》。综上,请求二审法院依法改判。

被上诉人陶某某答辩称:截至目前,房子租给上诉人,依然在使用之中,被上诉人也没有通知上诉人腾房,租赁合同依然有效,上诉人还拖欠2014年的租金。请求法院依法处理。

二审中,双方当事人均未提交证据。

二审浙江省绍兴市中级人民法院经二审审理查明的事实与原审判决认定一致。

浙江省绍兴市中级人民法院认为,依法成立的合同对双方当事人均具有约束力,上诉人廖某某要求解除租赁合同,就应当举证证明存在合同约定的解除条件或者法律规定的解除条件成就。本案中,上诉人廖某某仅提供了涉案租赁房屋已被原审法院查封并通告拍卖的情况,但在一审辩论终结前,原审法院尚未通知上诉人廖某某要求其腾房,故双方当事人之间的租赁合同仍可继续履行。上诉人廖某某提出要求解除租赁关系并赔偿损失,缺乏相应的事实及法律依据,原审法院对此不予支持,并无不当。上诉人的上诉请求不能成立,原审判决认定事实清楚,适用法律正确。二审法院依照《民事诉讼法》第170条第1款第1项之规定,判决:驳回上诉,维持原判。

3. 案例评析

本案属于将已抵押的房屋出租给承租人的典型案例。在本案中,陶某某于2012年4月26日、9月18日分别将越商大厦7楼房屋抵押给中国工商银行股份有限公司绍兴越城支行，之后陶某某于2013年1月3日与廖某某签订房屋租赁合同一份将该房屋出租给廖某某。该房屋现后被法院查封并进入执行拍卖程序，进而引发诉讼。法院认为，陶某某与廖某某签订的租赁合同的双方主体适格，意思表示真实，内容不违反法律、行政法规的强制性规定，应认定为合法有效。虽然涉案房屋已经被抵押了，仍然可以出租，不侵害抵押权的利益，但由于抵押权在先，实现抵押权时，承租人没有优先购买权，买受人也可以不再履行原租赁合同。虽然涉案房屋的抵押已进入法院执行程序，但执行法院尚未通知承租人腾房，一二审法院认定双方当事人之间的租赁合同仍可继续履行。本案中，虽然出租人未书面告知承租人已办理抵押的事实，但是承租人的证据无法证明因此给其造成的损失，所以法院没有判决出租人承担损失赔偿责任。当然，如果承租人确有证据证明出租人未书面告知承租人涉案房屋已抵押给其造成了损失的，可以向出租人主张赔偿责任。该案例对类似案件的处理具有指导意义。

有关法律规定

《中华人民共和国物权法》

第一百九十条　订立抵押合同前抵押财产已出租的，原租赁关系不受该抵押权的影响。抵押权设立后抵押财产出租的，该租赁关系不得对抗已登记的抵押权。

最高人民法院《关于适用〈中华人民共和国担保法〉若干问题的解释》

第六十六条　抵押人将已抵押的财产出租的，抵押权实现后，租赁合同对受让人不具有约束力。抵押人将已抵押的财产出租时，如果抵押人未书面告知承租人该财产已抵押的，抵押人对出租抵押物造成承租人的损失承担赔偿责任；如果抵押人已书面告知承租人该财产已抵押的，抵押权实现造成承租人的损失，由承租人自己承担。

最高人民法院《关于抵押人未经抵押权人同意擅自出租抵押物，抵押权人能否通过诉讼程序请求解除租赁合同的答复》

山东省高级人民法院：

你院《关于抵押人未经抵押权人同意又将抵押物出租，抵押权人能否通过诉讼程序请求解除租赁合同的请示报告》收悉。经研究，答复如下：

根据《〈担保法〉司法解释》规定的精神，抵押人未经抵押权人同意将抵押物出租的，原则上抵押权人不能通过另行提起诉讼的方式请求解除抵押人与第三人订立的租赁合同，抵押权的实现应当在执行程序中解决。对于在执行程序中抵押人作为被执行人擅自出租经法院查封抵押物的行为，最高人民法院执行局已经另案答复你院。执行法院有权以裁定形式直接予以处理。第三人依据租赁合同占有查封物的，人民法院可以在执行程序中解除其占有，但不应当在裁定中直接宣布租赁合同无效或解除租赁合同，而仅应当指出租赁合同不能对抗申请执行人。

四、租赁房装饰装修、扩建问题处理规则

基本理论

在房屋租赁实践中，承租人租赁房屋的目的可能是为了满足自身居住，也可能是为了日常营业。往往租赁房屋不能满足承租人的需求，会引发承租人在出租人交付房屋后对房屋进行再一次的装饰装修甚至扩建，而一旦租赁合同被认定为无效、租赁合同被解除或者租赁期限届满，如何处理之前的装修装饰、扩建容易引发出租人和承租人之间的矛盾和纠纷，进而引发诉讼。

按照装饰装修物与租赁房屋的结合程度，我们可以将装饰装修物分为如下两种形态，即可分离和不可分离。不可分离，即与房屋形成附合状态，装饰装修物已与房屋结合在一起形成继续性和固定性的整体，两者不可以随意分离，非毁损不可分离或者虽可分离但花费巨大，一旦分离将破坏房屋难以恢复房屋的原貌，如铺设地板砖、吊设天花板、墙壁粉刷油漆、重新铺设水管等。如果装饰装修物与房屋未完全结合尚未达到不可分离状态，则不能认定形成附合，如安装空调、衣柜、床、桌子、太阳能热水器、抽油烟机等。

司法实践中对因承租人装修房屋所引起的财产归属纠纷一般适用添附制度来解决。① 添附是一种财产所有权的取得方式，我国虽无相关的法律规定，但民法理论上一直认为添附是所有权原始取得的一种方式。添附包括混合、附和和加工三种。② 添附理论的目的在于，首先是为了解决一物分属于不

① 参见王利明主编：《民法新论》，中国政法大学出版社1998年版，第128页。
② 参见王利明主编：《物权法名家论坛》，中国人民大学出版社2008年版，第218页。

同所有权人而不利于所有权稳定的问题;其次是为了更加充分地实现物的使用价值和经济价值。按照添附理论,对于未形成附合的装饰装修物,所有权仍归承租人,由承租人可以拆除取回,出租人想要留用,应当支付相应对价(当然承租人也可以无偿赠送给出租人),承租人拆除过程中不得造成房屋损坏,保持房屋恢复到承租时的原状。对于形成附合的装饰装修物,在出租人同意利用的前提下,可折价归承租人所有;出租人不同意利用的,由双方各自按照导致合同无效的过错分担现值损失。在房屋租赁合同中,承租人对租赁房屋的装饰装修按其性质可分为两类:一是善意添附;二是恶意添附。根据《合同法》第 223 条规定,承租人经出租人同意,可以对租赁物进行改善或者增设他物;承租人未经出租人同意,对租赁物进行改善或者增设他物的,出租人可以要求承租人恢复原状或者赔偿损失。依照该条规定,经出租人知道后不表示反对,且符合租赁合同用途而进行的添附为善意添附,而未经出租人同意擅自进行的添附是恶意添附。因为承租人的租赁权只是债权,承租人对房屋进行装饰、装修的,必须得到房屋所有人的同意,否则即为恶意行为。在善意添附的情况下,存在不当得利的问题;在恶意添附的情况下,存在损失赔偿的问题。[①] 无论房屋租赁合同是否有效,原则上均不应予以折价补偿,装饰装修损失由承租人自行承担。

司法实践中对于恢复原状中的"原状"理解有分歧,一种观点认为,恢复原状就是恢复到装饰装修之前的房屋完好状态;另一观点认为,应当恢复到签订合同之前的房屋状态。我们认为,对于恢复原状应当区分不同情况具体分析。如果合同期满终止,此时装饰装修物因承租人拆除而毁坏,则承租人将毁损部分修复至符合按照约定或者租赁物的性质使用后的状态。依据为《合同法》第 235 条规定:"租赁期间届满,承租人应当返还租赁物。返还的租赁物应当符合按照约定或者租赁物的性质使用后的状态。"因为租赁合同的目的,是以承租人使用、收益租赁物为内容,在承租人依约定的方法或根据租赁物的性质所确定的方法使用、收益租赁过程中,难免会使租赁物发生变更或者损耗,此时若要恢复到签订租赁合同之前的状态则不现实。至于如何把握"符合按照约定或者租赁物的性质使用后的状态",则应由法官在具体案件

① 参见马学英:《房屋租赁合同纠纷中装饰装修物的处理问题》,载《中南大学学报》2010 年第 4 期。

中综合考量。如果合同解除,承租人因拆除装饰装修物而毁损房屋需要恢复原状的,则应当恢复至安装装饰装修物之前。虽然在合同解除之前承租人可能已经使用房屋了,也会产生一定的自然损耗,但鉴于合同解除的情况比较复杂,解除时间不易把握,为便于操作,因此,将房屋恢复至装饰装修之前的房屋状态比较合理。毕竟,有些承租人并非在签订租赁合同伊始就对房屋予以装饰装修,有可能使用一段时间后再行装饰装修,如果此种情况下也要求恢复至签订租赁合同之时,也有失公允。①

实践中,在处理房屋租赁合同涉及的装饰装修物纠纷时,应根据出租人的需要程度和可利用价值,结合过错等综合因素,根据不同的情形分别对待:(1)出租人单方过错的,由出租人补偿承租人的装饰装修损失。对于未形成附合的,损失主要包括装饰装修物的折旧费用、拆除费用、恢复原状费用及承租人因租赁合同无效而受到的其他损失;对于形成附合的,该损失是租赁合同无效时装饰装修物尚存在的价值,即现值。(2)承租人单方过错的,由承租人自行承担装饰装修损失,并由承租人赔偿承租人因租赁合同无效受到的其他损失。(3)属双方共同过错的,应由双方当事人按过错责任分担装饰装修现值损失。

典型案例

因双方违约导致租赁合同解除,双方就剩余租赁期内的不可拆除的装饰装修残值损失无法达成一致意见时,法院可根据双方各自的过错确定相应的责任

——陈某某、徐某与张某某房屋租赁合同纠纷案②

1. 案情简介

再审申请人(一审原告、二审被上诉人):陈某某

① 参见佚名:《司法实践中对租赁房屋装饰装修物的认定及处理》,载包头律师咨询网,http://www.zwjkey.com/onews.asp? ID=10743,2017年11月28日访问。

② 参见最高人民法院(2013)民申字第1672号民事裁定书。

再审申请人（一审原告、二审被上诉人）：徐某

被申请人（一审被告、二审上诉人）：张某某

再审申请人陈某某、徐某因与被申请人张某某房屋租赁合同纠纷一案，不服云南省高级人民法院（2013）云高民一终字第29号民事判决，向最高人民法院申请再审。

陈某某、徐某申请再审称：二审判决显失公平，导致承租房屋不能正常经营的原因是张某某未按照《房屋出租协议》约定，履行应该承担的义务，消防设施不合格，未经消防安全检查及验收合格，造成相关部门多次作出处罚要求整改并罚款直至禁止营业，剩余三年未经营的残值损失86万元及投入的140万元应由张某某赔偿，音响设备和其他物品因张某某违约，应该判决音响设备和其他物品归张某某所有，支付陈某某、徐某相应的款项。陈某某、徐某依据《民事诉讼法》第200条第2项、第6项之规定申请再审。

张某某提交书面意见认为，陈某某、徐某的再审申请缺乏事实与法律依据，请求予以驳回。

2. 法院裁判及观点

因本案双方当事人在房屋租赁合同履行中均有过错，在合同解除后双方没有对已形成附合的装饰装修物的处理达成协议，故依法应由张某某返还陈某某、徐某《财产清单》中的可以拆除的音响设备和其他各项物品。鉴于双方在房屋租赁合同履行中各自均有过错，按照过错责任，应由张某某承担80%的主要责任，二审判决张某某对陈某某、徐某投资装修不能拆除部分损失进行赔偿，并无不当。

最高人民法院认为，张某某不能办理出租房屋的消防验收手续，导致陈某某、徐某的经营受到影响，投资无法收回，对造成的损失，张某某应当进行赔偿。因张某某最终没有按约定办理消防验收手续，使陈某某、徐某在未办理并具备消防验收手续的情况下进行经营，导致经营受到影响，造成一定损失，双方各自均有相应责任。最高人民法院《关于审理城镇房屋租赁合同纠纷案件具体应用法律若干问题的解释》第10条规定："承租人经出租人同意装饰装修，租赁期间届满或者合同解除时，除当事人另有约定外，未形成附合的装饰装修物，可由承租人拆除。因拆除造成房屋毁损的，承租人应当恢复原状。"第11条规定："承租人经出租人同意装饰装修，合同解除时，双方对已

形成附合的装饰装修物的处理没有约定的，人民法院按照下列情形分别处理：……（三）因双方违约导致合同解除，剩余租赁期内的装饰装修残值损失，由双方根据各自的过错承担相应的责任……”因本案双方当事人在房屋租赁合同履行中均有过错，在合同解除后双方没有对已形成附合的装饰装修物的处理达成协议，故依法应由张某某返还陈某某、徐某《财产清单》中的音响设备和其他各项物品。2012 年 7 月 28 日，陈某某、徐某与张某某之子张某子共同确认了《新增配置物品补充清单》中的各项物品及其他财产的种类及数量，鉴于双方在房屋租赁合同履行中各自均有过错，相互无须支付违约金。按照过错责任，应由张某某承担 80% 的主要责任。二审判决张某某对陈某某、徐某投资装修不能拆除部分损失进行赔偿，可以拆除的音响设备和其他各项物品由张某某返还陈某某、徐某，并无不当。

综上，陈某某、徐某的再审申请不符合《民事诉讼法》第 200 条第 2 项、第 6 项规定的情形。依照《民事诉讼法》第 204 条第 1 款之规定，裁定驳回陈某某、徐某的再审申请。

3. 案例评析

本案属于典型的因解除租赁合同返还赔偿装饰装修物而引发的纠纷。在本案中，双方当事人在房屋租赁合同履行中均有过错，在合同解除后双方没有对已形成附合的装饰装修物的处理达成协议，故法院依照最高人民法院《关于审理城镇房屋租赁合同纠纷案件具体应用法律若干问题的解释》第 10 条规定认定由出租人张某某返还承租人陈某某、徐某在《财产清单》中可以拆除未形成附和的音响设备和其他各项物品；就不能拆除的投资装修残值损失，法院综合具体案情，根据双方的过错大小，判决张某某承担 80% 的主要责任，对陈某某、徐某投资装修不能拆除部分损失进行赔偿。这对类似案件的裁判具有显著的指导意义。

有关法律规定

《中华人民共和国合同法》

第二百二十三条　承租人经出租人同意，可以对租赁物进行改善或者增设他物。

承租人未经出租人同意，对租赁物进行改善或者增设他物的，出租人可以要求承租人恢复原状或者赔偿损失。

第二百三十五条　租赁期间届满，承租人应当返还租赁物。返还的租赁物应当符合按照约定或者租赁物的性质使用后的状态。

最高人民法院《关于审理城镇房屋租赁合同纠纷案件具体应用法律若干问题的解释》

第九条　承租人经出租人同意装饰装修，租赁合同无效时，未形成附合的装饰装修物，出租人同意利用的，可折价归出租人所有；不同意利用的，可由承租人拆除。因拆除造成房屋毁损的，承租人应当恢复原状。

已形成附合的装饰装修物，出租人同意利用的，可折价归出租人所有；不同意利用的，由双方各自按照导致合同无效的过错分担现值损失。

第十条　承租人经出租人同意装饰装修，租赁期间届满或者合同解除时，除当事人另有约定外，未形成附合的装饰装修物，可由承租人拆除。因拆除造成房屋毁损的，承租人应当恢复原状。

第十一条　承租人经出租人同意装饰装修，合同解除时，双方对已形成附合的装饰装修物的处理没有约定的，人民法院按照下列情形分别处理：

（一）因出租人违约导致合同解除，承租人请求出租人赔偿剩余租赁期内装饰装修残值损失的，应予支持；

（二）因承租人违约导致合同解除，承租人请求出租人赔偿剩余租赁期内装饰装修残值损失的，不予支持。但出租人同意利用的，应在利用价值范围内予以适当补偿；

（三）因双方违约导致合同解除，剩余租赁期内的装饰装修残值损失，由双方根据各自的过错承担相应的责任；

（四）因不可归责于双方的事由导致合同解除的，剩余租赁期内的装饰装修残值损失，由双方按照公平原则分担。法律另有规定的，适用其规定。

第十二条　承租人经出租人同意装饰装修，租赁期间届满时，承租人请求出租人补偿附合装饰装修费用的，不予支持。但当事人另有约定的除外。

第十三条　承租人未经出租人同意装饰装修或者扩建发生的费用，由承租人负担。出租人请求承租人恢复原状或者赔偿损失的，人民法院应予支持。

第十四条　承租人经出租人同意扩建，但双方对扩建费用的处理没有约定的，人民法院按照下列情形分别处理：

（一）办理合法建设手续的，扩建造价费用由出租人负担；

（二）未办理合法建设手续的，扩建造价费用由双方按照过错分担。

五、买卖不破租赁原则的理解和适用

基本理论

“买卖不破租赁”(Kauf bricht nicht Miete),是指在租赁期间,租赁物的所有权变动并不导致租赁关系的解除。[①] 即使所有权人将租赁物让与他人,对租赁关系也不产生任何影响,买受人不能以其已成为租赁物的所有人为由否认原租赁关系的存在并要求承租人返还租赁物。《合同法》第229条规定:“租赁物在租赁期间发生所有权变动的,不影响租赁合同的效力。”《民通意见》第119条第2款规定:“私有房屋在租赁期内,因买卖、赠与或者继承发生房屋产权转移的,原租赁合同对承租人和新房主继续有效。”因此,在租赁合同履行期间,出租人将房屋卖给买受人,租赁合同的效力不受影响,买受人既不可以否则租赁关系的存在,也不可以随意要求承租人腾房,出租人所承担的租赁合同的权利和义务转移给了买受人,买受人只能与承租人协商提前解除租赁合同、为承租人提供其他房屋用于履行租赁合同或者诚实信用地履行租赁合同直至期限届满。在继承、赠予的情形下也亦如此。

买卖不破租赁的原则,维护了租赁市场的正常秩序,保护了承租人的信赖利益,避免承租人担心所租房屋被出卖而随时被要求腾房的恐慌。租赁期间允许房屋买卖,维护了房屋正常买卖流转的良好秩序,不因租赁事实存在而阻碍买卖市场。买卖不破租赁原则体现了诚实信用原则,防止出租人与买受人恶意串通通过买卖随意解除租赁合同,维护租赁关系的稳定有序。

但是,买卖不破租赁也有例外。有学者认为,买卖不破租赁受物权化条件的限制,只有实现了物权化的租赁权利才能产生对抗其他权利的法律效力,才能具备适用买卖不破租赁原则的可能性,如不适用于未经公示的租赁关系,限制适用于没有实际履行的租赁合同。买卖不破租赁受租赁目的价值的正当性的限制,如不适用于违背合同法基本原则的租赁合同,限制适用于补偿性租赁合同和基于特定身份存在某种利益让与的租赁合同,限制适用于租赁替代成本不大的情形。买卖不破租赁受优先权施加的限制,如不适用于

① 参见王利明:《论买卖不破租赁》,载《中州学刊》2013年第9期。

租赁物所有权的征收取得的情形,不适用于在房屋出租前已设立抵押权,因抵押权人实现抵押权发生所有权变动的情形,不适用房屋在出租前已被人民法院依法查封的情形,破产企业财产被强行拍卖或变卖的情形。买卖不破租赁受意思自治的限制,如不适用于未经出租人同意的转租关系,不适用于承租人自愿放弃继续承租的情形。[①] 这虽为学者之观点,但具有一定的合理性和科学性。

从现行法律规定来看,根据最高人民法院《关于审理城镇房屋租赁合同纠纷案件具体应用法律若干问题的解释》第 20 条的规定,下列情形是买卖不破租赁的例外情形:(1)房屋在出租前已设立抵押权,因抵押权人实现抵押权发生所有权变动的;(2)房屋在出租前已被人民法院依法查封的。

租赁权是承租人享有的一种用益物权,抵押权是保护抵押权人利益的一种担保物权,由于两种权利在性质上是兼容的,因此,就会发生同一标的物上既存在抵押权又存在租赁权的情形。两种权利并存的情况有时会损害抵押权,使抵押权人不能及时、充分地实现其权利,有时也会使承租人的权利受到侵害。[②] 房屋在出租前已设立抵押权,抵押人未经抵押权人同意又将抵押物出租,根据最高人民法院《关于抵押人未经抵押权人同意擅自出租抵押物,抵押权人能否通过诉讼程序请求解除租赁合同的答复》(〔2011〕民二他字第 18 号),人民法院可以在执行程序中解除承租人依据租赁合同对查封物的占有,但不应当在裁定中直接宣布租赁合同无效或解除租赁合同,而仅应当指出租赁合同不能对抗申请执行人。

房屋在出租前已被人民法院依法查封的,根据最高人民法院《关于人民法院能否在执行程序中以被执行人擅自出租查封房产为由认定该租赁合同无效或解除该租赁合同的答复》(〔2009〕执他字第 7 号),租赁合同,并不当然无效,只是不得对抗申请执行人。第三人依据租赁合同占有查封物的,人民法院可以解除其占有,但不应当在裁定中直接宣布租赁合同无效或解除租赁合同,而仅应指出租赁合同不能对抗申请执行人。

---

① 参见季金华:《买卖不破租赁原则限制适用的条件分析》,载《政法论丛》2016 年第 4 期。

② 参见沈丽萍:《抵押权与租赁权冲突问题探讨》,载《中北大学学报》(社会科学版)2011 年第 3 期。

租赁房屋所有权变更不影响在先租赁合同的效力

——王某某与奚某某等排除妨害纠纷案[①]

1. 案情简介

上诉人(原审原告):王某某

被上诉人(原审被告):奚某某

原审第三人:陈某某

上诉人王某某因与被上诉人奚某某,原审第三人排除妨害纠纷一案,不服安徽省合肥市蜀山区人民法院(2013)蜀民一初字第02083号民事判决,向安徽省合肥市中级人民法院提起上诉。

王某某原审诉称:2012年3月29日王某某与陈某某(原房主)因借款合同纠纷一案业经合肥市蜀山区人民法院以(2012)蜀民一初字第00678号民事调解书结案,陈某某因无力履行调解书确定的义务,在王某某申请强制执行过程中陈某某自愿以位于某地住宅抵付给王某某,合肥市蜀山区人民法院于2013年4月25日出具(2012)蜀执字第00373号执行裁定书,王某某并于2013年6月24日办理房屋登记手续。在王某某持执行裁定书前去收房时,发现奚某某居住在房内,王某某口头要求奚某某限期搬离房屋时遭拒绝,此后王某某也多次前往某地房产要求奚某某交还房屋,均遭拒绝。故起诉至法院请求判令:(1)奚某某立即搬离某地房产(房屋价值约100,000元);(2)奚某某支付房租费8000元(暂自2013年5月25日计算至2013年7月24日止,按4000元/月计算,具体金额应计算至其搬离房屋止);(3)本案全部诉讼费由奚某某承担。

奚某某原审辩称:(1)奚某某与陈某某依法签订的个人租房合同应受法律保护;(2)王某某诉请奚某某搬离涉诉房屋无法律依据,应当予以驳回。

陈某某原审述称:王某某诉请有充分的事实和法律依据。

---

① 参见安徽省合肥市中级人民法院(2015)合民一终字第02085号民事判决书。

安徽省合肥市蜀山区人民法院原审查明:2012 年 3 月 29 日,王某某与陈某某因民间借贷纠纷一案在合肥市蜀山区人民法院达成(2012)蜀民一初字第 00678 号民事调解书,调解书中约定:陈某某于 2012 年 4 月 5 日前偿还王某某借款 450,000 元,并由陈某某支付王某某诉讼费、保全费共计 6845 元。后因陈某某未按约支付借款,王某某申请法院强制执行;该案在执行过程中,王某某与陈某某达成协议,陈某某自愿将其名下位于某地房产一套(产权证号:蜀 123456)抵付王某某,用于偿还所欠债务;2013 年 4 月 25 日,合肥市蜀山区人民法院出具了(2012)蜀执字第 00373 号执行裁定书,裁定将陈某某所有的位于某地房产一套(产权证号:蜀 123456)(以下简称涉案房屋)交付王某某抵偿上述债务及执行费,并裁定过户相关税费由陈某某承担。2013 年 6 月 24 日,王某某办理了房屋过户手续。

2013 年 7 月 26 日,王某某以奚某某为被告起诉至原审法院要求判如所请。本案在审理过程中,奚某某申请追加陈某某为第三人,并获准许。原审庭审中,奚某某主张其与陈某某于 2011 年 5 月 4 日签订了《个人租房合同》,约定:(1)甲方(陈某某)将涉案房屋出租给乙方(奚某某)居住使用,租赁期限自 2011 年 5 月 3 日至 2031 年 5 月 3 日,总计 20 年整。(2)本房屋月租金及物业管理费计人民币 2000 元整。20 年租金及物业管理费总计人民币 48 万元整,由乙方在合同签字生效日一次性支付给甲方(备注:甲方向乙方借款人民币总计:30 万元整,至合同签订之日前无法偿还借款本金及利息,因此将涉案房屋出租给乙方使用,甲方借款本金及利息算作乙方承租此房屋的租金及物业管理费)。(3)甲方在乙方承租房屋期间,不得擅自将房屋转让或出租给他人,如转让房屋所有权,须征得乙方同意,同等条件下,乙方有优先购买权。(4)租赁期满后,如乙方要求继续租赁,则续签租赁合同。同等条件下,乙方享有优先租赁的权利。(5)乙方租赁期间,水费、电费、取暖费、燃气费以及其他由乙方居住而产生的费用由乙方负担。租赁结束时,乙方须交清欠费。(6)乙方不得随意损坏房屋设施,如需装修或改造,需先征得甲方同意,并承担装修改造费用。租赁结束时,乙方须将房屋设施恢复原状。(7)发生争议,甲、乙双方友好协商解决。协商不成时,提请当地人民法院仲裁。(8)本合同一式两份,甲、乙双方各执一份,自双方签字之日起生效,甲、乙双方均不得擅自终止合同。《个人租房合同》中奚某某签名并注明日期,但无陈某某的签名，仅有“陈某某印”私章印鉴。奚某某为证实该主张，提交了两份由黄某某出具的《借条》（借条上亦盖有“陈某某印”私章印鉴）佐证。

原审期间，王某某申请对奚某某提交的《个人租房合同》中“陈某某印”的私章形成时间、奚某某签字及落款的时间进行司法鉴定，并获准许。原审法院委托华东政法大学司法鉴定中心进行鉴定。2014 年 4 月 1 日，该中心出具《文检鉴定意见书》，结论为：（1）署期“2011 年 5 月 4 日”、出租方（甲方）为“陈某某”、承租方（乙方）为“奚某某”的《个人租房合同》上需检的方形印章印文形成时间接近于样本署期“2010. 6. 28”、见证人为“奚某某”的《借条》上的红色印文的形成时间。（2）由于样本受限，检材署期“2011 年 5 月 4 日”、出租方（甲方）为“陈某某”、承租方（乙方）为“奚某某”的《个人租房合同》上签字“奚某某”与落款时间“2011”“5”“4”的形成时间难以作出鉴定意见。《文检鉴定意见书》向各方送达后，王某某提出异议，认为华东政法大学司法鉴定中心未按法院要求出具鉴定结论，要求该中心重新给出结论。2014 年 6 月 23 日，原审法院就王某某提出来的问题向华东政法大学司法鉴定中心致《函》，要求该鉴定中心就原审法院委托事项作出鉴定结论。2014 年 10 月 20 日，该鉴定中心出具《情况说明》一份，明确维持原《文检鉴定意见书》的鉴定意见。因华东政法大学司法鉴定中心未能就原审法院委托事项作出明确结论，原审法院于 2014 年 10 月 24 日致《函》，要求该鉴定中心就本案鉴定收取的 16, 000 元（王某某支付）鉴定费用予以退回，但该鉴定中心未予退费。

原审期间，两次庭审，陈某某本人均未到庭，其代理律师钱晓军在庭审中对奚某某提交的《个人租房合同》中“陈某某印”的私章不予认可；陈某某 2013 年 12 月 2 日向原审法院提交《案件说明》中称：“我委托律师去工商局及银行查找关于印签章的事，我是 1990 年初至 1998 年办过公司的，1998 年底就没有用过此章，经我多方面到银行和工商部门，因时过相隔十几年，当时也没有全市联网，现也无法查找到、无法论证、证实。”

原审庭审中，陈某某主张奚某某系违法强行入住涉案房屋，并提供其于 2012 年 6 月 21 日向合肥供电公司办理停电销户手续申请表一份佐证。另，王某某与陈某某在合肥市蜀山区人民法院执行局达成涉案房屋抵付时，双方均知晓奚某某居住在涉案房屋内，但王某某在办理涉案房屋转户手续时并未要求陈某某对涉案房屋办理入住交接手续。

2. 法院裁判及观点

法院观点提炼:2013 年 6 月 24 日,王某某因法院执行以物抵债获得了涉案房屋的所有权,且知晓奚某某 2011 年 9 月已租住在涉案房屋内,未要求承租人搬离涉案房屋。2013 年 7 月 26 日,王某某以奚某某为被告起诉至一审法院要求奚某某立即搬离涉案房屋,法院不予支持。

合肥市蜀山区人民法院一审认为,公民、法人等民事主体的合法权益均受法律保护。本案中,双方争议的焦点就是奚某某入住涉案房屋是否存在侵权行为。王某某虽依据合肥市蜀山区人民法院(2012)蜀民一初字第 00678 号民事调解书及(2012)蜀执字第 00373 号执行裁定书取得涉案房屋的所有权,而王某某与陈某某在合肥市蜀山区人民法院执行局达成房屋抵付协议时,王某某与陈某某均知晓涉案房屋由奚某某居住使用,但均未提出任何异议,亦未采取任何措施。且本案中,陈某某虽对奚某某提交的《个人租房合同》中“陈某某印”的私章印鉴不予认可,但奚某某自 2011 年 9 月入住涉案房屋至本案起诉时已近三年之久,陈某某除在 2012 年 6 月 21 日向合肥供电部门申请办理停电销户手续外,并未向奚某某主张对涉案房屋的所有权及使用权,亦未提供其他证据证明涉案房屋系奚某某强行违法占有的侵权行为。综上,王某某无证据证明奚某某入住涉案房屋存在侵权行为,故对其主张不予支持。据此,依据《民事诉讼法》第 64 条,最高人民法院《关于民事诉讼证据的若干规定》第 2 条之规定,原审判决:驳回王某某的诉讼请求。本案案件受理费 1230 元,鉴定费 16,000 元,均由王某某负担。

王某某上诉称:(1)奚某某提供的《个人租房合同》没有陈某某的签字,陈某某已明确表示对合同中加盖的私章不认可,且个人私章谁都可以制作,根本不能起到代替本人签字的法律效果,奚某某提供的《个人租房合同》是无效的;(2)奚某某应对其占用涉案房屋的合法性承担举证责任,若不能证明,即承担举证不能之法律责任;(3)华东政法大学的鉴定结论载明《个人租房合同》上”陈某某”的印章与《借条》上“陈某某”的印章加盖时间相近,由于《个人租房合同》的落款时间为 2011 年 5 月 4 日,《借条》的落款时间为 2010 年 6 月 28 日,进一步说明《个人租房合同》不是形成于落款时间,系伪造的。综上,奚某某占用涉案房屋没有合法依据,请求二审法院撤销原判,改判支持王某某的诉讼请求。

奚某某二审辩称：(1)奚某某以鲍某某、柏某某的名义借了400,000元给陈某某及其前妻黄某某(在二人夫妻关系存续期间)，后还了100,000元，还欠300,000元，陈某某、黄某某同意将涉案房屋给奚某某住，以租金抵债务；(2)《个人租房合同》是真实的，私章也是陈某某加盖的，黄某某向鲍某某、柏某某出具借条时，也有加盖陈某某私章的习惯；(3)陈某某系王某某的舅舅，陈某某以房屋居住权抵给奚某某，又将该房屋转让给其外甥，侵犯奚某某的权利。请求二审维持原判。

陈某某二审诉称：同意王某某上诉意见。

二审查明：奚某某称其占有涉案房屋，系基于陈某某、黄某某(陈某某前妻)欠其借款未能清偿，遂将涉案房屋租赁给奚某某居住(20年)，以房屋租赁费抵偿债务。陈某某称奚某某以黄某某欠其借款为由，未经陈某某允许强行搬到涉案房屋居住。另外，陈某某与王某某系舅甥关系。

对一审查明的其他事实，安徽省合肥市中级人民法院予以确认。

安徽省合肥市中级人民法院二审认为，根据《合同法》第229条“租赁物在租赁期间发生所有权变动的，不影响租赁合同的效力”及《民通意见》第119条第2款“私有房屋在租赁期内，因买卖、赠与或者继承发生房屋产权转移的，原租赁合同对承租人和新房主继续有效”之规定，买卖不破租赁。本案中，奚某某持有《个人租房合同》及黄某某出具的《借条》，主张其与陈某某之间就涉案房屋存在租赁关系，且陈某某以房屋租赁费抵付黄某某所欠的借款。由于奚某某所称债务发生于陈某某和黄某某的婚姻关系存续期间，且奚某某取得涉案房屋时，亦处于陈某某和黄某某婚姻关系存续期间，故《个人租房合同》的利益、合同发生的基础事实均涉及案外人黄某某，故仅凭陈某某一人之陈述，不足以确认《个人租房合同》的真伪。另，陈某某明知奚某某以黄某某欠其借款为由占用涉案房屋，但未以否认黄某某与奚某某之间存在债权债务关系为由主张权利或者以奚某某非法占用涉案房屋为由主张权利，陈某某这种消极态度，与常理不符，且陈某某始终未能提供奚某某强行进入涉案房屋的证据，而王某某受让该房屋时知道奚某某占用之事实。因此，在该《个人租房合同》未被依法确认为无效或者依法被撤销之前，涉案房屋保持现状为宜。原审在本案中未支持王某某的诉讼请求，并无不当，应予维持。据此，依照《民事诉讼法》第170条第1款第1项之规定，判决驳回上诉，维持原判。本案二审案件受理费1230元，由上诉人王某某负担。

3. 案例评析

本案属于典型的房屋所有权转移与租赁合同的冲突引发的纠纷案例。在本案中，2013年4月25日，合肥市蜀山区人民法院（2012）蜀执字第00373号执行裁定将陈某某所有的涉案房屋交付王某某抵偿债务及执行费。2013年6月24日，王某某办理了房屋过户手续。王某某与陈某某在合肥市蜀山区人民法院执行局达成涉案房屋抵付时，双方均知晓奚某某居住在涉案房屋内，但王某某在办理涉案房屋转户手续时并未要求陈某某对涉案房屋办理入住交接手续。2013年7月26日，王某某以奚某某为被告起诉至一审法院要求奚某某立即搬离涉案房屋。本案中，奚某某自2011年9月入住涉案房屋至本案起诉时已近3年之久，租赁发生在房屋所有权变更之前，陈某某除在2012年6月21日向合肥供电部门申请办理停电销户手续外，并未向奚某某主张对涉案房屋的所有权及使用权，亦未提供其他证据证明涉案房屋系奚某某强行违法占有的侵权行为。因此，法院认为，在该《个人租房合同》未被依法确认为无效或者依法被撤销之前，涉案房屋保持现状为宜，所以，一、二审法院均未支持房屋继受人王某某的诉讼请求。本案对类似案件的处理具有显著的指导意义。

有关法律规定

《中华人民共和国合同法》

第二百二十九条　租赁物在租赁期间发生所有权变动的，不影响租赁合同的效力。

最高人民法院《关于贯彻执行〈中华人民共和国民法通则〉若干问题的意见（试行）》

第一百一十九条第二款　私有房屋在租赁期内，因买卖、赠与或者继承发生房屋产权转移的，原租赁合同对承租人和新房主继续有效。

最高人民法院《关于审理城镇房屋租赁合同纠纷案件具体应用法律若干问题的解释》

第二十条　租赁房屋在租赁期间发生所有权变动，承租人请求房屋受让人继续

履行原租赁合同的,人民法院应予支持。但租赁房屋具有下列情形或者当事人另有约定的除外:

(一)房屋在出租前已设立抵押权,因抵押权人实现抵押权发生所有权变动的;

(二)房屋在出租前已被人民法院依法查封的。

最高人民法院《关于人民法院民事执行中查封、扣押、冻结财产的规定》

第二十六条　被执行人就已经查封、扣押、冻结的财产所作的移转、设定权利负担或者其他有碍执行的行为,不得对抗申请执行人。

第三人未经人民法院准许占有查封、扣押、冻结的财产或者实施其他有碍执行的行为的,人民法院可以依据申请执行人的申请或者依职权解除其占有或者排除其妨害。

人民法院的查封、扣押、冻结没有公示的,其效力不得对抗善意第三人。

最高人民法院《关于人民法院能否在执行程序中以被执行人擅自出租查封房产为由认定该租赁合同无效或解除该租赁合同的答复》

山东省高级人民法院:

你院《关于被执行人擅自出租已查封的财产执行程序中人民法院排除执行妨害能否认定该合同无效或解除租赁合同的请示》收悉。经研究,答复如下:

在执行程序中被执行人擅自处分法院的查封物,包括本案中以出租的形式妨害查封效果的行为,执行法院有权以裁定形式执结予以处理。根据最高人民法院《关于人民法院执行中查封、扣押、冻结财产的规定》第26条,被执行人擅自处分查封物,与第三人签订的租赁合同,并不当然无效,只是不得对抗申请执行人。第三人依据租赁合同占有查封物的,人民法院可以解除其占有,但不应当在裁定中直接宣布租赁合同无效或解除租赁合同,而仅应指出租赁合同不能对抗申请执行人。

最高人民法院《关于抵押人未经抵押权人同意擅自出租抵押物,抵押权人能否通过诉讼程序请求解除租赁合同的答复》

山东省高级人民法院:

你院《关于抵押人未经抵押权人同意又将抵押物出租,抵押权人能否通过诉讼程序请求解除租赁合同的请示报告》收悉。经研究,答复如下:

根据《〈担保法〉司法解释》规定的精神,抵押人未经抵押权人同意将抵押物出租的,原则上抵押权人不能通过另行提起诉讼的方式请求解除抵押人与第三人订立的租赁合同,抵押权的实现应当在执行程序中解决。对于在执行程序中抵押人作为被执行人擅自出租经法院查封抵押物的行为,最高人民法院执行局已经另案答复你院。

执行法院有权以裁定形式直接予以处理。第三人依据租赁合同占有查封物的,人民法院可以在执行程序中解除其占有,但不应当在裁定中直接宣布租赁合同无效或解除租赁合同,而仅应当指出租赁合同不能对抗申请执行人。

六、承租人优先购买权的认定和限制

基本理论

优先购买权,通常是指权利主体依据法律的规定或双方的约定,对所有人出卖的标的物或权利,其享有在同等条件下较之于其他人优先购买的权利。[①] 房屋承租人优先购买权,最早由国务院1983年《城市私有房屋管理条例》第11条所规定,后为《民通意见》所采纳并具体化,《合同法》以法律形式予以规定。[②]《合同法》第230条规定了承租人优先购买权制度。承租人优先购买权是指承租人基于租赁合同,在出租人出卖租赁物时,在同等条件下可优于其他人购买的权利。从法律规定来看,优先购买权的设立,主要是对生存和安全价值的追求,是对一种基本社会秩序的维护,而不是对出卖人所有权的限制。对优先购买权人而言,该项权利意味着购买机会上的优遇和排斥他人取得特定标的物所有权的保障,但并不意味着购买条件上的优惠。根据相关规定,当承租人优先购买权受到侵害、要求作为出租人承担相应的赔偿责任时,要提供相应的证据,以证明存在实际损害的要件事实。如果出租人侵害承租人优先购买权情形的,承租人在诉讼时效内请求出租人承担赔偿责任的,人民法院应予支持,如果诉讼时效期间届满,出租人不愿意赔偿的,人民法院不予支持,因此承租人在优先购买权遭受侵害时要积极行使权利。此外,侵害承租人的优先购买权并不会导致买卖合同无效。

优先购买权不是没有限制的,承租人只能在同等条件下行使优先购买权,如在购买房屋的金额不能低于其他购买人,付款的方式要与其他购买人

---

① 参见尹樯:《优先购买权的制度检视与构建路径——以承租人优先购买权视角为论证范式》,载《河北法学》2016年第3期。

② 参见宋刚、罗金川:《房屋承租人优先购买权效力再探析——以法释〔2009〕11号第21条为中心》,载《中国社会科学院研究生学报》2014年第1期。

同等甚至优越于其他购买人，付款的期限不能长于其他购买人，如当其他购买人提出一次性即刻付清时，承租人不可以在按揭贷款的情况下行使优先购买权。

如果存在下列情形，则优先购买权丧失或者视为放弃、或者不能行使：(1)出租人在拍卖5日前通知承租人，但承租人未参加拍卖的；(2)房屋共有人行使优先购买权的；(3)出租人将房屋出卖给近亲属，包括配偶、父母、子女、兄弟姐妹、祖父母、外祖父母、孙子女、外孙子女的；(4)出租人履行通知义务后，承租人在15日内未明确表示购买的；(5)第三人善意购买租赁房屋并已经办理登记手续的；(6)根据出租人和承租人的约定，承租人明确表示放弃优先购买权的。

典型案例

侵害承租人优先购买权的赔偿损失请求权受诉讼时效的限制

——黄某某与陈某某租赁合同纠纷案[①]

1. 案情简介

上诉人（原审被告、反诉原告）：陈某某

被上诉人（原审原告、反诉被告）：黄某某

上诉人陈某某因与被上诉人黄某某租赁合同纠纷一案，不服福建省晋江市人民法院(2014)晋民初字第2933号民事判决，向福建省泉州市中级人民法院提起上诉。

一审福建省晋江市人民法院查明，2011年1月10日，原、被告签订租赁协议书一份，将原告所有的位于某地一栋613平方米的楼房出租给被告，租期3年，自2011年1月10日至2014年1月10日，合同签订两日后被告支付租金50,000元，后原告于2011年11月29日将本案租赁房屋及土地出售给案外人吴某某，并已办理产权过户手续。以上事实，有原告提供身份证、《租赁协议书》、《房地产买卖契约》、人员基本信息、过户手续、房产证书和双方

① 参见福建省泉州市中级人民法院(2015)泉民终字第354号民事判决书。

当事人的陈述等证据为证。

2. 法院裁判及观点

法院观点提炼:承租人在2012年2月23日已知道其租赁房屋的优先购买权受到侵害,于2014年5月提起本案反诉要求赔偿其优先购买权损失已超过诉讼时效期间。

一审福建省晋江市人民法院认为,第一,关于原告主体是否适格以及是否有权以自己的名义向被告主张租金的问题。案外人吴某某出具的授权委托上表明由原告代为收取租金,但《情况说明》中其意思为将收租权利让与原告,两份证据意思表示存在矛盾,法院于2014年8月4日向吴某某询问,其表示将整个收租权利转于原告,已明确构成债权转让的意思表示。对于债权转让是否对被告发生法律效力问题,在诉讼过程中,被告已在第二次庭审前收悉《情况说明》。《情况说明》中吴某某已经明确表示将房屋租金的收取权利授予原告,应视为已经向被告告知债权转让的事宜,对被告发生法律效力。《情况说明》的落款时间为2014年2月,此时应视为原告与吴某某之间已经达成租金收取权益即债权转让的合意,原告即已取得租金收取的权益,具有诉权,是否通知被告,仅是对债务人即被告是否产生法律效力的问题,与原告是否有权以自己名义起诉并无关联性。

第二,关于原告的起诉是否已经超过诉讼时效期间的问题。本案合同的租赁期限为2011年1月10日至2014年1月10日,除第一笔50,000元租金外,双方未约定剩余租金的给付时间。《合同法》第62条规定:"履行期限不明确的,债务人可以随时履行,债权人也可以随时要求履行,但应当给对方必要的准备时间。"在租赁合同持续履行的前提下,在合同有效期内,原告可以随时要求被告支付已履行期间的未付租金,被告亦应在合同期限期满(2014年1月10日)前支付相应租金。偿付租金的诉讼时效期间为一年,被告未支付剩余租金的,原告最迟应在双方合同期限期满(2014年1月10日)的1年内主张权利,现原告于2014年4月4日起诉,并未丧失诉讼时效。

第三,关于租金的具体数额问题。双方约定合同期限为三年,其中,第一、二年租金的已注明"每"字,结合"第三年"的表述,可明确表明双方的约定应为第一年、第二年每年的租金为50,000元,第三年为55,000元,租金共计155,000元。现被告仅支付50,000元,剩余105,000元应当予以支付。原告主张被告拖延两个月后才返还房屋，但未提供任何证据证明，故租金的支付期限仍应算至约定合同期满。原告另要求被告支付至起诉之日的利息损失，被告逾期支付租金确实造成原告的利息损失，但相应的利息损失应自原告明确向被告主张权利之日起算，原告并未提供证据证实其起诉前已向被告催讨的事实，故其要求被告支付至起诉之日的利息，缺乏依据，不予支持。

第四，关于被告的反诉是否超过诉讼时效期间的问题。依照《合同法》第230条关于“出租人出卖租赁房屋的，应当在出卖之前的合理期限内通知承租人，承租人享有以同等条件优先购买的权利”的规定，原告通过律师函的形式明确告知被告租赁房屋已于2011年5月17日出售给吴某某，要求被告腾空房屋，虽然实际签订房屋转让合同的时间是在2011年11月，但该律师函从其内容和意图看并不具有告知被告要求其行使优先购买权的意思表示，故原告未履行告知义务出售房屋侵犯了被告的优先购买权。律师函属于当事人委托律师事务所出具的具有主张实体权利和宣告事实作用的法律文书形式，原告于2012年1月出具的律师函已经明确告知被告房屋已经出售的事实，被告在收到律师函后亦于2012年2月23日以律师函的形式回函，“如果贵方律师函中所述房屋转让属实，贵方的转让行为已经侵犯了委托人的优先购买权，委托人保留依法要求贵方承担赔偿责任的权力，并不排除通过诉讼途径请求法院确认贵方与第三人恶意签订的买卖合同无效”。从被告律师函内容可以看出，此时被告应已明确知悉其优先购买权已经或者可能遭受侵犯，且已明知其可维护权益的途径，其应在诉讼时效期间内及时主张其权利。同时，优先购买权的设置是为了维护和稳定既有经济秩序，充分发挥财产的使用效能，在承租人基于租赁事实获得同等条件下优先于他人的购买权利后，根据权利义务对等的原则，承租人应及时行使其优先购买权利。根据被告的主张，因原告所寄律师函中并未附房屋已经转让的证据，故其并不知悉房屋是否确实已被转让，但此时被告应已知悉原告转让房屋的意图，此时原告是否履行直接通知义务都不会妨碍被告行使优先购买权，故在无法确定房屋是否已经实际转让的情况下，被告若有意购买房屋，应积极的作为，就是否购买该租赁物及时作出明确的表示，并按律师函知会的方式阻止原告与第三方交易的进行，而从被告的律师函看，其仅提出原告出卖房屋侵犯了其优先购买权，但并未向原告明确表示其有购买的意图并提出对价协商。据此，应认定被告怠于行使其优先购买权及求偿权利，其于2014年5月提起诉讼要求赔偿其优先购买权损失，已经超过向人民法院请求保护民事权利的两年的诉讼时效期间，不应予以支持。被告要求对诉争房屋的价值进行评估的请求，因已无鉴定必要，不予准许。综上所述，原、被告的租赁关系合法有效，应予以保护，原告在转让房屋后，依法取得继续收取租金的权益，被告应支付原告拖欠的租金105,000元。被告怠于行使其优先购买权，其反诉请求超过诉讼时效期间，不予支持。依照《民法通则》第135条、第136条、第137条，《合同法》第62条第1款第4项、第80条、第125条、第212条、第230条，最高人民法院《关于审理城镇房屋租赁合同纠纷案件具体应用法律若干问题的解释》第21条，《民事诉讼法》第64条第1款之规定，原审判决：(1)被告陈某某应于本判决生效之日起10日内支付给原告黄某某租金105,000元。(2)驳回原告黄某某的其他诉讼请求。(3)驳回反诉原告陈某某的反诉请求。如果未按本判决指定的期间履行给付金钱义务，应当依照《民事诉讼法》第253条之规定，加倍支付迟延履行期间的债务利息。本案本诉受理费3000元，由原告黄某某负担667元，被告陈某某负担2333元；反诉受理费13,800元，因反诉减半收取6900元，由反诉原告陈某某负担。

原审判决宣判后，被告陈某某不服，向福建省泉州市中级人民法院提起上诉。

上诉人陈某某诉称，(1)原审判决存在两个诉讼程序错误，依法应当撤销发回重审。①原审认定被上诉人具有诉讼主体资格系程序错误，其起诉依法应予驳回。被上诉人起诉时已不具备出租人享有的原告主体资格。虽然本案《租赁协议书》是由被上诉人与上诉人于2011年1月10日签订，但被上诉人在诉讼中提供《房地产买卖契约》证明被上诉人已于2011年11月29日将本案所涉租赁房屋出售给案外人吴某某。在被上诉人出售租赁房屋后，其不再是《租赁协议书》的一方主体，根据《合同法》和《物权法》的规定，被上诉人已丧失出租人资格和收取租金权益，与本案不存在法律上的利害关系。原审依据被上诉人提供的不合法《情况说明》，认定被上诉人在诉前具有原告主体资格是错误的。被上诉人起诉时所依据的是案外人出具《授权委托书》，在本案起诉前根本不存在案外人吴某某已经转让租金权益和诉权给被上诉人的事实，否则被上诉人即可直接起诉上诉人，没必要再由案外人吴某某出具《授权委托书》委托被上诉人起诉。在本案第一次开庭时,因上诉人依法指出被上诉人根据《授权委托书》只有代理权,无本案租金权益和原告的诉讼主体资格,因此,在本案第二次开庭时被上诉人才补充提交的《情况说明》。《情况说明》产生时间虽早于2014年3月的《授权委托书》,但其内容与《授权委托书》相矛盾,也不是转让意思明确或程序合法的债权转让协议,且案外人吴某某未出庭质证,因此,该《情况说明》作为证人证言不真实、形式不合法,不能作为认定本案事实或被上诉人具有诉讼主体资格的依据。原审的两份询问笔录不能补全《情况说明》的真实性、合法性,而且明显证明了司法不公。原审在第二次开庭已经查明被上诉人无诉权,其起诉应当予以驳回的情况下,为了帮助被上诉人弥补其无诉权的事实,在2014年8月14日、9月17日先后两次单独通知吴某某到原审法院做询问笔录,补充说明愿将租金权益转让给被上诉人。原审法院与被上诉人、吴某某串通,让吴某某在询问笔录中重新单方作出了与《情况说明》《授权委托书》的委托授权相矛盾的权利转让意思表示。根据《合同法》的规定,债权人转让权利的,必须与受让人达成债权转让协议,债权人转让权利的,应当通知债务人,未经通知,该转让对债务人不发生效力。该笔录形成上既非债权转让协议,吴某某也未按法定程序通知上诉人租金债权转让事宜。询问笔录在内容、形式、程序上都不具备债权转让合法条件,不能补全《情况说明》的真实性、合法性,也不能导致被上诉人合法取得本案租金所有权和诉权。即使该笔录能有效产生租金权利转让的法律后果,被上诉人也只能在此之后才享有租金诉权另行起诉。原审认定被上诉人自2014年2月起享有租金权益和诉权错误。②原审未追加吴某某作为第三人参加本案诉讼,存在程序错误。吴某某与本案存在直接利害关系,应追加吴某某作为本案第三人参加诉讼。原审仅以吴某某不愿意参加诉讼为由,即未追加其为第三人,也未依法通知其出庭质证,显然存在程序错误。(2)原审认定被上诉人主张租金未超过诉讼时效期间错误。上诉人与被上诉人在2011年1月10日签订《租赁协议书》中,双方明确约定了首次交付租金的时间为合同签订之日起2日内,因此,根据约定还是商业惯例可确定双方约定在1月提前支付各期租金,原审认定双方未约定租金支付时间明显错误。被上诉人在诉状自认上诉人自2012年1月起拒付租金,由此也证明了双方约定在1月提前支付各期租金,在租期开始时提前支付租金也是众所周知的商业习惯。因此,双方约定的最后一笔租金55,000元交租时间为2013年1月。租金的诉讼时效期间是一年,租金权益享有人依法至迟应在2014年1月前向上诉人催讨。但被上诉人直至2014年4月4日才向原审提起诉讼主张权利,显然已超过法律规定的诉讼时效期间。(3)原审认定本案租金数额明显偏高,且缺乏依据。被上诉人出租房屋给上诉人时,该房屋地处偏僻,商业价值低,未经装修不具备使用条件,双方约定由被上诉人给上诉人两个月时间装修。被上诉人未偿付装修费给上诉人,双方约定第一、二年的租金为50,000元,第三年租金为55,000元,三年租金共计105,000元。被上诉人已确认收到上诉人装修款之外支付的第一笔租金50,000元,上诉人未支付第三年的租金55,000元。原审无视上诉人装修费已变相支付租金的事实,不顾被上诉人诉状中的自认,错误认定上诉人拖欠105,000元租金。(4)上诉人的反诉未超过诉讼时效期间,原审认定上诉人的反诉超过诉讼时效错误。原审认定被上诉人在出售房屋时,未提前告知上诉人侵害了上诉人的优先购买权,但其认定上诉人的反诉已超过诉讼时效期间错误。①被上诉人和吴某某从未明确告知上诉人真实的售房事宜,上诉人在本案前不知购买权被侵害。被上诉人委托某律师事务所于2012年2月向上诉人发律师函时,其虽告知上诉人已将本案租赁房屋出售给吴某某,但并未附相关已出售的材料以证实售房事实,且在上诉人回复律师函明确要求其提供具体售房资料后,其仍然未提供,上诉人从未知悉售房情况。被上诉人收到上诉人的回复律师函,既未再向上诉人提及售房事宜,也未再向上诉人提出解除租赁合同腾房等要求,吴某某也未向上诉人收取租金或要求腾房,吴某某也从未向上诉人收取租金或要求腾房,上诉人有充分的理由足以相信被上诉人未出售租赁房屋。被上诉人诉前发律师函告知上诉人是在2011年5月17日将房产转让给吴某某,但其起诉时提供的《房屋买卖契约》证明其系以320万元将租赁房地产出售给吴某某丈夫,不存在以90万元低价转让事实。上诉人要求原审法院复印并送达给上诉人,并指出被上诉人和吴某某夫妇存在虚构房屋买卖事实损害上诉人权益和偷漏巨额税款嫌疑,但原审以该证据与本案不具有关联性为由,让被上诉人收回,也拒不送达上诉人。被上诉人以3种卖房证据和说法证明了其确实从未告知上诉人真实确切的售房事实,上诉人不仅根据被上诉人不真实且无凭证的律师函,上诉人不知其优先购买权被侵害。②被上诉人和吴某某共同串通故意向上诉人隐瞒了真实的售房事宜,被上诉人在本案中未提供任何证据证明该售房事宜经过社会公示广而告之,且上诉人作为普通公民无权到房管部门查印租赁房屋所有权或转让档案。③原审认定上诉人明知被侵权还怠于行使或放弃优先购买权和求偿权是错误的。从上诉人回复被上诉人的律师函可知,上诉人是在不知道无售房事实的情况,如果律师函中所述房屋转让属实,才郑重告知被上诉人的行为构成侵权,并提出保留索赔或请求确认售房合同无效的权利。上诉人保留的权利既包括索赔,也包括请求确认售房合同无效的购买意愿,只是因不知道售房事实是否真实存在,也不知具体的购房人,导致上诉人无法针对具体诉讼事实和确切的被告,无法通过诉讼向被上诉人主张赔偿,撤销被上诉人与购房人的买卖合同。(5)上诉人的优先购买权被侵害而遭受的损失是客观存在的,上诉人主张的金额未超过实际损失,应得到支持。被上诉人于 2011 年将租赁房屋及土地无论以 90 万元还是 320 万元出售给吴某某夫妇,根据同地段房产价格估算,该租赁房屋目前市场价值 400 万元左右,上诉人因优先购买权被侵害而遭受的经济损失达 100 万~300 万元左右。上诉人反诉中仅主张 100 万元并未超过实际遭受的经济损失,且已依法申请鉴定评估,上诉人的反诉索赔请求有理有据。综上所述,上诉人请求撤销原判,将本案发回重审或依法改判上诉人的上诉请求。

被上诉人黄某某答辩称,(1)原审认定被上诉人诉讼主体资格不存在程序错误,被上诉人的起诉没有超过诉讼时效期间,第二年租金是 50,000 元事实清楚,证据确实充分、适用法律正确。案外人吴某某已将出租房屋的租金收取权益转让给被上诉人,被上诉人以自己的名义起诉合法。根据《租赁协议书》关于首次支付租金的时间推定存在各期收取租金时间安排是错误的,租赁双方当事人之间更不存在租赁期间必须提前支付租金的所谓商业惯例。双方对第二、三年的租金收取时间约定不明,应适用《合同法》第 62 条第 4 款的规定。上诉人主张《租赁协议书》第 1 条关于第一、二年租金人民币 50,000 元的约定是第一、二年租金共计 50,000 元,缺乏事实依据。(2)上诉人的反诉请求已丧失诉讼时效,主张租赁方优先购买权损失没有证据支持,应予驳回。原审认定事实清楚,适用法律正确,依法应予支持。2012 年 2 月,上诉人已明确知道自己的优先购买权收到侵犯,且已明知可维护自身权益的法律途径,在相应的诉讼时效内未及时主张权利,依法不应支持。2012 年 2 月 23 日,上诉人已知悉被上诉人向第三方转让房屋产权行为侵犯了上诉人的优先购买权,并在专业律师的帮助下清楚明悉只有按照委托律师出具的律师函提及的方式积极主张权利才能有效阻止自身权益被侵犯,上诉人并未向被上诉人表明购买租赁房屋的意图更未有进行对价协商的意思表示。直至被上诉人起诉主张租金权益后,才提起反诉。综上,原审认定事实清楚,证据确实充分,适用法律正确,依法应予维持,上诉人的上诉缺乏事实和法律依据,请求二审驳回上诉人的上诉,维持原判。

福建省泉州市中级人民法院经审理查明,当事人二审中的主要争议是:(1)原审审理程序是否合法;(2)本案的租金数额如何认定,被上诉人提起本案诉讼是否超过诉讼时效期间;(3)上诉人于本案中反诉主张对租赁房屋的优先购买权是否超过诉讼时效期间。除上述争议所涉事实外,当事人对原审判决查明认定的其余事实均无争议,法院对当事人无争议的事实依法予以确认。二审中,双方当事人均未提供新的证据。

福建省泉州市中级人民法院二审认为,根据原审法院向案外人吴某某所做询问笔录、被上诉人提供《情况说明》《授权委托书》,可认定案外人吴某某已将本案租金的权益转让给被上诉人黄某某的事实。虽然直至本案诉讼时,该债权转让才通知上诉人并产生法律效力,但这并不导致被上诉人丧失本案的诉讼主体资格。上诉人主张被上诉人不具有诉讼主体资格和追加案外人吴某某参加诉讼,缺乏法律依据,不予支持。《租赁协议书》约定第二、三年的租金分别为 50,000 元和 55,000 元,且上诉人实际使用该房屋租赁期限届满,原审据此认定上诉人尚欠被上诉人租金 105,000 元并无不当,应予确认。因双方在《租赁协议书》未约定第二、三年租金的支付期限,被上诉人可随时要求上诉人支付租金。上诉人主张本案租金已超过诉讼时效期间,但其未能提供证据证明案外人吴某某曾向其催讨过租金,以致本案已超过诉讼时效期间的情形,不予采纳。在被上诉人以律师函的形式告知上诉人租赁房屋已出售的事实后,上诉人于 2012 年 2 月 23 日向被上诉人回复的律师函中提出被上诉人转让租赁房屋的行为已侵犯其优先购买权,原审据此认定上诉人在 2012 年 2 月 23 日已知道其租赁房屋的优先购买权受到侵害,上诉人于 2014 年 5 月提起本案反诉要求赔偿其优先购买权损失已超过诉讼时效期间是正确的,应予确认。鉴于上诉人未能在法定期间内及时主张权利,且未能提供其因丧失租赁房屋的优先购买权所遭受的经济损失,上诉人请求被上诉人赔偿其优先购买权损失1,000,000元,缺乏事实和法律依据,不予支持。综上,原判正确,应予维持。上诉人的上诉请求缺乏事实和法律依据,不予支持。据此,依照《民事诉讼法》第170条第1款第1项之规定,判决驳回上诉人陈某某的上诉,维持原判。二审案件受理费人民币16,800元,由上诉人陈某某负担。

3. 案例评析

本案属于侵犯承租人优先购买权的典型案例。在本案中,黄某某、陈某某2011年1月10日签订租赁协议书将黄某某所有的楼房出租给陈某某,租期自2011年1月10日至2014年1月10日,后黄某某于2011年11月29日将本案租赁房屋及土地出售给案外人吴某某,并已办理产权过户手续。黄某某2012年1月通过律师函的形式明确告知陈某某租赁房屋已于2011年5月17日出售给吴某某,要求被告腾空房屋,虽然实际签订房屋转让合同的时间是在2011年11月,但未告知陈某某可以行使优先购买权。陈某某于2012年2月23日以律师函的形式回函称如果房屋转让属实,则出租人的转让行为已经侵犯了承租人陈某某的优先购买权。但是承租人陈某某在知晓所租房屋存在转让嫌疑时,既没有行使优先购买权,也没有通过诉讼或者其他途径向出租人黄某某主张侵犯优先购买权的损害赔偿。直至2014年5月才通过反诉要求赔偿其优先购买权损失,但早已超过2年的诉讼时效。因此,一、二审法院均没有支持其诉讼请求。因此,承租人在接到出租人的转让租赁房屋的通知时,要尽快向出租人表示购买的意愿,并积极行使优先购买权,不要像本案中的承租人那样怠于行使权利直至诉讼时效届满,既无法行使优先购买权,在优先购买权被侵害的情况下也无法获得相应的赔偿。这对处理类似案件具有显著的指导意义。

有关法律规定

《中华人民共和国合同法》

第二百三十条　出租人出卖租赁房屋时,应当在出卖之前的合理期限内通知承租人,承租人享有以同等条件优先购买的权利。

最高人民法院《关于审理城镇房屋租赁合同纠纷案件具体应用法律若干问题的解释》

第二十一条　出租人出卖租赁房屋未在合理期限内通知承租人或者存在其他侵害承租人优先购买权情形,承租人请求出租人承担赔偿责任的,人民法院应予支持。但请求确认出租人与第三人签订的房屋买卖合同无效的,人民法院不予支持。

第二十二条　出租人与抵押权人协议折价、变卖租赁房屋偿还债务,应当在合理期限内通知承租人。承租人请求以同等条件优先购买房屋的,人民法院应予支持。

第二十三条　出租人委托拍卖人拍卖租赁房屋,应当在拍卖5日前通知承租人。承租人未参加拍卖的,人民法院应当认定承租人放弃优先购买权。

第二十四条　具有下列情形之一,承租人主张优先购买房屋的,人民法院不予支持:

(一)房屋共有人行使优先购买权的;

(二)出租人将房屋出卖给近亲属,包括配偶、父母、子女、兄弟姐妹、祖父母、外祖父母、孙子女、外孙子女的;

(三)出租人履行通知义务后,承租人在十五日内未明确表示购买的;

(四)第三人善意购买租赁房屋并已经办理登记手续的。

第三节

房屋租赁合同的解除

一、承租人未经同意转租房屋,出租人可否解除租赁合同

基本理论

转租赁是指承租人在租赁期内将租入资产出租给第三方的行为。在转租关系中,一般称出租人与承租人之间的租赁合同为出租合同,承租人与次承租人之间的合同为转租合同。[①] 在房屋租赁市场中,转租现象比较普遍,即自然人或者单位在某一个区域内不断查找空房并找房东签订租赁合同,然后再加价出租给其他承租人,从而赚取差价,并将此作为一种职业。此外,在一般的租赁市场中,有的承租人与出租人签订了一定期限的租赁合同,但中途工作地点变更、购买新房等原因导致所租房屋出现空置现象,在无法与出租人提前解除合同的情况下,为了进一步地降低租房损失甚至为了通过转租赚钱,选择将所租房屋转租给其他人。在转租情况比较普遍的情况下,转对转租行为,《合同法》第 224 条规定,承租人同意的转租,原租赁合同继续有效,新租赁合同在原租赁合同期限届满前有效,超出原租赁合同期限的新租赁合同无效,除非出租人与承租人另有约定;未经承租人同意的转租,出租人可以解除原租赁合同,根据最高人民法院《关于审理城镇房屋租赁合同纠纷案件具体应用法律若干问题的解释》第 16 条的规定,出租人知道或者应当知道承租人转租,应在 6 个月内未提出异议,超过 6 个月出租人仍未提出异议,不得

① 参见扈艳:《未经出租人同意的房屋转租合同效力研究——基于体系的分析》,载《研究生法学》2014 年第 4 期。

以承租人未经同意为由请求解除合同或者认定转租合同无效。

在转租情况下，赋予出租人解除原租赁合同的权利，是为了保障出租人的权利，避免承租人超出租赁合同的范围使用房屋，避免房屋出现出租人无效预料的事故；同时通过规定6个月异议期来限制出租人的合同解除权，是因为出租人知道或者应当知道承租人转租6个月内仍未提出异议，此时次承租人与承租人之间的租赁合同关系处于稳定状态，避免已经处于稳定状态的法律关系被随意打破，是为了保护次承租人的利益。

为了避免租到转租的房屋，防止因转租而给自己的生活带来不便，各位承租人在与出租人签订租赁合同的时候可以要求出租人出示房产证或者不动产登记证书和身份证并予以核验，避免被“二房东”（承租人）坑害。如果实在是需要租该房屋，次承租人可以要求“二房东”与出租人（房东）取得联系，让房东不仅仅认可承租人将房屋转租给次承租人，还要让房东对承租人与次承租人签订的租房合同进行把关，让房东认可承租人与次承租人签订的租房合同具体内容，以免日后引起不必要的麻烦。

典型案例

出租人在擅自转租六个月内提出异议，法院可认定转租合同无效

——上诉人汪某某与被上诉人张某某、田某房屋租赁纠纷案[①]

1. 案情简介

上诉人（一审原告）：汪某某

被上诉人（一审被告）：张某某

被上诉人（一审第三人）：田某

上诉人汪某某为与被上诉人张某某、田某房屋租赁合同纠纷一案，不服甘肃省张掖市甘州区人民法院（2014）甘民初字第4206号民事判决，向甘肃省张掖市中级人民法院提起上诉。

一审甘肃省张掖市甘州区人民法院经审理查明，2014年3月12日，原、

① 参见甘肃省张掖市中级人民法院（2015）张中民终字第13号民事判决书。

被告达成口头转让协议,约定被告将位于某地烤饼店一间转让给原告,约定转让价格为40,000元。协议达成后,原告将转让费40,000元支付给被告,被告给原告出具转让证明一份,并将店面交由原告经营。转让之前,被告告知原告,房屋所有权人即本案第三人田某有可能还要收取5000元转让费。转让当日,原告同被告一起向第三人缴纳2014年房屋租赁费18,000元,第三人出具收到张某某门面租金的收条一张。原告接手经营至2014年8月,因无房屋租赁合同,无法办理营业执照等相关手续,原告遂停止经营。2014年8月28日,原告自行打印一份限期搬离告知书,内容主要是第三人田某告知原告,不知道原被告之间的转让事宜,让原告2014年9月5日前搬离,第三人田某在该限期搬离告知书上签字。但庭审时第三人田某对限期搬离告知书质证时表示:"限期搬离告知书是原告打印好,让我签的名字。但是我未说过要原告2014年9月5日搬离,我只是告诉原告我不会再和原告签订租赁合同。"第三人田某在庭审中明确表明,租赁合同是和被告签订的,对原、被告转租的事情不认可,也不同意原告继续在第三人的房子里经营,现在要原告搬走,要求被告继续履行合同。

另查明,原、被告在转让店面时,将店内的7.4千瓦的烤箱一个、60瓦的鼓风机一个、1.5千瓦的和面机一个、1.5千瓦的压面机一个、11层笼蒸一个、1.4米案板一个、放笼蒸用的炉子一个、烤箱炉子一个、1.5千瓦馒头机一个一并交付于原告。原告认为上述财产最多值5000元,被告认为店是一次性盘给原告的,财产不能分开算。双方对上述财产的价值均不申请评估。

上述事实,有原、被告陈述,被告出具的转让证明、第三人出具的收条等书证在卷,并经庭审质证属实,足以认定。

2. 法院裁判及观点

法院观点提炼:原被告在转租时没有告知第三人即房屋所有权人,现第三人在6个月的异议期内明确表示对原、被告转租的事情不认可,因此原告之间的转让应为无效。原告明知第三人即房屋所有权人要收取转租费,否则就有可能不认可转租行为,而原告在转租及向第三人即房屋所有权人缴纳房租时,不征求第三人的意见,放任对合同效力的注意,致使合同无效,因此对转让合同的无效原告有一定的过错。被告在转让时,不告知第三人真实情况,被告对合同的无效也有过错。合同无效后,双方当事人各负返还责任,即双方因该合同取得的财产，各自予以返还。双方都有过错的，应当各自承担相应的责任。

一审甘肃省张掖市甘州区人民法院认为，《合同法》第224条规定，承租人经出租人同意，可以将租赁物转让给第三人。承租人转租的，承租人与出租人之间的租赁合同继续有效，第三人对租赁物造成损失的，承租人应当赔偿损失。承租人未经出租人同意转租的，出租人可以解除合同。最高人民法院《关于审理城镇房屋租赁合同纠纷案件具体应用法律若干问题的解释》第16条规定，出租人知道或者应当知道承租人转租，但在6个月内未提出异议，其以承租人未经同意为由请求解除合同或者认定转租合同无效的，人民法院不予支持。根据上述法律规定，承租人未经出租人同意的转租行为应属无效民事行为。原被告在转租时没有告知第三人即房屋所有权人，现第三人明确表示对原、被告转租的事情不认可，因此原告之间的转让应为无效。合同无效后，双方当事人各负返还责任，即双方因该合同取得的财产，各自予以返还。有过错的一方还应当赔偿对方因此所受到的损失，双方都有过错的，应当各自承担相应的责任。

对原告要求被告返还转让费40,000元的诉讼请求，因原告在受让该店面时，被告告知原告，房屋所有权人即本案第三人田某有可能还要收取5000元转让费。转让当日，原告还同被告向第三人缴纳2014年房屋租赁费，因此，原告应该知道被告给自己转让门面的行为是转租行为。任何人对自己与他人的交易行为是否合法、是否有效、能否受到法律保护等事项负有高度的注意义务。转租必须经过原出租人的同意，是法律的规定，原告应该是明知的，而原告明知第三人即房屋所有权人要收取转租费，否则就有可能不认可转租行为，而原告在转租及向第三人即房屋所有权人缴纳房租时，不征求第三人的意见，放任对合同效力的注意，致使合同无效，因此对转让合同的无效原告有一定的过错。被告在转让时，不告知第三人真实情况，被告对合同的无效也有过错。因此，对原告要求被告返还转让费的诉讼请求法院部分予以支持。

对原告要求被告退还房屋租赁费10,500元的诉讼请求，因转让之时即2014年3月12日，原告同被告一起向第三人缴纳了2014年房屋租赁费18,000元，第三人出具的收条上也明确写明18,000元系2013年12月13日至 2014 年 12 月 13 日的房租,此时,从 2013 年 12 月 13 日起算,被告已经营三个月,如原告所诉,此 3 个月的房租如果要由被告承担,则被告应给原告给付 4500 元,门面转让时原告给付被告转让费时没有扣除此笔房租,而是在门面转让以后另行再向被告追讨,这明显与常理不符,因此对原告要求被告返还此部分房租的诉讼请求法院不予支持。最高人民法院《关于审理城镇房屋租赁合同纠纷案件具体应用法律若干问题的解释》第 18 条规定,房屋租赁合同无效、履行期限届满或者解除,出租人请求负有腾房义务的次承租人支付逾期腾房占有使用费的,人民法院应予支持。根据上述法律规定,在原告占用期间的房租应有原告承担,至原告将门面交付于被告之日至。综上,依据《合同法》第 58 条、第 224 条,最高人民法院《关于审理城镇房屋租赁合同纠纷案件具体应用法律若干问题的解释》第 16 条、第 18 条之规定,判决:(1)原告汪某某与被告张某某之间的转让协议无效;(2)原告汪某某将位于某地烤饼店一间及店内财产:7.4 千瓦的烤箱一个、60 瓦的鼓风机一个、1.5 千瓦的和面机一个、1.5 千瓦的压面机一个、11 层笼蒸一个、1.4 米案板一个、放笼蒸用的炉子一个、烤箱炉子一个、1.5 千瓦馒头机一个返还与被告张某某;(3)被告张某某返还原告汪某某转让费 12,000 元;(4)被告张某某退还原告汪某某自判决确定的履行之日至 2014 年 12 月 13 日按每月 1500 元计算的房屋租赁费;(5)第三人田某不承担责任;(6)驳回原告汪某某的其他诉讼请求。上述第(2)、(3)、(4)项限于判决生效之日起 10 日内履行完毕。案件受理费 531 元(已减半收取),由原告负担 374 元,被告负担 157 元。被告负担的 157 元直接给付原告,法院收取原告的受理费不再退还。

上诉人汪某某上诉称,请求依法撤销甘州区人民法院(2014)甘民初字第 4206 号民事判决第(3)、(4)项内容,依法改判。一审认定事实清楚,但对上诉人支付的转让费返还数额偏低,被上诉人隐瞒缔结合同的事实,不但要根据自己的过错行为返还上诉人所支付的转让费,还要对上诉人不能正常经营所收到的损失承担相应赔偿责任,一审判决返还转让费 12,000 元不符合法律规定。

二审查明的事实与一审查明的事实一致,二审法院予以确认。

二审法院甘肃省张掖市中级人民法院认为,一、二审查明,上诉人汪某某与被上诉人张某某签订转让协议前,以及在达成转让协议时,汪某某向田某交纳2014年租赁费，张某某也共同前往的事实，证明双方均明知被上诉人张某某转让的新全福烤饼店的房屋所有权属被上诉人田某所有。被上诉人田某明确表示对上诉人汪某某与被上诉人张某某转租的事情不认可，因此上诉人汪某某与被上诉人张某某之间的转让协议无效。依据《合同法》第58条，合同无效或者被撤销后，因该合同取得财产，应当予以返还；不能返还或者没有必要返还的，应当折价补偿。有过错的一方应当赔偿对方因此所收到的损失，双方都有过错的，应当各自承担相应的责任。本案中，导致合同无效，上诉人汪某某与被上诉人张某某双方均有过错，一审法院依据转让协议约定的期限、交纳租赁费和实际使用及占用的时间，判处返还财产、转让费和承担租金，认定事实清楚，程序合法，适用法律正确，判处适当。上诉人以被上诉人隐瞒缔结合同的事实，一审判令被上诉人张某某返还其转让费数额偏低的上诉理由不能成立，法院不予支持。依据《民事诉讼法》第170条第1款第1项、第175条之规定，判决驳回上诉，维持原判。二审案件受理费1062元，由上诉人汪某某负担。

3. 案例评析

本案属于典型的转租引发的案例。在本案中，2014年3月12日汪某某与张某某口头约定张某某将新全福烤饼店一间转租给汪某某，并将店面交由汪某某经营。转租之前，已告知汪某某，房屋所有权人即本案第三人田某有可能还要收取5000元转租费。转租当日，汪某某同张某某一起向第三人田某有缴纳2014年房屋租赁费，第三人田某有出具收到张某某门面租金的收条一张。此时，房屋所有人田某有知晓转租的事实，但出具的收条仍为收到张某某门面租金，而不是汪某某门面租金。2014年8月28日，经田某有签字的搬离告知书明确表示了要求次承租人汪某某搬离。在一审庭审中，田某有也明确表示不认可转租行为。因为转租行为未获得田某有的认可，无论转租当日一起向田某有缴纳了租金时房屋所有权人知道转租的事实，至搬离告知书张贴之日，未届满6个月的异议期，因此，法院认定汪某某与张某某之间的转租合同无效，并根据双方的过错确定了相关责任。本案的特殊之处在于，出租人不是要求解除与出租人之间的租赁合同，而是要求次承租人搬出房屋，要求承租人继续履行租赁合同，法院据此确认承租人与次承租人之间的转租合同无效。这对类似案件的处理具有指导意义。

有关法律规定

《中华人民共和国合同法》

第二百二十四条　承租人经出租人同意，可以将租赁物转租给第三人。承租人转租的，承租人与出租人之间的租赁合同继续有效，第三人对租赁物造成损失的，承租人应当赔偿损失。

承租人未经出租人同意转租的，出租人可以解除合同。

最高人民法院《关于审理城镇房屋租赁合同纠纷案件具体应用法律若干问题的解释》

第十五条　承租人经出租人同意将租赁房屋转租给第三人时，转租期限超过承租人剩余租赁期限的，人民法院应当认定超过部分的约定无效。但出租人与承租人另有约定的除外。

第十六条　出租人知道或者应当知道承租人转租，但在六个月内未提出异议，其以承租人未经同意为由请求解除合同或者认定转租合同无效的，人民法院不予支持。

因租赁合同产生的纠纷案件，人民法院可以通知次承租人作为第三人参加诉讼。

第十七条　因承租人拖欠租金，出租人请求解除合同时，次承租人请求代承租人支付欠付的租金和违约金以抗辩出租人合同解除权的，人民法院应予支持。但转租合同无效的除外。

次承租人代为支付的租金和违约金超出其应付的租金数额，可以折抵租金或者向承租人追偿。

第十八条　房屋租赁合同无效、履行期限届满或者解除，出租人请求负有腾房义务的次承租人支付逾期腾房占有使用费的，人民法院应予支持。

二、承租房屋从事违反公序良俗活动的，出租人可否提前终止合同

基本理论

公序，指公共秩序，是指国家社会的存在及其发展所必需的一般秩序；良俗，指善良风俗，是指国家社会的存在及其发展所必需的一般道德。公序良俗指民事主体的行为应当遵守公共秩序，符合善良风俗，不得违反国家的公

共秩序和社会的一般道德。《民法通则》第 7 条明确规定了公序良俗原则，即民事活动应当尊重社会公德，不得损害社会公共利益，扰乱社会经济秩序。公序良俗原则作为我国民法的五大基本原则之一，始终贯穿于整个民事立法活动之中，为民事立法起到了提供有力依据的作用。[①] 公序良俗原则，一方面是指民事主体在参与民事法律关系时，在不违背法律强制性规则的条件下，可以以公共秩序的一般要求和善良的风俗习惯进行民事行为；另一方面，民事纠纷的仲裁者在法律规定不足或不违背强制性法律规范的条件下，可以运用公共秩序的一般要求与善良风俗习惯处理纠纷。

在房屋租赁法律关系中，承租人承租他人住房一般进行日常的居住生活，承租他人门面商铺一般进行生产经营，承租他们仓库一般进行货物、产品的仓储等。但是这并不是绝对的，有的承租人为了租到合意的房屋，在与出租人订立租赁合同时口头或者书面表示其用于住宿生活、做买卖等用途，但是待出租人交付房屋后，而将租赁房屋用于赌博、卖淫、聚众淫乱、包养小三等违反公序良俗的活动甚至非法活动。当承租人承租房屋从事违反公序良俗活动的，出租人能否提前终止合同？

合同终止指合同当事人双方在合同关系建立以后，因一定的法律事实的出现，使合同确立的权利义务关系消灭。《合同法》第 91 条规定："合同的权利义务终止的情形包括：（一）债务已经按照约定履行；（二）合同解除；（三）债务相互抵销；（四）债务人依法将标的物提存；（五）债权人免除债务；（六）债权债务同归于一人；（七）法律规定或者当事人约定终止的其他情形。"合同终止后，合同双方当事人的权利义务即可终止，但应当遵循诚实信用原则，根据交易习惯履行通知、协助、保密等义务。具体到本书讨论的情形，将租赁房屋用于赌博、卖淫、聚众淫乱、包养小三等违反公序良俗的活动甚至非法活动，如果租赁合同明确约定了租赁房屋的目的是用于居住或者生产经营而不是赌博、卖淫、包养小三等违反公序良俗的活动，或者租赁合同明确约定了当承租人在租赁房屋内进行赌博、卖淫、聚众淫乱、包养小三等违反公序良俗的活动可以解除合同的，出租人当然可以依照约定提前解除租赁合同，提前终止合同。如果租赁合同没有如此约定，此时出租人可以通过与承租人协商提前

① 参见王晓钰、彭媛媛：《浅谈公序良俗原则在司法实践中的运用》，载《商》2016 年第 16 期。

终止合同，要求承租人腾房。如果难以达成一致协议，出租人可以诉请法院依法解除终止合同。虽然合同没有约定承租人不得将租赁房屋用于违反公序良俗的行为，但是根据《物权法》第7条的规定，物权的取得和行使，应当遵守法律，尊重社会公德，不得损害公共利益和他人合法权益。承租人通过租赁合同获得房屋的使用权，但其使用行为不得是赌博、卖淫、聚众淫乱、包养小三等不尊重社会公德、损害公共利益的行为。

从另一个方面来说，如果出租人知道承租人在租赁的房屋内从事赌博、卖淫、聚众淫乱、包养小三等违反公序良俗的行为，构成犯罪的（如聚众赌博罪、组织卖淫罪、聚众淫乱罪、重婚罪等），依然不闻不问、不加干涉，既不要求其搬出房屋，也不向公安机关报告的，公安机关可以依据《治安管理处罚法》（2012年修正）第57条第2款的规定，处200元以上500元以下罚款；情节严重的，处5日以下拘留，可以并处500元以下罚款。

综上，承租人在租赁房屋内从事违反公序良俗活动的，出租人提前终止合同是其依约、依法享有的权利，更是其应当履行的义务。但公序良俗并没有一个绝对量化统一的判断标准，随着社会的发展进步而变化，至于在具体的案件中是否违背公序良俗，也是根据案件具体情况和社会背景而定的。

典型案例

承租人利用承租房屋组织涉赌、涉毒等违反公序良俗活动的，出租人可以提前终止合同、收回房屋

——罗某某与汪某某、杨某某房屋租赁合同纠纷案①

1. 案情简介

再审申请人（一审被告、二审被上诉人）：罗某某

被申请人（一审原告、二审上诉人）：汪某某

一审第三人、二审被上诉人：杨某某

再审申请人罗某某因与被申请人汪某某及一审第三人、二审被上诉人杨

① 参见四川省高级人民法院（2013）川民申字第2400号民事裁定书。

某某房屋租赁合同纠纷一案，不服四川省雅安市中级人民法院（2013）雅民终字第294号民事判决，向四川省高级人民法院申请再审。

罗某某申请再审称：（1）二审判决认定其违反合同约定的事实证据不足，其合理转租被申请人汪某某也不得拒绝，汪某某应知道二楼茶楼系转租他人经营，且经营长达一年多之久；二楼茶楼内因聚众赌博被查处，不是其所为，其也未受到任何处罚。（2）二审判决适用法律错误，宜适用最高人民法院《关于审理城镇房屋租赁合同纠纷案件具体应用法律若干问题的解释》第16条第1款“出租人知道或者应当知道承租人转租，但在六个月内未提出异议，其以承租人未经同意为由请求解除合同或者认定转租合同无效的，人民法院不予支持”。（3）二审判决超出诉讼请求，将经被申请人同意租赁房相关设备及装饰装修作出处理，特别是租赁房的装饰装修无偿判给被申请人，超出诉讼请求。为此，罗某某申请再审。

汪某某提交意见称：再审申请人罗某某转租房屋未征得其同意，罗某某应对次承租人因聚众赌博被查处承担责任。罗某某提出二审判决认定事实的主要证据不足、适用法律确有错误、超出诉讼请求的再审申请理由均不成立。

2. 法院裁判及观点

法院观点提炼：涉案《租房合同》第2条约定“承租人有下列情形之一的，出租人可以终止合同、收回房屋：1. 承租人利用承租房屋组织涉黄、涉赌、涉毒（小彩头娱乐活动除外）活动，以司法机关查处为准……”只要在租赁期间因聚众赌博被查处，汪某某就按照合同约定享有解除合同的权利。

四川省高级人民法院认为，汪某某与罗某某于2010年4月6日签订的《租房合同》，系双方当事人真实意思表示，不违反相关法律、法规强制性规定，合法有效，双方当事人应当按照合同约定履行。

本案争议的焦点是罗某某是否违反合同约定，汪某某是否享有单方解除合同权利。根据《租房合同》第6条第2款“乙方转租承租房屋时，乙方必须通知甲方知晓和征得甲方书面同意，甲方不得拒绝乙方合理转租活动，甲方必须作为第三方参与乙方转租活动。租金履行方式按照本合同规定仍由乙方向甲方支付，若乙方未履行此条条款规定的，甲方有权解除合同”的约定，罗某某在2011年6月将二楼开设的茶楼转租给孔某某，孔某某又转租给张某某、李某某经营。而根据《民诉证据规定》第5条第2款“对合同是否履行发生争议的,由负有义务的当事人承担举证责任”的规定,罗某某应对其转租行为履行了通知义务并征得汪某某书面同意承担举证责任。本案中罗某某现提供的证据不能证实其转租行为征得了汪某某的书面同意。依照《租房合同》第2条“承租人有下列情形之一的,出租人可以终止合同、收回房屋:1.承租人利用承租房屋组织涉黄、涉赌、涉毒(小彩头娱乐活动除外)活动,以司法机关查处为准”的约定,虽然在租赁房内因聚众赌博被查处并被刑事处罚的对象为张某某和李某某,并非承租人罗某某,但该行为发生在罗某某承租汪某某房屋期间,且罗某某转租茶楼的行为未征得汪某某同意,足以认定罗某某在承租房屋期间违反了《租房合同》第2条的约定。按照合同约定只要在租赁期间因聚众赌博被查处,汪某某就享有解除合同的权利。

汪某某、罗某某在《租房合同》对因承租人违约导致出租人解除合同时相关设备、设施及添附的装修如何处理已有约定,赋予了汪某某选择的权利。二审时,汪某某明确表示不愿意利用罗某某添附的部分装修。为此,二审法院依照相关约定及规定对本案中涉及相关设施设备的处理并无不当。

二审判决认定事实和适用法律正确。罗某某的再审申请理由均不成立。

综上,罗某某的再审申请不符合《民事诉讼法》第200条第2项、第6项、第11项规定的情形。法院依照《民事诉讼法》第204条第1款之规定,裁定驳回罗某某的再审申请。

3.案例评析

本案是典型的承租人在租赁房屋内从事赌博行为,出租人解除租赁合同引发纠纷的典型案例。在本案中,2010年4月6日汪某某将通过《租房合同》将房屋出租给罗某某。罗某某在2011年6月将二楼开设的茶楼转租给孔某某,孔某某又转租给张某某、李某某经营。之后,次承租人张某某和李某某因在租赁房内聚众赌博被查处并被刑事处罚。遂引发出租人请求法院解除其与承租人之间的租赁合同。法院认为,出租人与承租人之间的租赁合同明确约定了当承租人利用承租房屋组织涉黄、涉赌、涉毒(小彩头娱乐活动除外)活动(以司法机关查处为准)时,出租人可以提前终止合同、收回房屋,因此出租人依照约定提前解除合同并无不妥。虽然被处罚的对象是次承租人,但是承租人未经出租人同意就将房屋转租给次承租人用于聚众赌博,即承租人虽然没有直接从事聚众赌博行为，但是为次承租人聚众赌博提供便利，是间接的行为人，违反合同约定，因此，出租人可以依照约定提前终止合同、收回房屋。本案出租人做了一个良好的示范，通过租赁合同内容提前为自己赋予解除合同的权利，也限制和预防了承租人利用租赁的房屋从事违反公序良俗甚至违法犯罪行为。今后，各位出租人为了保障承租人不在自己的房屋内从事赌博、聚众淫乱等黄赌博之类的违反公序良俗、违法犯罪行为的，可以在租赁合同里明确约定如果出租人自己或者容许他人在租赁房屋内从事如上行为，出租人可以提前终止合同、收回房屋。这既是对承租人的提示和警告，也是避免因承租人的不良甚至违法行为给出租人自己带来不必要的麻烦，还是避免房屋因此而贬值，从而保护自身的利益。

有关法律规定

《中华人民共和国合同法》

第七条　当事人订立、履行合同，应当遵守法律、行政法规，尊重社会公德，不得扰乱社会经济秩序，损害社会公共利益。

第九十一条　有下列情形之一的，合同的权利义务终止：

(一)债务已经按照约定履行；

(二)合同解除；

(三)债务相互抵销；

(四)债务人依法将标的物提存；

(五)债权人免除债务；

(六)债权债务同归于一人；

(七)法律规定或者当事人约定终止的其他情形。

第九十二条　合同的权利义务终止后，当事人应当遵循诚实信用原则，根据交易习惯履行通知、协助、保密等义务。

第九十三条　当事人协商一致，可以解除合同。

当事人可以约定一方解除合同的条件。解除合同的条件成就时，解除权人可以解除合同。

第九十四条　有下列情形之一的，当事人可以解除合同：

(一)因不可抗力致使不能实现合同目的；

（二）在履行期限届满之前，当事人一方明确表示或者以自己的行为表明不履行主要债务；

（三）当事人一方迟延履行主要债务，经催告后在合理期限内仍未履行；

（四）当事人一方迟延履行债务或者有其他违约行为致使不能实现合同目的；

（五）法律规定的其他情形。

第九十八条　合同的权利义务终止，不影响合同中结算和清理条款的效力。

第二百一十六条　出租人应当按照约定将租赁物交付承租人，并在租赁期间保持租赁物符合约定的用途。

第二百一十七条　承租人应当按照约定的方法使用租赁物。对租赁物的使用方法没有约定或者约定不明确，依照本法第六十一条的规定仍不能确定的，应当按照租赁物的性质使用。

第二百一十八条　承租人按照约定的方法或者租赁物的性质使用租赁物，致使租赁物受到损耗的，不承担损害赔偿责任。

第二百一十九条　承租人未按照约定的方法或者租赁物的性质使用租赁物，致使租赁物受到损失的，出租人可以解除合同并要求赔偿损失。

《中华人民共和国物权法》

第七条　物权的取得和行使，应当遵守法律，尊重社会公德，不得损害公共利益和他人合法权益。

《中华人民共和国民法通则》

第七条　民事活动应当尊重社会公德，不得损害社会公共利益，扰乱社会经济秩序。

《中华人民共和国治安管理处罚法》

第五十七条　房屋出租人将房屋出租给无身份证件的人居住的，或者不按规定登记承租人姓名、身份证件种类和号码的，处二百元以上五百元以下罚款。

房屋出租人明知承租人利用出租房屋进行犯罪活动，不向公安机关报告的，处二百元以上五百元以下罚款；情节严重的，处五日以下拘留，可以并处五百元以下罚款。

三、不能办理营业执照的房屋租赁合同是否可以依法解除

基本理论

在租赁市场中，承租人租赁房屋用于生产经营比较普遍。营业执照是工

商行政管理机关发给工商企业、个体经营者的准许从事某项生产经营活动的凭证。没有营业执照的工商企业或个体经营者一律不许开业,不得刻制公章、签订合同、注册商标、刊登广告,银行不予开立账户。办理营业执照是其开展生产经营的前提和基础,是承租人租赁房屋的应有之义。目前,无论是个体工商户还是企业,在办理营业执照时,均需要提供店铺场所的租赁合同原件和复印件。但是,并不是所有的场所均可以用于生产经营,比如不可以在民用住房内开办 KTV。一旦承租人无法办理营业执照,则生产经营的目的无法实现,承租房屋的目的落空,承租人能否要求解除合同并非一概而论。

当租赁合同里明确约定了租用该房屋用于餐饮、美发、开办超市等目的时,这里隐含着所租房屋无阻碍办理营业执照的情形,但是结果却因房屋的原因无法办理营业执照或者出租人拒绝配合导致合同目的无法实现,承租人可以依据《合同法》第 94 条第 4 项的规定请求解除租赁合同。当然,如果不是因为房屋的原因,不归因于出租人的原因导致无法办理营业执照,则承租人无权要求解除合同。

当租赁合同明确约定了将不能办理营业执照作为合同解除的约定事由,当承租人确实无法办理营业执照时,承租人依照约定解除租赁合同理所当然是合法的。

如果承租人在与出租人协商和订立合同时没有表示其将租赁房屋用于生产经营,如租用出租人的居民住房,但是,事后却想转变为经营生产所用,在办理营业执照时因房屋的原因遭到拒绝,或者出租人在出租房屋前明确告知承租人所租房屋无法办理营业执照,而承租人依然承租下来执意去办理营业执照,因房屋的原因遭到拒绝。此种情况下,承租人不得以房屋无法办理营业执照为借口主张解除合同的,只能与出租人协商解除合同并承担相应的违约责任。

附无法办理营业执照为解除条件的租赁合同在条件成就时，承租人可以主张解除合同

——原告倪某某与被告张某、第三人杨某租赁合同纠纷案①

1. 案情简介

原告：倪某某

被告：张某

第三人：杨某

原告倪某某诉称：原告倪某某欲租赁房屋经营饭店，被告欺骗原告称位于某地房屋可以出租，并向原告保证可以办理营业执照。原告遂于2015年2月1日与被告签订房屋转让协议，协议明确约定被告配合原告办理营业执照，否则所收取的转让费用返还。原告按协议约定交纳转让费2万元，后得知该房屋系住宅用房无法办理营业执照，双方签订的该转让协议的根本目的由于被告的欺骗而无法实现。原告为维护自身合法权益，请求判令解除原、被告签订的转让协议；被告立即退还转让费2万元；被告承担诉讼费用。

被告张某辩称：被告没有欺诈原告。当时原告先看房，后决定承租房屋。原告没有试图办理营业执照，不应该认定无法办理，而事实上营业执照是可以办理的。被告当时同意可以协助原告办理营业执照，但并没有说明是办理餐饮营业执照。综上，请求驳回原告的诉讼请求。

第三人辩称：第三人没有意见。在原、被告之间协商的基础上，第三人与原告签订了租赁合同。原、被告具体如何协商第三人不清楚。第三人也不知道涉案房屋用途能否改成商业性质。综上，请求法院依法判决。

经审理查明，位于某地房屋（建筑面积59.7平方米）属于杨某及其女儿赵某所有，规划用途是"成套住宅"。2014年4月杨某与张某签订房屋租赁合同，自2014年5月起租期为5年。合同签订后，张某自2014年5月开始经

① 参见江苏省南京市鼓楼区人民法院（2015）鼓民初字第1414号民事判决书。

营餐饮,没有办理工商营业执照。2015 年 2 月 1 日原告倪某某与被告张某签订《转让协议》,双方约定:张某将涉案房屋转让倪某某使用;双方同意转让费用为 42,000 元,费用含房屋内现有设施,租金按实结算,受让方承诺合法经营;转让方张某承诺保证配合受让方倪某某把受让方经营的营业执照办下来,如不能办理,张某退还转让费用 38,000 元给倪某某,倪某某与涉案房屋房主杨某所签订的租赁协议无效,张某继续履行与涉案房屋房主杨某所签订的租赁协议;签订本协议当日受让方支付转让方 38,000 元整,在转让方把受让方营业执照办下来后,当日受让方再支付转让方 4000 元。当日倪某某支付张某转让费 20,000 元,张某亦向倪某某交付房屋。

2015 年 2 月 1 日杨某与倪某某签订《房屋租赁合同》,由倪某某租赁涉案房屋,租期为 2014 年 5 月 1 日至 2019 年 4 月 30 日,月租金 4000 元等。双方在该合同注明签订的日期为 2014 年 4 月 23 日。

后张某与倪某某就营业执照的办理等问题产生纠纷,2015 年 2 月 12 日倪某某诉至一审法院,要求判如所请。一审法院于 2015 年 2 月 25 日向张某送达应诉材料及开庭传票。后法院依法追加杨某作为第三人参加诉讼。

诉讼中,被告认为,在 42,000 元的转让费中包括被告的设备 20,000 元。原告认为,双方对这些设备的价值没有约定,设备价值 5000 元。

经调解,当事人分歧较大,致调解无效。

上述事实,有当事人陈述、转让协议、房屋租赁合同、房产证等证据以及一审法院开庭笔录予以证实。

2. 法院裁判及观点

法院观点提炼:倪某某与张某在转让协议中明确约定如果无法办理营业执照,张某退还转让费,张某继续履行与杨某的租赁合同,实质是属于附解除条件的合同。现原告倪某某无法改变涉案房屋的用途,亦无法办理营业执照,解除合同的条件成就,因此倪某某主张解除合同符合双方协议约定,合同自张某收到法院送达应诉材料等时解除,即 2015 年 2 月 25 日解除。

江苏省南京市鼓楼区人民法院认为,当事人行使权利、履行义务应当遵循诚实信用原则。原告倪某某与被告张某签订转让协议,目的是为了将张某承租的涉案房屋转让倪某某继续承租。而杨某与倪某某签订房屋租赁合同,证明杨某同意倪某某接替张某承租房屋。因此,原告倪某某与被告张某签订转让协议不违反法律规定,合法有效,双方应该按照合同约定全面履行义务。

《江苏省城乡规划条例》第50条规定:"房屋产权登记机关核发的房屋权属证件上记载的用途,应当与建设工程规划许可证或乡村建设规划许可证确定的用途一致。业主不得违反法律、法规以及管理规约擅自将住宅改变为经营性用房。确需改变的,应当满足建筑安全、居住环境、景观、交通、邻里等方面的要求,征得利害关系人同意,报经城乡规划主管部门批准,到房屋产权登记机关办理相关变更手续;涉及改变土地用途的,应当依法办理审批手续。违反前款规定,擅自将住宅改变为经营性用房的,工商、文化等有关部门不得核发相关证件。"涉案房屋属于第三人杨某所有,其规划用途为住宅,并非经营用房,在未改变涉案房屋规划用途的情况下,无法办理工商营业执照。倪某某与张某在转让协议中明确约定如果无法办理营业执照,张某退还转让费,张某继续履行与杨某的租赁合同,实质是属于附解除条件的合同,张某与倪某某在解除条件成就时可以解除合同。张某在承租涉案房屋的9个月期间内经营餐饮,并未取得营业执照,现原告倪某某无法改变涉案房屋的用途,亦无法办理营业执照,解除合同的条件成就,因此倪某某主张解除合同符合双方协议约定,合同自张某收到法院送达应诉材料等时解除,即2015年2月25日解除。根据张某与倪某某之间的转让协议,不能办理营业执照,张某应返还转让费用,因此张某应返还倪某某已经支付的转让费20,000元。

综上所述,为维护当事人的合法权益,依据《合同法》第60条、第93条第2款、第96条第1款、第97条以及《民诉证据规定》第2条之规定,判决原告倪某某与被告张某签订的《转让协议》解除;被告张某于本判决生效之日起10日内返还原告倪某某转让费20,000元。如被告未按本判决指定的期间履行给付金钱义务,则应当依照《民事诉讼法》第253条之规定,加倍支付迟延履行期间的债务利息。案件受理费850元,减半收取425元,由被告张某负担(原告已预交,被告于本判决生效之日起10日内一并给付原告)。

3. 案例评析

本案是典型的因租赁房屋的原因无法办理营业执照引发的解除租赁合同纠纷的典型案例。在本案中,2014年4月第三人杨某将其与女儿共有的"成套住宅"类房屋租赁给被告张某。2015年2月1日被告张某将房屋转租给原告倪某某，张某承诺保证配合受让方倪某某把受让方经营的营业执照办下来，如不能办理，张某退还转让费用38,000元给倪某某，倪某某与涉案房屋房主杨某所签订的租赁协议无效。2015年2月1日，杨某与倪某某签订《房屋租赁合同》。后来，张某与倪某某就营业执照的办理等问题产生纠纷，遂诉至法院要求解除转让协议。法院审理后认为，涉案房屋规划用途为住宅，并非经营用房，在未改变涉案房屋规划用途的情况下，无法办理工商营业执照。倪某某与张某在转让协议中明确约定如果无法办理营业执照，张某退还转让费，张某继续履行与杨某的租赁合同，实质是属于附解除条件的合同，张某与倪某某在解除条件成就时可以解除合同。因此，法院判决二人之间的转租协议解除，并退还转让费。由此可见，各位承租人应在计划租赁房屋用于生产经营时提前做足功课，弄清楚拟租房屋能否办齐包括营业执照在内的各类行政许可材料，以免租了房屋但无法办齐相关手续无法开展生产经营导致目的无法实现引发不必要的纠纷和浪费时间精力；如果实在是无法确定拟租房屋能否办齐各类手续、能否取得相关资格证件许可的时候，可以将协助办理这些手续、协助取得这些相关资格证件许可和租房目的写入租赁合同，并将不能成功办理作为解除租赁合同的条件，以便于要求出租人协助自己办理各类手续和相关资格证件许可，也便于在无法办理各类手续和无法获得相关资格证件许可的情况下及时解除合同。

有关法律规定

《中华人民共和国合同法》

第九十三条　当事人协商一致，可以解除合同。

当事人可以约定一方解除合同的条件。解除合同的条件成就时，解除权人可以解除合同。

第九十四条　有下列情形之一的，当事人可以解除合同：

（一）因不可抗力致使不能实现合同目的；

（二）在履行期限届满之前，当事人一方明确表示或者以自己的行为表明不履行主要债务；

（三）当事人一方迟延履行主要债务，经催告后在合理期限内仍未履行；

（四）当事人一方迟延履行债务或者有其他违约行为致使不能实现合同目的；

（五）法律规定的其他情形。

四、房屋租赁合同无效或者解除，房屋占有使用费的计算原则

基本理论

在租赁市场中，租赁合同会因各种因素而导致无效或者提前解除。此时，就面临着如何确定承租人实际占有租赁房屋费用的问题。

如果租赁合同签订后，在被判定无效或者解除时，出租人既没有向承租人交付房屋，承租人也没有实际占有房屋，则承租人无须向出租人支付房屋占有使用费。

如果租赁合同签订后，在被判定无效或者解除时，出租人已经按照约定向承租人交付房屋，承租人也实际占有房屋，则承租人需要向出租人支付房屋占有使用费，如果有明确的约定则从约定，如果没有约定或者约定不明，根据最高人民法院《关于审理城镇房屋租赁合同纠纷案件具体应用法律若干问题的解释》（法释〔2009〕11 号）第 5 条的规定，房屋租赁合同无效，当事人请求参照合同约定的租金标准支付房屋占有使用费的，人民法院可以比照合同约定的租金标准来计算房屋占有使用费，如约定租金为 500 元/月，实际占有房屋 6 个月，则承租人需要向出租人支付房屋占有使用费为 3000 元（500 元/月 ×6 个月）。

对于房屋使用费的收取标准，法律规定参照合同约定的租金支付标准，有学者认为此规定不妥。杨立新教授认为，完全按照租金的标准计算房屋使用费有一定的问题，因为毕竟是一个无效合同，房屋使用费可以适当低于租金标准，最高也不应超过约定的租金。这就体现了合同是无效的，无效的房屋租赁合同和生效的房屋租赁合同后果应当有所区别。[①] 杨教授的观点虽然具有一定的道理，但尚未被法律、司法解释所采纳。

① 参见杨立新：《〈关于审理城镇房屋租赁合同案件纠纷司法解释〉的理解和适用》，载《河南省政法管理干部学院学报》2010 年第 1 期。

如果租赁合同签订后,在被判定无效或者解除时,出租人已经按照约定向承租人交付房屋,承租人一直没有占有房屋,承租人没有占有使用房屋的原因不可归责于出租人,则承租人需要向出租人支付房屋占有使用费,可以比照合同约定的租金标准来计算房屋占有使用费,占用使用房屋的时间为出租人依照约定向承租人交付房屋时起算至租赁合同被判定无效或者解除时止。原因如下:一是出租人依照约定向承租人交付房屋,出租人并无过错,如果无法获得租金,则出租人利益不当减损;二是承租人可以占有使用房屋却没有占有使用,是自愿放弃和处分,相应的结果应由其自己负担;三是如果将承租人自愿放弃和处分自身利益的不利后果转嫁给出租人,则是对出租人的严重不公平。

典型案例

无效租赁协议的承租人给付的占有使用费可参照双方约定的租金标准计算

——鲁某与李某某、郭某某房屋租赁合同纠纷案[①]

1. 案情简介

原告:鲁某

被告:李某某

被告:郭某某

原告鲁某起诉称:原、被告就位于某地 A01 房屋在 2013 年 4 月 1 日签订房屋租赁协议一份,租期至 2014 年 4 月 1 日。协议签订后,原告于 2013 年 4 月 1 日支付房屋押金 5000 元且付清了房屋租金。此后,原、被告又于 2014 年 4 月 1 日续签合同至 2015 年 4 月 1 日,并于当日付清了一年的房屋租金 40,000 元。2014 年 6 月 12 日,原告承租的房屋因未经批准而被拆除,致使原、被告间房屋租赁协议无法履行。原告遂向法院起诉,请求法院判令:解除原、被告 2014 年 4 月 1 日签订的房屋租赁协议;被告归还原告押金 5000 元及租赁费 32,000 元;本案诉讼费由被告承担。

---

① 参见浙江省嘉兴市秀洲区人民法院(2014)嘉秀王民初字第 144 号民事判决书。

被告郭某某答辩称:租赁关系系原告与被告郭某某之间,与被告李某某无关,被告李某某仅是代被告郭某某签字,领取租金作为被告郭某某支付两被告女儿之抚养费;被告出租的店面内有独立水电表,承租户的水电费应自行承担,原告交付的押金5000元即用于支付水电费,因现房屋拆除,水电费难以明确,押金5000元应予扣除;被告为原告代缴税款,应从原告要求返还的租金中予以扣除。

被告李某某在法定期限内未作答辩。

原告鲁某为证明其主张,向法院提交了以下证据:

(1)房屋租赁协议两份,证明原、被告之间存在房屋租赁关系的事实。

被告郭某某质证后无异议。

(2)当地镇人民政府限期清理及拆除通知书、行政强制执行公告、行政强制执行证明各一份及原告承租店面拆除照片复印件七份,证明原告向被告承租的店面被强制拆除的事实。

被告郭某某质证后称从未见过该组证据,但对证据证明的拆除事实无异议,并认为从证据看,拆除通知并非发给被告李某某。

被告郭某某为证明其主张,向法院提交了以下证据:

(1)声明复印件一份,证明被告店面被拆除前被告已明确将店面交给市场管理,与其无关。

原告质证后认为证据为复印件,无非与原件核对,即使证据真实,亦只是被告单方出具,与原告无关。

(2)税收缴款书(税务收现专用)两份,证明被告为原告代缴税款的事实。

原告质证后对证据真实性、合法性无异议,对关联性有异议,认为证据上载缴税人为被告郭某某,原、被告间不存在代缴关系,原告亦未承诺承担税款,且本案所涉合同期限为2014年,缴款书载明税款所属年份为2013年。

法院依原告申请调取了当地派出所对被告郭某某做的询问笔录两份,被告郭某某在笔录中陈述:其于2010年5月1日开始搭建店面房共九间,建成后于当年9月出租给钮某某开"小钮车行"。2013年钮某某搬走后,其将店面房改造成十一间,并分别进行出租,其中两间出租给陈某荣,租金为每间30,000元一年,租期三年;其余九间租金为每间40,000元一年,租期一年,在

2014年3月1日均已出租,租金已收齐,对外地租户还收取了每人押金5000元,用于支付水电费,均尚未退还。涉案A01房屋由被告李某某出面签租赁协议并收取租金、出具收条。

原告及被告郭某某对笔录真实性均无异议。

被告李某某在举证期限内未提交证据,亦未出庭质证,视为放弃上述权利。

浙江省嘉兴市秀洲区人民法院认证意见:

原告提交的证据一,形式合法,被告郭某某质证对证据真实性后无异议,现无足以反驳的相反证据,该组证据应属真实,与本案相关联,法院予以认定。原告提交的证据二,该组证据形式合法,且被告郭某某对证据显示的房屋拆除事实不持异议,法院对该组证据予以认定。

被告郭某某提交的证据一,从内容看,系被告郭某某单方出具,原告不予认可,被告郭某某据此不足以证明本案诉争房屋与其无关。被告郭某某提交的证据,能证明被告缴纳了税款,但无证据证明系原告要求其代缴,亦无证据显示原、被告对此税款的承担存在约定,故该证据与原告及本案处理结果并无关联性,法院不予认定。

浙江省嘉兴市秀洲区人民法院依原告申请调取的证据,原告及被告郭某某均无异议,与本案相关联,法院予以认定。

浙江省嘉兴市秀洲区人民法院经审理,认定案件事实如下:

2013年4月1日,原告与被告李某某签订房屋租赁合同,由原告租赁被告郭某某搭建的位于某地A01号房屋,租赁期限为2013年4月1日至2014年4月1日,租金为29,000元,押金5000元,合同期满结算完水电等一切费用后押金多退少补。合同签订后,原告按约给付了租金及押金。2014年4月1日,原告与被告李某某签订房屋租赁协议,由原告继续租赁位于某地A01号房屋,租赁期限为2014年4月1日至2015年4月1日,年租金为40,000元,押金5000元,合同期满结算完水电等一切费用后押金多退少补,水电费由原告缴纳给被告(或管理部门)。原告于当日付清了房屋租金40,000元。上述房屋经查属违法建筑,当地镇人民政府于2014年6月12日对上述房屋实施强制拆除,致使原、被告间房屋租赁协议无法履行,遂成讼。

另查明,“小钮车行”搬离后,被告郭某某改造后进行出租的十一间房屋至拆除为止，所产生的水费为1173元，电费为4825元，合计5998元。

本案审理过程中，原告认可自2013年4月1日租赁上述房屋至房屋拆除之日，已支付水电费1400元，尚余水电费200元。

2. 法院裁判及观点

法院观点提炼：原告与被告郭某某间的房屋租赁协议之租赁标的房屋系违法建筑，该租赁协议无效，因该合同取得的财产应当予以返还。对于返还数额，被告出租的房屋虽属违法建筑，但仍存在使用价值，在房屋被拆除前，原告已实际占有使用上述房屋，理应支付相应的占有使用费，该费用可参照双方约定的租金标准计算。

浙江省嘉兴市秀洲区人民法院认为，出租人就未经批准或者未按照批准内容建设的临时建筑，与承租人订立的租赁合同无效。本案中，原告与被告郭某某间的房屋租赁协议之租赁标的位于某地A01号房屋已经政府机关认定为违法建筑而被拆除，该协议租赁违法建筑，应属无效。因房屋租赁协议属无效合同，故无须解除，原告要求解除上述协议，法院不予支持。合同确认无效后，因该合同取得的财产应当予以返还。本案中，出租方应返还已收取的租金、押金，但双方对返还主体及返还数额尚存在争议。对于返还主体，房屋租赁协议系由原告与被告李某某签订，款项由被告李某某收取，被告李某某应承担还款责任，被告郭某某称被告李某某系代其签订协议与收款，并非合同当事人，在租赁协议中并无体现，亦无其他证据予以佐证，原告对此不予认可，法院难以采信，被告郭某某另陈述其为租赁协议当事人，该陈述与原告关于租赁关系发生在原告与两被告间的陈述并无矛盾，法院予以认定，被告郭某某应与被告李某某共同承担还款责任；对于返还数额，被告出租的房屋虽属违法建筑，但仍存在使用价值，在房屋被拆除前，原告已实际占有使用上述房屋，理应支付相应的占有使用费，该费用可参照双方约定的租金标准计算。被告应返还房屋拆除后至租赁期限届满期间的租金，为40,000元×293日/366日=32,021.86元，原告主张原告主张32,000元，未超过法院核定数额，系原告对自身权利的处分，法院予以确认。原告另要求被告返还押金5000元，对此法院认为，从租赁协议内容看，水电费由原告承担，押金系用于结算水电费，现被告郭某某要求在押金中扣除水电费可予以支持。争议焦点在于水电费的具体数额。因房屋已拆除，用水用电度数现无法核实，鉴于被告郭某某所有出租房屋产生的水电费数额为5998元，被告郭某某要求本案中全额扣除押金5000元显然过高，法院不予采纳，原告自认尚余水电费200元未付，结合其他起诉租户自认的水电费数额，总和已接近被告郭某某所有出租房屋产生的水电费数额5998元，法院按原告自认扣除200元，被告尚应返还原告押金4800元。被告郭某某另提出为原告代缴税款应予以扣除，对此法院认为现无证据证明原告要求被告代缴税款，亦无证据显示原、被告对此税款的承担存在约定，故被告要求原告承担依据不足，法院不予支持。被告李某某经法院合法传唤无正当理由拒不当庭参加诉讼，可以缺席判决。据此，依照《合同法》第52条、第58条，最高人民法院《关于审理城镇房屋租赁合同纠纷案件具体应用法律若干问题的解释》第3条，《民事诉讼法》第144条的规定，判决：(1)被告李某某、郭某某于本判决生效后10日内返还原告鲁某房屋租金32,000元及押金4800元；(2)驳回原告鲁某的其他诉讼请求。如果未按本判决指定的期限履行给付金钱义务，应当依照《民事诉讼法》第253条之规定，加倍支付迟延履行期间的债务利息。

案件受理费减半收取363元，财产保全费420元，合计783元，由被告郭某某、李某某负担。

如不服本判决，可在判决书送达之日起15日内向法院递交上诉状，并按对方当事人的人数提出上诉副本，上诉于浙江省嘉兴市中级人民法院。

3. 案例评析

2013年4月1日，被告李某某将被告郭某某私自搭建的A01号房屋转租给鲁某，付清房租和押金一年到期后，鲁某与李某某又签订合同续租一年至2015年4月1日，付清房租。因涉案房屋系违法建筑，镇政府于2014年6月12日对上述房屋实施强制拆除，致使原、被告间房屋租赁协议无法履行，原告鲁某遂讼至法院要求还押金5000元及租赁费32,000元。法院认为，原告鲁某与被告郭某某间的房屋租赁协议、原告鲁某与李某某间的转租协议因涉案房屋为违法建筑而无效。在房屋被拆除前，原告已实际占有使用上述房屋，理应支付相应的占有使用费，该费用可参照双方约定的租金标准计算。被告应返还房屋拆除后至租赁期限届满期间的租金，为40,000元×293日/366日=32,021.86元。法院之所以判决承租人向出租人支付"租金"，考虑了承租人占有该房屋的具体实施理应给出租人一定的"租金"作为经济补偿，在无法定的确定租金标准的情况下，法院将当事人双方在租赁合同里确定的租金标准作为判决返还剩余租期租金计算的基础，相对来说比较公正，有利于缓和双方的矛盾。该判决明确了当租赁合同被确定无效时承租人实际占用使用房屋费用的计算标准，对类似案件的裁判具有显著的指导意义。

有关法律规定

《中华人民共和国合同法》

第五十七条　合同无效、被撤销或者终止的，不影响合同中独立存在的有关解决争议方法的条款的效力。

第五十八条　合同无效或者被撤销后，因该合同取得的财产，应当予以返还；不能返还或者没有必要返还的，应当折价补偿。有过错的一方应当赔偿对方因此所受到的损失，双方都有过错的，应当各自承担相应的责任。

第九十七条　合同解除后，尚未履行的，终止履行；已经履行的，根据履行情况和合同性质，当事人可以要求恢复原状、采取其他补救措施，并有权要求赔偿损失。

第九十八条　合同的权利义务终止，不影响合同中结算和清理条款的效力。

最高人民法院《关于审理城镇房屋租赁合同纠纷案件具体应用法律若干问题的解释》

第五条　房屋租赁合同无效，当事人请求参照合同约定的租金标准支付房屋占有使用费的，人民法院一般应予支持。

当事人请求赔偿因合同无效受到的损失，人民法院依照合同法的有关规定和本司法解释第九条、第十三条、第十四条的规定处理。

第八章

物业管理

第一节
物业管理合同的效力

一、开发商未经业主同意变更前期物业服务合同的效力

基本理论

1. 前期物业服务合同的概念

前期物业服务合同是相对于普通物业服务合同而言的，指在物业服务区域内的业主、业主大会选聘物业服务企业之前，由房地产建设单位与其选聘的物业服务企业签订的合同。一般认为，前期物业服务合同，是指在业主委员会同物业管理企业签订正式物业合同之前，由建设单位与其所选聘的物业管理企业签订的关于前期物业管理服务的合同。[①] 由于前期物业服务合同的签约主体为建设单位和物业服务企业，业主无法参与合同内容确定的过程，故实务中由此引发的纠纷相较于普通物业服务合同更为多样和复杂。

2. 前期物业服务合同的签约主体和履约主体

前期物业服务合同的签约主体为建设单位和物业服务企业。建设单位投产建设的物业竣工验收后，需要进行物业管理服务，以利于物业的维护和销售。《物业管理条例》第 24 条第 1 款规定："国家提倡建设单位按照房地产开发与物业管理相分离的原则，通过招投标的方式选聘具有相应资质的物业服务企业。"建设单位不宜提供相应的物业服务，故选聘物业服务企业进行管理服务实属必要。由于"业主们不是同时迁入居住的，在初期甚至开发商在房屋销售过程中的相当一段时间内，符合法律规定的业主大会和业主委员会

① 参见刘文清著：《物业服务合同实务研究》，法律出版社 2007 年版，第 148 页。

无法出炉”,[①]事实上难以由分散的业主集体决定或者成立业主大会决定选聘相关物业服务企业。由于前期物业服务合同成立期间的特殊性和物业管理的不可或缺性,《物业管理条例》第 21 条规定,“在业主、业主大会选聘物业服务企业之前,建设单位选聘物业服务企业的,应当签订书面的前期物业服务合同”。因而,建设单位选聘前期物业服务企业的,建设单位和物业服务企业为前期物业服务合同的签约主体。

业主是前期物业服务合同的履约主体。《物业管理条例》第 25 条规定:“建设单位与物业买受人签订的房屋买卖合同应当包含前期物业服务合同约定的内容。”最高人民法院《关于审理物业服务纠纷案件具体应用法律若干问题的解释》(以下简称《物业服务解释》)第 1 条规定:“建设单位依法与物业服务企业签订的前期物业服务合同,以及业主委员会与业主大会依法选聘的物业服务企业签订的物业服务合同,对业主具有约束力。业主以其并非合同当事人为由提出抗辩的,人民法院不予支持。”故从法律规定上看,当业主即物业买受人在入住物业后,在其与房地产商签订的房屋买卖合同中确定的前期物业服务期限内业主受前期物业服务合同的约束,因此业主成为前期物业服务合同的实质当事人。

3. 前期物业服务合同的变更效力

合同变更指有效成立的合同在尚未履行或未履行完毕之前,由于一定法律事实的出现而使合同内容发生改变。合同内容的变更,是指合同的当事人保持不变,而对合同的内容予以改变。狭义的合同变更就是合同内容的变更。广义的合同变更,包括合同内容的变更与合同主体的变更。前者是指当事人不变,合同的权利义务予以改变的现象。后者是指合同关系保持同一性,债权人或债务人发生改变的现象。《合同法》第 77 条规定:“当事人协商一致,可以变更合同。法律、行政法规规定变更合同应当办理批准、登记等手续的,依照其规定。”合同变更,具体来说,指在合同成立以后,尚未履行或尚未完全履行以前,合同当事人就合同的内容达成修改和补充的协议,或者依据法律规定请求人民法院或仲裁机构变更合同内容。

---

① 最高人民法院民事审判第一庭编著:《建筑物区分所有权、物业服务司法解释理解与适用》,人民法院出版社 2009 年版,第 254 页。

前期物业服务合同中主体的变更。第一,前期物业服务合同业主在进行物业所有权或者是使用权的转让过程中产生的前期物业服务合同权利和义务之相应转让,需要通知物业服务合同的另一方当事人前期物业服务企业。通常认为,前期物业服务合同中开发商或业主在转让物业所有权、使用权时,无论是转让权利还是转让义务,均不需前期物业服务企业同意。第二,根据《物业管理条例》第39条的规定,“物业服务企业可以将物业管理区域内的专项服务业务委托给专业性服务企业,但不得将该区域内的全部物业管理一并委托给他人”。前期物业服务企业不能把前期物业服务合同的全部前期物业服务转委托给另外的企业法人或者个人以及经济组织,只能将部分专项服务业务委托给其他专业性服务企业。

前期物业服务中合同内容的变更。前期物业服务合同当事人协商一致的,可以对合同内容进行变更。由于前期物业服务合同是由建设单位和前期物业服务企业签订的,对前期物业合同内容的变更时,是否有建设单位、前期物业服务企业和所有业主共同协商一致,才能对合同内容进行变更,法律没有明确规定。由前述分析可知,建设单位享有合同权利和履行合同义务都是暂时的,业主是前期物业服务合同的实质履约人,合同的实质主体一般应为后续购房入住的业主。故为保证合同变更内容的公平性,防止建设单位与物业服务企业串通损害业主利益,在业主已经陆续入住,参与商讨合同内容的现实条件已经具备时,应允许业主对涉及其自身切身利益的合同变更条款进行讨论,变更条款经这些业主签字确认的,变更后的前期物业服务合同方对其有约束力;反之,如果合同变更条款未经业主同意,免除了前期物业服务企业的责任、加重了业主的责任、排除了业主的主要权利,该未经业主同意变更后的合同条款不应对未同意的业主具有约束力。对此后入住的业主,依然适用在房屋买卖合同中对相关内容进行确认的方式使前期物业服务合同及变更后的前期物业服务合同对他们有约束力。

开发商未经业主同意变更前期物业服务合同，如果重新选聘后的前期物业服务合同免除了前期物业服务企业的责任、加重了业主的责任、排除业主的主要权利的，则重新签订的前期物业服务合同对未同意的业主不应具有拘束力；反之，可以对未同意的业主具有拘束力

——阆中市某物业服务有限公司与苟某物业服务合同纠纷一案[①]

1. 案情简介

原告：阆中市某物业服务有限公司

被告：苟某

四川省阆中市人民法院在审理阆中市某物业服务有限公司与苟某物业服务合同纠纷一案中，原告诉称，2010 年 3 月 11 日，被告与南充某物业服务有限公司签订《"某庄园"前期物业服务协议》。后南充某物业公司解除与阆中某实业有限公司关于"某庄园"的前期物业服务协议，而由原告提供物业服务至今。然而，被告对其从 2011 年 6 月 11 日至 2014 年 9 月 11 日"某庄园"2 幢 1 单元 3 楼 1 号面积为 92.63 平方米的物业服务费拖欠至今未交，经原告催收，被告无理拒付，故诉至法院，请求判令被告偿付从 2011 年 6 月 11 日至 2014 年 9 月 11 日物业服务费共计 2167.54 元，并从欠款之日起按日 3‰支付滞纳金。

被告辩称，根据《物业管理条例》的规定，建设单位选聘物业服务企业的，应当书面签订前期物业服务合同，原告没有与被告签订物业服务合同，也就无从为业主提供约定的物业服务，业主无法要求原告服务，原告也无权要求被告交纳物业服务费；与被告签订前期物业服务合同的是南充某物业服务公司，原被告之间不存在物业服务合同关系，阆中市某物业服务公司没有原告的主体资格；南充某物业服务公司与建设单位解除"某庄园"小区的前期物业服务关系，并不能证明阆中市某物业服务公司就与业主存在物业服务合同关

① 参见四川省阆中市人民法院（2015）阆民初字第 653 号民事判决书。

系，阆中市某物业服务公司只有依法履行告知义务并与业主签订新的物业服务合同，才能进行物业管理服务活动。

2. 法院裁判及观点

四川省阆中市人民法院认为，根据我国合同法的规定，债权人可以将合同的权利全部或者部分转让给第三人，债权人转让权利的，应当通知债务人，未经通知，该转让对债务人不发生效力，债务人将合同的义务全部或者部分转移给第三人的，应当经债权人同意。就本案而言，在阆中某实业公司与南充某物业服务公司签订前期物业服务合同时，"某庄园"小区业主委员会并未成立，住宅建设单位选聘物业服务企业既是住宅建设单位的权利也是其应当履行的义务。在业主委员会成立前，阆中某实业公司解除与南充某物业服务公司的前期物业服务合同，选聘本案原告作为"某庄园"小区物业服务企业，并签订了前期物业服务合同，且在房管部门进行了变更登记，该变更行为不能简单地认定为是权利、义务的转移，而应当认定为新的前期物业管理服务合同的签订。虽未及时通知和变更与业主的物业服务合同，存在过失，但阆中某服务公司入住小区后，实际上已经为小区业主提供了物业管理服务，保障了全体业主的物业安全和环境洁净，维护了正常的小区秩序，给小区业主的生活带来了便利，小区内业主也实际接受了原告所提供的物业管理服务。在此过程中，小区内大多数业主也自觉交纳了物业管理费用，本案被告也仅是从 2011 年 6 月 11 日起未交纳。虽在原告的管理服务过程中部分业主与原告因管理服务质量等发生纠纷，仅此就拒绝交纳物业管理服务费也与情理不符。综上所述，对于被告辩称根据物业管理条例规定，建设单位选聘物业服务企业的，应当书面签订前期物业服务合同，原告没有与被告签订物业服务合同，也就无从为业主提供约定的物业服务，业主无法要求原告服务，原告也无权要求被告交纳物业服务费的理由法院不予支持。故对原告收取物业服务费之主张，法院予以支持。但是，原告在签订前期物业服务合同后应当即时与业主变更前期物业服务合同，由于原告在合同签订及服务中存在瑕疵，导致纠纷的发生，本案诉讼费应当由原告承担。原告提出由被告从欠款之日按日 3‰支付滞纳金的请求，由于原告自身存在缔约过失，对该项请求法院不予支持。综上，法院依照《合同法解释（二）》第 2 条，参照国务院《物业管理条例》以及《四川省物业管理条例》的相关规定，判决：（1）被告荀某于本判决生效后10日内向阆中市某服务有限公司支付物业服务费2167.54元。(2)驳回原告的其他诉讼请求。案件受理费50元,由原告负担。

3. 案例评析

本案的争议焦点阆中某实业公司与南充某物业服务公司签订前期物业服务合同为“某庄园”提供前期物业服务,合同生效后,“某庄园”小区业主委员会并未成立,某实业公司未经已入住业主的同意,擅自解除与南充某物业服务公司签订的前期物业服务合同,重新选聘阆中某物业服务公司为小区提供前期物业服务的行为效力如何,以及在未告知业主时,阆中某物业服务公司与阆中某实业公司所签订的前期物业服务合同是否对未签订前期物业服务合同的业主具有拘束力。前期物业服务合同系在业主、业主大会选聘物业服务企业之前,由建设单位选聘物业服务企业并签订的书面合同。在房屋销售之前,因业主尚未确定,而由开发商代表业主与物业服务企业签订前期的物业服务合同。在建筑物区分所有权的条件下,由于小区公共部位的不可分割,决定了不可能由单个业主分别委托物业管理,整个物业小区应当形成统一的物业管理意志,故前期物业服务合同属于一种集体契约,由于该合同的特殊性,其不以每一位业主签字同意作为生效条件。开发商为小区所有单个物业出售前的唯一所有权人,对出售前的物业负有管理的义务;在所有权逐渐区分转移的过程中,物业的所有权逐步转移到各个分散的业主身上,单个业主便成为了单个物业的管理义务人;在小区所有单个物业全部出售后,物业管理的义务人为业主。据此,前期物业服务合同具有过渡性,通常存续一定时间并在业主委员会与物业服务企业签订物业服务合同生效时即终止。根据《物业管理条例》《前期物业管理招投标管理暂行办法》的相关规定,在业主大会和业主委员会成立前由建设单位选聘物业服务企业,本案中阆中某实业公司可以重新选聘阆中某物业服务公司为“某庄园”提供前期物业服务,但是选聘过程要符合法律规定。因而,在业主大会和业主委员会成立前,建设单位未经业主同意,按照法定程序重新选聘物业公司并签订前期物业服务合同为小区提供前期物业服务的,如果前后两份前期物业服务合同相比,重新选聘后的前期物业服务合同免除了前期物业服务企业的责任、加重了业主的责任、排除业主的主要权利的,则重新签订的前期物业服务合同对未同意的业主不应具有拘束力;反之,可以对未同意的业主具有拘束力。

有关法律规定

《中华人民共和国合同法》

第七十七条　当事人协商一致,可以变更合同。

法律、行政法规规定变更合同应当办理批准、登记等手续的,依照其规定。

《物业管理条例》

第二十一条　在业主、业主大会选聘物业服务企业之前,建设单位选聘物业服务企业的,应当签订书面的前期物业服务合同。

最高人民法院《关于审理物业服务纠纷案件具体应用法律若干问题的解释》

第一条　建设单位依法与物业服务企业签订的前期物业服务合同,以及业主委员会与业主大会依法选聘的物业服务企业签订的物业服务合同,对业主具有约束力。业主以其并非合同当事人为由提出抗辩的,人民法院不予支持。

建设部《前期物业管理招标投标管理暂行管理办法》

第二条　前期物业管理,是指在业主、业主大会选聘物业管理企业之前,由建设单位选聘物业管理企业实施的物业管理。

建设单位通过招投标的方式选聘具有相应资质的物业管理企业和行政主管部门对物业管理招投标活动实施监督管理,适用本办法。

二、未签订合同但事实上享有物业服务是否应支付对价

基本理论

事实上的物业服务合同关系

《合同法解释(二)》第2条规定,当事人未以书面形式或口头形式订立合同,但从双方从事的民事行为能够推定双方有订立合同意愿的,人民法院可以认定是以《合同法》第10条第1款中的"其他形式"订立的合同。《合同法》第10条第1款规定:"当事人订立合同,有书面形式、口头形式和其他形式。"对此款"其他形式"作何理解,法律没有明确给出,在理论界众说纷纭不能统一,例如,默示形式、推定形式、事实形式、登记形式、备采形式、鉴定形式、公正形式等。

1941年1月29日,豪普特先生就任莱比锡大学教授职务,发表了一篇专题演说《论事实上之契约关系》。该理论的中心内容是:现代大量定型化的契约关系,乃根据纯粹事实上的行为方法而成立,即给付者事实上的提供行为与利用者事实上的请求。[①] 事实合同是以某种事实关系的发生为要件在当事人之间成立的合同关系的一种协议,它排除以意思表示一致的法律行为为要件的标准成立合同关系,它在某种意义上保护了弱势一方当事人之间的内心真意,它是对传统契约制度发出的挑战。[②] 德国著名法学者拉伦茨教授在基于社会给付义务而生的事实契约方面的理论,他提出了"社会典型行为之理论",该说认为,现代大量交易产生了特殊现象,即在甚多情形,当事人无须为真正意思表示,依交易观念因事实行为,即能创设契约关系。其涉及之客体,主要是生活上不可欠缺之照顾义务。对此给付,任何人均得支付一定费用而为利用。在此种情形,事实上之提供给付及事实上之利用行为,取代了意思表示。此两种事实行为并非系以发生特定法律效果为目的之意思表示,而是一种事实上合致的行为,依其社会典型意义,产生了与法律行为相同之法律效果。乘坐电车或公共汽车,使用人未先有此表示;一般言之,登车之人多意欲承担其行为之结果,并愿付车费,然而,其是否有此意思,他人是否认识,对于成立依契约原则加以处理之运送关系,不生任何影响。[③] 拉伦茨的社会典型理论此后得到了德国联邦法院的采用。联邦法院在1956年7月14日有名的BGHZ 21319关于停车场案件中援引了豪普特和拉伦茨的理论。该案的简要事实是:被告在竖有"停车收费并被看护"牌子的停车场停车,停车场管理员要求其付费时,他拒绝付费并认为这是公地,他有权利免费停车,并声称他的车不需要看护。法院判决:"在特别表示有偿驻车之区域内,于管理员之监守时间内,为停车而使用者,会依其所做的行为产生契约上之法律关系。据此法律关系停车者须负担相当于停车费代价之给付义务。被告即使对原告表示过相反的内心态度,但不能斟酌。"同时,法院又附带说明:"此时,原告若要换用侵权行为时,必须要对于因被告驻车结果,原告非拒绝他人的有偿

---

① 参见刘得宽著:《民法诸问题与新展望》,中国政法大学出版社2002年版,第478页。

② 参见王泽鉴著:《民法学说与判例研究》,中国政法大学出版社2004年版,第109页。

③ 参见王泽鉴著:《民法学说与判例研究》,中国政法大学出版社1997年版,第106~107页。

使用不可之事实,负举证责任。若要援用不当得利,则非先确定被告之因驻车而获利之金额不可,对于这些事实之举证,实际上乃非常的困难,盖以计算上此必须以被告之除本停车场以外,要另觅适当之停车场时,所须耗费之汽车量及时间为基础。由此可见,这些结果与现实显然有一段之距离。"[①]拉伦茨教授在《德国民法通论》(第三版)里明确宣布放弃自己以前所持的观点,他认为事实契约"并没有法律依据,而且,仅仅是现代大众商业交往存在这种需求也难以使这种观点成立"。[②] 拉伦茨认为,类似的行为应该有行为意思以及相应的实现意思的行为,而这与传统的契约法理论已经差别不大了。最后,拉伦茨指出,在这种情况下,应该类推适用《德国民法典》第151条的规定,合同因对要约的承诺而成立,并不需要向要约人作出承诺的意思表示,但以根据交易习惯不能期待向要约人作出承诺的意思表示,或者要约人抛弃它为限。要约消灭的时间,根据从要约或者情况中推知的要约人意思予以确定。[③]

典型案例

未签订合同但事实上享有物业服务应当支付物业费
——上诉人北京市×××物业管理中心、上诉人项某因物业服务合同纠纷一案[④]

1. 案情简介

上诉人(原审原告):北京市×××物业管理中心

上诉人(原审被告):项某

北京市第二中级人民法院在审理上诉人北京市×××物业管理中心(以下简称×××中心)、上诉人项某因物业服务合同纠纷一案,×××中心上诉称:我中心诉请的物业费标准有明确依据,即京价(房)字(1997)第196号文,故请求撤销原判,依法改判支持其原诉请求。

---

① 刘得宽著:《民法诸问题与新展望》,中国政法大学出版社2002年版,第477页。

② [德]卡尔·拉伦茨著:《德国民法通论》,王晓晔等译,法律出版社2003年版,第746页。

③ 参见《德国民法典》,陈卫佐译注,法律出版社2004年版,第44页。

④ 参见北京市第二中级人民法院(2015)二中民终字第09681号民事判决书。

项某上诉称：×××中心未履行物业服务义务，私自建设违章建筑，侵害我及业主的公共利益；×××中心就涉案房屋外地坪修复、房屋内漏水及煤气管道安装未履行相应的物业管理义务。综上，请求撤销原判，依法改判驳回×××中心的诉讼请求。

2. 法院裁判及观点

北京市第二中级人民法院认为，经审查全案证据，项某与×××中心虽未签订物业合同，但×××中心确为涉案房屋所在小区提供了物业服务，双方已形成事实上的物业服务合同关系，项某理应向×××中心支付相应的物业费用。项某上诉主张×××中心提供物业服务存在瑕疵，但未提供充分证据证明可由此完全免除物业费，故对其上诉理由，法院不予采信。关于物业服务收费标准的问题，×××中心在原审法院开庭时已明确表述涉案房屋的物业收费标准为0.5元每平方米每月，现×××中心上诉主张应按照京价(房)字(1997)第196号文确定的收费标准收费。对此，法院认为，京价(房)字(1997)第196号文确定的物业收费标准是参考标准，并非强制性标准，且该文件已于2006年废止。在双方未签订物业合同的情况下，×××中心现主张按照此标准收费，依据欠充分，加之考虑到×××中心提供的物业服务确实存在一定瑕疵，原审法院以其开庭中的明确陈述作为物业收费标准，并无明显不当。但原审法院计算的物业费数额有误，法院予以更正。综上，依照《民事诉讼法》第170条第1款第2项之规定，法院判决：(1)撤销(2015)丰民初字第09203号民事判决书第二项。(2)变更(2015)丰民初字第09203号民事判决书第一项为：项某于本判决生效之日起7日内向北京市×××物业管理中心支付2005年1月1日至2015年2月1日的物业费14568.4元。(3)驳回北京市×××物业管理中心的其他诉讼请求。

如果未按判决指定的期间履行给付金钱义务，应当依照《民事诉讼法》第253条之规定，加倍支付迟延履行期间的债务利息。

一审案件受理费259元，由北京市×××物业管理中心负担126元(已交纳)，由项某负担133元(于本判决生效之日起7日内交纳)；二审案件受理费516元，由北京市×××物业管理中心负担258元(已交纳)，由项某负担258元(已交纳)。

3. 案例评析

本案的争议焦点是物业服务公司与业主未签订物业服务合同，物业公司提供了物业服务时，物业公司是否有权利向业主收取物业费。根据《合同法解释（二）》第2条之规定，"当事人未以书面形式或者口头形式订立合同，但从双方从事的民事行为能够推定双方有订立合同意愿的，人民法院可以认定是以合同法第十条第一款中的'其他形式'订立的合同。但法律另有规定的除外"。本案中，物业服务公司与业主未签订物业服务合同，物业公司提供了物业服务，业主享有了物业服务，双方形成了事实上的合同关系，因此业主应向物业公司支付物业费。现实生活中还有业主未与物业公司签订物业服务合同，但是物业公司与建设单位或者业主委员会签订了小区物业服务合同，此时该物业服务合同对未签订合同的业主也有拘束力，即物业公司提供了物业服务，该未签订合同的小区业主享有了物业服务，则业主也应向物业公司支付物业费。

有关法律规定

《中华人民共和国合同法》

第六十条　当事人应当按照约定全面履行自己的义务。

当事人应当遵循诚实信用原则，根据合同的性质、目的和交易习惯履行通知、协助、保密等义务。

第六十一条　合同生效后，当事人就质量、价款或者报酬、履行地点等内容没有约定或者约定不明确的，可以协议补充；不能达成补充协议的，按照合同有关条款或者交易习惯确定。

最高人民法院《关于适用〈中华人民共和国合同法〉若干问题的解释（二）》

第二条　当事人未以书面形式或者口头形式订立合同，但从双方从事的民事行为能够推定双方有订立合同意愿的，人民法院可以认定是以合同法第十条第一款中的"其他形式"订立的合同。但法律另有规定的除外。

第二节
物业管理合同的权利义务

一、物业服务安保义务范围如何界定

基本理论

物业服务企业对业主的财产及人身是否应承担安全保障义务？如需承担，其限度范围应当如何认定？这是司法实践中较为常见但理论上存在争议的问题。2008年公布的《物业服务解释》的征求意见稿中曾设有关于物业服务企业安全保障义务的条文，其第8条规定："物业服务企业未尽合理限度范围内的安全保障义务致使物业服务区域内发生人身损害结果，赔偿权利人请求其承担相应赔偿责任的，应予支持。"但在正式出台的《物业服务解释》中则未见该条款，有专家因此认为最高人民法院对物业服务企业的安全保障义务持否定态度，并且主张不能将物业服务企业列为承担安全保障义务的主体，要求其承担安全保障义务既无法律依据，也无法理基础。①

在有关安全保障义务的基本理论、法律构造及成文法规范尚不明朗的情况下，确实不宜匆忙就物业服务企业的安全保障义务作出明确规定，但这并不必然意味着物业服务企业没有任何安全保障义务之承担。物业服务企业于特定情形下承担安全保障义务，在法律适用上仍存有解释的空间。

1. 司法解释

最高人民法院《关于审理人身损害赔偿案件适用法律若干问题的解释》第6条第1款规定："从事住宿、餐饮、娱乐等经营活动或者其他社会活动的

① 参见颜雪明：《从实务角度看物业服务司法解释的亮点与不足》，载《法律适用》2009年第7期。

自然人、法人、其他组织,未尽合理限度范围内的安全保障义务致使他人遭受人身损害,赔偿权利人请求其承担相应赔偿责任的,人民法院应予支持。”这是我国法院借鉴德国法上的交往安全义务理论[①]对安全保障义务所作出的直接规定。根据该条规定,承担安全保障义务的主体为经营活动的经营者和其他社会活动的组织者,但并不仅仅限于条文所列举的从事住宿、餐饮、娱乐的经营者和活动组织者。随着对安全保障义务理论研究的深化,司法实践对安全保障义务的适用早已不再局限于条文列举的经营者,诸如银行、机场,物业服务企业等也已囊括其中。例如,“室内被害案”中,法院认定物业服务企业未正常使用保安监控系统及未严格执行对外来人员的登记制度,违反了安全保障义务,应对原告的死亡在其能够防止或制止损害的范围内承担相应的赔偿责任。[②] 从物业服务企业的性质来说,其所从事的也是一种服务性行业,当然属于经营者的范畴;更为重要的是,从法理上来说,物业服务企业符合成为安全保障义务承担者的法理依据,如危险控制理论的要求、收益与风险相一致原理的要求、节约社会总成本的要求等。[③] 事实上,判断是否承担安全保障义务的标准并不在于承担者是否具有哪种“经营者”的身份,而是在于其是否具有“对危险源的控制力”。[④] 作为对物业服务区域进行实际管理的物业服务企业,对区域内危险源的控制力显然要高于业主。因此,物业服务企业在一定情形下承担相应的安全保障义务不仅符合人们日常的生活经验,也有相应的法理基础。

2. 合同的约定或合同附随义务

通常来说,物业服务企业与业主都会在服务合同中对安全保障义务加以约定,物业服务企业也会为此配有专门的保安人员、建立相关安保机制、安装必要的电子监控系统、对区域边境的围护设施加以完善,物业服务区域内的安全保障工作是物业服务企业实施日常管理的一项重要内容。在合同对安全保障义务作出明确约定的情况下,物业服务企业违反此义务而对业主的财

---

① 参见周友军:《我国侵权法上作为义务的扩张》,载《法学》2008 年第 2 期。

② 参见北京市第一中级人民法院(2006)一中民终字第 10996 号民事判决书。

③ 参见张新宝、唐青林:《经营者劝服务场所的安全保障义务》,载《法学研究》2003 年第 3 期。

④ 参见[德]冯·巴尔著:《欧洲比较侵权行为法》(下卷),焦美华译,法律出版社 2004 年版,第 255 ~ 256 页。

产或人身造成损害的，将承担相应的违约责任。这种损害不仅包括物业服务企业所有或管理下的物对业主造成的损害，[①]也包括因第三人的侵权行为对业主造成的损害。[②]

其次，根据《物业服务解释》第3条第2款的规定，物业服务企业的单方承诺与服务细则也纳入合同内容中，因此，如果在其单方承诺或服务细则中有涉及安全保障义务的服务承诺，也将作为合同义务加以履行。

另外，附随义务除了为辅助实现债权人之给付利益外，还有避免侵害债权人之人身或财产上利益的功能。此类义务，德国学者统称为Schutzflicht（保护义务），论其性质，实与侵权行为法上之交易安全义务（Verkehrssicherungspflicht）同其性质。[③] 依据物业服务合同的性质及合同的目的，物业服务企业对业主及服务区域内的安全承担保护义务属于合同附随义务的范围。因此，即使合同中没有对安全保障义务作出约定或约定不明确，但根据《合同法》第60条的规定，基于诚信原则衍生出的合同附随义务也是安全保障义务的法源之一。

由上可知，物业服务企业违反安全保障义务，造成业主合法权益受到损害的，既可因侵权而承担侵权责任，也可因违约而承担违约责任。此时将发生请求权的竞合，根据《合同法》第120条的规定，当事人可以选择依《合同法》提起违约之诉，也可以选择依侵权法规范提起侵权之诉。

3. 安全保障义务的限度

必须指出的是，物业服务企业的安全保障义务并非可以随意解释和适用，不当界定和滥用会导致安全保障义务无边界的扩张，这将给物业服务企业带来极大的经营风险，不利于其整个行业的发展，最终也可能反过来对广大业主造成不利影响。例如，在令学界和法官都感到疑难的高空不明抛掷物致人损害的案件当中，就有法院以物业公司未尽安全保障义务为由而令其承

---

① 参见周桂芳、轩毅：《楼顶废弃物砸伤人物业公司被判赔》，载《人民法院报》2008年8月25日第3版。

② 参见广东省佛山市中级人民法院（2005）佛中法民五终字第908号民事判决书。

③ 参见王泽鉴著：《民法学说与判例研究》（第4册），中国政法大学出版社1997年版，第84页。

担一定的责任。[1] 笔者认为如此裁判大可商榷。“高空抛物”与“高空坠物”虽然只有一字之差，但不同的案件事实对物业服务企业应尽的安全保障义务的内容及限度要求则相去甚远。高空坠物案件，可能由于物业服务企业疏于管理而发生，而高空抛物致人损害，乃因第三人侵权行为而发生，要求物业服务企业对高空抛物人进行监督和防范，显然不合理地提高了其注意义务的范围，扩张了安全保障义务的限度。当然，合理与不合理的区分标准，无法一言概之，只能视个案的具体案情而分别裁判，但通常来说，只要物业服务企业在保安人员及设施的配备、保安制度的建立、保安制度的落实方面做足了工作，则应判定其已尽到安全保障义务。可以肯定的是，这种具体问题具体分析而得到的标准依然无法脱离若干重要判断因素的检验，如法律法规、法理学说、公平正义价值观甚至经验常识等。

典型案例

物业管理企业未能履行物业服务合同的约定，导致业主人身、财产安全受到损害的，应当依法承担相应的法律责任

——成都××物业管理有限公司与巫某物业服务合同纠纷一案[2]

1. 案情简介

上诉人（原审原告）：成都××物业管理有限公司

被上诉人（原审被告）：巫某

四川省成都市中级人民法院在审理成都××物业管理有限公司（以下简称××物业公司）不服成都市龙泉驿区人民法院（2014）龙泉民初字第3364号民事判决上诉一案中，××物业公司请求撤销原判，改判巫某支付欠缴的物业费2061.9元及违约金618.57元。其主要理由是：（1）××物业公司已尽到物业服务安全管理的相应义务，协助有关部门维护物业区域内的公共秩

[1] 参见谢罗群：《深圳“高空抛物案”一审判决引发物业管理行业关注》，载《中国物业管理》2008年第3期。

[2] 参见四川省成都市中级人民法院（2015）成民终字第3368号民事判决书。

序，实行每日24小时保安不定期值班巡逻，对来访人员及车辆实行了询问、登记等，原审法院认定事实错误；(2)××物业公司已按照《前期物业管理服务合同》的约定履行了相应义务，被上诉人应支付拖欠的物业费；(3)被上诉人长期拖欠物业费，已构成实质违约，应按合同约定向××物业公司支付违约金。

被上诉人巫某辩称，(1)××物业公司在不具备相应资质的情况下对小区进行管理，大部分人员无证上岗；(2)《前期物业管理服务合同》中的物业费标准未取得物价部门审核；(3)同一小区、同一楼栋物业费收费标准不一致，××物业公司收取物业费存在欺诈、显失公平；(4)小区管理混乱，住改商泛滥，业主家中经常发生被盗，小区内聚众赌博、吸毒、卖淫等情况时有发生，××物业公司未尽到管理职责；(5)××物业公司未对小区公用地段收益及广告收入进行公示，未与业主进行结算。综上，一审认定事实清楚，适用法律正确，应驳回上诉维持原判。

2. 法院裁判及观点

四川省成都市中级人民法院认为，本案二审争议的焦点为：××物业公司在提供物业服务中是否存在违约行为，应否按照合同约定足额收取物业费及违约金，对此，法院作如下认定：

第一，本案中，根据××物业公司与巫某等业主签订的《前期物业管理服务合同》，物业服务内容主要包括共有设施设备维修养护、安保及协助维护公共秩序、绿化及环境卫生等几大类。判断××物业公司在履行物业服务合同中是否存在违约行为，应对以上几个方面的内容进行分类评价。而对于共有设施设备维修养护、绿化及环境卫生等方面，现有证据无法证明××物业公司存在违约行为，法院对此不予认定。对于××物业公司是否尽到安保及协助维护公共秩序的合同义务，法院认为：(1)××物业公司在原审庭审中承认其未对进出人员及车辆进行登记，未提供相应记录，在二审中又提供了部分人员及车辆的登记记录等证据，但该证据所证明的内容与其在一审庭审中的陈述相互矛盾，且××物业公司未对逾期提供证据的原因和理由做出合理的解释和说明，故法院对其在二审中提供的证据不予采信。(2)对法院依法调取的(2015)龙泉刑初字第252号刑事判决书，各方当事人对该份证据所证明的在小区内存在开设赌场的证明内容均无异议，××物业公司作为小区物业管理方，负有维护小区公共秩序的职责，在长达两个多月的时间里，对小区内开设赌场不知晓，对进出小区参与赌博的人员未进行登记询问。按照日常经验法则推断，涉案的8机位捕鱼机、翻牌机等赌博工具体积较大，在开设赌场中因使用以上工具所产生的声音较为嘈杂，参与赌博的人员具有不特定性，若××物业公司履行了人员及车辆进出登记、24小时不定期巡查等义务，则应当发现小区中存在开设赌场，××物业公司未发现上述行为，可以认定其在履行物业服务合同中的安保及协助维护公共秩序义务时存在失职。此种情况，对业主在小区居住生活的安全感大幅降低，亦与政府倡导及人们追求的平安、和谐的社会环境相悖，严重影响了小区业主的生活质量。综上，结合××物业公司提供服务的具体情况、对业主生活造成的影响、业主反映程度等因素，应认定××物业公司在提供物业服务中的安保及协助维护公共秩序方面存在严重违约。

第二，《合同法》第111条规定："质量不符合约定的，应当按照当事人的约定承担违约责任。对违约责任没有约定或者约定不明确，依照本法第六十一条的规定仍不能确定的，受损害方根据标的的性质以及损失的大小，可以合理选择要求对方承担修理、更换、重作、退货、减少价款或者报酬等违约责任。"本案中，××物业公司所担负的合同之债应属履行物业服务的行为之债，判定其履行债务是否符合约定标准应通过履行过程及是否达到合同目的来综合判断。××物业公司在履行安保义务时，未对进出人员及车辆进行登记，此种行为已违反合同义务。在小区内存在开设赌场的情况下，参与赌博人员任意进出小区，虽业主无法证明此种情况对其造成了何种实质性的损害和影响，但是，业主聘请物业服务企业进行物业服务，其根本目的是为了营造安全、卫生的小区环境，提高居住质量。××物业公司未完全履行物业服务合同的义务，构成严重违约时，巫某有权要求××物业公司承担减少报酬的违约责任。因此，××物业公司要求业主支付物业费的请求权应部分丧失。

第三，物业服务合同是一种双务合同。在物业服务合同中，物业服务企业应按约履行物业服务的义务，享有收取物业费的权利，与之相对应，业主在享受物业服务的合同权利时，应当支付相应物业费作为对价。在双务合同中，双方的合同义务互为条件性，而这种条件因合同性质的原因在时间上存在先后顺序，若先履行一方未履行合同义务或履行义务不符合要求而向另一方请求履行债务时,对方可通过行使先履行抗辩权而与之对抗。合同履行中抗辩权的制度设计,其立法目的本是为了保障交易安全、提高交易效率,通过行使抗辩权,发挥防范合同信用风险、增益债权实现的功能。本案中,××物业公司应当按照合同约定履行为业主提供物业服务、营造良好小区环境的义务,巫某等业主应当履行向物业服务企业支付相应物业费的义务。根据××物业公司与业主签订的《前期物业管理服务合同》及双方的履行情况,××物业公司应先提供物业服务后收取物业费,符合《合同法》第 67 条规定的先履行抗辩权。因××物业公司在履行协助维护公共秩序的合同义务中存在严重违约行为,对业主生活造成一定的影响,业主以此抗辩要求减收物业费的理由符合《合同法》中先履行抗辩权的规定。法院综合考虑物业服务内容、小区类型、收费标准、违约程度、业主整体反应等多方面因素,认为原审法院判决业主将拖欠的物业费由每月 1.2 元/平方米调整为 1 元/平方米较为适当,应予维持。因××物业公司在履行物业服务中存在违约,故其要求业主支付拖欠物业费违约金的上诉请求于法无据,法院不予支持。

综上,原审法院认定事实基本清楚,适用法律正确,程序合法,应予维持。据此,依照《民事诉讼法》第 170 条第 1 款第 1 项之规定,法院判决:驳回上诉,维持原判。

一审案件受理费的负担按原审判决确定的执行,二审案件受理费 50 元,由成都××物业管理有限公司负担。

3. 案例评析

本案争议焦点是物业公司应否对业主的人身、财产安全承担安全保障义务,以及如何承担安全保障义务。物业服务通常包括共有设施设备维修养护、安保及协助维护公共秩序、绿化及环境卫生等几大类。安全保障服务在物业管理服务公司提供的服务中,即是基本服务也是重要服务。《合同法》第 60 条规定:"当事人应当按照约定全面履行自己的义务。当事人应当遵循诚实信用原则,根据合同的性质、目的和交易习惯履行通知、协助、保密等义务。"本案中,根据××物业公司与巫某等业主签订的《前期物业管理服务合同》,××物业公司应该全面认真履行物业服务合同所约定的义务,并根据本行业的性质、特点和条件,谨慎、合理地注意保护业主在小区内的人身、财产安全。××物业公司应当采取切实有效的安全防范措施对出入小区的人员、大件财物等进行登记、询问等,营造宜居的安全环境,保障业主的人身和财产安全。××物业公司未认真履行对私自进入小区的外来人员进行登记或询问义务,未尽到物业服务合同服务范围内的必要安全保障义务,对外来人员进入小区盗窃业主家中财物,应承担相应的责任。《物业管理条例》第36条规定:"物业管理企业应当按照物业服务合同的约定,提供相应的服务。物业管理企业未能履行物业服务合同的约定,导致业主人身、财产安全受到损害的,应当依法承担相应的法律责任。"据此,××物业公司应因其未全面认真履行安全保障义务给上诉人造成的损失承担相应的责任。

有关法律规定

《中华人民共和国合同法》

第六十条 当事人应当按照约定全面履行自己的义务。

当事人应当遵循诚实信用原则,根据合同的性质、目的和交易习惯履行通知、协助、保密等义务。

第六十一条 合同生效后,当事人就质量、价款或者报酬、履行地点等内容没有约定或者约定不明确的,可以协议补充;不能达成补充协议的,按照合同有关条款或者交易习惯确定。

第六十七条 当事人互负债务,有先后履行顺序,先履行一方未履行的,后履行一方有权拒绝其履行要求。先履行一方履行债务不符合约定的,后履行一方有权拒绝其相应的履行要求。

第一百一十一条 质量不符合约定的,应当按照当事人的约定承担违约责任。对违约责任没有约定或者约定不明确,依照本法第六十一条的规定仍不能确定的,受损害方根据标的的性质以及损失的大小,可以合理选择要求对方承担修理、更换、重作、退货、减少价款或者报酬等违约责任。

《物业管理条例》

第三十五条 物业服务企业应当按照物业服务合同的约定,提供相应的服务。

物业服务企业未能履行物业服务合同的约定,导致业主人身、财产安全受到损害的,应当依法承担相应的法律责任。

最高人民法院《关于审理物业服务纠纷案件具体应用法律若干问题的解释》

第三条 物业服务企业不履行或者不完全履行物业服务合同约定的或者法律、

法规规定以及相关行业规范确定的维修、养护、管理和维护义务,业主请求物业服务企业承担继续履行、采取补救措施或者赔偿损失等违约责任的,人民法院应予支持。

物业服务企业公开作出的服务承诺及制定的服务细则,应当认定为物业服务合同的组成部分。

二、业主知情权的内容以及如何行使

基本理论

业主对区分所有建筑物专有部分享有所有权,对区分所有建筑物共有部分享有共有权。业主全体对区分所有建筑物共有部分进行共同管理。业主知情权是业主建筑物区分所有权的重要组成部分,是业主对共有部分行使管理权的基础,对业主建筑物区分所有权的实现有重要影响。

业主知情权最先在《物权法》中出现,《物权法》第79条规定建筑物及其附属设施维修资金的筹集、使用情况应当公布,第82条规定物业服务企业或者其他管理人根据业主的委托管理建筑区划内的建筑物及其附属设施,并接受业主的监督。《物业管理条例》第6条规定,业主在物业管理活动中享有的权利包括对物业共用部位、共用设施设备和相关场地使用情况享有知情权。最高人民法院《关于审理建筑物区分所有权纠纷案件具体应用法律若干问题的解释》(以下简称《建筑物区分所有权解释》)对业主的知情权进一步细化为,“业主可以要求公布、查阅应当向业主公开的情况和资料包括:建筑物及其附属设施的维修资金的筹集、使用情况;管理规约、业主大会议事规则,以及业主大会或者业主委员会的决定及会议记录;物业服务合同、共有部分的使用和收益情况;建筑区划内规划用于停放汽车的车位、车库的处分情况;其他应当向业主公开的情况和资料”。

实践中,对业主知情权的争议主要集中在以下三个方面:第一,司法解释明确列举的应当向业主公开的情况和资料中,哪些具体文件业主可以要求公布和查阅?主要涉及:一是公开资金情况,如建筑物及其附属设施的维修资金筹集、使用情况,共有部分的使用和收益情况,业主要求查阅相关报表、会计账簿和原始会计凭证;二是公开管理规约、业主大会议事规则,以及业主大会或者业主委员会的决定、会议记录、原始选票资料等。第二,如何界定司法解释中作为兜底条款的“其他应当向业主公开的情况和资料”,即除司法解释明确列举应当向业主公开的情况和资料外,业主还可以要求公布和查阅哪些文件和资料?实践中对于司法解释中未明确列举的应当向业主公开的情况和资料,法院常以司法解释未作明确规定为由,对业主公开相关情况和资料的请求不予支持,导致兜底条款形同虚设。第三,业主可以要求公布、查阅什么时间的文件和资料?主要涉及两个问题:其一,业主是否有权查阅其成为业主之前应向业主公开的情况和资料;其二,在业主将建筑物区分所有权转让丧失业主身份后,是否有权查阅其作为业主期间应向业主公开的情况和资料。

业主知情权的行使应在合法、合情、合理的范围内行使。根据司法解释的规定,业主可以通过要求公布和查阅两种方式行使业主知情权。[①] 相较于查阅而言,公布需要相关义务主体花费更多的成本,负担更重,而且有些文件和资料采用公布方式并不经济简便。但是,在法律法规没有明确规定的情况下,如果业主仅要求公布,且其要求根据经济简便的考量合情合理的情况下,法院应支持采用公布方式。公布通常采用在社区布告栏或每幢住宅的每个门号张贴的方式,公布时间有限且不方便业主保存,因此,已公布的文件和资料仍应允许业主查阅,相关义务主体不能以有关文件或资料已向业主公布,而拒绝业主查阅。

如果业主查阅内容是管理规约、业主大会议事规则、业主大会及业主委员会的决定和会议记录、建筑物及其附属设施的维修资金的筹集和使用情况说明、物业服务合同、共有部分使用和收益情况说明、建筑区划内规划用于停放汽车的车位、车库处分情况说明,则不应对知情权的行使有特殊要求;如果业主查阅内容是共有部分使用和收益情况说明的相关报表、会计账簿和原始会计凭证,或业主大会或者业主委员会决定的原始选票资料,则需要业主提出书面请求以说明查阅的目的。这一方面为义务主体提供准备资料的必要

① 王利明教授认为,司法解释缺乏就业主知情权行使两种方式的具体操作性规定。参见王利明著:《最高人民法院建筑物区分所有权、物业服务司法解释原理精解·案例与适用》,中国法制出版社2010年版,第174页。

时间,另一方面也表明业主行使知情权有正当目的。所谓正当目的,实践中认为只要业主行使知情权获取信息的目的与保护业主的合法权益直接相关,其目的就具有正当性。如义务主体认为业主行使知情权有不正当目的,可以拒绝提供,但需书面答复业主并说明理由,义务主体要承担业主具有不正当目的的举证责任。如业主认为自己行使知情权有正当目的,而义务主体不合理地拒绝提供相关资料,则业主的救济途径是将义务主体诉至法院,由法院根据的双方的举证判断业主行使知情权的目的是否正当、义务主体的拒绝是否合理,从而决定是否支持业主行使知情权。

典型案例

业主知情权的实现既需充分保障业主权利,又应当便于物业公司的义务履行

——黎某与高新区××街道办事处××花园第三届业主委员会业主知情权纠纷一案①

1. 案情简介

原告:黎某

被告:高新区××街道办事处××花园第三届业主委员会

被告:成都××物业服务有限公司

四川省高新技术产业开发区人民法院在审理原告黎某诉被告高新区××街道办事处××花园第三届业主委员会业主知情权纠纷一案,原告黎某诉称,1998 年 4 月,原告购买成都××发展有限公司开发的××花园 2 期 17 单元 301 号商品房一套,建筑面积 133.62 平方米,成为××花园业主。××花园属于全体业主共有的配套设施有游泳池两个、网球场两个,从未免费开放过,业主共有的小区道路路面和其他场所约有车位 400 个,广告位 21 个,均收费使用。2012 年 6 月 11 日至 20 日,原告及部分业主对道路停车进行逐日清点统计,日均路面停车数量为 404 辆。被告自 2000 年以来,长达 15 年的

① 参见四川省高新技术产业开发区人民法院(2014)高新民初字第 2057 号民事判决书。

时间,从未公布过小区物业共有部分的使用和收支账目,更谈不上分配经营性收益。被告的行为侵害了原告的知情权和收益分配权,原告为维护自己的合法权益诉至法院请求判令:(1)被告公布××花园2000年1月1日至2014年6月30日期间的小区业主物业共有部分的使用和经营收支明细账目,并允许原告查询、复制和委托审计;(2)判令被告支付原告业主共有部分的经营收入中应分摊的份额;(3)由被告承担本案全部诉讼费用。

被告成都高新区××花园第三届业主委员会、成都××物业服务有限公司经法院传票传唤无正当理由未到庭应诉,也未向法庭提交书面答辩状及证据材料。

2. 法院裁判及观点

四川省高新技术产业开发区人民法院认为,根据《物业管理条例》第6条第2款第8项的规定,业主对物业共用部位、共用设施设备和相关场地使用情况享有知情权和监督权。根据《建筑物区分所有权解释》第13条的规定,业主请求公布、查阅建筑物及其附属设施的维修资金的筹集、使用情况;管理规约、业主大会议事规则,以及业主大会或者业主委员会的决定及会议记录;物业服务合同、共有部分的使用和收益情况;建筑区划内规划用于停放汽车的车位、车库的处分情况;其他应当向业主公开的情况和资料的,人民法院应予支持。业主知情权的主要行使方式为查阅权,该权利的行使应在合法、合情、合理的范围内行使。被告成都××物业服务有限公司为××花园小区提供物业管理服务,也系该小区利用业主公共部位进行经营管理的主体,公共部分的使用和收益情况的相关资料和账册亦由被告成都××物业服务有限公司在保管掌握,原告黎某称其入住该小区后二被告从未公布过上述资料,二被告亦未举证证明已向业主公布过上述资料,故对于原告黎某要求被告成都××物业服务有限公司公布由其掌握的自2000年1月1日起至2015年6月19日,作为共有部分的并作经营收益使用的游泳池、网球场、停车位、广告位的使用和经营收支明细账目的诉讼请求法院予以支持。关于原告要求复印可供查阅材料的主张,法院认为,虽然业主知情权的主要行使方式表现为业主的查阅权,但是为了有效行使查阅权,业主也享有利用摄像、摄影、复印等技术手段进行复制的权利,故原告的该项请求应予以支持,由此产生的相应费用由原告自行承担。

关于原告要求判令允许原告将上述资料委托审计的诉讼请求,法院认为,原告是否委托审计是原告的自主权利,由原告自行决定,本案不予处理。关于原告要求被告支付原告业主共有部分的经营收入中应分摊的份额的问题,法院认为,本案所审查的是业主是否已享有知情权的问题,而不是审查小区内公共收益多少以及如何使用公共收益的问题,公共部分的经营所得收益在扣除经营成本后应归建筑区划内的全体或者相关业主共有,经营收益是否分摊以及如何分摊并不由原告一人决定而应由建筑区划内的全体或者相关业主共同决定,故对于原告的该项诉讼请求,法院不予支持。

据此,依照《物权法》第82条、《物业管理条例》第6条第2款第8项、《建筑物区分所有权解释》第13条之规定,判决:(1)被告成都××物业服务有限公司于本判决生效之日起20日内向原告黎某公布自2000年1月1日起至2015年6月19日,属于业主共有部分并作经营收益使用的游泳池、网球场、停车位、广告位的使用和经营收支明细账目相关资料,供原告黎某查阅,原告黎某如需复印,被告成都××物业服务有限公司应予以配合,复印费由原告黎某自行承担;(2)驳回原告黎某的其他诉讼请求。

案件受理费收取50元,由被告成都××物业服务有限公司承担。

3.案例评析

本案的争议焦点是业主知情权的范围和行使方式。根据《建筑物区分所有权解释》第13条、《物业管理条例》第6条第2款第8项之规定,业主行使知情权的方式为请求公布和查阅;业主知情权的范围如下:(1)对物业共用部位、共用设施设备和相关场地使用情况享有知情权;(2)对建筑物及其附属设施的维修资金的筹集、使用情况;管理规约、业主大会议事规则,以及业主大会或者业主委员会的决定及会议记录;物业服务合同、共有部分的使用和收益情况;建筑区划内规划用于停放汽车的车位、车库的处分情况,以及其他应当向业主公开的情况和资料。通常情况下,小区物业服务费收入,物业共用部分经营收入,管理人员费用,物业管理区域清洁卫生费用,物业共用部位、共用设施设备的日常运行、维护费用,物业管理区域绿化养护费用,办公费用,共用部分经营服务成本(人工费、保洁费、维护费、能源费及物料支出等)等相关账目在性质上均属于上述规定的共有部分的使用和收益情况或者其他应当由物业公司向业主公开的情况和资料。因此,四川省高新技术产业开发区人民法院判决被告成都××物业服务有限公司向原告黎某公布自2000年1月1日起至2015年6月19日，属于业主共有部分并作经营收益使用的游泳池、网球场、停车位、广告位的使用和经营收支明细账目相关资料，供原告黎某查阅，符合法律规定。

总的来说，业主知情权的实现既需充分保障业主权利，又应当便于物业公司的义务履行。本案中虽是单个业主在主张知情权利，但小区业主均可成为权利主体，相应的诉讼利益也应及于全体业主，以避免累诉问题的发生，造成司法资源的浪费。故此，被告应当将需要披露的材料向全体业主公开。

有关法律规定

《中华人民共和国物权法》

第七十九条　建筑物及其附属设施的维修资金，属于业主共有。经业主共同决定，可以用于电梯、水箱等共有部分的维修。维修资金的筹集、使用情况应当公布。

第八十二条　物业服务企业或者其他管理人根据业主的委托管理建筑区划内的建筑物及其附属设施，并接受业主的监督。

《物业管理条例》

第六条　房屋的所有权人为业主。

业主在物业管理活动中，享有下列权利：

（一）按照物业服务合同的约定，接受物业服务企业提供的服务；

（二）提议召开业主大会会议，并就物业管理的有关事项提出建议；

（三）提出制定和修改管理规约、业主大会议事规则的建议；

（四）参加业主大会会议，行使投票权；

（五）选举业主委员会成员，并享有被选举权；

（六）监督业主委员会的工作；

（七）监督物业服务企业履行物业服务合同；

（八）对物业共用部位、共用设施设备和相关场地使用情况享有知情权和监督权；

（九）监督物业共用部位、共用设施设备专项维修资金（以下简称专项维修资金）的管理和使用；

（十）法律、法规规定的其他权利。

最高人民法院《关于审理建筑物区分所有权纠纷案件具体应用法律若干问题的解释》

第十三条　业主请求公布、查阅下列应当向业主公开的情况和资料的,人民法院应予支持:

(一)建筑物及其附属设施的维修资金的筹集、使用情况;

(二)管理规约、业主大会议事规则,以及业主大会或者业主委员会的决定及会议记录;

(三)物业服务合同、共有部分的使用和收益情况;

(四)建筑区划内规划用于停放汽车的车位、车库的处分情况;

(五)其他应当向业主公开的情况和资料。

三、业主是否有权对建筑物专有部分实施部分改造

基本理论

建筑物专有部分的判断标准,“应为构造上与利用上的独立性之有无,具体应从区分境界的明确性、遮断性、通行的直接性、专用设备之存在即共用设备之不存在等”。[①] 我国《物权法》第 70 条将专有部分界定为住宅、经营性用房等。2009 年最高人民法院发布的《建筑物区分所有权解释》中规定,作为单独的专有部分所有权必须有三个条件:(1)具有构造上的独立性,能够明确区分;(2)具有利用上的独立性,可以排他使用;(3)须以建筑物区分所有权客体的形态表现于外部。

《物权法》第 39 条规定:“所有权人对自己的不动产或者动产,依法享有占有、使用、收益和处分的权利。”《物权法》第 71 条规定:“业主对其建筑物专有部分享有占有、使用、收益和处分的权利。业主行使权利不得危及建筑物的安全,不得损害其他业主的合法权益。”因此,专有部分所有权是指“建筑物的区分所有权人对建筑物的专有部分所享有的权利”。[②] 专有部分所有权作为业主区分所有权的核心,具有专有性、绝对性、排他性。业主对专有部分

① 参见陈华彬著:《建筑物区分所有权》,中国法制出版社 2011 年版,第 95 页。

② 郑云瑞著:《民法物权论》,北京大学出版社 2006 年版,第 154 页。

可以享有占有、使用、收益、处分等权能。在不违反法律、法规强制性规定的前提下，业主可以按照所有权的规则自由处置专有部分，如居住、使用、租赁等，不受他人的干涉或者妨碍。

法律保障专有部分所有权的自由行使，但这并不意味着可以不受限制的行使。业主在行使专有权的过程中，也应当履行一定的义务，一般认为包括：一是按设计用途使用专有部分的义务；二是在尊重其他业主的利益或全体业主共同利益的前提下使用专有部分；三是在确保建筑物整体处于安全良好之状态的情形下，对专有部分进行使用、装修、改造；四是在出于使建筑物整体保持安全与良好的需要的情况下，妥善维修专有部分；五是在相邻业主因行使权利而需要利用自己专有部分的情况下，给予必要的方便。

关于专有部分改造限制，我国《物权法》第71条规定，“区分所有权人在对专有部分行使权利时，不得有危及建筑物安全的行为，不得影响建筑物结构及外观的完整统一”。具体表现在以下方面：“不得擅自变动建筑主体和承重结构。所谓的‘建筑主体’指的是建筑实体的结构构造，包括屋盖、楼盖、梁、柱、支撑、墙体、连接点和基础等。‘承重结构’指的是直接将本身自重与各种外加作用力系统地传递给基础地基的主要结构构件和其连接点，包括承重墙体、立杆、柱、框架柱、支墩、楼板、梁、屋架、悬索等；不得损坏房屋原有节能设施或降低节能效果；不得擅自拆改管道、管线及配套设施；不得擅自改变建筑物外立面，未经区分所有权人大会决议，不得有擅自变更构造、颜色、目的、设置广告物或类似行为。”[①]《物业管理条例》第52条规定：“业主需要装饰装修房屋的，应当事先告知物业管理企业。物业管理企业应当将房屋装饰装修中的禁止行为和注意事项告知业主。”第55条第1款规定：“物业存在安全隐患，危及公共利益及他人合法权益时，责任人应当及时维修养护，有关业主应当给予配合。”

关于改变用途限制，《物业管理条例》第49条规定，“物业管理区域内按照规划建设的公共建筑和共用设施，不得改变用途。业主依法确需改变公共建筑和共用设施用途的，应当在依法办理有关手续后告知物业管理企业；物业管理企业确需改变公共建筑和共用设施用途的，应当提请业主大会讨论决

---

① 陈鑫著：《业主自治：以建筑物区分所有权为基础》，北京大学出版社2007年版，第46～47页。

定同意后，由业主依法办理有关手续”。

此外，专有部分营业性限制也是业主在使用区分所有建筑物上的一个重要限制。“一般表现为，区分所有权人通过自治文件，如管理规约、业主大会决议等形式，规定住宅单元是用于私人居住的，禁止任何人在自有单元或共有部分从事或维持商业行为。当然，这种营业性或商用性限制也可源自于法律法规的强制性规范。”①《物业管理条例》第54条规定：“利用物业共用部位、共用设施设备进行经营的，应当在征得相关业主、业主大会物业服务企业的同意后，并按照规定办理有关手续……”《物权法》第77条也明确了对专有部分使用上的营业性限制，即“业主不得违反法律、法规以及管理规约，将住宅改变为经营性用房。业主将住宅改变为经营性用房的，除遵守法律、法规以及管理规约外，应当经有利害关系的业主同意”。

典型案例

业主对建筑物专有部分实施改造不得危及建筑物的安全，不得损害其他业主的合法权益

——北京××酒店物业管理有限公司与高某恢复原状纠纷一案②

1. 案情简介

原告：北京××酒店物业管理有限公司

被告：高某

北京市顺义区人民法院在审理原告北京××酒店物业管理有限公司（以下简称××公司）与被告高某恢复原状纠纷一案，原告诉称：原告诉称：（1）被告擅自加装了木质栅栏，圈占了公共绿地及防火间距，应当立即拆除护栏，恢复公用绿地。（2）被告违规加盖了阳光房，违反了《×花园业主临时公约》的规定，应当立即拆除。被告于2009年4月16日起开始对其购买的别墅进行装修。期间，被告违反了《×花园业主临时公约》及《×单元装饰装修

① 陈鑫著：《建筑物区分所有权》，中国法制出版社2007年版，第53页。

② 参见北京市顺义区人民法院（2012）顺民初字第6042号民事判决书。

管理规定》的约定,违规加盖了阳光房。原告多次告知被告违规装修事宜并书面要求其整改,但其均置若罔闻。被告违规加盖阳光房的行为侵犯了别墅区内其他业主的合法权利。被告应当立即拆除阳光房,恢复原状。

被告辩称:请求法庭驳回原告的诉讼请求:(1)原告的诉讼是报复的恶意诉讼,因为我在法院起诉了原告物业服务合同纠纷。(2)被告在购买房屋时,涉诉房屋的设计存在缺陷,地下室和"U"型部分存在设计隐患,下雨天漏水积水,当时开发商带领我到其搭建的幼儿园进行示范性参观,说可以按照幼儿园(开发商所建)的外观及材质搭建阳光棚,在这种情况下,我才购买涉诉房屋。(3)我的房屋在原告物业公司的对面,仅隔一条马路,我方搭建阳光棚期间,原告的职工多次帮忙搭建,且口头同意被告进行搭建,从未阻止过,在阳光棚搭建好后,物业及开发商销售人员还带领其他购房者参观被告搭建的阳光棚,为此本小区入住的业主,90%以上都是按照被告的标准搭建阳光棚。(4)原告管理物业,御墅259号、御墅171号样板间都有不同形式的搭建,御墅259号完全占据防火通道;原告同意业主将防火通道占用,再有防火通道根本无法通行,种满了树木,我曾要求原告对防火通道进行管理,原告将防火通道分给各业主占用,我未占用公共绿地;原告公司的原董事长将御墅219房屋建成喇嘛祠堂,供奉喇嘛佛,将便道全部占据,并搭建了两个阳光棚。(5)我搭建的阳光棚对小区的外观无任何影响,我是在2009年4月16日搭建阳光棚,此前原告一直未起诉,为此现在主张已经超过诉讼时效。

2. 法院裁判及观点

北京市顺义区人民法院认为,物业管理是指物业服务企业按照物业服务合同约定,对房屋及配套的设施设备和相关场地进行维修、养护、管理,维护物业管理区域内的环境卫生和相关秩序的活动。业主违反物业服务合同或者法律、法规、管理规约,实施妨害物业服务与管理的行为,物业服务企业有权予以制止。本案中,高某圈占两别墅院落间公共部分的行为有违《×花园业主临时公约》,高某主张占用是经原告同意的,并未提供证据证实,法院不予采信。高某应将圈占的公共部分恢复原状。关于原告要求高某拆除搭建阳光房的诉讼请求,高某所搭建的阳光房在一层,并非增设阁楼,其仅将别墅的"U"型部分进行封堵,且并未超出房屋外立面,未影响整栋别墅的外观,亦未对其他业主及物业管理造成妨害,因此,对原告要求高某拆除阳光房的诉讼请求,法院不予支持。

综上,依照《物业服务解释》第4条之规定,判决:(1)被告高某于判决生效之日起30日内拆除其别墅南侧圈占公共部分的栅栏,恢复原状;(2)驳回原告北京××酒店物业管理有限公司的其他诉讼请求。

案件受理费70元,由原告北京××酒店物业管理有限公司负担35元(已交纳),被告高某负担35元,于本判决生效后7日内执行。

如不服本判决,可在判决书送达之日起15日内,向法院递交上诉状,并按对方当事人的人数提出副本,交纳上诉案件受理费,上诉于北京市第三中级人民法院。上诉期满后7日内仍未交纳上诉案件受理费的,按自动撤回上诉处理。

3. 案例评析

本案的焦点在于厘清业主专有部分的概念,确定业主专有部分范围。《建筑物区分所有权解释》第2条规定:"建筑区划内符合下列条件的房屋,以及车位、摊位等特定空间,应当认定为物权法第六章所称的专有部分:(一)具有构造上的独立性,能够明确区分;(二)具有利用上的独立性,可以排他使用;(三)能够登记成为特定业主所有权的客体。规划上专属于特定房屋,且建设单位销售时已经根据规划列入该特定房屋买卖合同中的露台等,应当认定为物权法第六章所称专有部分的组成部分。本条第一款所称房屋,包括整栋建筑物。"业主对专有部分享有所有权,享有占有、使用、收益和处分的权利,可以对专有部分进行改造,但是,对专有部分的改造又不是随心所欲,想怎么改就怎么改。业主对专有部分的改造受到一定的限制,即对专有部分的改造不得危及建筑物的安全,不得损害其他业主的合法权益。如果业主在购买房屋时与房屋开发商签订的《商品房预售合同》、入住房屋后与小区物业公司签订的《小区物业管理服务合同》等合同中,双方对业主改造专有部分有约定的,业主还应当履行约定,不得擅自改造,不得对其他业主及物业管理造成妨害,如果造成妨害,其他业主或者物业管理公司,有权请求妨害人承担恢复原状、停止侵害、排除妨害等相应民事责任。

有关法律规定

《中华人民共和国物权法》

第七十条　业主对建筑物内的住宅、经营性用房等专有部分享有所有权，对专有部分以外的共有部分享有共有和共同管理的权利。

第七十一条　业主对其建筑物专有部分享有占有、使用、收益和处分的权利。业主行使权利不得危及建筑物的安全，不得损害其他业主的合法权益。

第七十二条　业主对建筑物专有部分以外的共有部分，享有权利，承担义务；不得以放弃权利不履行义务。

业主转让建筑物内的住宅、经营性用房，其对共有部分享有的共有和共同管理的权利一并转让。

最高人民法院《关于审理建筑物区分所有权纠纷案件具体应用法律若干问题的解释》

第一条　依法登记取得或者根据物权法第二章第三节规定取得建筑物专有部分所有权的人，应当认定为物权法第六章所称的业主。

基于与建设单位之间的商品房买卖民事法律行为，已经合法占有建筑物专有部分，但尚未依法办理所有权登记的人，可以认定为物权法第六章所称的业主。

第二条　建筑区划内符合下列条件的房屋，以及车位、摊位等特定空间，应当认定为物权法第六章所称的专有部分：

（一）具有构造上的独立性，能够明确区分；

（二）具有利用上的独立性，可以排他使用；

（三）能够登记成为特定业主所有权的客体。

规划上专属于特定房屋，且建设单位销售时已经根据规划列入该特定房屋买卖合同中的露台等，应当认定为物权法第六章所称专有部分的组成部分。

本条第一款所称房屋，包括整栋建筑物。

第三条　除法律、行政法规规定的共有部分外，建筑区划内的以下部分，也应当认定为物权法第六章所称的共有部分：

（一）建筑物的基础、承重结构、外墙、屋顶等基本结构部分，通道、楼梯、大堂等公共通行部分，消防、公共照明等附属设施、设备，避难层、设备层或者设备间等结构部分；

（二）其他不属于业主专有部分，也不属于市政公用部分或者其他权利人所有的场所及设施等。

建筑区划内的土地，依法由业主共同享有建设用地使用权，但属于业主专有的整栋建筑物的规划占地或者城镇公共道路、绿地占地除外。

最高人民法院《关于审理物业服务纠纷案件具体应用法律若干问题的解释》

第四条 业主违反物业服务合同或者法律、法规、管理规约，实施妨害物业服务与管理的行为，物业服务企业请求业主承担恢复原状、停止侵害、排除妨害等相应民事责任的，人民法院应予支持。

四、物业服务企业在合同期限内提高物业服务费的程序

基本理论

不同性质、不同特点的物业有不同的物业服务收费方式。根据《物业服务收费管理办法》第6条的规定，我国现阶段物业服收费分为政府指导价和市场调节价两种方式。《物业服务收费管理办法》第7条规定："物业服务收费实行政府指导价的，有定价权限的人民政府价格主管部门应当会同房地产行政主管部门根据物业管理服务等级标准等因素，制定相应的基准价及其浮动幅度，并定期公布。具体收费标准由业主与物业管理企业根据规定的基准价和浮动幅度在物业服务合同中约定。实行市场调节价的物业服务收费，由业主与物业管理企业在物业服务合同中约定。"可见，无论是实行政府指导价的物业服务收费，还是实行市场调节价的物业服务收费，物业服务收费的具体标准或者价格，均由业主与物业管理企业双方协商一致后在物业服务合同中明确约定。

在物业服务合同有效期内，如遇到物价上涨和国家最低工资标准提升，物业服务人员工资、员工劳动保险费用、维修材料费用等刚性成本会随之上涨，物业服务企业的物业管理成本也会同步加大，如果继续执行合同中约定的物业服务费的标准或者价格，可能会对物业服务质量带来一定的影响。实践中有的物业服务企业会在物业服务合同中特别提到"如遇物价指数或政府最低工资标准变动，双方可根据实际情况，遵循保证服务质量的原则，协商调整物业服务费，并提交业主大会决定"，有的物业服务合同未对调整物业服务

费进行约定,而如何合理地调整物业服务费的价格,目前法律对此有明确的规定。合同成立生效后,对价款的调整是对合同实质内容的变更,根据《合同法》第 77 条的规定,当事人协商一致,可以变更合同。法律、行政法规规定变更合同应当办理批准、登记等手续的,依照其规定。业主通过参与业主大会行使共有和共同管理权利。根据《物权法》和《物业管理条例》的相关规定,物业服务费的调整属于由业主共同决定的有关共有和共同管理权利的其他重大事项。对业主大会决定有关共有和共同管理权利的其他重大事项,应当经专有部分占建筑物总面积过半数的业主且占总人数过半数的业主同意。

根据《物业管理条例》第 21 条之规定,在业主、业主大会选聘物业服务企业之前,物业服务企业由建设单位选聘,双方签订的是前期物业服务合同。在前期物业服务合同有效期内,业主委员会成立之前,如果遇到需要调整物业服务费的事由,不能由前期物业服务合同的签订人物业服务企业和建设单位双方协商确定。因为,房屋出售前,建设单位为单一业主,建设单位和物业服务企业签订合同后,随着房屋的逐渐出售,建设单位不再是小区的单一业主,房屋买受人形式的业主逐渐增多,此时物业服务费的调整,建设单位如果房屋未出售完毕,只能作为与房屋买受人地位相等的业主,参加业主大会会议与其他业主一起表决共同决定。业主大会会议可以采用集体讨论的形式,也可以采用书面征求意见的形式,由于现行法律没有规定业主委员会成立前业主大会的召集人,物业服务企业可以通过书面征求意见的形式,征求物业服务区域内的所有业主对于物业服务费调整的意见。

业主委员会成立后,业主大会由业主委员会负责召集。物业服务费的调整,业主委员会可以召集全体业主召开业主大会会议,也可以采用书面征求意见的形式征求业主的意见。召开业主大会会议的,应当于会议召开 15 日以前通知全体业主。住宅小区的业主大会会议,应当同时告知相关的居民委员会。业主委员会应当做好业主大会会议记录。经专有部分占建筑物总面积过半数的业主且占总人数过半数的业主同意,可以调整物业服务费。

需要注意的是,实行政府指导价的物业服务收费,物业服务费调整后的具体标准应当在有定价权限的人民政府价格主管部门与房地产行政主管部门根据物业管理服务等级标准等因素,制定的基准价及其浮动幅度内,不能超出基准价及其浮动幅度。

典型案例

物业公司通过公告及书面征求意见的形式，征得专有部分占建筑物总面积过半数的业主且人数过半数的业主的签字同意，调整物业服务费的程序符合法律规定

——上诉人孙某与被上诉人重庆市××物业管理有限公司物业服务合同纠纷一案①

1. 案情简介

上诉人（原审被告）：孙某

被上诉人（原审原告）：重庆市××物业管理有限公司

重庆市第一中级人民法院在审理上诉人孙某与被上诉人重庆市××物业管理有限公司（以下简称××物业公司）物业服务合同纠纷一案，孙某不服原审判决上诉称：被上诉人未续签物业服务合同，只能按前期物业服务合同收费；如果确因物价问题需提高收费标准，必须程序合法，应由街道办事处委托社区居委会征求业主意见；物业公司的征求意见表有造假嫌疑，不应予以采信。

××物业公司答辩称：物业服务收费标准是经过了小区过半业主且专有面积占建筑物总面积过半业主的同意后，才提高的，程序合法，应予维持原判。

2. 法院裁判及观点

重庆市第一中级人民法院认为，建设单位与物业服务企业签订的物业服务合同，对全体业主具有约束力。在物业服务合同到期后，小区未成立业主委员会的情况下，物业服务企业仍继续服务的，该物业服务合同自动延续，双方仍按前期物业服务合同执行。被上诉人××物业公司对小区服务多年，在小区未成立业主委员会的情况下，其物业服务收费标准可按合法程序予以调整。××物业公司通过公告及征求意见的形式，征得专有部分占建筑物总面

① 参见重庆市第一中级人民法院（2014）渝一中法民终字第00729号民事判决书。

积过半数的业主且人数过半数的业主的签字同意，并报社区居委会核实，其上调物业服务费收费标准符合《重庆市物业管理条例》第 12 条、第 18 条、第 19 条的规定。上诉人孙某称由物业服务企业出面征求意见不合法、须由街道办事处委托社区居委会征求业主意见方才合法的理由无法律依据，不应予以采信。因为《重庆市物业管理条例》第 18 条规定，业主大会会议可以采用集体讨论形式，也可以采用书面征求意见形式。××花园小区并未成立业主委员会，对小区事务的处理，由全体业主共同处理，其可集体讨论，也可采取书面征求意见的形式，而征求意见由谁发起并无相关规定，只要该征求意见表真实可信即具有有效性。××物业公司举示了双过半业主同意调价的意见表，而一审中上诉人并未举示证据予以反驳，二审中上诉人提供的意见表中，有很多业主已在征求意见时签字表示同意，现又表示不同意，此部分业主意见不能予以采信，而××物业公司的征求意见表中其他签字同意的征求意见表已达到规定人数，上诉人未举示充分证据证明该征求意见表是虚假的，故应认定××物业公司调整物业服务费的行为合法有效，对全体业主均具有法律约束力。原审判决认定事实清楚，适用法律正确，上诉人孙某的上诉理由不能成立。

综上所述，法院依照《民事诉讼法》第 170 条第 1 款第 1 项之规定，判决：驳回上诉，维持原判。

本案二审案件受理费 50 元，由上诉人孙某负担。

3. 案例评析

本案的争议焦点是××物业公司在合同期限内提高物业服务费的程序是否符合法律规定。××花园小区未成立业主委员会，上诉人认为，提高物业费收费标准的合法程序，应由街道办事处委托社区居委会征求业主意见。我国现行法律对业主委员会成立前，业主大会的召集人没有明确规定。业主大会通过召开业主大会会议进行决定，业主大会会议可以采用集体讨论形式，也可以采用书面征求意见形式。××物业公司通过公告及书面征求意见的形式，征得专有部分占建筑物总面积过半数的业主且人数过半数的业主的签字同意，调整物业服务费的程序符合法律规定。

有关法律规定

《中华人民共和国合同法》

第六十条　当事人应当按照约定全面履行自己的义务。

当事人应当遵循诚实信用原则，根据合同的性质、目的和交易习惯履行通知、协助、保密等义务。

《物业管理条例》

第十一条　下列事项由业主共同决定：

（一）制定和修改业主大会议事规则；

（二）制定和修改管理规约；

（三）选举业主委员会或者更换业主委员会成员；

（四）选聘和解聘物业服务企业；

（五）筹集和使用专项维修资金；

（六）改建、重建建筑物及其附属设施；

（七）有关共有和共同管理权利的其他重大事项。

第十二条　业主大会会议可以采用集体讨论的形式，也可以采用书面征求意见的形式；但是，应当有物业管理区域内专有部分占建筑物总面积过半数的业主且占总人数过半数的业主参加。

业主可以委托代理人参加业主大会会议。

业主大会决定本条例第十一条第（五）项和第（六）项规定的事项，应当经专有部分占建筑物总面积2/3以上的业主且占总人数2/3以上的业主同意；决定本条例第十一条规定的其他事项，应当经专有部分占建筑物总面积过半数的业主且占总人数过半数的业主同意。

业主大会或者业主委员会的决定，对业主具有约束力。

业主大会或者业主委员会作出的决定侵害业主合法权益的，受侵害的业主可以请求人民法院予以撤销。

《物业服务收费管理办法》

第六条　物业服务收费应当区分不同物业的性质和特点分别实行政府指导价和市场调节价。具体定价形式由省、自治区、直辖市人民政府价格主管部门会同房地产行政主管部门确定。

第七条　物业服务收费实行政府指导价的，有定价权限的人民政府价格主管部门应当会同房地产行政主管部门根据物业管理服务等级标准等因素，制定相应的基准价及其浮动幅度，并定期公布。具体收费标准由业主与物业管理企业根据规定的基准价和浮动幅度在物业服务合同中约定。

实行市场调节价的物业服务收费，由业主与物业管理企业在物业服务合同中约定。

《重庆市物业管理条例》

第十二条　不设立业主大会的，由全体业主共同履行业主大会、业主委员会职责。

未依法成立业主大会和选举产生业主委员会的住宅区，可以由街道办事处（乡镇人民政府），在征求该住宅区业主意见并取得过半数业主书面同意后，指定物业所在地社区居（村）民委员会代行本条例规定的业主委员会职责。

第十八条　业主大会会议可以采用集体讨论的形式，也可以采用书面征求意见的形式。

同一物业管理区域内有两幢以上房屋的，可以以幢、单元、楼层等为单位，推选若干名业主代表参加业主大会会议。推选业主代表参加业主大会会议的，业主代表应当提前就业主大会会议拟讨论的事项征求其所代表的业主的意见。凡需投票表决的，业主赞同、反对或者弃权的意见应当经本人签字后，由业主代表在业主大会会议投票时如实反映。

第十九条　业主大会会议应当有物业管理区域内专有部分占建筑物总面积过半数的业主且占总人数过半数的业主参加。业主可以书面委托代理人参加业主大会会议。

业主大会对本条例第十一条第（六）项规定的事项作出决定的，应当经专有部分占建筑物总面积三分之二以上的业主且占总人数三分之二以上的业主同意；业主大会对其他事项作出决定的，应当经专有部分占建筑物总面积过半数的业主且占总人数过半数的业主同意。

五、物业公司对违约业主罚款、停水停电等是否合法

基本理论

物业公司在物业管理服务合同上主要享有的权利是收取物业管理费，其

主要的义务在于提供合同约定的物业管理服务。实际工作中物业管理公司往往基于委托而向业主代收水费和电费,物业公司经常采取停水停电的办法催缴物业管理费。而且,物业管理服务合同也往往订有停水停电条款。因此物业管理公司普遍认为业主不缴交物业管理费,物业管理服务公司就有权停水停电,这既符合合同的约定也符合常理,并无不妥。部分业主也大多往往对此表示认同。

事实上,小区业主供水供电合同的相对人应当是供水公司和供电公司。根据权利义务一致原则,用水用电人有义务缴交水费电费而供水供电人有义务依约供水供电。也就是说,用水用电人享有要求供水供电的权利而供水供电人则享有收取水费电费的权利。根据合同履行的抗辩原则,如果用水用电人不履行缴交水费电费的义务,则供水供电人当然享有拒绝供水供电的义务即停水停电的权利。享有停水停电权之权利人为供水供电人(当然也许从国防、公共利益等角度出发有关政府部门也可能享有停水停电权)。通常情况下,物业管理公司不属于小区内的供水供电人,其只是代供水公司和供电公司收取水费和电费,其不享有停水停电权。停水停电权是供水公司和供电公司的一项重要的合同履行抗辩权。在物业管理服务合同中,如果物业公司和业主约定在业主欠费情况下赋予物业公司停水停电权,这显然侵犯了供水供电人的权利。在合同法上,这属于涉他合同条款,这种条款一般应经得第三人即供水供电人同意,否则无效。并且,由于供水供电义务所对应的是缴交水费电费义务,因此,如果物业公司和业主没有约定在业主欠费情况下赋予物业公司停水停电权,那么,即使供水供电人授权物业管理公司以停水停电作为收缴物业管理费手段,物业管理公司也同样不能以停水停电催缴物业管理费。

物业管理服务有其特殊性,其服务针对于全体业主而不能分割。在单个业主不履行缴交管理费义务时,物业管理公司不能依据合同履行抗辩权而拒绝提供物业管理服务,否则势必侵犯其他业主的利益。然而,物业管理公司依法依约收取物业管理费的权利也是绝不能被侵犯的。物业管理公司应当采取合法程序行使权利,比如向法院起诉或者依双方合同中订有的仲裁条款申请仲裁。

典型案例

业主未交物业费，物业公司应采取合法途径维护自己的权益，
不能以停水停电相胁迫，以此达到迫使业主交物业费的目的

——上诉人攀枝花市×××物业管理有限公司与被上诉人
徐某某、田某某物业服务合同纠纷一案①

1. 案情简介

上诉人（原审被告）：攀枝花市×××物业管理有限公司

被上诉人（原审原告）：徐某某

被上诉人（原审原告）：田某某

四川省攀枝花市中级人民法院在审理上诉人攀枝花市×××物业管理有限公司（以下简称×××物业）因与被上诉人徐某某、田某某物业服务合同纠纷一案，×××物业对一审判决不服，提起上诉，主要理由为：（1）徐某某、田某某在长达4年的时间里拒缴物管费，×××物业在多次催收无果的情况下，要求徐某某、田某某缴纳物管费后为其充值水电，这是×××物业在法律允许的范围内行使正当的自助权，且徐某某、田某某要求×××物业为其充值水电时其卡上仍然有钱；（2）徐某某、田某某为证明其损失举证的1000元发票，既无宾馆登记记录予以佐证，又无住宿时间记载，且在外住宿是徐某某、田某某扩大损失，×××物业不应承担赔偿责任。

徐某某、田某某二审答辩称：（1）2016年2月2日，徐某某、田某某家就停水停电，而×××物业是在3日后徐某某、田某某起诉后才给徐某某、田某某充值水电，而购买水电是每个业主的权利，×××物业无权拒绝供应水电；（2）由于×××物业拒绝为徐某某、田某某充值水电，导致徐某某、田某某家停水停电，无法满足正常的生活需求，造成了损失。

2. 法院裁判及观点

四川省攀枝花市中级人民法院认为，《［云锦·金瓯广场］前期物业管理

① 参见四川省攀枝花市中级人民法院（2016）川04民终618号民事判决书。

服务合同》第25条约定:其他乙方(×××物业)向业主和物业使用人提供的服务项目和收费标准约定如下:(1)免费服务系列:代收、代缴水电气费、代订、代送各种报纸、杂志等……。因此,×××物业应当承担无偿为业主提供代收代缴水电气费的服务义务,且×××物业仅是代收代缴,并非供应水电气的主体,其以业主未及时缴纳物业管理费为由拒绝业主缴纳水电气费的要求不符合合同约定,属违约行为。依照《合同法》第107条"当事人一方不履行合同义务或者履行合同义务不符合约定的,应当承担继续履行、采取补救措施或者赔偿损失等违约责任"的规定,本案中,×××物业应当履行代收代缴水电气费的合同义务或者赔偿因停水停电给徐某某、田某某造成的损失。而在本案一审开庭前,×××物业已为徐某某、田某某充值水电,故一审法院判决驳回徐某某、田某某要求×××物业履行出售居民用水、电的义务的诉讼请求正确。停水停电势必影响家庭正常生活,这是不争的常识。本案中,徐某某、田某某举证住宿费发票证明停水停电造成的实际损失,×××物业对住宿费发票持异议,但未举证证明其异议成立,故法院对住宿费发票予以采信,一审法院判决×××物业赔偿徐某某、田某某损失1000元正确。

综上,×××物业的上诉主张不能成立,法院依法不予支持。一审判决认定事实清楚,适用法律正确。依照《民事诉讼法》第170条第1款第1项之规定,判决:驳回上诉,维持原判。

二审案件受理费50元,由攀枝花市×××物业管理有限公司承担。

3. 案例评析

生活中经常可见物业公司对欠交物业费的业主采取拒绝供水供电的措施进行制裁,以断水断电给业主生活造成不便来迫使业主交物业费。此时,首先需要明晰的是物业公司与业主之间是否有物业服务合同。若有物业服务合同,需要进一步明确合同关于供用水电内容是如何约定的,约定内容是否合法有效,是否违反法律强制性规定或侵害其他人利益。若双方明确约定,在业主未按约定的时限及时缴纳物业费的情形下,物业公司有权停止对业主供水电,这种情形下如果水电是由物业公司统一接纳后再二次分供给各个业主,且水电费由物业公司以其名义统一交纳的,物业公司有权根据约定对业主停止供水电。若双方明确约定物业公司无偿为业主提供代收代缴水电气费的服务义务,则物业公司无权停止对业主供水电,尤其是类似本案的情形,物业公司只是代收代缴水电费,并非供应水电的主体,其以业主未及时缴纳物业管理费为由拒绝业主缴纳水电气费的要求不符合合同约定,属违约行为。业主未交物业费,物业公司应该采取合法途径维护自己的权益,而不能以停水停电给业主造成不便相胁迫,以此达到迫使业主交物业费的目的。

有关法律规定

《中华人民共和国合同法》

第六十条　当事人应当按照约定全面履行自己的义务。

当事人应当遵循诚实信用原则,根据合同的性质、目的和交易习惯履行通知、协助、保密等义务。

《物业管理条例》

第十一条　下列事项由业主共同决定:

(一)制定和修改业主大会议事规则;

(二)制定和修改管理规约;

(三)选举业主委员会或者更换业主委员会成员;

(四)选聘和解聘物业服务企业;

(五)筹集和使用专项维修资金;

(六)改建、重建建筑物及其附属设施;

(七)有关共有和共同管理权利的其他重大事项。

第十二条　业主大会会议可以采用集体讨论的形式,也可以采用书面征求意见的形式;但是,应当有物业管理区域内专有部分占建筑物总面积过半数的业主且占总人数过半数的业主参加。

业主可以委托代理人参加业主大会会议。

业主大会决定本条例第十一条第(五)项和第(六)项规定的事项,应当经专有部分占建筑物总面积2/3以上的业主且占总人数2/3以上的业主同意;决定本条例第十一条规定的其他事项,应当经专有部分占建筑物总面积过半数的业主且占总人数过半数的业主同意。

业主大会或者业主委员会的决定,对业主具有约束力。

业主大会或者业主委员会作出的决定侵害业主合法权益的,受侵害的业主可以请求人民法院予以撤销。

《重庆市物业管理条例》

第十二条　不设立业主大会的，由全体业主共同履行业主大会、业主委员会职责。

未依法成立业主大会和选举产生业主委员会的住宅区，可以由街道办事处（乡镇人民政府），在征求该住宅区业主意见并取得过半数业主书面同意后，指定物业所在地社区居（村）民委员会代行本条例规定的业主委员会职责。

第十八条　业主大会会议可以采用集体讨论的形式，也可以采用书面征求意见的形式。

同一物业管理区域内有两幢以上房屋的，可以以幢、单元、楼层等为单位，推选若干名业主代表参加业主大会会议。推选业主代表参加业主大会会议的，业主代表应当提前就业主大会会议拟讨论的事项征求其所代表的业主的意见。凡需投票表决的，业主赞同、反对或者弃权的意见应当经本人签字后，由业主代表在业主大会会议投票时如实反映。

第十九条　业主大会会议应当有物业管理区域内专有部分占建筑物总面积过半数的业主且占总人数过半数的业主参加。业主可以书面委托代理人参加业主大会会议。

业主大会对本条例第十一条第（六）项规定的事项作出决定的，应当经专有部分占建筑物总面积三分之二以上的业主且占总人数三分之二以上的业主同意；业主大会对其他事项作出决定的，应当经专有部分占建筑物总面积过半数的业主且占总人数过半数的业主同意。

六、住宅专项维修资金管理及使用问题

基本理论

住宅专项维修资金，是指专项用于住宅共用部位、共用设施设备保修期满后的维修和更新、改造的资金，其设立目的是为了对住宅共用部位、共用设施设备实施及时有效的维修养护，以保障房屋的安全。我国的住宅专项维修资金制度经历了20余年的发展，逐步走向完善。1992年《公有住宅售后维修养护管理暂行办法》作为我国有关住宅专项维修资金制度的最早规定，称其为“住宅共用部分和共用设施设备的维修养护费用”。1998年建设部、财

政部发布的《住宅共用部位共用设施设备维修基金管理办法》用“专项用于住宅共用部位、共用设施设备保修期满后的大修、更新、改造的维修基金”取代了之前所称的“住宅共用部分和共用设施设备的维修养护费用”。2003 年 6 月,国务院颁布《物业管理条例》,将“专项用于住宅共用部位、共用设施设备保修期满后的大修、更新、改造的维修基金”表述为“专项维修资金”,专门用于保修期届满后物业共用部位、共用设施设备的维修和更新、改造。2007 年 10 月,建设部、财政部发布《住宅专项维修资金管理办法》,“住宅专项维修资金”这一称谓正式确立。这虽然在本质上和《物业管理条例》中所称的“专项维修资金”没有显著的差异,但“住宅专项维修资金”的称谓指向性明显更加清晰。

住宅专项维修资金管理遵循专户存储、专款专用、所有权人决策、政府监督的原则。业主大会成立前,商品住宅业主、非住宅业主交存的住宅专项维修资金,由物业所在地直辖市、市、县人民政府建设(房地产)主管部门代管。

住宅专项维修资金的使用,还应当遵循方便快捷、公开透明、受益人和负担人相一致的原则。住宅专项维修资金划转业主大会管理前,需要使用住宅专项维修资金的,按照以下程序办理:(1)物业服务企业根据维修和更新、改造项目提出使用建议;没有物业服务企业的,由相关业主提出使用建议;(2)住宅专项维修资金列支范围内专有部分占建筑物总面积 2/3 以上的业主且占总人数 2/3 以上的业主讨论通过使用建议;(3)物业服务企业或者相关业主组织实施使用方案;(4)物业服务企业或者相关业主持有关材料,向所在地直辖市、市、县人民政府建设(房地产)主管部门申请列支;其中,动用公有住房住宅专项维修资金的,向负责管理公有住房住宅专项维修资金的部门申请列支;(5)直辖市、市、县人民政府建设(房地产)主管部门或者负责管理公有住房住宅专项维修资金的部门审核同意后,向专户管理银行发出划转住宅专项维修资金的通知;(6)专户管理银行将所需住宅专项维修资金划转至维修单位。住宅专项维修资金划转业主大会管理后,需要使用住宅专项维修资金的,按照以下程序办理:(1)物业服务企业提出使用方案,使用方案应当包括拟维修和更新、改造的项目、费用预算、列支范围、发生危及房屋安全等紧急情况以及其他需临时使用住宅专项维修资金的情况的处置办法等;(2)业主大会依法通过使用方案;(3)物业服务企业组织实施使用方案;(4)物业服务企业持有关材料向业主委员会提出列支住宅专项维修资金;(5)业主委员会依据使用方案审核同意,并报直辖市、市、县人民政府建设(房地产)主管部门备案;动用公有住房住宅专项维修资金的,经负责管理公有住房住宅专项维修资金的部门审核同意;直辖市、市、县人民政府建设(房地产)主管部门或者负责管理公有住房住宅专项维修资金的部门发现不符合有关法律、法规、规章和使用方案的,应当责令改正;(6)业主委员会、负责管理公有住房住宅专项维修资金的部门向专户管理银行发出划转住宅专项维修资金的通知;(7)专户管理银行将所需住宅专项维修资金划转至维修单位。

典型案例

需用住宅专项维修资金进行的维修应按照法定程序进行

——上诉人大连××物业管理有限公司因与被上诉人大连市甘井子区×××业主委员会物业服务合同纠纷一案①

1. 案情简介

上诉人(原审原告):大连××物业管理有限公司

被上诉人(原审被告):大连市甘井子区×××业主委员会

辽宁省大连市中级人民法院在审理上诉人大连××物业管理有限公司因不服大连市甘井子区人民法院(2013)甘民初字第3470号民事判决上诉一案中,上诉人大连××物业管理有限公司请求撤销原判,改判支持其诉请即判决被上诉人向其支付其垫付的物业维修工程款283,198.2元。其依据的主要理由是:其所举证据可以证明已经被上诉人同意其垫付各项维修费用合计283,198.2元,且部分已经维修基金中心审批通过,审批后维修基金管理中心已向上诉人拨付部分款项,余款因维修基金利息不足一直未拨付。因上诉人对案涉小区进行了维修施工并垫付了工程费用,被上诉人是实际受益人,其作为受益人应向上诉人支付上述费用。

被上诉人大连市甘井子区×××业主委员会答辩称服从原判,不同意上

① 参见辽宁省大连市中级人民法院(2014)大民三终字第817号民事判决书。

诉人的上诉请求及理由。其主要观点为：上诉人没有对案涉小区进行所称维修施工，且其所举证据不能证明其所称维修事项及维修费的发生已经被上诉人同意，因为若发生维修工程首先应经过业主委员会及业主代表的验收，被上诉人根本没有验收过上诉人所称的维修工程，不能证明其所述的进行了维修的事实，且根据物业管理的相关规定对小区大修、中修才可以动用维修基金并应由业主大会 2/3 以上的业主同意，根据上诉人所述维修内容不应属于大修、中修，从上诉人收取的物业费中支出即可。

2. 法院裁判及观点

辽宁省大连市中级人民法院认为，2007 年至 2010 年期间，上诉人景和物业与案涉小区业主之间成立物业服务法律关系。根据物业管理条例的相关规定，上诉人作为案涉小区的物业公司有权收取小区业主交纳的物业费的同时亦应对案涉小区承担相应管理、维修的服务义务。本案焦点问题是被上诉人是否应向上诉人支付上诉人诉称的其对案涉小区进行了维修且先行垫付的维修费。首先，根据上诉人所举证据尚不足以认定上诉人对案涉小区进行了维修及其已先行垫付了维修费，并且得到业主同意的事实。且根据《住宅专项维修资金管理办法》第 22 条的规定："住宅专项维修资金划转业主大会管理前，需要使用住宅专项维修资金的，按照以下程序办理：(一)物业服务企业根据维修和更新、改造项目提出使用建议；没有物业服务企业的，由相关业主提出使用建议；(二)住宅专项维修资金列支范围内专有部分占建筑物总面积三分之二以上的业主且占总人数三分之二以上的业主讨论通过使用建议；(三)物业服务企业或者相关业主组织实施使用方案；(四)物业服务企业或者相关业主持有关材料，向所在地直辖市、市、县人民政府建设(房地产)主管部门申请列支；其中，动用公有住房住宅专项维修资金的，向负责管理公有住房住宅专项维修资金的部门申请列支；(五)直辖市、市、县人民政府建设(房地产)主管部门或者负责管理公有住房住宅专项维修资金的部门审核同意后，向专户管理银行发出划转住宅专项维修资金的通知；(六)专户管理银行将所需住宅专项维修资金划转至维修单位。"由此可见，住宅专项维修资金的支付及支付的金额须经相关主管部门的审核并由主管部门向专户管理银行发出划转住宅专项维修资金的通知为前提。现上诉人所举证据不足以证明其主张的发生垫款的案涉维修费已经过主管部门的审核并同意划拨，在此情况下,上诉人直接向被上诉人主张该维修费缺乏法律依据,原判对此所作认定并无不当,法院予以确认。且法院已生效的(2011)大民三终字第858号民事判决已认定"案涉住宅专项维修资金账户利息不足是上诉人未履行给付义务所导致",现上诉人认为利息不足系被上诉人原因与生效判决的认定相悖,法院对此不予认定。综上,原审法院所作判决并无不当,依照《民事诉讼法》第170条第1款第1项之规定,判决:驳回上诉,维持原判。二审案件受理费5550元(上诉人已预交),由上诉人大连××物业管理有限公司负担。

3.案例评析

本案的争议焦点是住房专项维修资金的管理和使用问题。物业服务公司享有向小区业主收取物业服务费的权利,同时也负有对小区内房屋及配套的设施设备和相关场地进行维修、养护、管理,维护物业管理区域内的环境卫生和相关秩序的义务。根据建设部财政部《住宅专项维修资金管理办法》的规定,根据物业服务合同约定,应当由物业服务企业承担的住宅共用部位、共用设施设备的维修和养护费用,如小区日常的维修、养护、管理所产生的费用,应由物业服务公司自行承担,从其收取的物业服务费中列支,不能使用住宅专项维修资金。如果维修内容属于住宅共用部位、共用设施设备保修期满后的维修,属于可以使用住宅专项维修资金的,应当依照法定程序办理。业主大会成立前,商品住宅业主、非住宅业主交存的住宅专项维修资金,由物业所在地直辖市、市、县人民政府建设(房地产)主管部门代管。住宅专项维修资金划转业主大会管理前,需要使用住宅专项维修资金的,按照以下程序办理:(1)物业服务企业根据维修和更新、改造项目提出使用建议;没有物业服务企业的,由相关业主提出使用建议;(2)住宅专项维修资金列支范围内专有部分占建筑物总面积2/3以上的业主且占总人数2/3以上的业主讨论通过使用建议;(3)物业服务企业或者相关业主组织实施使用方案;(4)物业服务企业或者相关业主持有关材料,向所在地直辖市、市、县人民政府建设(房地产)主管部门申请列支;其中,动用公有住房住宅专项维修资金的,向负责管理公有住房住宅专项维修资金的部门申请列支;(5)直辖市、市、县人民政府建设(房地产)主管部门或者负责管理公有住房住宅专项维修资金的部门审核同意后,向专户管理银行发出划转住宅专项维修资金的通知;(6)专户管理银行将所需住宅专项维修资金划转至维修单位。物业公司应与业主在物业服务合同中明确约定房屋建筑共用部位、共用设施和相关场地的维修、养护、运行和管理，何为日常管理意义上的维修，何为需用住宅专项维修资金进行的维修，并且约定日常管理意义上的维修由物业公司从向业主收取的物业服务费中进行承担，需用住宅专项维修资金进行的维修应按照法定程序进行。本案中物业服务公司的诉求不符合上述法律规定使用住宅专项维修资金情形和使用的程序，因此，没有得到法院的支持。

有关法律规定

建设部财政部《住宅专项维修资金管理办法》

第二条　商品住宅、售后公有住房住宅专项维修资金的交存、使用、管理和监督，适用本办法。

本办法所称住宅专项维修资金，是指专项用于住宅共用部位、共用设施设备保修期满后的维修和更新、改造的资金。

第十条　业主大会成立前，商品住宅业主、非住宅业主交存的住宅专项维修资金，由物业所在地直辖市、市、县人民政府建设（房地产）主管部门代管。

直辖市、市、县人民政府建设（房地产）主管部门应当委托所在地一家商业银行，作为本行政区域内住宅专项维修资金的专户管理银行，开立住宅专项维修资金专户，应当以物业管理区域为单位设账，按房屋户门号设分户账；未划定物业管理区域的，以幢为单位设账，按房屋户门号设分户账。

第十四条　专户管理银行、代收住宅专项维修资金的售房单位应当出具由财政部或者省、自治区、直辖市人民政府财政部门统一监制的住宅专项维修资金专用票据。

第十五条　业主大会成立后，应当按照下列规定划转业主交存的住宅专项维修资金：

（一）业主大会应当委托所在地一家商业银行作为本物业管理区域内住宅专项维修资金的专户管理银行，开立住宅专项维修资金专户，应当以物业管理区域为单位设账，按房屋户门号设分户账。

（二）业主委员会应当通知所在地直辖市、市、县人民政府建设（房地产）主管部门；涉及已售公有住房的，应当通知负责管理公有住房住宅专项维修资金的部门。

（三）直辖市、市、县人民政府建设（房地产）主管部门或者负责管理公有住房住宅专项维修资金的部门应当在收到通知之日起30日内,通知专户管理银行将该物业管理区域内业主交存的住宅专项维修资金账面余额划转至业主大会开立的住宅专项维修资金账户,并将有关账目等移交业主委员会。

第十六条 住宅专项维修资金划转后的账目管理单位,由业主大会决定。业主大会应当建立住宅专项维修资金管理制度。

业主大会开立的住宅专项维修资金账户,应当接受所在地直辖市、市、县人民政府建设(房地产)主管部门的监督。

第二十二条 住宅专项维修资金划转业主大会管理前,需要使用住宅专项维修资金的,按照以下程序办理:

(一)物业服务企业根据维修和更新、改造项目提出使用建议;没有物业服务企业的,由相关业主提出使用建议;

(二)住宅专项维修资金列支范围内专有部分占建筑物总面积三分之二以上的业主且占总人数三分之二以上的业主讨论通过使用建议;

(三)物业服务企业或者相关业主组织实施使用方案;

(四)物业服务企业或者相关业主持有关材料,向所在地直辖市、市、县人民政府建设(房地产)主管部门申请列支;其中,动用公有住房住宅专项维修资金的,向负责管理公有住房住宅专项维修资金的部门申请列支;

(五)直辖市、市、县人民政府建设(房地产)主管部门或者负责管理公有住房住宅专项维修资金的部门审核同意后,向专户管理银行发出划转住宅专项维修资金的通知;

(六)专户管理银行将所需住宅专项维修资金划转至维修单位。

第二十三条 住宅专项维修资金划转业主大会管理后,需要使用住宅专项维修资金的,按照以下程序办理:

(一)物业服务企业提出使用方案,使用方案应当包括拟维修和更新、改造的项目、费用预算、列支范围、发生危及房屋安全等紧急情况以及其他需临时使用住宅专项维修资金的情况的处置办法等;

(二)业主大会依法通过使用方案;

(三)物业服务企业组织实施使用方案;

(四)物业服务企业持有关材料向业主委员会提出列支住宅专项维修资金;同第二十二条第四项;

(五)业主委员会依据使用方案审核同意,并报直辖市、市、县人民政府建设(房地产)主管部门备案;动用公有住房住宅专项维修资金的,经负责管理公有住房住宅专项维修资金的部门审核同意;直辖市、市、县人民政府建设(房地产)主管部门或者负责管理公有住房住宅专项维修资金的部门发现不符合有关法律、法规、规章和使用方案的,应当责令改正;

(六)业主委员会、负责管理公有住房住宅专项维修资金的部门向专户管理银行发出划转住宅专项维修资金的通知;

(七)专户管理银行将所需住宅专项维修资金划转至维修单位。

七、住宅专项维修资金诉求是否适用诉讼时效

基本理论

诉讼时效是指民事权利受到侵害的权利人在法定的时效期间内不行使权利,当时效期间届满时,权利人将失去胜诉权利,即胜诉权利归于消灭。在法律规定的诉讼时效期间内,权利人提出请求的,人民法院可判决强制义务人履行所承担的义务,而在法定的诉讼时效期间届满之后,权利人行使请求权的,人民法院就不再予以保护。值得注意的是,诉讼时效届满后,义务人虽可拒绝履行其义务,但权利人请求权的行使仅发生障碍,权利本身并不消灭。当事人超过诉讼时效后起诉的,人民法院应当受理。受理后,如另一方当事人提出诉讼时效抗辩且查明无中止、中断、延长事由的,判决驳回其诉讼请求。如果另一方当事人未提出诉讼时效抗辩,则视为其自动放弃该权利,法院不得依照职权主动适用诉讼时效,应当受理并支持其诉讼请求。

适用诉讼时效的要件:(1)须有请求权的存在。诉讼时效是对请求权的限制,没有请求权,也就无从适用诉讼时效。(2)须有怠于行使权利的事实。诉讼时效是对权利人的督促,实际上也是对义务人的保护,如果权利人怠于行使权利经过一定的期间,又没有其他事由致使诉讼时效中断或中止,则诉讼时效产生法律效果。(3)怠于行使权利的事实持续存在,致使诉讼时效期间届满。届满有时又称为诉讼时效结束、诉讼时效完成。诉讼时效届满,权利人的胜诉权自动消灭。如果有使诉讼时效中断、中止的事实,诉讼时效还可以“拉长”,即中断时重新计算,中止时将中止时间段剔除后继续计算。

诉讼时效的特征如下:(1)诉讼时效不受当事人的意志控制,并能发生权利消灭,属于法律事实中的事件;(2)诉讼时效由法律规定,当事人不得自行约定;(3)诉讼时效的效果是期间与事实的结合;(4)诉讼时效仅适用于请求权,但并非所有的请求权如物上请求权;(5)法官无权主动释明并适用该时效的规定,需要当事人提出适用该制度;(6)诉讼时效的起算从权利人知道或应当知道其权利受到侵害之日起开始计算,即从权利人能行使请求权之日起算。

典型案例

住宅专项维修资金诉求不适用诉讼时效

——上诉人曾××因与被上诉人厦门××物业管理有限公司物业服务合同纠纷一案①

1. 案情简介

上诉人(原审被告):曾××

被上诉人(原审原告):厦门××物业管理有限公司

福建省厦门市中级人民法院在审理上诉人曾××不服厦门市思明区人民法院(2015)思民初字第3836号民事判决上诉一案中,上诉人曾××上诉称,(1)原审判决认定事实错误,曾××与厦门××物业管理有限公司现在并无物业服务关系。①根据物业管理条例第24条第2项"住宅物业的建设单位,应当通过招投标的方式选聘具有相应资质的物业服务企业;投标人少于3个或者住宅规模较小的,经物业所在地的区、县人民政府房地产行政主管部门批准,可以采用协议方式选聘具有相应资质的物业服务企业"。曾××所在小区原物业公司为厦门华××物业管理有限公司,何时改为厦门××物业管理有限公司曾××完全不清楚,厦门××物业管理有限公司与厦门嘉×房地产开发有限公司并未依法依照程序进行选聘,原审判决对曾××与厦门××物业管理有限公司之间物业关系的认定违反事实。②厦门××物业管理

① 参见福建省厦门市中级人民法院(2015)厦民终字第3778号民事判决书。

有限公司起诉时共提供4份《阳光××前期物业服务合同》,最后一份合同的期限截至2013年9月30日,开庭时厦门××物业管理有限公司陈述因无法找到房产开发公司工作人员所以之后未签订合同,但原审庭审之后,厦门××物业管理有限公司却又提供了一份合同(期限截至2016年9月30日),厦门××物业管理有限公司作为一审原告在庭审前都没有将期限截至2016年9月30日的合同,该份合同明显已经超过举证期限,曾××在一审过程中对该份合同的真实性也明确提出了质疑。原审判决对该份合同的认可明显认定事实错误。(2)原审判决缺乏依据。①依照第一点所述,曾××与厦门××物业管理有限公司之间并无物业关系,所以曾××无向厦门××物业管理有限公司交纳物业费的义务。退一步说,即使曾××与厦门××物业管理有限公司有事实上的物业服务关系,原审判决的物业费计算单价也是有误的。厦门××物业管理有限公司作为原审原告却在开庭后,才补充提交所谓最新"合同",曾××认为该份合同(期限截至2016年9月30日)早已超过举证时间,且不是真实的合同。即使是曾××与厦门××物业管理有限公司有事实物业服务关系。在无合同的情况下,物业费应当以厦价房〔2008〕157号文件规定的明确价格为准,即每平方米每月1.10元,而非以1.8元。厦门××物业管理有限公司在一审过程中提供多份合同均与厦门市物价局文件相冲突,其提供的第一份合同(2008年9月30日签订)与厦价房〔2003〕131号文件相冲突,之后连续签订的3份合同则均与厦价房〔2008〕157号文件的规定相冲突。厦门××物业管理有限公司提供的厦门市物价局的复函本身也是与厦价房〔2008〕157号文件的规定相冲突的。曾××认为,复函并非正式文件,复函未明确价格,复函内关于公示的明确要求厦门××物业管理有限公司均未做到。因此法院依据复函并采用合同内的每平方米每月1.8元,明显是没有依据的。②关于违约金,曾××认为厦门××物业管理有限公司及其前一任物业公司厦门华××物业管理有限公司均未履行其物业服务的职责,房屋漏水而物业公司却迟迟不予处理是曾××最早未缴交物业费的原因。分明是物业公司先未尽到服务义务,曾××历时几年协商均无果,无可奈何只得自行进行修缮。即使是曾××与厦门××物业管理有限公司存在事实上的物业关系,厦门××物业管理有限公司也存在多收费的问题。原审判决曾××需要承担相关费用的违约金并无依据。③原审判决对物业费、公摊电费的判决均采纳了曾××的诉讼时效抗辩，但是对住宅专项维修资金的判决却不采纳诉讼时效抗辩，明显前后矛盾。另外，关于住宅专项维修资金，厦门××物业管理有限公司也仅是代收，并未为曾××进行垫付，并且厦门××物业管理有限公司存在多收费问题，其在一审时主张每平方米每月0.3元，法院也认为其存在多收费，仅支持每平方米每月0.2元，曾××有权进行抗辩，不予缴纳。④根据《厦门公共水电管理办法》第14条“房产建设单位和物业服务单位及其所属企业的办公用水用电或经营用水用电，由使用人承担不得作为公共用水用电向业主分摊”。原小区建设时搭盖的临时用房及92~95号房屋及店面，部分由物业单位的工作人员居住使用，部分进行出租，游泳池本身进行经营收费，上述所述部分在使用、经营过程中的用水用电仍然分摊至业主，明显违法相关规定。法院予以支持明显没有依据。综上，请求：(1)撤销原审判决，改判驳回厦门××物业管理有限公司的诉讼请求或将本案发回重审；(2)一、二审诉讼费均由厦门××物业管理有限公司负担。

被上诉人厦门××物业管理有限公司答辩称，自2008年9月1日起，曾××已经欠费长达八年，厦门××物业管理有限公司迫于无奈才提起诉讼。曾××未把业主信息告知厦门××物业管理有限公司，所以，拖至2016年通过其他手段查到信息后才诉讼。在长达八年的时间里，曾××没有缴费，但却享受了物业管理服务。曾××作为可以购买别墅的业主，长达八年无偿享受厦门××物业管理有限公司提供的服务，其还称没有享受过我方的服务，还称与我方没有物业服务关系。因讼争小区至今没有成立业委会，所以，厦门××物业管理公司和开发商签订的合同是仍有效力。现本小区绝大多数业主都是按时按额缴交的，曾××没有缴费还要求厦门××物业管理有限公司去维修漏雨问题，而漏雨却是曾××自己房屋的问题，不是公共部分。关于物业管理费缴交标准的问题，物价局已经明确规定了有关别墅部分是市场调节价，且别墅的维护管理级别更高。曾××上诉主张称厦门××物业管理有限公司须履行职责，又称与其没有物业服务关系，还要求去维修房屋，上述主张是自相矛盾的。至于公摊水电费，讼争小区的公摊部分有区别，计费的电表、水表均是分开安装的，不存在业主负担除公摊外的水电费问题。

2. 法院裁判及观点

福建省厦门市中级人民法院认为，厦门××物业管理有限公司与小区建设单位于2015年所签订的《阳光××前期物业服务合同》应认定合法有效，曾××并无证据证明该合同系属虚假，其仅以厦门××物业管理有限公司在原审庭审后提交即否认其真实性和有效性，缺乏事实和法律依据，应予以驳回。依据《物业服务解释》第1条之规定，该合同约束全体业主，则曾××应当依约履行。讼争房产属于别墅，厦门市物价局于2008年11月6日作出厦价函〔2008〕61号复函，明确采市场调节价，故厦门××物业管理有限公司据此按1.8元/平方米·月收取物业管理费并无不当，应当予以支持，曾××以复函不属文件为由予以抗辩明显缺乏依据，应予以驳回。曾××另上诉主张其房屋漏水，厦门××物业管理有限公司不予修理从而其可相应不予支付物业管理费，但其并未举证证明该漏水原因系由于小区公用管线等原因所致，属厦门××物业管理有限公司的维修范围，故其以此拒绝支付物业管理费缺乏事实依据，应予以驳回。曾××另上诉主张小区内店面、游泳池等水电费由其分摊，但其亦无法举证证明该事实，故亦予以驳回。至于曾××上诉主张的公共维修金亦应适用诉讼时效的问题，公共维修金事关全体业主利益，业主不予缴交实际上侵犯的是全体业主的利益，产生的侵权行为是连续的，不应适用诉讼时效的规定，厦门××物业管理有限公司有权代为主张。综上，曾××的上诉主张缺乏事实和法律依据，应当予以驳回。原审判决认定事实清楚，适用法律正确，应予维持。二审法院依照《民事诉讼法》第170条第1款第1项的规定，判决：驳回上诉，维持原判。

本案二审案件受理费363元，由上诉人曾××负担。

3. 案例评析

本案的焦点问题之一是物业服务公司请求业主交纳住宅专项维修资金是否适用诉讼时效。一般认为，诉讼时效是对权利人的督促，实际上也是对义务人的保护，如果权利人怠于行使权利经过一定的期间，又没有其他事由致使诉讼时效中断或中止，则诉讼时效产生法律效果。诉讼时效并非适用于所有的民事权利，在权利的种类体系中，诉讼时效仅适用于债权请求权（但并非所有的请求权如物上请求权）及其救济权。住宅专项维修资金是专项用于房屋本体共用部分、共用设备保修期满后的维修和更新资金。交纳住宅专项维修资金是业主的法定义务，交纳的住宅专项维修资金也归业主所有，物业服务企业仅是代收代管单位，其对住宅专项维修资金不享有权利。如前所述，诉讼时效制度只适用于部分债权请求权，而物业服务公司请求业主交纳住宅专项维修资金不是基于物业服务公司与业主之间的债权债务关系，物业服务公司对业主应交纳的住宅专项维修资金不享有债权，因而其请求业主交纳住宅专项维修资金的行为不是债权请求权，不能适用诉讼时效制度。

有关法律规定

《中华人民共和国民法通则》

第一百四十条　诉讼时效因提起诉讼、当事人一方提出要求或者同意履行义务而中断。从中断时起，诉讼时效期间重新计算。

《中华人民共和国民事诉讼法》

第二百三十九条　申请执行的期间为二年。申请执行时效的中止、中断，适用法律有关诉讼时效中止、中断的规定。

前款规定的期间，从法律文书规定履行期间的最后一日起计算；法律文书规定分期履行的，从规定的每次履行期间的最后一日起计算；法律文书未规定履行期间的，从法律文书生效之日起计算。

《物业管理条例》

第三十五条　业主委员会应当与业主大会选聘的物业服务企业订立书面的物业服务合同。

物业服务合同应当对物业管理事项、服务质量、服务费用、双方的权利义务、专项维修资金的管理与使用、物业管理用房、合同期限、违约责任等内容进行约定。

建设部《住宅专项维修资金管理办法》

第二条　商品住宅、售后公有住房住宅专项维修资金的交存、使用、管理和监督，适用本办法。

本办法所称住宅专项维修资金，是指专项用于住宅共用部位、共用设施设备保修期满后的维修和更新、改造的资金。

第六条　下列物业的业主应当按照本办法的规定交存住宅专项维修资金：

（一）住宅，但一个业主所有且与其他物业不具有共用部位、共用设施设备的除外；

（二）住宅小区内的非住宅或者住宅小区外与单幢住宅结构相连的非住宅。

前款所列物业属于出售公有住房的，售房单位应当按照本办法的规定交存住宅专项维修资金。

第九条　业主交存的住宅专项维修资金属于业主所有。

从公有住房售房款中提取的住宅专项维修资金属于公有住房售房单位所有。

第十条　业主大会成立前，商品住宅业主、非住宅业主交存的住宅专项维修资金，由物业所在地直辖市、市、县人民政府建设（房地产）主管部门代管。

直辖市、市、县人民政府建设（房地产）主管部门应当委托所在地一家商业银行，作为本行政区域内住宅专项维修资金的专户管理银行，开立住宅专项维修资金专户，应当以物业管理区域为单位设账，按房屋户门号设分户账；未划定物业管理区域的，以幢为单位设账，按房屋户门号设分户账。

第三节
物业管理合同的履行与责任承担

一、物业管理服务存在瑕疵的可否请求核减物业费用

基本理论

我国理论界关于违约行为形态有不同的认识。王利明教授认为,违约行为分为预期违约与实际违约。实际违约包括:不履行或完全不履行、迟延履行、不适当履行、其他类型的不完全履行,不适当履行又分为加害给付和瑕疵履行,其他类型的不完全履行分为部分履行、履行方法或地点不当等违反合同义务的行为。[①] 梁慧星教授将违约形态分为履行迟延、瑕疵履行、不完全履行、拒绝履行与履行不能等几种。[②] 还有学者将实际违约分为不履行或完全不履行、瑕疵履行和迟延履行;瑕疵履行又包括履行数量、时间、地点与约定不符的情形、违反附随义务情形等其他不符合约定的行为情形。王利明教授的观点将瑕疵履行划分在不适当履行中,不适当履行仅指履行质量不符合规定的情况,而不包括履行数量、地点和方式的不适当,并将其分为两类:瑕疵履行和加害给付。叶林将不履行和瑕疵履行外的其他类型的不完全类型都归入瑕疵履行中。

《合同法》第111条规定:"质量不符合约定的,应当按照当事人的约定承担违约责任。对违约责任没有约定或者约定不明确,依照本法第六十一条的规定仍不能确定的,受损害方根据标的的性质以及损失的大小,可以合理选

---

① 参见王利明著:《民法新论》(上),中国政法大学出版社1988年版,第293页。

② 参见梁慧星著:《民法》,四川大学出版社1988年版,第403~404页。

择要求对方承担修理、更换、重作、退货、减少价款或者报酬等违约责任。”当债务人履行合同具有瑕疵时，债务人该承担什么样的责任，理论界有不同的认识，有学者认为瑕疵履行行为人应承担修理、更换、重作、退货的违约责任，有学者认为瑕疵履行行为人应承担减少价款、报酬的违约责任。关于减少价款的违约责任，理论界也有不同的认识。

针对以质量不符合约定为典型代表的合同债务不完全履行，履行不完全或者不符合质量要求属于事实问题，基于公平原则而求“按质论价”属于价值问题，此二者于今日中国合同法中俱已存在，也就是《合同法》第111条对质量不符合约定所规定的“减少价款或者报酬”的违约责任（以下简称减价）。[①]减价可追溯至罗马法上的“减价之诉”，是由市政官创设的诉讼。市政官告示曾规定，在公共市场上出售奴隶或牲畜的人，应向买受人保证：标的物中不隐藏瑕疵，并且如发现瑕疵，将双倍返还价款；因而，买受人在发现隐蔽瑕疵后的当年内，有权提起解除买卖合同之诉，或在愿意保留买卖标的物的情况下，提起减价之诉，要求根据价值受损情况削减价格。[②] 后世大陆法系的立法，关于减价的规定，大多是出现在关于买卖合同的规定中，是作为物的瑕疵担保的效力。我国《合同法》第111条规定了减价责任。自体系以言，该条规定位于合同法“总则”中，减价被作为一种违约责任，而没有特别作为物的瑕疵担保责任，宜特别注意。另外，合同法“分则”中亦有关于减价责任的规定。《建设工程施工合同解释》第11条规定：“因承包人的过错造成建设工程质量不符合约定，承包人拒绝修理、返工或者改建，发包人请求减少支付工程价款的，应予支持。”

有学者认为，减价必须具备如下几个条件：（1）积极要件之一：标的物存在瑕疵买受人主张减价首先必须满足的条件是，出卖人交付的标的物具有瑕疵。（2）积极要件之二：用尽前顺位的法律救济在买受人所享有的法律救济问题上，我国《合同法》只在第111条作出了一般性的列举，即债权人可以合理选择要求对方承担修理、更换、重作、退货、减少价款或者报酬等违约责任，然而这种单纯性的列举不应构成法律救济的顺位规定，而应属于对债权人所

---

① 参见韩世远：《减价责任的逻辑构成》，载《清华法学》2008年第1期。

② 参见黄风编著：《罗马法词典》，中国政法大学出版社2002年版，第16页。

能享有的法律救济的规定。在买卖标的物存在瑕疵的情形,首先应当适用前一顺位的法律救济,也就是首先应当适用修复性的法律救济,只有在此种手段被用尽完毕之后,才能够考虑减价和解除这些后顺位的法律救济;当然,在瑕疵性质十分严重的场合,或者在其他的正当化场合,如在出卖人明确表示拒绝再履行的情况下,买受人不再需要采取前顺位的救济手段,而可以通行采取后顺位的法律救济。(3)消极要件之一:不要求瑕疵具有显著性。在瑕疵显著性的问题上,我国《合同法》未作规定,是为不足,但在解释上应认为瑕疵的显著性构成减价的消极要件。减价虽然与解除存在择一性质的关系,但二者的适用条件并不完全相同,具体表现在解除要求瑕疵具有显著性,也就是要求达到一定的程度;反之,如果瑕疵并不显著,则买受人不得解除合同。减价则不要求具备这一条件,即无论瑕疵显著还是不显著,买受人都可以主张减价,这是因为与合同解除不同,减价只引起合同等价关系的调整,而不引起合同给付最终性的清算了结。①

典型案例

物业管理服务存在瑕疵的可以请求核减物业费用

——马鞍山市××物业管理有限公司与被告陈某某物业服务合同纠纷一案②

1. 案情简介

上诉人(原审原告):马鞍山市××物业管理有限公司

被上诉人(原审被告):陈某某

安徽省马鞍山市中级人民法院在审理马鞍山市××物业管理有限公司(以下简称××物业公司)不服安徽省当涂县人民法院(2016)皖0521民初1911号民事判决上诉一案中,××物业公司上诉请求:依法改判陈某某全额支付物业费1238元。事实和理由:根据双方约定,陈某某按照每月每平方米

① 参见杜景林:《我国合同法上的减价制度的不足与完善》,载《法学》2008年第4期。

② 参见安徽省马鞍山市中级人民法院皖05民终1197号民事判决书。

0.5 元向××物业公司交纳了近两年的物业费，而一审以平台及夹缝存有垃圾为由，认定××物业公司服务有瑕疵，按照每月每平方米 0.35 元的标准计算物业费，属滥用自由裁量权。

陈某某辩称，因××物业公司对环境卫生服务未尽义务，其应当少交物业费，请求二审维持原判。

2. 法院裁判及观点

安徽省马鞍山市中级人民法院认为，本案的争议焦点为：原审对物业服务费的认定是否适当。根据双方签订的《××华府前期物业管理服务协议》第 3 条约定，环境卫生标准应为：环境整洁、无裸露垃圾、无垃圾死角、无污染、生活垃圾日产日清。××物业公司作为××华府小区的物业服务单位，应当按照合同的约定，全面履行物业管理服务的义务。根据陈某某在原审中提供的照片，可以反映出该小区楼顶平台上存在有积水和垃圾，××物业公司并未及时清理，其在物业管理服务中存在服务瑕疵，故原审酌定按原收费标准的 70% 确定物业管理费，较为适当。

综上所述，××物业公司的上诉请求不能成立，应予驳回；一审判决认定事实清楚，适用法律正确，应予维持。依照《民事诉讼法》第 170 条第 1 款第 1 项规定，判决：驳回上诉，维持原判。

二审案件受理费 50 元，由马鞍山市××物业管理有限公司负担。

3. 案例评析

本案中，陈某某与××物业公司签订的《××华府前期物业管理服务协议》系双方当事人的真实意思表示，合法有效，双方均应按照物业服务协议履行。根据《合同法》第 5 条之规定，当事人应当遵循公平原则确定各方的权利和义务，物业公司应当向业主提供与其收费标准相匹配的质价相符的物业服务。楼顶平台属公共面积，××物业公司对此负有清扫义务，根据涉案物业协议约定的“无裸露垃圾，日产日清”标准，该平台存在积水、垃圾漂浮、有异味的情形，说明××物业公司的物业服务存有明显瑕疵。《合同法》第 111 条规定：“质量不符合约定的，应当按照当事人的约定承担违约责任。对违约责任没有约定或者约定不明确，依照本法第六十一条的规定仍不能确定的，受损害方根据标的的性质以及损失的大小，可以合理选择要求对方承担修理、更换、重作、退货、减少价款或者报酬等违约责任。”××物业公司对平台的服务没有达到合同约定的标准，说明××物业公司未全面履行合同义务，履行具有瑕疵，根据标的的性质，受损害方即业主可以主张减少价款。法院综合考虑高层住宅的计费标准，根据物业服务内容的范围及物业公司存在的服务问题，对陈某某所欠物业服务费用，酌定核减30%的比例，符合相关法律规定。

有关法律规定

《中华人民共和国合同法》

第六十一条　合同生效后，当事人就质量、价款或者报酬、履行地点等内容没有约定或者约定不明确的，可以协议补充；不能达成补充协议的，按照合同有关条款或者交易习惯确定。

第一百一十一条　质量不符合约定的，应当按照当事人的约定承担违约责任。对违约责任没有约定或者约定不明确，依照本法第六十一条的规定仍不能确定的，受损害方根据标的的性质以及损失的大小，可以合理选择要求对方承担修理、更换、重作、退货、减少价款或者报酬等违约责任。

二、业主能否以房屋存在质量等问题为由拒交物业费

基本理论

合同相对性原则是传统合同法理论中的一项重要原则。这一原则最早可溯源至古罗马法，其固有含义是指合同的效力仅及于合同当事人，只有合同当事人才能享有合同约定的权利，只有合同当事人才应负担合同约定的义务，合同对第三人不具有强制力。王利明教授认为："合同相对性是指合同主要在特定的当事人之间发生法律约束力，只有合同当事人一方能基于合同向对方提出请求或提起诉讼，而不能向与其无合同关系的第三人提出合同上的请求，也不能擅自为第三人设定合同上的义务，合同债权也主要受合同法的保护。"①

① 王利明：《论合同的相对性》，载《中国法学》1996年第4期。

按照合同相对性原则，合同关系是特定当事人之间的关系，只有债权人才能请求债务人履行合同项下所约定的义务，也只有债务人才负有此项义务。第三人不是合同关系的当事人，因此，其既不能享有合同权利，也不必负担合同义务。合同的相对性表现在以下几个方面：一是主体的相对性。所谓主体的相对性，是指合同关系只能发生在特定的主体之间，只有合同当事人一方能够向合同的另一方当事人基于合同提出请求或提起诉讼。首先，合同关系是在特定人之间发生的法律关系，只有合同关系当事人彼此之间才能相互提出请求，与合同关系无关的第三人，不能依据合同向合同当事人提出请求或者提起诉讼。其次，合同一方当事人只能向另一方当事人提出合同上的请求和提起诉讼，而不能向与其无合同关系的第三人提出合同上的请求及诉讼。二是内容的相对性，即指除法律、合同另有规定以外，只有合同当事人才能享有合同规定的权利，并承担该合同规定的义务，当事人以外的任何第三人不能主张合同上的权利，更不负担合同中规定的义务。在双务合同中，还表现为一方的权利就是另一方的义务，权利义务相互对应。三是责任的相对性，即指违约责任只能在特定的合同关系当事人之间发生，合同关系以外的人不负违约责任，合同当事人也不对其承担违约责任。

合同订立过程的合同相对性原则，主要体现在合同订立的要约、承诺规则之中。要约、承诺的效力仅指向相对方，并且要约人与承诺人仅受自己和相对方意思的约束。合同履行过程的合同相对性原则，主要体现在合同仅在当事人之间发生法律效力，而不能为第三人设定义务或让第三人承担责任。在合同履行过程中，合同权利行使以及义务履行的对象与内容指向都具有相对性。第一，合同权利由合同中的权利人向相对人主张，而不能向合同外的第三人主张。第二，合同义务由合同中的义务人向权利人履行，只有合同中的权利人有权要求义务人向其履行合同义务，合同以外的第三人不能要求该义务人履行合同中的义务。第三，为第三人利益合同与由第三人履行合同需要合同当事人的明确约定，且不因此而使该第三人取得合同主体地位。第四，不履行或者不适当履行的违约行为只能是合同当事人的行为，由于第三人的原因导致合同当事人一方违反合同，也只能认定为合同当事人实施了违约行为，由其承担违约责任，不能认定为第三人违约。

合同相对性原则是确立合同纠纷诉讼中当事人的根据之一。特定当事人间的特定合同是确立合同纠纷诉讼当事人的直接根据。依据合同相对性原则,合同实体性权利、义务关系具有相对性和特定性。相应地,程序法上除了法律另有规定外,“只有合同当事人才能依据合同提起诉讼”,成为合同纠纷案件的当事人(成为原告、被告或者第三人),合同以外的第三人一般不能成为合同案件的当事人。合同当事人与合同纠纷中的当事人一般具有同一性、重合性和对应性。

《合同法》第66条、第67条、第68条、第69条规定了双务合同履行的同时履行抗辩权、先履行抗辩权和不安抗辩权。同时履行抗辩权,又称为履行合同的抗辩权或不履行抗辩权,是指在双务合同中,双方互负债务,没有先后履行顺序的,应当同时履行义务,当事人一方在相对方没有作出对待给付之前,或者作出对待给付不符合合同约定时,依法享有的有权拒绝自己的履行或相应履行的权利。《合同法》第66条“当事人互负债务,没有先后履行顺序的,应当同时履行。一方在对方履行之前有权拒绝其履行要求。一方在对方履行债务不符合约定时,有权拒绝其相应的履行要求”,就是对同时履行抗辩权的规定。先履行抗辩权是指当事人在双务合同中约定了履行债务的先后顺序,应先履行一方当事人未履行债务的或先履行一方履行债务不符合约定的,后履行一方依法享有的有权拒绝先履行一方履行请求或拒绝先履行一方相应履行请求的权利。《合同法》第67条“当事人互负债务,有先后履行顺序,先履行一方未履行的,后履行一方有权拒绝其履行要求。先履行一方履行债务不符合约定的,后履行一方有权拒绝其相应的履行要求”,就是对先履行抗辩权的规定。不安抗辩权是在双务合同中应当先履行债务的当事人,有确切证据证明后履行一方当事人履行合同债务能力丧失或可能丧失时,先履行债务当事人依法享有的可以中止履行债务的权利。《合同法》第68条“应当履行债务的当事人,有确切证据证明对方有下列情形之一的,可以中止履行:(一)经营状况严重恶化;(二)转移财产、抽逃资金,以逃避债务;(三)丧失商业信誉;(四)有丧失或者可能丧失履行债务能力的其他情形。当事人没有确切证据中止履行的,应当承担违约责任”,就是对不安抗辩权的规定。《合同法》第69条“当事人依照本法第六十八条的规定中止履行的,应当及时通知对方。对方提供适当担保时,应当恢复履行。中止履行后,对方在合理期限内未恢复履行能力并且未提供适当担保的,中止履行的一方可以解除合同”，就是对行使不安抗辩权的法律效力的规定。

典型案例

因房屋质量问题产生的纠纷应由双方依据商品房买卖合同约定的方式解决，不以此为由拒交物业费

——徐州某物业管理有限公司与彭某某物业服务合同纠纷一案①

1. 案情简介

原告：徐州某物业管理有限公司

被告：彭某某

江苏省徐州市鼓楼区人民法院在审理徐州某物业管理有限公司与彭某某物业服务合同纠纷一案中，原告物业公司诉称，被告彭某某是徐州市××嘉苑小区15号楼某室的业主，根据我公司与业主签订的前期物业管理服务协议合同及与×××社区居委会签订的××嘉苑小区物业服务合同之约定，被告于2012年3月5日至2014年6月30日期间接受我公司的物业服务，共拖欠物业服务费、公共能耗费及违约金合计7324.88元。其间虽经原告多次催缴，被告至今仍拒绝缴纳，现诉至法院，请求判令被告支付2012年3月5日至2014年6月30日的物业管理费2787.68元、公共能耗费233.33元及违约金4303.87元，合计7324.88元；诉讼费用由被告承担。

被告彭某某辩称，对原告主张的2012年3月5日至2014年6月30日期间未交物业服务费及公共能耗费的事实认可。但是，未交物业费是有原因的：一是被告没有按合同约定给我们供暖；二是被告的房屋有一间卧室渗水发霉，多次向物业反映，物业答应处理但一直未给解决；三是小区公共停车位被改造成了绿地，损害了业主的利益。只要物业公司将被告提出的问题解决好，被告就同意缴物业服务费和公共能耗费，但是，关于违约金被告不同意承担，因为房屋出现渗水问题时被告就向物业反映过，是由于被告未给解决被告才未交物业费的。

---

① 参见江苏省徐州市鼓楼区人民法院(2015)鼓民初字第0910号民事判决书。

2. 法院裁判及观点

江苏省徐州市鼓楼区人民法院认为,原、被告签订的《××嘉苑一期前期物业管理服务协议书》系双方真实意思表示,不违反法律、法规的强制性规定,合法有效。根据相关规定,对暂未成立业主委员会的,由社区居委会代行职权,应急情况下,由社区居委会代为选聘物业服务企业。本案中,原告与徐州市鼓楼区×××社区居民委员会签订的《××嘉苑前期物业管理服务合同》合法有效,对全体业主具有法律约束力。双方当事人应诚信、全面履行协议约定的内容。

关于原告物业公司主张的物业费及公共能耗费的问题。原告依据双方约定收费标准及被告房屋的面积,主张被告应支付2012年3月5日至2014年6月30日期间的物业费2787.68元、公共能耗费233.33元。庭审中,被告彭某某认可其拖欠原告上述期间的物业管理费,并对原告主张的涉案房屋的物业费及能耗费的收费标准不持异议,经核算,法院依法支持原告上述期间的物业管理费用2774.79元及公共能耗费233.33元。

关于原告主张的违约金问题。原告主张被告逾期未缴纳物业管理服务费,构成违约,应依据合同约定按每日千分之三支付违约金,被告辩称系因原告未予解决其房屋渗水问题而未交物业管理费。但被告房屋质量问题并不属于原告物业公司应承担的责任范围,且依据双方合同约定,"因房屋质量、小区配套设施等非乙方责任给甲方带来生活不便与损失,乙方有义务协助甲方要求责任单位予以解决,甲方不得以此为借口拒交物业管理费",故对被告的抗辩,法院不予采信。被告未按时缴纳物业管理服务费,构成违约,应当承担相应的违约责任。原告物业公司未举证证明因被告彭某某逾期交纳物业服务费而造成的损失,该损失应以同期贷款利息损失为标准进行计算。原告物业公司主张以每日千分之三为标准计算的违约金,过分高于造成的损失,应予以适当减少,法院现按中国人民银行同期同类贷款基准利率上浮30%为标准进行计算,故法院依法支持原告的违约金为318.45元。

综上,依据《合同法》第107条、第109条、第114条,《物业管理条例》第42条第1款、第67条,《合同法解释(二)》第29条之规定,判决:被告彭某某于本判决生效后10日内向原告徐州某物业管理有限公司支付物业服务费2774.79元、公共水电费233.33元及违约金318.45元,合计3326.57元。

如果未按本判决指定的期间履行给付金钱义务，应当依照《民事诉讼法》第253条之规定，加倍支付迟延履行期间的债务利息。

案件受理费50元，减半收取25元，由被告彭某某负担（与上述款项一并给付原告）。

3. 案例评析

本案的事实并不复杂，正确处理案件的关键在于认清合同的相对性。因房屋质量问题引发的物业合同纠纷案件中，要分清房屋买卖合同和物业服务合同是两个不同的合同。房屋买卖合同的主体是开发商和购房人，因房屋质量问题产生的纠纷应由双方依据商品房买卖合同约定的方式解决，如果是开发商违约，购房人可以向法院提起诉讼，要求开发商承担违约责任，而不能要求与房屋买卖合同无关的第三人承担违约责任。物业服务合同的主体是业主与物业公司。根据物业服务合同的约定，物业服务公司提供物业服务，业主有享有物业服务的权利负有交付物业服务费的义务。如果业主享有了物业服务而不交纳物业费则构成违约，物业公司可以向法院起诉要求业主支付物业费。合同的履行抗辩权必须以合同义务为基础，只有在对方没有履行合同义务的前提下，合同一方当事人才可以援引合同约定向对方请求履行合同义务。也正是因为这种原因，业主不能因为房屋的质量问题而拒交物业费。司法实践中通常是支持物业公司要求业主给付物业费的诉讼请求，同时告知业主可以另诉房产商以维护其合法权益。在本案中，原告与徐州市鼓楼区×××社区居民委员会签订的《××嘉苑前期物业管理服务合同》合法有效，对全体业主具有法律约束力。合同中明确“因房屋质量、小区配套设施等非乙方责任给甲方带来生活不便与损失，乙方有义务协助甲方要求责任单位予以解决，甲方不得以此为借口拒交物业管理费”，因此，被告辩称系因原告未予解决其房屋渗水问题而未交物业管理费的抗辩理由不成立。

有关法律规定

《中华人民共和国合同法》

第一百零七条　当事人一方不履行合同义务或者履行合同义务不符合约定的，

应当承担继续履行、采取补救措施或者赔偿损失等违约责任。

第一百零九条　当事人一方未支付价款或者报酬的，对方可以要求其支付价款或者报酬。

第一百一十四条　当事人可以约定一方违约时应当根据违约情况向对方支付一定数额的违约金，也可以约定因违约产生的损失赔偿额的计算方法。

约定的违约金低于造成的损失的，当事人可以请求人民法院或者仲裁机构予以增加；约定的违约金过分高于造成的损失的，当事人可以请求人民法院或者仲裁机构予以适当减少。

当事人就迟延履行约定违约金的，违约方支付违约金后，还应当履行债务。

《物业管理条例》

第四十二条　业主应当根据物业服务合同的约定交纳物业服务费用。业主与物业使用人约定由物业使用人交纳物业服务费用的，从其约定，业主负连带交纳责任。

已竣工但尚未出售或者尚未交给物业买受人的物业，物业服务费用由建设单位交纳。

第六十七条　违反物业服务合同约定，业主逾期不交纳物业服务费用的，业主委员会应当督促其限期交纳；逾期仍不交纳的，物业服务企业可以向人民法院起诉。

最高人民法院《关于适用〈中华人民共和国合同法〉若干问题的解释(二)》

第二十九条　当事人主张约定的违约金过高请求予以适当减少的，人民法院应当以实际损失为基础，兼顾合同的履行情况、当事人的过错程度以及预期利益等综合因素，根据公平原则和诚实信用原则予以衡量，并作出裁决。

当事人约定的违约金超过造成损失的百分之三十的，一般可以认定为合同法第一百一十四条第二款规定的“过分高于造成的损失”。

三、业主未实际入住所购房屋是否仍需交纳物业费

基本理论

根据国家发展改革委、建设部2003年发布的《物业服务收费管理办法》第2条之规定，物业服务收费，是指物业管理企业按照物业服务合同的约定，对房屋及配套的设施设备和相关场地进行维修、养护、管理，维护相关区域内的环境卫生和秩序，向业主所收取的费用。由此可见，物业费的性质，一方面

是属于为管理维护建筑物基地,共用部分——物的费用,及群居关系改善的人事费用,为区分所有建筑物共同团体利益所生必要必不可缺之费用。[①] 另一方面,物业费也是物业服务企业按照物业服务合同的约定,对房屋及配套的设施设备和相关场地进行维修、养护、管理,维护相关区域内的环境卫生和秩序,向业主所收取的对价。

从物业服务企业的角度分析,物业服务企业收入来源主要为向业主收取的物业服务费。物业服务支出或者物业服务成本一般包括:人力资源支出即物业服务人员的工资、社会保险和按规定提取的福利费等;物业共用部位、共用设施设备的日常运行、维护费用;物业管理区域清洁卫生费用;物业管理区域绿化养护费用;物业管理区域秩序维护费用;办公费用;物业管理企业固定资产折旧;物业共用部位、共用设施设备及公众责任保险费用;经业主同意的其他费用。从物业服务成本可以看出,物业服务企业的支出大部分属于为小区内全体业主公共部分的管理、共用设施设备维修而支出的费用,多为针对整个小区全体业主而支出的费用,而非专门针对某一业主支出的费用。从这个意义上来说,业主的房屋没有进行使用,并不影响物业公司对整个小区提供安全保卫、公共用地的清洁、绿化以及公用设备的维修等服务工作的开展。因此,物业服务的根本对象是业主建筑物区分所有权,即物业企业是为业主的专有权和共有权提供服务。从物业服务费的性质看,物业服务费属于广义的公共基金的一种,属于权利所有权人的共有财产,专门用于住宅小区物业的基本维护、修缮、整治工作与日常管理,并不完全等同于物业服务企业基于物业服务合同提供物业服务的对价。

从业主交纳物业服务费的角度分析,在现代各国建筑物区分所有权法上,区分所有权人(业主)支付管理费是其作为管理团体成员的一项基本义务,而为各国区分所有权法及管理规约所一致规定。[②] 业主承担支付管理费的义务与业主基于专有部分所有权即建筑物区分所有权之共有权有紧密联系。

---

① 参见陈俊樵:《区分所有建筑物管理问题之研究》,台湾中兴大学法律学研究所 1998 年博士学位论文,第 231 页。

② 参见陈华彬著:《现代建筑物区分所有权制度研究》,法律出版社 1995 年版,第 284 页。

建筑物区分所有权之共有权，也称“共用部分持份权”或“持份共有权部分”，是建筑物区分所有权结构中另一重要的“物法性要素”，其与另一“物法性要素”即专有所有权共同构成建筑物区分所有权制度的“两个灵魂”——共同性灵魂与单独性灵魂。共有权，指建筑物区分所有权人依照法律或管理规约之规定，对区分所有建筑物之共用部分所享有的占有、使用及收益的权利。[①] 共有权的内容是建筑物区分所有权人于某一区分所有建筑物之共有部分所享有的权利和所负担的义务。建筑物区分所有权人的义务包括行使专有权和共有权的受限制义务、分摊共负费用的义务。建筑物区分所有权人对于使用、维修、管理共用部分所支付的费用有分摊的义务。我国《物权法》第80条规定：“建筑物及其附属设施的费用分摊、收益分配等事项，有约定的，按照约定；没有约定或者约定不明确的，按照业主专有部分占建筑物总面积的比例确定。”由此可知，物业服务费用的分摊原则首先是有约定从约定，没约定或约定不明确的，按业主专有面积占建筑物总面积的比例确定。因此，确定业主承担物业服务费的法定标准的考虑因素或评判因素只有一个即业主专有部分占建筑物总面积的比例，与房屋是否空置并无相关性。

《物业服务解释》第6条规定：“经书面催交，业主无正当理由拒绝交纳或者在催告的合理期限内仍未交纳物业费，物业服务企业请求业主支付物业费的，人民法院应予支持。物业服务企业已经按照合同约定以及相关规定提供服务，业主仅以未享受或者无需接受相关物业服务为抗辩理由的，人民法院不予支持。”人民法院之所以不支持业主提出的未享受或者无须接受相关物业服务的抗辩理由，是因为选聘物业服务企业是小区全体业主共同作出的决定，而非单个业主独自作出的决定，只要物业服务企业按照合同约定提供了相关服务，则物业费的交纳义务对全体业主而言都是均等的。否则，物业服务关系的稳定性和确定性将会被彻底打破。除非管理规约或者物业服务合同等有另外的规定或者约定，否则业主以前述理由所提的抗辩，有损业主自治机制和物业服务秩序，不应得到支持。

① 参见梁慧星、陈华彬著：《物权法》，法律出版社1997年版，第150页。

业主虽未入住仍需要交纳物业服务费

——六盘水某物业服务有限公司与被告湛某某物业服务合同纠纷一案①

1. 案情简介

原告:六盘水某物业服务有限公司

被告:湛某某

贵州省六盘水市钟山区人民法院在审理原告六盘水某物业服务有限公司与被告湛某某物业服务合同纠纷一案,原告六盘水某物业服务有限公司诉称,钟山区××花园从房屋出售开始,委托六盘水某物业服务有限公司杜某云经理做物业管理,当时购房时约定电梯房1.00元/平方米·月,步梯房0.6元/平方米·月收取物业费,全体业主按此标准执行至2013年4月1日,之后收取物业费标准为电梯房1.10元/平方米·月,步梯房0.7元/平方米·月收取物业费。被告入住后,接受原告物业服务至今,但其以未入住为由从2011年5月至2014年3月共计35个月,被告住宅房为步梯房104.82平方米,共拖欠2327元。原告按物业要求全面履行自己应尽义务,绝大多数业主对服务质量比较满意认可,作为服务对象的被告有义务支付物业管理费,不可以以各种理由推卸责任而不支付物业费。被告经原告多次催要,依然不履行给付物业费的义务。现原告诉至人民法院,请求人民法院依法判令被告偿付拖欠物业服务费35个月共计2327元(截至2014年3月),并承担本案诉讼费。

被告湛某某辩称,被告未入住,原告方都要求被告交一样的物管费,不可能按照入住的标准交相关费用。

2. 法院裁判及观点

贵州省六盘水市钟山区人民法院认为,本案的争议焦点主要是:(1)原告六盘水某物业服务有限公司与六盘水市××花园业主委员会签订《物业服务合同》对××花园小区业主是否具有约束力;(2)被告湛某某以未入住为由

① 参见贵州省六盘水市钟山区人民法院(2014)黔钟民初字第1051号民事判决书。

拖欠物业费的抗辩理由是否成立;(3)关于拖欠物业费数额的认定问题。

关于原告六盘水某物业服务有限公司与六盘水市××花园业主委员会签订《物业服务合同》对××花园小区业主是否具有约束力的问题。根据《物业服务解释》第1条“建设单位依法与物业服务企业签订的前期物业服务合同,以及业主委员会与业主大会依法选聘的物业服务企业签订的物业服务合同,对业主具有约束力。业主以其并非合同当事人为由提出抗辩的,人民法院不予支持”的规定,本案原告六盘水某物业服务有限公司与六盘水市××花园业主委员会前后签订《物业服务合同》系双方当事人的真实意思表示,合法有效,被告湛某某系××花园业主。故原告与被告所在的业主委员签订的物业服务合同对被告具有约定力,双方应按合同约定全面履行各自的义务。

关于被告湛某某以未入住为由拖欠物业费的抗辩理由是否成立的问题。根据《物权法》第70条“业主对建筑物内的住宅、经营性用房等专有部分享有所有权,对专有部分以外的共有部分享有共有和共同管理的权利”以及《物业管理条例》第2条“本条例所称物业管理,是指业主通过选聘物业服务企业,由业主和物业服务企业按照物业服务合同约定,对房屋及配套的设施设备和相关场地进行维修、养护、管理,维护物业管理区域内的环境卫生和相关秩序物质基础活动”的规定,物业管理工作针对的是物业共用部位和公用设施设备、场地的维修、养护和管理,以及小区内的环境卫生和公共秩序的管理,而不针对业主的专用部位,业主对共用部位和公用设施设备享有共有权和共同管理权,因此,即使业主未入住,但其共有权和共同管理权得到了维护,仍需要支付物业管理费用。庭审中被告湛某某主张未入住应减半收取物业管理费诉请,因原、被告双方未有特别的约定,且于法无据,法院不予采信。即在本案中被告湛某某以未入住为由拖欠物业费的抗辩理由不成立。

关于拖欠物业费数额的认定问题(略去)。依照《合同法》第60条第1款、第107条、第109条,《物业管理条例》第42条第1款,《物业服务解释》第1条,《民诉证据规定》第2条的规定,判决:被告湛某某于本判决生效后10日内支付原告六盘水某物业服务有限公司物业管理费1562元(2012年4月1日至2014年3月1日)。

如被告未按判决书指定的期间履行给付金钱义务,应当依照《民事诉讼法》第253条之规定，加倍支付迟延履行期间的债务利息。

案件受理费50元，因适用简易程序减半收取25元，由被告湛某某负担（原告已预交，由被告湛某某连同上述款项于本判决生效之日起10日内一并返还原告）。

如不服本判决，可在判决书送达之日起15日内，向法院递交上诉状，并按对方当事人的人数提出副本，上诉于贵州省六盘水市中级人民法院。

逾期不提起上诉，则本判决发生法律效力，原告可在本判决确定的履行期限届满之日起2年以内，向六盘水市钟山区人民法院申请强制执行。

3. 案例评析

本案中，原告六盘水某物业服务有限公司与六盘水市××花园业主委员会前后签订《物业服务合同》系双方当事人的真实意思表示，合法有效，对合同双方当事人以及包括被告湛某某在内的全体业主均具有法律约束力。各方当事人应当按照合同约定享有自己的权利、履行自己的义务，一方不履行合同义务或者履行合同义务不符合约定的，应当承担继续履行、采取补救措施或者赔偿损失等违约责任。《物权法》第72条第1款规定："业主对建筑物专有部分以外的共有部分，享有权利，承担义务；不得以放弃权利不履行义务。"业主向物业公司支付物业费，是因为其对建筑物拥有所有权，即对建筑物专有部分享有专有权，对共用部位和公用设施设备享有共有权和共同管理权，业主是否入住不影响其专有权的行使，也不影响其共有权和共同管理权的行使。物业公司是对整个小区物业的共用部位和公用设施设备、场地提供维修、养护和管理服务，以及小区内的环境卫生和公共秩序的管理提供服务，而不是仅仅针对业主的专用部位提供服务，物业公司也不能减少对小区物业的共用部位和公用设施设备、场地提供维修、养护和管理服务。即使某些业主未入住，物业公司也需要对小区内房屋及配套的设施设备和相关场地进行维修、养护、管理，维护相关区域内的环境卫生和秩序，因此，业主未入住仍需要支付物业费。本案中，原告六盘水某物业服务有限公司按照物业合同的约定履行了合同义务，提供了物业服务，有权利收取物业服务费。被告湛某某未入住仍需要交纳物业服务费。

有关法律规定

《中华人民共和国合同法》

第一百零七条　当事人一方不履行合同义务或者履行合同义务不符合约定的，应当承担继续履行、采取补救措施或者赔偿损失等违约责任。

《中华人民共和国物权法》

第七十条　业主对建筑物内的住宅、经营性用房等专有部分享有所有权，对专有部分以外的共有部分享有共有和共同管理的权利。

第七十二条　业主对建筑物专有部分以外的共有部分，享有权利，承担义务；不得以放弃权利不履行义务。

业主转让建筑物内的住宅、经营性用房，其对共有部分享有的共有和共同管理的权利一并转让。

第八十条　建筑物及其附属设施的费用分摊、收益分配等事项，有约定的，按照约定；没有约定或者约定不明确的，按照业主专有部分占建筑物总面积的比例确定。

《物业管理条例》

第四十条　物业服务收费应当遵循合理、公开以及费用与服务水平相适应的原则，区别不同物业的性质和特点，由业主和物业服务企业按照国务院价格主管部门会同国务院建设行政主管部门制定的物业服务收费办法，在物业服务合同中约定。

第四十一条　业主应当根据物业服务合同的约定交纳物业服务费用。业主与物业使用人约定由物业使用人交纳物业服务费用的，从其约定，业主负连带交纳责任。

已竣工但尚未出售或者尚未交给物业买受人的物业，物业服务费用由建设单位交纳。

最高人民法院《关于审理物业服务纠纷案件具体应用法律若干问题的解释》

第一条　建设单位依法与物业服务企业签订的前期物业服务合同，以及业主委员会与业主大会依法选聘的物业服务企业签订的物业服务合同，对业主具有约束力。业主以其并非合同当事人为由提出抗辩的，人民法院不予支持。

第六条　经书面催交，业主无正当理由拒绝交纳或者在催告的合理期限内仍未交纳物业费，物业服务企业请求业主支付物业费的，人民法院应予支持。物业服务企业已经按照合同约定以及相关规定提供服务，业主仅以未享受或者无需接受相关物业服务为抗辩理由的，人民法院不予支持。

国家发展改革委、建设部《物业服务收费管理办法》

第二条 本办法所称物业服务收费，是指物业管理企业按照物业服务合同的约定，对房屋及配套的设施设备和相关场地进行维修、养护、管理，维护相关区域内的环境卫生和秩序，向业主所收取的费用。

四、物业服务企业的维修、养护、管理等违约责任

基本理论

违反合同约定一方承担违约责任的具体方式，我国《民法通则》第 111 条与《合同法》第 107 条对此有明确的规定。根据我国《合同法》第 107 条的规定，在通常情况下违约责任的承担方式有三种基本形式，即继续履行、采取补救措施和赔偿损失。除此之外，违约责任的承担方式还有其他形式，如支付违约金和定金罚则。物业服务企业对业主承担违约责任的具体方式，根据《物业服务解释》第 3 条第 1 款的规定，“物业服务企业不履行或者不完全履行物业服务合同约定的或者法律、法规规定以及相关行业规范确定的维修、养护、管理和维护义务，业主请求物业服务企业承担继续履行、采取补救措施或者赔偿损失等违约责任的，人民法院应予支持”。据此，作为物业服务企业对业主承担违约责任的具体方式，主要有继续履行物业服务合同、要求物业服务企业采取补救措施、消除履约障碍以及向业主支付违约金、赔偿业主的损失等方式。

继续履行，又称为依约履行或强制履行，在合同中有约定且违约方有实际履行合同的能力时适用。在物业服务合同的履行过程当中，为了更好地维护业主与物业服务企业双方之间的利益以及物业服务的正常进行，当物业服务企业对业主出现了违约的情形后，作为业主有权向司法机关或者仲裁机构提起诉讼或者仲裁要求物业服务企业继续履行物业服务合同中约定的义务。

采取补救措施和消除履约障碍作为一种独立的违约责任形式，是指矫正合同的不适当履行并使履行瑕疵能够消除的具体措施。我国《合同法》第 111 条规定了对于质量不符合合同约定的，受损害一方可以根据标的性质以及损失的大小，合理选择要求违约方承担修理、更换、重作、退货、减少价款或者报酬等违约责任。因此，在物业服务合同的履行过程中，当物业服务企业

出现了违约的情形时，业主为了防止损失的发生或者进一步地扩大，其有权要求物业服务企业根据《合同法》第111条的规定采取相应的补救措施、消除履约障碍以保证物业服务合同的正常履行。

违约金，是指合同双方的当事人约定的或者根据法律直接规定的，一方当事人违约时向另一方当事人支付一定数额的金钱或者其他给付。违约金是合同救济方式的一种，也是对当事人违约的一种经济制裁。违约金的设立，是为了保证债的履行，即使对方没有遭受任何财产损失，也要按法律或合同的规定给付违约金。在物业服务合同签订的时候，业主和物业服务企业可以在物业服务合同中约定或者根据法律、行政法规规定，在其中违约的一方违约后应当向守约的另一方支付的违约金。在司法实践中，如果物业服务合同双方当事人违约金约定过高的话，根据《合同法》第114条第2款规定的规定，物业服务合同的一方当事人可以向人民法院或仲裁机构申请对违约金的金额进行适当调整减少。

赔偿损失也被称为损害赔偿，是业主在物业服务合同的违约之诉当中经常会使用到的一种救济措施。在物业服务合同的履行过程当中，由于物业服务企业的违约而给业主造成损失的，依照法律、法规的规定或者物业服务合同之约定，物业服务企业应当承担对业主赔偿损失的违约责任。赔偿损失在物业服务合同纠纷中是较常使用的救济措施，可以和其他责任形式并用，也可单独使用。

典型案例

物业服务企业不履行或者不完全履行维修、养护、管理责任应承担违约责任

——原告索某某与被告新疆××物业服务有限公司物业服务合同纠纷一案[①]

1. 案情简介

原告：索某某

① 参见新疆维吾尔自治区乌鲁木齐市新市区人民法院(2014)新民三初字第562号民事判决书。

被告:新疆××物业服务有限公司

新疆维吾尔自治区乌鲁木齐市新市区人民法院在审理原告索某某与被告新疆××物业服务有限公司(以下简称××物业公司)物业服务合同纠纷一案中,原告索某某诉称:原告是乌鲁木齐市银川路×××小区4号楼4单元602室房屋的业主。该小区的物业管理由被告提供。由于原告所居住的房屋屋顶年久失修,在2013年9月雨水季节,楼顶漏水浸泡至原告房屋,原告曾多次找被告要求解决,但被告以各种理由推脱,拒不采取防护措施。2014年春天,楼顶积雪融化浸泡了原告装修好的房屋。为了避免再次造成损失,原告与楼下住户自行购置防水塑料纸,请专人到楼顶进行了铺罩。被告作为专业的物业管理公司没有尽到法律确定的维修、维护管理义务,严重失职,从而给原告已装修好的房屋造成巨大经济损失。故诉至法院,请求判令被告赔偿原告房屋装修损失10,000元并承担本案诉讼费用。

被告××物业公司辩称:根据物业服务合同被告没有对原告房屋屋顶养护和维修的义务,维修屋顶不是物业服务范围,而且被告根据原告反映的情况作了积极应对措施,不同意原告的诉讼请求。

2. 法院裁判及观点

新疆维吾尔自治区乌鲁木齐市新市区人民法院认为,原告是乌鲁木齐市新市区银川路15号×××小区4号楼4单元602室房屋的业主,该房屋位于该栋楼房的顶层,其屋顶属本栋楼房的全体业主共用。被告作为×××小区的物业服务单位,根据国务院《物业管理条例》第2条和《乌鲁木齐市物业管理条例》第30条的规定,对该小区的物业共用部位、共用设施设备有管理、养护、维修和更新义务。物业服务企业不履行或者不完全履行维修、养护、管理和维护义务,业主请求物业服务企业承担继续履行、采取补救措施或者赔偿损失等违约责任的,人民法院应予支持。本案被告未尽到物业维修、养护、管理和维护义务,致使屋顶漏水造成原告房屋装修受损,被告应当向原告承担赔偿责任。原告因漏水造成的房屋装修损失经鉴定价值为3575.47元,被告对此应予赔偿。鉴定报告中使用脚手架为修复房屋措施中必要的工具,其费用亦未超出合理范围,对被告的抗辩意见法院不予采纳。综上,法院依据《物业管理条例》第2条、《物业服务解释》第3条之规定,判决:被告新疆××物业服务有限公司支付原告索某某房屋装修损失3575.47元。

上述款项,被告应于本判决生效后10日内一次性给付原告,逾期履行则依照《民事诉讼法》第253条之规定,加倍支付迟延履行期间的债务利息。

本案诉讼标的金额10,000元,确认给付金额3575.47元,确认金额占诉讼标的金额的35.75%。本案案件受理费50元(原告已预交)由原告负担64.25%即32.13元、被告应负担35.75%即17.87元;司法鉴定费1000元(原告已预交)由原告负担64.25%即642.50元、被告应负担35.75%即357.50元。被告应负担的诉讼费、司法鉴定费可在履行义务时一并给付原告。

如不服本判决,可在判决书送达之日起15日内,向法院递交上诉状及按对方当事人人数提交副本,上诉于新疆维吾尔自治区乌鲁木齐市中级人民法院。

3. 案例评析

本案的争议焦点是当物业服务企业不履行或者不完全履行物业服务合同约定的或者法律、法规规定以及相关行业规范确定的维修、养护、管理和维护义务时,物业服务企业应如何承担违约责任。根据《物业管理条例》第2条之规定,物业服务企业对房屋及配套的设施设备和相关场地进行维修、养护、管理,维护物业管理区域内的环境卫生和相关秩序的活动。住宅共用部位一般包括:住宅的基础、承重墙体、柱、梁、楼板、屋顶以及户外的墙面、门厅、楼梯间、走廊通道等。物业服务企业负有对房屋屋顶进行日常的维修、养护的义务,因物业服务企业不履行或者不完全履行该义务时,业主可以向人民法院请求物业服务企业承担继续履行、采取补救措施或者赔偿损失等违约责任。在本案中,物业公司的维修屋顶不是物业服务范围的辩解意见,不符合法律规定,应当赔偿由于其不履行对屋顶维修义务,致使屋顶漏水造成业主房屋受到的损失。

有关法律规定

《中华人民共和国物权法》

第八十一条　业主可以自行管理建筑物及其附属设施,也可以委托物业服务企业或者其他管理人管理。

对建设单位聘请的物业服务企业或者其他管理人,业主有权依法更换。

《中华人民共和国合同法》

第一百零七条　当事人一方不履行合同义务或者履行合同义务不符合约定的，应当承担继续履行、采取补救措施或者赔偿损失等违约责任。

《物业管理条例》

第二条　本条例所称物业管理，是指业主通过选聘物业服务企业，由业主和物业服务企业按照物业服务合同约定，对房屋及配套的设施设备和相关场地进行维修、养护、管理，维护物业管理区域内的环境卫生和相关秩序的活动。

第三十五条　物业服务企业应当按照物业服务合同的约定，提供相应的服务。

物业服务企业未能履行物业服务合同的约定，导致业主人身、财产安全受到损害的，应当依法承担相应的法律责任。

最高人民法院《关于审理物业服务纠纷案件具体应用法律若干问题的解释》

第三条　物业服务企业不履行或者不完全履行物业服务合同约定的或者法律、法规规定以及相关行业规范确定的维修、养护、管理和维护义务，业主请求物业服务企业承担继续履行、采取补救措施或者赔偿损失等违约责任的，人民法院应予支持。

物业服务企业公开作出的服务承诺及制定的服务细则，应当认定为物业服务合同的组成部分。

《住宅专项维修资金管理办法》

第三条　本办法所称住宅共用部位，是指根据法律、法规和房屋买卖合同，由单幢住宅内业主或者单幢住宅内业主及与之结构相连的非住宅业主共有的部位，一般包括：住宅的基础、承重墙体、柱、梁、楼板、屋顶以及户外的墙面、门厅、楼梯间、走廊通道等。

本办法所称共用设施设备，是指根据法律、法规和房屋买卖合同，由住宅业主或者住宅业主及有关非住宅业主共有的附属设施设备，一般包括电梯、天线、照明、消防设施、绿地、道路、路灯、沟渠、池、井、非经营性车场车库、公益性文体设施和共用设施设备使用的房屋等。

第九章

房屋相邻权

相邻权是一方行使其不动产权利时,要求相邻他方容忍甚至提供必要便利的权利。它是不是一种物权,存在争论。有观点认为:“相邻权属于物权范畴,是由物权派生的权利。”“相邻权属于不动产物权。它是用益物权的一种,是依照法律规定直接发生的。”反对的意见则认为,在我国《物权法》上,相邻权不是一种独立的用益物权,而只是对不动产所有权的限制和延伸,是所有权的内容。在我国《物权法》的结构安排上,相邻关系是置于第二编“所有权”之中的,从体系解释的角度来看,立法者是将其作为所有权的内容加以规定的。我国《物权法》没有采取将相邻关系和地役权合一的观点,而将相邻关系和地役权分别作出规定,因而我国《物权法》没有承认相邻权是一种独立的他物权。的确,相邻关系主要表现在相邻一方有权请求相邻他方容忍其行使不动产物权,在性质上属于相邻他方不动产所有权及其他物权所受到的法律上限制,而不是强调相邻一方对相邻他方的不动产的支配。相邻权和容忍义务都是不动产物权的效力的体现。由此可见,相邻权不符合物权的本质属性,不是独立的物权。

第一节
房屋相邻权的界定

邻里之间的相互帮助与协作，一直是人类的传统美德。“远亲不如近邻”，也足以体现邻里之间关系的密切性。密切的关系，既可使人们和睦相处，也容易滋生邻里纠纷。尽管一切社会制度最终都是谋求人类生活的和谐与幸福，民法对此更是孜孜以求，但人们之间纠纷的存在还是有的。它一方面跟人的文明程度有关，这是一个需要各种制度相互配合逐渐提高的缓慢进程。另一方面也跟产权的界定不明，人们之间的权利义务关系不清楚有关。

相邻权的界定有着深刻的经济意义，不同相邻权利的法律赋予会产生不同的经济后果。经济因素是界定相邻权的一项重要内容。但在房屋(含区分所有)相邻关系中，它主要考虑的不是怎样利用房屋才更具有经济效益，而是怎样使用房屋才能让居住者舒适安宁，它有着更深层次的精神生活需求。也许有人会说，该情形也可以说体现为财产利益，因为房屋的排烟、气味等权利限制，则意味着该房屋的价值贬值，而对相邻房屋则意味着升值。我们不排除相邻权的财产性因素，但是当相邻权涉及人们的日常生活时，它往往有着更深刻的人格权利意义。

相邻权的界定更有其深刻的道德价值。每个人都有为自己的利益自由行事的想法，也都想过舒适、享乐、宁静、和谐的家庭生活。社会生活中的人都会意识到自己有随心所欲生活的权利，只是不要给他人造成麻烦；否则，他人也会有给自己生活造成麻烦的权利，哪怕他开始并没有意识到，最终也会接受该生活规则。相邻权利的确定，更有利于培养相邻人之间的情感，使相邻人之间有一种平常心去使用或者限制彼此的房屋，或者为相邻人提供方便不作为日常生活情理所不容的事。房屋使用人，为谋求方便、生活的舒适与安宁，一般都需要相邻不动产使用人予以提供方便与合作。

相邻权的界定会产生不同的法律后果,法律并不是在人们的意志之外课以权利、义务,而是在人们自觉的意识中将其法制化。相邻关系是人们生活中出现最早的法律关系之一,古罗马法中规定最详尽的就是相邻关系和在此基础上的地役权。相邻权利、义务的法定化,是在尊重、信任人的基础上通过对权利、义务的充分明确,来协调相邻人们的日常生活、经济生活的和谐,实现邻人之间进而人类之间互帮、互让的人类本性生活。相邻权利关系的确定和清晰,更容易让人们在自己生活的周围环境中感受到法律的贴近生活,以及其中所包含的公正、诚信的道义价值,从而培养起人们对法律信仰的感情,创造属于人们自己的法制环境。

一、对通风、采光和日照的妨碍行为的参照标准是什么

基本理论

我国建筑物相邻关系制度中,有关通风、采光和日照的妨碍行为的判断,系以国家有关工程建设标准的内容为基本判断标准。国家工程建设标准是指由国家有关机关颁布的建筑标准。例如,住房和城乡建设部颁布的《建筑采光设计标准》《工程建设标准强制性条文》《城市居住区规划设计规范》,这些规范性文件都涉及有关建筑标准问题。如果违反国家有关工程建设标准,妨碍相邻建筑物的通风、采光和日照,相邻一方应当承担相应的责任。但是,即便符合有关工程建设标准,仍然可能妨碍相邻建筑物的通风、采光和日照,此时,是否应当允许相邻另一方请求给予通风、采光和日照的便利,或者要求妨害一方承担相应的责任?对此有不同的观点:一种观点认为,是否构成影响他人通风、采光和日照,必须考虑是否违反了国家有关工程建设标准的规定,也就是说,只有违反了建筑规划的规定,才能确认其影响了他人的通风、采光和日照。另一种观点认为,是否影响了他人的通风、采光和日照,不应当仅以违反国家有关工程建设标准为准。例如,在没有纳入规划的空地上建筑房屋,也会发生影响他人通风、采光和日照的问题。更何况,广大农村并没有完全按照国家有关工程建设标准来建筑房屋,一旦发生了通风、采光和日照的纠纷,也应当按照相邻关系来处理。相邻关系,实际上是为了保障相邻不

动产双方的权利行使。规划是一种管理手段,是最低限度的要求,在发生了妨碍通风、采光和日照的情形下,首先需要考虑建筑物是否违反国家有关工程建设标准。建造建筑物违反国家有关工程建设标准的,应当视为超出了社会一般人的容忍限度,受害人可以主张排除妨碍和损害赔偿。反之,符合国家建设标准的,即使对邻近建筑的通风、采光和日照造成一定程度的妨碍,也应当视为未超出容忍限度,相邻建筑物的所有人或者利用人负有容忍义务。国家以行政规范这种公法性质的文件调整毗邻建筑物之间的权利、义务关系,也体现了现代社会公法相邻关系与私法相邻关系交错的特征。

典型案例

建造建筑物须遵守国家有关工程建设标准,不得妨碍相邻建筑物的通风、采光和日照

——相某某诉某檀州房地产开发有限公司相邻通风、采光和日照案

1. 案情简介

原告:相某某

被告:某檀州房地产开发有限公司

原告诉称,2002 年 10 月,原告与被告签订了《商品房买卖合同》,购买被告开发的长安小区 25 号楼 1 单元 × 室房屋,于 2002 年 12 月入住。2003 年 4 月,被告在距离原告居住的房屋南侧阳台不足 4 米处建两层楼房 1 栋,该楼建成后,原告居住的房屋室内采光几乎被全部遮挡。原告多次要求被告和有关部门给予解决,但均遭到拒绝和推诿。直到 2008 年 4 月 28 日,某市规划委员会某分局才对原告的请求给予《信访答复意见函》。被告在出售该楼房时,故意隐瞒事实进行欺诈,致使原告购买的房屋采光受到遮挡,正常的家庭生活受到严重的影响,只要进家就必须开灯,原告及家人的身体健康因此受到了损害,房屋价值也遭受了贬值。现起诉,请求判令被告:(1)赔偿原告电费损失 38,325 元。(2)赔偿原告因遮光造成的房屋贬值损失,以评估数额为准。(3)赔偿原告采光损失及精神损害 5 万元。(4)被告承担全部诉讼费用及鉴定费用。

被告辩称，原告购买商住两用楼房时，相中此楼房的商铺位置，多次找我们要求购买该楼房，当时配房地基基础已打好，我们也告知其该楼房前还有配房未建，将来存在遮阳情况，但原告坚持要买。当时销售商住房均价每平方米5000元，考虑到将来配房遮挡问题，给原告优惠到每平方米2793元。现遮挡采光的房屋产权不属于我公司，故请求驳回原告的诉讼请求。

北京市密云县人民法院经公开审理查明，某县长安小区系被告某檀州房地产开发有限公司开发建设。2001年9月25日，某市规划委员会某分局对被告改造建设的某县长安小区建设项目总平面方案进行了审定，所审定的方案中，26号商住楼（现为25号）西侧单元西户（原告购买的房屋）南侧的二层商业房，是统一规划的该小区配套公建，被告分两期工程办理了该小区的商住楼及配套公建的规划手续，商住楼项目为一期，配套公建为二期，配套公建不属于后插建项目。原告房屋所在的长安小区25号商住楼，是某市规划委员会某分局于2002年4月24日依法核发的建设工程规划许可证六个审批项目中的一项（许可证文号为〔2002〕一密规建字一0041号）。某市规划委员会某分局在审批被告的长安小区规划方案时，曾提出配套公建对居民住宅楼的采光存在一定的影响，要求被告提出解决方案。2002年8月10日，被告向某市规划委员会某分局作出书面承诺，内容为：关于长安小区25#、27#、29#、31#、33#一层遮阳一事，我公司作出承诺，一层不作为住宅商品房出售，如因此造成遮阳纠纷，由我公司自行协商解决。在被告作出承诺后，某市规划委员会某分局对配套公建项目核发了建设工程规划许可证。

2002年8月8日，原告相某某与被告某檀州房地产开发有限公司签订了长安景园（长安小区）内部认购协议，购买被告开发的长安景园东区25号楼1单元101室商住房（暂定号），协议载明：住宅部分面积118.32平方米（暂测）、商用面积49平方米（暂测），其中住宅部分每平方米1800元，商用部分每平方米4900元。2002年8月10日，原告交首付款14万元。2002年10月29日，双方正式签订了《商品房买卖合同》，合同写明：原告购买长安小区25号楼1单元101号楼房，建筑面积152.94平方米（现实测建筑面积为166.2平方米），每平方米2793元，总价427，192元。2003年4月，被告在25号楼西侧（原告房南）建二层配套公建房，该房建成后，对原告住宅日照、采光造成一定影响，原告为此写信向有关部门反映，要求解决。2008年4月28日，某市规划委员会某分局对原告相某某来信反映的问题给予了书面答复，建议其与开发商协商解决或者依法主张民事权利，原告为此诉至法院，并申请日照鉴定及房屋贬值鉴定。

本案在审理期间，被告为证明在销售涉案楼房时已向原告告知遮阳情况，提供了其保存的与原告签订的《商品房买卖合同》，该合同书与原告提交的《商品房买卖合同》基本一致，但在被告提交的合同书第 3 页第 5 条，面积确认及面积差异处理条款第 1 项双方自行约定处，手写有“因前边有配房遮阳情况，商住房价格(均价)每平方米 5000 元，1 平方米给她优惠 2700 多元钱”字样，而原告提交的《商品房买卖合同》此处为空白。原告对被告提交的《商品房买卖合同》不予认可，指出该内容系被告私自添加的，原合同无此约定。法院为此调取了建行密云支行在原告办理购房按揭贷款时保存的原、被告签订的《商品房买卖合同》，该合同中无此项约定。诉讼期间，法院对原告提出的住宅日照、采光遮挡情况进行了实地勘验，被告在原告住宅南侧所建配套商业楼房，该房北侧墙高约 7 米、宽约 7 米，距原告房南阳台外沿墙约 3.9 米、西侧南卧室窗外沿墙 5 米，原告住宅南面在同时间段受到日照的时间晚于和少于同楼一层的其他住户。就遮挡建筑对原告住宅光照的影响程度，法院委托有关鉴定机构对此进行鉴定。因鉴定所需相关建筑的施工图纸等资料，经法院释明，被告某檀州房地产开发有限公司未提供鉴定所需资料，鉴定工作未能顺利实施，致使原告相某某通过鉴定证明其主张事实的目的不能实现。

上述事实有下列证据证明并有《商品房买卖合同》在案佐证。(1)2004 规(密)建字 0028 号《建设工程规划许可证》《建筑工程施工许可证》，证明涉案楼房所在楼栋及配套公建审批手续齐全。(2)某市规划委员会某分局《信访答复意见函》，证明配套公建对居民住宅楼的采光存在一定的影响。(3)照片，证明涉案楼房的位置情况。(4)双方当事人陈述，证明事实经过。

2. 法院裁判及观点

北京市密云县人民法院经审理认为，建造建筑物须遵守国家有关工程建设标准，不得妨碍相邻建筑物的通风、采光和日照。根据现有证据，被告某檀州房地产开发有限公司出售给原告相某某的房屋，所在楼宇在规划中即存在配套公建商业楼与商住楼建筑间距及日照方面的影响，规划部门还就此特别要求被告某檀州房地产开发有限公司提出解决方案，某檀州房地产开发有限公司向规划部门作出承诺，被遮阳住宅不作为住宅商品房出售，但在实际履行中，某檀州房地产开发有限公司未能履行承诺。另据常识可知，建筑间距及日照情况直接影响着建筑的采光状况，进而直接影响买受人的起居生活。在庭审中，某檀州房地产开发有限公司虽称在原告购房时已告知其配套房对采光的遮挡情况，但缺乏证据，对其主张不予采信。现原告相某某主张上述建筑间距及日照影响情况，实质上即为其房屋所在楼宇的采光，不符合国家及某市有关标准，某檀州房地产开发有限公司对此不予认可，应对此争议事实承担举证责任；相某某为证明影响其日照、采光受影响事实的存在，提出了鉴定申请，因被告某檀州房地产开发有限公司未提供鉴定所必需的建筑图纸而未成，但不能以此免除被告对争议事实的举证责任；法院经现场勘察，因被告在原告住宅南侧所建配套商业楼房的遮挡，原告住宅在同时间段受到光照的时间，晚于同楼一层的其他住户，且某市规划委员会某分局在审批长安小区规划方案时，就已向被告某檀州房地产开发有限公司提出配套公建对居民住宅楼的采光存在一定的影响，要求被告某檀州房地产开发有限公司提出解决方案，法院据此认定原告主张的采光权益受到损害事实成立，被告某檀州房地产开发有限公司应对此损害承担相应的法律责任；虽然原告房屋受到日照的遮挡程度未能进行鉴定确认，但结合本案的实际情况及被告于本案中的过错责任等因素，并参照现行相关规定，对因此给原告造成的日照、采光损失，酌情予以判定；原告要求赔偿精神损害，于法无据，不予支持；原告主张的房屋贬值损失，无依据，不予支持。

北京市密云县人民法院依照《民法通则》第 83 条，《民诉证据规定》第 2 条的规定，判决如下：(1)本判决生效之日起 10 日内，被告某檀州房地产开发有限公司赔偿原告相某某房屋采光权益损失 3 万元。(2)驳回原告相某某的其他诉讼请求。案件受理费 1005 元，由原告相某某负担 455 元(已交纳)；由被告某檀州房地产开发有限公司负担 550 元(限本判决生效之日起 7 日内交纳)。

3. 案例评析

建造建筑物须遵守国家有关工程建设标准，不得妨碍相邻建筑物的通风、采光和日照，相邻权利人被侵犯采光、日照权的，可以依法提起诉讼。本案的争议焦点在于原告的采光权是否受到影响及影响程度。

(1)理论分析——举证责任的分配问题。因为无法对原告的房屋采光是否构成遮挡、遮挡程度以及是否低于国家或者某市规定的标准进行鉴定,涉及举证责任的分配问题。被告不仅负有向原告交付房屋的义务,还负有对所交付房屋的瑕疵担保及其他附随义务。被告未能遵守对相关部门作出的承诺,告知原告涉案房屋的实际情况,属于未能全面履行合同义务。在此前提下,对原告的房屋采光是否符合相关标准的举证责任,理应分配给被告。因被告的不配合导致鉴定无法完成,被告理应承担相应的不利法律后果。

(2)法律解读——现行《民法通则》的相关规定。《民法通则》第83条规定,不动产的相邻各方,应当按照有利生产、方便生活、团结互助、公平合理的精神,正确处理截水、排水、通行、通风、采光等方面的相邻关系。给相邻方造成妨碍或者损失的,应当停止侵害,排除妨碍,赔偿损失。这体现了我国现行法律对采光权益的保护。通过对举证责任分配的理论分析及根据我国《民法通则》的相关规定,我们发现由被告对原告的采光权益损失进行适度赔偿实属应当。

有关法律规定

《中华人民共和国民法通则》

第八十三条　不动产的相邻各方,应当按照有利生产、方便生活、团结互助、公平合理的精神,正确处理截水、排水、通行、通风、采光等方面的相邻关系。给相邻方造成妨碍或者损失的,应当停止侵害,排除妨碍,赔偿损失。

《中华人民共和国物权法》

第八十九条　建造建筑物,不得违反国家有关工程建设标准,妨碍相邻建筑物的通风、采光和日照。

最高人民法院《关于民事诉讼证据的若干规定》

第二条　当事人对自己提出的诉讼请求所依据的事实或者反驳对方诉讼请求所依据的事实有责任提供证据加以证明。

没有证据或者证据不足以证明当事人的事实主张的,由负有举证责任的当事人承担不利后果。

二、视觉卫生权、眺望权是否可以纳入相邻权的范围

基本理论

随着社会的发展和变迁，权利的种类亦要求得到不断充实和发展。“权利类型化面临的困境是已有的权利永远不能满足现实的需要（即使通过法律解释的方法仍不能满足），因此，需要不断地由立法者‘造权’（或者称‘发现权利’），以填补权利体系的空白。”①

眺望权又称眺望远景权，一般指不动产所有人或者使用人对其土地或者建筑物周围一定范围内保持视野并排除其他人在该范围内修建建筑物或者其他障碍物的权利。其权利的客体是保持视野的开阔所带来的一种精神上的健康愉悦的利益。可见，眺望是一种较高层次的享受，对这个问题，可以通过合同或者侵权制度来解决。就合同来说，在买受人购买房屋的时候，可以通过合同与卖房人约定眺望权的内容。即使合同没有约定眺望权的内容，但如果其支付的房款中已经包含了眺望权的内容，在卖房人违反合同的约定，盖新的高楼遮挡买受人的视线时，买受人也有权请求卖房人承担违约责任，赔偿因不能眺望景观而导致的损失。就侵权来说，如果第三人违反规划的要求，盖新的大楼或者设置广告牌，遮挡了视线，房屋所有人、使用人有权基于侵权责任请求排除妨害，赔偿损失。

所谓视觉卫生权，从字面理解就是要求避免使自己见到某些不洁、不雅或者其他可能给自己身心健康造成不良影响的行为或者物体的权利。这在某种程度上类似于德国和瑞士有关不可量物侵害中的“观念的侵害”的概念。我们认为，视觉卫生权应该是不让自己看到“不卫生”的事或者物，而不是不让别人看到自己的隐私。按照德国学者提出的“法益”的概念，至少其也是一种值得保护的民事权益。

① 张驰、韩强：《民事权利类型及其保护》，载中国人民大学书报资料中心主编：《民商法学》2002 年第 3 期，第 36 页。

视觉卫生权属于相邻关系范围，受到妨碍，应当获得赔偿

——黄某某、沈某某诉某旅游客运有限公司、
某城建物业管理有限公司相邻关系纠纷案①

1. 案情简介

原告：黄某某、沈某某

被告：某旅游客运有限公司（以下简称客运公司）

被告：某城建物业管理有限公司（以下简称物业公司）

2004年4月14日，黄某某、沈某某与某房产开发有限公司（以下简称开发公司）签订了《商品房买卖合同》，约定由开发公司将"东方银座"5楼5A号房出售给黄某某、沈某某。同时，还约定该商品房所在楼宇的屋面使用权、外墙面使用权归全体业主所有，由物业管理公司统一管理。2005年1月8日，开发公司、物业公司向黄某某、沈某某发放了入住通知书。黄某某、沈某某于2006年4月29日领取了房屋产权证，确定房屋坐落于某市新区长江路5-1-501号，建筑面积为215.54平方米，设计用途为成套住宅。2004年11月18日，开发公司与物业公司签订了前期物业管理服务合同，约定由开发公司委托物业公司对"东方银座"实行统一物业管理，包括对房屋建筑共用部位的维修、养护及管理。2005年1月31日，物业公司又与沈某某签订了前期物业服务协议，协议第9条第2款约定，商业用房只能在自己的铺位或者门面前立面按物业公司的要求，统一进行悬挂、张贴，且须先报行政主管部门审批。

2006年5月12日，物业公司与客运公司签订协议，约定客运公司向物业公司租赁"东方银座"4楼裙房部分屋顶作为字号牌，租赁位置为龙山路朝向的客运公司外墙上沿及女儿墙与长江路朝向的客运公司外墙上沿及女儿墙上方，租赁费用为每年5万元。协议对字号牌的尺寸规模、字样、字体尺寸、

① 参见江苏省无锡市高新技术产业开发区人民法院（2007）新民一初字第0695号民事判决书。

双方的权利义务及违约责任等进行了约定。另外,协议第 11 条还约定,若 5 楼或者 6 楼业主对客运公司在其所在女儿墙上方做的字号牌影响其采光等而产生纠纷,物业公司负责协调,客运公司承担由其安装字号牌对业主所造成的损失。2006 年 5 月 22 日,某市城市管理局作出行政许可决定书,许可客运公司在“东方银座”4 楼顶竖立字号牌。2006 年 6 月 18 日,客运公司在其公司营业所在地,“东方银座”4 楼 401 室女儿墙上方竖立起字号牌;同年 6 月 26 日,沈某某以某贸易有限公司(以下简称贸易公司)名义向客运公司发出声明,认为客运公司将广告牌竖立于贸易公司展厅、会客区落地玻璃前,挡住正常对外空间视线,严重影响公司展厅形象,要求客运公司在一周内拆除。2006 年 6 月 29 日,客运公司向贸易公司发出回复声明,言明其所竖立的字号牌,对贸易公司不造成影响,且其行为合法、合情、合理,对贸易公司的要求不予接受。另外,“东方银座”401 室房屋所有权人邵某,自愿将其所有的房屋作为客运公司的经营场所。

在诉讼过程中,黄某某、沈某某向法院提供现场照片 6 张,法院于 2007 年 9 月 14 日到现场制作现场图 1 份,前述证据表明:501 室内大部分区域为贸易公司产品展示厅,西北侧为呈弧形落地玻璃窗,并在临窗处设会客区一处,窗外即可见字号牌背面。客运公司在“东方银座”4 楼女儿墙上方长江路朝向(面朝西)竖立方形字号牌 4 座,每块字号牌牌高 5.77 米(钢制基座 2.2 米,牌身 3.57 米),宽 3.34 米,背景为分栅式条状面板 7 块(每块板宽 0.42 米,间隙均为 0.1 米),正面 4 字分别用红色字体书写,各字号牌间间隔 0.9 米,各字号牌均以钢制网架支撑,宽度均与字号牌宽度相同,深度均为 3.05 米,字号牌离 501 室最近处为 6.45 米,最远处为 8 米,钢制网架离 501 室最近处为 3.4 米。客运公司在“东方银座”4 楼女儿墙上方长江路、龙山路交叉口朝向(面朝西北)竖立长方形字号牌 1 座,牌高 5.77 米,牌宽 6.8 米,背景板宽 0.42 米,间隙 0.1 米,正面 2 字用红色字体书写,并有客运公司企业标志 1 枚,字号牌亦用钢制网架支撑,宽度与字号牌宽度相同,深度为 3.05 米,字号牌离 501 室最近处为 3.8 米,钢制网架离 501 室最近处为 0.7 米。另查明,“东方银座”4 楼及 501 室之间存在设备层,4 楼屋面至设备层层顶的层差为 2.47 米。

原告黄某某、沈某某诉称,客运公司在其不知情的情况下,在 4 楼屋面竖起 5 块巨大广告牌,面积足以遮挡其 501 室所有落地窗,致原告原享有的远眺感变成面对广告牌杂乱背面的压抑感,且严重影响其房屋的通风、采光。二被告在未经任何授权的情况下,擅自使用归全体业主所有的屋面谋私利,属侵权行为并严重损害其合法利益,故要求二被告立即拆除广告牌以排除妨碍并恢复原状,赔偿其损失 5 万元。

被告客运公司辩称,其竖立的是企业字号牌而非广告牌,事先已与物业公司签订了许可合同并经行政许可;竖立字号牌时已经考虑到通风、采光问题,对字号牌采用了栅栏式,且离原告房屋距离较远,实际并未影响原告的通风、采光;眺望权属违约责任范围,应当有相应的合同约定,原告提起的是侵权之诉而非违约之诉,故眺望权之主张不能成立;原告所购房屋系住宅楼,在该房屋内开设公司,其本身行为不合法,故要求驳回原告的诉讼主张。

被告物业公司辩称,其不是本案适格的被告主体,因其系受开发公司委托实施物业管理,根据委托物业管理协议以及与业主签订的物业管理合同,其有权允许客运公司竖立字号牌,且收取的费用亦均用于全部物业的管理,原告亦因此有受益,故其并未违反合同约定,亦不存在侵权。原告与客运公司间产生的纠纷与其无关,故要求驳回原告的诉讼请求。

2. 法院裁判及观点

江苏省无锡市高新技术产业开发区人民法院经审理认为,本案系因区分所有权建筑物的相邻关系引起的纠纷,应当遵循有利生产、方便生活、团结互助、公平合理的原则,并在受害人主张排除妨碍和损害赔偿时,以忍受程度为判断基准,来确定黄某某、沈某某提出的主张能否成立。本案的争议焦点为:(1)客运公司在“东方银座”4 楼楼面竖立公司字号牌的行为是否正当?(2)字号牌是否侵犯黄某某、沈某某在相邻关系中的相关权利?(3)客运公司、物业公司是否应当承担法律责任及如何承担?

关于第一项争议焦点,从原、被告所提供的相应证据表明,客运公司的字号牌系竖立于“东方银座”4 楼女儿墙上方,所支撑的钢制网架占用了 4 楼设备层屋面,该屋面虽非本案 501 室业主黄某某、沈某某或者 401 室房屋所有权人邵某所专有,根据建筑物区分所有权理论,该屋面及外墙当属“东方银座”全体业主共有和共同管理。客运公司在“东方银座”的共用部分上设定专用使用权,除依法取得行政许可外,应当得到全体区分所有权人共同表示方可。在现实生活中，取得全体区分所有权人共同表示的方式除经业主大会程序在公约或者特定事项的决定中设定外，亦可于开发商在出售房屋时于房屋买卖（包括预售）合同中约定。

本案中，开发公司在将501室出售给黄某某、沈某某时，房屋买卖合同中明确约定该商品房所在楼宇的屋面使用权、外墙面使用权归全体业主所有，由物管公司统一管理，此单份合同中的授权性条款虽不能必然推广于全体业主，但对黄某某、沈某某却具有约束力。在开发公司委托物业公司实施物业管理后，物业公司依开发公司之委托及业主之授权，对"东方银座"共有部分出租给客运公司设立字号牌属其合乎约定的管理行为，客运公司在与物业公司签订租赁协议并经行政许可后竖立字号牌，已经法定程序且已尽必要的注意义务。在未经特定程序对此特定事项加以决定时，黄某某、沈某某针对客运公司竖立字号牌及物业公司对共有部分设置专用使用权的行为提出异议的权利，依约予以排除。至于黄某某、沈某某提出物业公司所收取的租金未用于全体业主的意见，不属于本案审查范围，法院不予理涉。

关于第二项争议焦点，黄某某、沈某某对"东方银座"共有部分所设置的专用使用权行为之异议虽被排除，但并不意味着专用使用权不受相邻权的限制。相邻权是不动产权利人合理限制或者延伸自己的权利。本案中，黄某某、沈某某与客运公司形成的关系，是区分所有权建筑物专有部分与共有部分之间的相邻关系。客运公司虽经法定程序取得共有部分的专用使用权设置字号牌，但仍不能侵犯字号牌相邻特定业主的相关权利，包括通风、采光权、眺望权、视觉卫生权等。但同时，应当课以区分所有权建筑物专有部分的权利人一定的容忍限度及义务。根据原告提供的现场照片及法院的现场勘验，因客运公司所设置的字号牌高度有限、整体离501室的距离尚属合理，未发现字号牌对501室采光的妨碍，且字号牌采用分栅式条状面板，亦不致501室通风的妨碍，故黄某某、沈某某提出的字号牌严重影响其房屋的通风、采光的主张，没有事实依据，法院不予采信。

眺望权、视觉卫生权虽未规定在我国有关相邻关系法律界定的权利范围内，但亦应纳入相邻关系的范围。眺望权常见于商品房买卖中的合同约定，此种场合下仅体现于合同义务，客运公司据此提出抗辩意见虽不无道理，但与相邻关系中自然形成的眺望权非属同一场合下的权利。在相邻关系中的眺望权应当被限定于必要的容忍程度内，当以有利生产、方便生活以及公平合理的原则确定是否构成妨碍，并不能以有遮挡即可行使强制性保护。客运公司为其公司经营在501室外设置字号牌，字号牌于视觉上为大部分遮挡从501室向外远眺的权利，但考虑到501室窗外远近景并无特别景致，黄某某、沈某某亦将501室改作为贸易公司展厅、会客区，双方均为自己的生产经营所考虑，尤其是在现代社会的城市中，双方利益的冲突当以相互谅解、相互容忍为解决方式。即使由业主自行居住使用该房屋，字号牌的竖立方式和实际后果应当在业主可容忍之范围内，此时，黄某某、沈某某以侵犯眺望权而主张拆除字号牌的权利当被限制。但是，从视觉直视角度来看，房屋窗外竖立字号牌确有遮挡之效果，而支撑字号牌的钢制网架纵横交错，给人于精神上一定的压抑感与不愉悦感，构成对特定业主视觉卫生权的侵害，客运公司应当承担一定的法律责任。

关于第三项争议焦点，法院认为，物业公司的行为既未构成违法，亦未构成违约，不应向黄某某、沈某某承担法律责任。客运公司所竖立的字号牌于效果上造成黄某某、沈某某于视觉卫生权的妨碍，理应对黄某某、沈某某给予一定的损害赔偿。但该妨碍尚未达到需拆除字号牌的程度，故黄某某、沈某某要求拆除字号牌并恢复原状的诉讼请求，不予支持，其主张5万元的损失赔偿亦与其权利受限程度不相适应，确定由客运公司赔偿黄某某、沈某某1万元。法院依照《民法通则》第83条的规定，判决：(1)客运公司于判决发生法律效力后10日内赔偿黄某某、沈某某1万元。(2)驳回黄某某、沈某某的其他诉讼请求。

宣判后，双方当事人在上诉期内均未提起上诉，一审判决已发生法律效力。

3. 案例评析

虽然我国法律对相邻关系中的权利类型采用了列举形式加以设定，尚无眺望权、视觉卫生权等新类型权利。但在特定的环境中，物权主体权利的行使对相邻关系中特定主体的眺望权、视觉卫生权构成侵害的，侵权之物权主体应当承担排除妨害、赔偿损失等法律责任。

本案系客运公司竖立公司字号牌行为引起的纠纷，却涉及物权法中数个常见但一直存在争论的法律问题。

首先，是区分所有权建筑物中用益物权、地役权的设定问题。用益物权是用益物权人对他人所有的不动产或者动产，依法享有占有、使用和收益的权利。地役权则指地役权人有权按照合同约定，利用他人的不动产，以提高自己不动产的效益。

就单一所有权的建筑物而言，在其上设定用益物权、地役权的，基于所有权人或者供役地权利人与用益物权人或者地役权人的协商即可设定；对在区分所有权建筑物业主的专用部分设定用益物权、地役权的，除业主或者供役地权人与用益物权人、地役权人的商定外，用益物权或者地役权的行使不得危及建筑物的安全以及不得损害其他业主的合法权益为限；对在区分所有权建筑物共有部分上设定用益物权、地役权的，因共有部分属全体业主共有，原则上用益物权人、地役权人应当取得全体业主的同意方能设定用益物权、地役权。但在现实生活中，由于区分所有权建筑物的业主是一个不确定的群体，表现在全体业主人数的不确定、所有权人与使用权人性质的不确定、业主利益冲突下意思表示的不确定等，因此，要求用益物权人、地役权人于事实上取得全体业主的同意是不现实的。

在通常情况下，对建筑物共有部分的管理与使用，均授权于物业公司进行，而授权的方式在不同的物业管理服务阶段体现不同的类型。在前期物业管理活动中，由于未成立业主委员会，物业公司实施物业管理服务活动的正当性源于房产开发商的委托与单个业主通过签订前期物业管理合同加以确认，如在房屋销售合同或者前期物业管理合同中，有建筑物共有部分管理、使用授权的约定，即告授权成立；在召开业主大会或者成立业主委员会后物业管理服务活动中，当由业主大会制定，并在修改建筑物及其附属设施的管理规约后，由业主委员会与物业公司签订物业管理合同加以授权。但如无授权、未依法定形式进行的授权或者由业主自行管理的建筑物，用益物权人、地役权人应当取得全体业主实质上的一致同意。

本案中，客运公司虽然在“东方银座”401 室屋面及女儿墙的使用上形成用益物权，但在其使用的建筑物房顶屋面及外墙设立公司字号牌以表明其公司所在地，是利用全体业主的不动产以提高自己不动产效益的行为，其与物业公司签订的协议应当属地役权合同，并履行了行政审批手续，同时，因为物业公司事先已取得业主对“东方银座”楼宇共有部分进行管理的授权，因此，可以确定该地役权设定的合法性。

其次,是区分所有权建筑物中相邻关系主、客体的界定问题。地役权设定的合法性并不代表地役权人在不动产相邻关系中即可不尽注意义务。虽然传统的不动产相邻关系是以所有权为中心内容,但在现实生活中,不动产的利用越来越与所有权分离,如房屋的居住者无所有权而仅有使用权,再以所有权确定相邻关系主体与内容则不符合现实要求。因此,将不动产相邻关系范围扩展到地役权相邻关系,以解决相邻关系与地役权这两种制度在调整同类关系时的制度空缺问题。

同理,区分所有权建筑物的相邻关系亦可从建筑物所有人或者利用人的专有部分发生的相邻关系扩展至特定业主与地役权人之间的相邻关系。本案即属特定业主与地役权人之间就地役权客体的使用对所有权行使造成的妨碍之诉,其处理的基本原理是在区分所有权建筑物的相邻关系中,对共有部分设定专用权需以不损及业主专有部分功能;特定业主应当允许且不妨碍地役权人合理利用不动产,所有权的行使应当受到合理限制并承担相应的容忍义务。其具体内容是:(1)相邻便利的提供,如通行权、相邻排水供水关系、相邻管线安设关系、进入权、相邻通风、采光、取暖关系。(2)相邻妨害排除,如相邻防险关系和相邻环保关系。

最后,是相邻关系中权利行使与限制的类型问题。本案中字号牌对特定业主所有权行使造成妨碍的内容基于原告的诉请,可分为:(1)相邻通风、采光的妨碍;(2)眺望权的妨碍;(3)视觉卫生权的妨碍。

通风、采光权是区分所有权建筑物相邻主体间常见的纠纷原因,由于建筑物中众多专有部分相互邻接并呈现十分紧密状态,任何在建筑物用役面的平面或者立体上出现的添附即可能造成对通风、采光的妨碍。采光权实际上就是日照权,在原设计建筑外增加任何设施不应使相邻住宅原有日照标准降低到国家标准之下。本案中,通过对字号牌设置的位置、形状、尺寸、距离与建筑物的构造等情况进行现场勘验后,判定字号牌的设置对特定业主即本案原告所有的房屋于采光及通风上不产生影响,因此,原告以字号牌妨碍其通风、采光权的主张不能成立。

由于眺望权、视觉卫生权实际上是一种精神权利,因此,两种权利的行使范围不可能形成一个统一的标准,并可随着人物、空间、环境的不同而采用不同的标准加以衡量。对眺望权、视觉卫生权的保护，可通过两种途径解决：一是事前防止。不动产所有人或者使用人可与相关义务主体事先约定在多少空间范围内，不能出现有碍眺望或者视觉健康的建筑物或者物体。这在现代城市房地产开发中业主与开发商之间可以着重体现。二是事后救济。在没有约定的场合下出现妨碍眺望及损及视觉健康的建筑物或者物体时，权利人可以要求义务人排除妨碍或者给予赔偿。事后救济的方式与程度应当与受妨碍的具体情形和程度相适应。例如，梁慧星教授认为，采光纠纷应当考虑采光纷争地的地域性作为判决依据之一，眺望与视觉卫生纷争亦可考虑纷争地所在地域的性质来作为判决标准。工业区、商业区、住宅区的要求并不相同，对权利人的容忍程度亦可作不同要求。

本案在判断字号牌对特定业主的眺望权是否构成妨碍上考虑了两个方面的因素：一是业主自身将其所有的住宅改建为商业用房用于产品展示，其行为已经降低了业主对眺望的要求。同时，应当对其他商户的某些商业行为给予必要的理解与宽容。二是该楼宇周围是较为密集的城市建筑以及以栅栏式设置的字号牌并未完全遮挡视线，于感观效果上不应发生较大的变化。因此，未采信原告主张的字号牌对其眺望权的妨碍。但字号牌的设置对于特定业主于心情愉悦程度的降低，又是客观存在的事实，字号牌的设置方式虽无不洁但属不雅，对特定业主造成的身心影响是可以理解并可直观判断的。因此，以字号牌对原告造成视觉卫生权上的妨碍，判令客运公司给予原告一定经济赔偿。当然，在确定赔偿数额时，仍考虑了视觉卫生权的妨碍程度、发生的场合性质、客运公司已尽的注意义务以及不动产毗邻人之间应尽的容忍义务等因素。

有关法律规定

《中华人民共和国民法通则》

第四条　民事活动应当遵循自愿、公平、等价有偿、诚实信用的原则。

第八十三条　不动产的相邻各方，应当按照有利生产、方便生活、团结互助、公平合理的精神，正确处理截水、排水、通行、通风、采光等方面的相邻关系。给相邻方造成妨碍或者损失的，应当停止侵害，排除妨碍，赔偿损失。

三、相邻不动产权利人对正常合理范围内的侵害或者妨碍是否负有容忍义务

基本理论

相邻关系是指相互毗邻的不动产所有人或者使用人之间，在不动产利用过程中，因相互间给予便利或者接受限制所发生的权利、义务关系。相邻关系的内容为容忍或者禁止相邻不动产所有人或使用人为一定行为，即相邻不动产所有人或者使用人在行使不动产权利时，有权要求他方提供必要的便利，他方对正常合理范围内的侵害或者妨碍，负有容忍义务。物权制度的目的在于通过对物权的支配来实现对物的利用。从这个意义上说，物权人有自由支配物、实现物的利益最大化的权利。为了充分发挥不动产的效能，有效利用和实现不动产的价值，所有人或者使用人在行使不动产权利时，有权根据相邻关系的法律规定，要求他方提供必要的便利，即使是给他方造成了侵害或者妨碍，只要这种侵害或者妨碍仍然在正常合理的范围内的，他方即负有容忍义务。

由于相邻关系的性质不是一种独立物权，而是所有权的限制或者延伸，因此，权利人在行使不动产所有权或者使用权时，必然要受到一定的限制，不能随心所欲，否则会构成权利滥用。不动产权利人在行使不动产权利时，如果给相邻他方造成了妨碍，且程度超过了一般人的忍受限度，该行为即属于法律上的禁止行为或者所有权的限制行使，相邻他方没有容忍的义务。所谓忍受限度理论，是法国学者提出用于解决相邻关系中，双方权益纠纷的理论。日本学者将其引入，并进行创造性地运用到规范建筑物之间的相邻关系。20世纪60～70年代，日本建筑物之间的相邻纠纷尤其是日照妨碍的案例急剧增加，为平衡利益冲突，日本司法实务和学说理论便以妨碍是否逾越忍受限度为判断的基准，即日照妨碍如果逾越社会一般人的忍受限度，即属违法，构成日照权侵害。反之，如果没有逾越社会一般人的忍受限度，受害人则负有容忍义务，即阻却违法，不构成日照权侵害。随着社会经济的发展，忍受程度理论已被扩大运用于不动产相邻关系的冲突调整。

相邻双方都有要求对方给予方便或者接受限制的权利

——尚某某与励某某相邻关系纠纷上诉案①

1. 案情简介

原告:尚某某

被告:励某某

原告尚某某系某省某市某区钟公庙街道桑菊家园某幢506室住户,被告励某某系该楼505室住户,两家相邻,房屋结构均是顶楼加阁楼。被告在自家阁楼搭建了鸽舍,饲养了70余只信鸽。被告在阁楼前阳台开了两个出口,每天早晚各训放鸽子1次,信鸽通过该两个出口进出。由于被告饲养鸽子数量较多,气味较重,鸽毛经常飘到原告门窗上甚至家中,鸽粪撒到原告阳台,且鸽子还会发出咕咕的叫声,声音较重,对原告家庭的生活环境造成一定影响。

2003年11月14日,某市体育局、某市城市管理局、某市民政局、某市规划局联合下发了《某市信鸽饲养活动管理暂行规定》。《某市信鸽饲养活动管理暂行规定》规定,信鸽训养和竞赛是一项群众性体育活动,一个行政区域只能申请一个信鸽协会,未经体育、民政部门批准,任何单位和个人不得擅自成立信鸽民间组织;某市各级体育业务主管部门负责对本行政区域内的信鸽饲养活动进行管理,各级信鸽协会负责实施本辖区内信鸽饲养活动的具体管理;饲养信鸽,应当向鸽舍所在地信鸽协会提出书面申请,经同意后入会,并持有信鸽协会会员证,每年办理年度注册手续,交纳会费;规定还对城市小区饲养信鸽进行了规范。被告系某市信鸽协会会员,有信鸽协会会员证,会员证记载2006年已通过年审。

原告向小区居委会和物业公司反映此事未果,遂于2006年6月5日向人民法院提起诉讼,认为被告在阁楼饲养鸽子严重影响了原告的生活环境,

① 参见宁波市鄞州区人民法院(2006)甬鄞民一初字第2322号、宁波市中级人民法院(2007)甬民一终字第152号民事判决书。

并造成身体健康隐患，请求法院依法判令被告排除妨害，停止侵害，拆除鸽笼，不得在影响原告居住环境的区域内饲养信鸽，并要求被告赔偿原告精神损失费500元。

被告辩称，被告是信鸽协会会员，办理了相关手续，依照规定饲养信鸽。被告因兴趣爱好利用部分阁楼饲养信鸽，主要用于竞技比赛。养鸽虽对原告有些影响，但也是在合理的可以容忍范围之内，被告也会积极采取措施尽量减少对原告的影响。原告和被告是邻居，希望能与原告协商解决。

2. 法院裁判及观点

浙江省宁波市鄞州区人民法院经审理认为，原告和被告系邻居，应当按照方便生活、团结互助、公平合理的精神，正确处理双方的相邻关系。虽然被告系鸽协成员，鸽子养在自家阁楼，某市也没有禁止在小区内养鸽的规定，但被告养鸽不能影响他人正常的生活环境和居住安宁。被告的养鸽权利与他人正常的生活居住权利发生冲突时，在价值取向上应倾向于后者。被告养鸽数量较多，由此产生的鸽毛、鸽粪、气味、噪声等，对原告家庭的生活环境造成了一定影响，应当停止侵害，排除妨碍。停止侵害、排除妨碍并不是要求被告拆除鸽舍，搬迁所有鸽子，完全剥夺被告养鸽的权利。停止侵害、排除妨碍的关键在于控制鸽子数量和规范养鸽，数量减少，相应的鸽毛、鸽粪、气味、噪声等影响也随之减少。原告作为相邻方，在合理范围内，也有容忍的义务，鸽子数量的减少，并不是等于对原告完全没有影响，而是把影响减小到原告应当可以容忍的范围。根据本案的实际情况，鸽子数量控制在15只之内为宜。原告要求被告赔偿精神损失的诉讼请求，缺乏相应依据，法院不予支持。依照《民法通则》第4条、第83条的规定，一审法院判决：(1)被告励某某将在某市某区钟公庙街道桑菊家园某幢505室阁楼内饲养的鸽子数量控制在15只之内，限在本判决生效后10日内履行完毕。(2)从本判决生效之日起，被告励某某每日训放鸽子的次数不得超过两次。(3)从本判决生效之日起，被告励某某每日清扫鸽舍一次以上。(4)从本判决生效之日起，被告励某某每周对鸽舍消毒一次以上。(5)驳回原告尚某某的其他诉讼请求。

宣判后，原、被告均不服一审判决，提起上诉。

原告上诉称，被告的养鸽行为已对自己全家的生活和身体健康造成严重影响，原判将鸽子数量限定在15只内并不能保护自己的居住权和健康权。

被告上诉称,原判将鸽子数量限定在15只以内缺乏依据,自己是依法养鸽,鸽毛、鸽粪及叫声对原告是有些影响,但没有超出合理容忍的范围。

宁波市中级人民法院二审查明的事实与原审判决认定的事实一致。二审法院认为,根据法律规定,相邻双方当事人都有要求他方给予方便或者接受限制的权利。本案中,上诉人励某某饲养了70多只信鸽,由此产生的鸽毛、鸽粪、气味、噪声影响了上诉人尚某某的日常生活。上诉人励某某认为自己的养鸽行为对尚某某是有些影响,但没有超出合理容忍的范围的上诉理由与事实不符,不予支持。因为国家没有明文规定禁止养信鸽,故上诉人尚某某要求法院判令禁止励某某养鸽、拆除鸽舍的上诉请求不予支持。原审根据法律规定,以相邻双方在合理范围内有相互容忍的义务为由,将上诉人励某某的鸽子数量限制在15只之内,以减少鸽子产生的鸽毛、鸽粪、气味、噪声等,对上诉人尚某某日常生活的影响并无不当。原审法院认定事实清楚,适用程序合法,判决并无不妥。二审法院依照《民事诉讼法》第170条第1款第1项的规定,判决驳回上诉,维持原判。

3. 案例评析

本案是小区阁楼养鸽引起的相邻纠纷案,其折射出的法律问题,具有一定典型性和代表性,对处理相邻纠纷案件有一定的借鉴作用。

(1)养鸽权与安居权如何排定位阶秩序

被告系鸽协成员,鸽子养在自家阁楼,某市也没有禁止在小区内养鸽的规定,那么,被告有养鸽的权利(养鸽权)。原告在小区购买房屋,希望有一个和谐安定的生活环境,这也是原告所享有的正常生活居住权利(安居权)。那么,当二者发生冲突时,如何排定位阶秩序呢?这涉及一个价值判断的问题。就权利被侵害的类型而言,依现行法律主要有以下几种:生命权、身份权、健康权;前者以外的人格利益;财产权。上述不同类型的权利,在法律价值判断上具有层次性,给予救济采用利益衡量原则时,应当区别考虑。一般都承认,生命的利益是保护其他利益(尤其是所有的个人权利)的正当前提条件,因此,它应当被认为高于财产等其他方面的利益。健康方面的利益亦应在秩序上比享乐或者娱乐的利益要高。因此,一个简单的位阶秩序是必要而且也是可以排定的,即生命权利高于健康权利,而后者又高于精神上的其他人格利益。在权利类型的层次上,纯粹精神或者娱乐方面的权利相比,其他权益应当较低。被告养鸽之目的是提高自己的生活情趣，改善自己的生活状态，属纯粹精神或者娱乐方面的权利，与安居权相比，显然阶位较低。

(2)行政许可不等于侵权行为许可

本案被告励某某的主要答辩意见是信鸽协会成员，领有信鸽协会会员证，通过了年审，饲养信鸽符合《某市信鸽饲养活动管理暂行规定》，得到信鸽协会的许可，取得了饲养信鸽的合法权利，阁楼养鸽并不违反规定。那么，被告的答辩理由是否成立呢？《民法通则》第 83 条规定："不动产的相邻各方，应当按照有利生产、方便生活、团结互助、公平合理的精神，正确处理截水、排水、通行、通风、采光等方面的相邻关系。给相邻方造成妨碍或者损失的，应当停止侵害，排除妨碍，赔偿损失。"本案的基础法律关系是相邻关系中的近邻妨害。不动产的所有人或者使用人，在行使权利时，往往会给邻人造成妨碍或者损失，这就是近邻妨碍。本案被告养鸽数量较多，由此产生的鸽毛、鸽粪、气味、噪声等，对原告家的生活环境的确造成了一定影响，侵犯了原告的安居权。本案中，原告已就被告构成实质性相邻侵权进行充分举证，至于被告养鸽权利正当与否在所不问，被告应当停止侵害，排除妨碍。具体行政行为直接导致的权利救济，虽可由行政法律关系加以调整，但并不妨碍权利人通过民事诉讼方式行使排除妨碍请求权，两者并不矛盾。原告基于相邻关系行使请求权，符合法律规定，应予准许。从本案可以得出这样一个结论：行政许可不等于侵权行为许可。

(3)相邻方的忍受义务与忍受限度

相邻关系的内容为容忍或者禁止相邻不动产所有人或者使用人为一定行为，即相邻不动产所有人或者使用人在行使不动产权利时，有权要求他方提供必要的便利，他方对正常合理范围内的侵害或者妨碍，负有容忍义务。

本案中，被告有利用自己阁楼养鸽的权利，原告作为相邻方在正常合理范围内有容忍的义务，但被告也不能滥用权利，不能超过一般人的忍受限度。

(4)相邻双方利益的平衡与法官的自由裁量权

本案判决被告励某某将在某市某区钟公庙街道桑菊家园某幢 505 室阁楼内饲养的鸽子数量控制在 15 只之内。对此判决结果，原告和被告均存异议，原告认为养 15 只鸽子仍然会对原告造成影响，被告认为即使养 70 只也属于合理范围。15 只是否合理？是否在原告的忍受限度之内？如果 15 只不合理,那么几只才算合理?这在法律条文中是找不到现成答案的。如何裁量相邻关系主体容忍义务的限制,也是审理相邻纠纷的难点问题。作为私法普通法的民法通则未设详尽规定,而仅规定了一条处理相邻关系的基本原则,即有利于生产、方便生活、团结互助、公平合理。该条规定过于原则化,适用难度较大。审判实践中于一方有利、方便、合理的,往往于另一方是不利、不便、不合理的。如何在当事人之间寻求衡平?如何把握不动产所有人或者使用人行使所有权或者使用权时,应予限制和可予扩张的度?对这些问题,法官的认知和感知程度不同,把握上也会产生偏差。在现行相邻关系法律制度框架下,法官面对相当部分相邻利益主体的利益调整诉求,需要法官依据相邻关系的立法本意、民法精神以及社会妥当性等基本原则,就案件事实认定及法律适用事项进行权衡、裁量。

(5)原告主张精神损害赔偿是否有依据

《民法通则》第 83 条规定的相邻侵权责任方式为停止侵害,排除妨碍,赔偿损失。该赔偿损失除了经济赔偿外,是否也包括精神损害赔偿?我国《民法通则》对此并没有作相关规定。为正确确定精神损害赔偿责任,最高人民法院《关于确定民事侵权精神损害赔偿责任若干问题的解释》将精神损害赔偿的范围,确定为因人格权利遭受非法侵害的侵权行为。本案是相邻关系纠纷,原告主张的权利虽然和人格权有关,但相邻关系的本质是所有权的限制和延伸,是财产权益的体现。故原告主张精神损害赔偿,缺乏法律依据。

有关法律规定

《中华人民共和国民法通则》

第八十三条　不动产的相邻各方,应当按照有利生产、方便生活、团结互助、公平合理的精神,正确处理截水、排水、通行、通风、采光等方面的相邻关系。给相邻方造成妨碍或者损失的,应当停止侵害,排除妨碍,赔偿损失。

《中华人民共和国民事诉讼法》

第一百七十条　第二审人民法院对上诉案件,经过审理,按照下列情形,分别处理:

(一)原判决、裁定认定事实清楚,适用法律正确的,以判决、裁定方式驳回上诉,维持原判决、裁定;

（二）原判决、裁定认定事实错误或者适用法律错误的，以判决、裁定方式依法改判、撤销或者变更；

（三）原判决认定基本事实不清的，裁定撤销原判决，发回原审人民法院重审，或者查清事实后改判；

（四）原判决遗漏当事人或者违法缺席判决等严重违反法定程序的，裁定撤销原判决，发回原审人民法院重审。

原审人民法院对发回重审的案件作出判决后，当事人提起上诉的，第二审人民法院不得再次发回重审。

最高人民法院《关于确定民事侵权精神损害赔偿责任若干问题的解释》

第一条　自然人因下列人格权利遭受非法侵害，向人民法院起诉请求赔偿精神损害的，人民法院应当依法予以受理：

（一）生命权、健康权、身体权；

（二）姓名权、肖像权、名誉权、荣誉权；

（三）人格尊严权、人身自由权。

违反社会公共利益、社会公德侵害他人隐私或者其他人格利益，受害人以侵权为由向人民法院起诉请求赔偿精神损害的，人民法院应当依法予以受理。

四、签订房屋买卖合同，尚未取得房屋所有权证，是否能成为相邻关系的主体

基本理论

各国民法最初是以不动产所有权为模型来设立相邻关系制度的。随着社会经济关系的变迁，商品生产和商品流通规模越来越大，所有权全面地表现为观念化与价值化。所有物由原来完全由所有人自己占有、使用、收益，变迁为所有人将所有物交由他人占有、使用、收益，而自己则收取对价。物权理论也由以所有为中心向以利用为中心转变。在这样的背景下，不仅邻近的不动产所有人之间发生了大量的相邻关系，就连邻近的不动产利用人之间，不动产利用人与不动产所有人之间，也同样发生了大量的相邻关系。于是民法判例与学说理论开始转变立场，认为相邻不动产所有人及利用人因不动产相邻而发生的关系都受相邻关系调整。如今，判例学说的这一见解已为多数国

家的民法立法与学说理论所接受,已成为一种通说。我国《民法通则》和《物权法》虽没有给相邻关系下定义,但《物权法》出台前,最高人民法院在《〈民事案件案由规定〉(试行)理解与适用》中,把相邻关系的主体界定为“相互毗邻的不动产所有人或者使用人”,《物权法》施行后,最高人民法院《民事案件案由规定理解与适用(2011 年修订版)》把“不动产的相邻权利人”界定为“相邻不动产的所有人、用益物权人或者占有人”。[①] 相邻一方未取得房屋所有权,并不影响其诉讼主体资格。

典型案例

签订房屋买卖合同后,虽未取得房屋所有权证,但仍然能够成为相邻关系的主体

——尤某某诉某县粮食局相邻关系纠纷案[②]

1. 案情简介

原告(被上诉人):尤某某

被告(上诉人):某县粮食局

2002 年 12 月 27 日,原告尤某某与案外人某县佳泰房地产开发有限公司(以下简称佳泰公司)签订了《商品房买卖合同》,以 14 万元房价购买了某县城关镇“淮河人家”综合市场的 1 号楼 1 号房,建筑面积 80.07 平方米,上、下两层。原告将契税交给佳泰公司,由其代办房地产权证手续。据原告提供的平面图显示,原告房屋南墙与被告南北向三层楼北墙间距为 2 米,原告房屋东墙与被告东西向原招待所西墙间距为 10.72 米。2003 年 11 月 12 日,被告某县粮食局经某县发展计划委员会批准立项兴建“淮河人家大酒店”,不久便办妥了《建设用地规划许可证》《建设工程规划许可证》《建筑工程施工许可证》,开始建设“淮河人家大酒店”,对原来的两幢房屋进行扩建与加层。被

① 奚晓明主编、最高人民法院《民事案件案由规定》课题组:《最高人民法院民事案件案由规定理解与适用(2011 年修订版)》,人民法院出版社 2011 年版。

② 参见河南省南阳市中级人民法院(2005)南民一终字第 65 号、河南省桐柏县人民法院(2004)桐城民初字第 86 号民事判决书。

告提交图纸显示，原告房屋东墙与被告拟建楼房西墙间距为10米。2003年12月22日，原告将案外人佳泰公司及被告诉至法院，请求认定原告与案外人合同无效，责令案外人赔偿损失5万元，被告赔偿损失5万元。2004年4月27日，原告以与案外人达成和解协议，与被告属另一法律关系，需另行起诉为由，申请撤诉，法院裁定准予原告撤诉。原告遂于2004年5月12日以被告相邻侵权，影响其采光、通风为由，另行向河南省桐柏县人民法院提起诉讼。

原告尤某某诉称，其于2002年12月27日购买了与被告相邻的商住两用房一套。2003年下半年，被告未与原告作任何协商，单方在紧挨原告的东面、南面两侧承建高达七层的综合大楼，该大楼竣工后，对原告只有两层的住房形成东南两面完全遮挡的夹角状况，严重影响其通风和采光，致原告新购住房处于阴暗潮湿，少风少光的恶劣环境中，明显改变了原告的生活、工作环境质量。原告购房居住时间在前，被告承建综合大楼时间在后，被告的行为是一种明显的侵权行为。故请求判令被告赔偿原告住房损失5万元(含精神损失赔偿)。

被告某县粮食局辩称，(1)双方争议的现建楼房位于某县粮食局自己的土地使用权范围内，且经某县城建局规划批准，建房行为合法。从规划许可证允许建房的高度以及允许双方房屋的间距来看，是不会影响原告通风、采光的。(2)原告一层东边按规划不允许开门，所以不存在影响通风、采光的问题。佳泰公司出售给原告的房屋，在设计上是没有东门的，是佳泰公司擅自开设后堵上，原告购买后又擅自扒开的。南楼未拆之前与原告房屋间距2米左右，建房中被告又往南后退1米多，双方的南北间距达到3米左右，且主体工程并未遮着其窗户。东边、南边楼均不存在影响原告的通风和采光。(3)原告在法院提起同样诉讼撤诉后，又以同样事实和理由再次诉讼，属重复起诉。故请求驳回原告的诉讼请求。

在审理中，经法院现场勘验，原告房屋系两层商住两用房，坐南朝北，南侧一、二层均开窗户，东侧、北侧一层开门。原告房屋与被告已拆除南北用房墙间距为1.92米，与新建六层楼房墙间距为2.8米。被告新建六层楼房与旧三层楼房间现有一通道。原告房屋与被告东西向楼房南端的间距为3.95米，原告二层房檐与被告墙间距为2.05米。原告房屋处于被告建筑夹角之中。

2. 法院裁判及观点

一审法院经审理认为，本案的争议焦点有三：一是原告是否具有诉讼主体资格。二是原告是否属于重复诉讼。三是被告建房是否违反有关规定，影响原告通风、采光。

(1)原告是否具有诉讼主体资格问题。2004 年 12 月 27 日，原告与案外人佳泰公司签订了《商品房屋买卖合同》，按照合同约定支付了购房款，并已搬入居住、使用，且原告已经交纳了契税及迁户费等有关费用，原告已经实际取得了除所有权以外的居住权及排除他人妨碍的权益。现原告以被告从事建设影响其通风、采光提起诉讼，属对其合法权益请求保护的行为，原告具备诉讼主体资格。被告称原告未取得所有权而无权主张的辩解，于事实和法律均不相符，法院不予采信。

(2)原告是否属于重复诉讼问题。原告于 2003 年 12 月 22 日向法院提起诉讼，状告佳泰公司及本案被告，案由确立为合同纠纷。原告于 2004 年 4 月 27 日以与佳泰公司达成和解，与本案被告属另一法律关系需另行起诉为由撤诉。现原告以被告相邻侵权为由另行提起诉讼并无不当，不属于重复诉讼，而系另案处理，被告此项辩解法院亦不予采信。

(3)被告建房是否违反有关规定，影响原告通风、采光。被告建设“淮河人家大酒店”是经该县发展和改革委员会批准，并在办理有关准建手续后的合法行为，但从被告提交从事建设后的有关平面图纸看，被告违反了有关手续中所确定的原、被告建筑物的间距要求，改变了原建筑面貌。被告违反了《城市居住规划设计规范》(GB 50180—93)第五章第 2 条第 2 款住宅正面间距 1∶1 和第 3 款住宅侧面间距“条式住宅，多层之间不宜小于 6 米，高层与各种层数住宅之间不宜小于 13 米”的规定。故此，被告的建设行为违反了国家强制性标准，影响了原告的通风、采光。被告的相关辩解法院不予采信。另外，被告辩称，原告东侧开门系原告擅自开门，但被告并未提供系原告在房屋验收交付前或者后开门的充分证据，法院不予采信。

鉴于被告相邻侵权，影响原告的通风、采光，现原告提出诉讼请求，要求赔偿损失，应予支持。但原告要求赔偿 5 万元，明显过高，从原告购房屋支付价款的实际情况和长期在此居住环境的特殊性，以及原告在与案外人佳泰公司另案和解,佳泰公司补偿原告1万元的情况,兼顾公平,一审法院认为损失赔偿数额应以1万元为宜。关于原告诉请精神损害赔偿,因无法律依据,法院不予支持。鉴于侵权过错责任在被告,案件诉讼费用应由被告负担。依据《民法通则》第83条的规定,判决被告某县粮食局赔偿原告尤某某损失10,000元,于本判决生效之日起15日内一次性付清。案件受理费2010元,现场勘验费490元,共计2500元,由被告某县粮食局负担。

一审判决后,被告某县粮食局不服,向河南省南阳市中级人民法院提起上诉。除坚持一审时的辩称意见外,还提出东楼高度新旧都是三层,并没有影响原告的通风、采光。

二审法院另查明,被告的三层楼、六层楼均已完工。

二审法院经审理认为,被告某县粮食局所建造的六层楼在原边旧界上加高又后退,使原告的房屋该面不能接受阳光的照射。被告所建造的三层楼虽是原高度,但不是原边旧界,也对原告的房屋采光造成一定影响。原审判决事实清楚,适用法律正确,处理适当。判决驳回上诉,维持原判。二审诉讼费2010元,由被告负担。

3. 案例评析

本案涉及的法律问题主要有以下三点:

(1)原告签订房屋买卖合同后,尚未取得房屋所有权权证,是否能作为相邻采光纠纷的诉讼主体

本案原告与出售人签订《商品房买卖合同》后,支付了全部房款和契税,虽尚未取得房地产权证,但其已实际占有使用房屋,其对房屋的占有属合法占有,能够作为相邻采光纠纷的诉讼主体。

(2)被告建房不仅未按规划的建筑间距,而且违反了国家有关工程建设标准规定的建筑间距,是否可以用现场勘察的方式直接确认其对原告构成相邻采光妨碍

被告建房虽经过行政许可,属于合法建造,但经过行政许可的建设行为,并不一定符合民事法律规范。有的是因为行政机关审批前未经过充分的评估论证或者明知间距不符合规定仍然予以规划许可;有的是因为建设方未按规划建设,导致对相邻不动产权利人构成采光、日照妨碍。本案被告在建房过程中,未按规划要求的建筑间距执行,经测量,被告南楼虽然与翻建前相

比，往后退了1米，但加高至六层，与原告房屋间距为2.8米；东楼虽未加层，但与原告房屋间距由原来的10米缩减至3.95米。被告所建房屋与原告房屋之间的建筑间距远远小于国家强制性标准。为节约诉讼成本，法院通过现场勘查，参照规划图纸，凭借生活经验，可以直接认定被告的建房行为对原告房屋构成采光妨碍。

(3)赔偿内容与标准如何确定

被告虽在自己享有土地使用权限的范围内建房，且经规划许可，但对原告构成了采光妨碍，根据相邻关系的法律规定，应当承担相应的民事责任。原告主张赔偿数额5万元，其中包含了精神损害赔偿的内容。采光、日照妨碍，虽然涉及身体健康、精神愉悦等人格利益的内容，但其在性质上还是属于相邻关系的一种，是从不动产所有权或者使用权中派生出来的一种财产性利益，它不属于人格权，适用精神损害赔偿没有法律依据。至于赔偿数额，可以由法院根据当地情况及案件的具体情况酌定。本案原告因为被告建房影响其通风、采光曾起诉出售方买卖合同无效，后因接受出售方补偿款1万元而撤诉。考虑到这一情况，综合原告所购房屋的总价为14万元及居住环境具有特殊性等因素，为兼顾各方利益，法院对本案亦作出被告赔偿1万元的判决。

有关法律规定

《中华人民共和国民法通则》

第八十三条　不动产的相邻各方，应当按照有利生产、方便生活、团结互助、公平合理的精神，正确处理截水、排水、通行、通风、采光等方面的相邻关系。给相邻方造成妨碍或者损失的，应当停止侵害，排除妨碍，赔偿损失。

《中华人民共和国民事诉讼法》

第一百七十条　第二审人民法院对上诉案件，经过审理，按照下列情形，分别处理：

(一)原判决、裁定认定事实清楚，适用法律正确的，以判决、裁定方式驳回上诉，维持原判决、裁定；

(二)原判决、裁定认定事实错误或者适用法律错误的，以判决、裁定方式依法改判、撤销或者变更；

（三）原判决认定基本事实不清的，裁定撤销原判决，发回原审人民法院重审，或者查清事实后改判；

（四）原判决遗漏当事人或者违法缺席判决等严重违反法定程序的，裁定撤销原判决，发回原审人民法院重审。

原审人民法院对发回重审的案件作出判决后，当事人提起上诉的，第二审人民法院不得再次发回重审。

最高人民法院《关于确定民事侵权精神损害赔偿责任若干问题的解释》

第一条　自然人因下列人格权利遭受非法侵害，向人民法院起诉请求赔偿精神损害的，人民法院应当依法予以受理：

（一）生命权、健康权、身体权；

（二）姓名权、肖像权、名誉权、荣誉权；

（三）人格尊严权、人身自由权。

违反社会公共利益、社会公德侵害他人隐私或者其他人格利益，受害人以侵权为由向人民法院起诉请求赔偿精神损害的，人民法院应当依法予以受理。

五、受害人针对采光、日照妨碍行使请求权的，是否受诉讼时效的限制

基本理论

关于相邻关系是否适用诉讼时效，理论与实务中均存在争议。我们认为：第一，从建立时效制度的立法目的来看，建立时效制度的立法目的，一是稳定法律秩序；二是便于举证查证；三是督促权利人及时行使权利，更好地发挥财产效用。相邻关系无须引用时效制度就能够达到这三个目的。（1）相邻关系虽然源于法律的直接规定，但在不侵害他人权益的前提下，也允许当事人之间约定，或者容忍相邻方给自己带来的影响或者妨碍，以维护和睦的邻里关系。如果将一方的忍让视为放弃权利，将不利于维系和稳定既有的邻里关系和生活秩序。（2）因相邻关系提起的诉讼，通常情况下，妨碍的事实状态是持续存在的，不存在证据灭失、难以举证查证的情况。（3）相邻关系中的停止侵害请求权、消除危险请求权和排除妨碍请求权是基于不动产所有权或者使用权而延伸出来的权利，只要不动产所有权或者使用权没有发生让渡或者

变更,权利人就可以主张权利,无须用时效制度督促当事人行使权利。第二,从相邻关系的性质来看,相邻关系虽不是独立物权,但属于物权的范畴。相邻妨碍是一种侵权行为,侵权行为请求权中的停止侵害请求权、消除危险请求权、消除影响请求权,不适用诉讼时效。至于相邻关系中的损害赔偿请求权,多数观点认为应当适用诉讼时效,我们认为,并不能一概而论,应当区别对待。以采光、日照损害赔偿请求权为例。采光、日照损害赔偿请求权是对不动产所引申出来的利益的损害赔偿,有时,要经过有关机构鉴定才能判断是否构成采光、日照妨碍;有时,受害人提起停止侵害、排除妨碍请求权,出于利益衡量的角度考虑,不能得到法院的支持;同时,为平衡双方的利益,法院往往会做受害人的工作,对其所受的采光、日照损害,可以通过赔偿损失的方式进行救济。因此,对采光、日照妨碍这类直接针对不动产利益损害提起的损害赔偿请求权,也不应当适用诉讼时效期间。

典型案例

相邻关系纠纷中,侵害行为如果持续存在,则不适用诉讼时效的规定

——林某某诉林某相邻关系纠纷案①

1. 案情简介

原告(被上诉人):林某某

被告(上诉人):林某(又名王某某)

原、被告系相邻关系,原告房屋在前,被告房屋在后。1997 年 5 月,原告拆掉旧房盖新房。1997 年 9 月,被告在自家房屋前面筑起长 13 米,高 2.35 米的围墙,围墙与原告大室后墙仅相距 36 公分,妨碍了原告的通风、采光。原告曾制止和多次要求村委会、镇政府处理未果,遂于 2003 年 8 月 18 日向海南省琼海市人民法院提起诉讼。

原告林某某诉称,被告在原告相邻处建筑围墙,妨碍了原告的通风和采

① 参见海南省琼海市人民法院(2003)琼海民一初字第 460 号、海南省第一中级人民法院(2004)海南民二终字第 60 号民事判决书。

光，侵害了原告的合法权益，要求法院判决被告排除妨碍，停止侵害。

被告林某辩称，被告是在自家的前庭院建筑围墙，并不影响原告的出路，也不妨碍其通行、采光。故不同意原告的诉讼请求。

2. 法院裁判及观点

一审法院经审理认为，原、被告系相邻关系，应当按照有利生产，方便生活，团结互助，公平合理的精神，正确处理截水、排水、通行、通风、采光等方面的相邻关系。但被告所建筑的墙壁严重影响了原告家的通风、采光，侵害了原告的合法权益，故原告的诉讼请求证据充分，理由充足，应予采纳。据此判决被告林某在判决书生效后 30 日内将所筑墙壁拆到 1.2 米。诉讼费 100 元，由原告林某某负担 50 元，被告林某负担 50 元。

一审判决后，被告林某不服，向海南省第一中级人民法院提起上诉，主要认为自己是在自家祖基地上砌的围墙并没有侵权，原告起诉已超过诉讼时效。二审法院经审理认为，上诉人与被上诉人系相邻关系，依照《民法通则》第 83 条规定，不动产的相邻各方，应当按照有利生产，方便生活，团结互助，公平合理的精神，正确处理截水、排水、通行、通风、采光等方面的相邻关系。虽然上诉人是在其祖基地上砌筑围墙，但围墙与被上诉人房屋的后墙相距仅 36 厘米，围墙的高度严重影响被上诉人房屋的通风、采光，侵害了被上诉人的合法权益。上诉人上诉主张被上诉人起诉已经超过诉讼时效。由于侵权事实一直持续存在，被上诉人也一直在向村委会、镇政府反映情况要求处理，故诉讼时效未超过。上诉人上诉无理，应予驳回。一审认定事实清楚、适用法律正确，应予维持。法院依照《民事诉讼法》第 170 条第 1 款第 1 项的规定，判决驳回上诉，维持原判。二审案件受理费 100 元，由上诉人林某负担。

3. 案例评析

相邻关系与侵权责任不同，即使行为人的行为不具有违法性及主观过错，但如果该行为损害了相邻方的通风、采光等方面的民事权益的，行为人仍应承担相应的法律责任。由于相邻关系属于所有权的范畴，且该侵害行为是一种持续存在的侵权行为，故不适用诉讼时效的规定。

本案主要涉及以下两个法律问题：

(1)被告在自家祖基地上砌筑围墙是否对原告构成侵权？

被告认为自己在自家祖基地上砌筑围墙，该行为并不违法，也不存在过错，所以不构成侵权。的确，从侵权行为的构成要件来看，本案被告的行为确实不具备一般侵权行为的四个构成要件。但本案是一起相邻通风、采光纠纷。关于相邻关系，我国《民法通则》和《物权法》都有专门的规定。如果一方的不动产利用行为，侵害了相邻他方的通风、采光、通行等方面的民事权利，就应适用《民法通则》《物权法》中有关相邻关系的规定，而不适用侵权责任的法律规定。因为，行为是否具有过错及违法性，与是否构成相邻侵权没有直接关系或者必然联系，合法行为也有可能损害相邻他方的民事权益；反之，违法行为则不一定必然会损害相邻方的民事权益。所以，相邻关系并不要求行为具有违法性，也不要求行为具有主观过错。本案被告在自家祖基地上砌筑围墙的行为本身并不具有违法性，但该围墙影响了相邻原告的通风、采光，法院认定其行为对原告构成相邻侵权。

(2)原告起诉是否超过诉讼时效？

被告认为自己是在 1997 年 9 月砌的围墙，而原告是在 2003 年 8 月才提起诉讼，已超过诉讼时效。那么，相邻关系是否适用诉讼时效的规定？暂且不说本案原告为此纠纷一直在向村委会、镇政府反映情况要求处理，诉讼时效中断的问题，就相邻关系本身而言，由于相邻关系属于所有权的范畴，而有关所有权的请求权一般不适用诉讼时效的规定，且被告的围墙建成后，对原告构成的通风、采光侵害一直存在，该侵害行为是一种持续性的侵权行为，亦不应适用诉讼时效的规定。再则，无论根据物权理论，还是侵权理论，停止侵害、排除妨碍请求权均不适用诉讼时效的规定。

有关法律规定

《中华人民共和国民法通则》

第八十三条　不动产的相邻各方，应当按照有利生产、方便生活、团结互助、公平合理的精神，正确处理截水、排水、通行、通风、采光等方面的相邻关系。给相邻方造成妨碍或者损失的，应当停止侵害，排除妨碍，赔偿损失。

《中华人民共和国物权法》

第三十五条　妨害物权或者可能妨害物权的，权利人可以请求排除妨害或者消除危险。

第三十七条　侵害物权，造成权利人损害的，权利人可以请求损害赔偿，也可以请求承担其他民事责任。

第八十五条　法律、法规对处理相邻关系有规定的，依照其规定；法律、法规没有规定的，可以按照当地习惯。

第八十九条　建造建筑物，不得违反国家有关工程建设标准，妨碍相邻建筑物的通风、采光和日照。

《中华人民共和国民事诉讼法》

第一百七十条　第二审人民法院对上诉案件，经过审理，按照下列情形，分别处理：

（一）原判决、裁定认定事实清楚，适用法律正确的，以判决、裁定方式驳回上诉，维持原判决、裁定；

（二）原判决、裁定认定事实错误或者适用法律错误的，以判决、裁定方式依法改判、撤销或者变更；

（三）原判决认定基本事实不清的，裁定撤销原判决，发回原审人民法院重审，或者查清事实后改判；

（四）原判决遗漏当事人或者违法缺席判决等严重违反法定程序的，裁定撤销原判决，发回原审人民法院重审。

原审人民法院对发回重审的案件作出判决后，当事人提起上诉的，第二审人民法院不得再次发回重审。

第二节
相邻权侵权行为的认定

一般侵权行为，是指行为人侵害他人，给他人的财产或者人身造成损害，依法应当承担民事责任的行为。一般侵权行为具有以下法律特征：(1)侵权行为是侵害他人合法权益的不法行为。(2)侵权行为是给被侵害人造成实际损害后果的行为。(3)侵权行为是因过错而应当承担民事责任的行为。相邻权侵权行为是指不动产的相邻各方因行使所有权或者使用权而发生的侵权行为。相邻关系实质上是相邻不动产的权利人行使其权利的一种延伸或者限制。相邻关系具有以下特征：(1)相邻关系的客体并非不动产本身，而是毗邻各方在行使权利时发生的权利义务关系。(2)相邻关系的主体是两个或者两个以上不动产权利人。(3)相邻关系依附于不动产，但不因不动产权利人的变更而变更。(4)相邻权利人的不动产是相互毗邻的。(5)相邻不动产权利人行使权利以取得必要的便利为限度，不得借口损害相邻权利人的合法利益。

从一般侵权行为与相邻权侵权行为的概念与特征来看，两者之间存在一定的区别。一般侵权行为是侵害他人财产利益、人身利益和精神利益的不法行为，而相邻权侵权行为却是根据法律规定产生的权利义务关系中发生的侵权行为，具有适法性。一般侵权行为能够造成他人合法权益损害的法律后果，这种损害后果是不能容忍的，具有一定程度的社会危害性。在相邻关系中，虽然也会使相邻权利人的财产权利受到限制，但这种限制是必要的、合理的。一般侵权行为是行为人基于过错而实施的行为，行为人主观上有无过错是判定其行为是否构成侵权并承担民事责任的重要因素，而相邻关系中相邻权利人行使权利时主观上并无过错。一般侵权行为的行为人均应承担民事责任,而相邻关系中的权利人对于轻微妨害则有容忍义务,只有造成实际损害才承担赔偿责任。

一、相邻通风、采光和日照纠纷的构成要件

基本理论

相邻通风、采光和日照纠纷的构成要件,主要包括以下内容:

(1)当事人是否实施了利用自身不动产的行为。所谓“不动产的利用行为”,多数情况下表现为不动产所有人或者使用人建造建筑物、构筑物或者工作物的行为,如不动产所有人建造建筑物或者在屋顶平台上搭建房屋影响相邻住宅采光等;少数情况下表现为种植树木等行为。[①]

(2)利用行为与通风、采光和日照妨害间是否存在因果关系。这里的因果关系是指责任成立的因果关系。与责任成立的因果关系相对应的概念是责任范围的因果关系,责任范围的因果关系是指妨碍利益与所生损害间的因果关系。区分两者之意义在于:责任成立的因果关系影响责任成立与否的判断;责任范围的因果关系,影响相邻方承担损害赔偿责任的范围,与相邻义务人行为的可归责性等无关。

对相邻侵权责任成立的因果关系认定,应当采取两分法的思维方式,即从事实原因和法律原因两个方面进行分析。首先,必须明确相邻义务人的行为在事实上与妨害结果之间存在因果关系。其次,再对事实上构成损害原因的行为是否成为相邻义务人对该行为所致的损害,应当承担法律责任的法律原因作出判断。

在判断事实原因成立与否的过程中,应当以必要条件理论为基本标准,以实质要素理论为辅助标准。所谓必要条件理论,是指若无相邻义务人的行为(作为或者不作为),损害将不会发生,则该行为为损害的原因。反之,若无相邻义务人的行为,损害仍会发生,则相邻义务人的行为非损害的原因。运用必要条件理论认定责任成立的因果关系,可以分为两种做法:其一为剔除

① 参见王俊、林岚主编:《采光、日照纠纷案件裁判精要》,人民法院出版社2012年版,第106页。

法;其二为替代法。剔除法的思路是:假定没有行为人的行为,设想事件的结局是否有变化。如果剔除侵权人的行为,事件的发生方式及发展序列依然如故,行为人的行为显然与损害结果不存在因果关系;如果行为人行为的缺失造成事件结果与前迥异,则该行为是对损害结果具有决定性意义的致害原因。剔除法对积极行为较为适用,但是不适宜判断不作为引起损害的情形。故司法实践总结出了替代法,替代法弥补了剔除法的缺陷。替代法的思路是:以一个合法行为替代行为人的妨害行为,观察事件结果的异同。如果损害结果不发生改变,该损害则不能归咎于行为人的行为。如果证实行为人以合法方式的行为,损害结果便无从发生,则该行为人的违法行为即为损害结果的发生原因。必要条件理论能有效排除因果关系判断上的不相干因素。但是,同样不可否认的是对于某些案件,必要条件理论尚不能充分说明。故在构成必要条件理论适用的例外情形,需要实质要素理论来实现因果关系的判断。这些例外情形集中于多数原因均足以导致损害结果的场合,如提供不法行为的动机或者机会、共同危险行为、因果关系中断与聚合等。

所谓实质要素理论,是指相邻义务人的行为对于损害的发生必须为一项实质性的因素。具体而言,若同时有几项力量对损害发生作用,其中任何一项力量均足以导致损害时,则该项力量可认为是损害发生之实质要素。实质要素理论的目的在于解决因多数原因均足以发生同一结果时,依据必要条件理论,避免出现行为人免除责任的不合理状况。

法官应当在认定确实具有事实上因果关系后,再开始运用相当因果关系理论,就法律原因存在与否进行判断。所谓相当因果关系,是指该事件为相邻损害发生的不可欠缺的条件,且该事件实质上增加了相邻损害发生的客观可能性。相当因果关系理论的重点,在于注重行为人的不法行为介入社会的既存状态,并对现实的危险程度有所增加或者改变,亦即行为人增加受害人既存状态的危险,或者行为人使受害人暴露于与原本危险不相同的危险状态,相邻行为人的行为即构成结果发生的相当性原因。

因果关系的判断建立于法官法律推理活动之上,是法官行使裁量权的结果。因此,一方面,法官应当将推理的过程与理由写入判决说理部分。另一方面,审理相邻纠纷案件时,法官应当克服随意性,要全面地、历史地和现实地考虑问题,而不能机械地就案办案。采用相当因果关系分析侵害行为与损害结果之间有无因果关系，对正确判断相邻方是否构成采光、日照妨碍，应否承担民事责任，具有积极的意义。①

典型案例

因果关系要件的判断标准主要是住宅采光、日照利益受损后果与新建建筑之间有无因果关系

——姜某某诉某南证大厦有限公司、某兴科房屋开发有限公司相邻关系纠纷案②

1. 案情简介

原告(被上诉人)：姜某某

被告(上诉人)：某南证大厦有限公司

被告：某兴科房屋开发有限公司

原告姜某某1995年被回迁安置于某市某区北顺城路135栋2-9-2号房屋居住，该房为东厢房东向窗口采光。1995年2月，被告某兴科房屋开发有限公司(以下简称兴科公司)以与某黎明房屋开发公司联合开发的方式，取得现位于某市某区北顺城路137号楼的承建权，在三层框架基础上，继续施工建设。1996年，此楼主体建成，楼高12层。1998年12月11日，兴科公司与南方证券有限公司某分公司签订《资产置换协议》，约定兴科公司将北顺城路137号楼移交南方证券有限公司某分公司，在办理产权证的同时，将该楼更名为“南证大厦”，并注册某南证大厦有限公司(以下简称南证公司)。南证公司系由兴科公司、某银能(顾问)有限公司及某南方经贸实业公司三方投资的合资经营企业。2001年5月31日，被告南证公司取得137号楼的房屋所有权证。原告认为，“南证大厦”影响了自己房屋的采光，遂向沈阳市大东区人民法院提起诉讼。

---

① 参见王俊、林岚主编：《采光、日照纠纷案件裁判精要》，人民法院出版社2012年版，第120～122页。

② 参见沈阳市大东区人民法院(2000)大民初字第3771号、辽宁省沈阳市中级人民法院(2004)沈民(2)房终字第81号民事判决书。

原告姜某某诉称，与自己相邻的北顺城路137号楼由被告兴科公司承建，现产权人为南证公司，该楼对自己住房构成了采光妨碍，要求调换房屋，赔偿损失。

被告南证公司辩称，自己是经资产置换合法取得了137号楼的所有权，对于此前存在的137号楼挡光问题，不应由本方承担责任。

被告兴科公司辩称，137号楼产权已转移给南证公司，不应由自己承担责任。

一审审理中，法院依据姜某某的申请，委托沈阳市中级人民法院诉讼证据鉴定中心对137号楼是否遮光及遮光程度进行了鉴定，结论为：姜某某住宅窗口在“遮挡物”遮挡下，大寒日满窗日照时间累计为1分钟，不满足国家标准要求。

2. 法院裁判及观点

一审法院经审理认为，阳光、空气和水一样是人类生存的基本要素。公民有享受阳光的权利。现归南证公司所有的南证大厦将姜某某以前所能见到的阳光遮挡，使姜某某的采光未达到国家标准。现兴科公司未能向法院提供此楼变更设计的手续，也未能提供相应的规划验收手续，故应认定为违法挡光，应当承担相应的民事责任，给予姜某某相应的经济赔偿。姜某某要求予以调房，因其诉讼请求不明确，也未拿出相应的证据，故对姜某某的这一主张，不予支持。依据《民法通则》第83条的规定，判决：(1)判决发生法律效力后10日内，某南证大厦有限公司赔偿姜某某人民币14,875元。(2)驳回双方其他诉讼请求。案件受理费600元、鉴定费1500元，由某南证大厦有限公司负担。

一审判决后，南证公司不服，向辽宁省沈阳市中级人民法院提出上诉。理由是：(1)原审判决上诉人承担民事赔偿责任无事实和法律依据。上诉人经资产置换，于2001年5月31日合法取得137号楼的所有权，对于此前存在的137号楼挡光问题，应当由当时的责任人兴科公司承担，上诉人不具有侵权的故意或者过失，也未实施侵害姜某某采光权的任何违法行为，其对137号楼的所有权与侵害采光权无因果关系。(2)137号楼于1996年即已建成，姜某某起诉已过诉讼时效。(3)依据最高人民法院、辽宁省高级人民法院《关于对以南方证券股份有限公司及其附属公司、机构为被告的民商事案件暂缓受理、暂缓审理、暂缓执行的通知》精神，本案应当中止审理。

二审法院经审理认为，本案系相邻关系纠纷。本案的争议焦点是上诉人应否承担相邻挡光的赔偿责任及被上诉人姜某某起诉是否超过诉讼时效。

(1)关于本案民事责任主体问题。《民法通则》第 83 条规定："不动产的相邻各方，应当按照有利生产、方便生活、团结互助、公平合理的精神，正确处理截水、排水、通行、通风、采光等方面的相邻关系。给相邻方造成妨碍或者损失的，应当停止侵害，排除妨碍，赔偿损失。"相邻关系是基于不动产的相互毗邻而发生的，相邻权利从属于不动产的所有权或者占有权，而非"因人设定"的权利，不因不动产的所有人或者占有人的变更而消灭。相邻不动产的所有人或者占有人一方将其不动产转移给他人所有或者占有时，因相邻关系所产生的权利、义务关系亦随之转移。上诉人南证公司经资产置换，取得 137 号楼的所有权，同时亦承接了该楼在相邻关系中的权利与义务。故南证公司对该楼给被上诉人姜某某造成的大寒日满窗日照时间累计为 1 分钟，不满足国家标准要求的侵害后果，应当承担赔偿责任。

(2)关于相邻侵权的构成应否以过错为前提。相邻关系是相互毗邻的不动产所有人或者占有人，在行使不动产的占有、使用、收益、处分权时，相互之间应当给予便利或者接受限制而发生的权利、义务关系。相邻权实质上是一种法定役权，从权利人来说，是其权利的合法延伸，而从需提供便利的一方来说，是对其权利的法定限制。本案南证公司为不动产的相邻一方，只要给相邻对方造成妨碍或者损失的，就应当依法承担民事责任。故上诉人提出"自己主观上不具有侵权的故意或者过失，不应承担赔偿责任"的主张，二审法院不予支持。

(3)关于诉讼时效问题。137 号楼影响姜某某住房的采光，且侵权事实仍在持续，故姜某某基于不动产相邻关系提起诉讼，未过诉讼时效。

(4)关于本案应否中止审理问题。某南证大厦有限公司非南方证券股份有限公司附属的公司、机构，且最高人民法院、辽宁省高级人民法院《关于对以南方证券股份有限公司及其附属公司、机构为被告的民商事案件暂缓受理、暂缓审理、暂缓执行的通知》所附接管范围内的公司、机构名单中，不包含上诉人南证公司，故本案不存在中止审理的事由。

(5)一审认为，某兴科房屋开发有限公司未能提供 137 号楼变更设计的手续,也未能提供相应的规划验收手续,故应认定为违法挡光,应当承担相应的民事责任,给予原告姜某某相应的经济赔偿的理由不当,应予纠正。但判决南证公司承担赔偿责任的判决结果正确,应予维持。

基于上述理由,二审法院依照《民事诉讼法》第170条第1款第1项之规定,判决驳回上诉,维持原判。二审案件受理费600元,由某南证大厦有限公司负担。

3.案例评析

采光、日照关系的主体是不动产的相邻权利人,原房屋所有人将房屋所有权转移给他人后,应当由受让人承担相应的民事责任。因果关系要件的判断标准主要是住宅采光、日照利益受损后果与新建建筑之间有无因果关系;受害人针对采光、日照妨碍行使请求权的,不受诉讼时效的限制。

本案是一起经资产置换取得的房屋对相邻住宅构成了采光妨碍,应由谁承担责任引起的纠纷。主要涉及以下几个法律问题:

(1)本案采光、日照妨碍责任主体的认定标准。也就是说,应由侵害建筑物的建造人还是受让人承担民事责任。侵害建筑物“南证大厦”是由兴科公司建造,建成后以资产置换的方式将产权转移给了南证公司,南证公司不是侵害建筑物的建造人,为什么要承担民事责任?根据我国的民事法律制度,因采光妨碍引起的纠纷属于相邻关系的一种,适用相邻关系的法律规范进行调整。相邻关系的主体并不是一般侵权行为中的“行为人”,即侵害建筑物的建造人或者原所有人,而是“不动产的相邻权利人”。虽然“南证大厦”由兴科公司建造,但原告提起诉讼时,兴科公司已不是“南证大厦”的所有人,也不是该幢建筑物的用益物权人或者占有人,因此,兴科公司不能成为采光、日照关系的诉讼主体,既然其不能成为采光、日照关系的诉讼主体,那么,其在本案中就不应当承担民事责任。南证公司虽然不是“南证大厦”的建造人,但此时其已是该幢建筑物的所有人,符合相邻关系责任主体资格。故法院判决其承担本案责任,符合相邻关系的法律规范。

(2)本案采光、日照妨碍责任构成要件的认定标准。虽然侵害建筑物不是南证公司建造的,但采光、日照关系中的因果关系主要是看现状住宅采光、日照受损与新建建筑之间有无因果关系,并不是单单指行为实施人。因此,南证公司由于其所有的南证大厦对相邻住宅构成了采光妨碍,依法应当承担相应的民事责任。

(3)本案是否适用诉讼时效。137号楼影响原告姜某某住房的采光,其妨碍行为处在一个持续阶段,原告姜某某针对采光、日照妨碍行使请求权的,不受诉讼时效的限制。

有关法律规定

《中华人民共和国民法通则》

第八十三条　不动产的相邻各方,应当按照有利生产、方便生活、团结互助、公平合理的精神,正确处理截水、排水、通行、通风、采光等方面的相邻关系。给相邻方造成妨碍或者损失的,应当停止侵害,排除妨碍,赔偿损失。

第一百零六条　公民、法人违反合同或者不履行其他义务的,应当承担民事责任。

公民、法人由于过错侵害国家的、集体的财产,侵害他人财产、人身的,应当承担民事责任。

没有过错,但法律规定应当承担民事责任的,应当承担民事责任。

《中华人民共和国物权法》

第三十五条　妨害物权或者可能妨害物权的,权利人可以请求排除妨害或者消除危险。

《中华人民共和国民事诉讼法》

第一百七十条　第二审人民法院对上诉案件,经过审理,按照下列情形,分别处理:

(一)原判决、裁定认定事实清楚,适用法律正确的,以判决、裁定方式驳回上诉,维持原判决、裁定;

(二)原判决、裁定认定事实错误或者适用法律错误的,以判决、裁定方式依法改判、撤销或者变更;

(三)原判决认定基本事实不清的,裁定撤销原判决,发回原审人民法院重审,或者查清事实后改判;

(四)原判决遗漏当事人或者违法缺席判决等严重违反法定程序的,裁定撤销原判决,发回原审人民法院重审。

原审人民法院对发回重审的案件作出判决后,当事人提起上诉的,第二审人民法院不得再次发回重审。

二、侵害人有过错是否是构成相邻通风、采光、日照侵害的前提

基本理论

通风、采光、日照关系中侵害行为的构成，是否需以行为人有过错为前提？这个问题实际上涉及物权救济的模式选择。物权遭受侵害其救济模式有物权请求权（或者称为物上请求权）模式和侵权责任模式。按照物上请求权模式，只要物权受到侵害或者有被侵害之虞时，不管行为人有无过错，物权人都可以通过行使物上请求权使自己的物权保持或者恢复其圆满状态。侵权责任模式分为过错责任、无过错责任及公平责任，一般侵权行为适用过错责任。《民法通则》第106条第3款规定："没有过错，但法律规定应当承担民事责任的，应当承担民事责任。"只有法律有特别规定的，才适用无过错责任和公平责任。相邻关系请求权虽不是独立物权，但其权源是不动产的所有权或者使用权，属于所有权的范畴。另外，从相邻关系请求权的性质来看，相邻关系是所有权的限制或者延伸，不动产权利人基于相邻关系法律规定所享有的通风、采光、日照等方面的权利，是一种法定权利，只要受到侵害，相邻不动产权利人就有权主张权利，它并不以行为人有过错为前提。

典型案例

是否构成采光侵害，并不以侵害人有过错为前提

——韩某、周某某诉阿某某、某市新拓新工贸有限公司相邻关系纠纷案①

1. 案情简介

原告（上诉人）：韩某

原告（上诉人）：周某某

被告（被上诉人）：阿某某

---

① 参见新疆维吾尔自治区吐鲁番市人民法院（2002）吐民初字第619号、新疆维吾尔自治区吐鲁番地区中级人民法院（2002）吐中法民终字第448号民事判决书。

被告(被上诉人):某市新拓新工贸有限公司

原告韩某、周某某先后于1999年1月13日、2002年1月8日与被告某市新拓新工贸有限公司(以下简称新拓公司)分别签订了合同,约定购买新拓公司葡城超市购物中心F区18号、19号、0160号、0161号摊位的经营权,合同还对双方的义务、责任作了明确约定,但未约定在原告购买的摊位区域外,新拓公司不得增设橱窗。合同签订后,两原告按合同约定交纳了相关费用。在两原告的有效经营权行使期间,新拓公司于2002年7月将两原告所购买摊位窗外的公用路面改建成开放式橱窗,租给被告阿某某经营使用。原告认为被告的行为侵犯了其采光权利,被告则予否认。原告遂向新疆维吾尔自治区吐鲁番市人民法院提起诉讼。

原告韩某、周某某诉称,我方分别购买了被告新拓公司葡城超市购物中心F区紧临窗户的四个摊位。新拓公司与我方签订合同时承诺,禁止商城门前摆设摊点。2002年新拓公司将该摊位窗户外公用道路租给被告阿某某经营使用,阿某某私自在原告窗外搭建商铺使光线无法进入原告铺内,严重侵犯了原告的采光权,致使白天营业必须开灯,否则无法营业,两原告生意猛跌,请求法院判令两被告:(1)停止侵害,排除妨碍,拆除私建商铺。(2)赔偿两原告经济损失各500元和交通费200元。

被告阿某某辩称,自己没有私自搭建店铺,而是和原告一样购买新拓公司的摊位,虽然自己在外面,原告在里面,但双方的权利是同等的,自己没有侵犯原告的采光权利。

被告新拓公司辩称,我公司增设橱窗的行为不违法,在建橱窗时我公司充分考虑了原告的利益,把橱窗建成了开放式的,并没有影响原告的采光权,没有给原告造成经济损失,不构成侵权,请求驳回原告诉讼请求。

2. 法院裁判及观点

一审法院经审理认为,原告韩某、周某某要求被告停止侵害,排除妨碍,拆除其私建的店铺,但其所提供的证据均不能证明被告阿某某是私建店铺,被告阿某某在橱窗外设摊,有合法手续和合同;新拓公司在自己的商城内改建、扩建,增加设施,不存在违法行为,且双方在合同中没有明确约定(甲方)不得在橱窗外增设摊位,原告无直接财产损失,两原告的正常经营活动也未受到影响。双方应友好协商,共同处理好相邻关系,并创造良好的经营环境。

由于两被告没有形成对两原告的侵权,不存在侵权的事实,故两原告的诉讼请求不成立,不应予以支持。依照《民事诉讼法》第 64 条第 1 款的规定,判决驳回原告韩某、周某某的诉讼请求。案件受理费 100 元,由原告韩某、周某某承担。

一审判决后,原告韩某、周某某不服,向新疆维吾尔自治区吐鲁番地区中级人民法院提起上诉。

二审法院另查明,被上诉人新拓公司建设开放性橱窗的红线图于 2002 年 9 月 30 日得到某市建设局批准;上诉人经公证处公证的六张照片证明被上诉人新拓公司所建设的开放性橱窗在经营使用中,其前沿对上诉人摊位窗户外光线的进入有一定影响;被上诉人阿某某在紧邻上诉人摊位的窗户上摆设货物,将可以进入该窗户的光线全部遮挡。

二审法院经审理认为,上诉人与被上诉人新拓公司的合同中并未约定在上诉人购买的摊位区域外,新拓公司不得增设橱窗,故新拓公司增设开放性橱窗的行为未违反约定。新拓公司承诺清除周边摊贩与其在商城外增设橱窗出租经营的行为并不相矛盾,新拓公司未违背其承诺。上诉人不能提供新拓公司增设的开放性橱窗是违章建筑的证据,被上诉人新拓公司提供的建筑橱窗的红线图,上诉人对其合法性无异议,虽然是 2002 年 9 月取得的,但不影响其合法性,故对上诉人要求拆除的请求不予支持。上诉人与被上诉人阿某某共用一窗,相邻而居,上诉人利用窗户采光是其合法权利,不应受到影响,被上诉人阿某某在其租赁的橱窗窗户上摆放货物,也是其正当权利,不能阻碍。但因双方的相邻关系,个人在行使其权利时,应当有所限制,被上诉人阿某某在紧邻上诉人摊位的窗户摆放货物,影响了一窗之隔上诉人的采光;被上诉人新拓公司增设的橱窗的前沿,对上诉人的采光也造成了一定影响,两被上诉人的行为侵犯了上诉人的相邻权利。由于影响经营的因素较多,包括市场风险、市场环境、经营方式、服务措施等,上诉人不能提供证据证实被上诉人影响其采光而造成其经济损失,故对其要求赔偿经济损失的请求不予支持。根据"有利生产、方便生活、团结互助、公平合理"的原则,被上诉人阿某某应对其摆放货物的高度作必要的调整和限制,以不影响上诉人的正常采光。由于上诉人还要在此经营多年,被上诉人新拓公司增设橱窗的行为确实给上诉人造成了一定的妨碍,应当给予上诉人适当的经济补偿。根据《民事诉讼法》第153条第1款第3项、《民法通则》第83条的规定,判决:(1)撤销吐鲁番市人民法院(2002)吐民初字第619号民事判决。(2)被上诉人阿某某在本判决生效之日起使其橱窗内靠近窗户的一面摆放的货物不能高于该窗户的窗台台面。(3)被上诉人某市新拓新工贸有限公司在本判决生效之日起10日内给付两上诉人韩某、周某某经济补偿各500元,共计1000元。一、二审案件受理费共计200元,由被上诉人阿某某、某市新拓新工贸有限公司负担。

3.案例评析

通风、采光、日照利益是从所有权中派生出来的,属于所有权的范畴。相邻关系民事责任不同于一般的侵权责任,认定一方的行为是否给相邻方构成通风、采光、日照侵害,不以行为人的行为是否存在过错为要件。

本案是一起因天然光线受遮挡引起的相邻采光纠纷。主要涉及两个法律问题:一个是法律适用问题,即本案应适用一般侵权责任还是相邻关系进行调整?另一个是责任承担问题,即构成相邻采光妨碍后被告应如何承担责任?

(1)本案的法律适用问题。本案应适用一般侵权责任还是适用相邻关系?如果适用一般侵权责任,被告新拓公司的建造行为审批手续合法,且是按照审批范围建造的开放性橱窗;被告阿某某在自己租用的橱窗窗户上摆放物品,两被告的行为均不具有违法性和过错,并不构成对原告的侵权。但本案是因不动产相邻关系而发生的纠纷,不同于一般的侵权纠纷。不动产相邻关系是指不动产所有人、使用人从事工业、农业、商业等活动及行使其他权利时,负有注意避免损害相邻不动产的义务。就邻地所有人、使用人而言,则享有请求土地所有人、使用人注意避免损害发生的权利。需要注意的是,此请求权仅限于请求注意避免,而不能请求防止,因此,不同于物权请求权中的排除妨害请求权。本案中,被告新拓公司建造的开放性橱窗并不违法,被告阿某某在自己租用的橱窗窗户上摆放物品也是行使其正当权利,原告的采光权益也是法律赋予其享有的合法权益,但被告新拓公司建造的开放性橱窗和被告阿某某在橱窗窗户上摆放物品不得妨碍原告的采光权益。两被告片面强调开放性橱窗的合法性和在橱窗窗户上摆放货物的合法权利,强调自己的权利不受调整和限制,则有悖于法律和社会公德对相邻各方的要求。由于本案是因天然光线受遮挡引起的纠纷，二审法院通过现场查看，认为被告新拓公司建造的开放性橱窗的前沿，对原告采光造成一定影响。被告阿某某在紧邻原告摊位的窗户上摆设货物，将可以进入该窗户的光线全部遮挡，应当认定两被告的行为对原告构成采光妨碍。一审法院没有按相邻关系处理本案，而从一般侵权的角度出发，即以侵权人是否违法和有过错来判断，混淆了相邻关系和侵权纠纷的处理原则，不利于解决相邻各方的矛盾。

(2)被告应承担的民事责任。原告诉请两被告停止侵害，排除妨碍，赔偿损失。本案二审采用对被告阿某某的权利进行必要的限制，即对其在租用的橱窗窗户上摆放物品的高度进行限制，从而解决了其妨碍原告采光权利的矛盾。被告新拓公司建造的开放性橱窗的前沿虽然给原告的采光造成了一定的影响，但由于它不是原告诉请理由所说的违章建筑，且已建成，并出租给他人使用，如判决拆除会引起连锁反应，从利益衡量角度考虑，不宜判决拆除，但应调整为给予原告经济补偿。关于原告要求两被告赔偿经济损失的请求，因为影响经营的因素较多，原告不能提供证据证实，故对该请求法院未予支持。

有关法律规定

《中华人民共和国民法通则》

第八十三条　不动产的相邻各方，应当按照有利生产、方便生活、团结互助、公平合理的精神，正确处理截水、排水、通行、通风、采光等方面的相邻关系。给相邻方造成妨碍或者损失的，应当停止侵害，排除妨碍，赔偿损失。

人民法院审理民事案件，除适用上述规定外，还可以予以训诫、责令具结悔过、收缴进行非法活动的财物和非法所得，并可以依照法律规定处以罚款、拘留。

第一百零六条　公民、法人违反合同或者不履行其他义务的，应当承担民事责任。

公民、法人由于过错侵害国家的、集体的财产，侵害他人财产、人身的，应当承担民事责任。

没有过错，但法律规定应当承担民事责任的，应当承担民事责任。

《中华人民共和国民事诉讼法》

第六十四条　当事人对自己提出的主张，有责任提供证据。

当事人及其诉讼代理人因客观原因不能自行收集的证据,或者人民法院认为审理案件需要的证据,人民法院应当调查收集。

人民法院应当按照法定程序,全面地、客观地审查核实证据。

第一百七十条　第二审人民法院对上诉案件,经过审理,按照下列情形,分别处理:

(一)原判决、裁定认定事实清楚,适用法律正确的,以判决、裁定方式驳回上诉,维持原判决、裁定;

(二)原判决、裁定认定事实错误或者适用法律错误的,以判决、裁定方式依法改判、撤销或者变更;

(三)原判决认定基本事实不清的,裁定撤销原判决,发回原审人民法院重审,或者查清事实后改判;

(四)原判决遗漏当事人或者违法缺席判决等严重违反法定程序的,裁定撤销原判决,发回原审人民法院重审。

原审人民法院对发回重审的案件作出判决后,当事人提起上诉的,第二审人民法院不得再次发回重审。

三、相邻不动产权利人提起采光、日照关系请求权,需提供相邻另一方有侵害行为这一事实

基本理论

相邻建筑物所有人或者使用人提起通风、采光和日照关系请求权,需提供相邻另一方有侵害行为这一事实。这个侵害行为也是特指的,是指不动产所有人或者使用人对不动产的利用行为损害了相邻方的通风、采光和日照利益。相邻一方主张权利,须以妨碍事实存在为要件,如果相邻他方已自行排除了妨碍,妨碍事实已不复存在,相邻一方也没有起诉的必要。判断一方的不动产利用行为是否对相邻另一方构成采光、日照妨碍,可以从相邻关系的诉讼主体、侵害行为、损害后果、因果关系等构成要件上进行分析认定。

相邻不动产权利人提起采光、日照关系请求权，需提供相邻另一方的利用行为，损害了自己的采光、日照利益的事实

——田某某诉田立某、田家某相邻关系纠纷案①

1. 案情简介

原告（被上诉人）：田某某

被告（上诉人）：田立某

被告（上诉人）：田家某

1993年春，原告田某某承包本村一土地。该土地为梯形地块，南北走向，南部宽4.9米，北部宽17.2米，长223米。1992年春，被告田立某、田家某分别在原告上述承包土地西侧承包一果园，田立某果园与原告土地接壤长度为120米，位于北部，田家某果园与原告土地接壤长度为100米，位于南部。1993年春，被告田立某、田家某分别在自己果园与原告土地接壤处种刺槐种子拟建篱笆。至1996年，树木逐渐成材，树高7～8米，树冠较大，基部丛生刺槐树枝，树基部距原告种植带0.28～0.5米。2001年3月，两被告将大部分树木砍伐掉。原告认为，两被告种植的刺槐篱笆，造成自己农田农作物减产，遂向山东省广饶县人民法院提起诉讼。

原告田某某诉称，两被告在与原告承包的土地相邻处种植刺槐树，刺槐成材后，遮挡了原告农田的采光、日照，造成原告农田农作物减产，要求两被告赔偿经济损失。

被告田立某、田家某辩称，自己种植的刺槐篱笆，并没有对原告的农田造成损失，且刺槐籽是乡林业站所发。故不同意原告的诉讼请求。

一审审理中，经原告申请，法院委托某市环保监测站对原告所承包的土地损失进行了鉴定，确认被告田立某因种植刺槐篱笆给原告造成经济损失4945元，被告田家某因种植刺槐篱笆给原告造成经济损失2404.50元。

① 参见山东省广饶县人民法院（2001）广民初字第63号、山东省东营市中级人民法院（2002）东民终字第32号民事判决书。

2. 法院裁判及观点

一审法院经审理认为，被告田立某、田家某在原告田某某承包的土地一侧种植刺槐树，刺槐成材后，树冠直接遮荫，恶化了农田的光照条件，光照时间严重不足，光合产物合成量大幅度减少，树木根系与农作物根系争水、争肥，减少了农作物的肥水供应量，从而造成了原告承包农田的减产。由于该刺槐篱笆的所有权归两被告，该篱笆的存在是两被告为自己果园利益所建。故两被告应对原告损失进行赔偿。两被告以刺槐籽是乡林业站所发，自己不承担赔偿责任的抗辩理由不成立。原告要求两被告赔偿经济损失的理由充分，于法有据。根据《民法通则》第 83 条、第 134 条第 1 款第 7 项的规定，判决：被告田立某赔偿原告田某某经济损失人民币 4945 元，被告田家某赔偿原告田某某经济损失人民币 2405.50 元。于判决生效 10 日内付清。案件受理费人民币 304 元，由被告田立某负担 272 元，被告田家某负担 132 元。一审判决后，被告田立功、田家某不服，向山东省东营市中级人民法院提起上诉。

二审法院经审理认为，上诉人与被上诉人相邻种地，相邻双方应当按照有利生产、方便生活、团结互助、公平合理的精神，正确处理通风、采光等方面的相邻关系。在本案中，两上诉人在与被上诉人相邻的地边植树，由于小树不断长大，渐渐给被上诉人的农作物造成了经济损失，经一审法院委托鉴定，对所造成的损失进行了确定，在二审过程中，上诉人虽提交了几份证据，但从以上证据来看，均不能否定一审法院依法委托某市环保监测站作出的鉴定书的效力。因此，上诉人认为其在双方相邻处植树的行为，没有给被上诉人造成损失的理由，不能成立。二审法院根据《民事诉讼法》第 169 条、第 170 条第 1 款第 1 项、第 175 条的规定，判决驳回上诉，维持原判。二审案件受理费 304 元，由上诉人田立某、田家某负担。

3. 案例评析

本案是一起因一方种植刺槐篱笆影响相邻农田农作物生长引起的采光、日照纠纷。争议焦点主要是两被告应否对原告承担损害赔偿责任？

（1）双方是不动产的相邻权利人。相邻关系的主体是不动产的相邻权利人，它包括相邻不动产的所有人、用益物权人、占有人。原告和两被告均是土地承包经营权人，被告田立某、田家某分别在原告承包土地的西侧承包一果园，田立某果园与原告土地接壤长度为 120 米，位于北部，田家某果园与原告土地接壤长度为 100 米,位于南部。双方承包的土地在地理位置上相互邻接,符合相邻关系的主体资格。

(2)两被告实施了致原告农田农作物采光、日照利益受损的不动产利用行为。相邻不动产权利人提起采光、日照关系请求权,需提供相邻另一方有侵害行为这一事实。这个侵害行为是指不动产权利人对不动产的利用行为损害了相邻方的采光、日照利益。本案被告田立某、田家某分别在自己果园与原告土地接壤处种植刺槐树,形成刺槐篱笆,遮挡了相邻土地原告种植的农作物的光照。因此,两被告实施了致原告农田农作物采光、日照利益受损的不动产利用行为。

(3)原告基于土地承包经营权而享有的采光、日照之利益受到了损害。损害后果是构成采光、日照妨碍构成要件中不可缺少的一项内容。如果一方实施了不动产的不当利用行为,但并没有对相邻另一方造成损害后果,相邻另一方不能提起相邻关系之诉。本案中,被告对自己的行为是否给原告造成损害提出异议,经原告申请,法院委托某市环保监测站对原告所承包的土地种植的农作物损失进行了鉴定,确认被告田立某因种植刺槐篱笆给原告造成经济损失 4945 元,被告田家某因种植刺槐篱笆给原告造成经济损失 2404.50 元。该鉴定结论表明,两被告种植刺槐篱笆的行为给原告造成了损害后果。

(4)侵害行为与损害结果之间有因果关系。原告农田农作物减产存在多种因素的可能性,是否与被告种植刺槐篱笆存在因果关系,也是本案应解决的关键问题。本案中,两被告在原告承包的土地一侧种植刺槐树,刺槐成材后,树冠直接遮荫,恶化了农田的光照条件,光照时间严重不足,光合产物合成量大幅度减少,树木根系与农作物根系争水、争肥,减少了农作物的肥水供应量,从而造成了原告承包农田的减产。且经有关机构鉴定,损害后果确实存在。应该说,原告的损害后果与被告种植刺槐篱笆之间存在因果关系。由于该刺槐篱笆的所有权归两被告,该篱笆的存在是两被告为自己果园利益所建,故法院判决两被告对原告构成采光妨碍,并承担相应的赔偿责任。

《中华人民共和国民法通则》

第八十三条　不动产的相邻各方,应当按照有利生产、方便生活、团结互助、公平合理的精神,正确处理截水、排水、通行、通风、采光等方面的相邻关系。给相邻方造成妨碍或者损失的,应当停止侵害,排除妨碍,赔偿损失。

第一百三十四条　承担民事责任的方式主要有:

(一)停止侵害;

(二)排除妨碍;

(三)消除危险;

(四)返还财产;

(五)恢复原状;

(六)修理、重作、更换;

(七)赔偿损失;

(八)支付违约金;

(九)消除影响、恢复名誉;

(十)赔礼道歉。

以上承担民事责任的方式,可以单独适用,也可以合并适用。

人民法院审理民事案件,除适用上述规定外,还可以予以训诫、责令具结悔过、收缴进行非法活动的财物和非法所得,并可以依照法律规定处以罚款、拘留。

《中华人民共和国民事诉讼法》

第一百六十九条　第二审人民法院对上诉案件,应当组成合议庭,开庭审理。经过阅卷、调查和询问当事人,对没有提出新的事实、证据或者理由,合议庭认为不需要开庭审理的,可以不开庭审理。

第二审人民法院审理上诉案件,可以在本院进行,也可以到案件发生地或者原审人民法院所在地进行。

第一百七十条　第二审人民法院对上诉案件,经过审理,按照下列情形,分别处理:

(一)原判决、裁定认定事实清楚,适用法律正确的,以判决、裁定方式驳回上诉,维持原判决、裁定;

(二)原判决、裁定认定事实错误或者适用法律错误的,以判决、裁定方式依法改

判、撤销或者变更;

(三)原判决认定基本事实不清的,裁定撤销原判决,发回原审人民法院重审,或者查清事实后改判;

(四)原判决遗漏当事人或者违法缺席判决等严重违反法定程序的,裁定撤销原判决,发回原审人民法院重审。

原审人民法院对发回重审的案件作出判决后,当事人提起上诉的,第二审人民法院不得再次发回重审。

第一百七十五条　第二审人民法院的判决、裁定,是终审的判决、裁定。

第三节

相邻权侵权责任的承担

民事侵权责任是指民事主体违反民事义务,侵害他人合法的民事权益,依法承担民事责任的行为。侵权行为具有下列特征:一是行为的违法性;二是侵害对象一般为绝对权。相邻关系是指相邻不动产的所有人,在行使对不动产的权利时,相互之间应当给予必要的便利或者必要的限制所产生的权利义务关系。相邻关系并非一种独立的物权形态,它本质上是相邻不动产所有权或者使用权的适当延伸或限制。

在处理相邻关系纠纷时,应当优先考虑适用侵权法律关系,如各方权利都具有正当性,再考虑适用相邻关系。一方面符合民法意思自治原则,另一方面也符合权利位阶。

相邻关系的权利方有权阻止义务方实施影响自己不动产使用效益的不当行为。从这个意义上来说,相邻关系具有一定的免责效力,并且这种法律关系的内容也是承担不作为义务。如果义务一方违背不作为义务,积极实施影响相邻不动产的行为,相邻不动产权利人有权要求停止侵害。

相邻关系权利的救济,在一般情况下不以自力救济的形式出现。相邻权利的救济具有法定性和程序性。首先,救济主体要适格,在实践中,往往是具有一定执法权的单位或者个人。其次,如果相邻权利人本身不是适格救济主体,应当向有权机关申请救济,而不得主动采取积极行动(协商除外)。最后,相邻权利人在无权力状态下采取干预行为,就是对相邻不动产权利人的侵犯,具有侵权性质。

一、在处理相邻采光纠纷案件时，责任的承担应考虑哪些因素

基本理论

在处理不动产相邻关系中，若一方在行使不动产所有权或者使用权时，构成对相邻方的采光妨碍，但这种妨碍系双方知晓且为由来已久的历史问题的情况下，认定是否构成采光妨碍，应否承担停止侵害、排除妨碍的民事责任，还是应从有利生产、方便生活及尊重相邻关系的历史事实出发。

典型案例

处理相邻纠纷，应当考虑有利于生产、方便生活及尊重习惯的原则

——李某某诉欧超某、欧劲某相邻关系纠纷案①

1. 案情简介

原告（反诉被告、上诉人）：李某某

被告（反诉原告、被上诉人）：欧超某

被告（反诉原告、被上诉人）：欧劲某

原告李某某与被告欧超某、欧劲某是相邻关系。坐落在某省某市某区杏坛镇齐杏居委会齐安路 10 号的房屋，是原告于 1990 年向杏坛供销社租用、2004 年通过拍卖方式取得的所有权。两被告于 1991 年租用杏坛居委会所有、位于原告房屋相邻土地（10 平方米）搭建星瓦棚用作小卖店经营，并征得原告房屋原所有人杏坛供销社负责人的同意，借用其房屋西山墙搭建星瓦棚使用至今。原告经有关城镇管理部门同意，将砖块临时堆放在其本人房屋界相应公用路上。原告取得房屋所有权后，认为被告借用其房屋西山墙搭建星瓦棚属侵权行为，影响了自己房屋的通风、采光和正常使用，要求被告拆除。双方经协商以及经有关部门调解未果。原告遂于 2006 年 8 月 9 日，向广东

---

① 参见广东省佛山市顺德区人民法院（2006）顺法民一初字第 03728 号、广东省佛山市中级人民法院（2007）佛中法民五终字第 1538 号民事判决书。

省佛山市顺德区人民法院提起诉讼。

原告李某某诉称，被告欧超某、欧劲某借用其房屋西山墙搭建星瓦棚属侵权行为，且该星瓦棚影响了自己房屋的通风采光和正常使用，要求被告停止侵害，排除妨碍，拆除搭建在其房屋外墙的建筑物。现其房屋出现裂缝，要求被告赔偿房屋修复费人民币12,000元。

被告欧超某、欧劲某辩称，该星瓦棚早在1991年就搭建了，且征得了原房屋所有人的同意，原告房屋出现裂缝，与自己无关，故不同意原告的诉讼请求，并反诉称，原告堆放砖块的行为，影响了其营业，要求原告赔偿经济损失人民币12,000元。

反诉被告李某某辩称，其堆放砖块征得有关部门同意，没有影响被告的经营，不同意被告的反诉请求。

一审审理中，法院于2006年10月10日委托某安固建筑工程质量司法鉴定所对受损房屋进行司法鉴定，鉴定报告认为：原告简易房基础坐落在涌边，出现不均匀沉降，引起简易房地下室后墙倾斜、西立面墙体开裂。该裂缝与被告搭建的星瓦屋顶简易房没有因果关系。被告搭建的星瓦屋顶简易房木板墙离开原告房屋西山墙50厘米，其星瓦屋面与原告房屋西山墙连在一起，影响了原告房屋西山墙上两个窗户的通风、采光和正常使用。

2. 法院裁判及观点

一审法院经审理认为，被告于1991年经原房屋所有权人同意，借用其房屋外墙搭建星瓦屋顶简易房，影响了该房屋西山墙上两个窗户的通风、采光和正常使用，已成为历史事实，原告在后与原房屋所有权人购买该房屋时，应当知道该事实的存在即所有权有所限制的情况下发生买卖关系而没有异议，视为接受该历史事实的存在。现该房屋所有权已经合法转移，被告依法不得翻悔。据此，原告请求拆除搭建在其房屋外墙的建筑物理由不成立。有关原告请求被告赔偿损失12,000元一项，因原告房屋裂缝与被告搭建星瓦屋顶简易房没有因果关系，故其请求被告赔偿损失没有事实依据，法院不予支持。有关被告请求原告赔偿经济损失12,000元一项，因原告堆放砖块的位置在其本人房屋界相应公用路上，且经有关部门同意临时堆放。被告在诉讼中也没有提供直接证明因原告的行为导致其经济损失12,000元的证据，故被告的该项请求缺乏事实依据，不予采纳。依照《民事诉讼法》第64条、《民法通则》第 4 条的规定，判决驳回李某某、欧超某、欧劲某的诉讼请求。案件本诉受理费 490 元、反诉受理费 494 元、鉴定费 4000 元。由原告李某某负担 4490 元，由被告欧超某、欧劲某负担 494 元。

一审判决后，原告李某某不服，向广东省佛山市中级人民法院提出上诉。

二审法院经审理认为，根据某安固建筑工程质量司法鉴定所 2006 年 11 月 2 日出具的《某市某区杏坛镇齐安路 10 号李某某房屋鉴定报告》中的现场调查情况和鉴定结论，以及法院到涉讼房屋现场进行的勘验，被上诉人欧超某、欧劲某用于支撑星瓦屋顶的三角形角钢屋架用膨胀螺栓固定于上诉人李某某西山墙，使其星瓦屋面与上诉人李某某的西山墙连在一起，影响了李某某房屋西山墙上两个窗户的通风、采光和正常使用。被上诉人欧超某、欧劲某的以上行为属于借用了上诉人李某某房屋的西山墙。原房屋所有权人某市杏坛供销社同意两被上诉人借用西山墙搭建星瓦屋顶是一种不定期无偿使用，该行为对房屋的后买受人李某某是没有约束力的。李某某作为涉讼房屋所有权人主张拆除两被上诉人搭建于西山墙的用于支撑星瓦屋顶的三角形角钢屋架，排除妨碍是有法律依据的，应予支持。一审判决对此处理不妥，应予纠正。但是，两被上诉人所搭建的房屋已经成为历史事实，并与上诉人李某某所购买的房屋形成相邻关系，双方当事人应当按照方便生活、团结互助、公平合理的精神，正确处理相邻关系。上诉人李某某主张对其他建筑物的拆除没有事实和法律依据，应予驳回。根据某安固建筑工程质量司法鉴定所出具的鉴定报告结论，上诉人李某某的房屋裂缝是自身房屋不均匀沉降造成，其主张 12,000 元修复费用没有事实依据，不予支持，一审判决对此问题处理正确，予以维持。一审判决认定事实基本清楚，适用法律部分有误，处理欠妥，应予纠正。二审法院依照《民事诉讼法》第 170 条第 1 款第 3 项、《民法通则》第 83 条、第 134 条第 1 款第 3 项的规定，判决：(1)维持广东省佛山市顺德区人民法院(2006)顺法民一初字第 03728 号民事判决中关于驳回反诉原告欧超某、欧劲某的反诉请求部分。(2)撤销广东省佛山市顺德区人民法院(2006)顺法民一初字第 03728 号民事判决中关于驳回原告李某某的诉讼请求部分。(3)被上诉人欧超某、欧劲某于本判决发生法律效力之日起 10 日内拆除固定于上诉人李某某房屋西山墙上的三角形角钢屋架，在与上诉人李某某房屋西山墙相隔 50 厘米处另行设置墙体搭建星瓦屋顶。(4)驳回上诉人李某某的其他上诉请求。一、二审案件受理费 1968 元,鉴定费 4000 元,由上诉人李某某负担 5374 元,由被上诉人欧超某、欧劲某负担 594 元。一审案件本诉受理费 490 元、鉴定费 4000 元、二审案件受理费 984 元,已由上诉人李某某预付;一审案件反诉受理费 494 元,由被上诉人欧超某、欧劲某预付。被上诉人欧超某、欧劲某应于本判决发生法律效力之日起 10 日内向上诉人李某某迳行返还应负担的诉讼费 100 元,法院不再作收退。

3. 案例评析

本案的争议焦点主要是被告搭建的简屋经有关机构鉴定,确实对原告房屋构成了通风、采光妨碍,原告是否可以主张停止侵害,排除妨碍?

本案中,原告购买的房屋与被告搭建的星瓦屋构成相邻关系。被告用于支撑星瓦屋顶的三角形角钢屋架用膨胀螺栓固定于原告房屋西山墙上,使其星瓦屋面与原告的西山墙连在一起,影响了原告房屋西山墙上两个窗户的通风、采光和正常使用。原房屋所有权人同意被告借用西山墙搭建星瓦屋顶的行为,对房屋的后手买受人原告是没有约束力的。原告作为涉讼房屋所有权人主张拆除搭建在自己西山墙上的用于支撑星瓦屋顶的三角形角钢屋架,排除妨碍是有法律依据的,二审既从物权保护原则出发,又结合被告对原告构成采光妨碍的实际情况,对一审予以改判,支持了原告的该项诉讼请求。但原告主张停止侵害,排除妨碍,拆除被告搭建的星瓦屋,却没有得到一、二审法院的支持,这主要是基于相邻关系的法律规定考虑。在解决相邻关系纠纷时,应考虑有利生产、方便生活及尊重习惯的原则。

(1)关于有利生产、方便生活原则。被告租用与原告房屋相邻的土地是为了开设小卖部,开设小卖部需要搭建房屋用于经营及放置货物。因此,在租用之初,即 1991 年被告就与原相邻房屋所有人协商借用其西山墙搭建一简屋,一直使用至今。如果判决被告拆除简屋,将会对被告的正常经营造成影响,进而影响被告的生产和生活。

(2)关于尊重习惯原则。尊重习惯原则在相邻关系中一直是一个予以考虑的因素。我国《物权法》更是明确将“习惯”作为处理相邻关系的原则之一。

首先,尊重习惯有利于维护既有的生产、生活模式。某种历史事实或者状态如果长期存在,则会构成人们日常生活的习惯、惯式——由于习惯具有惰性、不易更改性，故在不违背公序良俗和法律禁止性规定的前提下，尊重习惯既符合人们已熟知的生活模式，又有利于维护既有的生产、生活模式。因此，处理通风、采光、日照纠纷，应当尊重沿袭的生活习惯。

其次，尊重习惯也有利于维护和谐、稳定的邻里关系。本案中，被告是在1991 年搭建的星瓦屋，原告 1990 年就租用相邻房屋(2005 年 12 月买下该房屋)，对被告的搭建行为完全知晓，十多年来，双方相安无事。虽然该星瓦屋对原告构成了通风、采光妨碍，但从尊重历史、维护和谐邻里关系及利益衡量角度出发，如果判决拆除，将严重损害被告的利益，被告将无法继续开设小卖部，这样也会影响当地居民的生活。基于上述因素考虑，法院未支持原告停止侵害，排除妨碍的诉请，而是判决被告在距离原告西山墙一定距离，另行设置墙体搭建简屋屋顶。这样既可以减轻对原告的通风、采光影响，又可以使被告维持正常的生活和经营。

有关法律规定

《中华人民共和国民法通则》

第四条　民事活动应当遵循自愿、公平、等价有偿、诚实信用的原则。

第八十三条　不动产的相邻各方，应当按照有利生产、方便生活、团结互助、公平合理的精神，正确处理截水、排水、通行、通风、采光等方面的相邻关系。给相邻方造成妨碍或者损失的，应当停止侵害，排除妨碍，赔偿损失。

第一百三十四条　承担民事责任的方式主要有：

(一)停止侵害；

(二)排除妨碍；

(三)消除危险；

(四)返还财产；

(五)恢复原状；

(六)修理、重作、更换；

(七)赔偿损失；

(八)支付违约金；

(九)消除影响、恢复名誉；

(十)赔礼道歉。

以上承担民事责任的方式,可以单独适用,也可以合并适用。

人民法院审理民事案件,除适用上述规定外,还可以予以训诫、责令具结悔过、收缴进行非法活动的财物和非法所得,并可以依照法律规定处以罚款、拘留。

《中华人民共和国物权法》

第八十五条　法律、法规对处理相邻关系有规定的,依照其规定;法律、法规没有规定的,可以按照当地习惯。

《中华人民共和国民事诉讼法》

第六十四条　当事人对自己提出的主张,有责任提供证据。

当事人及其诉讼代理人因客观原因不能自行收集的证据,或者人民法院认为审理案件需要的证据,人民法院应当调查收集。

人民法院应当按照法定程序,全面地、客观地审查核实证据。

第一百七十条　第二审人民法院对上诉案件,经过审理,按照下列情形,分别处理:

(一)原判决、裁定认定事实清楚,适用法律正确的,以判决、裁定方式驳回上诉,维持原判决、裁定;

(二)原判决、裁定认定事实错误或者适用法律错误的,以判决、裁定方式依法改判、撤销或者变更;

(三)原判决认定基本事实不清的,裁定撤销原判决,发回原审人民法院重审,或者查清事实后改判;

(四)原判决遗漏当事人或者违法缺席判决等严重违反法定程序的,裁定撤销原判决,发回原审人民法院重审。

原审人民法院对发回重审的案件作出判决后,当事人提起上诉的,第二审人民法院不得再次发回重审。

二、相邻通风、采光、日照纠纷中赔偿损失请求权赔偿范围与赔偿标准

基本理论

在处理相邻通风、采光、日照纠纷中,常常会遇到赔偿范围与赔偿标准问题,下面我们就赔偿范围与赔偿标准进行一个综述。

(1)赔偿范围。在审判实践中,主要有两种做法:一是现状住宅受遮挡后

的大寒日或者冬至日满窗日照时间低于国家或者地方有关工程建设标准的才给予赔偿,受遮挡后仍能达到规定标准的,不予赔偿。理由是:该建设行为没有违反国家或者地方有关工程建设标准的规定,属于相邻方容忍义务的范围,不符合采光、日照妨碍的构成要件,因而不应当予以赔偿。二是只要现状住宅受遮挡后的采光、日照时间与原来相比受到了减损,就应当予以赔偿。理由是:现状住宅采光、日照受影响后,房屋的价值与原来相比有所减值,同时,给不动产权利人带来了精神上的不愉悦,应当支持不动产权利人的赔偿诉请。

我们认为,新建建筑建造时符合建筑间距的规定,即使对相邻住宅的采光、日照造成了影响,但影响后的日照时间仍能达到规定标准的,新建建筑权利人不应承担赔偿责任,但其自愿补偿的除外。

(2)赔偿标准。一是从采光、日照关系请求权的法律性质来看,采光、日照权益不是一项独立物权,而是相邻关系的一种。二是从相邻关系的设置目的来看,相邻关系在于保障不动产权利人正常行使所有权或者使用权,实现物尽其用。不动产权利人对自己权利的扩张和对相邻人权利的限制幅度均是有限的,只能要求相邻方提供必要的便利。相邻方建造的房屋能够达到国家有关建设工程标准规定的建筑间距和日照时间,就应当视为为相邻人提供了必要的便利。三是从城市发展角度来看,城市发展出于总体规划布局的考虑,发展有先有后,现状住宅不允许周围环境发生任何变化,不允许自己的采光、日照利益发生任何影响,既不利于城市建设发展,也没有法律依据。否则,相邻土地所有人或者使用权人,也可以基于物权主张绝对的财产权,不考虑间距要求任意在自己土地上建造建筑物。这样,对双方来讲,都会造成权利滥用。四是从《物权法》第 89 条的规定来看,对没有违反国家有关工程建设标准规定的建筑间距和日照时间的建筑行为,不认定构成相邻妨碍。因此,对不符合采光、日照妨碍构成要件的遮挡建筑物,相邻住宅权利人负有容忍义务,该建筑权利人不应当承担赔偿责任。当然,考虑到现状住宅日照时间确实受到了减损,如果新建建筑权利人出于搞好邻里关系,维护安定团结的角度出发,愿意对相邻住宅权利人给予补偿的,也应予准许。

《侵权责任法》第 22 条规定,侵害他人人身权益,造成他人严重精神损害的,被侵权人可以请求精神损害赔偿。该条规定明确了精神损害赔偿仅限于人身权益遭受损害而予以赔偿的范围。采光、日照关系虽然涉及身体健康、生活质量等人格方面的利益,但这些利益主要是通过行使不动产所有权表现出来的,因而仍属于财产利益的延伸。如果相邻方主张精神损害赔偿的,因缺乏法律依据,应当从实体上予以驳回。

另外,我们需要注意的是,在条状建筑呈行列式布置时,原则上应当按照当地冬至日住宅底层日照时间以不少于1小时的要求,计算房屋间距。[①] 所以,其适用范围则应当严格限定于相互毗邻的被遮挡阳光的现状居民的住宅,且以其南向居室窗台中心点为界,在冬至日日照时间满窗不足1小时的方可适用。对于已达到此条件的或者住宅内非南向的居室,则不予赔偿。[②]

典型案例

相邻排除妨害纠纷,应当根据民事法律规范,衡量妨害事实是否达到足以影响当事人生活居住的程度

——高某某诉郭某某相邻采光、日照案[③]

1. 案情简介

原告(上诉人):高某某

被告(被上诉人):郭某某

原告诉称,原告居住的22号楼与被告居住的23号楼南北相邻,且两栋楼的楼间距离几乎是整个社区楼间距离最近的。2009年10月,被告未经相关主管部门批准,在自家北露台加盖砖混实体房屋一间,将北面楼层由二层变为三层。楼高增加使被告居住的23号楼与原告居住的22号楼原有楼间距缩小,并严重影响到原告所居住房屋的日照。原告在发现23号楼业主加盖的建筑严重妨碍22号楼日照后,即在第一时间请物业的有关领导和工作

① 住房和城乡建设部公告第1093号《关于发布国家标准〈住宅设计规范〉的公告》(GB 50096—2011)自2012年8月1日起实施,原《住宅设计规范》(GB 50096—1999)同时废止。

② 参见张敏:《日照权纠纷的法理探析及其审判对策》,载《人民司法》2004年第4期。

③ 参见北京市昌平区人民法院(2011)昌民初字第130号、北京市第一中级人民法院(2011)一中民终字第15296号民事判决书。

人员及23号楼部分业主到原告房间内现场体会，并提请物业予以协调解决。虽经多次协商，并经回龙观地区办事处城建办、司法所调解，被告均以各种理由拒绝排除妨害，并继续施工至主体工程基本完成。被告主张其加高楼层的行为虽然在一定程度上影响了原告房屋的日照采光，但也不足以使原告获得的日照水平低于国家最低规划标准，所以原告应该容忍。的确，国家规定了住宅日照的最低标准，但该标准只是规划设计的极限标准，国家同时也规定了其他若干的最低标准，如最低工资标准，但是，公民合法取得的高于国家最低标准的权益，同样被法律认可和保护。如果任何高于国家最低标准的权益都可以被违法掠夺和践踏，岂不天下大乱？我国《物权法》第89条规定，建造建筑物，不得违反国家有关工程建设标准，妨碍相邻建筑物的通风、采光和日照。所以，相邻双方应当以不妨碍为建设的先期条件。故原告起诉至法院，请求：(1)判令被告拆除其所建建筑，以消除对原告房屋日照的影响。(2)判令被告因其建筑影响原告房屋日照而赔偿原告误工费、交通费、能源损失费1元，精神损失费1元。

被告辩称，希望心平气和解决这个问题，当时封阳台我们不是第一家，封阳台是需要照顾老人，家中有两个老人都失去了独立生活能力，需要请保姆。房屋有200多平方米，但是，可以用的面积不是很大。搭建阳台后，对原告日照有影响，我们承认。但是我们距离原告家不是最近的，我们与原告家的距离是正常距离，隔壁家与原告家的距离大概是14米，我们两家是17米，我们不是主动封阳台的，小区内封阳台是非常普遍的现象。

一审法院审理查明，原告高某某系某市某区北清路2号22号楼×号房屋所有权人，被告郭某某系某市某区北清路2号23号楼×号房屋所有权人，原告房屋与被告房屋南北隔路相邻。2009年年末，被告开始在其自家房屋二层北侧露台搭建砖混结构建筑物。在搭建过程中，原告与被告就该房屋搭建一事产生纠纷。在诉讼过程中，被告承认其建房行为对原告房屋的日照造成一定遮挡，但其坚持认为原告房屋日照现状仍符合有关国家标准。原告认可其房屋日照现状符合被告所述的国家标准，但其亦坚持认为该标准为最低标准，而不是该房屋的规划标准。

上述事实有下列证据证明：(1)照片，证明被告加盖的事实及原告所受侵害的事实。(2)说明，证明原告就被告加盖行为对其居所日照、采光造成具体影响的说明与减少日照时间的计算。(3)当事人的陈述,证明双方当事人对涉案房屋的所有权,及双方就房屋日照现状的意见。

2. 法院裁判及观点

北京市昌平区人民法院经审理认为,原告高某某与被告郭某某系邻里关系,不动产的相邻权利人应当按照有利生产、方便生活、团结互助、公平合理的原则,正确处理相邻关系。本案中,被告在自家房屋上加盖建筑,的确对原告房屋的日照产生一定影响,但当事人双方均对该房屋日照现状仍符合《城市居住区规划设计规范》(GB 50180)的具体规定,予以认可,没有争议。《物权法》第 89 条规定:"建造建筑物,不得违反国家有关工程建设标准,妨碍相邻建筑物的通风、采光和日照。"故对于原告要求被告拆除所建建筑的诉讼请求,于法无据,不予支持。如原告认为被告加盖行为系违章建设,应向相关行政部门反映,以求解决,就此问题的处理并不在法院民事案件受理范围内。因被告的加盖行为的确对原告的日照造成遮挡,原告有权要求被告予以相应赔偿,故对于原告要求被告赔偿相应损失的诉讼请求,予以支持。对于原告要求被告赔偿精神损失的诉讼请求,于法无据,不予支持。依照《民法通则》第 83 条,《物权法》第 37 条、第 89 条,最高人民法院《关于确定民事侵权精神损害赔偿责任若干问题的解释》第 1 条,判决:(1)被告郭某某赔偿原告高某某误工费、交通费、能源损失费,于本判决生效后 7 日内给付。(2)驳回原告高某某的其他诉讼请求。

一审法院作出判决后,原告高某某不服,提起上诉,请求法院判决郭某某排除妨害,拆除其违法建筑。上诉理由是:郭某某所建房屋属于违法建筑,妨害的事实郭某某也认可。一审法院将《城市居住区规划设计规范》中关于居民住宅冬至日不少于一小时满窗照射的条款作为依据,完全无视"在原设计建筑外增加设施不应使相应住宅原有日照标准降低"等条文的存在。《城市居住区规划设计规范》中的日照标准是国家为了保障人民基本健康权利而设定的底线标准,并不是侵权行为的合法保障。因违章建筑引发的民事纠纷,法院应当受理。目前,行政执法工作并不严格,司法救助显得十分必要。一审法院的判决无异于对违法者和违法行为的纵容。

被上诉人(一审被告)辩称,同意一审判决。对于上诉人所陈述的内容,我们当时提出了鉴定,但上诉人并不同意。高某某认为属于违法建筑,不知道依据在何处。我们因为家庭情况特殊,才在客厅搭建。小区也有其他此类现象。我们承认有遮挡,我们可以降低高度,可以进行赔偿。但是不同意拆除。

北京市第一中级人民法院经审理,确认一审法院认定的事实和证据。认为在涉及违法建筑的处理上,法院并无相关职权,此问题应通过行政途径解决。

作为相邻排除妨害纠纷,法院应当根据民事法律规范衡量妨害事实是否达到了足以影响当事人生活居住的程度。但何为足以影响当事人生活居住的程度不易衡量,故客观上只能依据《城市居住区规划设计规范》(GB 50180)的相关标准予以确定。因双方在一审中均认可目前房屋日照现状仍符合《城市居住区规划设计规范》(GB 50180)的具体规定,故上诉人(一审原告)高某某要求被上诉人(一审被告)郭某某拆除所建房屋的依据不足,对其上诉请求不予支持。

应该说明的是,针对上诉人(一审原告)高某某所述的违章建筑的事实,被上诉人(一审被告)郭某某始终没有出具合法的审批手续,故法院虽未支持上诉人(一审原告)高某某要求拆除房屋的诉讼请求,但并不表明法院确认了被上诉人(一审被告)郭某某所建房屋的合法性。被上诉人(一审被告)郭某某所述的其他业主私自建房行为并不能作为其可以私自建房的合法依据。被上诉人(一审被告)郭某某所述其家庭居住有限的理由,也不是其可以随意逾越相关法律规范的特殊事由。对于违章建筑问题,上诉人(一审原告)高某某应当向行政管理部门反映以求解决。北京市第一中级人民法院依照《民事诉讼法》第 170 条第 1 款第 1 项规定,判决驳回上诉,维持原判。

3. 案例评析

近几年,随着房地产业的快速发展,人们对自身居所的要求,也日益提高,由于业主拥有建筑物的所有权,加盖、改造现象时有发生,然而作为城市居民,其就相邻关系的解决,缺少农村宅基地上数十年邻里关系的感情积淀,使相邻关系中通风、日照、采光纠纷日渐凸显。

在此类案件中,妨碍日照、采光的判断标准是被妨碍人能够主张排除妨碍和损害赔偿的必要条件。在日常生活中,由于双方之间的相邻关系,为便于生产、生活,相邻建筑物的所有人或者利用人之间,必须对对方的使用,负有一定的容忍义务。也就是说，只有在日照、采光或者通风的妨碍超出了被妨碍人必要的容忍限度时，被妨碍人主张排除妨碍和损害赔偿的请求，才能得到法院的支持。这种容忍限度在司法实践中应当以社会一般人的标准作为考量基础。

根据我国《物权法》第89条的规定，应当确定我国建筑物相邻关系制度中，有关通风、采光和日照的妨碍行为的司法判断，是以国家有关工程建设标准的规定为基本的判断标准的。因此，关于建造建筑物的国家有关工程建设标准应当视为社会一般人的容忍限度。受妨碍人可以以此主张排除妨碍和损害赔偿。反之，符合国家建设标准的，即使对邻近建筑的通风、采光和日照造成一定程度的妨碍，也应当视为未超出容忍限度，相邻建筑物的所有人或者利用人应当负有容忍义务。

另外，涉及妨碍相邻建筑物的通风、采光和日照的建筑物，多为居民自建建筑，其中，绝大部分没有获得相关行政部门的规划认可，应当属于违章建筑。但是，对于违章建筑的处罚，应当由相关行政部门依据我国《行政处罚法》作出具体的行政处罚，而不应当仅因造成妨碍的建筑物属于违章建筑，而由人民法院通过民事判决予以拆除。如该违章建筑在建设过程中或者建成后，通过补办手续取得了相关行政部门的批准，则会出现司法判决与行政决定的抵触。

本案中，基于调和社会矛盾，法院对于被告加建行为造成原告相邻建筑妨碍的事实予以认定，对于原告的正确解决途径予以示明，对于原告的象征性赔偿予以了支持。

有关法律规定

《中华人民共和国民法通则》

第八十三条　不动产的相邻各方，应当按照有利生产、方便生活、团结互助、公平合理的精神，正确处理截水、排水、通行、通风、采光等方面的相邻关系。给相邻方造成妨碍或者损失的，应当停止侵害，排除妨碍，赔偿损失。

《中华人民共和国物权法》

第三十七条　侵害物权，造成权利人损害的，权利人可以请求损害赔偿，也可以请求承担其他民事责任。

第八十九条　建造建筑物，不得违反国家有关工程建设标准，妨碍相邻建筑物的通风、采光和日照。

《中华人民共和国侵权责任法》

第二十二条　侵害他人人身权益，造成他人严重精神损害的，被侵权人可以请求精神损害赔偿。

最高人民法院《关于确定民事侵权精神损害赔偿责任若干问题的解释》

第一条　自然人因下列人格权利遭受非法侵害，向人民法院起诉请求赔偿精神损害的，人民法院应当依法予以受理：

（一）生命权、健康权、身体权；

（二）姓名权、肖像权、名誉权、荣誉权；

（三）人格尊严权、人身自由权。

违反社会公共利益、社会公德侵害他人隐私或者其他人格利益，受害人以侵权为由向人民法院起诉请求赔偿精神损害的，人民法院应当依法予以受理。

《中华人民共和国民事诉讼法》

第一百七十条　第二审人民法院对上诉案件，经过审理，按照下列情形，分别处理：

（一）原判决、裁定认定事实清楚，适用法律正确的，以判决、裁定方式驳回上诉，维持原判决、裁定；

（二）原判决、裁定认定事实错误或者适用法律错误的，以判决、裁定方式依法改判、撤销或者变更；

（三）原判决认定基本事实不清的，裁定撤销原判决，发回原审人民法院重审，或者查清事实后改判；

（四）原判决遗漏当事人或者违法缺席判决等严重违反法定程序的，裁定撤销原判决，发回原审人民法院重审。

原审人民法院对发回重审的案件作出判决后，当事人提起上诉的，第二审人民法院不得再次发回重审。

三、因用水、排水等致相邻不动产权利人损害的应予赔偿，赔偿可否包括合理的误工费

基本理论

误工费是指受害人因遭受人身损害，不能正常工作而遭受的预期财产利益损失。

不动产权利人因用水、排水、通行等利用相邻不动产的，应当尽量避免对相邻的不动产权利人造成损害；造成损害的应当给予赔偿，根据需要修复的范围及房屋原有的状况，酌情确定赔偿额度。关于受损害人的其他赔偿请求，合理的误工费应该支持。

典型案例

不动产一方给相邻方造成损失，应当进行赔偿，合理的误工费，也应当得到支持

——李某某诉陈某相邻关系纠纷案①

1. 案情简介

原告：李某某

被告：陈某

原告李某某诉称，某市某区大塘新村 36 幢 1 单元×××室房屋所有权人是被告陈某，此房屋目前是出租。2014 年 7 月初某晚房屋漏水，导致原告 401 室厕所滴水，造成里面所放物品淋湿，以及房屋墙面内外大面积被水侵蚀，墙漆面受损严重。原告第二天一早先纸条告知租客，后当面告知对方此事，并告知被告将墙面粉刷好，被告认可并答应及时过来维修。随后此事被拖延，期间，原告多次上楼跟对方沟通，维修事项一直拖延到 8 月 9 日晚 17 点左右开始进行，但被告敷衍了事，造成墙面粉刷坑坑洼洼，侵蚀痕迹仍然存

① 参见浙江省杭州市拱墅区人民法院（2014）杭拱民初字第 1626 号民事判决书。

在。另外。因被告没能将地面垃圾处理干净以及粉刷工具直接放在楼道内造成其他人员行动不便,也惹来大家抱怨。对于这样的结果,原告请被告找专业人员进行粉刷以及将工具处理掉,被告又是满口答应,但第二天全天无人理会,晚上原告到楼上沟通此事,租客却以骚扰名义报警。故此原告8月11日告知社区及物业进行协调,最终协调不成。8月26日原告电话联系被告尽快进行修复,但是被告一再推卸责任。9月2日、9月22日、9月23日、9月25日房屋再次漏水。9月29日,原告发现被告家中装修,将下水管打穿。从6月底到目前,3个多月中,因被告房屋已经漏水多次,多次协商未果,原告只要求被告将房屋刷好,被告都没有能够完成,为维护原告的合法权益,诉至法院,请求:(1)判令被告向原告赔礼道歉。(2)修复,排除漏水隐患,恢复原状。(3)赔偿损失10,000元。(4)本案诉讼费用由被告承担。

被告陈某辩称,大塘新村36幢1单元×××室房屋被告一直是出租的,被告是7月下旬通过原告知道房屋漏水,之后因为出差,所以8月9日去维修。当时原告提出要刷墙,被告也请人刷了墙,原告认为墙面刷的不平整,到社区去投诉被告。社区组织调解,被告也到场了,并向原告道歉。原告主张赔偿1万元,被告要求原告出示相应的依据。由于租客住在里面,所以需要利用租客没有居住的假期进行修缮,被告已经委托装修公司在9月27日到10月4日对漏水的卫生间进行了维修,目前,漏水现象已经排除。对于过水部位的墙面,被告也是愿意维修恢复原状。社区及物业一直调解不成,而原告的丈夫进行非正常维权,打电话到被告的单位,影响被告的工作和生活。原告因为漏水的事情,一直去按租户的门铃,严重影响租户的生活,导致租户提前解约。修复、道歉被告都是答应的,原告提出的精神抚慰金和误工费等没有法律依据,请法院公正判决。

原告李某某为证明其主张,向法院提交了以下证据:(1)光盘一张,其中有视频、照片、手机短信,证明被告对过道外墙进行了维修,但是没有修好,工具也没有摆放好,给行人带来不便。被告推脱责任,没有一丝愧疚,还威胁原告。被告维修时未按相邻原则通知原告配合,对原告继续造成损害。被告卫生间漏水对原告房屋内墙面及过道墙面造成的损坏情况。(2)2014年9月22日被告的房客发给原告的短信记录,证明被告纵容房客继续侵害原告。

被告陈某为支持其抗辩向法院提交以下证据:(1)9月24日及9月29日

被告与原告的短信记录，证明被告在进行卫生间维修前已经通知原告并要求原告给予配合。(2)施工合同，证明被告已经对卫生间进行了维修。

经过举证、质证，法院确认事实如下：

原告李某某系大塘新村36幢1单元×××室的业主。被告陈某系大塘新村36幢1单元×××室的业主，被告陈某将自己的房屋出租给他人居住。2014年7月初×××室卫生间发生漏水情况，原告李某某先通知租客，随后又通知被告陈某，要求对受损的楼道墙面进行修复。2014年8月9日被告陈某用涂料对楼道墙面进行了粉刷，但仍可见斑驳的痕迹。原告李某某认为被告陈某对处理漏水问题的态度敷衍了事，要求社区介入进行协调。8月10日、8月18日大塘新村社区两次组织双方调解，但未能达成调解协议。2014年9月2日以后501室卫生间又多次出现漏水情况。9月29日被告陈某委托装修公司对自己家卫生间漏水进行修理，目前漏水已经修复。现因漏水受损需要维修的部位有：原告李某某家中客厅墙面及楼道墙面过水痕迹、因为501室修理卫生间导致原告李某某家卫生间楼板与下水管道之间产生的缝隙及原告李某某家卫生间吊顶一块扣板破损。

2. 法院裁判及观点

某市某区人民法院认为，相邻关系是相互毗邻的不动产所有人或者占有、使用人，在行使不动产的占有、使用、收益和处分权时，相互之间应当给予便利或者接受限制而发生的权利义务关系。不动产权利人因用水、排水、通行等利用相邻不动产的，应当尽量避免对相邻的不动产权利人造成损害；造成损害的应当给予赔偿。本案中陈某家中卫生间在使用时出现漏水，造成上下相邻的李某某家财产受损，影响了李某某一家的正常生活，李某某要求陈某赔礼道歉，陈某也已经当庭表示歉意并在庭后向法院提交了致李某某的道歉书，对此予以认可。在本案诉讼中，陈某已经对漏水进行维修，故漏水的妨碍目前已经排除。对于李某某要求陈某对漏水造成的损害进行维修恢复原状的请求，陈某也表示愿意履行维修责任，为避免在维修过程中双方产生新的矛盾，法院认为由陈某出资由李某某自行维修更便于执行，故根据需要修复的范围及房屋原有的状况，酌情确定陈某赔偿李某某维修费2500元。对于李某某主张的10,000元赔偿，其陈述包括误工费、交通费、物品损失、居住舒适度下降及房屋价值贬损等损失。对此法院认为，李某某为协调处理漏水事宜及对受损部位进行维修必然会发生请假误工，合理的误工损失应当支持，酌情认定误工损失为 1000 元。对于李某某主张的其他损失，因缺乏事实依据，不予支持。依照《民法通则》第 83 条、第 134 条，《民事诉讼法》第 64 条第 1 款的规定，判决如下：(1)大塘新村 36 幢 1 单元×××室房屋内墙面、卫生间吊顶、下水管与楼板间的缝隙及楼道内墙面受损部分由李某某自行修复，陈某赔偿李某某修复费用损失人民币 2500 元。(2)陈某赔偿李某某误工损失人民币 1000 元；上述陈某应付款项于本判决生效之日起 10 日内付清。(3)驳回李某某的其他诉讼请求。如未按本判决指定的期间履行给付金钱义务，应当依照《民事诉讼法》第 253 条之规定，加倍支付迟延履行期间的债务利息。案件受理费 50 元，减半收取 25 元，由陈某负担。

3. 案例评析

误工费的理解，应当把握以下几点：第一，判决侵权人对被侵害人承担侵权赔偿责任的基础是损害后果与侵权行为之间存在因果关系。受害人因为侵权行为导致自己不能像平常那样正常工作，不能上班或者不能正常上班，侵权行为与误工损失之间存在因果关系。第二，不同案件中的受害人因生活在不同地区，从事不同职业，收入上必然存在差异。因为受害人行业、岗位上的差异，必然导致在误工费计算方式上存在差异。误工费都是按照一定公式推演出来的，是拟制的法律真实，不是客观真实，必然与客观实际存在差异。最高人民法院《关于审理人身损害赔偿案件适用法律若干问题的解释》中“受害人无固定收入的，按照其最近三年的平均收入计算；受害人不能举证证明其最近三年的平均收入状况的，可以参照受诉法院所在地相同或者相近行业上一年度职工的平均工资计算”等内容都是按照经济发展的实际情况确定赔偿标准。第三，赔偿的学理原则。受害人有固定收入的，以侵权造成的损害发生前后，受害人财产减少的差额作为计算标准，即实行差额赔偿原则。受害人没有固定收入的，按照定型化标准赔偿。[①] 本案原告李某某为协调处理漏水事宜及对受损部位进行维修所造成的误工损失，法院酌情认定了误工损失。

---

① 最高人民法院侵权责任法研究小组编著、奚晓明主编：《〈中华人民共和国侵权责任法〉条文理解与适用》，第 130 页。

《中华人民共和国民法通则》

第八十三条 不动产的相邻各方,应当按照有利生产、方便生活、团结互助、公平合理的精神,正确处理截水、排水、通行、通风、采光等方面的相邻关系。给相邻方造成妨碍或者损失的,应当停止侵害,排除妨碍,赔偿损失。

第一百三十四条 承担民事责任的方式主要有:

(一)停止侵害;

(二)排除妨碍;

(三)消除危险;

(四)返还财产;

(五)恢复原状;

(六)修理、重作、更换;

(七)赔偿损失;

(八)支付违约金;

(九)消除影响、恢复名誉;

(十)赔礼道歉。

以上承担民事责任的方式,可以单独适用,也可以合并适用。

人民法院审理民事案件,除适用上述规定外,还可以予以训诫、责令具结悔过、收缴进行非法活动的财物和非法所得,并可以依照法律规定处以罚款、拘留。

《中华人民共和国物权法》

第八十五条 法律、法规对处理相邻关系有规定的,依照其规定;法律、法规没有规定的,可以按照当地习惯。

《中华人民共和国侵权责任法》

第十六条 侵害他人造成人身损害的,应当赔偿医疗费、护理费、交通费等为治疗和康复支出的合理费用,以及因误工减少的收入。造成残疾的,还应当赔偿残疾生活辅助具费和残疾赔偿金。造成死亡的,还应当赔偿丧葬费和死亡赔偿金。

《中华人民共和国民事诉讼法》

第六十四条 当事人对自己提出的主张,有责任提供证据。

当事人及其诉讼代理人因客观原因不能自行收集的证据,或者人民法院认为审理案件需要的证据,人民法院应当调查收集。

人民法院应当按照法定程序,全面地、客观地审查核实证据。

第二百五十三条　被执行人未按判决、裁定和其他法律文书指定的期间履行给付金钱义务的,应当加倍支付迟延履行期间的债务利息。被执行人未按判决、裁定和其他法律文书指定的期间履行其他义务的,应当支付迟延履行金。

《最高人民法院关于审理人身损害赔偿案件适用法律若干问题的解释》

第二十条　误工费根据受害人的误工时间和收入状况确定。

误工时间根据受害人接受治疗的医疗机构出具的证明确定。受害人因伤致残持续误工的,误工时间可以计算至定残日前一天。

受害人有固定收入的,误工费按照实际减少的收入计算。受害人无固定收入的,按照其最近三年的平均收入计算;受害人不能举证证明其最近三年的平均收入状况的,可以参照受诉法院所在地相同或者相近行业上一年度职工的平均工资计算。

图书在版编目(CIP)数据

房地产案件审判要点 / 王海萍主编. -- 北京 : 法律出版社, 2019
ISBN 978-7-5197-3332-2

Ⅰ. ①房… Ⅱ. ①王… Ⅲ. ①房地产-民事纠纷-审判-案例-中国 Ⅳ. ①D922.181.5

中国版本图书馆CIP数据核字(2019)第056450号

房地产案件审判要点
FANGDICHAN ANJIAN SHENPAN YAODIAN

王海萍 主编

策划编辑 郑 导
责任编辑 郑 导
装帧设计 汪奇峰

出版 法律出版社
总发行 中国法律图书有限公司
经销 新华书店
印刷 天津嘉恒印务有限公司
责任校对 胡溪卿 周合芝
责任印制 张建伟

编辑统筹 独立项目策划部
开本 710毫米×1000毫米 1/16
印张 59
字数 834千
版本 2019年4月第1版
印次 2019年4月第1次印刷

法律出版社/北京市丰台区莲花池西里7号(100073)
网址/www.lawpress.com.cn
投稿邮箱/info@lawpress.com.cn
举报维权邮箱/jbwq@lawpress.com.cn
销售热线/010-83938336
咨询电话/010-63939796

中国法律图书有限公司/北京市丰台区莲花池西里7号(100073)
全国各地中法图分、子公司销售电话:
统一销售客服/400-660-6393
第一法律书店/010-83938334/8335　西安分公司/029-85330678　重庆分公司/023-67453036
上海分公司/021-62071639/1636　深圳分公司/0755-83072995

书号: ISBN 978-7-5197-3332-2
定价: 198.00元